Dirk Ansorge

GERECHTIGKEIT UND
BARMHERZIGKEIT GOTTES

Dirk Ansorge

Gerechtigkeit und Barmherzigkeit Gottes

Die Dramatik von Vergebung und Versöhnung
in bibeltheologischer, theologiegeschichtlicher und
philosophiegeschichtlicher Perspektive

FREIBURG · BASEL · WIEN

© Verlag Herder GmbH, Freiburg im Breisgau 2009
Alle Rechte vorbehalten
www.herder.de
Umschlaggestaltung: Finken & Bumiller, Stuttgart
Satz: Thomas Volmert, Language + PrePress Services, Köln
Herstellung: fgb · freiburger graphische betriebe
www.fgb.de
Gedruckt auf umweltfreundlichem, chlorfrei gebleichtem Papier
Printed in Germany

ISBN 978-3-451-32252-5

Vorwort

In der neueren Theologie und Frömmigkeit wird die eschatologische Vollendung der Geschichte meist als gnädiges Gericht und als allumfassende Versöhnung erhofft. Gleichzeitig behauptet das neuzeitliche Freiheitsbewusstsein, dass jedes einzelne Subjekt unübergehbar ist.

Ist diese Behauptung auch in theologischer und in eschatologischer Perspektive relevant? Dann nämlich schiene Gott dazu verpflichtet, auch im Vollendungsgeschehen die menschliche Freiheit und die Autorität unschuldigen Leidens zu achten. Und dies hieße, in jenes erhoffte Geschehen der Vollendung die menschlichen Subjekte, Täter wie Opfer, als konstitutiv mit einbezogen zu denken.

Ist also angesichts der menschlichen Schuldgeschichte auf die bedingungslose Barmherzigkeit Gottes und seine Vergebungsbereitschaft zu hoffen, oder findet Gottes Barmherzigkeit ihr Maß an der Gerechtigkeit?

In einem dreifachen Durchgang – bibeltheologisch, theologiegeschichtlich und philosophiegeschichtlich – werden in der vorliegenden Studie für die Fragestellung relevante Positionen daraufhin befragt, welchen Stellenwert sie innerhalb der Dramatik von Schuld und Vergebung der freien Subjektivität der Opfer beimessen. Vor diesem Hintergrund wird eine eschatologische Versöhnungshoffnung skizziert, die sich der biblischen und theologischen Tradition ebenso verpflichtet weiß wie dem neuzeitlichen Freiheitsbewusstsein.

Die Katholisch-Theologische Fakultät der Westfälischen Wilhelms-Universität Münster hat die Studie im Frühjahr 2008 als Habilitationsschrift angenommen. Dafür sowie für die Erteilung der Lehrbefugnis für Dogmatik und Dogmengeschichte danke ich der Fakultät sehr.

Mein besonderer Dank gilt Prof. Dr. Thomas Pröpper, der meine Arbeit an der Studie viele Jahre lang geduldig und einfühlsam begleitet hat. Bei ihm habe ich von Anfang an ein großes Verständnis für die mich leitende Fragestellung gefunden.

Danken möchte ich auch den beiden Gutachtern der Arbeit, Frau Prof. Dr. Dorothea Sattler und Prof. Dr. Jürgen Werbick. Ihre Anmerkungen haben mir wertvolle Hinweise für die Überarbeitung und Aktualisierung des Textes gegeben.

Zu Dank verpflichtet bin ich allen Professoren und Dozenten, bei denen ich in Bochum, Jerusalem, Straßburg und Tübingen studiert habe. Besonders hervorheben möchte ich meinen Doktorvater Prof. Dr. Peter Hünermann, als dessen Assistent ich in Tübingen arbeiten durfte.

Für das Verständnis, mit dem sie das Entstehen dieser Studie begleitet und meine Lehrtätigkeiten in Köln und Münster mitgetragen haben, danke ich den Verantwortlichen im Bistum Essen sowie der Leitung und den Mitarbeitenden der Katholischen Akademie des Bistums Essen „Die Wolfsburg" in Mülheim an der Ruhr.

Dem Erzbistum Köln, dem Bistum Essen und besonders der Alfried Krupp von Bohlen und Halbach-Stiftung danke ich jeweils sehr für den Druckkostenzuschuss, den sie mir gewährt haben.

Zu Dank verpflichtet bin ich Dr. Peter Suchla und Herrn Stephan Weber vom Herder-Verlag für die Zusammenarbeit bei der Drucklegung sowie Herrn Thomas Volmert für seine Hilfe bei Korrektur und Satz.

Vor allen anderen aber danke ich meiner Frau Martina und meinen beiden Söhnen Jonas und Christoffer für die unendliche Geduld, mit der sie meine Arbeit an dieser Studie über viele Jahre mitgetragen haben. Ihnen widme ich diese Studie.

Köln, im August 2009   Dirk Ansorge

Inhaltsverzeichnis

Vorwort 5

1 Einleitung 13
1.1 Explikation der Fragestellung 14
1.2 Verortung der Fragestellung 22
1.2.1 Forschungsgeschichtliche Verortung 22
1.2.2 Systematisch-theologische Verortung 41
1.3 Anspruch und Grenzen der Untersuchung 45

2 Gerechtigkeit und Barmherzigkeit Gottes
 im Horizont biblischer Theologie 49
2.1 Hermeneutische und kriteriologische
 Vorüberlegungen 49
2.2 Gerechtigkeit und Barmherzigkeit Gottes
 in den Religionen des Alten Orients 54
2.2.1 Partikuläres Recht – universales Ethos –
 individuelle Verantwortlichkeit 54
2.2.2 Öffentlichkeit und Objektivität der Gerechtigkeit
 im altägyptischen Totengericht 56
2.2.3 Zorn und Barmherzigkeit Gottes im Spiegel
 der „persönlichen Frömmigkeit" 64
2.2.4 Zorn und Barmherzigkeit Gotte
 in mesopotamischen Gebetsbeschwörungen 69
2.2.5 Religionsgeschichtliche Perspektiven 72
2.3 Gerechtigkeit und Barmherzigkeit Gottes
 im Alten Testament 74
2.3.1 Gerechtigkeit, Recht und das Ethos der Solidarität
 im Alten Israel 74
2.3.2 Die Hoffnung auf Gottes Gerechtigkeit
 in der alttestamentlichen Prophetie 85
2.3.3 Gerechtigkeit Gottes in der Weisheitsliteratur und
 in der frühjüdischen Apokalyptik 92

Inhaltsverzeichnis

2.3.4	Individualisierung des Ethos	99
2.3.5	Versöhnung mit Gott durch Opfer, Sühne und Barmherzigkeit	104
2.3.6	Das Übergewicht der Barmherzigkeit Gottes	117
2.3.7	Eine Typologie der Gerechtigkeit Gottes	122
2.3.8	Die Bitte um Gottes rettende Zuwendung in den Psalmen	125
2.3.9	Alttestamentliche Erträge	137
2.4	**Gerechtigkeit und Barmherzigkeit Gottes im Neuen Testament**	**139**
2.4.1	Gerechtigkeit Gottes, Umkehr und Buße bei Johannes dem Täufer	140
2.4.2	Die Offenbarung der Barmherzigkeit Gottes in Jesus von Nazaret	144
2.4.3	Gerechtigkeit Gottes als Rechtfertigung und Versöhnung nach Paulus	161
2.4.4	Richter, Richtende und Gericht in der Offenbarung des Johannes	167
2.5	**Gerechtigkeit und Barmherzigkeit Gottes im frühen Judentum**	**175**
2.5.1	Gerechtigkeit und Barmherzigkeit Gottes in den Qumran-Schriften	176
2.5.2	Gerechtigkeit und Barmherzigkeit Gottes in der rabbinischen Literatur	186
2.6	**Systematisch-theologische Erträge und Perspektiven**	**197**
3	**Gerechtigkeit und Barmherzigkeit Gottes in theologiegeschichtlicher Perspektive**	**202**
3.1	**Theologische Richtungsentscheidungen im 2. und 3. Jahrhundert**	**202**
3.1.1	Der gerechte Gott und der barmherzige Gott: Markion	203
3.1.2	Die Gerechtigkeit und die Barmherzigkeit des einen Gottes: Irenäus von Lyon	209
3.1.3	Gerechtigkeit Gottes und Freiheit des Menschen: Origenes von Alexandrien	220

3.2 Die Unbarmherzigkeit der Gerechtigkeit und die Barmherzigkeit Gottes: Aurelius Augustinus ... 232
- 3.2.1 Gottes Gnade und Barmherzigkeit angesichts der Sünde 233
- 3.2.2 Gerechtigkeit und Barmherzigkeit Gottes im Horizont der Erbsündenlehre 237
- 3.2.3 Gerechtigkeit und Barmherzigkeit Gottes im Horizont der Prädestinationslehre 243
- 3.2.4 Der Vollzug der göttlichen Gerechtigkeit im Jüngsten Gericht 249
- 3.2.5 Theologiegeschichtliche Erträge 255

3.3 Gottes Barmherzigkeit als Achtung geschaffener Freiheit: Anselm von Canterbury 256
- 3.3.1 Die Erfahrung der Barmherzigkeit Gottes im Denken des Glaubens: Proslogion 257
- 3.3.2 Erlösung in der Logik der Gerechtigkeit: Cur Deus Homo 263
- 3.3.3 Eine Anthropologie der Freiheit 273
- 3.3.4 Theologiegeschichtliche Erträge 279

3.4 Barmherzigkeit als Bestimmungsgrund der Menschwerdung Gottes: Petrus Abaelardus 280
- 3.4.1 Liebe als Eigenschaft Gottes bei Bernhard von Clairvaux und Abaelard 281
- 3.4.2 Gottes universaler Heilswille 285
- 3.4.3 Die Menschwerdung Gottes als Offenbarung seiner Barmherzigkeit 291
- 3.4.4 Theologiegeschichtliche Erträge 300

3.5 Gottes Barmherzigkeit als Gestalt seiner Gerechtigkeit: Thomas von Aquin 301
- 3.5.1 Barmherzigkeit Gottes als wirksame Güte 303
- 3.5.2 Gerechtigkeit und Barmherzigkeit Gottes in Bezug auf die Schöpfung 306
- 3.5.3 Sündenvergebung und Heilsgeschehen 309
- 3.5.4 Gottes Barmherzigkeit zur Vergebung der Sünde ... 317
- 3.5.5 Gerechtigkeit und Barmherzigkeit Gottes im Horizont der „Letzten Dinge" 322
- 3.5.6 Theologiegeschichtliche Erträge 326

Inhaltsverzeichnis

3.6 Gottes Barmherzigkeit als Gestalt seiner Demut:
Bonaventura 327
3.6.1 Gottes Barmherzigkeit als gnädige Zuwendung
zum Sünder 327
3.6.2 Gottes Barmherzigkeit in der Dynamik
der Heilsgeschichte 333
3.6.3 Ordnung der Gerechtigkeit und Ökonomie
des Heils 338
3.6.4 Die Menschwerdung Gottes als Gestalt
göttlicher Barmherzigkeit 341
3.6.5 Theologiegeschichtliche Erträge 352

3.7 Gottes Barmherzigkeit aus Freiheit und Liebe:
Johannes Duns Scotus 353
3.7.1 Gott als unbegrenzte Fülle des Seins, der Freiheit
und der Liebe 353
3.7.2 Eine Theologie der Freiheit 356
3.7.3 Gottes Liebe als Grund seiner Barmherzigkeit 360
3.7.4 Erlösung als Ereignis göttlicher Liebe 367
3.7.5 Freiheit in eschatologischer Perspektive 372
3.7.6 Theologiegeschichtliche Erträge 375

3.8 Gottes barmherzige Gerechtigkeit: Martin Luther .. 377
3.8.1 Gerechtigkeit Gottes und Sünde des Menschen 378
3.8.2 Barmherzigkeit Gottes und Rechtfertigung
des Sünders 381
3.8.3 Relationale Theologie und Anthropologie 387
3.8.4 Theologiegeschichtliche Erträge 396

3.9 Systematisch-theologische Erträge
und Perspektiven 398

4 Gerechtigkeit und Barmherzigkeit in der
Perspektive neuzeitlicher Philosophie 402

4.1 Universale Gerechtigkeit als „sapientia caritatis":
Gottfried Wilhelm Leibniz 403
4.1.1 Der universale Begriff der Gerechtigkeit 404
4.1.2 Gerechtigkeit als „caritas sapientis" 407
4.1.3 Gerechtigkeit Gottes und Theodizeefrage 411
4.1.4 Philosophiegeschichtliche Erträge 422

4.2	Gerechtigkeit und Gnade innerhalb der Grenzen bloßer Vernunft: Immanuel Kant	423
4.2.1	„Gerechtigkeit Gottes" im Rahmen der praktischen Philosophie	423
4.2.2	„Gerechtigkeit Gottes" im Rahmen der Religionsphilosophie	429
4.2.3	Ein philosophischer Begriff von Gnade	433
4.2.4	Gnade als „Stellvertretung"	435
4.2.5	Talionsprinzip und Begnadigungsrecht	440
4.2.6	Die Unvertretbarkeit der sittlichen Person	443
4.2.7	Philosophiegeschichtliche Erträge	448
4.2.8	Philosophiegeschichtlicher Ausblick auf Fichte und Hegel	451
4.3	Schuld als „Entdeckungsgrund des Individuums" und als „Geburtsstätte der Religion": Hermann Cohen	455
4.3.1	Das Problem der sittlichen Individualität	455
4.3.2	Verzeihung und Gottesgedanke	460
4.3.3	Philosophiegeschichtliche Erträge	468
4.4	Das Dilemma der Gerechtigkeit: Emmanuel Levinas	469
4.4.1	Die Asymmetrie der ethischen Beziehung	470
4.4.2	Der Andere und die Gerechtigkeit	473
4.4.3	Gerechtigkeit und Gewalt in messianischer Perspektive	479
4.4.4	Philosophiegeschichtliche Erträge	485
4.5	Gerechtigkeit, Gewalt und Verzeihen in dekonstruktivistischer Perspektive: Jacques Derrida	486
4.5.1	Gerechtigkeit, Recht und Gewalt	487
4.5.2	„Reines Verzeihen" als „Unmöglichkeit"	499
4.5.3	Philosophiegeschichtliche Erträge	503
4.6	Die Dialektik von Liebe und Gerechtigkeit in einer Geschichte der Schuld: Paul Ricœur	504
4.6.1	Selbstbewusstsein, Schuld und Verzeihen	505
4.6.2	Liebe und Gerechtigkeit	512
4.6.3	Erinnern, Vergessen und Verzeihen	518
4.6.4	Philosophiegeschichtliche Erträge	523

| 4.7 | Systematisch-theologische Erträge und Perspektiven | 524 |

| 5 | Konstruktive Zusammenführung und systematischer Ausblick | 528 |

| 5.1 | Der zurückgelegte Weg – ein Durchblick | 531 |

5.2	Philosophische Zwischenreflexion	545
5.2.1	Vollendete Gerechtigkeit am Ende der Geschichte?	545
5.2.2	Gerechtigkeit und Freiheit	549

5.3	Endliche Freiheit im Horizont der Ewigkeit	557
5.3.1	Freiheit, Zeit und Ewigkeit	557
5.3.2	Freiheit im Gericht	563
5.3.3	Freiheit und Versöhnung	569
5.3.4	Freiheit und Endgültigkeit	571
5.3.5	Problemüberhänge	574

| 5.4 | Gottes „advokatorische" Gerechtigkeit im Gericht | 579 |

| 6 | Literaturverzeichnis | 584 |

1 Einleitung

Darstellungen des Weltgerichts in der christlichen Kunst des Abendlandes zeigen seit dem hochmittelalterlichen Investiturstreit den göttlichen Richter oft zwischen Lilie und Schwert. Christus erscheint auf diese Weise als Quelle der geistlichen ebenso wie der weltlichen Macht. Symbolisiert das Schwert die weltliche Macht der Rechtsprechung, so die Lilie die geistliche Macht.[1]

In der christlichen Ikonographie steht die Lilie aber auch für Mildtätigkeit und Barmherzigkeit, das Schwert hingegen für Recht und Gerechtigkeit. So bringen Lilie und Schwert in den Darstellungen des Weltgerichts die Spannung zwischen Gerechtigkeit und Barmherzigkeit Gottes zur Darstellung. Christliche Theologie hat die Aufgabe, das Zueinander von Gerechtigkeit und Barmherzigkeit Gottes begrifflich zu entfalten – und dies auch und besonders angesichts der Abgründe von Sünde und Schuld, die sich im Verlauf der Jahrhunderte in der Menschheitsgeschichte aufgetan haben.

Angesichts der humanen Katastrophen des 20. Jahrhunderts stellt sich die Frage nach dem Verhältnis von Gerechtigkeit und Barmherzigkeit Gottes in zuvor unbekannter Dringlichkeit: Wie kann mit Blick auf Auschwitz und andere Stätten menschlichen Leidens weiterhin von Gott gesagt werden, er erweise sich als gerecht und barmherzig? Welche zukünftige Gerechtigkeit könnte das unendliche Leid der Opfer aufwiegen? Und welcher Ort bleibt für Gottes Barmherzigkeit noch angesichts des Entsetzlichen, das Menschen einander angetan haben? Ist das biblische Zeugnis von einem gerechten und barmherzigen Gott angesichts der unauslotbaren Erfahrungen von Leid und Schuld noch theologisch vertretbar?

---

[1] Vgl. Margarete Pfister-Burkhalter, Art. *„Lilie"*, in: LCI 3 (1971), 100–102, hier 101. – Die Siglen und Abkürzungen in den Anmerkungen folgen in der Regel Siegfried Schwertner, *Internationales Abkürzungsverzeichnis für Theologie und Grenzgebiete* (IATG), Berlin – New York ²1992.

Einleitung

1.1 Explikation der Fragestellung

„Schließlich will ich auch gar nicht, dass die Mutter den Peiniger umarmt, der ihren Sohn von Hunden zerreißen ließ! Sie darf sich nicht unterstehen, ihm zu verzeihen! Wenn sie will, mag sie verzeihen, soweit es sie selbst angeht; sie mag dem Peiniger ihr maßloses Mutterleid verzeihen: aber die Leiden ihres zerfleischten Kindes zu verzeihen, hat sie kein Recht; sie darf es nicht wagen, dem Peiniger zu verzeihen, auch wenn das Kind selbst ihm verziehe!" – so Iwan Karamasow in Fjodor Dostojewskijs letztem Roman *Die Brüder Karamasow* (1878–80).[2]

In einem hitzigen Gespräch mit seinem Bruder Aljoscha bestreitet Iwan Karamasow – in Dostojewskijs Roman der Typus eines aufgeklärten Atheisten – die Möglichkeit, ja die moralische *Legitimität* stellvertretender Vergebung. Niemand darf sich erdreisten, an der Stelle eines anderen Verzeihung üben zu wollen. Dazu haben nur die Opfer selbst ein Recht. Jeder Versuch, an ihre Stelle zu treten, wäre nicht nur faktisch unmöglich, weil niemand an der Stelle eines anderen verzeihen *kann*, sondern – darüber hinaus – vor dem Forum sittlicher Vernunft als unmoralisch zurückzuweisen.

Aljoscha weist Iwans Einwand nicht generell zurück, verweist aber auf eine Ausnahme: „Es gibt ein Wesen, das alles verzeihen kann, allem und jedem, denn es selbst hat sein unschuldiges Blut hingegeben für alle und alles."[3] Weil Christus, der einzig sündenlose Mensch, am Kreuz unschuldig gelitten hat, besitzt er nun das Recht, stellvertretend für die Opfer zu verzeihen.

Die theologische Provokation liegt auf der Hand: auf der einen Seite die These, dass niemand für einen anderen stellvertretend verzeihen kann, auf der anderen Seite der Hinweis darauf, dass sich Christus durch sein unschuldiges Leiden das Recht erworben hat, stellvertretend für alle Opfer der Geschichte zu vergeben. Die dogmatische Tradition beharrt auf der Vergebungsmacht Christi; das

---

2   Die Übersetzung folgt der Winkler-Ausg. München 1958, 331 (Hans Ruoff). – Dostojewskij lässt in seinem Roman Iwan Karamasow seinem Bruder Aljoscha von einer Zeitungsnotiz berichten, wonach ein Großgrundbesitzer das Kind eines Leibeigenen durch seine Jagdhunde zu Tode habe hetzen lassen. Zuvor hatte das Kind einen seiner Lieblingshunde beim Spielen versehentlich mit einem Stein verletzt. Nicht nur alle Untergebenen, sondern auch die Mutter des Kindes hätten mit ansehen müssen, wie das Kind von den Jagdhunden des Großgrundbesitzers in Stücke gerissen wurde.

3   A.a.O., 332.

neuzeitliche Freiheitsbewusstsein scheint zu fordern, dass Gottes Barmherzigkeit gegenüber den Sündern durch seine Gerechtigkeit gegenüber den Opfern beschränkt wird.[4]

Die dogmatische Tradition hingegen kann sich in breitem Maße auf die biblische Überlieferung stützen. Der Glaube daran, dass Gott Sünde und Schuld vergeben kann, zählt zu den Kernaussagen des Alten wie des Neuen Testaments. Alttestamentlich verbindet er sich vor allem mit dem Opferkult am Jerusalemer Tempel. Der von Markus überlieferte, wahrscheinlich historische Anspruch des vorösterlichen Jesus, im Namen Gottes Sünden zu vergeben,[5] wird nachösterlich mit seinem Tod in Verbindung gebracht: Durch seinen Tod am Kreuz hat Jesus die Sünden der Menschheit auf sich genommen und dadurch getilgt, dass er sich selbst als Opferlamm dargebracht hat.[6]

Unter den Verstehensbedingungen der Neuzeit hingegen erscheint der Glaube daran, dass Jesus durch seinen Kreuzestod alle Schuld der Welt getilgt hat, nicht mehr selbstverständlich. Nicht nur die in den biblischen Schriften geläufige Interpretation des Kreuzestodes als eines *Sühnegeschehens* ist heute keineswegs mehr geläufig. Auch der die Vorstellung vom Sühnetod Jesu präzisie-

---

4   Der Begriff „Neuzeit" wird hier für jene Epoche gebraucht, die dadurch gekennzeichnet ist, dass sie das Individuum zum Ausgangspunkt seines Selbst- und Weltverständnisses macht. Obwohl sich Individualisierungstendenzen beispielsweise schon in der Mystik des ausgehenden Mittelalters abzeichnen, wird der Beginn der Neuzeit üblicherweise mit dem frühen 16. Jahrhundert verbunden. – Zur Bedeutungs- und Begriffsgeschichte vgl. Stephan Skalweit, *Der Beginn der Neuzeit. Epochengrenze und Epochenbegriff* (EdF 178), Darmstadt 1982.
5   Vgl. Mk 2,7b par. und die dazu einschlägigen Kommentare. – Die Übersetzung biblischer Texte aus dem Hebräischen oder Griechischen ist um Textnähe bemüht. Sie orientiert sich meist an der *Zürcher Bibel* (2007), bei den Spätschriften des Alten Testament an der *Einheitsübersetzung* (1979) oder anderen Übertragungen. Die *Zürcher Bibel* bemüht sich um weitestmögliche Nähe zu den Grundtexten; „zugleich aber ist sie einer deutschen Sprache verpflichtet, die dem 21. Jahrhundert angemessen ist" (Geleitwort). Abweichungen von dieser Übersetzung sind im Einzelfall nicht gesondert kenntlich gemacht, da auch die Übersetzung der *Zürcher Bibel* nicht normativ ist. Die jeweilige Übersetzung ist vielmehr am hebräischen oder griechischen Grundtext zu verifizieren. – Zur Revision der *Zürcher Bibel* vgl. u.a. Ludger Schwienhorst-Schönberger, *Dem Ursprungssinn verpflichtet*, in: HerKorr 61 (2007) 566–571, bes. 570 f.
6   Dies ist ein besonderer Akzent der johanneischen Christologie (Joh 1,29); vgl. aber auch Mk 14,12–14; Lk 22,7 f., 11, 15 und besonders Paulus in 1 Kor 5,7.

Einleitung

rende Begriff der *Stellvertretung* erweist sich als sperrig. Mit Immanuel Kant wird Schuld in der Neuzeit als das „Allerpersönlichste" verstanden, das „nur der Strafbare, nicht der Unschuldige, er mag auch noch so großmütig sein, sie für jenen übernehmen zu wollen, tragen kann".[7]

Damit aber werden nicht nur die biblischen Vorstellungen von Sühne und Stellvertretung problematisch. Vielmehr wird auch fraglich, ob und inwieweit Gott jene Schuld vergeben kann, die nicht unmittelbar ihn selbst betrifft.

Immer wieder begegnet in der Literatur des 19. und 20. Jahrhunderts die Frage nach der Möglichkeit stellvertretenden Verzeihens. Besonders nach den Gräueln der Shoah wurde sie unabweisbar. Stellvertretend für viele beantwortet sie der Nobelpreisträger Elie Wiesel negativ: Niemand kann den Henkern an Stelle der Ermordeten verzeihen. In seiner autobiographischen Erzählung *Die Sonnenblume* (1969) berichtet der Überlebende der Shoah und langjährige Leiter des Wiener Zentrums für die Dokumentation des Holocaust Simon Wiesenthal von einem sterbenden deutschen SS-Offizier, der ihn nach einer Art Lebensbeichte um die Vergebung für jene Verbrechen bittet, die er bei einem Einsatz an der Ostfront an den jüdischen Einwohnern eines ukrainischen Dorfes verübt hat. Wiesenthal, selbst Jude, sah sich seinerzeit trotz der erbärmlichen Lage des Sterbenden weder befähigt noch moralisch dazu befugt, dem Offizier an Stelle der ermordeten Juden zu verzeihen.[8]

Diese Haltung entspricht jüdischem Selbstverständnis. So heißt es in einer rabbinischen Auslegung zur Liturgie des Großen Versöhnungstages *(Yom Kippur):* „Sünden des Menschen gegen Gott sühnt der Versöhnungstag, Sünden des Menschen gegen seinen Nächsten sühnt der Versöhnungstag nicht eher, als bis man seinen Nächsten besänftigt hat."[9] Demnach kann Gott nicht stellvertre-

---

7   Immanuel Kant, *Die Religion in den Grenzen der bloßen Vernunft* [1794], B 94 (Akad.-Ausg. VI 72).

8   In den Erinnerungen an seine Lagerhaft in Mauthausen verfremdet Wiesenthal den Gebetsruf des sterbenden Jesus am Kreuz, indem er fordert: „O Herr, vergib ihnen nicht, denn sie wussten, was sie tun!" (vgl. Lk 23,24): *Denn sie wussten, was sie tun. Zeichnungen und Aufzeichnungen aus dem KZ Mauthausen,* Wien 1995, 5. – Vgl. zur (Un-)Möglichkeit des Verzeihens nach der Shoah bes. auch Jankélévitch, *Das Verzeihen.* Dazu Tück, *Das Unverzeihbare verzeihen? Jankélévitch, Derrida und die Hoffnung wider alle Hoffnung.*

9   Mischna, Traktat *Yoma* VIII 8,9 (Übers. *L. Goldschmidt* III, 251).

tend vergeben, was Menschen einander angetan haben, sondern ist in seiner Barmherzigkeit auf das Verzeihen der Menschen angewiesen.

Die Ablehnung der Möglichkeit stellvertretenden Verzeihens im Judentum entspricht dem neuzeitlichen Freiheitsbewusstsein, insofern dieses auf der Unvertretbarkeit des sittlichen Subjekts besteht. Als (verfehlte) Selbstbestimmung von Freiheit erscheint Schuld wesentlich als nicht übertragbar. Die Achtung vor dem Leiden der Opfer von Unrecht und Gewalt scheint es zu verbieten, an ihrer Stelle stellvertretend auch nur vergeben zu *wollen*.

Eben dies jedoch beansprucht die christliche Dogmatik für den Gekreuzigten; von ihm behauptet der christliche Glaube seit den frühesten Bekenntnisformeln, dass er durch sein stellvertretendes Leiden alle Schuld der Welt auf sich genommen hat.[10] Christus ist fortan in allem menschlichen Leid gegenwärtig. Damit ist nicht nur die Qualität des sittlich Bösen insgesamt verändert. Auch wird von diesem Gedanken her die Vollmacht des Gekreuzigten abgeleitet, alle Schuld der Welt zu vergeben. Unbeantwortet freilich bleibt die Frage, wie die vergebende Barmherzigkeit Gottes gegenüber den *Tätern* zugleich auch den *Opfern* von Unrecht und Gewalt Gerechtigkeit widerfahren lassen kann.

Die theologischen Implikationen dieser Frage sind weitreichend. Sie betreffen die Soteriologie ebenso wie die Eschatologie und die Gotteslehre. Inwieweit ist Gott in seinem Vergebungswollen und in seinem Vergebungshandeln auf ein vorausgehendes zwischenmenschliches Verzeihen verwiesen? Kann, ja darf Gott Schuld vergeben, solange nicht die Menschen einander verziehen haben?[11] Und weiter: Ist es Gott vom Standpunkt der Moralität her gestat-

---

10 Einige der zentralen Bekenntnisformeln sind 2 Kor 5,21 („Den, der von keiner Sünde wusste, hat er für uns zur Sünde gemacht, damit wir in ihm zur Gerechtigkeit Gottes würden"; vgl. auch Gal 3,13; Röm 3,25 f.), Mt 20,28 („Der Menschensohn ist nicht gekommen, um sich dienen zu lassen, sondern um zu dienen und sein Leben hinzugeben als Lösegeld für viele"; mit Bezug auf das sog. Vierte Gottesknechtslied Jes 53,10–12). – Vgl. zu den theologischen Implikationen auch Sattler, *Jesus Christus – von Gott „für uns zur Sünde gemacht" (2 Kor 5,21).*

11 Terminologisch unterscheidet diese Studie nicht streng zwischen „Vergeben" und „Verzeihen". Gleichwohl scheint von „Vergeben" angemessen besonders im Hinblick auf das Gott-Mensch-Verhältnis zu sprechen zu sein, von „Verzeihen" im Blick auf zwischenmenschliche Beziehungen. – Vgl. die differenzierte Analytik zwischenmenschlichen Vergebens von Karin Schreiber, *Vergebung*, bes. 116–280.

Einleitung

tet, die womöglich ausbleibende oder verweigerte Einstimmung der Opfer in das Versöhnungsgeschehen zu ersetzen? Oder ist er nicht vielmehr unter moralischem Gesichtspunkt darauf verpflichtet, diese Einstimmung als notwendige Bedingung für sein eigenes Vergebungshandeln vorauszusetzen? Wie verhalten sich Gott und die Moral zueinander, so dass Letztere ein Maßstab selbst für göttliches Handeln sein kann? Oder ist nicht vielmehr daran festzuhalten, dass Gott keinem ihm äußeren Maßstab unterliegt?

Solche Fragen sind im Horizont neuzeitlichen Freiheitsbewusstseins unabweisbar. Denn dieses ist durch die Überzeugung bestimmt, dass die individuelle sittliche Person unhintergehbar ist, weil sie sich wesentlich als selbstbestimmte Freiheit vollzieht.[12] Das Bewusstsein von der Unhintergehbarkeit der sittlichen Person behauptet sich allen Widerreden zum Trotz auch gegenüber „postmodernen" oder (neo)strukturalistischen Infragestellungen.[13]

Doch auch die Theologie kann sich die These von der Unhintergehbarkeit der sittlichen Person zu eigen machen. Als Ebenbild Gottes (vgl. Gen 1,27) kann sie den Menschen als ein freies Gegenüber zu Gott verstehen: als ein von Gott ins Sein gerufenes Wesen, das befähigt ist, auf den Anruf Gottes frei zu antworten – oder sich ihm zu verschließen. Und dies dann auch mit Konsequenzen für Gott: Wie der Mensch in seinem Denken und Handeln auf den sich ihm offenbarenden Gott bezogen ist, so Gott in seinem offenbarenden und erlösenden Handeln auf den Menschen, den er als sein freies Gegenüber geschaffen hat.[14] Freilich bedarf es dabei der weiter gehenden Bestimmung, inwiefern die Beziehung zwischen Gott und Mensch symmetrisch ist und inwieweit sie reziprok genannt werden darf.[15]

---

12 Vgl. zu den geistesgeschichtlichen Schritten im abendländischen Denken bes. Kobusch, *Entdeckung*; zur Unhintergehbarkeit von Personalität auch Spaemann, *„Personen"*.

13 Hierin ist Manfred Frank, *Die Unhintergehbarkeit von Individualität*, zuzustimmen. „Eine These ist in Mode gekommen. Sie besagt, das neuzeitliche Subjekt [...] sei theoretisch wie praktisch »am Ende«. Die These ist nicht neu, aber der Vorwurf mangelnder Originalität entkräftet nicht schon ihre Pertinenz. Heute wird sie vor allem von Positionen vertreten, die sich selbst als »postmodern« bezeichnen" (*Die Unhintergehbarkeit von Individualität*, 7).

14 Hierauf hat vor allem Thomas Pröpper wiederholt hingewiesen, z. B. in *Erlösungsglaube und Freiheitsgeschichte*, bes. 171–220, 277–282. Vgl. dazu Platzbecker, *Radikale Autonomie vor Gott denken*.

15 Zu diesen relationslogischen Bestimmungen vgl. Albert Menne, *Einführung in die formale Logik*, Darmstadt 1985, 138–156.

1.1 Explikation der Fragestellung

Für die Frage nach der Möglichkeit der Vergebung von Schuld bedeutet dies: Jene Schuld, die nicht primär Gott betrifft, sondern auch – und womöglich sogar zuerst – den Mitmenschen, könnte, ja dürfte nicht von Gott vergeben werden, wenn der Mensch als eine auch für Gott unhintergehbare Instanz gelten muss. Denn von der Schuld gegenüber dem Mitmenschen wäre Gott nur mittelbar betroffen, insofern er der Urheber der Welt, der Grund ihrer sittlichen Ordnung und ihr letztes Ziel ist.

Was bedeutet dies aber für die Hoffnung darauf, dass schon innerhalb der Geschichte, vor allem aber am Ende der Zeit Vergebung und Versöhnung möglich werden?[16] Zumindest als Hypothese scheint sich im Horizont neuzeitlichen Freiheitsbewusstseins der Gedanke aufzudrängen, dass Gott auf die freie Zustimmung des Menschen zu seinem Vergebungshandeln verwiesen ist, mehr noch: dass Gott ohne das Einstimmen der Opfer in sein Vergebungshandeln nicht vergeben *darf,* will er in seiner Barmherzigkeit gegenüber den Tätern nicht die Opfer übergehen und somit unmoralisch handeln.

Doch nicht nur das Insistieren auf der Unvertretbarkeit des sittlichen Individuums, auch die abgründigen Erfahrungen von Schuld, die sich angesichts der humanen Katastrophen des 20. Jahrhunderts aufdrängen, provozieren die Frage, ob Gott die Schuld der Täter vergeben kann und darf, ohne dass die Opfer dazu einstimmen. Ist es aber den Opfern totalitärer Unrechtsregime oder individueller Barbarei überhaupt zuzumuten, dass Gott ohne ihre Zustimmung denjenigen verzeiht, die sie misshandelt, gefoltert und getötet haben?

Um den Opfern die Zumutung zu ersparen, mit ansehen zu müssen, wie ihren Peinigern verziehen wird, scheint Gottes Barmherzigkeit gegenüber den Tätern dadurch an eine Grenze zu gelangen, dass er auch den Opfern Gerechtigkeit widerfahren lassen muss.[17]

---

16   Diese Hoffnung legt sich angesichts eines Gottes nahe, der sich in der Geschichte des Volkes Israel und in der Person Jesu von Nazareth als derjenige geoffenbart hat, der „kein Gefallen hat am Tod des Ungerechten, sondern daran, dass ein Ungerechter sich abkehrt von seinem Weg und am Leben bleibt" (Ez 33,11; vgl. 18,23; Lk 15,7).

17   Vgl. die Metaphorik des „Aufrichtens" in den Psalmen, bes. in Ps 80 und 85; ferner Jer 9,23: „Ich, Jhwh, bin es, der Gnade, Recht und Gerechtigkeit übt auf Erden" u.a. – Zu „Gerechtigkeit" als Kennzeichen des biblischen Gottes im religionsgeschichtlichen Kontext vgl. die eindringliche Auslegung von Jürgen Moltmann zu Ps 82 in *„Sein Name ist Gerechtigkeit",* 110–117.

Einleitung

Und dies nicht etwa deshalb, um irgendwelchen Ansprüchen auf Rache und Vergeltung zu genügen. Vielmehr aus dem alleinigen Grund, dass den Opfern am Ende von Zeit und Geschichte ein Mitspracherecht einzuräumen wäre, soll die Möglichkeit offengehalten werden, dass sie in das Versöhnungswerk Gottes frei einstimmen.

Wie könnte eine Theologie, die sich nicht unterhalb des Anspruchsniveaus neuzeitlichen Freiheits- und Moralbewusstseins angesiedelt wissen will, diese Forderung begründen? Wäre ein Mitspracherecht der Opfer im Geschehen erhoffter Versöhnung gegebenenfalls auch *theologisch* zu rechtfertigen, ja womöglich sogar einzuklagen? Und auf welche Gründe könnte sich ein solcher Anspruch stützen? Oder wäre er am Ende nicht womöglich sogar aus theologischen Gründen zu verwerfen? Beinhaltete er nicht eine theologisch unzulässige Einschränkung göttlicher Souveränität und Allmacht? „Wem ich gnädig bin, dem bin ich gnädig, und wessen ich mich erbarme, dessen erbarme ich mich" (Ex 33,19b; vgl. Röm 9,15) – von einer vergeltenden Gerechtigkeit ist hier keine Rede, nur von Gottes überströmender Barmherzigkeit.

Iwan Karamasow macht sich gegenüber Aljoscha zum Anwalt einer Moral, die selbst über Gottes Handeln noch zu urteilen beansprucht. Die theologische Legitimität dieses Anspruchs kann nicht ohne weiteres vorausgesetzt werden. Sie bedarf einer gesonderten Begründung. Beunruhigend ist Iwans Einspruch nämlich nur dann, wenn gesagt werden dürfte, dass sich das Handeln Gottes am Maßstab einer Moralität bemessen muss, deren Prinzipien das sittliche Subjekt in seiner unvertretbaren Individualität und dessen unbedingte – und deshalb auch von Gott zu fordernde – Anerkennung sind.

Lässt sich also die These des neuzeitlichen Freiheitsbewusstseins, das sittliche Individuum sei im Versöhnungsgeschehen eine unhintergehbare Instanz, auch *theologisch* nachvollziehen? Oder ist sie nicht vielmehr aus theologischen Gründen – mit Verweis auf Gottes Souveränität und Allmacht – zu bestreiten?

Eine Theologie, die schon um ihrer Verständlichkeit im Kontext der Neuzeit willen der Überzeugung Rechnung tragen will, dass das sittliche Individuum unvertretbar ist, wird es jedenfalls nicht einfach hinnehmen, dass es Gott am Ende von Zeit und Geschichte „schon irgendwie richten" wird.[18] Sie fragt vielmehr danach, was es

---

18 Vgl. Moltmann, *Im Ende – der Anfang*, 159.

mit der Barmherzigkeit Gottes gegenüber den Sündern und seiner Gerechtigkeit gegenüber den Opfern der Geschichte auf sich hat und wie sich beide zueinander verhalten – auch und gerade angesichts der Geschichte von Unrecht, Leid und Gewalt.

Wie also kann theologisch verantwortet an der Hoffnung festgehalten werden, dass am Ende der Geschichte doch noch so etwas wie eine universale Versöhnung der Menschen untereinander und mit Gott möglich wird, die von allen Beteiligten – Tätern wie Opfern – frei gewollt und mitvollzogen wird?

Mit diesen Fragen ist die Thematik der vorliegenden Untersuchung umrissen. Diese zielt keineswegs darauf ab, zu bestreiten, dass Gott Schuld und Sünde vergeben kann und will. An Gottes Vergebungsmacht und an seinem Vergebungswillen ist vor dem Hintergrund der biblischen Offenbarung nicht zu zweifeln.[19] Wohl aber fragt die Untersuchung nach dem Stellenwert, der in der biblischen Überlieferung und in der Geschichte christlicher Theologie den Opfern beigemessen wurde, wenn es um Gottes Vergebung, seine Barmherzigkeit und um die Hoffnung auf eine universale Versöhnung geht. Sind es doch zuerst die Opfer, die unter ihren Peinigern gelitten haben.

Die Untersuchung verfolgt deshalb zunächst die Frage, an welchen Maßstäben und Kriterien das richtende und barmherzige Handeln Gottes in unterschiedlichen religionsgeschichtlichen, biblischen und theologischen Kontexten jeweils bemessen ist. In einem philosophiegeschichtlichen Durchgang werden begriffliche Kategorien bereitgestellt, die eine Reformulierung der Hoffnung auf ein endgültiges Gelingen der Schöpfung angesichts der menschlichen Schuldgeschichte möglich machen.[20] Umrisse dieser

---

19 Und dies auch dann, wenn vereinzelt die Meinung vertreten wird, im Handeln Gottes „dunkle Seiten" ausmachen zu müssen; vgl. dazu Walter Dietrich/Christian Link, *Die dunklen Seiten Gottes*, Bd. 1: *Willkür und Gewalt*, Neukirchen-Vluyn 1995; Bd. 2: *Allmacht und Ohnmacht*, Neukirchen-Vluyn 2000.

20 Der Begriff „Schuld" soll dabei nicht nur für diejenigen menschlichen Handlungen gebraucht werden, „für die sich Handelnde in ihrem Gewissen durch fahrlässige oder bewusst mit Vorsatz und Willen beabsichtigte und durchgeführte Handlungen verantwortlich wissen" (Oelmüller, Schwierigkeiten mit dem Schuldbegriff, 29 f.), sondern auch für solche, die objektiv als sittlich falsch gelten müssen. Dass etwa nationalsozialistische Schergen ihre Gräueltaten bisweilen im Bewusstsein verübten, einer gerechten Sache zu dienen, tilgt nicht den Schuldcharakter ihrer Verbrechen.

Einleitung

Hoffnung werden in einer abschließenden konstruktiven Zusammenführung skizziert.

1.2 Verortung der Fragestellung

Die nachfolgenden Überlegungen unterstellen – erstens – den unbedingten Willen Gottes zur Gemeinschaft mit den Menschen und zur Gemeinschaft der Menschen untereinander. Sie anerkennen – zweitens – die Erfahrung, dass die von Gott gewollte Gemeinschaft der Menschen untereinander und mit ihrem Schöpfer in mannigfaltiger Weise durch Sünde und Schuld, Unrecht und Gewalt gefährdet oder zerstört ist. Und sie fragen – drittens – danach, wie Gottes Wille zur Gemeinschaft mit den Menschen und zur Gemeinschaft der Menschen untereinander in der Geschichte und an deren Ende trotz aller Schuld Wirklichkeit werden kann.[21]

1.2.1 Forschungsgeschichtliche Verortung

Die Frage nach der Möglichkeit – und Problematik – einer universalen Versöhnung der Menschen untereinander und mit Gott begegnet so, wie sie hier gestellt wird, erst im Horizont einer Religion, die ein affirmatives Verhältnis zur Aufklärung gefunden hat. Denn erst im Kontext einer Moral, die sich autonom zu begründen beansprucht, wird eine Verfehlung als Tat gedeutet, die zunächst – und womöglich sogar ausschließlich – das zwischenmenschliche Verhältnis betrifft. Wo hingegen Verfehlungen in erster Linie als „Sünde" begriffen werden, braucht die ausstehende Versöhnung zunächst nicht mehr zu beinhalten als die Versöhnung mit der Gottheit.

Wo die Verfehlung als Verletzung einer durch Moralität und Sittlichkeit bestimmten interpersonalen Beziehung gedeutet wird und nicht bloß als Verstoß gegen ein *ius divinum*, genügt die Versöhnung mit der Gottheit *nicht*. Hier fordert die Perspektive einer universalen Versöhnung die Konfrontation von Tätern und Opfern: Die Täter müssen von den Opfern Vergebung erlangen, damit Versöhnung möglich wird.

---

21 Mit dieser Standortbestimmung steht die Schuldthematik im Zentrum der vorliegenden Studien, nicht etwa die Frage nach dem Leiden. Insofern grenzt sich die Thematik von der – umfassenderen – Theodizeeproblematik ab: Schuld ist zwar in der Regel die Ursache von Leiden; Leiden aber – um die Unterscheidung von Leibniz aufzugreifen – erschöpft sich nicht im *malum morale*, sondern umfasst auch das *malum physicum*.

Mit Aljoschas Hinweis auf den Sühnetod Christi ist ein theologisches Argument benannt, das jahrhundertelang die in der Neuzeit dann freilich unabweisbare Frage nach dem Stellenwert der Opfer im Versöhnungsgeschehen gar nicht erst hat stellen lassen. Der Gedanke des stellvertretenden Sühnetodes beherrschte spätestens seit Anselm von Canterburys *Cur Deus Homo* (1098) die abendländische Soteriologie. Demnach besteht das Erlösungswerk Christi wesentlich in jener Überwindung von Schuld und Sünde, welche durch seinen unschuldigen Tod am Kreuz erwirkt wurde.

Anselms soteriologisches Konzept verstärkte eine Tendenz, die bereits in der Erbsündenlehre Augustins angelegt war: Jeder Mensch ist der Erbsünde verfallen, und niemand kann sich von ihr aus eigener Kraft befreien. Befreiung von Schuld – hier von Erbschuld – war wiederum nur durch das Werk Jesu Christi zu erlangen. Søren Kierkegaards Unterscheidung von zwischenmenschlicher Schuld und Sünde als „Schuld vor Gott"[22] signalisiert insofern das in der Neuzeit gewachsene Bewusstsein, dass nicht jede Schuld immer schon – und vorrangig – als Sünde zu gelten hat. Sie betrifft vielmehr zunächst und vor allem den zwischenmenschlichen Bereich. Dieser ist es dann aber, der auch in der theologischen Perspektive einer Hoffnung auf universale Versöhnung zur Geltung zu bringen ist.

Im Zuge ihrer „anthropologischen Wende" hat die Theologie seit der Mitte des 20. Jahrhunderts die zwischenmenschliche Dimension der Vergebung in der Perspektive einer erhofften Versöhnung zunehmend als auch *theologische* Herausforderung wahrgenommen. In dieser Perspektive wird dann auch nach der Rolle der Opfer im Versöhnungsgeschehen gefragt und die Vorstellung von einem doppelten Ausgang des Jüngsten Gerichts problematisiert. Es wird nach der Freiheit des Menschen in eschatologischer Perspektive gefragt und die Souveränität Gottes im Vollendungsgeschehen

---

22 Vgl. Søren Kierkegaard, *Die Krankheit zum Tode* [1849], Zweiter Abschnitt: „Sünde ist: vor Gott, oder mit dem Gedanken an Gott verzweifelt nicht man selbst sein wollen, oder verzweifelt man selbst sein wollen. [...] Das, worauf der Nachdruck liegt, ist: vor Gott, oder dass die Gottesvorstellung mit dabei ist" (*Samlede Vaerker* XI [1905], 189; vgl. XI, 207/dt. Übers.: *Gesammelte Werke*, hg. v. Emanuel Hirsch/Hayo Gerdes, Gütersloh 1982, 75. 96). – Zur Unterscheidung von Sünde und Schuld vgl. auch Paul Ricœur: „Schuld ist nicht ein Synonym von Verfehlung. [...]. Man kann ganz allgemein sagen, dass Schuld das *subjektive* Moment der Verfehlung bezeichnet, wie die Sünde deren *ontologisches* Moment ist" (*Symbolik des Bösen*, 117 f.).

Einleitung

problematisiert. Letztendlich geht es um den Stellenwert endlicher Freiheit vor dem Angesicht Gottes.

1.2.1.1 Die Rolle der Opfer im Versöhnungsgeschehen

Schon in seinen frühen Umrissen zur Eschatologie hat Hans Urs von Balthasar nach der Rolle der Opfer im Versöhnungsgeschehen gefragt. Dabei hat er sich als Anwalt einer Eschatologie verstanden, die mit einer universalen Versöhnung rechnet. Anders aber als Origenes begreift von Balthasar diese nicht als metaphysische Notwendigkeit, sondern als Konsequenz einer Theologie, die Gott als unbedingt für das Heil aller Menschen entschiedene Liebe denkt.[23]

Gottes Liebe kann jedoch niemanden dazu zwingen, Erlösung an sich geschehen zu lassen. Denn sie ist darauf angewiesen, von ihrem Adressaten angenommen und beantwortet zu werden. Das gilt auch für die Erlösungstat Christi: „Jesus kann den Sünder nicht beiseite schieben, um seinen Platz einzunehmen. Er kann sich dessen Freiheit nicht aneignen, um aus ihr zu tun, was der andere nicht tun will. Zugespitzt: Er kann mich erlösen (das heißt mich aus einer Gefangenschaft oder Verschuldung loskaufen), aber ich muss diese Tat immer noch annehmen, für mich wahr sein lassen."[24]

Weil Gott die Freiheit des Menschen auch in eschatologischer Perspektive achtet, will von Balthasar die Möglichkeit nicht grundsätzlich ausgeschlossen wissen, dass sich Einzelne der vergebenden Liebe Gottes verweigern. Gelangten deshalb am Ende nicht alle Menschen zur Seligkeit, dann wäre dies jedoch eine „Tragödie": eine Tragödie „für den Menschen nicht nur, sondern für Gott selbst".[25] Deshalb besteht von Balthasar auf der Hoffnung, dass letztendlich niemand, auch der schlimmste Verbrecher nicht, sich der angebotenen Vergebung verschließt und Versöhnung verweigert. Das Angebot der Versöhnung gilt noch dem schlimmsten Sünder. Auch für ihn ist Christus in die Gottferne der Hölle hinabgestiegen. Und es ist keinerlei vergeltende Gerechtigkeit vorstellbar, die Gott dazu zwänge, auch nur einem einzigen Sünder die Vergebung zu ver-

---

23 Das wird besonders in der programmatischen Schrift *Glaubhaft ist nur Liebe* (1963) deutlich. – Zur Eschatologie vgl. bes. von Balthasar, *Gericht*; Ders., *Was dürfen wir hoffen?*; Ders., *Kleiner Diskurs über die Hölle*; Ders., *Eschatologie in unserer Zeit*.
24 *Epilog*, 95.
25 *Theodramatik* IV, 272.

weigern, sofern dieser nur darum bittet und sich der Vergebung öffnet.

Welchen Stellenwert haben in diesem Szenario die Opfer? Zwar stehen sie nach Ausweis des Neuen Testaments als „Beisitzer" oder als „Mitrichtende" im Endgericht[26] in einer besonderen Gemeinschaft mit dem herrschenden Christus. Sie sind jedoch keine gesonderte Instanz im Gericht. Die soziale Dimension der Versöhnung ist bestenfalls angedeutet. Fußend auf der Ekklesiologie, die Henri de Lubac 1938 in *Catholicisme. Les aspects sociaux du dogme* skizziert hat,[27] sieht Hans Urs von Balthasar in den Beisitzern die „Untrennbarkeit Christi von seiner Kirche" angedeutet.[28] Mit Thomas von Aquin sieht er die Aufgabe der Beisitzer darin, dem Urteil Christi zuzustimmen: „Kann es doch nicht um eine Gerichtsverhandlung gehen, in der gleichsam jeder stimmberechtigt wäre, und das Urteil durch die Abstimmung sich ergäbe."

Dies wird in neueren eschatologischen Entwürfen anders gesehen. Vor dem Hintergrund der Innsbrucker „mimetischen Theologie" identifiziert Józef Niewiadomski drei Dimensionen eines dramatischen Begegnungsgeschehens, als welches er das Jüngste Gericht vorgestellt wissen will: die Konfrontation des Menschen mit allen jenen, gegenüber denen er sich verschuldet hat, die Konfrontation mit der eigenen Schuld und schließlich die Konfrontation mit der „unermesslichen Güte und Vergebungsbereitschaft Gottes".[29] Letztere – „so hofft es jedenfalls der Christ" – wird das Entscheidende für das Gelingen universaler Versöhnung zu sagen haben. Denn Christus selbst, für Niewiadomski das unschuldige Opfer schlechthin, hat den Ausstieg aus dem Teufelskreis von Gewalt, Vergeltung und Rache dadurch gewiesen, dass er am Kreuz seinen Henkern vergeben hat. Konfrontiert mit der dadurch offenbar gewordenen Vergebungsgnade Gottes wird „kaum einer" die ihm angebotene Vergebung verweigern oder „anachronistisch" auf sein Recht und seine Vergeltung pochen.[30]

---

26   Vgl. bes. Mt 19,28, Offb 21,14 und 1 Kor 6,2f.
27   Deutsch: *Glauben aus der Liebe*, übertragen und eingeleitet von Hans Urs von Balthasar, Einsiedeln ³1992.
28   *Eschatologie im Umriss*, 439.
29   Vgl. hierzu die Skizze von Niewiadomski, *Hoffnung im Gericht*, bes. 125 f.
30   Dieses vorsichtig formulierte „kaum einer" wird von Niewiadomski nicht weiter diskutiert – doch liegt genau hier die theologische Herausforderung.

Einleitung

Mit bemerkenswerter Selbstverständlichkeit transformiert Niewiadomski die traditionelle Vorstellung von einem einsamen Richten Gottes in ein universales Begegnungsgeschehen, das die Menschen mit Christus und untereinander konfrontiert. Mehr noch: Niewiadomski unterstellt, dass die Menschen im Kontext des Gerichts *einander* richten werden: „Welch ein gewaltiges Entschuldigungs- und Beschuldigungsszenario wird da realisiert" – ein Szenario, in dem die Opfer über die Täter werden urteilen können: „Es liegt an mir. Was werde ich fordern?"

Solche Überlegungen deuten den Gedanken an, dass im Geschehen des Jüngsten Gerichts das freie Subjekt durch niemanden vertreten werden kann. Dies gilt auch für das Verzeihen. Dem Fribourger Dominikaner Johannes B. Brantschen zufolge kann „nur das Opfer [...] seinem Henker verzeihen". Brantschen scheint jedoch vor den Konsequenzen dieser These für die Hoffnung auf eine universale Erlösung zurückzuschrecken, wenn er unmittelbar danach Gott ein Recht zur Vergebung einräumt, weil er sich im Kreuzestod Jesu mit den Opfern identifiziert habe.[31] Hatte Aljoscha Karamasow das Leiden und Sterben des allein sündelosen Menschen als Begründung dafür angeführt, dass dieser stellvertretend für andere vergeben kann und darf, so verweist Brantschen auf die Identifikation des Gekreuzigten mit den Opfern der Geschichte.

Auch der niederländische Theologe André Lascaris gibt zu bedenken, dass Gott nicht stellvertretend für die Opfer vergeben kann. Mit der durchaus denkbaren Verweigerung von Seiten der Opfer ist aber Versöhnung keineswegs unmöglich; denn: „Der Gott Jesu ist allezeit mit vergebender Kraft anwesend und bietet dem Täter eine Beziehung an. Er ist für den Täter die Zukunft, und zwar auch, wenn das Opfer die Vergebung verweigert oder nicht in der Lage ist, sie zu gewähren. Gottes Vergebung ist ein Angebot ohne Vorbedingungen."[32] Dieses Angebot wird angenommen, sobald der Täter seine Schuld erkennt, diese bereut und um Vergebung bittet.

Damit freilich deutet sich ein Dilemma an: Die Opfer würden darin respektiert, dass sie Vergebung verweigern; doch vermögen sie die Versöhnung Gottes mit den Tätern nicht zu verhindern.[33]

---

31 *Warum lässt der gute Gott uns leiden?*, 84.
32 *Kan God vergeven als het slachtoffer niet vergeeft?*, 63.
33 Lacaris zufolge besteht – unbeschadet der möglichen Verweigerung der Täter, ihren Peinigern zu verzeihen – Gottes Einladung an die Opfer fort, sich mit ihm zu versöhnen. Innergeschichtlich wird Gottes Vergebungsbereitschaft durch die Kirche repräsentiert. Das „Reich Gottes"

1.2 Verortung der Fragestellung

Gottes Anerkennung menschlicher Freiheit wäre nicht unbedingt, sondern fände ihre Grenze an seinem universalen Heilswillen.

Mit Gottes fortdauernder Einladung an die Täter, sich ihm zuzuwenden, geht die soziale Dimension des Jüngsten Gerichts verloren. Dieses wird eher als ein Selbstgericht vorgestellt, in dem der Sünder zur schmerzhaften Einsicht in seine eigene Schuld gelangt. Medard Kehl zufolge lässt die Konfrontation der eigenen Schuld mit der Güte und Liebe Gottes im Gericht die Bereitschaft der Täter, sich die Schuld vergeben zu lassen, in einem schmerzlichen Prozess „ausreifen". Kehl sieht hier den sachlichen Anknüpfungspunkt für die Lehre vom Fegefeuer. Damit Versöhnung Wirklichkeit werden kann, bedarf es „selbstverständlich entscheidend auch des Vergebungs- und Versöhnungswillens der Opfer".[34]

1.2.1.2 Die Problematik der Vorstellung von einem doppelten Ausgang des Jüngsten Gerichts

Was Kehl hier als eine ebenso selbstverständliche wie entscheidende Notwendigkeit einführt, wurde in der Geschichte christlicher Theologie und Frömmigkeit über Jahrhunderte hinweg keineswegs als solche empfunden. Im Gegenteil: Schon bei den nordafrikanischen Theologen Tertullian und Cyprian von Karthago begegnet die Vorstellung, dass die Freude der Seligen im Himmel durch ihr Wissen um die gerechte Strafe der Verdammten noch vermehrt wird, weil sich darin die Gerechtigkeit Gottes manifestiere – ein Topos, der von Friedrich Nietzsche in seiner *Genealogie der Moral* (1887) als Ressentiment von Benachteiligten und „Winkel-Falschmünzern" gebrandmarkt wurde.[35] Einer Versöhnung zwischen Tä-

---

sieht Lacaris dann vollendet, wenn jeder Mensch – bewegt durch Gottes Gnade – zum Verzeihen und zur Annahme von Verzeihen bereit ist. Klärungsbedürftig bleibt in dieser Perspektive das Verhältnis von göttlicher Gnade und menschlicher Freiheit.

34 Kehl, *Und was kommt nach dem Ende?*, 132f. – Vor der Drucklegung dieser Studie konnten die bemerkenswerten Beiträge zur Eschatologie in dem von Thomas Herkert und Matthias Remenyi herausgegebenen Band *Zu den letzten Dingen. Neue Perspektiven der Eschatologie* (Darmstadt 2009) leider nicht mehr im Detail berücksichtigt werden. Zur Diskussion zwischen Klaus von Stosch und Jan-Heiner Tück um den Gedanken einer postmortalen Konfrontation von Tätern und Opfern vgl. aber Tück, *Das Gericht Jesu Christi*, ebd., 117–120.

35 „Was sie verlangen, das heißen sie nicht Vergeltung, sondern ›den Triumph der *Gerechtigkeit*‹; was sie hassen, das ist nicht ihr Feind, nein! sie hassen das ›*Unrecht*‹, die ›Gottlosigkeit‹; was sie glauben und hoffen, ist nicht die Hoffnung auf Rache, die Trunkenheit der süßen Rache

Einleitung

tern und Opfern bedarf es in diesem Vorstellungsrahmen nicht; sie gilt nicht einmal als eschatologische Zielperspektive.

Dem gegenüber hatte bereits Friedrich Schleiermacher in seiner *Glaubenslehre* (¹1821/22) vermutet, dass es die Seligkeit der Seligen „trüben", wenn nicht am Ende aufheben würde, wüssten sie, dass es Menschen gibt, die zur ewigen Verdammnis verurteilt sind. Schleiermacher hält die Seligkeit der Seligen selbst dann für getrübt, wenn Gottes Urteil in einem „allgemeinen Gericht" gesprochen wäre, „bei welchem beide Teile anwesend, d.h. sich ihrer gegenseitig bewusst waren".[36] Eine ungetrübte Seligkeit hält Schleiermacher so lange für ausgeschlossen, wie mit einem doppelten Ausgang des Gerichts überhaupt zu rechnen ist.

Nicht nur Karl Barth ist ihm in dieser Auffassung gefolgt.[37] Auch der katholische Theologe Franz-Josef Nocke kritisiert die Vorstellung von einem doppelten Ausgang des Gerichts: „Können die Heiligen im Himmel sich freuen, wenn es Verdammte gibt? Kann die Mutter des Mörders im Himmel glücklich werden, wenn ihr Sohn in einer endgültigen und unauflösbaren Verzweiflung bleibt? Allgemeiner gesagt: kann es überhaupt Himmel geben, solange es Hölle gibt?"[38] Ohne vorausgehende Versöhnung – der Menschen untereinander, der Menschen mit Gott, aber auch der Menschen mit sich selbst – scheint ewige Seligkeit unerreichbar.

Gottfried Bachl charakterisiert die Erwartung eines doppelten Ausgangs des Gerichts als „Theologie der Trennung". Sie setzt die Überzeugung voraus, dass letztendlich die Gerechtigkeit Gottes höher einzuschätzen sei als seine Barmherzigkeit und „dass die Seligen im Himmel, ganz erfüllt vom Willen Gottes, in dieser Einsicht glücklich würden."[39]

[…], sondern der Sieg Gottes, des *gerechten* Gottes über die Gottlosen." (F. Nietzsche, *Zur Genealogie der Moral*, 1. Abhandlung, Abs. 14 [Werke 2, ed. Schlechta, 792]).

36   *Der christliche Glaube* [1821/22], § 179 (ed. E. Peiter, Berlin 1984, Bd. II, 335, 30 f.). Das Mitgefühl mit denjenigen, die von der Seligkeit ausgeschlossen sind, höbe die Seligkeit der Seligen letztendlich auf. Seligkeit kann es so lange nicht geben, wie es irgendwo Unversöhntheit gibt – es sei denn, man unterstellte bei den Seligen eine Art „himmlischer Amnesie".

37   *Kirchliche Dogmatik* IV/3, 354–356, wo Karl Barth den „Jüngsten Tag" als das „neue Kommen" des zuvor Gekommenen, „das neue Bei-uns-Sein dessen, der bei uns war" definiert.

38   Nocke, *Eschatologie*, 140 f.

39   Vom *äthiopischen Henochbuch* (2.–1. Jahr. v. Chr.) über die Schriften aus *Qumran* bis hin zum *4. Makkabäerbuch* stammen die Zeugnisse aus der

1.2 Verortung der Fragestellung

Eine Zusammenstellung von Belegen hierzu hat Bachl mit „Der Geist der Rache" betitelt. Für diesen Geist macht er eine „Idee absoluter Gerechtigkeit" verantwortlich. Sie habe nicht das Wohl des Einzelnen zu ihrem Inhalt, sondern ziele auf die Geltung eines abstrakten Prinzips. Bachl sieht darin den Ausdruck einer „Metaphysik der statischen Ordnung". Diese „setzt die Absonderung des Bösen vor die mitteilende Gewinnung, die Elimination vor die Kommunikation und Gott unter die Funktion einer menschlichen Vergeltungsgerechtigkeit".[40] Der – angenommene – Spott der Seligen über die Verdammten speise sich aus der Unterstellung, dass „nur die Exekution des ewigen Urteils den Menschen trifft, die Versöhnung aber das Leben unwirklich macht."[41] Bachl zufolge unterschätzen die „Theologien der besetzten Hölle" den „Ernst der Hölle".

Verantwortlich für die breite Wirkung, die diese Vorstellung in der christlichen Theologie und Frömmigkeit gleichwohl entfalten konnte, ist nach Bachl zum einen eine Moralpädagogik der Furcht – „nur wenn die Hölle besetzt ist, kann sie ein wirksamer Faktor für die Orientierung im Handeln sein" –, zum anderen eine unzulässige Verabsolutierung der menschlichen Freiheit. Von ihr werde behauptet, dass Gott sie auch dann achte, wenn sie sich gegen ihn wende. Demgegenüber habe in neuerer Zeit die Idee der zwischenmenschlichen Solidarität die fragwürdigen Voraussetzungen dieser Vorstellung aufgedeckt.[42]

Es sei dahingestellt, ob Bachls Verdikt individueller menschlicher Freiheit triftig ist.[43] Bedenkenswert bleibt sein Hinweis, dass die reale Möglichkeit einer ewigen Verdammnis im Rahmen der

---

jüdischen Tradition, von der *Offenbarung des Johannes* über die apokryphe *Petrusoffenbarung*, *Tertullian*, *Cyprian* und *Laktanz* die Belege aus der Alten Kirche. Für das Mittelalter werden *Thomas von Aquin*, *Bonaventura* (1217/18–1274) und *Dante Alighieri* (1265–1321) zitiert. Und selbst aus der jüngsten Vergangenheit fehlen Stimmen nicht, die die Verdammung der Sünde als Vollendung der göttlichen Gerechtigkeit feiern: *Der Tod und das Leben danach*, 182–194.

40 *Die Zukunft nach dem Tod*, 104.
41 *Die Zukunft nach dem Tod*, 107.
42 Vgl. ebd., 104 f.
43 Hier nur so viel: Eine „verabsolutierte Freiheit" wäre ein Selbstwiderspruch, insofern sich Freiheit wesentlich als ein Sichöffnen auf einen sie schlechterdings erfüllenden Gehalt vollzieht und gerade nicht als ein Sichabschließen. – Vgl. hierzu bes. Krings, *Freiheit – Ein Versuch, Gott zu denken*. Eine Darstellung dieses Ansatzes bei Striet, *Versuch über die Auflehnung*, 66–71.

Einleitung

Vorstellung vom Selbstgericht voraussetzt, dass sich endliche Freiheit definitiv gegen Gott wenden kann, und dass Gott diesen Akt der Freiheit respektiert. Mit der realen Möglichkeit der Hölle zu rechnen, bedeutet demnach, damit zu rechnen, dass der Mensch frei ist, sich von Gott definitiv abzuwenden, und dass Gott die Autonomie menschlicher Freiheit achtet. Dass die Abkehr der Freiheit von Gott einen Akt des Selbstwiderspruchs bedeutete, kann hier nur angedeutet werden.

Nun ließe sich einwenden, dass es mit der Annahme humaner Freiheit in Bezug auf Gott zur Sache des Menschen selbst würde, zwischen Heil und Verdammnis zu wählen. Himmel oder Hölle – beides läge in der Konsequenz freier menschlicher Entscheidungen. Das Bild vom Jüngsten Gericht würde so zur letztgültigen Bestätigung menschlicher Willensfreiheit.[44] Und Gott liefe Gefahr, zu einem bloßen Erfüllungsgehilfen menschlicher Entscheidungen herabgewürdigt zu werden.

Bachl hat demgegenüber zu bedenken gegeben, dass die freie Entscheidung des Menschen zum Guten oder zum Bösen nicht symmetrisch ist. Vielmehr gibt es eine Asymmetrie zwischen jener Freiheit, die sich Gott zuwendet, und jener, die sich ihm verschließt.

Um dem Verdacht zu begegnen, eine Apokatastasis-Lehre origenistischer Prägung zu vertreten, welche die Allversöhnung von Gott, Welt und Geschichte als ein metaphysisch notwendiges Geschehen auffasst, und um dem Vorwurf einer „billigen Versöhnung" zu entgehen, betont Bachl die Schwierigkeit, Vergebung zu gewähren, sie anzunehmen und letztendlich Versöhnung Wirklichkeit werden zu lassen.[45] „Die Hoffnung, dass die freie Macht der Gnade auf den Wegen der Freiheit alle gewinnen wird, ist eine härtere und kühnere Zumutung an die menschliche Phantasie und gewiss auch eine Beleidigung des natürlichen Hungers nach der Rache." Sie bedeutet auch die Verabschiedung einer irregeleiteten Vorstellung von Gott: „War da, vor allem in populären Vorstellungen, noch *Gott*? War da nicht eher der Funktionär eines Prinzips Gerechtig-

---

44 Vgl. die Doctrine Commission of the Church of England: „Nevertheless it is our conviction that the reality of hell (and indeed of heaven) is the ultimate affirmation of the reality of human freedom" (1995; zit. nach Moltmann, *Sonne der Gerechtigkeit*, 124).

45 „Die größere Anstrengung in der Wahrnehmung und in der Praxis gegenüber dem Bösen liegt im mühevollen Prozess der Versöhnung, nicht in der vergeltenden Platzierung am definitiven Ort" (*Die Zukunft nach dem Tod*, 109).

keit am Werk, das er durchzusetzen und am Ende der Geschichte zu verifizieren hatte?"

Bachl geht es mit seinen Überlegungen in erster Linie um eine offenbarungstheologisch verantwortete Rede von Gott. Diese will er von allen Vergeltungsphantasien gereinigt wissen. Demgegenüber ist die Möglichkeit – oder gar Notwendigkeit – einer unmittelbaren Konfrontation von Tätern und Opfern nachrangig. Wenn es eine solche Konfrontation gibt, dann ist sie christologisch vermittelt: „Wir verbinden mit der Verheißung des Gerichts nicht nur die Erwartung, Gott allein werde sein Urteil sagen über die stumm unter seine Füße geworfene Menschheit. Wenn Jesus, der Mensch, der ewige Richter ist, haben seine Brüder in ihm das Wort, wird es in ihm laut und muss gerade in diesem Augenblick der Wahrheit nichts von dem unterdrückt werden, was die Menschen zu sagen haben."[46] Für das Gerichtsgeschehen bleibt die Herausforderung, das Sein der Seligen „in Christus" näher zu bestimmen.

Bachl zufolge ist es Gottes, nicht der Menschen, „Macht der Gewinnung" – oder, wie es anderenorts heißt: Gottes „Kunst der Gewinnung"[47] –, welcher er die universale Versöhnung zwischen Tätern und Opfern zutraut: „Die Liebe Gottes, über die hinaus nichts Größeres gedacht werden und sein kann, ist fähig, dem Opfer Genugtuung zu verschaffen und dem Henker zu vergeben, so dass beide, jeder in seiner Weise, der neuen Gerechtigkeit teilhaftig werden".[48] Dass dem Bösen von Gott vergeben wird, mag der Gute als „Zumutung", ja als „Ärgernis" erfahren. Aber: „Dieses Ärgernis ist theologisch notwendig und entspricht dem Maß der schöpferischen Liebe Gottes, das in den Grenzen der menschlichen Gerechtigkeit nicht zu fassen ist."

Der evangelische Theologe Jürgen Moltmann will stattdessen den rettenden Charakter göttlicher Gerechtigkeit betont wissen. An die Stelle eines „täterorientierten Moralgerichtes nach Maßgabe der vergeltenden Gerechtigkeit" will er die „opferorientierte Erwartung rettender Gerechtigkeit" setzen, um dem biblischen Zeugnis von einem Gott gerecht zu werden, der nicht geltendes

---

46 *Über den Tod und das Leben danach,* 180.
47 *Faszination des Schreckens,* 191. – Vgl. auch J.B. Brantschen: „Wie muss Gott und seine Herrlichkeit sein, dass – man wagt es fast nicht zu sagen – selbst Auschwitz und alle anderen Ungeheuerlichkeiten der Geschichte und alle Tragödien des persönlichen Lebens in einem neuen Licht erscheinen können" (*Hoffnung für Zeit und Ewigkeit,* 155).
48 Ebd., 217 f.

Einleitung

Recht ratifiziert, sondern den Unterdrückten und Benachteiligten Gerechtigkeit verschafft.[49]

1.2.1.3 Die Freiheit des Menschen in eschatologischer Perspektive

Die theologische Kritik an der traditionellen Vorstellung vom doppelten Ausgang des Gerichts ist teils theologisch, teils anthropologisch motiviert: Demnach widerstreitet die reale Möglichkeit einer ewigen Verwerfung sowohl dem Wesen Gottes als auch dem des Menschen. Dieser muss schon um seiner eigenen Seligkeit willen hoffen, dass mit ihm auch alle anderen Menschen gerettet werden. Ging es in der Perspektive des traditionellen Gerichtsgedankens lediglich um die Aburteilung des Sünders nach dem Maß seiner Taten, so tritt im 20. Jahrhundert zunehmend die Hoffnungsperspektive eines vollendeten Lebens mit Gott in den Blick, an dem letztendlich alle Menschen – auch die Sünder – teilhaben.

Hierzu aber bedarf es einer vorausgehenden Versöhnung nicht zunächst durch Gott, sondern der Menschen untereinander – und dies unter Einschluss des zweifelsfrei verstörenden Szenarios, dass im Gericht Anne Frank und Adolf Eichmann einander begegnen.[50] Dass auch hier Versöhnung möglich wird, sehen viele Theologen durch das Leiden Christi und durch seinen Vergebungswillen gewährleistet.[51] Jan-Heiner Tück nimmt die christologische Vermittlung des Versöhnungsgeschehens zum Anlass, den Stellvertretungsbegriff neu zu fassen. Dazu plädiert Tück dafür, die „Verengung der klassischen Soteriologie" zu überwinden, der es vorrangig um die „Befreiung des Individuums von Sünde und Schuld" gehe.[52] Stattdessen lädt Tück dazu ein, „die intersubjektive Dimension von Versöhnung" näher zu reflektieren. Von ihr her schlägt er ein spezifisches Verständnis auch von Stellvertretung vor: „Der Glaube daran, dass Jesus Christus [...] *stellvertretend* für die Sünder gestorben ist, scheint auf den ersten Blick mit dem neuzeitlichen Gedanken der sittlichen Unvertretbarkeit des Individuums unvereinbar zu sein. Stellvertretung muss als ein Freiheitsgeschehen gefasst werden,

---

49 *Sonne der Gerechtigkeit*, 125. „Die Gerechtigkeit Gottes, die der kommende Christus an allen Menschen und allen Dingen verwirklichen wird, wird nicht die feststellende Gerechtigkeit über Gut und Böse sein, die gute Werke belohnt und böse bestraft, sondern Gottes schöpferische Gerechtigkeit, die den Opfern Recht schafft und die Täter zurechtbringt" (ebd., 126).
50 *Eschatologie*, 140.
51 Vgl. Lk 23,34; ferner Apg 7,60 (Stephanus).
52 *Versöhnung zwischen Tätern und Opfern?*, 365.

das sich von magischem Ersatzdenken ebenso unterscheidet wie von der Vorstellung eines Entschuldigungsautomatismus. Erlösung des Schuldigen von seiner Schuld vollzieht sich demnach so, dass dieser den Akt der Stellvertretung Jesu Christi frei anerkennt."[53] In keinem Fall können Vergebung und Versöhnung ohne die freie Zustimmung der Beteiligten geschehen.

Die konstitutive Bedeutung der freien Einstimmung der Opfer in das Versöhnungsgeschehen betont auch Thomas Pröpper. In einer Anfrage an Johann Baptist Metz und dessen Plädoyer für eine „theodizee-empfindliche Theologie" fordert Pröpper: „Nicht allein Gott dürfte vergeben, auch die Opfer selbst müssten es wollen und so die Würde ihrer beschädigten Freiheit geachtet sein."[54] Pröpper verweist in diesem Zusammenhang auf Søren Kierkegaard, dem zufolge die Opfer im Jüngsten Gericht eine „Zwischeninstanz" sind, „eine berechtigte, die nicht übergangen werden darf".[55]

Nachdem Gott einmal den Menschen als ein Wesen geschaffen hat, das sich zu seinem Schöpfer in unbedingter Freiheit verhalten kann, ist er auch in seinem erlösenden Handeln auf diese Freiheit verwiesen. Zwar könnte er das Ende der Welt durchaus am Menschen vorbei erwirken. Damit aber missachtete er die von ihm selbst geschaffene Freiheit. Letztendlich widerspräche sich Gott selbst, betrachtete er die menschliche Freiheit als eine nur vorläufige Instanz im Weltgeschehen. Nein: Gottes Liebe kommt erst dann an ihr Ziel, wenn ihr der Mensch frei zustimmt. Freilich – und Pröpper ist sich dessen bewusst – „ist dies ein sehr weitgehender Gedanke, und man kann ihn auch nur mit Zögern aussprechen".[56] Was bleibt, ist die Hoffnung, dass Gott das, was er begonnen hat, auch vollenden will und kann. Angesichts der Trostlosigkeit und des Leidens in der Welt setzt der christliche Glaube auf einen Gott, der „Gerechtigkeit schaffen, das Zerstörte und Verlorene retten und die Leiden der Geschichte versöhnen kann".[57]

Auch Magnus Striet sieht in der Freiheit des Menschen eine Instanz, an die sich Gott im Akt der Schöpfung selbst gebunden hat. Diesen Entschluss könnte Gott nur um den Preis zurückneh-

---

53 Tück, *Memoriale Passionis*, 104.
54 *Fragende und Gefragte zugleich,* in: Evangelium und freie Vernunft, 274.
55 *Kierkegaard,* Stadien auf des Lebens Weg [1845], übers. v. Emanuel Hirsch (Ges. Werke 15, GTB 611), Gütersloh 1982, 405.
56 Vgl. Pröpper, *„Dass nichts uns scheiden kann von Gottes Liebe ..."*, in: Ders., Evangelium und freie Vernunft, 54 f.
57 Ebd., 54.

Einleitung

men, sich selbst zu widersprechen. „Gottes Freiheit gegenüber der Welt bleibt zwar bestehen, und zumindest theoretisch wird man auch die Möglichkeit einer Abkehr Gottes von seinem Ursprungsentschluss denken müssen, um ihn als bleibend frei gegenüber der Welt und den Menschen denken zu können. Jedoch hat sich die Freiheit Gottes in geschichtlicher Weise als eine Freiheit gezeigt, die sich gerade dadurch auszeichnet, *dass* sie sich an ihren eigenen Entschluss bindet, somit treu bleibt."[58]

Die sich damit abzeichnende Möglichkeit, dass Gottes Erlösungswille auf die Weigerung des Menschen trifft, ihn für sich bestimmend werden zu lassen, sieht Striet durchaus. In dieser Weigerung aber, in der Selbstverschließung endlicher Freiheit gegenüber der unendlichen Freiheit Gottes, widerspräche sich die endliche Freiheit des Menschen ebenso wie in der Weigerung, Vergebung zu gewähren. Mit Pröpper erachtet Striet Vergebung als die „höhere Möglichkeit der Freiheit".[59] Und deshalb verbindet Striet die Forderung, dass Gott die Freiheit der Menschen auch im Jüngsten Gericht zu achten hat, mit der Hoffnung, dass die Opfer ihren Tätern zu verzeihen imstande sind, wenn sie bei ihnen Einsicht und Reue wahrnehmen.[60]

In seiner umfassenden Studie über das „Jüngste Gericht" macht sich der Tübinger Pastoraltheologe Ottmar Fuchs zum dezidierten Anwalt der Leidenden und Unterdrückten. Lässt sich von den Opfern verlangen, dass sie in Gottes Versöhnungswillen einstimmen und den Tätern vergeben? „Wird da von den Opfern nicht mehr

---

58 Striet, *Versuche über die Auflehnung*, 65, Anm. 31.
59 *Versuch über die Auflehnung*, 65. Der Gedanke wird im Anschluss an die transzendentalphilosophische Freiheitsanalyse von Hermann Krings (bes. *Freiheit. Ein Versuch, Gott zu denken*) entfaltet und mündet in die These, dass „Vergebung die größere Möglichkeit, ja moralische Pflicht des Menschen ist" (71).
60 „Und vielleicht können die ungezählten Erniedrigten und Ermordeten dieser Geschichte ihren Tätern in diesem Gericht ja doch vergeben, weil die zutiefst schuldig Gewordenen angesichts der Barmherzigkeit Gottes das ganze Ungeheuerliche ihres Tuns einsehen – sie deshalb bereuen und ehrlich um Vergebung bitten können. Und vielleicht wird ja dann doch verziehen, selbst das nach menschlichen Maßstäben doch eigentlich Unverzeihbare verziehen." Magnus Striet, *Nur für viele oder doch für alle? Das Problem der Allerlösung und die Hoffnung der betenden Kirche*, in: Ders. (Hg.), Gestorben für wen? Zur Diskussion um das „pro multis", Freiburg u. a. 2007, 81–92, hier 89 f. – Zum Problem des Verzeihens vgl. auch Ders., *Versuch über die Auflehnung. Philosophisch-theologische Überlegungen zur Theodizeefrage*, bes. 64–71.

gefordert als von den Tätern?" Überdies weist Fuchs auf die Bürde hin, die aus den Überlegungen von Pröpper und Striet folgen: „Wenn auch nur *ein* Opfer nicht verzeihen kann, dann ist die Hölle wieder offen und dann gibt es auch keinen Weg in den Himmel, denn dort gibt es keine Unversöhntheit und keine Rache."[61]

Um dieser Konsequenz zu entgehen, betont Fuchs die Bedeutung der Gnade Gottes im Gericht für Täter *und* Opfer. Beiden ermöglicht sie es auf je unterschiedliche Weise, sich der Liebe Gottes zu öffnen und in seinen Versöhnungswillen einzustimmen. „Dann gibt es von zwei gegensätzlichen Seiten Bewegungen, die Opfer und Täter aufeinander zu bewegen, beide getragen von der unendlichen Liebe Gottes."[62] Und hier sieht Fuchs dann auch die Möglichkeit, die von Aljoscha Karamasow beanspruchte Vergebungsmacht Christi in das Versöhnungsgeschehen mit einzubeziehen: indem nämlich die Opfer ihr Leiden als vom Gekreuzigten – und somit von Gott selbst – mitgetragen erleben und so am Ende doch noch in dessen Versöhnungswillen einstimmen.

1.2.1.4 Gottes Souveränität im Vollendungsgeschehen

Gegenüber den in der katholischen Theologie wahrnehmbaren Tendenzen, die Freiheit des Menschen auch im Geschehen universaler Versöhnung zur Geltung zu bringen, dominiert in der evangelischen Theologie das Bemühen, im Gericht die Souveränität Gottes gewahrt zu sehen.

Im Ausgang von Ernst Blochs geschichtsphilosophischem Entwurf *Das Prinzip Hoffnung* (1954–59) hat sich besonders Jürgen Moltmann wiederholt der Frage nach der Gerechtigkeit für die Opfer zugewandt.[63] In seinem eschatologischen Entwurf von 1995 *Das Kommen Gottes* weist er darauf hin, dass das Jüngste Gericht insofern das „Vorletzte" sei, als es „der Offenbarung und Durchsetzung der Gottesgerechtigkeit in allen und an allem" dient, „damit Gott seine »neue Welt« auf bleibender Gerechtigkeit aufbauen und damit zum ewigen Frieden erschaffen kann".[64] Im Jüngsten Gericht sieht Moltmann die „der Geschichte zugewandte Seite des ewigen Reiches": „Im Gericht werden alle Sünden, jede Bosheit und jede

---

61 *Das Jüngste Gericht*, 153.
62 Ebd., 157.
63 Vgl. zu Moltmann u.a.: Matthias Remenyi, *Um der Hoffnung willen. Untersuchungen zur eschatologischen Theologie Jürgen Moltmanns*, Regensburg 2005.
64 *Das Kommen Gottes*, 263f.

Einleitung

Gewalttat, das ganze Unrecht dieser mörderischen und leidenden Welt verurteilt und vernichtet, weil Gottes Urteil bewirkt, was es sagt."[65]

Indem Moltmann damit rechnet, dass die Sünder „aus ihrem tödlichen Verderben durch Verwandlung zu ihrem wahren, geschaffenen Wesen gerettet" werden, „weil Gott sich selbst treu bleibt und nicht aufgibt und verloren gehen lässt, was er einmal geschaffen und bejaht hat", nähert sich seine Eschatologie der Apokatastasis-Lehre an. Für eine Dramatik einander begegnender Freiheiten bleibt im Rahmen dieser Vorstellung kein Raum. Moltmann sieht die Opfer durch die ihnen eröffnete Zuversicht getröstet, „dass die Mörder nicht nur nicht endgültig über ihre Opfer triumphieren werden, sondern sie nicht einmal in Ewigkeit die Mörder ihrer Opfer bleiben können".[66] In diesem Geschehen, das ausschließlich durch Gott erwirkt ist, bleiben die Opfer jedoch passiv.

In jüngeren Werken zur Eschatologie betont Moltmann zwar die „soziale Dimension" des Jüngsten Gerichts,[67] doch auch hier bleibt es Gott vorbehalten, „die durch das Böse zerstörten Verhältnisse zwischen den Menschen zurecht[zu]bringen [...]. Gott wird »es richten«".[68] Gerade dieser Vorbehalt lässt Moltmann die Hoffnung verteidigen, dass sich am Ende niemand auf Dauer von Gott abwendet. Für Moltmann ist das universale Gericht nicht das Letzte, sondern das „Vorletzte"; in ihm wird sich Gottes machtvolle Gerechtigkeit gegenüber aller Sünde durchsetzen. „Dieser Sieg der göttlichen Gerechtigkeit führt nicht zur Spaltung der Menschen in Selige und Verdammte."[69] Am Ende steht vielmehr die Wirklichkeit des „Reichs der Herrlichkeit". In ihm ist jeder Widerstand gegen Gott überwunden, sind „alle Tränen abgewischt" (Offb 21,4)

---

65 Ebd., 284.
66 Ebd. – Moltmanns Gedanke, dass die Täter „ nicht [...] in Ewigkeit die Mörder ihrer Opfer bleiben können", wäre daraufhin zu prüfen, ob Gott das in der Zeit Geschehene ungeschehen machen kann – oder ob nicht vielmehr auch für ihn die Geschichte zu einem unhintergehbaren Faktum wird. Dann aber wären die Täter auch dann „in Ewigkeit die Mörder ihrer Opfer", wenn sie ihre Tat bereuten und ihnen von Seiten der Opfer verziehen würde.
67 *Im Ende – der Anfang*, 159. Moltmann bezieht sich hier auf den evangelikalen anglikanischen Theologen Miroslav Volf, der vor dem Hintergrund seiner Erfahrungen im Balkankrieg eine viel beachtete Theologie der Versöhnung vorgelegt hat. Vgl. Volf, *The Final Reconciliation*.
68 *Im Ende – der Anfang*, 159; ferner *Sonne der Gerechtigkeit*, 129.
69 *Sonne der Gerechtigkeit*, 127.

1.2 Verortung der Fragestellung

und ist Gottes heilende Gerechtigkeit uneingeschränkt wirksam. Um Gottes Allmacht und Gerechtigkeit zu sichern, macht sich Moltmann im Anschluss an Röm 11,32 („Gott hat *alle* in den Ungehorsam eingeschlossen, um *allen* seine Barmherzigkeit zu erweisen") zum Anwalt eines „eschatologischen Heilsuniversalismus", der mit einer allumfassenden Versöhnung von Tätern und Opfern rechnet.[70]

Theologen aus reformatorischer Tradition neigen dazu, Gottes Wirken gegenüber der Freiheit der Menschen den Vorrang einzuräumen. So verknüpft Wolfhart Pannenberg die Möglichkeit, im Gericht zu bestehen, mit dem Maß der Bindung des Menschen an Gott, nicht aber mit der Beziehung des Täters zu seinem Opfer.[71] Dies kann in reformatorischer Tradition nicht überraschen. Denn bereits bei Luther entscheidet über das ewige Schicksal des Verstorbenen allein dessen Glaube: „fides sola dat vitam".[72] Im Gericht steht der Mensch als Individuum vor seinem Schöpfer, der ihn allein nach seinem Glauben beurteilt. Mit einer sozialen oder kommunikativen Dimension des Jüngsten Gerichts wird dabei nicht gerechnet.

Wie schon in Karl Barths Versöhnungslehre[73] ist bei Pannenberg das Bemühen erkennbar, die Souveränität Gottes im Gerichtsgeschehen zu wahren. In seiner Eschatologie räumt Pannenberg dem Gerichtsgedanken ein großes Gewicht bei. Gegen die katholische Tradition macht er darauf aufmerksam, dass biblische Stellen wie 1 Kor 3,13–15[74] ebenso gut auf das Fegefeuer wie auf das End-

---

70 Zum Verhältnis von „eschatologischem Heilsuniversalismus" und Apokatastasis-Lehre vgl. Remenyi, *Um der Hoffnung willen*, bes. 369–394.

71 „Die Möglichkeit solcher Rettung im Gericht hängt aber an der Verbundenheit mit Gott, die auf seiten Gottes durch den Versöhnungstod Christi, auf seiten des Menschen durch Taufe und Glauben begründet ist" (*Systematische Theologie* III, 658).

72 Martin Luther, Disputation *de iustificatione* [1536] (WA 39/I, 96, 7 f.).

73 Vgl. u. a. *Kirchliche Dogmatik* IV/2, 304–306. – Zu Barth vgl. Etzelmüller, „... *zu richten die Lebendigen und die Toten*", 79–320; ferner: John Webster, *Barth's Ethics of Reconciliation*, Cambridge 1995, bes. 59–99 („Creation and Reconciliation"). Barths Vorbehalt gegenüber humaner Freiheit bestimmt auch seine Eschatologie: „Barth is very unwilling so to emphasis the reality of the human acting subject that it becomes detached from its gracious origin and its sustaining energy in the act of God" (97).

74 1 Kor 3,13–15 lautet: „[13] Eines jeden Werk wird offenbar werden, denn der Tag des Gerichts wird es ans Licht bringen, weil er sich im Feuer offenbart: Wie eines jeden Werk beschaffen ist, das Feuer wird es prüfen. [14] Hat das Werk, das einer aufgebaut hat, Bestand, so wird er Lohn emp-

Einleitung

gericht hin gedeutet werden können. Allerdings sieht Pannenberg im Verständnis des Gerichts als eines Läuterungsgeschehens die Gefahr, dass sich auf diese die Möglichkeit einer Allversöhnung so sehr aufdrängt, dass die Möglichkeit einer ewigen Verdammnis aus dem Blick gerät.[75]

Im Gegenzug zu Barth und Pannenberg fordert der evangelische Theologe Markus Mühling, im Gerichtsgeschehen die soziale Dimension zur Geltung zu bringen. Auf diese Weise soll ein „atomistischer Individualismus" vermieden und die „Täterzentriertheit" der traditionellen Eschatologie überwunden werden. Ob dies im Rahmen seiner „ästhetischen Eschatologie" möglich ist, dürfte jedoch zu bezweifeln sein. Denn für Mühling ist ja „das Ziel des Gerichts [...] präzise die Überführung ethischer Differenzen in ästhetische Differenzen".[76] Anders als Moltmann hofft Mühling auf diese Weise, die Last der Geschichte, das Leiden der Opfer, Schuld und Unrecht in der eschatologischen Wirklichkeit Gottes nicht als einfach getilgt betrachten zu müssen. Die „Aufhebung" des Bösen gelingt ihm aber nur so, dass er das Böse in ein ästhetisches Tableau einfügt, dessen Gesamtbild sich aus dem Zusammenspiel von Licht und Schatten ergibt. „Dies bedeutet auch, dem göttlichen Gerichtshandeln zuzutrauen, dass Böses nicht einfach ausgemerzt, vernichtet oder durch eine eschatische Strafe verewigt wird, sondern dass es in Gutes transformiert werden kann dergestalt, dass es nun einen Beitrag zur nicht vorhersehbaren ästhetischen Gestalt der eschatischen Realität leisten kann."[77]

Ist aber eine Versöhnung freier Subjekte durch die Transformation von Sünde, Schuld und Leid in Ästhetik wirklich denkbar oder gar wünschenswert?[78] Denn das, was „Schuld" wesentlich ausmacht, nämlich verfehlter Vollzug von Freiheit zu sein, scheint in der Perspektive erhoffter Versöhnung nur durch Freiheit selbst

---

fangen.[15] Verbrennt sein Werk, so wird er Schaden erleiden – er selbst aber wird gerettet werden, freilich wie durch Feuer hindurch."
75 Pannenberg, *Die Vollendung der Schöpfung im Reiche Gottes*, 656–667.
76 Mühling, *Eschatologie*, 282.
77 Ebd., 282 f.
78 Mühlings Vorschlag erinnert an den in der Patristik unternommenen Versuch, den Fortbestand des Bösen in der Welt dadurch zu erklären, dass die „Schönheit" der Schöpfung Gottes nur durch das Zusammenspiel von Licht und Schatten, Gut und Böse erkennbar wird. Vgl. zu diesem Gedanken bei Augustinus: Johann Kreuzer, *Pulchritudo. Vom Erkennen Gottes bei Augustin. Bemerkungen zu den Büchern IX, X und XI der Confessiones*, München 1995.

1.2 Verortung der Fragestellung

überwindbar: durch die Bitte um Verzeihung und durch deren Gewährung.

1.2.1.5 Endliche Freiheit vor Gott

Der Überblick über theologische Versuche, die christliche Versöhnungshoffnung im Kontext der Neuzeit verantwortet zu denken, hat gezeigt, dass die Annahme einer konstitutiven Rolle der Opfer im Versöhnungsgeschehen weder den Gottesbegriff noch die Anthropologie unberührt lässt. Besonders zu würdigen ist in diesem Zusammenhang das Bemühen von Josef Wohlmuth, eine christliche Eschatologie in Verantwortung vor dem Judentum zu formulieren. Denn gerade im Gespräch mit jüdischen Denkern wie Walter Benjamin oder Emmanuel Levinas wird deutlich, dass „Erlösung" auch in christlicher Perspektive nicht losgelöst von der Geschichte gedacht werden kann.[79]

Neuere eschatologische Entwürfe wie die von Matthias Zeindler[80], Alexander Lahl[81] oder Ottmar Fuchs[82] fragen nach den theologischen und den anthropologischen Bedingungen der Möglichkeit, angesichts der Schuldgeschichte der Menschheit verantwortet auf Erlösung und Versöhnung zu hoffen, ohne dabei den Gerichtsgedanken zu verabschieden. Wie sind göttliche und menschliche Freiheit aufeinander bezogen – auch im Gericht? Kommt, wie Thomas Pröpper vermutet, Gottes Liebe tatsächlich erst in der autonomen Zustimmung des Menschen zu ihrem Ziel?[83] Wie ist im Horizont endzeitlicher Vollendung der Begriff göttlicher Allmacht zu bestimmen – als „Macht der freien Gewinnung"[84] etwa

---

[79] *Mysterium der Verwandlung. Eine Eschatologie aus katholischer Perspektive im Gespräch mit jüdischen Denkern der Gegenwart*, Paderborn 2005. Allerdings tritt der Gerichtsgedanke bei Wohlmuth gegenüber dem Begriff der „Verwandlung" in den Hintergrund.

[80] *Gott der Richter. Zu einem unverzichtbaren Aspekt christlichen Glaubens*, Zürich 2004. – Vgl. dazu die Rez. in GuL 78 (2005) 156f.

[81] *Hoffnung auf ewiges Leben. Entscheidung und Auferstehung im Tod* (Theologie im Dialog 2), Freiburg – Basel – Wien 2009.

[82] *Das Jüngste Gericht. Hoffnung auf Gerechtigkeit*, Regensburg ²2009.

[83] Vgl. Pröpper, *„Erst in autonomer Zustimmung kommt Gottes Liebe zum Ziel"*, bes. 413.

[84] Vgl. Brantschen, *Die Macht der freien Gewinnung*. Ähnliche Formulierungen finden sich bei Gottfried Bachl. – In diesem Zusammenhang wäre auch der Begriff der „zuvorkommenden Gnade" (*gratia praeveniens*; vgl. Konzil von Trient, *Dekret über die Rechtfertigung*, Kap. 5 [DzH 1525]) zu bedenken, die in „in uns ohne uns" *(in nobis sine nobis)* wirkt. – Vgl. zum unterschiedlichen Gnadenverständnis und den Annäherungen

Einleitung

oder doch als absolute Souveränität? Und schließlich: Muss möglicherweise mit einem endgültigen Scheitern des göttlichen Heilsplans gerechnet werden? Ist die dramatische Geschichte zwischen Gott und Mensch wirklich offen – auch für Gott?

Angesichts dieser Fragen mag man den Sinn und die Legitimität einer theologischen Rezeption des neuzeitlichen Gedankens, wonach sittliche Individualität unhintergehbar ist, wegen der daraus erwachsenden Folgeprobleme für abwegig halten. Aber hieße dies nicht, sich dem neuzeitlichen Freiheitsbewusstsein insgesamt zu versperren? Auch theologisch spricht einiges dafür, dass der Gedanke autonomer Sittlichkeit theologisch verantwortet werden kann. Denn es leuchtet doch ein, dass Gottes Offenbarung erst dort angemessen beantwortet wird, wo sie in unbedingter Freiheit bejaht ist.[85]

Dabei ist der Begriff unbedingter Freiheit nicht notwendig individualistisch eng zu führen; denn es lässt sich im Anschluss an die transzendentalen Freiheitsanalysen von Hermann Krings zeigen, dass Freiheit sich nur darin ihrem Wesen angemessen vollzieht, dass sie sich für andere Freiheit öffnet, sie unbedingt anerkennt und so zum Inhalt ihres eigenen Wesensvollzuges macht.[86]

Die so verstandene Freiheit des Menschen ausgerechnet im Geschehen der Vollendung von Welt und Geschichte zu sistieren, hieße, Gottes Schöpfungswerk insgesamt unter Vorbehalt zu stellen. Die Freiheit des Menschen und seine Geschichte in Raum und Zeit erschiene von ihrem Ende her als ein unbedeutendes Intermezzo. Am Ende wäre der dreifaltige Gott wieder allein bei sich selbst – ohne jene „Mitliebenden" *(condiligentes)* jedenfalls, die neben sich zu wissen Gott nach Johannes Duns Scotus dazu bewegte, die Schöpfung als das Andere seiner selbst ins Sein zu rufen: „Deus vult alios habere condiligentes."[87] Auch deshalb sollte zumindest

---

im ökumenischen Gespräch: *Lehrverurteilungen – kirchentrennend?*, hg. v. Karl Lehmann/Wolfhart Pannenberg, Göttingen 1988, bes. 53–59.

85 Vgl. Pröpper, *„Erst in autonomer Zustimmung kommt Gottes Liebe zum Ziel"*, bes. 413, 417f.

86 Vgl. Krings, *Reale Freiheit – Praktische Freiheit – Transzendentale Freiheit*.

87 *Ordin.* III, d. 32, q. un., n. 6: „Primo Deus diligit se. Secundo Deus vult alios habere condiligentes, et haec est praedestinare eos, si velit eos habere huismodi bonum finaliter et aeternaliter, praedestinat qui potest eum summe diligere, loquendo de amore alicuius extrinseci" (Opera omnia, ed. Vivès XV, 433).

hypothetisch erwogen werden, mit dem Fortbestand geschaffener Freiheit im Gericht – und darüber hinaus – zu rechnen.

Nicht die abstrakte sittliche Individualität als solche ist es, die Gott in seinem Vergebungshandeln womöglich verpflichtet; vielmehr sind es die Opfer und ihr oft namenloses Leiden, das Gott veranlassen könnte, ihnen im Vollzug des Gerichts jene Individualität und Subjektivität zuzuerkennen, die ihnen ihre Peiniger abgesprochen haben. Es ist das durch Leiden, Unrecht und Schuld gekennzeichnete Angesicht des Opfers, das Gott in seinem Vergebungshandeln verpflichtet. Verpflichten aber kann es den allmächtigen Gott deshalb, weil dieser sich selbst dazu bestimmt hat, sich von dem Leid der Unterdrückten beanspruchen zu lassen und rettend einzugreifen.[88] Verpflichten aber kann das Angesicht der Opfer den allmächtigen Gott auch deshalb, weil das sittlich Gute nicht von seinem Willen abhängt, sondern für Gott und Mensch in gleichem Sinne gilt.[89]

Diese Hypothese auf ihren möglichen Grund in den Offenbarungsquellen hin zu befragen und auf ihre Konsequenzen im Gespräch mit Theologie und Philosophie zu entfalten, ist Gegenstand dieser Untersuchung.

1.2.2 Systematisch-theologische Verortung

Die Frage, ob und in welchem Maße Gott in seiner Barmherzigkeit gegenüber den Sündern auch dazu verpflichtet ist, den Opfern von Unrecht und Gewalt Gerechtigkeit widerfahren zu lassen, verweist die theologische Reflexion vor allem in den Bereich der *Eschatologie*. Denn sie zielt auf die Begründung und die gehaltvolle Bestimmung der christlichen Hoffnung auf die Vollendung von Welt und Geschichte.[90]

---

88 Erkennbar wird dies in der Geschichte seines Volkes Israel und in der Auferweckung Jesu von Nazareth. Vgl. die Gottesrede an Mose in Ex 3,7f.: „Ich habe das Elend meines Volks in Ägypten gesehen, und ihr Schreien über ihre Antreiber habe ich gehört, ich kenne seine Schmerzen. So bin ich herabgestiegen, um es aus der Hand Ägyptens zu erretten und aus jenem Land hinaufzuführen."

89 Angespielt ist damit auf das in der Philosophie so genannte *Euthyphron-Dilemma*. Dieses wird weiter unten vorgestellt und diskutiert (vgl. Abschnitt 4.2.1).

90 Dabei dürfte nach wie vor von Balthasars Feststellung von 1957 zutreffen, wonach die Eschatologie der „»Wetterwinkel« in der Theologie unserer Zeit" ist. „Von ihr steigen jene Gewitter auf, die das ganze Land der Theologie fruchtbar bedrohen: verhageln oder erfrischen." „Wenn

Einleitung

Zugleich berührt die Frage nach dem Verhältnis von Gerechtigkeit und Barmherzigkeit Gottes im Gericht aber auch die *Gotteslehre*. Denn sie begreift Gerechtigkeit und Barmherzigkeit als Wirkweisen Gottes. Deren Verhältnisbestimmung wird im Blick auf die Schuldgeschichte der Menschheit zwar problematisch, lädt aber gerade so dazu ein, den Gottesgedanken selbst gehaltvoll zu vertiefen.

Die Frage nach Gottes Gerechtigkeit gegenüber den Opfern berührt auch die *Christologie*. Denn sie greift die schon neutestamentlich grundlegende Überzeugung auf, dass Jesus durch seinen Tod am Kreuz dem sittlich Bösen in der Welt eine grundsätzlich neue Qualität verliehen hat. Ob hieraus die Vollmacht resultiert, stellvertretend für die Opfer zu vergeben, ist eine im Kontext neuzeitlichen Freiheitsbewusstseins neu zu stellende Frage.

Die Frage nach Gottes Barmherzigkeit gegenüber den Sündern und nach seiner Gerechtigkeit gegenüber den Opfern betrifft ferner die *Soteriologie;* denn diese thematisiert den Weg, auf dem Gott die Menschheit von Leid und Schuld befreien will, und sie entfaltet, was diese Befreiung für ein gelingendes Menschsein bedeuten kann.

Insofern sie nach dem Adressaten von Gottes erlösendem Handeln und nach dem Status endlicher Freiheit in Bezug auf Gottes Wollen und Wirken fragt, betrifft die Frage nach dem Verhältnis von Gerechtigkeit und Barmherzigkeit Gottes auch die *theologische Anthropologie* und die *Gnadenlehre*, insofern diese nach dem Verhältnis von göttlicher und menschlicher Freiheit fragt.

Und schließlich – aber hier nicht weiter vertieft – betrifft die Frage nach dem Verhältnis von Gerechtigkeit und Barmherzigkeit Gottes auch die *Sakramentenlehre,* insofern diese die Möglichkeit sakramentaler Buße und Lossprechung hinsichtlich ihrer Voraussetzungen und Folgen bedenkt, die *Pastoraltheologie,* insofern diese die glaubensgeleitete Praxis der Versöhnung zu ihrem Gegenstand hat, und das *Kirchenrecht,* insofern dieses über die Kirche als die geschichtliche Gestalt des göttlichen Versöhnungswillens reflektiert.

Dass die Fragestellung dieser Untersuchung mit fast allen Traktaten der Theologie verwoben ist, ergibt sich nicht nur daraus, dass sie mit ihrer Frage nach dem Verhältnis von Gerechtigkeit und Barmherzigkeit Gottes im eigentlichen Sinne „theologisch" ist.

---

für den Liberalismus des 19. Jahrhunderts das Wort von Troeltsch gelten konnte: »Das eschatologische Bureau ist meist geschlossen«, so macht dieses im Gegenteil seit der Jahrhundertwende Überstunden" (*Umrisse der Eschatologie*, 276).

1.2 Verortung der Fragestellung

Die Verwobenheit ergibt sich auch aus Aufgabe und Zielsetzung der Eschatologie.

Denn zunächst in der evangelischen Theologie, dann auch in der katholischen Theologie des 20. Jahrhunderts ist die Eschatologie aus ihrer Stellung als eine Art Anhang zu den übrigen Traktaten dogmatischer Theologie herausgetreten.[91] Damit hat sie eine Grunddimension christlichen Glauben zurückgewonnen, die in Theologie und Frömmigkeit jahrhundertelang vernachlässigt wurde. Doch schon die Verkündigung Jesu beinhaltet wesentlich das Kommen des Gottesreiches. Insofern ist sie wesentlich eschatologisch akzentuiert. Die Hoffnung der frühen Christen wiederum richtete sich auf die Gestalt des wiederkehrenden Christus. „Wenn aber die Verkündigung Jesu und der Urkirche wesentlich auf den Brennpunkt der Eschatologie hinausgerichtet ist", so der Philosoph Paul Ricœur programmatisch, „dann gilt es, die ganze Theologie dieser Norm entsprechend neu zu orientieren und zugleich jener Exegese den Abschied zu geben, welche die Rede über die Letzten Dinge als einen mehr oder weniger unverbindlichen Anhang der Offenbarungstheologie betrachtet, die sich ihrerseits in einem Begriff des Logos und der Manifestation konzentriert, der in keiner Weise mit der Hoffnung auf die kommenden Dinge verflochten ist."[92]

Obgleich die Eschatologie als eigenständiger Traktat der Dogmatik nicht aufgegeben wurde, hat sich in der zweiten Hälfte des 20. Jahrhunderts in der Theologie die Überzeugung durchgesetzt, dass die Hoffnungsstruktur des Glaubens diesen als ganzen bestimmt. Das Zweite Vatikanische Konzil (1962–65) betont in seiner Kirchenkonstitution *Lumen gentium* den „endzeitlichen Charakter der pilgernden Kirche und ihre Einheit mit der himmlischen Kirche".[93] In seiner Pastoralkonstitution *Gaudium et spes* zeichnet das Konzil Perspektiven für das kirchliche Engagement in einer Welt, deren geschichtlicher Charakter im Sinne eines Fortschritts

---

91 Im Anschluss an Jürgen Moltmanns *Theologie der Hoffnung* (1964) forderte der Metz-Schüler Ferdinand Kerstiens, die Eschatologie als einen eigenen Traktat der Dogmatik aufzulösen. Nur eine eschatologische Betrachtung gebe allen Glaubenswahrheiten „die Dimension […], in der sie allein in ihrer Wahrheit erkannt werden können" (Art. *„Hoffnung"*, in: Sacramentum Mundi, Bd. 2 [1968], Sp. 725–735, hier 731; vgl. Ders., *Die Hoffnungsstruktur des Glaubens*, 176 f.).
92 Ricœur, *Die Freiheit im Licht der Hoffnung*, 201.
93 *Lumen gentium*, Nr. 48–49 (DzH 4168 f.).

Einleitung

zum Besseren wahrgenommen wird.[94] Und das Synodendokument *Unsere Hoffnung* formulierte 1975 den christlichen Glauben im Kontext einer Moderne, die aus einer eschatologischen Perspektive heraus gedeutet ist.[95]

Die meisten neueren theologischen Beiträge zur Eschatologie betrachten diese als eine Reflexion auf eine Grunddimension christlicher Existenz, von der her sich der Glaube in seiner Ganzheit erschließt. Medard Kehl fasst Eschatologie in einem umfassenden Sinn als die „methodisch begründete Auslegung der christlichen Hoffnung auf die ihr verheißene endgültige Zukunft unserer (persönlichen, kirchlichen und universalen) Geschichte und der ganzen Schöpfung im Reich Gottes".[96]

Dabei trifft freilich auch von Balthasars Feststellung zu, die Eschatologie sei jener Ort, „wo – spätestens! – die Aporetik der Theologie sichtbar wird. Es gibt kein »System« der Letzten Dinge; und wo die Letzten Dinge zum »Systempunkt« des theologischen Denkens werden, da öffnen sich die geschlossenen Linien der vorigen Traktate und verwirren sich gar."[97] Und deshalb gelten weiterhin die Bemerkungen von Karl Rahner zur Hermeneutik eschatologischer Aussagen: Diese wollen keine Vorhersagen über künftige Gescheh-

---

94 *Gaudium et spes*, bes. Nr. 39 und 45 (DzH 4339, 4345). – Vgl. dazu Christof Müller, *Die Eschatologie des Zweiten Vatikanischen Konzils. Die Kirche als Zeichen und Werkzeug der Vollendung* (Würzburger Studien zur Fundamentaltheologie 28), Frankfurt u. a. 2002. Die Geschichtsdeutung des Zweiten Vatikanums mutet aus heutiger Sicht fast naiv an; der Fortschrittsglaube der frühen 60er Jahre ist vielfach gebrochen.
95 Vgl. zur Entstehungsgeschichte des Dokuments und zu seiner Theologie: Schaeffler, *Was dürfen wir hoffen?*, 223–247.
96 Kehl, *Eschatologie*, 18. – Daneben finden sich perspektivische Zugänge zur Eschatologie wie der von Ottmar Fuchs in pastoraltheologisch-praktischer Absicht (*Das Jüngste Gericht. Hoffnung auf Grechtigkeit*, Regensburg 2007) oder der von Joseph Wohlmuth im Kontext des christlich-jüdischen Gespräches. Wohlmuth etwa bemerkt mit Blick auf das individuelle Gericht und die hier erörterte Thematik: „Die Lehre vom persönlichen Gericht steht dafür, dass der einzelne Mensch nicht zum bloßen Mitglied der Gattung Mensch degradiert wird, sondern ein unverwechselbares, einzigartiges Subjekt darstellt. Doch gerade als solches kommt ihm, wie aus Mt 25,31–46 hervorgeht und durch Jak 2,13 für den Einzelmenschen eindrucksvoll bestätigt wird, eine Verantwortung zu, die von eschatologischer Bedeutung ist" (*Mysterium der Verwandlung*, 190).
97 *Umrisse der Eschatologie*, 276 f.

nisse treffen, sondern Grunddimensionen christlicher Existenz zur Geltung bringen, welche die Theologie insgesamt prägen.[98]

Ist die Geschichte in christlicher Perspektive nach Ricœur „in ihrem Wesen die Hoffnung auf eine Geschichte",[99] dann geht es der Eschatologie darum, aus der geschehenen Offenbarung heraus eine Perspektive auf die Geschichte im Ganzen zu begründen. Auch die Frage nach der Gerechtigkeit Gottes im Gericht beinhaltet deshalb nicht nur – und nicht einmal in erster Linie – die „Letzten Dinge". Sie betrifft vielmehr den Glauben und die Theologie im Ganzen.

1.3 Anspruch und Grenzen der Untersuchung

Gleichwohl ist der Gegenstand dieser Untersuchung thematisch begrenzt. So wird im Folgenden keine Theologie der sakramentalen Buße und keine Theologie individueller, sozialer oder politischer Versöhnung entfaltet. Angezielt ist vielmehr – im Ausgang von der leitenden Fragestellung nach dem Verhältnis von Gerechtigkeit und Barmherzigkeit Gottes – eine streng theo-logische Thematik. Theo-Logie und Eschatologie können als die beiden thematischen Brennpunkte der bibeltheologischen, theologiegeschichtlichen und philosophiegeschichtlichen Studien aufgefasst werden, auch wenn diese im Einzelnen sehr unterschiedliche Akzente setzen.

Obgleich die Untersuchung nicht alle Traktate der Theologie abdeckt, ist ihr Anspruch weitreichend. Er ist theo-logisch in dem Sinne, dass er beansprucht, die Wirklichkeit Gottes und sein Handeln in Bezug auf den Menschen tiefer zu verstehen. Er ist soteriologisch, insofern er beansprucht, die Möglichkeiten Gottes angesichts der Abgründe menschlicher Schuld tiefer zu erfassen. Und er ist eschatologisch, insofern er beansprucht, den Inhalt der christlichen Hoffnung auf ein künftiges Leben bei und mit Gott deutlicher zu artikulieren.

Unvermeidlich trifft die vorliegende Untersuchung eine – im Einzelfall wohl durchaus strittige – Auswahl aus den möglichen Gesprächspartnern aus Religionsgeschichte, Theologiegeschichte und Philosophiegeschichte. Den Anspruch zu erheben, ihnen im

---

98 Vgl. Karl Rahner, *Theologische Prinzipien der Hermeneutik eschatologischer Aussagen,* in: Schriften zur Theologie IV, Einsiedeln 1960, 401–428; W. Pannenberg, *Systematische Theologie* III, 667f.: „Zur Sprache der Eschatologie". Vgl. bereits Edward Schillebeeckx, *Einige hermeneutische Überlegungen zur Eschatologie,* in: Conc (D) 5 (1969) 18–25.

99 Ricœur, *Die Freiheit im Licht der Hoffnung,* 202.

Einleitung

Rahmen dieser Untersuchung auch nur annähernd gerecht zu werden, wäre vermessen. Die beanspruchten Positionen können nur in ihren Grundzügen skizziert werden, und vielfach wird dazu auf vorliegende Darstellungen und Untersuchungen zurückgegriffen werden müssen.

Dennoch scheint der Versuch gerechtfertigt, geschichtliche Entwicklungslinien herauszuarbeiten, die in Theologie und Philosophie hinsichtlich der Verhältnisbestimmung von Gerechtigkeit und Barmherzigkeit erkennbar sind. Wenn Peter Hünermann im Blick auf die Theologie von einer „Wesensgeschichte des sich offenbarenden Gottes" spricht,[100] dann ist damit gemeint, dass sich das unausschöpfliche Geheimnis Gottes den Menschen in der Geschichte des Glaubens, in der Anstrengung des Begriffs und unter dem Beistand des Heiligen Geistes immer tiefer enthüllt.[101]

Dem Selbstverständnis katholischer Theologie entsprechend sind theologische Einsichten nicht nur im Rückgang auf die Offenbarungsschriften, sondern auch im Dialog mit der theologischen Tradition hinsichtlich ihrer Kontinuität mit der Glaubensüberlieferung zu sichern und zu entfalten. Deshalb wird im Folgenden der neuzeitliche Gedanke, dass sittliche Individualität unvertretbar ist, hinsichtlich seiner theologischen Relevanz im beständigen Rückgang auf die biblische und theologische Überlieferung diskutiert.

Dazu werden im religionsgeschichtlichen und bibeltheologischen *ersten Hauptteil* der Untersuchung verschiedene Zuordnungsverhältnisse von Gerechtigkeit und Barmherzigkeit skizziert, wie sie in den Religionen des Alten Orients und in den biblischen Texten überliefert sind. Im religionsgeschichtlichen Vergleich wird das spezifische Verständnis von „Gerechtigkeit Gottes" im Alten Testament deutlich. Diese wird zunehmend als solidarische Par-

---

100 *Zur Wesensgeschichte des sich offenbarenden Gottes. Reflexionen über das Wechselverhältnis von Theologie und Philosophie,* in: Bernhard Casper u.a. (Hgg.), Die Angewiesenheit der Theologie auf das philosophische Fragen (Schriftenreihe der Katholischen Akademie der Erzdiözese Freiburg), Freiburg – München – Zürich 1982, 44–64.

101 Was nicht ausschließt, dass Einsichten des Glaubens auch wieder verloren gehen können. Insgesamt ist jedoch darauf zu vertrauen, dass sich die Glaubensgeschichte des Einzelnen wie der Kirche als ganzer unter dem Beistand des Heiligen Geistes vollzieht. – Vgl. Peter Hünermann, *Erlöste Freiheit. Dogmatische Reflexionen im Ausgang von den Menschenrechten,* in: ThQ 165 (1985) 1–14; Ders., *Konkretion und Geist. Der qualitative Sprung im Verständnis von Weltkirche,* in: ThQ 165 (1985) 216–227.

teinahme Gottes für die Unterdrückten und Entrechteten verstanden. Gottes Gerechtigkeit schließt aber auch die Täter nicht aus – vorausgesetzt, sie distanzieren sich von ihrem verwerflichen Tun. In der Hinwendung Gottes zu den Opfern der Geschichte und in seinem Vergebungswillen deutet sich eine beidem zugrunde liegende Einheit von Gerechtigkeit und Barmherzigkeit Gottes an, ohne dass diese in den biblischen Texten begrifflich entfaltet wird.

Im Kontext vernunftgeleiteter Reflexion über den Glauben wird die begriffliche Entfaltung der Beziehung zwischen Gerechtigkeit und Barmherzigkeit Gottes unabweisbar. Der *zweite Hauptteil* der Untersuchung ist deshalb unterschiedlichen theologischen Verhältnisbestimmungen von Gerechtigkeit und Barmherzigkeit Gottes gewidmet, die in der Geschichte christlicher Theologie vorgenommen wurden. Trotz unterschiedlicher Zusage und Akzentsetzungen wird dabei deutlich, dass Gerechtigkeit und Barmherzigkeit Gottes nicht voneinander zu trennen sind. Zugleich wird Gottes Erlösungshandeln zunehmend als ein solches zur Geltung gebracht, das auf die freie Subjektivität des Menschen und seine sittliche Verantwortung zielt.

Allerdings verbleibt der Begriff der Gerechtigkeit Gottes bis zum Ausgang des Mittelalters im Rahmen eines metaphysischen Ordnungskonzeptes. Dieses verhindert in Verbindung mit dem Gedanken göttlicher Allmacht, dass im Horizont des Jüngsten Gerichts die Opfer als eigenständige Instanzen zur Geltung gelangen.

Die Neuzeit ist wesentlich dadurch gekennzeichnet, dass sie sich von einem metaphysischen Ordnungskonzept für das Wirklichkeitsganze verabschiedet. An seine Stelle tritt die dezidierte Hinwendung zur freien Subjektivität und sittlichen Individualität des Menschen. Angesichts der unleugbaren Realität menschlicher Schuld wird nun aber auch das Verhältnis von Gerechtigkeit und Barmherzigkeit Gottes problematisch. Denn Schuld erscheint nun als das „Allerpersönlichste" (Kant), das von niemand anderem übernommen oder verziehen werde kann. Im philosophiegeschichtlichen *dritten Hauptteil* der Untersuchung wird deshalb das Gespräch mit jenen Denkern gesucht, die sich um einen emphatischen Begriff von Sittlichkeit, Gerechtigkeit und auch Barmherzigkeit (bzw. Liebe) bemühen. Von ihnen her werden Kriterien gewonnen, die theologische Rede von der Gerechtigkeit und Barmherzigkeit Gottes auch unter den Verstehensbedingungen der Neuzeit verständlich zu machen.

Der *abschließende Teil* skizziert eine konstruktive Zusammenführung der zuvor gewonnenen Einsichten und wagt einen syste-

Einleitung

matischen Ausblick, wie das Verhältnis von Gerechtigkeit und Barmherzigkeit Gottes im Rückbezug auf die biblische Offenbarung und in Verantwortung vor der theologischen Überlieferung im Kontext neuzeitlichen Freiheitsbewusstseins begrifflich gefasst werden kann. Dabei wird auch auf Folgeprobleme hingewiesen, die sich aus dem freien Zueinander von Mensch und Gott im Horizont der Ewigkeit ergeben.

Letztendlich geht es in dieser Untersuchung darum, angesichts der Schuldgeschichte der Menschheit den Glauben an die Gerechtigkeit und Barmherzigkeit Gottes sowie die Hoffnung auf eine alle Menschen einschließende Versöhnung unter den bewusstseinsgeschichtlichen Rahmenbedingungen der Neuzeit tiefer zu verstehen und dieses Verständnis sowohl in Verantwortung gegenüber der Offenbarung als auch in Kontinuität mit der Glaubensüberlieferung zu bewähren.

2 Gerechtigkeit und Barmherzigkeit Gottes im Horizont biblischer Theologie

Der Versuch, die Hoffnung auf Versöhnung sowohl auf dem Reflexionsniveau neuzeitlicher Vernunft als auch in Verantwortung vor der theologischen Überlieferung zu formulieren, lässt nach den biblischen Grundlagen fragen, aus denen sich solche Hoffnung speist. Das Verhältnis von Gerechtigkeit und Barmherzigkeit Gottes angesichts und trotz der Schuldgeschichte der Menschheit ist deshalb zunächst in biblischer Perspektive darzustellen.

2.1 Hermeneutische und kriteriologische Vorüberlegungen

Eine methodisch reflektierte Lektüre der biblischen Texte unter den Verstehensbedingungen der Neuzeit muss Rechenschaft darüber ablegen, welche hermeneutischen Voraussetzungen in sie einfließen. Diese Voraussetzungen ergeben sich aus den philosophischen Verstehensvoraussetzungen der Gegenwart. Gewiss ist es nicht zulässig, auf der Grundlage einer – wie auch immer zu fassenden – neuzeitlichen Konzeption von „Gerechtigkeit" oder „Barmherzigkeit" die biblischen Texte daraufhin zu beanspruchen, eben diese Konzeptionen offenbarungstheologisch zu legitimieren. Vielmehr bedarf es einer Interpretation biblischer Texte, die deren Differenz gegenüber neuzeitlichen Konzeptionen von Gerechtigkeit und Barmherzigkeit respektiert. Methodisch muss es darum gehen, die in den vielfältigen biblischen Texten bezeugten Erzählungen und Symbole als „Erschließer und Lesemeister der menschlichen Realität" (P. Ricœur) wahr- und ernst zu nehmen.[1] Da auch ein solches hermeneutisch reflektiertes Verfahren unvermeidlich interessegeleitet bleiben wird, ist es offenzuhalten für Kritik und kritische Reflexion.

Die Rückfrage nach den biblischen Grundlagen theologisch und philosophisch verantworteter Hoffnung sieht sich mit der Schwierigkeit konfrontiert, eine Vielzahl heterogener Texte mit ihrem Anliegen in Einklang zu bringen, einen konsistenten Begriff von Versöhnung zu begründen und zu entfalten. Die biblischen Texte

---

1 Vgl. Ricœur, *Das Symbol gibt zu denken*, in: Symbolik des Bösen, 404 f.; dazu u. a. Werbick, *Umkehren? – Umgekehrt werden! Was Paul Ricœurs Bibel-Hermeneutik der Fundamentaltheologie zu denken gibt*, 118 f.

Bibeltheologische Perspektiven

liegen ja in vielfältigen Formen und Gattungen vor: als Erzählungen, Gleichnisse, Gebete, Rechtstexte usw. Begrifflich-philosophische Reflexionen über das Verhältnis von Gerechtigkeit und Barmherzigkeit Gottes angesichts der menschlichen Schuldgeschichte finden sich in der Bibel hingegen nicht.

Gleichwohl kann die systematische Theologie nicht darauf verzichten, die biblischen Texte daraufhin zu untersuchen, was sie zur Beantwortung ihrer Frage nach dem Verhältnis von Gerechtigkeit und Barmherzigkeit Gottes beitragen. Diese Frage ist ihr von Seiten der neuzeitlichen Vernunft- und Emanzipationsgeschichte aufgegeben, stellt sich aber auch aus dem ihr eigenen Interesse, die Logik des christlichen Glaubens im Ausgang von den Offenbarungszeugnissen zu erhellen.

Die unleugbare Pluralität, ja Heterogenität der biblischen Texte darf die systematische Theologie nicht davon abhalten, auf der Grundlage der biblischen Zeugnisse einen konsistenten Gottesbegriff zu entfalten. Dieser zielt ja nicht darauf ab, die Wirklichkeit Gottes und der Welt in einem spekulativen Begriff „aufzuheben", so dass am Ende das Wirklichkeitsganze als universales System begriffen wäre. Vielmehr geht es darum, Rechenschaft über die Hoffnung abzulegen, die Christen erfüllt (vgl. 1 Petr 3,15). Deshalb sucht die systematische Theologie in der Heterogenität der biblischen Texte und Zeugnisse die Einheit jener Wirklichkeit Gottes zu erfassen, die sich in ihnen und durch sie bekundet.

Obwohl die biblischen Texte das Verhältnis von Gerechtigkeit und Barmherzigkeit Gottes in großer Vielfalt thematisieren, ist ihre begriffliche Einheit nicht nur als Gegenstand eschatologischer Hoffnung zu denken.[2] Zwar hat Paulus recht, wenn er bemerkt, dass wir jetzt „alles in einem Spiegel sehen, in rätselhafter Gestalt,

---

2 So die Vermutung von Walter Groß: „Nach dem Zeugnis der Bibel haben wir kein Gottesbild im Singular, sondern eine Vielzahl sich stoßender Gottesbilder. Ein einziges, absolut gesetztes Gottesbild – und laute es: Gott ist die Liebe – wäre in jedem Fall ein Götzenbild. [...] Das Konzept der göttlichen Gerechtigkeit (die auch Vergeltung für den Übeltäter und unterscheidendes Gericht impliziert) und das Konzept der göttlichen Erlösung (das möglichst umfassend Befreiung von Schuld und Neuschöpfung auch für den verbohrten Täter erhofft) lassen sich nun einmal für uns nicht synthetisieren. Die Einheit bzw. Vereinbarkeit unserer Gottesbilder wird nicht geschaut in einem übergeordneten Gottesbild, nicht erkannt in einem spekulativen Gottesbegriff, sondern lediglich erhofft im seinerseits uns noch nicht anschaubaren lebendigen Gott selbst" (*Keine Gerechtigkeit Gottes,* 16).

dann aber von Angesicht zu Angesicht" (vgl. 1 Kor 13,12). Doch bezeugt die Vielfalt der biblischen Schriften den *einen* Gott, der sich in der Geschichte des Volkes Israel und in der Person Jesu von Nazaret bekundet hat. Die Reflexe seiner Selbstbekundung in den biblischen Zeugnissen mögen vielfältig, ja widersprüchlich sein – Gott selbst hingegen ist als einer und mit sich identischer Gott zu denken und zu glauben, soll nicht seine Einheit und die Kohärenz seiner Offenbarung preisgegeben werden. Mit der Verurteilung Markions hat schon die Alte Kirche das theologische Prinzip der Einheit Gottes und seiner Offenbarung in Zeit und Geschichte verteidigt.

In der Perspektive des Glaubens hat sich der eine Gott zu unterschiedlichen Zeiten und in unterschiedlichen Situationen den Menschen je anders und ihrem jeweiligen Fassungsvermögen entsprechend geoffenbart. Deshalb muss die systematische Hinsicht auf die Gesamtheit der biblischen Texte die unterschiedlichen Sichtweisen der einzelnen Zeugnisse in ihre begriffliche Rekonstruktion des einen Offenbarungsgeschehens zu integrieren versuchen.

Gibt es für diese Rekonstruktion ein hermeneutisches Prinzip? Juden wie Christen bekennen übereinstimmend, dass sich Gott *in* der Geschichte offenbart: in der Berufung Abrahams, in der Befreiung seines Volkes aus Ägypten, in der Gabe der Tora und in der Verheißung des Landes.[3] Der Mensch ist im Ursprung als „Bild und Gleichnis Gottes" geschaffen (vgl. Gen 1,27); in Jesus von Nazaret erkannten die ersten Christen das „Ebenbild des unsichtbaren Gottes" (Kol 1,15). Wer Christus sieht, so ihre Überzeugung, sieht den, der ihn gesandt hat (vgl. Joh 12,45). Hat Gott durch seine Propheten zu den Vätern „vielfach und auf vielerlei Weise" gesprochen (vgl. Hebr 1,1), so hat er sich nach der Überzeugung des Hebräerbriefes in seinem Sohn und dessen Geschick endgültig („ein für alle Mal") geoffenbart.

In Texten wie diesen drückt sich die Überzeugung aus, dass sich Gott nicht verhüllt, sondern *als er selbst* den Menschen bezeugt hat. Will man den Gedanken vermeiden, dass Gott jenseits seiner geschichtlichen Offenbarung – *in maiestate et natura sua* (Luther) – auch ganz anders sein könnte – ein *deus absconditus* also[4] –, dann wird man annehmen müssen, dass seine Offenbarung in der

---

3   Vgl. etwa das sog. „kleine heilsgeschichtliche Credo" in Dtn 26,5–10.
4   Zu Luthers Begriff des *deus absconditus* vgl. bes. *De servo arbitrio* (1525, bes. WA 18,683–691). – Nach Werner Otto *(Verborgene Gerechtigkeit)* wird Luthers zunächst verstörender Begriff des *deus absconditus* dann

Bibeltheologische Perspektiven

Geschichte des Volkes Israel und in der Gestalt Jesu von Nazaret *ihn selbst* zum Inhalt hat.[5] Für Christen jedenfalls gipfelt die Selbstoffenbarung Gottes in Leben, Sterben und Auferstehung Christi. Von dort her sind in christlicher Perspektive die biblischen Texte insgesamt zu interpretieren.[6]

Menschwerdung, Kreuz und Auferstehung Jesu Christi als hermeneutische Prinzipien von Theologie und Schriftauslegung anzunehmen, zwingt nicht dazu, die innere Vielfalt, ja Heterogenität der Texte zu leugnen. Deren Vielfalt spiegelt vielmehr die unausschöpfliche Wirklichkeit Gottes, der in unterschiedlichen historischen Kontexten je anders erfahren wird und bezeugt ist, ohne dass darin die ihnen zugrunde liegende Einheit Gottes verloren ginge.

Der Gedanke der Einheit Gottes und seiner Offenbarung rechtfertigt, ja fordert eine „kanonische Lektüre" der Heiligen Schriften: Diese sind in ihrer inneren Bezogenheit aufeinander zu lesen und zu deuten.[7] Ein solcher Zugang zu den biblischen Schriften berührt sich mit Formen der Schriftauslegung in jüdischer Tradition. Wissenschaftlich reflektiert bedient sich die kanonische Exegese der historisch-kritischen und anderer literaturwissenschaflicher Methoden.[8]

---

einsichtig, wenn er als Antwort auf die Theodizeefrage verstanden wird.

5 Zu den hier nur knapp skizzierten komplexen fundamentaltheologischen Zusammenhängen vgl. umfassend Magnus Striet, *Offenbares Geheimnis. Zur Kritik der negativen Theologie* (ratio fidei 14), Regensburg 2003.

6 An diesem hermeneutischen Prinzip – Christus als die „Mitte der Schrift" zur Geltung zu bringen – ist auch im christlich-jüdischen Dialog festzuhalten, in dem es nicht zuletzt um die Auslegung der Judentum und Christentum gemeinsamen biblischen Texte geht.

7 Ein früher Vertreter der sog. „kanonischen Exegese" ist Brevard S. Childs. Vgl. dazu auch Michael Coors, *Scriptura efficax. Die biblisch-dogmatische Grundlegung des theologischen Systems bei Johann Andreas Quenstedt. Ein dogmatischer Beitrag zu Theorie und Auslegung des biblischen Kanons als Heiliger Schrift* (FSÖT 123), Göttingen 2009, bes. 43–63 (Vergleich der kanonischen Schriftlektüre mit der redaktionsgeschichtlich orientierten „Tübinger Schule").

8 Die kanonisch-intertextuelle Exegese stellt eine Transformation der kanonischen Exegese (Childs) dar, indem sie diese literaturwissenschaftlich reflektiert und darüber hinaus die Beziehungen zwischen dem biblischen Text und den diesen überliefernden Gemeinschaften in den Blick nimmt. – Vgl. Georg Steins, *Der Bibelkanon als Denkmal und Text. Zu einigen methodologischen Aspekten kanonischer Schriftauslegung*, in: Jean-Marie Auwers/Henk Jan de Jonge (Hgg.), The Biblical Canons (BETL 163), Leuven 2003, 177–198.

Die kanonische Interpretation biblischer Texte erlaubt es, im Blick auf ihre Gesamtheit eine *Kriteriologie der Gehalte* zu identifizieren. Diese bleibt zwar notwendig der Kritik der Interpretatoren ausgesetzt, ermöglicht aber eine – freilich stets vorläufig bleibende – Systematisierung der unterschiedlichen Deutungen von Gott, Mensch und Welt.[9]

Dies gilt auch für die Verhältnisbestimmung von Gerechtigkeit und Barmherzigkeit Gottes: „Die verschiedenen biblischen Gerichtstraditionen lassen sich nicht harmonisieren, man muss sich auf Grund theologischer Argumente entscheiden."[10] Die theologische Argumentation muss aber in jedem Fall den Offenbarungsquellen gerecht werden, insofern diese *norma normans non normata* jeder theologischen Reflexion sind. Und hier zeigt sich in exegetischer Perspektive: „Die verschiedenen Gottesbilder, deren Gegenläufigkeit wahrgenommen und ausgehalten wird, erscheinen nicht als gleichrangig. Im Konzert des Kanons steht der Zorn Gottes nicht gleichrangig neben seiner Barmherzigkeit."[11] Insofern darf sich die systematische Theologie als legitimiert betrachten, von einem Vorrang der göttlichen Barmherzigkeit gegenüber seinem Zorn und seiner vergeltenden Gerechtigkeit ausgehen.[12]

---

9 In diesem Sinne konnte Alfons Deissler von einer „Grundbotschaft" des Alten Testaments sprechen (Freiburg – Basel – Wien 1990). Vgl. zum Verhältnis von Exegese und Dogmatik: Frank-Lothar Hossfeld (Hg.), *Wieviel Systematik erlaubt die Schrift? Auf der Suche nach einer gesamtbiblischen Theologie* (QD 185), Freiburg/Br. 2001.

10 Moltmann, *Sonne der Gerechtigkeit*, 136.

11 Groß, *Keine Gerechtigkeit Gottes*, 16; vgl. auch Zenger, „*Gott hat keiner jemals geschaut" (Joh 1,18)*, bes. 83–86; Scoralik, *Gottes Güte und Gottes Zorn*, bes. 205–213. – In der hebräischen Bibel wird von Gottes Zorn stets nur in der Verbalform gesprochen („er hat gezürnt"). An keiner Stelle wird Gott „zornig" genannt; häufig aber „gnädig" und/oder „barmherzig". In den jüngeren Schriften ist zunehmend vom „Gott der Güte" die Rede, vom „Gott der Gnade und des Erbarmens". Matthias Franz hat auf die Tendenz im Alten Testament hingewiesen, „das Zürnen Gottes verbalfientisch zu formulieren und das Annehmen adjektivisch bzw. nominal". Diese Tendenz „hat im mesopotamischen Raum keine Entsprechung. Eine Asymmetrie zwischen Zorn und Gnade ist grammatisch nicht zu finden" (Franz, *Der barmherzige und gnädige Gott*, 67 f.).

12 Dass damit die biblischen Aussagen zum Zorn Gottes und seinem gewalttätigen Handeln nicht leichtfertig beiseite geschoben werden dürfen, versteht sich von selbst. Vgl. hierzu u.a. Miggelbrink, *Der Zorn Gottes*; Dietrich/Link, *Die dunklen Seiten Gottes*; Härle, *Die Rede von der Liebe und vom Zorn Gottes*; Gross, *Keine Gerechtigkeit Gottes ohne Zorn Gottes*.

Dies umso mehr, als der christliche Glaube darin, dass sich der biblisch bezeugte Gott ein für alle Mal in Jesus Christus geoffenbart hat, die Offenbarung seiner Liebe und Barmherzigkeit erkennt. Jesus Christus kann so – zumindest in christlicher Perspektive – zum hermeneutischen Prinzip der Schriftauslegung, ja der biblischen Texte selbst werden.[13] Auf ihn hin ist die Pluralität der Gottesbilder in den biblischen Texten auszulegen, um zu jener Offenbarung vorzudringen, in der sich Gott als für die Menschen unbedingt entschiedene Liebe geoffenbart hat (vgl. 1 Joh 4,8.16). Dabei wird die systematische Theologie die Einheit der beiden Testamente voraussetzen und die Kontinuität der dogmatischen Reflexion zur biblischen Überlieferung suchen.

2.2 Gerechtigkeit und Barmherzigkeit Gottes in den Religionen des Alten Orients

Wenngleich also christliche Theologie in ihrem Bemühen um eine Verhältnisbestimmung von Gerechtigkeit und Barmherzigkeit Gottes von der endgültigen Offenbarung Gottes in Jesus Christus ausgehen muss, treten die spezifischen Gehalte dieser Offenbarung im religionsgeschichtlichen Vergleich besonders deutlich hervor. Deshalb scheint es gerechtfertigt, sich den biblischen Schriften über den Umweg der Religionsgeschichte zu nähern.

2.2.1 Partikuläres Recht – universales Ethos – individuelle Verantwortlichkeit

Nach Ausweis der biblischen Texte sind Vergebung und Versöhnung zentrale Gehalte einer Hoffnung, die sich sowohl auf den Verlauf der Geschichte als auch auf deren Ende richtet. Dies ist in religionsgeschichtlicher Perspektive nicht selbstverständlich. Paul Ricœur hat darauf aufmerksam gemacht, dass in frühen Stadien der Menschheitsgeschichte Verfehlungen als objektive Gegebenheiten (Makel, Unreinheit) galten, die es – meist rituell – zu tilgen galt.[14] Verfehlungen als „Sünde" oder „Schuld" zu begreifen und deshalb

---

13 Martin Luther hat das hermeneutische Prinzip für eine Gewichtung der biblischen Schriften darin gesucht, inwiefern sie „Christum treyben" (WA.DB 7, 384) Anderenorts sah Luther in der Rechtfertigungslehre den hermeneutischen Schlüssel zur Schrift.

14 Die Tilgung wurde meist im Bild der „Reinigung" vorgestellt; vgl. Ricœur, *Symbolik des Bösen*, 33–56; dazu auch die grundlegende Studie von Mary Douglas, *Reinheit und Gefährdung. Eine Studie zu Vorstellun-*

„Vergebung" und „Versöhnung" anzustreben, setzt hingegen eine Wendung zur Innerlichkeit voraus. Ohne diese Wendung sind Vergebung und Versöhnung als Vollzüge personaler Kommunikation nicht denkbar.

Karl Jaspers hat in der Hinwendung zum „inneren Menschen" ein wesentliches Moment der von ihm so genannten „Achsenzeit" erblickt, die er in den Zeitraum von etwa 800 bis 200 v. Chr. datiert.[15] Tatsächlich sind in den vor-achsenzeitlichen Kulturen und Religionen spezifische Formen des Umgangs mit Sünde und Schuld[16] erkennbar, vor deren Hintergrund die Neubestimmung im biblischen Kontext umso deutlicher hervortritt. In der vor-achsenzeitlichen Geschichte betreffen diese Dimensionen sowohl den öffentlichen Charakter von Sünde und Schuld als auch das Verhältnis, in dem der Mensch der Gottheit begegnet: Sünde und Schuld werden als objektiv feststellbare Makel begriffen; ihre Tilgung verlangt deshalb den öffentlichen Raum und das Ritual.

In der Achsenzeit hingegen erfolgt nach Jaspers die „Ethisierung der Religion"; jetzt werden persönliches Selbstsein, Innerlichkeit und moralische Unbedingtheit als universale Größen entdeckt, die das menschliche Bewusstsein bestimmen. Bestand zuvor das Recht in der Gesamtheit jener sozialen Regeln, die in einer Sippe tradiert werden, so wird es nun durch das Ideal eines durch *Gerechtigkeit* bestimmten Rechts abgelöst. Dieses begünstigt nicht nur die Ausbildung einer universalisierbaren Moral, sondern konkurriert zwangsläufig auch mit der traditionellen mythischen Begründung von Herrschaft. Denn nun kann Herrschaft nicht mehr primär durch durch Besitz, Abstammung oder unmittelbare göttliche Intervention legitimiert werden; sie bedarf vielmehr der moralischen Qualifikation. Nicht der Herrscher als solcher, sondern der *gerechte* Herrscher erscheint als politisches und soziales Idealbild.[17]

---

gen von Verunreinigung und Tabu [Purity and Danger, New York 1966], Berlin 1985.

15 Karl Jaspers, *Vom Ursprung und Ziel der Geschichte*, München – Zürich 1949, 21 f., 89.
16 Nach dem Gesagten ist klar, dass im Folgenden von „Sünde" und „Schuld" nur im analogen Sinn gesprochen wird. Im Sinne Ricœurs neutralere, jedoch umständlichere Begriffe wären „Verfehlung" oder „Vergehen".
17 Vgl. Salomos Gebet um Weisheit *(ḥokmā)* und Einsicht *(madā')*: 2 Chr 1,8–10; vgl. 1 Kön 3,9: „So gib deinem Diener ein Herz, das hört, damit er deinem Volk Recht verschaffen und unterscheiden kann zwischen

Bibeltheologische Perspektiven

Mit dem abstrakten Ideal der Gerechtigkeit ist ein Herrschaftskriterium benannt, das nicht mehr an die Faktizität kontingenter Herrschaftsausübung gebunden ist. Damit wird die Herausbildung eines Begriffs personal verantworteten Handelns möglich. Dieses ist fortan nicht durch konkrete Gebote oder Verbote bestimmt, sondern dadurch, dass ihm abstrakte Werte zugrunde liegen. In biblischer Tradition werden solche Ansätze bereits in der Vor-Exilszeit greifbar: Propheten wie Amos, Hosea oder auch Jeremia fordern Gerechtigkeit und Barmherzigkeit, nicht Kult und Opfer. Auch die deuteronomistischen Redaktoren betonen die ethische Dimension des Jhwh-Glaubens, die Verantwortung des Einzelnen und die Transzendenz Gottes.

Ein bedeutender Schritt auf dem Weg einer „Ethisierung der Religion" vollzieht sich im Alten Ägypten mit der Herausbildung der Erwartung eines allgemeinen Gerichts über die Toten.

2.2.2 Öffentlichkeit und Objektivität der Gerechtigkeit im altägyptischen Totengericht

Am Beispiel des Totengerichts, vor das nach altägyptischem Glauben jeder Mensch nach seinem Tod tritt, lassen sich Frühformen einer Entwicklung vom (äußerlichen) Recht zum (innerlichen) Ethos ablesen. Die Vorstellung vom Totengericht ist erstmals für das Neue Reich (16.–11. Jahrhundert v. Chr., 18.–20. Dynastie) nachweisbar, dürfte jedoch bedeutend älter sein. Der genaue Zeitpunkt ist nicht zu rekonstruieren.[18] Der Ägyptologe Jan Assmann datiert sie an das Ende des Alten Reichs (ca. 2140 v. Chr.) und stellt sie damit in einen Zusammenhang mit den damaligen sozialen Umwälzungen, die den einzelnen Menschen verunsicherten und

---

Gut und Böse. Denn wer könnte deinem Volk, das so gewaltig ist, Recht verschaffen?"

18 Assmann, *Ägypten. Eine Sinngeschichte,* 506 f., Anm. 115, sowie Ders., *Tod und Jenseits im Alten Ägypten,* 546 f., Anm. 12, verweist u. a. auf Joachim Spiegel, *Die Idee vom Totengericht in der ägyptischen Religion,* Glückstadt 1967; Reinhard Grieshammer, *Das Jenseitsgericht in den Sargtexten* (ÄA 20), Wiesbaden 1970; Jean Yoyotte, *Le jugement des morts dans l'Egypte ancienne,* in: Sources orientales 4: Le jugement des morts, Paris 1961; Samuel George Frederick Brandon, *The Judgement of the Dead. The Idea of Life After Death in the Major Religion,* London 1967; Christine Seeber, *Untersuchungen zur Darstellung des Totengerichts im alten Ägypten,* München – Berlin 1976; Thomas von der Way, *Göttergericht und »Heiliger« Krieg im Alten Ägypten. Die Inschrift des Merenptah zum Libyerfeldzug des Jahres 5* (SAGA 4), Heidelberg 1992.

ihn an der Konsistenz eines innerweltlichen Tun-Ergehen-Zusammenhangs zweifeln ließen.[19]

Im Totengericht geht es keineswegs um Vergebung, sondern um eine Bestandsaufnahme des zu Lebzeiten gelungenen oder verfehlten Tuns des Menschen. Der Mensch gilt im Totengericht geradezu als die Summe seiner Taten bzw. Untaten. Diese werden gegenüber der kosmischen Gerechtigkeitsordnung, der *Ma'at,* abgewogen. Im Spruch der Richtergottheiten wird ratifiziert, was der Verstorbene zu Lebzeiten getan hat. Der sog. „Tun-Ergehen-Zusammenhang" – die auch dem Alten Testament bekannte Vorstellung, wonach sich das Schicksal des Menschen an seinem sittlichen Tun bemisst[20] –

---

19   Dichtungen wie *Der redekundige Oasenmann* oder die *Prophezeiungen des Neferti* reflektieren die Situation der allgemeinen Verunsicherung am Ende des Alten Reichs: vgl. Erik Hornung, Gesänge vom Nil. Dichtung am Hofe der Pharaonen, Zürich – München 1990, 11–29, 105–117). Die *Mahnworte des Ipuwer*, die lange Zeit als Ausdruck der allgemeinen Verunsicherung nach dem Zusammenbruch des Alten Reiches galten, werden inzwischen der 12. Dynastie zugeordnet (nach 1900 v. Chr.); vgl. Erik Hornung, *Gesänge vom Nil,* 190.

20   Jan Assmann hat hierfür mit Blick auf das Alte Ägypten den Begriff der „konnektiven Gerechtigkeit" geprägt: „Gerechtigkeit, im ägyptischen Sinne, ist in erster Linie Mitmenschlichkeit, iustitia connectiva, »konnektive Gerechtigkeit«, die die Menschen miteinander verbindet, indem sie Verantwortlichkeit und Vertrauen stiftet. Der zur *Ma'at* erzogene Mensch weiß sich für sein Tun und Reden verantwortlich; daher ist er des Vertrauens der Anderen würdig" (*Ma'at,* 91). – Zum Tun-Ergehen-Zusammenhang im Alten Testament vgl. etwa 1 Kön 8,32: „Verschaffe deinen Dienern Recht und sprich den Schuldigen schuldig und lass seine Tat auf sein Haupt fallen; den Gerechten aber erkläre für gerecht und behandle ihn, wie es seiner Gerechtigkeit entspricht!" Oder ähnlich Jer 18,22: „Du aber, Jhwh, weißt von all dem, was sie gegen mich beschlossen haben, um mich zu töten. Vergib ihnen nicht ihre Schuld, und ihre Sünde lösche nicht aus vor dir, damit sie zu Fall gebracht werden vor dir; tu es ihnen an in der Zeit deines Zorns!" – Klaus Koch hat die Vorstellung eines Tun-Ergehen-Zusammenhangs gegenüber der These profiliert, die alttestamentliche Theologie sei durch ein „Vergeltungsdogma" bestimmt: „Von einem rechtlich bestimmten Vergeltungsdenken", so Koch in Bezug auf die Propheten, „kann keine Rede sein" (*Gibt es ein Vergeltungsdogma im Alten Testament?,* 16). Gott wird „zwar als eine dem Menschen *übergeordnete Größe* genannt, aber diese handelt nicht juristisch, indem sie Lohn und Strafe nach einer Norm bemisst und zuteilt, sondern sie leistet sozusagen »Hebammendienst«, indem sie *das vom Menschen Angelegte zur völligen Entfaltung bringt*" (ebd., 5). Vgl. auch Otto, *Theologische Ethik des Alten Testaments,* 124–133. – Zur Diskussion um den „Tun-Ergehen-Zusammenhang" vgl. die Übersicht bei Koch (Hg.), *Um das Prinzip der Vergeltung in Religion und Recht des Alten*

bleibt über den Tod hinaus in Kraft und wird durch den postmortalen Richterspruch der Gottheiten zur Geltung gebracht.[21]

In diesem Zusammenhang begegnet auch die Vorstellung, dass die „Rechtfertigung" eines Menschen, seine Zurüstung für das Jenseits, die Mitsprache derjenigen erfordert, denen gegenüber er schuldig geworden ist.

Einem Bericht des Historikers Diodor von Sizilien aus dem 1. Jahrhundert v. Chr. zufolge unterwarfen die Ägypter ihre Toten bei der Bestattung einem rituellen Gericht, zu dem sich vor der Beisetzung Angehörige und Freunde sowie „mehr als vierzig" Richter zusammenfanden. Bei diesem Gericht, so Diodor, habe jedem das Recht zugestanden, den Verstorbenen jener Verfehlungen anzuklagen, die er zu Lebzeiten begangen hatte. Wurde die Anklage von den Richtern als begründet befunden, so sei dem Verstorbenen eine ordentliche Bestattung verwehrt worden; hätten sie die Anklage als unbegründet zurückgewiesen, dann sei der Ankläger schwer bestraft worden.[22]

Ob Diodors Darstellung historischen Tatsachen entspricht, ist umstritten.[23] Tatsächlich mag es im Zusammenhang mit der Beisetzung von Verstorbenen rituelle Formen gegeben haben, in deren Rahmen darüber entschieden wurde, ob der Verstorbene einer ehrenhaften Beisetzung überhaupt würdig war oder ob es nicht ratsam sei, ihm diese vorzuenthalten. Dem dürfte die Vorstellung zugrunde liegen, dass ein Mensch, der zu Lebzeiten die Regeln des sozialen Zusammenlebens verletzte, dies auch als Toter tun wird – eine Vorstellung, die umso bedrohlicher erscheinen musste, als spätestens seit dem Mittleren Reich davon ausgegangen wurde, dass die Verstorbenen Macht über die Lebenden ausüben könnten.[24]

Testaments; ferner Janowski, *Die Tat kehrt zum Täter zurück. Offene Fragen im Umkreis des „Tun-Ergehen-Zusammenhangs",* 167–191; Sticher, *„Die Lampe der Frevler erlischt",* 88–91.

21 Vgl. Assmann, *Ägypten. Eine Sinngeschichte,* 181–184, 190–195.
22 *Hist.* I 92,4 (griech.-frz. Ausg.: Bertrac/Vernière, *Diodore de Sicile* [BH 1], Paris 1993, 170); deutsch: Gerhard Wirth/Wilhelm Gessel (Hgg.), *Diodoros Griechische Weltgeschichte* [BGrL 34–37], Stuttgart 1993, 125 f.). – Zur Rezeption von Diodors Darstellung im europäischen Barock (z.T. mit szenischen Darstellungen) vgl. Assmann, *Ägypten. Eine Sinngeschichte,* 190 f.
23 Vgl. Reinhold Merkelbach, *Diodor über das Totengericht der Ägypter,* in: ZÄS 120 (1993) 71–84.
24 Diese Vorstellung bezeugen besonders die *Sargtexte* aus dem Mittleren Reich; vgl. Reinhard Grieshammer, *Das Jenseitsgericht in den Sargtexten* (ÄA 20), Wiesbaden 1970, 46–70.

Die von Diodor für das rituelle Gericht über den Verstorbenen bezeugte Zahl der Richter erinnert an die Zahl der Gaue Ägyptens, die seit dem Mittleren Reich konstant mit Zweiundvierzig angegeben wurde. Damit verweist die Szene auf das auch in altägyptischen Quellen vielfach beschriebene oder bildlich dargestellte Totengericht.

Um einer häufigen Begriffsverwirrung zu begegnen, schlägt Assmann die Unterscheidung zwischen „Jenseitsgericht" und „Totengericht" vor. Unter einen „Jenseitsgericht" will er ein jenseitiges Appellationsgericht verstanden wissen, vor dem ein Verstorbener fakultativ anklagen und angeklagt werden kann.[25] Die Vorstellung von einem „Jenseitsgericht" ist bereits in Grabinschriften des Alten Reichs bezeugt; darin wird es Grabinhabern ermöglicht, gegen mögliche Grabschänder vorzugehen. Die Vorstellung von einem „Totengericht" hingegen findet sich erst in den Totenbuch-Texten des Neuen Reiches. Hier erscheint das Totengericht nicht als eine fakultative Appellationsinstanz, die nur dann zusammentritt, wenn sie einberufen wird. Vielmehr muss sich im Totengericht ausnahmslos jeder Verstorbene für seine Taten rechtfertigen.

Ziel der Prüfung im Totengericht ist die „Rechtfertigung" des Verstorbenen; durch sie wird er vom Joch der Vergänglichkeit befreit. Rechtfertigung ist deshalb nach Assmann eine Art „moralischer Mumifizierung".[26] Sie zielt auf die Wiederherstellung der personalen Identität und Integrität des Verstorbenen.[27]

Im Totengericht werden die Taten des Verstorbenen an der *Ma'at* gemessen. Die *Ma'at* ist die umfassende kosmische und soziale Ordnung der Welt. Als solche ist sie Wahrheit und Gerechtigkeit in einem. In der altägyptischen Gesellschaft verkörpert die Göttin *Ma'at* das umfassende Prinzip der Solidarität, der Gegenseitigkeit und der Vergeltung.[28] Ihre Beobachtung begründet und sichert das soziale Zusammenleben.[29]

---

25 Vgl. Assmann, *Ma'at*, 127–130.
26 *Herrschaft und Heil*, 141.
27 Vgl. ebd. 144.
28 Assmann, *Ma'at*, 66.
29 „*Ma'at* – Wahrheit, Gerechtigkeit, Ordnung – ist der Oberbegriff aller Normen, die das Zusammenleben der Menschen und Götter fundieren und die der Einzelne erinnern muss, um in Gemeinschaft leben zu können und den anderen das Zusammenleben mit ihm zu ermöglichen. *Ma'at* ist nicht Lebenskunst im Sinne von Epiktet oder Montaigne, sondern »Zusammenlebenskunst«" (Assmann, *Herrschaft und Heil*, 136).

Indem die Taten des Verstorbenen buchstäblich gegenüber der *Ma'at* „aufgewogen" werden, muss er sich nicht gegenüber einem konkreten Prozessgegner rechtfertigen, sondern gegenüber der abstrakten *Ma'at*.[30] Anders als im „Jenseitsgericht" des Alten Reiches muss sich der Verstorbene im „Totengericht" des Neuen Reiches nicht gegen unberechenbare Feinde verteidigen, sondern gegen Anklagen, die – im Namen der *Ma'at* – von göttlicher Seite gegen ihn vorgebracht werden. Man kann hierin mit Assmann eine „Theologisierung des Schuldbegriffs" erblicken.[31] Denn durch die Idee des Totengerichts wird das Schuldgefühl der Menschen, dessen Ausprägung konstitutiv durch die geschichtlichen Bedingungen einer jeweiligen sozialen Gruppe geprägt ist, „an einem archimedischen Punkt außerhalb der Gruppen verankert" und so „auf eine absolute Grundlage" gestellt.[32]

Freilich birgt die Theologisierung des Schuldbegriffs auch die Möglichkeit des Missbrauchs. Denn die Idee des Totengerichts sanktioniert und stabilisiert die jeweils bestehende politische und soziale Ordnung, indem es sie sakralisiert.[33] Die Verfehlung gegen die Gemeinschaft wird zur Sünde vor der Gottheit und mit entsprechenden Sanktionen bedroht: denn der Verstoß gegen die göttlich sanktionierte Ordnung des sozialen Zusammenlebens gefährdet den Fortbestand der Seele des Verstorbenen im Jenseits und sein diesseitiges Gedenken im Totenkult.

Zugleich macht die Theologisierung des Schuldbegriffs das Totengericht berechenbar. Unter der Voraussetzung nämlich, dass die Götter nicht willkürlich urteilen, sind die Maßstäbe der geforderten Lebensführung fortan menschlicher Willkür entzogen. Sie bieten dem Einzelnen eine sichere Orientierung für den Alltag im

---

30   Assmann hat deshalb vorgeschlagen, eher von einer „Totenprüfung" als von einem „Totengericht" zu sprechen. In Diodors Bericht über das rituelle Gericht nach dem Tod fließt beides zusammen: die Vorstellungen von einem konkreten Prozess, der gegen den Verstorbenen geführt wird, und die Beurteilung seiner Taten am Maßstab der sozialen Ordnung. Dabei überwiegt bei Diodor die personale Dimension der Prüfung. Diese ist vor Willkür dadurch geschützt, dass falsche Anschuldigungen mit Sanktionen bewehrt sind.
31   *Herrschaft und Heil,* 146.
32   *Ma'at,* 122.
33   „Das Totengericht gehört voll und ganz in das System einer repräsentativen politischen Theologie. Es sanktioniert dieselbe Ordnung und dieselben Normen, die der Staat in dieser Welt vertritt und auf denen er errichtet ist. Das Totengericht ist eine durchaus staatstragende Idee" (Assmann, *Herrschaft und Heil,* 132).

diesseitigen Leben und eine tragfähige Perspektive für die Fortexistenz im jenseitigen Leben.

Mit der Erwartung eines Totengerichts wird die Ethik des sozialen Zusammenlebens im Alten Ägypten nicht erst begründet; denn eine solche Ethik lag in den altägyptischen Weisheitsschriften und den „Lebenslehren" unabhängig von der Erwartung eines jenseitigen Gerichts bereits vor.[34] In der Erwartung seiner postmortalen Rechtfertigung kann jedoch der Einzelne schon zu Lebzeiten sein Leben im Hinblick darauf führen, dass er sich dereinst vor dem Gerichtshof der Götter zu verantworten hat.[35]

Die *Ma'at* ist die umfassende Lebensnorm, die Diesseits und Jenseits gleichermaßen umfasst. Ihre Kodifizierung hat die Lebensführung, die der *Ma'at* entspricht, vor allem in dem berühmten Spruch 125 des Totenbuches erhalten, dem „negativen Bekenntnis".[36] In diesem um 1500 v. Chr. entstandenen und vielfach überlieferten Text geht es nicht um ein Bekenntnis der Vergehen und Verfehlungen, wie es etwa im Rahmen der christlichen Beichte verlangt ist. Verlangt ist auch keine innere Umkehr, keine Reue, keine Sinnesänderung (*teshuwa, metanoia*). Vielmehr dient die Kraft des gesprochenen Wortes dazu, den Toten „von allen bösen Handlungen zu befreien, die er begangen hat".[37]

Indem der Verstorbene beteuert, dass er sich zu Lebzeiten *nicht* gegen die soziale Ordnung vergangen hat, entspricht das „negative Bekenntnis" einem Reinigungsritus. An seinem Ende ist der

---

34 Der „Theologisierung des Schuldbegriffs" korrespondiert eine „Theologisierung der Ethik": Die Ethik wurde – unter anderem durch die Erwartung eines Totengerichts – nachträglich im Transzendenten verankert. – Einführend zu den altägyptischen Weisheitslehren vgl. Hellmut Brunner, *Einführung* zu: *Die Weisheitsbücher der Ägypter. Lehren für das Leben,* Düsseldorf – Zürich 1988, 11–90.

35 Autobiographie-ähnliche Texte, die sich bereits im Alten Reich an den Eingängen von Gräbern finden, zählen häufig die Wohltaten der Verstorbenen auf. Diese Leistungen sollten den Verstorbenen helfen, die Prüfungen im Jenseits zu bestehen. Das irdische Leben wird im Blick auf das unausweichliche Totengericht geführt.

36 Dt. Übers. bei Erik Hornung, *Das Totenbuch der Ägypter,* Zürich – München 1979, 233–245. „Negativ" wird das Bekenntnis deshalb genannt, weil der Verstorbene vor den Gottheiten nicht seine Verfehlungen bekennt, sondern das, was er zu Lebzeiten *nicht* getan hat. Dieser Form liegt ein magisches Verständnis zugrunde, wonach das Wort die von ihm bezeichnete Sache – hier die Verfehlung – gegenwärtig setzt. Genau dies aber soll im Totengericht vermieden werden.

37 *Spruch 125,* Einleitung (Übers. Hornung 233).

von seiner Schuld gereinigte Verstorbene würdig, in das jenseitige Leben einzutreten. Vergleichbare Rituale sollten im Alten Orient vor allem die Kultfähigkeit der Priester sicherstellen. Im biblischen Zusammenhang begegnen sie etwa in den Tempeleinlass-Liturgien der Psalmen 15 oder 24.

Weil es sich bei der Rezitation von Spruch 125 nicht um ein persönliches Schuldbekenntnis, sondern um einen Reinigungsritus handelt, sind die 42 „Beisitzer", die sich auf den „kanonischen" Darstellungen des Totengerichts finden, keine „Mitrichter", deren Votum – oder gar Einspruch – irgendeinen Einfluss auf das Verfahren hätte. Mit den vierzig „Richtern", von denen Diodor spricht, haben sie die ungefähre Zahl, nicht aber die Funktion gemein. Die 42 Beisitzer repräsentieren die 42 Götter der Gaue Ägyptens und damit die politische Einheit des Landes. Ihre Anwesenheit im Totengericht fügt der Prüfung des Verstorbenen kein neues inhaltliches Kriterium hinzu, sondern die Dimension der Öffentlichkeit: der Verstorbene muss sich für seine Taten nicht nur im Privaten rechtfertigen, sondern vor der politischen und sozialen Wirklichkeit des Staatsverbandes. Umgekehrt ist nach erfolgter Prüfung und Rechtfertigung des Verstorbenen der Urteilsspruch unmittelbar öffentlich und damit rechtskräftig. Die Öffentlichkeit des Urteils stellt den sozialen Zusammenhalt wieder her, den der Schuldige durch seine Vergehen verlassen hat. Nach ergangenem Urteil erscheint der Mensch „vor aller Welt" gerechtfertigt.

Die Öffentlichkeit des Reinigungsrituals, das in der Rezitation von Spruch 125 vor den Gottheiten und den Beisitzern vollzogen wird, schlägt sich auch in seinem Aufbau nieder. Beziehen sich die ersten vierzig Verfehlungen auf das soziale Zusammenleben im engeren Bereich wie dem der Familie, so ist der zweite Teil des Bekenntnisses an die Beisitzer gerichtet und somit an die Öffentlichkeit im weiteren Sinn. Der Spruch ist Ausdruck einer Schuldkultur der Reinigung, die, um wirksam zu werden, konstitutiv der Öffentlichkeit, aber keiner inneren Umkehr bedarf.

Als Reinigungsritual ist das „negative Bekenntnis" Ausdruck jenes nach Ricœur kultur- und religonsgeschichtlich frühen Stadiums, in dem Schuld als „Makel" oder „Befleckung" interpretiert wurde. Trotzdem ist es bewusstseinsgeschichtlich folgenreich, dass mit der Idee des Totengerichts der einzelne Mensch wenigstens anfanghaft als sittliches Individuum begriffen wird. Diese Individualität wird in den Darstellungen des Totengerichts nicht nur dadurch symbolisiert, dass sein Herz – der „innere Mensch" – auf die Waagschale gelegt wird. Neben der Waagschale werden eine

Reihe individualisierender Aspekte dargestellt: die Lebensfrist des Verstorbenen, seine Lebensprognose, seine Seele. „Sie alle machen klar, dass es hier um das Individuum in seiner unverwechselbaren Einmaligkeit und in der Kontingenz seiner besonderen Lebensumstände geht, dessen Würdigkeit zur Fortdauer im schuldfreien Jenseitsraum der Fortdauer hier geprüft wird."[38]

Die Texte des Totenbuchs fordern keine innere Wandlung des Menschen, der sich verfehlt hat, vielmehr zielen sie auf eine Wandlung der Gottheit. Diese soll von ihrem berechtigten Zorn ablassen und den nunmehr vor aller Welt gerechtfertigt Dastehenden verschonen. „Auf Seiten des Menschen haben wir einen Prozess von schuldhafter Verheimlichung zu bekennender Veröffentlichung, auf Seiten der Gottheit vollzieht sich ein Wandel von strafendem Zorn zu vergebender Gnade."[39] Nicht der Verstorbene kehrt um, sondern die Götter lassen von ihrem – anfänglich durchaus berechtigten – Zorn ab.[40]

Die Vorstellung von einer inneren Wandlung Gottes begegnet zwar auch in den biblischen Schriften – dort oft verbunden mit dem Bild der „Reue Gottes" (vgl. Gen 6,6 f.; Ex 32,12.14; 2 Sam 24,16; Jer 18,8 u. ö.).[41] Anders aber als in den altägyptischen Texten

---

38 *Herrschaft und Heil*, 156.
39 „Das »negative Bekenntnis« ist eben doch das Gegenteil einer wirklichen Beichte, die es nur im Horizont einer ganz anderen Semantik gibt, einer Semantik, zu der auch die Begrifflichkeit einer inneren Wandlung (*teshuwa, metanoia, Reue*) gehört. Das Bild vom Herzen auf der Waage betont zwar die Individualität der Schuld und damit auch des Subjekts, das nach dem Tode erhalten bleibt und als Individuum ins Jenseits eingeht. Aber die Schuldfähigkeit des Menschen und die damit verbundene Einsicht in seine Fehlbarkeit und Schwäche wird im Rahmen der ägyptischen Schuldkultur nicht wie in Griechenland oder Israel zu einem definierenden Teil menschlicher Individualität, ja geradezu zu einem Ehrentitel erhoben" (*Herrschaft und Heil*, 175).
40 Assmann konstatiert hierin einen „diametralen Gegensatz" zwischen hebräischer und ägyptischer Schuldkultur. „Die ägyptische Schuldkultur scheint die Vorstellung einer Herzensumwandlung nicht zu kennen. Was sich hier wandelt, ist nicht das Herz des Sünders, sondern das des strafenden Gottes. Er ist es, der umdenkt, einlenkt, nachgibt und vergibt. Nicht der Sünder, sondern Gott macht eine innere Wandlung durch" (*Herrschaft und Heil*, 170).
41 Zum Motiv der „Reue Gottes" vgl. Jörg Jeremias, *Die Reue Gottes*, Neukirchen ²1997. Zu den Spannungen zwischen biblischer Gottesrede und griechischer Philosophie in neutestamentlicher Zeit vgl. auch Walter A. Maier, *Does God „repent" or change his mind?*, in: CTQ 68 (2004) 127–143.

Bibeltheologische Perspektiven

erfolgt die innere Wandlung Gottes vor dem Hintergrund seiner prinzipiellen Entschiedenheit für den Menschen. Nach priesterschriftlicher Deutung ist der Regenbogen nach der Sintflut Zeichen dafür, dass Gott bleibend auf der Seite des Menschen steht: „Wenn [...] der Bogen in den Wolken erscheint, dann will ich mich meines Bundes erinnern, der zwischen mir und euch besteht [...], und nie wieder wird das Wasser zur Sintflut werden, um alles Fleisch zu verderben" (Gen 9,14f.).[42]

In biblischer Perspektive wird Gottes prinzpielle Entschiedenheit für den Menschen durch dessen Umkehr und Buße lediglich aktualisiert, so dass der Zorn, den Gott angesichts der Abkehr des Menschen berechtigterweise empfindet, seiner ursprünglichen Zugewandtheit weicht.[43] Während der Sinneswandel der altägyptischen Gottheiten durch den formalen Gehorsam der Menschen motiviert scheint, vollziehen sich die Umkehr des Sünders und die Wandlung Gottes nach dem Zeugnis der biblischen Texte im Rahmen einer personalen Beziehung, die durch den *Bundesgedanken* konstituiert ist.[44]

2.2.3 Zorn und Barmherzigkeit Gottes im Spiegel der „persönlichen Frömmigkeit"

Die altägyptische Vorstellung vom Totengericht mit ihrer doppelten Bewegung zur Transzendenz – einmal in Richtung auf ein Jenseits, einmal in Richtung auf den inneren Menschen – stellt einen

---

42 Den Regenbogen als göttliches Zeichen zu deuten hat religionsgeschichtliche Parallelen in der assyrisch-babylonischen Mythologie. In der babylonischen Schöpfungsgeschichte *Enuma Elish* heißt es, der Schöpfergott Marduk habe das Leben auf der Erde dadurch ermöglicht, dass er Tiamat, die Göttin der Urflut, mit einem Bogen tötete (IV,35–40). Um den Fortbestand der Schöpfung zu gewährleisten, nahm der Himmelsgott Anu den Bogen Marduks und setzte ihn als „Bogenstern" an den Himmel. Im Alten Orient gilt der Regenbogen deshalb als Zeichen für die Macht der Gottheit, Störungen der sozialen oder der kosmischen Ordnung zu beseitigen und das Leben zu sichern. – Vgl. Erich Zenger, *Gottes Bogen in den Wolken*, bes. 132–134 (Religionsgeschichtlicher Vergleich mit der priesterschriftlichen Tradition).

43 Zu Dtn 7,9f. (Verlässlichkeit in Güte und Vergeltung) und 4,23.31 (Barmherzigkeit und Eifer Gottes) vgl. Franz, *Der barmherzige und gnädige Gott*, 214–220.

44 Vgl. zur theologischen Kategorie des „Bundes" die Einleitung zu Abschnitt 2.3.

bedeutenden bewusstseins- und kulturgeschichtlichen Schritt dar.⁴⁵ Wenngleich sie den Gedanken der inneren Umkehr nicht erreicht, sondern in der ritualistisch-magischen Vorstellungswelt der „Reinigung" von Schuld verbleibt, hat sie doch durch ihre Betonung der sozialen Dimension von Schuld einen wesentlichen Aspekt der Schuldthematik zu Bewusstsein gebracht.

Durch die Idee des Totengerichts wird die soziale Dimension von Schuld theologisch begründet: Verfehlung wird zur Sünde. Damit aber wird sie im Sinne der Herrschaftsstabilisierung politisch missbrauchbar. Dies tritt in der Rückschau deutlicher zutage, als es den im Neuen Reich lebenden Menschen bewusst gewesen sein mag. Ihnen garantierte eine stabile politische Ordnung – zumal nach den Erschütterungen der beiden „Zwischenzeiten" – zunächst einmal politische und soziale Sicherheit. Gleichzeitig führten die Erschütterungen der politischen und sozialen Ordnungen, die mit dem Ende des Mittleren Reiches einhergingen, zu einer vertieften Reflexion auf die Wirklichkeiten der Schuld und auf die Möglichkeiten zu ihrer Überwindung. Einen wesentlichen Schritt auf diesem Wege bezeugen die Texte der so genannten „persönlichen Frömmigkeit".

Worin besteht dieser Schritt? Naturgemäß verweist die Idee des Totengerichts auf das Jenseits. Die Umkehr der Götter, ihr Ablassen vom gerechten Zorn, vollzieht sich nach dem Tod des Menschen in der „Halle der Gerichtsbarkeit". Doch lässt sich im Neuen Reich eine Tendenz beobachten, den Umschwung vom Zorn zum Erbarmen bereits im Diesseits erfahrbar zu deuten. Von dieser Verschiebung zeugt eine Gruppe von Buß- und Dankpsalmen, die gewöhnlich unter dem Stichwort der „persönlichen Frömmigkeit" zusammengefasst werden. Sie sind nach dem Zusammenbruch der Amarna-Epoche in der späten Ramessiden-Zeit, in dem nur etwa 150 Jahre umfassenden Zeitraum der 19. und 20. Dynastie (12./11. Jahrhundert v. Chr.), entstanden.⁴⁶ Da sie ausschließlich

---

45 Assmann sieht in der Idee des Totengerichts sogar „die einzige religiöse Idee von zentraler Bedeutung, die Ägypten mit den großen Weltreligionen verbindet" (*Ma'at*, 122).

46 Zum auf Flinders Petrie (1909) zurückgehenden Begriff der „Persönlichen Frömmigkeit" („personal religion") und seiner Rezeption bei Assmann, *Ägypten. Eine Sinngeschichte*, 259f.; Ders., *Gottesbeherzigung. »Persönliche Frömmigkeit« als Religiöse Strömung der Ramessidenzeit*, in: L'Impero Ramesside. Convegni Internazionale in Onore di Sergio Donadoni (Vicino Oriente – Quaderno I), Rom 1997 (1998), 17–44; vgl. kritisch Dieter Kessler, *Die kultische Bindung der Ba-Konzeption,*

für die thebanische Arbeiterstadt Deir-el-Medina bezeugt sind, ist unsicher, ob und inwieweit sie für die altägyptische Frömmigkeit des Neuen Reiches insgesamt repräsentativ sind. Möglicherweise spiegeln sie lediglich eine lokal und zeitlich begrenzte Gestalt altägyptischer Religiosität wider.[47]

Die Theologie dieser Buß- und Dankpsalmen führt an die Schwelle zum Alten Testament.[48] Gebete wie die an den Sonnengott Re gerichtete Bitte: „Komm zu mir, [...] Re [...], / auf dass du für mich Vorsorge triffst! [...] Wirf mir nicht meine vielen Verfehlungen vor, ich bin einer, der sich selbst nicht kennt; / ich bin ein Mensch ohne Verstand [...]"[49] kommen biblischen Gebetstexten und besonders den Psalmen recht nahe.

Oft bewegt eine ernsthafte Krise – wie eine eigene Krankheit oder die eines Verwandten – den Menschen im Alten Ägypten dazu, die Ursache hierfür bei sich selbst zu suchen. Er kann sich auf zurückliegende moralische Verfehlungen besinnen, um die Gottheit gnädig zu stimmen. Er kann Verfehlungen aber auch frei imaginieren, um sich im Kontext des Tun-Ergehen-Zusammenhangs als Opfer zur Geltung zu bringen, das Rettung von Seiten der Gottheit erwarten darf. Indem sich der Leidende gegenüber den als strafend erfahrenen Göttern als Täter stilisiert, nimmt er das erfahrene Leiden als gerechte Strafe an. Auf diese Weise anerkennt er die *Ma'at* als Prinzip der sozialen und kosmischen Ordnung. Diese Anerkennung wiederum bewirkt seine „Resozialisierung" in die Gesellschaft, ja in die kosmische Ordnung.

Für den Fall der Errettung oder Heilung verspricht der Leidende, ein Gelübde zu erfüllen. Dieses besteht in der Regel in der Errichtung einer Dankstele für die jeweilige Gottheit.[50] Gebet und

---

in: SAÄK 28 (2000) 161–206, hier 165, und Görg, *Ägyptische Religion*, 116 f. – Zur „persönlichen Frömmigkeit" vgl. auch Jan Assmann, *Theologie und Weisheit im Alten Ägypten*, München 2005.

47 Insofern stellt sich die Frage, inwieweit diese Texte repräsentativ sind. Stehen Sie für die Frömmigkeit der 19.–20. Dynastie insgesamt? Oder nur für die Frömmigkeit einer bestimmten sozialen Gruppe – der Nekropolenarbeiter etwa? Ist diese Frömmigkeit auf Deir-el-Medina beschränkt – oder in ganz Ägypten verbreitet? Um diese Fragen zu beantworten, bedarf es weiterer Quellen und Textzeugnisse.

48 Vgl. Manfred Görg, *Die Beziehungen zwischen dem Alten Israel und Ägypten*. Von den Anfängen bis zum Exil (EdF 290), Darmstadt 1997, 171–174 (Lit.).

49 Assmann, *Ägyptische Hymnen und Gebete*, Zürich 1975, 380 f.

50 Entsprechend handelt es sich bei den erhaltenen Zeugnissen der „persönlichen Frömmigkeit" mehrheitlich nicht um Texte, die in Gräbern

Gelübde werden in der Öffentlichkeit vollzogen. Die Dankstelen manifestieren den sozialen Charakter von Schuld und Rettung. So erfährt man etwa auf einer Votivstele, die der Maler Neb-Re als Dank für die Genesung seines Sohnes gestiftet hat, dass er den Sonnengott Amun-Re in aller Öffentlichkeit um das Wohl seines Sohnes gebeten hat: „Was er ihm [sc. Amun-Re] machte, sind Hymnen auf seinen Namen, / weil seine Kraft so groß ist. / Was er ihm machte, sind Gebete zu ihm, / angesichts des ganzen Landes." Nach erfolgter Rettung oder Heilung wird das Gelübde selbstverständlich erfüllt; die Dankstele verewigt das Moment der Öffentlichkeit von Schuldeingeständnis und Errettung. Hinzu kann der öffentliche Lobpreis des rettenden Gottes treten. Auf einer Stele des Nekropolenarbeiters Neferabu für den Gott Ptah erscheint der Lobpreis als Inhalt eines Gelübdes: „Nun werde ich seine Gewalt dem erzählen, der sie nicht kennt, wie dem, der sie kennt."[51]

Bei der Veröffentlichung der Schuld kommt es weniger auf die Einzelheiten der Untat an als darauf, eine Öffentlichkeit überhaupt erst herzustellen. Bekenntnis bedeutet in erster Linie Aufdeckung oder Bekanntmachung. Sie befreit den Schuldigen aus der von ihm selbst gewählten sozialen Isolation und ermöglicht die Wiederaufnahme in die Gemeinschaft seiner Familie, Sippe oder Stadt. Es ist die Öffentlichkeit des Bekenntnisses, die sühnend wirkt, nicht die innere Umkehr des Schuldigen.

In den Texten der „persönlichen Frömmigkeit" begegnen erstmals im Alten Ägypten Eingeständnisse von Schuld, die nicht die Toten, sondern die Lebenden betreffen. Insofern stellen sie einen weiteren Schritt in Richtung auf die Herausbildung sittlicher Individualität dar. Die Texte bezeugen, dass und wie sich Menschen im ausgehenden 2. Jahrtausend v. Chr. für ihre bösen Taten persönlich vor einem höchsten Gott – in diesem Falle Amun-Re – verantwortlich fühlten. Und dieser Gott – auch das ist innerhalb der altägyptischen Literatur in diesem Umfang neu – wird als barmherzig und verzeihend vorgestellt.

In anderen Texten präsentieren sich die Betenden als – zu Recht oder zu Unrecht – Leidende, Verfolgte oder Trauernde. Auch hier wird das erhoffte oder erfahrene Wirken der Gottheit als rettend und/oder heilend bezeugt. Die Gottheit erweist sich dem Beter als

---

gefunden wurden, sondern um Inschriften, die auf Stelen angebracht wurden. Sie richten sich nicht nur an die Gottheit, sondern zugleich an die Öffentlichkeit ihrer Zeit.

51 Beyerlin, *Religionsgeschichtliches Textbuch*, 62.

Bibeltheologische Perspektiven

„barmherzig", ja als „Guter Hirte".[52] In Rettung und Heilung erfahren die Betenden die Nähe der Gottheit.[53]

Angesichts der Verschonung durch die weiterhin strafmächtige Gottheit kann diese als „gnädig" und „barmherzig" gepriesen werden – und dies gerade auch im Kontrast zum sündigen Menschen. So heißt es etwa auf der erwähnten Votivstele des Neb-Re: „Entspricht es dem Diener, Sünde zu begehen, / so entspricht es dem Herrn, gnädig zu sein."[54] Eine solche Aussage trifft geradezu eine Wesensaussage über Amun-Re.[55] Über ihn heißt es dann weiter: „Du bist ein Erbarmer. [...] Du wirst gnädig sein. / Und nicht kehrt zu uns zurück, was einmal gewendet ist." Amun-Res berechtigter Zorn angesichts der Verfehlung des Menschen ist seiner Barmherzigkeit gewichen; diese wird den Beter fortan begleiten. Ähnlich bezeugt eine weitere Votivstele des Arbeiters Neferabu: „Sie [die Gottheit] ward mir gnädig. Sie hatte mich ihre Hand sehen lassen und jetzt wandte sie sich wieder mir zu in Gnade. Sie ließ mich die Krankheit vergessen, die in meinem Herzen gewesen war."[56]

Die erhoffte Wendung von göttlicher Strafe zu erbarmender Zuwendung findet sich auch auf der dem Gott Ptah gewidmeten Bittstele des Neferabu: „Wahrhaftig [gerecht] ist Ptah, der Herr der Wahrheit gegen mich: Er hat mich bestraft. Sei mir [nun] gnädig, sieh mich an, du bist gnädig!"[57] Vorausgesetzt ist in solchen Bitten die Gültigkeit des Tun-Ergehen-Zusammenhangs: Weil der Beter gesündigt hat, wird er von der Gottheit zu Recht gezüchtigt. Leiden wird als Strafe der Gottheit für eigene Verfehlungen gedeutet; Gebet und Gelübde wollen dementsprechend eine erneute Zuwendung der Gottheit zum Menschen bewirken.

Zweifellos ist solches Bemühen auch eine Strategie zur Bewältigung erfahrenen Leidens. Möglich aber wird sie vor dem Hintergrund einer Vorstellung, der zufolge die Gottheit nicht rachsüchtig

---

52 Zum Bild des Hirten in der altorientalischen Theologie vgl. Joachim Kügler, *Der andere König. Religionsgeschichtliche Perspektiven auf die Christologie des Johannesevangeliums* (SBS 178), Stuttgart 1999, 190–192.
53 Vgl. hierzu besonders den letzten Abschnitt des *Amun-Re-Hymnus* auf dem Papyrus Chester Beatty IV recto 11,8–12,14 (ed. Assmann, *Ägyptische Hymnen und Gebete*, Nr. 195, 274–334).
54 Beyerlin, ebd., 60.
55 Sie findet sich noch auf einer weiteren Stele in Deir-el-Medinah; vgl. Beyerlin, *Religionsgeschichtliches Textbuch*, ebd., Anm. 128. Beyerlin hält die Formulierung für eine „geradezu paulinische Wendung".
56 Beyerlin, *Religionsgeschichtliches Textbuch*, 61.
57 Beyerlin, *Religionsgeschichtliches Textbuch*, 62 f.

und vergeltend ist, sondern gnädig und barmherzig. So wird etwa der Sonnengott Amun-Re in einem großen Hymnus als „Gnädiger" und „Herr der Zuneigung" angerufen.[58] Im Gebet des Nacht-Amun an Amun-Re (19. Dynastie) heißt es zuversichtlich: „Du bist es, der gnädig ist, wenn man zu ihm ruft" (Z. 23). Und Nacht-Amun fährt – ganz im Stil von Neb-Re – fort: „War zwar der Diener bereit, die Sünde zu tun, so ist doch der Herr bereit zur Gnade. Der Herr von Theben zürnt nicht einen ganzen Tag lang – wenn er zürnt, ist es einen Augenblick, und nichts bleibt zurück" (Z. 46 ff.).

Ein ähnlicher Umschlag vom Zorn Gottes zu seinem Erbarmen findet sich auch im biblischen Kontext. In Psalm 30,6 heißt es: „Denn sein Zorn währt einen Augenblick, ein Leben lang seine Gnade. / Am Abend ist Weinen, doch mit dem Morgen kommt Jubel." Oder in Jes 54,7 f.: „Eine kleine Weile habe ich dich verlassen, mit grossem Erbarmen aber werde ich dich sammeln. / Im Auffluten der Wut habe ich mein Angesicht eine Weile vor dir verborgen, / mit immerwährender Güte aber habe ich mich deiner erbarmt." Texte wie diese bezeugen die grundsätzliche Entschiedenheit Gottes für den Menschen, von der die Texte der „persönlichen Frömmigkeit" eine erste Ahnung vermitteln.

2.2.4 Zorn und Barmherzigkeit Gottes in mesopotamischen Gebetsbeschwörungen

Im Zusammenhang mit der „persönlichen Frömmigkeit" deutet sich im Neuen Reich eine Verinnerlichung des Ethos an. „Jetzt wird das Tun des Guten ein Akt der Frömmigkeit. Der Gerechte ist Gott nahe: er hat ihn sich ins Herz gesetzt und wandelt auf seinem Wasser. *Ma'at* ermöglicht nicht erst im Tode, sondern schon im Leben Gottesnähe."[59] Die Nähe der Gottheit wird nicht nur im alltäglichen Tun dessen erfahren, was die *Ma'at* fordert, sondern und besonders auch dann, wenn jemand Heilung oder Rettung erfährt. Die Heilung von Krankheit oder die Errettung aus einer Gefahr bezeugen die erneute Zuwendung einer Gottheit zum Menschen. Insofern kommen Heilung und Errettung epiphanische Wirkungen zu: Im Geschehen der Heilung oder Rettung manifestiert sich die Wirklichkeit der Gottheit im menschlichen Bereich. Umgekehrt erschwert die Unberechenbarkeit des göttlichen Zornes bzw. seines Erbarmens die Herausbildung eines Ethos, das sich

---

58 Assmann, *Ägyptische Hymnen und Gebete*, Nr. 127B, 1–4.
59 Assmann, *Ägypten. Eine Sinngeschichte*, 269.

Bibeltheologische Perspektiven

am Willen der Gottheit orientiert. Wo kein verlässlicher Maßstab für das Handeln erkennbar ist, kann sich auch kein Bewusstsein von Sünde und Schuld entwickeln.

Die hieraus resultierende Spannung zwischen Ethos und geltendem Recht zeigt sich besonders in Rechtstexten, die aus dem alten Mesoptamien überliefert sind. In mesopotamischen Bußgebeten und Gebetsbeschwörungen hingegen deutet sich eine persönliche Gottesbeziehung und die Herausbildung eines sittlichen Bewusstseins an, die jener der „persönlichen Frömmigkeit" im Alten Ägypten vergleichbar ist.

Die Mehrzahl der erhaltenen sumerisch oder akkadisch verfassten Bußgebete stammt aus der Mitte des 2. Jahrtausends v. Chr. Ihrem Charakter entsprechend setzen sie bei Verfehlungen des Menschen an. Diese wirken sich aber nicht zunächst im Bereich der Ethik aus, sondern im Bereich des Kultischen. Entsprechend zielt das Bekenntnis des Sünders darauf, von Seiten der Gottheit kultische Reinheit zugesprochen zu erhalten. Die „Bitten um Beruhigung des zornigen Herzens der Gottheit" aus alt- wie neubabylonischer Zeit[60], die „Gebete zur Besänftigung eines erzürnten Gottes", die sog. *Surpu*-Rituale oder auch die *Sigu*-Gebete um die Vergebung von Schuld hatten ihren liturgischen Ort in festgelegten Sühne-Ritualen, welche auf die Besänftigung der Gottheit zielten. Diese Besänftigung wird oft als Hinwendung der zunächst zornigen Gottheit zum Beter gedeutet: „Mein zorniger Gott möge sich umwenden ...!"[61]

Nur selten klingt in den Bußgebeten eine ethische Dimension des Verhaltens an. So fragt etwa in einer akkadischen Gebetsbeschwörung der Beter selbstkritisch: „Wen gibt es, der nicht gegen seinen Gott gesündigt hätte, / wen, der die Gebote stets befolgt hätte? / Die gesamte Menschheit, die da lebt, ist sündhaft. / Ich, dein Diener, habe jederlei Sünde begangen! / Wohl diente ich dir, doch in Unwahrheit, / Lügen sprach ich und achtete meiner Sün-

---

60 Zu den möglichen Beziehungen der „Herzberuhigungsklagen" zu den Psalmen vgl. Joachim Begrich, *Die Vertrauensäußerungen im israelitischen Klagelied des Einzelnen und in seinem babylonischen Gegenstück*, in: ZAW 46 (1928) 221–260; Erhard S. Gerstenberger, *Der bittende Mensch. Bittritual und Klagelied des Einzelnen im Alten Testament* (WMANT 51), Neukirchen-Vluyn 1980, 64–112.
61 Erich Ebeling, *Die akkadische Gebetsserie „Handerhebung"*, Berlin 1953, 32, 23.

den gering, / Ungehöriges sagte ich – Du weißt es alles!"[62] Anklänge an die altägyptische Weisheit sind ebenso offenkundig[63] wie solche an das Alte Testament.[64]

Auf der zweiten Tafel der babylonischen Beschwörungsserie *Šurpu* ist eine lange Liste von Vergehen aufgelistet, die der Sünder – bewusst oder unbewusst – gegenüber seinen Mitmenschen verübt hat.[65] In diesem „Beichtspiegel" stellt sich der Beter unter den Anspruch rechtlicher und sittlicher Normen des Alltagslebens. Im Anschluss daran werden Vergehen aufgelistet, die sich gegen die Gottheiten richten, indem sie sakrale Tabubestimmungen verletzten.

Die Funktion solcher Gebetsbeschwörungen liegt – wie in den altägyptischen Texten der „persönlichen Frömmigkeit" – darin, die Verborgenheit der Sünde öffentlich zu machen, um so die Gottheit gnädig zu stimmen und ihren Zorn abzuwenden; denn der Beter weiß: „Du [Ishtar] schaust auf die Bedrückten und Misshandelten und schaffst [ihnen] täglich Recht. / Wo du hinblickst, wird der Tote wieder lebendig, erhebt sich der Kranke. / Wer ungerecht behandelt wurde, gedeiht wieder, wenn er Dein Antlitz schaut."[66]

Auf die Hinwendung des bedrängten Opfers zur Gottheit antwortet deren Hinwendung zum Beter. Dieser weiß sich nun von der Gottheit angeschaut. Mit dem Blick der Gottheit wiederum verbindet sich die Metapher des „Hell-Werdens" oder des „Hell-

---

62 Beyerlin, *Religionsgeschichtliches Textbuch*, 133. – Vgl. dazu auch Walter G. Kunstmann, *Die babylonische Gebetsbeschwörung* (LSSt.NF 2), Leipzig 1932 (ND Leipzig 1968).

63 Vgl. aus der *Lehre des Amenemope* (20. Dynastie, 1186–1070 v.Chr.): „Sage nicht, ich habe keine Sünde!"; ferner Kap. 18 (zit nach: Beyerlin, *Religionsgeschichtliches Textbuch*, 84; vgl. Hellmut Brunner, *Die Weisheitsbücher der Ägypter*, Zürich 1977, 250, Zeile 378). Vgl. 1 Joh 1,8 sowie weiter unten die akkadische Gebetsbeschwörung: „Wen gibt es, der nicht gegen seinen Gott gesündigt?" (Beyerlin, *Religionsgeschichtliches Textbuch*, 133). Zur *Lehre des Amenemope* vgl. auch die Literaturübersicht bei Görg, *Die Beziehungen zwischen dem Alten Israel und Ägypten*, 171–174.

64 Vgl. Ps 17,3; 139,1–3; Jer 11,20; 12,3.

65 Vgl. Erica Reiner, *Šurpu. A Collection of Sumerian and Accadian Incantations* (AfO.B 11), Graz 1958 (ND Osnabrück 1970), 13–18.

66 Ähnliche Attribute für Gott finden sich auch in der Bibel – so etwa in Ijob 36,6b („den Elenden schafft er Recht") und wiederholt in den Psalmen, darunter Ps 82,3 („… schafft Recht dem Geringen und der Waise, dem Elenden und Bedürftigen verhilft zum Recht"); Ps 135,14 („Denn Jhwh schafft Recht seinem Volk und erbarmt sich seiner Diener") u.a.

Bibeltheologische Perspektiven

Machens". Deshalb wird in altägyptischen und mesopotamischen Gebeten für Gottes Barmherzigkeit häufig das Bild des „Hell-Machens" oder des „Anschauens" gebraucht.[67] Umgekehrt wird die nicht erhörte Bitte als Abwendung des göttlichen Antlitzes gedeutet. Vergleichbare Bilder begegnen wiederholt auch im Alten Testament und hier besonders häufig in den Psalmen.

Im Bewusstsein seiner Schuld kann der Mensch die Gottheit auch bitten, ihn gerade *nicht* anzublicken: „Übersieh meine Verfehlung (und) nimm mein Gebet an! / Löse meine Fesseln, bewirke meine Befreiung [...] Die (aber), die mich auf der Straße erblicken, sollen Deinen Namen preisen."[68] Der Bitte darum, die eigenen Vergehen nicht zu bachten, folgt die Bitte an Ishtar, jedwedes Böse zu tilgen und so den Bann zu lösen, dem der Sünder durch seine Tat verfallen war. Dabei stellen diejenigen, die den Sünder „auf der Straße erblicken", ebenso wenig wie die Beisitzer im altägyptischen Totengericht eine Instanz dar, die für die Vergebung konstitutiv wäre. Sie bieten lediglich ein öffentliches Forum, dem gegenüber die Barmherzigkeit der Gottheit bezeugt wird.

2.2.5 Religionsgeschichtliche Perspektiven

Die inhaltliche und strukturelle Verwandtschaft der mesopotamischen Anrufungen und Gebetsbeschwörungen zu alttestamentlichen Psalmen (z. B. Ps 146,7 f.; 33,18 f.; 80,3.7.20; 102,2; 143,7) ist offenkundig.[69] Nimmt man die altägyptischen Zeugnisse der „persönlichen Frömmigkeit" hinzu, dann drängt sich die Beobachtung auf, dass mit fortschreitender Zeit im Alten Orient insgesamt die anfängliche Ungewissheit, ob sich die jeweiligen Gottheiten zornig oder barmherzig erweisen, der Zuversicht gewichen zu sein scheint, es mit Gottheiten zu tun zu haben, die sich bei entsprechendem Wohlverhalten der Menschen ihnen gegenüber barmherzig erwei-

---

67 So wendet sich etwa der König mit der Bitte an Shamash: „Tritt an diesem Tag zu meinem Gericht herbei! / Erhelle meine Finsternis, kläre meine Trübung auf, / beseitige meine Verwirrung! [...]" – Text bei Janowski, *Rettungsgewissheit und Epiphanie des Heils,* 93. Hier auch weitere Bitten und Gebetsbeschwörungen aus Mesopotamien, in denen deutlich wird, wie der Beter von der Gottheit für sich Gesundheit und Wohlergehen sowie Schutz vor seinen Feinden erhofft. Dabei wird die Hilfe oft im Bild des „Hell-Machens" ausgedrückt.
68 Beyerlin, *Religionsgeschichtliches Textbuch,* 135 f.
69 Auf das Motiv des wirkmächtigen „Anschauens" von Seiten der Gottheit wird im Zusammenhang mit der Analyse alttestamentlicher Texte eingegangen (vgl. Abschnitt 2.3.8.3).

sen. In Erfahrungen von Leid und Bedrängnis oder zur Abwehr drohenden Unheils appellieren die Menschen immer häufiger an die Barmherzigkeit ihrer Götter – geleitet möglicherweise von der Überzeugung, dass jene Gottheit, die auf ihre Barmherzigkeit und Macht angesprochen wird, damit zugleich zum Helfen motiviert wird.[70]

Im Verlauf des 1. Jahrtausends v. Chr. wird der Sonnengott – Amun-Re in Ägypten, Shamash in Mesopotamien – zunehmend auch als Hüter der Gerechtigkeit wahrgenommen. Dabei scheint er in Mesopotamien eher als sozial und politisch wirksame, Recht und Ordnung im öffentlichen Raum schaffende Macht vorgestellt zu sein, im Alten Ägypten hingegen als individuell wirksame, den Einzelnen in Bezug auf sein Tun und Unterlassen beurteilende Macht. Während die göttliche Gerechtigkeit in Mesopotamien kosmische und soziale Dimensionen hat, zielt sie im Alten Ägypten vorrangig auf den einzelnen Menschen und dessen Taten bzw. Untaten.[71] Allerdings sind die jeweiligen Akzentsetzungen nicht prinzipieller, sondern lediglich gradueller Natur.

Beide Kulturkreise wissen um die Möglichkeit, dass die Gottheit zugunsten der Leidenden und Benachteiligten schützend und helfend in die Geschichte eingreift. Die Gottheit wird als machtvoller Anwalt der Opfer angerufen. In der Erfahrung ihrer Zuwendung erweist sich ihre Barmherzigkeit gegenüber den Schwachen, Benachteiligten und Unterdrückten.

---

70 Vgl. Werner Mayer, *Untersuchungen zur Formensprache der babylonischen „Gebetsbeschwörungen"* (StP.SM 5), Rom 1976, hier 165. Zum Motiv der Barmherzigkeit in mesopotamischen Bittgebeten vgl. ebd., 225–229, 290–292.

71 Zu Recht hebt Assmann hervor, dass diese Konzentration einer gewissen Individualisierung Vorschub leistet. Ob Moltmanns Gegenüberstellung von mesopotamischem und altägyptischem Gerechtigkeitsbegriff – hier eine Betonung der sozialen, irdischen und kosmischen Dimensionen, dort eine Betonung des einzelnen Menschen und seiner Taten bzw. Untaten, hier Schutz der Schwachen und Opfer, dort die Bestrafung der Täter (*Sonne der Gerechtigkeit*, 121) – den Texten gerecht wird, scheint zweifelhaft. Denn beispielsweise im Totenbuchspruch 125 sind auch soziale Vergehen genannt, wie sie sonst – und meist außerhalb eines religiösen Kontextes – in den altägyptischen Weisheitslehren begegnen.

2.3 Gerechtigkeit und Barmherzigkeit Gottes im Alten Testament

Diese Vorstellungen werden in den Schriften des Alten Testaments vertieft und in den theologischen Rahmen eines „Bundes" hineingestellt, den Gott mit den Menschen schließt.[72] Der Bundesgedanke ist wesentlich durch eine beide Seiten verpflichtende Beziehung zwischen Gott und Mensch charakterisiert.[73] Diese Beziehung hat zwar stets auch rechtliche Implikationen und ist in der Regel sanktionsbewehrt.[74] Letztendlich gründet sie aber in der freien Zustimmung zweier Partner – so ungleich diese im Fall von Gott und Mensch auch sein mögen. Insofern ein „Bund" der freien Zustimmung bedarf, betrifft er die innere Haltung des Menschen. Deshalb macht jeder Bruch eines bestehenden Bundes eine innere Umkehr nötig. Erst jetzt „wird die Verfehlung zur »Sünde«, d.h. zur Untreue, von der man sich nicht reinigen kann, sondern die man im Gegenteil sich ganz und gar klarmachen, zu Herzen nehmen, beweinen und bereuen muss, um dann von Gott gereinigt zu werden".[75] Vor diesem Hintergrund verändert sich im Alten Testament auch die Weise, in der von Gerechtigkeit und Barmherzigkeit Gottes gesprochen wird.[76]

2.3.1 Gerechtigkeit, Recht und das Ethos der Solidarität im Alten Israel

Insofern der Gedanke eines „Bundes" die konkreten Handlungen ebenso transzendiert wie partikuläre Handlungsnormen, sind im Kontext des Bundes Recht und Moral auf ein umfassendes Ethos verwiesen. Dieses gründet in der Offenbarung Gottes und zeigt sich

---

72 Vgl. die Formel „*Ich schließe einen Bund mit dir*" in Ex 34,10.27; Dtn 29,13 sowie auch Jer 31,31; 32,40; Hos 2,20 („neuer Bund").
73 Vgl. hierzu u.a. Eckart Otto, *Der Ursprung der Bundestheologie im Alten Testament*, in: ZAR 4 (1998) 1–87.
74 Nach der auf die vorexilische Zeit zurückgehenden Theologie des *Deuteronomiums* hat jener Gott, der Israel aus Ägypten befreite, mit seinem Volk einen Bund geschlossen, dessen Beobachtung Segen, dessen Nicht-Beobachtung hingegen Fluch bedeutet.
75 *Herrschaft und Heil*, 176.
76 Im Folgenden ist natürlich keine detaillierte Analyse der vielfältigen Aussagen im Alten Testament zur Gerechtigkeit Gottes und seiner Barmherzigkeit beabsichtigt. Es werden lediglich einige Grundlinien hervorgehoben, in denen sich das Verhältnis von Gerechtigkeit und Barmherzigkeit Gottes darstellt.

2.3 Altes Testament

im Alten Testament zunehmend dadurch bestimmt, dass sich Gott den Leidenden und Schwachen zuwendet. Das Paradigma hierfür ist der Exodus, Israels Befreiung aus der Sklaverei. Die Erinnerung an dieses Gründungsereignis ist zugleich der Rahmen für das konkrete Recht in Israel. Nicht zufällig beginnt der Dekalog mit einer Erinnerung: „Ich bin Jhwh, dein Gott, der dich herausgeführt hat aus dem Land Ägypten, aus einem Sklavenhaus" (Ex 20,2; vgl. 13,3; Dtn 5,6).

Der zentrale Begriff für das Heilshandeln Gottes wie für das ihm entsprechende Handeln der Menschen ist „Gerechtigkeit" ($z^e dāqā$ oder $zædæq$). Im Rahmen des Bundesgedankens meint der Begriff „Gerechtigkeit" nicht „vergeltende Gerechtigkeit" oder „strafende Gerechtigkeit".[77] Der Begriff steht vielmehr für jenes Handeln Gottes, das Recht schafft, die Schwachen schützt und die Leidenden tröstet. Er schließt Bedeutungen wie „Barmherzigkeit", „Gnade" oder „rettende Zuwendung" mit ein und kann deshalb mit Klaus Koch auch als „Gemeinschaftstreue" übersetzt werden.[78]

In der sozialen Praxis des Volkes wird die Gemeinschaftstreue durch die Beobachtung des Rechts *(mišpāt)* verwirklicht. Das Recht ist die Gesamtheit der geltenden Rechtsvorschriften. Diese sind vielfach durch Sanktionen bewehrt. Wo die Übertretung einer Vorschrift nach geltendem Recht eine Strafe nach sich zieht, trifft sie bei Gott nicht selten auf dessen „Huld" *(hǽsæd)* und „Barmherzigkeit" *(rah^{a}mīm)*.[79] Wie sich nämlich an der „Gnadenformel"

---

[77] Vgl. die vielzitierte Aussage von Gerhard von Rad, *Theologie des Alten Testaments,* Band 1: *Die Theologie der geschichtlichen Überlieferung Israels,* München (1957) [10]1992, 389: „Der Begriff einer strafenden *sdaqa* ist nicht zu belegen; er wäre eine contradictio in adiecto."

[78] Vgl. Koch, Art. „*zdq/Gerechtigkeit*", in: THAT II, 507–530. – Es überrascht, dass der Begriff „Gerechtigkeit Gottes" in den alttestamentlichen Schriften nur an einer einzigen Stelle erscheint. Im Segen des Mose über den Stamm Gad heißt es: „Er vollstreckte die Gerechtigkeit Jhwhs *(zidqāt yhwh)* und seine Gerichte *(mispātaw),* zusammen mit Israel" (Dtn 33,21b). – Vgl. Josef Scharbert, Art. „*Gerechtigkeit I. Altes Testament. Nr. 3. Gerechtigkeit Gottes*", in: TRE 12, 408–410; Frank-Lothar Hossfeld, Art. „*Gerechtigkeit II. Altes Testament*", in: LThK³ 4, 1995, Sp. 500 f., sowie einschlägige Lexikonartikel wie ThWAT VI, 898–924 (B. Johnson).

[79] Vgl. zu beiden Begriffen auch die ausführliche Anmerkung 52 in der Enzyklika Papst Johannes Pauls II. *Dives in misericordia* über das göttliche Erbarmen (1980). Der Papst unterscheidet hier zwischen dem Begriff *hǽsæd,* den er als „Treue zu sich selbst" und als „Verantwortung der eigenen Liebe gegenüber" verstanden wissen will, und dem Begriff

Bibeltheologische Perspektiven

(Ex 34,6 f.) ablesen lässt, sind Strafe und Barmherzigkeit Gottes keineswegs gleich gewichtet. Vielmehr überwiegt im Verhältnis Gottes zu den Menschen seine Vergebungsbereitschaft und Barmherzigkeit.[80] In seinem Verzeihen erweist sich Gott gegenüber dem von ihm selbst gesetzten Recht als souverän – ohne darin jedoch als Willkürgott zu erscheinen.

Hoffen die Sünder auf Gottes Barmherzigkeit, so die Opfer von Unrecht und Gewalt auf seine Solidarität. Angesichts der vielfältigen Erfahrungen von Leid und Unrecht ist ihr Gebet um Gottes Gerechtigkeit durch die Hoffnung genährt, dass Gott sich als machtvoll erweisen möge, Unrecht und Gewalt zu überwinden. Es sind die Ohnmachtserfahrungen der Unterdrückten, die sie Gott darum bitten lassen, ihnen gegenüber ihren Verfolgern und Unterdrückern beizustehen und das Recht zur Geltung zu bringen. Hieraus resultiert ein theologisch begründetes Ethos der Solidarität, das sich kritisch gegen das herrschende Recht wenden kann. Recht und Gerechtigkeit treten auseinander, und ihre Differenz gibt Raum für ein Ethos, das nicht unwesentlich dazu beiträgt, dass sittliche Verantwortung übernommen und sittliche Individualität entstehen kann.

Rechtstexte aus dem Alten Orient und den biblischen Schriften lassen zwei Grundtypen der Rechtsbegründung erkennen. Demnach gründet das Recht entweder in der Autorität des jeweiligen Herrschers oder in einem göttlichen Erlass. „Gesetzgeber" ist im einen Fall der Herrscher, im anderen Fall die Gottheit.[81]

---

    rah^{a}mîm, den er als „ungeschuldete Liebe", „Güte und Zärtlichkeit" und „Geduld und Verständnis" deutet – und deshalb auch als „Bereitschaft zur Verzeihung".

80 Vgl. Ex 34,6f.: „Jhwh, Jhwh, ein barmherziger und gnädiger Gott, langmütig und von grosser Gnade und Treue, / der Gnade bewahrt Tausenden, der Schuld, Vergehen und Sünde vergibt, der aber nicht ungestraft lässt, sondern die Schuld der Vorfahren heimsucht an Söhnen und Enkeln, bis zur dritten und vierten Generation." . – Vgl. dazu u. a. Spieckermann, *„Barmherzig und gnädig ist der Herr ..."*, Franz, *Der barmherzige und gnädige Gott;* sowie einschlägige Lexikonartikel wie THAT I, 600–621 (H. J. Stoebe) oder ThWAT III, 48–71 (Zobel zu *hesed*). Kritisch hingegen Andreas Michel, *Ist mit der „Gnadenformel" von Ex 34,6(+7?) der Schlüssel zu einer Theologie des Alten Testaments gefunden?*, in: BN 118 (2003) 110–123.

81 Vgl. auch Max Weber, *Typen der Herrschaft*, in: Wirtschaft und Gesellschaft. Grundriss der verstehenden Soziologie, Kap. III (Die Typen der Herrschaft), Tübingen 1922, 122–176.

2.3 Altes Testament

Die verschiedenen Rechtstraditionen, die im Pentateuch zur „Tora" zusammengefasst wurden,[82] stellten die einzelnen Bestimmungen des Familienrechts oder des Wirtschaftsrechts schon in vorexilischer Zeit in einen theologischen Rahmen hinein. Im sog. *Bundesbuch* (Ex 20,22–23,13) und im *Deuteronomischen Gesetzbuch* (Dtn 12–26) etwa sind die rechtlichen Bestimmungen jeweils durch sakrales Recht umrahmt und auf diese Weise legitimiert. Gott erscheint nicht nur als Gesetzgeber, sondern auch als Quelle des Rechts. Als solche steht er zu den einzelnen Bestimmungen des Partikularrechts in einer ebenso begründenden wie kritischen Distanz. Recht und Gerechtigkeit sind prinzipiell von einander unterschieden. Das positive Recht findet seinen bleibenden Maßstab am Ideal einer Gerechtigkeit, die im transzendenten Heilswillen Gottes gründet.

Die Differenz zwischen Recht und Gerechtigkeit ist im Alten Orient nicht unbekannt. Ihre Vermittlung erfolgt in der Regel durch die Institution oder die Person des Herrschers. Im Alten Ägypten vermittelt der Pharao die Idee der gerechten Weltordnung *(Ma'at)* mit der jeweils gegebenen sozialen und/oder politischen Ordnung.[83] In Mesopotamien hat der König vorrangig die Aufgabe, innerhalb des Sozialwesens Gerechtigkeit zu verwirklichen. Nach dem Prolog des *Codex Hammurapi* soll der König im Land die Gerechtigkeit sichtbar machen. Er trägt den Titel „König der Gerechtigkeit, dem Shamash Gerechtigkeit gegeben hat".[84] Der Sonnengott Shamash ist in der mesopotamischen Götterwelt der Garant der Gerechtigkeit; er ist „der große Richter des Himmels und der Erde, der die Lebewesen recht leitet".[85] Hierzu zählt auch seine Fürsorge für die Schwachen und Benachteiligten.[86]

---

82 Zu den verschiedenen Rechtsquellen, aus denen die Tora hervorgegangen ist, einleitend u.a.: Crüsemann, *Die Tora,* bes. 13–17; Zenger, *Einleitung,* 34–75, bes. 71–75.

83 Vgl. Assmann, *Herrschaft und Heil,* bes. 32–44; vgl. auch Gundlach, *Der Pharao und sein Staat. Die Grundlagen der ägyptischen Königsideologie im 4. und 3. Jahrtausend,* Darmstadt 1998, 1–41: Struktur und Theologie des ägyptischen Königtums im Alten Reich.

84 *Codex Hammurapi* XLVIII 95–98 (TUAT I, 77).

85 *Codex Hammurapi* L 14–17 (TUAT I, 78).

86 Dass die im Codex Hammurapi folgenden Einzelbestimmungen die sozial Schwachen und Benachteiligten nicht mehr eigens erwähnen, resultiert wohl daraus, dass Rechtsbestimmungen und Rahmung erst nachträglich miteinander verbunden worden sind; vgl. Otto, *Gerechtigkeit und Erbarmen im Alten Testament,* 81; vgl. zum *Codex Hammurapi* auch Ders., *„Um Gerechtigkeit im Land sichtbar werden zu lassen ...",* 114f.

In jenen mesopotamischen Rechtssammlungen, die mit einem Prolog und/oder einem Epilog ausgestattet sind, wird die für das Gemeinwesen konstitutive Aufgabe des Königtums fassbar, Frieden und Ordnung sicherzustellen. Dies war besonders dann nötig, wenn der Herrscher mit Rechtsverstößen oder Konflikten konfrontiert war. Während die einzelnen Gesetzesvorschriften Konflikten vorzubeugen trachteten, indem sie mögliche Übertretungen mit festgelegten Sanktionen bedrohten, wird in Prolog und/oder Epilog die sozial-integrative Funktion des Rechts deutlich: Jenseits einzelner Bestimmungen geht es um Gerechtigkeit und Solidarität, die das Wohlergehen eines Sozialverbundes begründen.

Dies ermöglicht es, zu herausgehobenen Terminen wie den Jahresfesten Ausnahmeregelungen oder Amnestien für ansonsten strafbare Delikte zu erlassen. Aus altbabylonischer Zeit sind die sog. *Misharum-Edikte* überliefert, „Gerechtigkeitsproklamationen", in denen der jeweils herrschende König Gnadenakte wie Straf-Amnestien, wirtschaftliche Erlasse oder soziale Ausgleichsmaßnahmen verordnet.[87] Deren Ziel ist der Ausgleich sozialer Ungleichheiten, um auf diese Weise den Zusammenhalt des Sozialverbundes zu wahren.

Auch wenn man davon ausgehen darf, dass solche Edikte auf herausgehobene Anlässe wie etwa die Thronbesteigung des neuen Herrschers beschränkt waren, verdeutlichen sie doch den Anspruch, den Zusammenhalt des Sozialverbundes durch die Verwirklichung einer Gerechtigkeit zu befördern, die das Recht transzendiert. Wie der Sonnengott Shamash durch sein Handeln der kosmischen Ordnung Bestand verleiht, so bewahrt der König als sein Beauftragter durch Gesetzgebung und Rechtspflege die politisch-soziale Ordnung vor dem Chaos. Dies schließt das befristete Außer-Kraft-Setzen des geltenden Rechts durch einen Gnadenakt oder eine Amnestie ausdrücklich ein. Denn gerade darin manifestiert sich die Souveränität des Herrschers über das Recht.

---

87   Damit greift der König in geltendes Recht ein und setzt es befristet außer Kraft. Der akkadische Begriff *misharum* bedeutet soviel wie „Zurechtrücken" und bezeichnet im Unterschied zu der in Rechtsprozessen angestrebten Wiedergutmachung *(iustitia restitutiva et vindicativa)* eine Art von Verteilungsgerechtigkeit *(iustitia distributiva).* – Vgl. Fritz Rudolf Kraus, *Königliche Verfügungen in altbabylonischer Zeit* (SDIO 11), Leiden – New York 1984, 6–15, 111–122; Moshe Weinfeld, *Social Justice in Ancient Israel and in the Ancient Near East,* 25–27.

Diese Souveränität über das Recht wird im Alten Testament Gott zugesprochen. Schon die Titulatur Gottes als „König" zeigt an, dass Ideale, die sich in Israel und Juda ursprünglich mit dem jeweiligen politischen Herrscher verbanden, bald auch auf Gott übertragen wurden. Ursächlich hierfür dürften geschichtliche Erfahrungen von Unrecht und Gewalt sein: Als sich in der mittleren Königszeit (8. Jahrhundert v. Chr.) sowohl in Israel als auch in Juda die Oberschicht auf Kosten der Armen bereicherte, betonten Propheten wie Amos, Hosea und Jesaja, dass nicht der herrschende König die Quelle des Rechts ist, sondern Gott. Dieser – nicht der König – setzt nach der Auffassung der Propheten das Recht, rettet die Bedrängten und ahndet das Unrecht.[88] Nicht der König, sondern Gott begründet durch sein Recht die soziale Ordnung und sichert sie in ihrem Bestand gegenüber denjenigen, die nur auf ihren eigenen Vorteil bedacht sind.[89] Für Maleachi (5./4. Jahrhundert v. Chr.) ist deshalb weder der König noch gar der mesopotamische Sonnengott Shamash, sondern der Gesetzgeber vom Sinai die „Sonne der Gerechtigkeit" (Mal 3,20).

Die bei den Propheten greifbare Theologisierung des Rechts im Alten Testament hat Parallelen in allen frühen Hochkulturen des Alten Orients. Sie antwortet auf die geschichtliche Erfahrung, dass Recht und Gerechtigkeit rein innerweltlich nicht zu gewährleisten sind, weil sie der Willkür der jeweils Herrschenden ausgeliefert sind.[90] Indem aber nicht mehr der Herrscher, sondern Gott als Quelle des Rechts und seiner Verbindlichkeit gilt, wird Gottes Herrschaft zur „einschränkenden Grenze der Herrschaft des Menschen über einen anderen Menschen".[91]

---

88 Zur Sozialkritik des Amos (um 760 v. Chr.) vgl. Gunther Fleischer, *Von Menschenverkäufern, Baschankühen und Rechtsverkehrern. Die Sozialkritik des Amosbuches in historisch-kritischer, sozialgeschichtlicher und archäologischer Perspektive* (BBB 74), Frankfurt am Main 1989.
89 Zum Sonnengott als Garant der Rechtsordnung vgl. Bernd Janowski, *Rettungsgewissheit und Epiphanie des Heils*, 84–98.
90 Ein vergleichbarer Schritt wurde im Alten Ägypten – wie erwähnt – mit dem Gedanken des Totengerichts vollzogen, in dessen Vollzug nicht der König, sondern die Götter Recht sprechen und Gerechtigkeit üben. Assmann unterstreicht den kulturgeschichtlichen Wandel, der demgegenüber in Israel vollzogen wird: „Der alles entscheidende Schritt Israels bestand darin, die Gerechtigkeit aus der sozialen und politischen in die theologische Sphäre zu transponieren und dem unmittelbaren Willen Gottes zu unterstellen" (*Politische Theologie*, 64 f.).
91 *Theologische Ethik*, 83.

Bibeltheologische Perspektiven

Während Otto die zunehmende Differenz von Recht und Gerechtigkeit als *Ausdifferenzierung* eines Ethos aus dem Recht deutet, interpretieren Albertz und Crüsemann sie umgekehrt als *Einbeziehung* des Ethos in das Recht: Rechtssatzungen werden nicht mehr bloß formal als Handlungsnormen begriffen, sondern von einem ihnen vorausliegenden umfassenden Ethos her bestimmt.[92] Wie Otto sieht aber auch Crüsemann in der Vorstellung, dass die Quelle von Gerechtigkeit und Barmherzigkeit nicht etwa beim König, sondern bei Gott verortet ist, „ein für die biblische Theologiegeschichte und ihren Gottesbegriff zentrales Ereignis."[93]

Mit der Theologisierung des Rechts einher geht eine im Vergleich mit dem Alten Ägypten und Mesopotamien tiefer greifende Relativierung des Königtums: Es ist Gott, nicht der König, der die soziale Ordnung begründet und sichert. Gott ist die alleinige Quelle des Rechts, und der „Ort", an dem Israel das Recht gegeben wurde, ist zwar historisch, nicht aber geographisch zu bestimmen: Es ist der „Sinai" oder der „Horeb", jener ferne Gottesberg in der Wüste, der als ein „geographisches Utopia"[94] die Unverfügbarkeit des von Gott verfügten Rechts noch einmal betont.[95]

Die Transzendenz Gottes und seines Rechts erlaubt es prophetischen Gestalten wie Elija oder Natan, dem herrschenden König im Namen Gottes – und damit im Namen der gottgewollten Ordnung des Rechts – ins Angesicht zu widerstehen. Nicht (mehr) an den jeweiligen König als die institutionelle Verkörperung des Rechts gebunden, können Recht und Gerechtigkeit eine vom König unabhängige Autorität entfalten. Ihr alleiniger Maßstab ist jener Gott, der sich in Exodus und Landverheißung als geschichtsmächtig und Recht setzend erwiesen hat. Dadurch ist ein Überhang der Gerechtigkeit gegenüber den einzelnen Rechtssätzen gegeben und ein

---

92 Albertz, *Theologisierung des Rechts*, 1997, 122, Anm. 27; Crüsemann, *Tora*, 224–228, gegen Otto, *Ausdifferenzierung*, bes. 145 f.
93 Crüsemann, *Die Tora*, 224.
94 Otto, *„Um Gerechtigkeit im Land sichtbar werden zu lassen …"*, 126. – Wurde in Mesopotamien das jeweils geltende Recht dadurch legitimiert, dass sich der jeweilige Herrscher als göttlich erwählt verstand, so wird in Israel Recht und Gerechtigkeit als von Gott geoffenbart verstanden: Auf dem umwölkten Gipfel des Sinai empfängt Mose die Weisung Gottes auf „Tafeln aus Stein, beschrieben vom Finger Gottes" (Ex 31,18; vgl. 32,16).
95 Dass Israel nach dem Ende seiner politischen Autonomie auch im Exil fortbestehen konnte, ist nicht zuletzt eine Folge der vorausgehenden Relativierung des Königtums.

sozialer Raum eröffnet, den die Propheten beanspruchen, wenn sie Solidarität, Fürsorge und soziale Gerechtigkeit einklagen.

Indem das Recht insgesamt, aber auch die Praxis von Gerechtigkeit und Barmherzigkeit nun nicht mehr nur an den König gebunden sind, werden sie zu Elementen eines umfassenden Ethos, das nun jeden Einzelnen im Volk betrifft und letzten Endes universale Gültigkeit beanspruchen kann. Weil Gott gerecht und barmherzig ist, kann sich kein Mensch der Aufgabe entziehen, selbst Gerechtigkeit und Barmherzigkeit zu üben.

Eckart Otto sieht im Verweis auf den gerechten und zugleich barmherzigen Gott „ein Ethos der Solidarität und der Barmherzigkeit mit den Schwachen in der Gesellschaft" begründet.[96] Bereits im vorexilischen „Bundesbuch" (Ex 20,22–23,22) ist dieser Überschuss des Ethos gegenüber dem partikularen Recht erkennbar.[97] Weil Gott als der Gerechte schlechthin vorgestellt wird, kann das Ethos der Gerechtigkeit und Barmherzigkeit zum Fundament geltenden Rechts und solidarischer Praxis werden.

Wo dem König die Aufgabe anvertraut wird, das in Gott gründende Recht durchzusetzen, wird dies fortan mit dem Auftrag verbunden, sich den sozial Schwachen zuzuwenden.[98] Im Bundesbuch wird die soziale Fürsorge für die Schwachen im Volk nicht mit der Barmherzigkeit des Königs, sondern mit der Barmherzigkeit Gottes begründet: „Wenn er zu mir schreit, werde ich es hören; denn ich bin gnädig" (Ex 22,26) – eine Begründung, die mit dem Motiv des „Hörens" an den Beginn der Befreiung aus Ägypten erinnert; denn diese beginnt damit, dass Gott das Schreien seines versklavten Volkes „hört" (vgl. Ex 3,7; 6,5).[99]

---

96 *Theologische Ethik*, 85.
97 Vgl. Albertz, *Theologisierung des Rechts*, 124; Otto, Art. „Recht/Rechtswesen im Alten Orient und im Alten Testament", in: TRE 28, 197–209, hier 204–206. – Zum Bundesbuch vgl. Schwienhorst-Schönberger, *Das Bundesbuch (Ex 20,22–23,33). Studien zu seiner Entstehung und Theologie* (BZAW 188), Berlin u. a. 1990, bes. 238–283 (zum historischen und soziokulturellen Kontext des kasuistischen Teils Ex 21,12–22,16*) und 406–414 (zum Prolog und zum Epilog).
98 Vgl. Ps 72,1–4: „Gott, gib dein Recht dem König und deine Gerechtigkeit dem Königssohn, / dass er dein Volk richte in Gerechtigkeit und deine Elenden nach dem Recht. / Die Berge mögen Frieden tragen für das Volk und die Hügel Gerechtigkeit. / Er schaffe Recht den Elenden des Volkes, helfe den Armen und zermalme die Unterdrücker."
99 Vgl. Crüsemann, *Tora*, 217–219; Otto, *Rechtsgeschichte*, 165–167; Ders., *Theologische Ethik*, 83–94; zum Bundesbuch vgl. Ludger Schwienhorst-Schönberger, *Bundesbuch*, 331–359 (zu Ex 22,20–26).

Bibeltheologische Perspektiven

Auch wenn den Bestimmungen über das Brachejahr (Ex 23,10 f.), von dem die „Armen des Volkes" profitieren sollen, keine historische Realität entsprechen sollte,[100] sind sie doch Ausdruck einer Theologie, die den Gott als jenen Herrscher vorstellt, der in seinem Volk Gerechtigkeit zur Geltung bringen will.[101] Dem gleichen Ziel dienen die Bestimmungen über den Ruhetag (Ex 23,12) und das Erstgeburtsopfer (Ex 22,28 f.).

Die Erlassjahr-Regelungen in Dtn 15,1–11, die aus den Bestimmungen über das Brachejahr hervorgegangen sind, systematisieren die Bemühungen um eine Integration der Benachteiligten in der Gesellschaft, indem sie ein regelrechtes „Programm der Schuldenbefreiung" (Otto) entfalten. Anders als die mesopotamischen *Misharum*-Edikte, die durch den König verfügt wurden und Ausnahme-Recht *gegen* bestehendes Recht setzten, tritt in den Erlassjahr-Regelungen ein theologisch begründetes Recht *neben* das bestehende Recht. Der besondere Charakter der Erlassjahr-Regelungen wird nicht zuletzt darin deutlich, dass der Appell an die innergesellschaftliche Solidarität und die soziale Verantwortung der Reichen nicht durch Sanktionen bewehrt ist; vielmehr wird der Segen Gottes für den Fall verheißen, dass sich das Volk entsprechend den Bestimmungen verhält.

Der Überschuss des Ethos gegenüber dem positiven Recht zeigt sich besonders in den Schutzbestimmungen für die Benachteiligten in der Gesellschaft.[102] Denn hier lässt sich das Recht nicht aus einer hypothetischen Situation der Reziprozität herleiten: Der Starke hat keinen Nachteil davon zu erwarten, wenn er die Schwachen unterdrückt. Indem aber nun der Gott des Exodus als Quelle des Rechts verstanden wird, sind die partikulären Rechtsbestimmungen so gefasst, dass sie den Benachteiligten und Opfern von Unrecht zugutekommen.

Diese grundlegende Orientierung des Rechts im Alten Israel konkretisiert sich in geschichtlichen Situationen. In der späten Königszeit etwa, nach der assyrischen Eroberung des Nordreiches und den damit verbundenen Deportationen, kam es auch in Juda zu erheblichen Bevölkerungsverschiebungen. Dies führte im Südreich zu sozialen Verwerfungen und Armut. Vor dem Hintergrund dieser politischen Ereignisse suchen die Bestimmungen des *Deuterono-*

---

100 Vgl. Crüsemann, *Tora*, 330–333; Otto, *Theologische Ethik*, 249–256.
101 Zu den „Armen" und der nachexilischen „Armenfrömmigkeit" vgl. u.a. Albertz, *Religionsgeschichte Israels*, Bd. II, 576–579.
102 Vgl. Otto, *Vom Rechtsbruch zur Sünde*, 48 u.ö.

miums ein neues Ethos dadurch zu etablieren, dass sie nicht mehr an die Solidarität der Familie, der Sippe oder des Stammes appellieren, sondern an die Solidarität des Volkes.[103] An die Stelle einer durch Abstammung begründeten Moralität soll ein Ethos treten, das für alle Schichten des Volkes gilt. Dieses neue Ethos wird nicht funktional begründet, sondern theologisch: Gott will, dass in seinem Volk Gerechtigkeit herrscht und Solidarität geübt wird.

Dieser Gedanke wurde in nachexilischer Zeit von der *deuteronomistischen* Bewegung aufgegriffen und vertieft: Weil Gott seinem Volk das Land gegeben hat, soll es nach fünfzig Jahren wieder an seinen ursprünglichen Besitzer zurückfallen (Lev 25,10). Und weil Gott sein Volk aus dem „Sklavenhaus Ägypten" befreit hat, gibt es innerhalb Israels keine unbeschränkte Verfügung von Menschen über Menschen (vgl. Lev 25,39–42). Die besondere Beziehung, die Israel mit seinem Gott unterhält, duldet es nicht, dass im Volk auf Dauer Unversöhntheit herrscht. Soziale Gerechtigkeit ist die Antwort Israels auf seine Befreiung aus der Knechtschaft.[104]

Die deuteronomistische Bewegung propagiert das Ideal einer geschwisterlichen Gemeinschaft. In der idealisiert erinnerten Exodusgemeinde erblickt sie das Vorbild für die aktuelle Gesellschaftsordnung. Georg Braulik hat deshalb das Deuteronomium mit der „Geburt der Menschenrechte" in Zusammenhang gebracht. Denn die in ihm enthaltenen Bestimmungen sind durch die Prinzipien der Gleichheit und der Personenbezogenheit von Gerechtigkeit

---

103 Vgl. Otto, *Ethik,* 24–67.
104 Neh 5,1–6 veranschaulicht detailliert den Anspruch sozialer Gerechtigkeit in Israel, als es nach der Rückkehr aus dem Exil erneut zu sozialer Ungerechtigkeit kommt: „Und es gab ein großes Geschrei beim Volk und ihren Frauen über ihre judäischen Brüder. 2 Da waren solche, die sagten: Wir mit unseren Söhnen und unseren Töchtern sind viele! Und wir wollen Getreide haben, damit wir essen und überleben können! 3 Und da waren solche, die sagten: Wir müssen unsere Felder und unsere Weinberge und unsere Häuser verpfänden, damit wir Getreide bekommen in der Hungersnot. 4 Und da waren solche, die sagten: Wir mussten Geld leihen für die Steuer des Königs, auf unsere Felder und unsere Weinberge. 5 Und nun: Wie das Fleisch unserer Brüder ist unser Fleisch, wie ihre Kinder sind unsere Kinder. Und seht: Wir müssen unsere Söhne und unsere Töchter zu Sklaven erniedrigen! Und manche von unseren Töchtern sind bereits erniedrigt worden, und wir haben nichts dagegen in der Hand, und unsere Felder und unsere Weinberge gehören anderen! 6 Und als ich ihren Hilferuf und diese Worte hörte, wurde ich sehr zornig."

geprägt.[105] Gott hat die Verwirklichung des Heils an die Achtung ethischer Prinzipien und an das Recht des Einzelnen gebunden. Weil es für das Volk kein Heil geben kann, wenn nicht das Recht des Individuums respektiert wird, ist das Volk als ganzes dem Unheil verfallen, wenn es dieses Recht missachtet.

Die Betonung der inneren Haltung führt zu einer Relativierung des Kultes: Der Einzelne hat sein Verhalten am Ethos der Tora auszurichten; weder Ritus noch Opfer können ihn hiervon dispensieren. Mit der Verinnerlichung des Ethos wiederum ist eine Entschränkung der sittlichen Verpflichtung und deren Universalisierung verbunden: Gottes Recht und das Ethos, das diesem Recht zugrunde liegt, gelten nicht bloß für Israel, sondern für alle Völker.[106]

Zwar kann die Universalisierung des Rechts nicht als „Säkularisierung" verstanden werden. Denn im Gegenzug zum genealogisch begründeten Recht begründet sie dieses gerade theologisch: Der Gott des Exodus ist die transzendente Quelle des geltenden Rechts und Grund seiner Verbindlichkeit.[107] Gleichwohl wird in der Begründung und Ausgestaltung des Rechts in Israel ein Grundzug deutlich, der wohl aus den Erfahrungen politischer Ohnmacht nach 722 bzw. 598/587 resultiert: Gott erweist sich – anders als im Alten Ägypten oder in Mesopotamien – nicht zunächst als derjenige, der den militärischen Sieg verleiht, sondern als derjenige, der auch in Niederlagen, Verbannung und Sklaverei treu bleibt. Gott kann sogar militärische Niederlagen herbeiführen, ohne damit seine Gottheit zu beschädigen.[108] Dabei wird die politische Ohnmacht

---

105 Vgl. Georg Braulik, *Das Deuteronomium und die Geburt der Menschenrechte*, in: Ders., Studien zur Theologie des Deuteronomiums (SBAB. AT 2), Stuttgart 1988, 301–323.

106 Eckart Otto charakterisiert die Rechtsgeschichte des Alten Testaments insgesamt als „die Geschichte der zunehmenden Entschränkung der Solidaritätsverpflichtung und Ausweitung des Erbarmensaspekts" (*Gerechtigkeit und Erbarmen im Alten Testament*, 89); vgl. auch Ders., *Theologische Ethik*, 64–67, 81–116, 275–270.

107 Mit Eckart Otto (*On „Demythologization and Secularization" in Deuteronomy*) gegen Moshe Weinfeld, *Social Justice in Ancient Israel and in the Ancient Near East*.

108 Vgl. Klgl 2,2: „Verschlungen hat der Herr – ohne Mitleid – alle Weideplätze Jakobs; niedergerissen hat er in seiner Wut die befestigten Städte der Tochter Juda; er hat sie zu Boden geschleudert. Das Königtum hat er entweiht und dessen Fürsten." Rationalisiert wird dieser Gedanke dadurch, dass Niederlagen als Strafgericht für vorangegangene Sünden des Volkes interpretiert werden; vgl. 4,42 f.: „Wir, wir haben uns vergangen

als Konsequenz der Untreue Israels gedeutet: Das Volk hat sich von jenem Gott abgewendet, der es einst aus Ägypten befreit hat. Wenn trotzdem daran festgehalten wird, dass Gott seinem Volk auch in der Niederlage treu bleibt, dann wird dies umso mehr als Tat seiner unverdienten Barmherzigkeit gewürdigt.

2.3.2 Die Hoffnung auf Gottes Gerechtigkeit in der alttestamentlichen Prophetie

Situationen der politischen Ohnmacht als Konsequenz der Untreue Israels gegenüber seinem Gott zu deuten, setzt die Vorstellung voraus, dass Gott seine Macht über die Geschichte dadurch erweist, dass er den Tun-Ergehen-Zusammenhang zur Geltung bringt. Diese Vorstellung wird nicht nur in zahlreichen Psalmen und Weisheitstexten fassbar,[109] sondern auch in den Geschichtsbüchern und in der Prophetie des Alten Testaments.[110]

Häufig begegnet hier aber auch die Bitte, Gott möge zugunsten der Opfer und Benachteiligten in die Geschichte eingreifen. Wurde Gottes Heilsordnung durch die Verbrechen der „Frevler" und der „Gottlosen" gestört, so durchkreuzt seine Parteinahme für die Verfolgten und Unterdrückten solche Pläne (vgl. Ps 33,10 u.a.). Als Bundestreue bewährt sich Gottes Gerechtigkeit im Eintreten für die Schwachen und Bedrängten, denen er sich rettend zuwendet. Auf diese Weise – so die Hoffnung der Beter – setzt er den durch die Sünde gestörten Tun-Ergehen-Zusammenhang wieder in Kraft.

In dem Maße freilich, in dem die nur allzu oft prekäre geschichtliche Realität am Ideal einer Gerechtigkeit gemessen wurde, die in Gottes Transzendenz begründet galt, wurde die Differenz zwischen Tugend und Glückseligkeit auch im Alten Israel unübersehbar. Die Propheten reagierten darauf mit der Erwartung entweder eines

---

und waren widerspenstig; du, du hast es nicht verziehen. / Du hast dich in Zorn gehüllt und hast uns verfolgt, du hast uns umgebracht, ohne Mitleid."

109   Vgl. neben den genannten Untersuchungen auch Freuling, *„Wer eine Grube gräbt ..."* (zu ausgewählten Psalmen, Hiob und Kohelet).

110   Häufig ist dabei vom „Zorn" die Rede, der Gottes Handeln begleitet (vgl. Miggelbrink, *Der Zorn Gottes*, 26–33, 56–67). Walter Gross sieht im Zorn Gottes eine Metapher für „die Schattenseite seiner Gerechtigkeit" (*Keine Gerechtigkeit Gottes*, 18). Insofern ist mit der „Zeit des göttlichen Zornes" jenes Ereignis gemeint, wodurch Gott umfassende Gerechtigkeit dadurch verwirklicht, dass er die Gerechten belohnt und die Übeltäter bestraft.

Bibeltheologische Perspektiven

Eingreifens Gottes in die Geschichte oder seines Eingreifens am Ende der Geschichte. In der Apokalyptik schließlich begegnet die Hoffnung, dass Gott seine Gerechtigkeit in einem postmortalen Gericht werde durchsetzen können.

Die altägyptischen Weisheitslehren hatten den Zusammenhang von *Ma'at* und Tugend immer wieder beschworen – und dies zunehmend wider alle geschichtliche Erfahrung. Auch die deuteronomistischen Redaktoren betonten unablässig, dass Gottes Handeln gerecht sei. In dieser Perspektive erschienen der Untergang Samarias (2 Kön 17) und der Fall Jerusalems (2 Kön 25) als unausweichliche Konsequenzen der Sünden des Volkes und besonders seiner Führungsschicht. 2 Kön 17 breitet das Spektrum politischer, religiöser und sozialer Vergehen aus, die das Volk Israel ins Verderben stürzen. Die Konsequenz ist unausweichlich: „Und so verwarf Jhwh alle Nachkommen Israels, demütigte sie und gab sie in die Hand von Räubern, bis er sie von seinem Angesicht verstieß" (2 Kön 17,20).

Doch schon im Zusammenhang mit den sozialen Verwerfungen der mittleren Königszeit war es kaum mehr möglich, die Augen davor zu verschließen, dass es guten Menschen schlecht, bösen Menschen hingegen gut ging. Der weisheitlich geprägte Gedanke eines Tun-Ergehen-Zusammenhangs hielt der politischen und existentiellen Erfahrung nicht stand; eine theologische Neubesinnung wurde nötig.

Angesichts des manifesten Unrechts in der Welt verbindet sich in zahlreichen Psalmen die Hoffnung auf ein Eingreifen Gottes in die Geschichte mit der Vorstellung von einem kommenden Gericht, das Gott über die „Frevler" halten wird. Im Unterschied zu den Vorstellungen vom Jenseitsgericht im Alten Ägypten artikuliert sich hier die Erwartung eines göttlichen Gerichts im Zusammenhang mit der realen Geschichte. Anders als im Totenbuchspruch 125 geht es nicht darum, eine fixierte Liste von Vergehen „abzuarbeiten", um sich von ihnen zu reinigen. Vielmehr trägt der Beter konkrete Erfahrungen von Unrecht und Gewalt in der Hoffnung vor Gott, er möge sich seiner machtvoll erbarmen. Im altägyptischen Totengericht steht der Mensch als *Täter* im Mittelpunkt; im Alten Testament ist es der Mensch als *Opfer*, der auf Gottes rettende Gerechtigkeit hofft. Ihm gegenüber verblasst die Identität der Täter oft in einer gestaltlosen Masse.[111]

---

111 Vgl. etwa Ps 22,17; 26,5; 86,14, wo von der „Rotte" der Übeltäter oder der Gewalttäter die Rede ist.

Dabei wird unter „Gericht" zunächst ein Eingreifen Gottes *in* die Geschichte verstanden. In dem für modernes Empfinden durchaus sperrigen Psalm 58 beispielsweise artikuliert der Beter seine Hoffnung, dass das aktuell herrschende Unrecht nicht von Dauer sei. Vielmehr wird Gott schon „auf Erden" dafür sorgen, dass Untaten vergolten werden und dass die Gerechten ihren angemessenen Lohn erhalten.[112]

Ein solches Eingreifen Gottes in die Geschichte wird bereits von den vorexilischen Propheten angedroht, und zwar für den Fall, dass Israel oder Juda sich von Gott abwenden.[113] Beim Nordreichpropheten *Amos* (um 760 v. Chr.) beispielsweise begegnet der Gedanke eines Gerichts über die Verfehlungen des eigenen Volkes (5,18–6,14). Das Gericht über Israel kann dabei als ein Reinigungsgericht innerhalb des Geschichtslaufes verstanden werden. Verschont bleibt ein Rest, der die Grundlage für ein neues Volk wird.[114]

Für Amos besteht die Sünde vorrangig im Verstoß gegen die soziale Ordnung zu Lasten der ohnehin Benachteiligten. Konkret steht ihm die Gier der Oberschicht von Samaria vor Augen, ihren Besitz an Grund und Boden zu Lasten der bäuerlichen Landbevölkerung zu vermehren. Zwar wähnen sich die Großgrundbesitzer im Recht; indem sie aber durch ihr Handeln gegen das Prinzip der Gerechtigkeit verstoßen, verfehlen sie sich gegenüber der von Gott gewollten Gemeinschaftsordnung. Denn diese zielt auf die Solidarität aller Mitglieder des Volkes. Unsolidarisches Verhalten jedoch führt zwangsläufig den Untergang des Volkes herbei. Diesen kündigt Amos im Bild des göttlichen Strafgerichts an. Erst jenseits des Gerichts und durch das Gericht hindurch wird Gott seine Lebensordnung und seine Gerechtigkeit zur Geltung bringen.

Auch *Jesaja,* der zwischen 740 und 690 in Jerusalem auftrat, war mit Grundstücksspekulationen der herrschenden Oberschicht

---

112 „Und die Menschen werden sagen: »Lohn wird dem Gerechten zuteil / es gibt einen Gott, der auf Erden richtet«" (Ps 58,12).

113 Vgl. u.a. Hos 5,8–15; 6,5; Am 7,4; 8,4–14; Jes 1,2–9; 5,1–30; Mi 2,1–4; 3,9–12; Jer 2,33–35; 5,1–9; Ez 7,1–28; 24,1–14 (Aufstellung nach Thomas Hieke, Art. *"End-Gericht",* in: HGANT, 147).

114 Vgl. Am 5,15; ferner Jes 6,13; 10,20f. – In der Rückschau der Exilspropheten haben sich die zahlreichen vorexilischen Gerichtsorakel durch die Eroberungen von Samaria (722 v.Chr.) und Jerusalem (597/587 v.Chr.) bewahrheitet. Sie wurden in der Exilszeit und danach als Mahnungen überliefert, in Treue zum Gottesbund zu leben.

Bibeltheologische Perspektiven

konfrontiert.[115] Vor dem Hintergrund sozialen Unrechts und angesichts des bevorstehenden Untergangs des Nordreiches Israel (722) droht er den in Jerusalem Herrschenden das Zorngericht Gottes an (Jes 1,21–26; 8,17). Denn diese haben nur ihren eigenen Ruhm im Sinne und täuschen sich über die realen Machtverhältnisse. Damit aber gefährden sie zu Lasten ihrer Bevölkerung das Wohl und den Bestand des Reiches.

Gäbe es nicht die Vision vom endzeitlichen Frieden (Jes 11,1–10) und weitere Heilsprophetien, so läge der Schluss nahe, Gott sei in den Augen Jesajas ein unbarmherziger Rachegott, der Sünde und Schuld unnachsichtig bestraft. Tatsächlich spricht der Prophet nicht selten von der Mitleidlosigkeit Gottes.[116] Jesaja will jedoch in erster Linie die Universalität der göttlichen Herrschaft über die Geschichte verkünden.[117] Aus dem Bewusstsein dieser Universalität sollen alle diejenigen Trost schöpfen, die unschuldig zu Opfern von Unrecht und Gewalt geworden sind.[118]

Angesichts der drohenden Eroberung Jerusalems durch die Babylonier wendet sich *Jeremia* (zwischen 609 und 593) gegen den König, die Priester und die am Tempel angestellten Heilspropheten. Denn diese kritisieren nicht mehr die im Lande herrschenden Missstände; sie tolerieren den um sich greifenden religiösen Synkretismus und profitieren von der Ausbeutung der Armen. In nüchterner Einschätzung der politischen Lage kündigt Jeremia die

---

115 Vgl. Jes 5,8: „Wehe denen, die Haus an Haus reihen, die Feld an Feld rücken, bis kein Platz mehr ist und bis ihr allein noch im Herzen des Landes wohnt!" Gleichzeitig beklagt Jesaja, dass vom Kult am Jerusalemer Tempel keinerlei Kritik an dieser Praxis ausgeht: „Unrecht und Festtag ertrage ich nicht!" (Jes 1,13).
116 Vgl. Jes 9,16: „Deshalb freut sich der Herr nicht an seinen jungen Männern, erbarmt sich nicht seiner Waisen und seiner Witwen. Denn jeder Einzelne ist gottlos und tut Böses, und jeder Mund redet törichtes Geschwätz. Bei alledem hat sein Zorn sich nicht abgewandt, und seine Hand ist noch immer ausgestreckt."
117 Dies wird beispielsweise an seiner Kritik an den Königen Ahas und Hiskija deutlich; vgl. Walther Zimmerli, *Jesaja und Hiskija*, in: Ders., Studien zur alttestamentlichen Theologie und Prophetie. Gesammelte Aufsätze II (ThB 51), München 1974, 88–103.
118 In der Exilszeit wird der „zweite Jesaja" diese Perspektive entfalten. Dabei betont Deuterojesaja, dass die Rettung Israels zwar die Beobachtung der göttlichen Gebote ermöglichen will, diese aber nicht voraussetzt, sondern „allein aus Gnade" geschieht (Jes 42,18–43,7; 43,22–44,5; 45,8; 46,13; 51,5–6.8).

bevorstehende Zerstörung Jerusalems als Strafgericht Gottes über die Untreue des Volkes und seiner Repräsentanten an.

Aber auch für Jeremia sind die Zerstörung Jerusalems und der Untergang der staatlichen Souveränität Judas nicht das letzte Wort Gottes. Das sog. „Trostbüchlein" des Jeremia (Jer 30–31) bringt eine gegenläufige Tendenz zum Ausdruck.[119] Mit der Verheißung eines „neuen Bundes" (Jer 31,31) wird deutlich: Das letzte Wort Gottes über sein Volk ist nicht Zerstörung und Untergang, sondern sein Erbarmen. Dieses gilt dem Einzelnen ebenso wie dem Volk in seiner Gesamtheit. Die Ankündigung der wegen des Tun-Ergehen-Zusammenhangs unvermeidlichen Vernichtung ist durch Gottes Heilsbotschaft umgriffen; die Zerstörung Jerusalems mit allen ihren grausamen Begleiterscheinungen (vgl. Jer 7,20; 12,12 f.; 18,21; 26,9) ist nur ein Moment an Gottes umfassendem Heilswirken.[120] Letztendlich – so die Hoffnung Jeremias – überwiegt Gottes Erbarmen.[121]

Die Heilserwartungen im Alten Testament, die sich schon früh auf ein Eingreifen Gottes in die Geschichte richteten und schließlich in die Erwartung eines universalen Gerichts einmündeten, sind stets an alltägliche Erfahrungen von Sünde und Schuld, Unrecht und Gewalt zurückgebunden. Im Kontrast zu diesen Erfahrungen

---

119 Vgl. Jer 31,28–33: „Wie ich über sie gewacht habe, um auszureißen und niederzureißen, zu vernichten und zu zerstören, so werde ich über sie wachen, um aufzubauen und zu pflanzen – Spruch Jhwhs. [...] 31 Sieh, es kommen Tage – Spruch Jhwhs – da schließe ich einen neuen Bund mit dem Haus Israel und mit dem Haus Juda, 32 nicht wie der Bund, den ich mit ihren Vorfahren geschlossen habe an dem Tag, da ich sie bei der Hand nahm, um sie herauszuführen aus dem Land Ägypten; denn sie, sie haben meinen Bund gebrochen, obwohl doch ich mich als Herr über sie erwiesen hatte! Spruch Jhwhs. 33 Dies ist der Bund, den ich mit dem Haus Israel schließen werde nach jenen Tagen – Spruch Jhwhs: Meine Weisung habe ich in ihr Inneres gelebt, und in ihr Herz werde ich sie ihnen schreiben. Und ich werde ihnen Gott sein, und sie, sie werden mir Volk sein."

120 Die sich neuzeitlichem Denken hier aufdrängende Theodizeeproblematik wird von Jeremia noch nicht als solche empfunden. Für ihn ist die Geschichte durch Gottes Vorsehung bestimmt. Diese zielt letztendlich auf Zukunft und Hoffnung im Horizont des eschatologischen Friedens (vgl. Jer 29,11).

121 „So spricht Jhw: Könnte der Himmel oben vermessen werden, und könnten die Grundmauern der Erde bis in die Tiefe erforscht werden, [dann] könnte auch ich alle Nachkommen Israels verwerfen, wegen all dem, was sie getan haben – Spruch Jhwhs" (Jer 31,37). Weil die Bedingung unerfüllbar ist, bleibt die an sich zwingende Konsequenz aus.

gewinnen sie ihre Bestimmtheit. Im Buch *Maleachi* zeigt sich, wie bis ins Einzelne gehend die Sicherung des sozialen Gefüges zum Inhalt des Gerichtsgedankens wird: „Und ich werde mich euch nähern zum Gericht und werde ein schneller Zeuge sein gegen Zauberer und gegen Ehebrecher und gegen jene, die schwören und dabei lügen, und gegen jene, die den Tagelöhner um seinen Lohn bringen, Witwe und Waise unterdrücken und den Fremden wegdrängen und mich nicht fürchten, spricht Jhwh der Heerscharen" (Mal 3,5). Bringen Ungerechtigkeit, Ausbeutung und Verbrechen das soziale Gefüge ins Wanken, so präsentiert sich Gott sowohl als Richter wie auch als Anwalt der Bedrängten und Benachteiligten.

In diesen Erwartungshorizont hinein gehört auch die besonders in der prophetischen Literatur vertretene Vorstellung von einem „Tag Jhwhs", der – zunächst noch innerhalb der Geschichte – die Macht Gottes dadurch offenbart, dass er Böses bestraft und Gutes belohnt.[122] In der Exilszeit wandelt sich die Erwartung eines innergeschichtlichen Gerichts über die Frevler – dieses schien ja mit den Eroberungen von Samaria (722) und Jerusalem (587) bereits erfolgt zu sein – zur Erwartung eines Gerichts, mit dem die Geschichte insgesamt an ein Ende gelangt.[123] Beim Exilspropheten *Ezechiel* verbindet sich diese Perspektive mit der Erwartung eines Neuen Bundes „am Ende der Tage": Nachdem es das Volk Israel nicht aus eigener Kraft vermocht hat, sich ein „neues Herz und einen neuen Geist" zu schaffen (Ez 18,31; vgl. Ps 51,12), wird Gott selbst dies tun.[124] Er wird seine Tora in das Innere der Menschen legen und sich so ein „neues Volk" schaffen (vgl. Ez 31,31–34).

---

122 Zum „Tag des Herrn" vgl. u.a. Klaus Seybold, Art. *„Gericht Gottes I. Altes Testament"*, in: TRE 12 (1984) 460–466, bes. 462; Yair Hoffman, *The Day of the Lord as a Concept and a Term in the Prophetic Literature,* in: ZAW 93 (1981) 37–50.

123 Die Erwartung, die mit dem Ende der bestehenden Verhältnisse und mit einer unableitbaren Neuschöpfung rechnet, kann als „Eschatologie" interpretiert werden. Zur Problemgeschichte dieser Zuschreibung an alttestamentliche Texte vgl. Horst Dietrich Preuss, *Eschatologie im Alten Testament* (WdF 480), Darmstadt 1978, bes. 4–8: „Zum Begriff Eschatologie".

124 Vgl. Ez 36,26 f.: „Und ich werde euch ein neues Herz geben, und in euer Inneres lege ich einen neuen Geist. Und ich entferne das steinerne Herz aus eurem Leib und gebe euch ein Herz aus Fleisch. Und meinen Geist werde ich in euer Inneres legen, und ich werde bewirken, dass ihr nach meinen Rechtssatzungen lebt und meine Rechtssätze haltet und nach ihnen handelt."

2.3 Altes Testament

Weil das Eingreifen Gottes den Lauf der Geschichte beendet, betrifft es auch die anderen Völker. Andere Exilspropheten verbinden hiermit die Erwartung eines „Gerichtes über die Völker" (vgl. Ps 7,7; Jes 41,1; Joel 4,2.12). Am Ende der Tage wird Gott jene von ihm ursprünglich von ihm gewollte Heilsordnung in Kraft setzen, die wegen der ihr entgegenstehenden Sünde der Menschen innerhalb der Geschichte nicht wirksam werden kann.

Vor dem Hintergrund der Exilserfahrungen wird bei *Deuterojesaja* das zukünftige Heil als etwas völlig Neues verstanden und erwartet: „Denkt nicht an das, was früher war; und an das, was vormals war – kümmert euch nicht darum. / Seht, ich schaffe Neues, schon sprießt es, erkennt ihr es nicht?" (Jes 43,18f.). In zahlreichen Bildern malt Deuterojesaja die Wirklichkeit des „Neuen" aus, das Gott an die Stelle des „Alten" setzt und das für Israel eine vollkommen neue Lebensmöglichkeit eröffnet – bis hin zu der Erwartung eines neuen Himmels und einer neuen Erde, in der das vergangene Elend und Unrecht überwunden ist (vgl. Jes 65,17; 66,22).

Hoffnungsbilder wie diese veranschaulichen die Erwartung einer Welt, die von der alles bestimmenden Macht Gottes durchwirkt ist. In ihr können diejenigen, die sich in ihrem Tun von Gott leiten lassen, seinen Weisungen entsprechend leben und dafür einen gerechten Lohn erwarten.

Von einer Jenseitserwartung, wie sie im altägyptischen Bild vom Totengericht artikuliert ist, ist dabei keine Rede. Indem Heilsprophetien wie Jes 2,2–4; Micha 4,1–4 oder Jes 11 einen universalen Frieden ausmalen, der alle Völker und die gesamte Schöpfung umgreift, veranschaulichen sie die Macht Gottes über die Geschichte, liefern aber keine „Jenseitstopographie". Dies gilt auch für so breit ausgeführte Texte wie die sogenannte Jesaja-Apokalypse (Jes 24–27). Weder findet sich in den alttestamentlichen Bildern von einer zukünftigen Welt eine Moralkasuistik, wie sie in Spruch 125 des *Totenbuchs* greifbar wird, noch wird darüber spekuliert, wie die von Gott gestiftete neue Wirklichkeit im Einzelnen aussieht.

Schon beim Propheten *Zephania* nimmt Gottes Gericht kosmische Dimensionen an; es betrifft alle Völker, die gegen Israel streiten (vgl. Zeph 2,4–15). Diese Perspektive wird bei *Ezechiel* im Ansturm der Heere des Gog aus dem Land Magog aufgegriffen, den Gott zunichte macht (vgl. Kap. 38–39). *Sacharja* zeichnet in Kap. 14 das Bild einer eschatologischen Endschlacht, bei der es sich freilich eher um eine Vollstreckung ohne vorausgehendes Urteil handelt. Bei den Propheten *Joel* (4,1–17) und *Daniel* (7,9–14) hingegen findet sich die Vorstellung von einer Gerichtsverhandlung, die apoka-

Bibeltheologische Perspektiven

lyptischen Bildern nahesteht: Gott wird am Ende der Tage im Tale Joschafat („Gott richtet") über die Taten der Menschen urteilen. In dieses Gericht wird nach Dan 12,1 f. jeder einbezogen, „der sich aufgezeichnet findet in dem Buch", also auch die Toten.

In der nachexilischen Zeit erfolgt die definitive Ausweitung der Gerichtsperspektive auf alle Völker. Die Fremdvölkersprüche richten sich gegen die Israel feindlich gesonnenen Völker, und das Gericht Gottes erfasst nach Jer 25,31 und Jes 66,16 *alle* Menschen.[125]

Auch in Psalm 82 ist die Gerichtserwartung Israels universalisiert: Alle Völker sind in das Gericht Jhwhs einbezogen. Gott ist die Quelle aller Gerechtigkeit; er rettet die Unterdrückten und Verfolgten aus der Hand der Frevler. Die universale Perspektive wird in Psalm 145 aufgegriffen, in den Abschluss-Psalmen 146–150 weitergeführt und dabei insofern vertieft, als jetzt die Zuwendung Gottes zu den Bedrängten und Elenden seines Volkes akzentuiert wird.[126] Darüber werden am Ende des Psalters die universalen und kosmischen Dimension der Gerechtigkeit Gottes betont: Dieser hält als Retter Israels das eschatologische Gericht und bringt zugleich den neuen Himmel und die neue Erde.[127]

2.3.3 Gerechtigkeit Gottes in der Weisheitsliteratur und in der frühjüdischen Apokalyptik

Nach der Rückkehr aus dem Exil, die in weiten Teilen der Bibel als Erfüllung prophetischer Verheißung und als göttliches Heils-

---

125 Vgl. Jer 25,31: „Bis ans Ende der Erde dringt das Tosen; denn einen Rechtsstreit hat Jhwh mit den Nationen. / Er hält Gericht mit allem Fleisch, die Frevler – er hat sie dem Schwert übergeben!"; Jes 66,16: „Denn mit Feuer und mit seinem Schwert geht Jhwh ins Gericht mit allem Fleisch"; dazu: Klaus Koenen, *Ethik und Eschatologie im Tritojesajabuch. Eine literarkritische und redaktionsgeschichtliche Studie* (WMANT 62), Neukirchen-Vluyn 1990.

126 Dazu bes. Janowski, *Der barmherzige Richter,* 71–76. Zum Verhältnis von Ps 145 und 146–150 vgl. Erich Zenger, *Komposition und Theologie des 5. Psalmenbuchs 107–145*, in: BN 82 (1996) 97–116, hier 110ff., 114ff., sowie den Kommentar von Erich Zenger zum letzten Teil des Psalters (HThK.AT, Freiburg – Basel – Wien 2008).

127 Vgl. Ps 149,4–9: „Denn Jhwh hat Gefallen an seinem Volk, die Gebeugten schmückt er mit Heil. [5] Frohlocken sollen die Getreuen in Herrlichkeit, jubeln auf ihren Lagern, [6] Lobpreisungen Gottes im Munde und ein zweischneidiges Schwert in der Hand, [7] Rache zu vollziehen an den Völkern, Strafgerichte an den Nationen, [8] ihre Könige mit Ketten zu binden und ihre Edlen mit eisernen Fesseln, [9] an ihnen zu vollstrecken das geschriebene Urteil. Ehre ist dies allen seinen Getreuen."

wirken gedeutet wurde, war es nicht mehr möglich, bruchlos an die vorexilische Theologie anzuknüpfen. Denn mit der Rückkehr nach Jerusalem (nach 539) war dort nicht einfach eine vollkommene Gesellschaft wiederhergestellt – auch wenn das Deuteronomium im idealisierenden Rückgriff auf die Exodus-Gemeinde genau diese propagierte. Weiterhin – und wieder neu – gab es Unterdrückung und Ausbeutung.

So musste *Kohelet* – wohl im Jerusalem des 3. Jahrhunderts v. Chr. – beobachten, „wie Frevler begraben wurden und zur Ruhe eingingen; die aber Recht getan hatten, mussten von der heiligen Stätte weichen und wurden in der Stadt vergessen" (Koh 8,10). Resigniert erkennt Kohelet keinerlei Zusammenhang mehr zwischen dem sittlichen Verhalten und dem Ergehen des Menschen: „Ein Sünder tut hundertmal Böses und lebt doch lange" (Koh 8,12). Erfahrungen wie diese erschütterten die moralischen Grundlagen des sozialen Zusammenlebens. Angesichts der Vergeblichkeit allen sittlichen Bemühens, das sich für Kohelet als „Windhauch" *(haebael)* erweist, wächst die Lust am Bösen; denn „das Herz des Menschen ist voll Bosheit" (vgl. Koh 9,3).

Für den Frommen stellte sich darüber hinaus unabweisbar die Frage nach der Gerechtigkeit Gottes. Rechneten noch die Exilpropheten mit einem Eingreifen Gottes in die Geschichte, mit dem diese an ihr Ende kommt, so scheint sich der Gott Kohelets aus der Geschichte verabschiedet zu haben.[128] Damit erfüllt Gott zwar nicht mehr die Funktion eines Buchhalters, der die guten und bösen Taten gegeneinander aufrechnet und sie entsprechend sanktioniert oder honoriert.[129] Gleichwohl drängt sich dem Frommen der ihn unweigerlich beunruhigende Verdacht auf, dass Gott das Treiben der Bösen auf Erden ungerührt geschehen lässt, ja womöglich sogar befördert. In dem der späten Apokalyptik zuzuordnenden, vermutlich erst gegen Ende des 1. Jahrhunderts n. Chr. entstandenen *4. Buch Esra* etwa zweifelt der Prophet – wie Kohelet – an Gottes Heilshandeln: „Ich sah, wie du die Sünder trägst und die Gottlosen verschonst, wie du dein Volk vernichtest und deine Feinde erhalten

---

128 Vgl. Franz Josef Backhaus, *„Denn Zeit und Zufall trifft sie alle". Studien zur Komposition und zum Gottesbild im Buch Qohelet* (BBB 83), Frankfurt am Main 1993, 352–389.

129 So Ludger Schwienhorst-Schönberger, *„Nicht im Menschen gründet das Glück" (Koh 2,24). Kohelet im Spannungsfeld jüdischer Weisheit und hellenistischer Philosophie* (HBS 2), Freiburg ²1996, bes. 297–320.

Bibeltheologische Perspektiven

hast, und niemand offenbart hast, wie dieser dein Weg geändert werden soll" (4 Esra 3,30 f.).[130]

Esra blickt bereits auf die Zerstörung Jerusalems zurück und damit auf die verstörende Erfahrung, dass die von Gott Erwählten dem Untergang preisgegeben wurden. Das Zerbrechen des Tun-Ergehen-Zusammenhangs lässt Esra nach der Gerechtigkeit Gottes und seiner Barmherzigkeit fragen. Beides vermag er nur noch von einem postmortalen Weltgericht zu erwarten, dem die Auferstehung der Toten vorausgeht.[131] Von diesem Gericht erwartet der Autor, dass darin „das Erbarmen vergeht" und „die Vergeltung erscheint". Diese versteht Esra als unbarmherzige Bestrafung der Sünder. Am Ende des Gerichts steht deshalb dem Paradies der Seligen die Hölle der Verurteilten gegenüber: Gottes Gerechtigkeit vollzieht sich in der unwiderruflichen Scheidung der Guten und der Bösen.[132]

Den Verdacht, dass *Gott selbst* den Tun-Ergehen-Zusammenhang außer Kraft setzt, hatte bereits das Buch *Ijob* geäußert. Das altorientalisch verbreitete Motiv der *passio iusti* aufgreifend,[133] wird hier – vermutlich in der frühen Nachexilszeit[134] – danach gefragt, was es denn mit der Gerechtigkeit Gottes auf sich habe, wenn es den Guten und Gerechten auf Erden schlecht ergeht, den Frevlern hingegen gut. Ijob weist darauf hin, dass sich die Bösen eines

---

130   Dt. Übers. von J. Schreiner in JSHRZ V/4, 289–412. Josef Schreiner datiert 4 Esra um das Jahr 100 n. Chr. (a.a.O., 301).

131   Vgl. 4 Esra 7,32–35: „Die Erde gibt wieder, die darin ruhen, der Staub lässt los, die darinnen schlafen, die Kammern erstatten die Seelen zurück, die ihnen anvertraut sind. (33) Der Höchste erscheint auf dem Richterthron: dann kommt das Ende, und das Erbarmen vergeht, das Mitleid ist fern, die Langmut verschwunden; (34) mein Gericht allein wird bleiben, die Wahrheit bestehen, der Glaube triumphieren; (35) der Lohn folgt nach, die Vergeltung erscheint; die guten Taten erwachen, die Bösen schlafen nicht mehr" (Text nach Leipoldt/Grundmann, Bd. II, 209 f. / JSHRZ V/4, 289–412).

132   In einer weiteren Vision Esras tritt eine Erlösergestalt auf, deren Aufgabe es ist, eine neue Weltordnung und ein neues Weltzeitalter heraufzuführen. Vgl. 4 Esra 13,25–39 (Text nach Leipoldt/Grundmann, Bd. II, 212 f.).

133   Vgl. Yaakov Elman, *The Suffering of the Righteous in Palestinian and Babylonian Sources,* in: JQR 80 (1990) 315–339; Hans-Peter Müller, *Das Hiobproblem. Seine Stellung und Entstehung im Alten Orient und im Alten Testament* (EdF 84), Darmstadt ³1995, 49–57; 69–72; Gisela Fuchs, *Mythos und Hiobdichtung. Aufnahme und Umdeutung altorientalischer Vorstellungen,* Stuttgart 1992.

134   Datierung nach Ludger Schwienhorst-Schönberger, *Das Buch Ijob,* in: Erich Zenger (Hg.), Einleitung in das Alte Testament, Stuttgart ²1995, 238 (Hinweise auf altorientalische Paralleltexte: ebd., 234 f.).

langen Lebens erfreuen, und dass sie und ihre Nachkommen in Frieden leben (Ijob 21,7–13). Diese Beobachtung stellt nicht nur die Vorstellung eines Tun-Ergehen-Zusammenhangs in Frage, sondern radikalisiert diese Infragestellung noch dadurch, dass sie Gott selbst für die Ungerechtigkeit verantwortlich macht: „Den Schuldlosen wie den Schuldigen bringt er um" (Ijob 9,22).

Die Rahmenhandlung der Ijob-Dichtung (Ijob 1–2; 42,7–16) versucht, hierauf eine Antwort zu geben: Die Erfahrung des Bösen dient der Prüfung, ob der Gerechte tatsächlich Gott vertraut. Wenn dies der Fall ist, wird er noch zu Lebzeiten mit der Verdoppelung seines Besitzes und einem langen Leben belohnt. Doch schon die Massivität der Prüfungen, denen Ijob unterworfen ist, demaskiert diesen Versuch, weisheitliches Denken gegenüber der Evidenz der geschichtlichen Erfahrung zu retten, als vordergründig und provoziert die Frage nach der Gerechtigkeit Gottes. Widerspricht es nicht dem göttlichen Schöpferhandeln, dass er seinen Geschöpfen das Leben dadurch verleidet, dass er sie derart drastischen Prüfungen unterwirft (Ijob 10,8–22)? Kann man also Gott wirklich „gerecht" nennen? „Verdreht denn Gott das Recht, und Schaddaj, verdreht er die Gerechtigkeit?" (8,3).

Die Erfahrung, dass das Geschick des Menschen keineswegs immer seinem Tun oder seiner Gesinnung entspricht, wie sie im Ijob-Buch artikuliert ist, führt nicht nur zu einer „Krise der Weisheit",[135] sondern lässt – über diese hinausweisend – eine vergeltende Gerechtigkeit *über den Tod hinaus* erwarten.

Kann sich der Einzelne seines Ortes in der Welt und in der Gesellschaft nicht mehr sicher sein, so wird eben diese Sicherheit von einem Gericht erwartet, in dem Gott endgültig über das Tun der Menschen richtet. „Alles Tun bringt Gott vor ein Gericht über alles Verborgene, es sei gut oder böse" (Koh 12,14) – so der Abschluss des Buches Kohelet.[136]

Im *Buch der Weisheit* begegnet in der Mitte des 1. Jahrhunderts v. Chr. erstmals der Gedanke, dass die Gerechten dadurch belohnt werden, dass sie ewig bei Gott leben werden, während die Bösen

---

135 Zur „Krise der Weisheit" vgl. Gerhard von Rad, *Weisheit in Israel,* 1970, 130 ff.; ferner Hans Heinrich Schmidt, *Wesen und Geschichte der Weisheit. Eine Untersuchung zur altorientalischen und israelitischen Weisheitsliteratur* (BZAW 101), Berlin 1966, 173 ff.
136 Eine Bemerkung, in der Augustinus – wohl auch vor dem Hintergrund seiner Erbsündenlehre – das „Kürzeste, Wahrste und Beste" erblickte, was man sagen könne: „Quid brevius, verius, salubrius dici potuit?": *Civ. Dei* XX,3 (CChr.SL 48, 702,36).

ohne Hoffnung zugrunde gehen müssen (Weish 3,1–5,23).[137] Weil Gott das Recht zukommt, die Frevler zu bestrafen,[138] müssen sich auch und gerade die Gerechten derjenigen erbarmen, die ihnen Unrecht getan haben.[139] Dieser bemerkenswerte Gedanke reflektiert die Herausbildung eines Ethos, das nicht auf die Bestrafung des Übeltäters, sondern auf dessen Umkehr und Rettung aus ist. Deshalb darf sich der tugendhafte Mensch auch nicht auf einen formalen Tun-Ergehen-Zusammenhang berufen, der die Bestrafung der Sünder fordert. Vielmehr hat er sich seinen Mitmenschen auch dann zuzuwenden, wenn er von ihnen angefeindet wird.[140]

Im *Danielbuch* schließlich ist erstmals eine Auferstehung der Toten zu einer doppelten Existenzweise angedeutet: „Viele von denen, die im Erdenstaub schlafen, werden erwachen, die einen zu ewigem Leben, die anderen zu Schmach, zu ewigem Abscheu" (Dan 12,2). Entsprechend ihrer sittlichen Praxis gestaltet sich die – im Detail nicht weiter ausgeführte – Existenz der Menschen im Jenseits.[141]

Die Unterdrückung und Verfolgung frommer Juden durch autokratische Herrscher wie Antiochos IV. Epiphanes (215–164 v. Chr.) ließ den Zusammenhang von Tun und Ergehen auch dadurch fragwürdig werden, dass nicht mehr nur die Sphäre des sozialen Ver-

---

137 Mit dem *Buch der Weisheit* ist der Kanon der hebräischen Bibel verlassen. Wahrscheinlich handelt es sich dabei um den jüngsten Text, der in die *Septuaginta* übernommen wurde; Larcher datiert die Schrift in die letzten drei Jahrzehnte vor der Zeitenwende und nimmt als Entstehungsort Alexandrien an: Chrysostome Larcher, *Études sur le livre de la sagesse* (EtB.NS 1), Paris 1983, Bd. I, 153–161; für die augustäische Zeit plädiert Maurice Gilbert, *Sagesse de Salomon (ou Livre de la Sagesse)*, (DB.S 6), Paris 1986, Sp. 58–119, hier 93.
138 Vgl. Spr 14,12; 16,2, 17,3 u. ö.
139 Vgl. Weish 12,22: „Während du uns erziehst, geißelst du unsere Feinde maßvoll, damit wir als Richter deine Güte uns zum Vorbild nehmen und auf Erbarmen hoffen, wenn wir selber vor dem Gericht stehen." Zur von der Einheitsübersetzung abweichenden Übersetzung („maßvoll" statt „zehntausendfach") vgl. Armin Schmitt, *Weisheit* (NEB.AT 23), Würzburg 1989, 59.
140 Spr 24,17: „Freu dich nicht über den Sturz deines Feindes […]"; 25,21: „Hat dein Feind Hunger, gib ihm zu essen, / hat er Durst, gib ihm zu trinken".
141 Daniel wird auch in zwei eschatologischen Texten aus Qumran zitiert. Demnach prophezeit er die Ankunft des messianischen Freudenboten (Jes 52,7), dessen Aufgabe es ist, „alle Trauernden zu trösten" (Jes 61,2 f.) (11QMelch II,18), und das Endgericht zur Bestrafung der Frevler und zur Rettung der Gerechten (4QMidrEschat IV,3 f.; vgl. Dan 12,10; 11,32b.35).

haltens, sondern auch die Sphäre der Religionsausübung betroffen war. So artikulieren die *Makkabäerbücher* die Hoffnung auf eine ausgleichende Gerechtigkeit jenseits des Todes. Im 7. Kapitel des 2. Buches der Makkabäer[142] findet sich die Erwartung sowohl darauf, dass das Sterben der Martyrer mit dem ewigen Leben belohnt wird (V. 7–14), als auch darauf, dass die Verfolger nach ihrem Tod eine gerechte Strafe erleiden werden (V. 31–37).

Die Vorstellung von einer postmortalen Vergeltung im Guten wie im Bösen, die in der späten Weisheitsliteratur aufkommt, ist maßgeblich durch griechisch-hellenistische Vorstellungen von der Unsterblichkeit der Seele beeinflusst.[143] Demnach ist mit dem Tod des Menschen nicht jede Möglichkeit eines gerechten Ausgleichs hinfällig. Weil in der postmortalen Existenz der Seele die fortdauernde Identität des Menschen gründet, kann sich Gott im Jenseits als gerechter Richter erweisen, indem er die Guten belohnt und die Frevler bestraft.[144]

Nach Weish 4,20–5,23 führt die Rehabilitation der Gerechten, die Gott am Ende der Geschichte vollziehen wird, die Ungerechten zur Einsicht in ihre Vergehen: „Dieser war es, den wir einst verlachten, verspotteten und verhöhnten, wir Toren. […] Jetzt zählt er zu den Söhnen Gottes, bei den Heiligen hat er sein Erbteil" (Weish 5,4f. LXX). In diesen Passagen wird der Gedanke eines allgemeinen Gerichts über alle Menschen greifbar, wie er bereits im Schluss des vierten Gottesknechtsliedes anklingt: „Durch seine Erkenntnis wird er, der Gerechte, mein Diener, den Vielen Gerech-

---

142 2 Makk wurde vermutlich erst zur Zeit der römischen Herrschaft verfasst, also nach 64 v. Chr. Sprachliche Eigentümlichkeiten, die auf eine zeitliche Nähe zu Philo von Alexandrien verweisen (13 v. Chr. bis 45/50 n. Chr.), deuten auf ein Entstehen in der 2. Hälfte des 1. Jahrhunderts v. Chr., womöglich um 30 v. Chr. – Vgl. Werner Dommershausen, *1 Makkabäer/2 Makkabäer* (NEB.AT 12), Würzburg 1985, 9. Zum zeitgeschichtlichen Kontext vgl. Martin Hengel, *Juden, Griechen und Barbaren. Aspekte der Hellenisierung des Judentums in vorchristlicher Zeit* (SBS 76), Stuttgart 1976; Markus Sasse, *Geschichte Israels in der Zeit des Zweiten Tempels*, Neukirchen-Vluyn 2004.

143 Vgl. James M. Reese, *Hellenistic Influence on the Book of Wisdom and its Consequences* (AnBib 41), Rom 1970, bes. 62–71: The Nature of Man's Immortality.

144 Wenn Gottes Gericht über die Sünder erfolgt, so im Buch der Weisheit, „dann wird der Gerechte voll Zuversicht dastehen vor denen, die ihn bedrängt und seine Mühen verachtet haben. Wenn sie ihn sehen, packt sie entsetzliche Furcht, und sie geraten außer sich über seine unerwartete Rettung" (Weish 5,1 f. LXX).

Bibeltheologische Perspektiven

tigkeit verschaffen" (Jes 53,11). Jenseits des Todes darf der Gerechte auf Gottes Huld und Treue hoffen – eine Vorstellung, die auch im *äthiopischen Henochbuch* begegnet, wenn es dort heißt: „Und die Gerechten und die Auserwählten werden sich von der Erde erhoben haben und aufgehört haben, das Angesicht zu senken und sind bekleidet mit dem Gewand der Herrlichkeit."[145] Die Kehrseite dieser Heilshoffnung ist die gnadenlose Verdammung der Frevler und ihre Hinrichtung durch die Gerechten.[146]

Trotz der Hoffnung auf eine postmortale Gerechtigkeit bleibt Gottes Gerichtshandeln letztendlich menschlichem Kalkül entzogen. Im *syrischen Baruch,* einer ursprünglich hebräisch, aber nur griechisch überlieferten Apokalypse aus dem späten 1. oder frühen 2. Jahrhundert n. Chr.,[147] seufzt Esra über die Unergründlichkeit des Gerichtsgeschehens.[148] Anders als Ernst Käsemann und Heinrich Schlier sieht Ulrich Wilckens in Esras Klage freilich keinen Ausdruck der Resignation, sondern „das Wissen des Propheten um den Sünde-Unheil-Zusammenhang", in den das Volk verstrickt ist. „Gottes Heilshandeln ist den Sündern nicht mehr zugänglich, sie sind nur noch sterbliche Menschen, die nichts als Unheil zu erwarten haben; und allein Gott weiß, was er aus seinen Knech-

---

145 ÄthHen 62,15 (Text nach: Siegbert Uhlig, JSHRZ V/6, 461–780). Uhlig datiert den ältesten Teil des Henochbuches (c. 1–36, das „Buch der Wächter") zwischen das Ende des 3. und die Mitte des 2. Jahrhunderts v. Chr. Der zweite Teil des Henochbuches (c. 37–71, die „Bilderreden") dürfte nach Uhlig um die Zeitenwende entstanden sein. – Zur Bekleidung mit einem Gewand vgl. auch Offb 6,11.
146 Vgl. *äthHen* 98,12; vgl. 96,1; 95,3.
147 Dt. Übers. nach A.F.J. Klijn, in JSHRZ V/2, 103–191 (Datierung 107). Geschichtlicher Hintergrund des *syrBar* ist mindestens der erste verlorene römisch-jüdische Krieg, womöglich auch schon der ebenfalls niedergeschlagene Bar-Kochba-Aufstand.
148 „Aber wer, o Herr mein Gott, versteht dein Gericht, und wer erforscht die Tiefe deines Weges, oder wer denkt nach über die beschwerliche Last deines Pfades, oder wer vermag nachzudenken über deinen unerfassbaren Ratschluss, oder wer hat jemals von den (Staub-)Geborenen Anfang und Ende deiner Weisheit gefunden? Denn wir alle gleichen einem Hauch. Denn wie der Hauch ohne sein eigenes Zutun aufsteigt und wieder erlischt, so ist es auch mit der Natur der Menschenkinder: Nicht mit ihrem Willen gehen sie dahin, und was ihnen am Ende zuteil wird, wissen sie nicht" (sBar 14,8–11), zit. nach Ulrich Wilckens, *Der Brief an die Römer,* Bd. 2 (Röm 6–11) (EKK VI/2), Neukirchen-Vluyn 1980, 270.

ten gemacht hat und machen wird."[149] Dem Vertrauen auf Gottes rettendes Eingreifen in die Geschichte, das die frühen Propheten verkündeten, ist die Ungewissheit über das Kommende gewichen.

An die Stelle des Heilsuniversalismus der Exilspropheten ist in der Apokalyptik ein kosmischer Universalismus getreten, der eher bedrohlich wirkt als rettend – und dies auch für die Gerechten.[150] Gott wird zwar weiterhin zugetraut, die Geschichte im Ganzen an ein Ende zu bringen und so auch die in ihr beschlossene Not zu beenden. In der Realisierung seiner Gerechtigkeit freilich scheint Gott nicht mehr an die von ihm in der Tora selbst gesetzten Maßstäbe gebunden zu sein. Damit löst sich das als nunmehr absolut gesetzte Handeln Gottes von der Sozial- und Sakralordnung, die Gott selbst dem Volk Israel gegeben hat.

Zwar gewinnt die Apokalyptik damit eine universale Perspektive; diese aber steht nicht mehr im Rahmen des Bundes. Nicht mehr die Bindung an die Tora und ihr Ethos sind ausschlaggebend im erwarteten Gericht; vielmehr entscheidet sich das Schicksal eines jeden Menschen an seinem persönlichen sittlichen Verhalten und – mehr noch – am Willen Gottes. Das Verhältnis von sittlichem Bemühen und göttlichem Wollen bleibt am Ende der Apokalyptik in einer beunruhigenden Weise unbestimmt.

2.3.4 Individualisierung des Ethos

Mit der Universalisierung des Gerichtsgedankens verbindet sich seit der Exilszeit dessen Individualisierung: Nicht mehr Israel als Kollektiv ist primärer Adressat göttlichen Richtens, sondern der einzelne Mensch, stamme er aus Israel oder aus den Völkern. Die Universalisierung der Eschatologie geht einher mit der Individualisierung des Ethos.

Damit setzt bereits die Exilsprophetie einen neuen Akzent gegenüber der vorexilischen Vorstellung, wonach der Einzelne dem Geschick der sozialen Gruppe unterworfen ist, der er angehört –

---

149 Wilckens, *Der Brief an die Römer*, 270 (Kommentar zu Röm 11,33: „O Tiefe des Reichtums, der Weisheit und der Erkenntnis Gottes! Wie unergründlich sind seine Entscheidungen und unerforschlich seine Wege").
150 Zu den Jenseitsvorstellungen im äthiopischen Henoch und in 4 Esra neben den Einführungen in JSHRZ bes. auch Alan E. Bernstein, *The Formation of Hell. Death and retribution in the ancient and early Christian worlds*, Ithaca (NY) 1993; Herbert Vorgrimler, *Geschichte der Hölle*, München 1993, 68–75.

im Guten wie im Bösen. Wird Noah mit seiner ganzen Sippe gerettet (vgl. Gen 6,18), so trifft auch Unheil unterschiedslos Gerechte und Ungerechte innerhalb eines Kollektivs (vgl. Gen 18,22–33). Das Verbot des Götzendienstes zu Beginn des Dekalogs wird mit einer Sanktion bekräftigt, die nicht allein die Übertreter bedroht, sondern – die Generationen übergreifend – auch deren Familie.[151] Dass Gott bei denen, die ihn lieben, „Gnade erweist Tausenden" (Ex 20,6; Dtn 5,10), ändert nichts an der grundsätzlichen Vorstellung einer kollektiven Haftung. Nicht der Einzelne, sondern der Verbund von Familie, Sippe und Staat wird die Folgen dessen spüren, was der Mensch im Guten oder im Bösen getan hat. Und dass dies so geschehen wird, dafür steht ein „eifersüchtiger" Gott ein, der nicht einfach nur Gutes belohnt und Böses bestraft, sondern in seinen jeweiligen Wirkungen vervielfacht. Das innerhalb des Bundesverhältnisses mit Gott sittlich Geforderte betrifft die Gemeinschaft als ganze, so dass das Handeln des Einzelnen immer auch Konsequenzen für die Gemeinschaft hat.

Gegen diese religionsgeschichtlich alte Vorstellung[152] wendet sich bereits *Jeremia:* Die kommende Heilszeit, die Gott dadurch einleitet, dass er mit seinem Volk einen „neuen Bund" schließen wird, ist dadurch charakterisiert, dass die ethische Gesinnung des Einzelnen und sein sittliches Tun alleiniger Maßstab der Gerechtigkeit sind. Zwar bleibt der Tun-Ergehen-Zusammenhang in Kraft; er ist aber hinsichtlich seiner Auswirkungen auf den Einzelnen begrenzt: „In jenen Tagen wird man nicht mehr sagen: »Die Vorfahren haben unreife Früchte gegessen, den Kindern aber werden die Zähne stumpf!«, sondern jeder wird für seine eigene Schuld sterben; jedem Menschen, der die unreifen Früchte isst, werden die eigenen Zähne stumpf" (Jer 31,29f.). Was Jeremia für die kommende Heilszeit ankündigt, ist in der Sicht des Deuteronomiums bereits geltendes Strafrecht: „Die Väter sollen nicht mit den Kindern getötet werden, und die Kinder sollen nicht mit den Vätern getötet werden; ein jeder soll für seine eigene Sünde getötet werden" (Dtn 24,16).

---

151 „Ich, Jhwh, dein Gott, bin ein eifersüchtiger Gott, der die Schuld der Vorfahren heimsucht an den Nachkommen bis in die dritte und vierte Generation" (Ex 20,5; Dtn 5,9).

152 Vgl. aber den zu Behutsamkeit mahnenden negativen Befund zur Praxis der Kollektivhaftung im Alten Orient und in der Bibel von Konrad Schmid, *Kollektivschuld?*.

Dass der am Sinai zwischen Gott und Mose stellvertretend für das Volk geschlossene Bund Israel als Ganzes betrifft, schließt nicht aus, dass der Einzelne in den Blick genommen wird. Dies zeigt sich bis in einzelne Rechtsvorschriften hinein: Selbst der heimliche Vorbehalt, heidnische Gottheiten um Hilfe anzurufen – bei Dürre etwa (vgl. Dtn 29,15–20) –, wird mit der Androhung des Fluches sanktioniert. In der Sicht des Deuteronomiums ist jeder Einzelne für das Wohlergehen des Volkes verantwortlich. Seine Vergehen – auch wenn sie im Geheimen geschehen – bedrohen das Volk als ganzes. Trotzdem kann er seine Verantwortung nicht auf das Kollektiv abwälzen.

Die Perspektive auf den Einzelnen hin, die sich in Jeremias „Trostbüchlein" andeutet – „jeder stirbt nur für seine eigene Schuld" –, wird in der Exilszeit von *Ezechiel* aufgegriffen. Bei ihm erscheint Gott in seinem strafenden Gericht auf den ersten Blick als erbarmungslos.[153] Die Mitleidlosigkeit Gottes dient jedoch als Erklärung für die zurückliegende Zerstörung Jerusalems und die Deportation seiner Bevölkerung. Sie liefert den Hintergrund, vor dem Gottes künftiges Heilshandeln umso heller strahlt. Dieses Heilshandeln ist aber nun, nachdem die institutionellen Rahmenbedingungen wie Tempelkult und Königtum untergegangen sind, auf den *Einzelnen* gerichtet. Nur derjenige, der sündigt, muss sterben – nicht jedoch seine Angehörigen: „Ein Sohn trägt nicht die Schuld des Vaters, und ein Vater trägt nicht die Schuld des Sohnes. Die Gerechtigkeit des Gerechten kommt nur ihm selbst zugute, und die Ungerechtigkeit eines Ungerechten lastet nur auf ihm selbst" (Ez 18,20).[154]

---

153 Vgl. Ez 5,11: „So wahr ich lebe – Spruch Gottes, des Herrn –, weil du mein Heiligtum mit all deinen Götzen und Gräueltaten unrein gemacht hast, will ich dich kahlscheren. Mein Auge wird kein Mitleid zeigen, und ich werde keine Schonung üben." Oder Ez 24,14: „Ich, der Herr, habe gesprochen. Jetzt ist es soweit, ich führe es aus. Ich sehe nicht tatenlos zu. Ich habe kein Mitleid, es reut mich nicht. Nach deinem Verhalten und deinen Taten will ich dich richten – Spruch Gottes, des Herrn."

154 Vgl. auch Ez 18,3f. – Zu Ezechiel vgl. Hermann Cohen: „Jecheskel unterscheidet sich von den sozialen Propheten dadurch, dass er die Sünde als die des Individuums entdeckt hat" (*Religion der Vernunft*, 214). Oder, klarer noch, Jacob Taubes: „Der Zusammenhang der Generationen ist für den Nexus von Schuld und Sühne im mythischen Bewusstsein zwingend und einleuchtend. Hesekiel Kap. 18 markiert in dieser Perspektive religionsgeschichtlich einen Wendepunkt. Es ist in der Tat ein konstitutives Kapitel zur »Urgeschichte der Subjektivität«. Denn im Lehrvor-

Diese Anthropologie trägt der gewandelten politischen, sozialen und religiösen Situation Rechnung, in der sich das Volk in Babylon neu konstituieren muss. Die politischen Katastrophen von 722 und 587 gingen mit der Zerstörung nicht nur der politischen, sondern auch der sozialen und kultischen Ordnung einher. Weder Königtum noch Priesterschaft können im Exil den Fortbestand des Volkes und sein Heil garantieren. An die Stelle der politischen Institutionen und des Tempelkultes treten das Studium der religiösen Texte, die Beschneidung sowie die Beobachtung des Shabbats und der Speisegesetze.

Nach der Theologie der vermutlich kurz vor dem Ende des Exils entstandenen *Priesterschrift* konstituiert sich das Volk als Kultgemeinschaft freier Subjekte, die sich aus individuellem Gehorsam dem Bundesverhältnis einfügen. Wie die Identität des Volkes fortan in der religiösen Praxis und in der ethischen Gesinnung der Einzelnen gründet, gibt es auch keine kollektive Haftung mehr. Vielmehr wird jeder ausschließlich für sein eigenes Tun zur Rechenschaft gezogen. In diesem Rahmen wird nun auch ein individuelles Gericht über die Verfehlungen Einzelner vorstellbar. Zugleich wird schon ihr aktuelles Verhalten in der Perspektive eines kommenden Gerichtes beurteilt.

Fortan also ist es der *Einzelne*, der sich gegenüber Gott zu verantworten hat, ob er dem göttlichen Ethos entsprechend lebt oder nicht.[155] An die Stelle der Schicksalsgemeinschaft des Volkes, in der Gerechte wie Ungerechte Opfer vernichtender Gewalt sein

---

trag des Propheten Kap. 18 wird die Macht des mythischen Nexus von Schuld und Sühne in der Kette der Generationen gebrochen und die mythische Geisteslage entscheidend überschritten" (*Zur Konjunktur des Polytheismus*, in: Karl Heinz Bohrer [Hg.], Mythos und Moderne. Begriff und Bild einer Rekonstruktion, Frankfurt am Main 1983, 457–407, hier 461).

155   Vgl. Ez 18,5–9: „Wenn aber einer gerecht ist und nach Recht und Gerechtigkeit handelt, [6] auf den Bergen nicht isst und nicht aufblickt zu den Mistgötzen des Hauses Israel und die Frau seines Nächsten nicht unrein macht und sich keiner Frau nähert, die ihre Monatsblutung hat, [7] und niemanden unterdrückt, der, was er gepfändet hat, schuldpflichtig zurückgibt, keinen Raub begeht, sein Brot dem Hungrigen gibt und den Nackten bekleidet, [8] nichts gegen Zins gibt und keinen Aufschlag nimmt, seine Hand von Unrecht fernhält, rechte Urteile fällt zwischen allen, [9] nach meinen Satzungen lebt und meine Rechtssätze hält und treu danach handelt – der ist gerecht, er wird am Leben bleiben! Spruch Gottes Jhwhs."

können,¹⁵⁶ tritt die Vorstellung einer individuellen Vergeltung. Ezechiel ist überzeugt, dass aus der Mitte des dem Untergang geweihten Volkes diejenigen gerettet werden, die Gottes Gebote beobachten. Dieser Gedanke einer „Sammlung der Gerechten" setzt voraus, dass an die Stelle der sozialen Bindungen das persönliche Ethos getreten ist. „Aus der Gemeinschaft des Staatsvolkes wird nun dezidiert die durch ihre Praxis qualifizierte Überzeugungsgemeinschaft [...] Gemeinschaft gründet in der Sittlichkeit des Individuums."¹⁵⁷ Gottes Barmherzigkeit erweist sich darin, dem Einzelnen auf der Grundlage seiner Gebote ein Leben innerhalb der durch Bundestreue konstituierten Gemeinschaft des Volkes zu ermöglichen. Ihre rituelle Mitte findet die Gemeinschaft der Gerechten in der kultischen Versammlung im Tempel (vgl. Ez 40–48).

Ezechiels Menschenbild ist religions- und kulturgeschichtlich wegweisend. Die Folgen einer Untat treffen nicht das Kollektiv, sondern bleiben individuell begrenzt.¹⁵⁸ In Ez 14,12–23 wird die persönliche Verantwortung des Einzelnen gegenüber seiner Eingebundenheit in den Verband von Familie, Sippe und Volk hervorgehoben.

Die Texte, die in der Exilszeit entstanden sind, lassen die Tendenz erkennen, das heilschaffende Wirken Gottes nicht auf Israel begrenzt zu sehen, sondern auf alle Völker auszudehnen. Vor dem Hintergrund des sich herausbildenden Monotheismus ist diese Universalisierung konsequent. Mit ihr ist zugleich die Herausbildung eines Ethos verbunden, das sich vom Kollektiv des Volkes ablöst und den Einzelnen beansprucht. Das geforderte Ethos schließt sich jedoch nicht individualistisch von der jeweiligen Gemeinschaft ab, sondern bleibt auf diese bezogen.

---

156 Vgl. Ez 21,9: „Weil ich Gerechte und Ungerechte auf dir vernichte, darum wird mein Schwert aus seiner Scheide kommen gegen alles Fleisch vom Negev bis in den Norden."
157 Miggelbrink, *Der zornige Gott*, 26.
158 Allerdings ist diese Begrenzung religions- und sozialgeschichtlich nicht so revolutionär, wie Assmann es glauben machen will. Nach Schmied, *Kollektivschuld?*, ist die Vorstellung von einer kollektiven Haftung für Vergehen Einzelner in altorientalischen Rechtssammlungen nicht zu belegen.

Bibeltheologische Perspektiven

2.3.5 Versöhnung mit Gott durch Opfer, Sühne und Barmherzigkeit

Zugleich freilich ist sich das Alte Testament vom Buch Genesis an der Realität menschlicher Fehlbarkeit und Sünde bewusst.[159] Gerade deshalb stellen sich viele ihrer Schriften der Aufgabe, Sünde und Schuld theologisch zu bewerten und in die jeweilige religiöse und soziale Praxis zu integrieren. Der Rahmen hierfür – auch dies wird bereits im Buch Genesis deutlich – ist das trotz der Sünde fortdauernde Wohlwollen Gottes gegenüber den Menschen, für das auch hier der Begriff des *Bundes* stehen kann.[160]

2.3.5.1 Opferkult und Sühne

Der zentrale Begriff für die Wiederherstellung der durch Sünde und Schuld gestörten Gemeinschaft der Menschen mit Gott ist „Versöhnung".[161] Sie geschieht nach biblischer Vorstellung vorrangig durch *Sühne* und *Opfer*.[162] Dabei beruht Versöhnung nicht auf menschlicher Leistung – so als könnten Menschen Gott durch ihr Opfer gnädig stimmen. Versöhnung ist vielmehr ein Geschehen, das Gott in seiner die Schöpfung als ganze umfassenden Heilsperspektive dem Sünder angeboten und ermöglicht hat. Dem ent-

---

159 Wenn gerade an dieser Stelle von *dem* Alten Testament die Rede ist, dann mag das harmonisierend erscheinen. Allerdings dürfte es unstrittig sein, dass die Thematik der kollektiven und individuellen Fehlbarkeit in nahezu allen Schriften des Alten Testaments in einem Maße berührt wird wie in keiner anderen Religion des Alten Orients. – Zur programmatischen Struktur von Gen 1–11 vgl. neben den einschlägigen Kommentaren u. a. Matthias Millard, *Die Genesis als Eröffnung der Tora. Kompositions- und auslegungsgeschichtliche Annäherungen an das erste Buch Mose* (WMANT 90), Neukirchen-Vluyn 2001.

160 Und dies gleich mehrfach: im Bund mit Noah, in dem es um den Bestand der Schöpfung geht (Gen 9,1–17), im Bund mit Abraham, der im Blick auf das Volk und das Land geschlossen wird (Gen 15), im Bund mit Mose am Sinai, der die Ethik des Gottesvolkes begründet (Ex 19,5), und im Bund mit David, der das Königtum begründet (2 Sam 7,12f.; vgl. Ps 89,4; 132,11). Dabei bindet sich Gott an die Menschen: zunächst an einzelne Menschen, dann an das Volk Israel als ganzes – und schließlich im „neuen Bund" (Jer 31,31) an die Menschheit als ganze.

161 Vgl. Artikel *„kpr* pi. Sühnen", in THAT I, 842–857 (F. Maass).

162 Die Wörter „Versöhnung" und „Sühne" gehen aus der gemeinsamen hebräischen Wurzel *kpr* hervor. So bedeutet etwa *kopær* „Lösegeld" oder „Sühne", *kapporæt* die Deckplatte auf der Bundeslade und *kippurim* – etwa beim Großen Versöhnungstag – „Sühnung". – Vgl. Janowski, *Sühne als Heilsgeschehen*.

sprechend ist „Sühne" *(kpr)* eine dem Menschen angebotene Möglichkeit, die Unordnung, in die er sich durch seine Sünde gebracht hat, zu überwinden. Ihre Annahme heilt die Gottesbeziehung, ihre Verweigerung führt in die Gottesferne und damit – nach biblischer Auffassung – ins Verderben.

Der Praxis von Sühne und Opfer liegt die religionsgeschichtlich verbreitete Vorstellung zugrunde, dass die Sünde des Menschen der Gottheit einen Schaden zufügt. Das ihr deshalb zustehende Recht auf Bestrafung oder Rache nimmt die Gottheit aber nicht notwendigerweise wahr. Stattdessen bietet sie dem Menschen eine Ersatzleistung an – in der Regel eine Opfergabe –, die ihren Zorn besänftigt, so dass das ursprüngliche Verhältnis zwischen ihr und den Menschen wiederhergestellt ist. Häufig begegnet in diesem Zusammenhang die Vorstellung, dass die Sünde den Menschen mit einem Makel behaftet, von dem ihn das Opfer „reinigt". Der durch das Opfer von seiner Sünde gereinigte Mensch hat gleichsam ontologisch Anteil an der „Heiligkeit" der Gottheit, die selbst über jede Sünde erhaben ist.

Für die deuteronomistischen Redaktoren der Nachexilszeit ist der Gedanke der rituellen Reinigung zentral. Sie reagieren damit auf die Krise, in die das priesterliche Reinheitsideal in der Folge der Zerstörung des Jerusalemer Tempels geraten war. Denn fortan war der Tempel als Ort der Präsenz des heiligen Gottes verunreinigt. Dies führte im Exil jedoch nicht dazu, das Ideal des reinen Gottesvolkes aufzugeben. Angesichts der heidnischen Kulte im Zweistromland wurde es vielmehr verstärkt, um die Identität der Exilsgemeinde zu bewahren.

Zu diesem Zweck betonten die deuteronomistischen Redaktoren die Sünden des Volkes. Diese machten sie für die Katastrophe von 587 verantwortlich. In Ri 2,11–20 wird jene Spirale von Sünde und Abfall des Volkes einerseits, von Zorn und Erbarmen Gottes andererseits verdeutlicht, die die Redaktoren im Rückblick auf die Geschichte Israels zu erkennen glaubten. Um diese Spirale zu durchbrechen, setzten sie auf die sündentilgende und reinigende Kraft der Rituale. Vermutlich unter dem Eindruck der babylonischen Kultpraxis suchten die in Babylon Exilierten durch priesterliche Bußgebete und Reinigungsriten die als ursprünglich imaginierte Reinheit des Volkes Israel wiederherzustellen. Riten wie der in Num 19,1–10 beschriebene Ritus zur Wiederaufnahme in die Kultgemeinde dienten der Reinigung des Einzelnen wie des Volkes insgesamt.

Ebenfalls rückblickend auf die Zeit vor dem Exil interpretiert die *Priesterschrift* den gesamten Opferkult am Jerusalemer Tempel im Sinne eines Sühnopferkultes.[163] Dieser habe darauf abgezielt, die Reinheit des Volkes vor seinem Gott zu sichern. Nach priesterschriftlicher Theologie dienten die verschiedenen Opfer am Tempel allesamt der Entsühnung des Volkes und seiner Heiligung.

Nach Auffassung der priesterschriftlichen Redaktoren unterbricht der Opferkult den Unheilszusammenhang, der sich aus der bösen Tat und ihren Folgen ergibt. Dies wird besonders darin deutlich, dass das Sündopfer nach ihrer Auffassung auch solche Sünden sühnt, die unbewusst oder ohne ausdrücklichen Vorsatz begangen wurden.[164] Deren „ontologische Qualität" wird durch die reinigende Wirkung des Sündopfers getilgt. Durch den Vollzug des Sündopfers können sich die Menschen wieder in jenen Gesamtzusammenhang von Volk und Schöpfung einordnen, den Gott von Anbeginn gewollt und durch seinen Bund mit Noah bekräftigt hat. Die Einrichtung des Sündopfers erscheint in dieser Perspektive als Ausdruck göttlicher Barmherzigkeit.

Im Angebot der Sühne bekundet sich Gott angesichts der menschlichen Sünde als „versöhnlich".[165] Erst dort, wo der sündige Mensch die ihm angebotene Sühneleistung zurückweist, handelt Gott als der Strafende und Rächende.

Weil die Praxis des Opfers und der Sühne auf die Vermeidung von Gewalt zielt – Gewalt von Seiten Gottes wie der Menschen untereinander –, hat Bernd Janowski sie treffend als „Heilsgeschehen" gedeutet. Mit der ihm von Gott angebotenen Sühneleistung verfügt der Mensch über ein Mittel, den angesichts der Sünde des Menschen gerechtfertigten Zorn Gottes von sich abzuwenden und den Bestand der Gemeinschaft zu sichern.[166]

---

163 Zur Diskussion um Textbestand und Entstehungszeit der „Priesterschrift" vgl. Erich Zenger, Art. *„Priesterschrift"*, in: TRE 27 (1996) 435–446; Peter Weimar, *Studien zur Priesterschrift* (FAT 56), Tübingen 2008.
164 Vgl. Crüsemann, *Die Tora*, 366.
165 Zur Sühnevorstellung im Alten Testament vgl. neben einschlägigen Lexikonartikeln u.a. Albertz (Hg.), *Kult, Konflikt und Versöhnung;* Hübner, *Sühne und Versöhnung;* Janowski, *Sühne als Heilsgeschehen;* Koch, *Die israelitische Sühneanschauung;* Ders., *Sühne und Sündenvergebung;* Oberforcher, *Sühneliturgie und Bußfeier im Alten Testament und im Frühjudentum;* Schenker, *Sühne statt Strafe und Strafe statt Sühne. Zum biblischen Sühnebegriff;* Ders., *Versöhnung und Sühne;* Ders., *Sühne statt Strafe.*
166 Zum Verhältnis von Opferritus und Gewaltvermeidung im Alten Testament vgl. auch Raymund Schwager, *Brauchen wir einen Sündenbock. Gewalt und Erlösung in den biblischen Schriften*, München 1978, 93–100.

2.3.5.2 Barmherzigkeit Gottes und der Menschen

Indem Sünde als Störung der Schöpfungs- und Sozialordnung aufgefasst wird, deren Urheber niemand anders ist als Gott, wird verständlich, warum nach Ausweis des Alten Testaments allein Gott Sünden vergeben kann. Ausdrücklich wird diese Vorstellung zwar erst im Neuen Testament ausgesprochen (Mk 2,7; Lk 5,21; 7,49; vgl. Mt 9,3). Doch ist an keiner Stelle im Alten Testament davon die Rede, dass ein Mensch einem anderen *vergibt*.[167] Am Ende des Buches *Micha* stellt dessen Autor die rhetorische Frage: „Wer wäre ein Gott wie du, der Schuld vergibt und hinwegschreitet über Vergehen für den Rest seines Erbbesitzes?" (Mi 7,18). Gott ist Gott auch und gerade deshalb, weil er allein Schuld vergeben kann und vergeben wird.[168]

Dass die Schriften des Alten Testaments hier einen besonderen Akzent setzen, verdeutlicht der religionsgeschichtliche Vergleich. Indem beispielsweise in den mesopotamischen Religionen göttliche Würdetitel auf den irdischen König übertragen werden, wird diesem auch die Eigenschaft zugesprochen, Sünden zu vergeben. So stellt sich der neuassyrische König Assurbanipal als barmherzig dar und beansprucht die Fähigkeit, Sünden zu tilgen: „Ich, Assurbanipal, der Weitherzige, der nicht Nachtragende, der die Sünden tilgt …"[169] Womöglich deshalb, weil die Institution des Königtums in Israel und Juda nie unumstritten war,[170] findet sich nirgendwo in der Bibel eine vergleichbare Übertragung göttlicher Eigenschaften oder Vollmachten auf den irdischen König. Dies hätte eine theologische Überhöhung des Königs bedeutet. Der König ist zwar von Gott „Gesalbter" *(māshīah)* und insofern Bevollmächtigter Gottes (1 Sam 2,10; 10,1; 12,3.5 u.ö.; vgl. auch Ps 110). Aber gerade als solcher ist er abhängig von Gott, der ihn mit dem Königtum betraut hat.

---

167 Das Wort *slh* („vergeben") im Sinne von „Sünden vergeben" begegnet in der Bibel ausschließlich im Hinblick auf Gott; vgl. Art. *„slh"* in THAT II, 150–160 (J. J. Stamm), bes. 151.

168 Vgl. Mi 7,19f.: „Nicht für immer hält er fest an seinem Zorn, denn er hat Gefallen an Gnade! / Er wird sich wieder über uns erbarmen, unsere Schuld wird er niedertreten. Und in die Tiefen des Meeres wirst du all ihre Sünden werfen. / Jakob erweist Treue, Abraham Güte, wie du es unseren Vorfahren geschworen hast seit den Tagen der Vorzeit."

169 Zit. nach Rykle Borger, *Beiträge zum Inschriftenwerk Assurbanipals*, Wiesbaden 1996, 234.

170 Vgl. die sog. „Jotamfabel" in Ri 9,7–16.

Bibeltheologische Perspektiven

Situationen, in denen *Menschen* einander zu vergeben scheinen, sind in den Schriften des Alten Testament überraschend selten. So bitten die Söhne Jakobs ihren Bruder Josef um Vergebung (Gen 50,17); Bitten um Vergebung richten der Pharao an Mose (Ex 10,17), König Saul an den Propheten Samuel (1 Sam 15,25a) und Abigail an David (1 Sam 25,28a). In allen diesen wenigen Fällen wird die Bitte aber nicht von Gleich zu Gleich ausgesprochen; vielmehr sind es jeweils höher gestellte Personen, die um Vergebung gebeten werden: ein hoher ägyptischer Beamter (Josef), ein politischer Anführer (Mose), ein Prophet (Samuel) oder ein künftiger König (David). Vergebung bedeutet in diesen sozialen Konstellationen jeweils einen Gnadenerweis: den Verzicht darauf, jene Vergeltung auszuüben, die einem Mächtigen von Rechts wegen zustünde.[171]

Als vorbildlicher Mensch gilt deshalb derjenige, der Vergeltung und Rache nicht selbst beansprucht, sondern Gott überlässt. Aufgabe des Menschen ist es dagegen, Böses nicht mit Bösem, sondern mit Gutem zu vergelten, um so das Gesetz des Talions und den aus ihm unvermeidlich resultierenden Kreislauf der Gewalt zu durchbrechen.[172] Die Josefsgeschichte illustriert dies: Josef weist zurück, was allein Gott zusteht, nämlich seinen Brüdern zu vergeben, und begegnet so ihrer Furcht vor Rache: „Fürchtet euch nicht! Bin ich denn an Gottes Statt?" (Gen 50,19). Ähnlich verzichtet David auf sein Recht, Vergeltung an Saul zu üben, so dass dieser erkennt: „Du

---

171   Die Konstellation, dass in den genannten Zusammenhängen „Vergebung" jeweils ein Gnadenerweis von höherer Stelle ist, veranlasst Helmut Steindl zu einem Vergleich des biblischen Versöhnungsdenkens mit der Satisfaktionslehre Anselms von Canterbury (*Genugtuung. Biblisches Versöhnungsdenken – eine Quelle für Anselms Satisfaktionstheorie?*). Die im Titel des Werks von Steindl gestellte Frage wird von ihm bejaht. Die Zielsetzung von *Cur Deus homo?*, den Gehalt der christlichen Erlösungslehre unter Absehung vom Wahrheitsanspruch der biblischen Überlieferung zu vermitteln, habe es Anselm jedoch verboten, die biblische Quelle seiner Versöhnungslehre offenzulegen. Für diese sei deshalb – entgegen herrschender Deutung – weder ein „Vergeltungsdogma" noch ein juridisches Denken leitend.
172   Zu diesem Komplex vgl. Houtman, *Wer kann Sünden vergeben außer Gott allein?*, 41 f. (hier auch Stellenangaben). Zum altorientalischen Talionsprinzip und seiner Überwindung durch ein biblisches Versöhnungsdenken vgl. Steindl, *Genugtuung*, 33–65 (hier auch eine detaillierte Auslegung des Versöhnungsgedankens in der Josefsgeschichte, die Josef gegenüber seinen Brüdern eine „Hebammenfunktion" im Geschehen der Versöhnung beimisst: 66–125).

bist gerechter als ich; denn du hast Gutes für mich getan, ich aber habe dir Böses angetan" (1 Sam 24,18).

Weil Sünden ausschließlich durch Gott vergeben werden können, richtet sich die Bitte um Vergebung nicht an den König oder einen Priester, sondern an Gott. Dies geschieht in der Regel im Tempel und durch priesterliche Vermittlung, kann aber auch unabhängig davon erfolgen.[173]

Was ist vor diesem Hintergrund mit „Vergebung" gemeint? Vergebung bedeutet nicht, dass dem Sünder seine Verbrechen und seine Schuld nicht weiter angerechnet werden. Vergebung umfasst auch nicht notwendig den Erlass der Strafe.[174] Vergebung bewirkt vielmehr die Wiedereingliederung des Sünders in die umfassende, durch Gott begründete Ordnung der Schöpfung und des sozialen Zusammenhangs. Aus beiden hat sich der Sünder durch sein Tun entfernt. Indem der Sünder seine Untat bereut, möglicherweise sogar ein Sündenbekenntnis spricht und einen symbolischen Akt der Sühne setzt – in der Regel ein Opfer darbringt oder darbringen lässt –, widerfährt ihm von Gott her die Zusage, erneut in die umfassende Ordnung der Schöpfung eingegliedert zu sein. Auf diese Weise hat er wieder Teil am umfassenden Heil und am Leben.[175]

Als Metaphern für Gottes Vergebung begegnen in den biblischen Schriften die Bilder vom „Wegwischen" und vom „Vorübergehen": Gott wischt die Schuld des Menschen wie einen Fleck fort, so dass sie nicht mehr gesehen wird.[176] Oder Gott „geht" an ihr „vorüber", so dass er sie nicht mehr beachten muss.[177] Beides sind negative Formulierungen, die als solche noch nicht die Eröffnung der Möglichkeit zu einem Neubeginn implizieren. Klaus Koch hat

---

173 Zum Sühneritual im Tempel vgl. 2 Sam 24,10; 1 Kön 8,34.36.39.50; 2 Kön 5,18; Ps 25,11.18; Dan 9,19; Hos 14,3. Priesterliche Vermittlung ist bezeugt in Lev 4–5; 19,22; Num 15,25f. 28; keine priesterliche Vermittlung dagegen in Num 14,20; 30,6.9.14; 2 Chr 7,14.
174 Als David sein Verbrechen an dem Hethiter Urija einsieht, erhält er von Natan den Bescheid: „Der Herr hat dir deine Sünde vergeben; du wirst nicht sterben. Weil du aber die Feinde des Herrn durch diese Sache zum Lästern veranlasst hast, muss der Sohn, der dir geboren wird, sterben" (2 Sam 12,13f.).
175 Gleichem Ziel dient – wie gezeigt – der Reinigungsritus im altägyptischen Totengericht: auch hier geht es darum, den Verstorbenen wieder „Ma'at-fähig" zu machen.
176 Vgl. Jes 43,25; 44,22; Ps 51,3.4.9.11; 109,14; Spr 6,33.
177 Vgl. Ijob 7,21: „Und warum vergibst du nicht mein Vergehen und verzeihst nicht meine Schuld? Nun werde ich mich in den Staub legen, und wenn du mich suchst, so bin ich nicht mehr da."

Bibeltheologische Perspektiven

darauf hingewiesen, dass von Vergebung in dem Sinne, dass Gott dem Sünder die Neubestimmung des Handelns als Möglichkeit sittlicher Umkehr einräumt, frühestens seit der Exilszeit gesprochen werden kann.[178] Erst jetzt, nach dem Ende des Tempelkultes und angesichts der Aufgabe, die religiöse und ethnische Identität im Exil zu wahren, konstituiert der Einzelne durch sein sittliches Handeln die Gemeinschaft des Volkes. Angesichts seiner Fehlbarkeit bedarf es der Möglichkeit der Umkehr, um den Zusammenhalt des Volkes zu wahren. Diesem Ziel dienen Opfer- und Bußriten.

Lev 5,1–6.23 f. bietet modellhaft die Abfolge eines Bußritus: Einsicht in eine mit oder ohne Absicht begangene Sünde (V. 1–4), öffentliches Bekenntnis (V. 5), eigener Einsatz durch ein Opfer (V. 6) und, nach Möglichkeit, Wiedergutmachung des angerichteten Schadens sowie Entrichtung einer darüber hinausgehenden Entschädigung (V. 23 f.): „und es wird ihm die Tat vergeben werden, durch die er schuldig geworden ist" (Lev 5,26). Im Zusammenhang mit dem Sündopfer wird hier (Lev 5,5) und auch in Lev 16,21 ein öffentliches Sündenbekenntnis erwähnt.[179]

Beim Sündopfer legen die Sippenoberhäupter stellvertretend für das Volk ihre Hände auf den Kopf des Opferstieres (Lev 4,15). Janowski hat darauf hingewiesen, dass dieser Ritus nicht auf eine Schuldübertragung zielt, wie sie beim Sündenbockritus (Lev 16) erkennbar ist. Bei der Tötung des Stiers wird keine „Sündenwirklichkeit" aus dem Lager entfernt, sondern eine kompensatorische Tötung vollzogen: Der Sünder identifiziert sich mit dem Stier, indem er anerkennt, dass er aufgrund seiner eigenen Verfehlungen – auch wenn sie ihm nicht bewusst sind – eigentlich den Tod verdient hätte.[180]

Zentraler Ritus des Sündopfers ist das Vergießen des Opferblutes durch den Priester.[181] Durch Vermittlung des Priesters empfängt der Mensch das Blut des Opfertiers – nach altorientalischer Vorstellung der Sitz des Lebens –, um so jenen Mangel an Le-

---

178 Vgl. Koch, *Sühne und Sündenvergebung um die Wende von der exilischen zur nachexilischen Zeit*.

179 Vgl. Theodor C. Vriezen, Art. *„Sündenvergebung im AT"*, in RGG³ 6, 507–511, hier 509.

180 Hier bekommt der Bock des Asasel die Sünden des Volkes aufgeladen, um anschließend in die Wüste hinausgejagt zu werden und so das Volk von seinen Sünden zu reinigen (Lev 16,5–10.20–22).

181 „Und so verfahre er mit dem Jungstier, wie er mit dem Sündopferstier verfahren ist, so soll er mit ihm verfahren. So soll der Priester für sie Sühne erwirken, und es wird ihnen vergeben werden" (Lev 4,20).

ben auszugleichen, den die Sünde verursacht hat. Das Vergießen des Opferblutes ist die eigentliche Sühnehandlung. Vergebung geschieht dadurch, dass der Sünder im Vollzug des Opfers seine eigene Todeswürdigkeit anerkennt und sich von der rettenden Begegnung mit Gott – der Priester bringt das Blut des Opfertieres in das Innere des Tempels, der priesterschriftlich als „Zelt der Begegnung" verstanden wird – wieder in die ursprünglich gewollte Bundesordnung einfügen lässt.[182] Damit erlangt der Sühneritus eine personale und zugleich objektive Dimension.

Von Seiten Gottes wird dies auch dadurch deutlich, dass „Entsühnung" *(kpr)* und „Vergebung" *(slh)* nicht identisch sind. In den Opferbestimmungen von Lev 4–5 ist immer wieder die Rede davon, dass der opfernde Priester den oder die Sünder rituell „entsühnt", worauf die „Vergebung" von Seiten Gottes erfolgt. In den sog. *kippær-nislah*-Formeln in den Büchern Levitikus und Numeri heißt es: „So soll der Priester ihm Sühne erwirken, und es wird ihm [bzw. ihnen] vergeben werden" (Lev 4,31c).[183] Die rituelle Entsühnung durch Opfer oder Besprengung, wie sie auch in anderen altorientalischen Religionen bekannt ist, wird durch Gott anerkannt, und diese Anerkennung des rituellen Vollzugs ist der eigentliche Vorgang der Vergebung.[184]

Bereits Walther Eichrodt hat darauf hingewiesen, dass die biblischen Texte keinen Zweifel daran lassen, dass den Sühneriten als solchen keine sündentilgende Kraft innewohnt. Vielmehr erhalten sie ihre Wirkung erst durch göttliche Bestätigung. „Damit hat der Begriff der Sühnung eminent persönlichen Charakter gewonnen", so Eichrodt. „Sühnung ist nicht eine von der Sündenvergebung unabhängige Beseitigung der Sünde, sondern bildet ein Mittel der Vergebung."[185]

---

182 Der Gedanke, dass nicht der Mensch, sondern Gott selbst die Sühne für den Sünder vollzieht, kulminiert in den sühnetheologischen Aussagen des vierten Gottesknechtsliedes bei Deuterojesaja (Jes 53).
183 Vgl. zu den *kippær-nislah*-Formeln: Janowski, *Sühne als Heilsgeschehen*, bes. 260 f.
184 Da Textzeugnisse fehlen, ist nicht klar, ob die Priester im Anschluss an die Sühneopfer die Sündenvergebung in einer deklaratorischen Formel zusprachen. Vgl. hierzu auch Hofius, *Vergebungszuspruch und Vollmachtsfrage*, 115–127; sowie Thyen, *Studien zur Sündenvergebung*.
185 Walter Eichrodt, *Theologie des Alten Testaments*, 3 Bde. (1933–1939), Nd. Berlin 1950, Bd. 3 („Gott und Mensch"), hier 309. – Eichrodt sieht im Bund zwischen Gott und Mensch die Mitte der Theologie des Alten Testaments.

Bibeltheologische Perspektiven

Die „objektive" Dimension der Opferhandlung besteht in der Wiederherstellung der gottgewollten Ordnung. Da unbewusst oder ohne Vorsatz begangene Sünden naturgemäß nicht bereut oder gar gesühnt werden, ermöglicht der Opferkult auch für solche Sünden Sühne und Vergebung. Letztendlich sichert der Sündopferkult durch seine objektive Dimension die Fortexistenz des Einzelnen wie des Volkes in der Beziehung zu Gott. Denn nur durch den Vollzug des Sündopfers kann Gottes Ankündigung: „Wer gegen mich gesündigt hat, den tilge ich aus meinem Buch" (Ex 32,33) unterlaufen werden.[186] Dabei liegt die Pointe darin, dass Gott in seiner Barmherzigkeit selbst die Mittel dazu bereitstellt, den tödlichen Konsequenzen seiner Drohung auszuweichen.

Die priesterschriftliche Rechtssetzung dient dem doppelten Anliegen, einerseits Tatfolgen auszugleichen und die Täter wieder in die Gemeinschaft des Volkes einzugliedern, andererseits die durch die Sünde gestörte Beziehung des Menschen zu Gott wiederherzustellen.[187] Das priesterschriftliche Ethos der sittlichen und kultischen Reinheit vertieft die schon vorexilisch greifbare Überzeugung, dass das Wirklichkeitsganze in Gott gründet. Betont wird nun, dass Gott seiner Schöpfung eine kosmische und soziale Ordnung eingestiftet und – darüber hinaus – mit den Menschen einen Bund geschlossen hat, auf dessen Weisungen diejenigen verpflichtet sind, die sich zum „Gottesvolk" zählen wollen (vgl. Lev 17,2, den Beginn des sog. „Heiligkeitsgesetzes"). Schöpfungs- und Bundesthematik heben die einzelnen Bestimmungen der Tora über den Charakter bloßer Rechtssätze hinaus und verleihen ihnen eine personale Dimension. Anders als im Deuteronomium geht es jetzt aber nicht mehr nur um die Verfehlung gegen das Gemeinschaftsethos, welche die Sünde konstituiert, sondern um die Verfehlung gegen ein Gottesrecht. Fortan weiß sich der Einzelne unmittelbar von dem Recht setzenden Gott beansprucht. Er muss sein Handeln kritisch an dem von Gott gesetzten Recht und dem ihm zugrunde liegenden Ethos messen. Diese Beurteilung erfolgt im Gewissen des Einzelnen und setzt eine kritische Reflexion über das eigene Tun voraus.

Die Tora – verstanden nun als Korpus der für das Volk geltenden Rechtsnormen – kann in dieser Perspektive nur derjenige erfüllen,

---

186 Vgl. Ps 69,29; dazu Houtman, *Wer kann Sünden vergeben außer Gott allein?*, 42. Houtman sieht in der Notwendigkeit der Vergebung eine „Frage von Sein oder Nicht-Sein".
187 Vgl. Janowski, *Sühne als Heilsgeschehen*, 253–259.

der sich ihre Gebote und deren „Geist" verinnerlicht hat. Denn gerade jene Gebote, die den Armen zugutekommen, lassen sich nur dann nachvollziehen, wenn ihre Intention verstanden ist. Diese aber besteht in der barmherzigen Zuwendung zu den Benachteiligten. In der Priesterschrift zeichnet sich ein Ethos ab, das den Einzelnen darin beansprucht, wie er sich zu der religiösen Tradition stellen will, mit der er sich konfrontiert findet. Und diese Tradition bezeugt in ihrer Mitte einen Gott, der die Unterdrückung seines Volkes in Ägypten vernommen und es in die Freiheit des verheißenen Landes geführt hat.

2.3.5.3 Relativierung des Kultes und Wandel des Gottesgedankens

Das Ethos der Solidarität und der Barmherzigkeit wird in nachexilischer Zeit vertieft und entfaltet. Das Fehlen politischer Macht führt in persischer Zeit zu einer Selbstvergewisserung des Volkes auf der Grundlage seiner religiösen Überlieferungen. Zwar verfügt das Volk nach der Wiedererrichtung des Jerusalemer Tempels wieder über ein kultisches Zentrum; gleichwohl werden die Exilstraditionen, die auf eine Entscheidung des Einzelnen im sittlichen und religiösen Bereich drängen, nicht aufgegeben. Damit ist der Jerusalemer Tempelkult in seiner Bedeutung für die religiöse und nationale Identität grundlegend relativiert. Außerhalb des Tempels eröffnet sich die Möglichkeit, die religiöse Identität durch die Praxis einer ethischen Gesinnung zu wahren, die theologischen Vorgaben entspricht.

In einem späten Text wie den *Psalmen Salomos* genügt das Bekenntnis, um Gottes Vergebung zu erlangen; eine rituelle Vermittlung der Sündenvergebung durch ein Opfer scheint nicht nötig: „Bei Sünden sprichst du den Menschen frei, wenn er bekennt und beichtet […] und deine Güte (waltet) über reuigen Sündern" (PsSal 9,6f.). Sofern Bekenntnis und Umkehr gegeben sind, genügt das Vertrauen auf Gott, um seine Vergebung zu erlangen. Ein Opfer wird jedenfalls nicht erwähnt.

Die zunehmende Bedeutung der ethischen Gesinnung gegenüber der Opferpraxis zeigt sich auch im Gottesbild. Zunehmend wird in den Spätschriften der Bibel betont, dass sich Gott gegenüber den Menschen barmherzig erweist. Das angesichts fortbestehenden Unrechts und unabgegoltenen Leidens verständliche Verlangen nach einer ausgleichenden Gerechtigkeit artikuliert sich hingegen in den Schriften der Apokalyptik.

Langmut und Barmherzigkeit Gottes angesichts der Sünde der Menschen ist zentrales Thema im zwischen 350 und 300 v. Chr.

Bibeltheologische Perspektiven

entstandenen Buch *Jona*. Als die Einwohner von Ninive ihr sündiges Leben erkennen und Buße tun, verzichtet Gott auf das ihnen angedrohte Strafgericht – sehr zum Missfallen des Propheten (Jon 4,1). Trotzig stellt dieser angesichts des göttlichen Erbarmens seine prophetische Mission in Frage und sucht seine Flucht zu rechtfertigen.[188] Gott widerspricht dem nicht. In Sichtweite von Ninive, wo Jona auf das angekündigte Gericht Gottes wartet, erklärt er ihm das Motiv seines Erbarmens, indem er darauf verweist, dass die Arglosigkeit der Bewohner von Ninive angesichts ihrer Bußfertigkeit kein nachträgliches Strafgericht rechtfertigt.[189] Damit schließt das Buch Jona; von einem Ausgleich für die zum Himmel schreienden Schlechtigkeiten der Einwohner von Ninive (vgl. Jon 1,2) ist keine Rede mehr.

In der universalen Perspektive des Jona-Buches ist dem göttlichen Heilswillen überall dort Genüge getan, wo Menschen (und Tiere: 3,8) davon ablassen, einander Böses zuzufügen, und wo sie stattdessen zur Buße bereit sind. Umkehr und Buße machen ein göttliches Einschreiten überflüssig; angesichts des prophetischen Umkehrrufes haben die Menschen ihre sozialen und ökologischen Beziehungen eigenverantwortlich in die rechte Ordnung gebracht.

Das Verhältnis von Gerechtigkeit und Barmherzigkeit Gottes steht auch im Mittelpunkt des Buches *Tobit*. Dabei handelt es sich um eine romanhafte Lehrerzählung, die vermutlich um 200 v. Chr. in Palästina entstanden ist.[190] Gleich zu Beginn wird den Lesenden ein Ideal frommen Lebens vor Augen gestellt: „Ich, Tobit, habe

---

188 Vgl. Jon 4,2: „Ach Jhwh, war nicht eben das meine Rede, als ich in meiner Heimat war? Darum bin ich zuvor nach Tarschisch geflohen! Denn ich wusste, dass Du ein gnädiger und barmherziger Gott bist, langmütig und reich an Gnade, und einer, dem das Unheil leidtut." Wozu also der ganze Aufwand, wo doch auf Gottes Barmherzigkeit ohnehin Verlass ist!

189 „Und da sollte es mir nicht leidtun um Ninive, die große Stadt, in der über hundertzwanzigtausend Menschen sind, die nicht unterscheiden können zwischen ihrer Rechten und ihrer Linken – und um die vielen Tiere?" (Jona 4,11).

190 Vgl. Helmut Engel, in: Erich Zenger (Hg.), Einleitung in das Alte Testament, 188–190. Engel datiert die Schrift vorsichtiger, und zwar in die späte persische oder hellenistische Zeit (4.–2. Jahrhundert v. Chr.). – Zu Gerechtigkeit und Barmherzigkeit Gottes im Buch *Tobit* vgl. auch Paul Deselaers, *Das Buch Tobit. Studien zu seiner Entstehung, Komposition und Theologie* (OBO 43), Freiburg – Göttingen 1982; Beate Ego, *Buch Tobit* (JSHRZ II/6), Gütersloh 1999, bes. 890–894: Wahrheit, Gerechtigkeit und Barmherzigkeit Gottes bei Tobit.

mich mein ganzes Leben lang an den Weg der Wahrheit und Gerechtigkeit gehalten, und ich habe den Brüdern aus meinem Stamm und meinem Volk, die mit mir zusammen in das Land der Assyrer nach Ninive gekommen waren, aus Barmherzigkeit viel geholfen" (1,3). Wahrheit, Gerechtigkeit und Barmherzigkeit sollen das sittliche Verhalten bestimmen. Dabei wird jedes dieser drei Ideale zunächst Gott zugeschrieben (vgl. Tob 3,2.11). Jeder Mensch ist gehalten, sich diesen Eigenschaften entsprechend zu verhalten, indem er gegenüber seinen Mitmenschen Wahrheit, Gerechtigkeit und Barmherzigkeit übt. Die ethische Praxis ist insofern theologisch konnotiert, als sie durch die Dimension der Öffentlichkeit zugleich Lobpreis Gottes ist.[191]

Ethische Paränese ist zentrales Thema auch bei *Jesus Sirach* (Ben Sira), jenem „Buch an der Grenze des Kanons" (H.P. Rüger), das im Judentum auch nach seinem Ausschluss aus dem Kanon häufig kommentiert und öffentlich verlesen wurde. Entstanden vermutlich noch vor den Makkabäerkriegen im ersten Viertel des 2. Jahrhunderts v.Chr. und ursprünglich auf Hebräisch verfasst, spiegelt es die religiösen und kulturellen Auseinandersetzungen zwischen Hellenisten und Traditionalisten in und um Jerusalem zur Hasmonäerzeit wider. Diese sind dadurch gekennzeichnet, dass gerade diejenigen, die sich um Toratreue und religiöse Observanz bemühen, benachteiligt und verfolgt werden.

Vor diesem Hintergrund wird gleich zu Beginn die Gottesfurcht als „Weg zur Weisheit" vorgestellt – jener Weisheit, die sich besonders in Kapitel 24 nicht nur als Zuwendung Gottes zur Schöpfung (vgl. Spr 8,22–31), sondern – darüber hinausgehend und zugleich enger geführt – als besondere Zuwendung Gottes zu Israel zu erkennen gibt. Die geforderte Gottesfurcht erweist sich dabei wesentlich als Praxis der Barmherzigkeit und der Sündenvergebung.[192]

Nach Jesus Sirach sühnt Mildtätigkeit Sünde – eine Vorstellung, die nicht nach den Opfern fragt, wohl aber die tätige Reue des

---

191 Vgl. Helmut Engel, *Auf zuverlässigen Wegen und in Gerechtigkeit. Religiöses Ethos in der Diaspora nach dem Buch Tobit,* in: Georg Braulik (Hg.), Biblische Theologie und gesellschaftlicher Wandel (FS Norbert Lohfink), Freiburg u.a. 1993, 83–100.

192 „Vergib deinem Nächsten das Unrecht, dann werden dir, wenn du betest, auch deine Sünden vergeben. Der Mensch verharrt im Zorn gegen den andern, vom Herrn aber sucht er Heilung zu erlangen? Mit seinesgleichen hat er kein Erbarmen, aber wegen seiner eigenen Sünden bittet er um Gnade? Obwohl er nur ein Wesen aus Fleisch ist, verharrt er im Groll, wer wird da seine Sünden vergeben?" (Sir 2,2–5).

Bibeltheologische Perspektiven

Täters würdigt. Sirach fordert als Beweis bußfertiger Gesinnung und wahrhafter Abkehr von den eigenen Sünden eine Praxis der Gerechtigkeit. Diese wird auch durch fromme Opfer nicht hinfällig (vgl. Sir 34,21–27). Dieser Paränese liegt eine advokatorische Theologie zugrunde, wie sie bereits in den Psalmen begegnet (vgl. besonders das Schlusshallel in den Pss 146–150). Sie zielt darauf hin, den Opfern von Unrecht und Gewalt Recht und Solidarität widerfahren zu lassen.[193] Gott ist „der Barmherzige" (Sir 50,19) nicht in einem missverständlich harmlosen Sinn. Vielmehr geht er als engagierter Anwalt der Opfer gegen deren Unterdrücker vor. Ein entsprechendes Engagement erwartet Sirach aber auch von jenen, die gottesfürchtig leben wollen; denn die Ehrfurcht vor Gott ist Beginn und Fülle der Weisheit (vgl. Sir 1,11–20; ferner 19,20). Keinesfalls darf die Hoffnung auf die Barmherzigkeit Gottes als Freibrief für die Sünde missbraucht werden (Sir 5,5–7).

Die Verbindung von Barmherzigkeit und Vergebung Gottes findet sich schließlich auch im Buch *Daniel*. In Daniels Bekenntnis der Sünden Israels (Dan 9,4–14), das vermutlich nach dem Aufstand der Makkabäer (167 v. Chr.) entstand[194] und später auch in die synagogale Bußliturgie Eingang fand,[195] erscheint Gott den Sündern

---

193 „Er ist ja der Gott des Rechts, bei ihm gibt es keine Begünstigung. Er ist nicht parteiisch gegen den Armen, das Flehen des Bedrängten hört er. Er missachtet nicht das Schreien der Waise und der Witwe, die viel zu klagen hat. Rinnt nicht die Träne über die Wange, und klagt nicht Seufzen gegen den, der sie verursacht? [...] Die Nöte des Unterdrückten nehmen ein Ende, das Schreien des Elenden verstummt. Das Flehen des Armen dringt durch die Wolken, es ruht nicht, bis es am Ziel ist. Es weicht nicht, bis Gott eingreift und Recht schafft als gerechter Richter. Auch wird der Herr nicht säumen und wie ein Kriegsheld sich nicht aufhalten lassen, bis er die Hüften des Gewalttätigen zerschmettert und an den Völkern Vergeltung geübt hat, bis er das Zepter des Hochmuts zerschlagen und den Stab des Frevels zerbrochen hat, bis er dem Menschen sein Tun vergolten hat und seine Taten entsprechend seinen Absichten, bis er den Rechtsstreit für sein Volk entschieden und es durch seine Hilfe erfreut hat. Köstlich ist das Erbarmen des Herrn in der Zeit der Not, wie die Regenwolke in der Zeit der Dürre" (Sir 35,15–20).

194 Vgl. Herbert Niehr, *Das Buch Daniel*, in: Zenger, *Einleitung in das Alte Testament*, 360–369, hier 363.

195 Vgl. Dan 9,4–9: „Und ich betete zu Jhwh, meinem Gott, und sprach ein Bekenntnis und sagte: [...] Wir haben gesündigt und sind schuldig geworden, wir haben gefrevelt und sind abgefallen, und von deinen Geboten und deinen Rechtssatzungen sind wir abgewichen. [...] Beim Herrn, unserem Gott, ist das Erbarmen und die Vergebung." – Vgl. zur Rezeption von Dan 9 in der synagogalen Liturgie u. a. das Gebet *Ribon*

zwar als ein „großer und furchterregender Gott". Aber gerade als solcher bewahrt er denen, die ihn lieben, Bund und Gnade. Die Umkehr der Frevler verbindet Sünde und Versöhnung. Wenn das Volk sein Unrecht und seinen Ungehorsam gegenüber Gott bereut, darf es auf sein Erbarmen hoffen. Das gerechte Strafgericht Gottes, in dem sich Gott als Anwalt der Opfer erweist, ist nicht endgültig; letztendlich überwiegen Gottes Erbarmen und seine Bereitschaft zu vergeben.

Für Jeremia ist die Vergebung der Sünden ein untrügliches Kennzeichen der erwarteten Heilszeit: „Und ich [Gott] werde sie reinigen von all ihrer Schuld, mit der sie sich an mir versündigt haben, und ich werde ihnen all ihre Verschuldungen verzeihen, mit denen sie sich an mir versündigt und durch die sie mit mir gebrochen haben."[196] Weil niemand anders als Gott Sünden vergeben kann, führt sein Vergebungshandeln am Ende der Zeiten zur Erkenntnis Gottes: „Vom Kleinsten bis zum Größten werden sie mich alle erkennen – Spruch Jhwhs – denn ich werde ihre Schuld verzeihen, und an ihre Sünden werde ich nicht mehr denken" (Jer 31,34). Die Vergebung der Sünden ermöglicht es, im Neuen Bund (vgl. Jer 31,31) zu leben. Geschichtlich konkret wird sie von dem Propheten als Wiederherstellung Judas und Israels erhofft, d.h. in der Bereitstellung eines Freiheitsraumes, innerhalb dessen die Beachtung der Tora möglich wird.

Texte wie diese lassen erkennen, wie sehr Gottes Barmherzigkeit seine vergeltende Gerechtigkeit überwiegt. Deshalb kann der Mensch trotz aller Schuld auf die Vergebung Gottes hoffen. Anders als die altorientalischen Götter bleibt der biblische Gott darin berechenbar, dass er „kein Gefallen am Tod des Ungerechten hat, sondern daran, dass ein Ungerechter sich abkehrt von seinem Weg und am Leben bleibt" (Ez 33,11).

2.3.6 Das Übergewicht der Barmherzigkeit Gottes

In der Perspektive von Psalm 32 – einem der sog. Sieben Bußpsalmen – sind die Einsicht in das eigene Vergehen und dessen öffentliches Bekenntnis unabdingbare Voraussetzungen für die Ver-

---

haolamim, aus: Seder Hatefillot/Das jüdische Gebetbuch, hg. v. Jonathan Magonet, in Zusammenarbeit mit Walter Homolka, Bd. 2: Gebete für die hohen Feiertage, Gütersloh 1997, 125.
196 Jer 33,8; vgl. 50,20; ferner Jes 33,24; Jer 31,33 f.; vgl. neutestamentlich Kol 1,14; Hebr 10,17 f.

gebung Gottes.[197] Wer seine Schuld eingesteht, so Psalm 86, dem entzieht Gott nicht sein Erbarmen.[198] Dieses wird in den Schriften des Alten Testaments in vielfältigen Wendungen und Formeln, Bildern und Symbolen bezeugt.[199]

Psalm 86,15, aber auch Num 14,18; Joel 2,13; Jona 4,2; Ps 86,15; 103,8 und andere Stellen im Alten Testament verweisen auf die sog. „Gnadenformel" aus dem Buch Exodus: „Jhwh ist ein barmherziger und gnädiger Gott, langmütig und von großer Gnade und Treue, / der Gnade bewahrt Tausenden, der Schuld, Vergehen und Sünde vergibt, der aber nicht ungestraft lässt, sondern die Schuld der Vorfahren heimsucht an Söhnen und Enkeln, bis zur dritten und vierten Generation" (Ex 34,6 f.).[200]

Die „Gnadenformel", mit der sich Gott auf dem Berg Sinai dem Mose offenbart, ist der innerhalb der alttestamentlichen Schriften meistzitierte Text. Sie und die von ihr abhängigen Texte legen auf den ersten Blick eine Symmetrie von Gericht und Erbarmen nahe: Wer Gott mit Wohlverhalten begegnet, kann seiner Barmherzigkeit gewiss sein; die Frevler hingegen sind seinem Gericht verfallen. Nicht zuletzt die Untersuchungen von Matthias Franz haben jedoch erkennen lassen, dass im Spannungsfeld von Gerechtigkeit und Barmherzigkeit ein Übergewicht auf dem Erbarmensaspekt Gottes liegt.[201] Bereits der Kontext der Gnadenformel – Israels Abfall von Gott und sein Götzendienst einerseits wie die Erneuerung des Bundes andererseits (Ex 32–34) – weist darauf hin, dass Barmherzigkeit Gottes und Strafhandeln nicht gleichgewichtig

---

197 Vgl. Ps 32,5: „Meine Sünde habe ich dir gestanden und meine Schuld nicht verborgen. Ich sprach: Bekennen will ich Jhwh meine Missetaten. Und du vergabst mir die Schuld meiner Sünde."

198 Vgl. Ps 86,5.15: „Denn du, Herr, bist gut und bereit zu vergeben, reich an Gnade gegen alle, die dich anrufen. [...] Du aber, Herr, bist ein barmherziger und gnädiger Gott, langmütig und reich an Treue."

199 Vgl. hierzu neben der Enzyklika *Dives in Misericordia* (2000) Papst Johannes Pauls II. die keineswegs erschöpfenden Textbeispiele in *Gott der barmherzige Vater,* hg. v. der Theologisch-Historischen Kommission für das Heilige Jahr 2000, Regensburg 1998, 54–62.

200 Die „Gnadenformel" hat Parallelen in der altorientalischen Literatur; vgl. hierzu und zur Formel insgesamt die Untersuchung von Franz, *Der barmherzige und gnädige Gott;* ferner: Scoralick, *Gottes Güte,* sowie bereits Scharbert, *Formgeschichte und Exegese von Ex 34,6 f. und seiner Parallelen.*

201 Dabei betont Franz, dass von Gottes Gnade, Barmherzigkeit und Güte nicht nur im Rahmen seines Handelns in der Geschichte die Rede ist, sondern auch im Sinne von Eigenschaften Gottes (*Der barmherzige und gnädige Gott,* 266).

verstanden sind. Die Erzählung vom „Goldenen Kalb" (Ex 32), in der es um nichts Geringeres geht als um den Abfall des Volkes zu einer heidnischen Fruchtbarkeitsgottheit, mündet in die Proklamation Gottes als „gnädig" und „barmherzig".

Schon nach Ex 33,19 hatte Gott seine Offenbarung vor Mose als Gestaltwerdung seiner Gnade angekündigt: „Ich selbst werde meine ganze Güte an dir vorüberziehen lassen und den Namen Jhwhs vor dir ausrufen: Wem ich gnädig bin, dem bin ich gnädig, und wessen ich mich erbarme, dessen erbarme ich mich." Diese Aussage Gottes über sich selbst scheint die nur schwer durchschaubare Selbstbekundung Gottes am brennenden Dornbusch zu konkretisieren (Ex 3,14). Das Volk als ganzes wird trotz seiner Sünde gegen Gott verschont; dem Verderben verfallen sind nur diejenigen, die sich ausdrücklich und willentlich gegen Gott versündigt haben (vgl. Ex 32,33).

Noch klarer wird das Übergewicht der versöhnlichen Perspektive, wenn die Rahmung der Kapitel Ex 32–34 in den Blick kommt. In Ex 25–31 und 35–40 ist von der Planung und Errichtung des Heiligen Zeltes die Rede, jenes Vorläufers des Jerusalemer Tempels, in dem der Kult der Versöhnung ausgeübt wird. Das Tempelweihegebet Salomos (1 Kön 8,22–40) beinhaltet nicht weniger als fünf Bitten um die Vergebung der Sünden. Der grundsätzliche Neubeginn, den Gott seinem Volk trotz dessen Abfall zum heidnischen Stiergott, dem „Goldenen Kalb", gewährt, findet seine kultische Repräsentation und Verlängerung im Tempelkult.

In der Mitte des Tempels steht die Bundeslade mit ihrem „Sühnedeckel" (Luther), der *kapporæt* (Ex 25,17–22). Sie ist der Ort der verhüllten Gegenwart Gottes unter den Menschen. Hier wird einmal im Jahr das Sühnopfer vollzogen, wenn der Hohepriester die goldene Deckplatte über der Lade mit Opferblut besprengt (vgl. Lev 16,13–15). Dieser Ritus überragt hinsichtlich seiner sühnenden Kraft alle übrigen im Tempel dargebrachten Opfer; denn er sühnt nicht individuelle Sünden, sondern jene, die das Volk als Bundespartner Gottes begangen hat, und bewahrt es so vor dem göttlichen Zorn.

In diesen Zusammenhang ist die Rede vom „Zorn Gottes" nicht als willkürlicher Affekt eines unberechenbaren Gottes zu deuten, sondern als Ausdruck der Selbstverurteilung des Menschen.[202] Zwar kann – wie erwähnt – auch von Amun-Re oder Marduk ge-

---

202 Miggelbrink sieht in der priesterlichen Sühnetheologie einen „Gegenentwurf zur Theologie des Gotteszorns" (*Der zornige Gott*, 48).

sagt werden, dass sie sich erbarmen.[203] Aber die altorientalischen Gottheiten können ihr Erbarmen den Menschen auch verweigern; im Letzten bleiben sie unberechenbar. Dem gegenüber dominiert in biblischen Texten auch dann, wenn zunächst der Zorn Gottes und sein Strafgericht betont werden, letztendlich die Heilsperspektive: Gott wird die Sünden der Menschen nicht auf ewig ahnden.

Das Ungleichgewicht von rächendem Zorn und erbarmender Vergebung Gottes findet sich auch anderenorts in den biblischen Schriften. So zeugt etwa Psalm 103 von der überwältigenden Erfahrung der Vergebung.[204] Ähnlich zitiert Neh 9,17 mit Bezug auf die Anbetung des „Goldenen Kalbes" die Gnadenformel: „Doch du bist ein Gott, der verzeiht, du bist gnädig und barmherzig, langmütig und reich an Huld; darum hast du sie nicht verlassen." Wie in Ex 34,6f. charakterisiert eine Reihe von Partizipien jene Eigenschaften Gottes, die ihn dazu bewegen, gleich einem barmherzigen Vater sein Volk trotz dessen Sünde nicht auf Dauer zu verstoßen, wenn es sich ihm wieder zuwendet.[205]

Dass Gott bereit ist, Sünden zu vergeben, ist ein Hauptstrang der biblischen Überlieferung. Der Beter in Ps 86,5 vertraut darauf, dass Gott „gut und bereit zu vergeben" ist. Klagepsalmen wie Ps 6 oder Ps 32 gründen im Vertrauen auf das Erbarmen Gottes mit dem Sünder. Im Singular gebraucht erscheint in Ps 130 die Vergebung als eine Wesenseigenschaft Gottes.[206]

Die Gegenüberstellung von Bestrafung und Vergebung in der „Gnadenformel" Ex 34,6f. verdeutlicht, dass es ohne die Barmher-

---

203 So etwa in dem um 1000 v. Chr. verfassten und alljährlich anlässlich des Neujahrsfestes *(Akitu)* in Babylon und anderenorts rezitierten „Weltschöpfungsepos" *Enuma Elish,* das auch den Aufstieg des babylonischen Stadtgottes Marduk zum barmherzigen Götterkönig erzählt. Die 50 Namen, die Marduk am Ende des Epos verliehen bekommt, beinhalten seine Bereitschaft zum Zorn ebenso wie zur Barmherzigkeit (Text in: TUAT III, 569–602, hier: 595–601 [Tafel VI 121 bis Tafel VII 140]).

204 „Barmherzig und gnädig ist Jhwh, langmütig und reich an Güte. / Nicht für immer klagt er an, und nicht ewig verharrt er im Zorn. / Nicht nach unseren Sünden handelt er an uns, und er vergilt uns nicht nach unserer Schuld. / So hoch der Himmel über der Erde, so mächtig ist seine Gnade über denen, die ihn fürchten. / So fern der Aufgang ist vom Untergang, so fern lässt er unsere Verfehlungen von uns ein. / Wie ein Vater sich der Kinder erbarmt, so erbarmt sich Jhwh derer, die ihn fürchten" (Ps 103,8–13).

205 Vgl. zu Neh 9: Rendtorff, *Nehemiah 9. An Important Witness of Theological Reflection.*

206 „Doch bei dir ist die Vergebung, damit man dich fürchte" (Ps 130,4).

zigkeit Gottes keine Vergebung gibt. Zugleich bringt sie die Überzeugung zum Ausdruck, dass dort, wo angebotene Vergebung und die dadurch mögliche Versöhnung mit Gott ausgeschlagen wird, Strafe unvermeidlich wird (vgl. auch Ex 20,5; Dtn 5,9 f.). Denn die Verweigerung von Versöhnung geht auf Kosten jenes Heils, für das Gott sein Volk und die Menschheit bestimmt hat.

Vor diesem Hintergrund werden auch solche Aussagen erklärlich, in denen Gott als unversöhnlich erscheint. Dies ist etwa in Dtn 29,19 der Fall: „Jhwh wird nicht bereit sein, ihm zu vergeben, sondern der Zorn und der Eifer Jhwhs wird sich entzünden gegen diesen Mann, und es werden ihm alle Flüche auflauern, die in diesem Buch geschrieben stehen, und Jhwh wird seinen Namen austilgen unter dem Himmel." Wo die Menschen einander ins Unglück stürzen, will Gott nicht bedingungslos vergeben.[207] Und indem Gott Vergebung verweigert, macht er sich zum Anwalt derjenigen, die nicht mehr vergeben können. Gott nimmt entschieden Partei für die Opfer – und zeigt sich unversöhnlich gegenüber den Übeltätern.

Diese Unversöhnlichkeit Gottes ist keine Willkür; sie gründet vielmehr darin, dass es menschliche Vergehen gibt, die dem Heilsplan Gottes so sehr widerstreiten, dass sie nicht vergeben werden können. Indem beispielsweise Manasse, König des Südreiches (696–642 v. Chr.) und Vasall Assurs, fremde Kulte in Juda einführt und den Widerstand der Propheten blutig unterdrückt (vgl. 2 Kön 21,1–18), widersetzt er sich Gottes Heilsratschluss aus freien Stücken. Solche Verbrechen zu vergeben sieht sich Gott nach deuteronomistischer Lesart außerstande.[208] Manasse wird deshalb in der biblischen wie außerbiblischen Tradition des Judentums zum Urbild des unversöhnten Menschen.[209]

---

207 „Dies geschah in Juda auf Befehl Jhwhs, um sie sich aus den Augen zu schaffen, der Sünden Manasses wegen, für all das, was dieser getan hatte. / Und auch für das unschuldige Blut, das dieser vergossen hatte – hatte er doch Jerusalem mit unschuldigem Blut gefüllt – wollte Jhwh nicht vergeben" (2 Kön 24,3 f.).

208 Vgl. aber das zwischen dem 2. Jahrhundert v. Chr. und dem 1. Jahrhundert n. Chr. entstandene *Gebet des Manasse,* das die Reue und Umkehr des Königs zu Gott voraussetzt (Text bei: Eva Oßwald, *Das Gebet Manasses* [JSHRZ IV/1, 23–26]. Hieraus V. 14 f.: „Du bist, o Herr, der Gott der Bußfertigen / und wirst an mir deine Güte erweisen; denn obwohl ich unwürdig bin, wirst du mich erretten nach deinem großen Erbarmen, / und ich will dich loben durch alles in den Tagen meines Lebens" [ebd., 26]).

209 Vgl. W. G. Hulbert, *Good king and bad king. Traditions about Manasse in the Bible and late Second Temple Judaism,* in: STCJ 11 (2008) 71–81.

2.3.7 Eine Typologie der Gerechtigkeit Gottes

Nach Bernd Janowski können in den alttestamentlichen Schriften verschiedene Typen identifiziert werden, wie das Verhältnis von Gerechtigkeit und Barmherzigkeit Gottes jeweils gefasst ist.[210] Demnach besteht eine erste Verhältnisbestimmung darin, dass Gott sein bereits vollzogenes Strafgericht im Nachhinein „reut" und er an seiner Stelle fortan Barmherzigkeit walten lässt. Das herausragende Beispiel hierfür ist die anthropologisch wie geschichtstheologisch grundlegende Erzählung vom Sündenfall (Gen 6,5–8; 9,21 f.). Deren Eigenarten treten gerade im Vergleich mit den altorientalischen Parallelen hervor. So zieht sich etwa im altägyptischen *Mythos von der Vernichtung des Menschengeschlechts* („Buch von der Himmelskuh", V. 1–103) der alt gewordene Sonnengott Re angesichts der Rebellion der Menschen in den Himmel zurück, so dass die Menschen ihm fortan nur noch durch den Tod hindurch begegnen können.[211] Ganz anders im Buch *Genesis*: Dort schließt Gott nach der Sintflut mit den Menschen einen neuen Bund. Das Zeichen der fortdauernden Gegenwart Gottes bei den Menschen ist nach priesterschriftlicher Theologie der Regenbogen (Gen 9,8–17). Er ist das Symbol dafür, dass sich Gottes im Kriegsbogen repräsentierter Zorn gelegt und seinem Wohlwollen gegenüber den Menschen Platz gemacht hat.[212]

Im Vergleich etwa mit dem altbabylonischen *Atrahasis-Epos* (frühes 2. Jahrtausend v. Chr.) sind die theologischen Akzente in der Bibel unübersehbar. Im Epos werden die Menschen zum Streitobjekt zwischen dem Götterkönig Enlil von Nippur und dem Gott des Süßwasser-Ozeans Enki/Ea von Eridu.[213] Während Enlil die Menschen wegen ihrer übermäßigen Vermehrung und ihres „Lärms" vernichten will, bewahrt Enki/Ea die Menschen durch sein Eingreifen vor der völligen Vernichtung. Er warnt Atrahasis so rechtzeitig, dass sich dieser zusammen mit den Tieren auf einer Arche vor den Fluten retten kann.

Sind im Atrahasis-Mythos der lebensfreundliche und der lebensfeindliche Aspekt der Wirklichkeit auf zwei miteinander streitende Gottheiten aufgeteilt, so wird dieser Konflikt nach biblischer

---

210 Vgl. Janowski, *Der barmherzige Richter*.
211 Vgl. Erik Hornung, *Der altägyptische Mythos von der Himmelskuh. Eine Ätiologie des Unvollkommenen* (OBO 46), Fribourg – Göttingen 1982; bes. 76–78 (Text).
212 Vgl. oben Anm. 42.
213 TUAT III 618–645, bes. 618–634.

Überlieferung in Gott selbst ausgetragen.[214] Dieser ist es, der vor den möglichen Konsequenzen seines Strafens zurückschreckt und deshalb die Menschen verschont.[215] Anders als in der „persönlichen Frömmigkeit" der späten Ramessidenzeit bewegen freilich weder Ritus noch Gelübde Gott zu einem Sinneswandel. Vielmehr ist es sein eigenes Erschrecken über die leidvollen Konsequenzen eines durch vergeltende Gerechtigkeit beherrschten Strafgerichts, dass Gott nach dem Verebben der Flut mit der Menschheit einen Bund schließen lässt.

Vorrangig in prophetischen Traditionszusammenhängen findet sich im Alten Testament ferner die Vorstellung, dass sich Gott erbarmt, *anstatt* zu richten. Mit emotional bewegenden Bildern wird beispielsweise in Hos 11,8f. dargestellt, wie Gottes Zorn seiner Barmherzigkeit weicht.[216] Israels Untreue nötigte Gott von Rechts wegen dazu, ein Strafgericht zu vollziehen. Gott hingegen erschrickt gleichsam vor der Konsequenz seiner eigenen Gerechtigkeit; der „Zorn", den er angesichts der Untaten des Volkes in sich verspürt, wendet sich gegen Gott selbst und verwandelt sich in „Reue". Am Ende lässt Gott „Gnade vor Recht" ergehen, aber dieses „Gnade vor Recht" ist kein resigniertes Zurückweichen vor der Widerspenstigkeit des sündigen Volkes, sondern das entschieden vorgetragene Angebot an sein Volk, es doch und trotz allem neu mit seinem Gott zu versuchen. Das „Drama der Barmherzigkeit Gottes", so Janowski, „beginnt daher in Gott selbst, in seiner Unfähigkeit, sein schuldiges Volk preiszugeben."[217]

Die Spannung von Gerechtigkeit und Barmherzigkeit Gottes in dem einen Gott auszutragen, stellt eine religionsgeschichtliche

---

214 Vgl. Baumgart, *Unaufgebbar. Die Spannung in der Gottesrede*, 16.
215 „Die Flut hat nach Gen *6–8 nicht den Menschen, sondern den Schöpfergott verändert, weil er seine »Reue« […] durch Umkehr zu überwinden vermochte" (Janowski, *Der barmherzige Richter*, 39).
216 „Wie könnte ich dich preisgeben, Efraim, wie dich ausliefern, Israel? Wie könnte ich dich preisgeben wie Adma, wie dich behandeln wie Zebojim? Mein Herz sträubt sich, all mein Mitleid ist erregt. ⁹ Meinem glühenden Zorn werde ich nicht freien Lauf lassen, Efraim werde ich nicht noch einmal vernichten; denn ich bin Gott und nicht irgendwer, heilig in deiner Mitte." – Jörg Jeremias übersetzt Vers 9: „Ich kann meinen glühenden Zorn nicht vollstrecken und Efraim nicht noch einmal verderben. Denn Gott bin ich, nicht Mensch, in deiner Mitte der Heilige" (*Der Prophet Hosea* [ATD 24/1], Göttingen 1983, 138; hier auch Hinweise zu den Übersetzungsproblemen). – Zum Schicksal der Städte Adma und Zebojim vgl. Gen 14,1–12; Dtn 29,22.
217 Janowski, *Der barmherzige Richter*, 78.

Bibeltheologische Perspektiven

Wende dar. Indem Gerechtigkeit und Barmherzigkeit in Gott selbst verortet sind, ist schon von den biblischen Texten her der Weg Markions versperrt, einen barmherzigen Gott des Neuen Testaments von einem gerechten Gott des Alten Testaments zu unterscheiden.[218] In seiner Barmherzigkeit rettet Gott sein Volk nicht nur vor Unterdrückung und Leid. Er rettet es „sogar vor dem Recht eines Gottes, der Grund zur Unnachgiebigkeit hätte, sich aber »selbst beherrscht« bzw. erbarmt. [...] Damit ist ein Maßstab für die Rede von der Barmherzigkeit Gottes gefunden, der zwar immer wieder überdeckt, hinfort aber nicht mehr verloren gehen wird."[219] Die Reue Gottes über sein Strafgericht bewirkt anderes und mehr als die befristete Aussetzung einer Urteilsvollstreckung: Sie tilgt die Schuld des Volkes vollständig und endgültig.

Die Metapher einer familiären Bindung, derer sich Hosea 11 bedient, veranschaulicht auch bei Jeremia die dramatische Abkehr Gottes von seinem gerechten Zorn und seine neuerliche Hinwendung zum abtrünnigen Volk.[220] Auch nach dem Propheten Amos (Kap. 7–8) wird dem Volk ein neuer Beginn seiner Geschichte mit Gott dadurch ermöglicht, dass Gott von seinem Volk nicht lassen kann.[221] Der Prophet Joel spricht von einer Umkehr Gottes, die durch das bußfertige Verhalten des Volkes herbeigeführt wird: „Da erwachte der Eifer Jhwhs für sein Land, und er hatte Mitleid mit seinem Volk" (Joel 2,18).

Sowohl in der Sintflutgeschichte als auch in der prophetischen Unheils- bzw. Heilsverkündigung werden Gerechtigkeit und

---

218 Folgerichtig hat Markion denn auch nur einen geringen Teil der biblischen Texte als normativ gelten lassen. Der „Ausweg aus dem Dualismus, wie manche Religionen ihn gehen und wie Markion ihn sich gewaltsam auch durchs Alte Testament gebahnt hat, ist von Israel nicht beschritten worden": Dietrich/Link, *Die dunklen Seiten Gottes,* Bd. 1, 151.
219 Janowski sieht in Hos 11,8f. geradezu ein „Psychogramm Gottes" entworfen, das „Einblick gewährt in den inneren Kampf zwischen Zorn und Reue, den dramatischen Konflikt zwischen Gerechtigkeit und Barmherzigkeit" (*Der barmherzige Richter,* 42). – Vgl. zur Stelle auch Scoralick, „*Wir könnte ich dich preisgeben, Efraim?" (Hos 11,8).*
220 Vgl. Jer 31,20: „Ist mir Efraim ein teurer Sohn, ist er ein Kind, an dem man Freude hat? Denn sooft ich gegen ihn rede – immer wieder muss ich an ihn denken! Darum ist mein Innerstes seinetwegen in Unruhe; ich muss mich seiner erbarmen – Spruch Jhwhs."
221 Zu Amos vgl. Jörg Jeremias, *Neuere Tendenzen in der Forschung an den Kleinen Propheten,* in: Florentino García Martínez/Edward Noort (Hgg.), Perspectives in the Study of the Old Testament and Early Judaism (FS Adam S. van der Woude; VT.S 73), Leiden 1998, 122–136, hier 129.

Barmherzigkeit Gottes meist als Gegensatzpaare begriffen: Das (berechtigte) Strafurteil muss revoziert werden, damit Barmherzigkeit und Gnade wirksam werden können. Eine hiervon unterschiedene Verhältnisbestimmung sieht Janowski im Konzept der „rettenden Gerechtigkeit": Gott richtet *und* rettet bzw. er rettet, *indem* er richtet.[222] Diese Vorstellung begegnet vor allem in den Psalmen. Oft erscheint Gott hier gerade in seinem *richtenden* Handeln als gerecht.[223] Dabei unterscheiden sich die Auffassungen von Gerechtigkeit und Barmherzigkeit Gottes: Erflehen die Opfer von Unrecht und Gewalt Gottes Recht schaffende Gerechtigkeit, so hoffen die reuigen Sünder auf seine vergebende Barmherzigkeit. Beide Perspektiven werden im Folgenden näher betrachtet.[224]

2.3.8 Die Bitte um Gottes rettende Zuwendung in den Psalmen

Generell wird Gott im Alten Testament die Macht zugetraut, Not und Leid zu lindern oder zu beenden. Deshalb wird er als Hilfe gegen alle Arten von Krankheit und gewaltsamen Tod, gegen Chaosmächte und äußere Feinde angerufen.[225] Vor allem die Psalmen reflektieren immer wieder Situationen, in denen Menschen

---

222 Vgl. Janowski, *Der barmherzige Richter*, u.a.
223 Vgl. Ps 51,6: „An dir allein habe ich gesündigt, und ich habe getan, was dir missfällt; so bist du gerecht in deinem Spruch, rein stehst du da, wenn du richtest." – Nicht zufällig wird dieser Psalm schon im Psalter König David in den Mund gelegt, nachdem ihn der Prophet Natan wegen der Ermordung des Hethiters Urija zur Rede gestellt hatte (vgl. 2 Sam 11–12). Damit beginnt bei David ein Prozess der Läuterung, der Einsicht und der Buße, der letztendlich zu einer inneren Verwandlung des Mörders führt. Indem David sein Vergehen anerkennt und bereit ist, dessen Folgen – hier die Krankheit und den Tod des mit Batseba gezeugten Kindes – zu tragen, eröffnet sich für ihn die Möglichkeit zu einem Neubeginn. Dieser wird erkennbar in der Geburt eines zweiten Sohnes, dessen beide Namen die neu geschenkte Versöhntheit mit Gott andeuten: Salomo, „sein Friede", und Jedija, „Liebling Jhwhs" (12,24f.). – Psalm 51 („Miserere") spielt in der mittelalterlichen Bußtheologie, Kunst und Musik eine bedeutende Rolle.
224 Eine dritte Gruppe, die der unbußfertigen Täter, wendet sich naturgemäß nicht an Gott.
225 Vgl. aber auch 1 Kön 8,37–39: „Wenn im Land eine Hungersnot herrscht, wenn die Pest ausbricht, Getreidebrand, Vergilben, wenn Heuschrecken auftreten oder Schaben, wenn sein Feind es bedrängt im Land seiner Tore, wenn eine Plage, eine Krankheit auftritt, [38] und dann ein Gebet, ein Flehen aufsteigt, das von einem Menschen kommt, der zu deinem Volk Israel gehört [...], [39] dann erhöre du es im Himmel."

zu Gott beten, damit er sie vor äußeren Gefahren errettet oder von Schuld befreit.

2.3.8.1 Die rettende Zuwendung Gottes als „Erinnern"

Die überwiegende Zahl der Psalmen ist aus der Perspektive bedrängter und verfolgter, leidender und unschuldig angeklagter Menschen verfasst. Da sie die gesamte Entstehungszeit des Alten Testaments abdecken, eignen sich die Psalmen in besonderer Weise für eine Untersuchung der religionsgeschichtlichen Traditionslinien zwischen altorientalischen und biblischen Gottesvorstellungen und den damit verbundenen Verhältnisbestimmungen von Gerechtigkeit und Barmherzigkeit.[226]

Bildreich werden besonders in den Klagepsalmen die Nachstellungen böser Menschen und die Hoffnung auf das rettende Eingreifen Gottes ausgemalt.[227] Der Aufbau solcher Psalmen – Anruf Gottes, Klage, Bitte und Lobgelübde – ähnelt derjenigen mesopotamischer Bußgebete. Einzelne Klagepsalmen, aber auch Vertrauenslieder und Danklieder weisen eine bemerkenswerte Nähe zu neuassyrischen Königsprophetien oder Heilszusagen auf.[228] In einigen Psalmen begegnet auch das Motiv der aus dem mesopotami-

---

226 Während die Endredaktion des Psalters vermutlich erst um die Zeitenwende erfolgte, kann man nach Levin „den Grundbestand nicht weniger Psalmen, in dem uns die Religion Israels und Judas unverhüllt als Spielart der altsyrischen Religionsgeschichte entgegentritt, [...] geradezu »voralttestamentlich« nennen" (Levin, *Das Gebetbuch der Gerechten*, 355).

227 Vgl. etwa Psalm 17; zu den einschlägigen Metaphern vgl. u.a. Keel, *Die Welt der altorientalischen Bildsymbolik und das Alte Testament. Am Beispiel der Psalmen*, Zürich u.a. ³1980, 292–301. Zum Aufbau der Klagepsalmen vgl. Werner H. Schmidt, *Einführung in das Alte Testament*, Berlin – New York ⁵1982, 305.

228 Eine solche findet sich beispielsweise auf der altaramäischen *Zakkur-Stele* aus Hamath (um 800 v. Chr.). Hier ermuntert der „Himmelsherr" Baal-Shamin den von einer feindlichen Koalition belagerten König Zakkur von Hamath: „Fürchte dich nicht; denn ich habe dich zum König gemacht, und ich werde dir beistehen, und ich werde dich erretten vor allen [diesen Königen, die] einen Belagerungswall gegen dich aufgeworfen haben" (Text [hebr.]: Herbert Donner/Wolfgang Röllig [Hgg.], *Kanaanäische und aramäische Inschriften*, Bd. II, Wiesbaden 1973, 204f.). – Vgl. dazu u.a. Hans-Jürgen Zobel, *Das Gebet um Abwendung der Not und seine Erhörung in den Klageliedern des Alten Testaments und in der Inschrift des Königs Zakir von Hamath*, in: VT 21 (1971) 91–99; Manfred Weippert, *Assyrische Prophetie aus der Zeit Asarhaddons und Assurbanipals*, in: Frederick Mario Fales (Hg.), Assyrian Royal Inscriptions: New Horizons in Literary, Ideological, and Historical Analysis (OAC 17),

schen Kulturkreis bekannten *passio iusti* bzw. der von der Gottheit erflehten *iustificatio iusti:* Der Beter weiß sich ungerecht verfolgt und sucht bei Gott seine Zuflucht vor dem Zorn seiner Feinde.[229]

Strukturbildend für zahlreiche Klagepsalmen im Alten Testament sind die Hinweise auf Gottes früheres Handeln, besonders die Befreiung aus Ägypten, und die Bitte um das neuerliche rettende Eingreifen Gottes.[230] Die Erinnerung an den Exodus soll Gott dazu bewegen, die aktuell erfahrene Not zu wenden. In den verschiedenen Exodus-Traditionen des Alten Testaments wird die rettende Macht Gottes in einer so einzigartigen Weise überliefert, dass Joachim Kügler von einer „Erinnerungsikone" sprechen kann: „Der Exodus wird zum identitätsstiftenden Mythos: Israel ist *das* befreite Volk und Jhwh ist *der* Gott der Befreiung."[231]

Der „Exodus-Mythos" umfasst Vergangenheit und Zukunft in einem und somit die Geschichte als ganze. In der Not und Heimatlosigkeit des Babylonischen Exils artikuliert *Deuterojesaja* bildreich die Hoffnung, Gott möge sich seiner einstigen Wunder erinnern und sie an Israel erneut geschehen lassen. Indem Erlösung und Befreiung bei *Hosea* (2,16 f.; 12,10) als ein „zweiter Exodus" verstanden werden, beansprucht der Prophet die Erinnerung Gottes an seine eigenen Taten als Fundament und Motiv für sein Heil schaffendes Handeln in der Zukunft.

Vor allem in den sog. „Geschichtspsalmen" (78; 105; 106; 135 und 136) wird an die Befreiungstat des Exodus erinnert: Wie Gott einst sein Volk aus der Sklaverei befreit hat, so möge er auch die gegenwärtige Situation des Unheils und der Sklaverei zum Guten wenden. Vor allem anlässlich der drei großen Feste Pessah, Shavuot

---

      Rom 1981, 71–111. In beiden Beiträgen finden sich alttestamentliche Parallelen aufgeführt.

229 Vgl. besonders die verbreitete Dichtung *Ludlul Bel Nemeqi* („Der leidende Gerechte"), die durch den harten Gegensatz von Zorn und Gnade Marduks gegenüber dem Beter charakterisiert ist: Franz, *Der barmherzige und gnädige Gott,* 52–55.

230 Im Hintergrund des Flehens um Rettung vor ungerechten Nachstellungen werden altorientalische Rechtsinstitute wie das Talionsprinzip oder die Blutrache sichtbar. Um deren die Gewalt einhegenden, im Irrtumsfall jedoch grausamen Mechanismen zu entgehen, sieht der Beter keine andere Möglichkeit, als Gott um Hilfe anzurufen. „Du aber, Jhwh, weißt von all dem, was sie gegen mich beschlossen haben, um mich zu töten. Vergib ihnen nicht ihre Schuld, und ihre Sünde lösche nicht aus vor dir, damit sie zu Fall gebracht werden vor dir, tu es ihnen an in der Zeit deines Zorns!" (Jer 18,23).

231 Joachim Kügler, Art. „*Soteriologie*", in: HGANT, 49.

und Sukkot erinnert sich Israel nicht nur seiner eigenen Herkunft, sondern behaftet damit zugleich Gott mit seiner eigenen Geschichte.[232] Diese wird zum Anlass für die Bitte genommen, Gott möge den Unterdrückten aus seiner Not erretten.

Gottes Erinnerung richtet sich aber nicht nur auf den Exodus, sondern auch auf das Unrecht, das Menschen widerfahren ist. Aus späterer Zeit stammen viele jener Psalmen, in denen sich die Betenden als „Arme" *(anawim)* bezeichnen.[233] Die Erwartungen dieser in hellenistischer Zeit wohl als eigene Gruppe im Judentum zu fassenden Beter richtet sich darauf, dass Gott sie nicht verlassen möge, dass er ihnen das Land geben und den Bösen vergelten möge. Diese Haltung wird besonders in Ps 9 sichtbar: „Denn du hast mein Recht und meine Sache geführt, dich auf den Thron gesetzt als ein gerechter Richter [...] Denn er, der Blutschuld rächt, hat ihrer gedacht, hat nicht vergessen den Notschrei der Gebeugten" (9,5.13).

Das in Ps 9,13 und anderenorts anklingende Motiv des „Gedenkens" *(zkr)* ist für den angesprochenen Motivkreis der Zuwendung Gottes zu den Opfern zentral. Denn „Gedenken" meint in biblischer Perspektive nicht bloß einen intellektuellen Vollzug, sondern stets zugleich aktive Anteilnahme, die das Erinnerte in die jeweilige Gegenwart hineinholt, es hier zur Geltung bringt und so zu entsprechendem Handeln motiviert.[234] Das wechselseitige Erinnern von Personen konstituiert zwischen ihnen ein soziales Netz, das im positiven Sinne Solidarität erzeugt, im negativen Sinne zur Folge hat, dass keine Untat für den Täter folgenlos bleibt.

Dies gilt auch für die Beziehung zwischen Israel und seinem Gott: Weil Gott sein Volk nicht vergisst, ihm vielmehr treu bleibt, wird Israel entsprechend seinen Taten im Guten wie im Bösen vergolten (vgl. Ps 62,13).

Die positive Bedeutung von Erinnern tritt in der Gegenüberstellung zum „Vergessen" deutlich hervor: Das „Vergessen-Werden" des Menschen ist gleichbedeutend mit seinem Absinken in

---

232 Vgl. Georg Braulik, *Das Deuteronomium und die Gedächtniskultur Israels*, in: Ders., Studien zum Buch Deuteronomium (SBAB 24), Stuttgart 1997, 119–146.

233 Rainer Albertz gibt freilich für die Datierung zu bedenken, dass in 42 der 150 Psalmen von den „Armen" die Rede ist (*Religionsgeschichte Israels in alttestamentlicher Zeit*, 570f.). – Zu den „Armen" in den Psalmen vgl. u. a. Hans-Joachim Kraus, *Theologie der Psalmen* (BKAT XV/3), Neukirchen-Vluyn ³2003, 188–193.

234 Vgl. Art. „*zkr*" in: THAT I, 507–518 (W. Schottroff), bes. 515–517.

den Tod. Für Ps 88,13 ist die Unterwelt das „Land des Vergessens". Wessen nicht mehr gedacht wird, der unterliegt einer „gleichsam gesteigerten Nichtexistenz"[235]; er fällt ins Nichts. Anklänge an die altorientalische „Gedächtniskultur" sind unverkennbar, wonach sich das Selbstbild einer Guppe, ihr Zusammenhalt nach innen und ihre Abgrenzung nach außen, aus einem kollektiv geteilten Wissen speist, das sich vorzugsweise auf die Vergangenheit richtet.[236]

Im Psalter klagen besonders die Psalmen 3–14 die Rechtfertigung des Verfolgten und Unterdrückten ein, weil dieser einst gerecht gehandelt hat: „Schaffe mir Recht, Jhwh, nach meiner Gerechtigkeit [sc. da ich recht gehandelt habe], und nach meiner Unschuld geschehe mir!" (Ps 7,9). Einmal mehr begegnen die geläufigen Metaphern: Wie in einem Rechtsstreit möge Gott sich „erheben", den Gebeugten sein „Angesicht schauen lassen", dem Verfolgten Schutz „im Schatten seiner Flügel" gewähren.

Wiederholt wird die Wendung zum Besseren zum Inhalt der Bitte – so etwa in Ps 126,4: „Wende, Jhwh, unser Geschick!" oder in Ps 80,8: „Gott der Heerscharen, lass uns zurückkehren, und lass dein Angesicht leuchten, so ist uns geholfen!" In Psalm 80, der wahrscheinlich im Zusammenhang mit der assyrischen Eroberung des Nordreiches Israel, d.h. um 722 v. Chr., entstanden ist,[237] bittet der Beter in vier kehrversartigen Wiederholungen (V. 4.8.15.20) darum, von Gott wieder „aufgerichtet" zu werden. Gemeint ist damit die Wiederherstellung der politischen Souveränität, wie sie vor der assyrischen Eroberung bestand: Israel soll wieder zu einem selbständigen Subjekt der Geschichte werden.

---

235 Klaus Neumann, Art. *„Gedächtnis/Erinnerung"*, in: HGANT, 202 f., hier 203.

236 Vgl. Willy Schottroff, *„Gedenken" im Alten Orient und im Alten Testament. Die Wurzel Zākar im semitischen Sprachkreis* (WMANT 15), Neukirchen-Vluyn (1964) ²1967. – Nach Assmann meint das „kulturelle Gedächtnis" den „jeder Gesellschaft und jeder Epoche eigentümlichen Bestand an Wiedergebrauchs-Texten, -Bildern und -Riten, in deren ‚Pflege' sie ihr Selbstbild stabilisiert und vermittelt, ein kollektives geteiltes Wissen vorzugsweise (aber nicht ausschließlich) über die Vergangenheit, auf das eine Gruppe ihr Bewusstsein von Einheit und Eigenart stützt" (Jan Assmann/Tonio Hölscher [Hgg.], *Kultur und Gedächtnis*, Frankfurt am Main 1988, 9 f.).

237 Zur Datierung des „Primärpsalms" von Ps 80 vgl. Frank-Lothar Hossfeld/Erich Zenger, *Psalmen 51–100* (HThK.AT 23,2), Freiburg u. a. 2000, 457 f. Aktualisierungen im Blick auf die Jerusalemer Tempelliturgie dürften demnach im Südreich in der 2. Hälfte des 7. Jahrhunderts v. Chr. erfolgt sein.

2.3.8.2 Die rettende Zuwendung Gottes im Bild des „Aufrichtens"

Wenn wiederholt in den Psalmen Gott angefleht wird, er möge sich den Verfolgten zuwenden und sie „aufrichten", so ist dieses Aufrichten in biblischer Metaphorik häufig gleichbedeutend mit „Lebendig-Machen" bzw. „Lebendig-Werden" (vgl. 2 Kön 13,21). So artikuliert sich in Hos 6,2 die Hoffnung auf eine baldige Wiederherstellung Israels als Hoffnung auf neues Leben: „Nach zwei Tagen wird er uns beleben, am dritten Tag wird er uns aufrichten, und wir werden leben vor ihm."[238] Die Metaphern „Aufrichten" und „Beleben" entfalten die religiös motivierte Hoffnung auf eine Wiedererlangung der politischen Autonomie. Wenn in der „Jesaja-Apokalypse" vom neuen Leben der Toten die Rede ist und ihrer „Auferstehung" (Jes 26,19), so ist dieses Bild ebenso konkret als ein „Aufstehen" bzw. „Aufgerichtet-Werden" *(qum)* zu verstehen wie in der Vision Ez 37,1–14, in der die erhoffte Rückkehr aus dem Exil mit der Wiederbelebung toter Gebeine versinnbildlicht ist.

„Aufrichten" und „Lebendig-Machen" kann im übertragenen Sinne aber auch bedeuten, dass die geraubte Ehre eines Opfers ungerechter Gewalt und so sein Person-Sein wiederhergestellt wird: „Du aber, Jhwh, bist mir Schild, bist meine Ehre und erhebst mein Haupt" (Ps 3,4). In Ps 41,11 erfleht der Beter, dass Gott ihn wieder in seinen ursprünglichen Stand einsetzen möge, um so seinen Widersachern vergelten zu können: „Du aber, Jhwh, sei mir gnädig und richte mich auf, ich will es ihnen vergelten."

Am Ende des Psalters, in den Psalmen 145 und 146, finden sich geradezu klassisch gewordene Formeln für die Zuwendung Gottes zu den Opfern: „Jhwh stützt alle, die fallen, und richtet alle Gebeugten auf" (145,14). Zugleich artikuliert sich hier das gebotene und zugleich ermöglichte Vertrauen auf einen Gott, der „Recht schafft den Unterdrückten, der den Hungernden Brot gibt. Jhwh befreit die Gefangenen. / Jhwh macht Blinde sehend, Jhwh richtet die Gebeugten auf, Jhwh liebt die Gerechten. / Jhwh behütet die Fremdlinge, Waisen und Witwen hilft er auf, doch in die Irre führt er den Weg der Frevler" (Ps 146,7–9).

Das in der hebräischen Bibel nur hier gebrauchte Wort *zāqap* (זָקַף) ist ein Aramaismus und verweist auf die späte Entstehungszeit der beiden Psalmen. Die Septuaginta übersetzt es mit ἀνορθοῖ und verdeutlicht damit den Gedanken, dass die Zuwendung Gottes den

---

[238] Vor einer vorschnellen Rückdatierung der Auferstehungshoffnung warnt Jan Dochhorn, *Auferstehung am dritten Tag? Eine problematische Parallele zu Hos 6,2*, in: ZAH 11 (1998) 200–204.

Gebeugten in eine Öffentlichkeit hineinstellt, die seine Unschuld anerkennen muss.[239] Auf diese Weise ist er durch Gott gerechtfertigt – ein Motiv, das bereits im Zusammenhang mit der Befreiung Israels aus der ägyptischen Sklaverei anklingt, wenn anschließend der Pharao und alle Ägypter anerkennen müssen, dass es Jhwh ist, der sein Volk befreit hat (vgl. Ex 7,5), und das sich bis in die „persönliche Frömmigkeit" des Neuen Reiches zurückverfolgen lässt, wo es ja auch darum geht, die soziale Reintegration des zuvor von Gott durch Krankheit oder Unglück Geschlagenen in aller Öffentlichkeit zu manifestieren.

2.3.8.3 Die rettende Zuwendung Gottes im Bild des „Anschauens"

Besonders eindringlich wird Gottes rettendes Handeln im Alten Testament im Bild des „Anschauens" erwartet.[240] Hierfür gibt es im Alten Orient zahlreiche religionsgeschichtliche Parallelen. Den altägyptischen Texten der „persönlichen Frömmigkeit" zufolge betet der Stifter einer Stele nicht zuletzt darum, von der Gottheit wieder „angeschaut" zu werden. Babylonische Texte kennen die passivische Bedeutung „von der Gottheit angeschaut werden". Im Gebet eines Priesters für den kranken König heißt es: „Damkina, die (große) Herrin des Apsu [sc. Ozeans], möge dich mit ihrer guten Miene erleuchten." Und, an Marduk gerichtet: „Auf dein erhabenes Geheiß, Herr der großen Götter, werde auf das Angesicht der Söhne Babels Helligkeit gelegt." Das leuchtende Angesicht der Gottheit, seine erbarmende Zuwendung, erleuchtet dann auch den Menschen. Dieser wird auf diese Weise selbst zu einer Art Epiphanie der Gottheit: „Vor deinem [sc. der Gottheit] Angesicht möge ich glänzend wandeln."[241]

Für die Vorstellung von einem gnädigen Hinblicken der Gottheit auf den Beter wurde unter anderem auf das altmesopotamische Königsritual der Schicksalsbestimmung hingewiesen. So heißt es in einer altmesopotamischen *Hymne für den sumerischen König Ishmedagan von Isin* (1953–1935/34 v.Chr.) auf die Göttin Baba: „Herrin [...] dem Jüngling mit dem schönen Wuchs, dem Fürsten

---

239   Zu *zāqap* vgl. Gesenius, HAWAT 204f. Zu *'anorthoō* vgl. auch Art. *'anorthoō*, in: EWNT I, 255f., wo auch auf Am 9,11f. LXX hingewiesen wird. Dort geht es um das Wiederaufrichten der „verfallenen Hütte David".
240   Vgl. neben den Hinweisen in Abschnitt 2.2.4 auch Janowski, *Rettungsgewissheit und Epiphanie des Heils*.
241   Alle Stellen bei Nötscher, *„Das Angesicht Gottes schauen"*, 146.

Ishmedagan, Enlils Sohn, hast Du, Jungfrau, Mutter Baba, deinen freundlichen Blick zugeworfen, hast ihm gutes Geschick für immerdar bestimmt. [...] Enlil, der König der Länder, schaute ihn [?] mit seinem Leben spendenden Blick, seiner strahlenden Stirn, an, bestimmte Ishmedagan das Schicksal."[242] „Anschauen" ist hier im Sinne einer rechtlichen Verfügung verstanden, die sich an politischen Vorgängen ausrichtet: Der Herrschaft des Königs wird von Seiten der Gottheit Beständigkeit verheißen.[243] Die Königshymne für Ishmedagan zielt freilich nicht auf Rettung oder Vergebung, sondern auf die Legitimierung und Stabilisierung realer politischer Machtverhältnisse. Beides wird durch die Gegenwart der Gottheit garantiert.[244]

Im Psalter hingegen meint „von Gott angeschaut werden" dessen rettende Zuwendung zum Verfolgten oder seine barmherzige Hinwendung zum Sünder. Dabei ist im Hinblick auf das Bild vom „Schauen Gottes" die passivische Bedeutung von der aktivischen zu unterscheiden: „Von Gott angeschaut werden" meint die Epiphanie einer Gottheit; „das Angesicht Gottes schauen" hingegen das Hintreten des Beters vor Gott.[245] Dieses geschieht in Tempelkult, Gebet und Opfer (Ps 42,3; vgl. Jes 1,12; 1 Sam 1,22), kann jedoch auch durch eine innere Hinwendung zu Gott erfolgen (vgl. Ps 11,7; 17,15).[246]

---

242 Nach Adam Falkenstein/Wolfram von Soden, *Sumerische und akkadische Hymnen und Gebete* (BAW.AO), Zürich 1953, 99–102, hier 100f.

243 Zwar wird hier in gewisser Weise „Subjektivität" verliehen, aber diese Subjektivität ist nicht die eines personalen Gegenübers zur Gottheit, sondern die eines Herrschaftssubjektes. Anders als in den Psalmen geht es im Ritual der Schicksalsbestimmung nicht um die Konstitution eines Subjekts, das aus seiner Not errettet oder wieder in den sozialen Zusammenhang eingegliedert wird, sondern um die Konstitution eines Herrschaftssubjektes innerhalb eines politischen Verbandes.

244 Ihren Sitz im Leben hat diese Hymne deshalb im Tempelkult. John I. Durham spricht in diesem Zusammenhang von einer „kultischen Präsenztheologie": Shalom *and the presence of God,* in: Ders./J. R. Porter (Hgg.), Proclamation and Presence. Old Testament (FS Gwynne Henton Davies), Macon 1970, 272–293.

245 Diese Metapher ist auch in altägyptischen und vor allem in altbabylonischen Gebetstexten verbreitet. Vgl. hierzu bereits Friedrich Nötscher, *„Das Angesicht Gottes schauen" nach biblischer und babylonischer Auffassung,* Würzburg 1924 (ND Darmstadt 1969), 60–76.

246 Vgl. Joseph Reindl, *Das Angesicht Gottes im Sprachgebrauch des Alten Testaments* (EThS 25), Leipzig 1970, 155–160.

In Gen 33,10 findet sich die Vorstellung, dass das Hintreten vor Gott („das Angesicht Gottes schauen") diesen dazu motiviert, sich dem Sünder gnädig zuzuwenden.[247] Diese Zuwendung kann im Bild des „Hinblickens" zum Ausdruck kommen. Wendungen wie „sein Angesicht leuchten lassen" (vgl. Num 6,26; Ps 4,7; 31,17; 67,2 u.a.) sind Sinnbilder für die Zuwendung Gottes zu den Menschen, sei es als rettendes Eingreifen, sei es als barmherzige Zuwendung zum Sünder. Bisweilen kann Gottes Angesicht als ein handelndes Subjekt erscheinen. In Ex 33,14; Dtn 4,37; Jes 63,9 und Klgl 4,16 beispielsweise wird auf diese Weise „die persönliche Anwesenheit des dadurch handelnden Gottes zum Ausdruck gebracht".[248] Nur selten wird der Blick Gottes auf die Menschen als Strafgericht erfahren. Wo dies dennoch geschieht, ist es als Ausnahme gekennzeichnet.[249]

Die häufigen Vers-Parallelismen in den Psalmen lassen erkennen, dass die Bitte, Gott möge sein Antlitz nicht verbergen, gleichbedeutend damit ist, Gott möge den Beter erhören (Ps 102,3; vgl. 22,25), er möge ihm antworten (69,18; 143,7), ihn nicht vergessen (13,2; 44,25; vgl. 10,11), ihn nicht verstoßen (88,15), ihn nicht verwerfen und nicht im Stich lassen (27,9).[250] Auch außerhalb der Psalmen flehen bedrängte Menschen darum, wieder „das Angesicht Gottes schauen" zu dürfen. Sie wollen „das Angesicht Jhwhs suchen" (2 Sam 21,1; Hos 5,15; Ps 24,6; 27,8; 105,4 = 1 Chr 16,11; 2 Chr 7,14), um so in Gottes rettende Nähe zu gelangen.

Zum tieferen Verständnis der Metapher kann der sog. *aaronitische Priestersegen* in Num 6,24–26 herangezogen werden.[251] In die-

---

247 Zum Folgenden vgl. u.a. Adam S. van der Woude, Art. „*panim/Angesicht*", in: THAT II, 432–460; zu „Jhwhs Angesicht" vgl. Preuß, *Theologie des Alten Testaments*, Bd. 1, 187–189.
248 Preuß, *Theologie des Alten Testaments*, Bd. 1, 187.
249 So droht etwa Gott bei Amos den Übeltätern an: „Zum Bösen und nicht zum Guten richte ich mein Auge auf sie!" (Am 9,4).
250 Zu dem wichtigen Psalm 88 vgl. Walter Gross, *Gott als Feind des einzelnen? Psalm 88,* in: Studien zur Priesterschrift und zu alttestamentlichen Gottesbildern (SBAB 30), Stuttgart 1999, 345–360; ferner: Ders./Karl-Josef Kuschel, *„Ich schaffe Finsternis und Unheil!" Ist Gott verantwortlich für das Übel?*, Mainz 1992, bes. 15–59. Der Titel des Buches zitiert Jes 45,7.
251 Num 6,24–26: „Jhwh segne dich und behüte dich. / Jhwh lasse sein Angesicht leuchten über dir und sei dir gnädig. / Jhwh erhebe sein Angesicht zu dir und gebe dir Frieden." – Zum Folgenden vgl. Klaus Seybold, *Der aaronitische Segen. Studien zu Numeri 6,22–27*, Neukirchner-Verlag 1977.

sem Segen wird deutlich, was es für den Beter bedeutet, „von Gott angeschaut zu werden". Der Segenswunsch ist durch den zweimaligen Gebrauch des Wortes „Angesicht" *(panim)* – im Jussiv einmal konstruiert mit „er lasse leuchten", einmal mit „er erhebe" – auf den passivischen Gedanken des „Von-Gott-angeschaut-Werdens" hin orientiert. Gott wird dazu ermuntert, diejenigen, denen der Segen gilt – das Volk Israel –, „anzublicken" und ihnen dadurch „Heil" (*shalom*/שלום) zu gewähren.[252]

Vergleichbare Vorstellungen finden sich auch im Psalter.[253] Indem jedoch in der späteren Überlieferung des Psalters die David zugeschriebenen Psalmen als Modelle für das Beten des Volkes oder des Einzelnen vorgestellt werden, überschreitet die Bedeutung von „Anschauen" den kultisch-rechtlichen Rahmen. Sie ordnet sich in die Bundesthematik ein und wird so zu einer umfassenden Bezeichnung für die rettende Zuwendung Gottes zu seinem Volk.[254]

Die in Num 6 im Hiphil konstruierte Wendung „das Angesicht leuchten lassen" findet sich im Alten Testament vor allem im Psalter. In Ps 67,2 etwa – wo im übrigen Num 6 fast wörtlich zitiert wird – bedeutet sie die Gewähr von Segen; in Ps 31,17 und in Ps 80,4.8.20 die Errettung vor feindlichen Mächten. In Ps 119,135 werden die Heilsgüter vergeistigt vorgestellt: Der *shalom* besteht in der Erkenntnis der Satzungen Gottes. Aber diese Erkenntnis wird dadurch ermöglicht, dass Jhwh über Israel „sein Angesicht leuchten" lässt. In Ps 44,4 spricht der Beter vom „Licht des Angesichts" Gottes, das Israel machtvoll erfahren habe, als es von ihm das verheißene Land in Besitz nahm.[255]

Unablässig schärfen die Psalmen ein, dass kein Geschöpf ohne die Gnade Gottes leben kann. Diese Gnade ist symbolisiert im zugekehrten Angesicht Gottes und in der Hinwendung seines Blicks (vgl. Ps 104,29). Der aaronitische Segen setzt voraus, dass auch die

---

252 Zu *shalom* vgl. bes. Hans Heinrich Schmid, *Shalom. »Frieden« im Alten Orient und im Alten Testament* (SBS 51), Stuttgart 1971.
253 Ps 110 etwa überliefert die Liturgie einer Herrschaftsübertragung an den König von Juda, die auch ein Heilsorakel beinhaltet. Vgl. auch Ps 2,5–11.
254 Dieser Darstellung wagte bereits die Septuaginta in ihrer Übersetzung von Num 6 nicht mehr zu folgen. Die Übersetzung der LXX betont den epiphanischen Charakter, indem sie das „Scheinen-Lassen" des Angesichts Gottes als „Erscheinen-Lassen" (*epiphainai*; Vulg. *ostendat*) übersetzt. Vgl. Seybold, *Der aaronitische Segen*, 41 Anm. 10.
255 Vgl. Reindl, *Das Angesicht Gottes im Sprachgebrauch des Alten Testaments* (Anm. 244), 127–145.

Menschen von dem wohlwollenden Blick Gottes abhängig sind. Umgekehrt ist die Abwendung des Antlitzes *(hester panim)* Sinnbild für die Abwendung Gottes und den Entzug seiner Gnade: Wo Gott vor Israel sein Gesicht verbirgt, dort wird es dunkel um das Volk.[256] In Psalm 44 erscheint Gott als derjenige, der „zermalmt am Ort der Schakale / und mit Finsternis uns bedeckt [...] Um deinetwillen werden wir getötet Tag für Tag, sind wir geachtet wie Schafe, zum Schlachten bestimmt [...] Warum verbirgst du dein Angesicht, vergisst unsere Not und Bedrängnis?" (Ps 44,18.23.25).

Das „Sich-Abwenden" Gottes wird dabei nicht als Akt göttlicher Willkür gedeutet, sondern als Gottes gerechte Reaktion auf die Sünde des Menschen.[257] Gottes Abwenden kann aus seiner Wahrnehmung der Sünde resultieren und Inhalt der Strafe sein; es kann aber auch erbeten werden, damit Gott die Sünde des Menschen nicht wahrnehmen und ahnden muss.[258]

Ist Gottes Blick auf den Einzelnen oder das Volk zumeist ein Blick barmherziger Zuwendung, so ist dessen Kehrseite Gottes strafender Zorn. Dieser äußert sich entweder im Verbergen seines Angesichts oder – seltener – in der Zuwendung seines strafenden Blicks. In Ps 34,17 steht der Begriff *panim* stellvertretend für den Zorn des richtenden Gottes: „Das Angesicht Jhwhs steht gegen die, die Böses tun, um ihr Andenken zu tilgen von der Erde." Antithetisch hierzu hieß es im vorausgehenden Vers 16: „Die Augen Jhwhs sind bei den Gerechten, und seine Ohren bei ihrem Schreien." Der semantische Parallelismus von „Augen" und „Antlitz" differenziert sich durch die jeweils gebrauchten Präpositionen: „gegen" *(b')* und „auf" *(al)*.

---

256 Vgl. für die Psalmen: Ps 13,2; 22,25; 30,8; 44,25; 69,18; 88,15; 102,3; 104,29; 143,7. – Vgl. Samuel E. Balentine, *The Hidden God. The Hiding of the Face of God in the Old Testament,* Oxford 1983. – In der Geschichte jüdischer Theologie, besonders aber nach der Shoah wurde die Vorstellung, dass sich Gott in Notzeiten von Israel abgewendet hat, unter dem Stichwort *hester panim* („Verbergen des Angesichts") vielfach erörtert. Vgl. u. a. David Birnbaum, *Good and Evil. A unified Theodicy/Theology/Philosophy,* Hoboken (N. J.) 1989, bes. 129–140 (zahlreiche Texte aus der biblischen und rabbinischen Überlieferung).
257 Vgl. Dtn 31,17; 32,20; Jes 8,17; 54,8; 59,2; Jer 33,5; Ez 39,23.24.29; Mi 3,4; Ijob 13,23 f.; 34,29.
258 Vgl. Reindl, *Das Angesicht Gottes* (wie Anm. 244), 90–109; Lothar Perlitt, *Die Verborgenheit Gottes,* in: Hans W. Wolf (Hg.), Probleme biblischer Theologie (FS Gerhard von Rad), München 1971, 367–382.

Bibeltheologische Perspektiven

Die Verbindung von *panim* mit der Präposition „gegen" wird im Alten Testament ausschließlich in Bezug auf Gott gebraucht und meint dann immer „das Angesicht richten gegen". Sie findet sich häufig im Heiligkeitsgesetz (Lev 17,10; 20,3.6; 26,17 bzw. 20,5) sowie beim Propheten Ezechiel (14,8; 15,7), und zwar als Einleitungsformel zu einem Urteilsspruch. So betont die Wendung das Bild eines eifernden Gottes, der auf die sittliche und kultische Reinheit seines Volkes im Exil bedacht ist. Wie der Blick Gottes Rettung und Heil denen verheißt, die seine Weisung befolgen, so droht er denen, die sich seinem Willen entziehen, mit Verderben.

Nicht Gottes bloßer Blick also ist es, der über das Geschick der Menschen entscheidet, sondern dessen gehaltvolle Bestimmung im Sinne wohlwollender Zuwendung oder abweisender Feindschaft. Allerdings ist in den biblischen Texten ein Übergewicht des Gedankens wahrzunehmen, wonach der Blick Gottes die Beziehung der Menschen zu Gott ermöglicht. Deshalb fallen dann, wenn Gott sein Angesicht und damit sich selbst abwendet (Ez 7,22; vgl. 2 Chr 30,9), die Menschen in die Beziehungslosigkeit, ja ins Nicht-Sein. Entsprechend flehen in den Buß- und Klagepsalmen die Beter Gott an, ihnen seinen gnadenspendenden Blick zuzuwenden: dem Sünder, um ihn aus seiner selbstverschuldeten Isolation zu befreien, dem Bedrängten, um ihn nicht seinen Feinden auszuliefern.

Das Bildwort vom „Anblicken" bringt die Beziehung zwischen Gott und Mensch so zum Ausdruck, dass der Mensch gerade in dieser Beziehung und aus ihr heraus als jemand verstanden wird, der Gott gegenüber sittlich und religiös verantwortlich ist. Indem der innerlich oder äußerlich bedrängte Mensch, der Büßer oder der Verfolgte, darum fleht, in die Beziehung mit Gott aufgenommen zu werden, erhofft er sich von Gott, in seinem durch eigene Sünde oder äußere Nachstellung bedrohten Subjekt-Sein wiederhergestellt zu werden. Dieses ermöglicht es ihm dann auch wieder, in die Gemeinschaft des Volkes, der Sippe oder der Familie zurückzukehren.

Die Metapher vom „leuchtenden Angesicht" Gottes verweist auf die personale Dimension des Bundesgedankens. Anders als im altorientalischen religiösen Kontext geht es im Alten Testament nicht einfach nur um eine Epiphanie der Gottheit, sondern um deren rettendes und richtendes Eingreifen in die Geschichte. Auf dieses Eingreifen kann und soll das Volk reagieren, indem es Gottes Taten preist, seiner Weisung folgt und auf diese Weise zum unübersehbaren Zeichen göttlicher Präsenz in der Welt wird. Das Volk wird gleichsam erst dadurch zum Volk, dass Gott es anschaut.

Der Alttestamentler und Hebraist Franz Delitzsch hat im „Ansehen durch Gott" ein „Verhältniß der Wechselseitigkeit" zwischen Gott und Mensch erblickt, zu dem sich Gott gnädig herablässt, und das sich in der menschlichen Seele „spiegelt". Indem Gott den Menschen „ansieht", begibt er sich mit ihm „auf gleiches Niveau". Dadurch wird der Begnadigte zum Geliebten und empfängt den Frieden: jenen Frieden, „den er als Gabe solcher Liebe empfängt", und der nichts anderes ist als „das nun hergestellte Gleichgewicht der in ihm ruhenden und in ihrer Weltbeziehung über alle Störungen erhabenen Seele".[259]

Diese individualistische Interpretation wird der Intention des Priestersegens nur unvollständig gerecht. Klaus Seybold hat deshalb die sozialen, kultischen und politisch-rechtlichen Dimensionen des Segens in Erinnerung gerufen, wie sie vor allem im dritten Teil des Segens zum Ausdruck kommen: „*Jhwh* erhebe sein Angesicht zu dir und gebe dir Frieden." Der Begriff des *shalom* umfasst nicht nur den Einzelnen, sondern auch die sozialen, kultischen und politischen Dimensionen menschlicher Existenz. Eben diese werden im Parallelismus des dritten Gliedes im Bild des „Anschauens" angesprochen. Seybold hat sicher recht, wenn er in den jeweils ersten Hälften der drei Glieder des Priestersegens die ansteigende Abfolge von Gruß, Zuwendung und Initiative identifiziert.

Ob darin freilich „in nuce eine Anthropo-Theologie" zum Ausdruck kommt, die „in schlichten Worten, Ausdrücken, Wendungen ein Bekenntnis zur Personalität Gottes" enthält,[260] ist fraglich. Eher ist die Beziehung zwischen Gott und Mensch reziprok zu fassen: durch das rettende Eingreifen Gottes in die Geschichte weiß sich der Mensch von einer Macht beansprucht, die er gerade deshalb in personalen Kategorien begreift.

2.3.9 Alttestamentliche Erträge

In zahlreichen Psalmen verbindet sich die Bitte um Zuwendung und Rettung mit der Erinnerung an zurückliegende Taten, in denen sich Gott als Retter erwiesen hat. Die nicht zunächst als Wirken in der Natur, sondern als Zuwendung in der Geschichte erfahrene rettende Gegenwart Gottes lässt Israel in seiner Gesamtheit, aber auch den Einzelnen seine Gottesbeziehung deutlicher in persona-

---

259 Franz Delitzsch, *Der Mosaische Priestersegen*, in: ZKWL 3 (1882) 113–136.
260 *Der aaronitische Segen*, 73.

Bibeltheologische Perspektiven

len Kategorien fassen, als dies in der „persönlichen Frömmigkeit" oder in den mesopotamischen Bußgebeten der Fall war. Im Gegenüber von Gott und Mensch erbilden sich Individualität und Subjektivität des Menschen. Sowohl der Einzelne wie auch das Volk als ganzes erfahren sich als von Gott angesprochen und sittlich beansprucht. Die Berufung Abrahams und der Bundesschluss am Sinai mit der Gabe der Tora sind paradigmatisch für ein Geschehen, das Menschen als Einzelnen oder als Kollektiv zumutet, den Anspruch Gottes zu beantworten. Insofern Gottes Handeln in der Geschichte wesentlich durch seine Parteinahme für die Opfer qualifiziert ist, resultiert hieraus der sittliche Appell an den Einzelnen und das Volk im Ganzen, sittliches Versagen einzugestehen, Verfehlungen zu sühnen und Solidarität zu üben.

Zwar lassen sich die zahlreichen Aussagen in den biblischen Texten zum Verhältnis von Gerechtigkeit und Barmherzigkeit Gottes nur schwer auf einen gemeinsamen Begriff bringen. Gleichwohl sind einige Elemente erkennbar, die für das Alte Testament insgesamt Geltung beanspruchen können. Zu ihnen zählt die Feststellung, dass Gerechtigkeit und Barmherzigkeit Gottes nicht als Gegensätze aufgefasst werden. Und dies vor allem deshalb, weil Gerechtigkeit Gottes nicht in erster Linie als strafende oder vergeltende Gerechtigkeit aufgefasst wird. Zwar gibt es auch solche Passagen – sie betreffen sowohl das Volk Israels auch die Fremdvölker und sind vor dem Hintergrund des Tun-Ergehen-Zusammenhangs erklärlich. Wenn sich aber Gott in der Geschichte oder an deren Ende als gerecht erweist, dann geschieht dies immer so, dass er sich den Benachteiligten und Unterdrückten zuwendet und sie aufrichtet. Vergeltende Gerechtigkeit und solidarische Gerechtigkeit schließen einander deshalb nicht aus. Vielmehr erweist sich Gottes Gerechtigkeit als ein Moment seiner Barmherzigkeit, und diese wiederum besteht in einer entschiedenen Parteinahme für die Opfer. Gottes Gerechtigkeit zielt nicht auf ein formales Gleichgewicht von Gütern und Interessen; sie ist vielmehr eine mit den Opfern solidarische Gerechtigkeit und als solche Barmherzigkeit.

Deshalb bleibt Gott in seinem geschichtlichen Handeln Partei – auch zu Lasten der Täter. Indem er Israel aus der ägyptischen Knechtschaft befreit, nimmt Gott in Kauf, dass das Heer des Pharao zugrunde geht.[261] Wer sich Gottes Heilswillen widersetzt und

---

261 Die Rabbinen haben die hieraus resultierende theologische Provokation wahrgenommen, indem sie die Auffassung vertraten, Gott habe angesichts der toten Ägypter am Strand den Engeln verboten, ein Siegeslied

sich der Umkehr verweigert, muss mit Gottes Zorn rechnen. Dieser freilich schließt nur in Ausnahmefällen die Möglichkeit der Umkehr endgültig aus.

Letztendlich artikuliert sich in den biblischen Schriften eine Hochschätzung der menschlichen Freiheit: Wo sich der Mensch aus freiem Wollen von Gott abwendet, kann er dies tun, muss aber mit den Konsequenzen seines Handelns rechnen. Die Kategorie des Bundes garantiert dabei, dass Gott – anders als im Alten Ägypten – nicht als bloßer Buchhalter erscheint, der die Taten der Menschen im Guten wie im Bösen gegeneinander aufrechnet. Vielmehr zeigt sich Gott gerade in seinem rettenden und solidarischen Eingreifen als derjenige, der Partei ergreift für die Benachteiligten.

2.4 Gerechtigkeit und Barmherzigkeit Gottes im Neuen Testament

Wenn zu Beginn des Lukasevangeliums, im Loblied der Maria, dem *Magnificat*, Gott als derjenige gepriesen wird, der „Niedrige erhöht" (Lk 1,52), dann ergibt sich schon von daher die Brücke zu entsprechenden Aussagen über Gottes Zuwendung zu den Schwachen und Benachteiligten im Alten Testament (vgl. 1 Sam 2,8; Ijob 5,11; 22,29; Ps 75,8; 126,5).[262] Im gleichen Textzusammenhang wird Gott gepriesen, weil seine Barmherzigkeit „von Geschlecht zu Geschlecht" gilt (Lk 1,50; vgl. Ps 103,13.17). „Er hat sich Israels, seines Knechtes, angenommen, und seiner Barmherzigkeit gedacht" (V. 54). Damit schlägt der Lobgesang ein Thema an, das im Lukasevangelium in der Parabel vom barmherzigen Vater (Lk 15,11–32) seine kaum zu überbietende Durchführung erfährt.[263]

Dass gleichwohl die Botschaft von jenem Gott, „der reich ist an Erbarmen" (Eph 2,4), keineswegs harmlos ist, sondern die Forde-

---

anzustimmen: „Das Werk meiner Hände ertrinkt im Meer, und ihr wollt singen!" (*Sanh* 39b).

262 Berührungspunkte gibt es auch zur frühjüdischen Armenfrömmigkeit (vgl. Ps 138–149; PsSal; aber auch 1QH), wonach Israel als ein von „Hochmütigen" gedemütigter Knecht der Barmherzigkeit Gottes bedarf – und ihrer zugleich gewiss ist; vgl. Thomas Kaut, Art. *„Magnificat I. Neutestamentlich"*, in: LThK³ 6, 1191f.

263 Nicht zufällig wählt auch Papst Johannes Pauls II. in seiner Enzyklika über das göttliche Erbarmen *Dives in misericordia* (1980) den Weg vom *Magnifikat* zur Parabel vom barmherzigen Vater (Kap. IV). Diese ist hier allerdings traditionell mit „Das Gleichnis vom verlorenen Sohn" betitelt.

Bibeltheologische Perspektiven

rung nach Gerechtigkeit für die Benachteiligten und Unterdrückten mit Nachdruck erhebt, verdeutlicht dasselbe *Magnifikat:* „Zerstreut hat er, die hochmütig sind in ihrem Herzen, / Mächtige hat er vom Thron gestürzt" (Lk 1,51 f.). Gottes Barmherzigkeit unterscheidet sehr wohl zwischen denen, die ihrer bedürfen, und denen, die nichts nötig haben: „Hungrige hat er gesättigt mit Gutem / und Reiche leer ausgehen lassen" (V. 53; vgl. Mt 19,23).

Auch deshalb, weil das *Magnificat* vermutlich ein vorchristliches, d.h. frühjüdisches Lied ist,[264] lässt es sich als Brücke zwischen Altem und Neuen Testament interpretieren. Denn zugleich kann es als authentischer Ausdruck der Botschaft Jesu vom kommenden Gottesreich gelten. Im Lied spielt das Verhältnis von Gerechtigkeit und Barmherzigkeit Gottes eine zentrale Rolle. Damit ist ein zentrales Thema der Verkündigung Jesu angesprochen, das im Neuen Testament auf vielfältige Weise zur Darstellung gelangt.

2.4.1 Gerechtigkeit Gottes, Umkehr und Buße bei Johannes dem Täufer

Im Kanon der hebräischen Bibel endet die Sammlung der Prophetenbücher *(nebiim)* mit einem Hoffnungswort: „Und er wird das Herz der Vorfahren wieder zu den Nachkommen bringen und das Herz der Nachkommen zu den Vorfahren, damit ich nicht komme und das Land zerschlage mit der Weihe der Vernichtung" (Mal 3,24). Gott selbst bewirkt die Versöhnung in den Familien und zwischen den Generationen, um seine strafende Gerechtigkeit abzuwenden.

Hieran knüpft das Neue Testament an. Gleich zu Beginn seines Evangeliums lässt Lukas den Engel Gottes dieses Wort zitieren, um Zacharias die künftige Aufgabe seines Sohnes Johannes zu verdeutlichen.[265] Demnach besteht eine wesentliche Dimension der Botschaft des Täufers in der Ankündigung, dass Gottes Geist Umkehr und zwischenmenschliche Versöhnung bewirkt. Wieder geht

---

264 Vgl. Bernhard Hininger, Art. *„Magnificat",* in: RGG⁴ 5, 679 f. (Lit.).
265 „Und er wird vor ihm hergehen in Elijas Geist und Kraft, um die Herzen der Väter zu den Kindern zurückzuführen und Ungehorsame zur Gesinnung Gerechter, um dem Herrn ein wohlgerüstetes Volk zu bereiten" (Lk 1,17). In der Versöhnung Gottes mit dem sündigen Volk erblickt auch ein Midrasch zu Ex 34,1 das eigentliche Werk Gottes in der Welt: „Er [sc. Gott] zeigte dem Mose, dass er mit ihnen [den Israeliten] versöhnt sei, indem er ihnen aufs Neue die Worte [sc. des Dekalogs] gab" (*ExR* 46.4 zu Ex 34,1).

es um die doppelte Dimension von Gerechtigkeit und Barmherzigkeit: Gottes „Geist und Kraft" erweisen sich in der Versöhnung der Menschen untereinander und mit Gott durch die Vergebung der Sünden.

Freilich: Einer historischen Rekonstruktion von Person und Predigt des Täufers steht der Befund entgegen, dass sich die frühen Christen gerade in *Abgrenzung* von jener prophetischen Person definierten, die wie keine andere eine Brückengestalt zwischen den beiden Testamenten darstellt.[266] Deshalb ist in den Zeugnissen der Evangelien mit Akzentuierungen zu rechnen, die nicht auf den historischen Täufer zurückgehen.

Aufgetreten ist Johannes wahrscheinlich um das Jahr 30; als Ort seiner Predigt- und Tauftätigkeit darf der untere Jordanlauf unweit der Siedlung von Qumran angenommen werden.[267] Hier hat Johannes einen Jüngerkreis um sich geschart, dem anfänglich womöglich auch Jesus von Nazaret angehörte. Als Bußprediger, der das bevorstehende Gericht Gottes ankündigte, war er in seiner Zeit nicht allein.[268] Erkennbar steht der Täufer in der Tradition prophetischer Umkehrpredigt.[269]

Johannes scheint sich als der Prophet Elija verstanden zu haben, der im Judentum nach seiner Entrückung in den Himmel (vgl. 2 Kön 2,11) als Vorbote der Endzeit galt.[270] Jedenfalls wurden auch

---

266 So auch Ulrich B. Müller, *Johannes der Täufer. Jüdischer Prophet und Wegbereiter Jesu* (Biblische Gestalten 6), Leipzig 2002, der die Gestalt des Täufers schon im Titel seiner Darstellung zwischen beiden Testamenten verortet.

267 Zur möglichen inhaltlichen Nähe der Bußpredigt des Täufers zur Theologie der Schriften von Qumran vgl. Stegemann, *Die Essener, Qumran, Johannes der Täufer und Jesus,* Freiburg u.a. 1993, 306–311. Stegemanns Überlegungen wären vollkommen neu zu bewerten, wenn nachgewiesen wäre, dass die bei Qumran gefundenen Schriften nichts mit der dortigen Siedlung zu tun hätten. Vgl. dazu Abschn. 2.6.1. – Die einzige ernstzunehmende außerchristliche Quelle über den Täufer ist Flavius Josephus, *Antiquitates Jud.* 18,116–119; die Täufernotizen des slavischen Josephus (hinter *Bell. Jud.* 2,110. 118) sind christliche Interpolationen ohne Quellenwert; vgl. Otto Böcher, Art. „*Johannes der Täufer I. Religionsgeschichtlich*", in: TRE 17 (1988) 172 f.

268 Vgl. Theissen/Merz, *Der historische Jesus*, 138–141.

269 Zur Gerichtspredigt des Täufers und seinem Verhältnis zu Jesus vgl. Gnilka, *Jesus von Nazaret,* 79–85; Becker, *Jesus von Nazaret,* 37–58.98 f.; Schröter, *Jesus von Nazaret,* 126–140; Theissen/Merz, *Der historische Jesus,* 184–198.

270 Hierauf lassen äußere Zeichen wie Kleidung, Nahrung, Ort des Auftretens und die Ritualhandlung der Taufe schließen; vgl. hierzu Böcher,

von seinen Zeitgnossen Predigt und Taufpraxis des Johannes mit dem Erscheinen einer messianischen Richtergestalt verbunden, wie sie den Spätschriften des Alten Testaments und in der Apokalyptik vertraut ist.[271] Dabei scheinen auch Weissagungen des Propheten Jesaja eine besondere Rolle gespielt zu haben.[272] Lk 7,27 bringt den Täufer mit jener Botengestalt in Verbindung, mit deren Erscheinen bei Maleachi der „Tag Jhwhs" angekündigt wird, „der große und furchtbare Tag" (Mal 3,22; vgl. Mal 3,1f.), dessen Anbruch meist mit einem universalen Gericht verknüpft ist. Auch die Umkehrpredigt und der Ritus der Reinigungstaufe „zur Vergebung der Sünden" (vgl. Mk 1,4; Lk 3,3) deuten auf die Erwartung eines bevorstehenden Gerichts hin.

In der elementaren Symbolik der Taufe kann die Vergebung der Sünden, die Johannes predigt, als Reinigung gedeutet werden. Vom „Wasser der Reinigung" im religiösen Sinne ist etwa in Num 19,9 und 31,23 die Rede, aber auch in den Qumran-Texten (1QS IV,21).[273] Rituelle Waschungen waren auch vor dem Betreten des Jerusalemer Tempels üblich, um diesen „rein" betreten zu können.[274]

Art. „Johannes der Täufer" (Anm. 264), 173. – Vgl. auch Mk 9,13: „Aber ich sage euch: Elija ist gekommen, und sie haben mit ihm gemacht, was sie wollten, wie über ihn geschrieben steht."; ferner Mt 11,14; 17,12f. Joh 1,21 („Sie fragten ihn: Was dann? Bist du Elija? Und er sagte: Ich bin es nicht. Bist du der Prophet? Und er antwortete: Nein.") ist der Tendenz der neutestamentlichen Schriften geschuldet, jegliche Kontinuität des Täufers mit der prophetischen Tradition der biblischen Schriften zu leugnen und ihn als bloßen „Vorläufer" zu stilisieren. Vgl. Böcher, a.a.O., 174.

271 Vgl. zur Elias-Tradition im Judentum: Nico Oswald, Art. „Elia. II. Judentum", in: TRE 9 (1982) 502–504. Allerdings ist die Textbasis für eine verbreitete Elias-Erwartung zur Zeit Jesu eher schmal. Von den drei überlieferten „Elias-Apokalypsen" stammt nur eine aus vorchristlicher Zeit (vgl. JSHRZ V/3, 193–288: W. Schrage).

272 Vgl. etwa die Straße durch die Wüste für die aus der Verbannung Zurückkehrenden (Jes 40,3), zitiert in Mk 1,3 par.; Joh 1,23.

273 Ob die zahlreichen Wasserbecken in der Siedlung von Qumran tatsächlich rituellen Zwecken dienten, hängt davon ab, welchen Charakter die Siedlung überhaupt hatte.

274 Vgl. Iris Blecker, *Rituelle Reinheit vor und nach der Zerstörung des Zweiten Tempels. Essenische, pharisäische und jesuanische Reinheitsvorstellungen im Vergleich*, in: Andreas Leinhäupl-Wilke/Stefan Lücking (Hgg.), Fremde Zeichen. Die neutestamentlichen Texte in der Konfrontation der Kulturen (Theologie 15), Münster 1998, 25–40.

Bei Johannes – wenigstens in der Darstellung der Evangelisten, die ihn als „Vorläufer" stilisieren (vgl. Mt 3,11; Joh 1,33) – geht es freilich nicht um rituelle Reinheit. Seine Bußpredigt zielt auf eine Änderung der Gesinnung („Umkehr"); die Taufe ist nur deren äußeres Zeichen und setzt insofern den Vollzug der Umkehr voraus. Letztendlich geht es Johannes um die Erneuerung Israels. Dieses ist nicht mehr durch Abstammung, sondern durch die Befolgung der Tora konstituiert. Wie Johannes die Abrahamskindschaft seiner jüdischen Gegner bestreitet (vgl. Mt 3,9; par. Lk 3,8), so schaffen Umkehr und Taufe das neue, eschatologische Israel, zu dem Sünder und Unreine keinen Zutritt haben. Für diese Konzeption finden sich Parallelen bei Jesaja (vgl. 35,8; 52,1), aber auch in den Schriften von Qumran (vgl. 1QH 6,27 f.). Subjekt der Sündenvergebung und der Schaffung eines neuen, von Sünden gereinigten Israel ist Gott, als dessen Werkzeug und Mahner sich Johannes versteht.

Soweit die Predigt des Täufers in den Evangelien überliefert ist, beinhaltet sie keinen expliziten Appell zur Versöhnung der Menschen untereinander. Mittelbar freilich ist ein solcher Appell in dem in der Logienquelle überlieferten Aufruf enthalten, als Zeichen der vollzogenen Umkehr „Früchte zu bringen, die der Umkehr entsprechen" (Lk 3,8 par. Mt 3,8). Diese „Früchte" werden im lukanischen Sondergut mit Blick auf einzelne Berufsgruppen entfaltet (Lk 3,10–14). Auch die sexualethischen Appelle des Täufers, die neben seiner impliziten Kritik am Jerusalemer Tempelkult[275] wohl zu seiner Verhaftung und Hinrichtung unter Herodes Antipas führten, dürfen als Früchte der geforderten Umkehr gedeutet werden.

Welches Gottesbild scheint durch die Buß- und Umkehrpredigt des Täufers hindurch? Sichtbar wird das Bild eines Gottes, der angesichts der Sünden des „Volkes" (vgl. Mk 1,5) nicht einfach das kosmische Strafgericht (Mt 3,7 par. Lk 3,7) und die universale Vernichtung in einem kosmischen Feuer (vgl. Mt 3,10.12 par. Lk 3,9.16 f.) androht. Vielmehr beinhaltet das Bild der Trennung von Spreu und Weizen (Mt 3,12; 13,30) auch – Umkehr und Buße vorausgesetzt – die Möglichkeit der Rettung.

Die nicht nur örtliche Nähe der Täuferpredigt zu den Schriften aus Qumran ist nach deren Entdeckung schon früh bemerkt wor-

---

275 Da im Jerusalemer Tempel Opfer zur Vergebung der Sünden dargebracht wurden, dürfte die Bußpredigt und Taufpraxis des Johannes von der Priesterschaft nicht gerade wohlwollend wahrgenommen worden sein – und dies aus theologischen wie aus ökonomischen Gründen.

Bibeltheologische Perspektiven

den.²⁷⁶ Hier verbindet sich mit der Erwartung eines nahen Endes der Welt die Vorstellung von einem strafenden Gericht Gottes, dem nur diejenigen entrinnen, die sich der Gemeinschaftsregel unterwerfen. Gegenüber dem ethischen und kultischen Rigorismus der Qumran-Schriften rechnet Johannes immerhin mit der prinzipiellen Möglichkeit einer Umkehr, die ganz Israel offensteht. Diese Tendenz verstärkt sich in Leben und Wirken Jesu von Nazaret: Rettung und Heil sind ganz Israel angeboten und werden jenen zuteil, die auf Gottes Barmherzigkeit setzen.

2.4.2 Die Offenbarung der Barmherzigkeit Gottes in Jesus von Nazaret

Wahrscheinlich hat auch Jesus von Nazaret in Johannes den endzeitlichen Elija gesehen und als solchen anerkannt.²⁷⁷ Er selbst

---

276 Vgl. etwa Millar Burrows, *Mehr Klarheit über die Schriftrollen. Neue Rollen und neue Deutungen,* München 1958, 47–53; Rudolf Mayer/Joseph Reuss, *Die Qumran-Funde und die Bibel,* Regensburg 1959, bes. 127–142. – Demgegenüber betont Stegemann die Unterschiede zwischen der Taufpraxis des Johannes und den Befunden in Qumran und stellt abschließend fest: „Die einzige Gemeinsamkeit der Johannestaufe mit den Tauchbädern der Essener war die beiderseitige rituelle Nutzung von Wasser zum Untertauchen. […] Tatsächlich waren Johannes der Täufer und die Essener sogar heftige Konkurrenten" (*Die Essener, Qumran, Johannes der Täufer und Jesus,* 307). Da die historische Frage nach der Existenz einer „Qumran-Gemeinschaft" hier nicht zur Debatte steht (vgl. Anm. 358 in diesem Hauptteil), können die *Texte* aus Qumran als religiöse Zeugnisse einer bestimmten Überzeugung im Judentum um die Zeitenwende gelesen und als solche in eine Beziehung zu den neutestamentlichen Zeugnissen gestellt werden.

277 In einer frühen Phase der Deutung von Gestalt und Schicksal sowohl Johannes des Täufers als auch Jesu von Nazaret dürfte Johannes mit dem wiederkommenden Elia, Jesus mit dem wiederkommenden Mose identifiziert worden sein (vgl. die Stilisierung Jesu als der „neue Mose" in der matthäischen Konzeption der Kindheitsgeschichte Jesu und der Bergpredigt). Mit Blick auf die in der jüdischen Apokalyptik (TestRub 6,7–12; TestSim 7,2: „Denn der Herr wird aus Levi wie einen Hohepriester aufstehen lassen und aus Juda wie einen König, Gott und Mensch. Dieser wird alle Völker und das Geschlecht Israels retten" [JSHRZ III/1, 38.45]) und auch im Umkreis der Qumran-Schriften (vgl. 1QS IX,10f.; 1QSa II,12–17; CD VII,18–21 u.a.) greifbare Erwartung zweier Messiasgestalten konnte der aus priesterlichem Geschlecht stammende (vgl. Lk 1,5) Johannes als priesterlicher Messias gedeutet werden, Jesus hingegen als davidisch-königlicher Messias. Der „Sieg" der Jesus-Bewegung manifestiert sich letztendlich auch darin, dass dem

greift dessen Umkehrpredigt auf, akzentuiert aber anders: Nicht mehr die Androhung des bevorstehenden Gerichts motiviert zu Umkehr und Buße, sondern die Perspektive eines barmherzigen Gottes, der sich den Benachteiligten und Unterdrückten zuwendet und ihnen – jenseits aller sittlichen und religiösen Vorleistungen – den Zugang zum „Himmelreich" eröffnet. In seiner Predigt und Praxis beansprucht Jesus, „Exeget Gottes" (vgl. Joh 1,18) zu sein. Weil sein Leben und Handeln im Wortsinn Theo-Logie ist, Gott in seinem inneren Wesen erschließt, sieht ein früher christlicher Hymnus, den der Kolosserbrief überliefert, in Jesus von Nazaret das „Ebenbild des unsichtbaren Gottes" (Kol 1,15).

2.4.2.1 Jesus Sündenvergebung im Kontext seiner Botschaft vom Gottesreich

Inwieweit können solche „hohen" Bekenntnisformeln die Frage beantworten, wie der *historische* Jesus das Verhältnis von Gerechtigkeit und Barmherzigkeit Gottes verstanden und verkündet hat? Wie verlässlich sind die Aussagen in den Evangelien über den Anspruch Jesu, Sünden zu vergeben?

Die sich an die Veröffentlichung des ersten Teiles des „Jesus-Buches" von Papst Benedikt XVI./Joseph Ratzinger anschließende Diskussion um einen angemessenen Zugang zu Jesus[278] hat erneut die hermeneutischen Herausforderungen verdeutlicht, die sich der Theologie dann stellen, wenn sie einen wissenschaftlich verantworteten Zugang zu der Gestalt Jesu von Nazaret finden will. Denn Jesus erscheint ja bereits in den Quellen, die über ihn Auskunft geben, immer schon als der Christus des Glaubens. Und auch der Theologie kann es im Letzten nicht um den historischen Jesus gehen – dieser wäre Gegenstand der Geschichtswissenschaft. Theologie geht vielmehr immer schon davon aus, dass sich in Jesu von Nazaret, in seinem Leben, Sterben und Auferstehen, Gott selbst als für die Menschen unbedingt entschiedene Liebe geoffenbart hat.

Trotzdem ist damit der Zugang zum historischen Jesus nicht verstellt. Zwar sind wissenschaftliche Jesus-Darstellungen immer, wie Gerd Theissen und Annette Merz betonen, „von Ideen gelei-

---

Täufer jegliche messianische Würde abgesprochen wurde (vgl. Lk 3,15 f.; Joh 1,8.20; 3,28).

278 Vgl. zu dieser Diskussion u.a. .Thomas Söding (Hg.), *Das Jesus-Buch des Papstes. Die Antwort der Neutestamentler*, Freiburg – Basel – Wien 2007; *„Jesus von Nazaret" kontrovers. Rückfragen an Joseph Ratzinger*, Münster ²2007.

Bibeltheologische Perspektiven

tete Konstrukte historischer Imagination". Doch gerade als solche sind sie „relativ willkürfreie, an Quellen korrigierbare und in ihren Voraussetzungen durchschaubare Gebilde".[279] Soll der Glaube an die Menschwerdung Gottes, seine Inkarnation in einem individuellen Menschen, dem jüdischen Wanderprediger Jesus aus Nazaret, ernst genommen und theologische geltend gemacht werden, dann bleibt der historische Jesus die *norma normans* jeder Theologie.

Dass der historische Jesus mit dem Anspruch aufgetreten ist, im Namen Gottes Sünden zu vergeben, ist nicht unwahrscheinlich.[280] Damit verbände sich sein Anspruch, in Wort und Wirken – und damit letztendlich in seiner Person – den Gott Israels authentisch auszulegen und zu verkünden. Auch hierin unterscheidet er sich vom Täufer. Jesus beansprucht, nicht nur als Vorläufer der Endzeit zu sprechen und zu handeln, sondern diese Endzeit in seiner Person zu *sein*.[281] Die Logienquelle überliefert Jesu hoheitlichen Anspruch, mit dem er sich in den Augen seiner Gegner Gott gleich machte: „Selig ist, wer an mir keinen Anstoß nimmt" (Mt 11,6 par. Lk 7,23).

Jesu Botschaft vom kommenden „Gottesreich" und dessen heilschaffender Wirklichkeit wird in den Zeichenhandlungen konkret, die die Evangelien überliefern. Immer wieder ist von der helfenden Zuwendung Jesu zu den Ausgestoßenen und Sündern die Rede. Jesus ist häufig bei Zöllnern zu Gast (vgl. u.a. Lk 19,1–10), aber auch bei Pharisäern. Bei einem seiner Besuche lässt er sich von einer Prostituierten die Füße salben und nimmt dies zum Anlass, darauf hinzuweisen, dass sich die Größe der Liebe an dem Maß der Sündenvergebung bemisst (vgl. Lk 7,36–50). Das Thema der Sündenvergebung ist im Rahmen der Gottesreich-Botschaft zentral; es

---

279 Theissen/Merz, *Der historische Jesus*, 31.
280 Ausdrücklich ist der Zuspruch der Sündenvergebung in den Evangelien nur in Mk 2,5 und Lk 7,36–50 bezeugt. – Vgl. dazu Theissen/Merz, *Der historische Jesus*, 459 f. (Lit.). Vorsichtig wird hier formuliert: „Trotz der geringen Bezeugung könnte eine Erinnerung an den historischen Jesus bewahrt sein" (459).
281 Vgl. Joseph Ratzinger/P. Benedikt XVI. zu Mk 2,5: „Wenn Jesus dem »Menschensohn« diese Vollmacht [sc. zur Sündenvergebung] zuschreibt, so beansprucht er, in Gottes eigener Würde zu stehen und aus ihr heraus zu handeln. [...] Es ist eben dieser göttliche Anspruch, der zur Passion führt" (*Jesus von Nazaret* I, 381). Tatsächlich ist die Relativierung der sühnenden Funktion des Tempelkultes ein wesentlicher Grund für den Tötungsbeschluss des Hohen Rates (vgl. Mk 11,27–33, wo das Recht zur Tempelreinigung mit der Anerkennung der Taufe zur Vergebung der Sünden verknüpft ist).

begegnet häufig in Jesu Gleichnissen (Mt 18,23–35; Lk 7,41–43; 15,11–32; 18,9–14), in seinen Mahnworten (vgl. Mt 7,14f.; Mk 11,25) und auch im Vaterunser (Mt 6,12).

Im Rahmen seiner Botschaft vom kommenden Reich Gottes beanspruchte der historische Jesus in der Darstellung des Markus, an Stelle und im Namen Gottes Sünden zu vergeben. Nach Mk 2,1–12 erfolgt die Heilung des Gelähmten, „damit ihr wisst, dass der Menschensohn Vollmacht hat, auf Erden Sünden zu vergeben" (Mk 2,10).[282] Was Josef gegenüber seinen Brüdern in Ägypten verneint hat („Bin ich denn an Gottes Statt?"; Gen 50,19), wird von Jesus beansprucht: im Namen Gottes und in dessen Vollmacht Sünden zu vergeben.

Dies wird besonders in jener Deutung sichtbar, die Jesus beim Abschiedsmahl nach dem Zeugnis der Synoptiker seinem unmittelbar bevorstehenden Tod gegeben hat. Zwar setzen die Evangelisten hier unterschiedliche Akzente. Doch stimmen sie darin überein, dass durch Jesu Tod Sünde und Schuld endgültig überwunden sind. Während Lukas den Tod Jesu als Beispiel einer vergebenden Liebe interpretiert, sieht Matthäus in Jesu Leiden und Sterben ein Geschehen, das die Sündenschuld der Menschen tilgt. Motive vom stellvertretenden Sühneleiden des jesajanischen Gottesknechts aufgreifend (bes. Jes 53), der in Teilen des zeitgenössischen Judentums messianisch interpretiert wurde,[283] deutet der matthäische

---

282 Zum Menschensohn-Titel vgl. Becker, *Jesus von Nazaret*, 249–254 (Lit.); Schröter, *Jesus von Nazaret*, 244–266. Nach Schröter hat sich Jesus selbst als „Menschensohn" bezeichnet und damit den Anspruch verbunden, eine besondere göttliche Sendung zu erfüllen. Der damit verbundene Bezug auf Dan 7,13f. verknüpft Jesu Anspruch mit der Erwartung eines Endgerichts.

283 Vgl. *Targum Jonatan zu Jes 53:* „(4) Dann wird er beten wegen unserer Übertretungen, und unsere Vergehen werden vergeben um seinetwillen, obgleich wir erachtet wurden als geschlagen, gestoßen vom Herrn her und heimgesucht. (5) Aber er wird aufbauen das Heiligtum, das befleckt war wegen unserer Sünden und aufgegeben war wegen unserer Missetaten. Und durch sein Lehren wird sein Frieden vielfältig sein über uns, und durch unsere Verehrung seiner Worte werden unsere Verfehlungen vergeben werden. (6) Und wir alle waren wie Schafe verstreut. Wir waren fortgegangen jeder auf seinem eigenen Weg. Aber es war das Wohlgefallen des Herrn, unsere Übertretungen zu vergeben von uns allem um seinetwillen (11) […] Durch seine Weisheit wird er gerecht machen die Gerechten, um viele dem Gesetz zu unterwerfen. Und für ihre Übertretungen wird er Fürbitte einlegen. (12) […] Und er wird Fürbitte machen für viele Übertretungen, und den Widerständigen wird vergeben werden

Jesus seinen bevorstehenden Tod im Sinne eines stellvertretenden Sühneleidens: „Das ist mein Blut des Bundes, das für viele vergossen wird zur Vergebung der Sünden" (Mt 26,28; vgl. 20,28 par.).[284] Matthäus übernimmt damit weitgehend die ihm vorliegende theologische Deutung des Markus.

Außerhalb der Jesusüberlieferung ist im Judentum eine durch Menschen ausgesprochene Sündenvergebung bislang nur ein einziges Mal bezeugt. In einem fragmentarisch erhaltenen Text aus Qumran, im sog. *Gebet des Nabonid*, heilt ein namentlich nicht genannter Jude (vielleicht Daniel; vgl. Dan 4) den babylonischen König und vergibt ihm die Sünden.[285] Die Nähe zu Mk 2,1–12 ist offenkundig. Allerdings wird in Mk 2,5 die Sündenvergebung durch ein *passivum divinum* zunächst Gott zugeordnet. Erst die nachträgliche Auslegung in den Versen 6–10 schreibt dem „Menschensohn" die Vollmacht zu, Sünden zu vergeben.[286]

---

um seinetwillen." (Übers. nach Berger/Colpe 35). – Vgl. Klaus Koch, *Messias und Sündenvergebung in Jesaja 53 – Targum*, in: JSJ 3 (1972) 117–148.

284 Vgl. zur aktuellen Diskussion um die Deutung des Todes Jesu im Sinne eines stellvertretenden Sühnetodes: *Deutungen des Todes Jesu im Neuen Testament*, hg. v. Jörg Frey/Jens Schröter (WUNT 181), Tübingen 2005; zum Gedanken der Stellvertretung: Günter Röhser, *Stellvertretung im Neuen Testament* (SBS 195), Stuttgart 2002.

285 4QprNab (= 4Q242): „Und meine Sünden erließ ein Beschwörer; er war ein jüdischer [Mann], einer v[on den Verbannten …]." (Übers. nach: André Dupont-Sommer, *Die essenischen Schriften vom Toten Meer*, übers. v. Walter W. Müller, Tübingen 1960, 348). Vgl. auch Rudolf Meyer, *Das Gebet des Nabonid. Eine in den Qumran-Handschriften wiederentdeckte Weisheitserzählung* (Sächsische Akademie der Wissenschaften zu Leipzig. Sitzungsberichte Phil.-H. 107), Berlin (Ost), Akademie-Verlag 1962; auch in: *Die Texte aus Qumran*, Bd. II, hg. von Annette Steudel, Darmstadt 2001, 162 f. – Nach Theissen/März, *Der historische Jesus*, schreibt sich Jesus „keine größere Vollmacht zu als jener anonyme Jude, der in 4QprNab Sünden vergibt" (416).

286 Mk 2,6–10 gilt im Allgemeinen als nachösterliche Deutung, nicht als authentisches Jesuswort – so bereits Rudolf Bultmann, *Die Geschichte der synoptischen Tradition*, Göttingen 1957, 12–14. Joachim Gnilka geht noch weiter und will 5b–10 als sekundäre Interpretation verstanden wissen (EKK II/1, 96). Gnilka weist jedoch auch auf den in Mk 2,28 artikulierten Vollmachtsanspruch Jesu über den Sabbat hin und gelangt dann zu dem Schluss: „Nirgendwo in der apokalyptischen Literatur des Judentums, wo die Menschensohngestalt beheimatet ist, wird ihr die Sündenvergebung zugesprochen. Vom transzendenten Menschensohn der Apokalyptik kann die Vollmacht nicht auf Jesus übertragen worden sein. Vielmehr ist sie mit dem Anspruch des irdischen Jesus und seinem

Ganz unvorstellbar für seine Zeitgenossen ist es also offenbar nicht, wenn Jesus unabhängig vom Jerusalemer Tempelkult die Vollmacht beansprucht, Sünden zu vergeben. Gleichwohl erregt sein Verhalten bei der Jerusalemer Aristokratie Ärgernis. Wenn die Priester vermutlich nicht einmal im Tempelkult die Vergebung von Sünden zusprachen,[287] dann war die Frage unvermeidlich: „Wer kann Sünden vergeben außer dem einen Gott?" (Mk 2,7).

Zwar hatte bereits der Täufer durch die Praxis eines mit dem Tempelkult konkurrierenden Ritus die Jerusalemer Priesterschaft herausgefordert. Doch hatte er die Umkehr- und Bußwilligen, die zu ihm an den Jordan kamen, um sich taufen zu lassen, lediglich dazu ermuntert, auf Gottes Barmherzigkeit zu vertrauen. Sünden zu vergeben, hatte Johannes nicht beansprucht. Demgegenüber stellt Jesus fest, dass Gott die Sünden des Gelähmten vergeben hat. Damit geht er über Johannes erkennbar hinaus. Dies entspricht zwar dem Vorgang im Gebet des Nabonid, erschien jedoch seinen Zeitgenossen außergewöhnlich genug.

Man darf in Jesu Anspruch, an Gottes Stelle zu handeln, einen wesentlichen Grund erblicken, der zum Tötungsbeschluss des Hohen Rates führte.[288] Indem er die Vergebung der Sünden durch Gott als faktisch vollzogen erklärte, setzte sich der Wanderprediger aus Galiläa an die Stelle Gottes. Diesen Gott verstand er – anders als die zeitgenössische Apokalyptik – nicht als einen Gott, der am Ende der Geschichte die Sünden der Menschen in einem Zorn-

---

Tod zu begründen. Im Tod Jesu wusste sich die Gemeinde befreit von ihren Sünden (1 Kor 15,3; Mk 10,45). Der Irdische kündet das Reich Gottes an und dokumentiert in seiner Gemeinschaft mit Sündern die Vergebung Gottes. Nachösterlich erkannte man, dass Gott sein Gnadenangebot im Tod Jesu durchgehalten hat. Das heißt, wenn die explizite Sündenvergebung durchaus mit dem Irdischen zu tun hat, dann aber so, dass das Kreuz mit in den Blick treten muss" (ebd., 101).

287 Vgl. Hofius, *Vergebungszuspruch und Vollmachtsfrage. Mk 2,1–12 und das Problem der priesterlichen Absolution.*

288 Vgl. Ulrich Luz, *Die Jesusgeschichte des Matthäus,* Neukirchen-Vluyn 1993, 162; Willibald Bösen, *Der letzte Tag des Jesus von Nazaret,* 196. – Zur Begründung für das Vorgehen des Hohen Rates gegen Jesus vgl. Mk 14,55–65. Zur Historizität der Vorwürfe (Tempelweissagung, falsche Prophetie und Verführung des Volkes, Messiasanspruch und Anspruch auf göttliche Würde) vgl. Theissen/Merz, *Der historische Jesus,* 404–406. Demnach könnte es sich bei den Vorwürfen um nachösterliche Gemeindebildung handeln. Jedenfalls fällt auf, dass der Anspruch, im Namen Gottes Sünden zu vergeben, im Zusammenhang mit dem Prozess gegen Jesus nicht ausdrücklich genannt ist.

gericht zu ahnden gedachte, sondern als einen Gott, der sich gegenüber den Sündern barmherzig erweist – vorausgesetzt nur, diese öffnen sich seiner Barmherzigkeit, indem sie ihre Sünden bereuen und sich um eine Praxis bemühen, die der Wirklichkeit des Gottesreiches entspricht.

Nicht nur der hoheitliche Anspruch, Sünden zu vergeben, sondern auch die Zuwendung Jesu zu den Ausgestoßenen, den Sündern, Zöllnern und Kranken lassen das Bild eines Gottes erkennen, der sich angesichts menschlicher Sünde und Schuld als barmherzig erweist. Jesus heilt Kranke und eröffnet ihnen so die Möglichkeit, in die soziale Gemeinschaft zurückzukehren; er pflegt mit Personen Tischgemeinschaft, die von der Gesellschaft gemieden werden. Auf diese Weise versinnbildlicht er über sein Predigen hinaus die barmherzige Zuwendung Gottes auch und besonders zu denjenigen, die nicht in der Lage sind, die Gebote der Tora zu halten, weil sie kultisch unrein sind. Die Mahlfeiern, die Jesus mit den Sündern hält, sind Sinnbilder der Gottesherrschaft, und diese umfasst Gerechte wie Sünder (vgl. Mt 21,31; Lk 7,34; 18,11).[289] Die einzige Bedingung, an die die eschatologische Tischgemeinschaft geknüpft ist, besteht darin, sich der Einladung zu dieser Gemeinschaft nicht zu verschließen. Hierzu zählt auch, die erfahrene Barmherzigkeit jenen Menschen weiterzugeben, die ihrer weiterhin bedürfen.[290] Hierbei setzen die Evangelisten unterschiedliche Akzente.

---

289 Vgl. umfassend Becker, *Jesus von Nazaret*, 194–211, sowie bes. zum Aspekt der Sündenvergebung Schröter, *Jesus von Nazaret*, 225 f.

290 Vgl. etwa das Gleichnis vom unbarmherzigen Großknecht (Mt 18,21–35). – Das in diesem Zusammenhang irritierende Gleichnis vom Hochzeitsmahl und seinem Ausschluss des ohne Festkleid Erschienenen (Mt 22,11–14) ist wohl im Licht von Mt 22,14 zu deuten: „Denn viele sind berufen, wenige aber auserwählt." „In anderen Gerichtsschilderungen bei Mt wird der Mensch nach seinem Tun gerichtet, dass er die Worte der Bergpredigt nicht nur gehört, sondern auch getan hat (7,24ff.), dass er den Willen des Vaters getan hat (7,21), dass er die Werke der Barmherzigkeit aufzuweisen hat (Mt 25,41ff.)" – so Joachim Gnilka (HThK.NT I/II, 241). Demnach ist nach Matthäus das „Tun der Gerechtigkeit" die Bedingung für den Zutritt zum Reich Gottes. Gnilka sieht in Mt 22,11–14 die „notwendige kritische Ergänzung" zu Mt 20,1b–20 (a.a.O., 183). – Augustins Verständnis von Mt 22,14 ist für seine Vorsehungs- und Prädestinationslehre grundlegend (vgl. unten 3.2.2).

2.4 Neues Testament

2.4.2.2 Markus: Gottes Macht über die Mächte des Bösen

Markus stellt in seinem Evangelium Jesus als denjenigen vor, der in seinem Zugehen auf Kreuz und Tod die Menschen von bösen Mächten, Dämonen, Krankheit und Sünde befreit. In diesen Taten der Befreiung erweist sich Gottes machtvolle und rettende Barmherzigkeit. Allerdings verstellt das bei Markus zentrale Motiv des Dämonenkampfes die Wirklichkeit der vom Menschen selbst zu verantwortenden Sünde. Deshalb werden Möglichkeit, Notwendigkeit und Wirklichkeit der Versöhnung weniger anthropologisch als vielmehr theologisch begriffen: Es geht darum, dass sich Gottes Heilsplan in der Geschichte gegen alle widergöttlichen Mächte durchsetzt. Die endgültige Überwindung der Sünde und des Todes geschieht durch das Kreuz.

Gottes Heilswille führt dazu, dass sich sein Sohn bis zum „Sterben-für" investiert: „Der Menschensohn ist nicht gekommen, um sich dienen zu lassen, sondern um zu dienen und sein Leben hinzugeben als Lösegeld für viele" (Mk 10,45; vgl. Jes 53,12). In seinem Tod, der zugleich das Ende des Tempelkultes bedeutet (vgl. Mk 15,29. 37 f.), offenbart sich ein ebenso unbedingter wie universaler Heilswille, der, wie das Zeugnis des römischen Hauptmanns unter dem Kreuz zeigt (Mk 15,39), Juden wie Heiden, Sündern wie Gerechten gilt.

Gottes Heil verwirklicht sich als machtvolle Befreiung: Durch Jesu Tod am Kreuz steht der Mensch nicht mehr unter der Herrschaft der Sünde (vgl. auch 1 Kor 15,3). Und Jesu barmherzige Zuwendung zu den leidenden Menschen, den Gelähmten, Blinden oder Ausgestoßenen, befreit sie aus Krankheit und sozialen Zwängen. Deutet man den Disput um den Stellenwert des Shabbats als einen Disput nicht um die Geltung der Tora als solcher, sondern um deren Auslegung, dann erweist sich die Vollmacht des „Menschensohnes" über Sünde und Shabbat (vgl. Mk 12,10; 2,28) als Doppelgestalt der Zugewandtheit Gottes zu den an Körper und Geist Not leidenden Menschen.

2.4.2.3 Matthäus: Leben aus der größeren Gerechtigkeit Gottes

Klarer als Markus erfasst Matthäus die *anthropologische* Wirklichkeit der Sünde. Deshalb findet sich bei ihm auch ein gehaltvollerer Begriff von Versöhnung. Dieser umfasst die doppelte Dimension der Versöhnung der Menschen untereinander und mit Gott. Die von Markus übernommene Erzählung von der Heilung des Gelähmten und der Vollmacht des „Menschensohnes", Sünden zu

Bibeltheologische Perspektiven

vergeben, schließt bei Matthäus mit dem Erschrecken der Umstehenden und ihrem Lobpreis Gottes, „der den Menschen solche Vollmacht gegeben hat" (Mt 9,8).[291]

Der Evangelist rechnet offenbar damit, dass Jesu Sündenvergebung kein exklusives Tun ist. Deshalb kann er Jesu Vollmacht zur Sündenvergebung auf die *Ekklesia* übertragen sehen; diese erhält mit der Vollmacht, zu binden und zu lösen, die Vollmacht, im Namen Jesu Sünden zu vergeben.[292] Praktisch wird dies darin, dass die „Gemeindeordnung" des Matthäus ein dreistufiges Bußverfahren vorsieht (Mt 18,15–18), durch das die Sünder wieder in die Gemeinschaft der Kirche integriert werden können.

Matthäus anerkennt in seinem Evangelium die Tatsache, dass es auch unter denen, die Christus nachfolgen wollen, Sünde und Schuld gibt. In seiner Gemeindeordnung ruft er deshalb die Christen zu Versöhnung auf. Versöhnung ist deshalb möglich, weil zuvor Gott dem sündigen Menschen mit seiner Barmherzigkeit begegnet ist. Der Großknecht verspielt Gottes Erbarmen; denn indem er seinen eigenen Schuldnern keinen Nachlass gewährt, obwohl ihm selbst alles erlassen wurde, verkennt er, dass sein eigenes Leben und sein Freisein von Schuld in der Vergebung Gottes gründen (vgl. Mt 18,23–35). Als freier Vollzug des Menschen kann Vergebung nicht erzwungen werden; ihre Verweigerung aber verschließt den Menschen in sich selbst und lässt ihn in seiner Verkapselung verkümmern. Nicht sieben Mal, sondern siebenundsiebzig Mal ist deshalb demjenigen zu verzeihen, der sich an einem versündigt hat (vgl. Mt 18,22). Das in der Gemeindeordnung skizzierte Bußverfahren zur Wiedereingliederung des Sünders zieht die Konsequenzen aus jener Utopie christlicher Existenz, die in der Bergpredigt als das neue Gesetz des Mose vorgestellt wurde und im Gebot der Feindesliebe kulminiert (Mt 5,43–48 par. Lk 6,27f. 32–36).[293]

---

291 Vgl. zu den Heilungswundern im Matthäusevangelium u.a. Dieter Trunk, *Der messianische Heiler. Eine redaktions- und religionsgeschichtliche Studie zu den Exorzismen im Matthäusevangelium* (HBS 3), Freiburg u.a. 1994, wonach Jesu Heilungen die Menschen wieder in den ursprünglichen Schöpfungszustand einsetzen (39).

292 Vgl. Mt 18,18; vgl. 16,19; Joh 20,23. – Zur Metaphorik von „Binden" und „Lösen" im jüdischen Schrifttum vgl. Strack/Billerbeck I, 738–741.

293 Mit dem Gebot der Feindesliebe knüpft Jesus an biblische und frühjüdische Traditionen an. Nach Ex 23,4f. sollen verirrte Tiere selbst dann zurückgebracht werden, wenn sie einem Feind gehören. Diesem soll Nahrung gewährt werden, wann immer er Hunger oder Durst verspürt (Spr 21f.). Und nach Ps 35,11–14 soll selbst für diejenigen gebetet wer-

Im Rückgriff auf Dtn 6,5 und Lev 19,18 verknüpft Jesus Gottes- und Nächstenliebe miteinander. Beides steht nicht im Gegensatz zueinander, sondern bestärkt sich wechselseitig (Mt 22,34–40 par.). Matthäus zieht daraus die Konsequenzen für die Ethik. Wenn es beim Propheten Hosea heißt, dass Gott Barmherzigkeit will und keine Opfer (Mt 9,13; 12,7; vgl. Hos 6,6), so soll Barmherzigkeit auch das Zusammenleben der Christen bestimmen. Und „wie der Menschensohn nicht kam, um sich dienen zu lassen, sondern um zu dienen" (Mt 20,28), so sollen auch die Menschen einander dienen. Die den Menschen zugewandte Praxis Jesu, in der sich das Wesen und der Wille Gottes offenbaren, soll Maßstab werden für die sittliche Praxis der Christen: „Ihr sollt also vollkommen sein, wie euer himmlischer Vater vollkommen ist" (Mt 5,48).

In der Darstellung des Matthäus konfrontiert Jesu Predigt von der Barmherzigkeit Gottes seine Hörer mit dem bereits aus der Apokalyptik und von Johannes dem Täufer bekannten Gedanken des Gerichts; nun aber so, dass nicht die Angst vor dem Zorn Gottes und der drohenden Verdammnis zum Beweggrund sittlichen Handelns wird, sondern die Erfahrung der Gnade und Barmherzigkeit Gottes. Anders als beim Täufer ist deshalb die Vergebung der Sünden nicht an eine vorherige Umkehr geknüpft. Allerdings macht die barmherzige Zuwendung Gottes zwischenmenschliche Versöhnung nicht überflüssig.

Dies zeigt sich besonders in der für die Frage nach dem Verhältnis von Gerechtigkeit und Barmherzigkeit Gottes und der Möglichkeit von Versöhnung zentralen Stelle Mt 5,23–25. Das Logion zählt zum Sondergut des Matthäus. Es überliefert Jesu Mahnung, im Tempel kein Opfer darzubringen, ohne sich vorher mit seinem „Bruder" versöhnt zu haben. Im Sinne des Matthäus wird Versöhnung als Voraussetzung begriffen, sittlich geläutert in die Beziehung mit Gott eintreten zu können. Die Versöhnung mit Gott setzt die Versöhnung mit dem Mitmenschen voraus. Diese Forderung entspricht der fünften Bitte des *Vaterunsers:* „Und vergib uns unsere Schuld, wie auch wir vergeben haben jenen, die an uns schuldig geworden sind." Erläuternd fügt Jesus nach Matthäus

---

den, die einem Gutes mit Bösem vergelten und üble Nachrede verbreiten. „Meiner Liebe wegen klagen sie mich an, während ich im Gebet verharre. / Gutes vergalten sie mir mit Bösem und meine Liebe mit Hass" (Ps 109,4f.). – Vgl. Hubert Frankemölle, Art. *„Feindesliebe",* in: LThK 3, ³1995, 1212 f.; Becker, *Jesus von Nazaret,* 322–337; Theissen/ Merz, *Der historische Jesus,* 347–349.

Bibeltheologische Perspektiven

hinzu: „Denn wenn ihr den Menschen ihre Verfehlungen vergebt, dann wird euer himmlischer Vater auch euch vergeben. Wenn ihr aber den Menschen nicht vergebt, dann wird auch euer Vater eure Verfehlungen nicht vergeben" (Mt 6,12–15).

In der matthäischen Überlieferung (und Komposition) der Bergpredigt fordert Jesus von seinen Jüngern, dass ihre Gerechtigkeit die der Schriftgelehrten und Pharisäer übertrifft (vgl. Mt 5,20). Dabei findet die „größere Gerechtigkeit" der Jünger ihr Maß nicht in der Befolgung irdischer Gesetze und auch nicht in einer strengeren Beachtung der Tora – der Menschensohn ist ja „Herr über den Shabbat" (Mt 12,8).[294] Sie findet ihr Maß vielmehr an der „Gerechtigkeit des Gottesreiches" (vgl. Mt 6,33). Diese Gerechtigkeit ist dadurch charakterisiert, dass sie jedes ökonomische Kalkül überschreitet. Bei ihr geht es nicht um Ausgleichs- oder Verteilungsgerechtigkeit und auch nicht um Tauschgerechtigkeit im Sinne eines *do ut des*. Vielmehr geht es darum, dass der Mensch aus der ihm von Gott frei gewährten Gabe leben kann. Treffend kann deshalb die Gerechtigkeit des Gottesreiches als eine „Ökonomie der Gabe" bezeichnet werden.[295]

Die Parabel von den Arbeitern im Weinberg, die nur bei Matthäus überliefert ist, verdeutlicht diese Konzeption. Die Parabel ist in den Zusammenhang des Weges Jesu nach Jerusalem hineingestellt (Mt 20,1b–15). Vorausgesetzt, dass der Weinbergbesitzer mit Gott identifiziert werden darf,[296] gibt sie einen Hin-

---

294 Vgl. hierzu die Hinweise bei Theissen/März, *Der historische Jesus*, 321–332, die ein „ambivalentes" Verhältnis Jesu zur Tora erkennen (322f.).

295 Zur „Ökonomie der Gabe" vgl. u.a. die Beiträge in Veronika Hoffmann (Hg.), *Die Gabe. Ein „Urwort" der Theologie?*, Paderborn 2008, sowie bereits Magdalene Frettlöh, *Der Charme der gerechten Gabe. Motive einer Theologie und Ethik der Gabe am Beispiel der paulinischen Kollekte für Jerusalem*, in: Jürgen Ebach u.a. (Hgg.), „Leget Anmut in das Geben". Zum Verhältnis von Ökonomie und Theologie (Jabbok 1), Gütersloh 2001, 105–161. Die neuere Theologie hat die vor allem im französischen Sprachraum geführte Diskussion um eine „Ökonomie der Gabe" aufgegriffen und sucht sie für ein Verständnis von Offenbarung und Gnade fruchtbar zu machen.

296 Vgl. das „Lied vom Weinberg" (Jes 5,1–7) u.a. – Zu Mt 20,1–15 vgl. neben den einschlägigen Kommentaren bes. Becker, *Jesus von Nazaret*, 299–205. Becker sieht in der Parabel einen Kronzeugen für seine Interpretation der Gestalt Jesu als Künder des Gottesreichs: „Der tiefe Grund, warum für Jesus vergleichendes Gerechtigkeitsdenken entfällt […] ist die ihm gewisse Verlorenheit ganz Israels, die nur so aufgehoben werden kann, dass die Gottesherrschaft als den Verlorenen nahe Güte

weis darauf, was mit der „größeren Gerechtigkeit" gemeint ist, die das Gottesreich charakterisiert. Denn die Entlohnung des Weinbergbesitzers, die den Gerechtigkeitssinn der Arbeiter der ersten Stunde nachvollziehbar provoziert, wird von Matthäus als Sinnbild für die Zustände im „Himmelreich" vorgestellt. Um die Provokation auf ihre innere Logik hin plausibel zu machen, wird die zunächst formale, durch ihre gewinnende Anrede gleichwohl auf Zustimmung hin angelegte Argumentation des Weinbergbesitzers [„Freund, ich tue dir nicht unrecht. Hast du dich nicht mit mir auf einen Denar geeinigt?" (20,13)] in zweifacher Richtung überschritten. Zum einen verweist der Weinbergbesitzer auf seine Souveränität: „Oder ist es mir nicht etwa erlaubt, mit dem, was mein ist, zu tun, was ich will?" Aber diese Souveränität ist keine formale Willkür; sie wird vielmehr – in einem weiteren Schritt – als jene Praxis der Güte qualifiziert, die formales Gerechtigkeitsdenken hinter sich lässt: „Machst du ein böses Gesicht, weil ich gütig bin?" (20,15).[297]

Die Parabel von den Arbeitern im Weinberg dürfte ihrem Ursprung nach auf Jesus selbst zurückgehen.[298] Ihre Sinnspitze ist nicht die Frage nach dem Begriff der ökonomischen Gerechtigkeit („gerechter Lohn"). Erst recht nicht ist von Schuld oder deren Vergeltung die Rede. Vielmehr geht es um die Erfahrung der unerwarteten Güte Gottes. Diese transzendiert jedes formale Gerechtigkeitsdenken. Es geht um die Logik einer Fülle des Lebens in der Gemeinschaft mit Gott, die jedes Verrechnen hinter sich lässt, weil sie sich von der je größeren Güte umfasst weiß. Es ist die Logik einer Überfülle, die in Gott gründet, und angesichts deren jedes Aufrechnen von Ansprüchen unangemessen erscheint.

---

waltet. Der, der außerhalb dieser Ansicht steht, muss diese Güte als Zumutung empfinden. Darum ist sie umstritten und Angriffen vom Gerechtigkeitsprinzip her ausgeliefert. […] Die Güte der Gottesherrschaft richtet sich nicht nach dem allgemeinen Verständnis von Gerechtigkeit, sondern stellt heraus: was die Güte schafft, ist gerecht" (304 f.).

297 Der von Matthäus an dieser Stelle seiner Vorlage vermutlich hinzugefügte Satz von den „Ersten" und den „Letzten" ist auf die Christengemeinde und ihre Positionierung in Bezug auf das Judentum hin gesprochen.

298 Jürgen Becker begründet dies auch unter Hinweis auf die klare Unterscheidung der Parabel gegenüber vergleichbaren Behandlungen des Stoffes in der rabbinischen Literatur (*Jesus von Nazaret*, 300 f.; unter Hinweis auf Catherine Hezser, *Lohnmetaphorik und Arbeitswelt in Mt 20,1–16* [NTOA 15], Göttingen 1990, 157–236; im Ergebnis ähnlich, aber weniger pointiert Gnilka, HThK.NT 1/II, 177.

Bibeltheologische Perspektiven

Deshalb sind ihre motivgeschichtlichen Voraussetzungen in der alttestamentlichen Überlieferung auch dort zu finden, wo sich mit der Erwartung eines messianischen Zeitalters die Fülle der Gaben Gottes verbindet.[299]

2.4.2.4 Lukas: Leben aus der Barmherzigkeit Gottes

Lässt das Matthäusevangelium als Adressaten Christen erkennen, die dem Judentum nahestehen, so wendet sich Lukas mit seinem Evangelium an Menschen, die diesen religiösen Hintergrund nicht teilen. Aus zahlreichen Gleichnisüberlieferungen wird darüber hinaus erkennbar, dass es in den Gemeinden des Lukas erhebliche soziale Spannungen gegeben hat. Die Frage nach der Möglichkeit von Barmherzigkeit und Verzeihen ist deshalb ein zentrales Thema des Evangeliums. Ihre paradigmatische Antwort findet sie in der Parabel vom barmherzigen Vater (Lk 15,11–32). Insofern auch in dieser Parabel die Vatergestalt für Gott stehen kann,[300] sind auch in ihr Theologie und ethische Parenäse innerlich miteinander verwoben.

Die Parabel ist vor allem zum Ende hin von der Spannung zwischen Gerechtigkeit und Barmherzigkeit getragen – und dies, obwohl im griechischen Text weder von Gerechtigkeit noch von Barmherzigkeit ausdrücklich die Rede ist.

Zunächst erscheint die Freude des Vaters über die Rückkehr seines Sohnes überzeugend: Ihm, der das ihm ausgezahlte Vermögen verprasst und sexuell ausschweifend gelebt hat, begegnet er mit väterlichem Erbarmen und setzt ihn wieder an Sohnes statt ein. Doch angesichts dieses menschlich unmittelbar einleuchtenden und zudem an Hos 11,1–11 und Jer 31,20 erinnernden Verhaltens des Vaters stellt der ältere Sohn, der gerade von seiner Feldarbeit nach Hause kommt, dessen Gerechtigkeit in Frage.[301] Die Barmherzigkeit des Vaters erscheint dem älteren Sohn ungerecht. Sie missachtet seine Treue und seinen Gehorsam. Der Sohn erinnert den Vater daran, dass beides niemals belohnt wurde, sondern stets

---

299 Vgl. u.a. Jes 61 sowie weitere Passagen aus Trito-Jesaja.
300 Vgl. zur Vater-Metaphorik in den Evangelien: Theissen/Merz, *Der historische Jesus*, 458 f. (Lit.).
301 „²⁹ All die Jahre diene ich dir nun, und nie habe ich ein Gebot von dir übertreten. Doch mir hast du nie einen Ziegenbock gegeben, dass ich mit meinen Freunden hätte feiern können. ³⁰ Aber nun, da dein Sohn heimgekommen ist, der da, der dein Vermögen mit den Huren verprasst hat, hast du für ihn das Mastkalb geschlachtet" (15,29 f.).

als selbstverständlich galt; gegenüber seinem Bruder fordert er Gerechtigkeit statt Barmherzigkeit.

Im historischen Zusammenhang dürften hinter dieser Argumentation Konflikte stehen, die Jesus mit den Pharisäern und Schriftgelehrten über die Verbindlichkeit der Tora auszutragen hatte. Auch wird man die Parabel im Kontext der Auseinandersetzung der jungen Kirche mit dem zeitgenössischen Judentum lesen dürfen.[302] Und schließlich dürften sich in ihr soziale Spannungen innerhalb der christlichen Gemeinden des Lukas spiegeln. Unabhängig von all dem bleibt die sachliche Provokation: dass nämlich die Barmherzigkeit des Vaters der Logik einer Gerechtigkeit widerspricht, die auf einem der erbrachten Leistung angemessenen Ausgleich besteht,[303] und an ihre Stelle eine Logik setzt, die bedingungslose Barmherzigkeit übt. Wie die Parabel von den Arbeitern im Weinberg im Matthäusevangelium propagiert die Parabel vom barmherzigen Vater eine „Ökonomie der Gabe", die nicht auf Leistung und Gegenleistung bedacht ist, sondern die Überfülle Gottes zu ihrem Prinzip hat.

Der Vater sucht die Logik der Gerechtigkeit nicht zu entkräften. Er erinnert vielmehr den älteren Bruder an die Freude des Wiedersehens. Diese Freude sucht ihren Ausdruck in einer Geste der Barmherzigkeit, die Recht und Gerechtigkeit hinter sich lässt. Die unmittelbare Begegnung von Angesicht zu Angesicht, so scheint

---

302 So etwa Jacob Kremer, *Lukasevangelium* (NEB 3), Würzburg 1988, 16. Trotzdem stammt die Parabel im Kern wohl von Jesus selbst: „Die Bestreitung jesuanischer Autorschaft verlief bisher erfolglos, ist doch in der Erzählung Jesu Kernaussage geradezu klassisch auf den Punkt gebracht und auch das für frühjüdisches Denken Anstößige der Botschaft in die Parabel eingewoben" (Becker, *Jesus von Nazaret,* 190). Jesu „Kernaussage" sieht Becker darin, dass angesichts der Gottesherrschaft die Entscheidung unausweichlich ist, sich ihrer Logik anzuschließen oder sich ihr zu entziehen. Diese Entscheidung ist eine auf Leben und Tod: „Tot ist nach Jesus, wer abseits der Gottesherrschaft steht (Lk 9,60 = Mt 8,22), die jetzt schon die Wirklichkeit bestimmt [...] Heil ist überhaupt nur noch so erschwinglich, dass es als Annahme des Verlorenen durch Gott von Gott bewerkstelligt wird" (193). – Zur Authentizität und Integrität der Parabel vgl. auch Gnilka, *Jesus von Nazaret,* 103 f.

303 Ob unter dem „Vater" Jesus zu verstehen ist (so Jacob Kremer, NEB. NT 3, 160) oder – wie weithin angenommen – Gott, mit dessen Erbarmen der Sünder rechnen darf, kann hier offenbleiben und ist für die anstehende Thematik insofern nachrangig, weil Jesus beansprucht, in seiner Person den Vater zu offenbaren.

es, besitzt eine ihr eigentümliche und darin zugleich zwingende Logik, die jede formale Gerechtigkeitslogik hinter sich lässt.[304] Den Schritt hin zur größeren Logik der Barmherzigkeit hatten bereits die beiden vorausgehenden Gleichnisse vollzogen, das Gleichnis vom verlorenen Schaf (Lk 15,4–7) und von der verlorenen Drachme (Lk 15,8–10). Beide Gleichnisse werden soteriologisch interpretiert und dabei in eine kosmische Perspektive eingerückt: „Ich sage euch: so wird man sich auch im Himmel mehr freuen über einen Sünder, der umkehrt, als über neunundneunzig Gerechte, die keiner Umkehr bedürfen".[305] In der Wirklichkeit des Gottesreiches ruft die Umkehr des Sünders eine emotional bewegte Zustimmung hervor, die sich nicht am Maßstab irdischen Rechts und ökonomischer Gerechtigkeit bemisst.

Im Gleichnis vom barmherzigen Vater wird dem älteren Sohn kein Vetorecht eingeräumt. Es wird nicht einmal mit der Möglichkeit gerechnet, dass sein Widerstand den Vater daran hindert, ein Festmahl zu feiern. Vielmehr setzt der Vater auf die Evidenz der Umkehr: Diese wird den Älteren dazu bewegen, sich der Freude über die Rückkehr, ja die „Auferstehung aus dem Tod" ($\nu\epsilon\kappa\rho\grave{o}\varsigma\ \mathring{\eta}\nu$ $\kappa\alpha\grave{\iota}\ \mathring{\epsilon}\zeta\eta\sigma\epsilon\nu$"; 15,32) des jüngeren Bruders anzuschließen. Das Ende der Parabel bleibt offen. Ob sich der ältere Bruder von der Logik des Verzeihens überzeugen lässt oder nicht, wird nicht gesagt. Damit bleibt es auch den Hörenden überlassen, zu entscheiden, ob sie in die Logik des Verzeihens einstimmen wollen oder nicht.

Zur Logik des Verzeihens gehört auch, dass Umkehr und Vergebung die Möglichkeit zu einer Neubestimmung von Freiheit eröffnen. Zwar ist die Vergangenheit nicht ausgelöscht, doch engt sie die künftigen Möglichkeiten weniger ein als zuvor. Das Festmahl mit dem zurückgekehrten Sohn eröffnet eine neue gemeinsame Zukunft, die auch dem älteren Sohn offensteht.

---

304 Vgl. Emmanuel Levinas: „Was das Antlitz »bedeutet«, das heißt: zu verstehen gibt, das spricht sich aus in der Bitte: du wirst mich nicht töten. Die Ohnmacht dieser Bitte hat jedoch den Rang eines Befehls: du *darfst* mich nicht töten. Diesen Befehl vernimmt aber nur ein Bewusstsein, das in seiner Gewaltsamkeit erschüttert ist …" (*Humanismus des anderen Menschen*, XI). – In dem Drama *Mutters Courage* von George Tabori wird davor gewarnt, dem Mörder ins Angesicht zu blicken – weil dann vielleicht doch Vergebung möglich wird: „Hüte dich davor, deinem Feind in die Augen zu sehen, mein Schatz, es könnte sein, dass du aufhörst, ihn zu hassen, und somit die Toten verrätst" (Tb.-Ausg. Berlin 2003).

305 Mt 15,7; vgl. ebd. 15,10: „So wird man sich freuen im Beisein der Engel Gottes über *einen* Sünder, der umkehrt."

Jenseits der in dieser Konstellation erkennbaren missionspolitischen Positionsbestimmung des Christentums gegenüber Judentum und Heidentum artikuliert sich im Gleichnis vom barmherzigen Vater eine Theologie, welche die Einladung zur Versöhnung der Menschen untereinander und mit Gott im Wesen eines Gottes begründet sieht, der sich auch im Angesicht der Schuld als barmherzig erweist – und gerade so an die Grenze humanen Gerechtigkeitsempfindens rührt.

Knut Backhaus identifiziert im Doppelwerk des Lukas insgesamt eine „versöhnliche Theologie".[306] Gleich zu Beginn (Lk 1,17) wird im Wort des Engels an Zacharias die erwähnte Weissagung des Malachias (Mal 3,23 f.) aufgegriffen, die den Kanon der prophetischen Schriften beschließt. Es folgen das eingangs erwähnte *Magnificat* mit seinem Lobpreis der Barmherzigkeit Gottes und das *Benediktus* (Lk 1,68–79) mit seiner Botschaft vom „aufgehenden Licht aus der Höhe". Dieses Licht leuchtet allen, „die in Finsternis und in Todesschatten sitzen", damit das Volk „durch die Vergebung ihrer Sünden" zur „Erkenntnis des Heils" gelangt (V. 77–79). Die Anzeige der Geburt Jesu an die Hirten (Lk 2,11.14) propagiert die Herrlichkeit Gottes in der Höhe und den „Frieden auf Erden bei den Menschen". Dieser Friede setzt sich unter den Menschen in der Zusage der Sündenvergebung durch. Er beginnt mit der Buß- und Umkehrpredigt des Täufers und mit seiner Taufe zur Vergebung der Sünden (Lk 3,3) und kulminiert in Jesu Zusage der Sündenvergebung (Lk 5,17–26; 7,36–50). Die Praxis der von Gott her autorisierten Sündenvergebung ist zentrales Merkmal der ersten Christen und ihrer Missionstätigkeit (vgl. Lk 24,47). Die Predigt des Petrus vor dem Hohen Rat gipfelt in dem Bekenntnis, dass Gott den Gekreuzigten „zu seiner Rechten erhöht und zum Fürsten und Retter gemacht" hat, „um Israel Umkehr zu schenken und Vergebung der Sünden zu schenken" (Lk 5,31).

Die Erfahrung der Sündenvergebung befähigt die Menschen, auch einander zu vergeben. Anders als Matthäus, der das Ziel sittlichen und religiösen Strebens in der gottgleichen Vollkommenheit des Menschen erblickt (Mt 5,48), zentriert Lukas die Feldrede Jesu um den programmatischen Appell zu Feindesliebe und zu wechselseitiger Barmherzigkeit: „Seid barmherzig, wie euer Vater barmherzig ist."[307]

---

306 Fischer/Backhaus, *Sühne und Versöhnung*, 86.
307 Lk 6,36; vgl. Lk 11,4 par.; Mt 18,21–35; Kol 3,13.

Bibeltheologische Perspektiven

In diesen Kontext ordnet sich auch die Deutung ein, die Lukas dem Kreuzesgeschehen gibt. Mit Rücksicht auf seine hellenistisch geprägten Leser interpretiert Lukas den Tod Jesu nicht als ein Sühneopfer.[308] Eine solche Interpretation musste Hörern unverständlich bleiben, denen – anders als den Adressaten des Matthäusevangeliums oder des Hebräerbriefes – die religiöse Vorstellungswelt des Judentums fremd war. Nach Lukas zielten Jesu Praxis und Verkündigung auf die Versöhnung der Menschen mit Gott und untereinander. Jesu Tod ist deshalb kein Opfer für die Versöhnung der Menschen mit Gott, sondern die Konsequenz der Sünde von Menschen, die sich – anders als die Sünder, Zöllner und Marginalisierten (vgl. Lk 15,1 f.) – der Barmherzigkeit Gottes verschließen. Jesu Tod am Kreuz offenbart die Logik einer Welt, die sich der Logik der Barmherzigkeit versperrt.

Die Logik der Barmherzigkeit hingegen wird bis in den letzten Atemzug des Gekreuzigten durchgehalten, wenn dieser sterbend seinen Henkern vergibt (vgl. Lk 23,34) und dem Schächer an seiner Seite die Gemeinschaft im Paradies verheißt (Lk 23,43). Jesus, so Knut Backhaus pointiert, „stirbt vergebend, nicht *zur Vergebung*". Jesu Sterben beinhaltet den moralischen Appell zur Nachfolge: „So wie er – tapfer, vertrauend, versöhnungsbereit, betend – kann jeder Christ sterben."[309]

Das Urbild der Nachfolge zeigt sich bereits in der Art und Weise, wie der Protomartyrer Stephanus stirbt. Noch im Todeskampf betet er für seine Mörder: „Herr, rechne ihnen diese Sünde nicht an!" (Apg 7,60). Die Vergebung wiederum schenkt das Leben: bereits hier in der Gemeinschaft der Jünger und der *Ekklesia*, vor allem aber in der Gemeinschaft mit Gott. Deshalb ist Jesus in der Darstellung des Lukas „Anführer im Drama des Lebens" (vgl. Apg 3,15). Sein Tod „ist dessen letzter und glaubwürdigster Akt".[310] Freilich endet das Drama nicht mit Jesu Tod. Vielmehr bestätigt und bekräftigt seine Auferstehung, dass sich in ihm tatsächlich *Gottes* Barmherzigkeit geoffenbart hat, und dass diese Barmherzigkeit sich auch gegen die gottwidrigen Mächte durchzusetzen vermag. Damit wird

---

308 Vgl. Gnilka, *Jesus von Nazaret*, 103; zur lukanischen Passionstheologie vgl. Petr Pokorný, *Theologie der lukanischen Schriften* (FRLANT 174), Göttingen 1998, bes. 148–151; Anton Büchele, *Der Tod Jesu bei Lukas* (FTS 26), Frankfurt 1978; ferner Thomas Söding, *Der Gottessohn aus Nazaret. Das Menschsein Jesu im Neuen Testament*, Freiburg – Basel – Wien 2006, 52 f.
309 Fischer/Backhaus, *Sühne und Versöhnung*, 87.
310 Ebd.

deutlich, dass Gottes Barmherzigkeit nicht harmlos ist, sondern als „rettende Gerechtigkeit" in der Tradition der Offenbarung Gottes im Alten Testament steht.

Trotz unterschiedlicher Akzentsetzungen sind sich die synoptischen Evangelien darin einig, dass in Jesu Verkündigung, seinem Leben und Sterben die unbedingte Entschiedenheit Gottes für den Menschen auch und gerade dann zur Erscheinung gelangt, wenn der Mensch als Sünder vor ihm steht. Erst dort, wo der Sünder die Einladung zur Umkehr ausschlägt, trifft er auf den Zorn Gottes. In Jesu Weherufen über die „Pharisäer" und „Schriftgelehrten"[311] oder in der Ankündigung einer Verwerfung derjenigen, die sich dem Gottesreich verschließen,[312] manifestiert sich deshalb kein gewalttätiger Gott, sondern Gottes Achtung selbst vor jenen noch, die sich der Logik der Barmherzigkeit verschließen und die gerade so ihre ursprüngliche Bestimmung verfehlen, sich der Freiheit Gottes und ihrer Mitmenschen zu öffnen.[313]

2.4.3 Gerechtigkeit Gottes als Rechtfertigung und Versöhnung nach Paulus

Das Bild, das die Synoptiker von Jesus zeichnen, lässt die Wirklichkeit jenes Gottes durchscheinen, der sich bereits nach alttestamentlichem Zeugnis als derjenige offenbart hat, der sich den Sündern gegenüber als barmherzig und den Verfolgten als solidarisch und

---

311 Die „Weherufe" entstammen mehrheitlich der Logienquelle; vgl. Mt 23,13–36 par. Lk 11,39–52.
312 Vgl. Mt 8,12; 13,42.50; 22,13; 24,51; 25,30; Lk 13,28.
313 Das hier nicht näher betrachtete *Johannesevangelium* bringt dies treffend zum Ausdruck: „Wer an ihn glaubt, wird nicht gerichtet; wer aber nicht glaubt, ist schon gerichtet, weil er nicht an den Namen des einzigen Sohnes Gottes geglaubt hat" (Joh 3,18; vgl. 3,36). – Üblicherweise werden die johanneischen Schriften als Zeugnisse einer „präsentischen Eschatologie" betrachtet. Dies trifft jedoch nur zum Teil zu. „Das Johannesevangelium enthält unausgeglichen nebeneinander sowohl futurisch-apokalyptische als auch präsentisch-eschatologische Aussagen" (Georg Strecker, *Theologie des Neuen Testaments,* 521); vgl. auch Georg Richter, *Präsentische und futurische Eschatologie im 4. Evangelium,* in: Ders., Studien zum Johannesevangelium (Biblische Untersuchungen 13), Regensburg 1977, 346–382; Rudolf Bultmann, *Die Eschatologie des Johannes-Evangeliums,* in: Ders., Glauben und Verstehen I, Tübingen, ND 1980, 134–152. Auch Jörg Frey hat nachgewiesen, dass im vierten Evangelium zukunftsbezogene und gegenwärtige Aussagen miteinander verknüpft sind: *Die johanneische Eschatologie,* Bd. 3: *Die eschatologische Verkündigung in den johanneischen Texten* (WUNT 117), Tübingen 2000.

Bibeltheologische Perspektiven

rettend erwiesen hat. In seinem Leiden und Sterben offenbart sich der Heilswille eines Gottes, der nicht den Tod des Ungerechten will, sondern dessen Umkehr zum Leben (vgl. Ez 18,23; 33,11; Lk 15,7).

Haben die Synoptiker deutlich akzentuieren können, dass sich die heilende Zuwendung Gottes zum Menschen nicht auf die Vergebung der Sünden beschränkt, sondern auch seine Solidarität mit den Unterdrückten und Ausgestoßenen umfasst, so scheint sich Paulus in seiner Deutung des Erlösungswerkes ganz auf Jesu stellvertretendes und die Sünden der Menschen sühnendes Sterben zu konzentrieren. Versöhnung mit Gott und Versöhnung der Menschen untereinander wird demzufolge vor allem dadurch möglich, dass der Mensch dieses Heilsgeschehen gläubig annimmt und sich in seiner Existenz von ihm her bestimmen lässt.[314]

Dieser Grundgedanke wird von Paulus hinsichtlich seiner theologischen und anthropologischen Voraussetzungen sowie hinsichtlich seiner soteriologischen Konsequenzen entfaltet. Obwohl seine Schriften eher entstanden sind als die Evangelien, setzen sie doch das in den Evangelien berichtete Geschehen voraus. Dies rechtfertigt es, die Verhältnisbestimmung von Gerechtigkeit und Barmherzigkeit Gottes in den paulinischen Schriften erst im Anschluss an die in den Evangelien vorgenommene Verhältnisbestimmung zu behandeln.

Für Paulus besteht das Ziel des Christseins darin, aus der Erfahrung der barmherzigen Zuwendung Gottes zu leben. Die Zuwendung Gottes kann sich der Mensch durch keinerlei eigenes Zutun erwerben. Ohne den Glauben an die Menschwerdung und die Selbsthingabe des Sohnes am Kreuz nutzt selbst ein vollkommener Gehorsam gegenüber der Tora nichts; er wiegt den Menschen vielmehr in einer falschen Heilssicherheit. Die Tora bringt die Macht der Sünde zutage; sie trägt aber nicht dazu bei, die Sünde zu überwinden.

---

314 Für die existenzielle Prägung durch den Gekreuzigten und Auferstandenen gebraucht Paulus u.a. in Röm 13,14 und Gal 3,27 das Bildwort „Christus anziehen". – Zur „Christusmystik" des Paulus vgl. neben dem grundlegenden Werk von Albert Schweitzer, *Die Mystik des Apostels Paulus,* Tübingen 1981 (ND 1930), die neueren Beiträge von Richard B. Hays, *What is „real participation in Christ"? A dialogue with E.P. Sanders on Pauline soteriology,* in: Redefining first-century Jewish and Christian identities, hg. v. Fabian E. Udoh (FS Ed Parish Sanders), Notre Dame 2008, 336–351; Stanley K. Stowers, *What is „Pauline participation in Christ"?,* in: ebd., 352–371.

Die „Sünde" besteht für Paulus nicht zunächst in einer einzelnen Verfehlung. Vielmehr sieht er in ihr eine anthropologische Grundbestimmung. Durch sie ist der freie Wille des Menschen an sich selbst gebunden; er ist nicht mehr empfänglich für den Willen Gottes. Unter der Herrschaft der Sünde ist der Mensch von Gott abgewandt – aus dessen Zuwendung er doch leben soll. Deshalb geht es in der paulinischen Theologie nicht in erster Linie um die Vergebung der Sünden oder um die Versöhnung der Menschen untereinander, sondern um die Versöhnung der sündigen Menschheit mit Gott. Sich in die durch Christus für alle vollzogene Versöhnung einbeziehen zu lassen, dazu ist jeder Mensch eingeladen.

Im Römerbrief benennt Paulus die Versöhnung der sündigen Menschheit mit Gott als zentrales Motiv der Sendung Jesu Christi: „Denn was dem Gesetz nicht möglich war, was es mit Hilfe des Fleisches nicht schaffte, das ist Wirklichkeit geworden: Gott hat seinen Sohn in Gestalt des von der Sünde beherrschten Fleisches gesandt, als Sühnopfer *(hamartía)*, und verurteilte damit die Sünde im Fleisch" (Röm 8,3). Vorausgesetzt sind dazu der Opferkult und besonders der Sündopferritus der Tora (Lev 4), wie er bis zur Zerstörung des Herodianischen Tempels in Jerusalem vollzogen wurde und Paulus anschaulich vor Augen stand.

Das sühnende Sterben Christi für die Sünden der Menschheit wird auch in Röm 5,8–10 betont.[315] Hier begreift Paulus „Versöhnung" als ein Geschehen, das ausschließlich von Gott ausgeht. Es zielt darauf ab, die Menschheit aus einer Unheilssituation zu retten, der sie aus eigener Kraft nicht entrinnen kann. Denn die Menschheit steht unter der Herrschaft der Sünde und ist insofern Gottes gerechtem Zorn ausgeliefert (vgl. Röm 1,18–3,20). Paulus zufolge lässt es Gottes Liebe jedoch nicht zu, dass sein gerechter Zorn die Menschen trifft. Deshalb hat er sich in seinem Sohn unter die Herrschaft der Sünde begeben, um sie durch seinen Tod zu überwinden. Paulus deutet Jesu Tod am Kreuz als ein Sühnopfer, das einzig und zugleich ein für alle Mal die Herrschaft der Sünde überwindet. Dieses Geschehen kann der Mensch nur im Glauben

---

315 Röm 5,8–10: „Gott jedoch zeigt seine Liebe zu uns gerade dadurch, dass Christus für uns gestorben ist, als wir noch Sünder waren. / Nun, da wir gerecht gemacht sind durch sein Blut, werden wir durch ihn erst recht bewahrt werden vor dem Zorn. / Denn wenn wir, als wir noch Feinde waren, mit Gott versöhnt wurden durch den Tod seines Sohnes, dann werden wir jetzt, da wir mit ihm versöhnt sind, erst recht gerettet werden durch seine Lebensmacht *(en té zoé àutoú)*".

annehmen. Er muss ihm aber durch ein Leben entsprechen, das der neuen Wirklichkeit seiner Existenz entspricht.

Mit Ausnahme des Appells zur ehelichen Versöhnung in 1 Kor 7,11 meint der Begriff „Versöhnung" im paulinischen Schrifttum jedes Mal die Versöhnung des Menschen mit Gott.[316] Nach Röm 5,6–9 gilt die Versöhnung den Sündern, Gottlosen, Schwachen und Feinden. Dabei ist die Sündenvergebung lediglich ein – wenngleich zentrales – Moment an der Rechtfertigung des Sünders und seiner Versöhnung mit Gott. Während Röm 4,7 davon spricht, dass diejenigen, deren Sünden „zugedeckt" sind, selig zu preisen sind, wird in Röm 3,25 f. die Vergebung von Sünden explizit mit der Sühnethematik verknüpft.[317] In diesem Zusammenhang begegnet bei Paulus auch das Konzept emphatischer Gerechtigkeit – „Gerechtigkeit" verstanden als „Rechtfertigung" oder als „Gerechtmachung" des Sünders –, das für die Reformatoren grundlegend werden wird. Gottes rettende Gerechtigkeit erweist sich „gerade dadurch, dass Christus für uns gestorben ist, als wir noch Sünder waren" (Röm 5,8). Gott selbst hat ein für alle Mal die Sünden der Menschheit gesühnt und damit jene Sühne vollzogen, die keine auch noch so große Menge an Opfern zu leisten imstande war.

Dominiert in den ersten Kapiteln des Römerbriefes die Rechtfertigungsthematik, so wird das 5. Kapitel des 2. Korintherbriefes durch die Frage beherrscht, wie die Versöhnung von Gott und Mensch wirksam werden kann. In diesem Geschehen misst sich Paulus eine vermittelnde Rolle bei. Ist in 2 Kor 3,9 vom Dienst die Rede, „der zur Gerechtigkeit führt", so spricht Paulus kurz darauf vom Dienst der Versöhnung, den er vollzieht: „Alles aber kommt von Gott, der uns durch Christus mit sich versöhnt und uns den Dienst der Versöhnung aufgetragen hat" (2 Kor 5,18 f.).

---

316 Substantivisch begegnet der Begriff „Versöhnung" bei Paulus nur an vier, in der Verbform an sechs Stellen: Röm 5,11; 11,15 und 2 Kor 15,18 und 15,19 (substantivisch); Röm 5,10 [bis], 2 Kor 5,18.19.20; 1 Kor 7,11 (Verbform). – Vgl. Helmut Merkel, Art. „katallasso", in: EWNT II, Sp. 644–650. Hier auch Hinweise zur Etymologie des Begriffs und zu seinem Gebrauch im Umfeld des paulinischen Schrifttums.

317 Röm 3,25 f.: „Ihn hat Gott dazu bestellt, Sühne zu schaffen – die durch den Glauben wirksam wird – durch die Hingabe seines Lebens. Darin erweist er seine Gerechtigkeit, dass er auf diese Weise die früheren Verfehlungen vergibt, / die Gott ertragen hat in seiner Langmut, ja, er zeigt seine Gerechtigkeit jetzt, in dieser Zeit: Er ist gerecht und macht gerecht den, der aus dem Glauben an Jesus [lebt]."

Der Dienst der Versöhnung besteht wesentlich in dem Aufruf des Apostels an die Menschen, sich als Sünder zu bekennen. Denn dieses Bekenntnis ermöglicht es Gott, die Sühne Christi wirksam werden zu lassen, so dass er dem Menschen die Sünde „nicht anzurechnen" braucht.[318] Im Sühnegeschehen am Kreuz ist Christus durch einen „Platztausch" an die Stelle des Sünders getreten. Deshalb richtet sich der berechtigte Zorn Gottes über die Sünde nicht mehr auf den sündigen Menschen.

Damit ist nicht nur theologisch, sondern im realen Vollzug ein Geschehen beschrieben, das an die Sühneriten im Tempel erinnert. Tatsächlich will Paulus seinen Verkündigungsdienst als ein kultisches Geschehen *(leitourgia)* verstanden wissen. Sein Dienst wendet sich an alle Menschen, um sie dazu einzuladen, jene in Christus vollbrachte Versöhnung anzunehmen, ohne die niemand mit Gott versöhnt wird.

Der griechische Terminus „Versöhnung" *(katallagè)* und seine Derivate begegnen im neutestamentlichen Schrifttum nur bei Paulus.[319] In der Septuaginta bedeutet „Versöhnen" *(katallassō)* etwas „anders machen", „verändern", „vertauschen". So wird etwa in 2 Makk 1,5 Feindschaft mit Freundschaft vertauscht, in 1 Kor 7,11 geht es um die Wiederaufnahme einer Beziehung.[320] Im Hintergrund ist der erwähnte Ritus des Sündopfers (vgl. Lev 4,13–21) erkennbar, das in der Septuaginta oft mit dem abkürzenden Begriff „Sünde" *(hamartía)* wiedergegeben wird.

Sowohl nach Röm 3,25 als auch nach 2 Kor 5,21 wird die Versöhnung des sündigen Menschen mit Gott durch einen Tauschritus vollzogen. Dies verweist auf den Gedanken der stellvertretenden Sühne, wie er vor allem das 4. Gottesknechtslied beherrscht.

---

318 „Gott war in Christus und versöhnte die Welt mit sich, indem er den Menschen ihre Verfehlungen nicht anrechnete und unter uns das Wort von der Versöhnung aufgerichtet hat. […] Den, der von keiner Sünde wusste, hat er für uns zur Sünde gemacht, damit wir in ihm zur Gerechtigkeit Gottes würden" (2 Kor 5,20 f.).
319 Allerdings ist das Geschehen zwischenmenschlicher Versöhnung dem Neuen Testament keineswegs fremd. Jesu Appell, sich vor der Darbringung eines Opfers mit dem Gegner zu versöhnen, gehört ebenso dazu wie die Versöhnung des barmherzigen Vaters mit seinem reumütig zurückgekehrten Sohn. Vom ethisch akzentuierten Versöhnungsbegriff im Doppelwerk des Lukas bis hin zum kultischen Versöhnungsbegriff im Hebräerbrief spannt sich ein weiter Bogen. Vgl. Fischer/Backhaus, *Sühne und Versöhnung*, bes. 78–112.
320 Vgl. Art. *„katallasso"*, in: EWNT II, 645 (Merkel; wie Anm. 314).

Bibeltheologische Perspektiven

Dort wird vom Gottesknecht gesagt, er habe „die Sünden der vielen getragen" (Jes 53,12; vgl. Hebr 9,28). Auch hier geht es um einen Tausch: Der Mensch wird – ohne sein Zutun – von seiner Sünde befreit und in den erbberechtigten Stand der Gotteskindschaft versetzt.[321]

In der Gemeinde von Korinth soll die durch Christus vollbrachte Versöhnung des Sünders mit Gott durch den Verkündigungsdienst des Paulus darin wirksam werden, dass die Glieder der Gemeinde einander wechselseitig verzeihen und sich miteinander versöhnen. Angesichts der vielfältigen Spannungen, die aus der sozialen Ungleichheit der Gemeindemitglieder resultierten und auch vor gottesdienstlichen Feiern nicht haltmachten (vgl. 1 Kor 11,17–34), erinnert Paulus daran, dass die Einheit der Gemeinde nicht in dieser selbst gründet, sondern in Christus. Dieser hat seinen bevorstehenden Tod im Sinne eines stellvertretenden Sterbens gedeutet (V. 23–25). Mehr noch: indem Christus stellvertretend für die Sünder die Strafe – den „Fluch" – des Gesetzes auf sich genommen hat, hat er die Sünder „freigekauft vom Fluch des Gesetzes" (vgl. Gal 3,13). Damit hat er unabhängig vom Gesetz allen Menschen einen Weg eröffnet, sich mit Gott zu versöhnen.

In der Erfahrung dieser unverdienten Gnade, deren sich die Gemeinde in der Feier der Eucharistie erinnert, gründet ihre Einheit (vgl. auch Röm 10,12; Gal 3,28). Umgekehrt soll sich die Gemeinde in der gottesdienstlichen Feier und in ihrem täglichen Leben des für sie gestorbenen Herrn würdig erweisen.

Wiederholt gibt für Paulus auch die Erwartung eines umfassenden Gerichts Anlass zu sittlicher Ermahnung. Gleich zu Beginn bestürmt er die Adressaten seines Briefes an die Christengemeinde in Rom, indem er auf die apokalyptischen Vorstellungsbilder vom „Tag des Zornes" Bezug nimmt.[322] Aus der Perspektive eines um-

---

321 Vgl. Röm 8,16f.; Gal 4,7.

322 „Darum gibt es keine Entschuldigung für dich, Mensch, wer immer du bist, der du urteilst. Worin du über einen andern urteilst, darin verurteilst du dich selbst; denn du, der du urteilst, tust ja dasselbe.[2] Wir wissen aber, dass Gottes Urteil diejenigen, die solches tun, zu Recht trifft.[3] Du aber, Mensch, der du über die richtest, die solches tun, und doch dasselbe tust, rechnest du damit, dass du dem Gericht Gottes entrinnen wirst? [4] Oder verkennst du den Reichtum seiner Güte, Langmut und Geduld? Weißt du nicht, dass Gottes Güte dich zur Umkehr leitet? [5] Mit deinem Starrsinn und deinem unbußfertigen Herzen häufst du dir Zorn auf für den Tag des Zorns, an dem sich Gottes gerechtes Gericht offenbaren wird. [6] Er wird einem jeden vergelten nach seinen Taten: [7] ewiges Leben

fassenden Gerichts über die Taten der Menschen ergibt sich für Paulus die paradoxe Forderung, den Erweis der Liebe Gottes im Sühnetod des Gekreuzigten als unverdientes Geschenk der Versöhnung gläubig anzunehmen und zugleich mit der Unversöhnlichkeit eines Gottes zu rechnen, der das Ausbleiben von Umkehr und die Verweigerung von Versöhnung unerbittlich sanktioniert. Letztendlich ist die paulinische Soteriologie deshalb nicht frei von dualistischen Tendenzen, wie sie auch aus der frühjüdischen und christlichen Apokalyptik bekannt sind.

2.4.4 Richter, Richtende und Gericht in der Offenbarung des Johannes

Weder die frühjüdische noch die christliche Apokalyptik wurden traditionsprägend. Gleichwohl begegnen in ihren Texten Verhältnisbestimmungen von Gerechtigkeit und Barmherzigkeit Gottes, die schon deshalb eine nähere Betrachtung lohnen, weil sich Judentum und Christentum nicht selten gerade im Gegenzug zur Apokalyptik verstanden haben.[323]

Im Blick auf ein bevorstehendes Endgericht, wie es sich bereits in den späten Schriften des Alten Testaments abzeichnet, geht es in der Apokalyptik nicht in erster Linie um die Thematik der Sündenvergebung; hier dominiert vielmehr der Gedanke der Vergeltung. In den Spekulationen der Apokalyptik über die Ereignisse der Endzeit erfolgt die Verhältnisbestimmung von Gerechtigkeit und Barmherzigkeit Gottes im Rahmen einer unbedingten Vergeltungslogik: Gott wird seine Gerechtigkeit und seine Macht über die Geschichte darin erweisen, dass er die Frevler unnachsichtig bestraft und die Gerechten belohnt. Diese Grundoption findet sich auch in der *Offenbarung des Johannes*.

---

geben denen, die im geduldigen Tun guter Werke Herrlichkeit, Ehre und Unvergänglichkeit suchen, [8] Zorn und Grimm aber denen, die nur auf den eigenen Vorteil bedacht sind und nicht auf die Wahrheit hören, sondern dem Unrecht folgen. [9] Bedrängnis und Not über das Leben eines jeden Menschen, der das Böse tut, des Juden zuerst und auch des Griechen! [10] Herrlichkeit aber und Ehre und Frieden einem jeden, der das Gute tut, dem Juden zuerst und auch dem Griechen. [11] Denn bei Gott ist kein Ansehen der Person" (Rom 2,1–11).

323 Zum Begriff der Apokalyptik und zu apokalyptischen Bewegungen um die Zeitenwende vgl. neben den einschlägigen Monographien und Lexikonartikeln bes. auch Theissen/Merz, *Der historische Jesus*, 228–230.

Vor dem Hintergrund der Frage nach dem Sinn der Geschichte insgesamt geht es in der Offenbarung des Johannes nicht um eine Analyse der Möglichkeit von Vergebung und zwischenmenschlicher Versöhnung. Vielmehr sucht ihr Autor die Situation religiöser und politischer Ausgrenzung dadurch theologisch zu interpretieren, dass er im Geschichtslauf einen Dualismus von Gut und Böse, Licht und Finsternis identifiziert. Und ähnlich wie in Qumran geht es dabei nicht um Vergebung und Versöhnung, sondern um Trennung: Am Ende der Geschichte werden die Gerechten in das „neue Jerusalem" aufgenommen, die Bösen hingegen auf ewig verdammt. Rettung ist nur zu erhoffen „von Jesus Christus, dem treuen Zeugen, dem Erstgeborenen aus den Toten, dem Herrscher über die Könige der Erde [...], der uns liebt und uns durch sein Blut von unseren Sünden erlöst hat" (Offb 1,5).[324]

Dass gegenüber der Erwartung göttlicher Vergeltung in der Offenbarungsschrift Gottes Barmherzigkeit mit den Sündern keine Rolle spielt, erklärt sich aus der historischen Situation ihrer Adressaten: Die verfolgten Gemeinden suchten Trost in der Hoffnung auf eine ausgleichende Gerechtigkeit nach ihrem unschuldig erlittenen Martyrium (vgl. Offb 7,14; 12,11).

Um angesichts unschuldigen Leidens den Glauben an die Allmacht Gottes über die Geschichte zu rechtfertigen, sieht Johannes die erlittenen Verfolgungen dadurch ermöglicht, dass Gott dem Bösen Raum gibt. Das Böse gründet zwar in der Schlechtigkeit der Menschen; dass es sich aber gegen die Gemeinden Jesu Christi wenden kann, ist nur deshalb möglich, weil Gott genau dies zulässt. Ziel der nur so möglichen Verfolgungen ist die Bewährung der Christen in der Bedrängnis; diese kommt einer sittlichen und religiösen Reinigung gleich. An ihrem Ende, so die Hoffnung des Johannes, werden sich die Herrschaft und die Gerechtigkeit Gottes darin durchsetzen, dass die Bösen bestraft und die Heiligen zur ewigen Gemeinschaft mit ihm gelangen. Und dieses Ende steht nach seiner Auffassung nahe bevor (vgl. Offb 1,3).

In diesem Zusammenhang begegnet in der Offenbarung des Johannes die Vorstellung von zwei Gerichtsverhandlungen über die Welt, die eine Scheidung von Gerechten und Übeltätern herbeiführen (vgl. Offb 20,4.11–15). Zwischen ihnen liegt das „Tau-

---

324 Zur Sühnetheologie in *Offb* vgl. u.a. Loren L. Johns, *Atonement and sacrifice in the Book of Revelation,* in: The work of Jesus Christ in Anabaptist perspective (FS J. Denny Weaver), hg. v. Alain Epp Weaver, Telford (PA) 2008, 124–146.

sendjährige Reich", in dem die Gerechten mit Christus leben, die Frevler hingegen auf das Erscheinen des Satans und das endgültige Gericht warten. Beide Gerichtsszenarien enthalten Motive aus der nächtlichen Vision Daniels am babylonischen Königshof, in der unter anderem ein „Hochbetagter" Gericht über die „Unzähligen" hält, die sich vor ihm „erheben" – also wohl von den Toten erstehen (Dan 7,9f.). Auch bei Daniel ist von Büchern die Rede, in denen die Taten der Menschen aufgezeichnet sind und auf die sich der Urteilsspruch gründet. Und auch hier gibt es Beisitzer, die zusammen mit dem „Hochbetagten" eine Art Richterkollegium bilden.

Das Auftreten dieser Beisitzer wirft Fragen auf. Bekräftigen sie lediglich den Urteilsspruch des „Hochbetagten" – oder kommt ihnen bei der Urteilsfindung eine konstituive Rolle zu? Konstitutiv in dem Sinne, dass sie den Urteilsspruch des Hochbetagten irgendwie beeinflussen – etwa durch den Hinweis auf ihr eigenes Leiden?

Dan 7,9 spricht von „Thronen", die für den „Hochbetagten" und das Gericht aufgestellt werden. Auf diesen Thronen nehmen die „Heiligen" Platz. Nach Dan 7,22 wird ihnen beim Erscheinen des „Hochbetagten" die Königsherrschaft übertragen. In der Szene geht es also nicht nur um ein Gerichtsverfahren, sondern um eine Herrschaftsübertragung an Israel.[325] Israel hat Anteil an der Herrschaft Gottes über Welt und Geschichte, deren „Offenbar-Werden" am Ende von Raum und Zeit Daniels Vision vorwegnimmt. Ein autonomes Mitsprache- oder gar Einspruchsrecht der „Heiligen" im Rahmen eines formellen Verfahrens über die zu neuem Leben auferweckten Toten ist nicht erkennbar.

Von einer Mitherrschaft der Gerechten ist auch die Rede, wenn in der Offenbarung des Johannes den Glaubenszeugen verheißen wird, nach ihrem „Sieg" mit Christus auf dessen Thron zu sitzen, „so wie ich, nachdem ich den Sieg errungen habe, mit meinem Vater auf dem Thron sitze" (Offb 3,21). Dabei beinhaltet der Gedanke der Herrschaft auch den des Richtens.[326] Ein von der Herrschaft Gottes losgelöstes Richteramt ist ebenso wenig im Blick wie die

---

325 „Und das Gericht wird sich setzen, und man wird ihm seine Macht nehmen, um ihn endgültig zu vertilgen und zu vernichten. / Dem Volk der Heiligen des Allerhöchsten aber wird das Königreich und die Macht und die Größe der Königreiche unter dem ganzen Himmel gegeben werden" (Dan 7,26f.).

326 So kann in den griechischen Texten der LXX (Ri 3,10 u.ö.) und in Mt 19,28 par. Lk 22,39 *krinein* sowohl „herrschen" als auch „richten" heißen; vgl. Art. „*Krisis*", in: EWbNT II, 787–794, bes. 787 (M. Rissi).

Bibeltheologische Perspektiven

Möglichkeit, dass die Gerechten im Gerichtsverfahren eine eigene Instanz konstituieren.

Der Gedanke der Herrschaftsübertragung findet sich auch andernorts im Neuen Testament. So geht es in Mt 19,28, wo ebenfalls ein eschatologisches Gerichtsszenario angedeutet ist, um eine Herrschaftsübertragung: Die Ablösung der zwölf Stämme durch die zwölf Repräsentanten eines „neuen Israel".[327] Matthäus fügt hier eine alte Überlieferung aus der Logienquelle ein, die auch bei Lukas (22,29) aufgenommen ist, dort aber nicht in den Kontext einer Gerichtsverhandlung eingefügt, sondern mit der endzeitlichen Mahlgemeinschaft verbunden ist. Bei Matthäus hingegen geht es im Zusammenhang mit der Herrschaftsübertragung von den zwölf Stämmen Israels auf die zwölf Jünger Jesu (vgl. Mt 10,2) um die Ablösung Israels durch das neue Gottesvolk der christlichen Gemeinde, in der sich die kommende Gottesherrschaft ankündigt.[328]

Der „Thron der Herrlichkeit", auf den sich der „Menschensohn" bei seiner Wiederkunft nach Mt 19,28 (und Mt 25,31) setzt, ist nach jüdischer Überlieferung allein Gott vorbehalten.[329] In der Kombination dieser Motive wird das Anliegen des Matthäus deutlich zu zeigen, dass diejenigen, die Christus nachfolgen und seiner Gerechtigkeit, an der Gottesherrschaft teilhaben werden.[330]

---

327 Vgl. dazu bes. Roose, *Eschatologische Mitherrschaft*, die Mt 19,28 und Lk 22,29 als Widerhall innergemeindlicher Auseinandersetzungen in der Zeit der frühen Kirche interpretiert, bei denen es vorrangig um die Möglichkeit ging, sich die Mitherrschaft mit Christus zu verdienen.

328 Gnilka weist in seinem Kommentar zur Stelle darauf hin, dass in Mt 19,28 der in der jüdischen Literatur unbekannte Gedanke auftaucht, dass Israel als ganzes (repräsentiert durch die zwölf Stämme) gerichtet wird, nicht etwa nur die Frevler oder die Völker (HThK.NT I/2, 172).

329 Nach rabbinischer Auslegung wurde der Thron mit der Tora vor der Erschaffung der Welt geschaffen; vgl. bPes 68b; bPes 54a Baraita: „Sieben Dinge wurden vor der Weltschöpfung geschaffen: die Tora, die Buße, der Edengarten, der Gehinnom, der Thron der Herrlichkeit, der Tempel und der Name des Messias" (zit. nach: Gerhard Schneider, *Christologische Präexistenzaussagen im Neuen Testament*, in: Ders., Jesusüberlieferung und Christologie. Neutestamentliche Aufsätze 1970–1990 [NT.S 67], Leiden u.a. 1992, 347–356, hier 348, Anm. 6. Hier auch Verweise auf weitere Stellen aus der rabbinischen Literatur).

330 Der Gedanke, dass der Messias auf dem Thron Gottes Platz nimmt, findet sich in der frühjüdischen Apokalyptik auch im Henochbuch; vgl. *aethHen* 45,3; 51,3; 55,4; 61,8; 62,2. Im Henochbuch wird der Messias der „Auserwählte" genannt.

Die Teilhabe des neuen Gottesvolkes an der Gottesherrschaft beinhaltet auch das Mitrichten beim Endgericht. Unmissverständlich ist schon in Mt 12,41 par. Lk 11,32 von einem endzeitlichen Gerichtsverfahren die Rede, wenn es dort unter Anspielung auf die Bußpredigt des Jona heißt: „Die Männer Ninives werden im Gericht aufstehen gegen dieses Geschlecht und es verurteilen, denn sie sind auf die Predigt des Jona hin umgekehrt." Dieses wie Mt 19,28 par. Lk 22,30 der Logienquelle entnommene Wort vertritt die Auffassung, dass beim endzeitlichen Gericht die Bußfertigen gegen jene Zeugnis ablegen, die sich der Umkehr verschlossen haben. Ob das Urteil der Gerechten ausdrücklich gesprochen wird oder in ihrem Lebenszeugnis besteht, ob ihr Urteil rechtskräftig ist oder nur akklamatorisch, ob die Gerechten womöglich ein Vetorecht besitzen – alle diese Fragen übersteigen die Intention des Logions. Ihm kommt es darauf an, Forderungen nach einem über die Auferweckung Jesu hinausgehenden Beglaubigungszeichen für seine göttliche Sendung zurückzuweisen.

Eher schon von einem formellen Gerichtsverfahren ist bei Paulus die Rede. In 1 Kor 6,2 f. geht es nicht nur um die Aufarbeitung einzelner Untaten, sondern buchstäblich um das Geschick von Himmel und Erde.[331] Jetzt sind es nicht mehr nur die Zwölf, die am Ende der Geschichte das Gericht vollziehen werden, sondern die Gemeinschaft aller an Christus Glaubenden. Mit dem „Gericht" ist im Textzusammenhang des Briefes nicht die Aufarbeitung von Sünde und Schuld gemeint, sondern jenes eschatologische Geschehen, in dem die Wahrheit über die Welt offenbar wird. Ihr haben sich die Christen anvertraut. Vor *diesem* Hintergrund, so Paulus an die Gemeinde in Korinth, sollte es doch möglich sein, einen Rechtsstreit innerhalb der eigenen Reihen zur Entscheidung zu bringen, ohne vor ein öffentliches Gericht zu ziehen.

In der Offenbarung des Johannes legt vor allem Offb 20,4 den Gedanken eines Mitrichtens nahe.[332] Ob mit den „Thronen" jene vierundzwanzig Throne gemeint sind, auf denen nach Offb 4,4 die

---

331 „Wisst ihr denn nicht, dass die Heiligen die Welt richten werden? Und wenn sogar die Welt durch euch wird, wie solltet ihr da nicht zuständig sein für die geringfügigen Fälle? ³ Wisst ihr nicht, dass wir über Engel richten werden, und darum erst recht über Alltägliches?" (1 Kor 6,2 f.).

332 „Und ich sah Throne, und sie setzten sich darauf, und sie wurden beauftragt, Gericht zu halten. Und ich sah die Seelen derer, die enthauptet worden waren, weil sie am Zeugnis für Jesus und am Wort Gottes festgehalten hatten, und jener, die sich geweigert hatten, das Tier und sein Bild anzubeten und sich das Zeichen auf Stirn und Hand machen zu

Bibeltheologische Perspektiven

vierundzwanzig „Ältesten" sitzen, die wohl das neue Gottesvolk repräsentieren sollen, das sich aus Juden *und* Heiden zusammensetzt, bleibt unbestimmt. Die Deutung dieser Stelle wird dadurch erschwert, dass wenig später im selben Kapitel (V. 11–15) von einem Gericht über alle Toten die Rede ist, das nach dem Ablauf der tausendjährigen Herrschaft der Gerechten und einem kurzen Zwischenspiel, in dem der Satan noch einmal freigelassen wird, über das endgültige Schicksal der Toten entscheidet. Offb 20,4 scheint deshalb – vielleicht in Anlehnung an Dan 7,9.22.27 – den Märtyrern einen besonderen Lohn zuzusprechen. Nur sie werden bei der ersten Auferstehung dabei sein; alle anderen werden im Tod bleiben. Und sie werden nach Ablauf der tausend Jahre mit Christus zusammen über die Anderen richten.

Welche Rolle spielen die Märtyrer im Rahmen dieses endgültigen Gerichts? Im hellenistisch beeinflussten *Buch der Weisheit* findet sich die Vorstellung von einem formellen Gerichtsverfahren, wenn es dort heißt, die Seelen der Gerechten werden beim Endgericht „aufleuchten wie Funken, die durch ein Stoppelfeld sprühen. Sie werden Völker richten und über Nationen herrschen, und der Herr wird ihr König sein in Ewigkeit" (Weish 3,8). Mit den „Gerechten" sind diejenigen gemeint, die – wohl in den religionspolitischen Auseinandersetzungen des 2. Jahrhunderts v. Chr. – unschuldig gelitten haben. Sie werden beim Endgericht eine maßgebliche Rolle spielen, so die Erwartung des Autors. Mit dem Bild des Feuers werden Assoziationen geweckt, die mit prophetischen Bildern wie dem „Tag Jhwhs" oder dem „Tag des Zorns" verbunden sind. Dabei wirken die Gerechten nicht nur als Richter, sondern zugleich als Vollstrecker, indem sie das Feuer des göttlichen Zorns in die Reihen der Frevler tragen.[333]

Sind es nach Daniel die „Heiligen des Höchsten" und nach dem Weisheitsbuch und Henoch die „Gerechten", die beim Endgericht mitwirken, so rechnet das *Buch der Jubiläen* mit einer Mitwirkung des „Volkes" beim Gericht (Jub 24,29). In allen diesen Texten geht es darum, dass die Unterdrückten, Ausgegrenzten und Benach-

---

lassen. Sie wurden lebendig und herrschten mit Christus, tausend Jahre lang" (Offb 20,4).

333 Als Vollstrecker agieren die Gerechten auch im *Henochbuch:* „Wehe euch, die ihr die Werke der Ungerechtigkeit liebt! Warum hofft ihr für euch auf Gutes? Wisst, dass ihr in die Hände der Gerechten gegeben werdet. Sie werden euch die Hälse abschneiden und euch erbarmungslos töten" (äthHen 98,12; vgl. 96,1; 95,3).

teiligten im Endgericht zu ihrem Recht kommen. Dies geschieht nach der Vorstellung ihrer Autoren auch dadurch, dass sie bei der Bestrafung ihrer Unterdrücker mitwirken. „In die Hand seiner Auserwählten legt Gott das Gericht über alle Völker, und durch ihre Züchtigung werden alle Frevler seines Volkes büßen" – so auch in den Texten aus Qumran.[334]

Der in der Apokalyptik verbreitete Gedanke von einem Mitherrschen und Mitrichten der Erwählten wird im Neuen Testament auf die christliche Gemeinde übertragen, die sich selbst als ausgegrenzt und verfolgt erlebt. So werden in Offb 20,4 diejenigen, die für ihr Glaubenszeugnis den Tod erlitten haben, beauftragt, „Gericht zu halten". Doch ist hier die Funktion dieser Richtenden noch weniger ersichtlich als im Buch der Weisheit: Sind es Mitrichtende, die ein aktives Mitspracherecht im Verfahren haben? Oder sind sie bloß Zeugen, deren Leiden Zeugnis gegen die Übeltäter ablegen, so dass letztendlich doch Christus der alleinige Richter ist? Der Text gestattet keine eindeutige Antwort. Nur so viel ist deutlich: Nach der Offenbarung des Johannes wird den Märtyrern aufgrund ihres Leidens eine besondere Autorität zuerkannt. Wie weit diese Autorität reicht und was sie beinhaltet, bleibt unklar. Jedenfalls kennt die Offenbarung des Johannes keine autonome Instanz, die dem alleinigen Richteramt Gottes gleichgewichtig zur Seite träte.

In diesem Zusammenhang fällt auf, dass auch im Zusammenhang mit dem großen Weltgerichtsszenario bei Matthäus (25,31–46) von keinem Mitrichten irgendwelcher Personen die Rede ist. Nicht einmal jenen „Geringsten" *(elachistoi),* an denen die Menschen achtlos vorübergegangen sind, wird irgendeine Autorität bei der endzeitlichen Scheidung zwischen Schafen und Böcken eingeräumt. Vielmehr spielen sie im Gericht nur insofern eine Rolle, als sie jegliches Tun oder Unterlassen auf Christus hin transparent werden lassen: „Was ihr einem dieser Geringsten nicht getan habt, das habt ihr mir nicht getan" (Mt 25,45).

Während Mt 25 keinen Zweifel daran zulässt, dass es der wiederkehrende Christus selbst ist, der über die Menschen Gericht hält, bleiben die neutestamentlichen Texte aufs Ganze betrachtet hinsichtlich der Person des Richters unbestimmt: Einmal wird Gott-Vater das universale Gericht am Ende der Zeiten vollziehen[335],

---

334 1QpHab 5,4f.; vgl. 1QS 8,10.
335 Vgl. 2 Thess 1,5; 1 Kor 5,13; Röm 2,3–16; 3,6; 14,10; ferner Mt 10,28 par.

Bibeltheologische Perspektiven

einmal ist es der Sohn, der dem Gericht vorsitzen wird.[336] Diese Unbestimmtheit gründet darin, dass Gott-Vater und Gott-Sohn hinsichtlich ihres Heilswirkens nicht voneinander unterschieden werden. Zugleich artikuliert sich hier aber auch das fehlende Interesse der frühen Christen an einem detaillierten Vorauswissen der künftigen Ereignisse.[337] Ihnen genügt die Erwartung, dass der Auferstandene einst wiederkommen wird, um das Reich Gottes endgültig anbrechen zu lassen. Auf welche Weise dies geschehen würde, konnte einstweilen offenbleiben. Dass freilich diejenigen, die Christus nachfolgen, zu denjenigen zählen würden, die der Gottesherrschaft teilhaftig werden würden, war unstrittig.

Aus der Beobachtung, dass die neutestamentlichen Texte die Person des Richters im Unbestimmten lassen, hat Joseph Ratzinger in seiner *Eschatologie* gefolgert, dass das Urteil im Gericht nicht durch eine dem Menschen äußerliche Instanz gesprochen wird, sondern einem Selbstgericht nahekommt: „Christus teilt niemandem Verderben zu, er selbst ist reine Rettung, und wer bei ihm steht, steht im Raum der Rettung und des Heils. [...] Das Gericht ist einfach die Wahrheit selbst, ihr Offenkundigwerden."[338] Diese Wahrheit aber sei „kein Neutrum", sondern der Gottessohn selbst.

Ist die Wahrheit des Gerichts aber „Person", dann ist sie begegnende Freiheit – zunächst die des Gottessohnes, aber mit ihm und durch ihn vermittelt die Freiheit aller Menschen.[339] Das Geschehen des Gerichts besteht gerade darin, dass in der Konfrontation mit dem göttlichen Richter die Wahrheit des Menschen im Einzelnen wie im Ganzen offenbar wird. Darin sind dann auch die Mitmenschen eingeschlossen.

---

336 Vgl. Mt 25,31–46; 7,22 f.; 13,36–43; Lk 13,25–27; 1 Thess 4,6; 1 Kor 4,4 f.; 11,32; 2 Kor 5,10.
337 Auch darin unterscheidet sich die frühe Kirche von der Qumran-Gemeinschaft.
338 Ratzinger, *Eschatologie – Tod und ewiges Leben*, 169. Dass die neutestamentlichen Schriften bezüglich der Person des Richtenden vage bleiben, deutet nach Ratzinger die Einheit von Vater und Sohn im Vollendungsgeschehen an und verdeutlicht zugleich das fehlende Interesse der neutestamentlichen Autoren an einer detaillierten Vorhersage des Gerichtsgeschehens. Ihnen komme es vielmehr auf die theologischen Dimensionen der im Bild eines Gerichts artikulierten Hoffnung an.
339 Hierzu bedarf es nicht einmal einer theologischen Begründung. Denn es lässt sich wohl zutreffend sagen, dass im Antlitz *eines* Menschen zugleich die Menschheit als ganze gegenwärtig ist – und dies nicht als abstraktes Genus, sondern in der Individualität ihrer Subjekte.

Im Bild der weißen Gewänder deutet die Offenbarung des Johannes an, dass die Märtyrer und Opfer der Geschichte vor Gottes Richterstuhl wieder in jene Unversehrtheit und Ursprünglichkeit ihrer Existenz eingesetzt sind, zu der sie bestimmt waren, die ihnen aber zu Lebzeiten verwehrt wurde. Die systematisch-theologische Reflexion wird an diesen Gedanken anknüpfen können, wenn sie im Horizont neuzeitlichen Freiheitsbewusstseins versucht, die Subjektivität der Opfer im Horizont eschatologischer Hoffnung zur Geltung zu bringen.

2.5 Gerechtigkeit und Barmherzigkeit Gottes im frühen Judentum

Zwar zählt zum Kanon des Neuen Testaments nicht nur die lange umstrittene Offenbarung des Johannes. Auch weitere apokalyptische Texte und Vorstellungen haben in die neutestamentlichen Schriften Eingang gefunden.[340] In Verbindung mit der anfangs ausgeprägten Naherwartung der ersten Christen ergibt sich damit eine charakteristische Ambivalenz: Eine grundsätzliche Zustimmung zur Welt steht in erkennbarer Spannung zu der Hoffnung auf deren baldiges Ende. Von diesem wurde erwartet, dass sich die Barmherzigkeit Gottes gegenüber den Sündern und seine Gerechtigkeit gegenüber den Opfern der Geschichte würde durchsetzen können. Dabei verbot es das Gottesbild, das Jesus von Nazaret vermittelt hatte, Gott ausschließlich als einen erbarmungslos vergeltenden Richter vorzustellen.

Die Schriften von Qumran hingegen sind bereits von jenem kosmisch-ethischen Dualismus geprägt, wie er die frühjüdische Apokalyptik charakterisiert. Die Eigenart christlicher Theologie und Eschatologie wird deshalb gerade auch im Kontrast zu diesen Vorstellungen erkennbar. Dass die Schriften aus Qumran freilich nur eine mögliche Ausprägung frühjüdischen Denkens repräsentieren – und wohl kaum dessen einflussreichste –, verdeutlicht der Ausblick auf jene Traditionen rabbinischer Gelehrsamkeit, in denen weit über die Zeit des Neuen Testaments hinaus um das Verhältnis von Gerechtigkeit und Barmherzigkeit Gottes gerungen wird. Beide Traditionskomplexe sollen deshalb knapp skizziert werden.

---

340   Eine Auflistung apokalyptischer Texte im Neuen Testament bietet: Adela Yarbro Collins, Art. *„Apokalyptik IV. Neues Testmant"*, in: RGG⁴ 1, 594 f.

Bibeltheologische Perspektiven

Dabei bleibt die Frage nach der jeweiligen Verhältnisbestimmung von Gerechtigkeit und Barmherzigkeit Gottes leitend.

2.5.1 Gerechtigkeit und Barmherzigkeit Gottes in den Qumran-Schriften

In zahlreichen Schriften, die nach 1947 bei den Ruinen der Siedlung Khirbet Qumran am Ufer des Toten Meeres gefunden wurden, spielt apokalyptisches Gedankengut eine beherrschende Rolle. Vor allem begegnet es in der *Kriegsrolle* (1QM), in der das Szenario eines apokalyptischen Endkampfes zwischen den „Kindern des Lichts" und den „Kindern der Finsternis" entfaltet wird. Die Kriegsrolle steht ebenso in der Tradition frühjüdischer Apokalypsen wie etwa der *Melchisedek-Midrasch* (11QMelch) und der *Midrasch zur Eschatologie* (4QMidrEschat).[341] Wie die frühjüdischen Apokalypsen, deren Anfänge in die hellenistische Zeit zurückreichen, bezeugen diese Texte die Erwartung einer endzeitlichen Rettergestalt und eines Endgerichts, in dem die „Gerechten" über die „Frevler" triumphieren.

Bei der Interpretation der Texte aus Qumran ist zu beachten, dass sie hinsichtlich ihres Entstehungszusammenhangs erhebliche Schwierigkeiten aufwerfen. Ein bedeutender Teil der Schriften wird einer religiösen Sondergruppe innerhalb des Judentums zugeordnet, die häufig mit den Essenern identifiziert wurde. Dabei handelt es sich neben den Pharisäern, den Sadduzäern und einer Judas dem Galiläer zugeordneten Gruppierung um eine von vier „Sekten" im Judentum, von denen Philo von Alexandrien (gest. nach 40 n. Chr.) und Flavius Josephus (gest. um 100 n. Chr.) berichten.[342] Allerdings konnte der Name „Essener" in keiner der

---

341 Leicht zugängliche Editionen und Übersetzungen bieten: *Die Texte aus Qumran*, Bd. I und II, Darmstadt ²1971 und 2001.

342 Vgl. Flavius Josephus; *Bell. Jud.* 2,119–166; *Ant. Jud.* 13,171–173; dazu Günter Stemberger, *Pharisäer, Sadduzäer und Essener* (SBS 144), Stuttgart 1991, 10–23 (zu Flavius Josephus). – Nach Max Webers klassischer Definition ist eine Sekte (Flavius Josephus: *hairesis*) eine „voluntaristische Gemeinschaft", in die man aufgrund einer persönlichen Entscheidung und nur nach eingehender Prüfung durch die Sekte aufgenommen wird; vgl. Max Weber, *Die Wirtschaftsethik der Weltreligionen, Hinduismus und Buddhismus*, in: Archiv für Sozialwissenschaft und Sozialpolitik 41 (3), 613–744, bes. 619. Vgl. auch Ders., *Wirtschaft und Gesellschaft*, Kap. I, § 17. – Nach Ernst Troeltsch sind Sekten „verhältnismäßig kleine Gruppen, erstreben eine persönlich-innerliche Durchbildung und eine persönlich-unmittelbare Verknüpfung der Glieder ihres Kreises, sind

bislang gefundenen Schriften nachgewiesen werden. Auch deshalb ist eine zweifelsfreie Zuordnung der Schriften aus Qumran zu den Essenern nicht möglich. Nicht einmal die Beziehung zwischen den in und um Qumran gefundenen Schriften und der dort ausgegrabenen Siedlung, die mit Unterbrechungen von der Makkabäerzeit bis zum Ersten Jüdischen Krieg existierte, ist bislang aufgeklärt.[343]

Methodisch zulässig ist deshalb bis auf Weiteres allein eine solche Interpretation der Texte, die sie – unabhängig von ihrem Fundzusammenhang – als literarische Zeugnisse für eine religiöse Vorstellungswelt deutet, die im Judentum zwischen dem Späthellenismus und Erstem Judäischem Krieg denkbar war. Unbeantwortet muss dabei vor allem die Frage bleiben, wie verbreitet diese Vorstellungen im zeitgenössischen Judentum waren.

Das Verhältnis von Gerechtigkeit und Barmherzigkeit Gottes wird nicht zuletzt in jenen Dokumenten zum Thema, die für die tatsächliche oder fiktive „Gemeindschaft von Qumran" eine konstitutive Rolle spielen:[344] die beiden *Gemeinschaftsordnungen* (1QS und 1QSa), die bereits im Mittelalter bekannte *Damaskusschrift* (CD), die *Kriegsregel* (1QM) und der *Brief des Lehrers der Gerechtigkeit* (4QMMT). Auch im erwähnten *Melchisedek-Midrasch* und im *Midrasch zur Eschatologie* geht es um das Verhältnis von Gerechtigkeit und Barmherzigkeit Gottes. In allen diesen Texten zeigt sich eine für die frühjüdische Apokalyptik charakteristische dualistische

---

eben damit von Hause aus auf kleinere Gruppenbildung und auf den Verzicht der Weltgewinnung angewiesen" (*Die Soziallehren der christlichen Kirchen und Gruppen*, Tübingen 1912 [ND 1994], Bd. 1, 362).

343 Hartmut Stegemann zufolge handelt es sich bei der von Roland de Vaux auf einer Mergel-Terrasse ausgegrabenen Siedlung von Khirbet Qumran nicht um den Sitz einer religiösen Sekte oder gar um ein „Kloster", sondern lediglich um eine Ledergerberei und Schriftrollenmanufaktur (*Die Essener, Qumran, Johannes der Täufer und Jesus*, Freiburg ²1994). Kritisch dazu: Ferdinand Rohrhirsch, *Wissenschaftstheorie und Qumran. Die Geltungsbegründungen von Aussagen in der Biblischen Archäologie am Beispiel von Chirbet Qumran und En Feschcha* (NTOA 32), Fribourg/Göttingen 1996.

344 Der als Subjekt gebrauchte Begriff „Gemeinschaft" soll im Folgenden den realen oder womöglich fiktionalen Autor jener Schriften bezeichnen, die in und bei Khirbet Qumran gefunden wurden. Die Frage, ob es in Qumran eine solche Gemeinschaft tatsächlich gegeben hat, ob sie die dort abgefassten Schriften zu verantworten hat, und ob diese Gemeinschaft mit den Essenern identisch ist, kann dabei offenbleiben.

Bibeltheologische Perspektiven

Weltsicht,[345] wie sie auch im *Ersten Henochbuch* oder im *Buch der Jubiläen* greifbar ist.

Dieser Dualismus ist – anders als im frühen Zoroastrismus und im späteren Manichäismus – kein metaphysisch-ontologischer, sondern ein kosmisch-ethischer Dualismus.[346] Es geht nicht um eine Gleichrangigkeit von gutem und bösem Weltprinzip, sondern um die sich in der Weltgeschichte ereignende Auseinandersetzung von Gut und Böse. Dabei betonen die Texte aus Qumran die Einzigkeit Gottes; seine Allmacht räumt dem Bösen in Raum und Zeit lediglich eine befristete Wirkung ein. Am Ende – nach dem endgültigen Sieg der „Kinder des Lichts" über die „Kinder der Finsternis"[347] – wird die Herrschaft Gottes über die Welt unbegrenzt sein. Vor dem Hintergrund des jüdischen Ein-Gott-Glaubens vertreten die apokalyptischen Texte aus Qumran einen monistischen Dualismus, dessen Dramatik sich in Kosmologie und Ethik hinein entfaltet.

Gleich zu Beginn ruft die *Gemeinschaftsregel* dazu auf, diejenigen zu lieben, die Gott erwählt hat, und jene zu hassen, die er verworfen hat (1QS I,4). Im Vergleich mit anderen Gruppierungen im Volk und mit dem Volk als ganzem versteht sich die Gemeinschaft in prophetischer Tradition als eine religiös-ethische Elite, als ein „heiliger Rest" und das „wahre Israel", als ein „Haus der Vollkommenheit und Wahrheit in Israel".[348] Die Mitglieder dieser Elite beanspruchen, „Zeugen der Wahrheit für das Gericht und Auserwählte des [göttlichen] Wohlgefallens [zu sein], um für das Land zu sühnen und den Gottlosen ihre Taten zu vergelten" (1QS VIII,6f.). Ohne ausdrücklichen Bezug auf das vierte Gottesknechtslied (Jes 53) klingen im Erwartungshorizont eines eschatologischen Gerichts Stellvertretungs- und Sühnevorstellungen an: „Und sie sollen wohlgefällig sein zu sühnen für das Land und

---

345 Vgl. bes. 1QS III,13 bis IV,26, wo die Lehre von den beiden „Geistern" eingeführt und in apokalyptischer Perspektive entfaltet wird.
346 Zum Begriff „Dualismus" vgl. Susanne Lanwerd: „Mit dem *Begriff* Dualismus wird jedes Erklärungs- und Begründungsmodell bezeichnet, das von einem Nebeneinander zweier gegensätzlicher Kräfte, Prinzipien oder Zustände ausgeht und diese als weder auseinander herzuleitende noch als zur Einheit führbare darstellt" (Art. *„Dualismus"*, in: HRWG, Bd. 2, 233–236, hier 233).
347 Vgl. den Anfang der Kriegsrolle 1QM I,1–12. – Zu den dualistischen Vorstellungen in den Qumran-Texten vgl. bes. auch den *Melchisedek-Midrasch* (11QMelch/Texte aus Qumran II, 178–185) und den *Midrasch zur Eschatologie* (4QMidrEschat/ebd., 190–213).
348 Vgl. CD I,4–10; II,14 bis III,20; 1QH VI,7f.

das Urteil über die Gottlosigkeit zu fällen, so dass kein Frevel mehr sein wird" (ebd. 10).

Die Gemeinschaftsregel versteht die asketische Disziplin der Mitglieder als eine stellvertretende Sühne für die Sünden des Volkes und besonders jener „Frevler", die den Jerusalemer Tempel entweihen.[349] Von Barmherzigkeit und der Bereitschaft Gottes, Verfehlungen seines Volkes zu verzeihen, ist in diesem Zusammenhang nur insofern die Rede, als sich Gott Menschen erwählt hat, die sich von der Sünde abwenden können: „Langmut ist bei ihm [sc. Gott] und reiche Vergebung [vgl. Ps 130,7], um Sühne zu schaffen für die, die von der Sünde sich abgewandt haben" (CD II,4f.). Die Mitglieder der Gemeinschaft können sich auf die Gnade Gottes verlassen; denn sie haben teil an dem Bund, den Gott einst mit den Erzvätern geschlossen hat. Dieser Bund wird durch den „Lehrer der Gerechtigkeit" alljährlich rituell erneuert.[350]

In solchen Schriften wird eine ausgesprochen pessimistische Anthropologie sichtbar: Der Mensch ist zunächst und vor allem anderen ein Sünder, und er bedarf als solcher der Vergebung, um nicht der ewigen Verderbnis anheimzufallen, sondern in der Schar der Erwählten aufgenommen und gerettet zu werden.

Wiederholt begegnet in den Qumran-Schriften die Vorstellung von einer doppelten Vorherbestimmung: der einen zum Verderben, der anderen zur Rettung (vgl. CD II,9–12 u.a.). Über das jeweilige Schicksal entscheidet die Lebensweise des Einzelnen. Gleichzeitig vertreten die Schriften einen ausgeprägten Determinismus. Gott erscheint als allmächtig und zugleich allwirksam. Was geschieht, geschieht nach dem Willen Gottes; ohne seinen Willen geschieht nichts und wird nichts erkannt (vgl. 1QH I,8. 20). Die daraus re-

---

349 Ein zunächst marginal erscheinendes, aber doch wesentliches Unterscheidungsmerkmal dieser Gemeinschaft gegenüber anderen Gruppierungen im zeitgenössischen Judentum ist die Benutzung des Sonnenkalenders für die Terminierung der jüdischen Feste. Denn die Berechnungen der Festzeiten anhand des Sonnenkalenders führten zu anderen Ergebnissen als der am Jerusalemer Tempel benutzte Mondkalender, so dass zwei Kultordnungen nebeneinander existierten. Ob es freilich in der Siedlung von Qumran überhaupt einen Opferkult gegeben hat, ist aus archäologischen Gründen mehr als zweifelhaft. Die auf dem Sonnenkalender beruhende Kultordnung scheint eher ideeller Natur gewesen zu sein.
350 Die Identität des „Lehrers der Gerechtigkeit" ist umstritten. Texte wie der Melchisedek-Midrasch (11QMelch = 11Q13) verbinden den „Lehrer der Gerechtigkeit" mit dem in Jes 52,7 verheißenen „Freudenboten" aus Jes 52,7 (II,16–19/Texte aus Qumran II,181–183).

sultierende Frage nach dem Status der menschlichen Freiheit wird jedoch – wie auch sonst im Alten Orient, in der Bibel und im Rahmen der antiken Religionen – nicht weiter erörtert.

Unklar bleibt auch, warum Gott die Gemeinschaft erwählt hat. Lediglich das Faktum wird als nicht weiter zu ergründende Wirkung göttlicher Erwählung benannt und hinsichtlich seiner Folgen bedacht. Demnach begründet die Erwählung einen „ewigen Bund", einen „Bund der ewigen Gemeinschaft", ja sogar – im Anschluss an Jer 31,31.34 – einen „neuen Bund".[351] Offenbar verstand sich die Gemeinschaft als das „neue Israel", eine Kontrastgemeinschaft von Ausgesonderten und Heiligen, die – anders als die „Frevelpriester" in Jerusalem – die schöpfungsgemäße Kultordnung beachtete.

Der Gedanke der gnädigen Erwählung zeugt nicht nur vom Selbstverständnis der Gemeinschaft als einer religiösen Elite, sondern auch von ihrem Heilsverständnis. Hatte sich in der Exilszeit der Gedanke der *Universalität* des Heils ausgeprägt, so ist er in den Texten von Qumran auf den Gedanken einer *Exklusivität* des Heils zurückgenommen. Das Heil ist der eigenen Gemeinschaft vorbehalten. Die damit gegebene Differenz zwischen „wir" und „sie", „innen" und „außen" wird in der Gestalt eines Konfliktes ausgetragen, sei es durch ein göttliches Strafgericht (vgl. CD I,4–10), sei es durch einen apokalyptischen Endkampf. In der *Kriegsrolle* artikuliert sich die Überzeugung, dass Gott seinen Erwählten im apokalyptischen Endkampf beistehen wird.

In der *Gemeinschaftsregel* wird die Erwartung eines Gerichtstages entfaltet (vgl. 1QS IV,19–23), an dem jedes Unrecht und jede Bosheit auf immer getilgt und im ewigen Feuer vernichtet wird (vgl. 1QS II,8; IV,11–14). Demnach hat Gott eine Frist gesetzt, nach deren Ablauf er erscheinen wird, um den „Irrtum" auf immer zu zerstören (vgl. 1QS IV,18f.). In seinem Gericht deckt Gott die Wahrheit auf und bringt sie gegenüber Sünde und Trug machtvoll zur Geltung: Die Sammlung der *Loblieder* malt die Situation des Menschen im Gericht aus, bevor sie Gottes Weisheit und Gerechtigkeit preisen: „Wie soll ein Mensch seine Sünden aufzählen, und wie soll er sich verteidigen wegen seiner Vergehen? Und was soll der Ungerechte erwidern auf gerechtes Gericht? Bei dir, du Gott der Erkenntnisse, sind alle Werke der Gerechtigkeit und der Rat der Wahrheit, aber bei den Menschenkindern sind Dienst der Sün-

---

351 Vgl. 1QS IV,22; V,5f.: „ewiger Bund"; 1QS III,11 f.: „Bund der ewigen Gemeinschaft"; CD VI,19; XIX,33 f.; XX,12: „neuer Bund".

de und Taten des Trugs" (1QH I,25–27). Vor dem Angesicht Gottes können die Menschen nicht bestehen.

In den Schriften aus Qumran stehen unterschiedliche Vorstellungen von den zu erwartenden Endereignissen oft unverbunden nebeneinander. Die Unterschiede betreffen nicht nur den Termin für das Endgericht – dieser wurde angesichts des Fortschreitens der Geschichte offenbar wiederholt verschoben –, sondern auch die Ereignisse selbst. So steht etwa die Erwartung einer Wiederherstellung Jerusalems und des Tempelkultes nach dem der Schöpfung gemäßen Sonnenkalender neben der Erwartung einer gänzlichen Neuschöpfung. In 1QH III,19–36 wird das Ende der Welt als ein kosmisch-naturales Geschehen vorgestellt. Demnach schmilzt die Erde zusammen mit den Frevlern in einer lavaartigen Feuersglut dahin,[352] die Gerechten aber werden auf wunderbare Weise errettet. Daneben begegnet in den Schriften die Erwartung eines göttlichen Strafgerichts über die Welt. Ob dieses Gericht ein einzelnes Volk oder die Welt als ganze trifft, bleibt dabei unbestimmt.

Wohl aber verbindet sich mit der Erwartung eines Gerichts nicht nur die Hoffnung darauf, dass darin die Macht und die Herrlichkeit Gottes offenbar werden, sondern vor allem auch darauf, dass in ihm Gottes vergeltende Gerechtigkeit wirksam und damit offenbar wird (vgl. 1QH II,24f.; XIV,16). Häufig erscheint Gott selbst im Gericht als Richter und Vollstrecker, der die Bosheit der Frevler endgültig vernichtet.[353] Mit dem Gericht Gottes über die Frevler endet die gegenwärtige Weltzeit; es beginnt eine neue Weltzeit, ein neuer Äon. Diese Hoffnung beinhaltet, dass Gott beim Endgericht eine Auswahl der Gerechten zu einer neuen Menschheit erschaffen werde, die – besprengt mit dem „Geist der Wahrheit" wie mit einem „Reinigungswasser" (1QS IV,21) – nicht mehr fähig sein wird zu sündigen.[354]

Kosmisch-naturales Geschehen und Gerichtsperspektive verschmelzen miteinander, wenn das Endgericht als ein Ofen vorgestellt werden kann, in dem die Frevler verglühen, aus dem die

---

352 Vorstellungen vom Ende der Welt wie diese begegnen auch in der apokalyptisch beeinflussten Gnosis des 2./3. Jahrhunderts wieder; vgl. u.a. die *Noêma* aus Nag Hammadi (NHC VI,4/dt. Übers.: NHD 354f. [Schenke]).
353 Vgl. 1QpH X,3–5; XII,5; XIII,3; 1QH VI,29f.; XIV,15f.
354 Zum „Geist der Wahrheit" vgl. auch Joh 14,17; 15,26; 16,13. – Zum „Reinigungswasser" vgl. Num 8,7; 19,9; 31,23. Das Reinigungswasser hat sühnende Wirkung.

Bibeltheologische Perspektiven

Gerechten aber wie Gold und Silber geläutert hervorgehen.[355] Und schließlich gibt es Vorstellungen, die Mt 25,31–46 nahekommen, wonach alle Menschen vor dem göttlichen Richterstuhl nach ihren Taten beurteilt und anschließend zur Verdammnis oder zum ewigen Leben gelangen.[356]

Bemerkenswert ist dabei der Gedanke, dass beim Endgericht entweder ganz Israel oder auch nur die Gemeinschaft der Erwählten in Stellvertretung Israels als Beisitzer für das Gericht Gottes fungieren werden. Im *Habakuk-Kommentar* wird Hab 1,12f. so ausgelegt, „dass Gott sein Volk nicht vernichten wird durch die Hand der Völker, sondern in die Hand seiner Auserwählten legt Gott das Gericht über die Völker, und durch ihre Züchtigung werden alle Frevler seines Volkes büßen, [nämlich durch diejenigen,] die seine Gebote gehalten haben, als sie in der Trübsal waren" (1QpHab V,2–6). Während verschiedentlich von den Engeln die Rede ist, die das Gericht Gottes an den Frevlern vollziehen,[357] sind es hier die Angehörigen der Gemeinschaft von Qumran, die sich für die Leiden rächen, die ihnen zugefügt wurden.

Dass beim Endgericht keine Gnade waltet, lässt 1QS IX,23 durchblicken, wenn dort der Tag des Gerichts in Fortführung prophetischer und apokalyptischer Traditionslinien[358] als „Tag der Rache" bezeichnet wird. An diesem Tag kann der Mensch nichts beschönigen; denn seine Taten sind vor Gott untilgbar aufgezeichnet. Deshalb kann der Mensch weder am Tag des Gerichts „seine Sünden aufzählen" noch sich „wegen seines Unrechts verteidigen. Alles ist vor dir aufgezeichnet mit der Feder der Erinnerung"

---

355 Zur Verbindung von Endgericht und Weltenbrand vgl. neben dem erwähnten gnostischen *Noêma* (NHC VI,4) aus der frühjüdischen Apokalyptik auch *äthHen* (1,5b–7): „Furcht und großes Zagen wird bis an die Enden der Erde über sie kommen. 6 Die hohen Berge werden beben, die ragenden Hügel niedersinken und schmelzen wie Wachs in der Flamme. 7 Und die Erde wird sich auftun, und alles wird untergehen, was auf Erden ist, und sodann wird alles gerichtet werden."
356 Z.B. gleich zu Beginn der Gemeinderegel (1QS I,3 bis II,18).
357 Vgl. hierzu besonders den eschatologisch akzentuierten „Melchisedek-Midrasch" 11QMelch, bes. Z. 13f., wonach Gott mit Hilfe aller „Götter" (= Engel) [der Gerechtigkeit] die vernichtende Rache der Gerichte Gottes vollstrecken wird (Texte aus Qumran II, 181).
358 Vgl. zu den Propheten: Jes 34,8; 61,2; 63,4; Jer 46,10; Spr 6,34. Zur Apokalyptik: *syrBar* 83,4–9 [JSHRZ V/2, 103–192]; *äthHen* 45,3–6; 46,1–6; 48,1–7.10 [JSHRZ V/6, 461–780]; *4 Esra* 7,26–38; 45–50 [JSHRZ V/4, 289–412] (Texte bei: Johannes Leipoldt/Walter Grundmann, *Umwelt des Urchristentums*, Bd. II, 194f., 209f.).

(1QH I,24). Andererseits erinnert sich Gott in seinem Gericht auch der Taten der Gerechten (vgl. 1QH XVI,10). Ob sich mit diesen Erwartungen die Vorstellung von einer Auferstehung der Toten verband, wie sie etwa bei Dan 12,1f. angedeutet ist – ein Text, der in Qumran bekannt war[359] –, ist aufgrund der Praxis der Einzelbestattung wahrscheinlich, aber keineswegs sicher.[360] Auch bei dem berühmten Fragment 4Q 521 2 ii,11–13 in dem Gott als derjenige gepriesen wird, „der Tote belebt", kann es sich um eine metaphorische Redeweise halten, wie sie aus biblischen Texten bekannt ist.[361]

Der ethische Rigorismus, wie er vor allem in den Strafbestimmungen der Disziplinarordnung erkennbar ist (vgl. 1QS V,1 bis XI,22), lässt das die Gemeinschaft bestimmende Gottesbild durchscheinen: anders als in den Weisungen und Bestimmungen im Bundesbuch oder im *Deuteronomium* erscheint Gott dort als unnachsichtiger Pädagoge.[362] Die Gerechten sind zur gewissenhaf-

---

359 Vgl. das Zitat von Dan 12,10 in 4QMidrEschat IV,3–4a. – Zur Rezeptionsgeschichte des Danielbuches in Qumran vgl. auch Alfred Mertens, *Das Buch Daniel im Lichte der Texte vom Toten Meer* (SBM 12), Stuttgart 1971.

360 Zur Diskussion um die Deutung der archäologischen Befunde hinsichtlich der Bestattungspraxis in Qumran vgl. bes. Jürgen Zangenberg, *Region oder Religion? Überlegungen zum interpretatorischen Kontext von Khirbet Qumran*, in: Max Küchler/Karl Matthias Schmidt (Hgg.), Texte – Fakten – Artefakte. Beiträge zur Bedeutung der Archäologie für die neutestamentliche Forschung (NTOA 59), Fribourg/Göttingen 2006, 25–67. – Vor allem geht es dabei um die Deutung der drei Stellen 1QH VI,29f. 34; XI,12–14. Günter Stemberger sieht in diesen Texten jedoch nur die erhoffte Rettung aus Lebensgefahr ausgedrückt (Art. *„Auferstehung I/2"*, in: TRE 4 [1979], 445).

361 Vgl. hierzu oben Abschnitt 2.3.8.2. – Zur Verbindung von Aufrichten und Beleben vgl. etwa die vielzitierte Version von der Wiederbelebung der Totengebeine in Ez 37,1–14, ferner Jes 26,19 und Hos 6,1–3. – Der Text 4Q 521 Frgm. 2 ii,11–13 lautet in der Übersetzung von Theissen/Merz, *Der historische Jesus*, 460: „[…] und glorreiche Dinge, die (so noch) nicht gewesen, wird der Herr tun, wie er ges[agt hat.] Dann heilt er Durchbohrte und Tote belebt er, Armen (/Demütigen) verkündet er (Gutes), und [Niedrig]e (?) wird er sät[tigen, Ve]rlassene (?) wird er leiten und Hungernde rei[ch machen(?)]." – Dazu: Karl-Wilhelm Niehbur, *4Q 521,2 II – Ein eschatologischer Psalm*, in: Mogilany 1995. Papers on the Dead Sea Scrolls offered in memory of Aleksy Klawek (Qumranica Mogilanensia 15), hg. v. Z. J. Kapera, Kraków 1998, 151–168. – Vgl. neutestamentlich Mt 11,2–6 (die Täuferfrage).

362 Zum möglichen Einfluss eschatologisch akzentuierter deuteronomistischer Geschichtstheologie auf die Qumran-Schriften vgl. S. Safrai, The

ten Beobachtung der rechten Ritualordnung und des ihr zugrunde liegenden Kalenders verpflichtet. Die Disziplinarordnung der Gemeinschaft fordert nicht nur unbedingten Gehorsam, sondern reicht auch über die biblischen Gebote hinaus.

Obwohl die Strafbestimmungen, die für Übertretungen dieser Ordnung angedroht werden, nicht explizit theologisch begründet sind, legen sie doch die Vorstellung nahe, dass die Gemeinschaftsordnung in besonderer Weise Ausdruck des göttlichen Willens ist. Die teils drakonischen Strafbestimmungen zielten offenbar darauf, jene kultische Reinheit sicherzustellen, die als notwendig erachtet wurde, um im eschatologischen Endkampf bestehen zu können. Dass die Gemeinschaft offenbar beanspruchte, ein Leben nach dem Ideal der Engel zu führen,[363] dürfte den ethischen Rigorismus verschärft haben.

Entsprechend ihrem Anspruch als religiöse Elite sind die ethischen Ideale der Gemeinschaft von Qumran mit den Begriffen „Gerechtigkeit", „Wahrheit" und „Demut" umrissen (vgl. 1QS III,20; I,13; VIII,2–4). Die *Loblieder* preisen Gott dafür, dass er den Mitgliedern der Gemeinschaft die Gerechtigkeit aus reiner Gnade verleiht (1QH IV,26–29; 1QS XI,2–7). Trotz allen Bemühens um Reinheit und die vollkommene Beachtung der Tora lassen die Autoren der Texte das Bewusstsein erkennen, dass niemand die Rechtfertigung vor Gott aus eigener Kraft erlangen kann. Dies zeigt sich besonders in den Lobliedern (1QH IV,26–33) und am Ende der Gemeinschaftsregel.[364]

Die Autoren der Schriften warnen davor, dass das Bewusstsein der eigenen Auserwähltheit dazu verleitet, sich über andere zu erheben; vielmehr soll es die Einsicht in die eigene Nichtigkeit und das Bewusstsein dafür schärfen, auch weiterhin dem Bösen zugeneigt zu sein. Beides lässt das Mitglied der Gemeinschaft umso mehr auf die Barmherzigkeit Gottes hoffen. Wenn der Einzelne erwählt und gerechtfertigt wird, so empfindet er dies als ein Geschenk Gottes, für das er Lob und Dank schuldet.

Sons of Yehonadav ben Rekhav and the Essenes, in: Bar Ilan Annual 16–17 (1978) 37–58.

363 Vgl. 1QS XI,7–9; 1QH XI,10–14.
364 1QS XI,2–7; vgl. auch 1QS XI,13–15: „Durch sein Erbarmen hat er mich nahe gebracht und durch seine Gnadenerweise kommt meine Gerechtigkeit. Durch die Gerechtigkeit seiner Wahrheit hat er mich gerichtet, und durch den Reichtum seiner Güte sühnt er alle meine Sünden, und durch seine Gerechtigkeit reinigt er mich von aller Unreinheit des Menschen und von der Sünde der Menschenkinder."

Entsprechend dem dualistisch-apokalyptischen Weltbild, das die Texte aus Qumran erkennen lassen, erweist sich Gottes Gerechtigkeit wesentlich darin, dass Gott das Böse am Ende der Geschichte gnadenlos ausradieren wird. Elemente der Barmherzigkeit zeigen sich allenfalls darin, dass Gott einige Auserwählte beruft, und dass er das Strafgericht nicht unmittelbar vollzieht, sondern dem Bösen eine Frist einräumt – in der es sich freilich gegen die Gerechten wenden kann.

Da das einzelne Mitglied der Gemeinschaft den strengen Anforderungen der Disziplinarordnung aus eigener Kraft kaum genügen kann, weiß es sich einerseits durch einen strengen Richtergott beansprucht, andererseits dessen gnädiger Hinwendung teilhaftig. Diese allein ermöglicht ihm das Verbleiben in der Gemeinschaft der Gerechten und Reinen.[365]

Gott wird in den Schriften von Qumran als ein kosmischer Herrscher begriffen, der rituelle und ethische Reinheit fordert und Verfehlungen gegenüber seinen Forderungen unbarmherzig verfolgt. Seine „Gerechtigkeit" erweist sich deshalb darin, dass er am Ende der Geschichte das Böse in der Welt vernichtet. Man mag dies „rettende Gerechtigkeit" nennen, aber die mit ihr verbundenen „Nebenwirkungen" hinterlassen doch einen fahlen Nachgeschmack. Eher handelt es sich um eine gnadenlose Vergeltung für all das, was die Gemeinschaft in ihrem ethischen und religiösen Rigorismus als böse einstuft. Und insofern kaum jemand den göttlichen Geboten entsprechend lebt, ist die Mehrzahl der Menschen ohnehin dem göttlichen Strafgericht verfallen. Eine Möglichkeit der Rettung wird allenfalls in der Weise eingeräumt, dass einigen wenigen Menschen die Gnade zuteil wird, den göttlichen Weisungen entsprechend zu handeln.

Wechselseitige Schuld zwischen Menschen kommt in den Texten aus Qumran nur als Verfehlung gegenüber einer vorgegebenen Sozialordnung („Gemeinschaftsdisziplin") in den Blick, nicht aber als zwischenmenschliches Vergehen. Deshalb spielt die Kategorie der Versöhnung keine Rolle. Die in der Gemeinschaftsordnung vorgesehenen Beratungen über das Verhalten von Gemeinschaftsmitgliedern zielen nicht auf Versöhnung, sondern auf die Feststellung

---

365 Diese Ambivalenz ist ein typisches Kennzeichen religiöser „Sekten". – Der Begriff der „Sekte" ist Gegenstand kontroverser Diskussionen. Trotz vielfacher Kritik wird hier der auf Weber und Troeltsch zurückgehende Sektenbegriff übernommen (vgl. Anm. 340). Vgl. auch Günter Kehrer, Art. „*Sekte*", in: HRWG, Bd. V (2001) 56–59.

Bibeltheologische Perspektiven

des Sachverhaltes, ob sich ein Mitglied gegen die Gemeinschafts-Ordnung verfehlt hat oder nicht. Ähnlich wie in der altägyptischen Religion geht es vor allem anderen um die Reinigung von Schuld. Und wie im Alten Ägypten wird Schuld primär als Übertretung ritueller und/oder ethischer Gebote definiert. Rituelle und ethische Verfehlungen konsequent zu ahnden ist sich Gott um seiner eigenen Heiligkeit willen schuldig. Der sozialen Dimension von Schuld und Sünde kommt hingegen keine Bedeutung zu.

Nach der Niederlage im Ersten Jüdischen Krieg konnten die in und bei Qumran versteckten Schriften keine Wirkung mehr entfalten. Langfristig erfolgte die Restitution des Judentums ausschließlich auf der Grundlage seiner pharisäischen Ausprägung. Diese setzte sich nach dem Jahr 70 n.Chr. nicht nur gegenüber der untergegangenen Jerusalemer Tempelaristokratie durch, sondern auch gegenüber dem hellenistisch geprägten Diaspora-Judentum. Aus dem Pharisäismus ist gegen Ende des 1. Jahrhunderts das rabbinische Judentum hervorgegangen. Dessen Überlegungen zum Verhältnis von Gerechtigkeit und Barmherzigkeit Gottes sind auch deshalb bedeutsam, weil sie die Beziehung zwischen Gott und Mensch nicht selten in der Weise einer freien Begegnung bestimmen.

2.5.2 Gerechtigkeit und Barmherzigkeit Gottes in der rabbinischen Literatur

Nach der neuerlichen Zerstörung des Jerusalemer Tempels durch römische Truppen (70 n.Chr.) und dem Scheitern des anfänglich messianisch gedeuteten Bar-Kokhba-Aufstands (135 n.Chr.) konnte das Judentum nicht mehr bruchlos an dualistische Vorstellungen anknüpfen, wie sie in der Apokalyptik und in den Qumran-Schriften vertreten wurden. Denn die Katastrophe war ja nicht über die Feinde, sondern über das erwählte Volk selbst hereingebrochen. Angesichts dessen standen die Rabbinen vor der Aufgabe, das Verhältnis von Gerechtigkeit und Barmherzigkeit Gottes neu zu bestimmen.[366]

---

366 Die rabbinischen Diskussionen um die Katastrophen von 70 und 135 n.Chr. schlugen sich auch in der neu konstituierten synagogalen Liturgie nieder; hier findet Johann Maier, *Geschichte der jüdischen Religion. Von der Zeit Alexanders des Großen bis zur Aufklärung*, Berlin – New York 1972, 148 f. Besonders die letzten Benediktionen des *Shmone Esre* (Achtzehn-Bitten-Gebets) beziehen sich auf die Zerstörung des Tempels: In der 14. Benediktion wird um die Wiederherstellung Jerusalems als Wohnung Gottes und des Herrscherhauses Davids gebetet, in der 16. Bene-

2.6 Frühjudentum

Dazu griffen diese auf die geschichtstheologische Deutung der deuteronomistischen Redaktoren zurück, wonach politische Notlagen oder Misserfolge eigenen Sünden geschuldet sind.[367] Dies ermöglichte es den Rabbinen auch nach der Zerstörung des Tempels, am Glauben daran festzuhalten, dass Gott gerecht und barmherzig gehandelt hat, und dass er auch in Zukunft so handeln wird. Seine Gerechtigkeit – und zugleich Barmherzigkeit – gegenüber Israel werde sich dereinst darin erweisen, dass er das Volk erneut aus seiner Verbannung herausruft und nach Jerusalem zurückbringt.

Dieser Grundtenor wird im rabbinischen Schrifttum facettenreich entfaltet.[368] Trotz der leidvollen Erfahrungen der Vergangenheit wird dabei der Glaube an die Barmherzigkeit Gottes nicht aufgegeben. Zwar sind die Androhungen von Gericht und Strafe unverzichtbar, soll den in der Tora versammelten sittlichen Forderungen Nachdruck verliehen werden. Die sündige Schöpfung aber wäre ohne Gottes Barmherzigkeit dem Untergang verfallen, so die Rabbinen, machte Gott allein die Gerechtigkeit zum Maßstab seines Handelns.

Gott selbst steht gleichsam in der Spannung von Gerechtigkeit und Barmherzigkeit. Wiederholt wird in der rabbinischen Literatur die Gnadenformel Ex 34,6f. so ausgelegt, dass darin der Gottesname *Elohim* den strafenden Richtergott meint, der Gottesnahme *Jhwh* hingegen den Gott des Erbarmens.[369] Dabei zeigt sich für die Rabbinen der Vorrang der Barmherzigkeit schon darin, dass

---

diktion um die Wiederkehr der Gegenwart Gottes *(Shechina)* auf den Zion und die damit gegebene Wiederaufnahme des Tempelkults; vgl. dazu Kellermann, *Das Achtzehn-Bitten-Gebet,* 152–171.178–184.

367 Vgl. Bar 2,12f.: „Wir haben gesündigt, gefrevelt, Unrecht getan, Herr, unser Gott, an all deinen Gerechtigkeitsforderungen. / Es wende sich doch dein Zorn von uns ab; denn von uns sind nur wenige unter den Völkern, wohin du uns zerstreut hast, übrig geblieben"; vgl. auch 3,1–6 (dt. Übers. in: JSHRZ III/2, 173.175); 3 Makk 2,18–20 (in JSHRZ noch nicht erschienen); den „Psalm Aseneths" in: JosAs 21,10–21 (JSHRZ II/4, 698–701) sowie vor allem das dem König Manasse (696–642 v. Chr.) zugeschriebene Gebet (JSHRZ IV/1, 23–26; vgl. Anm. 206).

368 Vgl. Bodendorfer, *Die Spannung von Gerechtigkeit und Barmherzigkeit in der rabbinischen Auslegung,* 158.

369 Diese Auslegung findet sich auch im Talmud-Traktat Berakhot *(bBerakhot* 60b); in der *Peshiqta des Rab Kahane,* einer um die Mitte des 5. Jahrhunderts entstandenen Predigtsammlung *(PesK* S 6.4), im Midrasch *Exodus Rabba (ExR* 6.2f.), im Midrasch Kohelet *(KohR* 7.15) u.a. Der späte Midrasch *Exodus Rabba* fasst zusammen: Elohim = richtender Gott; Zebaoth = der Krieg gegen die Frevler führende Gott; El Shaddaj

diese Eigenschaft Gottes mit dem unaussprechlichen Tetragramm verbunden ist.

Im *Sifra,* dem vor dem Ende des 2. Jahrhunderts n. Chr. entstandenen Kommentar (Midrasch) der Tannaiten zum Buch Leviticus (vor dem Ende des 2. Jahrhunderts[370]), stehen bei der Auslegung von Lev 18,2 („Ich bin Jhwh, euer Elohim") Gottes Erbarmen und seine Gerechtigkeit unvermittelt nebeneinander: „Ich bin Jhwh; denn ich sprach und die Welt wurde. Ich bin voll des Erbarmens. Ich bin der Richter und strafe und bin zuverlässig, den Lohn zu vergelten. Ich bin es, der von der Generation der Flut und von den Menschen von Sodom und Ägypten an strafte, und ich werde euch in der Zukunft strafen, wenn ihr nach ihren Vorbildern handelt."[371] Gottes Handeln ratifiziert gleichsam nur das Handeln der Menschen zu deren Heil oder Unheil. Zwar heißt es von Gott, er sei „voll des Erbarmens". Doch von einem Erbarmen in dem Sinne, dass Gott reumütigen und umkehrwilligen Sündern vergibt, ist hier keine Rede. Betont wird vielmehr Gottes vergeltende Gerechtigkeit.

Im Midrasch *Genesis Rabba* 12.5 findet sich die Vorstellung, dass sich Gerechtigkeit und Barmherzigkeit Gottes in einem Gleichgewicht befinden. Dem erst in amoräischer Zeit (200 bis 500 n. Chr.) entstandenen Midrasch zur Schöpfungsgeschichte zufolge hat Gott die Welt zu gleichen Teilen aus Barmherzigkeit und Gerechtigkeit erschaffen. Diese Auffassung wird aus Gen 2,4 hergeleitet: „Zur Zeit, als Jhwh Elohim Erde und Himmel machte ..." Das Miteinander von Gerechtigkeit und Barmherzigkeit Gottes ist nach Auffassung der Rabbinen Ausdruck der Fürsorge Gottes; denn Gott handelt wie ein kluger König, der seine kostbaren Glasgefäße dadurch vor dem Zerspringen bewahrt, dass er weder zu heißes noch zu kaltes Wasser hineinfüllt, sondern heißes und kaltes miteinander mischt. Freilich: Das hier beanspruchte Bild einer „Mischung" ist nicht sonderlich geeignet, das Verhältnis von Gerechtigkeit und Barmherzigkeit Gottes zu veranschaulichen. Denn es sagt ja nicht mehr aus, als dass Gottes in seiner Schöpfung beides walten lässt. Begründet wird dies damit, dass weder ein Übermaß an Gerechtig-

---

= der die Sünden tilgende Gott; Jhwh = der barmherzige Gott (*ExR* 3.6).
370 Zur Epocheneinteilung der rabbinischen Schrift-Kommentatoren vgl. Günter Stemberger, *Geschichte der jüdischen Literatur. Eine Einführung,* München 1977, bes. 66–96 (Talmudische Zeit).
371 *Sifra,* Abschnitt *Achare Moth,* Parascha 8 (Ed. Winter, Breslau 1938).

keit noch ein solches an Barmherzigkeit den Menschen zuträglich wäre. Gott urteilt demnach über das sittliche Tun der Menschen wie ein maßvoller Richter.

Nach rabbinischer Auffassung sah Gott bei der Erschaffung der Welt voraus, dass es unter den Menschen sowohl Gerechte als auch Frevler geben würde. Dem Einspruch der Engel, dass damit auf Erden Unterdrückung und Verbrechen Raum geschaffen werde, entgegnet Gott nach dem Midrasch *Genesis Rabba* 8.4–5, dass er die Möglichkeit des Bösen in Kauf nahm, um dem Guten Raum zu geben. In der Sintflutgeschichte sehen die Rabbinen eine erste Bewährungsprobe daraufhin, ob Gott seinem Schöpfungsratschluss auch angesichts der Bosheit der Menschen treu bleiben will.[372]

Anknüpfend an biblische und apokalyptische Vorstellungen beharrten die Rabbinen auf der Erwartung eines abschließenden Gerichts über die Welt und die Völker. Aber wie soll Gott die Welt richten – nach Recht und Gerechtigkeit, nach Barmherzigkeit oder nach Willkür? Eine mögliche Antwort auf diese Frage übersteigt die Möglichkeiten des Menschen, so eine aramäische Paraphrase von Gen 4. Ihr zufolge stritten sich Kain und Abel auf dem Feld über eine Reihe von Fragen – darunter die, ob die Welt „mit Erbarmen geschaffen" worden sei, ob letztendlich das Tun des Guten oder das Ansehen der Person ausschlaggebend sei, ob es ein Gericht und einen Richter über die Taten der Menschen und ob es überhaupt eine „andere Welt" und darin eine „Vergütung guten Lohnes für die Gerechten" gebe und ob darin „eine Buße von den Bösen verlangt wird". „Darüber stritten beide auf dem Feld. Da erhob sich Kain gegen seinen Bruder Abel und erschlug ihn."[373] Nach dieser Deutung muss der Versuch, das Verhältnis von Gerechtigkeit und Barmherzigkeit Gottes im Rekurs auf die Naturordnung, die sittliche Ordnung oder das zu erwartende Weltende ergründen zu wollen, als Ursprung aller Gewalt unter den Menschen gelten.

Während Gottes Gerechtigkeit den Bestand der sittlichen Ordnung sichert, gewährleistet seine Barmherzigkeit, dass die Schöpfung auch angesichts des Bösen nicht der Vernichtung anheimfällt.

---

372   Gott geht mit der Erschaffung endlicher Freiheit ein von ihm selbst nicht zu kontrollierendes Risiko ein – ein Gedanke, der in der neueren theologischen Diskussion vielfach bedacht wird, in der jüdischen Theologie aber nie vergessen war, insofern diese der Freiheit des Menschen auch im Gegenüber zu Gott einen zentralen Stellenwert beimaß.

373   Zit. nach Lauer, *Rabbinische Erwägungen über Gottes Güte und Gerechtigkeit*, 104f. – Vgl. Gunther Plaut (Hg.), *Die Tora in jüdischer Auslegung*, Bd. 1: *Bereschit. Genesis*, Gütersloh 1999.

Bibeltheologische Perspektiven

Das Gespräch Gottes mit Abraham vor der Zerstörung Sodoms zeigt nach Auffassung der Rabbinen, dass Gott die Welt zerstören müsste, wenn er erbarmungslos richten wollte.[374] Gerechterweise müsste Gott jede Sünde ahnden – auch wenn es ihm, wie die Rabbinen sagen, so schwer fällt, dass er das Gericht über die Frevler nur mit Seufzen vollzieht –, so im *Seder Eliyyahu Rabba,* einer vermutlich erst in der Zeit der Geonim (d.h. im 8. Jahrhundert) entstandenen pseudepigraphischen Predigtsammlung (SER 18.20). Nach SER 17.15 weint Gott im Geheimen über das Schicksal der Sünder und Frevler. Eine Alternative gibt es jedoch nicht; denn ohne göttliche Gerechtigkeit würde die Welt ins Chaos stürzen. Deshalb, so der Schluss, ist Gott nicht nur für seine Barmherzigkeit, sondern auch für seine Gerechtigkeit zu preisen.

Aus der Gnadenformel Ex 34,6f. hat die rabbinische Auslegung die Lehre von den dreizehn „Middot" Gottes entwickelt, die für die jüdische Ethik ebenso grundlegend wurde wie für die jüdische Mystik.[375] Das hebräische Wort *middot* wird gewöhnlich als „Eigenschaften" übersetzt, kann aber auch als „Attribute" (Bodendorfer) oder „Wirkungskräfte" (Frankemölle) wiedergegeben werden.[376] Zu den Middot Gottes zählen die vergeltende Gerechtigkeit ebenso wie die Barmherzigkeit. Von Attributen oder Wirkweisen Gottes ist nach Auffassung der Rabbinen bereits im Psalter die Rede. Besondere Aufmerksamkeit erfährt Ps 36,7: „Deine Gerechtigkeit ist wie die Gottesberge, deine Gerichte sind wie die große Flut." Während nach Auffassung der Rabbinen der Begriff *mishpāt* die Strafgerechtigkeit Gottes meint, die aus dem Gottesattribut der Gerechtigkeit hervorgeht, bezeichnet *zedāqâ* jene Gerechtigkeit Gottes, die nicht bloß vergeltend ist, sondern die Barmherzigkeit einschließt. Die barmherzige Gerechtigkeit setzt der vergeltenden

---

374 Vgl. auch die Midraschim *GenR* 39.6; 59.4; 78.8; *LevR* 10.1; *PesK* 16.4; 19.3.
375 Vgl. Arthur Marmorstein, *The Old Rabbinic Doctrine of God* (Jews' College Publications 10), Oxford – London 1927 (ND 1968). Zu den Attributen „Gerechtigkeit" und „Barmherzigkeit" vgl. Kurt Hruby, *Gesetz und Gnade in der rabbinischen Überlieferung,* in: Judaica 25 (1969) 30–63.
376 Wenn Frankemölle die Übersetzung von *middot* als „Attribute" problematisiert, weil dieser Begriff „zu stark undynamische Wesenseigenschaften" voraussetzt, so hat doch der Begriff „Attribut" den Vorteil, den sprachlichen und somit kommunikativen Aspekt der Zuschreibung zu verdeutlichen. Gerade so düfte der Begriff dem „dynamischen und dialogischen" Gottesbild des Frühjudentums entsprechen, das Frankemölle betont (*Frühjudentum und Urchristentum,* 146).

Gerechtigkeit eine Grenze. In zwei Sammlungen homiletischer Midraschim aus dem 5. Jahrhundert, der *Peshiqta des Rab Kahane* und in *Tanchuma*, heißt es zu Ps 36,7: „Rabbi Simeon ben Jochai sagte dazu: So wie die Berge die Tiefe bezwingen, damit diese nicht aufsteigt und die Welt überschwemmt, so bezwingt die [barmherzige] Gerechtigkeit das Attribut der [vergeltenden] Gerechtigkeit und der Strafe, damit diese nicht auf die Welt kommt."[377]

Das wechselseitige Verhältnis der Middot Gottes zueinander ist nicht spannungsfrei. So kann die Differenz zwischen Gerechtigkeit und Barmherzigkeit sogar zu einem Streit in Gott führen. Im Talmud, Traktat *Sanhedrin* (*bSan* 94a), wird berichtet, wie Gott König Hiskija von Juda zum endzeitlichen Messias machen möchte. Dem widerspricht das hypostasierte Attribut der Gerechtigkeit, indem es Gott daran erinnert, dass David Hiskija vorzuziehen sei, weil er Gott in seinem Psalter unablässig lobpreist, wohingegen von Hiskija Vergleichbares nicht überliefert sei.

Der Konflikt der Middot in Gott lässt Gottes Verhältnis zum Menschen nicht unberührt. Ein Beispiel hierfür sind die Verhandlungen, die Mose mit Gott am Sinai führt, nachdem das Volk das Goldene Kalb angebetet hat. Nach zähem Ringen gelingt es Mose, Gott dazu zu bewegen, das Attribut der Barmherzigkeit über das Attribut der Gerechtigkeit siegen zu lassen.[378] In einem weiteren Talmud-Traktat, in *Sukka*, heißt es, dass das Gebet der Gerechten Gottes Gesinnung so verwandeln kann, dass er nicht mehr vom Attribut der Gerechtigkeit, sondern vom Attribut der Barmherzigkeit beherrscht wird (*bSuk* 14a).

Die gleiche Bewegung vom Attribut der Gerechtigkeit zu dem der Barmherzigkeit wird auch in der erwähnten *Peshiqta des Rab Kahane* (*PesK* 23.3) und im Midrasch zum Buch Levitikus (*LevR* 29.3) sichtbar, wenn dort jeweils im Ausgang von Ps 47,6 („Elohim stieg empor unter Jubelklang, Jhwh beim Hörnerschall") ein innerer Wandel Gottes vom richtenden zum verzeihenden Gott angedeutet gesehen wird. Dieser Wandel vollzieht sich am Neujahrstag beim Klang des Shofars – wobei das Neujahrsfest im jüdischen Jahreskreis als jener Termin gilt, an dem Gott über die Welt Gericht hält. Zum Ritual des Neujahrsfestes zählt die Rezitation der

---

377 PesK 9.1, Übers. nach Bodendorfer, *Gerechtigkeit und Barmherzigkeit in der rabbinischen Auslegung*, 164. Vgl. auch *TanB Noach* 8 (17b).
378 Vgl. *NumR* 16.22; Übers. nach Bodendorfer, *Gerechtigkeit und Barmherzigkeit in der rabbinischen Auslegung*, 169 f.; hier auch weitere Beispiele für einen „Sinneswandel" Gottes.

letzten Verse des Michabuches, wonach Gott die Schuld der Menschen aufhebt und ihre Sünde vergibt. Das Ertönen des Shofars am Neujahrstag kann als Zeichen der Sündenvergebung durch Gott gedeutet werden. Nach rabbinischer Auffassung erhebt sich Gott beim Klang des Hornes vom Thron der Gerechtigkeit und setzt sich auf den Thron der Barmherzigkeit – so in einem Midrasch zu den Psalmen (*PsR* 39).

Manchen Rabbinen erscheinen sowohl Ps 145,17 („Jhwh ist gerecht auf allen seinen Wegen / und getreu in allen seinen Werken") als auch Ps 62,12 f. („Bei Gott ist die Macht / und bei dir, Herr, die Güte; denn du vergiltst einem jeden nach seinem Tun") in sich widersprüchlich. Im Talmud wird deshalb verschiedentlich versucht, den inneren Widerspruch zwischen Gerechtigkeit und Barmherzigkeit durch die Annahme einer zeitlichen Abfolge aufzulösen. Den Rabbinen zufolge aber übt Gott *zunächst* Gerechtigkeit, indem er die Taten der Menschen an seinen Geboten bemisst und entsprechend richtet; *dann* aber lässt er ihnen gegenüber Milde walten und erweist sich darin als barmherzig (vgl. *bRHSh* 17b[379]).

Die Barmherzigkeit Gottes kann durch die innere Umkehr des Sünders oder durch Werke der Buße motiviert sein. Sie ist aber nicht daran gebunden. Die rabbinische Literatur zitiert mehrfach Beispiele, in denen Gott ohne menschliche Vorleistung Barmherzigkeit übt. Diese Ambivalenz kommt in einem Midrasch zu den Klageliedern in Gestalt eines Streitgespräches zwischen Gott und Israel zum Austrag: „»Kehre uns, Herr, dir zu, dann können wir uns zu dir bekehren« (Klgl 5,21). Die Gemeinde Israels sagte vor dem Heiligen, gepriesen sei er: »Herr der Welt, es liegt an dir, so kehre uns, Herr, zu dir!« Er erwiderte: »Es liegt an euch, wie es heißt: Kehrt um zu mir, dann kehre ich mich euch zu, spricht der Herr der Heere« (Mal 3,7). [Die Gemeinde] sagte vor ihm: »Herr der Welt, es liegt an dir, wie es heißt: Gott unser Retter, richte uns wieder auf« (Ps 85,5), und deshalb heißt es: »Kehre uns, Herr, dir zu, dann können wir uns zu dir bekehren«" (*KlglR* 5.21). Jede Seite schiebt die Verantwortung der jeweils anderen zu. Die Grundfrage, wie sich Gottes Freiheit und die des Menschen zueinander verhalten, bleibt dabei unentschieden.[380]

---

379 Übers. nach L. Goldschmidt III, 571.
380 Bezeichnenderweise stützt sich das Konzil von Trient auf die gleichen Schriftstellen, wenn es um das Verhältnis von Gnade und Freiheit Stellung nimmt; vgl. Konzil von Trient, *Dekret über die Rechtfertigung* (1547), Kap. 5: „Wenn daher in der Heiligen Schrift gesagt wird: »Kehrt um zu

Dem rabbinischen Kommentar zu den Klageliedern zufolge scheint das Streitgespräch zwischen Gott und Israel so auszugehen, dass sich Gott nicht davon dispensieren kann, seinem Volk die Möglichkeit der Umkehr zu eröffnen. Die Rabbinen sehen darin den Ernst der ethischen Forderungen nicht relativiert: Dass Gott seinem Volk auch dann die Umkehr ermöglicht, wenn es sündigt, dispensiert es nicht davon, die Weisungen Gottes mit aller Kraft zu befolgen.

Angesichts der spürbaren Tendenz der rabbinischen Literatur, der Barmherzigkeit Gottes den Vorrang vor seiner Gerechtigkeit zuzuschreiben, ist es folgerichtig, dass auch die Menschen angehalten sind, gegenüber ihren Mitmenschen Barmherzigkeit zu üben. Wer seinem Nächsten gegenüber zur Verzeihung bereit ist, ahmt darin Gott nach. Der Bund, den Gott mit seinem Volk geschlossen hat, erweist sich so als Gabe und Aufgabe zugleich: Er verpflichtet die Einzelnen dazu, sich in ihrem Alltag und in ihrer religiösen Praxis durch die *Tora* bestimmen zu lassen.[381]

Umstritten ist in der rabbinischen Schriftauslegung die Frage, ob die an Gott gerichtete Bitte um die Vergebung von Schuld die Bereitschaft zum Verzeihen voraussetzt. Bereits bei Jesus Sirach sind göttliche Vergebung und zwischenmenschliches Verzeihen so miteinander verknüpft, dass Letzteres die Voraussetzung dafür ist, dass Gott Sünden vergibt.[382] Die neutestamentliche Vaterunserbitte um die Vergebung Gottes setzt das zwischenmenschliche Verzeihen schon voraus: „wie auch wir vergeben *haben* jenen, die an uns schuldig geworden sind" (Mt 6,12). Im Gleichnis vom unbarmherzigen Knecht (Mt 18,23–25) wird die Vergebungsbereitschaft gegenüber den Mitmenschen als Bedingung aufgefasst, die

---

mir, und ich werde zu euch umkehren« (Sach 1,3), werden wir an unsere Freiheit erinnert; wenn wir antworten: »Kehre uns um, Herr, zu dir, und wir werden umkehren« (Klgl 5,21), bekennen wir, dass uns die Gnade Gottes zuvorkommt" (DzH 1525).

381 Vgl. Friedrich Avemarie, *Bund als Gabe und Recht. Semantische Überlegungen zu bᵉrit in der rabbinischen Literatur,* in: Ders./Hermann Lichtenberger (Hgg.), Bund und Tora. Zur theologischen Begriffsgeschichte in alttestamentlicher, frühjüdischer und urchristlicher Tradition (WUNT 92), Tübingen 1996, 163–216.

382 „Vergib deinem Nächsten das Unrecht, dann werden dir, wenn du betest, auch deine Sünden vergeben. Der Mensch verharrt im Zorn gegen den andern, vom Herrn aber sucht er Heilung zu erlangen? Mit seinesgleichen hat er kein Erbarmen, aber wegen seiner eigenen Sünden bittet er um Gnade?" (Sir 28,2–5).

Bibeltheologische Perspektiven

Vergebung Gottes zu erlangen. Die Vorstellung, dass zwischenmenschliche Versöhnung nicht auf die Vergebungsbereitschaft und das Erbarmen Gottes abgewälzt werden darf, findet sich schließlich auch in Mt 5,23 f.[383] Matthäus spielt hier auf die zur Abfassungszeit seines Evangeliums nicht mehr existente Kultordnung am Jerusalemer Tempel an, um zu verdeutlichen, das keine kultische Verpflichtung zwischenmenschliche Versöhnung ersetzen kann.

Nach der Zerstörung Jerusalems haben die Rabbinen die Kultordnung in eine Gebetsordnung transformiert, die in Familie und Synagoge gepflegt werden konnte. Dies gilt auch für das Ritual des Großen Versöhnungstages (Lev 16). Dessen Liturgie zielte auf die Wiederherstellung der ursprünglichen Bundesordnung mit der darin gegebenen Möglichkeit, Gott frei von Schuld begegnen zu können.

In der Auslegung der Rabbinen ist die Liturgie des Großen Versöhnungstages mit der Notwendigkeit verknüpft worden, dass Versöhnung zunächst unter den Menschen zu geschehen habe, bevor Gott vergibt. Die in der Einleitung erwähnten rabbinischen Auslegungen von Traktat *Mishna Yoma* VIII 8,9 stimmen darin überein, dass der Große Versöhnungstag jene Sünden sühnt, die der Mensch Gott gegenüber zu verantworten hat; nicht gesühnt hingegen werden jene Verfehlungen, die Menschen einander angetan haben.[384] Hierzu bedarf es der vorausgehenden Versöhnung der Menschen untereinander.

Ähnlich wurde Ps 51,6 („An dir allein habe ich gesündigt"), den die rabbinische Tradition als Reuepsalm Davids angesichts seiner Ermordung des Urija deutete, hinsichtlich der Frage der Sündenvergebung diskutiert. Was bedeutet es, dass David gegen Gott „allein" gesündigt hat? Traf nicht Davids Schuld in erster Linie Urija? Die mit dem Hintergedanken begangene Sünde, später Buße zu tun und Vergebung zu erlangen, wird hier ebenso zurückgewiesen wie die Vorstellung, Vergebung könne von Seiten Gottes erlangt

---

383 „Wenn du nun deine Opfergabe zum Altar bringst und dir dabei einfällt, dass dein Bruder etwas gegen dich hat, so lass deine Gabe dort vor dem Altar liegen; geh und versöhne dich zuerst mit deinem Bruder, dann komm und opfere deine Gabe" (Mt 5,23 f.).

384 „Sünden des Menschen gegen Gott sühnt der Versöhnungstag, Sünden des Menschen gegen seinen Nächsten sühnt der Versöhnungstag nicht eher, als bis man seinen Nächsten besänftigt hat" (*bYom* 85b; Übers. L. Goldschmidt III, 251).

werden, ohne dass zuvor die Versöhnung mit dem Mitmenschen angestrebt worden sei.³⁸⁵

Dabei rechnet die rabbinische Tradition auch mit der Möglichkeit, dass die Bitte um Verzeihung zurückgewiesen und Versöhnung verweigert wird. Bleibt der reuige Sünder dann unversöhnt? Die Peshiqta zu *Mishna Yoma* VIII 8,9 deutet ein Verfahren an, wie er doch noch vor Gott versöhnt werden kann.³⁸⁶ Wo die persönliche Aussöhnung misslingt, kann an ihre Stelle die Öffentlichkeit treten. Vor ihr erlangt der reuige Sünder seine Rechtfertigung; er wird wieder in den Sozialverband eingegliedert, aus dem er durch sein Vergehen herausgefallen ist.

---

385   Auch im Schluss des Micha-Buches (Mi 7,18 f.: „Wer wäre ein Gott wie du, der Schuld vergibt und hinwegschreitet über Vergehen für den Rest seines Erbbesitzes? Nicht für immer hält er fest an seinem Zorn, denn er hat Gefallen an Gnade! / Er wird sich wieder über uns erbarmen, unsere Schuld wird er niedertreten. Und in die Tiefen des Meeres wirst du all ihre Sünden werfen") sieht der Gelehrte Raba (gest. 352 n. Chr.) die Notwendigkeit zwischenmenschlicher Vergebung als Bedingung für die Vergebung durch Gott angedeutet: „Jedoch wird die Sünde selbst nicht getilgt [...] Wer [erlittenes] Unbill übergeht, dem übergeht man all seine Sünden" (*bRHSh* 17a; Übers. nach Goldschmidt III, 570); vgl. Traktat *Yoma* II 1,2 (*bYom* 23a; Goldschmidt III, 59 f.); Traktat *Megilla* (*bMeg* 28a).

386   Vgl. *Peshita Rabbathi* 38 (Fol. 164b; ed. Friedmann, Wien 1880): „Es lehrte uns unser Lehrer: Wenn Streit zwischen einem Menschen und seinem Nächsten herrscht, wie wird ihm (dem Schuldigen) Sühnung am Versöhnungstage? So haben uns unsere Lehrer gelehrt: Übertretungen des Menschen gegen Gott sühnt der Versöhnungstag; Übertretungen eines Menschen gegen einen anderen sühnt der Versöhnungstag nicht eher, als bis der Schuldige seinen Nächsten ausgesöhnt hat. Und wenn er hingeht, um ihn zu versöhnen, und dieser nimmt die Versöhnung nicht an, was soll dann jener tun? Rabbi Shemuel Ben Nachman (um 260) hat gesagt: Er schaffe zehn Männer herbei und stelle sie in eine Reihe und spreche vor ihnen: Streit ist zwischen mir und dem und dem gewesen; ich wollte ihn versöhnen, aber er hat es nicht angenommen, sondern siehe, er bleibt bei seiner Weigerung, während ich vor ihm gedemütigt habe. Woher, dass er also sprechen soll? (s. Ijob 33,27). Wenn dann Gott sieht, dass er sich selbst gedemütigt hat, so vergibt er ihm seine Sünden. Denn solange der Mensch in seiner Vermessenheit verharrt, wird ihm nicht vergeben." (Es folgt als Beleg ein Hinweis auf Ijob und seine Freunde: Ijob 30,1; 15,10; 42,10). „Und ebenso heißt es, er gibt dir Erbarmen [in dein Herz gegen andere], damit er sich deiner erbarme (Dtn 13,18). Rabbi Jose, der Sohn der Damaszenerin, hat gesagt: Dies Zeichen sei in deine Hand: Wenn du dich über deinen Nächsten erbarmst (ihm zu vergeben), so erbarmt sich Gott über dich" (Übers. nach *Strack-Billerbeck* I, 425).

Bibeltheologische Perspektiven

Die Rabbinen vertreten mehrheitlich die Überzeugung, dass die Zuwendung der göttlichen Barmherzigkeit das Bemühen voraussetzt, die gestörte Beziehung zwischen dem Übeltäter und seinem Opfer wiederherzustellen. Im Talmud-Traktat *Baba Qamma* 8,7 heißt es dazu: „Obgleich er ihm eine [Entschädigung] zahlt, so wird ihm dennoch nicht eher [von Gott] vergeben, als bis er ihm Abbitte geleistet hat."[387] Versöhnung ist demnach kein Akt äußerer Rekompensation, sondern ein soziales Geschehen zwischen freien Personen.

Die zwischenmenschliche Dimension von Versöhnung zeigt sich auch darin, dass in der Perspektive des Talmuds derjenige, der geschädigt worden ist, gehalten ist, für denjenigen zu beten, der sich an ihm vergangen hat. Im Traktat *Baba Qamma* 9,29 f. heißt es: „Wenn einer einen anderen verletzt hat, so muss der Verletzte, auch wenn der Verletzende ihm nicht Abbitte geleistet hat, gleichwohl für diesen um Erbarmen bitten."[388]

Auch die kurze Wendung aus Dtn 13,18 „Gott schenkt dir Erbarmen", auf die sich rabbinische Ausleger häufig beziehen, deutet in diese Richtung. Die Begründung hierfür ist theologischer Natur: „Gott schenkt dir Erbarmen [gegen andere], um sich deiner zu erbarmen" – so ein Midrasch zu Dtn 13,18.[389] Diese Interpretation ist umso bemerkenswerter, als Dtn 13,18 zunächst vom Vollzug des Bannes spricht – einem Geschehen also, das alles andere als Barmherzigkeit zum Inhalt hat. Doch gilt auch hier der Gehorsam gegenüber Gottes Gebot als Voraussetzung dafür, dass Gott sich seines Volkes erbarmt. Die Rabbinen hingegen legen diesen Vers so aus, dass das Erbarmen Gottes das Erbarmen des Menschen gegenüber seinem Nächsten voraussetzt: Gott erbarmt sich dann über die Menschen, wenn diese ihrerseits zum Erbarmen und zum Verzeihen bereit sind. Die Vergebung Gottes dispensiert nicht davon, dass die Menschen einander vergeben und Versöhnung stiften.

Freilich lassen die Texte nicht erkennen, inwieweit die göttliche Vergebung an die vorausgehende Verzeihung der Menschen *bedin-*

---

387 Übers. Goldschmidt VII, 315.
388 Ed. M. S. Zuckermandel, Pasewalk 1880, 365 f. – Vgl. auch die *Peshita Baba Quamma* 8,6.
389 Vgl. *Sefre* zu Deuteronomium (*SDt* 13,18), § 96 (Fol. 93b; ed. Friedmann, Wilna 1864). – Vgl. Dtn 13,18: „Und nichts von dem, was der Vernichtung geweiht ist, darf in deiner Hand bleiben, damit Jhwh abläßt von der Glut seines Zorns und dir Erbarmen schenkt und sich deiner erbarmt und dich zahlreich macht, wie er es deinen Vorfahren geschworen hat."

gungsweise geknüpft ist. Eher handelt es sich um einen ethisch-moralischen Appell, dessen Nichtbeachtung Gott die Freiheit lässt, dennoch zu vergeben. Gottes Souveränität, Sünden zu vergeben oder auch nicht, bleibt davon unberührt.

Auch wenn es in der rabbinischen Tradition Hinweise darauf gibt, dass sich Gott in seinem Handeln an ein korrespondierendes Verhalten der Menschen gebunden hat, so findet die neuzeitliche Frage, ob Gott auch ohne die Zustimmung der Opfer vergeben darf, in der rabbinischen Literatur keinen Anhaltspunkt.[390] Die Kommentare zu *Mishna Yoma* VIII 8,9 erheben in Bezug auf Gott keinen normativen Anspruch. Ein solcher wird erst auf der Grundlage einer sich autonom begründenden Ethik denkbar, insofern diese einen Gott und Mensch gleichermaßen verpflichtenden Geltungsanspruch vertritt.

2.6 Systematisch-theologische Erträge und Perspektiven

Die Sichtung religionsgeschichtlicher, biblischer und frühjüdischer Texte hat unterschiedliche Ansätze erkennbar werden lassen, das Verhältnis von Gerechtigkeit und Barmherzigkeit Gottes zu bestimmen. Dabei zeigten sich – wie Brennpunkte einer Ellipse – zwei thematische Schwerpunkte: einmal die Frage nach der Bewältigung menschlicher Schuld und einmal die Frage nach der Gerechtigkeit für die unschuldigen Opfer der Geschichte.

Der für die biblischen Schriften grundlegende Gedanke des Bundes *(berith)* stellt ein theologisches Konzept bereit, das es gestattet, die Beziehung zwischen Gott und Mensch in Kategorien der Freiheit zu fassen. Dies gilt nicht nur für die zentralen Stellen, an denen von einem „Bund Gottes" mit den Menschen die Rede ist, Gott also nicht nur als Zeuge für ein Bündnis unter Menschen auftritt, sondern sich selbst investiert. Vielmehr ist an mehreren Stellen in der Bibel davon die Rede, dass Gott mit einem Menschen so verkehrt, als stünde dieser mit ihm auf gleicher Ebene. So verhandelt Abraham mit Gott beharrlich darüber, ob nicht bloß

---

390 Auch die 6. Benediktion des Achtzehn-Bitten-Gebets, in der es um die Vergebung von Schuld geht, erfleht Gottes Vergebung, ohne die soziale Dimension der Sünde in den Blick zu nehmen; vgl. Ulrich Kellermann, *Das Achtzehn-Bitten-Gebet. Jüdischer Glaube in neutestamentlicher Zeit*, Neukirchen-Vluyn 2007, 97–102. – Zur anderslautenden Auslegung bei Emmanuel Levinas vgl. Abschnitt 4.6.3.

Bibeltheologische Perspektiven

zehn Gerechte genügen, die Stadt Ninive vor der Zerstörung zu bewahren (Gen 18,16–33). Und Mose tritt als Anwalt seines Volkes vor Gott, damit dieser nicht seine Verheißungen an Abraham, Isaak und Jakob revidiert (vgl. Ex 32,11–14; Dtn 9,26–29).

Hinter solchen Überlieferungen verbergen sich keine Anthropomorphismen, sondern die Überzeugung, dass Gott als Person spricht und ansprechbar ist. Dabei vertreten die Autoren der biblischen Schriften sogar die Auffassung, dass Menschen die Möglichkeit haben, Gott von seinem Vorsatz abzubringen – bis dahin, dass Gott seine ursprüngliche Absicht „bereut" (vgl. Jon 3,3). Als Gott giftige Schlangen in das Lager der Israeliten schickt, weil diese sich darüber beklagen, aus Ägypten heraus und in die ungesicherte Existenz der Wüste hinein geführt worden zu sein, gelingt es der Fürbitte des Mose, Gott umzustimmen und der Not ein Ende zu bereiten (vgl. Num 21,4–9).

Der kommunikative Aspekt möglicher Gottesbeziehung kommt besonders in der Gestalt des Mose zum Ausdruck: „Jhwh aber redete mit Mose von Angesicht zu Angesicht, wie ein Mensch mit einem anderen redet" (Ex 33,11; vgl. Num 12,8; Dtn 34,10).[391] Auch wenn, wie es heißt, Mose Gottes Angesicht nicht unvermittelt schauen kann (vgl. Ex 33,20), so ist für die Autoren der biblischen Schriften eine Kommunikation von Gleich zu Gleich offenbar vorstellbar, ohne dass sie damit die Erhabenheit und Unbegreiflichkeit Gottes gefährdet sähen. Auf dieser Linie liegt auch die rätselhafte Erzählung vom nächtlichen Ringen Jakobs mit einer unbekannten Gestalt (Gen 32,25–33): Auch hier scheinen Gott und Mensch einander ebenbürtig zu begegnen: „Ich habe Gott von Angesicht zu Angesicht gesehen und bin mit dem Leben davongekommen" (V. 31). Diese Erzählung spiegelt keinen mythischen Anthropomorphismus wider. Vielmehr drückt sich darin die Überzeugung aus, in Gott ein Gegenüber zu haben, mit dem sich der Mensch auseinandersetzen muss.

Jakob wie Mose sind sich bewusst, nicht aus eigenem Vermögen das Gespräch mit Gott begonnen zu haben, sondern von Gott erwählt zu sein. Dabei wird das Faktum der Erwählung nicht durch äußere Zeichen bekräftigt; es erschließt sich vielmehr im Vollzug. Die Bitte des Mose, Gott möge ihm seine Wege offenbaren, wird

---

391 Vgl. hierzu die Auslegung durch Joseph Ratzinger/P. Benedikt XVI., Jesus von Nazaret, 28–30, 309, 361, der diese Stellen von Joh 1,18 her interpretiert: „Niemand hat Gott je gesehen. Als Einziggeborener, als Gott, der jetzt im Schoss des Vaters ruht, hat er Kunde gebracht."

von Gott mit der Zusage beantwortet, er selbst werde mit ihm gehen (vgl. Ex 33,14–17). Diese Zusage Gottes ist das Ergebnis einer Verhandlung, in der Mose Gott dazu bewegt, persönlich sein Volk zu begleiten. Gott erkennt in solchen Begegnungen Menschen als Subjekte an, die ihm in Freiheit und Verantwortung begegnen und deren Freimut ihn zu einer Sinnesänderung bewegt.

Wenn im Neuen Testament die Syrophönizierin Jesus durch die Kraft des Argumentes davon überzeugt, dass seine Sendung nicht allein auf das Haus Israel beschränkt sein kann (vgl. Mk 7,24–30), dann darf dies in der Perspektive der Evangelisten als eine Fortsetzung der alttestamentlichen Sichtweise gedeutet werden. Gleiches gilt für die von Jesus bekundete Bereitschaft, sich nicht nur den „verlorenen Schafen aus dem Haus Israel" zuzuwenden (vgl. Mt 10,5 f.), sondern auch der Bitte des heidnischen Hauptmanns von Kafarnaum zu entsprechen (vgl. Mt 8,5–13): Jesus handelt nach der Darstellung des Matthäus nicht in allwissender Souveränität, sondern lässt sich in der Begegnung mit dem Anderen überzeugen und zu einer Änderung seines Verhaltens bewegen.

Hinter den biblischen Erzählungen des Alten wie des Neuen Testaments, in denen Gott und Mensch miteinander ringen, lässt sich kein unwandelbares kosmisches Gesetz rekonstruieren, das im Ausnahmefall – wie etwa beim mesopotamischen Neujahrsfest – eingeschränkt wäre, in seiner prinzipiellen Geltung aber nicht infrage stünde. Alle Texte, die davon berichten, dass Menschen Gott den Verzicht auf Vergeltung und Rache abtrotzen, sind der Überzeugung, dass gerade dieser Verzicht das eigentliche Wesen Gottes und seine Gerechtigkeit enthüllen. Die Erweise seiner Barmherzigkeit sind keine Zugeständnisse, die das ursprüngliche Maß der Gerechtigkeit Gottes unterböten. Gottes Gerechtigkeit ist vielmehr gerade darin Barmherzigkeit, dass sie das Heil des Menschen auch dann noch möglich machen will, wenn dieser am Rand steht – sei es durch eigene Schuld, sei es durch die Schuld seiner Mitmenschen. Gerechtigkeit und Barmherzigkeit Gottes erweisen sich darin, dass Gott das Subjektsein des Menschen zur Geltung bringt und auf diese Weise neue Gemeinschaft ermöglicht – sei es durch Umkehr, sei es durch die Wiederaufnahme von Gemeinschaft. Darin werden Gerechtigkeit und Barmherzigkeit Gottes zur „rettenden Gerechtigkeit".

Anders als die Religionen des Alten Orients beschwören die Schriften des Alten und des Neuen Testaments keine Geschichte der Sieger. Sie bezeugen vielmehr Gottes Zuwendung zu den Opfern der Geschichte. Ihnen gilt Gottes Zuwendung; diese macht sie zu den eigentlichen Subjekten der Geschichte. Wenn Gott „Gerechtigkeit schafft", dann ist dies nicht Ausdruck einer abstrakten Eigenschaft Gottes, sondern Hinweis auf seine rettende Zuwendung zum Einzelnen oder dem Volk als ganzem. Und anders als die altorientalischen Mythen, die darauf abzielen, den Einzelnen in einen umfassenden Rahmen einzufügen – den Kosmos, die Gesellschaft, den Kult –, zielen die biblischen Texte auf die Subjektwerdung des Einzelnen wie des Volkes. Dabei geben sie die soziale Dimension von Vergebung nicht preis, sondern bringen sie allererst zur Geltung.

Besonders die Psalmen spiegeln diese Erfahrung vielfältig wider. Dadurch, dass in ihnen der Einzelne und das Kollektiv nicht voneinander zu trennen sind, verdeutlichen sie den Gemeinschaftsaspekt von rettender Zuwendung und Vergebung. Die Antwort des Menschen hierauf sind der gottesdienstliche Lobpreis und das Befolgen seiner sittlichen Weisung *(Tora)*. Diese versteht sich ebenso als Weisung zum Leben (vgl. Dtn 6,2; 30,16 u.ö.), wie auch Gott das Leben will – selbst das Leben des Sünders (vgl. Ez 18,23; Mt 18,12–14), der zu Umkehr und Buße eingeladen ist. Wie Christus den Sünder nicht verloren gehen lassen will (vgl. Mt 18,12–14), so hoffen auch die frühen Christen auf die Bekehrung des Sünders, „damit der Geist gerettet werde am Tag des Herrn" (1 Kor 5,5; vgl. 1 Tim 1,20). Angesichts der Erwartung eines endzeitlichen Gerichts hält die Gemeinschaft an der Hoffnung fest, dass derjenige, der den göttlichen Heilswillen an sich wirksam werden lässt, vor Gott bestehen kann.

Jesu Zugehen auf den Einzelnen, seine Zuwendung zu den Benachteiligten und Unterdrückten, die Mahlgemeinschaften mit den Ausgestoßenen und Sündern, sein Anruf an die Tochter des Jaïrus, vom Totenbett aufzustehen (vgl. Mk 5,41) – alles dies bezeugt seinen Anspruch, einen Gott zu offenbaren, der Solidarität und Gemeinschaft will. Die Überwindung des Bösen und Trennenden zwischen den Menschen und Gott steht im Zentrum der Gottesreichbotschaft. Nicht zufällig kulminiert die Heilung des Gelähmten in Mk 2,1–12 in Jesu Anspruch, Sünden zu vergeben und damit neues Handeln und neue Gemeinschaft vor Gott und den Menschen zu ermöglichen.

Zwar lässt der Heilswille Gottes die Wirklichkeit der Sünde in aller Schärfe hervortreten; doch findet sich der Sünder im Bewusstsein seiner Sünde nicht verlassen vor. Vielmehr begründen Tod und Auferstehung Jesu Christi die Zuversicht, dass die Macht der Sünde prinzipiell gebrochen ist. Die frühen Christen wissen sich von

2.7 Erträge und Perspektiven

der Notwendigkeit befreit, den Kampf gegen die Sünde allein und aus eigener Kraft bestreiten zu müssen. In den Gleichnissen, aber auch anderenorts im Neuen Testament, begegnet wiederholt der Appell, sich vom Vergebungswillen Gottes her bestimmen zu lassen, um so selbst die Möglichkeit von Vergebung und Versöhnung zu eröffnen.

In rabbinischer Perspektive wird sowohl den Opfern als auch den Tätern zugemutet, in das Geschehen der Versöhnung einzustimmen: sei es in der Reue und Bitte um Vergebung, sei es im Verzeihen. Dabei bleibt die Vollmacht Gottes unangetastet, Sünden zu vergeben. Als Schöpfer der Welt bleibt Gott auch durch solche Vergehen betroffen, die Menschen einander angetan haben. Zugleich ermutigt Gott in seinem umfassenden Heilswillen die Menschen dazu, einander zu vergeben und sich miteinander zu versöhnen. Erst wo dies nicht möglich ist, ist von ihm eine Gestalt der Gerechtigkeit zu erhoffen, die menschliches Leid und Unrecht in einem umfassenden Sinn heil werden lässt.

Diesen Zusammenhang wird die christliche Theologie auf der Grundlage der biblischen Schriften weiter entfalten.

3 Gerechtigkeit und Barmherzigkeit Gottes in theologiegeschichtlicher Perspektive

Die theologischen Reflexionen über das Verhältnis von Gerechtigkeit und Barmherzigkeit Gottes in Spätantike und Mittelalter sind durch die im 2. Jahrhundert gegen Markion gefällte Grundentscheidung geleitet, Gerechtigkeit und Barmherzigkeit als Eigenschaften und Wirkweisen des einen, in den biblischen Schriften bezeugten Gottes aufzufassen. Diese Grundentscheidung wird mit unterschiedlichen Akzentsetzungen entfaltet: hinsichtlich ihrer Bedeutung für den Gottesgedanken, für die Heilsgeschichte und für die Vollendung von Zeit und Geschichte. Bei Augustinus begegnet der erste Versuch einer systematischen Zuordnung von Gerechtigkeit und Barmherzigkeit Gottes. Anselm von Canterbury erörtert das Verhältnis von Gerechtigkeit und Barmherzigkeit Gottes im Kontext seiner Erlösungslehre. Zu ihr finden sich bei Petrus Abaelardus Umrisse einer theologischen Alternative. Vor dem Hintergrund der hochmittelalterlichen Aristoteles-Rezeption wiederum erfährt das Verhältnis von Gerechtigkeit und Barmherzigkeit Gottes bei Thomas von Aquin, Bonaventura und Johannes Duns Scotus sehr unterschiedliche Akzentsetzungen. Martin Luthers Theologie schließlich ist durch das Bemühen gekennzeichnet, das biblische Verständnis von Gerechtigkeit und Barmherzigkeit Gottes zurück zu gewinnen.

3.1 Theologische Richtungsentscheidungen im 2. und 3. Jahrhundert

Mit der Übernahme der grundlegenden Bücher des Judentums in den Kanon seiner eigenen Heiligen Schriften stellte sich das frühe Christentum in die Kontinuität der Offenbarung jenes Gottes, der sich schon in der Geschichte des Volkes Israel als gerecht und barmherzig geoffenbart hatte. In der Auseinandersetzung mit der griechischen Philosophie, aber auch in Abgrenzung zu gnostischen Lehren sahen sich die frühen Christen veranlasst, das Verhältnis von Gerechtigkeit und Barmherzigkeit Gottes nun auch begrifflich zu durchdringen. Besonders in der Auseinandersetzung mit Markion wurden Richtungsentscheidungen getroffen, die für die nachfolgende Theologiegeschichte maßgeblich werden sollten.

3.1.1 Der gerechte Gott und der barmherzige Gott: Markion

Lässt der paulinische Begriff der Gerechtigkeit Gottes noch dessen biblische Bedeutung im Sinne eines Heil schaffenden Handelns Gottes erkennen, so rezipierte die frühe Christenheit daneben auch die gleichfalls paulinische Entgegensetzung von Altem und Neuem Bund (vgl. bes. 2 Kor 3; 1 Kor 11,25) – entsprach diese Entgegensetzung doch dem verständlichen Bedürfnis der frühen Christen, sich vom Judentum zu emanzipieren. Der ehemalige Schiffseigner Markion aus Sinope am Schwarzen Meer ging noch einen Schritt weiter, indem er mit dem Alten Bund den Gedanken eines gerechten Gottes verband und mit dem Neuen Bund den eines barmherzigen Gottes.[1]

Mit dieser Konzeption antwortete Markion auf eine theologische Herausforderung, die sich den Christen mit der Herausbildung eines Kanons verbindlicher Schriften stellte. Innerhalb dieses Kanons nämlich sahen sich die Christen mit durchaus widersprüchlichen Texten konfrontiert, die gleichwohl allesamt beanspruchten, die Offenbarung Gottes in Jesus von Nazaret zu bezeugen. Die Praxis der Mahlfeiern Jesu und sein in den Evangelien bezeugter Umgang mit öffentlichen Sündern beispielsweise stellten den frühen Christen einen Gott vor Augen, dessen Barmherzigkeit selbst angesichts manifester Sünde grenzenlos schien. Andere Texte ließen keinen Zweifel daran zu, dass der Ernst der Nachfolge nicht folgenlos bleiben konnte für das endgültige Schicksal des Menschen vor Gott, wie es mit der Wiederkunft Christi verbunden schien.

Ist Gott letztendlich also nun der barmherzige Gott, der für die Rettung der Sünder seinen eigenen Sohn nicht schont (vgl. Mk 12,1–12) – oder ist Gott nicht doch eher jener strenge Gott, der am Ende der Tage jede Halbherzigkeit und jede unterlasse-

---

[1] Nach Irenäus von Lyon und Tertullian ist Markion um 85 in Sinope am Schwarzen Meer geboren, habe zunächst als Schiffseigner *(nauclerus)* gearbeitet und sich nach 139 der christlichen Gemeinde in Rom angeschlossen. (vgl. Tertullian, *Praescr. haeret.* 30,1–2; *Adv. Marc.* I, 18,4–19,2). Diese freilich hat ihn im Jahr 144 aus ihren Reihen ausgeschlossen, da sie seinem theologischen Entwurf nicht folgen mochte. Weit über Irenäus hinaus ist Tertullians fünfbändiges Adversus Marcionem die ausführlichste Quelle zu Markions Lehre. Von der Schrift, die Origenes der Widerlegung Markions widmete, sind lediglich Fragmente erhalten. – Vgl. Enrico Norelli, *Note sulla soteriologia di Marcion*, in: Aug. 35 (1995) 218–306, Gerhard May, *Markion. Gesammelte Aufsätze*, hg. v. Katharina Greschat (VIEG. Beiheft 68: Abteilung für Abendländische Religionsgeschichte), Mainz 2005.

ne Hilfeleistung unbarmherzig ahndet?[2] Und war in Christus der Menschheit tatsächlich die „Güte und Menschenfreundlichkeit Gottes" (Tit 3,4) erschienen – welchen Stellenwert hatten dann noch solche Schriften, die zwar seit ältester Zeit vom Gott Israels sprachen, diesen aber alles andere als barmherzig zeichneten?

Markion veranlassten solche Widersprüche nicht nur zu einer einschneidenden Reduktion solcher Texte, die er als authentische Offenbarungszeugnisse gelten lassen wollte, sondern – darüber hinaus – zu einer Scheidung in Bezug auf Gott selbst, indem er zwischen einem gerechten Gottes des Alten Bundes und einem barmherzigen Gott des Neuen Bundes unterschied.[3] Indem sich das frühe Christentum von dieser „Lösung" distanzierte, wies es allen nachfolgenden theologischen Reflexionen über das Verhältnis von Gerechtigkeit und Barmherzigkeit Gottes eine verbindliche Richtung.

Markions Hauptwerk, seine *Antithesen,* sind zwar verschollen; seine Lehre ist aber aus den Widerlegungen seiner theologischen Gegner weitgehend zu rekonstruieren und soll im Folgenden knapp skizziert werden.[4]

---

2   Vgl. zum 1. und 2. Jahrhundert der Kirchen- und Theologiegeschichte: Hans Lohmann, *Drohung und Verheissung. Exegetische Untersuchungen zur Eschatologie bei den Apostolischen Vätern* (BZNW 55), Berlin – New York 1989.

3   Markion nimmt in Bezug auf das gnostische Denken eine Sonderstellung ein – unter anderem deshalb, weil er anders als die meisten Gnostiker weder das Leiden Christi leugnete noch eine besondere Erlösungslehre vertrat. Adolf von Harnack forderte, Markion aus der Liste der Gnostiker zu streichen. Nach Hans Jonas hingegen war Markion am entschiedensten und unverfälschtesten »christlich« unter den Gnostikern: *Gnosis. Die Botschaft des fremden Gottes* [engl. Orig. 1958], hg. v. Christian Wiese, Frankfurt am Main 1999, 171. – Markion zufolge wird der Mensch durch den Glauben *(pistis),* nicht aber durch Erkenntnis *(gnosis)* erlöst. Indem er freilich Erlösung als Befreiung des Menschen aus der Gewalt eines dem guten Gott widerstreitenden Weltenschöpfers *(demiourgos)* versteht, nähert sich Markion gnostischen Vorstellungen an: vgl. Barbara Aland, Art. *„Marcion/Marcioniten",* in: TRE 22 (1992), 89–101, bes. 98 (Beziehung zur christlichen Gnosis und zur Philosophie). Hier auch detaillierte Hinweise zu den Quellen zu Leben und Wirken Markions.

4   Text der Rekonstruktion bei: Adolf von Harnack, *Marcion. Das Evangelium vom fremden Gott* (TU 45; Leipzig ²1924), Darmstadt 1985; vgl. auch: Ulrich Schmid, *Marcion und sein Apostolos. Rekonstruktion und historische Einordnung der marcionitischen Briefausgabe* (ANTT 25), Berlin

Im Anschluss an einen gewissen Syrer namens Kerdon unterscheidet Markion zwischen einem eifernden Gott des Alten Testaments, der die Welt erschaffen habe, und einem gütigen Gott. Dieser sei zunächst ganz unbekannt und werde erst in der Botschaft Jesu von Nazaret greifbar.[5] Zwar betrachtete Markion den Gott des Alten Testaments nicht als böse – hierin unterscheidet er sich von den meisten Gnostikern – wohl aber als „gerecht". Markions Begriff der „Gerechtigkeit" ist freilich negativ konnotiert: In der Welt hat der gerechte Gott mit dem „Gesetz" (der *Tora*) eine rechtliche und sittliche Ordnung etabliert, die das Böse im Menschen zutage treten lässt.

Der bis zu seiner Offenbarung durch Christus verborgene Gott ist ein Gott der reinen Güte. Er hat zunächst mit dem Schöpfergott und der geschaffenen Welt nicht das Geringste zu tun. Welt und Mensch sind in keiner Weise von ihm abkünftig. Deshalb bedeutet auch die Erlösung des Menschen – wie sonst oft bei den Gnostikern – keine „Rückkehr" in eine ursprüngliche Heimat. „Erlösung" meint vielmehr die Befreiung des Menschen aus dem Herrschaftsbereich des gerechten Gottes und seine Überstellung in den Herrschaftsbereich des guten Gottes.

Jesus ist nach Markion der Sohn dieses guten Gottes. Um die Menschen zu erlösen, hat Jesus einen Scheinleib angenommen. Auf diese Weise kann er in die Welt des Schöpfergottes eintreten und dort den Kreuzestod erleiden.[6] Das am Kreuz vergossene Blut Jesu wird zum „Lösepreis", den der gute Gott bezahlt, um die Menschen aus dem Herrschaftsbereich des gerechten Gottes loszukaufen.

Für Markion besteht die grundlegende Sünde des Menschen darin, den Täuschungen des alttestamentlichen Gesetzes erlegen zu sein. Dieses weckt die trügerische Hoffnung, durch eine Erfüllung seiner Gebote ein gottgefälliges Leben führen zu können. Dabei

---

– New York 1995; Gerhard May, Art. *„Markion/Markioniten"*, in: RGG[4] 5,834–836 (Lit.).

5   Vgl. Irenäus, *Haer.* I 27,2: „Für ihn [sc. Markion] ist er der Schöpfer der Übel, kriegslüstern, in seinen Absichten nicht auzumachen und in Selbstwidersprüche verwickelt. Jesus stammt aber von dem Vater, der über dem Weltschöpfergott ist (... *malorum factorem et bellorum concupiscentem et inconstantem quoque sententia et contrarium sibi ipsum dicens)"* (FChr 318 f.).

6   Markion deutet Gal 3,13 („Christus hat uns vom Fluch des Gesetzes freigekauft, indem er für uns zum Fluch geworden ist") als Hinweis darauf, dass die Erlösung der Menschen durch die Menschwerdung und den Kreuzestod Jesu Christi vollzogen wurde.

Theologiegeschichtliche Perspektiven

besteht die „Sünde" nicht zunächst in der Missachtung der Tora, sondern in der furchtsamen Fixierung auf eine göttliche Strafandrohung. Denn die Herrschaft des gerechten Gottes über die Menschen wird real erfahrbar in der Furcht vor seiner Strafe.

Entsprechend ist „Erlösung" nicht zunächst als Versöhnung des Menschen mit Gott zu erwarten, Reinigung von Schuld oder als Vergebung von Sünden. „Erlösung" ist vielmehr vor allem anderen der Loskauf des Menschen aus dem Herrschaftsbereich des gerechten Gottes.[7] Diesen Loskauf des Menschen und seine Überstellung aus dem Herrschaftsanspruch des gerechten Schöpfergottes in den des guten Erlösergottes vergleicht Markion mit dem Vorgang einer Adoption.

Angesichts der Offenbarung dieses Geschehens in den Schriften des Neuen Testaments sind die Menschen dazu aufgerufen, den Loskauf durch das Blut Christi als für sich wirksam anzunehmen. Diese Annahme geschieht im frei vollzogenen Akt des Glaubens *(pistis)*. Erst der Glaube, das Vertrauen in das „Evangelium", das die bedingungslose Güte des zuvor verborgenen Gottes offenbart, führt den Menschen zum Heil. Wer nicht glaubt, verbleibt im Herrschaftsbereich des Schöpfergottes und seiner Ordnung, an deren Ende freilich nichts anderes als Tod und Verderben stehen.

Weil es zwischen dem guten Gott und der Welt des Schöpfergottes keinerlei Beziehung gibt, vollzieht sich die Abkehr vom Bösen als eine plötzliche und ganz unerwartete Offenbarung, auf die der Mensch durch eine radikale Umkehr seiner Existenz antworten muss. Diese Umkehr vollzieht sich vor allem in einer asketischen Lebensführung bis hin zum Verzicht auf Ehe und Fortpflanzung. Denn nachdem einmal die böse Natur der Schöpfung geoffenbart worden ist, bedarf es einer Befreiung von der materiellen Verfassung der irdischen Existenz. Indem sich der an das Evangelium glaubende Mensch von den Gesetzen und der Logik der Schöpfung befreit, ist er dem Herrschaftsbereich des Schöpfergottes entzogen und beweist durch sein asketisches Leben, dass er nunmehr dem Herrschaftsbereich des guten Gottes zugehört.

Trotz ihrer unleugbaren inhaltlichen Verwandschaft lässt sich Markions Theologie nicht ohne weiteres der Gnosis zuordnen.

---

7   Zum Verständnis der Erlösung als „Loskauf", später oft aus der Macht des Satans, in der christlichen Soteriologie vgl. Schwager, *Der Sieg Christi über den Teufel. Zur Geschichte der Erlösungslehre*, bes. 36–44; Kessler, *Die theologische Bedeutung des Todes Jesu*, 75–77; Ders., *Erlösung als Befreiung*, 13 f.

Nach Ausweis der vorliegenden Quellen kommt sie ganz ohne mythologisch-kosmologische Spekulationen aus. Markions Anliegen dürfte es vielmehr gewesen sein, die auf Platon und andere Philosophen zurückgehende Überzeugung, dass Gott nicht Urheber des Bösen sein kann, mit dem biblischen Zeugnis eines bisweilen eifernden und zornigen Gottes zu vermitteln. In diesem Zuge verteilte er die Prädikate „gerecht" auf den Schöpfergott des Alten Bundes und „gut" auf den Erlösergott des Neuen Bundes.

Die naheliegende Frage, aus welchem Grund der gute und bis zu seiner Offenbarung durch Christus ganz unbekannte Gott die Menschen aus dem Herrschaftsbereich des gerechten Gottes befreit hat, beantwortet Markion mit Hinweis auf die Güte Gottes. Gottes Güte ist absolut grundlos; sie zielt ursprünglich nicht einmal darauf, den Menschen aus seiner Verstrickung in Sünde und Schuld zu befreien. Selbst wenn die Menschen innerhalb der gerechten Ordnung des Schöpfergottes Sünder sein sollten, so hätten sie darin doch nicht gegen den guten Gott gesündigt. „Der entscheidende Aspekt besteht darin, dass die Beziehung zwischen diesem Gott und jenen Geschöpfen, die nicht seine sind, durch einen einseitigen Akt von *Gnade ohne jede Vorgeschichte* allererst hergestellt wird und vollständig in diesem Modus fortbesteht."[8] Nur auf diese Weise meint Markion die absolute Ungeschuldetheit der göttlichen Gnade sichern zu können.

Die Spannung zwischen dem barmherzigen und *zugleich* gerechten Gott, der nach Paulus die Menschen unter sein Gesetz stellt, damit ihre Sünde zutage tritt, sie aber unter dem Joch der Sünde nicht alleinlässt, sondern ihnen rettend zu Hilfe eilt[9] – diese Spannung wird von Markion aufgelöst, indem er die Güte einem „verborgenen Gott" zuspricht, dessen Handeln zugunsten des Menschen diesem ganz unbegreiflich bleibt. Die paulinische Dialektik von Gesetz und Evangelium wird von Markion auf zwei Götter aufgeteilt, die als „gerecht" und „barmherzig" charakterisiert sind.[10]

---

8   Jonas, *Gnosis,* 178 f.
9   Vgl. hierzu Stuhlmacher, *Gerechtigkeit Gottes bei Paulus,* bes. 238–240: „Gottes befreiendes Recht".
10 Hans Jonas sieht darin „das Gefährlichste" an Markions Unterscheidung von Gerechtigkeit und Güte für die christliche Theologie: „Gerade die Polarität von Gerechtigkeit und Gnade, deren Zusammenbestehen in einem Gott durch ihre Spannung die ganze Dialektik der paulinischen Theologie motiviert, wird auseinandergenommen und auf zwei wechselseitig exklusive Götter aufgeteilt." Markion zufolge „widersprechen Gerechtigkeit und Güte einander und können deshalb nicht im selben

Theologiegeschichtliche Perspektiven

Offenbarungstheologisch rechtfertigt Markion diese Aufteilung dadurch, dass er einen eigenen Kanon geoffenbarter Schriften vorlegt. Demnach sind alle Texte des Alten Testaments, aber auch Teile des Neuen Testaments für den christlichen Glauben an den barmherzigen Gott der reinen Güte belanglos. Schlimmer noch: Sie vermitteln ein falsches Verständnis von dem „verborgenen Gott". Infolgedessen reduziert Markion den Kanon verbindlicher Schriften auf zehn angebliche Paulusbriefe (ohne die Pastoralbriefe und den Hebräerbrief) und Teile des Lukasevangeliums. Alle anderen biblischen Schriften lehnt er als Verfälschungen des reinen Evangeliums ab, weil sie seiner Auffassung nach nicht das Vertrauen auf den Gott der reinen Güte lehrten, sondern den bloß formalen und aus Furcht vor Strafe geborenen Gehorsam gegenüber den Geboten des Weltenschöpfers.[11] Wer in dieser Weise auf das göttliche Gericht fixiert ist, kann die aus reiner Güte und Barmherzigkeit gewährte Erlösung, die Christus bezeugt und in seinem Tod und seiner Auferstehung erwirkt hat, nicht annehmen.

Trotz nicht unbeträchtlicher Nachwirkungen hatte Markions Theologie in den christlichen Kirchen auf Dauer keinen Bestand.[12] In der Auseinandersetzung mit ihm klärte die frühe Kirche wesentliche Elemente ihres Selbstverständnisses, indem sie den Umfang ihrer heiligen Schriften und die Prinzipien der Glaubensüberlieferung festlegte. Gegen Markion hielt sie an der Einheit Gottes, an der Einheit seiner Offenbarung in der Geschichte und an der Einheit der Offenbarungszeugnisse fest. Damit entschied sie sich gegen Markion dafür, die unleugbaren Spannungen im Gottesbild, von denen die biblischen Schriften zeugen, nicht aufzulösen. Fortan ging es darum, die Schriften des Alten wie des Neuen Testaments als authentische Zeugnisse zu deuten, in denen sich der *eine* Gott als Schöpfer, Erlöser und Vollender in einem bekundet.[13]

    Gott beisammen wohnen: Der Begriff jedes Gottes, gewiss aber der vom wahren Gott, muss unzweideutig sein – der Trugschluss jedes theologischen Dualismus (*Gnosis*, 176).

11   Vgl. Tert., *Adv. Marc.* I 27,1–3 (CChr.SL 1, 470,5–471,26).

12   Um 144 wurde Markion aus der römischen Gemeinde ausgeschlossen; sein Stiftungsgeld erhielt er zurück. – Vgl. Tert., *Praescr. haer.* 30,1–2 (CChr.SL 1, 210,18–9); vgl. auch Ders., *Adv. Marc.* I 18,4 (CChr.SL 1, 459, 26–29).

13   Diese für den christlichen Glauben konstitutive begriffliche Klärung ist in erster Linie Irenäus von Lyon, aber auch Theologen wie Justin, Hippolyt, Tertullian oder den Alexandrinern zu verdanken.

Die begriffliche Vermittlung dieser Einheit freilich war mit der formalen Entscheidung gegen Markion noch nicht geleistet. Einer der ersten Theologen, die sich dieser Aufgabe stellten, war Irenäus von Lyon. Seine Auseinandersetzung mit Markion veranlasst ihn zu einer ersten theologischen Verhältnisbestimmung von Gerechtigkeit und Barmherzigkeit Gottes.

3.1.2 Die Gerechtigkeit und die Barmherzigkeit des einen Gottes: Irenäus von Lyon

Im Zuge seiner Bemühungen, den christlichen Glauben gegenüber gnostischen Lehren zu verteidigen und zu profilieren, wurde Irenäus von Lyon (gest. um 200) auch zu einem der schärfsten Kritiker Markions. Dessen Widerlegung wollte er sogar ein eigenes, freilich nicht überliefertes Buch widmen.

Besonderen Anstoß nimmt Irenäus an Markions Umgang mit den biblischen Schriften.[14] Deren Integrität will er vollumfänglich gewahrt wissen.[15] Seiner Auffasung nach zeugen auch jene Texte, die einander auf den ersten Blick zu widersprechen scheinen, von dem einen Gott Israels, der auch der Gott Jesu ist. Gegen Markion beharrt Irenäus deshalb auf der Einheit von Gesetz und Evangelium: Es sei theologisch abwegig, zwischen einem Gott des Gesetzes und der Propheten einerseits und einem Gott Jesu Christi andererseits zu unterscheiden.

Auch die Unterscheidung zwischen einem richtenden und strafenden Gott einerseits und einem guten und rettenden Gott andererseits ist nach Irenäus abwegig. Begründet wird dies nicht nur mit dem Hinweis auf die Einzigkeit Gottes. Auch zerstört die Unterscheidung zwischen einem richtenden Gott und einem rettenden Gott die Einheit von Verstand *(sensus)* und Gerechtigkeit *(iustitia)*. Beides aber muss sich ergänzen, soll im Vollzug des göttlichen Richteramtes Willkür vermieden werden. Auch

---

14   Nach Irenäus, *Haer.* I 27,4, hat Markion es „als einziger in aller Offenheit gewagt, an den Schriften herumzuschneiden" (*solus manifeste ausus est circumcidere scripturas:* FChr 332,4f.).

15   Im 2. Jahrhundert liegt der Umfang der verbindlichen kanonischen Schriften für weite Teile der christlichen Kirche bereits fest; vgl. Bruce Metzger, Der Kanon des Neuen Testaments. Entstehung, Entwicklung, Bedeutung [engl. Orig. 1987], Düsseldorf 1993; zur aktuellen Diskussion u.a. auch Joseph Verheyden, *The Canon Muratori. A Matter of dispute*, in Jean-Marie Auwers/Henk J. de Jonge (Hgg.), The Biblical Canons (BETL 163), Leuven 2003, 487–556.

ein menschlicher Richter, so Irenäus, bedarf der Weisheit, um zwischen jenen Angeklagten unterscheiden zu können, die ein hartes Urteil verdienen, und jenen, die Gnade verdienen. Wem die Weisheit und somit die Gabe der Unterscheidung fehlt, der läuft Gefahr, willkürlich zu urteilen. Ähnlich muss deshalb auch in Bezug auf Gott angenommen werden, dass er gerecht und gut zugleich sei.[16]

Wenn Markion den einen Gott „in zwei Götter" aufteilt, wobei er den einen „gut" *(bonus)*, den anderen „richtend" *(iudicialis)* nennt, dann depotenziert er beide: „Denn wenn der richtende Gott nicht auch gut ist, dann ist er nicht Gott, weil nicht Gott ist, wem die Güte fehlt; und wenn der gute (Gott) umgekehrt nicht auch gerecht ist, dann geht es ihm wie dem (gerechten Gott): es wird ihm das Gottsein genommen."[17] Nach Irenäus beinhaltet das Gottsein Gottes wesentlich die spannungsvolle Einheit von Güte und Gerechtigkeit. Wo eines von beiden fehlt, dort wird der Begriff Gottes unvollständig gedacht; dort ist Gott nicht länger Gott.[18]

Wie in Gott Gerechtigkeit und Güte zusammenfallen, bleibt dem Menschen verborgen. Der Mensch erkennt Gott immer nur in den endlichen Gestalten seines Wirkens. Wenn Gott in der Bibel einmal als zornig und strafend, einmal als milde und verzeihend erscheint, so manifestieren sich darin nach Irenäus jedenfalls nicht zwei Götter, sondern zwei mögliche Reaktionen des einen Gottes auf das Tun des Menschen. Ein und derselbe ist der göttliche Vater, so Irenäus mit Blick auf Jes 45,7, „der Heil vollbringt und Unheil

---

16 Vgl. *Haer.* III, 25,2: „[Deum] alterum quidem iudicare et alterum [quidem] salvare dixerunt, nescientes utrorumque auferentes sensum et iustitiam. Si enim iudicialis non et bonus sit ad donandum quidem his quibus debet et ad exprobarandum his quibus oportet, neque iustus neque sapiens videbitur iudex; rursus bonus, si hoc tantum sit bonus non et prabror in quos immittat bonitatem, extra iustitiam erit et bonitatem, et infirma bonitas eius videbitur non omnes salvans, si non cum iudicio fiat" (FChr 302, 1–9).

17 *Haer.* III 25,3: „Marcion igitur ipse dividens Deum in duo, alterum quidem bonum et alterum iudicialem dicens, ex utrisque interimit deum. Hic enim qui iudicialis, si non et bonus sit, non est deus, quia deus non est cui bonitas desit; et ille rursus qui bonus, si non et iudicialis, idem quod hic patietur, ut auferatur ei ne sit deus" (FChr 302, 10–15).

18 Auch Tertullian beharrt gegen Markion darauf, dass sich Gott die Gerechtigkeit zum Maßstab seines Handelns gesetzt hat (vgl. *Adv. Marc.* II, 11,1–13,5: CChr.SL 1, 488–490).

schafft".[19] Auch im abschließenden Urteil zur Verdammnis oder Seligkeit des Menschen ist der richtende Gott zugleich jener Gott, der zum Heil beruft: *„Non alius igitur qui iudicat deus et alius qui convocat ad salutem pater"* (IV 36,6).

Anders als bei Markion ist der Begriff „Gerechtigkeit" bei Irenäus positiv konnotiert. Gerechtigkeit gründet in Gottes Weisheit – jener Weisheit, in der die Welt geschaffen ist *(creatio)* und in der Gott die Geschichte lenkt *(dispensatio)*. Indem er die Gerechtigkeit Gottes in Gottes Weisheit gegründet sieht, gelangt Irenäus zu einem gehaltvoll bestimmten Begriff von Gerechtigkeit. Diese wird als wissende Weisheit verstanden, in der Gott alles prüft, bevor er urteilt.

Irenäus weiß, dass die Bibel Gott nicht nur „gerecht", sondern auch „barmherzig", „gut" und „geduldig" nennt. Aus Gottes Barmherzigkeit folgt jedoch kein ethischer Relativismus – so als ob es gleichgültig wäre, ob jemand Gottes Willen befolgte oder nicht. Die Barmherzigkeit geht vielmehr Gottes Gerechtigkeit voraus. Diese fügt sich in den umfassenden Rahmen seiner Güte ein. Weil Gottes Gerechtigkeit eine Fortbestimmung seiner Güte ist, erscheint sie selbst dort nicht grausam, wo Gott die Menschen wegen ihrer Verfehlungen strafen muss.[20]

Dass Gott gut ist, dass seine Güte „Prinzip und Ursache der Weltschöpfung" *(initium et causa fabricationis mundi)* ist, sieht Irenäus durch die heidnischen Philosophen bestätigt. Platon etwa habe in seinen *Nomoi* nicht nur von jenem Gott gesprochen, „der Anfang, Ende und Mitte alles Seienden in Händen hält". Vielmehr hat er diesen Gott als das Maß aller Dinge vorgestellt, dem sich alle Geschöpfe unterwerfen müssen. In Platons Auffassung, dass dann, wenn dieser Gott „das Seiende durchmisst", ihm dabei stets die Gerechtigkeit nachfolgt „als Rächerin für diejenigen, die hinter dem göttlichen Gesetz zurückbleiben", sieht Irenäus einen Hinweis darauf, dass auch der Gott Jesu Christi gut, gerecht und barmherzig ist.[21]

---

19 Zu Jes 45,7 vgl. Walter Groß/Karl-Josef Kuschel, *„Ich schaffe Finsternis und Unheil!" Ist Gott verantwortlich für das Übel?*, Mainz 1992, bes. 34–46.
20 Vgl. *Haer.* III 25,3: „Salvat enim quos debet salvare et iudicat dignos iudicio; neque iustum immite ostenditur; praeeunte scilicet et praecedente bonitate" (FChr 302, 25–27).
21 Plato, *Leg.* 715e–716a, zit. bei Irenäus in *Haer.* III 24,1 (FChr 296,9f.); 25,5 (FChr 304,8–15).

Theologiegeschichtliche Perspektiven

Irenäus beharrt auf der Einheit Gottes ebenso wie auf der Einheit des Wortes: „einer und derselbe" *(unus idemque)* ist der Gott und Vater Jesu Christi, „einer und derselbe" *(unum idemque)* das Wort Gottes. Gegen Markion sucht er die Einheit Gottes ebenso zu wahren wie die Einheit seiner Offenbarung in der Geschichte *(oikonomia/dispensatio)*. Eine auf die paulinischen Schriften und ein verstümmeltes Lukasevangelium reduzierte Bibel verkürzt die Offenbarung Gottes, der sich in der Geschichte des Volkes Israel und in Jesus von Nazaret sowohl barmherzig als auch gerecht erwiesen hat.

Nur die Einheit von biblischem Kanon, apostolischer Tradition und vernunftgeleiteter Glaubensreflexion konstituiert deshalb jene *regula veritatis*, die gegenüber Verkürzungen seitens der Häretiker die Vollständigkeit der geoffenbarten Wahrheit sichert: Es gibt nur einen Gott, der durch sein Wort und seinen Geist alles geschaffen hat und zur vollendeten Gemeinschaft mit sich führen will.[22] Dieser eine Gott ist gerecht und barmherzig zugleich: Gegenüber den Sündern erweist er sich als gerecht, gegenüber den Reumütigen als barmherzig und zur Vergebung bereit.

Aus dem Gedanken der Einheit Gottes folgert Irenäus, dass die Welt in ihrer Geschaffenheit Ausdruck des göttlichen Schöpferwillens ist. Wenngleich sie in Sünde verstrickt ist, kann das Ziel des göttlichen Heilsplanes nicht darin bestehen, die Welt – im Sinne der Gnosis etwa – zu überwinden. Vielmehr muss es darum gehen, sie zu erlösen. Was erlöst werden soll, muss mit sich identisch bleiben. Es geht Irenäus deshalb um das „Heil des Fleisches" *(salus carnis)*, nicht aber – wie den Gnostikern – um ein Heil losgelöst von der materiellen Welt oder als Befreiung von dieser.

Wie kann die *salus carnis* Wirklichkeit werden? Irenäus sieht den Ursprung der Sünde im Ungehorsam des Menschen gegenüber dem göttlichen Gebot. Anfänglich nämlich hatte Gott den Menschen frei geschaffen, damit er sich im Gehorsam gegenüber seinem Schöpfer bewähre. Sünde hingegen ist zunächst und vor allem anderen Ungehorsam gegenüber den Geboten Gottes.[23] Die-

---

22 Vgl. bes. *Haer.* II 28,1 (FChr 224, 1–18).
23 Vgl. *Haer.* V 17,3: „Ipse erat Verbum Dei Filius hominis factus, a Patre potestatem remissionis peccatorum accipiens quoniam homo et quoniam Deus, ut, quomodo homo compassus est nobis, tamquam Deu misereatur nostri et remittat nobis debita nostra quae factori nostro debemus Deo" (FChr 142,7–11). – Die Formulierung „unsere Schulden, die wir Gott als unserem Schöpfer schulden" ist nicht in dem Sinne zu deuten, dass jene Schulden, die wir dem Schöpfergott nicht schulden, von den

sen Ungehorsam ein für alle Male zu überwinden, ist Inhalt und Ziel der Erlösung. An seine Stelle soll ein Wille treten, der Gott zu seinem ausschließlichen Inhalt wählt und sich allein von ihm bestimmen lässt.

Irenäus sieht deshalb in der *Freiheit* des Menschen die notwendige Bedingung dafür, der Umkehrpredigt der Propheten oder der Paränese der Apostel einen Sinn abgewinnen zu können. Denn worauf zielte jeder moralische Appell, wenn der Mensch nicht als freies Wesen geschaffen wäre, so dass er diesen Appell annehmen oder ablehnen könnte? Nein: „Weil der Mensch von Anfang an einen freien Willen hat, wie auch Gott einen freien Willen hat, nach dessen Bild er geschaffen ist, so bekommt er dauernd den Rat, am Guten festzuhalten, das aus dem Gehorsam gegen Gott heraus verwirklicht wird."[24]

Zu seiner Bestimmung gelangt der Mensch dadurch, dass er sich aus freiem Willen dem Willen Gottes unterordnet. Auf diese Weise gelangt er zur Vollendung in der ewigen Seligkeit Gottes: „Unterordnung unter Gott bedeutet Unvergänglichkeit, und Fortdauer der Unvergänglichkeit ist die Herrlichkeit des Unerschaffenen. Durch diese Ordnung, derartige Harmonie und solche Leitung wird der geschaffene und geformte Mensch Bild und Gleichnis des ungeschaffenen Gottes."[25] Der Mensch ist in seinem Willensvermögen *(potestas)*, mit dem Gott ihn begabt hat, unmittelbar auf Gottes Güte bezogen. Im Willensvermögen erblickt Irenäus jenes Vermögen im Menschen, das ihn Gott ähnlich sein lässt, indem der Mensch sich gegenüber Gottes Geboten gehorsam zeigt.

Betroffenen selbst zu vergeben sind. Irenäus geht es auch hier um die Einheit von Schöpfergott und vergebendem Gott. Jede Sünde richtet sich gegen den Schöpfergott und ist auch von ihm her zu vergeben.

24 *Haer.* IV 37,4: „Quoniam liberae sententiae ab initio est homo, et liberae sententiae est Deus cuius ad similitudinem factus est, semper consilium datur ei continere bonum, quod perficitur ex ea quae est ad Deum obaudientia" (FChr 326,3–6).

25 *Haer.* IV 38: „Subiectio autem Dei incorruptela, [et] perseverantia [est] incorruptelae [autem] gloria infecti. Per hanc igitur ordinationem et huiusmodi convenientiam et tali ductu factus est plasmatus homo secundum imaginem et similitudinem constituitur infecti Dei" (FChr 338,10–14). – Zur Unterscheidung von „Bild" und „Gleichnis" vgl. auch Augustinus, *Div. quaest.* LXXXIII, q. 74, wo zwischen „Bild" (imago), „Gleichheit" (aequalitas) und „Ähnlichkeit" (similitudo) unterschieden wird. Demnach bedeutet „Bild" Ähnlichkeit, aber nicht Gleichheit; „Gleichheit" bedeutet „Ähnlichkeit", aber nicht „Bild"; „Ähnlichkeit" bedeutet weder „Bild" noch „Gleichheit".

Was jeweils zu tun ist, wird dem Willensvermögen durch das Vermögen zur Erkenntnis von Gut und Böse vorgestellt. Denn zugleich mit der Erschaffung des Willensvermögens erhielt der Mensch mit der Erkenntnis die Fähigkeit, gut und böse voneinander zu unterscheiden. Auf diese Weise sollte er den Willen Gottes immer besser erfassen und danach leben.[26] Zwar wusste der Schöpfer um das Risiko endlicher Freiheit; er ist es aber gleichwohl eingegangen, weil er sich in seiner Allmacht sicher sein konnte, die Schwachheit des Menschen und seinen Ungehorsam überwinden zu können.[27]

Tatsächlich hat sich ja der Mensch seit Adam von seinem Schöpfer abgewendet. In der Folge der Sünde Adams trat an die Stelle der ursprünglichen Freundschaft des Menschen mit Gott die Feindschaft zwischen Gott und Mensch. Diese nahm Gott aber nicht zum Anlass für ein Strafgericht. Vielmehr suchte Gott die Feindschaft des Menschen ihm gegenüber dadurch zu überwinden, dass sein Wort Mensch wurde. Durch die Menschwerdung des göttlichen Wortes sieht Irenäus die Trennung zwischen Gott und Mensch überwunden. Hierzu beruft er sich auf 1 Tim 2,5, wonach das Wort „Mittler zwischen Gott und den Menschen" ist.[28]

Seine Mittlerschaft vollzieht das menschgewordene Wort *in* Freiheit und *als* Freiheit: Christus als das inkarnierte Wort hat sich dem göttlichen Gebot aus freien Stücken vorbehaltlos untergeordnet. Auf diese Weise erweist er sich gegenüber dem Vater auf jene Weise gehorsam, wie sie ursprünglich vom Menschen erwartet war. Gerade so geschieht Versöhnung: „Er versöhnte für uns den Vater, gegen den wir uns versündigt hatten. Und er machte unseren Ungehorsam durch seinen Gehorsam vergessen und gab uns die Möglichkeit des Verkehrs mit unserem Schöpfer und der Unterordnung [ihm gegenüber]."[29] Indem Jesus durch seinen Gehorsam die rechte Ordnung der Schöpfung anfanghaft wiederhergestellt

---

26 Vgl. *Haer.* IV 39,1: „Cognovit homo et bonum obaudientia et malum inobaudientiae, uti oculus mentis utrorumque accipiens experimentum electionem meliorum cum iudicio facita, et nunquam segnis neque neglegens precepti fiat Dei" (FChr 432, 7–11).

27 *Haer.* IV, 38,4: „Secundum enim benignitatem suam bene dedit bonum et similes sibi suae potestatis homines fecit; secundum autem providentiam scivit hominum infirmitatem et quae ventura essent ex ea; secundum autem dilectionem et virtutem vincet factae naturae substantiam" (FChr 340, 23–28).

28 Von Irenäus zitiert in *Haer.* V 17,1 (FChr 138,8 f.).

29 *Haer.* V 17,1: „[...] propitians quidem pro nobis Patrem in quem peccaveramus et nostram inobaudientiam per suam obaudientiam consolatus,

hat, ist für die Menschen eine neue Möglichkeit der Kommunikation mit Gott eröffnet worden.

Irenäus deutet Menschwerdung und Kreuzestod Christi so, dass das menschgewordene Wort an die Stelle des sündigen Menschen getreten ist. An seiner Stelle vollzieht Christus, was eigentlich vom Menschen gefordert ist: den Gehorsam gegenüber dem Willen des Vaters. Indem der Vater Jesu stellvertretenden Gehorsam annimmt, erhält der sündige Mensch in der Nachfolge Christi die Möglichkeit, sich ebenfalls auf Gott hin auszurichten und sich von seinem Willen bestimmen zu lassen.

Der stellvertretende Gehorsam des menschgewordenen Wortes ermöglicht es dem Sünder, sein Wollen seiner ursprünglichen Bestimmung entsprechend neu auszurichten.[30] Im gehorsamen Selbstvollzug des menschgewordenen Wortes Gottes wird das wahre Bild vom Menschen sichtbar, wie es von Anbeginn der Schöpfung her gewollt war.

„Nachfolge" bedeutet deshalb, in Entsprechung zur ursprünglichen Bestimmung des Menschen zu leben und so gleichsam überhaupt erst zum Menschen zu werden: *„Opera autem Dei plasmatio est hominis."*[31] Erst in einem langwierigen Prozess der sittlichen und religiösen Vervollkommnung wird der Mensch nicht nur *Bild*, sondern auch *Gleichnis* des ungeschaffenen Gottes. Von Seiten Gottes bedarf es hierzu einer langen und vielschichtigen Geschichte der Offenbarung *(dispensatio)*. An ihrem Ende steht das göttliche Wort als Zusammenfassung und Vollendung *(recapitulatio)* dessen, was

---

nobis autem donans eam quae est ad factorem nostrum conversationem et subiectionem" (FChr 138,9–13).

30 Vgl. *Haer.* V 16,3: „Quoniam autem [per haec] per quae non obaudivimus Deo et non credidimus eius verbo, per haec eadem abaudientiam introduxit [...] manifeste ipsum ostendi Deum, quem in primo quidem Adam offendimus, non facientes eius praeceptum, in secundo autem Adam reconciliati sumus, obaudientes usque ad mortem facti" (FChr 136,15–21). – Raymund Schwager betont, dass „wir in dem zweiten Adam versöhnt worden sind, indem *wir* gehorsam bis zum Tod wurden" (*Der Gott des Alten Testaments und der Gott des Gekreuzigten*, 25). Jesu Gehorsam wird zum Vorbild für den Gehorsam der Menschen.

31 Vgl. *Haer.* V 15,2: „Et propter hoc manifestissime Dominus ostendit se et Patrem qui est suis discipulis, ne scilicet quaererent alterum Deum praeater eum qui plasmaverit hominem et afflatum vitae donvaerit ei, neque in tantam insaniam procederent uti super Demiurgum alterum affingerent Patrem. [...] Opera autem Dei plasmatio est hominis" (FChr 128, 1–5. 18).

Theologiegeschichtliche Perspektiven

der Mensch im Rahmen seiner irdischen Existenz überhaupt von Gott erfassen kann.³²

Der Weg des Sünders zu Gott setzt Einsicht in die eigenen Verfehlungen, setzt Reue und Umkehr als den ursprünglichen Akt der Neubestimmung verfehlter Freiheit voraus. Diese Neubestimmung vermag der Sünder aus eigenem Vermögen jedoch nicht zu leisten. Hierzu bedarf es der barmherzigen Zuwendung Gottes. Irenäus vergleicht dieses Geschehen im Anschluss an Paulus mit einer Adoption: Wer seine Sünden bereut, an den barmherzigen Gott glaubt und ihn um Vergebung bittet, der wird von Gott als Adoptivkind angenommen.³³ Er wird in eine neue Beziehung zu Gott hineingestellt, die zugleich seine Weltbeziehung verändert. Irenäus drückt den Vorgang der Adoption prägnanter noch im Bild der Gotteskindschaft aus: Gott wurde Sohn eines Menschen, damit der Mensch Sohn Gottes würde (vgl. III 10,2). Anders als bei Markion bedeutet Adoption bei Irenäus keinen Herrschaftswechsel zu einem anderen Gott, sondern die durch das Vorbild Christi vermittelte Annahme durch jenen Gott, der die Welt geschaffen hat und die Menschen zur Gemeinschaft mit ihm führen will, indem er ihnen seinen Willen offenbart und sie einlädt, ihm gehorsam zu folgen.

Irenäus betont, dass die Erschaffung der Welt nicht etwa einem Mangel in Gott abhelfen sollte. Vielmehr wollte Gott ein Wesen außerhalb seiner selbst, das er zur Glückseligkeit führen konnte: „Am Anfang also hat Gott Adam erschaffen, nicht weil er den Menschen gebraucht hätte, sondern um jemanden zu haben, auf den er seine Wohltaten niederlassen konnte. [...] Er hat auch nicht deshalb befohlen, ihm nachzufolgen, weil er auf unseren Dienst angewiesen wäre, sondern für uns selbst, um uns das Heil zu vermitteln."³⁴ Wenn Johannes Duns Scotus später sagen wird,

---

32 Der geschichtstheologische Begriff der „recapitulatio" *(anakephalaiosis)* stützt sich vor allem auf Eph 1,10: „So wollte er die Fülle der Zeiten herbeiführen und in Christus alles zusammenfassen – alles im Himmel und alles auf Erden – in ihm." – Vgl. Emmeran Scharl, *Recapitulatio mundi. Der Rekapitulationsbegriff des heiligen Irenäus und seine Anwendung auf die Körperwelt* (FThSt 60), Freiburg 1941.

33 *Haer.* III 6,1: „De patre et filio et de his qui adoptionem perceperunt dicit; hi autem sunt ecclesia: haec enim est synagoga Dei, quam Deus, hoc est filius, ipse per semetipsum colligit" (FChr 54, 3–6). – Zum Bild der Adoption bei Paulus vgl. bes. Gal 4,1–7; Röm 8,15–17.

34 *Haer.* IV 14,1: „Initio non quasi indigens Deus hominis plasmavit Adam, sed ut haberet in quem collocaret sua beneficia. [...] Neque nostro mi-

dass Gott deshalb, weil er die unendliche Liebe ist, ein Wesen neben sich haben wollte, dass selbst fähig ist zu lieben,[35] so ist dieser Gedanke bei Irenäus bereits vorgebildet.

Wie Gott den Menschen deshalb geschaffen hat, um jemanden zu haben, dem er sich aus der Fülle seiner Güte und Barmherzigkeit heraus zuwenden konnte, so ist umgekehrt der Mensch ganz und gar auf Gott angewiesen. Er verdankt Gott nicht nur seine Existenz, sondern auch die Hoffnung darauf, in der Gemeinschaft mit ihm leben zu können: *„In quantum enim Deus nullius indigens, in tantum homo indiget Dei communione."*[36] Die Gemeinschaft mit Gott, in der sich die Menschennatur vollendet, ist ein freies Geschenk Gottes; sie muss aber vom Menschen in freiem Entschluss angenommen werden.

Am Ende dieses Geschehens von Gabe und Annahme steht die vollkommene Gemeinschaft von Gott und Mensch, um deretwillen die Welt überhaupt geschaffen wurde: *„Gloria Dei vivens homo. Gloria autem hominis visio Dei"* (IV 20,7). Zwischen Gott und Mensch gibt es eine Entsprechung: Weder will Gott ohne den Menschen sein, der sich ihm frei zuwendet, noch kann der Mensch ohne Gott zur Vollendung gelangen.[37] Und wie Gottes Ruhm der lebendige Mensch ist, so ist des Menschen Ruhm, „im Dienst an Gott zu bleiben und zu beharren".[38]

So ergibt sich eine doppelte Bewegung: Der Mensch erweist Gott seine Ehrerbietung; Gott wiederum begabt den Menschen mit seiner Weisheit und seiner Kraft.[39] Dabei zielt die freie Zuwendung Gottes zum Menschen auf dessen freie Antwort: „Gott hat ihn in Freiheit erschaffen, von Anfang an im Besitz eigener Kraft wie einer eigenen Seele, um freiwillig Gottes Ratschluss vollziehen zu können, ohne von ihm dazu gezwungen werden zu müssen."[40] Indem Gott den Menschen dazu bewegen will, aus ei-

---

   nisterio indigens iussit ut eum sequeremur, sed nobis ipsis attribuens salutem" (FChr 104,1–3. 7 f.).
35 Vgl. in diesem Hauptteil, Anm. 444.
36 *Haer.* IV 14,1 (FChr 104,22 f.).
37 Vgl. zu *Haer.* IV 20,1–7: Orbe, *Gloria dei vivens homo*.
38 *Haer.* IV 14,1: „Haec enim gloria hominis, perseverare ac permanere in Dei servitute" (FChr 104,23 f.).
39 Vgl. *Haer.* III 20,2: „Gloria enim hominis Deus; operationis vero Dei et omnis sapientiae eius et virtutis receptaculum homo" (FChr 246,25–248,1).
40 *Haer.* IV 37,1: „Liberum eum Deus fecit, ab initio habentem suam potestatem sicut et suam animam, ad utendum sententia Dei voluntarie, et

genem Entschluss seiner Weisung zu folgen, achtet er die von ihm selbst geschaffene Freiheit des Menschen.

Zugleich entspricht er in seinem Handeln der Art und Weise, wie sich diese Freiheit vollzieht: Jene, die Gottes Geboten aus freiem Entschluss gehorchen, belohnt er, diejenigen aber, die sich seinen Geboten widersetzen, werden bestraft. Lohn wie Strafe erscheinen als Werke göttlicher Gerechtigkeit, die dem freien Entschluss des Menschen angemessen sind. Wer sich in der Sünde von Gott abwendet, betrügt sich selbst um alles Gute, insofern dieses nirgendwo anders als bei Gott ist. Indem Gott wiederum die Freiheit des Menschen achtet, sich für oder gegen seinen Schöpfer zu entscheiden, bestätigt er in seinem Gericht eigentlich nur das, was der Mensch in seinem Leben im Vollzug seiner Freiheit im Voraus entschieden hat, und verendgültigt es. So sind „diejenigen, die das ewige Licht Gottes fliehen […] selbst die Ursache dafür *(ipsi sibi causa sunt)* dass sie in der ewigen Dunkelheit wohnen, verlassen von allem Guten".[41] Die Vorstellung, dass sich die Menschen durch ihr Tun selbst richten, betont den sittlichen Ernst einer jeden Entscheidung.[42] Dass Gott dabei nicht nur als derjenige erscheint, der

---

non coactum ab eo" (FChr 318,15–17).

41 *Haer.* IV 39,4: „Cum enim apud Deum omnia sint bona, qui ex sua sententia fugiunt Deum semetipsos ab omnibus fraudant bonis; fraudati autem omnibus erga Deum bonis, consequenter in Dei iustum iudicium incident. Qui enim fugiunt requiem iuste in poena conversabuntur, et qui fugerunt lumen iuste inhabitant tenebras. Quemadmodum autem in hoc temporali lumine, qui fugiunt illud ipso se tenebris mancipant, ita ut ipsi sibi causa fiant quod destituuntur a lumine et inhabitant tenebras" (FChr 348,11–19). – Irenäus argumentiert im Sinne der präsentischen Eschatologie des Johannesevangeliums: Wer sich in einem freiwilligen Entschluss von Gott getrennt hat, richtet sich dadurch selbst („separavit semetipsum a Deo voluntaria sententia": *Haer.* V 27,2 [FChr 208,18 f.]; vgl. Joh 3,18–21). Demnach wird der Mensch im Gericht nicht zum Gegenstand eines ihn äußerlich treffenden Urteils. Vielmehr sieht er sich vor den Spruch seines Gewissens gestellt. – Nach Gregor von Nyssa bereitet Gott den Sünder dazu, sich diesem Spruch zu stellen. Gott schließt sich dem Spruch des Gewissens an und teilt dem Menschen das – und nur das – zu, was er sich selbst zuteilt (vgl. *Seligpr.*, Or. 5,3: GNO VII,2, 133,14–134,21). Von einem Selbstgericht sprechen auch Origenes von Alexandrien, Basilius von Caesarea und Ambrosius von Mailand.

42 Zugleich reicht die Erwartung eines abschließenden Gerichts über die Taten der Menschen in die Gegenwart hinein. Die Gerichtsperspektive ist für Irenäus nicht nur Ausblick auf Kommendes; sie verfolgt auch pädagogisch-paränetische Ziele.

die Taten der Menschen durch sein gerechtes Urteil ratifiziert, gewährleistet Irenäus dadurch, dass er die Heilsperspektive göttlichen Wirkens betont: Weil nicht der leidende Verdammte, sondern der zur Vollkommenheit gelangte Gerechte „Gottes Herrlichkeit" *(gloria Dei)* ist, zielt Gottes Wirken auf das umfassende Heil aller Menschen und auf die Vollendung der Welt.

Wie kein anderer Theologe vor ihm hat Irenäus die Würde des Menschen auch in seiner Leiblichkeit verteidigt hat. Gleichwohl hat er die Erwartung einer leiblichen Auferstehung nicht mit dem Gedanken kommunikativer Freiheit verbunden. „Schuld" wird von ihm wesentlich als Ungehorsam gegenüber dem Willen Gottes aufgefasst. Diesen Ungehorsam gilt es in der Nachfolge Christi zu überwinden. Umkehr vollzieht sich deshalb in erster Linie als gehorsame Ausrichtung des menschlichen Willens auf jenen Gott, der sich in seiner Offenbarung und Menschwerdung als der barmherzige Gott gezeigt hat.

Die Dimension zwischenmenschlicher Vergebung und deren mögliche Bedeutung für die *recapitulatio mundi* bedenkt Irenäus nicht – und dies, obwohl seine Anthropologie dazu Hinweise liefert. Wenn nämlich Jesus seine Jünger in der Bergpredigt dazu anleitet, den göttlichen Vater um die Vergebung ihrer Schulden zu bitten (vgl. Mt 6,12), dann sieht Irenäus darin einen Hinweis darauf, dass der Adressat der Bitte um Vergebung kein anderer sein kann als derjenige, dem der Ungehorsam gegolten hat. Schöpfergott und Erlösergott sind einer und derselbe: „Jener selbst, gegen den wir am Anfang gesündigt hatten, der schenkt Sündenvergebung am Schluss."[43]

In diesem erkennbar gegen Markion gerichteten Argument deutet sich jedoch bereits der neuzeitliche Gedanke an, dass Vergebung von Schuld nicht stellvertretend gewährt werden kann. So bemerkt Irenäus in diesem Zusammenhang: „Wenn wir das Gebot eines anderen übertreten haben, es aber ein anderer war, der gesagt hat: »Deine Sünden werden dir nachgelassen«, dann ist so einer weder gut noch wahrhaftig noch gerecht. Wie kann nämlich einer gut sein, der Geschenke nicht aus seinem Eigentum macht?"[44] Wenn

---

43 *Haer.* V 17,1: „Idem ille in quem peccaveramus in initio remissionem peccatorum in fine donans" (FChr 138, 22 f.).

44 *Haer.* V 17,1: „Si alterius quidem transgressi sumus praeceptum, alius autem erat qui dicit: Remittuntur tibi peccata tua, neque bonus neque verax neque iustus est huiusmodi. Quomodo enim bonus, qui non ex suis donat?" (FChr 138,23–140,3).

Theologiegeschichtliche Perspektiven

Vergebung nicht von jenem gewährt wird, gegenüber dem jemand schuldig wurde, dann handelt es sich dabei nach Irenäus nicht um eine wahre Vergebung.[45]

Irenäus bedient sich des Arguments, dass niemand an der Stelle eines anderen verzeihen kann, um Markions Unterscheidung zwischen einem gerechten und einem barmherzigen Gott zu widerlegen. Die anthropologische Voraussetzung, die er dazu beansprucht, weist freilich über dieses Beweisziel weit hinaus. Sie reflektiert jene Hochschätzung menschlicher Freiheit, die für die griechische Theologie insgesamt kennzeichnend und die sich auch bei Origenes von Alexandrien findet.

3.1.3 Gerechtigkeit Gottes und Freiheit des Menschen: Origenes von Alexandrien

Wie Irenäus verteidigt auch Origenes von Alexandrien (185–254) die Einheit Gottes und seiner Offenbarung gegen gnostische Vorstellungen und besonders gegen Markion.[46] Seinem theologisch-systematischen Kompendium *Peri Archon* stellt Origenes eine Art Kurzformel des Glaubens *(regula fidei)* voran, in dem er die Einheit Gottes und die Einheit seiner Offenbarung betont: „Dieser Gott, gerecht und gut, der Vater unseres Herrn Jesus Christus, hat selbst das Gesetz und die Propheten und die Evangelien gegeben, er, welcher der Gott der Apostel und des Alten und des Neuen Testamentes ist."[47] Im zweiten Buch von *Peri Archon* betont Origenes, „dass der gerechte und gute Gott, der Gott der Gesetze und der Evangelien, ein und derselbe ist; dass er Gutes tut mit Gerechtigkeit und mit Güte straft, weil weder Güte ohne Gerechtigkeit noch Gerechtigkeit ohne Güte die Würde der göttlichen Natur kennzeichnen kann".[48] Gott hat sich nach dem Zeugnis der

---

45 *Haer.* V 17,1: „Quomodo autem vere remissa sunt peccata, nisi ille ipse in quem peccavimus donavit remissionem?" (FChr 140,4f.). Auch dieses Argument richtet sich gegen Markions Unterscheidung zweier Götter.
46 Vgl. u.a. *Peri Archon* II 9,5 (Koetschau [GCS 22: Origenes V] 168f./ Görgemanns – Karpp [im Folgenden: GK] 408–413). – Vgl. *Schockenhoff*, Origenes und Plotin, bes. 50–53.
47 *Peri Archon* I Praef 4: „Hic deus iustus et bonus, pater domini nostri Iesu Christi, legem et prophetas et evangelia ipse dedit, qui et apostolorum deus est et veteris et novi testamenti" (Koetschau 10,2–4/GK 88). – Zu *Peri Archon* vgl. die Werkinterpretation von Lies, *Origenes' Peri archon. Eine undogmatische Dogmatik.*
48 *Peri Archon* II 5,3: „Ex quibus omnibus constat unum eundemque esse iustum et bonum legis et evangeliorum deum, et bene facere cum iustitia

3.1 Theologische Richtungsentscheidungen

Schrift in der Geschichte als gut und gerecht zugleich geoffenbart; der theologischen Reflexion ist es aufgegeben, die Einheit von Güte und Gerechtigkeit Gottes begrifflich zu fassen und zu entfalten.

Bereits Platon hatte im 6. Buch der *Politeia* das Eine, Wahre und Gute miteinander identifiziert.[49] Und in seinem Dialog *Gorgias* hatte Platon gegen die Sophisten auf der Einheit von Güte und Gerechtigkeit bestanden.[50] Dass aber der göttliche Ursprung von allem nicht nur als unerschöpfliche Quelle alles Wahren und Guten, sondern auch als Quelle der *Gerechtigkeit* zu gelten hat, war eine Grundentscheidung christlicher Theologie, die sich nicht zuletzt aus den Auseinandersetzungen mit Markion ergab.

Wie Irenäus konnte Origenes auf dieser Grundentscheidung aufbauen und sich von ihr her dem Verhältnis von Gerechtigkeit und Barmherzigkeit Gottes nähern. Dabei zeigen sich seine Schriften unter anderem von der stoischen Affektenlehre beeinflusst. Ihr zufolge stellen Güte *(bonitas)* und Gerechtigkeit *(iustitia)* zwei Aspekte einer einzigen Tugend *(virtus)* dar, die als solche der Bosheit und Ungerechtigkeit entgegengesetzt ist. Deshalb stehen Güte und Gerechtigkeit nicht im Widerspruch zueinander.[51]

---

et cum bonitate punire, quia nec bonum sine iusto nec iustum sine bono dignitatem divinae potest indicare naturae" (Koetschau 136,20–23/GK 350).

49 Vgl. *Politeia* VI 509b: „Man muss sagen, dass dem Erkannten nicht nur das Erkanntwerden unter dem Einfluss des Guten zukommt, sondern dass ihm auch das Sein und Wesen unter seinem Einfluss zukommt." Der Satz steht im Sonnengleichnis (506b–509b). – Vgl. zur Idee des Guten bei Platon Wolfgang Wieland, *Platon und die Formen des Wissens,* Göttingen ²1999, 159–185. Nach Wieland hat das Sonnengleichnis die Aufgabe, „die Sonderstellung der Idee des Guten zu symbolisieren" (160).

50 Platon, *Gorgias* 507ab.

51 Vgl. *Peri Archon* II 5,3: „Ut sicut unam eandemque nequitiam malitiae et iniustitiae dicimus, ita et bonitatis ac iustitiae virtutem unam eandemque teneamus" (Koetschau 137,6–8/GK 350 f.). – Zur stoischen Affektenlehre vgl. Ingrid Craemer-Ruegenberg, *Begrifflich-systematische Bestimmung von Gefühlen. Beiträge aus der antiken Tradition,* in: Zur Philosophie der Gefühle, hg. v. Hinrich Fink-Eitel/Georg Lohmann, Frankfurt a.M. 1993, 20–32; Richard Sorabji, *Emotion and Peace of Mind. From Stoic Agitation to Christian Temptation* (The Gifford Lectures), Oxford 2000; Anton Vögtle, Art. *„Affekt",* in: RAC 1 (1950) 160–173.

Vor diesem Hintergrund will Origenes Markions Entgegensetzung von Güte und Gerechtigkeit schon begriffslogisch nicht folgen. Vielmehr kann von Gott gesagt werden, er sei gut und gerecht zugleich, ohne damit seine Einheit aufs Spiel zu setzen.[52] An anderer Stelle fasst Origenes „Güte" als ein allgemeines Prädikat, das allen Tugenden zukommt; „Gerechtigkeit" ist ihr – wie auch sittliche Vollkommenheit („Heiligkeit") – nachgeordnet, indem es das Prädikat der „Güte" enfaltet.[53] Auch hier sind Gerechtigkeit und Güte einander nicht entgegengesetzt; vielmehr wird Gerechtigkeit als eine spezifische Form sittlicher Qualität („Güte") gefasst. Von daher ergibt sich der Schluss, dass Gerechtigkeit und Güte einander nicht widerstreiten: „Wenn Tugend etwas Gutes *(bonum)* und Gerechtigkeit eine Tugend ist, dann ist zweifellos die Gerechtigkeit [eine Art] Güte."[54]

Damit hat Origenes sein Beweisziel erreicht: Weil Gattung und Art begriffslogisch nicht zu trennen sind, können Güte und Gerechtigkeit nicht – wie Markion meinte – einander widersprechen. Es ist nicht nötig, sie auf zwei unterschiedliche Götter aufzuteilen, auf den Gott des Alten Testaments, den Gott des Gesetzes und der Propheten, und auf den „unbekannten Gott", den Christus geoffenbart hat, den Gott des Lichtes und der erlösenden Liebe.[55] Vielmehr kann widerspruchsfrei angenommen werden, dass der Gott

---

52   Dabei besteht die Güte darin, jemandem etwas Gutes zu tun, auch wenn der Empfänger dieser Wohltat unwürdig ist und nicht verdient, dass ihm Gutes geschieht. „Gerechtigkeit" hingegen ist jene Einstellung, die einem jeden nach seinem Verdienst vergilt; vgl. *Peri Archon* II 4,1: „Aestimantur igitur bonitatem affectum talem qendam esse, quo bene fieri omnibus debeat, etiamsi indignus sit is, cui beneficium datur, nec bene sonseque mereatur […] Iustitiam vero putarunt affectum esse talem qui unicuique prout meretur retribuat" (Koetschau 132,21–133,1/GK 341–343). Diese Begriffsbestimmung erinnert an Ulpians Definition „Iustitia est constans et perpetua voluntas ius suum cuique tribuendi. […] Iuris praecepta sunt haec: honeste vivere, alterum non laedere, suum cuique tribuere" (*Digesta* I 1,10); sie bestimmt Gerechtigkeit als Verteilungsgerechtigkeit.

53   „[…] bonitatem genus esse virtutum, iustitiam vero vel sanctitatem species generis": *Peri Archon* II 5,4 (Koetschau 137,25 f./GK 353).

54   *Peri Archon* II 5,3: „Si bonum virtus et iustitia virtus est, sine dubio iustitia bonitas est" (Koetschau 135,18 f./GK 346).

55   Nach *Peri Archon* II 4,1 will Origenes jene widerlegen, „die meinen, der Vater unseres Herrn Jesus Christus sei ein anderer Gott als der, der Mose das Gesetz mitteilte und die Propheten sandte, der Gott der Väter Abraham, Isaak und Jakob" (126,23–127,3/GK 329).

Jesu Christi zugleich der Gott des Alten Testaments ist, und dass er in Wesen und Wirken sowohl gut als auch gerecht ist.

Gottes Gerechtigkeit erweist sich vor allem im Gegenüber zu jenen Geschöpfen, die er als freie Geistwesen geschaffen hat: den Engeln und Menschen. Mit der Fähigkeit zur freien Entscheidung ausgestattet können sich Engel und Menschen sittlich bewähren.[56] Sie können ein tugendhaftes Leben nach dem Willen und der Weisung Gottes führen; sie können sich aber auch von Gott abwenden.

Auf die Art und Weise, wie die geschaffenen Geistwesen ihre Freiheit realisieren, reagiert Gott, indem er ihnen unterschiedliche Existenzweisen zuordnet.[57] Dies ist deshalb möglich, weil Gott als der Ewige und Unwandelbare zugleich Herr über die Zeit ist. In seinem Vorauswissen um den jeweiligen Gebrauch endlicher Freiheit weist Gott einem jeden Vernunftwesen jene Existenzweise zu, die seinem freien Entschluss entspricht.[58]

Die vielfältigen Bedingungen, unter denen der Mensch in Raum und Zeit leben muss und die seine Existenz bestimmen, sind dem Urteil und der Vorsehung Gottes geschuldet.[59] Denn Gott urteilt über den Lebenswandel der Geschöpfe und teilt ihnen entsprechend seinem gerechten Urteil die Bedingungen zu, unter denen sie künftig leben müssen. Keine Willkür Gottes, sondern die freien

---

56 Zur Lehre von der Willensfreiheit bei Origenes vgl. Philip J. van der Eijk, *Origenes' Verteidigung des freien Willens*, in: VigChr 42 (1988) 339–351.

57 Angesprochen ist damit die berühmte Lehre von der Präexistenz der geschaffenen Geistwesen, die Origenes u. a. in *Peri Archon* II, 9,5–7 (Koetschau 168–171/GK 408–417) entfaltet. Hier wird die antignostische Zielsetzung dieser Lehre besonders deutlich.

58 In jedem Haushalt gibt es nach Origenes nicht nur goldene und silberne Gefäße, sondern auch hölzerne und irdene, „die einen zu Ehren, die anderen aber zu Unehren" (vgl. 2 Tim 2,20). Gottes Vorsehung besteht darin, diesen unterschiedlichen Gefäßen, Seelen oder Intelligenzen („diversis vasis vel animis vel mentibus": *Peri Archon* 170,9 f.) das ihnen jeweils Angemessene zuzuteilen. – Origenes bedient sich auch der paulinischen Leib-Metapher (vgl. 1 Kor 12,12), um die organische Harmonie der Schöpfung zu veranschaulichen: *Peri Archon* II 1,3 (Koetschau 108,14–16/GK 289). Die Leib-Metapher findet sich auch bei Platon (Tim. 30B) und bei den Stoikern (vgl. SVF II 634).

59 *Peri Archon* II 9,5: „Aiunt ergo nobis: si haec tanta rerum diversitas nascendique condicio tam varia tamque diversa, in qua causa utique liberi facultas arbitrii locum non habet (non enim quis ipse sibi eligit, ubi vel apud quos vel qua condicionibus nascatur), si ergo, inquiunt, haec non facit naturae diversitas animarum, id est ut mala natura animae ad gentem malam destinetur, bona autem ad bonas: quid aliud superest, nisi ut fortuito agi ista putentur et casu?" (Koetschau 169,6–13/GK 411).

Entscheidungen der Vernunftwesen bestimmen darüber, welcher Seinsrang oder welcher Ort in der materiellen Welt ihnen jeweils zukommt.[60] Vielfalt und Unterschiedenheit haben ihre Ursache nicht in einem ursprünglichen Urteil oder Willensakt des Schöpfers, sondern im freien Entschluss der Vernunftwesen.[61]

Indem Origenes die geschaffene Freiheit für die Unterschiedenheit und Vielheit in der Schöpfung verantwortlich macht, transformiert er Markions Gegensatz von „Schöpfergott" und „Erlösergott" in das dramatische Gegenüber von göttlicher und menschlicher Freiheit. Zugleich entlastet er *(defendi potest)* den biblischen Gott von seiner Verantwortung für das Unvollkommene und Böse in der Welt.[62] Das Böse geht ausschließlich zu Lasten der geschaffenen Freiheit: Diese hat sich von ihrem göttlichen Ursprung und so von ihrer Bestimmung abgewendet, aus der freien Hinordnung auf ihren Ursprung zu existieren. Nicht in der Natur des Menschen liegt deshalb der Grund seiner Bosheit, sondern im freien Willen, der sich zum Bösen bestimmt.

Obwohl Gott die Freiheit der von ihm geschaffenen Wesen respektiert, beschränkt sich sein Richten nicht darauf, ihr Tun lediglich zu ratifizieren. Vielmehr erweist sich Gottes Barmherzigkeit gegenüber seinen Geschöpfen darin, dass er sich ihnen gnädig zuwendet und ihnen so ermöglicht, sich ihrerseits ihm zuzuwenden und auf dieses Weise ihrer ursprünglichen Bestimmung entsprechend zu leben.[63]

---

60 Am Anfang der ewigen Schöpfung regte die ihm mitgeteilte Willensfreiheit ein jedes freies Vernunftwesen „entweder zum Fortschritt durch Nachahmung Gottes *(profectus per imitationem dei)* an oder zum Abfall durch Nachlässigkeit *(defectus per negligentiam)*"; *Peri Archon* II 9,6 (Koetschau 169,30–170,2/GK 413).

61 *Peri Archon* II 9,6: „Non ex conditore voluntate vel iudicio originem trahens sed propriae libertatis arbitrio" (Koetschau 170,3–5/GK 412f.); vgl. *Peri Archon* II 1,1: „Quam aliam [...] causam putabimus tantae huius mundi diversitatis, nisi diversitatem ac varietatem motuum atque prolapsuum eorum, qui ab illa initii unitate atque concordia, in qua a deo primitus procreati sund, deciderunt et ab illo bonitatis statu commoti atque distracti" (107,11–15/GK 285–287).

62 *Peri Archon* III 5,4: „Unius namque naturae esse omnes rationabiles creaturas ex multis adsertionibus conprobatur; per quod solum dei iustitia in omnibus earum dispensationibus defendi potest, dum unaquaeque in semet ipsa habet causas, quod in illo vel in illo vitae ordine posita est" (275,23–27/GK 632).

63 Vgl. *Peri Archon* II 9,7: „Per gratiam vero misericordiae suae omnibus providet atque omnes quibuscumque curari possunt remediis hortatur et provocat ad salutem" (Koetschau 171,30–32/GK 416).

Gottes Barmherzigkeit darf nicht als ein affektbehaftetes Mitleiden verstanden werden. Dies nämlich widerspräche dem Vollkommenheitsideal der platonischen Philosophie. Als der Eine und Unveränderliche ist Gott „vollständig leidensunfähig" *(penitus inpassibilis)*.⁶⁴ Deshalb will Origenes jene biblischen Texte, die von einem Empfinden *(passio)* Gottes sprechen, ebenso allegorisch verstanden wissen wie jene, in denen vom „Zorn Gottes" die Rede ist.⁶⁵

Wenn Origenes besonders bei der Auslegung der Passionsberichte in den Evangelien mit der Empathie Gottes gegenüber dem Leiden Christi rechnet,⁶⁶ so zeigt sich hier eine inhaltliche Spannung. Sie resultiert aus dem Bemühen, die christliche Offenbarung mit dem philosophischen Gottesbegriff der Antike zu versöhnen, dem zufolge Gott unveränderlich und leidenschaftslos zu denken ist.⁶⁷ Der Platoniker Kelsos hat das im späten 2. Jahrhundert genau wahrgenommen: Dass Gott Mensch wurde, ist nach christlicher Überzeugung als historisches Faktum zu glauben und darf deshalb nicht allegorisch interpretiert werden. Ein Gott aber, der als Mensch auf Erden lebt, entspricht eher den Vorstellungen der mythischen Theologie der Dichter als den Einsichten der Philosophen.⁶⁸

---

64 *Peri Archon* II 4,4: „Si vero propter illa, quae dicuntur in veteri testamento, quod vel irascitur deus vel paenitat, vel si qua alia humana affectus passio designatur, materiam sibi ad confutandos nos praeberi putant, adfirmantes deum penitus inpassibilem atque his omnibus carentem affectibus sentiendum" (Koetschau 131,24–28/GK 338).

65 Vgl. *Peri Archon* II 4,4 (Koetschau 132,5–8/GK 340).

66 Stellen bei Maas, *Unveränderlichkeit Gottes*, 136 f.

67 Vgl. dazu u.a. Herbert Frohnhofen, *Apatheia tou theou. Über die Affektlosigkeit Gottes in der griechischen Antike und bei den griechischsprachigen Kirchenvätern bis zu Gregorios Thaumaturgos* (Europäische Hochschulschriften, Reihe 23/Theologie 318), Frankfurt am Main 1987, bes. 205, wonach Origenes die Vermittlung zwischen der vollständigen Apathie Gottes und seiner Mit-Leidensfähigkeit „nur angedeutet und nicht genügend ausgeführt" hat.

68 Vgl. zu Varros *theologia tripartita* mit ihrer Unterscheidung von *theologia mythica, theologia physica* und *theologia civilis* neben Augustinus (*Civ. Dei* VI 5) auch Heinrich Dörrie, *Zu Varros Konzeption der theologia tripartita in den Antiquitates rerum divinarum*, in: Beiträge zur altitalienischen Geistesgeschichte (FS G. Radke), Münster 1986, 76–82; Willi Geerlings, *„Ethisierte" und „Nicht-Ethisierte" Religion. Eine Auseinandersetzung mit Varro und die Konsequenzen für die Kirchengeschichtsschreibung*, in: [Bochumer] Universitätsreden, Neue Serie 21/2008. – Origenes' Versuch einer Widerlegung des Kelsos vermag gerade an diesem Punkt

Theologiegeschichtliche Perspektiven

In seinem Disput mit Kelsos über die Menschwerdung Christi und dessen Leiden steht deshalb das Verhältnis von Unveränderlichkeit und Veränderlichkeit, Leidensunfähigkeit und Empfindsamkeit, Gerechtigkeit und Barmherzigkeit Gottes zur Debatte.[69] Im Bemühen, den biblischen Texten ebenso wie der griechischen Philosophie gerecht zu werden, gelangt Origenes zu keiner eindeutigen theologischen Position. Die Menschwerdung des göttlichen Wortes deutet er als Offenbarung der Barmherzigkeit Gottes mit den Sündern. Diese will Gott durch das Vorbild Christi zur Umkehr bewegen und für sich gewinnen.

Zugleich ist und bleibt das ewige Wort des Vaters der Inbegriff der Schöpfungsordnung. Origenes bezieht sich dazu auf Röm 11,36, wonach die Schöpfung „aus ihm und durch ihn und auf ihn hin" geschaffen ist. Im Verstehensrahmen der mittelplatonischen Philosophie kann der Alexandriner in dieser Aussage die metaphysische Lehre wiedererkennen, wonach der transzendente Ursprung des Alls im Nous anfänglich aus sich heraustritt und so den Grund für die geschöpfliche Vielheit innerhalb der Welt legt.[70]

Die Ordnung der Schöpfung ist durch Christus vermittelt, das ewige Wort des Vaters. Wenn es nun bei Paulus heißt, Christus sei nicht nur das Wort und die Weisheit Gottes, sondern auch seine Gerechtigkeit (vgl. 1 Kor 1,30), dann sieht Origenes darin einen Hinweis darauf, dass es von der Offenbarung her möglich ist, das in Christus Geschaffene nicht nur „gut" und „weise", sondern auch „gerecht" zu nennen.

Die „Gerechtigkeit" der Schöpfung ist nach Origenes dabei in besonderer Weise darin verwirklicht, dass die aktuelle Schöpfungsordnung jener Vorsehung entspricht, in der Gottes Handeln den

---

nicht recht zu überzeugen. Denn einerseits beharrt Origenes auf dem geschichtlichen Faktum der Menschwerdung, andererseits sieht er doch „Erlösung" wesentlich darin, dass der menschgewordenene Logos im Glaubenden Gestalt gewinnt, indem er ihn durchformt und zum bestimmenden Prinzip seiner Freiheitsvollzüge wird; vgl. Lieske, *Die Theologie der Logosmystik bei Origenes*. Zur Christologie bei Origenes vgl. Lies, *Origenes' ‚Peri Archon'*, 98–105. Die Allegorese hat in Alexandrien eine bedeutende Tradition hinter sich, die bis in die Interpretation der Werke Homers zurückreicht. Zu Philos Bibelhermeneutik vgl. Irmgard Christiansen, *Die Technik der allegorischen Auslegungswissenschaft bei Philon von Alexandrien* (BGBH 7), Tübingen 1969.

69 Vgl. Maas, *Unveränderlichkeit Gottes*, bes. 132–135.
70 Vgl. Hans Joachim Krämer, *Der Ursprung der Geistmetaphysik. Untersuchungen zur Geschichte des Platonismus zwischen Platon und Plotin*, Amsterdam 1964, bes. 264–292.

Freiheitsentscheiden der Geistwesen entspricht. „Somit muss man unter dem, was gemacht ist, nichts als ungerecht oder zufällig betrachten, sondern lehren, dass alles so ist, wie es die Norm der Billigkeit und Gerechtigkeit *(regula aequitatis et iustitiae)* fordert."[71] Die Weise, in der die Schöpfung eingerichtet ist – welchen Platz etwa in ihr Engel und Menschen einnehmen –, spiegelt die Gerechtigkeit Gottes wider.

Gottes Gerechtigkeit manifestiert sich demnach auf eine zweifache Weise: Einmal dadurch, dass – entgegen der Auffassung gnostischer Gruppen wie der Anhänger des Valentinian oder des Basilides – alle Geistwesen ursprünglich gleich geschaffen sind, und dass deshalb ihre aktuelle Unterschiedenheit in ihren jeweiligen Freiheitsentscheidungen gründet. Und einmal dadurch, dass diese Freiheitsentscheidungen am Ende der Geschichte im Horizont eines zu erwartenden Endgerichts von Gott entsprechens ihrer sittlichen Dignität belohnt oder bestraft werden.[72] Gerade Letzteres gibt Origenes Anlass, zur sittlichen Vervollkommnung aufzurufen, d. h. zur Realisierung der geschöpflichen Freiheit im Gehorsam gegenüber dem Willen Gottes.

Entgegen der Auffassung, dass Origenes mit einer prinzipiell unabschließbaren Wiederkehr von Weltaltern rechnet, die aus der immer neu möglichen Abkehr der freien Geistwesen von ihrem göttlichen Ursprung resultiert, erwartet der Alexandriner ein definitives Ende der Geschichte. Die Vorstellung von einer endlosen Abfolge von Weltaltern, die sich aus der Annahme speist, dass sich eine geschaffene Freiheit jederzeit wieder von ihrem göttlichen Ursprung abwenden kann, ist zwar Inhalt origenistischer Spekulationen, hat aber bei Origenes selbst keinen Anhalt.[73] Zu sehr

---

71 *Peri Archon* II 9,4: „Christus, sicut verbum et sapientia est, ita etiam »iustitia« est, consequens sine dubio erit, ut ea, quae in verbo et sapientia facta sunt, etiam in ea iustitia, quae est Christus, facta esse dicantur; quo scilicet in his, quae facta sunt, nihil iniustum, nihil fortuitum videatur, sed omnia ita esse, ut aequitatis ac iustitiae regula expetit, doceantur" (Koetschau 167,26–31/GK 408).

72 Vgl. Alfons Fürst, *Lasst uns erwachsen werden! Ethische Aspekte der Eschatologie des Origenes,* in: ThPh 75 (2000) 321–338.

73 Zur Diskussion um die angeblichen Ursprünge der Apokatastasis-Lehre bei Origenes vgl. u. a. Riemer Roukema, *„Die Liebe kommt nie zu Fall" (1 Kor 13,8a) als Argument des Origenes gegen einen neuen Abfall der Seelen von Gott,* in: Origenes in den Auseinandersetzungen des 4. Jahrhunderts (7. Internationales Origeneskolloquium, Marburg), hg. v. Wolfgang A. Bienert/Uwe Kühneweg (BEThL 137), Leuven 1999, 15–23.

sieht sich der Alexandriner durch das biblische Zeugnis von einem kommenden Gericht darauf verpflichtet, an der Erwartung eines Weltendes festzuhalten.[74] Irgendwann einmal, wenngleich „nach unendlich langen Zeiträumen" (III 6,6), wird alles dem Sohn unterworfen sein, und dieser wird sich dem Vater unterwerfen – so Origenes im Anschluss an 1 Kor 15,28.[75]

Origenes schwankt hinsichtlich dessen, ob die in 1 Kor 15,28 ausgesprochene Verheißung, wonach „alles" dem Sohn unterworfen sein wird, die Perspektive beinhaltet, dass auch die gefallenen Engel, die Teufel und der Satan, in den Zustand der Vollkommenheit gelangen, so dass von einer Allversöhnung *(apokatastasis panton)* zu reden wäre. Sowohl Rufinus von Aquileja als auch Hieronymus zitieren aus einem Brief des Origenes, in dem sich der Alexandriner gegen diese Möglichkeit ausspricht.[76] Die Frage, ob dieser Brief eine eindeutige Stellungnahme gegen die Allversöhnungslehre beinhaltet oder ob Origenes darin versucht, die Konsequenzen seiner Theologie zu verschleiern, kann hier auf sich beruhen bleiben.[77]

---

74 „Wir können hier feststellen, dass Origenes an eine definitive Wiederherstellung der gefallenen Welt denkt und die Möglichkeit eines neuerlichen Falles faktisch ausschließt, wenngleich die abstrakte und nicht an den Glaubensquellen gemessene Denkmöglichkeit bleibt" (Lies, *Origenes' Peri Archon*, 148). – Zum methodischen Primat der Schrift in der Theologie des Origenes vgl. auch Henri de Lubac, *Geist aus der Geschichte. Das Schriftverständnis des Origenes* [frz. Orig. 1950], Einsiedeln 1968; Rolf Gögler, *Zur Theologie des biblischen Wortes bei Origenes*, Düsseldorf 1963.

75 Vgl. *Peri Archon* III 6,6; III 6,9. In *Peri Archon* III 6,3 legt Origenes 1 Kor 15,28 mit Blick auf die Einzelwesen aus: „Per singulos autem ‚omnia' erit hoc modo, ut quidquid rationabilis mens, expurgata omni vitiorum faece atque omni penitus abstersa nube malitiae, vel sentire vel intellegere vel cogitare potest, omnia deus sit, nec ultra iam aliquid aliud nisi deum sentia, deum cogitet, deum videat, deum teneat, omnis motus sui deu modus et mensura sit; et ita erit ei ‚omnia' deus" (Koetschau 283,15–21/ GK 648–650). – Zum Pantheismus-Vorwurf, den bereits Hieronymus gegen Origenes erhoben hat und von dem Rufin Origenes freisprechen will, vgl. Lies, *Origenes' Peri Archon*, 145–147.

76 Vgl. Rufinus Aquil., *De adult. lib. Orig.* 7; Hieronymus, *Adv. Rufin.* II, 18 f. Eine Rekonstruktion des Briefes (ca. 246/47) an seine Freunde in Alexandrien bei: Pierre Nautin, *Origène. Sa vie et son œuvre*, Paris 1977, 161–164.

77 Nach Georg Kretschmar will der Brief die Konsequenzen der Eschatologie des Origenes „verschleiern" (in: Klassiker der Theologie II, München 1981, 39); Hans-Joachim Vogt hingegen sieht in ihm eine klare Distanzierung gegenüber der Annahme einer *apokatastasis panton* (Art. „Origenes", in: LACL, Freiburg ²1999, 466). – Zur Apokatastasis-Lehre

3.1 Theologische Richtungsentscheidungen

Wichtiger für die Frage nach dem Verhältnis von Gerechtigkeit und Barmherzigkeit Gottes ist die Beobachtung, dass Origenes der Auffassung ist, dass das Ziel der Geschichte ihren Anfang überbieten wird. Denn damit erhält die Weltgeschichte eine Dynamik, die darauf abzielt, dass alle endlichen Geistwesen zu ihrer Vollendung in der Gemeinschaft mit Gott gelangen. Nicht die Scheidung in Gerechte und Frevler steht am Ende der Geschichte, sondern eine alle Geistwesen erfassende Vollendung. Ob diese jemals erreicht wird, und ob sie tatsächlich alle Geistwesen erfasst, ist nach Origenes Inhalt christlicher Hoffnung, nicht aber Gegenstand metaphysischer Gewissheit.

Nach Origenes wird der Endzustand der Geistseelen jene Seinsweise übertreffen, in der sie anfänglich geschaffen sind. Denn anders als zu Beginn stehen die vollendeten Geistwesen in der Gemeinschaft mit Gott; dort erfahren sie seine unermessliche Liebe. Aus dieser Erfahrung heraus können sie sich nicht noch einmal von Gott abwenden. Sie befinden sich dann in einem Zustand des *non posse peccare*. Aus der anfänglichen Wahlfreiheit der Geistwesen ist eine auf Dauer entschiedene Freiheit geworden.

Die Auffassung von einer Präexistenz und Wiedergeburt der Geistwesen veranlasst Origenes nicht dazu, eine *unendliche* Abfolge von Wiedergeburten anzunehmen. Stattdessen teilt er die biblisch bezeugte Erwartung eines Endgerichts über die Schöpfung. In diesem Gericht wird die göttliche Gerechtigkeit darin offenbar, dass Gott auf das Genaueste das vergilt, was der Mensch im irdischen Leben getan hat: „Die Ungleichheit in den Dingen fördert die Gleichheit in der Vergeltung der Verdienste zutage" *(inaequalitas rerum retributionis meritorum servat aequitatem)*.[78]

Auf welche Weise Gott die Sünder bestraft und die Gerechten belohnt, wird erst im Endgericht offenbar. Nach Auffassung des Origenes geschieht die Vergeltung im Guten wie im Bösen nicht äußerlich. Das Gericht trägt vielmehr Züge einer Konfrontation des Menschen mit seiner eigenen Geschichte. Denn im Gericht wird das Gewissen des Einzelnen „zum Ankläger und Zeugen gegen sich selbst".[79] Das Bewusstsein zurückliegender Verfehlungen und Sün-

---

und zum Origenismus vgl. Henri Crouzel, *Origène,* Paris 1985, bes. 331–342; Ders., *L'apocatastase chez Origène*, in: Lothar Lies (Hg.), Origeniana quarta (IThS 19), Innsbruck 1987, 282–290.
78   *Peri Archon* II 9,8 (Koetschau 172,20 f./GK 419).
79   *Peri Archon* II 10,4: „Ipsa conscientia propriis stimulis agitatur atque conjungitur et sui ipsa efficitur accusatrix et testis" (Koetschau 178,8 f./

den, das Gott im Gericht erwirkt, wird vom Sünder schmerzhaft und zugleich reinigend empfunden. Die Qualen, die die Seele eingedenk ihres Fehlverhaltens empfindet, können dabei als Reinigung aufgefasst werden; sie läutern die Seele für die Begegnung mit ihrem Schöpfer. Auf diese Weise erweist sich Gott als Therapeut, als „Arzt unserer Seelen".[80] Wie ein guter Arzt bisweilen eine schmerzhafte Therapie zur Anwendung bringen muss, um die Heilung herbeizuführen, so bedient sich Gott des Seelenschmerzes, um die Sünder dazu zu bewegen, sich wieder Gott zuzuwenden.

Das Bild des Feuers, mit dem Origenes die Schmerzen andeutet, die die Vernunftwesen im Bewusstsein ihrer Sünden erleiden, erreicht freilich nicht die Dimension interpersonaler Beziehung. Es geht im Gericht nicht um Vergebung oder Versöhnung, sondern um Schmerz und Reinigung. Beides wird durch die Erfahrung der alles überstrahlenden Liebe und Barmherzigkeit Gottes verursacht. Diese Erfahrung aber, so Origenes zuversichtlich, führt zur Läuterung und macht letztendlich einen neuerlichen Abfall der Geistwesen von Gott unmöglich.

Angesichts der gewinnenden Liebe Gottes rechnet Origenes auch nicht mit der Möglichkeit, dass sich endliche Freiheit auf Dauer gegenüber Gott verschließt. Die Überwindung des Teufels, jenes „letzten Feindes", der die Anerkennung Gottes verweigert, ist deshalb nicht als dessen Vernichtung zu denken, sondern als Bekehrung: „Nicht seine von Gott geschaffene Substanz vergeht, sondern seine feindliche Willensrichtung, die nicht von Gott, sondern aus ihm selbst stammt."[81]

Origenes' Blick auf die Wirklichkeit und auf die Geschichte im Ganzen ist durch eine optimistische Perspektive bestimmt. Der Alexandriner rechnet damit, dass die Schöpfung am Ende an den Verirrungen der geschaffenen Freiheit nicht scheitert, sondern zu ihrer Vollendung gelangt. Dieser Optimismus gründet im Glauben an einen Gott, der alles wohl geordnet hat und mit seiner Vorsehung durchwaltet. Die Sünde des Menschen kann diese Ordnung befristet verdunkeln, nicht aber auf Dauer beschädigen. Gottes Wirken

---

GK 429).
80 *Peri Archon* II 10,6: „Medicus animarum nostrarum" (Koetschau 179,13/GK 432).
81 *Peri Archon* III 6,5 (286,12–287,2/GK 657). Um von Gott jede Veränderlichkeit fernzuhalten, existieren die von ihm geschaffenen Substanzen nicht nur von Ewigkeit her; sie sind auch unvergänglich. Allein ihre Existenzweise, deren Grund die geschaffene Freiheit ist, kann sich verändern.

3.1 Theologische Richtungsentscheidungen

in der Welt zielt darauf ab, endliche Freiheit dazu zu gewinnen, sich ihrer ursprünglichen Bestimmung gemäß zu vollziehen.[82] Dabei ist auch das Böse, das aus der Freiheit des Menschen hervorgeht, eingefügt in eine Pädagogik der geistigen Vervollkommnung.

Hinsichtlich ihrer Wirkweise versteht Origenes unter „Gerechtigkeit Gottes" das formale Prinzip jener Ordnung, die den Kosmos durchwaltet, und das Prinzip der Anmessung von Freiheitstat und Existenzweise. Zwar sieht Origenes in Gott die vollkommene Güte; aber diese Güte ist in erster Linie Ausdruck metaphysischer Vollkommenheit. Entsprechendes gilt für den Begriff der Gerechtigkeit. Sie fasst Origenes als nähere Bestimmung der Güte. „Gerecht" erweist sich Gottes Handeln in der Geschichte darin, dass er den freien Entscheidungen der Vernunftwesen entspricht. „Barmherzig" hingegen handelt Gott in der Geschichte, indem seine Gnadenerweise jenen Vernunftwesen, die sich von ihm abgewendet haben, eine Möglichkeit zur Neubestimmung ihrer Freiheit einräumt. Die barmherzige Zuwendung Gottes zum Sünder (Gnade) und die darauf antwortende Neubestimmung endlicher Freiheit (Umkehr) werden im Sinne einer „Heilspädagogik" begriffen, deren Ziel die Spiritualisierung der Gottesbeziehung ist: Der Einzelne ist eingeladen, sich aus der Erfahrung der barmherzigen Zuwendung Gottes diesem zu öffnen und sein Leben entsprechend dem göttlichen Willen zu führen.

Die so verstandene Ausrichtung der einzelnen Freiheitswesen auf ihren göttlichen Schöpfer hin lässt die interpersonale Dimension der Ethik nachrangig erscheinen. Maßstab sittlichen Verhaltens ist die Orientierung an der kosmischen Ordnung und an Gottes geoffenbartem Willen. Gottes Offenbarung durch die Propheten und am Ende durch Christus hat einen erschließenden Charakter: Für die Menschen lässt sie die Welt auf ihren göttlichen Ursprung hin transparent werden. In dieser Perspektive ist nicht der Mitmensch Maßstab der Ethik, sondern Gottes Wille, wie er sich in Schöpfung und Offenbarung manifestiert. Alle menschlichen Freiheitsvollzüge sind durch ihre jeweilige Beziehung auf die Ordnung der Schöpfung und den Willen Gottes qualifiziert.

Gegen Markion hat Origenes auf der Einheit von Gerechtigkeit und Barmherzigkeit Gottes bestanden. Beides hat er als Bestimmungen des Wirkens Gottes in der Schöpfung aufgefasst:

---

82 Vgl. Lothar Lies zutreffend: „Die Lehre von der Gerechtigkeit und Güte Gottes bestimmt die Heilspädagogik im System des Origenes, während diese Heilspädagogik die Freiheit des Menschen und zugleich die Apokatastasis-Lehre impliziert" (*Undogmatische Dogmatik*, 130).

Theologiegeschichtliche Perspektiven

die Gerechtigkeit als Prinzip der Anmessung von Freiheitstat und Existenzweise, die Barmherzigkeit als gnädige Zuwendung zur geschöpflichen Freiheit.

Obwohl Origenes wie kein anderer Theologe vor ihm auf dem Stellenwert endlicher Freiheit im Gegenüber zu Gott bestanden hat, beachtet er kaum deren interpersonale Dimension. Deshalb sind zwischenmenschliches Verzeihen und Versöhnung für Origenes nachrangig. Die Vollendung als interpersonales Versöhnungsgeschehen zu denken, liegt außerhalb seines durch die zeitgenössische Philosophie geprägten Vorstellungsrahmens. Der Stellenwert freilich, den Origenes aus theologischen Gründen der geschaffenen Freiheit beimisst, lässt seine Theologie auch im begrifflichen Rahmen neuzeitlichen Freiheitsbewusstseins als richtungsweisend erscheinen.

3.2 Die Unbarmherzigkeit der Gerechtigkeit und die Barmherzigkeit Gottes: Aurelius Augustinus

Zweifellos zählt die Hinwendung zum „inneren Menschen" in den Schriften des Augustinus von Hippo (354–430) zu den wesentlichen Schritten der abendländischen Kultur- und Geistesgeschichte.[83] Augustins Schriften wie seine *Soliloquia* und besonders die *Confessiones* lassen nicht nur sein Gespür für die existenzielle Dimension von Freiheit, sondern auch für das Gewicht der Sünde und der Hoffnung des Sünders auf die barmherzige Zuwendung Gottes erkennen.[84] Freilich sind besonders beim späten Augustinus Anthropologie und Freiheitslehre durch die Erbsündenlehre verdunkelt. Diese wiederum kann als Versuch gedeutet werden, das

---

83 Weil Gott „intimior intimo meo" ist (*Conf.*, I,3,6,11; vgl. auch *De trinitate* 8,7,11: „Tu autem eras interior intimo meo et superior summo meo"), will Augustinus nichts anderes erkennen als Gott und sich selbst: „Deum et animam scire cupio. Nihilneplus? Nihil omnino" (*Conf.* I 7). – Freilich weist Christoph Horn, *Augustinus*, München 1995, 86f. mit Recht darauf hin, dass Selbsterkenntnis bereits in der griechischen Philosophie als Ideal des Weisen galt (vgl. die delphische Tempelinschrift „gnôthi seauton").

84 So schon der berühmte Auftakt der *Confessiones* (I 1,1); dazu Kienzler, *Gott in der Zeit berühren*, 29–45. – In den *Confessiones* wird die Unmittelbarkeit der paulinischen Erfahrung, wonach sich die Barmherzigkeit Gottes gerade gegenüber dem unwürdigen Sünder erweist (vgl. 1 Kor 15,8), biographisch eingeordnet.

spannungsvolle Verhältnis von Gerechtigkeit und Barmherzigkeit Gottes in ein theologisches System einzuordnen.

3.2.1 Gottes Gnade und Barmherzigkeit angesichts der Sünde

Die nachfolgende Skizze stützt sich vor allem auf Augustins spätere Schriften; denn diese haben – wenngleich nicht ohne Abstriche – die nachfolgende theologische Reflexion über das Verhältnis von Gerechtigkeit und Barmherzigkeit Gottes maßgeblich bestimmt. Freilich gibt es in Augustins Denken auch Motive, die sich sowohl in seinem Frühwerk wie in seinen späteren Schriften finden. Zu ihnen zählt der Einfluss neuplatonischer Philosophie. Diese bestimmt nicht nur seine Theorie des Aufstiegs der Seele zu Gott, sondern – einhergehend damit – sein Verständnis von Sünde.

Für Augustinus ist Gott allein reiner Selbstzweck; alles andere hingegen, das eigene wie das Leben der Mitmenschen, erscheint im Vergleich dazu lediglich als Mittel, diesen letzten Zweck zu erreichen.[85] Selbstverständlich verliert das biblische Gebot, den Nächsten zu lieben, seine Gültigkeit nicht. Das letzte und eigentliche Objekt menschlicher Liebe aber kann nur Gott sein, insofern dieser das höchste Gut ist. Etwas anderes als Gott zu begehren, wäre verwerfliche Begierde *(cupiditas)* und als solche Ursprung der Sünde.

Sittlich gut handelt der Mensch deshalb dann, wenn er alles so liebt, wie es seinem von Gott verliehenen Rang innerhalb der Schöpfungsordnung zukommt.[86] Sittlich böse handet er dann, wenn der Mensch diese Ordnung missachtet, wenn er sich also von Gott abwendet und den Kreaturen so zuwendet, dass er sie nicht unter der maßgeblichen Hinsicht betrachtet, wie sie zu Gott hinführen. In einem Schreiben an den Mailänder Bischof Simplician (um 397) definiert Augustinus die Sünde als „Ungeordnetheit und Verkehrtheit des Menschen". Er sieht in ihr eine „Abkehr vom

---

85   Vgl. Flasch, *Augustin*, 135 f.
86   Zur naturrechtlichen Begründung der Ethik und zur Bedeutung des Gewissens bei Augustinus vgl. u. a. Marleen Verschoren, *„Lex in cordibus scripta" and „conscientia" (Romans 2:15) according to Augustine*, in: Augustiniana 58 (2008) 75–93; Jérôme Lagouanère, *Conscience et intersubjectivité chez Augustin. Une approche d'archéologie conceptuelle de la notion de monde*, in: MSR 65 (2008) 3–21.

Schöpfer, dem der höchste Rang zukommt, und eine Hinwendung zum Geschaffenen, das niedriger steht".[87]

In neuplatonischer Begrifflichkeit kann Augustinus den Begriff der „Sünde" zwar auch als Mangel an Sein fassen.[88] Tiefer aber reicht seine Bestimmung der Sünde als eines bewusst gewollten Übels. In dem um 400 verfassten *Confessiones* etwa heißt es im Zusammenhang mit dem berühmten Birnendiebstahl, den Augustinus als Sechzehnjähriger begangen haben will: „Ich wollte mich ja auch gar nicht an der Beute vergnügen, auf die ich beim Stehlen ausging, sondern allein an dem Diebstahl und der Sünde."[89] Nicht der Vollzug der sittlich verwerflichen Tat, sondern die Tat selbst ist Quelle der bösen Lust, die für die Sünde ursächlich ist. Damit erwächst die eigentliche Sünde aus einer verfehlten Selbstbestimmung der menschlichen Freiheit. Indem sich diese noch vor der Wahl eines konkreten Gegenstandes vollzieht, deutet sich in Augustins Sündenbegriff eine transzendental begriffene Struktur der Freiheit an, die auch für die Deutung seiner Erbsündenlehre fruchtbar gemacht werden kann.[90]

Für Augustinus ist die Quelle der Lust das sittliche Subjekt selbst, sein Herz: „Dieses Herz soll dir auch sagen [...], dass ich abgrundtief schlecht war, meine Bosheit eben nur die Bosheit zum Grunde hatte."[91] Der Bestimmungsgrund der Bosheit ist kein äußeres Ob-

---

87 „Est autem peccatum hominis inordinatio atque perversitas, id est a praestantiore conditore aversio et ad condita inferiora conversio" (*Div. quaest. ad Simpl.* I, c. II, n. 18: PL 40,122/CChr.SL 44, 45,550–352).
88 Vgl. etwa *Conf.* III,7: „Non noveram malum non esse nisi privationem boni usque ad quod omnino non est" (CChr.SL 27, 33); *C. Iulianum* 1,9,44 (PL 44,671); *C. Iulian. op. imperf.* 4,109 (PL 45,1405). – Zur Definition des Übels als „Seinsmangel" vgl. u.a. Plotin, *Vom Ursprung des Übels* (Enn. I,8,1,14; 5a, 200 f. Harder). – Zur Geschichte dieser Begriffsbestimmung des Bösen vgl.: Schönberger, *Die Existenz des Nichtigen*. Zur theologischen Rezeption u.a. Ambrosius, Predigt *De Isaac vel anima* 7,61, wo das Böse als Minderung des Guten bestimmt ist: „Quid ergo est malitia nisi boni indigentia? [...] non enim sunt mala nisi qui privantur bonis" (FChr 48,126 f.); zu dieser Predigt vgl. Dassmann, *Ambrosius*, 211–213. – Zur Rezeption der neuplatonischen Bestimmung bei christlichen Theologen vgl. Pierre Courcelle, *Die Entdeckung des christlichen Neuplatonismus*, in: Carl Andresen (Hg.), Zum Augustinus-Gespräch der Gegenwart, Bd. 1, Darmstadt 1973, 125–181, bes. 141–171.
89 *Conf.* II, 4,9: „Nec ea re volebam frui, quam furto appetebam, sed ipso furto et peccato" (CChr.SL 27, 22,6 f.).
90 Vgl. hierzu Helmut Hoping, *Freiheit im Widerspruch*, bes. 280–288.
91 *Conf.* II, 4,9: „Malitiae meae causa nulla esset nisi malitia" (CChr.SL 27, 22,15–17).

jekt, keine ontologische, rechtliche oder sittliche Ordnung, sondern die Bosheit *(malitia)*, die dem Wollen des Menschen entspringt. Die Bosheit wiederum ist keine passive Anlage im Menschen; sie wird vielmehr direkt und bewusst gewollt: „Ich liebte meine Sünde. Nicht das, wonach ich in der Sünde griff, sondern mein Sündigen selbst."[92] Der Mensch kann das Böse um seiner selbst willen wollen, und dieses Wollen ist Tat seiner Freiheit.

Augustins Entdeckung, dass der Mensch die Sünde um ihrer selbst willen lieben kann, verschärft das Problem der möglichen Vergebung und Versöhnung. Denn nun kann es nicht mehr bloß darum gehen, den konkreten Selbstvollzug der Freiheit wieder in eine kosmische Ordnung einzufügen, indem das jeweils sittlich oder religiös Gebotene getan wird. Vielmehr bedarf es einer Neubestimmung der Freiheit selbst, noch bevor sie Einzelnes zu ihrem Inhalt wählt.

Auf diese Neubestimmung der Freiheit zielt die Erbsündenlehre, die Augustinus vor allem in seinen späten Schriften entfaltet. Darin entwirft er eine anfängliche Theorie transzendentaler Freiheit, indem er zwischen freiem Willen und Freiheit unterscheidet: Der freie Wille *(liberum arbitrium)* gehört zur geschöpflichen Natur des Menschen. Er ist durch die Sünde nicht zerstört. Im Unterschied dazu vollzieht sich die Freiheit *(libertas)* in der Verwirklichung des freien Willens im Tun des Guten und Gerechten. Während der freie Wille *(liberum arbitrium)* trotz der Sünde erhalten blieb, ging die Freiheit *(libertas)* verloren: „*Libertas quidem periit per peccatum.*"[93] Fortan kann der Mensch nichts mehr tun, was gut und heilsam ist.

In einer seiner Auslegungen zum *Johannesevangelium*, die ebenfalls aus den späten Jahren stammen (414–417), vertritt Augustinus die Auffassung, dass der Mensch aus sich heraus nichts als Sünde und Lüge hervorbringen kann: „*Nemo habet de suo, nisi mendacium et peccatum.*"[94] Und in seiner gleichfalls späten Schrift *De spiritu et littera* (412) spricht Augustinus von einer „Notwendigkeit zum Sündigen" *(necessitas peccandi)*. Sie beherrscht den sündigen Menschen und besteht in einer Grundausrichtung seines freien Wollens, insofern dieser nun nicht auf das Gute und Gerechte zielt, sondern auf das Böse.

---

92 Conf. II, 4,9: „Amavi defectum meum, non illud, ad quod deficiebam, sed defectum meum ipsum amavi" (CChr.SL 27, 22,18 f.).
93 *Epist. Pelag.* I 2,5 (CSEL 60,425).
94 *In Ioh. Ev., tr.* V, 1 (CChr.SL 124, 40,6 f.).

Diese Grundausrichtung konstituiert das Sünder-Sein des Menschen; sie gründet – anders als bei Pelagius – nicht in einer „bösen Gewohnheit" *(mala consuetudo)*, sondern in einer transzendentalen Bestimmtheit des freien Willens, die Kants Idee eines „Hangs zum Bösen" in der Natur der Freiheit nahekommt.[95] Und wie bei Kant die Umkehrung des Hangs zum Bösen und die Neubestimmung der Maximen zum Guten letztendlich rätselhaft bleiben,[96] so kann der Mensch nach Augustinus die *necessitas peccandi* nicht aus eigenem Vermögen überwinden. Hierzu bedarf er der Gnade Gottes, die es ihm ermöglicht, seine Freiheit neu zu bestimmen und das sittlich Gute zu wählen.

Das pessimistische Menschenbild, das bereits in den *Confessiones* erkennbar ist, und das Augustinus veranlasst, den Primat der göttlichen Gnade zu betonen, wenn es um das Tun des Guten und letztendlich um das Heil des Menschen geht, kontrastiert deutlich mit dem optimistischen Menschenbild der griechischen Theologie, wie es etwa bei Origenes greifbar ist. Hatte Augustinus in seinen Frühschriften damit gerechnet, dass der Mensch durch stetiges Bemühen immer tiefer in die Wahrheit Gottes und der Welt einzudringen vermag,[97] so verwirft er diese Auffassung in der Auseinandersetzung mit den Pelagianern zusehends. Nur so meint er die Souveränität und Allmacht Gottes gegenüber jedem menschlichen Bemühen um Wahrheit und sittliche Vollkommenheit sicherstellen zu können.

Augustinus vertritt diese Auffassung besonders in seinen antipelagianischen Schriften. Darin geht es nicht zuletzt um eine Verhältnisbestimmung von Gerechtigkeit und Barmherzigkeit Gottes. Deren Notwendigkeit ergibt sich daraus, dass Augustinus einerseits den Primat der Gnade betont, andererseits aber der kirchlichen Lehre Rechnung tragen will, dass es Menschen gibt, die zur ewigen Seligkeit gelangen, andere hingegen, die verworfen werden. Wenn

---

95 Vgl. Immanuel Kant, *Die Religion in den Grenzen der bloßen Vernunft* (Akad.-Ausg. VI 53): „Vom Ursprung des Bösen in der menschlichen Natur". – Allerdings bleibt die Originalität von Augustins Freiheitslehre dadurch verstellt, dass er die Verbreitung der Erbsünde mythisch als leibliche Fortzeugung, nicht aber als Bestimmungsverhältnis von Freiheit begreift; vgl. u. a. *De peccat. merit.* I 9,9–10 (CSEL 60,10–12); ferner *De nuptiis et concupisc.* I 23,25; 24,27 (CSEL 42, 237–240).

96 Vgl. dazu weiter unten Kapitel 4.3 zu Immanuel Kant.

97 Wobei auch in Augustins *De magistro* (aus dem Jahr 389) schon die Wahrheit mit Christus identifiziert wird: „Christus id est incommutabilis dei virtus atque sempiterna sapientis" (*Mag.* 11,38).

nun der Mensch aus eigenem Vermögen nicht das sittlich Gute tun kann, zu dem er doch verpflichtet ist, und wenn er für das Böse, das er tut, im Endgericht von Gott bestraft wird, dann ist zu fragen, warum ihm Gott die zum Tun des Guten notwendige Gnade vorenthalten hat. Handelt Gott nicht ungerecht gegenüber denjenigen, denen er seine Gnade vorenthält, und die deshalb das Gute nicht tun können? Hätte er sich ihnen gegenüber nicht barmherzig erweisen können?

Mit seiner Erbsündenlehre und seiner Prädestinationslehre will Augustinus zeigen, dass die Verwerfung der Menschen, ja fast aller Menschen eine Forderung der göttlichen Gerechtigkeit angesichts menschlicher Sünde ist.

3.2.2 Gerechtigkeit und Barmherzigkeit Gottes im Horizont der Erbsündenlehre

Zunächst gegen den Mailänder Bischof Simplician, dann in Abgrenzung gegen den britischen Asketen Pelagius und schließlich in verbissener Polemik gegen den süditalienischen Bischof Julian von Eclanum beharrt Augustinus auf dem Primat der göttlichen Gnade gegenüber jedem menschlichen Bemühen um Erkenntnis und sittliche Vollkommenheit. In diesem Kontext erfolgt eine Zuspitzung der Frage nach dem Verhältnis von Gerechtigkeit und Barmherzigkeit Gottes mit weitreichenden Folgen für die nachfolgende Geschichte christlicher Theologie und Frömmigkeit.[98]

Mönche und Asketen wie Pelagius mussten sich durch Augustins Gnadenlehre verunsichert fühlen. Zwar bestritten sie keineswegs, dass sich der Mensch aus eigenem Vermögen das Heil nicht verdienen kann. Anders als Augustinus aber verteidigten sie die Auffassung, dass Gott dem Menschen dann, wenn er sich nur hinreichend um das Heil bemüht – durch ein Leben in Gebet und Kontemplation etwa oder durch Werke der Nächstenliebe –, mit seiner Gnade zu Hilfe eilen und ihn zur Seligkeit führen würde.[99] Gerechterweise würde Gott denen seine Gnade nicht verweigern,

---

98 Diesen Aspekt betonen Kurt Flasch, *Logik des Schreckens*, bes. 76–78; Hermann Häring, *Das Böse in der Welt. Gottes Macht oder Ohnmacht?*, Darmstadt 1999, 103 f.

99 Zur Argumentation des Pelagius vgl. die Rekonstruktion seiner Theologie von Gisbert Greshake, *Gnade als konkrete Freiheit*, 47–157; zur Einordnung seiner Theologie in den Rahmen der antiken Philosophie und frühchristlichen Theologie vgl. ebd., 158–192.

Theologiegeschichtliche Perspektiven

die sie sich durch Askese, Gebet und tätige Nächstenliebe verdient haben.

Auch Augustinus hatte in seinen frühen Schriften die Auffassung vertreten, dass sich der Mensch durch ein tugendhaftes Leben auf die Teilhabe am ewigen Leben vorbereiten kann. Gegen den Dualismus der Manichäer betonte er, dass alle Menschen an Gott glauben und seine Gebote halten können, wenn sie das nur wollen.[100] In seiner Schrift über den freien Willen (*De libero arbitrio*; 387/88) etwa bekräftigt er die Fähigkeit des Menschen, der Macht der Sünde zu begegnen und sich der Kraft der Begierde entgegenzustellen.[101]

Zwar wendet sich Augustinus gegen die Annahme einer absoluten Autonomie des menschlichen Willens; dieser vermag das Gute nur dann zu seinem Gegenstand zu wählen, wenn er sich unter die Leitung jener Wahrheit stellt, die ihm in Christus begegnet. Die Zustimmung zu Christus als dem „einzigen Lehrer der Wahrheit" aber vollzieht der Mensch aus freiem Entschluss.

Der späte Augustinus vertritt diese Auffassung nicht mehr. Jetzt ist es allein die Gnade Gottes, die die Hinwendung des Menschen zu Gott ermöglicht. Unter Hinweis auf *De libero arbitrio* haben deshalb die Pelagianer zu Recht auf den Widerspruch der dort entwickelten Theorie des freien Willens gegenüber Augustins späterer Gnadenlehre hingewiesen.[102] Hier nämlich wird dem freien Willen jegliches Vermögen bestritten, auch nur den geringsten Beitrag zum Erwerb der Seligkeit leisten zu können. Die Wendung, die Augustinus 397 vorgenommen hat, indem er sich von seiner optimistischen Deutung der Willensfreiheit verabschiedete, ist von Kurt Flasch als „Ideenwechsel", ja als „Bruch" hervorgehoben worden.[103] Tatsächlich hat Augustinus, obwohl er bereits in seinen frühen Schriften dem optimistischen Menschenbild der Platoniker

---

100 Vgl. *De Gen. c. Manich.* [entst. 389] I 3,6 „[…] eorum, qui deo credunt et ab amore visibilium rerum et temporalium se ad eius praecepta implenda convertunt; quod omnes homines possunt si velint" (CSEL 91, 73,17–19).

101 Vgl. *De lib. arb.* [entst. 388] III 2,8: „Credo ergo meminisse te in prima disputatione satis esse compertum nulla re fieri mentem servam libidinis nis propria voluntate; nam neque a superiore neque ab aequali eam posse ad hoc dedecus cogi, quia iniustum est, neque ab inferiore, quia non potest" (CChr.SL 29, 275,64–68).

102 Vgl. *Retr.* I,9: „[…] quasi eorum egerim causam […]" (CChr.SL 57, 24,35).

103 *Logik des Schreckens*, hier 42.

und der Stoa nicht unkritisch gegenüberstand, in der Auseinandersetzung mit den Pelagianern eine weitreichende Neubestimmung seiner Anthropologie vorgenommen.

Gegenüber den Pelagianern meint Augustinus die Wirksamkeit der Gnade nur dadurch verteidigen zu können, dass er das Vermögen des freien menschlichen Willens einschränkt.[104] Beides nämlich, die Gnade Gottes und den freien Willen des Menschen, sieht er in einer Beziehung wechselseitiger Konkurrenz zueinander. Die immerhin denkbare Annahme, die Gnade Gottes könnte die Freiheit des Willens allererst zur Geltung bringen, kommt Augustinus nicht in den Sinn. Zu sehr ist er der Überzeugung, dass der menschliche Wille aus sich heraus zur Wahl des Guten nicht fähig ist.

Um die göttliche Barmherzigkeit zu betonen, vertritt Augustinus nicht nur die Auffassung, dass der Mensch aus eigenem Vermögen nichts zu seinem Heil beitragen kann. Vielmehr – und das ist neu – ist er der Auffassung, dass der Menschen vom Standpunkt der Gerechtigkeit aus zur Verdammnis verurteilt ist. Dazu setzt er voraus, dass die Sünde nicht nur den Zugang zur Seligkeit verwehrt, sondern aus Gründen der Gerechtigkeit ein Verdammungsurteil zur Folge hat. Des Weiteren wird unterstellt, dass der Zugang zur Seligkeit die Würdigkeit des Menschen voraussetzt. Für diese Würdigkeit aber darf der Mensch aus eigenem Vermögen nach Augustinus nicht einstehen auch nur *können*, weil andernfalls die Macht der aus Barmherzigkeit gewährten Gnade Gottes geschmälert wäre. Sie allein öffnet den Weg zum Heil.

Dass das Fehlen der Würdigkeit unweigerlich die ewige Verdammnis zur Folge hat, erklärt Augustinus unter Hinweis auf das schon für Origenes bedeutsame 9. Kapitel des Römerbriefes, in dem sich Paulus auf die Beziehung zwischen Jakob und Esau bezieht, um an ihrem Beispiel das Verhältnis zwischen Israel und der Kirche zu verdeutlichen. Bei dem in Röm 9,13 zitierten Propheten Maleachi wird die Beziehung zwischen Gott, Jakob und Esau in den Gegensatz von Liebe und Hass gefasst: „Jakob habe ich geliebt, Esau aber gehasst" (Mal 1,2f.). Augustinus sieht in dieser Begrifflichkeit nicht nur die Verwerfung Esaus und die Erwählung Jakobs angedeutet – und damit die Verwerfung Israels und die Erwählung der Kirche –, sondern auch Gottes Beziehung zur Sünde ausgedrückt: Gott „hasst" die Sünde. Dieser Hass rechtfertigt sein Ver-

---

104 Vgl. *Retractationes* II 1,1: „In cuius quaestionis solutione laboratum est quidem pro libero arbitrio voluntatis humanae, sed vicit Dei gratia" (CChr.SL 57, 89f., 20–22); vgl. *De praed. sanct.* 4,7–8 (PL 44,963–966).

Theologiegeschichtliche Perspektiven

dammungsurteil. Die Auslegung des Origenes und anderer, welche die Ewigkeit der Strafe ablehnen, weist Augustinus ausdrücklich als „mitleidig" zurück.[105]

Dass es sich bei Gottes „Hass" nicht um metaphysische Notwendigkeit handelt, sondern um ein Freiheitsgeschehen, sucht Augustinus durch eine Unterscheidung zu wahren: Zwar „hasst" Gott nicht das von ihm Geschaffene und deshalb auch nicht die Menschen; wohl aber hasst er die Sünde. Und wie der gerechte Richter zwar das Böse verabscheut, nicht aber den Vollzug seines Richteramtes, so hasst Gott nach Augustinus die Sünde, nicht aber das Urteilen über die Sünde – und auch nicht den verurteilten Menschen. Die Menschen trifft sein Zorn nicht, insofern sie seine Geschöpfe sind, sondern nur, insofern sie Sünder sind. Zwischen der kreatürlichen Wirklichkeit der Schöpfung und ihrem Selbstvollzug wird durchaus unterschieden. Weil aber die Sünde dem Menschen nicht äußerlich zukommt, sondern sein Sein und seine Existenz zuinnerst bestimmt, kann der Sünder nicht straflos bleiben.

Den Menschen droht das göttliche Verdammungsurteil also nicht deshalb, weil Gott ein böser Dämon wäre oder ein willkürlicher Despot, der Freude hätte am Untergang seiner Geschöpfe.[106] Vielmehr droht es ihnen gerade deshalb, weil Gott in höchstem Maße gerecht ist. Damit aber steht Augustinus vor der Herausforderung, Gottes Barmherzigkeit so zu denken, dass sie nicht in einen Widerspruch zur Gerechtigkeit gerät.

Dass es angesichts der menschlichen Sünde die reale Möglichkeit der Verdammnis gibt – hierzu konnten die Theologen der Alten Kirche auf zahlreiche biblische Texte verweisen. Augustinus geht noch einen Schritt weiter: In seinen Spätschriften vertritt er die

---

105 Vgl. *Civ. Dei* XXI 17–22. – Vgl. zu Augustins Auslegung auch: Ernst Dassmann, *Augustinus. Heiliger und Kirchenlehrer*, Stuttgart 1993, 126 f.
106 Derartige Vorstellungen hatte Augustinus mit seiner Abwendung vom Manichäismus und seiner Hinwendung zu einem neuplatonisch inspirierten Christentum hinter sich gelassen. Seine Lektüre von Schriften des Plotin und des Porphyrius (die von Marius Victorinus übersetzten *libri Platonicorum*) ermöglicht es ihm, seine wachsenden Zweifel an der dualistischen Lehre Manis auch argumentativ zu begründen. Seither sieht er in Gott den Inbegriff und Ursprung alles Guten. Was immer in der Welt Böses geschieht, ist keine selbständige Wirklichkeit, sondern Mangel an Sein und Mangel an Gutem (*privatio boni:* Plotin, *Enn.* I,8). Schlecht ist die Welt nicht deshalb, weil sie Materie ist – und insofern nur unvollkommener Abglanz ihres geistigen Ursprungs –, schlecht ist sie vielmehr deshalb, weil es in ihr die Sünde gibt. Das einzige wirkliche „*malum*" in der Welt ist das „*peccatum*": alles Übel in der Welt ist Sünde.

Meinung, dass nicht nur einige wenige Sünder, sondern der weitaus größte Teil der Menschheit verdammt ist. In seinem *Gottesstaat* (413–426) spekuliert er darüber, dass von allen Menschen nur so viele gerettet werden, wie ursprünglich Engel von Gott abgefallen sind.[107] Und dass die meisten Menschen Sünder sind, deren Vergehen gerechterweise zu bestrafen sind, sieht er durch die Erfahrung bestätigt: In den ersten Büchern seiner *Confessiones* finden sich zahlreiche Beobachtungen des jungen Augustinus, wie Menschen – er selbst nicht ausgenommen – einander von klein auf beneiden und missgünstig begegnen. Diese Beobachtungen bestätigen ihm die Klage des Psalmisten, wonach der Mensch in Schuld geboren, ja bereits in Sünde empfangen ist (vgl. Ps 51,7).

Augustinus betont die Schlechtigkeit der Menschen, um vor ihrem Hintergrund die Barmherzigkeit Gottes umso heller aufstrahlen zu lassen. Denn gerechterweise müsste Gott, weil er die Sünde „hasst", den weitaus größten Teil der Menschheit verdammen. Dazu reicht es Augustinus aber nicht aus, auf die *faktische* Sündigkeit der Menschen hinzuweisen. Vielmehr unterstellt er eine *prinzipielle* Sündigkeit der Menschheit. Hierzu dient seine Lehre von der Erbsünde: Alle Menschen stehen nicht nur unter den Folgen der Sünde Adams; vielmehr ist ihnen diese als persönliche Schuld zuzurechnen und als solche zu ahnden.[108]

Nach dem Sündenfall Adams haben die Menschen nicht nur unter den Folgen der Sünde zu leiden, sondern sind Sünder im eigentlichen Sinne. Die Erbsünde ist ihnen als persönliche Schuld zuzurechnen und deshalb strafwürdig. Dass sich Gott gegenüber dem Sünder als barmherzig erweist, ist die seltene Ausnahme von der Regel. Der Begnadigung weniger gegenüber steht die Ver-

---

107 Vgl. *Civ. Dei* XXII,1 (CChr.SL 48, 807,52–57). Diese Anschauung findet sich auch bei Gregor dem Großen; vgl. *Homilie* 21 zu Mk 16,1–7 (FChr 28/2, 378f. und Anm. 7).

108 In der fleischlichen Begierde *(concupiscentia carnalis)* des Zeugungsakts sieht Augustinus die Form, in der die Schuld Adams auf jeden einzelnen Menschen als eine persönlich zurechenbare Schuld übertragen wird und so dessen Verwerfung rechtfertigt: so vor allem in der gegen Julian von Eclanum verfassten Schrift *De nuptiis et concupiscentia* [entst. 419/421], wo Augustinus zwischen einer ursprünglichen *natura sana* und einer durch die Sünde verdorbenen *natura vitiata* unterscheidet: II, 12,25 (CSEL 42, 278,3). Weil alles Geschaffene als Geschaffenes gut ist, wird die *natura vitiata* in Kategorien der Freiheit, nicht der Substanz gedacht.

Theologiegeschichtliche Perspektiven

dammnis der *massa damnata,* jener Vielzahl der Sünder, denen die göttliche Strafe gerechterweise zukommt.[109]

Da alle Menschen unter der Herrschaft der Erbsünde stehen und diese ihnen als persönliche Schuld zugerechnet werden muss, forderte die Gerechtigkeit Gottes letztendlich sogar eine ausnahmslose Verdammung aller. Trotzdem hat Gott einige wenige gerettet, um auf diese Weise sein Erbarmen sichtbar werden zu lassen.

Die Errettung der Wenigen widerstreitet im Grunde der göttlichen Gerechtigkeit. Sie lässt aber nach Augustinus die Barmherzigkeit Gottes umso klarer hervortreten.[110] Seine eigene Bekehrungsgeschichte stilisiert Augustinus in den *Confessiones* darauf hin, die Wirksamkeit der unverdienten Gnade zu betonen. Deren Glanz strahlt umso heller, je verderbter die Menschen sind. Und *dass* alle Menschen verderbt sind, das weiß Augustinus aus der Offenbarung: Durch den einen Menschen Adam ist die Sünde in die Welt und von Adam zu allen Menschen gekommen (Röm 5,12).

Zwar rechneten christliche Theologen vor Augustinus durchaus mit den *Folgen* der Sünde Adams.[111] Aber erst der Ambrosiaster übersetzte um 370 das ἐφ' ᾧ in Röm 5,12 relativisch mit *in quo* und deutete es damit in dem Sinne, dass alle Menschen in Adam „wie in einem Klumpen" *(quasi in massa)* enthalten seien.[112] Und erst

---

109 Vgl. u. a. Augustinus, *Enchir.* 8,27 (CChrL.SL 46, 64,43); ferner *De Dono Perseverantiae* 35; *De Civitate Dei* XXI 12.

110 In Augustins Perspektive kommt tatsächlich alles auf die göttliche Gnade an. Ein Mitwirken menschlicher Vermögen oder auch nur eine bloße Zustimmung des menschlichen Willens zur göttlichen Gnade scheint ihm deren machtvolle Wirksamkeit ungerechtfertigt einzuschränken. Den in diesem Gedanken implizierten Schritt zur doppelten Prädestination aller Menschen zum Heil oder zum Unheil hat Augustinus gegen Ende seines Lebens immer deutlicher vollzogen – am klarsten in seiner letzten Schrift, die er bezeichnenderweise *De praedestinatione sanctorum* titelt.

111 Deren erste ist nach Röm 5,12 der Tod. Vgl. auch Gen 3,16–18.

112 Augustinus hat den einem anonymen Autor der Zeit um Papst Damasus (366–384) zuzuschreibenden Römerbriefkommentar als Werk des Hilarius von Poitiers gelesen: „Nam sic et sanctus Hilarius intellixit quod scriptum est: *in quo omnes peccaverunt;* ait enim: „in quo", id est Adam, „omnes peccaverunt". deinde addidit: *manifestum omnes in Adam pecasse quasi in massa;* ipse enim per peccatum corruptus; omnes quos genuit nati sunt sub peccato. Haec scribens Hilarius sine ambiguitate commonuit, quomodo intelligendum esset *in quo omnes peccaverunt"* (CSEL 60,528). *In Rom 5,12,* 9,21; vgl. Alfred Stuiber, Art. *„Ambrosiaster",* in: TRE 2, 1978, 356–362, hier 360. – Auf den geistesgeschichtlichen Zusammhang der Theologie des Ambrosiaster mit dem römischen Rechtsden-

Augustinus schließt daraus, dass die von Adam allen Menschen zugekommene Sünde der gerechte Grund für die ewige Verwerfung sei. Anders sieht er sich nicht imstande, von Gott als dem *schlechterdings* gerechten Gott zu sprechen. Denn es ließe sich ja durchaus bezweifeln, ob ein endliches Vergehen eine unendliche Strafe fordert. Weil aber die Menschen von Grund auf Sünder sind – das *peccatum* ist ein *peccatum originale* –, deshalb rechtfertigt sich Gottes Verdammungsurteil und erweist sich als in höchstem Maße gerecht. Weil der Mensch unentrinnbar unter der Herrschaft der Sünde steht und deshalb mit Notwendigkeit sündigt *(necessitas peccandi),* verbietet es die Gerechtigkeit im Grunde sogar, dass Gott ihm seine Gnade zuteilt und auf diese Weise aus der Macht der Sünde befreit. Unter der Herrschaft der Erbsünde kann der Mensch gerechterweise von Gott nichts anderes erwarten als die ewige Verdammnis.

Dass überhaupt einige wenige Menschen gerettet werden, um die Zahl der gefallenen Engeln auszugleichen, ist Ausdruck der Barmherzigkeit Gottes und seiner Ehre geschuldet: „Wären alle im Strafzustand gerechter Verdammnis geblieben, so würde an keinem die erbarmende Gnade offenbar werden; und würden umgekehrt alle aus der Finsternis in das Licht versetzt werden, so würde an keinem die Vergeltung in ihrer wahren Gestalt offenbar werden."[113] Weder eine ausnahmslose Verdammung aller Menschen noch deren ausnahmslose Beseligung ließe Gottes Gerechtigkeit und Barmherzigkeit erkennen. Es bedarf der Vergeltung wie des Erbarmens, um erkennen zu können, dass Gott sowohl gerecht als auch barmherzig ist.

3.2.3 Gerechtigkeit und Barmherzigkeit Gottes im Horizont der Prädestinationslehre

Wo das Faktum der Verwerfung des Sünders wegen des biblischen Zeugnisses unstrittig ist, zugleich aber alles Handeln des Menschen, das seinem Heil irgendwie zuträglich sein könnte, aufgrund der erbsündlichen Verfasstheit der menschlichen Freiheit nur gna-

---

ken macht Wilhelm Geerlings aufmerksam: *Römisches Recht und Gnadentheologie,* in: Homo spiritalis (FS Luc Verheijen), Würzburg 1987, 357–377.

[113] *Civ. Dei* XXI, 23: „Si omnes remanerent in poenis iustae damnationis, in nullo appareret misericors gratia; rursus si omnes a tenebris transferrentur in lucem, in nullo appareret veritas ultionis" (CChr.SL 48, 778,15–18).

denhaft ermöglicht gedacht werden kann, dort bleibt allein die Prädestinationslehre als Ausweg: Gottes Gerechtigkeit erweist sich darin, dass er diejenigen, die er zum Heil bestimmt hat, begnadet, die anderen hingegen der strafenden Gerechtigkeit zuführt. Von einer rettenden Gerechtigkeit, von der Paulus beispielsweise in Röm 1,17; 3,21 f. 26 sprechen konnte, ist keine Rede; Gerechtigkeit und Barmherzigkeit Gottes stehen vielmehr in einem unversöhnlichen Gegensatz zueinander.[114]

Im jeweiligen Einzelfall bleibt dem Menschen der Grund für das erwählende oder verwerfende Handeln Gottes verborgen. Augustins späte Gnadenlehre betont die freie Souveränität Gottes in Bezug auf sein erwählendes Handeln.[115] Um nicht annehmen zu müssen, Gott handle in Bezug auf die Menschen ganz unberechenbar, unterstellt Augustinus, dass er nach einer dem Menschen unzugänglichen höchsten Weisheit und Gerechtigkeit *(summa sapientia, summa iustitia)* urteilt. Demnach gibt es für die gnädige Erwählung des Sünders zwar einen gerechten Grund; dieser ist dem Menschen unter den Bedingungen von Zeit und Geschichte aber nicht zugänglich.[116] Von Weisheit und Gerechtigkeit kann im Blick auf Gott und Mensch allenfalls in einem analogen Sinne gesprochen werden.[117]

---

114   Die abendländische Kirche hat sich die radikalen Thesen, die Augustinus zunehmend vertrat, nur mit Abstrichen zu eigen gemacht. So hat das durch Papst Bonifatius II. 531 bestätigte 2. Konzil von Orange (529; vgl. DzH 370–397) zwar Augustins Gnadenlehre weitgehend rezipiert, seine Lehre von der doppelten Prädestination aber zurückgewiesen; vgl. Otto Hermann Pesch/Albrecht Peters, *Einführung in die Lehre von Gnade und Rechtfertigung*, Darmstadt ²1989, 34–42.

115   Diese Herrschaft gleicht der des Töpfers über die von ihm geschaffenen Gefäße: „Wenn also von da aus in der Geburt Gefäße des Zorns entstehen, so bezieht sich das auf die geschuldete Strafe; wenn aber in der Wiedergeburt Gefäße der Barmherzigkeit entstehen, so bezieht sich das auf die ungeschuldete Gnade": *Epist.* 190,9 (PL 33,859 f.). – Das Bild vom Töpfer braucht Paulus in Röm 9,21 (vgl. zum alttestamentlichen Hintergrund Jer 18,6).

116   Augustinus, *Civ. Dei* XX, 2: „Nesciamus quo iudicio Deus ista vel faciat vel fieri sinat, apud quem summa virtus est, summa sapientia, summa iustitia, nulla infirmitas, nulla temeritas, nulla iniquitas" (CChr.SL 48, 701,35–37).

117   Martin Luther wird diesen Gedanken in *De libero arbitrio* (1525) bis hin zum Begriff eines *deus absconditus* fortspinnen. Vgl. hierzu unten Abschnitt 3.8.

Augustinus weiß sehr wohl, dass seine Konzeption auch Fragen aufwirft. Prinzipiell ist ja nicht auszuschließen, dass Gott die Mehrzahl aller Menschen rettet, indem er sich ihrer erbarmt und ihnen sowohl die einzelnen Sünden wie auch jene Schuld nachließe, die aus der Sünde Adams auf sie gekommen ist. Dann aber stünde seine Gerechtigkeit in Frage; denn die Menschen stehen ja ausnahmslos unter der Herrschaft der Erbsünde und verdienen deshalb gerechterweise die Verdammnis.

Problematisch ist im Rahmen der Prädestinationslehre auch die kirchliche Praxis des fürbittenden Gebetes für die Verstorbenen. Was kann es angesichts des ewigen Ratschlusses Gottes noch bewirken? Augustinus lehnt in *Civ. Dei* XXI die Vorstellung ab, man könne für Menschen oder gefallene Engel beten, damit sie „aus Barmherzigkeit nicht zu erdulden bräuchten, was sie in Wirklichkeit zu erdulden verdienten".[118] Auch hier zeigt sich der Primat einer Gerechtigkeit, die als Anmessung verdienter Sündenstrafen verstanden ist. Menschliches Mitleid ist dort fehl am Platz, wo Gottes Gerechtigkeit waltet.

Dass die Sünde des Menschen Strafe fordert, dass Gott ein Anrecht auf die Strafe hat, dass der Verzicht auf die Strafe nur die Ausnahme von der Regel ist – alles dies ist konstitutiv für Augustins Bestimmung des Verhältnisses von Gerechtigkeit und Barmherzigkeit Gottes. Gerechterweise müsste Gott alle Menschen zur Verdammnis verurteilen; aus Gnade aber sind einige wenige gerettet, um seine Barmherzigkeit aufleuchten zu lassen.

Trotzdem ist Gott kein willkürlicher Despot, der nach freiem Belieben erwählt und verwirft, sondern ein gerechter Richter, der niemanden ohne Vorliegen eines gerechten Grundes verurteilt. Dieser Richter urteilt freilich nicht unbarmherzig. Wenn Gott bei einigen Menschen, obwohl sie tatsächlich Sünder sind, auf die gerechte Bestrafung verzichtet, so ist dies Ausdruck seiner frei gewährten Barmherzigkeit.

Augustinus betont die absolute Ungeschuldetheit der göttlichen Gnade auch im Hinblick auf Gottes mögliches Vorherwissen. Gott ratifiziert durch die Gewähr seine Gnade nicht einfach nur das sittliche Handeln der Menschen, insofern es ihm immer schon im

---

118 Vgl. *Civ. Dei* XXI, 24: „An erit forsitan quisquam, qui et hoc futurum esse praesumat adfirmans etiam sanctos angelos simul cum sanctis hominibus [...], pro damnandis et angelis et hominibus oraturos, ut misericordia non patiantur, quod ueritate merentur pati?" (CChr.SL 48, 789,13–17).

Voraus bekannt ist.[119] Bezöge sich die Erwählung darauf, dass Gott immer schon im Vorhinein weiß, wie sich der Mensch verhalten wird, dann gründete sie nicht in Gottes ungeschuldeter Barmherzigkeit, sondern wäre dem künftigen sittlich guten Handeln des Menschen geschuldet. Genau das aber bestreitet der späte Augustinus kategorisch, um den Primat der Gnade Gottes hervorzuheben.

Simplician, Pelagius und Julian von Eclanum hatten auf dem Vermögen des freien Willens zum sittlich Guten bestanden, um auf diese Weise den Ernst des sittlichen und religiösen Bemühens zu sichern: *„Christianum non nomen, sed actus facit."*[120] Wo der Mensch aber rein gar nichts aus sich selbst heraus zu seinem Heil beisteuern kann, wo er unweigerlich der Verdammnis verfallen ist, wenn ihn nicht der gnädige Richterspruch davon befreit, wo er nicht einmal aufgerufen ist, seiner möglichen Begnadigung zuzustimmen – welchen Wert hat da noch sein sittliches Bemühen?

Augustins Abwertung des sittlichen und religiösen Bemühens, mit der er den Primat der Gnade sichern will, untergräbt letztendlich die sittliche Verantwortung des Menschen. Gründete noch die ursprüngliche Sünde Adams in dessen frei vollzogener Abwendung von Gott, so scheint wenigstens *ein* Mensch verantwortlich für sein Heil oder Unheil. Aber eben auch nur *einer;* denn die Sünde Adams ist ja auf alle seine Nachkommen übergegangen. Adam war gleichsam der *erste* und zugleich der *letzte* freie Mensch. Da alle Menschen „in Adam" gesündigt haben und überdies nach dem Sündenfall des ersten Menschen innerlich der Sünde zugeneigt sind, wären sie hinsichtlich ihrer Grundentscheidung nicht mehr frei. Der Mensch könnte nicht einmal der Gnade, die ihm Gott gewährt, frei zustimmen. Tatsächlich neigt Augustins Anthropologie zu einem ethischen Dualismus: Verantwortlich für das Böse in der Welt ist allein der Mensch; sofern es in der Welt Gutes gibt, geht dieses auf das Wirken Gottes zurück.[121]

---

119 Zur Frage des Verhältnisses Gottes zur Zeit bei Augustinus vgl. Markus Mühling, *Grundinformation Eschatologie. Systematische Theologie aus der Perspektive der Hoffnung,* Göttingen 2007, bes. 78–82.

120 Pelagius, *Epist. ad adolescentem* 3 (PL.S 1, 1377). – Vgl. Greshake, *Gnade als konkrete Freiheit,* 124.

121 Der naheliegenden Versuchung, es mit dem sittlichen Bemühen nicht ganz so ernst zu nehmen, suchte die frühmittelalterliche Kirche dadurch zu begegnen, dass sie die Furcht vor möglichen Sanktionen im Jenseits betonte. Im vierten Buch seiner viel gelesenen *Dialogi* etwa malt Papst Gregor der Große (gest. 604) in grellen Farben die den Sündern im Jenseits drohenden Höllenstrafen aus. Im Übrigen wurde auch nach den

3.2 Augustinus

Augustinus scheint die dualistischen Konsequenzen seiner Lehre gespürt zu haben. Um ihnen zu entgehen, unterscheidet er gegenüber Simplician mit Blick auf Mt 22,14 *(Multi autem sunt vocati pauci vero electi)* zwischen „Berufenen" *(vocati)* und „Auserwählten" *(electi):* „Auserwählt sind jene, die zu ihrer Berufung passten; jene aber, die nicht zu ihrer Berufung passten und ihr nicht folgten, sind nicht auserwählt. Sie sind zwar berufen, aber sie sind nicht gefolgt."[122] Demnach rechnet Augustinus doch irgendwie mit der Möglichkeit, dass sich der Mensch der göttlichen Gnade öffnet oder verschließt.

Die Verstockung des menschlichen Willens kann freilich so groß sein, dass ein „zerrütteter Geist" sich gegen die Berufung Gottes verhärtet.[123] Hierzu verweist Augustinus auf das Beispiel des Pharao und dessen Weigerung, Israel aus Ägypten ziehen zu lassen.[124] Was Paulus jedoch in Röm 9,17f. als unlösbare Aporie erscheint, dass nämlich Gott selbst einen Menschen „verstockt", sucht Augustinus dadurch zu erklären, dass er „Verstockung" nicht als ein aktives Tun Gottes versteht, sondern als ein Vorenthalten seiner ungeschuldeten Gnade. Gott ist keineswegs ungerecht, weil

---

Entscheidungen des Konzils von Orange (529) in der Kirchenpraxis nur ein abgemilderter Augustinismus vertreten. Vor allem in Mönchskreisen wollte man es sich offensichtlich nicht nehmen lassen, asketische Leistungen vor Gott als verdienstvolle Werke eingestuft zu sehen. Als Gottschalk von Orbais im 9. Jahrhundert mit seiner Lehre von der *gemina praedestinatio* auf die unerbittlichen Konsequenzen der augustinischen Prädestinationslehre aufmerksam machte, waren es vor allem Kirchenführer wie Hrabanus Maurus und Erzbischof Hinkmar von Reims, die ihm mit dem Hinweis darauf entgegentraten, seine Lehre mache jede kirchliche Moralverkündigung obsolet (vgl. hierzu Angenendt, *Geschichte der Religiosität im Mittelalter,* bes. 578f., 695–698).

122 *Div. quaest. ad Simpl.* I, 2,13: „Illi enim electi qui congruenter vocati, illi autem qui non congruebant neque contemperabantur vocationi non electi, quia non secuti quamvis vocati" (CChr.SL 44, 38,369–372).
123 *Div. quaest. ad Simpl.* I, 2,14: „Quod si tanta quoque potest esse obstinatio volunatis ut contra omnes modos vocationis obdurescat mentis eversio …" (CChr.SL 44, 39,406f.).
124 Die Verstockung des Pharao dient Paulus als Beispiel für die Souveränität Gottes über seine Schöpfung: Nichts und niemand vermag sich dem Willen Gottes entgegenzustellen. Die Frage, ob und inwieweit der Pharao für sein Tun moralisch verantwortlich gemacht werden kann, beantwortet Paulus mit dem Hinweis auf die Unerforschlichkeit des göttlichen Ratschlags: „Wer bist du denn, dass du als Mensch mit Gott rechten willst?" (Röm 9,20).

er dem Pharao die zum Heil notwendige Gnade vorenthält; denn auf diese Gnade hat der Pharao keinerlei Anspruch.[125]

Weil der Mensch auf Gottes Gnade keinerlei Anspruch hat, widerspricht es nach Augustinus Gottes Gerechtigkeit nicht, wenn ihm die Gnade vorenthalten bleibt. Dass am Ende die Gnade Gottes über die Sünde siegt, nicht aber die Freiheit des Menschen,[126] unterstreicht die Unfähigkeit des Menschen unter der Herrschaft der Sünde zum Guten und betont zugleich den Glanz der göttlichen Barmherzigkeit. Dass diese Logik möglicherweise den Glauben an einen barmherzigen Gott insgesamt in Frage stellen könnte, weil sie dessen Barmherzigkeit dem Gedanken einer aus Gründen der Gerechtigkeit prinzipiell strafwürdigen Sündigkeit des Menschen unterordnet, ist Augustinus nicht in den Sinn gekommen.[127]

Doch schon die theologischen Auseinandersetzungen, die im 9. Jahrhundert Gottschalk von Orbais (gest. 869) um die „doppelte Prädestination" *(gemina praedestinatio)*[128] entfacht hat, verdeutlichen die Konsequenzen der augustinischen Prädestinationslehre und lassen an Gottes Barmherzigkeit insgesamt zweifeln. Gottes von Ewigkeit her entschiedener Wille ist unveränderlich; er lässt

---

125 *Div. quaest. ad Simpl.* I, 2,15 (CChr.SL 44, 39,412–40,415); vgl. ebd.: „Illud tantummodo inconcussa fide teneatur, quod non sit iniquitas apud deum, qui sive donet sive exigat debitum, nec ille a quo exigit recte potest de iniquitate eius conqueri, nec ille cui donat debet de suis meritis gloriari. Et ille enim nisi quod debetur non reddit, et ille non habet quod accepit" (CChr.SL 44, 40,530–534).

126 Vgl. Augustinus, *Retractationes* II 1,3: „In cuius quaestionis solutione laboratum est quidem pro libero arbitrio voluntatis humanae, sed vicit dei gratia" (CChr.SL 57, 89 f., 20–22); Ders., *De praed. sanctorum* [entst. 428/429] 4,7–8: „[…] cum de hac re aliter saperem; quam mihi deus in hac quaestione solvenda, cum ad episcopum Simplicianum, sicut dixi, scriberem, revelavit […] sed vicit dei gratia" (PL 44,963–966/ Ed. Adolar Zumkeller [Schriften gegen die Semipelagianer VII, lat.-dt., Würzburg 1955], 254); vgl. auch *De dono persev.* [entst. 428/429] 20,52 (PL 45,1026/Schriften gegen die Semipelagianer VII, 416); 21,55 (PL 45,1027/Schriften gegen die Semipelagianer VII, 420).

127 Hierzu passt auch das Urteil von Wilhelm Geerlings, der mit Blick auf Augustinus vom „düsteren Ernst seiner Anthropologie" spricht. Die „manichäische Stimmung" seiner Theologie habe „die westliche Kirche mit einer schweren Hypothek belastet" (Art. *„Augustinus"*, in: LACL, Freiburg ²1999, 83).

128 Zum erstmaligen Auftreten des Begriffs der *gemina praedestinatio* bei dem gallischen Presbyter Lucidus (gest. nach 474) vgl. CSEL 21, 165–168 (Zitate in 2 Briefen des Faustus von Riez).

sich durch keinerlei menschliches Verhalten beeinflussen. Auf diese Weise erscheint Gott als ein willkürlicher Despot, dem das Heil der Menschen letztendlich gleichgültig ist. Dass sich im Verlauf des Streits Johannes Scottus Eriugena gegen Gottschalks Gegner Hrabanus Maurus und Hinkmar von Reims auf den frühen Augustinus und dessen Hochschätzung der Willensfreiheit bezog,[129] ist angesichts der unerbittlichen Logik der Prädestinationslehre des späten Augustinus durchaus folgerichtig.

3.2.4 Der Vollzug der göttlichen Gerechtigkeit im Jüngsten Gericht

Bei den vorausgehenden Überlegungen zum Verhältnis von Gerechtigkeit und Barmherzigkeit Gottes im Zusammenhang mit Augustins Gnadenlehre wurde immer schon die Perspektive eines Jüngsten Gerichts vorausgesetzt, in dessen Rahmen über das endgültige Schicksal der Menschen entschieden wird. Diese Perspektive bestimmte maßgeblich den Horizont der Theologie in einem Jahrhundert, das angesichts des sich abzeichnenden Verfalls des Römischen Reiches die Frage nach Gottes Handeln in der Geschichte und an seinem Ende nicht unterdrücken konnte.[130]

Dass in dieser Perspektive das Verhältnis von Gerechtigkeit und Barmherzigkeit Gottes am Ausgang des 4. Jahrhunderts auch anderes begriffen werden konnte, als dies bei Augustinus geschah, verdeutlicht ein Seitenblick auf Ambrosius von Mailand (gest. 397). Der sich seiner Autorität durchaus bewusste Bischof der Hauptstadt des Weströmischen Reichs, der Augustinus 387 getauft

---

129   Vgl. Johannes Scotus Eriugena, *Div. praed.* V, 4 (CChr.CM 50, 37,100 f.: Bezug auf Augustinus, *C. Iul. op. imperf.* VI, 11: „Hominis vero liberum arbitrium congenitum et omnino inamissibile si quaerimus, illud est quo beati omnes volunt, etiam hi qui ea nolunt quae ad beatitudinem ducunt" [CSEL 85/2, 316,81–84; vgl. ebd. VI, 12; 321,135–137]) und besonders in *Div. praed.* VI,2 (43,34–44,81; Zitate aus *De libero arbitr.* I, 11,21–22 [CChr.SL 29, 225 f.], *De lib. arbitr.* I 16,34 [CChr.SL 29, 234] und *De lib. arbitr.* I 16,34–35 [CChr.SL 29, 234 f.]). – Bereits die Pelagianer hatten sich auf Augustins Frühschriften bezogen, um seiner pessimistischen Anthropologie entgegenzutreten.

130   Vgl. Jan Badewien, *Geschichtstheologie und Sozialkritik im Werk Salvians von Marseille* (FKDG 32), Göttingen 1980; zu Theodizee-analogen Fragestellungen vgl. ferner Wilhelm Geerlings, *Hiob und Paulus. Theodizee und Paulinismus in der lateinischen Theologie am Ausgang des vierten Jahrhunderts*, in: JAC 24 (1981) 56–66; Ernst Dassmann, *Akzente frühchristlicher Hiobdeutung*, in: JAC 31 (1988) 40–56.

hatte, betont in seinen Schriften die *Einheit* von Gerechtigkeit und Barmherzigkeit Gottes. In seiner Auslegung zum Lukasevangelium fragt er rhetorisch: „*Quae est iustitia nisi misericordia?*"[131] Gottes Gerechtigkeit ist mit seiner Barmherzigkeit identisch. Diese zuerst ist der Inhalt der Offenbarung. Gott geht es vor allem anderen darum, die Sünder zur Umkehr zu gewinnen. Wie Lukas sieht auch Ambrosius Jesus nicht zunächst dazu gekommen, die Sünder zu richten oder für ihre Sünden Sühne zu leisten. Gott offenbart sich in Jesus von Nazaret zunächst und vor allem als derjenige, der sich dem Sünder zuwendet, ihm seine Schuld vergibt und ihn so wieder in die Gemeinschaft mit ihm aufnimmt.[132]

Wenn sich Gott dem Sünder gegenüber als barmherzig erweist, dann ist dies keinesfalls Ausdruck göttlicher Willkür. Der christliche Gott unterscheidet sich nach Ambrosius auch dadurch von den heidnischen Göttern, die neidvoll einander und die Menschen befehden, dass er seinen Willen offen kundgemacht hat. Und dieser Wille konvergiert mit dem natürlichen Sittengesetz, das der Mensch in der Schöpfungsordnung und in seinem Gewissen erkennen kann.[133] Explizit wird Gottes Wille im christlichen Doppelgebot der Liebe offenbar, das Richtschnur *(lex)* für menschliches Handeln in Bezug auf Gott und den Nächsten sein will. Wenn Ambrosius in seiner Paränese das stoische Ideal des Weisen *(sapiens)* durch das des Gerechten *(iustus)* ersetzt, dann ist die *iustitia* durch das Doppelgebot der Liebe offenbarungstheologisch begründet und darin zugleich ihrem Gehalt nach bestimmt.[134]

---

131 Ambrosius, *Expos. Ev. sec. Lucam* 2,90 (CChr.SL 14, 1259 f.). – Vgl. zu der theologischen Akzentverschiebung zwischen Ambrosius und Augustinus u. a. Ernst Dassmann, *Augustinus. Heiliger und Kirchenlehrer*, Stuttgart 1993, 107–112.

132 Dies bedeutet freilich nicht, dass der Sünder davon entbunden ist, umzukehren und Buße zu leisten. Im Jahr 390 zwang Ambrosius unter Androhung der Exkommunikation selbst Kaiser Theodosius I. zur öffentlichen Buße für das Massaker von Thessaloniki. – Vgl. Adolf Lippold, *Theodosius der Große und seine Zeit*, München ²1980, 40–42.

133 Anleihen bei der Stoa sind dabei offenkundig. Zur Ethik des Ambrosius, die bes. in *De officiis* greifbar wird und als erste christliche Tugendlehre gilt, vgl. Maria Becker, *Die Kardinaltugenden bei Cicero und Ambrosius: De officiis* (Chrêsis 4), Basel 1994.

134 Vgl. Ambrosius, *De offic.* I 127: „Iustitiae autem pietas est: prima in Deum, secunda in patriam, tertia in parentes, item in omnes; quae et ipsa secundum naturae est magisterium siquidem ab ineunte aetate ubi primum sensus infundi coeperit, uitam amamus tamquam Dei munus, patriam parentesque diligimus, deinde aequales quibus sociari cupi-

Indem Ambrosius den Willen Gottes im Doppelgebot der Liebe zusammengefasst sieht, fasst er auch Gerechtigkeit und Barmherzigkeit Gottes nicht als einander ausschließende Gegensätze auf. Anders als bei Augustinus dominiert bei Ambrosius die Barmherzigkeit Gottes über seine Gerechtigkeit. Zwar bleibt Gott auch in seinem barmherzigen Handeln gerecht. Aber seine Gerechtigkeit wird stets ausgeglichen und gegebenenfalls korrigiert durch seine Barmherzigkeit, in der Gott die Sünder für sich zu gewinnen sucht.

Dies gilt auch für das Jüngste Gericht. Weil der Richter derselbe ist, der am Kreuz für die Sünder gestorben ist, um auf diese Weise Gottes Barmherzigkeit zu offenbaren, können die Sünder von ihm Gnade und Barmherzigkeit erhoffen: „Wird Christus dich verdammen können, den er vom Tod erlöst, für den er sich hingeopfert, dessen Leben er als Lohn seines Todes erkannt hat? Wird er nicht vielmehr sagen: Was nützt mein Blut, wenn ich den verurteile, den ich selbst errettet habe?"[135] Elemente paulinischer Sühnetheologie verbinden sich bei Ambrosius mit dem lukanischen Verständnis des Kreuzestodes als Offenbarung göttlicher Barmherzigkeit zu dem Gedanken, dass der Tod Jesu am Kreuz die Sünden der Menschen gesühnt hat, um gerade so Gottes Barmherzigkeit sichtbar werden zu lassen.

Augustinus vermag die Heilszuversicht seines theologischen Mentors Ambrosius nicht zu teilen. Sein Begriff der Gerechtigkeit beinhaltet das Moment der Barmherzigkeit nicht als innere Bestimmung, sondern nur als äußere Limitation: als frei gewährte Gnade, welche die Gerechtigkeit befristet und im Ausnahmefall suspendiert. Für sich betrachtet ist die Gerechtigkeit Gottes nicht barmherzig; vielmehr ahndet sie die Sünde konsequent, indem sie die Sünder bestraft. Am Begriff einer barmherzigen Gerechtigkeit Gottes[136] bemängelt Augustinus, dass ein solches Verständnis die

---

mus. Hinc caritas nascitur quae alios sibi praefert non quaerens quae sua sunt in quibus est principatus iustitiae" (Ed. Maurice Testard, Paris 1984, 156).

135   *Iacob* I, 6,26: „Poterit ergo te ille damnare, quem redemit a morte, pro quo se obtulit, cuius vitam suae mortis mercedem esse cognoscit? nonne dicet: quae utilitas in sanguine meo, si damno quem ipse salvavi?" (CSEL 32/2, 22,5–8). – Vgl. Dassmann, *Augustinus*, 107–109. Dassmann verteidigt Ambrosius gegen ein „paulinisches Defizit" und betont die Nähe des Bischofs zu Paulus (*Ambrosius*, 220–223).

136   Ambrosius nennt Christus im Blick auf Joh 5,22.27 und Apg 10,42 nicht nur „*iustus iudex*", sondern mehr noch „*bonus iudex*": *De Fide* II

Theologiegeschichtliche Perspektiven

Voraussetzungslosigkeit der göttlichen Gnade nicht hinreichend zu würdigen imstande wäre. Nur vor dem Hintergrund einer streng vindikativ verstandenen Gerechtigkeit meint Augustinus, Gottes alleinige Initiative in seiner barmherzigen Zuwendung zum Sünder artikulieren zu können.

Allerdings zahlt Augustinus für das Gewicht, das er der göttlichen Gnade beimisst, einen hohen Preis. Der Nachdruck, den er in seinen Auseinandersetzungen mit den Pelagianern auf die alleinige Initiative Gottes legt, droht nicht nur den Ernst des sittlichen Bemühens zu entleeren – genau darauf hatten ja die Pelagianer hingewiesen. Auch das Endgericht am Ende der Zeiten kann schwerlich noch als ein ernsthaftes Urteil über das menschliche Handeln verstanden werden, wenn das Tun des Menschen ausschließlich dann als sittlich gut gelten darf, wenn es durch Gottes Gnade ermöglicht und getragen ist.

Trotzdem hat Augustinus ausführlich über das Endgericht nachgedacht. Das ganze Buch XX von *De civitate Dei* handelt von den zu erwartenden Ereignissen am Ende der Zeit, die zur Scheidung der Guten von den Bösen führen.[137] Dabei ist die Prädestinationslehre schon vorausgesetzt. Deshalb kann von einem eigentlichen Gericht keine Rede sein, in dem die Taten der Menschen beurteilt und gegeneinander abgewogen würden. Vielmehr handelt es sich beim Jüngsten Gericht letzten Endes nur um ein Offenbarwerden des von Ewigkeit her feststehenden göttlichen Ratschlusses, welche Menschen Gott zum Heil führen will – und welche nicht.

Auch deshalb dominiert in *Civ. Dei* XX das Bild eines strengen Richters. Wurde Gottes Barmherzigkeit in der Menschwerdung Christi offenbar,[138] so ist Gegenstand des Gerichts die Offenbarung seiner vergeltenden Gerechtigkeit.[139] In einer jetzt noch un-

---

2,28: „»Dominus enim bonus iudex domui Istrahel.« Ergo si iudex dei filius, utique, quoniam iudex deus bonus est, iudex autem dei filius est, deus »bonus iudex« dei filius est" (FChr 266,22–268,2).

137 *CD* XX 22,31: „De iudicio namque ultimo, quo fiet diremptio bonorum et malorum, hoc volumen inplere suscepimus".

138 Zur Bedeutung der Menschwerdung im Sinne des alle heidnischen *exempla* übertreffenden *exemplum*, weil es die Wahrheit, das höchste Gut, und zugleich die Demut offenbart und zum rechten Leben anleitet, vgl. Geerlings, *Christus exemplum*, bes. 191–195, 211–216.

139 Vgl. CD XX 6: „Ista [sc. prima resurrectio] est misericordiae, illa iudicii"; ferner *Enn. in Psalmos: In Ps 24,10:* „Duo adventus filii Dei, unus miserantis, alter iudicantis" (PL 36,185/CChr.SL 38, 138,5 f.); vgl. *In Ps*

ausdenkbaren Weise wird sich zeigen, wer zur Seligkeit und wer zur Verdammnis bestimmt ist. Auf diese Weise offenbart der wiederkommende Christus den jetzt noch verborgenen Sinn von Unrecht und Leid.[140] Augustinus versteht das Jüngste Gericht auch als ein Geschehen der Rechtfertigung Gottes angesichts des jetzt noch unverständlichen Unrechts und Leidens in der Welt.

Weil die Erwählten weiterhin unter der Herrschaft der Erbsünde stehen und weil deshalb auch sie gerechterweise die ewige Verdammnis verdienen, bezeugt ihre Rettung in besonderer Weise die voraussetzungslose Barmherzigkeit Gottes. Im Gegenüber zu den gerechterweise Verurteilten erkennen sie die Gnade Gottes, die ihnen selbst zuteil wurde. Auf diese Weise freilich werden die Verdammten zu einer Art „Mittel für das Heil anderer" *(instrumentum salutis aliorum)*.[141] Die Erwählten erkennen in den Verurteilten nicht nur, was ihnen erspart geblieben ist, sondern auch, „wie viel Dank der Barmherzigkeit Gottes zu sagen ist, der durch die Bestrafung der einen zeigt, was er den anderen erlässt. Wenn die Strafe, die er von den einen einfordert, nicht gerecht wäre, würde er den anderen, von denen er sie nicht einfordert, nichts erlassen. Sie ist aber gerecht, und es gibt keine Ungerechtigkeit bei Gott, der strafend einschreitet" *(nulla est iniquitas apud deum vindicantem)*.[142]

85,16 (PL 37,1096/CChr.SL 38,1193). – Die heilsgeschichtliche Abfolge – Offenbarung der Barmherzigkeit Gottes in der Menschwerdung des Sohnes, Offenbarung seiner Gerechtigkeit im Gericht – wurde von der Augustinus nachfolgenden Theologie wiederholt aufgegriffen und findet sich auch bei Bonaventura.

140 Vgl. bes. *CD* XX 2, daraus u.a.: „Quando non solum in malo sunt boni et in bono mali, quod uidetur iniustum, uerum etiam plerumque et malis mala eueniunt et bonis bona proueniunt, magis inscrutabilia fiunt iudicia dei et inuestigabiles viae eius. Quamvis ergo nesciamus quo iudicio deus ista uel faciat vel fieri sinat, apud quem summa virtus est et summa sapientia, summa iustitia, nulla infirmitas, nulla temeritas, nulla iniquitas."

141 *Div. quaest. ad Simpl.* I, 2,18 (CChr.SL 44, 47,601); vgl. auch *Civ. Dei* XX, 22 (CChr.SL 48, 741,26–34). – Auch nach Tertullian *(De spectaculis)* vermehrt das Wissen um die gerechte Bestrafung der Sünder bei den Seligen die Freude an der göttlichen Gerechtigkeit – eine Vorstellung, die Friedrich Nietzsche als Rachephantasie geißelt (*Genealogie der Moral:* Ed. Schlechta II, 791–794).

142 *Div. quaest. ad Simpl.* I, 2,18: „Inconcussa fide teneatur, quod non sit iniquitas apud deum, qui sive donet sive exigat debitum. […] quantae agendae sint gratiae misericordiae dei, qui in aliorum poena quid aliis donet ostendit. Si autem de aliis exigit non est iusta poena, nihil donat aliis a quibus eam non exigit. Quia vero illa iusta est nulla est iniquitas apud vindicantem deum" (CChr.SL 44, 44,530f.; 47,609–614).

Theologiegeschichtliche Perspektiven

Gottes Barmherzigkeit zu erkennen, ist nach Augustinus nur vor dem dunklen Hintergrund einer Gerechtigkeit möglich, die auf der Bestrafung des Sünders besteht.

Augustins Vorstellung vom Jüngsten Gericht und sein darin impliziertes Gottesbild setzen die zeitgenössische Praxis der Rechtsprechung voraus. Wie ein irdischer Richter Verbrecher verurteilt, so richtet Gott über die Sünder. Dabei scheint es Gott nicht zu berühren, dass sein Urteil die überwiegende Mehrzahl der Menschheit der ewigen Verdammnis anheimgibt. Sein Urteil ratifiziert lediglich, was durch das Rechtsprinzip „keine Strafe ohne Schuld" (*nulla poena sine culpa*[143]) festgelegt ist. Und dass jeder Mensch schuldig ist, steht für Augustinus wegen der Erbsünde zweifelsfrei fest.

Augustinus Vergleich des göttlichen Richtens mit der menschlichen Rechtsprechung betont zwar – wie gewünscht – die Barmherzigkeit Gottes; diese erscheint ja nun als die helle Ausnahme gegenüber der dunklen Logik von Schuld und Strafe. Gleichzeitig aber wird die Gnade aus dem Zusammenhang der Gerechtigkeit herausgelöst. Gottes gnädige Zuwendung zum Sünder erscheint lediglich als Ausnahme von dem abstrakten Prinzip der Vergeltung, nicht aber als rettende Zuwendung des barmherzigen Schöpfers zum sündigen Menschen.

Werden im Hintergrund der Konzeption Augustinus römisches Rechtsdenken und römische Rechtspraxis erkennbar, so steht Ambrosius eher in der Tradition griechischer Theologie. Diese traut der menschlichen Natur nicht nur die Möglichkeit zu, im Vollzug ihrer selbst ihrer Bestimmung zu entsprechen, sondern rechnet auch mit der Möglichkeit eines fortschreitenden Aufstiegs des Menschen zu Gott.[144] Nach Ambrosius räumt Gott dem Sünder unablässig die Möglichkeit zur Umkehr ein; selbst sein Gericht zögert er hinaus, damit sich der Sünder bekehren kann.[145] Augustinus hingegen sieht mit einer solchen Vorstellung die Gefahr gegeben, dass der Sünder zum eigenständigen Akteur im Heilsdrama wird. Verrichtet er nicht durch seine Umkehr ein Werk, das Gott anschließend

---

 – Vgl. auch ebd., 2,16: „Sit igitur hoc fixum atque immobile in mente sobria pietate atque stabili in fide, quod nulla est iniquitas apud deum" (CChr.SL 44, 41,444–446).
143 Vgl. Ulpian, *Digesta* 50,16,131 § 1 S. 2 Hs. 2.
144 Vgl. zum griechischen *Paideia*-Gedanken: Greshake, *Erlösungsvorstellungen in der Theologiegeschichte*, bes. 71–76.
145 Vgl. Dassmann, *Augustinus*, 107–109, hier 108.

gerechterweise durch die Aufnahme in seine Herrlichkeit belohnen müsste? Um dieser Konsquenz zu entgehen, betont Augustinus die Voraussetzungslosigkeit der göttlichen Gnade, der gegenüber der Mensch rein passiv bleibt.

Weil für das Heil der Menschen alles von der barmherzigen Zuwendung Gottes abhängt, beschränkt sich Augustins Eschatologie letztendlich darauf, die von Anbeginn her Erwählten durch die Zuwendung der göttlichen Gnade zur Vollendung zu führen. Über alle übrigen Menschen hingegen ergeht das Verdammungsurteil, das deshalb gerecht ist, weil jede Sünde eine gerechte Strafe verdient. Weil die Sünde wesentlich in der Abkehr von Gott besteht, rechtfertigt sich in dieser Logik auch das auf den ersten Blick unverhältnismäßig erscheinende Verdammunsurteil. Insgesamt erschöpft sich das Jüngste Gericht bei Augustinus im Wesentlichen darin, Gottes strafender Gerechtigkeit Geltung zu verschaffen und – im Falle der gnädigen Erwählung – Gottes Barmherzigkeit offenbar werden zu lassen.

3.2.5 Theologiegeschichtliche Erträge

Letztendlich muss Augustins Versuch, das Verhältnis von Gerechtigkeit und Barmherzigkeit Gottes im Rahmen einer Logik von Sünde und Strafe zu begreifen, als gescheitert gelten. Denn diese Logik lebt von Voraussetzungen, die durch die Offenbarung nicht gedeckt sind. Zu ihnen zählt die absolute Strafwürdigkeit der Sünde. Angesichts der Offenbarung eines Gottes, der das Heil der Menschen will, erscheint dieses Axiom auch dann fragwürdig, wenn die Problematik der augustinischen Erbsündenlehre noch gar nicht berührt ist.

Eberhard Jüngel weist auf die mit Augustins Ansatz gegebene Gefahr hin, Gottes Sein und sein Handeln voneinander zu trennen.[146] Der Kirchenlehrer will zwar zeigen, dass Gott in höchstem Maße gerecht und barmherzig zugleich ist; doch beschwört sein Versuch den Eindruck herauf, dass Gott in seinem erwählenden und verwerfenden Urteil willkürlich handelt. Mit der Preisgabe der Einheit von Gottes Wesen und Handeln wird es aber auch schwierig, von einer Selbstoffenbarung Gottes zu sprechen. Gottes Handeln bleibt für die Menschen im Letzten unergründlich. Dann aber sind letztendlich auch die Kategorien „gerecht" und „barmherzig" hinfällig.

---

146 Jüngel, *Das Evangelium von der Rechtfertigung des Gottlosen*, 62.

Augustins Verhältnisbestimmung von Gerechtigkeit und Barmherzigkeit Gottes hat die abendländische Theologie und Frömmigkeitsgeschichte nachhaltig bestimmt. Für Jahrhunderte blieb das Gottesbild durch die Vorstellung eines endzeitlichen Richters beherrscht, der die Sünden der Menschen unbarmherzig bestraft. Die Auswirkungen dieser Vorstellung können bis in die kirchliche Kunst und Bußpraxis hinein verfolgt werden.[147]

3.3 Gottes Barmherzigkeit als Achtung geschaffener Freiheit: Anselm von Canterbury

In der mittelalterlichen Theologie vertiefte sich die bereits bei Augustinus greifbare Tendenz, die Barmherzigkeit Gottes mit der Menschwerdung Christi zu verbinden, die Gerechtigkeit Gottes hingegen mit seiner Wiederkunft zum Jüngsten Gericht. Diese Aufteilung wirkte weit in das Mittelalter hinein. Da die mittelalterlichen Theologen selbstverständlich daran festhielten, dass es derselbe Gott ist, der sich in Menschwerdung und Wiederkunft offenbart, standen sie vor der Herausforderung, das Verhältnis von Gerechtigkeit und Barmherzigkeit auch in Bezug auf Gott selbst zu bestimmen. Infolgedessen konzentrierten sich ihre Versuche, das Verhältnis von Gerechtigkeit und Barmherzigkeit Gottes begrifflich zu fassen, auf drei Schwerpunkte: das Erlösungswerk Christi, die Vollendung der Welt in einem Jüngsten Gericht und die Frage, wie sich in Gott selbst Gerechtigkeit und Barmherzigkeit zueinander verhalten.

Diese Fragen wurden meist getrennt voneinander erörtert, wobei sich die scholastischen Theologen seit dem 13. Jahrhundert auch an der thematischen Aufteilung im *Sentenzenbuch* des Petrus Lombardus (gest. 1160) orientierten, das die Gotteslehre im ersten Buch abhandelt, die Christologie und die Erlösung hingegen im dritten. Aber schon Anselm von Canterbury (gest. 1109) thematisiert Gotteslehre und Soteriologie in unterschiedlichen Werken: Im *Proslogion* geht es ihm vorrangig um die Wirklichkeit Gottes, in *Cur Deus Homo* um die Christologie und die Soteriologie. In beiden Zusammenhängen geht es Anselm um das Verhältnis von Gerechtigkeit und Barmherzigkeit Gottes.

---

147 Vgl. zu den liturgischen Formen von Buße und Versöhnung im Mittelalter etwa: Reinhard Messner, *Feiern der Umkehr und Versöhnung*, in: Gottesdienst der Kirche (Handbuch der Liturgiewissenschaft 7,2), Regensburg 1992, bes. 84–134.

3.3.1 Die Erfahrung der Barmherzigkeit Gottes im Denken des Glaubens: Proslogion

Anselms *Proslogion* (ca. 1077/78), das unter anderem den sog. ontologischen Gottesbeweis beinhaltet, zielt in erster Linie auf eine Selbsterhellung des Glaubens. Der christliche Glaube, der sich selbst zu verstehen sucht, will wissen, was es heißt, an einen Gott zu glauben, der gut, gerecht, wahrhaftig und glückselig ist, aber auch allmächtig, leidensunfähig und barmherzig.[148] Schon der ursprüngliche Titel des Werkes, nämlich *Fides quaerens intellectum,* verweist auf Anselms Absicht, die Gehalte des christlichen Glaubens mithilfe der Vernunft einsichtig zu machen.[149]

Im *Proslogion* vollzieht sich dieses Vorhaben im Wechsel von philosophisch-theologischer Spekulation und Gebet. Da jedoch die menschliche Vernunft durch die Sünde getrübt ist, bedarf sie der gnadenhaften Erleuchtung *(illuminatio),* um ihren Gegenstand zu erfassen.[150] Wo ihr die Einsicht in die Logik der Offenbarung gewährt wird, kann Anselm dies als Werk der göttlichen Barmherzigkeit deuten.[151] Nicht zufällig ist dem „Gottesbeweis" (*Prosl.* 2–4) ein Gebet vorangestellt. Darin dankt Anselm für Gottes Gnade; sie erst gestattet es ihm, den unsichtbar anwesenden Gott im Glauben zu erfassen. Wie schon der Glaubensakt in der ungeschuldeten Zuwendung Gottes zum Menschen gründet, so auch die Möglichkeit, ihn mithilfe der Vernunft zu erkennen. Dabei ist es bedeutsam, dass die menschliche Vernunft als solche bereits offen ist für die Erkenntnis Gottes. Denn ihr ist das Bild Gottes eingeprägt: *„Creasti in me hanc imaginem tuam, ut tui memor te cogitem."*[152] Der gnadenhaft eröffnete Zugang des menschlichen Geistes zur Wirklichkeit

---

148 Vgl. *Prosl.* 5–18 (Opera omnia, ed. Franz S. Schmitt, Bd. I, 104–115).
149 Vgl. bereits Augustinus: „fides quaerit, intellectus invenit": *De trin.* XV 2,2 (CChr.SL 50A, 461,27]. Die Vernunft ist Instanz und Kriterium für die Antwort, die der Glaube sucht. *In statu viatoris* bedarf sie nach Augustinus allerdings der Erleuchtung durch den Geist Gottes.
150 Vgl. *Prosl.*, c. 4: „Gratias tibi, bone Domine, gratias tibi, quia quod prius credidi te donante, iam sic intelligo te illuminante, ut, si te esse nolim credere, non possim non intelligere" (Ed. Schmitt I, 104). – Anselm folgt hierin der theologischen Erkenntnislehre Augustins, wie sie vor allem in dessen *De magistro* fassbar ist und im Mittelalter u.a. von Bonaventura aufgegriffen wurde; vgl. u.a. dessen *Sermo IV: Christus unus omnium magister.*
151 Vgl. u.a. *Prosl.*, c. 1: „Pauper veni ad divitem, miser ad misericordem; ne redeam vacuus et contemptus" (I, 100).
152 *Prosl.* 1 (I, 100,12 f.).

Gottes kann deshalb *ante experimentum* und *sola ratione* erfolgen, ja mit Blick auf die Wahrheit des christlichen Glaubens zunächst sogar *remoto Christo.*[153]

Im *Proslogion* will Anselm den christlichen Glauben an den einen und zugleich dreifaltigen Gott begrifflich entfalten. Den Zugang zu diesem Gott sucht er nicht nur vermittels der Offenbarung, sondern vermittels des Denkens selbst. Denn dieses Denken sucht im Ausgang von der wahrnehmbaren Wirklichkeit einen Begriff zu bilden, über den hinaus nichts Größeres gedacht werden kann. Diesen Begriff kann das Denken deshalb mit Gott identifizieren, weil es weiß, dass nicht nur der Begriff, sondern auch die Wirklichkeit Gottes über alles Unvollkommene erhaben ist. Am Ende gelangt das Denken zu jenem Gott, von dem Anselm im *Proslogion* nicht nur sagen kann, dass über ihn hinaus Größeres nicht gedacht werden kann, sondern dass er Größeres sei, als alles, was gedacht werden könne.[154]

Nachdem sich das Denken auf diese Weise – und das heißt: unter Absehung von irgendeiner Offenbarung in Zeit und Geschichte – zum Gedanken eines Gottes aufgeschwungen hat, der größer ist als alles, was gedacht werden kann, kann es auf dieser Höhe nicht verharren. Es muss vielmehr fragen, ob sich die Wirklichkeit Gottes nicht gehaltvoll fortbestimmen lässt. Folgerichtig beginnt das 5. Kapitel des *Proslogion* mit der Frage: „Was aber bist Du, Herr-Gott, über dem nichts Größeres gedacht werden kann?"

Weil Gott das Höchste von allem ist, kommen ihm notwendigerweise alle Prädikate zu, die eine positive Qualifikation beinhalten: „Du bist also gerecht, wahrhaftig, selig und alles, was besser ist zu sein als nicht zu sein."[155] Als Fülle und Inbegriff des Seins ist Gott Leben, Weisheit, Wahrheit, Güte, Seligkeit, Ewigkeit „und jedes wahre Gute".[156] Gott zu denken bedeutet, ihn als Fülle und

---

153 Das *remoto Christo* gilt nicht nur für *Cur Deus Homo* (hier in der *Praef.*), sondern auch schon für das *Proslogion*.
154 *Prosl.* 15: „Ergo, Domine, non solum es quo maius cogitari nequit, sed es quiddam maius quam cogitari possit" (I, 112,14 f.).
155 *Prosl.* 5: „Quid igitur es, domine deus, quo nil maius valet cogitari? Sed quid es, nisi id quod summum omnium solum existens per seipsum, omnia alia fecit de nihilo? Quidquid enim hoc non est, minus est quam cogitari possit. Sed hoc de te cogitari non potest. Quod ergo bonum deest summo bono, per quod est omne bonum? Tu es itaque iustus, verax, beatus, et quidquid melius est esse quam non esse" (I, 104,11–16).
156 *Prosl.* 18: „Certe vita es, sapientia es, veritas es, bonitas es, beatitudo es, aeternitas es, et omne verum bonum es" (I, 114,14–16).

Inbegriff auch der Moralität und des Guten zu denken. Über ihn hinaus kann deshalb nicht nur nichts Größeres *(nihil maius)* gedacht werden, sondern auch nichts Besseres *(nihil melius)*.

Zu den moralischen Eigenschaften, die Gott im denkbar höchsten Maße zukommen, zählen auch Gerechtigkeit und Barmherzigkeit. Wie aber sind diese Vollkommenheiten mit dem Wesen Gottes zu vereinbaren, dass doch – gerade wegen seiner Vollkommenheit – als unveränderlich und unwandelbar zu denken ist? Anselm beantwortet diese Frage, indem er eine Unterscheidung in Gott einträgt, die für zahlreiche Theologen nach ihm und bis in die Neuzeit hinein leitend bleibt: Gott ist veränderlich und wandelbar nur in Bezug auf seine Schöpfung; in Bezug auf sich selbst ist er unveränderlich und unwandelbar.[157] „Du bist barmherzig – nicht weil Du etwas erlittest, sondern weil wir die Wirkung [Deiner Barmherzigkeit] erfahren."[158] Dass Gott barmherzig ist, bedeutet nach Anselm nicht, dass er von der Sünde oder dem Elend der Menschen berührt würde. Seine Barmherzigkeit erweist sich vielmehr darin, dass er sich den Menschen gnädig zuwendet und die Sünder verschont. Gott ist barmherzig nur in Bezug auf die Menschen, nicht aber in Bezug auf sich selbst: *„Nos sentimus misericordis effectum, tu non sentis affectum."*[159] Diese Unterscheidung zwischen dem Wesen Gottes und seinem Handeln in Bezug auf die Schöpfung erlaubt es Anselm, an Gottes Unveränderlichkeit festzuhalten und ihn zugleich „barmherzig" zu nennen.[160]

---

157 Vgl. noch Karl Rahner, *Der dreifaltige Gott als transzendenter Urgrund der Heilsgeschichte,* in: MySal 2 (1967) 317–397; dazu u.a. Piet Schoonenberg, *Gott ändert sich am anderen. Im freundlichen Gedenken an Karl Rahner,* in: ThPQ 135 (1985) 323–332.

158 *Prosl.* 10: „Cum enim punis malos, iustum est, quia illorum meritis convenit; cum vero parcis malis, iustum est, non quia illorum meritis, sed quia bonitati tuae condecens est. Nam parcendo malis ita iustus es secundum te et non secundum nos, sicut misericors es secundum nos et non secundum te" (I, 108,27–109,2).

159 *Prosl.* 8: „Etenim cum tu respicis nos miseros, nos sentimus misericordis effectum; tu non sentis affectum. Et misericors es igitur, quia miseros salvas, et peccatoribus tuis parcis; et misericors non es, quia nulla miseriae compassione afficeris" (I, 106).

160 Die schon bei Origenes und Augustinus beobachtete Unterscheidung zwischen dem Wesen Gottes und seinem Handeln in Bezug auf die Schöpfung findet sich auch bei Anselm. Sie kennzeichnet die christliche Theologie insgesamt, solange sie ihr Gottesbild an der philosophischen Idee eines „unbewegten Bewegers" ausrichtete. – Vgl. u.a. zu Platon, Aristoteles und Plotin: Maas, *Unveränderlichkeit Gottes,* 45–86.

Theologiegeschichtliche Perspektiven

Eine analoge Unterscheidung trifft Anselm in Bezug auf Gottes Gerechtigkeit. Dass Gott in höchstem Maße gerecht ist, ist angesichts seiner Vollkommenheit nicht zu bezweifeln. Wenn sich seine Urteile bisweilen nicht auf Anhieb erschließen, so deshalb, weil die Menschen außerstande sind, Gottes Gerechtigkeit vollständig zu erfassen. Gottes Urteile bleiben menschlichem Erkennen verborgen; sie entziehen sich vernunftgeleiteter Rekonstruktion. Und auch hier gilt analog zu seiner Barmherzigkeit: Wenn Gott die Bösen verschont, dann ist er darin zweifellos gerecht in Bezug auf sich selbst und seinen ewigen Willen.

Im *Proslogion* erblickt Anselm Gottes Barmherzigkeit vor allem darin, dass Gott reumütigen Sündern vergibt und sie straflos ausgehen lässt. Damit aber scheint sich Gott in einen Widerspruch zur Gerechtigkeit zu verwickeln, deren Quelle und Inbegriff er doch ebenso ist wie Quelle und Inbegriff der Barmherzigkeit.[161] Anselm könnte diesem Dilemma entgehen, indem er argumentierte, dass mit Gottes Urteil allererst darüber entschieden wäre, was gut und was böse ist. Gerecht wäre demnach die Verurteilung oder Verschonung der Sünder dann allein aus dem Grund, weil Gott sie so angeordnet hätte. Diesen Weg beschreitet er jedoch nicht. Vielmehr postuliert er eine alternative Gestalt von Gerechtigkeit, eine *alia iustitia*. Jenseits einer Entsprechungslogik, wonach die Sünde des Menschen ausnahmslos zu bestrafen ist, beansprucht Anselm im Blick auf Gott, über den hinaus nichts Größeres gedacht werden kann, einen Begriff „höchster Gerechtigkeit" *(summa iustitia)*. Diese steht nicht im Gegensatz zur Barmherzigkeit, sondern schließt sie in sich ein. Die so verstandene Gerechtigkeit gestattet es Gott, sich gegenüber den Sündern barmherzig zu erweisen. Sie entspringt dem unergründlichen Wesen Gottes, das wiederum als reine Güte begriffen werden kann: *„Vere in altissimo et secretissimo bonitatis tuae latet fons, unde manat fluvius misericordiae tuae."*[162]

---

161 Vgl. *Prosl.* 9: „Verum malis quomodo parcis, si es totus iustus et summe iustus? Quomodo enim totus et summe iustus facit aliquid non iustum? Aut quae iustitia est merenti mortem aeternam dare vitam sempiternam? Unde ergo, bone Deus, bone bonis et malis, unde tibi salvare malos, si hoc non est iustum, et tu facis aliquid non iustum?" (I, 106,18–107,3). Vgl. auch *Prosl.* 10: „Sed iustum est, ut malos punias. Quid namque iustius, quam ut boni bona et mali mala recipiant? Quomodo ergo et iustum est ut malos punias, et iustum est ut malis parcas?" (I, 108,23–25).

162 *Prosl.* 9 (I, 107,5f.).

Anders als Augustinus sieht Anselm in der Barmherzigkeit Gottes keine Grenze seiner Gerechtigkeit. Zwar will auch er Gott als uneingeschränkt und in höchstem Maße gerecht (*totus iustus et summe iustus: Prosl.* 9) verstanden wissen und als das Wesen, das gerechter nicht gedacht werden kann.[163] Die *so* bestimmte Gerechtigkeit beinhaltet nach Anselm aber auch die Eigenschaft der Barmherzigkeit. Sie erweist sich in der Vergebung der Sünden: „Denn besser ist, wer sowohl Guten wie Bösen gut ist, als wer nur Guten gut ist."[164] Eine nur vergeltende Gerechtigkeit in Gott anzunehmen, hieße, das Wesen Gottes unvollkommen zu denken. Als der „ganz Gerechte" erweist Gott den Bösen deshalb Barmherzigkeit, weil er anders die Fülle seiner Gerechtigkeit nicht ausschöpfte.[165]

Gottes Barmherzigkeit ist kein Widerspruch zu seiner Gerechtigkeit; sie geht vielmehr aus ihr hervor: *„Misericordia tua nascitur ex iustitia tua"* (*Prosl.* 9). Deshalb kann die Barmherzigkeit Gottes seiner Gerechtigkeit nicht widerstreiten. Und insofern Gerechtigkeit und Barmherzigkeit als gemeinsame Quelle Gottes Güte haben, widerstreitet es weder der Gerechtigkeit noch der Barmherzigkeit Gottes, wenn Gott die Bösen verschont, statt sie zu bestrafen. Seine Barmherzigkeit ist vielmehr seiner Güte in höchstem Maße angemessen: *„bonitati tuae condecens est"* (*Prosl.* 10).

Gottes Gerechtigkeit wäre demnach nur unvollkommen gedacht, wenn sie lediglich Gutes mit Gutem belohnte oder Böses mit Vergeltung bestrafte. Sie beinhaltet vielmehr auch die Möglichkeit des Verzeihens. Dadurch gerät sie nich in einen Selbstwiderspruch: „Denn wenn Du barmherzig bist, weil Du höchst gut bist, und höchst gut nur bist, weil Du höchst gerecht bist, so bist

---

163 Vgl. *Prosl.* 11: „Iustum quippe est te sic esse iustum, ut iustior nequeas cogitari" (I, 109,11).

164 *Prosl.* 9: „Minus namque bonus esses, si nulli malo esses benignus. Melior est enim qui et bonis et malis bonus est, quam qui bonis tantum est bonus. Et melior est, qui malis et puniendo et parcendo est bonus, quam qui puniendo tantum. Ideo ergo misericors es, quia totus et summe bonus es" (I, 107,8–12).

165 Im Aufbau des 9. Kapitels des *Proslogion* wird zunächst von der „Tiefe der Güte" oder der „Fülle der Güte" Gottes gesprochen *(altitudo bonitatis; plenitudo bonitatis)*. Die „Unermeßlichkeit" *(immensitas)* der Güte Gottes sei von den Sündern zu lieben. Gott selbst wird als der „höchst Gute" *(summe bonus)* oder der „höchst Gerechte" *(summe iustus)* angeredet. Schließlich wird er mit der „unermeßlichen Güte" identifiziert: „O immensa bonitas, quae sic omnem intellectum excedis, veniat super me misericordia illa, quae de tanta opulentia tui procedit!" (I, 107,26–108,1).

du in Wahrheit barmherzig, weil Du höchst gerecht bist."[166] Gott verschont die Bösen nicht deshalb, weil er weniger gerecht wäre, sondern deshalb, weil er in vollkommener Weise gerecht ist.

Angesichts menschlicher Schuld und Sünde rechnet Anselm fest mit der Barmherzigkeit Gottes. Weil Gott größer ist als alles, was gedacht werden kann, lässt sich auch der letzte Grund seiner Barmherzigkeit begrifflich nicht aufhellen. Deshalb ist das Verhältnis von Gerechtigkeit und Barmherzigkeit Gottes nicht rational zu bestimmen.[167] Wer glaubt, weiß nur, *dass* Gottes Barmherzigkeit seiner Gerechtigkeit nicht widerstreitet. Warum sie aber im einen Fall gewährt, im anderen vorenthalten wird, „das kann man gewiss auf keine Weise begreifen".[168]

Zwar hatte auch der späte Augustinus die Unergründlichkeit des göttlichen Wollens betont. Vor dem Hintergrund von Erbsünde und Prädestination aber resultierte hieraus eine eher pessimistische Einschätzung von Welt und Geschichte, für die Augustins Begriff der *massa damnata* stehen mag. Anders bei Anselm: Hier wird der Barmherzigkeit Gottes zugetraut, sich angesichts der Sünde des Menschen als verzeihende Güte Gottes zur Geltung zu bringen. Hieraus resultiert eine zugleich realistische wie optimistische Sicht auf den Menschen, die Welt und den Verlauf der Geschichte.

Vor diesem Hintergrund muss es geradezu erstaunen, wenn Anselm in *Cur Deus Homo* den Grund der Menschwerdung Gottes in einem eigenen Angang aufzuhellen sich anschickt. Der im *Proslogion* hergeleitete Gottesgedanke sollte doch ausgereicht haben, den Grund der Menschwerdung in Gottes barmherziger Zuwendung zum Sünder zu erblicken. Worin diese aber nun genau besteht, wurde im *Proslogion* nicht klar. Um freilich *remoto Christi* und *sola*

---

166 *Prosl.* 9: „Nam etsi difficile sit intelligere, quomodo misericordia tua non absit a tua iustitia, necessarium tamen est credere, quia nequamquam adversatur quod exundat ex bonitate, quae nulla est sine iustitia, immo vere concordat iustitiae. Nempe si misericors es, quia es summe bonus, et summe bonus non es, nisi quia es summe iustus: vere idcirco es misericors, quia summe iustus es" (I, 108,2–7).

167 Nach Salmann hat sich Anselm in *Proslogion* 8–11 „im Labyrinth" der Fragen nach der möglichen Vereinbarkeit von Gerechtigkeit und Barmherzigkeit Gottes „verlaufen" (*Inenarrabilis nostrae redemptionis pulchritudo*, 247).

168 *Prosl.* 11: „Si utcumque capi potest, cur malos potes velle salvare: illud certe nulla ratione comprehendi potest, cur de similibus malis hos magis salves quam illos per summam bonitatem, et illos magis damnes quam istos per summam iustitiam" (I, 109,21–24).

ratione zu explizieren, worin der Grund der Menschwerdung nun eigentlich zu suchen ist, bedarf es eines umfassenden Begriffsrahmens. Dieser wird in *Cur Deus Homo* entfaltet.

3.3.2 Erlösung in der Logik der Gerechtigkeit: *Cur Deus Homo*

Im *Proslogion* hat Anselm gezeigt, dass es dem Wesen Gottes nicht weniger entspricht, Barmherzigkeit zu üben als Gerechtigkeit. Als Oberbegriff stellte Anselm dabei die Gerechtigkeit *(iustitia)* heraus. Aus ihr leitet sich Gottes Barmherzigkeit her – eine Grundentscheidung, die für *Cur Deus Homo* bestimmend bleibt.

Hinzu tritt jedoch ein weiterer Leitbegriff, den Anselm in *De veritate* präzisiert. Dort fasst Anselm den Begriff der *iustitia* im Ausgang von der *rectitudo*. Dieser Begriff, der einigermaßen zutreffend mit „Rechtheit" übersetzt werden kann, verweist auf innere Struktur des Wirklichkeitsganzen, die Gott und Welt zugleich umfasst.[169]

Die *rectitudo* liegt der *iustitia* noch einmal voraus, indem sie nicht nur einen praktischen Aspekt umfasst, sondern auch einen theoretischen. In *De veritate* unterscheidet Anselm zwei Aspekte der einen *rectitudo:* Wahrheit *(veritas)* und Gerechtigkeit *(iustitia)*. Wahrheit ist der dem Verstand erschlossene theoretische Aspekt der Rechtheit: „*veritas est rectitudo mente sola perceptibilis*"[170]; die Gerechtigkeit wiederum ist ihr praktischer Aspekt. Anselm definiert Gerechtigkeit als „um ihrer selbst bewahrte Rechtheit des Wollens" *(rectitudo voluntatis propter se servata)*.[171] Kein äußeres Objekt und auch kein äußerer Wille konstituiert die Gerechtigkeit als Gerechtigkeit; vielmehr ist Gerechtigkeit allein in sich selbst begründet, indem sie um ihrer selbst willen das Rechte will.[172] Freilich ist damit keine Autonomie des Wollens beansprucht; denn

---

169 Darin geht Anselms Begriff über die Bedeutung von *retitudo* bei Augustinus *(De libero arbitrio)* hinaus, wo er als Tugend gefasst ist; vgl. Robert Pouchet, *La Rectitudo chez Saint Anselme. Un itinéraire augustinien de l'âme à Dieu* (Études Augustiniennes), Paris 1964, 35–44.
170 *De Ver.* 11 (I, 191,19 f.).
171 *De Ver.* 12 (I 194,26 f.). – Vgl. auch Enders, *Einleitung,* XI–CXV, bes. XCIII-CIV.
172 I. Scinto vergleicht diese Konzeption mit Kants Begriff des „guten Willens": I. Scinto, „Volontà buona" e „rectitudo voluntatis propter se servata". Autonomia e cristianesimo nella morale kantiana, in: Vittoria Matthieu u.a. (Hgg.), A partire da Kant. L'eredità della „Critica della ragion practica", Mailand 1989, 193–197.

Theologiegeschichtliche Perspektiven

Ursprung und Inbegriff der *rectitudo* und damit Quelle allen Seins, allen Erkennens und allen Handelns in der Welt ist Gott.[173]

Als inneres Strukturmoment des Wirklichkeitsganzen ist die *rectitudo* normativ, und dies sowohl in ethischer wie in ontologischer Hinsicht. Denn vermittelt durch den Schöpfungswillen Gottes bildet sie die innere Struktur der für das Wirklichkeitsganze geltenden Ordnung. In ihr soll jedes Geschöpf sein Sein so vollziehen, dass es der von Gott gesetzten Ordnung entspricht. Anselm fasst dieses Verhältnis zwischen dem Geschöpf und der Ordnung des Wirklichkeitsganzen als „Schuldigkeit" *(debitum)* auf: Alles Geschaffene unterliegt einer ontologischen Schuldigkeit gegenüber der ihm von Gott her zugedachten Ziel- und Zweckbestimmung.[174]

Der Begriff des *debitum* artikuliert die normative Dimension der *rectitudo*. Es ist dieser Begriff des *debitum*, der in *Cur Deus Homo* die Dynamik des Heilsgeschehens in Gang bringen soll – und dies zunächst sogar losgelöst von der christlichen Offenbarung.

Anselm ist sich des innovativen Anspruchs seiner in *Cur Deus Homo* zur Diskussion gestellten Theologie durchaus bewusst. Hatten doch die spätantiken und frühmittelalterlichen Theologen das Erlösungswerk Christi vor Anselm anhand einer Reihe von Bildern und Metaphern verständlich machen wollen. Weit verbreitet war die Metapher vom Lösepreis, den Christus durch sein unschuldiges Leiden und Sterben entrichtet hat, um die Menschen aus der Herrschaft des Teufels zu befreien.[175] Für diese Metapher konnten sich die Theologen auf Paulus berufen (vgl. 1 Tim 2,6); auch Markion hatte als Bild für die Erlösung die Vorstellung von einem „Herrschaftswechsel" bemüht.

Die alten Metaphern konnten im Zusammenhang einer Theologie nicht mehr plausibel erscheinen, die sich anschickte, die Ge-

---

173 *De Ver.* 10: „Summam autem veritatem non negabis rectitudinem esse" (I, 189,31).
174 Vgl. hierzu auch Markus Enders, *Einleitung zu: Anselm von Canterbury, Über die Wahrheit. Lateinisch – deutsch* (PhB 535), Hamburg 2001, XXXIIIf. – In *Cur Deus Homo* kommt dem Begriff des „debitum" eine Schlüsselstellung zu.
175 Vgl. zur Redemptionstheorie bereits Irenäus von Lyon, *Epideixis* 38–39 (FChr 58–60); *Adv. Haer.* III 18,6 (FChr 230–233); IV 24,1 (FChr 196 f.); dazu Kessler, *Die theologische Bedeutung des Todes Jesu*, 43–51. – Zum theologiegeschichtlichen Kontext vgl. de Clerk, *Droits du démon et nécessité de la rédemption. Les écoles d'Abélard et de Pierre Lombard;* Schwager, *Der wunderbare Tausch*, 36–44.

halte des christlichen Glaubens auch losgelöst von den Quellen der christlichen Offenbarung zu bedenken.

Im Vorwort zu *Cur Deus Homo* kündigt Anselm an, er wolle mit seinen Überlegungen die Einwände *(obiectiones)* der „Ungläubigen" gegen zentrale Gehalte des christlichen Glaubens zurückweisen.[176] Und er wolle nachweisen, dass der christliche Glaube an die Menschwerdung Gottes keineswegs – wie die Ungläubigen spotten – der menschlichen Vernunft widerspricht und Ausdruck törichter Einfalt sei.[177] Dieser Nachweis soll mit Vernunftgründen geführt werden, d.h. ohne den Rückgriff auf biblische und theologische Autoritäten. Allein gestützt auf die menschliche Vernunft *(sola ratione:* I,20) und gleichsam a priori *(ante experimentum:* II,11) sollen die Einwände der Ungläubigen widerlegt werden.

Dieses apologetische Interesse ist in *Cur Deus Homo* jedoch von Anfang an so angelegt, dass Anselm das Erlösungsgeschehen, das er in seiner Notwendigkeit rekonstruieren will, als gegeben voraussetzt: *„ex necessitate omnia quae de Christo credimus fieri oportere" (Praef.)*. Es geht Anselm demnach nicht nur darum, die Einwände der Ungläubigen zu entkräften. Sein Bemühen zielt vielmehr auf einen positiven Aufweis der Glaubenswahrheit, dass Gott Mensch geworden und am Kreuz gestorben ist, um die durch die Sünde gestörte Ordnung der Schöpfung wiederherzustellen.[178] In diesem

---

176 Strittig ist, wer sich hinter den sog. „Ungläubigen" *(infideles)* verbirgt. Zur Diskussion vgl. Kessler, *Die theologische Bedeutung des Todes Jesu*, 87, Anm. 12. – Bereits bei Augustinus *(De trin.* XIII 10,13) wenden die „Ungläubigen" gegen die christliche Lehre von der Menschwerdung Gottes ein: „Itane defuit Deo modus alius quo liberaret homines a miseria mortalitatis huius, ut unigenitum filium Deum sibi coaeternum, hominem fieri vellet, induendo humanam animam et carnem, mortalemque factum mortem perpeti?" (CChr.SL 50A, 399,1–5).

177 Vgl. *CDH* I,3: „B.: Obiciunt nobis deridentes simplicitatem nostram infideles quia deo facimus iniuriam et contumeliam, cum eum asserimus in uterum mulieris descendisse, natum esse de femina, lacte et alimentis humanis nutritum crevisse, et – ut multa alia taceam quae deo non videntur convenire – lassitudinem, famem, sitim, verbera et inter latrones crucem mortemque sustinuisse" (II, 50,24–28).

178 Dieser Aufweis ist keineswegs voraussetzungslos. So unterstellt Anselm beispielsweise, dass die Ungläubigen mit ihm darin übereinstimmen, dass alle Menschen Sünder sind und als solche der Erlösung bedürfen. Eine gemeinsame Grundlage beansprucht Anselm auch mit der Behauptung, dass Glaubende wie Ungläubige annehmen, der Mensch sei zur ewigen Seligkeit bestimmt. Auch die Geltung des Gerechtigkeitsprinzips *aut satisfactio aut poena* wird nicht eigens begründet.

Theologiegeschichtliche Perspektiven

Rahmen stellt die Erlösung der Menschheit aus Sünde und Schuld lediglich einen Teilaspekt dar. Gleichwohl entscheidet sich an ihm die Verhältnisbestimmung von Gerechtigkeit und Barmherzigkeit Gottes.

Anders als im *Proslogion* erfolgt diese Verhältnisbestimmung nicht im Hinblick auf das Wesen Gottes, sondern im Hinblick auf sein Wirken in der Geschichte. Dessen innere Logik soll mit „notwendigen Vernunftgründen" *(rationibus necessariis)* aufgezeigt werden.[179]

Schon der Begriff Gottes als Quelle und Inbegriff der *rectitudo* impliziert ein Moment der Notwendigkeit: Die von Gott im Schöpfungsakt eingerichtete Ordnung hat ihren bleibenden Maßstab am Wahren und Guten, dessen Inbegriff Gott selbst ist. Insofern jede einzelne Sünde, die der Mensch begeht, eine Störung dieser Ordnung darstellt, ist die Forderung zwangsläufig, dass die durch die Sünde entstellte Ordnung der Schöpfung irgendwie wiederherstellt wird. Andernfalls nämlich bliebe nicht nur das Maß des in der Schöpfung möglichen Wahren und Guten unterboten. Vielmehr widerspräche es dem Wesen Gottes selbst, bliebe seine Schöpfung unter dem Maß ihrer Möglichkeiten zurück. Diesen Gedanken sieht Anselm im Begriff der Ehre *(honor)* ausgedrückt: Gott ist es sich selbst – seiner „Ehre" – schuldig, die durch die Sünde gestörte Ordnung des Wirklichkeitsganzen wiederherzustellen.[180]

Indem Anselm die *rectitudo* normativ versteht und zugleich mit Gott identifiziert, braucht er gegenüber seinen nichtchristlichen Gesprächspartnern Gottes Verpflichtung, heilschaffend zu wirken, nicht aus einem geoffenbarten Heilswillen abzuleiten. Gegenüber den „Ungläubigen" kann er geltend machen, dass diese Verpflichtung schon aus dem Gottesbegriff folgt, wenn dieser als *rectitudo* gefasst und als Grund des Wirklichkeitsganzen akzeptiert ist, zu-

---

[179] Dieses Beweisziel ist ein theologiegeschichtliches Novum. Die Kirchenväter hatten zwar gegenüber heidnischer Kritik wiederholt darauf hingewiesen, dass die Weise, in der Gott durch die Menschwerdung seines Sohnes und durch seinen Tod am Kreuz die Erlösung der Menschen gewirkt habe, höchst angemessen *(congruum)* sei (vgl. etwa Augustinus, *De trin.* XIII 10,13: CChr.SL 50A, 399 f.). Dass Gott aber die Erlösung der Menschen nicht hätte anders verwirklichen können, das wagten die Väter nicht zu behaupten. Dies zu beweisen, es mit „notwendigen Gründen" einsichtig zu machen, ist Anselms Anliegen.

[180] Die Normativität der *rectitudo* entfaltet sich im Begriffsfeld von *debeo/debitum*, *deceo* und *necessitas*.

gleich aber die Wirklichkeit der Sünde nicht geleugnet wird und diese als Verfehlung gegen die *rectitudo* gefasst ist.

Der zwischen Gottes Heilshandeln in der Geschichte und seinem unveränderlichen Wesen vermittelnde Begriff ist der Begriff der Ehre *(honor)*. Von ihm her ergibt sich auch die Verhältnisbestimmung von Gerechtigkeit und Barmherzigkeit Gottes.

Schon die Ausgangsfrage von *Cur Deus Homo*, „aus welchem Grund und mit welcher Notwendigkeit Gott Mensch geworden ist und der Welt durch seinen Tod [...] das Leben zurückgegeben hat", zwingt Anselm zu einer näheren Bestimmung des Verhältnisses von Gerechtigkeit und Barmherzigkeit Gottes. Indem Anselm Gottes Willen zum Heil der Menschen voraussetzt, muss er einsichtig machen, warum Gott die Erlösung der Menschen nicht einfach dadurch bewirkt, dass er ihre Sünden „allein durch seinen Willen" vergibt. Positiv ist gegenüber den „Ungläubigen" mit nachvollziehbaren und womöglich zwingenden Gründen zu zeigen, warum die Erlösung der Menschen *(salvatio hominum)* und die Wiederherstellung *(restauratio)* ihrer durch die Sünde entstellten Natur nur dadurch geschehen konnte, dass Gott selbst Mensch wurde.[181]

Anselms Rekonstruktion des Erlösungswerkes ist innovativ und folgenreich zugleich: Weil der Mensch aus eigenem Vermögen nicht in der Lage ist, sich aus seiner Verstrickung in die Sünde zu befreien, zugleich aber niemand anders als er selbst die durch die Sünde zerstörte Ordnung der Welt wiederherstellen kann, bedarf es einer Initiative Gottes, um ihn hierzu zu befähigen. Diese Initiative ist die Menschwerdung seines Sohnes und dessen freiwilliges und wegen seiner Sündenlosigkeit ungeschuldetes Sterben am Kreuz. Jesu Tod erbringt jene überpflichtige Leistung, die der sündige Mensch aus eigenem Vermögen nicht erbringen kann, weil er als Sünder gerechterweise dem Tod verfallen ist. Durch seinen ungeschuldeten Tod am Kreuz hat Christus für die Sünder das erworben, dessen er selbst nicht bedurfte.[182] Doch gerade so hat er aus freiem Willen das vollbracht, was notwendig war zum Heil der Sünder.

---

181 Vgl. *CDH* I,1: „[...] qua scilicet ratione vel necessitate deus homo factus sit, et morte sua, sicut credimus et confitemur, mundo vitam reddiderit, cum hoc aut per aliam personam, sive angelicam sive humanam, aut sola voluntate facere potuerit. [...] B.: [...] qua necessitate scilicet et ratione deus, cum sit omnipotens, humilitatem et infirmitatem humanae naturae pro eius restauratione assumpserit" (II, 48,2–5, 22–24).

182 Vgl. *CDH* II,18: „Solvit pro peccatoribus quod pro se non debebat" (II, 127,30).

Die einzelnen Gedankenschritte dieser Argumentation brauchen hier nur insofern vorgestellt und diskutiert werden, als sie das Verhältnis von Gerechtigkeit und Barmherzigkeit Gottes betreffen. Dieses freilich berührt das Grundverständnis von Anselms soteriologischem Entwurf. Denn gerade dadurch, dass Anselm gegenüber seinen nichtchristlichen Gesprächspartnern die Notwendigkeit der Menschwerdung aufweisen will, läuft sein Entwurf Gefahr, das Moment der Barmherzigkeit Gottes gegenüber dem Sünder zu vernachlässigen. Es drängt sich der Verdacht auf, dass es sich Gott in erster Linie selbst schuldet, die durch die Sünde gestörte Ordnung in seiner Schöpfung wiederherzustellen. Dann aber könnte das Erlösungswerk Christi bestenfalls nachrangig – wenn überhaupt noch – als Werk göttlicher Barmherzigkeit gegenüber den Menschen begriffen werden. Es wäre vielmehr einer metaphysischen Notwendigkeit geschuldet.

Anselm vertritt in *Cur Deus Homo* die Überzeugung, dass es der in Gott gründenden sittlichen Ordnung geschuldet ist, dass jede Sünde eine gerechte Strafe verdient oder ein Werk der Genugtuung fordert.[183] Diese Forderung sieht er in einem Gerechtigkeitsprinzip zum Ausdruck gebracht, das auf die Formel *aut poena aut satisfactio* gebracht werden kann (vgl. *CDH* I,6; I,15 u.ö.). Das so gefasste Gerechtigkeitsprinzip ist für Anselms Argumentation zugunsten der Notwendigkeit der Menschwerdung konstitutiv.

Um die argumentative Kraft des Gerechtigkeitsprinzips *aut poena aut satisfactio* zu sichern, erwägt Anselm die naheliegende Möglichkeit, dass Gott die Sünde der Menschen in einem Akt unbedingter Barmherzigkeit vergibt. Im 12. Kapitel von *Cur Deus Homo* fragt er, „ob es Gott geziemt, die Sünde durch bloßes Erbarmen, ohne

---

183   Der Begriff der „Sünde" wird in diesem Begriffsrahmen von Anselm so gefasst, dass der Mensch Gott die ihm geschuldete Ehre vorenthält. – Zum Verhältnis von sittlichem Gebot und Ehre Gottes vgl. u.a. *CDH* I,15: „Cum vult quod debet, deum honorat; non quia illi aliquid confert, sed quia sponte se eius voluntati et dispositioni subdit, et in rerum universitate ordinem suum et eiusdem universitatis pulchritudinem, quantum in ipsa est, servat" (II, 73,3–6); ferner *CDH* I,11: „A.: Hoc est debitum quod debet angelus et homo deo, quod solvendo nullus peccat, et quod omnis qui non solvit peccat. Haec est iustitia sive rectitudo voluntatis, quae iustos facit sive rectos corde [vgl. Ps 35,11], id est voluntate. Hic est solus et totus honor, quem debemus deo et a nobis exigit deus. Sola namque talis voluntas opera facit placita deo, cum potest operari; et cum non potest, ipsa sola per se placet, quia nullum opus sine illa placet. Hunc honorem debitum qui deo non reddit, aufert deo quod suum est, et deum exhonorat; et hoc est peccare" (II, 68,14–21).

alle Abzahlung der Schuld, nachzulassen".[184] Anselm verneint diese Frage.[185] Eine bloße Vergebung nämlich höbe die Störung nicht auf, die durch die Sünde in die Schöpfungsordnung eingebracht ist. Auch Reue, Umkehr und Buße können diese Störung nicht beheben. Ausdrücklich besteht Anselm in *CDH* I,21 auf der objektiven Notwendigkeit der Genugtuung: Selbst ein „zerknirschtes und gedemütigtes Herz" (vgl. Ps 50,19) böte Gott nichts, was über das von ihm ohnehin Geforderte hinausginge.

Die normativ verstandene Ordnung des Wirklichkeitsganzen, die *rectitudo*, verbietet es Gott, einen Sünder aus Güte, Barmherzigkeit oder freiem Wollen straffrei ausgehen zu lassen. Zwar ist Gott selbst Quelle und Inbegriff der *rectitudo;* doch ist gerade deshalb Gott ihr gegenüber nicht frei, bedingungslos zu vergeben.

Dass Gott nicht aus reiner Barmherzigkeit verzeihen kann, ohne sich selbst zu widersprechen, ist Dreh- und Angelpunkt der Argumentation in *Cur Deus Homo*. Nur wenn dieses Axiom gilt, stellt sich überhaupt die Alternative des Gerechtigkeitsprinzips *aut poena aut satisfactio*.

Argumentationslogisch ist der Hinweis auf die normative Kraft der *rectitudo* für das Verständnis von *Cur Deus Homo* entscheidend. Ließe man nämlich den Gedanken zu, dass eine bedingungslose Vergebung der Güte Gottes besser entspricht als die von Anselm favorisierte Alternative zwischen Strafe und Genugtuung, dann könnte man nicht mehr begründen – worauf Anselm in *Cur Deus Homo* ja hinaus will –, warum Gott Mensch werden *musste*. Nun aber *ist* Gott Mensch geworden. Dieses im Glauben erfasste Faktum meint Anselm nur dann mit Vernunftgründen erhellen und den Ungläubigen plausibel machen zu können, wenn das Gerechtigkeitsprinzip gilt und wenn seine Geltung auf ein ursprüngliches Wollen Gottes zurückgeführt werden kann – und zwar so, dass Gott darin seinem eigenen Wesen in höchster Weise gerecht wird.

Insofern erscheint das Gerechtigkeitsprinzip *aut poena aut satisfactio* als Funktion, nicht aber als Prinzip der Beweisführung,

---

184 *CDH* I,12: „Utrum sola misericordia sine omni debiti solutione deceat deum peccatum dimittere" (II, 69,6 f.).

185 Wenn es im Evangelium heißt, die Menschen sollten einander ihre Schuld vergeben (vgl. Mat 6,12), dann sei dies lediglich ein Zugeständnis vor dem Hintergrund dessen, dass es allein Gott zukommt, Vergeltung zu üben: „*Nullum enim pertinet vindictam facere, nisi ad illum qui dominus est omnium*" (vgl. Röm 12,19).

Theologiegeschichtliche Perspektiven

warum Gott Mensch geworden ist.[186] Prinzip der Beweisführung ist die geglaubte Faktizität der Menschwerdung. Um deren Notwendigkeit zu erweisen, bedarf es einer Zusatzannahme. Könnte ein anderer Grund plausibel gemacht werden, warum Gott Mensch geworden ist, dann wäre das Prinzip *aut poena aut satisfactio* in dem von Anselm beanspruchten Begründungszusammenhang jedenfalls entbehrlich.

Das Gerechtigkeitsprinzip *aut poena aut satisfactio* könnte freilich dann nicht geltend gemacht werden, wenn es mit Anselms Gottesbegriff unvereinbar wäre. Zwar stimmen Anselm und Boso darin überein, dass Gott keinem Gesetz unterworfen ist, und dass Gottes Wollen die notwendige Bedingung dafür ist, etwas gut oder gerecht zu nennen.[187] Trotzdem weist Anselm den Gedanken zurück, dass alles, was Gott will, schon aufgrund dessen, dass es von Gott gewollt ist, gut und gerecht ist. Denn diese Argumentation bliebe rein formal. Über sie hinausgehend ist zu sagen: Gott ist nicht imstande, das weniger Gute zu wollen, ohne sich selbst zu widersprechen. Als derjenige, über den hinaus nichts Größeres gedacht werden kann, kann Gott immer nur das Bestmögliche wollen. Nun bedeutete aber der Verzicht auf Strafe, dass „im Reich Gottes etwas ungeordnet" *(aliquid inordinatum in suo regno)* bliebe. Eben deshalb widerspräche es dem Begriff Gottes, Sünde ungestraft zu lassen: *„non ergo decet deum peccatum [...] impunitum dimittere".* Gottes Barmherzigkeit findet ihr Maß und ihre Grenze an der *rectitudo*, die für ihn selbst wie für die von ihm geschaffene Wirklichkeit normativ ist.

Indem Gott als Ursprung und Quelle der *rectitudo* gelten darf, ist nicht nur die Legitimität des sie auslegenden Gerechtigkeits-

---

186 Hans Kessler weist darauf hin, dass Anselm – argumentationslogisch – aus einem geschlossenen theologischen System zunächst die Stelle Christi eliminiert, um sie nach Durchführung des Programms als jene Leerstelle zu identifizieren, die allein durch seine Person und sein Werk notwendig und hinreichend gefüllt wird (*Die theologische Bedeutung des Todes Jesu*, 117–157); ähnlich kritisch zu Anselm neben Küng und Rahner auch Hammer, *Genugtuung und Heil.*

187 Vgl. *CDH* I,12: „A.: Verum est quod dicis de libertate et voluntate et benignitate illius; sed sic eas debemus rationabiliter intelligere, ut dignitati eius non videamur repugnare. Libertas enim non est nisi ad hoc quod expedit aut quod decet, nec benignitas dicenda est quae aliquid deo indecens operatur. Quod autem dicitur quia quod vult iustum est, et quod non vult non est iustum, non ita intelligendum est ut, si deus velit quodlibet inconveniens, iustum sit, quia ipse vult" (II, 70,11–16).

prinzips *aut poena aut satisfactio* gesichert, sondern auch, dass es gültiger Ausdruck jener *summa iustitia* ist, die Gott selbst ist. Weil das Gerechtigkeitsprinzip seinen Ursprung in Gott hat, leitet es verbindlich Gottes Wollen und Handeln gegenüber der Welt und gegenüber dem Bösen in ihr. Gott widerspräche sich selbst, wenn er der von ihm selbst einmal festgelegten Ordnung nicht entspräche. Mehr noch: Handelte Gott der einmal festgelegten Ordnung zuwider, indem er das weniger Gute wählte, dann stünde damit *ipso facto* fest, dass er nicht Gott ist: *„potius deum illum non esse"* (I,12).

Das Gerechtigkeitsprinzip *aut poena aut satisfactio* besagt deshalb soviel wie: Gott geziemt es weder, etwas ungerecht oder ungeordnet zu tun, noch solches zuzulassen. Das ihm Geziemende bindet Gott in seinem Handeln. Es gehört deshalb, wie Anselm vermerkt, „nicht zu seiner Freiheit, seiner Güte oder seinem Willen, den Sünder, der Gott das Entwendete nicht einlöst, ungestraft zu lassen".[188] Bedingungslos zu vergeben bedeutete, die durch die Sünde verursachte Unordnung in der Welt hinzunehmen. Dies aber widerspräche dem Wesen Gottes: Als Inbegriff der *rectitudo* kann Gott in der Welt keine Unordnung wollen oder auch nur zulassen. Deshalb muss er angesichts der Sünde Strafe oder Genugtuung fordern.

Freilich könnte keine Strafe den Schaden wiedergutmachen *(recompensare)*, den der Sünder Gott dadurch angetan hat, dass er versuchte, Gottes Stelle einzunehmen und ihm so die gebührende Ehre vorzuenthalten. Eine *restitutio* oder *restauratio* in diesem – konservativen – Sinne ist ausgeschlossen. Weil der Lauf der Geschichte unumkehrbar ist, kann keine Sündenstrafe die ursprüngliche Vollkommenheit der Schöpfung wiederherstellen. Überdies ist die Strafe ihrerseits ein neues Übel: Sie schließt einen Mangel an Sein ein, der der normativ verstandenen *rectitudo* entgegensteht.

Um den durch die Sünde eingetretenen Schaden zu tilgen, bleibt demnach im Rahmen aller denkbaren Möglichkeiten nur noch der Weg, Genugtuung *(satisfactio)* zu leisten.

Den Gedanken der *satisfactio* theologisch und soteriologisch fruchtbar werden zu lassen, lag an der Wende vom 11. zum 12. Jahrhundert auch deshalb nahe, weil sich das Institut der *satisfactio* bereits im politischen Bereich als konfliktlösend und friedenstiftend

---

188   CDH I,12: „A.: […] Si non decet deum aliquid iniuste aut inordinate facere, non pertinet ad eius libertatem aut benignitatem aut voluntatem, peccantem qui non solvit deo quod abstulit impunitum dimittere" (II, 70,27–30).

Theologiegeschichtliche Perspektiven

erwiesen hatte.[189] Angesichts der Unmöglichkeit von bedingungsloser Vergebung und Strafe konnte die Möglichkeit der *satisfactio* von Anselm deshalb als Akt göttlicher Barmherzigkeit angesichts der Unordnung gedeutet werden, welche die Sünde in die Welt eingebracht hatte. Stellt Gott den Menschen mit der Möglichkeit der *satisfactio* doch einen notwendigen und zugleich gangbaren Weg bereit, den durch die Sünde eingetretenen Schaden wiedergutzumachen.[190]

Als überpflichtige Leistung des Gottmenschen fügt die Genugtuung der Schöpfung zwar nichts hinzu, schafft aber einen „Vorrat" an Gnade, von dem die Menschen dadurch profitieren, dass Gott ihre Sünden vergibt. Durch durch das Werk der Genugtuung ist die Sünde des Menschen zwar nicht einfach getilgt, wohl aber ein Werk vollbracht, das alle Sünden der Welt unvergleichlich überwiegt (*incomparabiliter superat:* CDH II,18). Eben deshalb können Leiden und Sterben Christi als Vollzugsgestalten göttlicher Barmherzigkeit gelten. Über jene Genugtuung hinaus, die Gottes Ehre fordert, um seiner eigenen Vollkommenheit zu genügen, werden die Früchte des freien und ungeschuldeten Todes Jesu auch den Sündern zuteil. Tatsächlich erweist sich so Gottes Barmherzigkeit als nachrangig gegenüber seiner Gerechtigkeit. Die Menschwerdung des Sohnes und sein freiwilliges Sterben sind wegen der Geltung des Gerechtigkeitsprinzips *aut poena aut satisfactio* auch für *Gott* notwendig.

In *Cur Deus Homo* wird unterstellt, dass das Gerechtigkeitsprinzip *aut poena aut satisfactio* Gott besser entspricht als die Annahme im *Proslogion,* wonach es zur höchsten Gerechtigkeit Gottes ebenso gehört, die Guten zu belohnen, wie die Bösen zu verschonen. Einen Beweis hierfür tritt Anselm nicht an. Ebenso wenig wird erklärt, warum Gott das Gerechtigkeitsprinzip überhaupt eingerichtet hat, um sich ihm anschließend durch die Menschwerdung seines Sohnes unterwerfen zu müssen.

---

189 Vgl. hierzu Gerd Althoff, *Genugtuung (satisfactio). Zur Eigenart gütlicher Konfliktbeilegung im Mittelalter,* in: Joachim Heinzle (Hg.), Modernes Mittelalter. Neue Bilder einer modernen Epoche, Frankfurt am Main – Leipzig 1994, 247–265. Hinweise auf die schon von Ritschl und Harnack wahrgenommene Nähe des *satisfactio*-Begriffs zum germanischen Lehnsrecht auch bei Werbick, *Den Glauben verantworten,* bes. 439–442.

190 Vgl. CDH II,18: „recompensare". Anselm beschreibt das Erlösungswerk in Begriffen wie *restauratio* oder *restitutio.* Als Prinzipien der Wiederherstellung gebrauchte er Kategorien wie „Würde" *(honor),* „Schuld" *(debitum)* oder auch „Ziemlichkeit" *(decentia).*

Anselms Argumentation in *Cur Deus Homo* ist deshalb nur dann begrifflich konsistent, wenn auch die Gerechtigkeit *Gottes* immer schon durch das Gerechtigkeitsprinzip *aut poena aut satisfactio* gehaltvoll bestimmt ist. Dies aber wird von Anselm nicht eigens begründet, sondern vorausgesetzt, um sein Beweisziel zu sichern: die als Faktum geglaubte Menschwerdung Gottes mit notwendigen Vernunftgründen einsichtig zu machen und so gegenüber den „Ungläubigen" die Wahrheit des christlichen Glaubens zu erweisen. Gegenüber Anselm Ziel, die Notwendigkeit des Erlösungswerkes zu erweisen, verblasst in *Cur Deus Homo* der Gedanke einer möglicherweise frei gewährten Barmherzigkeit Gottes gegenüber dem Sünder.

Anselm geht es in *Cur Deus Homo* nicht zunächst um eine Theologie der Versöhnung der Menschen untereinander oder mit Gott. Die Sünde wird lediglich in ihrer abstrakten Bedeutung als Störung der Schöpfungsordnung und insofern als Verfehlung gegenüber der Gott geschuldeten Ehre gedeutet. Beweisziel ist vielmehr der Aufweis der Notwendigkeit der Menschwerdung Gottes.

Anselms Anliegen, gegenüber den „Ungläubigen" mit reinen Vernunftgründen die Notwendigkeit der Menschwerdung Gottes zu erweisen, verstellt seinen Blick für die Notwendigkeit zwischenmenschlicher Vergebung. Gleichwohl beinhaltet seine begriffliche Rekonstruktion der Menschwerdung Gottes eine theologische Anthropologie, die weit über *Cur Deus Homo* hinausweist und auch für die Leitfrage dieser Untersuchung bedeutsam ist. Das neuzeitliche Freiheitsbewusstsein scheint ja darauf zu insistieren, dass im Versöhnungsgeschehen die Opfer als konstitutive Instanzen zur Geltung zu bringen sind. Indem Anselm darauf besteht, dass die geforderte Genugtuung nur durch einen Gott geleistet werden *kann*, zugleich aber durch einen Menschen geleistet werden *muss*, beinhaltet seine Soteriologie eine anthropologische Dimension, die geeignet ist, dieser Forderung Nachdruck zu verleihen.

3.3.3 Eine Anthropologie der Freiheit

Gegen Ende des ersten Buches von *Cur Deus Homo* weist Boso darauf hin, dass es moralisch unzulässig sei, vom Menschen etwas zu fordern, was zu leisten dieser nicht imstande ist. Weil aber der Mensch nichts besitzt, was ihm nicht von Gott verliehen wäre, sei er *grundsätzlich* nicht in der Lage, die geforderte Genugtuung zu leisten. Erscheint Gott nicht als ungerecht, wenn er genau dies vom Menschen fordert? Jedenfalls kann Gottes Barmherzigkeit nicht darin bestehen, dem Menschen etwas zu erlassen oder stellvertretend durch einen anderen verrichten zu lassen, was er selbst zu erbringen nicht in der Lage ist. Für Boso bedeutete es geradezu eine Verhöhnung *(derisio)* Gottes, ihm eine derartige „Barmherzigkeit" zuzuschreiben.[191]

Mit dem Erlösungswerk des Gottmenschen deutet sich nun eine „andere Barmherzigkeit" *(alia misericordia:* CDH I,24) an. Diese besteht darin, dass Gott die Menschheit wenigstens in *einem* Individuum dazu befähigt, das von Gott Geforderte tatsächlich zu erbringen – nämlich sündenlos zu leben – und so die unverzichtbare Genugtuung für die Sünde leisten zu können. Die „andere Barmherzigkeit" Gottes befähigt den einen Menschen Jesus von Nazaret dazu, das zu leisten, was *jeder* Mensch leisten *muss,* was er aber unter den Folgen der Sünde aus eigenem Vermögen nicht leisten *kann:* Gott gehorsam zu sein und ihm so die geschuldete Ehre zu erweisen.

Die Selbsthingabe des Gottmenschen, welche die notwendige *satisfactio* ermöglicht, erfolgt nicht nur ungeschuldet, sondern auch freiwillig *(sponte).* Dieser Gedanke beinhaltet ein kritisches Moment gegenüber jeder dem faktischen Heilsgeschehen vorausgehenden Denknotwendigkeit. Der „Mehrwert" der Selbsthingabe Jesu besteht nämlich wesentlich darin, dass sie in Freiheit vollzogen ist.[192] Der Vater hat seinen Sohn „nicht zu sterben gezwungen, sondern er selber hat freiwillig den Tod erlitten".[193] So ergibt sich eine Dialektik: Vom Gottmenschen her gesehen ist seine Selbsthingabe frei, vom Menschen aus gesehen ist sie absolut notwendig, weil anders keine Erlösung geschehen konnte.

Im 5. Kapitel des zweiten Buches von *Cur Deus Homo* erklärt Anselm, warum die Heilstat Christi nicht aus zwingender Notwendigkeit geschah. Denn es ließe sich ja einwenden, Gott sei gezwungen, für das Heil der Menschen zu sorgen, wenn er angesichts der Sünde das „Unziemliche", nämlich die Unordnung in seiner Schöpfung, vermeiden will. Handelt deshalb Gott in der Mensch-

---

191 *CDH* I,24: „A.: [...] Si dimittit quod sponte reddere debet homo, ideo quia reddere non potest, quid est aliud quam: dimittit deus quod habere non potest? Sed derisio est, ut talis misericordia deo attribuatur" (II, 93,18–20). Vgl. auch *CDH* I,25: „Quomodo ergo salvus erit homo, si ipse nec solvit quod debet, nec salvati, si non solvit, debet? Aut qua fronte asseremus deum in misericordia divitem [vgl. Eph 2,4] supra intellectum humanum, hanc misericordiam facere non posse?" (II, 94,26–28).
192 Vgl. *CDH* I,10 (II, 65 f.).
193 *CDH* I,9: „Non ergo coegit deus Christum mori, in quo nullum fuit peccatum; sed ipse sponte sustinuit mortem" (II, 62,5 f.).

werdung seines Sohnes nicht vorrangig um seiner selbst willen und nicht zunächst um der Menschen willen? Wie aber könnte die Erlösung Gottes Barmherzigkeit zugeschrieben werden, wenn Gott sie zunächst um seiner selbst willen vollzieht?[194]

Demgegenüber betont Anselm, dass die Notwendigkeit, den Menschen zu erlösen, um sein Heilswerk zu vollenden, Gott nicht von außen her zukommt. Sie ist keine *necessitas antecedens,* sondern eine *necessitas sequens* (II,17). Gott hat sich in höchster Freiheit dazu bestimmt, trotz der von ihm vorhergesehenen Sünde des Menschen dessen Heil zu erwirken.[195] Die frei vollzogene Selbstverpflichtung Gottes ist deshalb nur im uneigentlichen Sinne *(improprie)* „notwendig" zu nennen. Jede Art von Notwendigkeit unterliegt Gottes Willen; sein Wille aber ist keiner Notwendigkeit unterworfen.[196] Gottes Wille ist nur an sich selbst gebunden, und wie derjenige, der aus freiem Entschluss ein Gelübde auf sich nimmt, dadurch nicht unfrei wird (vgl. I,5), so entäußert sich auch Gott nicht seiner Freiheit, wenn er in seinem Erlösungshandeln dem Gerechtigkeitsprinzip entspricht. Vielmehr vollzieht sich in der Menschwerdung des Sohnes die für den Menschen entschiedene Freiheit Gottes so, dass sie den Tod nicht aus Notwendigkeit erleidet – wie es für alle Menschen gilt, insofern sie Sünder sind –, sondern ihn in Freiheit auf sich nimmt. Auf diese Weise stellt der Gottmensch den höchsten Fall kreatürlicher Freiheit dar.

Zwar ist die freie Selbsthingabe Christi konstitutiv für das Erlösungswerk. Dieses muss jedoch vom Menschen angeeignet werden. Denn erst die Umkehr des Sünders, seine frei vollzogene *imitatio Christi,* lässt ihn am Heilsgeschehen Anteil gewinnen. In der Selbsthingabe Gottes und in ihrer Annahme durch den Menschen erweist sich die „andere Barmherzigkeit" Gottes. „Denn was könnte barmherziger gedacht werden, als wenn Gott-Vater zu dem Sünder, der zu ewigen Qualen verurteilt ist und nichts hat, wodurch er sich

---

194   Vgl. *CDH* II,5: „Videtur quasi cogi deus necessitate vitandi indecentiam, ut salutem procuret humanam. Quomodo ergo negari poterit plus hoc propter se facere quam propter nos? Aut si ita est: quam gratiam illi debemus pro eo quod facit propter se? Quomodo etiam imputabimus nostram salutem eius gratiae, si nos salvat necessitate?" (II, 99,18–22).

195   *CDH* II,5: „Non enim illum latuit quid homo facturus erat, cum illum fecit, et tamen bonitate sua illum creando sponte se ut perficeret inceptum bonum quasi obligavit" (II, 100,18–20).

196   Vgl. *CDH* II,17: „Omnis quippe necessitas et impossibilitas eius subiacet voluntati; illius autem voluntas nulli subditur necessitati aut impossibilitati" (II, 122,26 f.).

Theologiegeschichtliche Perspektiven

daraus befreien könnte, spricht: Nimm meinen Eingeborenen und gib ihn für dich; und der Sohn: Nimm mich und erlöse dich?"[197] Gottes Erlösungswerk ermächtigt den Sünder geradezu, in freier Annahme des Erlösungswerkes zum Subjekt seiner eigenen Erlösung zu werden!

Erlösung geschieht nach *Cur Deus Homo* nicht allein durch die äußerliche Zuwendung der Verdienste *(merita)* des Gottmenschen. Vielmehr muss der sündige Mensch diese Verdienste frei annehmen. Nach Anselm kommt es darauf an, dass der Sünder „von sich aus aufsteht und sich wieder aufrichtet".[198] Die Gnade Gottes, die aus den Verdiensten Jesu Christi hervorgeht, ist keine dem Menschen von außen her zukommende Kraft; sie befähigt vielmehr den Sünder dazu, sich aus *eigener* Kraft Gott zuzuwenden. Durch den Empfang der göttlichen Gnade werden die Erkenntnis Gottes und der Vollzug der Freiheit im Gegenüber zu Gott und den Menschen so möglich, dass sich Vernunft und Freiheit als sie selbst vollziehen. Das Ideal dieses Selbstvollzuges ist die „Rechtheit des Willens, die um ihrer selbst willen gewahrt ist" *(rectitudo voluntatis propter se servata)*. Als solche „Rechtheit des Willens um ihrer selbst willen" vollzieht sich die endliche Freiheit als sie selbst in die sich ihr eröffnende Freiheit Gottes hinein.

Gott will den Menschen dadurch erlösen, dass er ihn durch die Selbsthingabe Christi und die daraus hervorgehende Gnade dazu befähigt, seine ursprüngliche Berufung zur Gemeinschaft mit Gott zu leben. Ebenfalls zu Beginn des zweiten Buches von *Cur Deus Homo* betont Anselm, dass der Mensch als eine vernunftbegabte Natur dazu bestimmt ist, durch den Genuss Gottes als des höchs-

---

197   *CDH* II,20: „Misericordiam vero Dei quae tibi perire videbatur, cum iustitiam Dei et peccatum hominis considerabamus, tam magnam tamque concordem iustitiae invenimus, ut nec maior nec iustior cogitari possit. Nempe quid misericordius intelligi valet, quam cum peccatori tormentis aeternis damnato et unde se redimat non habenti deus pater dicit: accipe unigenitum meum et da pro te; et ipse filius: tolle me et redime te?"

198   Vgl. *CDH* II,8: „Oportet ut, si idem genus resurgit post casum, per se resurgat et releveretur" (II, 103,9). – Dazu Helmut Steindl: „Die satisfactio ist bei Anselm nicht Strafersatz, sondern Ersetzung der Strafe. [...] In diesem Zusammenhang muss auch der gängige Juridismus-Vorwurf zurückgewiesen werden, der auf der anselmischen Entsprechung von unendlicher Schuld und unendlicher Genugtuungsleistung Christi fixiert ist. In der Perspektive Anselms geht es vielmehr um die Dynamik der Genugtuung, um eine echte Erneuerung des Verhältnisses zwischen Gott und den Menschen" (*Genugtuung*, 302).

ten Gutes selig zu werden: *„factus est iustus ad hoc, ut deo fruendo beatus esset"* (II,1).

Dass der Mensch als freies Wesen geschaffen ist, und dass er mit der Fähigkeit ausgestattet ist, zwischen Gut und Böse zu unterscheiden, stellt ihn nicht einfach nur vor die Alternative, das Gute oder das Böse zu wählen.[199] Vielmehr entspricht es nach Anselm dem Wesen der Freiheit selbst, das Gute zu wählen und das Böse zu verwerfen: *„ad hoc accepit potestatem discernendi, ut odisset et vitaret malum, ac amaret et eligeret bonum"* (II,1). Schon damit, dass der Mensch als freies Wesen geschaffen ist, ist seine ursprüngliche Bestimmung zur Seligkeit gegeben. Diese Bestimmung ergibt sich aus der *rectitudo,* die das Wirklichkeitsganze durchwaltet. Ihr zufolge „ziemt es sich nicht, dass Gott eine solche bedeutende Fähigkeit nutzlos gegeben hätte" (*non convenit ut deus tantam potestatem frustra dederit:* ebd.).

Die Bestimmung des Menschen, im Gebrauch seiner Freiheit das Gute zu wählen, wurde in dem besonderen Fall des menschgewordenen Gottessohnes tatsächlich realisiert. In seiner Person wurde die prinzipielle Möglichkeit geschaffener Freiheit, das zuhöchst Gute um seiner selbst willen zu wählen (*non proper aliud, sed propter ipsum:* II,1), verwirklicht.

Gerade so aber wurde auch die Abgründigkeit der Sünde als *Selbst*verfehlung geschaffener Freiheit offenbar. Sünde ist nach Anselm nicht bloß Verfehlung göttlicher Gebote, sondern Selbstwiderspruch endlicher Freiheit. Diese vollzieht sich nämlich als sie selbst dadurch, dass sie das höchste Gut zu ihrem Inhalt wählt. Sünde hingegen setzt ein minderes Gut an die Stelle Gottes – und enthält Gott so die ihm schuldige Ehre vor.

Im Horizont des Glaubens ist Freiheit nicht bloß formale Unbestimmtheit, sondern Selbstbewegung der Vernunft in die sich ihr eröffnende Freiheit Gottes. Sie vollzieht sich ihrer ursprünglichen Bestimmung entsprechend darin, dass sie sich der Wirklichkeit Gottes öffnet. Diese Wirklichkeit steht ihr als Inbegriff der Gerechtigkeit vor Augen, als *rectitudo voluntatis propter se servata.* Diesem Ideal der Gerechtigkeit soll der endliche Wille nacheifern. Deshalb vollzieht er sich nicht zunächst so, dass er das tut, was Gott

---

199 Freiheit ist für Anselm, wie er zu Beginn von *De libero arbitrio* feststellt, anders als für Augustinus nicht einfach nur das „Vermögen, zu sündigen oder nicht zu sündigen": „Liberum arbitrio non puto esse potentiam peccandi et non peccandi" (*De lib. arb.* 1: FChr 66–68/Ed. Schmitt I, 207,11 f.). – Vgl. bes. Verweyen, *Einleitung,* 38–54.

Theologiegeschichtliche Perspektiven

will, sondern darin, dass er sich als er selbst vollzieht. Gerecht ist deshalb das, wovon Gott will, dass der Mensch es will: *"quod deus vult illam velle".*[200]

Auf diese Weise erfährt sich der Mensch im Vollzug seiner Freiheit als durch die je größere Freiheit Gottes umfangen und zu seiner eigenen Freiheit befreit.[201] Aber auch im Falle seines Scheiterns weiß er sich von der je größeren Wirklichkeit Gottes umfasst. Eben hierin besteht die Grunderfahrung der göttlichen Barmherzigkeit, die Anselm bereits im *Proslogion* artikulierte: auch im Modus der Sünde noch getragen zu sein von der Wirklichkeit Gottes und so auch *in* der Sünde nicht ohne die Möglichkeit der Neubestimmung der eigenen Freiheit auf das ihr Gemäße hin zu bleiben.

Die Möglichkeit der Freiheit, sich *nicht* auf das Gute, das Wahre und das Gerechte hin zu vollziehen, hatte Anselm bereits in seinem Traktat *De casu diaboli* erörtert.[202] Darin spürt er der rätselhaften Möglichkeit nach, dass sich die endliche Freiheit von dem zuhöchst Guten, Wahren und Gerechten auch abwenden kann. Für Anselm bleibt der Grund hierfür im Dunkeln.[203] Die Möglichkeit dazu aber sieht er mit der Natur geschaffener Freiheit immer gegeben. Wenn die geschaffene Freiheit nicht das Böse, sondern das Gute wählt – und darin sich selbst in ihrer Offenheit auf die Wirklichkeit Gottes vollzieht –, dann ist dies zwar ein Akt, den die geschaffene Freiheit aus sich heraus *(a se)* vollzieht, er ist aber nicht selbstverständlich, sondern durch Gottes Gnade ermöglicht. In der Fähigkeit, *nicht* zu sündigen, sieht Anselm die geschaffene Freiheit „in gewissem Sinne" Gott ähnlich, „der von sich hat, was immer er

---

200 *De lib. arb.* 8 (FChr 100,19 f./I, 220,22).
201 Nach dem Urteil von Hansjürgen Verweyen ist „kaum einmal [...] ein vormoderner christlicher Autor dem Begriff sittlicher Autonomie im Sinne Kants so nahe gekommen wie Anselm" (Einleitung zu: Anselm von Canterbury, *Freiheitsschriften* [FChr], 56). Ein mit Anselm vergleichbares Reflexionsniveau, die Freiheit Gottes und die Freiheit des Menschen zusammen zu denken, sieht Verweyen erst wieder beim späten Fichte gegeben. Allerdings biete Anselm eine gegenüber Fichte „konsequentere Reflexion auf eine sich verfehlende Freiheit" (ebd.).
202 Nach Hansjürgen Verweyen datiert auf 1085–1090: *Anselm von Canterbury, Freiheitsschriften,* 7, 11.
203 In *De casu* unterstellt Anselm einen Willen zum Angenehmen *(commodum)* oder zur Glückseligkeit *(beatitudo),* welcher dem Willen zur Gerechtigkeit gegenüberstehe und die geschaffene Freiheit zum Bösen verleite. Kritisch zu diesem Versuch Verweyen, *Einleitung,* 47–49.

hat".²⁰⁴ Dass diese Fähigkeit aber tatsächlich realisiert wird, darin erfährt sich die geschaffene Freiheit von der Wirklichkeit Gottes und seiner Gnade getragen.

3.3.4 Theologiegeschichtliche Erträge

Nachfolge *(imitatio)* Christi ist nach Anselm wesentlich durch das Bemühen charakterisiert, aus dem Gehorsam gegenüber Gott zu leben, sich also im Vollzug der eigenen Freiheit ganz von Gott her bestimmen zu lassen. Anders als Thomas von Aquin sieht Anselm die Natur des Menschen aus sich selbst heraus befähigt, Gott zum bestimmenden Grund ihres Selbstvollzuges zu wählen. In dem einmaligen Fall des Gottmenschen ist dies auch verwirklicht. In Christus konnte der freie Selbstvollzug einer menschlichen Natur zum Grund der Erlösung werden. Dies war freilich zugleich auch notwendig; denn die Genugtuung konnte ja von niemand anderem als von einem *Menschen* erbracht werden.

Ist mit der Wirklichkeit endlicher Freiheit immer schon auch die Möglichkeit – und faktisch auch die Wirklichkeit – ihrer Selbstverfehlung gegeben, so besteht Anselm um der Möglichkeit der Erlösung willen auf der grundsätzlichen Fähigkeit der Freiheit, sich im Vollzug ihrer selbst der Freiheit Gottes neu zu öffnen. Eben hierin besteht das Wesen der Umkehr. Dieses wird deshalb möglich, weil dem Sünder in Jesus Christus die geschichtlich einmalige Gestalt einer Freiheit vor Augen steht, die sich in ihrem Gehorsam gegenüber dem Vater der Wirklichkeit Gottes unbedingt geöffnet hat. Gerade als *Mensch* – und darauf legt Anselm besonderen Wert – ist Christus jene Gestalt endlicher Freiheit, die sich so als sie selbst vollzogen hat, dass in ihr die alle endliche Freiheit erfüllende Wirklichkeit Gottes zur Erscheinung gelangt. Dass Anselm in *Cur Deus Homo* dieses Geschehen auf den Vollzug des Todes Christi eingeengt hat, zählt zu den Missverständlichkeiten, ja Schwächen des Werkes. Hier hätte es nahegelegen, die Ansätze aus Anselms Freiheitsschriften konsequenter auszuschreiten.

Durch die Konzentration der Erlösungsdramatik auf den Kreuzestod Christi und den Gedanken, dass anders nicht dem Gerech-

---

204 Vgl. in *CDH* II 20 über die Engel: „Angeli non sunt laudandi de iustitia sua, quia peccare potuerunt, sed quia per hoc quodam modo in se habent quod peccare nequeunt; in quo aliquatenus similes sunt deo, qui a se habet quidquid habet" (II, 107,10–19). – Nach Augustinus zeichnet es die vollendeten Gerechten aus, dass sie nicht sündigen können *(non posse peccare)*: Civ. Dei XXII 30,65–70 (CpChL 48, 632,30–633,2).

tigkeitsprinzip *aut poena aut satisfactio* Genüge getan wäre, gewinnt in *Cur Deus Homo* die Vorstellung von einer abstrakten Gerechtigkeitsforderung die Oberhand. Diese ist aber durch Anselms Definition der Gerechtigkeit als *rectitudo voluntatis propter se servata* nicht gedeckt. Denn letztendlich geht es Anselm um den Gedanken, dass Gott dem Menschen auch in seiner Sünde die Möglichkeit eröffnet, seine Freiheit entsprechend ihrer ursprünglichen Bestimmung neu auf jene Freiheit hin auszurichten, die er selbst zuhöchst ist. Dass Anselm diesen in *De veritate* angelegten Gedanken in *Cur Deus Homo* nicht konsequent ausbuchstabiert hat, zählt zu der folgenreichen Tragik dieses einflussreichen Werkes.

In Anselms Deutung des Erlösungswerkes Christi vollzieht sich die Barmherzigkeit Gottes *als* Gerechtigkeit. Dabei wird Erlösung als Befreiung der Freiheit des Menschen zu sich selbst verstanden: Nicht Gott, sondern ein Mensch muss das Werk der Erlösung vollbringen. Indem Anselm darauf beharrt, dass Gottes heilschaffendes Wirken auf die freie Antwort des Menschen zielt, gelangt er zum Postulat einer endlichen Freiheit, die sich gerade so als sie selbst vollzieht, dass sie sich der unendlichen Freiheit öffnet. Damit wird eine Struktur endlicher Freiheit erkennbar, die für die Neuzeit richtungsweisend sein wird.[205]

3.4 Barmherzigkeit als Bestimmungsgrund der Menschwerdung Gottes: Petrus Abaelardus

Anselms Erlösungslehre hat die nachfolgende Theologiegeschichte maßgeblich beeinflusst. Dass Anselm im Erlösungsgeschehen die Freiheit des Menschen zur Geltung bringen wollte, wurde freilich nur selten wahrgenommen. Und nur selten wurde wahrgenommen, dass die Möglichkeit der Genugtuung gegenüber ihrer Alternative, der Bestrafung des Sünders, Gottes Barmherzigkeit geschuldet ist – eines Gottes, der für Anselm in erster Linie und vor allem reine Güte ist.

Weil in der Rezeptionsgeschichte von *Cur Deus Homo* vor allem die dem Werk vermeintlich zugrunde liegende Vergeltungslogik wahrgenommen wurde, begünstigte Anselms Erlösungslehre die Vorstellung von einem Gott, der Sünden unnachsichtig ahndet und auf dem Sühnetod seines Sohnes besteht, um die Sünder zu retten. Gottes Barmherzigkeit, so schien es, findet an seiner Gerechtigkeit eine Grenze, die auch von ihm selbst nicht überschritten werden

---

205   Vgl. hier bes. Krings, *Freiheit – Ein Versuch, Gott zu denken.*

kann. Dass aber eben diese Gerechtigkeit den Rahmen bereitstellt, innerhalb dessen *satisfactio* möglich wird, wurde nicht gesehen.

Anselms Entwurf war schon zu seiner Zeit nicht ohne Alternative. So hat nur wenige Jahre nach *Cur Deus Homo* Petrus Abaelardus (gest. 1142) versucht, das Erlösungsgeschehen nicht im Rahmen einer Logik der Gerechtigkeit, sondern im Rahmen einer Logik der Barmherzigkeit und Liebe zu begreifen. Vor allem wegen der Polemik Bernhards von Clairvaux (gest. 1153) gegen Abaelard blieb dessen Erlösungslehre im Mittelalter jedoch wirkungsgeschichtlich unbedeutend und wurde erst in der Neuzeit wiederentdeckt.[206] Sie wird im Folgenden hinsichtlich der in ihr vorgenommenen Verhältnisbestimmung von Gerechtigkeit und Barmherzigkeit Gottes skizziert.

3.4.1 Liebe als Eigenschaft Gottes bei Bernhard von Clairvaux und Abaelard

Abaelards Theologie der Barmherzigkeit Gottes ist nicht ohne Vorläufer. Für Wilhelm von Champeaux (gest. 1122) etwa, Magister an der Kathedralschule von Paris, Gründer der Schule der Augustiner-Chorherren von St. Victor und seit 1113 Erzbischof von Châlons-sur-Marne, besteht das Erlösungswerk Jesu Christi nicht im Loskauf des Sünders aus der Gewalt des Teufels, sondern darin, dass die Menschen Gott lieben können, weil ihnen Gott in Jesus Christus seine Liebe erwiesen und ein Vorbild vollkommener Liebe vor Augen gestellt hat.[207] Diese Auffassung stellt eine Alternative zu Anselms Erlösungslehre dar, mit der sich Wilhelm kritisch auseinandergesetzt hat.[208] Als Abaelard in den 30er Jahren des 12. Jahrhundert die traditionelle Redemptionstheorie kritisierte, die – ungeachtet der Überlegungen Anselms – beispielsweise auch sein Zeitgenosse Hugo von St. Viktor (gest. 1141) noch vertrat,[209] konnte er bei den Überlegungen seines Lehres Wilhelm anknüpfen.

---

206 Zu Bernhards Polemik gegen Abaelard vgl. Clanchy, *Abaelard,* bes. 393–402.

207 Die erhaltenen *Sententiae* Wilhelms sind hg. v. Odo Lottin, *Psychologie et morale aux XIIe et XIIIe siècles,* Bd. V, Gembloux 1959, 189–227.

208 Entsprechende Sentenzen sind in dem von einem anonymen Autor verfassten *Liber pancrisis,* einem Florilegium aus dem 12. Jahrhundert, überliefert (vgl. Clanchy, *Abaelard,* 359).

209 Vgl. *De sacram. christianae fidei* I, 8,3 (ed. Roy J. Deferrari, MAA 5, Cambridge [Mass.] 1955).

Theologiegeschichtliche Perspektiven

Unter Wilhelms Schülern befand sich nicht nur Abaelard, sondern auch der Zisterzienser Bernhard von Clairvaux (gest. 1153). So unterschiedlich beide in Charakter und Temperament auch sein mochten, beide sahen das Ziel der Menschwerdung Gottes in der Offenbarung der Liebe Gottes. Zwar hält auch Bernhard an der Möglichkeit der Verdammnis fest. Diese droht jedoch nicht etwa deshalb, weil der Sünder „seine Schuld nicht bezahlt" und so Gottes Gerechtigkeit nicht Genüge getan hat. Vielmehr besteht die Sünde darin, sich nicht zur Liebe Gottes zu bekehren und von ihr her bestimmen zu lassen. Von dieser Liebe Gottes aber weiß der Mensch deshalb, weil Gott Mensch geworden ist. Im menschgewordenen Gottessohn erkennt der Gläubige die Offenbarung der Barmherzigkeit Gottes mit den Sündern.[210]

Bernhard sieht das Motiv der Menschwerdung Gottes weder darin, den Sünder aus der Macht des Teufels freizukaufen, noch darin ein Werk der Genugtuung zu verrichten. Vielmehr wollte Gott in der Menschwerdung Christi die Liebe Gottes offenbar werden lassen und so ein Beispiel dafür geben, wie die Menschen Gott und einander lieben können.[211] Seine Mönche leitete Bernhard dazu an, sich täglich während des Gebetes eine bestimmte Begebenheit aus dem Leben Jesu vor Augen zu stellen: seine Geburt beispielsweise oder sein Predigen, sein Leiden oder sein Sterben. Damit entging Bernhard der Engführung der Inkarnation auf Leiden und Sterben Christi. Die Seele des Menschen, so Bernhard, deutet die verschiedenen Beispiele aus Jesu Leben als Einladungen zu einem tugendhaften Leben.

Weil die Menschwerdung der Rettung der Menschen aus Macht und Herrschaft der Sünde gilt, verbindet Bernhard mit dem erwarteten Jüngsten Gericht die Hoffnung, dass darin nicht der strenge göttliche Richter im Mittelpunkt steht, sondern ein Richter, der als „Sohn des Menschen" das Schwache aus eigenem Erleben kennt, der deshalb „dem Schwachen Milde erweist" und ihm „im Gewand *(habitus)* der Barmherzigkeit erscheint".[212]

---

210 Vgl. dazu insgesamt Grosse, *Der Richter als Erbarmer. Ein eschatologisches Motiv bei Bernhard von Clairvaux* ...
211 Vgl. Clanchy, *Abaelard*, 364.
212 Vgl. *Sermones super Cantica* 73,4: „Opus itaque habent et sancti pro peccatis orare, ut de misericordia salvi fiant, propriae iustitiae non fidentes. *Omnes enim peccaverunt, et omnes egent* [Röm 3,23] misericordia. Ut ergo, *cum iratus fuerit, misericordiae recordetur* [Hab 3,2], rogatur ab ista apparere in misericordia habitu illo, de quo Apostolus: *Et habitu*, inquit,

3.4 Petrus Abaelardus

Angesichts ihrer grundsätzlich ähnlichen Gewichtungen von Gerechtigkeit und Barmherzigkeit Gottes verwundert es umso mehr, wenn Bernhard und Abaelard einander zu Lebzeiten erbittert bekämpften. Die Gründe hierfür dürften denn auch weniger inhaltlicher Natur als vielmehr in der jeweiligen Methodik ihrer Gelehrsamkeit und ihrer Lebensform zu suchen sein: hier der Ordensreformer, der Regel, *stabilitas,* Meditation und Gebet betonte, dort der Privatgelehrte, der sich zeitlebens keiner geistlichen Gemeinschaft einfügen mochte, heidnische Philosophen schätzte und die Dialektik zur Richtschnur seines Denkens erklärte.[213] Hinsichtlich der Verhältnisbestimmung von Gerechtigkeit und Barmherzigkeit Gottes freilich erweisen sich beide als Schüler ihres gemeinsamen Lehrers Wilhelm von Champeaux: Beide betonen den Vorrang der Barmherzigkeit Gottes gegenüber seiner Gerechtigkeit, beide sehen in der göttlichen Liebe das Prinzip von Theologie und Ökonomie.

Berhard vor allem steht in der Tradition paulinischer und augustinischer Theologie. Christi Hinabstieg in die Gottverlassenheit des Sünders deutet er als „Erleuchtung" und als voraussetzunglose Befreiung aus der Macht der Sünde: Christus „löste durch die Gerechtigkeit, die aus dem Glauben kommt, die Bande der Sünden und rechtfertigte den Sünder ohne Gegenleistung".[214] Fast schon wie eine Vorwegnahme Luthers klingt es, wenn Bernhard von der Rechtfertigung des Sünders allein aus dem Glauben spricht: „Wer immer in der Reue über seine Sünden nach Gerechtigkeit hungert und dürstet, der soll an dich glauben, der du den Gottlosen gerecht sprichst, und allein durch Glauben gerechtfertigt wird er Frieden haben bei Gott."[215]

---

inventus ut homo [cf. Phil 2,7]" (SChr 511, 142,15–144,20/Op. omnia II, 235 f.).

213 Zur Kontroverse zwischen Bernhard und Abaelard in der Trinitäts- und Erlösungslehre vgl. bes. Bernhards *Epistula* 190 (SC 37,2), in der auch methodische Fragen zur Sprache kommen. – Die philosophischen Aspekte der Kontroverse zeichnet pointiert Kurt Flasch heraus: *Traditionswissenschaft oder Neubeginn – Die Traditionalisten gegen Abailard,* in: Ders., *Einführung in die Philosophie des Mittelalters,* Darmstadt 1987, bes. 83–93.

214 Bernhard, *Super Cantica* 22,7: „[Dominus] per iustitiam deinde, quae ex fide est, solvit funes peccatorum, ... gratis iustificans peccatorem" (SBO I, 133).

215 Vgl. Bernhard, *Super cant.* 22,8: „Quamobrem quisquis pro peccatis compunctus esurit et sitit iustitiam credat in te qui iustificas impium, et solam iustificatus per fidem pacem habebit in deum" (Sancti Bernardi

Beide, Abaelard ebenso wie Bernhard, bedenken die Realität der Sünde und die Möglichkeit ihrer Tilgung. Mehr noch als Abaelard betont der Mönch Bernhard hierzu die Bedeutung der Sakramente und der Buße.[216] Beide aber teilen die Auffassung, dass Gottes Liebe und seine Barmherzigkeit gegenüber den Sündern in der Menschwerdung des Sohnes offenbar wurden. Die Menschwerdung wiederum zielt auf die Versöhnung des Menschen mit Gott, indem sie den Sünder zur Umkehr einlädt. Die dem Leiden und Sterben Christi innewohnende sündentilgende Kraft kann im Menschen erst dann wirksam werden, wenn sich ihr der Mensch in einem Akt seiner Freiheit öffnet. Bernhard veranlasst dieser Gedanke, eine Theorie der gestuften Gottesliebe zu entfalten.[217] Abaelard lässt er die für seine Anthropologie und Ethik charakteristische Bedeutung der *Intention* im Vollzug humaner Freiheit betonen.[218]

Obwohl die Menschwerdung Gottes darauf zielt, die Umkehr des Sünders und dessen Versöhnung mit Gott zu ermöglichen, verabschieden weder Bernhard noch Abaelard den Gedanken, dass Gottes Gerechtigkeit auch Vergeltung übt: Wo sich der Sünder willentlich von Gott abkehrt und dem Bösen zuwendet, ist er der ewigen Verdammnis verfallen. Als einziger Ausleger der Frühscholastik hat Abaelard bei der Auslegung von Röm 1,17 *iustitia dei* als „iusta remuneratio" interpretiert und damit im Sinne retributiver Gerechtigkeit gedeutet. Gottes Gericht zielt auf die Scheidung der Menschheit in Sünder und Gerechte: Am Ende der Zeiten weist Gott den Gerechten die Seligkeit zu, den Sündern hingegen die Hölle.[219] Gottes Offenbarung in Jesus Christus als Offenbarung

---

Op. I, 134,15 ff). Vgl. Röm 4,5; 5,1. – Zu Bernhard und Luther vgl. bes. Ulrich Köpf, *Religiöse Erfahrung in der Theologie Bernhards von Clairvaux* (BHTh 61), Tübingen 1980, bes. 210 f. u. ö.

216 Vgl. hierzu im Einzelnen Ulrich Köpf, *Bernhard von Clairvaux*, in: Ders. (Hg.), Theologen des Mittelalters. Eine Einführung, Darmstadt 2002, bes. 90 f.

217 Vgl. Shawn M. Krahmer, *Loving „in God". An examination of the hierarchical aspects of the „ordo caritatis" in Bernard of Clairvaux and Aelred of Rievaulx*, in: ABenR 50 (1999) 74–93.

218 Unter dem Einfluss des späten Augustinus lehnte Bernhard Abaelards Theorie der Freiheit vehement ab und bestritt auch die Konsequenzen, die Abaelard daraus für das Verhältnis von Freiheit und Gnade oder das Verständnis des Erbsündendogmas zog.

219 *In Rom. 1,17:* „»Iustitia Dei« – hoc est: iusta eius remuneratio, sive in electis ad gloriam sive in impiis ad poenam" (FChr 138,17–19); vgl. auch Abaelards Definition der Gerechtigkeit in *Theol. Summi Boni* II,5: „Ius-

seiner Liebe zu deuten und zugleich an der Perspektive einer ewigen Verdammnis festzuhalten, beinhaltete weder für Bernhard noch für Abaelard einen Selbstwiderspruch.[220]

Besonders Abaelards Erlösungslehre hat in der jüngeren Vergangenheit vermehrt Aufmerksamkeit erfahren, weil sie eine theologische Alternative zu Anselms Satisfaktionslehre darbietet. Innerhalb dieser Alternative gelangt Abaelard zu einer spezifischen Verhältnisbestimmung von Gerechtigkeit und Barmherzigkeit Gottes, die im Folgenden näher betrachtet werden soll.

3.4.2 Gottes universaler Heilswille

Wie Anselm sucht auch Abaelard in der Menschwerdung Gottes eine innere Notwendigkeit aufzuspüren.[221] Diese ergibt sich für ihn jedoch nicht aus einem abstrakten Gerechtigkeitsgrundsatz. Sie erwächst vielmehr aus der Logik einer Liebe, mit der Gott den Menschen auch dann für sich zu gewinnen sucht, wenn er sich von ihm abgewendet und der Herrschaft der Sünde unterworfen hat. Indem Abaelard nicht die Gerechtigkeit, sondern die Liebe Gottes zum Prinzip seiner Theologie wählt, erscheint seine – wenngleich nur als Skizze erhaltene – Soteriologie wie ein Gegenentwurf zu Anselms Satisfaktionstheorie.

---

titia namque est, quae unicuique reddit, quod suum est, sive poenam sive gloriam pro meritis retribuendo" (CChr.CM 53, 154,1069 f./PhB 150); vgl. Denifle, *Die Abendländischen Schriftausleger bis Luther über Iustita Dei.*

220 Oft malt Bernhard gegenüber seinen Zuhörern das Szenario des Jüngsten Gerichts so drastisch aus, dass er sie anschließend trösten muss, indem er sie an Gottes Barmherzigkeit erinnert. Seine Mönche in Clairvaux beruhigt er mit der Versicherung, „sogar Judas Iskariot hätte noch Gnade gefunden, wenn er Zisterzienser geworden wäre" (vgl. Dinzelbacher, *Bernhard von Clairvaux,* 184).

221 Von der „Notwendigkeit" der doch nur frei gewährten Erlösung ist im Zusammenhang mit der Zurückweisung der traditionellen Redemptionslehre die Rede: „Primo itaque quaerendum videtur, qua necessitate Deus hominem assumpserit, ut nos secundum carnem moriendo redimeret, vel a quo nos redemerit, qui nos vel iustitia vel potestate captos teneret, et qua iustitia nos ab eius potestate liberaverit quodve pretium dederit, quod ille suscipere vellet, ut nos dimitteret" (*In Rom.* 3,26: FChr 280,10–15). – In der Schule von Laon wurde der Begriff „Notwendigkeit" nicht im Sinne einer absoluten, sondern einer durch die Konvenienz gebotenen Notwendigkeit gefasst; vgl. Peppermüller, *Abaelards Auslegung des Römerbriefes,* 90, Anm. 496.

Theologiegeschichtliche Perspektiven

Zwar grenzt sich Abaelard in seinen späteren Schriften polemisch gegenüber Anselm ab.[222] Dennoch scheint er dessen *Cur Deus homo* nicht gekannt zu haben.[223] Weder referiert Abaelard Anselms Argumente im *Römerbriefkommentar*, wie er es sonst meist tut, wenn er sich von gegnerischen Positionen distanziert. Noch setzt Abaelards eigene Argumentation die Kenntnis von *Cur Deus homo* voraus, um verstanden werden zu können. Gemeinsamer Referenzpunkt beider Theologen ist die Redemptionstheorie; sie wird von Anselm wie von Abaelard – wenngleich aus unterschiedlichen Gründen – als ungenügender Versuch zurückgewiesen, Wesen und Wirkung der Erlösung durch Christus zu erklären.[224]

Für Abaelard ist die Loskauftheorie deshalb unhaltbar, weil sie mit dem Glauben an einen liebenden Gott, der das Heil der Menschen will, nicht vereinbar ist. Seine Kritik ist radikal: „Wie grausam aber und ungerecht erscheint es, dass jemand unschuldiges Blut als irgendein Lösegeld verlangt haben sollte oder dass es ihm auf irgendeine Weise gefallen haben sollte, dass ein Unschuldiger getötet würde, geschweige denn, dass Gott den Tod seines Sohnes für so angenehm gehalten haben sollte, dass er durch ihn der ganzen Welt versöhnt worden ist."[225] Weil Gott weder grausam noch ungerecht vorzustellen ist, um seiner Wirklichkeit gerecht zu werden, ist die Vorstellung von einem unschuldigen Leiden – und sei es auch als Lösepreis für den Satan zur Rettung der Sünder – für die sittliche Vernunft nicht akzeptabel.

Wie gelangt Abaelard zu dieser Position? Bereits in der ersten Fassung seiner Gotteslehre, der *Theologia Summi Boni* (um 1120), nähert sich Abaelard der Wirklichkeit Gottes, indem er diesen in der Tradition Augustins als *summum bonum* auffasst. Wie Wil-

---

222 So z.B. in seiner *Historia calamitatum*, wo Abaelard einem namentlich nicht genannten Gelehrten vorwirft, „nec credi posse aliquid nisi primitus intelligetis". Vgl. dazu und zu weiteren Polemiken Clanchy, *Abelard's Mockery of St. Anselm*.
223 Während die frühere Abaelard-Forschung (darunter auch Weingart) eine Kenntnis von *Cur Deus Homo* unterstellt hat, wird dies von der neueren Forschung überwiegend skeptisch beurteilt; vgl. Peppermüller, *Abaelards Auslegung des Römerbriefes*, 91–93; Gasper/Kohlenberger (Hgg.), *Anselm and Abelard. Investigations and juxtapositions*, Toronto 2006.
224 Vgl. Clanchy, *Abaelard*, 359 f.
225 *In Rom.* 3,26: „Quam vero crudele et iniquum videtur, ut sanguinem innocentis in pretium aliquod quis requisierit aut ullo modo ei placuerit innocentem interfici, nedum Deus tam acceptam Filii mortem habuerit, ut per ipsam universo reconciliatus sit mundo" (FChr 288,9–13).

helm von Champeaux begreift Abaelard Gott als trinitarische Einheit von Macht *(potentia)*, Weisheit *(sapientia)* und Zuneigung *(benignitas)*.[226] Dabei wird die Macht Gott-Vater, die Weisheit dem Sohn und die Zuneigung dem Heiligen Geist zugeordnet. Abaelard sieht in der vollendeten Einheit von Macht, Weisheit und Zuneigung den Begriff des zuhöchst Guten *(summum bonum)* erreicht, den er in seinem Traktat entfalten will.[227] „Zuneigung" *(benignitas)* erscheint dabei als jenes Moment des göttlichen Wesens, das Gott auf die geschaffene Wirklichkeit und besonders auf den Menschen hingeordnet sein lässt.

Als Einheit von Macht, Weisheit und Zuneigung ergibt sich eine erste gehaltvolle Bestimmung des Gottesbegriffs als des *summum bonum*. Denn es wäre ja durchaus möglich, das zuhöchst Gute als ein Wesen zu denken, dem es vor allem anderen auf die Wahrung einer metaphysischen Ordnung der Gerechtigkeit ankommt, die es zu beobachten oder – im Falle einer Störung – wiederherzustellen gälte. Abaelard hingegen fasst den Begriff des zuhöchst Guten anders: als für den Anderen unbedingt entschiedene Liebe, die auf nichts anderes zielt als auf dessen Erlösung und Heil.

Dieser Gedanke wird in den drei aufeinander folgenden Versionen seiner „Gotteslehre" *(Theologia)* zunehmend klarer artikuliert.[228] Von ihm her ergibt sich auch Abaelards Kritik des Sühnegedankens, der seit Paulus immer wieder für die Deutung des Kreuzestodes Jesu beansprucht wurde.[229] Am Ende der letzten

---

226 Vgl. *Theol. Summi Boni* I, 2,5: „Nomine vero patris […] potentia designatur, nomine filii sapientia, nomine spiritus sancti bonus affectus erga creaturas." (CChr.CM 13, 88,50–52/ed. Niggli, 4ff.). – Zu Wilhelm von Champeaux vgl. dessen *Sent. vel Quaest.* I,24. 26 (ed. Lefèvre 1898; zit. in der PhB-Ausgabe von Ursula Niggli, 6, Anm. 2).

227 *Theol. Summi Boni* I, 2,2: „In his autem tribus, potentia scilicet, sapientia, benignitate, tota boni perfectio consistit" (CChr.CM 13, 87,24–26/PhB 6,18f.). Zum Begriff des „summum bonum" in Platon, Plotin und bei Augustinus vgl. Delhaye, *Un cas de transmission indirecte d'un thème philosophique grec*, bes. 150–160. Abaelard übernimmt von Augustinus die Identifikation Gottes mit dem „summum bonum"; vgl. Augustinus, *De Trin.* VIII,3: „[…] ita videbis non alio bono bonum, sed bonum omnis boni" (CChr.SL 50, 272,16f.).

228 Die drei Versionen sind die *Theologia Summi Boni* (1119/20), die *Theologia Christiana* (1123/24) und die *Theologia scholarium* (1133–40). Zu den einzelnen Theologien vgl. Jean Jolivet, *La Théologie d'Abélard*, Paris 1997, 19–67.

229 Zum Sühnegedanken bei Paulus, in der spätantiken Theologie und in der Theologie des Frühmittelalters vgl. Otfried Hofius, Art. *„Sühne IV.*

Fassung seiner Gotteslehre, der um 1140 vollendeten *Theologia scholarium*, stellt Abaelard den Sinn der Passion insgesamt in Frage: „Wie könnte der Tod Christi jemals von uns gewollt oder sein Leiden wünschenswert sein?"[230]

Hier begegnet der bemerkenswerte Einwurf, dass die Evidenz des Sittlichen es auch gegenüber dem überlieferten Glauben verbietet, unschuldigem Leiden einen übergeordneten Sinn beizumessen. Deshalb sieht sich Abaelard veranlasst, den Sühnegedanken als Interpretament des Kreuzestodes Jesu zurückzuweisen. Ihm scheint es nicht nachvollziehbar, „dass jemand unschuldiges Blut als irgendein Lösegeld verlangt haben sollte oder dass es ihm auf irgendeine Weise gefallen haben sollte, dass ein Unschuldiger getötet würde".[231] Die Vorstellung, „dass Gott den Tod seines Sohnes für so angenehm gehalten haben sollte, dass er durch ihn der ganzen Welt versöhnt worden" sei, verträgt sich nicht mit dem Glauben an einen Gott, der als *summum bonum* und insofern als Inbegriff der Moralität gedacht werden muss, um seiner Wirklichkeit gerecht zu werden.

Zwar hat auch Abaelard anfänglich betont, wie herrlich der Sieg sei, den Christus durch seinen Tod am Kreuz über den Teufel errungen habe.[232] Um 1132 schreibt er in einem Brief an Heloise über Christus, dieser habe sie nicht um Gut oder Geld freigekauft, sondern durch den Einsatz seiner selbst: „Er erkaufte und erlöste dich mit seinem eigenen Blut."[233] In seinem *Römerbriefkommentar*, dessen Grundfassung zwischen 1133 und 1137 und somit noch vor der *Theologia scholarium* entstanden sein dürfte,[234] weist Abaelard

---

      Neues Testament", in: TRE 32, 342–347 (Lit.), sowie Christof Gestrich, Art. *„Sühne V. Kirchengeschichtlich und dogmatisch"*, in: TRE 32, 348–355 (Lit.).

230 „Quomodo autem mors Christi nobis optanda fuit vel passio eius desideranda, si ea sine peccato committi non potuit cum innocens interficeretur ab impiis?" (*Theologia Scholarium* III, 120: CChr.CM 13, 549,1623–1625).

231 Vgl. loc. cit. (Anm. 225).

232 Vgl. *Sermones* 7–12; dazu Weingart, *The Logic of Divine Love,* 138.

233 Vgl. *Epistola* 5: „Emit te iste non suis, sed seipso. Proprio sanguine emit te, et redemit" (Ed. Monfrin, 1959).

234 Vgl. Peppermüller, *Einleitung* (FChr 23). – Nach Peppermüller ist Abaelards „Versöhnungslehre – neben der Ethik – das Unkonventionellste und »Modernste« […], das in seiner Zeit geäußert wurde" (*Abaelards Auslegung des Römerbriefes,* 84). Mit Blick auf Abaelards Kritik an der traditionellen Redemptionslehre befürwortet Peppermüller gegenüber dem Begriff „Erlösung" den der „Versöhnung" (*Erlösung durch Liebe,*

die Redemptionstheorie jedoch zurück. Jetzt begreift er das Blut Christi als Sinnbild seiner Passion und seines Sterbens; beides aber wird als Konsequenz des *Lebens* Christi aufgefasst.[235]

Abaelard hat seine Soteriologie nirgendwo ausführlich dargestellt. Eine knappe Skizze findet sich allein in seinem Kommentar zu Röm 3,26. Am Ende einer längeren *Quaestio* zu Röm 3,26 kündigt er eine vertiefte Diskussion an, was unter „Erlösung" zu verstehen sei[236]; dieses Werk ist jedoch nicht erhalten. Jedenfalls deutet Abaelards Hinweis an, dass er seine Ausführungen im *Römerbriefkommentar* tatsächlich nur als Skizze, nicht aber als erschöpfende Darlegung seiner Erlösungslehre verstanden wissen will. Möglicherweise wurde deren Ausführung durch die Verurteilung von 1141 und seinen Tod im April 1142 vereitelt. Gleichwohl sind die Grundzüge seiner Erlösungslehre durchaus erkennbar. Demnach steht Gott den Menschen nicht als neutral abwägender Richter gegenüber. Er will vielmehr, dass alle Menschen zur Seligkeit gelangen, weil er selbst reine Liebe ist und sich selbst als Liebe vollzieht.

Angesichts der Sünde unterstellt Abaelard nicht nur, dass Gott grundsätzlich dazu bereit ist, einige Menschen zu retten. Vielmehr erstreckt sich sein Heilswille auf alle Menschen: „Gott ersinnt für niemanden Übel, sondern ist bereit, alle zu retten. Ohne die Verdienste unserer Verkehrtheit in Rechnung zu stellen, teilt er uns nämlich seine Gnadengaben zu, und wen nicht die Gerechtigkeit retten kann, den rettet die Barmherzigkeit *(quos non potest iustitia, salvat misericordia)*".[237] Gottes Gnade wiegt das Gewicht menschlicher Verfehlungen auf; diese werden von Gott dem Sünder nicht

---

155 f.), gibt gleichzeitig aber Gerhard Sauter recht, wonach „Erlösung" und „Versöhnung" „im Grunde synonym" seien (Sauter, *Versöhnung als Thema der Theologie*, 46).

235 Nach Richard W. Southern enthält Abaelards Neuinterpretation der christlichen Erlösungslehre „one of the great new ideas of the twelfh century: is asserted that the Incarnation was efficacious, not in satisfying the just claims of God or Devil, but in teaching by exemple the law of love. It left out the whole idea of compensation to God for human sin, and threw the whole emphasis of the Incarnation on its capacity to revive Man's love for God. Abelard filled the gap left by the disappearance of the Devil's rights in the simplest possible way" (*Saint Anselm. A portrait in a landscape*, Cambridge 1990, 210 f.).

236 „De modo nostrae redemptionis quod videtur nobis" (FChr 290,22–25).

237 *Theol. Summi Boni* I, 2,2: „Spiritum sanctum etiam vocavit ipsam secundum benignitatis suae gratiam, qua scilicet nulli malum machinatur deus, sed paratus es salvare cunctos, nec ad merita pravitatis nostrae respiciens

Theologiegeschichtliche Perspektiven

angerechnet. Weil Gott grundsätzlich bereit ist, die Sünde zu vergeben, setzt sich am Ende seine Barmherzigkeit durch.

Freilich hätte auch Gottes *Gerechtigkeit* die Menschen retten können, wenn sie seinen Geboten – und darin besonders dem Liebesgebot (vgl. Lev 19,18; vgl. Mt 22,39) – gehorcht hätten. Diesen Gehorsam ist der Mensch jedoch seit Adam Gott schuldig geblieben. Trotzdem will Gott nicht das Verderben des Sünders; vielmehr zielt sein Wirken weiterhin auf das Heil aller Menschen. Und deshalb kann der Sünder auf Gottes Barmherzigkeit zählen.

Diese Barmherzigkeit erweist sich in Gottes Zuwendung zum Sünder und in der ihm eröffneten Möglichkeit der Sündenvergebung. Als *benignitas* ist der Heilige Geist die dem Sünder gnädig zugewandte Seite Gottes. Und indem sich Gott dem Sünder im Heiligen Geist gnädig und verzeihend zuwendet, ermöglicht er die liebende Antwort des Menschen. Nicht aus einem äußeren Grund – der Hoffnung auf Belohnung etwa –, sondern allein um der Güte selbst willen, die sich ihm in der Gnade des Geistes mitteilt, wird der Mensch den ihn liebenden Gott lieben und dem doppelten Liebesgebot entsprechen.[238]

In besonderer Weise hat sich Gott dem Sünder in der Menschwerdung seines Sohnes zugewandt. Im dritten Buch der *Theologia summi boni*, in dem Abaelard die innertrinitarischen Relationen und Hervorgänge diskutiert, berührt er auch die Menschwerdung des Wortes. Deren Ziel sieht er in der Offenbarung der göttlichen Liebe. Sie will den Menschen zur Liebe bewegen: „Gott ist dazu Fleisch geworden, damit die Lehre wahrer Gerechtigkeit uns den Weg weist, sowohl durch ihre Verkündigung wie durch das Beispiel ihres körperlichen Lebenswandels."[239]

Christus erscheint hier als „Lehrer der wahren Gerechtigkeit", und dies in der doppelten Weise seiner Predigt und seines Vorbilds, das zur Nachfolge einlädt. Als Beispiel dafür, wie ein Leben nach den Geboten Gottes und nach seiner Gerechtigkeit zu führen ist,

---

dona suae gratiae nobis distribuit, et quos non potest iustitia, salvat misericordia" (CCchr.CM 13, 87,16–20/PhB 4,9–13).

238 Vgl. *Theol. Summi Boni* I, 2,5: „[…] nec spem beneficiorum suorum ceteris praestat, qui benignitatis affectu non commovetur […]. Benignitas autem eius ad amorem pertinet, ut quem benignissimum habemus, potissimum diligamus" (CCchr.CM 13, 87,32–88,46/PhB 6,27 f. 41 f.).

239 *Theol. Summi Boni* III, 1,45: „[…] ad hoc deum incarnatum esse, ut verae doctrina iustitiae nos instruere, tum praedicatione, tum etiam exemplo corporalis conversationis suae" (CCchr.CM 13, 177,555–557/PhB 196, 629–631).

kann der inkarnierte Logos aber nur dann wirken, wenn sich sein Wirken nicht auf Leiden und Sterben beschränkt. Vielmehr offenbaren sich Gottes Güte und Barmherzigkeit in der *Gesamtheit* des Lebenswandels Jesu Christi.

Entsprechend der Zielsetzung des Werkes wird die soteriologische Bedeutung der Menschwerdung im Rahmen der *Theologia summi boni* nicht weiter entfaltet. Ihre eigentliche – wenngleich unsystematische – Behandlung erfährt sie im *Römerbriefkommentar*. Hier bemüht sich Abaelard auch um eine vertiefte Verhältnisbestimmung von Gerechtigkeit und Barmherzigkeit Gottes.

3.4.3 Die Menschwerdung Gottes als Offenbarung seiner Barmherzigkeit

Durch seinen vollkommenen Gehorsam gegenüber dem Vater hat Christus dem Liebesgebot vollkommen entsprochen. Gerade so hat er sich nach Abaelard als der vollkommen Gerechte erwiesen. Besteht die Sünde darin, im Ungehorsam dem göttlichen Liebesgebot nicht zu entsprechen, so hat Christus in seinem Leben und Sterben jenen Gehorsam vollzogen, den die Sünder Gott verweigern. Darin hat er der Gerechtigkeit Gottes entsprochen. Sein Gehorsam kann deshalb stellvertretend für die sündige Menschheit geltend gemacht werden: „Gott hat bei der Menschwerdung seines Sohnes sich auch das ausgedacht, dass er nicht nur mit Barmherzigkeit, sondern auch mit Gerechtigkeit durch ihn den Sündern zu Hilfe käme und dass durch seine Gerechtigkeit ergänzt werde, was durch unsere Vergehen verhindert wurde."[240] Christi Gehorsam kann das ergänzen, was menschliche Sünde Gott vorenthalten hat, und so der Gerechtigkeit Gottes Genüge tun.

Wie ist die Gerechtigkeit Gottes, der es zu gehorchen gilt, ihrem Inhalt nach bestimmt? Abaelard identifiziert die Gerechtigkeit Gottes im *Römerbriefkommentar* mit dem Gebot der Menschenliebe. Diesem Gebot hat sich Christus in seinem Leben und Sterben gehorsam unterworfen. Gerade so konnte er diejenigen erlösen, die dem Gesetz des Alten Bundes unterworfen und von ihm daran gehindert waren, den wahren Sinn der Gerechtigkeit Gottes

---

240 *In Rom.* 5,19: „Apostolus reliquit Deum in incarnatione Filii sui id quoque sibi machinatum fuisse, ut non solum misericordia, verum etiam iustitia per eum subvenerit peccatoribus et ipsius iustitia suppleretur, quod delictis nostris praepediebatur. Cum enim Filium suum Deus hominem fecerit, eum profecto sub lege constituit, quam iam communem omnibus dederat hominibus […]" (FChr 404,11–17).

zu erkennen und danach zu leben: „Mensch geworden, ist er daher gerade durch das Gebot der Nächstenliebe verpflichtet, diejenigen zu erlösen, die unter dem Gesetz waren und nicht durch das Gesetz gerettet werden konnten."[241] Indem Christus dem Vater vollkommen gehorsam ist, vollzieht er dessen Gebot, den Nächsten zu lieben. Dieses Gebot aber lässt es nicht zu, dass die Menschen in ihrer Sünde verharren. Es fordert vielmehr die Befreiung der Menschen aus Sünde und Schuld. Das Gebot der Nächstenliebe erweist sich so als ein Reflex der theologischen Einsicht, dass Gott das Heil aller Menschen will.

Christi vollkommener Gehorsam gegenüber dem Vater, in dem er sich dem Gebot der Nächstenliebe unterwarf, und der sich deshalb in der Praxis der Nächstenliebe erwies, hat nicht nur den wahren Sinn der Gerechtigkeit Gottes als Wille zum Heil aller Menschen und somit als Liebe enthüllt, sondern zugleich – als Vollzug dieser Liebe – den Ungehorsam der Menschen gegenüber Gott ausgeglichen.

Im Gehorsam Christi zeigt sich für Abaelard jene Gerechtigkeit Gottes, von der es bei Paulus heißt, Gott habe seinen Sohn dazu bestimmt, Sühne zu leisten, um die „früheren Vergehen" zu vergeben.[242] Dabei ist nun die Gerechtigkeit Gottes, die in Leben und Sterben seines Sohnes offenbar wurde, identisch mit der barmherzigen Liebe Gottes zum Menschen *(caritas* bzw. *dilectio)*.[243] Gerechtigkeit und Liebe schließen einander nicht aus, sondern werden miteinander identifiziert. Die als Gerechtigkeit bestimmte Liebe bewegt Gott dazu, sich dem Sünder barmherzig zuzuwenden, ihm zu vergeben und so aus der Macht der Sünde zu befreien. Offenkundig gewinnt Abaelard mit diesem Verständnis jenen Bedeutungsumfang zurück, den der biblische Begriff der Gerechtigkeit einst besessen hatte.

---

241 *In Rom.* 5,19: „Homo itaque factus lege ipsa dilectionis proximi constringitur, ut eos, qui sub lege erant nec per legem poterant salvari, redimeret et quod in nostris non erat meritis, ex suis suppleret" (FChr 406,5–8).

242 Vgl. Röm 3,25: „[…] ad ostensionem iustitiae suae propter remissionem praecedentium delictorum" (Vulg.).

243 Vgl. *In Rom.* 3,21: „Iustitia Dei id est quam Deus approbat et per quam apud Deum iustificamur, id est caritas" (FChr 274,11 f.); *In Rom.* 3,25: „»Ad ostensionem suae iustitiae«, id est caritatis, quae nos, ut dictum est, apud eum iustificat, hoc est: ad exhibendam nobi suam dilectionem vel ad insinuandum nobis, quantum eum diligere debeamus, qui »proprio filio suo non pepercit« pro nobis" (FChr 276,26–278,1).

Weil sich die Gerechtigkeit Gottes im vollkommenen Gehorsam des Sohnes gegenüber dem Liebesgebot offenbart hat,[244] ist die Gerechtigkeit, durch die der Mensch aus der Macht der Sünde befreit wird, zwar keine „rechtfertigende Gerechtigkeit", wohl aber eine Art „Ersatz" für die fehlende Gerechtigkeit des Menschen *(tamquam propria)*. Ihre Wirksamkeit erweist sie im Vorbild Christi, dem es in der Praxis der Nächstenliebe nachzufolgen gilt. Dieses Vorbild kann den Menschen dazu veranlassen, das Liebesgebot immer mehr zum bestimmenden Grund eigenen Handelns werden zu lassen.

Abaelard sieht im Leben und Sterben Christi die Offenbarung der Wahrheit Gottes über die Welt. Im Vergleich mit ihr wird die Sünde als Unwahrheit enthüllt; denn sie ist nur auf das eigene Wohl und nicht auf das des Nächsten bedacht. Die Entlarvung der Sünde als Unwahrheit kann den Sünder zu Reue und Umkehr bewegen. Sie kann ihn dazu bewegen, fortan dem Willen Gottes gehorsam zu sein. Christi Leiden und sein Sterben können den Sünder deshalb zur Umkehr bewegen, weil darin Gottes Entschiedenheit für den Menschen unüberbietbar zum Ausdruck kommt.

Abaelards Deutung der Menschwerdung Gottes erinnert an die patristische *Paideia*-Christologie: Christus ist dazu in die Welt gekommen, um den Menschen das Licht der Wahrheit zu bringen, sie zur Erkenntnis Gottes zu führen und so zum rechten Handeln anzuleiten. Die christlichen Apologeten und Theologen der Spätantike sahen in Christus den Lehrer der „wahren Philosophie".[245] Wenn auch der Privatgelehrte Abaelard in Christus einen „Lehrer" erblickt, dann erkennt er in ihm nicht nur ein Vorbild für seinen eigenen Lebenswandel, sondern beansprucht zugleich eine christologische Deutekategorie.[246]

---

244 Vgl. *In Rom.* 3,26: „aperte insinuat, quam iustitiam primo intellexerit, id est caritatem, quae hominibus nostri temporis [...] tamquam propria convenit" (FChr 278,15–18).

245 Vor allem für Klemens von Alexandrien ist Christus der *Didaskalos,* der „Lehrer" der verborgenen Wahrheit (vgl. *Stromateis,* bes. lib. III). Häufig wurde in Christus ein „neuer Sokrates" gesehen. – Vgl. auch Greshake, *Wandel der Erlösungsvorstellungen,* bes. 72–74.

246 Christus als den Lehrer der „wahren Gerechtigkeit" vorzustellen, ist neutestamentlich nicht nur für das Matthäusevangelium grundlegend. Anders als der „Lehrer der Gerechtigkeit" in Qumran lehrt Jesus nicht die buchstabengetreue Beobachtung der Tora, sondern eine Gerechtigkeit, von der es in Mt 5,20 heißt, sie solle die der Schriftgelehrten und Pharisäer übertreffen. Diese „größere" und somit „wahre Gerechtigkeit"

Abaelard sieht in der Menschwerdung Christi ein Werk der göttlichen Barmherzigkeit gegenüber dem sündigen Menschen. Fortan steht dem Sünder ein sittliches Ideal vor Augen, an dem er sich orientieren kann und das ihn zur Umkehr einlädt. Als der menschgewordene Gottessohn belehrt Christus die Menschen über die Wahrheit Gottes *(doctrina)* und stellt ihnen ein Beispiel sittlich vollkommenen Lebens vor Augen *(exemplum)*. Abaelard sieht in Christus den Lehrer der einen Wahrheit Gottes und das Vorbild sittlicher Praxis; in beidem offenbart Christus Gottes Willen, alle Menschen zum Heil zu führen.[247]

Bezugsrahmen der Barmherzigkeit Gottes ist der einzelne Mensch. Ihn gilt es durch die Lehre und das Vorbild Christi in seinem Denken und Handeln zur Umkehr und zur Liebe zu bewegen. Für Abaelard besteht die durch Christus bewirkte Erlösung nicht zunächst in der Wiederherstellung einer Ordnung der Gerechtigkeit, sondern darin, eine Ordnung der Liebe zur Geltung zu bringen. Gottes größere Gerechtigkeit, sein Gebot der Liebe und des Verzeihens, sollen unter den Menschen zur alles bestimmenden Wirklichkeit werden.

Das Vorbild Christi soll die Menschen dazu motivieren, einander in tätiger Liebe *(caritas)* zu begegnen, ohne auf den eigenen Vorteil bedacht zu sein. Auch die Liebe Gottes zum Menschen – darauf weist Abaelard eigens hin – ging so weit, dass sie den Tod nicht scheute. Gerade so aber erwies sie ihre Wahrheit; denn in der Auferweckung des Gekreuzigten sieht der Glaubende die in Christi Leben bezeugte Wahrheit bestätigt, dass Gott das Heil aller Menschen will.

---

zu besitzen, beanspruchten die christlichen Theologen nicht zuletzt auch in Abgrenzung gegenüber dem jeweils zeitgenössischen Judentum. So sahen Origenes und Athanasius in Christus die Verkörperung der Gerechtigkeit schlechthin, die *autodikaiosyne* (vgl. Origenes, *Hom. in Ier.* 17,3; Athanasius, Gent. 46). – Nach Klemens von Alexandrien kann der inkarnierte Logos die Menschen zur vollkommenen Gerechtigkeit führen, weil er der Sohn des in höchstem Maße gerechten Gottes und deshalb selbst vollkommen gerecht ist. Nach einem Kommentar des Origenes zu Röm 3,21–24 müssen die Menschen Christus als dem Lehrer der göttlichen Gerechtigkeit folgen, und zwar – wie bei Abaelard – nicht nur dessen Predigt, sondern auch seinem Vorbild. Zahlreiche Belege bei Helmut Merkel, Art. *„Gerechtigkeit IV. Alte Kirche"*, in: TRE 12 (1984) 420–424.

247 Vgl. *In Rom* 8,4b: „[…] eius [sc. Christi] doctrina et exemplo et summa illa caritatis exhibitione spirituales per desiderium, non carnales, effecti sumus" (FChr 548,10–12).

Dieses Heil impliziert wesentlich die Überwindung der Sünde und des Todes. Indem sich der Mensch im Glauben von der Liebe Gottes bestimmen und zur eigenen Liebe bewegen lässt, sieht ihn Abaelard dem Herrschaftsbereich der Sünde und des Todes enthoben.

Die Herrschaft des Todes, der nach Röm 5,12 durch die Sünde als Straffolge in die Welt gekommen ist, ist durch die Auferstehung Christi grundsätzlich überwunden.[248] Im Vertrauen auf die Auferstehung braucht die Furcht vor dem Tod das Handeln des Menschen nicht mehr zu bestimmen. Als Erlöster gehört der Mensch dem Herrschaftsbereich Gottes zu; hier kann er, wie Abaelard mit Paulus bemerkt, in der „Freiheit der Kinder Gottes" (Röm 8,21) leben. Diese Freiheit ist Ausdruck dessen, dass Christus in die Welt gekommen ist, damit der Mensch nicht aus Furcht, sondern aus Liebe den Willen des Vaters tut: *„Ad hanc itaque veram caritatis libertatem in hominibus propagandam se venisse testatur."*[249]

Der Hinweis auf die Befreiung des Menschen aus der Herrschaft von Sünde und Tod ist freilich dadurch zu präzisieren, dass Erlösung für Abaelard keine bloß äußerliche Befreiung von der Herrschaft der Sünde oder der Macht des Teufels bedeutet. Vielmehr ermöglicht Gottes Heilshandeln eine innere Umgestaltung des Menschen. Diese ist durch das Vorbild der bis zum Tod entschiedenen Liebe Christi ermöglicht: „Unsere Erlösung ist daher jene höchste in uns durch die Passion Christi entstandene Liebe, die uns nicht allein von der Knechtschaft der Sünde befreit, sondern uns die wahre Freiheit der Kinder Gottes erwirbt."[250]

---

248 In einem ausführlichen Kommentar zu Röm 5,12 lehnt Abaelard die Vorstellung einer persönlich zurechenbaren Erbsünde ab. Da Schuld *(culpa)* und Verdienst *(meritum)* des Menschen in seiner guten oder schlechten Intention bestehen und insofern einen freien Willen voraussetzen, kann der Mensch nicht bereits in Sünde geboren sein. Zwar haben Adam und Eva eine echte Schuld begangen; sie wurde ihnen aber persönlich von Gott vergeben und ist jedenfalls nicht auf ihre Nachkommen übergegangen. Übergegangen ist allein die Sündenstrafe *(poena peccati)* für die Übertretung Adams. Abaelard unterscheidet einen dreifachen Begriff von Sünde *(peccatum):* im eigentlichen Sinne als Schuld *(culpa)*, als Sündenstrafe *(poena peccati)* und – in Anlehnung an 2 Kor 5,21 – als Bezeichnung für Christus als Sündopfer *(hostia pro peccato)*.
249 *In Rom.* 3,26 (FChr 290,14–16).
250 „Redemptio itaque nostra est illa summa in nobis per passionem Christi dilectio, quae nos non solum a servitute peccati liberat, sed veram nobis filiorum Dei libertatem acquirit" (*In Rom.* 3,26: FChr 290,6–9).

Zu Röm 5,6 merkt Abaelard an, Paulus bringe an dieser Stelle die Art und Weise der durch Christi Tod gewirkten Erlösung dadurch zum Ausdruck, dass er sagt, „er sei für uns wegen nichts anderem gestorben, als um jene wahre Freiheit der Liebe auszubreiten, die in uns ist *(illa vera caritatis libertas in nobis)*".[251] Christus hat durch sein Leben und durch sein Sterben die Menschen dazu befreit, sich von der Sünde abzukehren und sich in Liebe zu verschenken. Die Erlösung will und muss vom Menschen selbst angenommen und nachvollzogen werden.

Damit ist Abaelards Soteriologie keineswegs „in schlichte Psychologie aufgehoben".[252] Wenn Abaelard Erlösung als „jene höchste in uns durch die Passion Christi entstandene Liebe" begreift, dann zielt dies nicht nur auf die persönliche Umkehr des Sünders, sondern darauf, in Freiheit von Furcht und Selbstliebe das Wohl des Anderen zu suchen und so die Liebe Gottes in der Welt im eigenen Handeln gegenwärtig zu setzen. Wirklichkeit wird diese Umkehr dadurch, dass sich der Sünder vom Beispiel Christi in seinem eigenen Handeln neu bestimmen lässt, dass er sich von seinem bisherigen Tun distanziert und sich jener Wahrheit zuwendet, die ihm in Christus vor Augen steht.

Für Abaelard ist „Erlösung" nicht zunächst ein äußerlich feststellbares Geschehen, sondern ein im glaubenden Subjekt möglich gewordener Vollzug individueller Freiheit. Dieser Vollzug besteht in der Erwiderung jener Liebe, die in Christus als Entschiedenheit der Liebe Gottes zum Menschen offenbar geworden ist. In der „Freiheit der Kinder Gottes" zu leben bedeutet, die Gebote Gottes nicht aus Furcht zu erfüllen, sondern sie als Ausdruck der Liebe Gottes anzuerkennen und sie so zum Bestimmungsgrund eigener

---

251 Vgl. *In Rom.* 5,6: „Notandum vero est Apostolum hoc loco modum nostrae redemptionis per mortem Christi patenter exprimere, com videlicet eum pro nobis non ob aliud mortuum dicit nisi propter illam veram caritatis libertatem in nobis propagandam, per hanc videlicet quam nobis exhibuit summam dilectionem" (FChr 386,8–13).

252 Dies bedeutet keineswegs die Auflösung der Soteriologie in Psychologie und Subjektivismus, wie Jean Rivière in seiner umfangreichen Darstellung der Erlösungslehre meint. Rivière kennzeichnet Abaelards Soteriologie als „un système des mieux caractérisés, qui consiste à ramener la Rédemption tout entière au niveau de la simple psychologie [...] toute sa raison d'être et son efficacité s'épuisent en nous" (*Le dogme de la rédemption,* 107). Dieses Verdikt trifft nur dann, wenn man den Bereich des Sittlichen gegenüber einer abstrakten Metaphysik entwertet. Worauf aber sollte Gottes Erlösungswerk zielen, wenn nicht auf den Menschen, insofern er ein der Erlösung bedürftiges freies Subjekt ist?

Freiheit werden zu lassen.[253] Die in Christi Leben und Sterben offenbar gewordenen Liebe Gottes will den Menschen dazu bewegen, sich dem Wirken der Gnade zu öffnen, sich von ihr „entflammen" und zu einer Liebe verleiten zu lassen, die den eigenen Tod nicht scheut.[254]

Anders als für Anselm von Canterbury ist für Abaelard nicht nur das Sterben Christi heilsbedeutsam, sondern auch sein Leben. Für Anselm spielt die geschichtliche Gestalt, in der sich Gott dem Menschen als barmherzige Liebe mitteilt, insofern eine – wenngleich dann freilich konstitutive – Rolle, als die geforderte Genugtuung von niemand anderem als einem *Menschen* geleistet werden darf. Entscheidend für das eigentliche Werk der Genugtuung aber ist allein der *Tod* des Gottmenschen am Kreuz.[255] Gott wird Mensch, um aus freiem Willen zu sterben.[256] Bei Abaelard hingegen wird Gott Mensch, um dem Sünder ein Vorbild sittlicher Vollkommenheit und bis zum Tod entschiedener Liebe vor Augen zu stellen. Dieses Vorbild *(exemplum)* ermutigt den Sünder zur Umkehr, weckt den Glauben, befähigt zur Liebe am Nächsten und schafft so ein „unlösbares Band der Liebe".[257] Versöhnung von Gott und Mensch geschieht dadurch, dass Gott die Menschen durch die ihnen erwiesene Liebe an sich gebunden hat.

Von hierher ergibt sich die Bedeutung von Leiden und Sterben Christi: Beides ist nicht eine von seinem Leben losgelöste Tat ungeschuldeten Gehorsams, sondern die Konsequenz und Beglaubi-

---

253 Vgl. die Fortsetzung des Zitats *In Rom.* 3,26: „[…], ut amore eius potius quam timore cuncta impleamus, qui nobis tantam exhibuit gratiam qua maior inveniri ipso attestante non potest" (FChr 290,9–11).

254 Abaelard schätzt die Metaphorik des Feuers, um die innere Bewegtheit der Umkehr und der Liebe zu illustrieren; vgl. *In Rom.* 3,26: „»Maiorem hac«, inquit, »dilectionem nemo habet quam ut animam suam ponat quis pro amicis suis« (Joh 15,13). De hoc amore idem alibi dicit: »Ignem veni mittere in terram, et quid volo nisi ut ardeat?« (Lk 12,49)" (FChr 290,11–14).

255 Hans Kessler kennzeichnet Anselms Soteriologie deshalb – wie die westliche Erlösungslehre insgesamt – als „staurozentrisch" (*Erlösung als Befreiung*, 49–54).

256 Vgl. *Cur Deus Homo* II, 16: „Non enim magis ipse factus est homo ad hoc ut moreretur, quam ut vellet mori" (Ed. Schmitt II, 121,3 f.).

257 Vgl. *In Rom.* 3,22: „Ex fide quam de Christo habemus, caritas in nobis est propagata, quia per hoc, quod tenemus Deum in Christo nostram naturam sibi unisse et in ipsa patiendo summam illam caritatem nobis exhibuisse […] tam ipsi quam proximo propter ipsum indissolubili amoris nexu cohaeremus" (FChr 274,20–276,1).

gung eines durch die Liebe bestimmten Lebens. Heilsbedeutsam ist Christus nicht allein deshalb, weil der menschgewordene Gottessohn Lehrer der Wahrheit und Vorbild der Gerechtigkeit ist. Vielmehr zeigt sich erst in seiner Entschiedenheit „usque ad mortem" die Größe der Liebe Gottes, die dem Sünder nachgeht und ihn für sich zu gewinnen sucht.[258]

Jesu Leben, Leiden und Sterben offenbaren die Logik der göttlichen Liebe darin, dass sie die Sünde des Menschen nicht einfachhin wegwischt. Hätte Gott die Menschen nicht auch *sola iussione* erlösen können? „Wozu [...] war es nötig, dass wegen unserer Erlösung Gottes Sohn, nachdem er Fleisch angenommen hat, so viele große Fasten, Schmähungen, Geißelungen, Bespeiungen, schließlich sogar den härtesten und schändlichsten Tod ertrug, so dass er sogar zusammen mit Verbrechern den Kreuzestod erduldete?"[259] Abaelard beantwortet die von ihm selbst gestellte Frage mit dem Hinweis auf die Macht der Sünde über den Menschen. Diese Macht kann nicht ohne das Vorbild einer bis zum Äußersten entschiedenen Liebe überwunden werden. Erst das Leiden und Sterben eines unschuldigen Menschen verbürgt die Entschiedenheit der Liebe Gottes; denn sie stellt allen Menschen das Vorbild eines vollkommenen Gehorsams gegenüber dem Willen Gottes vor Augen.

Deshalb hält Abaelard trotz aller anfänglichen Vorbehalte an der überlieferten Vorstellung fest, dass die Vergebung der Sünden und die Versöhnung des Menschen mit Gott „durch das Blut Christi" erwirkt sind.[260] Indem Christus unschuldig und freiwillig den Tod erlitten und damit jene Strafe auf sich genommen hat, unter der alle Nachkommen Adams stehen,[261] hat er ein wahres Opfer für die Sünde Adams *(hostia pro peccato)* dargebracht. Durch dieses Opfer

---

258 Vgl. *In Rom.* 3,26: „[...] Solutio: Nobis autem videtur, quod in hoc iustificati sumus in sanguine Christi et Deo reconciliati, quod per hanc singularem gratiam nobis exhibitam, quod Filius suus nostram susceperit naturam et in ipsa nos tam verbo quam exemplo instituendo usque ad mortem perstitit, nos sibi amplius per amorem astrinxit, ut tanto divinae gratiae accensi beneficio nihil iam tolerare propter ipsum vero reformidet caritas" (FChr 288,18–25).
259 *In Rom.* 3,26: „Quid ... opus fuit propter redemptionem nostram Filium Dei carne suscepta tot et tantas inedias, opprobria, flagella, sputa, denique ipsam crucis asperrimam et ignominiosam mortem sustinere, ut etiam cum iniquis patibulum sustineret?" (FChr 286,7–11).
260 *In Rom.* 8,4a: „Remissionem quoque peccatorum nobis in sanguine suo et reconciliationem operatus est" (FChr 546,16–18).
261 *In Rom.* 4,25 (FChr 380,7–23). – Vgl. Röm 5,12.

sieht Abaelard die Sünde Adams gesühnt und den Tod überwunden.²⁶²

Vor dem Hintergrund seiner bisherigen Ausführungen müssen diese traditionell klingenden Aussagen zunächst verwundern. Für Abaelard gründet die Wirksamkeit dieses Opfers aber nicht darin, dass seine Darbringung durch eine abstrakte Ordnung der Gerechtigkeit gefordert wäre. Vielmehr konnten Christi Leben und Leiden deshalb zu einer ungeschuldeten Gabe an den Vater – und somit zum Opfer – werden, weil Christus sich in vollkommenem und freiem Gehorsam dem Liebesgebot des Vaters unterworfen hat. Christus hat die Menschen auch um den Preis seines eigenen Lebens bis ans Ende geliebt. Eben dieser freie und vollkommene Gehorsam bewegte den Vater dazu, die Straffolgen der Erbsünde ebenso wie der persönlichen Sünden zu tilgen.²⁶³ Eben dies ist gemeint, wenn es heißt, Christus habe ein „wahres Opfer für die Sünde Adams" dargebracht.²⁶⁴

Das Blut ist Sinnbild für Leiden und Sterben Christi, durch das Jesu *Leben* als unüberbietbare Erscheinung der Liebe Gottes in Zeit und Geschichte besiegelt ist. Indem freilich das Blut die Besiegelung des Leben ist, lädt nicht erst der Tod, sondern die Gesamtheit von Leben und Sterben Christi den Sünder dazu ein, Jesus nachzufolgen und in der Nachfolge von den Sündenstrafen und dem Tod erlöst zu sein. Anders als bei Anselm, der sich in *Cur Deus Homo* um eine rationale, ausweisbare und deshalb begrifflich-abstrakte Rekonstruktion des Erlösungswerkes bemüht, betont Abaelard in seinem Römerbriefkommentar den personalen Aspekt

---

262 Abaelard versteht unter „Erbsünde" nicht die Fortpflanzung einer persönlichen Schuld, sondern die Zurechnung *(deputatio)* jener Strafen, die sich Adam für seine Übertretung zugezogen hat. Vgl. *In Rom.* 5,16: „[...] »Ex uno peccato«, Adae scilicet, est »iudicium« Dei in condemnationem eius, id est deputat eos aeternae poenae tradendos" (FChr 396,19–21). Zur Abaelards Erbsündenlehre vgl. u.a. Gross, *Abälards Umdeutung des Erbsündendogmas,* 19–24, und Weingart, *The Logic of Divine Love,* 42–50; Kemeny, *Peter Abelard: An Examination of His Doctrine of Original Sin.*

263 Vgl. *In Rom.* 5,16: „Gratia Dei, id est gratuitum remissionis donum, ex multis delictis, tam originali scilicet quam propriis per Christum condonatis, est nobis in iustificationem, id est ad poenarum absolutionem" (FChr 396,21–24).

264 Zu den Folgen der „Sünde Adams" zählte in erster Linie der Tod. Indem Christi Auferstehung dessen Macht gebrochen hat, ist auch für die Menschen eine Heilsperspektive eröffnet: „poenam peccati a nobis removit" (*In Rom.* 8,3; FChr 544,26 f.).

des Erlösungsgeschehens. Darin kommt der Mensch als freier Adressat des göttlichen Erlösungshandelns in den Blick; als solcher ist er aufgerufen, sich durch das bis zum Tod entschiedene Vorbild Christi zum frei vollzogenen Gehorsam gegenüber Gott bewegen zu lassen.

3.4.4 Theologiegeschichtliche Erträge

Nach Abaelard begegnet dem Sünder im Mensch gewordenen Gottessohn eine geschichtliche Gestalt humaner Freiheit, an der er Maß nehmen und von der her er sich im Vollzug seiner Freiheit neu bestimmen lassen kann. Diese Gestalt ist zugleich eine Gestalt der Selbstoffenbarung Gottes. Der Vater hat den Menschen seinen Sohn als ein Vorbild der Liebe und des Gehorsams vor Augen gestellt, damit sie in ihm seine eigene Liebe erkennen. Von dieser Liebe her ist zugleich Gottes Gerechtigkeit bestimmt. Von ihr spricht Abaelard weiterhin – und dies sogar im Sinne einer Strafgerechtigkeit *(iustitia remunerativa)*. Aber Gottes vergeltende Gerechtigkeit ist von der Offenbarung seiner Liebe in Jesus Christus her als das Nicht-sein-Sollende qualifiziert. Vorrangig bekundet sich im freien Gehorsam Christi der Heilswille Gottes. Dieser gründet in Gottes Wesen, das als „höchste Güte" *(summum bonum)* und „Zuneigung" *(benignitas)* bzw. als „zugewandte Liebe" bestimmt werden kann.

Der zentrale Stellenwert, den die Liebe in Abaelards Theologie einnimmt, ermöglicht es ihm, das Erlösungswerk Christi mit dem Glauben des Einzelnen zu vermitteln. Diese Vermittlung geschieht nicht so, als würden dem Sünder irgendwie von Christus erworbene Verdienste äußerlich zugeeignet. Eine solche „Zueignung" bliebe dem freien Selbstvollzug des Menschen fremd. Was Christus für die Menschheit getan hat, soll vielmehr dadurch wirksam werden, dass die Menschen im menschgewordenen Gottessohn ein Vorbild im Gehorsam gegenüber dem Vater und so ein Beispiel sittlichen Lebens erkennen und frei anerkennen. In der Nachfolge Jesu können die Menschen ihre eigene Freiheit neu bestimmen und in eine gewandelte Beziehung zu Gott und ihren Mitmenschen treten. Für den Sünder sind Reue, Bekenntnis und Werke der Genugtuung wesentliche Schritte auf dem Weg zur Umkehr und zur Neubestimmung der Freiheit. Darin ist der Mensch durch niemanden zu ersetzen – auch durch den Gottmenschen nicht.

3.5 Gottes Barmherzigkeit als Gestalt seiner Gerechtigkeit: Thomas von Aquin

In seinem Römerbriefkommentar hat Abaelard einen Begriff von Erlösung skizziert, der das Subjektsein des Sünders und dessen Befähigung zur liebenden Erwiderung der göttlichen Barmherzigkeit betont. Dieser Ansatz wurde von den Abaelard nachfolgenden Theologen jedoch nicht rezipiert.[265] Ausschlaggebend für die Verhältnisbestimmung von Gerechtigkeit und Barmherzigkeit Gottes blieb die Erlösungslehre Anselms von Canterbury.[266]

Die in *Cur Deus Homo* sich aufdrängende Frage, in welchem Verhältnis das Handeln Gottes zu einem ihn selbst verpflichtenden Gerechtigkeitsprinzip steht, wurde bereits von Anselms Zeitgenossen wahrgenommen. Hugo von St. Viktor (gest. 1141) beispielsweise, der in Paris die Schule der Augustiner-Chorherren leitete, die Wilhelm von Champaux gegründet hatte,[267] äußerte zwar große Sympathien für Anselms Erlösungslehre, sah in ihr jedoch lediglich ein Argument für die *Angemessenheit* der Menschwerdung Christi, nicht aber für deren Notwendigkeit.

Gleiches gilt auch für Thomas von Aquin (gest. 1274). Anders als Anselm ist Thomas der Auffassung, dass Gott die Menschen auch anders hätte erlösen können als durch den ungeschuldeten Tod des Gottessohnes.[268] Durch diesen Vorbehalt will Thomas die Freiheit Gottes wahren. Auch widerstritte es nach Thomas weder der Voll-

---

265 Stephan Ernst stellt „keine größere direkte Rezeption innerhalb der scholastischen Theologie" fest. Seine Erlösungslehre, „die auf dem ausgesprochen modern anmutenden Gedanken wechselseitiger personaler Zuwendung basiert", sei „nicht weiter aufgegriffen" worden (*Petrus Abaelardus*, 132 f.). Vgl. auch Kessler, *Erlösung als Befreiung*, 52 f.
266 Der häufig gebrauchte Begriff „Satisfaktionstheorie" stammt nich von Anselm. Vgl. dazu Lothar Ullrich, Art. „*Satisfaktionstheorie*", in: Lexikon der katholischen Dogmatik, 452–455; Harald Wagner, Art. „*Satisfaktionstheorien*", in: LThK³ 9,82 f. Die Autoren weisen auch darauf hin, dass es im Verlauf der Rezeptionsgeschichte zu vielfältigen Modifikationen der „Satisfaktionstheorie" kam.
267 Zu Person und Wirkung Hugos von St. Viktor vgl. Thilo Offergeld, *Einleitung* zu Didascalicon de studio legendi/Studienbuch (FChr 27), Freiburg u.a. 1997, 33–39. – Zur Wertschätzung Hugos noch im 13. Jahrhundert vgl. Bonaventuras Urteil über Hugo: „Anselmus in ratiocinatione, Bernardus in praedicatione, Richardus in contemplatione – Hugo vero omnia haec" (*De red. artium* 5; Op. omnia V, 321).
268 Vgl. *S. Th.* III 1,2 (Ed. Leon. XI, 9b-10b).

Theologiegeschichtliche Perspektiven

kommenheit Gottes noch seiner Gerechtigkeit, dem reumütigen Sünder in einem Akt unbedingter Barmherzigkeit zu verzeihen.

Entsprechend der Aufteilung des theologischen Stoffes in den *Sentenzen* des Petrus Lombardus wird das Verhältnis von Gerechtigkeit und Barmherzigkeit Gottes im *Sentenzenkommentar* des Thomas und in seiner *Summa theologiae* einmal im Rahmen der Lehre vom Wesen Gottes erörtert und einmal im Rahmen der Ausführungen zur Christologie.[269]

Die Ausführungen des Thomas im ersten Teil der *Summa* gehen von der Überzeugung aus, dass das Wesen des dreifaltigen Gottes aus der Schöpfung heraus zu erkennen ist (vgl. Röm 1,20). Dabei wird vorausgesetzt, dass das Wirken des dreifaltigen Gottes nach außen hin ununterschieden ist.[270] Zwar ist es für Thomas unstrittig, dass der christliche Gott dreifaltig ist; doch nähert sich der Mensch wegen der Ununterscheidbarkeit seines Wirkens im Ausgang von der Schöpfung ihm so an, als sei er ununterschieden einer. Von daher sieht sich Thomas legitimiert, die Bestimmungen der aristotelischen Philosophie in Bezug auch auf den dreifaltigen Gott zur Anwendung zu bringen, und zwar sowohl hinsichtlich der aristotelischen Metaphysik als auch der Ethik.

Die Aufteilung der Offenbarungslehre auf zwei Traktate läuft allerdings Gefahr, die Einheit von Gotteslehre und Soteriologie zu verdunkeln oder – in der Begrifflichkeit von Karl Rahner – die Einheit von immanenter und ökonomischer Trinitätslehre zu verstellen.[271] Tatsächlich fallen bei Thomas die Verhältnisbestimmungen von Gerechtigkeit und Barmherzigkeit Gottes im Rahmen der Gotteslehre und im Rahmen der Heilsökonomie auseinander.

---

269 Im Einzelnen vgl. Marie-Dominique Chenu, *Der Plan der „Summa"*, in: Klaus Bernath (Hg.), Thomas von Aquin, Bd. I: Chronologie und Werkanalyse (WdF 188), Darmstadt 1978, 173–195.
270 Vgl. u.a. Augustinus, *De trinitate* IV 21,30: „Plane fidenter dixerim patrem et filium et spiritum sanctum unius eiusdemque substantiae deum creatorem, trinitatem omnipotentem inseparabiliter operari." In der scholastischen Theologie wird dies als Axiom *„opera trinitatis ad extra indivisa"* gefasst.
271 Vgl. hierzu Karl Rahner, *Der dreifaltige Gott als transzendenter Urgrund der Heilsgeschichte*, in: MySal 2 (1967), 317–397; ferner: *Bemerkungen zum dogmatischen Traktat „De Trinitate"* [1960], in: Schriften zur Theologie IV, Einsiedeln 1960, 103–133, bes. 115f.

3.5.1 Barmherzigkeit Gottes als wirksame Güte

Thomas diskutiert das Verhältnis von Gerechtigkeit und Barmherzigkeit Gottes erstmalig in jenem ersten Teil seiner *Summa theologiae,* der über das Wesen und die Eigenschaften Gottes handelt, soweit Gott aus seiner Schöpfung heraus erkennbar ist. Über die Wirklichkeit der Sünde, die Notwendigkeit der Vergebung und die Möglichkeit der Versöhnung wird in diesem Zusammenhang noch nicht gesprochen. Diesen Fragen ist der dritte Teil der *Summa* vorbehalten.

Die Eigenschaften Gottes erörtert Thomas zunächst unter der Rücksicht, dass sie das Wissen Gottes betreffen (q. 14–18). Unter den Eigenschaften Gottes, die den Willen Gottes betreffen, will Thomas zunächst den Willen Gottes für sich betrachten (*de ipsa dei voluntate:* q. 19), sodann das, was seinen Willen rein für sich betrifft (*de his quae ad voluntatem absolute pertinent:* q. 20), und schließlich den Verstand in Bezug auf den Willen Gottes (*de his quae ad intellectum in ordine ad voluntatem pertinent:* q. 22). Merkwürdigerweise fehlt zu Beginn der 19. Quaestio die Ankündigung, das Verhältnis von Gerechtigkeit und Barmherzigkeit Gottes zu bestimmen. Tatsächlich aber wäre die Betrachtung des göttlichen Willens unvollständig, wenn sie diesen nur rein für sich und nicht auch in Bezug auf die geschaffene Wirklichkeit in den Blick nähme. Und genau hier werden Gerechtigkeit und Barmherzigkeit Gottes zum Gegenstand der Untersuchung.

Seinem Ideal der Wissenschaftlichkeit von Theologie entsprechend, wonach diese sich aus unmittelbar einleuchtenden oder ihr vorgegebenen Prinzipien zu entfalten hat,[272] sucht Thomas die biblischen Zeugnisse von Gott mit der aristotelisch-stoischen Tugendlehre einerseits sowie mit metaphysischen Bestimmungen des Gottesbegriffs andererseits zu vermitteln. Thomas stützt sich dazu nicht nur auf das 12. Buch der *Metaphysik,* in dem Aristoteles über den „ersten Beweger" handelt, sondern auch auf das 5. Kapitel der *Nikomachischen Ethik.*[273] Die aristotelische Unterscheidung von *ius-*

---

272 Vgl. S.Th. I, q. 1, a. 2: „Sacra doctrina est scientia: quia procedit ex principiis notis lumine superioris scientiae, quae scilicet est scientia Dei et beatorum."

273 Das Werk war ihm durch die Übersetzung Wilhelms von Moerbeke bekannt; Thomas hat die *Ethik* 1270/71 zeitlich parallel zu seinen Arbeiten an der *Summa theologiae* kommentiert. Deren ersten Teil (I) hatte Thomas freilich bereits Ende 1268 in Rom fertiggestellt. – Zum Gerechtigkeitsbegriff vgl. Aristoteles, *Nikom. Ethik* V,4 n. 1. – Zur Rezeption

titia distributiva und *iustitia commutativa* ist ihm vertraut; sie dient ihm als begrifflicher Rahmen, innerhalb dessen er das Verhältnis von Gerechtigkeit und Barmherzigkeit Gottes bestimmt.

Dabei scheint es zunächst dem begrifflich reflektierten Gottesbegriff überhaupt zu widerstreiten, von Gerechtigkeit und Barmherzigkeit Gottes zu sprechen. Denn zum einen scheinen Gerechtigkeit und Barmherzigkeit in einem einander ausschließenden Widerspruch zu stehen. Damit aber wäre die innere Einheit des göttlichen Wesens in Frage gestellt. Zum anderen scheint sich zumindest mit dem Begriff der Barmherzigkeit Gottes der Gedanke seiner Leidensfähigkeit zu verbinden. Dies aber würde Gottes Unwandelbarkeit und seiner Unveränderlichkeit widerstreiten.

Um beiden Einwänden zu begegnen, unterscheidet Thomas zwischen dem Wesen Gottes, wie es in sich selbst ist, und seinem Wirken in Bezug auf die Geschöpfe. Dazu folgt er zunächst der platonisch-augustinischen Tradition, die Gott als dreifaltige Einheit von Allmacht *(potentia),* Weisheit *(sapientia)* und Güte *(bonitas)* fasst.[274] Gerechtigkeit und Barmherzigkeit kommen Gott insofern zu, als er Güte ist; beide können deshalb als Gestalten *(species)* der göttlichen Güte gelten. Als solche sind sie zwar voneinander unterschieden, stehen aber in keinem einander ausschließenden Gegensatz zueinander. Weil alles, was in Gott ist, mit seinem Wesen real identisch ist *(quidquid est in Deo, est eius essentia:* I q.28, a.2 corp.), sind auch Gerechtigkeit und Barmherzigkeit in Gott nicht real voneinander unterschieden. Unterschieden werden können beide lediglich hinsichtlich ihrer Wirkungen *(effectus)* auf die Schöpfung.

Ähnlich hieß es bereits bei Anselm: Gott ist barmherzig nur in Bezug auf die Menschen, nicht aber in Bezug auf sich selbst: „*Nos sentimus misericordis effectum, tu non sentis affectum*" *(Prosl.* 8). Die Unterscheidung zwischen dem Wesen Gottes, wie er an sich selbst

---

und Weiterentwicklung der aristotelischen Theorie der Gerechtigkeit in der Sozialphilosophie des Thomas von Aquin vgl. Lutz-Bachmann, *Die Entdeckung einer normativen Theorie der Gerechtigkeit.*

274 Zu Augustinus vgl. bes., *De trin.* XV 12,21–17,29 (CChr.SL 50A, 490–504); ferner *De Gen. ad litt.* I 6,12 (CSEL 28,10–11). – Weitere begriffliche Ternare bei Augustinus sind etwa *memoria – intelligentia – dilectio* (*De trin.* XIV, 12); *mens – notitia – amor* (*De trin.* IX); *memoria – intelligentia – voluntas* (*De trin.* X); *memoria – intelligentia – amor* (passim); eher metaphysisch *aeternitas – veritas – caritas* (*De trin.* VII 10,16; *Civ. Dei* XI, 28). Augustinus sieht in der menschlichen Seele und ihren Vollzügen ein Abbild der göttlichen Trinität.

ist, und seinem Wirken in Bezug auf die Schöpfung gestattet es, an Gottes Unveränderlichkeit festzuhalten, ohne die Rede von Gottes Barmherzigkeit und seiner Gerechtigkeit aufgeben zu müssen.

Aus metaphysischen Gründen will Thomas daran festzuhalten, dass Gott unveränderlich ist. Als solcher muss er frei von allen äußeren Einwirkungen gedacht werden können. Um den naheliegenden Verdacht auszuräumen, dass Gott in seiner Barmherzigkeit von einem ihm Äußeren affiziert wird, will Thomas „Barmherzigkeit" so verstanden wissen, dass darin eine Wirkung göttlichen Handelns ausgedrückt wird, nicht aber ein Gott von außen zugefügter Affekt: *„Misericordia est Deo maxime attribuenda, tamen secundum effectum, non secundum passionis affectum."* Barmherzigkeit und Gerechtigkeit sind die ersten Strebeakte *(appetitus)*, die aus Gottes Wollen in Bezug auf die Schöpfung hervorgehen.

Nach Thomas wird jemand „barmherzig" genannt, der ein erbarmendes Herz *(miserum cor)* hat. Ein solcher Mensch empfindet Mitleid mit demjenigen, der im Elend ist, weil er sich mit ihm identifiziert. Bereits dieser Akt der Identifikation ist kein passives Erleiden, sondern ein aktives Tun. Das aktiv vollzogene Mitleid wiederum weckt im mitleidigen Menschen den Wunsch, das Elend des Anderen zu lindern; und dieses *Tun* ist Ausdruck seiner Barmherzigkeit, nicht sein Mitleid.[275]

Obwohl der vollkommene und unveränderliche Gott das Elend des Menschen nicht so teilen kann, als sei es sein eigenes, ist es ihm doch im höchsten Grade angemessen *(maxime ei competit)*, das menschliche Elend zu beheben. Weil nämlich Gott die erste Quelle der Güte *(prima origo bonitatis)* ist, entspricht es seinem Wesen zutiefst, bestehende Mängel zu beheben und Leid zu lindern. So folgert Thomas am Ende: Barmherzigkeit ist nicht einfach nur ein beliebiger Aspekt im Vollzug der Güte Gottes. Sie ist vielmehr deren wichtigster: *„misericordia est Deo maxime attribuenda"*.

Thomas betont den aktiven Aspekt der göttlichen Barmherzigkeit im Sinne eines die Not wendenden Handelns Gottes. Der pas-

---

[275] *S. Th.* I 21,3 cp.: „Respondeo dicendum quod misericordia est Deo maxime attribuenda, tamen secundum effectum, non secundum passionis affectum. Ad cuius evidentiam, considerandum est quod misericors dicitur aliquis quasi habens miserum cor, quia scilicet afficitur ex miseria alterius per tristitiam, ac si esset eius propria miseria. Et ex hoc sequitur quod operetur ad depellendam miseriam alterius, sicut miseriam propriam, et hic est misericordiae effectus. Tristari ergo de miseria alterius non competit Deo, sed repellere miseriam alterius, hoc maxime ei competit, ut per miseriam quemcumque defectum intelligamus" (IV, 260ab).

Theologiegeschichtliche Perspektiven

sive Aspekt hingegen – das Mitleiden am Elend der Kreatur – trifft nach Auffassung des Aquinaten auf Gott nicht zu; er ist in keiner Weise leidensfähig. Zwar ist Gott im höchsten Grade barmherzig. Doch ist er dies allein hinsichtlich der Wirkung *(effectus)* seiner Barmherzigkeit, nicht hinsichtlich dessen, dass er von Mitleid erregt wird *(affectus)*. Jegliche Regung des Mitleids, daran lässt Thomas keinen Zweifel, widerstritte Gottes Vollkommenheit.

Von daher kann von Gerechtigkeit und Barmherzigkeit Gottes nicht im gleichen Sinne gesprochen werden. Während Gott im eigentlichen Sinne *(proprie)* gerecht heißen darf, ist er barmherzig nur im übertragenen Sinne *(metaphorice)* zu nennen.

3.5.2 Gerechtigkeit und Barmherzigkeit Gottes in Bezug auf die Schöpfung

Worin aber nun besteht Gottes *Gerechtigkeit?* Sie besteht zunächst in der aus Gottes Willen hervorgehenden, allem Geschaffenen zugrunde liegenden Ordnung des Seienden. Die Gerechtigkeit ist das innere Maß einer Schöpfung, in der alles – wie Thomas in Aufnahme einer alten theologischen Tradition sagt – nach „Maß, Zahl und Gewicht" (vgl. Weish 11,20 [11,21 Vulg.]) geordnet ist.[276] Ähnlich hatte bereits Origenes in der Gerechtigkeit Gottes das innere Maß der Schöpfung erblickt.

In Aufnahme einschlägiger Distinktionen aus der *Nikomachischen Ethik* (Buch V) kann Thomas sagen, dass Gottes Wirken in der Welt der Maßgabe distributiver Gerechtigkeit entspricht: Jedem Seienden teilt er aus der Fülle seines eigenen Seins das dem Geschaffenen entsprechende Sein mit, so dass es sowohl *sein* kann als auch als *es selbst* sein kann. Innerhalb des Wirklichkeitsganzen hat Gott eine Ordnung eingerichtet, innerhalb derer er jedem Seienden den ihm gebührenden Platz zuweist. Gott kann mit einem Herrscher oder Verwalter verglichen werden, der einem jeden Untertan „nach seiner Würde" zuteilt *(distributiva iustitia, secundum quam aliquis gubernator vel dispensator dat unicuique secundum suam dignitatem)*.[277]

---

[276] Vgl. zu Weish 11,21 u. a. Ubaldo Pizzani, *Qualche osservazione sul concetto di armonia cosmica in Agostino e Cassiodoro alla luce di Sap 11,21 (20)*, in: Augustinianum 32 (1992) 301.

[277] Freilich gilt dies nur in einem analogen Sinn, da die Beziehung zwischen Gott und Welt lediglich eine gedachte, nicht aber eine reale Beziehung ist. – Vgl. *S. Th.* I 13,7 co.: „Cum igitur Deus sit extra totum ordinem creaturae, et omnes creaturae ordinentur ad ipsum, et non e converso,

3.5 Thomas von Aquin

Der aristotelische Begriff der kommutativen Gerechtigkeit hingegen lässt sich auf das Gott-Welt-Verhältnis nicht anwenden: Thomas stellt klar, dass von der Gerechtigkeit Gottes nicht im Sinne einer Tauschgerechtigkeit die Rede sein kann. Denn niemand hat Gott jemals irgendetwas gegeben, so dass er in seiner Schuld stünde.[278] Das Geschaffene kann gegenüber Gott keinerlei Ansprüche geltend machen kann, weil es sich ihm seiner Möglichkeit wie seiner Wirklichkeit nach verdankt. Wohl aber empfängt jedes endliche Seiende durch den Akt der Schöpfung eine ihm eigene „Würde".

Diese Würde ist eine ontologische Kategorie; sie beinhaltet die normative Dimension, die jedem Seienden aufgrund seiner bloßen Existenz zukommt, und zwar sowohl in Bezug auf sich selbst wie auch in Bezug auf Anderes. Das *debitum* eines jeden Seienden bemisst sich einmal in Bezug auf den Ursprung seines Seins – d.h. auf Gott – und einmal in Bezug auf das, was ihm innerhalb der Ordnung des Geschaffenen, d.h. in Bezug auf anderes Seiendes zukommt. Indem Gottes Handeln dem *debitum* eines jeden Seienden gerecht wird, erweist sich seine Gerechtigkeit nicht zuletzt auch darin, dass er einem jeden Seienden zuteilt, was ihm zukommt, insofern es dieses oder jenes Seiende *ist*.[279]

Bei dem von Thomas im Zusammenhang mit seinen Ausführungen über das Wesen Gottes und seine Beziehung zur Schöp-

---

manifestum est quod creaturae realiter referuntur ad ipsum Deum; sed in Deo non est aliqua realis relatio eius ad creaturas, sed secundum rationem tantum, inquantum creaturae referuntur ad ipsum" (IV, 153a). Ferner *De pot.* q.7, a.10 co.: „Dicendum quod relationes, quae dicuntur de Deo ad creaturam, non sunt realiter in ipso. Ad cuius evidentiam sciendum est, quod cum relatio realis consistat in ordine unius rei ad rem aliam. [...] Oportet namque id quod semper habet rationem patientis et moti, sive causati, ordinem habere ad agens vel movens, cum semper effectus a causa perficiatur, et ab ea dependeat: unde ordinatur ad ipsam sicut ad suum perfectivum" (Op. omnia, ed. Vivès XIII, 240b). – Vgl. Liske, *Kann Gott reale Beziehungen zu den Geschöpfen haben?*

278 Vgl. *In Sent.* IV, d. 46, q. 1, a. 1: „Beneficia dei semper excedunt meritum creaturae" (Op. omnia, ed. Vivès XI, 390b). Vgl. Röm 11,35: „Quis prior dedit illi, et retribuetur ei?"; 1 Kor 4,7: „Quid autem habes quod non accepisti?" (Vulg.).

279 *S. Th.* I 21,1 ad 3: „Et sic etiam Deus operatur iustitiam, quando dat unicuique quod ei debetur secundum rationem suae naturae et conditionis. Sed hoc debitum dependet ex primo, quia hoc unicuique debetur, quod est ordinatum ad ipsum secundum ordinem divinae sapientiae" (IV, 259ab).

Theologiegeschichtliche Perspektiven

fung verwendeten Begriff der Gerechtigkeit Gottes handelt es sich also zunächst um Bestimmungen, die ontologisch gefasst sind. „Gerechtigkeit" ist ein formales Prinzip, mit dessen Hilfe die Relation Gottes zu seiner Schöpfung und zur Geschichte expliziert wird.[280]

Erweist sich Gottes *Gerechtigkeit* darin, dass Gott mit der Schöpfung einen wohl geordneten Kosmos ins Sein gerufen hat, so zeigt sich seine *Barmherzigkeit* in doppelter Weise: einmal in der Ungeschuldetheit der Schöpfung als ganzer, und einmal darin, dass Gott der Sünde des Menschen – verstanden als ein Vergehen gegen die Ordnung der Schöpfung – mit Nachsicht begegnet. In der Welt sind Gottes Gerechtigkeit und Barmherzigkeit zugleich wirksam: die Barmherzigkeit als freier und in jeder Hinsicht ungeschuldeter Grund der Welt, die Gerechtigkeit als ordnendes Prinzip der Wirklichkeit und erneut die Barmherzigkeit als aktives Prinzip der Vollendung alles Geschaffenen trotzt Sünde und Schuld.[281]

Das Werk der göttlichen Gerechtigkeit – verstanden als kreatives Freisetzen des Seienden in ein sinnvoll geordnetes Sein – setzt jenes ungeschuldete Werk der Barmherzigkeit voraus, in dem Gott die Welt überhaupt erschaffen hat. Geht man auf den letzten Grund alles Seienden zurück, so stößt man auf die Barmherzigkeit Gottes. Als aktives und zugleich grundloses Wollen ist sie der letzte Grund dafür, dass Gott überhaupt etwas außerhalb seiner erschafft und die Ordnung der Welt begründet. In diesem Sinn erscheint Gottes Barmherzigkeit als Grund seiner Gerechtigkeit: *opus autem divinae iustitiae semper praesupponit opus misericordiae et in eo fundatur.*[282]

---

280 Nicht zufällig finden sich deshalb in den nachfolgenden Quaestionen der *Summa* Überlegungen zu Gottes Vorsehung und Vorherbestimmung.

281 Vgl. *S. Th.* I 21,4 cp.: „In quolibet opere Dei misericordia et veritas inveniantur […] Quidquid in rebus creatis [sc. Deus] facit, secundum convenientem ordinem et proportionem facit; in quo consisitit ratio iustitiae. Et sic oportet in omni opere Dei esse iustitiam. Opus autem divinae iustitiae semper praesupponit opus misericordiae, et in eo fundatur" (IV, 261ab); vgl. *In IV Sent.*, dist. 46, q. 2, q. 2 (Op. omnia, ed. Vivès XI, 399b–407a).

282 *S. Th.* I 21,4 cp.: „Opus autem divinae iustitiae semper praesupponit opus misericordiae, et in eo fundatur. Creaturae enim non debetur aliquid, nisi propter aliquid in eo praeexistens, vel praeconsideratum, et rursus, si illud creaturae debetur, hoc erit propter aliquid prius. Et cum non sit procedere in infinitum, oportet devenire ad aliquid quod ex sola bonitate divinae voluntatis dependeat, quae est ultimus finis. […] Et sic in quolibet opere Dei apparet misericordia, quantum ad primam radicem eius. Cuius virtus salvatur in omnibus consequentibus; et etiam vehementius in eis operatur, sicut causa primaria vehementius influit quam causa secunda. Et

Der so gefasste Begriff der Barmherzigkeit Gottes findet sich bereits im *Sentenzenkommentar* des Aquinaten. Auch dort hatte Thomas den scheinbaren Widerspruch zwischen Gerechtigkeit und Barmherzigkeit Gottes dadurch aufzuheben versucht, dass er beides auf zwei Ebenen des göttlichen Wirkens verteilte.[283] Deren eine sah er in einem der Erschaffung der Welt vorausliegenden Entschluss Gottes, mit der Welt ein ihm selbst gegenüber Unterschiedenes ins Sein zu rufen. Diese Ebene des göttlichen Wirkens ist für Thomas mit dem Begriff der Barmherzigkeit angedeutet. Die Ebene der Gerechtigkeit hingegen sah Thomas darin, dass Gott die nunmehr ins Sein gerufene Welt in einer sinnvollen Weise eingerichtet und geordnet hat. In diesem Sinne vollzieht sich die Gerechtigkeit Gottes – verstanden als *condecentia bonitatis* – darin, dass Gott die aus seinem freien Entschluss hervorgegangene Schöpfung sinnvoll ordnet.

Diese Unterscheidungen greift Thomas in der *Summa theologiae* auf. Demnach kann die aus einem freiem Wollen Gottes und seinem unbedingten Entschluss hervorgegangene Schöpfung als ein Werk der göttlichen Barmherzigkeit verstanden werden. Denn nichts außerhalb seiner selbst hat Gott dazu genötigt, die Schöpfung ans Werk zu setzen. Die Welt ist aus einem ungeschuldeten und durch nichts bedingten Akt göttlichen Wollens hervorgegangen. In der *Summa* heißt es prägnant, dass es die Barmherzigkeit auszeichnet, etwas zu leisten, was über Geschuldetes hinausreicht: *Omnis collatio boni supra debitum eius cui confertur, ad misericordiam pertineat.*[284] Die Welt ist für Gott in keiner Hinsicht notwendig, sondern das Resultat seines freien Wollens und Wirkens.

3.5.3 Sündenvergebung und Heilsgeschehen

Die zweite Bestimmung von „Barmherzigkeit Gottes" ist auf die bestehende Ordnung der Schöpfung bezogen – und auf deren Störung durch die Sünde. Als Barmherzigkeit zielt Gottes Handeln darauf ab, die durch die Sünde des Menschen beschädigte Ordnung des Seins dadurch wiederherzustellen, dass er die Verfehlung

---

propter hoc etiam ea quae alicui creaturae debentur, Deus, ex abundantia suae bonitatis, largius dispensat quam exigat proportio rei. Minus enim est quod sufficeret ad conservandum ordinem iustitiae, quam quod divina bonitas confert, quae omnem proportionem creaturae excedit" (IV, 261b-262a).
283 Vgl. *In IV Sent.* dist. 46, q. 1 (Op. omnia, ed. Vivès XI, 389a-399b).
284 *S. Th.* I 23,1 ad 3 (IV, 272b).

Theologiegeschichtliche Perspektiven

mit einer – freilich durch Nachsicht gemilderten – Vergeltung beantwortet.[285]

Bereits im *Sentenzenkommentar* konnte „Gerechtigkeit Gottes" auch jene Gerechtigkeit meinen, in der Gott jene Freiheitswesen – Engel oder Menschen – bestraft, die ihn in seinem zuvorkommenden und ordnenden Handeln zurückweisen.[286] Diesen retributiven Aspekt der göttlichen Gerechtigkeit greift Thomas in der Summa wieder auf. Doch sieht er Gottes Allmacht nicht zuerst in seiner Gerechtigkeit wirksam werden, sondern im Verschonen und Erbarmen.[287]

Auch in der *Summa* ist sich Thomas dessen bewusst, dass es innerhalb der von Gott gewollten Ordnung eine gegenläufige Bewegung gibt, die Sünde. Deren Möglichkeit resultiert daraus, dass sich innerhalb der Schöpfung die vernunftbegabten Geistwesen zu ihrem Ursprung frei verhalten können. Engel und Menschen können ihrer Bestimmung entsprechend handeln oder sich ihr widersetzen. „Sünde" ist die frei vollzogene *offensio*, die Abkehr der vernunftbegabten Kreatur von ihrem Schöpfer und ihre Wendung gegen die der Welt eingestiftete Ordnung. Was immer der Mensch

---

285 *S. Th.* I 21,3 cp.: „Communicatio enim perfectionum, absolute considerata, pertinet ad bonitatem, ut supra ostensum est. Sed inquantum perfectiones rebus a Deo dantur secundum earum proportionem, pertinet ad iustitiam, ut dictum est supra. Inquantum vero non attribuit rebus perfectiones propter utilitatem suam, sed solum propter suam bonitatem, pertinet ad liberalitatem. Inquantum vero perfectiones datae rebus a Deo, omnem defectum expellunt, pertinet ad misericordiam" (IV, 260b).

286 *In IV Sent.*, d. 46, q. 2, a. 2 qc. 2 ad 1: „Ad primum ergo dicendum, quod iustitia, ut ex dictis patet, quandoque consistit in retributione meritorum; et sic iustitia in creatione non consideratur: quandoque vero iustitia consistit in condecentia divinae bonitatis; et sic non praesupponit aliquid ex parte recipientis, sed solum ex parte Dei; et sic potest esse iustitia in opere creationis. Iustum est enim ut unaquaeque res hoc modo esse habeat quomodo praeordinatum est a sapientia divina" (Op. omnia, ed. Vivès XI, 405b); vgl. *S. Th.* I 21,1 ad 3: „Et licet Deus hoc modo debitum alicui det, non tamen ipse est debitor, quia ipse ad alia non ordinatur, sed potius alia in ipsum. Et ideo iustitia quandoque dicitur in Deo condecentia suae bonitatis; quandoque vero retributio pro meritis" (IV, 259b).

287 Vgl. u. a. *S. Th.* II–II 30,4 resp. (Ed. Leon. VIII, 243b), wo Thomas auf die *Collectio* am 10. Sonntag nach Pfingsten anspielt: „Deus, qui omnipotentiam tuam parcendo maxime et miserando manifestas, gratiam tuam super nos indesinenter infunde, ut, ad tua promissa currentes, caelestium bonorum facias esse consortes" (jetzt 26. Sonntag im Jahreskreis).

gegen die in Gott begründendete Ordnung der Schöpfung tut, ist Sünde.[288]

Wenn Thomas im Zusammenhang mit der Sünde von „Gerechtigkeit Gottes" spricht, dann meint er damit meist die vergeltende oder strafende Gerechtigkeit Gottes. Sie ist von der Barmherzigkeit Gottes unterschieden und steht zu ihr im Gegensatz. Gottes Gerechtigkeit erscheint als Reaktion darauf, dass sich der Mensch dem Willen Gottes widersetzt. Dieser Wille kann aus den Ordnungen der Schöpfung und der Offenbarung erkannt werden. Im Gegenzug realisiert sich Gottes Barmherzigkeit darin, dass er auf die einer jeden Verfehlung angemessene Strafe verzichtet.[289] Zwar ergibt sich aus der Ordnung der Schöpfung auch für Gott eine gewisse Notwendigkeit *(debitum)* des Handelns. Doch ist dieses Handeln nicht zwingend: Gott bleibt in seiner Beziehung zur Schöpfung frei.

Zur Möglichkeit des Verzeihens hatte Anselm in seinem *Proslogion* argumentiert: Wenn Gott die Bösen straft, so ist dies deshalb gerecht, weil es sich angesichts ihrer Untaten so gehört; wenn er sie aber verschont, so ist dies ebenfalls gerecht, und zwar deshalb, weil es seiner Güte entspricht.[290] Thomas scheint diese Verhältnisbestimmung im Sinn gehabt zu haben, wenn auch er im Verschonen der Bösen die Gerechtigkeit und Barmherzigkeit übergeordnete Güte Gottes am Werke sieht. Weil diese Güte letzter Grund alles Seienden ist, kann sich Gott des Sünders aus freiem Entschluss erbarmen, ohne einer ihn irgendwie bindenden Verpflichtung zuwider zu handeln.[291] An die Stelle von Anselms Begriff der selbst Gott verpflichtenden *rectitudo* ist bei Thomas der Begriff der *bo-*

---

288 Vgl. *S. Th.* II 87,1: „Cum autem peccatum sit actus inordinatus, manifestum est quod quicumque peccat, contra aliquem ordinem agit" (VII, 121ab).

289 Wobei freilich offenbleibt, worin das Prinzip der Angemessenheit besteht. Anselm hat sich dieser Frage dadurch entzogen, dass für ihn wegen der Unendlichkeit Gottes jede auch noch so kleine Sünde eine unendliche Beleidigung *(offensio)* Gottes darstellt.

290 Vgl. Anselm von Canterbury, *Prosl.* 10: „Cum punis malos, iustum est, quia illorum meritis convenit; cum vero parcis malis, iustum est, quia bonitati tuae condecens est." (Ed. Schmitt I, 108,27–109,1).

291 Dies gilt auch dann, wenn sich Gott im Akt der Schöpfung selbst dazu verpflichtet hat, in seinem Handeln dem Sein des Geschaffenen zu entsprechen. Das *debitum*, das jedem Geschaffenen zukommt, ist nicht absolut, sondern gründet in Gottes Schöpfungsmacht und Schöpfungswillen.

nitas getreten. Auch sie verpflichtet Gott, gründet aber in einer Selbstverpflichtung des göttlichen Willens auf sich selbst.

Wenn Gott die Bösen bestraft, trägt er der Ordnung der Schöpfung Rechnung, gegenüber der sich der Mensch verfehlt hat.[292] Weil freilich letzter Maßstab für das Handeln Gottes seine Güte ist, kann Gott auf eine an sich gerechte Vergeltung verzichten, ohne sich selbst zu widersprechen. Für Thomas entspricht es dem Wesen Gottes mehr, darauf zu hoffen, dass sich Gott der Sünder erbarmt, als dass er sie straft. Wenn Gott sein Wesen eher im Erbarmen als im Strafen vollzieht, wird er darin eher sich selbst gerecht, als wenn er auf Vergeltung bestünde. Denn in der Bestrafung der Sünder sieht Thomas eine bloße Reaktion auf die Sünde und damit auf eine Wirklichkeit, die Gottes Vollkommenheit und Güte nicht entspricht.[293] Insofern, so Thomas, waltet auch in der Vergebung der Sünden eine „Art von Gerechtigkeit" *(aliqua iustitia).*[294]

Gottes Barmherzigkeit widerspricht demnach keineswegs seiner Gerechtigkeit. Gott gewährt vielmehr etwas, das die Gerechtigkeit überschreitet; er handelt *supra iustitiam.*[295] Die Barmherzigkeit hebt die Gerechtigkeit nicht auf; sie ist vielmehr die Fülle der Gerechtigkeit *(iustitiae plenitudo).*[296]

Die zahlreichen Bezugnahmen des Thomas bereits in den ersten Quaestiones der *Summa theologiae* auf biblische Referenzstellen zei-

---

292   S. Th. I 21,1 ad 3: „Et ideo iustitia quandoque dicitur in Deo condecentia suae bonitatis; quandoque vero retributio pro meritis" (IV, 259b).
293   Vgl. S. Th. II–II 21,2 cp.: „[…] quanto magis proprium est Deo misereri et parcere quam punire, propter eius infinitam bonitatem. Illud enim secundum se Deo convenit, hoc autem propter nostra peccata" (VIII, 157b).
294   Vgl. *De veritate,* q. 28, a. 1, ad 8: „[…] in remissione peccatorum aliqua iustitia servetur, secundum quod omnes *viae domini sunt misericordia et veritas* [Ps 24,10]: praecipue quidem ex parte Dei, in quantum remittendo peccata facit quod Deum decet, secundum quod Anselmus dicit in Proslogio [c. 10]: *cum parcis peccatoribus, iustus es, decet enim te.* Et hoc est quod in Ps. XXX[,1] dicitur: *in iustitia tua libera me"* (Ed. Vivès 312a).
295   Menschlicher Erfahrung ist dies keineswegs fremd. So handelt auch der nicht gegen die Gerechtigkeit, so Thomas, der einem anderen hundert Denare schuldet (vgl. Mt 18,28) und ihm stattdessen zweihundert gibt.
296   Vgl. *S. Th.* I 21,3 ad 2: „[…] Deus misericorditer agit, non quidem contra iustitiam suam faciendo, sed aliquid supra iustitiam operando, sicut si alicui cui debentur centum denarii, aliquis ducentos det de suo, tamen non contra iustitiam facit, sed liberaliter vel misericorditer operatur. Et similiter si aliquis offensam in se commissam remittat. Qui enim aliquid remittit, quodammodo donat illud" (IV, 261ab).

gen, dass es ihm darin nicht darum geht, eine Metaphysik losgelöst von der Offenbarungsgeschichte zu entwerfen.[297] Gerade als *summum bonum* und *ipsum esse*[298] erweist sich Gott in der Geschichte als jene Liebe, die dem Sünder auch dann zugewandt bleibt, wenn sich dieser von ihm abwendet. In der liebenden Zuwendung zum Sünder offenbart sich erst das eigentliche Wesen Gottes als des zuhöchst Guten. Schien es zunächst, als ob Gerechtigkeit und Barmherzigkeit einander wechselseitig aufhöben, so sieht Thomas in der barmherzigen Zuwendung Gottes zum Sünder geradezu die Vollendung der Gerechtigkeit: *„misericordia non tollit iustitiam sed est quaedam iustitiae plenitudo"* (I 21,3 ad 2).

In höchstem Maße vollziehen sich Gerechtigkeit und Barmherzigkeit Gottes in der Menschwerdung Christi. Damit treten Gerechtigkeit und Barmherzigkeit Gottes in Zeit und Geschichte hinein. „Die Zeit der Menschwerdung ist in höchstem Maße die Zeit des Erbarmens" *(tempus incarnationis est maxime tempus misericordiae)* – so Thomas im dritten Teil der *Summa theologiae*. Die dortigen Überlegungen legen den Akzent auf sein Wirken in Bezug auf die Welt und die Menschen. Jetzt geht es Thomas vorrangig um die vernunftgeleitete Rekonstruktion des göttlichen Erlösungswerkes, wie es in den biblischen Texten bezeugt ist.

Notwendig war die Erlösung, weil die Menschheit seit der Sünde Adams unter der Knechtschaft der Sünde steht (vgl. Gal 5,1), ein endgültiges Scheitern des Schöpfungswerkes aber mit Gottes Heilsplan unvereinbar wäre. Innerhalb der von Gott eingerichteten Schöpfungsordnung fordert die Sünde deshalb Gottes erlösendes Handeln geradezu heraus, ohne es freilich erzwingen zu können. Gerade als Tat der Barmherzigkeit bleibt die Menschwerdung Gottes ungeschuldete Tat seiner Liebe. Weil der Mensch, indem er sündigt, sich von Gott abkehrt und ihm so die schuldige Ehrerbietung verweigert, zugleich aber – und hierin folgt Thomas Anselm – die seinen Vergehen angemessene Strafe oder Genugtuung nicht aus eigenem Vermögen erbringen kann, wäre die Schöpfung zum Scheitern verurteilt, wenn nicht Gott selbst in der Menschwerdung

---

297 In der *Summa contra Gentiles* verzichtet Thomas weitgehend auf biblische Referenzstellen; dies erklärt sich aus der Zielsetzung der Schrift. Vgl. Helmut Hoping, *Weisheit als Wissen des Ursprungs. Philosophie und Theologie in der Summa contra gentiles des Thomas von Aquin*, Freiburg u. a. 1997.

298 Vgl. dazu Kremer, *Die neuplatonische Seinsphilosophie und ihre Wirkung auf Thomas von Aquin*, 460–469.

Theologiegeschichtliche Perspektiven

Christi und durch seinen ungeschuldeten Tod am Kreuz die Initiative ergriffe.

Thomas sieht in der Erlösung des Menschen den primären Zweck der Menschwerdung.[299] Damit wendet er sich gegen die Ansicht, dass Christus auch ohne Adams Sünde Mensch geworden wäre.[300] Die Offenbarung der Liebe Gottes, die durch die Propheten des Alten Bundes Israel kundgetan wurde, findet ihren Höhepunkt in der Menschwerdung des Sohnes. Dieser hat durch sein Leben[301], besonders aber durch seinen gehorsamen Tod am Kreuz die fortdauernde Liebe Gottes zu den Menschen in der Welt gegenwärtig und wirksam werden lassen.

Indem Thomas Jesu Tod als Opfer *(sacrificium)*, Loskauf *(redemptio)*, Genugtuung *(satisfactio)* und Verdienst *(meritum)* bestimmt,[302] versucht er, die Bedeutung des Todesgeschehens für die Erlösung der Menschheit begrifflich zu fassen. In allen Aspekten dieses Geschehens sieht Thomas die grundlegende Dimension der *Liebe* Gottes wirksam. Diese Liebe allein vermag die Sünder zu retten, weil der Mensch aus eigener Kraft unfähig ist, sich der Herrschaft der Sünde und des Todes zu entziehen. Indem sich der Vater dazu

---

299 Bereits Augustinus hatte in der Menschwerdung Gottes die angemessene Antwort auf die Sünde des Menschen gesehen; vgl. *Sermo* 174, c. 7,8: „Quare venit in mundum? Peccatores salvos facere. Alia causa non fuit quare veniret in mundum" (PL 38,944). Vgl. 1 Tim 1,15: „Christus Jesus ist in die Welt gekommen, um Sünder zu retten."

300 Vgl. *S. Th.* III 1,3: „Unde, cum in sacra Scriptura ubique incarnationis ratio ex peccato primi hominis assignetur, convenientius dicitur incarnationis opus ordinatum esse a Deo in remedium peccati, ita quod, peccato non existente, incarnatio non fuisset. Quamvis potentia Dei ad hoc non limitetur: potuisset enim, etiam peccato non existente, Deus incarnati" (XI, 14ab). – Rupert von Deutz (gest. 1130) und Albert der Große (gest. 1280) hatten die Auffassung vertreten, dass Gott auch ohne die Sünde Mensch geworden wäre. Nach Thomas vertraten Thomisten und Scotisten hierzu gegensätzliche Positionen. Die Skotisten sahen in der Vorstellung, dass die Sünde, die Gott doch über alles andere hasst, zum Anlass für seine herrlichste Offenbarung werden solle, einen Selbstwiderspruch. Eben hierin freilich erblickten die Thomisten einen umso größeren Beweis der göttlichen Liebe und Barmherzigkeit. – Zur Diskussion um die „bedingte" oder „unbedingte Prädestination der Inkarnation" vgl. Haubst, *Vom Sinn der Menschwerdung;* Bissen, *La tradition sur la prédestination absolue de Jésus Christ.*

301 Zu den „Mysterien des Lebens Jesu" nach Thomas von Aquin vgl. Gerd Lohaus, *Die Geheimnisse des Lebens Jesu in der Summa theologiae des heiligen Thomas von Aquin* (FThSt 131), Freiburg u.a. 1985.

302 Vgl. *S. Th.* III, 48,1–3 (Ed. Leon. XI, 463–466).

bestimmt hat, Christi Verdienst als stellvertretend für die gesamte Menschheit geleistet gelten zu lassen, hat er die Möglichkeit zu deren Rettung eröffnet und die Versöhnung der Menschen mit ihrem Schöpfer möglich gemacht.

Der ungeschuldete Tod Christi hat den Vater nicht etwa umgestimmt oder von seinem gerechten Zorn über die Sünde der Menschen abgelenkt. Zwar wiegt der Gehorsam Christi den Ungehorsam der Menschen gegenüber Gott mehr als auf. Dass dieser Überschuss aber von Gott als Verdienst angenommen wird, so dass die Sünde der Menschen nicht mehr angerechnet werden muss, beruht nicht auf metaphysischer Notwendigkeit, sondern auf einem freien Entschluss Gottes. Dieser Entschluss, den Gott aus Liebe zu den Menschen gefasst hat, geht dem Gehorsam des menschgewordenen Gottessohnes voraus. Gottes Entschluss zur Erlösung der Sünder geht der Forderung nach ihrer gerechten Bestrafung voraus und umfasst sie.[303]

In diesem Zusammenhang spricht Thomas auch von der Genugtuung. Die Genugtuung, die der Sohn durch seinen unschuldigen Tod leistet, ist vom Vater bereits im Vorhinein angenommen. Deshalb kann der Sohn in die Welt kommen und das Werk der Genugtuung leisten. „Die Genugtuung Christi *bewirkt* nicht die Liebe Gottes – etwa durch »Versöhnung« des beleidigten und zornigen Gottes –, sondern *wird* von ihr *bewirkt,* nämlich als der Weg, auf dem die Liebe Gottes, die niemals aufgehört hatte, den Menschen wieder erreicht" (O.-H. Pesch).[304]

Im Entschluss des Vaters, die Genugtuung des Sohnes anzunehmen und sie als Verdienst zu werten, der allen sündigen Menschen zugutekommt, ist der Tod des Sohnes als stellvertretende Sühne für alle Menschen angenommen. Denn zunächst sind es ja die *Menschen,* die Gott gegenüber genugtuungspflichtig sind. Dass Christus stellvertretend für die sündige Menschheit Genugtuung leistet, sieht Thomas nicht durch die Einheit der menschlichen Natur ermöglicht, wie sie vor allem von griechischen Kirchenvä-

---

303 Vgl. hierzu die Unterscheidung von „voluntas antecedens" und „voluntas consequens" in *S. Th.* I 19,6 ad 1: „Iudex iustus antecedenter vult omnem hominem vivere; sed consequenter vult quodam damnari, secundum exigentiam suae iustitiae" (IV, 241b).
304 O.-H. Pesch, *Thomas von Aquin,* 325. – Vgl. *S. Th.* I-II 113,2: „Peccatum nobis remitti dicitur, quod Deus nobis pacatur. Quae quidem pax consistit in dilectione qua Deus nos diligit" (VII, 329b); evtl. auch III 48,2 [XI, 464].

tern als Begründung angeführt wurde.³⁰⁵ Nach Thomas resultiert diese Möglichkeit vielmehr aus der Vorstellung von der Kirche als dem mystischen Leib Christi. Als Haupt dieses mystischen Leibes, der letztendlich nicht nur die Getauften, sondern alle Gerechten umfasst,³⁰⁶ kann Christus für alle Menschen stellvertretend Genugtuung leisten.

Das Werk der Genugtuung, das Christus erbracht hat, wäre also missverstanden, verstünde man es so, als bewegte es Gott allererst dazu, der Menschheit zu vergeben und Versöhnung Wirklichkeit werden zu lassen. Es gibt keine Verrechnung zwischen dem ungeschuldeten Tod Christi und der Sünde der Menschen.

Dass der Heilswille Gottes in der Gestalt der Genugtuungsleistung Christi Wirklichkeit wurde, offenbart nach Thomas sowohl die Gerechtigkeit Gottes als auch seine Barmherzigkeit. Die Gerechtigkeit Gottes insofern, als dass diese Gestalt der Erlösung sowohl der Natur der Sünde – als einer *offensio* des Menschen gegenüber Gott – wie auch dem Schöpfungsziel – der universalen Gemeinschaft von Gott und Mensch – höchst angemessen war.³⁰⁷ Und Gestalt seiner Barmherzigkeit ist das Erlösungswerk, weil die Erlösung der sündigen Menschheit in Menschwerdung und Kreuz Christi aus einem freien Entschluss Gottes und nicht aus metaphysischer Notwendigkeit geschah. Sie gründet in der alles umfas-

---

305   Zur „physischen Erlösungslehre" und ihrer Rezeption im Mittelalter vgl. Franz Dünzl, *Formen der Kirchenväterrezeption am Beispiel der physischen Erlösungslehre des Gregor von Nyssa*, in: ThPh 69 (1994) 161–181; ferner Reinhard M. Hübner, *Die Einheit des Leibes Christi bei Gregor von Nyssa. Untersuchungen zum Ursprung der „physischen" Erlösungslehre* (PhP 2), Leiden 1974.

306   Zur damit gegebenen Vorstellung einer „ecclesia ab Abel" (bereits im *Hirt des Hermas* II, 2,4; ed. Lindemann 342) vgl. grundlegend Yves M. Congar, *Ecclesia ab Abel*, in: Abhandlungen über Theologie und Kirche (FS Karl Adam), hg. v. Marcel Reding, Düsseldorf 1952, 79–108. Zum Verständnis der Kirche als „corpus mysticum" bei Thomas vgl. Henri de Lubac. *Corpus mysticum. Eucharistie und Kirche im Mittelalter* (Paris 1949), Einsiedeln 1969, bes. 139 f.

307   Vgl. *S. Th.* III 46,1 ad 3: „Ad tertium dicendum quod hominem liberari per passionem Christi, conveniens fuit et misericordiae et iustitiae eius. Iustitiae quidem, quia per passionem suam Christus satisfecit pro peccato humani generis, et ita homo per iustitiam Christi liberatus est. Misericordiae vero, quia, cum homo per se satisfacere non posset pro peccato totius humanae naturae" (XI, 436b); ebd. 46,6 ad 6: „Ad sextum dicendum quod Christus voluit genus humanum a peccatis liberare, non sola potestate, sed etiam iustitia" (XI, 444b).

senden Güte, in der Gott die sündige Menschheit aus ihrem Elend befreien und ihrer ursprünglichen Bestimmung zuführen will.

3.5.4 Gottes Barmherzigkeit zur Vergebung der Sünde

Neben dieser heilsgeschichtlichen Perspektive auf die Gerechtigkeit und Barmherzigkeit Gottes gerät bei Thomas keineswegs die geschichtliche Wirklichkeit der Sünde aus dem Blick. Hier erfährt sich der Mensch unweigerlich als Sünder. Zugleich ist er mit der Botschaft von Gottes Gerechtigkeit und Barmherzigkeit konfrontiert. Wie soll er beides in eine Beziehung zueinander setzen?

In der Geschichte christlicher Theologie und Frömmigkeit haben besonders die Bußpsalmen immer wieder zu Reflexion und Meditation eingeladen. Wohl nicht zufällig endet der Psalmenkommentar des Thomas mit einer Auslegung von Psalm 50 [51 Vulg.]. Der Psalm („Miserere") zählt zu jenen „sieben Bußpsalmen Davids", die im klösterlichen Kontext beständig meditiert wurden.

Nach der Vulgata bekennt David in dem Psalm seine Schuld als eine Tat vor dem Angesicht Gottes: *„tibi soli peccavi"* (V. 6). Der Adressat, von dem der Beter Erbarmen und Vergebung erhofft, ist nicht etwa derjenige, dem gegenüber der Beter schuldig geworden ist.[308] Es ist vielmehr jener Gott, den Thomas als vollkommene Güte *(ipsa bonitas)* verstanden wissen will.[309] In der Auslegung dieses Psalms wird das Bemühen des Aquinaten greifbar, metaphysische Begrifflichkeit, heilsgeschichtliches Denken und individuelle Erfahrung miteinander zu vermitteln.[310]

Thomas zufolge wird im ersten Teil von Ps 50,3 („Sei mir gnädig, Gott, nach deiner großen Güte") von der Barmherzigkeit als einer Eigenschaft Gottes gesprochen, im zweiten Teil („Nach der Fülle deines Erbarmens tilge meine Freveltaten") von ihren Wirkungen. Einmal richtet sich die Hoffnung des Beters auf eine Eigenschaft

---

308 Vers 1 schreibt den Psalm König David zu, nachdem ihn der Prophet Natan wegen der Ermordung Urijas und seines Ehebruchs mit Batseba zur Rede gestellt hatte.

309 *In Ps.* 50: „Primo ergo ostendit quod sperat de misericordia Dei ex consideratione naturae divinae, quia naturae divinae proprium est quod sit ipsa bonitas" (ed. Vivès XVIII, 542b).

310 *In Ps.* 50: „Miserere mei Deus secundum magnam misericordiam tuam. Et secundum multitudinem miserationum tuarum dele iniquitatem meam" (Ps 50,3 Vulg.)." – Vgl. hierzu die Beiträge in dem von Henk Schoot herausgegebenen Sammelband „*Tibi soli peccavi*": *Thomas Aquinas on Guilt and Forgiveness*.

Theologiegeschichtliche Perspektiven

der göttlichen Natur, einmal auf das barmherzige Wirken Gottes in der Geschichte.[311] Beide Male aber sieht der Beter in der Barmherzigkeit Gottes jene Wirkgestalt der göttlichen Güte, „die das Elend aus der Welt schafft".

Wie im ersten Teil der *Summa* weist Thomas in seinem Psalmenkommentar die Vorstellung zurück, es handele sich bei Gottes Barmherzigkeit um eine *passio animi* – eine solche würde ein Moment der Veränderlichkeit in Gott eintragen.[312] Als *„bonitas relata ad depellendam miseriam"* hingegen kann die Barmherzigkeit Gottes als wirksame Gestalt seiner Güte aufgefasst werden.

Von der machtvollen Güte Gottes erhofft der Beter die Vergebung seiner Sünden. Indem Gott dieser Hoffnung entspricht und die Sünde vergibt, wirkt sich seine Güte als Barmherzigkeit aus. Thomas vergleicht die Vergebung der Sünde mit dem ursprünglichen Schöpfungsakt. Im Zuge der Auslegung von Vers 12 (*„Cor mundum crea in me Deus et spiritum rectum innova in visceribus meis"*: Vulg.) wird deutlich, was unter Güte Gottes zu verstehen ist, wenn sie als Barmherzigkeit das Maß der Gerechtigkeit übersteigt: Sie ist schöpferische Güte, die dem Sünder einen neuen Anfang eröffnet, indem sie ihn von seiner Sünde „reinigt" *(mundat)*. Diese Reinigung kommt einer Neuschöpfung des inneren Menschen gleich. Thomas verteidigt das Wort „creare" im Text des Psalms: Wenn Gott aus einem Sünder einen Gerechten macht, dann darf das im eigentlichen Sinne *(proprie)* „Erschaffen" genannt werden.[313]

Was ist damit gemeint? Der Akt des Erschaffens *(creare)* ist eine Tätigkeit, die Gott eigentümlich ist. Allein Gott ist in der Lage, etwas aus Nichts zu erschaffen; der Mensch hingegen ist stets an etwas ihm Vorgegebenes gebunden, das er insofern nur verändern

---

311 *In Ps.* 50: „Et notandum, quod aliquis potest sperare de misericordia divina, duplici ratione. Una ratio est ex consideratione divinae naturae: alia ratio est ex consideratione et secundum multitudinem effectuum eius" (ed. Vivès XVIII, 542b).

312 *In Ps.* 50: „Unde nihil aliud est haec Dei misericordia, nisi bonitas relata ad depellendam miseriam [...] Misericordia non signat in Deo passionem animi, sed bonitatem ad repellendam miseriam" (Op. omnia, ed. Vivès XVIII, 542b).

313 *In Ps.* 50: „Quando vero de peccatore facit justum, tunc dicitur proprie creare: Eph. 2: ipsius creatura sumus creati in Christo Jesu in operibus bonis: Jac. 1: ut sitis initium aliquod creaturae Dei, scilicet spiritualis ejus" (ed. Vivès XVIII, 547b).

oder gestalten kann.³¹⁴ Im strengen Sinne des Begriffs *creare* ist daher der Begriff einer *creatio ex nihilo* eine Tautologie. Den so gefassten Begriff der *creatio* überträgt Thomas auf den Vorgang der Vergebung: „*Quando vero de peccatore facit iustum, tunc dicitur proprie creare.*" Damit will Thomas nicht etwa die Nichtigkeit der Sünde betonen,³¹⁵ sondern die Voraussetzungslosigkeit und den ungeschuldeten Charakter der Vergebung hervorheben. Auch wenn die ursprüngliche Erschaffung der Welt aus dem Nichts einzig und einmalig ist, so bietet sie doch eine Analogie für die Vergebung der Sünden.

Zwar hebt die Vergebung der Sünde deren Strafwürdigkeit nicht auf, da sie sich nur auf den inneren Menschen bezieht, nicht auf den rechtlichen Aspekt der Untat.³¹⁶ Die Sündenstrafen bestehen fort und sind weiterhin zu verbüßen. Doch kommt es Thomas eben darauf an: dass Gott den Sünder von seiner inneren „Unreinheit" *(immunditia)* freispricht, die ihn versklavt und es ihm unmöglich macht, sich aus eigener Kraft dem Willen Gottes neu unterzuordnen. Mehr als die Strafe fürchtet nämlich der reumütige Mensch, die Unreinheit der Schuld tragen zu müssen.³¹⁷ Entscheidend für den Akt der Vergebung ist deshalb nicht der Erlass der gerechten Strafe, sondern die *remissio culpae* oder die *remissio peccati*. Sie rechtfertigt vor Gott, ohne die Notwendigkeit der Strafe aufzuheben.

Thomas erörtert den Vorgang der *remissio peccati* im Rahmen seiner Gnadenlehre, die er im zweiten Teil der *Summa theologiae* (I^a–II^{ae}) entfaltet. Hier geht es dann nicht mehr um die prinzipielle Überwindung von Sünde und Schuld, wie sie durch das Erlösungswerk Christi erwirkt ist, sondern um die Frage, wie dieses Erlösungswerk dem einzelnen Menschen zugeeignet werden kann.

---

314 Vgl. hierz bes. *S. Th.* I 45 (Ed. Leon. IV, 464–477). In I 45,3 cp. betont Thomas die Analogielosigkeit des Schöpfungsaktes: „Respondeo dicendum quod creatio ponit aliquid in creato secundum relationem tantum. Quia quod creatur, non fit per motum vel per mutationem. Quod enim fit per motum vel mutationem, fit ex aliquo praeexistenti, quod quidem contingit in productionibus particularibus aliquorum entium; non autem potest hoc contingere in productione totius esse a causa universali omnium entium, quae est Deus. Unde Deus, creando, producit res sine motu" (IV, 467a).

315 So Rikhof, *Thinking about Sin and Forgiveness,* 14.

316 *In Ps.* 50: „Iniquitas est contraria iustitiae; peccatum vero munditiae" (ed. Vivès XVIII, 543a). – An Unterscheidungen wie dieser konnte die Lehre von einem postmortalen Reinigungsort *(purgatorium)* anknüpfen.

317 *In Ps.* 50: „Homo qui habet mentem bene dispositam, plus abhorret immunditiam culpae, quam austeritatem poenae" (ed. Vivès XVIII, 543a).

In diesem Rahmen fasst Thomas *remissio peccati* nicht als Nachlass äußerer Sündenstrafen, sondern als ein personales Geschehen, das den Menschen innerlich verwandelt.[318] In der *remissio peccati* ermöglicht es Gott dem Sünder, sich ihm neu zuzuwenden und so eine neue Beziehung zu ihm aufzunehmen. Dieses Geschehen deutet Thomas als Wirkung der göttlichen Gnade und somit als ein Wirken besonders des Heiligen Geistes. Sündenvergebung und Gnade sieht Thomas innerlich aufeinander bezogen: Die vom Geist Gottes gewährte Gnade verwandelt den Sünder in einen gottgefälligen Menschen. Diese Verwandlung ist das eigentliche Geschehen der „Rechtfertigung" *(iustificatio)*. Die Rechtfertigung ist ein Werk der Barmherzigkeit und der Liebe Gottes; sie ist ein Wirksam-Werden der göttlichen Gnade am Sünder, „eine Art Bewegung, durch die der menschliche Geist von Gott aus dem Zustand der Sünde in den Zustand der Gerechtigkeit bewegt wird".[319]

Das in dieser Formulierung gebrauchte Passiv bekräftigt die Auffassung des Thomas, wonach sich niemand aus eigener Kraft und ohne den Beistand der Gnade Gottes aus der Macht der Sünde befreien kann.[320] Dabei ist das Vergebungshandeln Gottes –

---

318 Otto Hermann Pesch hat vorgeschlagen, den Begriff der *remissio* nicht mit „Vergebung" zu übersetzen, sondern mit „Nachlassung" im Sinne von „Wegschaffung" (*Thomas von Aquin*, 171). Pesch weist darauf hin, dass der Begriff der „Vergebung" eine Dimension von Personalität evoziert, die bei Thomas nicht gegeben sei. Tatsächlich besteht für Thomas die Wirkung des Bußsakramentes in einer „*occultatio peccatorum ab oculis Dei*" (*Quodl.* XII, q. 10, a. 2 [17]. Die Editio Leonina bietet den schlüssigeren Text „ab oculis Dei *punientis*" [XXV/2, 411,8 f.], die Edition von Vivès bietet „ab oculis Dei *viventis*" [Op. omnia XV, 602b]). Damit ist keine personale Dimension der Sündenvergebung ausgedrückt.

319 *S. Th.* I-II 113,5 cp.: „Iustificatio impii est quidam motus quo humana mens movetur a Deo a statu peccati in statum iustitiae [...]. Mens humana, dum iustificatur, per motum liberi arbitrii recedat a peccato, et accedat ad iustitiam" (Ed. Leon. VII, 334ab). – Nur angedeutet sei in diesem Zusammenhang die kontroverstheologische Debatte um das Sünder-Sein des Gerechtfertigten. – Vgl. hierzu u.a. James F. McCue, „*Simul iustus et peccator*" *in Augustine, Aquinas, and Luther. Toward putting the debate in context,* in: JAAR 48 (1980) 81–96; Guido Bausenhart, *Simul iustus et peccator. Zum römischen Einspruch gegen die „Gemeinsame Erklärung zwischen der katholischen Kirche und dem Lutherischen Weltbund über die Rechtfertigungslehre",* in: Catholica 53 (1999) 122–141.

320 Vgl. *S. Th.* I-II 109,7 cp.: „Respondeo dicendum quod homo nullo modo potest resurgere a peccato per seipsum sine auxilio gratiae. Cum enim peccatum transiens actu remaneat reatu, ut supra dictum est; non est idem resurgere a peccato quod cessare ab actu peccati. Sed resurgere a

3.5 Thomas von Aquin

wie schon sein Schöpfungshandeln – voraussetzungslos; zugleich schafft es eine neue Wirklichkeit. Denn die Wirklichkeit der Gnade steht der ihr vorausgehenden Wirklichkeit der Sünde vor allem darin entgegen, dass sie den Menschen dazu befähigt, fortan Gott gehorsam zu leben.[321] Im Anschluss an Augustinus kann Thomas die Rechtfertigung des Sünders deshalb mit der Erschaffung der Welt vergleichen. In der *remissio peccati* erblickt er sogar ein größeres Werk als die Erschaffung der Welt; denn das Geschehen der Rechtfertigung zielt nicht nur auf die zeitliche befristete Existenz des Menschen, sondern auf dessen ewige Seligkeit.[322]

Selbstverständlich ist von „Schöpfung" hier nicht in einem univoken Sinne die Rede. Wenn Thomas die Rechtfertigung eine „Art Bewegung" *(quidam motus)* nennt, dann deutet sich darin eher die Vorstellung von einer Verwandlung oder einer Transformation an. Worauf es aber ankommt, ist zum einen die Voraussetzungslosigkeit und gänzliche Ungeschuldetheit der Vergebung, zum anderen deren übernatürlicher Charakter: Gottes vergebende Gnade bewegt den Menschen zu etwas, was er aus eigenem Vermögen nicht leisten kann.

---

peccato est reparari hominem ad ea quae peccando amisit" (Ed. Leon. VI, 301ab).

321 Dass sich an diese Position weiterhin zentrale kontroverstheologische Fragen knüpfen, die sich vor allem an Luthers Begriff vom gerechtfertigten Menschen als eines „simul iustus et peccator" entzünden, sei hier nur angedeutet.

322 *S. Th.* I-II 113,9: „Maius opus est iustificatio impii, quae terminatur ad bonum aeternum divinae participationis, quam creatio caeli et terrae, quae terminatur ad bonum naturae mutabilis. Et ideo Augustinus, cum dixisset quod *maius est quod ex impio fiat iustus, quam creare caelum et terram,* subiungit, *caelum enim et terra transibit, praedestinatorum autem salus et iustificatio permanebit* [vgl. *In Joh.,* tr. 72,3: CChr.SL 36, 508,4–8]. Sed sciendum est quod aliquid magnum dicitur dupliciter. Uno modo, secundum quantitatem absolutam. Et hoc modo donum gloriae est maius quam donum gratiae iustificantis impium. Et secundum hoc, glorificatio iustorum est maius opus quam iustificatio impii. Alio modo dicitur aliquid magnum quantitate proportionis, sicut dicitur mons parvus, et milium magnum. Et hoc modo donum gratiae impium iustificantis est maius quam donum gloriae beatificantis iustum, quia plus excedit donum gratiae dignitatem impii, qui erat dignus poena, quam donum gloriae dignitatem iusti, qui ex hoc ipso quod est iustificatus, est dignus gloria. Et ideo Augustinus dicit ibidem, *iudicet qui potest, utrum maius sit iustos Angelos creare quam impios iustificare. Certe, si aequalis est utrumque potentiae, hoc maioris est misericordiae"* [ebd.; CChr.SL 36, 509,14–16] (Ed. Leon. VII, 341ab).

Theologiegeschichtliche Perspektiven

Nach Thomas bewegt die Vergebung der Sünden den Menschen dazu, seine Beziehung zum Mitmenschen und zu Gott neu auszurichten. Dies geschieht dadurch, dass sich der Mensch auf seine eigentliche Bestimmung besinnt und ihr entsprechend lebt. Der Mensch kann sich zwar nicht aus eigenem Vermögen aus der Macht der Sünde befreien; zugleich aber setzt die Wirksamkeit der Gnade seine freie Zustimmung voraus. Der Sünder muss sich der ihm angebotenen *remissio* aus freiem Entschluss öffnen.

Dabei konkurrieren die Gnade Gottes und die Freiheit des Menschen nicht miteinander; vielmehr ermöglicht die Gnade Gottes eben jene Umkehr, die der Mensch aus eigener Kraft nicht vollziehen kann, deren Ermöglichung aus Gnade er aber frei zustimmen muss: *Qui creavit te sine te, non iustificabit te sine te,* so Thomas mit dem frühen Augustinus.[323] Dass jeder Mensch und deshalb auch der Sünder dazu bestimmt ist, gerechtfertigt zu werden, daran lässt Thomas keinerlei Zweifel zu; denn von Gottes Güte darf erwartet werden, dass sie das Verlangen des Menschen, seiner Bestimmung entsprechend in vollkommener Glückseligkeit zu leben, nicht unerfüllt lässt.

3.5.5 Gerechtigkeit und Barmherzigkeit Gottes im Horizont der „Letzten Dinge"

Aus dem Stellenwert, den Thomas in der *Summa theologiae* der geschaffenen Wirklichkeit einräumt, ergibt sich auch die Art und Weise, wie er das Verhältnis von Gerechtigkeit und Barmherzigkeit Gottes im Horizont der Vollendung von Welt und Geschichte bestimmt. Denn das Erlösungswerk Christi hat den Urzustand nur anfanghaft wiederhergestellt. Auch der gerechtfertigte Sünder steht weiterhin unter der Knechtschaft der Sünde und des Todes. Erst indem die menschliche Seele in die Gemeinschaft mit Gott

---

323 *S. Th.* III 84,5 cp.: „Et ideo necessarium est ad salutem peccatoris quod peccatum removeatur ab eo. Quod quidem fieri non potest sine poenitentiae sacramento, in quo operatur virtus passionis Christi per absolutionem sacerdotis simul cum opere poenitentis, qui cooperatur gratiae ad destructionem peccati, sicut enim dicit Augustinus, super Ioan. *qui creavit te sine te, non iustificabit te sine te.* Unde patet quod sacramentum poenitentiae est necessarium ad salutem post peccatum, sicut medicatio corporalis postquam homo in morbum periculosum inciderit" (Ed. Leon. XII, 292ab). – Vgl. Augustinus, *Sermo* 169, c. 11, n. 13 (PL 38,923), zitiert auch in *Quaest. disp. de virtutibus,* q. 1, a. 2 arg. 20; *Quodlibet* XI, q. 3, s. c.; sinngemäß auch: *In II Sent.,* dist. 27, q. 1, a. 2 ad 7.

aufgenommen *(reassumpta)* wird, gelangt sie zu ihrem übernatürlichen Ziel, der beseligenden Schau ihres Schöpfers.

Im Rahmen seiner Überlegungen zu den „Letzten Dingen", die Reginald von Piperno (gest. 1290) nach dem Abbruch der *Summa* aus den frühen Sentenzenkommentaren zusammengestellt hat,[324] hält Thomas an der Unterscheidung zwischen individuellem und allgemeinem Gericht fest. Dabei sieht er das abschließende Urteil über das endgültige Geschick des Menschen bereits im besonderen Gericht über den einzelnen Menschen gefällt. Dieses erfolgt im Augenblick des Todes: „Wohin das Holz auch fällt, da bleibt es liegen."[325] Danach kann es keinerlei Veränderung mehr geben – weder Umkehr noch Reue noch Vergebung noch Versöhnung.[326] Wenn postmortal überhaupt noch mit Veränderungen zu rechnen ist, so betreffen diese das Ausleiden der Sündenfolgen in einem Zustand der „Läuterung" *(purgatorium)*, nicht aber die *visio beatifica*.[327]

---

324 Zur Eschatologie des Thomas vgl. *S. Th.*, Suppl. III 69–99.
325 Koh 11,3, zitiert u.a. in *Comp. theol.* 1, 174: „Anima igitur quemcumque finem sibi ultimum prestituisse invenitur in statu mortis, in eo fine perpetuo permanebit appetens ilud ut optimum, sive sit bonum sive malum, secundum illud Eccl. XI quod lignum si precisum fuerit »ubicumque cediderit, ibi erit«. Sic igitur post hanc vitam qui in morte boni inveniuntur, habebunt perpetuo voluntatem firmatam in bono; qui autem mali tunc invenientur, erunt perpetuo obstinati in malo" (Ed. Leon. XLII, 149,73–150,82). – Vgl. dazu Stickelbroeck, *Nach dem Tod*, und Ders., *Das Leben – einmalige Chance oder stets wiederkehrende Möglichkeit?*, der die Unwiderrruflichkeit der einmaligen Lebensentscheidung betont und die Möglichkeit einer postmortalen Neubestimmung von Freiheit kategorisch zurückweist.
326 Vgl. *S. Th.* I 64,2 resp.: „Stabilita sempiterna est de ratione verae beatitudinis; unde et »vita aeterna« nominatur" (Ed. Leon. V, 141). Thomas erläutert hier den Begriff der Ewigkeit mit dem der „stabilitas". Für die Tradition bezieht er sich – wie auch sonst häufig – auf Johannes von Damaskus: „Was für den Engel der Fall ist, das ist für den Menschen der Tod" (*De fide orthod.* II, 4) – nämlich die endgültige Überantwortung in die Gnade Gottes.
327 Vgl. LeGoff, *Die Geburt des Fegefeuers;* Vordermayer, *Die Lehre vom Purgatorium und die Vollendung des Menschen;* ferner Hübner, *Über das christliche Totenreich. Purgatorium und Scheol.* Zu den Ursprüngen der Vorstellung vom Purgatorium in der Patristik vgl. Merkt, *Das Fegefeuer.* – Eine Annäherung aus der evangelischer Sicht versucht Rupert M. Scheule, *Das Fegefeuer als Forderung christlicher Solidarität. Eine postulatentheologische Skizze*, in: Das Jenseits, Darmstadt 2003, 212–230.

Dass Thomas zwar einerseits an der Möglichkeit, ja Notwendigkeit einer postmortalen Läuterung im Purgatorium festhält, andererseits aber ausschließt, dass nach dem Tod noch eine Umkehr des Sünders zu Gott erfolgen kann, ergibt sich aus seiner Anthropologie. Da er im Erkennen das höchste Vernunftvermögen des Menschen erblickt, nicht aber in seinem Willen – dieser kann ja erst dann zwischen zwei Möglichkeiten wählen, wenn er sie als Alternative erkannt hat –, kann die Beseligung nur in der Vollendung des höchsten Seelenvermögens bestehen. Die ewige Seligkeit besteht für den Menschen in der *visio beatifica*, der unverhüllten Erkenntnis der Wirklichkeit Gottes. Aus dieser Erkenntnis kann der Mensch schlechterdings nicht mehr herausfallen, weil die Freiheit des Menschen seinem Erkenntnisvermögen nachgeordnet ist.[328] Seine Freiheit ist nicht mehr frei, sich von Gott abzuwenden, weil sie sich neben Gott kein anderes Objekt mehr vorstellen kann, dem ihre Wahl gelten könnte.

Thomas geht davon aus, dass alle ungesühnten Todsünden des Menschen nach seinem leiblichen Tod Bestand haben.[329] Während alle anderen Sündenstrafen in einem postmortalen Läuterungsgeschehen nachgelassen werden können, ist dem Menschen eine *grundsätzliche* Neubestimmung seiner Freiheit auf Gott hin postmortal nicht mehr möglich. Irrt *in statu viatoris* der Wille „unstet" zwischen verschiedenen Alternativen umher *(de uno ad aliud discurrit)* und trifft er immer nur vorläufige Entscheidungen, so gilt dies nach dem Tod nicht mehr.[330] Jetzt wird die Entschiedenheit der

---

328 Im Rahmen dieser Konzeption stellt die Aufgabe, den Sündenfall der Engel zu erklären, eine besondere Herausforderung dar, insofern bei ihnen ja eine ursprünglich unverhüllte Schau Gottes angenommen werden muss. Vgl. *S. Th.* I 63,3, wo Thomas als Motiv für den Sündenfall der Engel deren „Stolz" und den Wunsch anführt, aus eigener Kraft Gott gleich werden zu wollen. – Zur Diskussion in der theologischen Tradition vgl. Auer-Ratzinger, *Kleine Katholische Dogmatik* III, 501–506. Für sie ist die Möglichkeit der Engelsünde nur so denkbar, „wenn angenommen wird, dass die Engel auch als reine Geister noch nicht in der Anschauung Gottes waren" (ebd., 505).

329 Vgl. *S. Th.* I, 64,2 resp.: „Omnia mortalia peccata hominum, sive sint magna, sive sint parva, ante mortem sunt remissibilia; post mortem vero, irremissibilia, et perpetuo manentia" (Ed. Leon. V, 141b). – Vgl. zum dogmen- und theologiegeschichtlichen Zusammenhang auch Karl Rahner, *Das Sterben vom Tod her gesehen*, in: MySal V, 473–492, bes. 473–483.

330 Vgl. *S. Th.* I, 64,2 resp.: „Homo […] per rationem apprehendit mobiliter, discurrendo de uno ad aliud, habens viam procedendi ad utrumque op-

menschlichen Freiheit verendgültigt. An ihr bemisst sich auch das definitive Urteil Gottes.

Entscheidet Gott über das endgültige Geschick des einzelnen Menschen im *Besonderen* Gericht, so wird im *Allgemeinen* Gericht die soziale Dimension der Sünde offenbar.[331] Das Allgemeine Gericht ist nach Thomas kein Ort, an dem sich die Gerechtigkeit Gottes vollzieht; sie wird darin lediglich vor Engeln und Menschen kundgetan.[332] Im Allgemeinen Gericht erscheint die Sünde als das, was sie letztendlich ist: frei gewählte Selbstverschließung des Menschen gegenüber seine Bestimmung zur ewigen Gemeinschaft mit Gott und den Mitmenschen. Letztendlich bleibt der Sünder in dieser Selbstverschließung mit sich allein. Von Seiten der Gerechten erreicht die Verdammten deshalb auch keinerlei Mitleid oder Erbarmen mehr.[333]

Weder das Gericht über den Einzelnen noch das universale Weltgericht erwartet Thomas in der Form eines dramatischen Geschehens, in dem Täter und Opfer einander konfrontiert sind. Beide Szenarien dienen vielmehr dem Offenbar-Werden der Herrlichkeit Gottes und seiner Gerechtigkeit. Dabei will Thomas besonders das Weltgericht nicht zunächst als ein Vergeltungs- und Strafgericht verstanden wissen. Vielmehr wird seiner Auffassung nach Gottes Gerechtigkeit von seiner Güte und Barmherzigkeit umfasst: „*Magis proprium est Dei misereri et parcere quam punire propter eius infinitatem bonitatem.*"[334]

Auch im Horizont der Vollendung von Welt und Geschichte lässt Thomas das Verhältnis von Gerechtigkeit und Barmherzigkeit Gottes durch den Primat der Liebe bestimmt sein. In seiner

---

positorum. Unde et voluntas hominis adhaeret alicui mobiliter, quasi potens etiam ab eo discedere et contrario adhaerere" (Ed. Leon. V, 141b).
331 Zur dogmatischen Fixierung der Unterscheidung zwischen einem Besonderen und einem Allgemeinen Gericht vgl. die Konstitution Papst Benedikts XII. *Benedictus Deus* vom 29. Jan. 1336 (DzH 1000–1002).
332 Vgl. *S. Th.* Suppl. 88,1 ad 2: „Propria sententia illius generalis iudicii est universalis separatio bonorum a malis, quae illud iudicium non praecedet. Sed nec etiam quoad particularem sententiam uniuscuiusque plene praecessit iudicii effectus" (Ed. Leonina XII, 205a). Dabei zeichnet es das allgemeine Gericht aus, dass darin die „Allgemeinheit" der Menschen, die Menschheit als ganze, zum Gegenstand göttlichen Richtens wird: „Universale iudicium magis directe respicit universalitatem hominum" (ebd., ad 3).
333 Vgl. *S. Th.* Suppl. 94,2–3 (Ed. Leon. XII, 226b-227a).
334 *S. Th.* II–II 21,2 cp. (Ed. Leon. VIII, 157b). – Vgl. dazu auch Basse, *Certitudo spei*.

Liebe hat sich Gott von Ewigkeit her dazu bestimmt, den Menschen trotz seiner Abkehr vom Schöpfer nicht mit sich alleinzulassen. Gottes gnädige Zuwendung zum Sünder ist der wirksame Erweis seiner Barmherzigkeit gegenüber dem Menschen, der unter der Herrschaft der Erbsünde steht. Dass Gott in seinem Urteil den freien Entschluss des Menschen, sich der Wirklichkeit der Gnade zu öffnen oder sich ihr zu verschließen, achtet – darin sieht Thomas den Ausdruck göttlicher Gerechtigkeit.

3.5.6 Theologiegeschichtliche Erträge

Mit seiner Unterscheidung von Natur und Gnade gelingt es Thomas deutlicher als in der augustinisch-neuplatonischen Theologie, die Eigenständigkeit der geschaffenen Wirklichkeit gegenüber Gott zu verdeutlichen. Unklar bleibt freilich der Zusammenhang zwischen dem Selbstvollzug geschaffener Freiheit und ihrer Vollendung in Gott. Hier war Anselm weiter gegangen, indem er den *Selbstvollzug* endlicher Freiheit darin erfüllt sah, dass sie sich Gott als den ihr entsprechenden Inhalt wählt. Gottes Gnade tritt nicht gleichsam von außen her zur menschlichen Freiheit hinzu, um sie zu vollenden, sondern entspricht ihrer inneren Dynamik selbst.

Nach Thomas bedarf die Natur des Menschen einer übernatürlichen Begnadung, um ihrer Zielbestimmung zu entsprechen. Deshalb erscheint Gottes vergebende Barmherzigkeit gegenüber dem Sünder eher als eine äußere Zuwendung, als dass sie den Selbstvollzug seiner Freiheit innerlich betrifft. Indem Thomas die Gnade als *habitus* versteht, d.h. als eine der Seele innewohnende Qualität,[335] ist sie zwar keine bloße *passio*. Als äußere Umgestaltung aber bleibt sie dem Willen selbst äußerlich.

Äußerlich bleibt letztendlich auch die barmherzige Zuwendung Gottes zum Sünder. Denn diese unterscheidet Thomas von Gottes unveränderlichem Wesen. Zwar lässt der Aquinate keinen Zweifel daran, dass Gott das Heil des Sünders will. Wie aber Gottes barmherzige Hinwendung zum Menschen mit seinem Selbstvollzug als Gott vermittelt ist, bleibt unklar. Indem er Gerechtigkeit und Barmherzigkeit Gottes auf zwei unterschiedlichen Ebenen des göttlichen Wirkens anordnet, fallen beide letztendlich begrifflich auseinander.

---

335 Vgl. *S. Th.* I–II, q. 110, a. 2.

3.6 Gottes Barmherzigkeit als Gestalt seiner Demut: Bonaventura

Mehr noch als bei den Dominikanern ist die Theologie der Franziskaner durch das Bemühen geprägt, im Heilsgeschehen Gottes Barmherzigkeit gegenüber dem Sünder zur Geltung zu bringen. Exemplarisch hierfür steht die Verhältnisbestimmung von Gerechtigkeit und Barmherzigkeit Gottes, die Bonaventura (1221–1274) in seinem *Sentenzenkommentar* und vor allem im *Breviloquium* vornimmt.[336] Zwar hat Bonaventura das *Breviloquium* früher verfasst als Thomas seine *Summa theologiae,* doch deutet sich in dieserm Werk eine theologische Akzentsetzung an, die Johannes Duns Scotus in seinem *Sentenzenkommentar* aufgreifen und vertiefen wird.

3.6.1 Gottes Barmherzigkeit als gnädige Zuwendung zum Sünder

Bonaventura hat die Sentenzen des Petrus Lombardus von 1250 bis 1252 in Paris kommentiert, bevor er dort zum Magister der Theologie ernannt und auf den zuvor heftig umstrittenen Lehrstuhl der Franziskaner berufen wurde.[337] Das *Breviloquium* ist vermutlich während seiner Pariser Lehrtätigkeit, d.h. zwischen 1254 und 1257, dem Jahr seiner Ernennung zum Generalminister der Franziskaner, entstanden.[338] Das Werk ist ein Kompendium der Theologie und beinhaltet in seinen sieben Teilen eine kurzgefasste Darstellung der

---

336 Wenn Bonaventuras Verhältnisbestimmung von Gerechtigkeit und Barmherzigkeit Gottes in dieser Untersuchung erst im Anschluss an die des Thomas von Aquin vorgestellt wird, so deshalb, weil zwischen Anselm und Thomas einerseits und Bonaventura und Johannes Duns Scotus andererseits aufgrund vergleichbarer theologischer Grundentscheidungen inhaltliche Verwandschaften bestehen, die durch die gewählte Abfolge der Kapitel deutlicher zutage treten dürfte, als legte man dieser die Chronologie der Entstehung des *Breviloquiums* und der *Summa theologiae* zugrunde. – Zur grundsätzlichen Standortbestimmung vgl. Grosse, *Der Richter als Erbarmer. Ein eschatologisches Motiv bei Bernhard von Clairvaux, im „Dies irae" und bei Bonaventura.*
337 Zum sog. Bettelordensstreit (1250–1259) vgl. die detaillierte Darstellung der geschichtlichen Zusammenhänge von Michel Marie Dufeil, *Guillaume de Saint-Amour et la polémique universitaire Parisienne,* Paris 1972.
338 Zum Werk und zu seiner Entstehungszeit vgl. Schlosser, *Einleitung,* 10–17; ferner: Leinsle, *Glaubensvermittlung.* Zitiert wird im Folgenden nach der Ausgabe der *Opera omnia,* ed. Aloysius A. Parma, Bd. V, Quaracchi 1841, 201–291.

Theologiegeschichtliche Perspektiven

christlichen Glaubenslehre. Es soll Studenten der Theologie helfen, „eine Schneise durch den unübersichtlichen Wald der Heiligen Schrift" zu schlagen.[339]

Vergleicht man Bonaventuras *Breviloquium* mit der etwa fünfzehn Jahre später entstandenen *Summa theologiae* des Thomas, so fällt ein unterschiedlicher Aufbau ins Auge. Wo Thomas eine methodologische Vorklärung zum Wissenschaftscharakter der Theologie bietet, finden sich im Prolog zum *Breviloquium* hermeneutische Überlegungen zur Schriftauslegung. Anders als Thomas sucht Bonaventura nicht nach einem philosophisch verantworteten Vorbegriff für die Wahrheit des Glaubens; vielmehr setzt er die Offenbarung als ergangen voraus und sucht ihre innere Logik offenzulegen. Vom Faktum der Offenbarung des dreifaltigen Gottes in der Geschichte ausgehend, gelangt die vom Heiligen Geist erleuchtete Vernunft des Menschen zur Erkenntnis Gottes und seines Handelns in der Geschichte und – im Ausgang davon – zu einem Wissen um Gottes Eigenschaften.[340] Deshalb ist auch das Verhältnis von Gerechtigkeit und Barmherzigkeit Gottes im Ausgang von der geschichtlichen Offenbarung Gottes in Jesus Christus zu bestimmen.

Bonaventuras Theologie ist durch die bei den Franziskanertheologen vorherrschende Überzeugung geprägt, dass sich die Annäherung des Menschen an die Wirklichkeit Gottes nicht zunächst im Modus aktiven Erkennens vollzieht, sondern im Modus des Berührt-Werdens. Die Begegnung des Menschen mit Gott geschieht nicht zunächst als Gottes*erkenntnis*, sondern als Gottes*erfahrung*. Gotteserfahrung wiederum kann umschrieben werden als ein Angerührt-Werden des Menschen durch Gott, der sich ihm liebend und gegenüber dem Sünder barmherzig zuwendet.

Bereits Franziskus hatte im Rahmen der Gottesbeziehung des Menschen dem *affectus* ein größeres Gewicht beigemessen als dem *intellectus*. Bonaventura ist ihm hierin gefolgt. Die Aufgabe der

---

339 Vgl. *Brevil.*, Prol. 6: „Ad hoc autem, quod per sacrarum Scripturam silvam quis secure incidendo et exponendo incedat, opus est" (V, 208a).
340 Selbstverständlich haben auch die Dominikaner Theologie nicht in Absehung von der Offenbarung betrieben. Unverkennbar ist der Grundimpuls in der Dominikanertheologie, die Inhalte der Offenbarung mit der humanen Vernunft in Einklang zu bringen. Dieser Versuch mündete oft in das Bemühen, die Inhalte der Offenbarung mit der Vernunft zu versöhnen, nicht die Vernunft mit der Offenbarung. – Vgl. Ulrich Gottfried Leinsle, *Einführung in die scholastische Theologie*, Paderborn u.a. 1995, bes. 155–159.

Theologie sieht er weniger darin, zur intellektuellen Erkenntnis der Wirklichkeit Gottes zu gelangen, als vielmehr darin, die mystische Begegnung der Seele mit ihrem Schöpfer vorzubereiten.[341]

Diese Begegnung vollzieht sich in einem mehrstufigen Prozess der Annäherung zwischen dem heiligen Gott und dem sündigen Menschen, wie er in Bonaventuras *Itinerarium mentis in Deum* (1259) geschildert ist. An seinem Ende steht die mystische Begegnung mit Gott, die alle ihr vorausgehende Erkenntnisweisen übersteigt, sie in sich aufnimmt und in ein Berührt-Werden des Menschen durch die alles überstrahlende Wirklichkeit Gottes einmündet.[342]

Theologie als das vernunftgeleitete Bemühen um das Verstehen der Wirklichkeit Gottes und seiner Offenbarung hat deshalb in Bonaventuras Verständnis nicht zunächst einen theoretischen, sondern einen therapeutischen Sinn. Sie handelt, wie Bonaventura gleich zu Beginn des *Breviloquium* bemerkt, in erster Linie nicht von theoretischen Einsichten, sondern „vom Schaden der Sünde, vom Arzt, der Heilung und dem Heilmittel und schließlich von der vollkommenen Gesundung" in der Herrlichkeit Gottes.[343] Dies gilt nicht nur für den Glaubensweg des Einzelnen, sondern auch für die Weltgeschichte im Ganzen.

Das Bild von der Krankheit des Menschen, ihrer Behandlung und Heilung durchzieht alle Kapitel des *Breviloquium*. In ihm ist die Spannung zwischen Gerechtigkeit und Barmherzigkeit Gottes in dem Sinne vorentschieden, dass es Gott immer schon um die Heilung des durch die Sünde verwundeten Menschen geht. Christus offenbart Gott nicht als transzendenten Schöpfer oder strengen Richter, sondern als barmherzigen Vater, dem es um das Heil des Menschen geht. Als „gerecht" erweist sich Gott dabei darin, dass er in seinem Bemühen um das Heil des Menschen dessen Freiheit achtet.

In dieser Konzeption lassen sich unschwer theologische und anthropologische Grundoptionen des frühen Augustinus identifi-

---

341 Vgl. Gottlieb Söhngen: „Wie Franziskus die Rückkehr zur evangelischen Lebensform brachte, so brachte Bonaventura die Rückkehr zur evangelischen Wissensform" (zit. nach Dettloff, *„Christus tenens medium in omnibus"*, 29).
342 Vgl. Sebastian Schmidt, *Christus als „scala nostra". Christozentrische Aspekte im „Itinerarium mentis in Deum" des heiligen Bonaventura*, in: FS 75 (1993) 243–338.
343 Vgl. *Brevil.*, I 1: „Et ideo agit de corruptela peccati, medico, sanitate et medicina et tandem de curatone perfecta, quae erit in gloria" (V, 210a).

zieren. Der Mensch bedarf der Offenbarung Gottes, weil sein Erkenntnisvermögen in Bezug auf Gottes Wahrheit in der Folge des Sündenfalls getrübt ist. Nach dem Sündenfall ist der Mensch nicht mehr ausschließlich auf Gott hingeordnet, sondern auf endliche Güter. Eine augustinische Wendung aufgreifend, bestimmt Bonaventura Schuld *(culpa)* als „Abkehr vom unwandelbaren Gut" und in eines damit als „Hinwendung zum wandelbaren Gut".[344] Dieser Richtungswechsel gründet in einem freien Vollzug des menschlichen Willens, der sich in einem allem kategorialen Wollen vorausliegenden Akt von Gott abkehrt.

Diese Abkehr wird dadurch möglich, dass sich der menschliche Wille durch einen Akt der Vorstellung *(suggestio)* auf ein Objekt richtet, das geringer ist als Gott. An diesem Objekt findet er Gefallen; der Wille stimmt ihm zu und lässt es schließlich zum Bestimmungsgrund seiner selbst werden.[345] Sünde *(peccatum)* ist deshalb vor allem anderen die Abkehr von Gott als dem ersten Prinzip *(primum principium)* alles Geschaffenen. Sie ist frei vollzogene Abwendung von Gott als dem gründenden Grund aller Wirklichkeit.

In der Abkehr von Gott verfehlt der Menschen die ihm zugedachte Bestimmung: „Ist doch der Wille dazu erschaffen, vom ersten Prinzip, ihm gemäß und um seinetwillen bestimmt zu sein. Jede Sünde ist also eine Unordnung des Geistes oder des Willens, aus dem Tugend wie Laster hervorgehen. Sünde ist [deshalb] die tathafte Unordnung des Willens *(peccatum igitur actuale est actualis inordinatio voluntatis)*".[346] Entsprechend dient Gottes Offenbarung in erster Linie dazu, den menschlichen Willen zu veranlassen, sich erneut seiner eigenen Bestimmung entsprechend zu vollziehen und so der sittlichen Ordnung zu genügen. Den *ordo*

---

344 *Brevil.*, III 5: „Omnis culpa dicit recesssum a bono incommutabili et accessum ad bonum commutabile" (V, 234b). – Vgl. Augustinus: „Est autem peccatum hominis inordinatio atque perversitas, id est a praestantiore conditore aversio et ad condita inferiora conversio" (*Div. quaest. ad Simpl.* I, c. II, n. 18: PL 40,122/CChr.SL 44, 45,550–352); Thomas von Aquin, *S. Th.* I–II, q. 77, a. 8 cp (Ed. Vatic. V,249).

345 Vgl. *Brevil.*, III 8: „De ortu igitur peccati actualis haec tenenda sunt in summa, quod actuale peccatum originem trahit in libera voluntate uniuscuisuque per suggestionem, delectationem, consensum et operationem" (V, 236b).

346 *Brevil.*, III 8: „Cum peccatum dicat recessum voluntatis a primo principio, in quantum voluntas nata est agi ab ipso, secundum ipsum et propter ipsum; omne peccatum est inordinatio mentis sive voluntatis, circa quam nata sunt esse virtus et vitium. Peccatum igitur actuale est actualis inordinatio voluntatis" (V, 236a).

iustitiae sieht Bonaventura dann gewahrt, wenn „das unwandelbare Gut dem wandelbaren" vorgezogen wird, „das sittlich Gute dem Nützlichen" und „der Wille Gottes dem eigenen Willen".[347] Als sittliches Wesen vollzieht sich der Mensch seiner Bestimmung entsprechend dann, wenn er dem Willen Gottes gehorcht, wie er aus der Schöpfungsordnung und den Offenbarungsquellen zu entnehmen ist.

Die um seines Heiles willen geforderte Neubestimmung des Willens, die der Sünder vollziehen muss, setzt voraus, dass dem Willen das ihm ursprünglich zugedachte Objekt – der Willen Gottes – in einer solchen Klarheit bewusst wird, dass er sich wieder frei zu ihm entscheiden kann. Zur geforderten Umkehr bedarf es also eines ihr vorausgehenden Erkenntnisaktes. Bonaventura deutet deshalb die Heilsgeschichte als einen Prozess fortschreitender Offenbarung des ursprünglichen göttlichen Willens. Heilsgeschichte ist Heilspädagogik: In seiner Offenbarung sucht Gott den Menschen dazu zu bewegen, dass er seine Gottferne erkennt und – aus dieser Erkenntni heraus – sich aus freiem Entschluss Gott neu zuwendet.

Gottes Heilspädagogik respektiert die menschliche Freiheit. Weil „die Freiheit des Willens erfordert, dass [der Mensch] nicht gegen seinen Willen zu etwas gezogen wird",[348] zielt Gottes Offenbarung in erster Linie darauf ab, die Freiheit des Menschen zu gewinnen. Die Freiheit aber muss wissen, wozu sie sich entscheiden soll. Deshalb soll der Mensch „Wissen erlangen und zugleich sein Unvermögen einsehen, und deswegen seine Zuflucht zur Barmherzigkeit Gottes nehmen und um die Gnade rufen".[349] In seiner Offenbarung wendet sich Gott dem Menschen zu, um ihm die Einsicht in das von ihm Geforderte zu eröffnen; durch die Mitteilung seiner Gnade befähigt er ihn dazu, im Gehorsam gegenüber Gott zu leben. Gottes Gnade ermöglicht dem Menschen, seine *deiformitas*

---

347 Vgl. *Brevil.*, III 8: „Est autem ordo iustitiae, ut bonum incommutabile praeferatur bono commutabili, ut bonum honestum praeferatur utili, et voluntas Dei praeferatur voluntati propriae, ut iudicium rectae rationis praesit sensualitati" (V, 237a).
348 *Brevil.*, IV 4: „Libertas arbitrii hoc requirit, ut ad nihil trahatur invita" (V, 244b).
349 *Brevil.*, IV 4: „Habita scientia, et cognita impotentia, confugeret homo ad divinam misericordiam et gratiam postulandam, quae data est nobis in adventu Christi" (V, 244b).

zurückzugewinnen und auf diese Weise wieder als Gottes Ebenbild zu leben.[350]

Soll Gottes Heilshandeln in ihm wirksam werden kann, muss der Mensch der Gnade frei zustimmen – und er muss ihr frei zustimmen *können*. Wie aber kann sich ein Wollen, das unter der Herrschaft der Erbsünde steht, neu zum Guten bestimmen? Aus eigenem Vermögen kann er das nach Bonaventura nicht. Hierzu bedarf es des Beistands der Gnade: Sie öffnet den Willen neu auf seinen ersten Grund und sein letztes Ziel hin und ermöglicht es ihm so, sich neu auf Gott hin auszurichten.

Ähnlich hatte der frühe Augustinus argumentiert: Die Sünde wird nicht ohne die Gnade Gottes überwunden, aber auch nicht ohne die Zustimmung des freien Willens.[351] Bonaventura knüpft an diese Sicht an, wenn er die Umkehr des Menschen als das Ergebnis eines Zusammenspiels von göttlicher Gnade und freiem Willen auffasst. Sie umfasst vier Momente: „die Eingießung der Gnade, die Austreibung der Schuld, die Reue und die Bewegung des freien Willens".[352] Erweist sich Gottes Barmherzigkeit darin, dass er sich

---

350 Vgl. *Brevil.*, IV 5: „Reparatio est operatio primi principii, ita quod ab ipso manat secundum liberalitatem et ad ipsum reducit secundum conformitatem; ideo oportet, quod fiat per gratiam et deiformitatem" (V, 245b).
351 Vgl. *Brevil.*, V 3: „Quia praedispositio ad formam completivam debet esse ei conformis; ad hoc, quod liberum arbitrium se disponat ad gratiam gratum facientem, indiget adminiculo gratiae gratis datae; et quia gratiae est liberum arbitrium non cogere, sed praevenire, et simul utriusque est in actum prodire: hinc est, quod in nostra iustificatione concurrit actus liberi arbitrii et gratiae, consone quidem et ordinate, ita quod gratiae grais datae est exercitare liberum arbitrium; liberi arbitrii autem est huiusmodi excitationi consentire, vel dissentire; et consentientis est ad gratiam gratum facientem se praeparare, quia hoc est facere quod in se est; et sic disposito gratiae gratum faciens habet infundi, cui liberum arbitrium potest cooperari, si vult, et tunc meretur; vel contrariari per peccatum, et tunc demeretur. Si ergo cooperetur ei usque in finem, meretur pervenire ad aeternam salutem. Verum est igitur quod dicit Augustinus, quod »qui creavit te sine te non iustificabit te sine te«" (V, 255b). – Vgl. Augustinus, *Sermo* 169, c. 11, n. 13 (PL 38,923).
352 *Brevil.*, V 3 „Primum principium [...] nihil habet sibi rebelle, iniuriosum et offensivum nisi peccatum, quod, comtemnendo Dei praeceptum et avertendo nos a bono incommutabili, offendit Deum, deformat liberum arbitrium, perimit donum gratuitum et obligat ad supplicium aeternum. Cum igitur deformatio imaginis et peremtio gratiae sit quasi annihilatio in esse moris et vitae gratuitae; cum offensa Dei sit tantum ponderanda, quantus est ipse; com reatus poenae aeternae rationem teneat infiniti: impossibile est, quod homo resurgat a culpa, nisi recreetur in vita gra-

den Sündern gnädig zuwendet, so ist es nach Bonaventura seiner Gerechtigkeit geschuldet, dass seine Gnade im Menschen nicht ohne dessen freie Zustimmung wirksam wird.[353]

3.6.2 Gottes Barmherzigkeit in der Dynamik der Heilsgeschichte

Angesichts der geschichtlichen Realität der Sünde gelangt Bonaventura zu dem Schluss: Die Wahrheit über die Wirklichkeit im Ganzen, über Gott und die Welt, erschließt sich nicht aus der Philosophie, sondern aus der biblischen Offenbarung. Zwar ist die Welt ursprünglich als ein „Buch" geschaffen, in dem die Wahrheit über die Welt zu lesen steht. Wegen seiner Sünde aber kann der Mensch dieses Buch nicht mehr ohne die Hilfe Gottes lesen. Es bedarf des „Buches der Schrift", um die ursprüngliche Wahrheit der Schöpfung zu entschlüsseln.[354] Diese Entschlüsselung wird dadurch vorbereitet, dass die Schrift einen Weg weist, die Sünde zu überwinden, indem sie zur Erkenntnis Gottes führt.

Eben diese heilsame Erkenntnis eröffnet die Philosophie nicht: *„Apud philosophos non est scientia ad dandam remissionem peccatorum"* – bei den Philosophen gibt es kein Wissen, das die Vergebung der Sünden bewirken könnte, so Bonaventura im Rahmen seiner Auslegung des Schöpfungswerkes.[355] Die Theologie hat deshalb die

---

tuita, nis remittatur offensa, et poena relaxatur aeterna. Solus igitur, qui fuit principium creativum, est et principium recreativum, Verbum scilicet Patris aeternum, quod est Christus Isus, mediator Dei et hominum, quod quia omnia de nihilo creat, ideo creat se ipso solo sine aliquo intermedio" (V, 254b–255a).

353 Vgl. *Brevil.*, V 10: „Quia prima principium, sicut est summe verum et bonum in se ipso, sic misericors et iustum in opere suo. Et quoniam misericordissimum est, ideo libentissime condescendit humanae miseriae per infusionem gratiae suae. Quia vero simul cum hoc iustum est, ideo donum perfectum [vgl. Jak 1,17] non dat nisi desideranti, non dat gratiam nisi regratianti, non impendit misericordiam nisi miseriam cognoscenti, ut salva sit libertas arbitrii" (V, 263a).

354 Bereits nach Petrus Lombardus sind dem Menschen, damit für ihn die Wahrheit klar erkennbar wird, zwei Dinge zur Hilfe verliehen worden: eine Natur, die vernunftbegabt ist, und durch Gott gestaltete Werke: „Homo ergo invisibilia Dei intellectu mentis conspicere potuit, vel etiam conspexit; per ea quae facta sunt, id est per creaturas visibiles vel invisibiles. A duobus enim iuvabatur, scilicet a natura quae rationalis erat; et ab operibus a Deo factis ut manifestaretur homini veritas" *(Sententiae* I, d. 3, c. 1: ed. S. Bonaventure, Grottaferrata 1971, 69,4–7).

355 *Coll. in Hex.* XIX 7 (Op. omn. V, 421a).

Theologiegeschichtliche Perspektiven

Aufgabe, zu ergründen, wie die Welt aus Gott hervorgegangen ist und wie sie wieder zu ihm zurückkehrt. Sie handelt also über die Welt als Schöpfung; dies aber nicht in theoretischer Absicht, sondern im Blick auf ihre mögliche Versöhnung.[356]

„Versöhnung" ist im Rahmen der Geschichtstheologie Bonaventuras zunächst als „Heimholung" der Schöpfung in ihren Ursprung zu verstehen. Die neuplatonische Metaphysik, der er bei Augustinus und besonders in den Schriften des Areopagiten begegnete,[357] bietet Bonaventura mit ihrem Schema von Hervorgang *(progressus, exitus)* der Welt aus dem ursprünglichen Einen und Rückgang *(reditus, reductio)* einen begrifflichen Rahmen, der imstande ist, sowohl die Bewegung der Geschichte als auch den individuellen Aufstieg der Seele zu Gott zu erfassen.[358] Vor diesem Hintergrund verweist Bonaventuras Begriff der *reconciliatio* ebenso auf die metaphysisch-heilsgeschichtliche Dynamik in der Schöpfung im Ganzen wie auf den Zusammenhang von Schuld, Sünde und Vergebung.

Der Begriff der *reconciliatio* besitzt zugleich eine ästhetische Dimension. In seinem Sentenzenkommentar bemerkt Bonaventura, der primäre Grund für die Erschaffung der Welt sei, dass auf diese Weise Gottes Herrlichkeit offenbar werden könne.[359] Die Schöpfung auf den dreifaltigen Gott hin transparent werden zu lassen, ist deshalb auch die Bestimmung des Menschen. In der Tradition augustinisch-neuplatonischer Metaphysik entfaltet Bonaventura auf dieser Grundlage eine theologische Ästhetik, in deren Rahmen es dem Menschen zukommt, die Bewegung der Rückkehr des Ge-

---

356 Vgl. *Coll. in Hex.* I 37: „Theologus […] considerat, quomodo mundus factus a Deo reducatur in Deum. Licet enim agat de operibus conditionis, *principaliter* agit tamen de operibus reconciliationis" (V, 335b).

357 „Franziskanische Geistigkeit und Augustinismus", so Werner Dettloff, fanden sich bei den Franziskanertheologen „als wesensverwandt" zusammen (Art. *„Franziskanerschule"*, in: TRE 11, hier 401). Schon Joseph Ratzinger hat darauf hingewiesen, dass daneben die im 13. Jahrhundert wiederentdeckte Theologie des Areopagiten einen wesentlichen Einfluss auf Bonaventura ausgeübt hat (*Die Geschichtstheologie des heiligen Bonaventura*, 91–93).

358 Vgl. hierzu Kremer, *Die neuplatonische Seinsphilosophie*, 321–324.

359 *In II Sent.*, d. 1, p. 2, a. 2, q. 1 c.: „Dicendum quod finis conditionis rei sive rerum conditarum principalior est Dei gloria sive bonitas, quam creatura utilitas […] Ergo propter suam gloriam, non, inquam, propter gloriam augendam, sed propter gloriam manifestandam et propter gloriam commuicandam; in cuius manifestatione et participatione attenditur summa utilitas, videlicet eius glorificatio sive beatificatio" (II, 44b).

schaffenen in seinen göttlichen Ursprung erkennend und liebend anfanghaft vorwegzunehmen.

Diese Bewegung ist der Schöpfung von Anfang an eingestiftet. Entsprechend den Vorstellungen der neuplatonischen Metaphysik hat Gott die Welt aus keinem anderen Grund erschaffen als dem, sie am Ende der Geschichte wieder zu sich heimzuholen. Bereits der Akt des Erschaffens ist darin, dass in ihm Gott exemplarursächlich wirksam wird, der Anfang der *reductio* der Welt in ihren göttlichen Ursprung.[360] Diese *reductio* vollendet sich dereinst darin, dass Gott „alles in allem" ist (vgl. 1 Kor 15,28).

Bonaventura sieht die ontologisch-heilsgeschichtliche Dynamik der Welt durch Christus vermittelt; denn als das ewige Wort Gottes ist Christus das Abbild des Vaters und zugleich das Urbild der Schöpfung (vgl. Kol 1,15 f.). Zugleich ist er als der Menschgewordene die vermittelnde Mitte innerhalb der Geschichte selbst. In ihm, dem Abbild des unsichtbaren Vaters, ist alle Welt erschaffen; in ihm, dem menschgewordenen Wort, kehrt die ganze Schöpfung anfanghaft zu ihrem Ursprung zurück. Christus ist deshalb Mittler zwischen Ursprung und Ziel der Welt, zwischen dem *primum principium* und dem *finis finiens*.[361]

Angeregt durch seine Lektüre der pseudo-dionysischen Schriften hatte bereits im 9. Jahrhundert der karolingische Theologe Johannes Scottus Eriugena in der Menschwerdung des göttlichen Wortes den Umschlag des Hervorgangs der Schöpfung aus Gott in ihre Rückkehr gesehen.[362] Bonaventura denkt ähnlich, betont jedoch deutlicher als Eriugena die geschichtliche Wirklichkeit der

---

360 Vgl. Fischer, *De deo trino*, 337.
361 Dabei begreift Bonaventura die Vollendung der Schöpfung sowohl als Wiederherstellung *(reparatio)* wie als Vollendung *(completio)*. Angesichts der menschlichen Sünde sind *reparatio* und *completio* zwei Momente an dem einen heilsgeschichtlichen Geschehen. Václav Pospíšil sieht nur eine einzige „Soteriologie" von Bonaventura vertreten: die Reparationstheorie. Von dieser sei die Kompletionstheorie lediglich ein spezifischer Aspekt, der die physisch-mystische Dimension der Wiederherstellung betone; *L'architettura della soteriología bonaventuriana*, 705: „Possiamo […] concludere que ogni tentativo di ricostruire la soteriologia bonaventuriana sulla base delle diverse teorie soteriologiche, mettendo in contraposizione l'atto dell'incarnazione et la croce, è un fraintendimento ed un'interpretazione errata. […] Nelle opere del Dottore Serafico non esistono diverse teorie soteriologiche!"
362 Vgl. Dirk Ansorge, *Johannes Scottus Eriugena: Wahrheit als Prozeß. Eine theologische Interpretation von „Periphyseon"* (IThS 44), Innsbruck 1996, 322–333.

Theologiegeschichtliche Perspektiven

Menschwerdung und die personale Dimension des Geschehens: Die Umkehrung der heilsgeschichtlichen Dynamik gründet nicht in der Einheit von göttlicher und menschlicher Natur, sondern im freien Gehorsam, den Christus als Mensch seinem göttlichen Vater leistet.

Diesen freien Gehorsam gegenüber dem Vater kann jeder Mensch vollziehen, sofern er sich der Gnade Gottes öffnet. Als Schöpfungsmittler und Mitte der Schöpfung will Christus auch die Mitte der persönlichen Frömmigkeit des Menschen sein. Wer sich dem Wirken des Geistes öffnet und Christus glaubend bei sich aufnimmt, wer Christus zur bestimmenden Mitte seines Denkens und Handelns macht, der entspricht dem Schöpfungsratschluss Gottes, indem er die Schöpfung auf ihren Schöpfer hin transparent werden lässt.[363] Christus wird für ihn zum Weisheitslehrer, der denjenigen, der glaubt, immer tiefer in die Wahrheit Gottes und seiner Schöpfung hineinführt.[364]

Bonaventuras nach seiner Wahl zum Generalminister verfasstes *Itineratium mentis in Deum* (1259) entfaltet den Gedanken eines solchen mystischen Aufstiegs zu Gott.[365] Christus, der *„unus omnium magister"*, ist Mitte und Mittler aller theologischen Erkenntnis, so Bonaventura auch im *Hexaëmeron;* er ist die Mitte und das Thema der Heiligen Schrift, er ist der Schlüssel zum Verständnis eben dieser Schrift und des Universums: *„Christus tenens medium in omnibus."*[366] Er ist die Mitte und der Mittler schlechthin, der

---

363 Vgl. *De Red.* 8: „Per illum omnes mentes nostrae reducuntur ad Deum, quae illam similitudinem Patris per fidem in corde suscipiunt" (V, 322ab).

364 „Christus unus omnium magister" – so der Titel von *Sermo* IV (V, 567–574).

365 Vgl. Haug: „Im inkarnierten Gottessohn schaut unser Geist – und dies ist die vollendete Form der Erleuchtung – die wunderbar erhöhte humanitas, das Ineinander des Ersten und des Letzten, des Höchsten und des Niedrigsten (Itin. VI, 5 ff)" (*Christus tenens medium in omnibus*, 93). Christus wird am Ende des mystischen Aufstiegs als *coincidentia oppositorum* und darin als Erlöser der Schöpfung erkannt. – Ausg. des *Itinerarium:* Opera omnia, ed. Quaracchi, Bd. V, 305–313; dt. Übers. Marianne Schlosser (Münster 2004); ital.-lat. Ausg.: Mariano Aprea/Letterio Mauro (Sancti Bonaventurae Opera V,2), Rom 1996.

366 „Incipiendum est a medio, quod est Christus. Ipse enim mediator Dei et hominum est, tenens medium in omnibus" (*Hex.* 1, 10; V, 330b). Dazu Dettloff, a.a.O. 400.

Weltgeschichte ebenso wie des Seinsvollzuges jedes einzelnen Menschen, der glaubt.³⁶⁷

In jedem vom Glauben an Jesus Christus erleuchteten menschlichen Erkennen kehrt sich die *productio* in die *reductio* um. Der Mensch, der an Christus als ewiges Wort und Schöpfungsmittler glaubt, erkennt in der Schöpfung das Abbild des dreifaltigen Gottes und darin ihre Wahrheit. Dieses Erkennen ist bereits eine anfängliche Rückkehr des Geschaffenen in seinen göttlichen Ursprung. Und umgekehrt: Wo sich der Mensch dem Glauben verweigert, wo er Gott ungehorsam ist, wo die Sünde herrscht – dort geschieht diese Rückkehr nicht.³⁶⁸ Denn die Sünde verdunkelt die Abbildlichkeit der Schöpfung. Weil ihr Wesen im Ungehorsam gegenüber Gottes Willen besteht, verhüllt die Sünde den Ursprung und das Ziel der Schöpfung.

Ließe Gott die Sünde des Menschen auf sich beruhen, dann drohte sein Schöpfungswerk zu scheitern; denn dieses zielt ja auf das Offenbarwerden seiner Herrlichkeit. In seiner Offenbarung wirkt Gott dem entgegen. Die heiligen Schriften und die Propheten, am Ende die Menschwerdung seines Sohnes sind eine Einladung an die Menschen, sich in ihrem Denken und Tun auf ihren Ursprung hin auszurichten, ihrer Bestimmung entsprechend zu leben und auf diese Weise Gott in der Welt gegenwärtig zu setzen.

Angesichts der Sünde des Menschen kann die Menschwerdung Christi als Gestaltwerdung der göttlichen Barmherzigkeit gedeutet werden. Sie offenbart Gottes Willen und seine Macht über Sünde und Tod. Denn Christus hat sich in seiner Menschwerdung als gehorsam gegenüber dem Vater erwiesen: Er hat sich freiwillig unter

---

367 Vgl. u.a. *In III Sent.*, dist. 19, a. 2, q. 2 (III, 410b-411a); dazu Dettloff, „*Christus tenens medium in omnibus*", 128 f.

368 Konrad Fischer spricht in diesem Zusammenhang von der „Gefährdung Gottes" und weist darauf hin, dass nach Bonaventura Gott mit der Erschaffung der Welt und des Menschen ein erhebliches Risiko eingegangen ist. Wenn nämlich Gott „in der Erkennbarkeit seines Seins zum Zuge kommen will", dann wäre er „in den Abläufen der Weltgeschichte in seinem Sein selber gefährdet". Denn der Mensch kann sich ja immer dem Glauben und der allein im Glauben möglichen Wahrheitserkenntnis von Welt und Geschichte verweigern. Damit aber würde die Welt aus ihrer „Eingeborgenheit in Gott" herausfallen. Und nicht einmal Gott würde dann die Erkennbarkeit seines Seins einlösen können. Fischer sieht deshalb eine „Gefährdung Gottes" drohen: „Und so muss dort, wo Gott zuletzt am herrlichsten erschaffen hat, in seinem letzten Schöpfungswerk nämlich, im Menschen, zugleich von Gottes höchster Gefährdung gesprochen werden" (Fischer, *De Deo trino*, 340).

die Herrschaft der Sünde und des Todes begeben, um beides durch seine Auferstehung zu überwinden. In Fortsetzung dieses Heilsgeschehens befähigt die Sendung des Heiligen Geistes die Menschen dazu, die Schöpfung wieder auf ihren dreifaltigen Ursprung hin durchscheinend werden zu lassen. Denn in den Glaubenden bezeugt der Heilige Geist, dass Christus das ungeschaffene Wort des Vaters und das Urbild der Schöpfung ist.[369] Die durch den Geist erleuchtete Vernunft des Menschen erkennt in den *vestigia trinitatis* die urbildliche Präsenz des trinitarischen Gottes in allem Geschaffenen. Durch das Wirken des Geistes und seine Gnade wird der Mensch dazu befähigt, gehorsam in Gottes Willen einzustimmen.

3.6.3 Ordnung der Gerechtigkeit und Ökonomie des Heils

Mit Anselm von Canterbury teilt Bonaventura die Überzeugung, dass innerhalb der sittlichen Ordnung keine Sünde folgenlos bleiben darf. Dadurch bestimmt sich die sittliche Ordnung als eine Ordnung der Gerechtigkeit *(ordo iustitiae)*. Freilich ist mit ihrer Geltung über die Konsequenzen der Sünde noch nicht entschieden. Denn insofern Gott in höchstem Maße gerecht ist, liegt es in seinem freien Ermessen, eine gerechte Strafe zu verhängen, sie zu mindern oder ganz auszusetzen. Innerhalb des *ordo iustitiae* herrscht nicht nur das Prinzip der Vergeltung; vielmehr öffnet sich in ihm auch ein Raum für Gottes Barmherzigkeit: So heißt es im *Breviloquium*: „Gottes Gerechtigkeit straft nicht über das verdiente Maß, sondern bleibt darunter; denn sie wird stets von überfließender Barmherzigkeit begleitet."[370]

Weil Gottes Gerechtigkeit durch seine Barmherzigkeit fortbestimmt ist, dient das Erlösungswerk Christi nicht in erster Linie dazu, einem abstrakten *ordo iustitiae* Genüge zu tun. Vielmehr können auch Menschwerdung und Kreuz Christi als Werke göttlicher Barmherzigkeit aufgefasst werden.

Deutlicher noch als Anselm betont Bonaventura, dass durch Menschwerdung und Kreuz Christi der *ordo iustitiae* nicht nur für Gott, sondern auch für den *Menschen* wiederhergestellt ist. Christus ist ja nicht nur derjenige, der stellvertretend für die sündige

---

369 Dies ist einer der Grundgedanken in Bonaventuras *De reductione artium ad theologiam* (Ed. Quaracchi, Bd. V, 319–325).

370 *Brevil.*, III 5: „Citra punit divina iustitia, quam semper comitatur superabundans misericordia" (V, 235a).

Menschheit das heilsnotwendige Werk der Genugtuung erbringt. Bonaventura sieht in ihm vielmehr den Mittler zwischen Gott und Welt und die zentrierende Mitte der Schöpfung. Sein Gehorsam gegenüber dem Vater stellt für die Schöpfung im Ganzen und innerhalb ihrer für jeden einzelnen Menschen exemplarisch das rechte Maß der Gottesbeziehung wieder her.

Indem die Menschwerdung auf das Heil des Menschen zielt, ist sie Ausdruck des göttlichen Erbarmens mit dem Sünder. In seinem Gehorsam und in seinem ungeschuldeten Tod am Kreuz offenbart sich eine Liebe, die sich nicht zu schade ist, in die Niederungen der Welt und des Leidens herabzusteigen, um der gefallenen Kreatur nahe zu sein und ihr die Rückkehr zum Ursprung zu ermöglichen. So zeigt sich in Menschwerdung und Kreuzestod Gottes „Demut" *(humilitas)*. Die Gestalt demütiger Liebe lässt Gott in der Welt erfahrbar werden und bringt in der Schöpfung deren dreifaltigen Ursprung zur Geltung. Die demütige Liebe Gottes überwindet die Logik einer abstrakten Gerechtigkeit, die angesichts der menschlichen Sünde nichts als Strafe fordert.[371]

Der menschgewordene Gott erweist seine Barmherzigkeit gegenüber dem Sünder auch darin, dass er durch das unschuldige Leiden und den Tod des Gottessohnes stellvertretend ein Werk der Genugtuung leistet, das die Sünder aus eigener Kraft nicht erbringen konnten.[372] Hierin folgt Bonaventura nun wieder Anselm von Canterbury, den er am Ende seines *Breviloquiums* ausführlich

---

371   Vgl. Pospíšil: „Nel caso del Cur Deus homo si ha un Dio que è estremamente geniale e riesce a condurre a compimento il suo progetto originario nonstante tutte le complicazioni causate dal nostro peccato. È un Dio che non si compromette, che è sempre perfettissimo, giustissimo e anche misericordioso, un Dio che paga il prezzo perfettamente adeguato della nostra redenzione, perché in primo luogo l'ordine creaturale lo esige e in secondo luoe pure l'uomo da salvare ne ha bisogno. Infatte sembra che la logica della necessità faccia di Dio quasi uno „schiavio" dell'assolutamente perfetto. Il Dio redentore del Dottore Serafico è, invece, un Padere che cerca di offrire ai suoi figli la miglior medicina per curare la loro malattia; un Dio que, quando si tratta del riscatto dei propri figli, non calcola e sborsa il prezzo sovraabbondante, assoluto, perché desiderse donarsi. Propria questa scelta totalmente libera del prezzo sovrabbondante e del modo assolutamente insuperabile di atturare la nostra redenzione rende vane tutte le nostre speculazioni sulle teorie soteriologiche" (*La soteriologia di San Bonaventura*, 681).
372   Vgl. *Brevil,*. IV 1: „Innocentiam vero mentis recuperare non poterat, nisi dimissa culpa; quam dimittere non decebat divinam iustitiam nisi per satisfactionem condignam" (V, 241ab).

zitiert. Freilich erfolgt hier eine gegenüber *Cur Deus homo* charakteristische Akzentverschiebung. Dass nämlich im *Breviloquium* die Genugtuungsleistung Christi als *satisfactio condigna* und somit als „angemessen" charakterisiert wird, relativiert Bonaventuras kategorische Aussage im *Sentenzenkommentar,* wonach ohne die Genugtuungsleistung Christi kein Sünder gerettet wird: „*Nulli peccatori datur gratia nisi merito satisfactionis et passionis Christi.*"[373] Es liegt nahe, die Wendung „Genugtuung und Leiden" im Anselmschen Sinne zu verstehen, wonach durch Leiden und Tod Christi jene Genugtuungsleistung erbracht ist, die aufgrund ihrer Ungeschuldetheit unendlich verdienstvoll ist und so zur Quelle der Gnade werden kann, die dem Sünder zuteil wird.

Anselm hatte sein theologisches Bemühen in *Cur Deus Homo* darauf ausgerichtet, die *Notwendigkeit* der Menschwerdung Gottes plausibel zu machen. Ihm kam es auf den Nachweis an, dass die Erlösung nicht anders erwirkt werden kann als durch den ungeschuldeten Tod des sündelosen Gottmenschen. Bonaventura hingegen sucht lediglich nach Gründen für die *Angemessenheit* der Menschwerdung Christi und seines Todes am Kreuz, und zwar sowohl in Bezug auf Gott wie auf den Menschen.[374] Damit will er Gottes Freiheit wahren, das Heil der Welt auch auf anderen Wegen zu wirken. Dass er damit ein anderes Beweisziel verfolgt als Anselm, ist Bonaventura bewusst.[375]

---

373 *In III Sent.,* dist. 20, a. un. q. 4, resp. 4 (III, 426b); vgl. *In III Sent.,* dist. 17, a. 2, q. 3 resp. 6 (III, 393b).

374 Vgl. *In III Sent.,* d. 20, a. un., q. 6, resp. (III, 431a); *Brevil.* IV 1: „Non quia aliter Deus non potuerit humanum genus salvare vel liberare, sed quia nullus alius modus erat ita congruus et conveniens ipsi reparatori et reparabili et reparationi" (V 241a). – Vgl. Gerken, *Konvenienzgründe;* Ders., *Theologie des Wortes,* 216 f., bes. Anm. 87.

375 Vgl. *In III Sent.,* d. 20, a. un. q. 6, resp. 4: „Potest enim responderi per interemptionem illius, quod nullo alio modo potuit satisfacere nisi per mortem. Quamvis enim hoc esset magis congruum, fortassis modicum supplicium in tam nobili persona sufficisset ad humani generis reparationem; sed Dominus in liberando supererogavit, propter quod dicitur »Copiosa apud eum redemptio« [Ps 130,7 Vulg./129,7]" (III,431b–432a). – Vgl. Bougerol, *Saint Bonaventure et saint Anselme.* Auch Pospísil, *La soteriologia de San Bonaventura,* 680, unterstreicht die Unterschiede zwischen Bonaventura und Anselm; dabei distanziert er sich mit Recht von Guardini, der bei Bonaventura eine vollständige Zustimmung zu Anselms Satisfaktionslehre festgestellt hatte (*Die Lehre des heil. Bonaventura von der Erlösung,* 194).

Bonaventura zufolge hätte es dem *ordo iustitiae* zwar widersprochen, hätte Gott dem Sünder bedingungslos verziehen. In seiner Allmacht ist Gott aber nicht an eine Form der Gerechtigkeit gebunden, die auf Strafe, Vergeltung oder Genugtuung besteht.[376] Überdies hat Gott durch das Leiden und den Tod seines Sohnes doch eine Leistung erbracht, die dem *ordo iustitiae* Genüge tut. So kann seine Barmherzigkeit gegenüber dem Sünder nicht gegen den *ordo iustitiae*, sondern in Entsprechung zu ihm wirksam werden.

3.6.4 Die Menschwerdung Gottes als Gestalt göttlicher Barmherzigkeit

In seinen mystischen Schriften wie dem *Itinerarium mentis in Deum* oder in *De triplici via* geht es nicht zunächst um eine objektiv darstellende Theologie, sondern um Mystagogie: Bonaventura will seine Leser dazu bewegen, sich der göttlichen Liebe zu öffnen und von ihr her im Denken und Tun bestimmen zu lassen. Auch das *Breviloquium* will nicht nur ein Kompendium der christlichen Glaubenslehre sein, sondern zum Glauben an den dreifaltigen Gott hinführen. Dessen Barmherzigkeit, so Bonaventura im Anschluss an Franziskus, ist in der demütigen Knechtsgestalt des Menschgewordenen offenbar geworden. Der Glaube erkennt in Christus nicht nur das menschgewordene Wort Gottes, sondern die Erscheinung der Liebe Gottes zu den Menschen und seiner Barmherzigkeit gegenüber den Sündern.[377]

Entsprechend der thematischen Einteilung des Lombarden hat Bonaventura im dritten Buch seines *Sentenzenkommentars* das „Geheimnis der Erlösung" erörtert.[378] Dazu ist er von der Frage ausgegangen, was der Hauptgrund für die Menschwerdung Gottes gewesen sei: *„quae fuerit incarnationis ratio praecipua."*[379] Indem er

---

376 „Ex parte dei reparantis, sic absque dubio aliter potuit genus humanum liberare et raparare […]. Non enim est liberanda divina potentia, immo etiam, sicut solo nutu mentis et imperio voluntatis potuit creare, ita etiam potuit reparare"; *In III Sent.*, d. 20, a. un., q. 4 (III, 431a).

377 Vgl. *Brevil.* VII 7: „[…] ut sic summa misericordia misero misericordem faceret esse conformem ad relevationem miseria non solum in dignitate naturae conditae, verum etiam in defectibus naturae in miseria constitutae" (V, 289b); vgl. zu den Wirkungen des Erlösungswerkes Christi auch *Brevil.* IV, 8–10 (V, 248–252).

378 Vgl. *In III Sent.*, Prooem.: „[…] et sic patet iste totalis liber versatur circa nostrae reparationis mysterium explicandum" (III, 1b-2a).

379 *In III Sent.* d. 1, a. 2, q. 2 (III, 21); vgl. auch *In III Sent.* d. 32, q. 5 („*Utrum Deus magis dilexerit genus humanum quam Christum*" – eine Frage, die

Theologiegeschichtliche Perspektiven

nach möglichen Gründen sucht, die das Faktum der Menschwerdung „angemessen" *(convenienter)* erscheinen lassen, vermeidet Bonaventura jede Spekulation darüber, unter welchen Voraussetzungen Gott möglicherweise *nicht* Mensch geworden wäre.[380]

Auch im Rahmen seiner Konvenienz-Argumentation stellt sich die Frage nach der *praecipua ratio incarnationis* – nach dem von Gott her letztendlich ausschlaggebenden Grund dafür, dass der Sohn Mensch wurde.[381] Bonaventuras Antwort im *Sentenzenkommentar* folgt zunächst Robert Grosseteste, dem Begründer der Franziskanerschule in Oxford und Förderer der Franziskaner in Paris. Anders als Anselm hatte Grosseteste den Grund für die Menschwerdung Christi in der Verherrlichung Gottes und der Schöpfung gesehen. Bonaventura referiert ausführlich die Gründe, die Grossetestes Erklärung stützen. Dann aber schließt er sich doch jener theologischen Meinung an, wonach die Menschwerdung mit dem Ziel erfolgte, die Menschheit aus der Knechtschaft der Sünde zu erlösen und auf diese Weise die Schöpfung wiederherzustellen. Die *reparatio mundi* als *praecipua ratio incarnationis* anzunehmen ist Bonaventura zufolge nicht nur durch das Zeugnis der Schrift begründet; sie werde auch durch die Kirchenväter und die Mehrheit der Theologen vertreten.

Von allen möglichen Gründen[382] für die Menschwerdung Gottes besitzt nach Bonaventura deshalb jener am meisten Gewicht, wonach Gott den Sündenfall des Menschen vorhergesehen und deshalb seinen Sohn dazu bestimmt hat, zur Erlösung der Mensch-

---

Bonaventura freilich mit Hinweis auf die beiden Naturen in der einen Person Christi verneint; III, 705ab). – Hierzu Gerken, *Theologie des Wortes,* 193–207.

380 Deshalb bleibt im Rahmen seiner Theologie auch die später von Duns Scotus vertretene Auffassung möglich, wonach Gott nicht zunächst zur Erlösung der sündigen Menschheit Mensch geworden ist, sondern zur Vollendung der Schöpfung, und dass die Erlösung des Sünders deshalb nur ein nachgeordnetes Motiv und eine nachrangige Wirkung der Menschwerdung sei.

381 Dazu bes. Gerken, *Theologie des Wortes,* 193–224; zu Gerken vgl. Bérubé, *L'incarnation du Verbe,* 70–77.

382 Gerken macht darauf aufmerksam, dass Bonaventura stets den Terminus *ratio* gebraucht, nicht aber *motivum;* denn Gott wird nicht durch etwas außerhalb seiner zu etwas bewegt: *Theologie des Wortes,* 105, Anm. 9; vgl. Jean-François Bonnefoy, *Raison de l'incarnation et primauté du Christ,* in: Divus Thomas 46 (1943) 103–120.

heit Mensch zu werden.[383] In der Wiederherstellung *(reparatio)* der sündigen Menschheit – und damit der Schöpfung insgesamt – sieht Bonaventura den Hauptgrund für die Menschwerdung Christi.[384] Freilich: Wenn es heißt, Christus sei um der Erlösung der Menschheit willen Mensch geworden, so ist dies nach Bonaventura in dem Sinne zu verstehen, dass die Erlösung der Menschheit den Anlass *(ratio inducens)* zur Menschwerdung lieferte, nicht aber den ausschlaggebenden Grund *(ratio finaliter movens)*.[385] Letzter Grund der Menschwerdung ist vielmehr, dass sich Gott in seiner Güte, Demut und Barmherzigkeit offenbaren wollte. Zwar wäre ohne die Sünde des Menschen Gott nicht Mensch geworden: „Christus Jesus ist aus keinem anderen Grund in die Welt gekommen als darum, die Sünder zu erlösen."[386] Aber: Den Menschen –

---

383   *In III Sent.*, d. 1, a. 2, q. 2: „Ista enim est praecipua (ratio) respectu hominum, quia, nisi genus humanum non fuisset lapsum, Verbum Dei non fuisset incarnatum. – Et ratio huius est, incarnatio Dei est superexcedentis dignationis; et ideo, cum sit ibi quidam excessus, non fuisset intruductum incarnationis mysterium, nisi praecessisset excessus oppositus per ipsum corrigendus et restaurandus. Unde nisi Deus ovem suam perdidisset, non de caelo ad terram descendisset" (III, 24ab). – Zur Hirtenmetapher vgl. Mt 15,24; 18,12–14; Lk 15,3–7.

384   Vgl. *In III Sent.* d. 1 a. 2 q. 2: „Videtur autem primus modus magis consonare iudicio rationis; secundus tamen, ut apparet, plus consonat pietati fidei: primo, quia auctoritatibus sanctorum et sacrae Scripturae magis concordat" (III, 24b).

385   *In III Sent.*, d. 32, q. 5, resp.: „Humanum vero genus respectu incarnationis et navitivitatis Christi non fuit ratio *finaliter movens,* sed quodam modo inducens. Non enim Christus ad nos finaliter ordinatur, sed nos finaliter ordinamur ad ipsum, quia non caput propter membra, sed membra propter caput. Ratio tamen *inducens* ad tantum bonum fuit nostrae reparationis mysterium, sicut in principio huius tertii libri fuit ostensum" (III, 706ab).

386   Ähnlich hatte Augustinus argumentiert. „Hätte der Mensch nicht gesündigt, so wäre der Menschensohn nicht gekommen." Vgl. *In Annunt. B.M.V., Sermo IV:* „Illud regnum dicitur preparatum in misericordia, quia, etsi in opere incarnationis ostendatur potentia, sapientia, iustitia, potissima tamen ratio et causa incarnationis fuit Dei misericordia et nostra iuncta miseria. Unde Augustinus de Verbo Domini, sermone centesimo septuagesimo quinto: *Fidelis sermo et omni acceptatione dignus, quod Christus Iesus venit in hunc modum ob nullam aliam causam, nisi peccatores salvos facere. Et rursus: Si homo non pecasset, Filius hominis non venisset"* (IX, 672b-673a). – Vgl. Augustinus, *Sermo* 175,1: „Nulla causa fuit veniendi Christo Domino nisi peccatores salvos facere" (PL 38, 945a). – Die Menschwerdung zur Erlösung der Sünder wiederum hat ihren letzten Grund in der Güte Gottes; vgl. Bonaventura, *In Annunt. B.M.V., Ser-*

Theologiegeschichtliche Perspektiven

und mit ihm die Sünde – gibt es nur, damit sich im Werk der Erlösung Gottes Güte, Demut und Barmherzigkeit offenbaren können. Die Offenbarung der göttlichen Güte und Barmherzigkeit ist für Bonaventura die *ratio finaliter movens* der Menschwerdung Christi. Güte und Barmherzigkeit Gottes sind es, weshalb Gott sich von Ewigkeit dazu bestimmt hat, Mensch zu werden. Die Sünde Adams lieferte hierzu nur den äußeren Anlass *(ratio inducens),* nicht aber den ausschlaggebenden Grund *(ratio finaliter movens).*

Bonaventura ist der Auffassung, dass Gott die Sünde des ersten Menschen in Kauf genommen hat, um durch die Menschwerdung seines Sohnes zeigen zu können, dass es kein Übel gibt, das er nicht zum Guten wenden will und kann. Gott hätte den Fall Adams nicht zugelassen, hätte dieser nicht als Anlass für ein größeres Gut gedient, der Menschwerdung seines Sohnes, des „zweiten Adam". In ihm wurde Gottes Barmherzigkeit offenbar.[387] Das Werk der Erlösung übertrifft deshalb die Erschaffung der Welt; die Erschaffung der Welt und des Menschen in ihr ist freilich die notwendige Bedingung dafür, dass sich im Werk der Erlösung Gottes Güte und Barmherzigkeit mitteilen können.

Das Erlösungswerk Christi steht so sehr im Mittelpunkt des göttlichen Handelns, dass nach Bonaventura selbst die Erschaffung der Welt keinem anderen Ziel diente, als dieses Erlösungswerk Wirklichkeit werden zu lassen. Mit der Erschaffung des Menschen war für Gott nicht nur das Faktum der Sünde vorhersehbar, sondern – seinen universalen Heilswillen vorausgesetzt – die Notwendigkeit der Erlösung als Offenbarung seiner Liebe und Barmherzigkeit. „Folglich ist Christus so ursprünglich wie auch die anderen vorherbestimmt worden, ja sogar viel ursprünglicher."[388] Nicht die Sünde des Menschen ist deshalb der Grund für die Menschwerdung

---

    mo III: „Si enim quaereatur ratio et causa principalis, quare deus voluit incarnari; optime respondetur, quod huius ratio summa et praecipua est excellentissima benignitas dei, a qua et secundum quam et propter quam facta est incarnatio Verbi" (IX, 667b).

387 Denn Christus zeichnet sich – anders als der erste Adam – durch seine Liebe zu den Menschen und sein Erbarmen mit den Sündern aus; vgl. *In III Sent.,* d. 1, a. 2, q. 2, resp. 6 (III, 27a).

388 *In III Sent.,* d. 1, a. 2, q. 2, resp. 5: „Deus – quia ab aeterno praescivit lapsum humani generis – ideo fecit, quia se recuperaturum cognovit; et ideo principalius in intentione fuit reparatio lapsi quam conditio eius ad lapsum possibilis. Et propter hoc non sequitur, quod Deus non praedestinavit Christum principaliter, sicut et alios, immo multo principalius" (III, 27a).

Christi, sondern Gottes „übergroße Liebe und Barmherzigkeit".[389] Die Sünde ist lediglich der *Anlass* für Gottes Menschwerdung.

In der Menschwerdung hat sich Gottes Liebe und Barmherzigkeit als Demut *(humilitas)* offenbaren können – so Bonaventura in Aufnahme des Philipperhymnus.[390] Bereits Franz von Assisi (1181/82–1226) hat im menschgewordenen Gottessohn die Erscheinung der göttlichen Demut gesehen.[391] Franziskus suchte deshalb die von ihm angestrebte *imitatio Christi* vor allem dadurch zu verwirklichen, dass er der *Demut* Christi nacheiferte. Diese wiederum war für ihn darin erkennbar, dass Christus um der Erlösung willen die Menschwerdung auf sich nahm und am Kreuz für die Sünder starb.[392] „Der Gottessohn sei deshalb, so sagte er, aus der Höhe des väterlichen Schoßes in unsere Unansehnlichkeit herabgestiegen, um als Herr und Meister durch sein Beispiel und sein Wort die Demut zu lehren" – so Bonaventura in seiner für den Orden maßgeblich gewordenen Biographie über Franziskus.[393] Die Demut Christi kann und soll den Menschen als Vorbild dienen, im Gehorsam gegenüber Gott und den Mitmenschen zu leben.

Der Gedanke der *humilitas Dei* ist für die Theologie der Franziskaner grundlegend geworden. Von ihm her nähern sich Alexander von Hales (gest. 1245) oder Robert Grosseteste (gest. 1253) der

---

389   Ebd., n. 6: „[…] unde filium Dei incarnari non fecit nostra malitia, sed Dei caritas nimia et misericordia" (27a).

390   Vgl. *Brevil.* IV 1: „Dominus propter servi salutem accipiat formam servi [vgl. Phil 2,7]" (V, 241a).

391   Die Überlieferung, wonach Franziskus für die Weihnachtsnacht des Jahres 1223 in Greccio bei Rom die erste figürliche Krippendarstellung im Abendland veranlasst hat, hat hier ihren sachlichen Anhalt. – Vgl. Thomas von Celano, *Erste Lebensbeschreibung* (FQS 5), Werl ²1964.

392   Bonaventura hat das besonders in seiner Franziskus-Vita *(Legenda Maior)* betont; vgl. Zahner, Franziskus in der Nachfolge der Demut Christi. Die *imitatio Christi* gipfelt nach Bonaventura in der Stigmatisierung des Heiligen und in seiner Nacktheit, in der Franziskus nicht nur seine Nachfolge beginnt, indem er sich vor seinem Bischof entblößt, sondern auch zum Sterben auf die Erde legen läßt.

393   „Dicebat propter hoc Filium Dei de altitudine sinus paterni ad nostra despicabilia descendisse, ut tam exemplo quod verbo Dominus et Magister humilitatem doceret" (Bonaventura, *Legenda Maior* 6,1: AFranc X, 582). – Eine fortgesetzte Selbstentäußerung sieht Franziskus nach Bonaventura in der Feier der Eucharistie; diese ist Vollzug der Demut Christi, die es den Glaubenden ermöglicht, Gemeinschaft mit dem Menschgewordenen zu erlangen: „Quotidie descendit de sinu Patris super altare in manibus sacerdotis" (*Adm.* I,18). Zur biblischen Referenz von *„sinus patris"* vgl. Joh 1,18.

Wirklichkeit Gottes. Auch Bonaventura folgt Franziskus, wenn er die Menschwerdung Christi als Vollzugsgestalt der *humilitas Dei* deutet. Häufig gebraucht Bonaventura hierzu den Begriff der *condescensio*. Gemeint ist damit die gnädige „Herabneigung" Gottes zu den Menschen und besonders zu den Sündern.[394]

Der Begriff begegnet in der östlichen Theologie als *synkatabasis* und hier oft im Zusammenhang mit der Auslegung von Phil 2,5–11, wo von der *kenosis* (lat. *exinanitio)* im Sinne der Selbstentäußerung und Selbsterniedrigung Christi die Rede ist: *„semetipsum exinanivit et formam servi accipiens"* (Vulg.). Johannes Chrysostomus und Johannes Damaszenus dient der *kenosis*-Begriff dazu, die Menschwerdung Christi zu begreifen; in den *Hiob-Auslegungen* Gregors des Großen begegnet er häufig als *exinanitio* oder *condescensio*.[395]

In Patristik und Mittelalter wurde der Philipperhymnus – ursprünglich wohl ein Lobpreis auf die Menschwerdung des Gottessohnes[396] – meist als Passionshymnus gedeutet und interpretiert.[397] Die Franziskanertheologen knüpften also wieder an die neutestamentliche Tradition an, wenn sie den Hymnus im Blick auf die Menschwerdung Christi interpretierten und von ihr her ein Verständnis der Erlösung zu gewinnen suchten.

Im vierten und mittleren Teil des *Breviloquium,* in dem es um die Menschwerdung des Gotteswortes geht, ist mit dem Begriff *condescensio* das Erlösungswerk bezeichnet. Bonaventura geht dazu von der Verfassung des Menschen in Folge des Sündenfalls aus: unter der Knechtschaft der Sünde ist der Mensch unfähig, das Gute zu tun, das Wahre zu erkennen „und die Güte Gottes zu lieben". Dieser dreifachen Unfähigkeit des Menschen unter der Herrschaft der Sünde entspricht die dreifache Zielsetzung der Menschwerdung: Gott will sich dem Menschen so mitteilen, dass dieser ihn erkennen und lieben kann; vor allem aber will er ihm im menschgewordenen Gottessohn ein Vorbild vor Augen stellen, an dem er in seinem sittlichen Bemühen Maß nehmen kann. „Weil aber der fleischliche,

---

394 Vgl. Gerken, *Theologie des Wortes,* 320–327.
395 Nach Kamiel Duchatelez, *La „condescendence" divine et l'histoire du salut,* in: NRTh 6 (1973) 593–621, meint *condescensio/synkatabasis* bei den griechischen Theologen die heilvolle Zuwendung Gottes zum Menschen unter Achtung vor dessen Fassungsvermögen. In diesem Sinne wird der Begriff im lateinischen Westen vor Bonaventura kaum gebraucht (619).
396 Vgl. Rainer Schwindt, *Zu Tradition und Theologie des Philipperhymnus,* in: SNTU 31 (2006) 1–60.
397 Vgl. Zahner, *Der Kenosisgedanke in der mittelalterlichen Auslegung des Philipperhymnus.* – Vgl. auch Freyer, *Der demütige und geduldige Gott.*

animalische, den Sinnen verhaftete Mensch nichts kannte, nichts liebte, nichts nachfolgte außer dem, was ihm verwandt war und in irgendeinem Verhältnis zu ihm stand, darum wurde, um den Menschen diesem Zustand zu entreißen, »das Wort Fleisch« (Joh 1,14), damit es vom Menschen, der Fleisch war, erkannt, geliebt und nachgeahmt werden konnte. Und dadurch sollte der Mensch in der Erkenntnis Gottes, der Liebe und der Nachahmung von der Krankheit der Sünde geheilt werden."[398]

Nachdem Bonaventura 1257 Generalminister der Franziskaner geworden war, beherrscht der *Kenosis*-Gedanke zunehmend seine Theologie. Nach P. Zahner ist die Systematik seines Denkens „im wesentlichen eine Art *kenotischer Soteriologie* geworden".[399] Dies zeige sich freilich erst in den späteren Schriften und besonders jenen Werken, die sich mit Franziskus auseinandersetzen – wie etwa der Großen Franziskus-Legende.[400] Nach Bonaventura hat Franziskus dann, wenn er auf den Philipperhymnus zu sprechen kam, diesen nicht vorrangig auf Leiden und Kreuz, sondern auf die Menschwerdung Christi hin gedeutet.[401] Bonaventura zitiert den Hymnus meist im Zusammenhang mit der Menschwerdung Christi[402] – ohne zu verschweigen, dass die Selbstentäußerung des menschgewordenen Gottes im Kreuzestod gipfelt.[403] Im Gesche-

---

398 *Brevil.* IV 1: „Quia homo carnalis, animalis et sensualis non noverat nec amabat nec sequebatur nisi sibi proportionalia et consimilia; ideo ad eripiendum hominem de hoc statu »Verbum caro factum est« [Joh 1,14], ut ab homine, qui caro erat, et cognosci posset et amari et imitari ac per hoc et homo Deum cognoscens et amans et imitans remediaretur a morbo peccati" (V, 241b).
399 Zahner, *Franziskus in der Nachfolge der sich entäußernden Demut Christi*, 94, Anm. 3, 109. Paul Zahner sieht in Bonaventura den „wohl bedeutendsten Kenosis-Theologen des Mittelalters".
400 Vgl. u.a. *Legenda Maior* 6,1; 12 (AFranc X, 582, 611).
401 Bes. in der *Ersten Ermahnung* an seinen Orden (*Admon.* I,16–22), wo Franziskus gleichzeitig auf die Analogie von Inkarnation und eucharistischer Gegenwart hinweist. Eine weitere Anspielung auf den Philipperhymnus findet sich im Brief an den gesamten Orden (*EpOrdin.* 46); dort geht es um den Gehorsam Christi, der den Brüdern als Vorbild dienen soll. Zum Ganzen vgl. neben Zahner, a.a.O. auch Freyer, *Der demütige und geduldige Gott*.
402 Stellen bei Zahner, *Der Kenosisgedanke in der mittelalterlichen Auslegung*, 107, Anm. 42.
403 Vgl. Bonaventura, *De perfectione vitae ad sorores*, Kap. 2 (VIII, 111a); vgl. auch *De vitis mystica* II (VIII, 161a-b), wobei freilich umstritten ist, ob dieser Traktat von Bonaventura oder aus seinem Schülerkreis stammt; vgl. Schlosser, *Cognitio et amor*, XVI.

Theologiegeschichtliche Perspektiven

hen der Menschwerdung aber sieht Bonaventura das zentrale Geschehen der Entäußerung des dreieinigen Gottes aus Liebe zu den Menschen und zu deren Heil.[404]

Für das Verhältnis von Gerechtigkeit und Barmherzigkeit Gottes aufschlussreich ist eine Passage aus dem *Sentenzenkommentar*, wo Bonaventura auf die Ursache der *exinanitio Christi* zu sprechen kommt. In den Kategorien neuplatonischer Metaphysik wird diese Ursache im Übermaß der göttlichen Liebe gesehen, die danach drängt, sich den Menschen mitzuteilen.[405] Anders aber als im neuplatonischen Vorstellungsrahmen ist das Überfließen der göttlichen Liebe *(excessus caritatis et amoris)* keine metaphysische Notwendigkeit. Es gründet vielmehr in der frei sich mitteilenden Güte Gottes und seiner Liebe zu den Menschen.

In diesem Zusammenhang begegnet bei Bonaventura eine zweite Erlösungsvorstellung, die an die sog. „physische Erlösungslehre" der griechischen Kirchenväter erinnert. Demnach wird die Erlösung der Welt und des Menschen dadurch gewirkt, dass durch die Menschwerdung, den Tod und den Abstieg Christi in die Hölle die äußersten Pole der geschaffenen Wirklichkeit zusammengefügt sind.[406] Bonaventura sieht im menschgewordenen Gottessohn den einen Mittler, der das Wirklichkeitsganze in seiner Person zusammenhält. Die *mediatio* Christi aber wird durch seine *exinanitio* überhaupt erst möglich. Insofern sich diese als Freiheitsgeschehen

---

404 Vgl. Joh 6,55, zit. in *Admon.* I, 11.
405 *In III Sent.*, d. 1, a. 2, q. 1, resp. 2: „Praeterea, in alio deficit similitudo, quia exinanitio, quae facta est in assumptione humanae naturae, fuit ex excessu caritatis et amoris; sed elevatio, qua homo voluit Deo assimilari, fuit ex excessu praesumtionis. Et quia nimietas praesumtionis et elationis vituperabilis est, et nimietas dilectionis in summo Deo laudabilis est; hinc est, quod exinanitio Christi non fuit vituperabilis, sed laudabilis, sicut vituperabilis fuit elatio primi parentis; procedebat enim ex nimia caritate, de qua supra habitum est in auctoritate: Deus propter nimiam suam caritatem, qua dilexit nos etc. [vgl. Eph 2,4]" (III, 21a).
406 Vgl. *Coll. in Hex.* I 22–23: „Sic Filius Dei infimus, pauperculus, modicus, humum nostram suscipiens, de humo factus, non solum venit ad superficiem terrae, verum etiam in profundum centri, scilicet operatus est salutem in medio terrae, quia post crucifixionem anima sua ad infernum descendit et restauravit caelestes sedes. Hoc medium est salvaticum; a quo recedens damnatur, scilicet a medio humilitatis [...]. In hoc medio operatus est salutem, scilicet in humilitate crucis" (V, 333). – Zum Begriff der „humilitas" vgl. bes. Zahner, *Franziskus in der Nachfolge der sich entäußernden Demut Christi*.

vollzieht, ist jedes „physische" Verständnis von Erlösung überwunden.

Gottes barmherzige Zuwendung zum Sünder wird von Bonaventura mit Begriffen umschrieben, die in den Bereich persönlicher Beziehungen verweisen: Zuneigung *(benignitas)*, Freundschaft *(amicitia)* und sogar Zartheit *(clementia)*. In der Selbstentäußerung Gottes um des Heiles der Sünder willen werden diese Eigenschaften als solche erfasst, über die hinaus nichts Größeres gedacht werden kann: *„nihil clementius"*.[407] Anselms Begriff Gottes als desjenigen, „über den hinaus nichts Größeres gedacht werden kann" *(id quo maius cogitari nequit)*, klingt in dieser Formulierung mit, wird jetzt aber offenbarungstheologisch und soteriologisch im Sinne einer vollkommenen personalen Beziehung gefasst.[408] Letztendlich will Gottes barmherzige Zuwendung zum Sünder als Gestalt seiner überströmenden Liebe zum Menschen dessen Gegenliebe zu Gott wecken.[409]

Dass angesichts der Sünde von den trinitarischen Personen gerade der *Sohn* Mensch geworden ist, erscheint Bonaventura „höchst angemessen"; denn die Sünde des Menschen richtet sich in besonderem Maße gegen den Sohn. Der Sohn ist ja nicht nur Abbild des Vaters, sondern zugleich Schöpfungsmittler. Weil die Sünde darauf zielt, die Abbildlichkeit der Schöpfung in Bezug auf den Sohn zu zerstören, ist es angemessen, wenn der Schöpfungsmittler auch als Erlöser wirkt.

Die besondere Beziehung des Sohnes zum Vater entscheidet über die Weise der Erlösung. Denn die Beziehung des Sohnes zum

---

407 *Brevil.* IV 1: „Immo hoc tantae benignitatis est, ut nihil clementius, nihil benignius, nihil amicabilius cogitari possit" (V, 241b).
408 Diesen Weg von der Metaphysik zur Offenbarungstheologie beschreitet Bonaventura auch im *Itinerarium mentis ad Deum*, Kap. V–VI (vgl. Schlosser, *Breviloquium*, 150 Anm. 133). Bonaventura unterstellt in diesen beiden Kapiteln einen Fortschritt in der Offenbarung Gottes vom Alten zum Neuen Testament. Die Offenbarung des Gottesnamens «sum qui sum» im Alten Testament erschließt den Gipfel der metaphysischen Einsicht in das Wesen Gottes als das höchste Sein. Im Neuen Testament offenbart sich Gott als «allein gut». Dadurch wird das Wesen des dreifaltigen Gottes als höchste Liebe gefasst. Diese bekundet sich in der Menschwerdung des Wortes zum Heil der Menschen.
409 *In III Sent.*, d. 1, a. 2, q. 2, resp. 9: „Haec autem omnia absque praeiudicio dicta sunt. Non enim volo bonitatem Dei coarctare, sed nimietatem caritatis suae erga hominem lapsum commendare, ut affectus nostri excitentur, ad amandum ipsum, dum attendimus nimiae dilectionis eius excessum" (III, 28ab).

Vater ist als Gehorsam bestimmt; dieser vollzieht sich darin, dass er das Werk der Genugtuung erbringt; denn „sowohl von Gott wie von uns aus war es am ehesten angebracht, dass das Menschengeschlecht durch *Genugtuung* erlöst wurde".[410] Diese Genugtuung wird nun nicht – wie bei Anselm – allein durch das Faktum des Todes, sondern vielmehr „durch den Gehorsam *(oboedientia)* und das Flehen *(supplicatio)* des Mittlers" erbracht.[411] Durch seinen Gehorsam stellt Christus die menschliche Natur anfanghaft, aber doch als ganze wieder in jene Beziehung der ursprünglichen Abbildlichkeit hinein, die durch die Sünde verdunkelt ist.

Die als *reparatio* begriffene Erlösung geschieht so, dass Christus stellvertretend für die Menschen deren durch die Sünde verlorene Gotteskindschaft zurückgewinnt und so die ursprüngliche Schöpfungsordnung wiederherstellt. Im Sohnesgehorsam offenbaren sich Gottes Wille und seine Macht, selbst das Böse noch zum Guten zu wenden und es auf diese Weise völlig *(perfecte)* zu überwinden.[412] Der Mensch wiederum ist eingeladen, durch gehorsam und demütig den Gehorsam und die Demut Christi nachzuvollziehen. Auf diese Weise erweist er sich der ihm begegnenden Barmherzigkeit Gottes würdig.

Freilich: Entzieht sich der Mensch der Einladung Gottes, so muss er mit dessen Strafgericht rechnen. Bonaventuras Erwartung eines Jüngsten Gerichts trägt ausgesprochen retributive Züge. Wurde in der Erschaffung der Welt Gottes Macht, bei ihrer Leitung seine Weisheit, bei der Wiederherstellung seine Güte offenbar, so tritt im Horizont des Gerichts seine Gerechtigkeit im Sinne strafender Gerechtigkeit zutage.[413] Die so verstandene Gerechtigkeit Gottes

---

410 *In III Sent.* d. 20, q. 2, wo Bonaventura die Angemessenheit der Satisfaktionstheorie zeigen will („Magis fuit congruum et ex parte Dei et ex parte nostra genus humanum reparari per satisfactionem"; III, 420b).

411 „Reparati enim sumus per mediatoris oboedientiam et supplicationem"; vgl. hierzu Gerken, *Theologie des Wortes,* 138, Anm. 32.

412 *In III Sent.,* d. 1, a. 2, q. 2: „[…] hoc non fuit ex sua malitia, sed ex summa benignitate divina et sapientia. Quia enim sapientia Dei vincit malitiam, hinc est quod non patitur esse malum aliquod, de quo non eliciat bonum etiam maius bonum; alioquin non perfecte malitiam vinceret […]. Similiter hoc fuit ex bonitate Dei caritas nimia et misericordia" (III, 27a).

413 Vgl. *Brevil.* VII, 6: „Sicut manifesta est potestas in creando et sapientia in gubernando, sic manifestetur summa iustitia in puniendo" (V, 287b–288a); um den Gedanken der Erlösung erweitert in *Brevil.* VII, 7: „In productione [sc. mundi] manifestatur summa potentia, in gubernatione sapientia, in reparatione clementia et in retributione iustitia consummata" (V, 289a). – Die Aufteilung von Gerechtigkeit und Barmherzigkeit

und seine Barmherzigkeit sind damit auf unterschiedliche Phasen der Geschichte aufgeteilt. Offenbarte sich in der Menschwerdung Gottes Güte, so seine Gerechtigkeit im Gericht.

Im Gericht scheint es keinerlei Barmherzigkeit zu geben; denn selbst die Gerechten müssen nach Bonaventura im Purgatorium für ihre Sünden büßen. Die Möglichkeit eines vollständigen Erlasses von Sündenstrafen scheint er nicht in Erwägung zu ziehen. Immerhin zieht Bonaventura die Möglichkeit einer Straferleichterung in Betracht: „Aufgrund der Strenge seiner [sc. Gottes] Gerechtigkeit müssen die Gerechten, an denen noch etwas Strafwürdiges ist, nach diesem Leben am Reinigungsort Pein erleiden; aufgrund der Güte seiner Barmherzigkeit muss ihnen Linderung, Hilfe und Unterstützung zuteil werden."[414] Durch solche Akte der Straferleichterung sieht Bonaventura Gottes Gerechtigkeit im Gericht nicht grundsätzlich in Frage gestellt.

Im Zusammenhang mit der Möglichkeit fürbittenden Eintretens der Lebenden für die Verstorbenen nennt Bonaventura drei Forderungen, die sich aus dem Anspruch ergeben, der Gerechtigkeit zu entsprechen: die Bewahrung der göttlichen Würde *(conservatio honoris divini)*, die Bewahrung der Weltordnung *(conservatio regiminis universi)* und die Achtung vor dem jeweiligen Verdienst der Menschen *(conservatio qualitas meriti humani)*.[415] Aus diesem dreifachen Maß für das endgültige Offenbarwerden der Gerechtigkeit Gottes leitet Bonaventura die Notwendigkeit einer gerechten Bestrafung der Sünder ab. Dabei vertritt er die Auffassung, dass eine bedingungslose Vergebung weder der Würde Gottes noch der

---

Gottes auf Schöpfung bzw. Erlösung einerseits und Endgericht andererseits begegnet bereits bei Augustinus: „Misericordia hic, iudicium in futuro" *(Ennar. in Psalmos*, In Ps. 100,1: „Si ergo per tempora distinguamus haec duo, forte invenimus modo tempus esse misericordiae, futurum autem tempus iudicii" (CChr.SL 39, 1405,15 f.). Über die *Glossa ordinaria* und die *Sentenzen* des Petrus Lombardus (IV 46,1 u.ö.) wurde der Satz häufig kommentiert.

414 *Brevil.* VII, 3: „Cum ratione severitatis iustitiae iusti, in quibus est reatus culpae, debeant post hanc vitam in purgatorio tormentari, debent etiam ratione suavitatis misericordiae relevari et habere auxilium et munimen" (V, 283b).

415 *Brevil.* VII, 3: „Quoniam igitur recitudo iustitiae exigit conservationem honoris divini, regiminis universi et qualitatis meriti humani; ideo superni et primi principii providentia summa disposuit, hace suffragia valere defunctis secundum dulcedinem misericordiae et rectitudinem iustitiae, servantis honoris divini dignitatem, universi regimen et humani meriti qualitatem" (V, 283b).

Würde humaner Freiheit angemessen ist. Dass in diesem Zusammenhang auch die Achtung vor der Gestalt menschlicher Freiheit *(conservatio qualitas meriti humani)* genannt wird, ist mit Blick auf die Ausgangsfrage dieser Untersuchung bedeutsam, an welchen Kriterien sich der Vergebungswille Gottes bemisst.

3.6.5 Theologiegeschichtliche Erträge

Für Franziskus sind Menschwerdung und Passion des Gottessohnes Ausdruck der göttlichen Demut *(humilitas Dei)*. Auch Bonaventura sieht im leidenden Christus die geschichtliche Gestalt der Zuwendung Gottes zur gefallenen Menschheit. In seiner Menschwerdung und Passion offenbart Christus die Barmherzigkeit Gottes. Diese fasst Bonaventura als Demut: Gott überlässt die Sünder nicht ihrem Verderben, sondern wendet sich ihrem Elend zu, indem er Mensch wird. Als menschgewordener Gott nimmt er die Sündenstrafen auf sich und stellt den Menschen die reale Möglichkeit eines Lebens vor Augen, das nicht in der endlichen Wirklichkeit, sondern von Gott her seinen letzten Maßstab gewinnt.

Im Bild des Arztes, das Bonaventura im *Breviloquium* wiederholt verwendet, kommt der Primat der göttlichen Barmherzigkeit vor seiner Gerechtigkeit zum Ausdruck. Indem Bonaventura freilich im Letzten Gericht Gottes vergeltender Gerechtigkeit den Vorrang einräumt, wird deutlich, dass auch er das Verhältnis von Gerechtigkeit und Barmherzigkeit Gottes im Sinne eines ausschließenden Gegensatzes begreift. Dieser Gegensatz wird in die zeitliche Erstrecktheit eines Heilsgeschehens zerdehnt, nicht aber in seiner inneren Einheit erfasst.

Eben dieser Aufgabe stellt sich Bonaventuras jüngerer Ordensbruder Johannes Duns Scotus. Dabei greift er die franziskanische Grundoption auf, dem Willen des Menschen den Vorrang gegenüber seinem Erkenntnisvermögen einzuräumen. Vor diesem Hintergrund erblickt Duns Scotus nicht in der Offenbarung der *Herrlichkeit* Gottes, sondern in der Offenbarung seiner *Liebe* den Grund für die Erschaffung der Welt. Entsprechend darf der Mensch mit der Hoffnung auf seine Vollendung nicht in erster Linie die Erwartung einer beseligenden Schau verknüpfen, sondern die Vollendung der Freiheit als reine Liebe.

Damit aber wird die Theologie zur *scientia practica;* als solche spricht sie von Gott und Mensch primär in Kategorien der Freiheit. Dies wiederum gestattet es, die Wirklichkeiten der Sünde, der

Vergebung und der Versöhnung in ethischen Kategorien zu fassen und so als ein dramatisches Geschehen zwischen Gott und Mensch zu begreifen.

3.7 Gottes Barmherzigkeit aus Freiheit und Liebe: Johannes Duns Scotus

Im Blick auf die Ausgangsfrage dieser Untersuchung besteht der Beitrag des Johannes Duns Scotus (um 1266–1308) vor allem in seinem Begriff Gottes: Dieser wird als Inbegriffs des Seins und unendliche Liebe gefasst. Von diesem Begriff her entfaltet Duns Scotus das Wirken Gottes, sofern es ihn selbst und dann auch die Welt betrifft. Vor allem sind es seine Reflexionen zum Begriff der Freiheit, in denen sich die neuzeitliche Auffassung ankündigt, dass freie Subjektivität unhintergehbar ist. Bei Duns Scotus bewährt sich diese These unter anderem darin, dass er mit dem Fortbestand endlicher Freiheit auch im Horizont der ewigen Seligkeit rechnet.

3.7.1 Gott als unbegrenzte Fülle des Seins, der Freiheit und der Liebe

In seinen verschiedenen Kommentaren zum Sentenzenwerk des Lombarden will Duns Scotus vor allem anderen *Gott* als den ersten Gegenstand der Theologie *(primum subiectum theologiae)* zur Geltung bringen. Dies soll unter der besonderen Rücksicht geschehen, dass Gott *Gott* ist *(secundum quod deus)* – also nicht etwa im Blick darauf, dass er die Welt erschaffen oder den Menschen erlöst hat.[416] Alles dies ist *auch* Gegenstand der Theologie *(subiectum secundum rationi speciali)*, aber nicht ihr erster und sachbestimmender Gegenstand *(primum subiectum formale)*. Deshalb ist auch über Sünde, Vergebung und Versöhnung im Ausgang von jenem Begriff her nachzudenken, der seiner Auffassung nach der Wirklichkeit Gottes am ehesten entspricht, dem des *ens infinitum*.

Der Begriff des *ens infinitum* bezeichnet zunächst nichts anderes als die unbegrenzte Fülle des Wirklichen. Kann nämlich das in vollkommener Weise Gute und Wahre mit der formalen Bestimmung der „Unendlichkeit" begrifflich gefasst werden, so bezeichnet der Begriff *infinitas* in Verbindung mit dem Begriff des „Seienden" oder des „Wirklichen" *(ens)* den Inbegriff aller Vollkommenheiten. Als solcher kann er mit Gott identifiziert werden: Gott ist das un-

---

416 *Ordin.*, Prol., pars 3, q. 2, n. 133–138 (Ed. Vatic. I, 95,92–94).

Theologiegeschichtliche Perspektiven

endliche Seiende, das *ens infinitum;* er ist die vollkommene, weil unbegrenzte Fülle des Wirklichen.[417]

Gegenüber anderen Bestimmungen der Theologie hat der Begriff des *ens infinitum* den Vorzug, dass er ein einfacher und zugleich selbstevidenter Begriff ist. Während alle auf dem Wege der affirmativen oder der negativen Theologie gewonnenen Begriffe komplex sind, weil sie Gott irgendeine ihm gemäße Bestimmung beifügen, ist der Begriff des *ens infinitum* so einfach wie irgend möglich. Damit kann er als eine innere Bestimmung Gottes gelten.[418] Obwohl er die Wirklichkeit Gottes keineswegs erschöpft, ist ihr der Begriff des *ens infinitum* höchst angemessen.[419]

Mit solchen Überlegungen stützt sich Duns Scotus auf jene Interpretation, die der persische Philosoph und Universalgelehrte Avicenna (Ibn Sīnā, gest. 1037) der aristotelischen *Metaphysik* gegeben hatte. Demnach gibt es nicht nur selbstevidente Sätze, son-

---

417 Vgl. *Ordin.*, Prol., p. 3, q. 1–3, n. 168: „Theologia nostra est habitus non habens evidentiam ex obiecto [...]; igitur theologiae nostrae ut nostra est non oportet dare nisi obiectum primum notum, de quo immediate cognoscantur primae veritates. Illud primum est ens infinitum, quia iste est conceptus perfectissimus quem possumus habere de illo quod est in se primum subiectum" (Edit. Vatic. I, 110,15–111,6); vgl. *Sent.* I, d. 2, p. 1, q. 1–2, n. 147: „[...] et istud est perfectissimum conceptibile et conceptus perfectissimus, absolutus, quem posumus habere de Deo naturaliter, quod sit infinitus" (Edit. Vatic. II, 215,1–3); d. 3, p. 1, q. 1–2, n. 58–60 (Edit. Vatic. 3,40–42). – Vgl. zum Begriff Gottes als *ens infinitum:* Bannach, *Das Unendliche bei Duns Scotus.*

418 Vgl. *Ordin.* I, d. 3, p. 1, q. 1–2, n. 58: „Conceptus perfectior simul et simplicior, nobis possibilis, est conceptus entis infiniti. Iste enim est simplicior quam conceptus entis boni, entis veri, vel aliorum similium, quia »infinitum« non est quasi attributum vel passio entis [...], sed dicit modum intrinsecum illius entitatis" (Edit. Vatic. III, 40,7–12); ebd., n. 60: „Cognitio enim esse divini sub ratione infiniti est perfectior cognitione eius sub ratione simplicitatis, quia simplicitas communicatur creaturis, infinitas autem non" (Edit. Vatic. III, 42,1–3); dazu Schönberger, *Negationes non summe amamus,* bes. 488–490: Ein Gehalt, der durch bloße Negationen bestimmt ist, kann nicht Inhalt liebender Gottesbeziehung sein.

419 Vgl. *Ordin.* I, d. 3, p.1, q. 1, q. 1–2, n. 58: „Perfectissimus conceptus, in quo quasi inquadam descripione perfectisime cognoscimus Deus, est concipiendo omnes perfectiones simpliciter et in summo. Tamen conceptus perfectior simul et simplicior, nobis possibilis, est conceptus entis inifiniti. Iste enim est simplicior quam conceptus entis boni, entis veri, vel aliorum similium, quia *infinitum* non est quasi attributum vel passio entis, sive eius de quo dicitur, sed dicit modum intrinsecum illius entitatis" (Ed. Vatic. III,40).

dern auch selbstevidente Begriffe. Hatte Aristoteles beispielsweise den Satz vom Widerspruch für selbstevident und deshalb unbezweifelbar gehalten, so behauptet Avicenna dasselbe für Begriffe wie das Seiende, das Wesen oder auch das Notwendige. Diese Begriffe gelten ihm als selbstevident, weil sie allem Seienden gemeinsam sind: Alles, was ist, existiert; alles, was ist, ist ein bestimmtes Etwas, und alles, was ist, existiert zumindest für die Dauer seiner Existenz notwendig.[420]

Auf der Grundlage solcher selbstevidenter Begriffe hatte Avicenna seine eigene Metaphysik strukturiert. Zwar wurde seine These, dass der erste Gegenstand der Metaphysik das Seiende sei, insofern es ist *(ens inquantum ens)*, von den lateinischen Theologen abgelehnt; sie beharrten darauf, Gott – das „höchste Seiende" – als den ersten Gegenstand der Metaphysik zu betrachten. Die Vorstellung von der Existenz einfacher, selbstevidenter Begriffe faszinierte jedoch auch sie; denn mit ihrer Hilfe schien es möglich, wahre Aussagen über die Wirklichkeit Gottes zu treffen.

Avicennas Schriften waren seit der Mitte des 12. Jahrhunderts im lateinischen Abendland bekannt. Auch Duns Scotus zeigt sich von ihnen beeinflusst.[421] Freilich mochte er Avicennas Metaphysik nicht bedingungslos auf die Theologie übertragen. Denn metaphysische Begriffe wie *summum ens, primum principium* oder *ens realissimum* erfassen das Wesen Gottes ausschließlich in seiner Notwendigkeit. Der biblisch bezeugte Gott aber ist nicht einfach nur reines Sein, das aus sich selbst heraus und deshalb notwendig ist. Zwar ist es nicht falsch, Gott als *esse per se subsistens* zu denken; da aber schon die Schöpfung nicht notwendig aus ihm hervorgegangen ist, muss er zugleich als Freiheit gedacht werden.

Indem Duns Scotus im Ausgang von der biblischen Offenbarung Gott als *Freiheit* denken will, wendet er sich explizit von Avicenna ab. Zwar hatte der Pariser Bischof Étienne Tempier bereits 1270 und vor allem 1277 den extremen Nezessitarismus verurteilt, den Avicennas Anhänger auch an der Universität von Paris vertraten.[422]

---

420 Vgl. hierzu Tobias Hoffmann (Hg.), Die *Univozität des Seienden. Texte zur Metaphysik* (Sammlung Philosophie 1), Göttingen 2002, bes. XIX–XXI.

421 Zu Avicennas Einfluss auf Duns Scotus vgl. bereits Etienne Gilson, *Avicenne et le point de départ de Duns Scot,* Paris 1927.

422 Vgl. die Übersicht: Marie-Thérèse d'Alverny/Danielle Jacquart, *Avicenne en Occident,* Paris 1993. – Zu den Verurteilungen von 1277 und ihren Nachwirkungen vgl. die verschiedenen Aspekte in Jan

Doch damit war die Faszination jener Interpretation, die Avicenna der aristotelischen Metaphysik gegeben hatte, im Westen keineswegs gebrochen.[423] Auch Duns Scotus stützt sich weitgehend auf sie. Dort aber, wo sie dem biblischen Offenbarungsglauben zu widerstreiten scheint, tritt er ihr entschieden entgegen.

Dies gilt in erster Linie für den Gottesbegriff. Diesen als Freiheit zu denken, wie es die biblische Offenbarung nahelegt, kam weder Aristoteles noch Avicenna in den Sinn. Wäre Gott jedoch nicht als *Freiheit* gedacht, dann könnte die menschliche Vernunft die Wirklichkeit Gottes zwar nicht vollständig, aber doch mit Notwendigkeit erfassen. Sie gelangte zu einem notwendigen Gedanken Gottes. Freiheit hingegen entzieht sich der Notwendigkeit und damit dem rekonstruierenden Denken der Philosophen. Zugleich entspricht sie jener Wirklichkeit, von der in den biblischen Texten die Rede ist, wenn sie „Gott" zum Inhalt haben.

In der biblischen Offenbarung erkennt Duns Scotus einen Gott, der nicht zuerst „Sein" ist, sondern Freiheit. Als *vollkommene* Freiheit aber ist Gott zugleich die vollkommene *Liebe;* denn Liebe ist jene Freiheit, die den Gegenstand ihres Wollens in vollendeter Weise will. Soll als erster Gegenstand der Theologie nichts anderes gelten dürfen als die Wirklichkeit Gottes selbst, dann ist im Ausgang von dem als Freiheit und Liebe bestimmten Gottesbegriff auch das Verhältnis von Gerechtigkeit und Barmherzigkeit Gottes zu bestimmen.

Letztendlich wird dieses Verhältnis bei Duns Scotus in der Logik einer unendlichen und vollkommenen Liebe bestimmt, die sich darin vollzieht, dass sie das Andere ihrer selbst als ein solches will, das sie frei lieben kann und von dem her ihre Liebe frei erwidert wird.

3.7.2 Eine Theologie der Freiheit

Weil „Seiendes" nach Avicenna ein selbstevidenter Begriff ist, sieht sich Duns Scotus dazu legitimiert, sowohl von Gott als auch von

---

A. Aertsen (Hg.), *Nach den Verurteilungen von 1277. Philosophie und Theologie an der Universität von Paris im letzten Viertel des 13. Jahrhunderts. Studien und Texte* (MM 28), Berlin u.a. 2001.

423 Vgl. zur Rezeptionsgeschichte: Marie-Thérèse d'Alverny, *Avicenne en Occident. Recueil d'articles* (EPhM 71), Paris 1993; Peter Schulthess/Ruedi Imbach, *Die Philosophie im lateinischen Mittelalter*, Zürich – Düsseldorf 1996, bes. 133–140; ferner Gotthard Strohmaier, *Avicenna,* München (1999) ²2006, 140–148.

endlichem Seienden zu sagen, es sei „Seiendes". Vorausgesetzt ist dazu, dass jene Eigentümlichkeit, die einem endlichen Seienden zukommt, ihm auch zukommen kann, wenn es im Modus der Unendlichkeit vorliegt.[424]

Gleiches gilt für den Begriff der Freiheit. Anders als die ihm vorausgehende, auf Aristoteles zurückgehende philosophische und theologische Tradition, die Freiheit als ein formal unbestimmtes, seinem Gehalt nach jedoch je bestimmtes Wählen-Können auffasst,[425] begreift Duns Scotus Freiheit als ursprüngliche und zugleich unbedingte Selbstbestimmung des Willens.[426] Der so bestimmte Begriff der Freiheit ist nach Duns Scotus selbstevident. Insofern kann er als eine „reine Vollkommenheit" *(perfectio simpliciter)* gelten.[427] Als solche kann der als Ursprünglichkeit des Wollens gefasste Begriff der Freiheit auf Gott und Mensch im gleichen Sinne (univok) angewandt werden.

Nach Duns Scotus gründet die Freiheit weder in einem ihr Äußerlichen noch vollzieht sie sich in einem ihr Äußerlichen. Vielmehr ist Freiheit auf nichts anderes als auf Freiheit zurückzuführen. Sie hat keinen Grund außerhalb ihrer selbst noch ist sie durch das Objekt ihres Wollens bestimmt; denn die Freiheit kann auch das weniger Gute wählen. Daher ist das Wählen-Können nicht schon das Wesen der Freiheit, sondern nur ihre Folge. Freiheit bleibt Freiheit auch dann, wenn sie keine Wahl hat.[428]

---

424 Negativ formuliert in: *Ordin.* I, d. 10, q. un., n. 34: „Quod non competit alicui […] secundum rationem absolutam, nec sibi competit si est infinitum" (Ed. Vatic. IV, 353,5–7).

425 Vgl. Aristoteles, *Nik. Ethik* III 3–5.

426 Vgl. *Ordin.* II, d. 25, q. un., n. 22: „Nil aliud a voluntate est causa totalis volitionis in voluntate" (Op. omnia, ed. Vivès XIII, 221); vgl. *Rep. Par.* I, d. 10, q. 3, n. 4: „[…] non est alia causa quare voluntas vult, nisi quia voluntas est voluntas" (Op. omnia, ed. Vivès XXII, 184a).

427 Der Begriff der *perfectio simpliciter* knüpft an Anselm von Canterburys *Monologion* an (c. 15; ed. Schmitt I, 28 f.). Duns Scotus definiert eine *perfectio simpliciter* als das, „was schlechthin und im absoluten Sinn besser ist, als jegliches mit ihr Unvereinbare" („Perfectio simpliciter dicitur quae in quolibet est melius ipsum quam non ipsum"; *De primo princ.* 4, concl. 3). Duns Scotus rechnet die reinen Vollkommenheiten zu den Transzendentalien. Für den Begriff des Guten im Sinne einer schlechthinnigen Vollkommenheit vgl. auch Möhle, *Ethik als Scientia practica nach Johannes Duns Scotus*, 380–414.

428 Vgl. *Quodl.*, q. 16: „Exemplum, si quis voluntarie se praecipitat, et semper in cadendo illud *velle* continuat, necessario quidem cadit necessitate

Theologiegeschichtliche Perspektiven

Weil nach Duns Scotus der biblisch bezeugte Gott wesentlich als Freiheit zu begreifen ist, ist er Gegenstand der Theologie nicht zunächst als möglicher Inhalt spekulativen *Wissens*. Vielmehr spricht Theologie sachgerecht über Gott nur und erst dann, wenn sie ihn als Grund und als erfüllendes Ziel menschlicher *Freiheit* denkt. Auch im Vollzug des Glaubens geht es nicht zunächst um Erkenntnis, sondern um Hingabe: „Weder ist der Glaube ein spekulativer Habitus noch das Glauben ein spekulativer Akt, noch ist die Gottesschau, die dem Glauben folgt, eine spekulative Schau, sondern eine praktische."[429]

Wie die beseligende Schau sich als *visio practica* darstellt, so vollzieht sich Theologie – als deren begriffliche Vorwegnahme – als *scientia practica*: sie expliziert Gott in Kategorien der Freiheit, fasst seine Offenbarung in Kategorien der Freiheit und sucht die Antwort des Menschen auf Gottes Offenbarung in Kategorien der Freiheit auszulegen. Christus ist für Duns Scotus nicht zunächst der Offenbarer göttlicher Geheimnisse, die es zu erkennen gälte, sondern die geschichtliche Gestalt einer Liebe, die Gott in höchstem Maße selbst ist und an der seine Geschöpfe teilhaben sollen, indem sie Christus nachfolgen und Gott lieben.[430]

Die Einsicht, dass Gott Liebe ist, gewinnt die Theologie nicht aus Philosophie oder Metaphysik. Diese Wissenschaften gelangen nach Duns Scotus allenfalls zum Begriff eines ewigen Seienden, das ohne Ursache ist.[431] Der Glaube identifiziert diese erste Ursache *(primum principium)* mit Gott. Dann aber bedarf es sofort einer Fortbestimmung des Gottesgedankens. Denn die biblischen Texte erschließen der menschlichen Vernunft einen Gott, der sich in der Geschichte des Volkes Israel und in der Gestalt Jesu Christi als Liebe geoffenbart hat. Jener Gott, der sich sich nach der Überzeu-

---

gravitis naturalis, et tamen libere vult illum casum" (Op. omnia, ed. Vivès XXVI, 201ab).

429 „Fides non est habitus speculativus nec credere est actus speculativus nec visio sequens credere est visio speculativa, sed practica" (*Ordin.*, Prol., q. 3, n. 26).

430 Vgl. Dettloff, *Die franziskanische Theologie des Johannes Duns Scotus*.

431 Vgl. *Lect.* I, d. 2, p. 1, q. 1–2, n. 41 (Ed. Vatic. XVI, 126), sowie *Ordin.* I, d. 2, p. 1, q. 1–3, bes. n. 43. 57–58. 131–139 (Ed. Vatic. II, 151 f. 162–165. 206–211). – Die *Lectura* ist die frühe Fassung des Sentenzenkommentars, den Duns Scotus zunächst in Oxford gehalten hat (*Op. Oxon.* bzw. *Ordin.*), dann in Paris *(Rep. Par.)*. – Zur Überlieferung der verschiedenen Versionen des Sentenzenkommentars vgl. Dreyer/Ingham, *Johannes Duns Scotus zur Einführung*, 9 f.

gung der mittelalterlichen Theologen am Dornbusch als das Sein schlechthin geoffenbart hat (vgl. Ex 3,14), ist zugleich – und tiefer verstanden noch – ein Gott, der Freiheit ist. Dieser Gott vollzieht sich als Liebe.

Indem die Vernunft über den sich als Freiheit und Liebe offenbarenden Gott reflektiert, gelangt sie zum Begriff einer *unendlichen Liebe*. Mit dem Begriff einer unendlichen Liebe sieht Duns Scotus Gottes Wirklichkeit treffend bezeichnet, nicht aber ausgeschöpft. Gott selbst ist größer als der Begriff einer unendlichen Liebe.

Schon aufgrund seiner Einzigkeit entzieht sich Gottes Wirklichkeit endlichem Erkennen.[432] Dennoch beinhalten jene Aussagen, die auf der Grundlage der biblischen Offenbarung über ihn getroffen werden können, sinnvolle Gehalte, die seine Wirklichkeit treffen. Schon für das menschliche Erkennen gilt: Wir können etwas genauer bezeichnen als erkennen: *„distinctius potest significari quam intelligi"*.[433] In besonderer Weise gilt dies für Gott. Und deshalb ist der Mensch in seinem Bemühen, etwas von Gott zu erkennen, darauf angewiesen, dass sich ihm Gott in einer besonderen und zugleich dem menschlichen Erkennen angemessenen Weise offenbart.

Zu den übernatürlich offenbarten Glaubenswahrheiten zählen nach Duns Scotus auch die Eigenschaften Gottes: vor allem seine Allmacht, seine Unermesslichkeit und Allgegenwart, aber auch seine Gerechtigkeit und seine Barmherzigkeit.[434] Die Theologie steht deshalb vor der Aufgabe, diese Eigenschaften und ihr wechselseitiges Verhältnis aus dem Begriff einer vollkommenen Liebe herzuleiten.

---

432 Vgl. *Ordin.* I, d. 3, p. 1, q. 1–2, n. 56: „Deus non cognoscitur naturaliter a viatore in partuculari et proprie, hoc est sub ratione huius essentiae ut haec et in se" (Edit. Vatic. III, 38,15–17).

433 *Ordin.* I, d. 22, q.un., resp., n. 4 (Edit. Vatic. V, 343,14f.).

434 Vgl. *De primo princ.* IV, 10: „Praeter praedicta, de te a philosophis praedicata, saepe Catholici te laudant, omnipotentem, immensum, ubique praesentem, iustum et misericordem, conctis creaturis et specialiter intellectualibus providentem, quae ad tractatum proximum differuntur" (n. 93). Wenn Duns Scotus einen solchen Traktat *De creditis* je geschrieben haben sollte, so ist er doch nicht erhalten. Vgl. Wolfgang Kluxen, *Johannes Duns Scotus: Abhandlung über das erste Prinzip*, Darmstadt 1987, XVII.

3.7.3 Gottes Liebe als Grund seiner Barmherzigkeit

Im ersten Buch seines vor 1302 in Oxford erstmals vorgetragenen Sentenzenkommentars, der *Ordinatio*,[435] entfaltet Duns Scotus aus dem Begriff Gottes als Freiheit den Begriff eines unendlichen Willens, mit dem Gott sich selbst als Grund seiner Seligkeit liebt. „Liebe" wird dabei als ein Streben gefasst, das sich auf etwas richtet, das dem Verstand als erstrebenswert erscheint und das von ihm als zu Erstrebendes gewählt wird.[436]

Duns Scotus erinnert in diesem Zusammenhang an die Erfahrung, dass die menschliche Liebe bei keinem Geliebten zur Ruhe kommt; sie strebt vielmehr stets über das aktuell Geliebte hinaus auf etwas Größeres. Letztendlich strebt sie nach einem unendlichen Gut, das sie lieben können will. Wie auch der Verstand des Menschen immer etwas bezeichnen kann, was die Grenzen seines Begreifens übersteigt, so kann „unser Wille über jedes Endliche hinaus etwas anderes, Größeres erstreben und lieben". Dem Willen, so Duns Scotus, scheint eine „naturhafte Neigung" innezuwohnen, nicht nur das jeweils Gewollte anzustreben: „Es scheint, dass wir beim Vollzug der Liebe zu einem unendlichen Gut solches erfahren; ja der Wille scheint in einem anderen nicht vollkommen zur Ruhe zu kommen."[437] Dem Wollen, Streben und Lieben wohnt eine Dynamik inne, die nach dem je Größeren strebt. Letztendlich richtet sich das Erkennen und Streben des Menschen deshalb auf das in vollkommener Weise Gute und Wahre – und damit auf die Wirklichkeit Gottes als des *ens infinitum*.

Unter der Voraussetzung, dass die so bestimmte Struktur des Erkennens und Liebens nicht nur für den Menschen, sondern für das Erkennen und Lieben schlechthin gilt – und somit auch für Gott –, kann näher bestimmt werden, was damit gemeint ist, wenn Gott im

---

435 Zu den komplizierten überlieferungsgeschichtlichen Problemen der in Oxford und später in Paris gehaltenen Sentenzenkommentare vgl. Kraml/Leibold/Richter, *Einleitung* zu: Duns Scotus. Über die Erkennbarkeit Gottes (PhB 529), XVI f.

436 Vgl. *Ordin.*, dist. 2, q. 1, n. 130: „Voluntas nostra omni finito aliquid maius potest appetere et amare sicut et in intellectus intelligere. Et quod plus est videtur inclinatio naturalis ad aliquid in voluntate, quia ex se sine habitu prompte et delectabiliter vult illud voluntas libera" (Edit. Vatic. II, 205,9–13).

437 „Videtur quod experimur actu amandi bonum infinitum, immo non videtur voluntas in alio perfecte quietari" (*Ordin.*, dist. 2, q. 1, n. 130: Edit. Vatic. II, 205,13–15).

Neuen Testament „Geist" (vgl. Joh 4,12) oder „Liebe" (vgl. 1 Joh 4,8.16) genannt wird.

Gilt die begriffliche Bestimmung, wonach Liebe stets auf etwas zielt, was das Erstrebte transzendiert, auch in Bezug auf Gott, dann kann „Liebe" in Bezug auf Gott nur so gedacht werden, dass Gott vor allem anderen sich selbst liebt. Denn nur in sich selbst findet Gott jenen Gegenstand, der seiner vollkommenen Liebe entspricht: das vollkommene Sein *(optimum esse)*. Jedes andere und somit unvollkommene Sein könnte der vollkommenen Liebe Gottes nur unvollkommen entsprechen und sie deshalb letztendlich unerfüllt lassen.

Für das vollkommene Sein aber gilt, dass es mit Notwendigkeit geliebt werden muss: *„optimum esse summum diligendum"*.[438] Dies ist für Scotus ein aus sich selbst heraus evidenter Satz. In Bezug auf Gott als das vollkommene Sein gilt er universal: *„Si est Deus, est amandus ut Deus solus"*.[439] Das Gebot, Gott zu lieben, ist eine praktische selbstevidente Wahrheit, die nach Duns Scotus zum „Naturrecht" *(lex naturalis)* gehört. Dessen Gebote gelten universal und können von jedem Menschen als verbindlich erkannt werden.[440]

Als selbstevidenter Satz gilt das Gebot, dass Gott zu lieben ist, auch für Gott selbst: Auch Gott ist unbedingt darauf verpflichtet, Gott zu lieben. Von einem frei wollenden und unendlichen Wesen muss dabei angenommen werden, dass es frei und zugleich notwendig nur seine eigene unendliche Wesenheit liebt, alles Andere hingegen frei und kontingent.[441] Wenn sich Gottes freier Wille darin vollzieht, dass er sich auf sich selbst als das höchste Gute bezieht, dann tut er dies mit Notwendigkeit; allen anderen möglichen Gegenständen seines Wollens gilt diese Notwendigkeit nicht. Für Gott selbst aber, insofern er das Objekt seines eigenen Wollens ist, gilt in einem ursprünglichen Sinne: *„Deus est diligendus"*.[442] Der als

---

438 Vgl. *Ordin.* III, d. 27 (Text nach Alan B. Wolter, *Duns Scotus on the Will and Morality,* Washington 1986, 424).
439 *Ordin.* III, d. 37, q. un. (Op. omnia XV, 738–858).
440 Vgl. Walter, *Will and Morality,* 238–254.
441 Vgl. *Ordin.* I, d. 45, q. un., nn. 4–5 (Ed. Vatic. VI, 372); *Ordin.* I, d. 2, p. 2, q. 1–4, n. 352 (Ed. Vatic. II, 335).
442 Die Notwendigkeit dieser Forderung ergibt sich für Duns Scotus aus ihrer Selbstevidenz; sie ist ein *notum per se* und gleicht darin dem ethischen Prinzip, wonach das Gute zu tun ist. Damit aber kann der Satz „deus est diligendus" zugleich als Prinzip einer Ethik gelten, die auch für die endliche Freiheit gilt. – Vgl. dazu vertiefend Ludger Honnefelder, *Ansätze zu einer Theorie der praktischen Wahrheit bei Thomas von Aquin und Johan-*

summum bonum im höchsten Maße gute Gott erkennt und will mit Notwendigkeit als erstes Objekt seiner Liebe nichts anderes als sich selbst. Gott erkennt und will zunächst und vor allem Anderen sich selbst: Der Vater erkennt und will sich selbst in seinem Sohn.

Zielen Erkennen und Wollen Gottes zunächst auf sich selbst, dann bedeutet dies zugleich, dass Gott in seinem Erkennen und Wollen ursprünglich nicht auf etwas ihm Äußerliches hingeordnet ist – weder auf die Schöpfung noch gar auf die Sünde des Menschen, deren Vergebung oder eine universale Versöhnung. Gott entspricht sich als Liebe vielmehr in erster Linie darin, dass er sich selbst erkennt und will und liebt.

Indem Duns Scotus Gott nicht als höchstes Sein oder als erste Ursache der Welt denken will, sondern als Freiheit und Liebe, gelangt er zu einer doppelten Differenz: einer Differenz zunächst *in* Gott als Ursprung der innertrinitarischen Relationen, einer Differenz sodann in Bezug auf Gott selbst als den Ursprung der Schöpfung. Denn der Begriff der Freiheit impliziert ebenso wie jener der Liebe die Unterscheidung zwischen einem Subjekt des Wollens und einem Anderen, den es zu wählen oder zu lieben gilt.

Gottes Liebe ist deshalb nicht nur das Prinzip der innertrinitarischen Beziehung des Vaters zum Sohn, sondern auch der Beziehung Gottes zum Anderen seiner selbst, d.h. zur Schöpfung. Auf diese Weise entsteht eine abgestufte Ordnung der Liebe: „An erster Stelle liebt Gott sich selbst. An zweiter Stelle liebt Gott sich im Anderen, und diese Liebe ist ungetrübt rein *(castus)*. An dritter Stelle will Gott geliebt sein von jemandem, der ihn im höchsten Maße zu lieben vermag, und hier spreche ich von der Liebe zu sich von außen her."[443] Dieser *ordo amoris* umfasst die innergöttliche Liebe, in der Gott sich selbst liebt, und reicht bis hin zu jener Liebe, in der Gott schöpferisch über sich hinaus wirkt, um ein Anderes seiner selbst zu schaffen, das ihn zu lieben imstande ist.

Im Sohn liebt sich der Vater selbst als Grund seiner Seligkeit. Er tut dies zunächst in der ewigen Gemeinschaft mit dem Geist, dann aber auch in jener Liebe, die ihm der Menschgewordene entgegen-

---

nes Duns Scotus, in: Jan Szaif/Matthias Lutz-Bachmann (Hgg.), Was ist das für den Menschen Gute? Menschliche Natur und Güterlehre, Berlin – New York 2004, 246–262.

443 „Dico igitur sic: primo Deus diligit se; secundo diligit se aliis, et iste est amor castus; tertio vult se diligi ab alio, qui potest eum summe diligere, loquendo de amore alicuius extrinseci" (*Rep. Par.* III, d. 7, q. 1, n. 5: Op. omnia, ed. Vivès XXIII, 303b).

bringt. Dieser *ordo amoris* ist für Duns Scotus die denknotwendige Konsequenz einer Theologie, die vom Begriff Gottes als Fülle der Freiheit und der Liebe ausgeht.

In der „Ordnung der Liebe" ist der Gottmensch Jesus Christus jenes erste Wesen, das Gott in vollkommener Weise lieben kann und von dem der Vater in vollkommener Weise geliebt wird. Erst danach, als Möglichkeitsbedingung für die Menschwerdung des Sohnes, hat Gott die Menschen erschaffen. Auch sie will er lieben, und von ihnen will er geliebt sein.

So zielt die Liebe, die Gott in sich selbst ist, in ihrem Wirken letztendlich auf jene Liebe, die das von ihm Geschaffene ihm entgegenbringen kann. Dazu bedarf es eines Geschöpfes, das seinerseits lieben kann – sich selbst, seine Mitgeschöpfe und seinen Schöpfer: *„Deus vult alios habere condiligentes."*[444] Es widerspräche dem Begriff Gottes als vollkommener Liebe, genügte er sich selbst. In seinem unendlichen Wollen will Gott vielmehr lieben und geliebt werden, und dies nicht nur in sich selbst, sondern auf das Andere seiner selbst hin und von dem Anderen seiner selbst her. Das Andere Gottes aber ist die Schöpfung und in ihr vor allen anderen Geschöpfen der Mensch.

Von seiner Schöpfung will Gott, dass sie sich liebend zu ihm zurückwendet – wenigstens, wie Duns Scotus hinzufügt, soweit es ihr gegeben ist, ihn zu lieben. Die unendliche und vollkommene Liebe Gottes will beantwortet sein von einem Gegenüber, das sie nicht selbst ist, ihr vielmehr als ein Gegenüber begegnet. Dieses Gegenüber muss als ein freies Gegenüber gedacht werden; denn nur ein freies Gegenüber ist imstande, die ihm entgegengebrachte Liebe liebend zu erwidern.

Dieser frei liebende Andere im Gegenüber zu Gott ist in vollkommener Weise der Mensch Jesus Christus. Er ist, wie Duns Scotus in der Tradition Bonventuras sagt, „Ursprung, Mitte und Ziel" der Schöpfung, um seinetwillen wurden die Welt und die Menschen erschaffen. Die Erschaffung der Welt und der Menschen in ihr ist nicht erstes Ziel der Schöpfung, sondern die Bedingung der Möglichkeit dafür, dass es ein Wesen außerhalb Gottes geben kann, das Gott mit reiner Liebe zu lieben imstande ist.

Die Liebe, mit der die ursprüngliche Liebe Gottes beantwortet wird, vollzieht sich rein *(castus)* nur in einem Menschen, der nicht unter der Herrschaft der Erbsünde steht. Schon bei der Empfäng-

---

444 Vgl. *Ordin.* III, d. 32, q. un., n. 6 (Opera omnia, ed. Vivès XV, 433). Text siehe in der Einleitung, Anm. 87.

nis Mariens ist der erbsündliche Zusammenhang unterbrochen, der die Menschheit seit Adam beherrscht, damit der von Maria empfangene Christus ohne jede Berührung mit der Erbsünde heranwachsen und so die Liebe Gottes rein und vollkommen erwidern kann.[445]

Weil es aus dem Begriff einer unendlichen Liebe folgt, dass sie darauf aus ist, einen Gegenstand zu haben, den sie lieben kann und von dem sie geliebt wird, ist für Duns Scotus die Prädestination Christi zur Menschwerdung absolut: „Ich sage, dass der Sündenfall nicht Ursache für die Vorherbestimmung Christi war. Im Gegenteil: wenn weder ein Engel noch ein Mensch gefallen wären – Christus wäre gleichwohl vorherbestimmt, ja selbst dann, wenn keine anderen Wesen zu schaffen gewesen wären als Christus allein."[446] Der Sohn ist von Ewigkeit her dazu bestimmt, Mensch zu werden, damit die vollkommene Liebe Gottes ein Woraufhin ihres Wollens findet und in vollkommener Weise erwidert werden kann.[447] Im Vollzug dieses Geschehens, wie es die neutestamentlichen Schriften bezeugen, werden das Wesen Gottes und seine Herrlichkeit als Liebe offenbar – freilich gebrochen durch das Leiden Christi und seinen Tod am Kreuz.

Erstes Ziel der Menschwerdung Christi war also die Verherrlichung des Vaters. Ohne die Sünde wäre der Sohn Gottes zwar Mensch geworden, aber nicht zum Leiden und zum schmachvollen Tod am Kreuz, sondern zur Offenbarung der Liebe Gottes in Herrlichkeit. Die Sünde verstellt aber den Blick auf diese Herrlichkeit. Nur ihretwegen wurde – gleichsam als ungeschuldete Zugabe – auch die Menschheit erlöst. Denn ohne die Erlösung wären die Menschen der Herrlichkeit Christi nicht ansichtig geworden.[448]

---

445 Vgl. dazu die von Barnaba Hechich zusammengestellten Texte: *La Inmaculada Concepción en los textos del B. Juan Duns Escoto (Lectura III, d. 3 q. 1 – Ordinatio III, d. 3 q. 1)*, in: Verdad y vida 65 (2007) 215–276.
446 „Dico tamen quod lapsus non fuit causa praedestinationis Christi, imo si nec fuisset Angelus lapsus, nec homo, adhuc fuisset Christus sic praedestinatus, imo, et si non fuissent creandi alii quam solus Christus" (*Rep. Par.* III, d. 7, q. 4, n. 4: Op. omnia, ed. Vivès XXIII, 303a).
447 *Rep. Ox.* III, d. 7, q. 3 (Op. omnia, ed. Vivès XIV, 348–360); vgl. *Rep. Par.* III, d. 7, q. 4 (Op. omnia, ed. Vivès XXIII, 301–304).
448 Vgl. *Rep. Par.* III, d. 7, q. 4, n. 5: „Gloria est ordinata animae Christi, et carni, sicut carni potest competere, et sicut fuit collata animae in assumptione; ideo statim fuisset collata carni, nisi quod propter maius bonum illud dilatum fuisset, ut per mediatorem, qui potuit et debuit, redimeretur genus humanum a potestate diaboli, quia maius bonum fuit

Wegen der Sünde der Menschen aber wurde die Verherrlichung des Gottmenschen hinausgezögert *(dilata)* und erst nach vollbrachtem Erlösungswerk Christi verwirklicht.[449]

Anselm, aber auch Thomas und selbst Bonaventura sahen in der Menschwerdung und im Kreuzestod Christi insofern den Ausdruck der Barmherzigkeit Gottes, als der sündige Mensch ohne diese Barmherzigkeit verloren gewesen wäre. Aber auch Gott wäre mit seinem Schöpfungsratschluss gescheitert; denn er wäre mit seinem Geschöpf, das ihm aus sich selbst heraus keine Genugtuung leisten kann, unversöhnt geblieben. Barmherzig erweist sich Gott demnach mit beiden: mit der sündigen Menschheit und – in einem übertragenen Sinne – mit sich selbst. Denn letztendlich bewahrt die Erlösung, die Christus der Menschheit bringt, Gottes Schöpfungsratschluss vor dem Scheitern.

Solche von der Soteriologie her bestimmte Überlegungen sind Duns Scotus keineswegs fremd; sie sind für ihn aber nachrangig. Formaler Ausgangspunkt seiner Theologie ist vielmehr allein Gott selbst, und dies nicht anders, als dass er *Gott* ist. Der als unendliche Freiheit begriffene Gott aber muss in seiner Vollkommenheit so gedacht werden, dass sein Handeln auch in Bezug auf das, was außer ihm ist, keinen anderen Maßstab haben darf als Gott selbst. Wie Gott vollkommen aus sich selbst heraus *ist,* so *will* er auch vollkommen und *handelt* vollkommen aus sich selbst heraus.

Deshalb kann Duns Scotus – anders als für Bonaventura – die Sünde des Menschen nicht einmal als *ratio inducens* für die Menschwerdung Gottes gelten lassen. Denn dann ließe sich Gott in seinem Handeln von etwas bewegen, das in seinem Sein geringer wäre als er selbst. Will man Gott aber als vollkommen denken, dann kann er in seinem Handeln von nichts Anderem und erst recht von nichts Geringerem bewegt werden als von sich selbst.

Mit Aristoteles ist Duns Scotus der Auffassung, dass in jeder geordneten Handlung das Ziel vor den Mitteln und ein höheres Gut vor dem geringeren zu wählen ist. Deshalb wäre es dem Handeln Gottes unangemessen, wäre ein so großes Werk wie die Mensch-

---

gloria animarum beatarum quam gloria carnis Christi" (Op. omnia, ed. Vivès XXIII, 303b).

449 Vgl. *Rep. Par.* III, d. 7, q. 4, n. 5: „Non venisset ut mediator, ut passurus, ut redempturus, nisi aliquis prius peccasset, neque fuisset gloria carni dilata, nisi fuissent redimendi, sed statim fuisset totus Christus glorificatus" (Op. omnia, ed. Vivès XXIII, 303b).

Theologiegeschichtliche Perspektiven

werdung Gottes durch die Sünde des Menschen verursacht.[450] Auch dann, wenn niemand gesündigt hätte, wäre der Gottmensch das größte Werk Gottes *(summum opus dei)* unter allen Geschöpfen.[451]

Wäre die Vorherbestimmung Christi zur Menschwerdung erfolgt, um irgendein Werk der Erlösung zu vollbringen, dann wäre sie durch etwas veranlasst worden, das geringer ist als Gott.[452] Solches aber kann Gott nicht zu einem Wollen oder Handeln bewegen. Deshalb darf die Erlösung des sündigen Menschen nicht als Grund und Ziel der Menschwerdung Christi aufgefasst werden. Selbst als Erweis der göttlichen Liebe gegenüber dem Menschen – der die Menschwerdung zweifellos ist – ist sie ein nachrangiges Ziel göttlichen Handelns. Zwar wusste Gott, nachdem er sich einmal zur Erschaffung des Menschen entschlossen hatte, um dessen Sünde im Voraus. Trotzdem erfolgte sein Entschluss zur Menschwerdung nicht aus dem Grund und mit dem Ziel, die Menschheit zu erlösen. Sie ist kein Akt göttlicher Barmherzigkeit mit dem Sünder, sondern Selbstvollzug eines Gottes, der sich als Liebe von Ewigkeit dazu entschlossen hat, ein Gegenüber seiner Liebe zu haben und von diesem Gegenüber geliebt zu werden.

Dieses Gegenüber ist für Duns Scotus nicht zunächst der Mensch, sondern der Sohn. Der Sohn ist jedoch zunächst und vor allem anderen das freie und zur Liebe fähige Gegenüber, das Gott *in sich selbst* will, um lieben zu können, und das ihn als Menschgewordener „auch dann in höchstem Maße lieben sollte, wenn niemand gefallen wäre".[453] Christus ist für Duns Scotus nicht in erster Line Erlöser. Er ist vielmehr die den Menschen geoffenbarte Gestalt jener Liebe, die Gott in sich selbst ist und deren Erweis er von Seiten des Menschen beantwortet wissen will.

---

450 Vgl. *Rep. Ox.* III, d. 7, q. 3, n. 3: „[...] Nec est verisimile tam summum bonum in entibus, esse tantum occasionatum, scilicet propter minus bonum" (Op. omnia, ed. Vivès XIV, 355a).

451 Vgl. *Rep. Par.* I, d. 41, q. 1: „Si numquam aliquis peccasset, fuisset supremus inter viatores, qui unquam fuerunt" (Op. omnia, ed. Vivès XXII, 482a).

452 *Rep. Par.* III d. 7, q. 4, n. 4: „Si lapsus esset causa praedestinationis Christi, sequeretur quod summum opus Dei esset occasionatum tantum" (Op. omnia, ed. Vivès XXIII, 303ab).

453 *Rep. Par.* III d. 7, q. 4: „[...] et quarto praevidit unionem illius naturae, quae debet eum summe diligere, etsi nullus cecidisset" (Op. omnia, ed. Vivès XXIII, 303b).

3.7.4 Erlösung als Ereignis göttlicher Liebe

Welche Bedeutung hat vor diesem Hintergrund das Erlösungswerk, das Christus nach biblischem Zeugnis und dem Glauben der Kirche doch vollbracht hat? Nachdem sich Gott einmal zur Erschaffung der menschlichen Natur entschlossen hat, um damit die hypostatische Union von göttlicher und menschlicher Natur zu ermöglichen, hat er auch den Sündenfall der Menschen vorhergesehen. Es war Gott bewusst, dass mit der Erschaffung eines freien Wesens, das imstande ist, seine Liebe zu erwidern, auch die Möglichkeit gegeben ist, dass sich ihm dieses freie Wesen verschließt.[454]

Nun gelangte Gottes Selbstvollzug als Liebe nicht ans Ziel, würde seine Liebe nicht erwidert. Insofern bedeutete der Fortbestand der Sünde – verstanden als Selbstverschließung des Menschen gegenüber Gottes Liebe – nicht nur und nicht einmal zuerst ein Scheitern des göttlichen Schöpfungsratschlusses. Die Sünde betrifft vielmehr den Selbstvollzug Gottes als Liebe selbst, indem sie ihn „hemmt" *(dilatat)*. Deshalb, so Duns Scotus, hat Gott mit der Menschwerdung seines Sohnes von Ewigkeit her das Werk der Erlösung verknüpft.[455]

Die Erlösung aber vollzieht sich durch das Leiden Christi. Denn „Gott wollte, dass alle Erwählten die Gnade und die Herrlichkeit haben, bevor er sie fallen sah; und er sah sie fallen, bevor er das Heilmittel gegen den Fall im Voraus anordnete. Deshalb konnte [Christi] Leiden, als nach dem Fall vorgesehen, die Ursache für die Vergebung der Beleidigung und zur Verleihung der Versöhnungsgnade werden."[456] Wie Anselm spricht Duns Scotus hier von der „Beleidigung" *(offensio)* Gottes, die es zu vergeben gilt. Ausdrücklich wird das Leiden als sachlicher Grund *(ratio)* für die Vergebung

---

454 Vgl. zur Frage des göttlichen Vorherwissens bei Duns Scotus: Joachim Söder, *Die Lehre von den futura contingentia bei Johannes Duns Scotus* (BGPhMA.NF 49), Münster, 1999.

455 Vgl. *Rep. Par.* III, d. 7, q. 4: „Ideo Filius Dei primo est praeordinatus esse homo; secundo e contra, ille homo praedestinatus est esse filius Dei; deinde tertio unio naturae ad verbum; deinde quarto merita electorum, deinde quinto casus malorum; deinde redemptio per mediatorem" (Op. omnia, ed. Vivès XXIII, 302b).

456 *Op. Oxon.* III, d. 19, q. un., n. 11: „Voluit enim deus prius omnes electos habere gratiam et gloriam, quam praevideret eos casuros, et prius lapsuros, quam praeordinaret medicinam contra lapsum; et ideo passio, ut praevisa, post praevisionem lapsus, potuit esse ratio remittendi offensam, et conferendi gratiam reconciliantem, praedestinationis non autem potuit esse ratio" (Op. omnia, ed. Vivès, XIV, 725b).

Theologiegeschichtliche Perspektiven

genannt. Damit stellt sich Duns Scotus in die Tradition Anselms hinein.

Wie aber kann Christi Leiden die Vergebung der Sünden und die Versöhnung mit Gott bewirken? *„Pro iustitia mortuus est"* – so Duns Scotus knapp: Um der Gerechtigkeit willen ist Christus gestorben.[457] Wenn es hier nicht *propter* heißt, sondern *pro*, dann bedeutet dies „zugunsten" der Gerechtigkeit. Gottes Gerechtigkeit wird durch das ungeschuldete Leiden Christi erst in ihr Recht gesetzt. Sie ist nicht die Ursache für das Leiden Christi. Im liebenden Gehorsam gegenüber Gott ist Christus seiner Sendung bis zum Kreuz treu geblieben; er hat sich der tödlichen Logik des Gesetzes unterworfen, um auf diese Weise die Gerechtigkeit Gottes hervortreten zu lassen. Denn diese offenbart sich machtvoll in Christi endgültigem Sieg über Sünde und Tod. Aus diesem Sieg geht jene „Versöhnungsgnade" *(gratia reconcilians)* hervor, in der Gott dem Sünder vergibt. Weil kein Sünder aus eigenem Vermögen einen Gott wohlgefälligen Akt des Gehorsams leisten kann, wird ihm aus Gnade jener Gehorsam zugerechnet, den Christus dem Vater am Kreuz erwies.[458]

Die Dynamik der Liebe, die Gottes Handeln bestimmt, begnügt sich also nicht damit, die Voraussetzungen bereitzustellen, damit der Gottmensch sein kann. Vielmehr kommen der Gehorsam des Gottmenschen und seine Liebe nun allen Menschen zugute. Ihnen werden die Verdienste zugewendet, die aus dem „Überschuss" der von Christus dem Vater entgegengebrachten Liebe erwachsen.

---

457 *Op. Oxon.* III, d. 20, q. un., n. 10: „Christus igitur volens eos ab errore illo revocare, per opera et sermones, maluit mori quam tacere, quia tunc erat veritas dicenda Iudaeis, et ideo pro iustitia mortuus est" (Op. omnia, ed. Vivès XIV, 738a).

458 Vgl. *Rep. Par.* IV, d. 2., q. 1, n. 7: „Obsequium quanto offertur a magis dilecto, tanto est magis gratum et acceptatum, et hoc pro illo pro quo offert, et ad finem illum ad quem offert. Christus fuit maxime carus et dilectus a tota Trinitate, quia dedit ei Deus gratiam, et non ad mensuram aliorum Sanctorum; Christus etiam voluit obsequium maxime gratum offere Deo patri, quia se ipsum hostiam immolandam pro nobis, et noluit hoc obsequium offerre pro se, quia non indiguit, sed pro electis et praedestinatis, qui nati ut filii irae ex massa peccati, non poterant propriis obsequiis ad finem praedestinationis attingere; decrevit enim Deus a tempore praevaricationis primi hominis, ex quo genus humanum habuit initium, ut nunquam remitteret alicui offensam, vel aliquem acciperet in amicitiam, quousque amicus merito, vel obsequio amplius placaretur, quam offendebatur ex dilecto et demerito; tale fuit obsequium Christi morientis pro electis" (Op. omnia, ed. Vivès XXIII, 570b–571a).

Diese Liebe ist die Quelle aller Gnadengaben; ihre Zuwendung eröffnet dem Menschen den Weg zur ewigen Seligkeit.

Für Duns Scotus ist Christi Liebesgehorsam die Quelle jener Gnade, die den Menschen aus der Macht der Sünde befreien kann. Quelle der Gnade kann Christi Gehorsam deshalb sein, weil er aus jener einzigen Gabe hervorgeht, die ganz umsonst geschenkt wurde: die Menschwerdung Gottes. Sie ist reine, weil ungeschuldete Gnade *(mera gratia)*.[459] Als solche ist sie aber zugleich auch Voraussetzung für den Gehorsam Christi und seine Selbsthingabe am Kreuz.

Die Sünde, in der sich der Mensch der Liebe Gottes verschließt, wird nicht einfach durch Gottes Allmacht getilgt – dies bliebe dem Freiheitsvollzug des Menschen äußerlich. Vielmehr liefert sich der Gottmensch der Macht der Sünde aus; er nimmt Leiden und Tod als Folgen der Sünde auf sich, um beides liebend zu ertragen und durch die Macht seiner Auferstehung als vorläufig und hinfällig zu erweisen.

Anders als dann, wenn es keine Sünde gegeben hätte, offenbart sich Gottes Liebe nicht in Herrlichkeit, sondern im Leiden. Dieses Leiden überführt die Sünde als das was sie ist: Verweigerung gegenüber der Liebe Gottes und somit bestimmungswidriger Selbstvollzug endlicher Freiheit.

Dieser Offenbarung der wahren Natur der Sünde bedarf es deshalb, weil die unter dem Fluch der Sünde stehende Menschheit nicht mehr in der Lage ist, in einem freien Entschluss in die Liebe Gottes einzustimmen. Erst die Anschauung des Liebesgehorsams, den der menschgewordene Gottessohn dem Vater erweist, offenbart dem Sünder die reale Möglichkeit einer unbedingten Liebe zu Gott.

Gottes Menschwerdung zielt nicht – wie bei Anselm von Canterbury – auf ein Werk der Genugtuung, mit dem ein abstrakter *ordo iustitiae* wiederhergestellt wird. Christi Leiden und sein Tod am Kreuz sind vielmehr die Konsequenzen der Liebe Christi zum Vater unter den Herrschaftsbedingungen der Sünde. Der Tod am

---

459 Und zwar die einzige im geschaffenen Wirklichkeitsganzen überhaupt; vgl. *Rep. Par.* IV, d. 2, q. 1, n. 11: „Non fuit mera gratia iustificatio peccatoris, quia non est mera gratia in universo, nisi incarnatio, quin aliquibus meritis reddatur, quibus redditur" (Op. omnia, ed. Vivès XXIII, 572b); vgl. *Op. Oxon.* IV, d. 2, q. 1, n. 11: „In universis operibus dei non fuit aliquod opus mere gratiae, nisi sola incarnatio Filii Dei" (Op. omnia, ed. Vivès XVI, 248b).

Kreuz ist gerade *nicht* notwendig; es gibt für ihn keinerlei *ratio necessaria*. Gerade aus dieser Nicht-Notwendigkeit freilich resultiert nach Duns Scotus die Verdienstlichkeit des Liebesgehorsams Christi.

Angesichts dieses Gehorsams werden die Menschen gleichsam – wie Duns Scotus poetisch formuliert – dazu „gelockt", sich von der Sünde abzukehren und fortan Gott zu lieben. „Zwar hätte er uns auch anders erlösen können. Aus freiem Willen jedoch hat er uns so [sc. durch das Kreuz] erlöst. Wir schulden ihm viel, ja mehr, als wenn wir notwendigerweise und nicht anders hätten erlöst werden können. Er hat dies vor allem getan, glaube ich, um uns in seine Liebe zu locken und weil er wollte, dass der Mensch sich noch mehr an Gott halte."[460]

Menschwerdung und Kreuzestod des Gottessohnes sind eine Einladung an die Menschen, in freiem Entschluss in die Liebe des Gottmenschen zum Vater einzustimmen. Der freie Entschluss des Menschen, dieser Einladung zu folgen, ist seinerseits ein Angebot *(oblatum)* an Gott, die ihm entgegengebrachte Liebe anzunehmen und zu erwidern.

Denn Gott wird – wiederum aus freiem Entschluss, aber doch nicht ohne Grund zu erhoffen – die Antwort der Liebe, den freien Gehorsam *(obsequium)* des Menschen, höher schätzen als sein berechtigtes Missfallen an der Beleidigung *(offensio)*, die ihm durch die Sünde zugefügt wurde. Am Ende wird Gottes Barmherzigkeit seine Gerechtigkeit übertreffen – dies darf zuversichtlich erhofft werden.

Weil Gott Freiheit ist, erfolgt die Aufnahme des Menschen in seine Seligkeit nicht aufgrund metaphysischer Notwendigkeit, sondern deshalb, weil Gottes freie Liebe es so will. Duns Scotus betont, dass auch ein heiligmäßiges Leben Gott keineswegs darauf verpflichtet, dem gerechten Menschen die ewige Seligkeit zu verleihen. Grundsätzlich gilt: „*Nihil creatum formaliter est a Deo acceptandum*" – keine geschaffene Wirklichkeit hat in sich selbst einen Grund, weshalb Gott sie annehmen müsste. Auch der

---

460 *Op. Oxon.*, III, d. 20, q. un., n. 10.: „Christus […] de facto sua gratia passionem suam ordinavit et obtulit Patri pro nobis, et ideo multum tenemur ei. Ex quo enim aliter potuisset homo redimi, et tamen ex sua libera voluntate sic redemit, multum ei tenemur, et amplius quam si sic necessario, et non aliter potuissemus fuisse redempti; ideo ad alliciendum nos ad amorem suum, ut credo, hoc praecipue fecit, quia voluit hominem amplius teneri Dei" (Op. omnia, ed. Vivès XIV, 739a).

Mensch kann gegenüber Gott nichts vorweisen, weshalb ihn Gott mit dem ewigen Heil belohnen müsste.

Nicht verdienstliche Werke, die der begnadete Mensch vollbringt, ja nicht einmal ein Leben in Glauben, Hoffnung und Liebe garantieren, dass der Mensch durch Gott zur ewigen Seligkeit geführt wird.[461] Hierzu bedarf es eines besonderen Entscheides Gottes, die Werke des Menschen als verdienstlich anzuerkennen. Selbst die Liebe ist lediglich notwendige, nicht aber hinreichende Bedingung dafür, dass Gott einen verdienstlichen Akt des Menschen aus freiem Entschluss gelten lässt und mit der ewigen Seligkeit belohnt.[462]

Diese Auffassung führt Duns Scotus keineswegs zur Annahme, dass Gott die Menschen willkürlich erwählt oder auch verwirft. Zwar könnte Gott aufgrund seiner Allmacht grundsätzlich auch anders handeln *(de potentia absoluta);* faktisch aber handelt er nicht anders als so, wie aus seiner Offenbarung zu entnehmen ist *(de potentia ordinata).* Seinen in der Heiligen Schrift bezeugten Offenbarungen ist zu entnehmen, wie sich Gott selbst in seiner Freiheit bestimmt hat. Und weil sich Gott in der Schrift als Liebe bekundet, besteht aller Grund, darauf zu hoffen, dass Gott keinen gerechten Menschen je verdammen wird – ohne dass es hierüber eine letzte Gewissheit geben kann.[463]

---

461 Zur Akzeptationslehre bei Duns Scotus vgl. Werner Dettloff, *Die Lehre von der acceptatio divina bei Johannes Duns Scotus mit besonderer Berücksichtigung der Rechtfertigungslehre* (FrFor 10), Werl 1954, bes. 201–229. Zum Gedanken der *acceptatio divina* bei Bonaventura vgl. Berndt Hamm, *Promissio, pactum, ordinatio. Freiheit und Selbstbindung Gottes in der scholastischen Gnadenlehre* (BHTh 54), Tübingen 1974, 222–230.

462 *Rep. Par.* I, d. 17, q. 2, n. 6: „Caritas est ratio acceptandi obiectiva, non prima, sed secunda; non necessaria, sed contingens; non actus personae habentis esse in sola apprehensione, nec in effectu solum, sed habentis esse possibile ab aeterno, quod aliquando erit; non secundum legem universalem, sed secundum in particulari ordinavit ad bonum perfectum, sive ad suae perfectionis complementum. Unde ille actus dicitur esse a Deo acceptus acceptatione aeterna, quam Deus praevidens ab aeterno, ex talibus principiis eliciendi voluit ab aeterno ipsum ordinatum esse ad praemium, et sic caritas est ratio obiectiva tribuens habilitatem acceptationis passivae personae actui" (Op. omnia, ed. Vivès XXII, 210b–211a).

463 Vgl. *Ordin.*, Prol., p. 1, q. un., n. 55: „Non enim minus gratiosus est Deus illi quem propter meritum de congruo justificat sine sacramento quam illi quem sine omni merito proprio justificat in susceptione sacramenti. Itaque possibile est Deo de potentia absoluta quemlibet salvare, et etiam

3.7.5 Freiheit in eschatologischer Perspektive

Duns Scotus erwartet die ewige Seligkeit als eine *visio practica*. Damit setzt er einen anderen Akzent als Thomas von Aquin, dem zufolge die ewige Seligkeit in der *visio beatifica* besteht, der unverhüllten Erkenntnis Gottes. Mit ihr aber gelangt die Freiheit des Menschen an ihr Ende. Denn im Angesicht Gottes kann es keine Möglichkeit freier Selbstbestimmung mehr geben, in der sich der Mensch von der Erkenntnis Gottes abwendet. Denn in der Erkenntnis des Wahren kann der menschliche Intellekt nicht schwankend sein.[464] Weil das der Vernunft gegenwärtige Objekt des menschlichen Willens dessen vernünftige Akte leitet, ist im Angesicht Gottes eine Abkehr von ihm als dem ersten Objekt des Willens undenkbar.

Ausdrücklich weist Thomas die Auffassung zurück, dass die ewige Seligkeit ein Akt der Freiheit sei. Denn kein Akt des Wollens garantiert, dass das in ihm Erstrebte tatsächlich erlangt wird. Das jeweils Erstrebte zeichnet sich ja gerade dadurch aus, dass es abwesend ist; erst das Anwesende kann Grund der Seligkeit sein. Deshalb besteht die Seligkeit für Thomas in der beseligenden Schau, der *visio beatifica* des dem Menschen in seiner Herrlichkeit gegenwärtigen Gottes.[465]

Die ewige Seligkeit vollzieht sich nach Duns Scotus als *scientia practica*: als Bewusstsein dessen, dass sich der Mensch von Gott unbedingt geliebt weiß und dass er selbst imstande ist, Gottes Liebe zu erwidern.[466] Dabei gründet die Fähigkeit der Seligen zur Gottesliebe nicht im Vermögen der Seligen selbst, sondern in einem

---

facere quod mereatur gloriam sine fide infusa si sine illa det gratiam qua habens bene utatur quantum ad velle quod potest habere secundum naturalem rationem et fidem acquisitam, vel sine omni acquisita si doctor desit, licet de potentia ordinaria non detur sine fidei habitu praecedente, quia sine illa non ponitur gratia infundi; non propter indigentiam, quasi gratia sine illa non sufficeret, sed propter liberalitatem divinam quae totum reformat; minus etiam perfecte esset homo dispositus quantum ad assensum verorum quorumdam sine fide infusa."

464 Vgl. *S. Th.* I–II 3,4; *De veritate* 22,11; *ScG* III, 26; *Quodl.* VIII, q. 9, a. xix. Duns Scotus bezieht sich in seiner Auseinandersetzung mit Thomas vor allem auf dessen Sentenzenkommentar; *In IV Sent.*, d. 49, q. 1 ad 2.

465 Vgl. Thomas von Aquin, *S. Th.* I–II, q. 3, a. 4; *De ver.* q. 22, a. 11; *C. Gent.* III, c. 26; *Quodl.* VIII q. 9, a. 19; *In IV Sent.*, d. 49, q. 1 ad 2.

466 Vgl. Robert Prentice, *The voluntarism of Duns Scotus, as seen in his comparison of the intellect and the will*, in: FrS 28 (1968) 63–103.

freien Akt Gottes, der die Freiheit der Seligen allererst ermöglicht und bewahrt.[467]

Nach Duns Scotus ist die Seligkeit des Menschen ein Freiheitsgeschehen, die vollendete Kommunikation von göttlicher und menschlicher Freiheit. Dessen Vollendungsgestalt ist die vollkommene Liebe, mit der Gott den Menschen liebt, und die er von Seiten des Menschen insoweit beantwortet wissen will, als es dem Menschen überhaupt nur möglich ist.

Als Freiheitsgeschehen bedeutet die Beseligung für Duns Scotus keine bloß passive Aufnahme der Wirklichkeit Gottes. Sie setzt vielmehr einen Akt der Liebe voraus, in dem der Mensch frei darin einstimmt, von Gott beseligt zu werden.[468] Dieses Einstimmen ist nicht schon die Seligkeit selbst; es ist aber die Voraussetzung dafür, dass Gott den Menschen beseligen kann. Auch die *visio practica* bleibt eine *visio.*

Allerdings ist sie eben auch eine visio *practica.* Demnach ist es folgerichtig, wenn Duns Scotus die Auffassung vertritt, dass die Freiheit des Menschen mit seinem Tod nicht endet. Wohl aber bleibt zu fragen, worin diese Freiheit besteht. Thomas von Aquin hatte mit Blick auf die postmortale Existenz der Seele Kohelet 11,3 zitiert: „Wohin das Holz auch fällt, da bleibt es liegen."[469] Der Aquinate hatte diesen Vers als Beleg dafür beansprucht, dass die

---

467 Vgl. Robert Prentice: „Scotus sees heaven as a vast kingdom of liberty in which man »creates« himself by freely loving God, in which God freely conserves the ontological status of this free human »creation«, and in which God freely collaborates with man to make perpetuality possible and acutual the free psychological act of fruitional love which man directs to Himself" (*The Degree and Mode of Liberty in the Beatitude of the Blessed,* 328).

468 Vgl. *Ordin.* IV, d. 49, q. 4, n. 5: „Per actum desiderii qui est absentis, non est assecitio finis, sed per alium actum, scilicet qui est amor rei praesentis, est assecutio primo, loquendo de primitate perfectionis, licet per actum intellectus sit aliqualis assecutio prior prioritate generationis" (Op. omnia, ed. Vivès XXI, 98ab).

469 Koh 11,3, zitiert u.a. in *Comp. theol.* 1, 174: „Anima igitur quemcumque finem sibi ultimum prestituisse invenitur in statu mortis, in eo fine perpetuo permanebit appetens ilud ut optimum, sive sit bonum sive malum, secundum illud Eccl. XI quod lignum si precisum fuerit »ubicumque cediderit, ibi erit«. Sic igitur post hanc vitam qui in morte boni invenientur, habebunt perpetuo voluntatem firmatam in bono; qui autem mali tunc invenientur, erunt perpetuo obstinati in malo" (Ed. Leon. XLII, 149,73–150,82). – Vgl. dazu Stickelbroeck, *Nach dem Tod,* und Ders., *Das Leben – einmalige Chance oder stets wiederkehrende Möglichkeit?,* der die Unwiderrruflichkeit der einmaligen Lebensentscheidung betont und

Theologiegeschichtliche Perspektiven

Freiheit des Menschen mit seinem Tod endet. Anders Duns Scotus: Weil der Mensch nicht etwa akzidentell, sondern wesentlich Freiheit ist – jene Freiheit, die Gott lieben will und von der er geliebt werden will –, kann auch mit dem Tod des Menschen dessen Freiheit enden; denn dies bedeutete das Ende des Menschen. Deshalb vor allem meint Duns Scotus am postmortalen Fortbestand der menschlichen Freiheit festhalten zu müssen. Diese postmortale Freiheit realisiert sich in der Einstimmung in die Beseligung, die ihr von Seiten Gottes zuteil wird.

Nach Duns Scotus muss der Wille notwendigerweise nicht nur den Gegenstand des Liebens, sondern auch den Akt des Liebens selbst wollen, um etwas lieben zu können.[470] Innertrinitarisch ergibt sich hieraus für Duns Scotus die Möglichkeit, den Hervorgang des Heiligen Geistes zu denken. Doch gilt Entsprechendes auch für den bei Gott vollendeten endlichen Willen: Begegnung und Zustimmung, Aktivität und Passivität müssen gleichermaßen gegeben sein, damit es zu jener liebenden Begegnung von göttlicher und menschlicher Freiheit kommen kann, welche die ewige Seligkeit ausmacht.

Die so verstandene Begegnung von göttlicher und menschlicher Freiheit bezeichnet Duns Scotus mit dem schon für Augustinus zentralen Begriff der *fruitio*. Diese ist aktives Genießen der Gegenwart Gottes und seiner unerschöpflichen Liebe. Duns Scutus kann dieses Genießen auch als Freundschaft des Menschen mit Gott begreifen.[471] In der *fruitio* fallen Aktivität und Passivität in eins.[472] Der Mensch stimmt frei ein in das, was Gott um seiner selbst willen

---

die Möglichkeit einer postmortalen Neubestimmung von Freiheit kategorisch zurückweist.

470 „Falsum autem quod voluntas circa obiectum amabile praesens non eliciat actum aliquem, sed tantum habeat delectationem passionem" (Ebd., n. 7: Op. omnia, ed. Vivès XXI, 99a).

471 Vgl. *Ordin.* IV, d. 49, q. 5, n. 2: „[…] in solo actu, qui est fruitio, consistit beatitudo simpliciter naturae intellectualis […] Primum velle dicitur esse amoris amicitiae, secundum amoris concupiscentiae. Et solum primum velle est frui, quod est amore inhaerere propter se, scilicet amatum" (Op. omnia, ed. Vivès XXI, 171ab).

472 Augustinus bestimmt den Begriff der *fruitio* als ein „einer Sache Anhängen aus Liebe um ihrer selbst" („Frui est amore inhaerere alicui propter se ipsam"; *Doctr. christ.* I, c. 4,4: CChr.SL 32, 8,11 f.). Vgl. auch *De trin.* X, 10,13: „Fruimur cognitis in quibus voluntas propter se delectata conquiescit" (CChr.SL 50,327,23 f.); *Div. quaest. LXXXIII*, q. 30; *Civ. Dei* XI, 25. Der Begriff bezeichnet bei Augustinus und in der nachfolgenden Theologie häufig den Zustand der seligen Gottesschau. – Zu „frui" bei

für ihn will.⁴⁷³ Eben hierin besteht das Wesen der ewigen Seligkeit. Deren ewiger Fortbestand ist durch Gottes Allmacht gesichert.⁴⁷⁴ Auf diese Weise kann der „Himmel" als ein Reich der Begegnung von göttlicher und menschlicher Freiheit aufgefasst werden.

Stellt sich Thomas die erhoffte Seligkeit des Menschen als unverrückbare *stabilitas* vor, als gehaltvolle Gegenwart des Menschen in der Gemeinschaft mit Gott,⁴⁷⁵ so betont Duns Scotus den dynamischen Charakter der Seligkeit. Schon *in statu viatoris* ist die Liebe des Menschen freier Vollzug seiner kreatürlichen Existenz. Dies ändert sich auch nach dem Tod nur insofern, als dem Menschen der Gegenstand seines Wollens nun unverhüllt vor Augen steht. Auf diese Weise enthüllt sich den Seligen die Dynamik jenes unendlichen Wollens, in dem Gott als unendliche Freiheit über sich selbst hinaus drängt und das Andere seiner selbst will.

Weil dem freien Willen die Selbstverpflichtung auf das höchste Gute wesensgemäß ist, kann Duns Scotus von der Liebe sagen, sie sei diejenige Tugend, „die den Willen vervollkommnet, insofern ihm die *affectio iustitiae* eigen ist, die Ausrichtung auf das zuhöchst Gute".⁴⁷⁶ In der Selbstbindung an den *ordo iustitiae* vollzieht der freie Wille sich selbst; seine letzte Erfüllung freilich findet er in jener *fruitio*, deren Grund und Ursprung Gott selbst ist.

3.7.6 Theologiegeschichtliche Erträge

Kann im Rahmen der Theologie des Duns Scotus überhaupt sinnvoll nach dem Verhältnis von Gerechtigkeit und Barmherzigkeit

---

Duns Scotus vgl. dessen Diskussion in *Ordin.* I, d. 1, q. 1, n. 8–12 (Ed. Vatic. II, 4–7).

473 Prentice sieht darin geradezu einen Akt der „Selbsterschaffung" des Menschen zur Seligkeit: „Within the Scotic conception of the free act of elicited love in haeven, man creates himself in beatitude be adhering to God for God's sake. [...] The blessed ‚make' themselves into those who, by their free fruitional love, adhere to God to the fullest possible extent of their capacity. This is their heaven. [...]. In the light of free adhesion an even celestian auto-creation is conceivable" (*The degree and mode of Liberty*, 331).

474 Vgl. *Ordin.* IV, d. 49, q. 6, n. 6: „[...] potest concedi beatitudinem esse incorrputibilem; sed sic incorruptibile non est ex se perpetuum, nisi possibiliter, quia sicut esse suum habet contingenter a Deo conservante, sic et perpetuitatem (Op. omnia, ed. Vivès XXI, 185b); vgl. *Ordin.* I, d. 1, p. 2, q. 2, nn. 139–140 (Ed. Vatic. 93–95).

475 Vgl. *S. Th.* I 64,2 resp. (Text oben, Anm. 329).

476 Vgl. *Ordin.* III, d. 27 (Wolter, *Will and Morality*, 426).

Gottes gefragt werden? Sind nicht vielmehr Soteriologie und Eschatologie lediglich Fußnoten in einem Drama, das ungeachtet menschlicher Verfehlungen seinen von Ewigkeit her bestimmten Lauf nimmt? Welche Bedeutung hat die Sünde des Menschen innerhalb des von Ewigkeit her gefassten Entschlusses, dass Gott Mensch wird?

Tatsächlich deuten sich hier Grenzen eines Entwurfes an, der sich als konsequente Entfaltung des als unendliche Liebe begriffenen Gottesgedankens versteht. Im Bemühen freilich, Gott als unbedingte Freiheit und unendliche Liebe zu denken, gelangt Duns Scotus zu einer Metaphysik der Freiheit, die weit über das Mittelalter hinausweist.[477] Sein Gott und Mensch in gleichem Sinn umfassender Begriff unbedingten Wollens ist folgenreich. Mit ihm verbindet sich erstmals in der abendländischen Geschichte die Möglichkeit, Moralität universal zu denken.

An die Stelle eines naturhaften Willens, wie er der aristotelischen Ethik und auch der Moralphilosophie des Thomas noch zugrunde liegt, ist der Begriff eines Willens gesetzt, der als Selbstverhältnis des Willens gefasst ist. „Die Selbstbestimmung des Willens betrifft nicht – wie bei Thomas – nur Mittel und Teilziele – sondern wird – in Durchbrechung des aristotelischen Bewegungsgrundsatzes *(quod movetur ab alio movetur)* – von Duns Scotus als ursprüngliche wirkursächliche Selbstbestimmung des Willens selbst verstanden."[478]

Ludger Honnefelder hat darauf hingewiesen, dass damit der sittlichen Vernunft nicht nur – wie bei Anselm – die Möglichkeit gegeben ist, sich unabhängig von Offenbarung und Theologie autonom zu vollziehen, sondern auch, sich unabhängig von Offenbarung und Theologie autonom zu begründen. Freilich ist mit solcher Begründung noch nicht die Frage beantwortet, worin sich der Vollzug der sittlichen Vernunft erfüllt. Dass es für Duns Scotus außer Frage steht, dass sich die Freiheit des Menschen ihrer Bestimmung gemäß allein dann vollzieht, wenn Sie sich als Liebe zu Gott vollzieht, erklärt noch nicht, warum dies geschieht.

Auch als sich selbst begründende Freiheit ist die Freiheit des Menschen für Duns Scotus nie nur bloße Wahlfreiheit oder gar Indifferenz. Menschliche Freiheit vollzieht sich vielmehr ihrem Wesen entsprechend erst dann, wenn sie sich auf das zuhöchst Gute ausrichtet, sich ihm öffnet und von ihm her bestimmen lässt.

---

477 Zur Wirkungsgeschichte vgl. u.a. Honnefelder, *Duns Scotus,* 132–148; Ingham, *Johannes Duns Scotus,* 32–39.
478 Honnefelder, *Duns Scotus,* 127.

Das zuhöchst Gute aber ist Gott als Inbegriff der vollkommenen Wirklichkeit. Gott wird in den Schriften der Offenbarung als unbedingte Freiheit und unendliche Liebe bezeugt. Endliche Freiheit hat sich demnach der unendlichen Freiheit Gottes und seiner Liebe zu öffnen und von ihr her bestimmen zu lassen.

Die Verhältnisbestimmung von Gerechtigkeit und Barmherzigkeit ist nach Duns Scotus daran zu bemessen, inwiefern sie dem Kriterium gehaltvoll als Liebe bestimmter Freiheit genügt. Das aber bedeutet, Gerechtigkeit und Barmherzigkeit als unterschiedliche Gestalten der Liebe Gottes aufzufassen. Indem der Menschgewordene in liebendem Gehorsam Leiden und Tod auf sich nimmt, offenbart er die alles überwältigende Liebe Gottes auch zum Sünder. Das Verdienst, das Christus durch seinen Liebesgehorsam erwirbt, wird für die Menschen zur Gnade, die sie einlädt, nun ihrerseits ihrer ursprünglichen Bestimmung zu entsprechen. Diese aber besteht darin, sich von der Sünde abzukehren und jenen Gott zu lieben, der in höchstem Maße Sein, Freiheit und Liebe ist.

Die Verhältnisbestimmung von Gerechtigkeit und Barmherzigkeit Gottes wird bei Duns Scotus vom Primat der Liebe dominiert. Die Fortbestimmung des Gottesgedankens als unendliche Liebe lässt keinen Zweifel daran, dass Gott die Sünde verabscheut und deshalb die Umkehr und Rettung des Sünders will. Eine interpersonale Dimension des Erlösungsgeschehens im Sinne einer universalen Versöhnung zeichnet sich bei Duns Scotus nicht ab. Indem er aber die Bedeutung der menschlichen Freiheit im Erlösungs- und Vollendungsgeschehen hervorhebt, bereitet er die neuzeitliche These von der Unhintergehbarkeit freier Subjektivität vor.[479]

3.8 Gottes barmherzige Gerechtigkeit: Martin Luther

Entschiedener als viele Theologen vor ihm stellt Martin Luther (1483–1546) die Frage nach dem Verhältnis von Gerechtigkeit und Barmherzigkeit Gottes, und dies vor allem allem in Bezug auf den Menschen, insofern sich dieser als Sünder weiß. Denn anders als Duns Scotus entfaltet Luther seine Anthropologie dazu nicht aus dem Begriff Gottes heraus, sondern aus der Relation zwischen Gott und Mensch, wie sie sich aus dem Glauben ergibt. Von diesem Ansatz her ergeben sich die Grundzüge seiner Rechtfertigungslehre

---

479 Vgl. hierzu u.a. Ludger Honnefelder, *Woher kommen wir? Ursprünge der Moderne im Denken des Mittelalters*, Darmstadt 2008, bes. 188–206.

ebenso wie seine Bestimmung des Verhältnisses von Gerechtigkeit und Barmherzigkeit Gottes.

3.8.1 Gerechtigkeit Gottes und Sünde des Menschen

Luther ist zutiefst davon überzeugt, dass der Mensch vor Gott ein Sünder ist – und dies nicht etwa akzidentell, sondern in der Tiefe seines Wesens. Von Natur aus kann der Mensch nicht anders, als sich gegen Gott aufzulehnen. Denn „nicht kann der Mensch von Natur aus wollen, dass Gott Gott sei; vielmehr wollte er, dass er selbst Gott sei und Gott nicht Gott", so Luther 1517 in seiner *Disputatio* gegen die scholastische Theologie.[480] „Sein zu wollen wie Gott" (vgl. Gen 3,5) kennzeichnet den Menschen von Anfang an und von Grund auf; es ist seine „Natur".

Freilich gründet die so bestimmte Natur des Menschen nicht in Gottes Schöpfungshandeln. Dann nämlich wäre Gott selbst dafür verantwortlich, dass sich der Menschen gegen Gott empört. Sie ist vielmehr eine Folge seiner erbsündlichen Verfasstheit. Innerhalb der Geschichte manfestiert sich diese Verfasstheit darin, dass der Mensch meint, nur so er selbst sein zu können, dass er Gottes Sein und Herrschaft bestreitet.

Diese Bestreitung gründet aber nicht in einem freien Akt des Menschen; sie resultiert vielmehr daraus, dass der Mensch in Zeit und Geschichte unter der Herrschaft der Sünde und des Teufels steht. „So ist der menschliche Wille in die Mitte gestellt, wie ein Zugtier. Wenn Gott ihn reitet, geht er, wohin Gott will […]. Wenn der Satan ihn reitet, geht er, wohin Satan will. Es steht nicht in seinem Belieben, den einen oder den anderen zu wählen oder zu ihm zu laufen", so Luther 1525 in seiner Schrift gegen Erasmus von Rotterdam über den unfreien Willen.[481] Gegen den anthropologi-

---

480 *Disputatio contra scholasticam theologiam* [1517], These 17: „Non potest homo naturaliter velle deum esse deum; immo vellet se esse deum et deum non esse deum" (Bonner Ausgabe 5; 321; deutlicher als in WA 1; 225/LDStA I, 22 f. ist in dieser Version die Polemik gegen Duns Scotus und Gabriel Biel erkennbar. Zitat und Hinweis bei Bayer, *Martin Luthers Theologie,* 164, Anm. 10).
481 *De servo arbitrio* [1525]: „Sic humana voluntas in medio posita est, ceu iumentum. Si insederit Deus, vult et vadit quo vult Deus, ut psalmus dicit: Factus sum sicut iumentum, et ego semper tecum [Ps 73/Vulg. 72,23]. Si insederit Satan, vult et vadit quo vult Satan. Nec est in eius arbitrio, ad utrum sessorem currere aut eum quaerere, sed ipsi sessores certant ob ipsum obtinendum et possidendum" (WA 18; 635/LDStA I, 290).

schen Optimismus des Humanisten bestreitet er vehment, dass sich der Mensch aus eigenem Willen und Vermögen Gott zuwenden oder von ihm abwenden kann.

Damit distanziert sich Luther von einer wesentlichen Position der scholastischen Theologie. Indem diese auf der Freiheit des Menschen auch im Gegenüber zu seinem Schöpfer beharrt, birgt sie die Gefahr, dass sich der Mensch über seinen Schöpfer erhebt und an seine Stelle setzt. Luther bestreitet deshalb grundsätzlich die Freiheit des Menschen, sich zu Gott in ein Verhältnis zu setzen. Vielmehr findet sich der Mensch als Objekt eines Streites vor, der zwischen Gott und Teufel um seine Seele ausgetragen wird.[482]

Zwar anerkennt Luther durchaus, dass der Mensch in weltlichen Dingen frei ist, zwischen Alternativen zu wählen. Jedoch gibt es eine solche Wahlfreiheit in Bezug auf Gott nicht. Nach dem Sündenfall Adams beherrscht der Teufel den Menschen so sehr, dass dieser nicht anders kann, als Gottes Herrschaft zu bestreiten.

Indem sich der Mensch von Gott abwendet, leugnet er die Wahrheit, dass er überhaupt nur durch Gottes Macht zum Sein gelangt ist. Statt Gott für seine Existenz zu danken, beansprucht er selbst den Platz, der allein Gott gebürt. Er wendet sich von seinem Schöpfer ab und weigert sich, aus dessen Verheißung heraus zu leben.[483] Er „verkrümmt" sich in sich selbst. Wiederholt kennzeichnet Luther den Sünder als *incurvatus in se*.[484] Nur Gottes geduldiger Barmherzigkeit ist es zu verdanken, dass die Schöpfung und der in sich verkrümmte Mensch in ihr überhaupt fortbestehen.

Gerechterweise wird der Sünder, insofern er sich undankbar gegenüber dem zeigt, dem er Sein und Leben verdankt, zur Zielscheibe des göttlichen Zorns.[485] Dieser Zorn jedoch reißt den Sünder nicht ins Verderben. Denn er unterscheidet zwischen der Sünde und dem Sünder. Letzteren will Gott von der Sünde befreien, indem er ihm die Wahrheit über seine verfehlte Existenz offenbart. Diese Offenbarung geschieht nach Luther im Kreuz Christi. Im

---

482 So auch der Titel von Heiko A. Obermans Luther-Biographie: *Luther. Mensch zwischen Gott und Teufel,* Berlin 1982.
483 Vgl. Luthers Auslegungen zu Gen 3,4–6, wo er Sünde als „Zweifel an der Verheißung *(promissio)* Gottes" und als ein „disputare de deo" auffasst (WA 42; 118–120); ebenso in *De servo arbitrio* (WA 18; 609,7–11).
484 So schon 1515/16 in der *Römerbriefvorlesung* (WA 56; 356,5f.). – Entgegen dem Anspruch Luthers (ebd., WA 56; 325,9) kommt der Begriff *curvitas* in der Vulgata nicht vor (vgl. die Anm. in der WA zur Stelle).
485 Zum „Zorn Gottes" bei Luther vgl. Bayer, *Martin Luthers Theologie,* 177–192.

Kreuz offenbart sich die barmherzige Zuwendung Gottes zum Sünder.

Das Kreuz ist heilsnotwendig; denn aus eigenem Vermögen kann sich der Sünder der Herrschaft des Teufels nicht entwinden. Hierzu bedarf es einer Initiative Gottes; es bedarf der rettenden und darin barmherzigen Zuwendung Gottes zum Sünder. Diese Zuwendung vertrauensvoll anzunehmen und seine ganze Hoffnung auf Gottes rettende Macht zu setzen, macht nach Luther das Wesen christlichen Glaubens aus. Dieser kann sich auf die Zuversicht stützen, dass Gott „keinen gefallen am tode des Gottlosen" hat, sondern will, „das sich der Gottlose bekere von seinem wesen vnd lebe" (Ez 33,11 nach Luthers Bibelübersetzung von 1545). Aus Stellen wie 2 Petr 3,9[486] oder Ez 33,11 schöpft Luther die Gewissheit, dass Gott nicht die Verdammnis des Sünders will, sondern seine Rettung.

Gottes Erbarmen vollzieht sich zunächst darin, dass er die Sünde als das offenbar macht, was sie ist, nämlich Auflehnung gegen Gott und der Versuch des Menschen, sich selbstmächtig gegenüber seinem Schöpfer zu behaupten. Das Offenbarwerden der Wahrheit über den Menschen geschieht nach Luther im Kreuz Christi. Denn das Kreuz entlarvt die Sünde des Menschen und seine Falschheit als das, was sie sind: Lüge, Hochmut und Undank gegenüber Gott. Im Kreuz geschieht anfanghaft die Rechtfertigung des Sünders. Deshalb offenbart es nicht nur die rechtfertigende Gerechtigkeit Gottes, sondern zugleich und in einem mit ihr auch die Barmherzigkeit Gottes.

Das Gott auch dem Gottlosen nicht zunächst als rächender, strafender und vergeltender Gott begegnet, dass Gott vielmehr als der rettende, auch den sündigen Menschen ins Recht setzende, ihn also „rechtfertigende" Gott geglaubt werden darf – darin sieht Luther den wesentlichen Inhalt seiner theologischen Erkenntnis, ja des christlichen Glaubens überhaupt. Nicht die vergeltende Gerechtigkeit, sondern die rechtfertigende, den Sünder gerecht machende Gerechtigkeit kennzeichnet demnach den Gott der biblischen Überlieferung und den Gott Jesu Christi.[487]

---

486   „Der Herr […] ist geduldig mit euch; er will nicht, dass einige zugrunde gehen, sondern vielmehr, dass alle den Weg der Umkehr einschlagen."

487   Vgl. Luthers Auslegung von Röm 1,17 in seiner *Vorlesung über den Römerbrief* [1515–16]: „Iustitia enim Dei est causa salutis. Et hic iterum *Iustitia Dei* non ea debet accipi, qua ipse Iustus est in seipso, Sed qua nos ex ipso Iustificamur, quod fit per fidem evangelii. Unde b. Augustinus

3.8.2 Barmherzigkeit Gottes und Rechtfertigung des Sünders

Die Frage, wie der Sünder auf einen barmherzigen Gott hoffen und der strafenden Gerechtigkeit Gottes entrinnen kann, hat Luther zeitlebens bewegt. In seinem Selbstzeugnis von 1545 erinnert er daran, wie er als junger Mönch „den jüngsten Tag schrecklich fürchtete und dennoch aus tiefstem Herzen wünschte, selig zu werden".[488] Die Frage, wie der Sünder auf die Gnade Gottes hoffen könne und dürfe, bleibt auch das treibende Motiv von Luthers Theologie. Am Ende ist er der Überzeugung, dass schon die Frage, *wie* Gott gnädig zu stimmen sei, falsch gestellt ist. Vielmehr geht es um einen Perspektivenwechsel: Es ist nicht der Mensch, der nach Gott fragt, sondern Gott, der nach dem Menschen fragt. Diesem ihn suchenden Gott sich anzuvertrauen und aus dieser Beziehung heraus zu leben, darin sieht Luther den Weg des Glaubens.

Im Ringen um einen Gott, der ihm nicht im Zorn über seine Sünden, sondern barmherzig begegnet, gelangt Luther allmählich zu der Einsicht, dass das Gericht Gottes über den Menschen nicht zunächst auf dessen Verdammung zielt, sondern auf die Rettung des Sünders. Dies deutet sich bereits im ersten Vorlesungszyklus über den Psalter an, den Luther in den Jahren 1513 bis 1516 gehalten hat. In jener Zeit gelangte er vermutlich zu der Einsicht, dass „Gerechtigkeit Gottes" nicht im Sinne der vergeltenden Gerechtigkeit zu verstehen ist, sondern als rechtfertigendes Handeln Gottes am Sünder.[489]

In seinen frühen Schriften schwankt Luther freilich noch zwischen einer eher traditionellen Auffassung von „Gerechtigkeit

---

c. XI de Spi. et lit.: *Ideo Iustitia Dei dicitur, quod impertiendo eam Iustos facit. Sicut Domini est salus, qua salvos facit. Et eadem dicit c. 9. eiusdem. Et dicitur ad differentiam Iustitie hominum, que ex operibus fit. Sicut Aristoteles 3. Ethicorum manifeste determinat, secundum quem Iustitia sequitur et fit ex actibus. Sed secundum Deum precedit opera et opera fiunt ex ipsa."* (WA 56; 172,3–11). – Vgl. Augustinus, *De spiritu et litt.* 11,18 (PL 44,211); 9,15 (PL 44,209); zum geschichtlichen Kontext vgl. Bornkamm, *Iustitia Dei in der Scholastik und bei Luther;* zu Luthers Denkweg: Lohse, *Der Durchbruch der reformatorischen Erkenntnis bei Luther.*

488 *Praefatio* (Vorrede) zum Ersten Band der Wittenberger Ausgabe der lateinischen Schriften (1545) (WA 54; 179,32 f./LDStA 2,494 f.).

489 Zur umstrittenen Datierung der „reformatorischen Wende" und zur Bedeutung der Datierung für die Interpretation der Theologie Luthers vgl. u.a. die beiden Bände von B. Lohse (Hg.), *Der Durchbruch der reformatorischen Erkenntnis bei Luther* (1968 und 1988).

Gottes" – verstanden als strafende und vergeltende Gerechtigkeit – und seiner späteren Auffassung, wonach „Gerechtigkeit Gottes" die rechtfertigende Gerechtigkeit Gottes meint.[490] Auch die für sein Verständnis von „Gerechtigkeit Gottes" zentralen Stellen Röm 1,17 und 2 Kor 5,21 legt Luther zunächst in mehrfacher Bedeutung aus. So unterscheidet er in seiner Psalmenauslegung eine dreifache Bedeutung von „Gerechtigkeit Gottes". Von ihr ist metaphorisch, allegorisch und theologisch zu sprechen: „Bildlich ist sie der Glaube an Christus, Römer 1,17: »Denn offenbart wird die Gerechtigkeit Gottes im Evangelium aus Glauben in Glauben.« Und so ist der häufigste Gebrauch in der Schrift. Allegorisch bedeutet sie die ganze Kirche selbst, wie der Apostel sagt: »auf dass wir würden in Christus die Gerechtigkeit Gottes« (2 Kor 5,21). Im höchsten Sinne aber ist sie Gott selbst in der triumphierenden Kirche."[491]

Hier noch identifiziert Luther „Gerechtigkeit Gottes" nicht nur mit dem Glauben an Jesus Christus, in dem die Gerechtigkeit Gottes offenbar wird, sondern auch mit der Kirche als der geschichtlichen Gestalt dieses Glaubens. Gottes Gerechtigkeit wird dort offenbar, wo Menschen an Christus glauben und aus diesem Glauben heraus leben und handeln. Letztendlich ist Gott selbst Gerechtigkeit; er ist die *summa iustitia*, als die ihn die mittelalterliche Theologie begriff. Sein richterliches Handeln am Ende der Zeiten gereicht den guten Menschen zum Heil, den bösen zum Verderben: „Aber so wie die Gerechtigkeit mehr den Guten zugewandt ist und bei ihnen ihren Ort hat, so ist das Gericht mehr den Bösen

---

490 So dann im *Großen Galaterkommentar* [1531], Vorrede (WA 40/I; 45,3). Für den Menschen wird die so verstandene Gerechtigkeit zur *iustitia passiva:* zur Gerechtigkeit, die er nicht aus eigenem Vermögen übt *(iustitia activa),* sondern die ihm von Gott her gewährt ist. Zum Verständnis von *iustitia Dei passiva* im frühen *Psalmenkommentar* [1513–15] vgl. Prenter, *Der barmherzige Richter.*

491 *Dictata super psalterium,* In Ps. 71 [72]: „Eodem modo et Iustita dei triplex est: Tropologice est fides Christi Ro. 1. *Revelatur enim Iustitia Dei in evangelio ex fide in fidem.* Et ita est frequentissimus usus in Scripturis. Allegorice est ipsa Ecclesia tota. Ut ait Apostolus: *Ut simus Iustitia dei in Cristo.* Anagogice ipse deus in Ecclesia triumphante" (WA 3; 466,26–30). – Diese dreifache Bedeutung von *iustitia* ist zu unterscheiden vom späteren Begriff der „dreifachen Gerechtigkeit" (strafrechtlich – theologisch [*iustitia Christi* als *iustitia aliena*, im *Sermo de duplici iustitia* auch *iustitia aliena et ab extra infusa* genannt] – Tatgerechtigkeit *[iustia actualis]* vgl. Luthers *Sermo de triplici iustitia* [1518; WA 2; 43–47; lat.-dt. in: LDStA 2, 53–65], dazu Zur Mühlen, *Nos extra nos*, 185–187.

zugewandt und vollzieht sich bei ihnen. Denn das Gericht ruft zur Verdammung so wie die Gerechtigkeit zur Erlösung *(salvatio)*."[492] In seiner Barmherzigkeit freilich rettet Gott den Sünder: „Denn dadurch, dass er sich meiner erbarmt, rechtfertigt er mich. Seine Barmherzigkeit nämlich ist meine Gerechtigkeit. Denn wenn er sich nicht selbst erbarmt, bin ich nicht gerecht. Denn was soll mir Barmherzigkeit, wenn ich sie nicht verspüre? Wenn ich sie aber verspüre, so bin ich schon zu einem Gerechten gemacht", so Luther in seiner Auslegung zu Psalm 4.[493] Die Rechtfertigung des Sünders hat ihren Grund in der Barmherzigkeit Gottes. „Nun heißt Barmherzigkeit aber das Geschenk dessen, der sich erbarmt. Meine Gerechtigkeit ist aber das, was ich von dem empfange, der sich erbarmt."[494] Weil der Mensch nicht aus sich heraus gerecht ist noch gerecht werden kann, ist er auf die barmherzige Zuwendung Gottes angewiesen, der ihm seine Gnade schenkt.

Die Gnade ist nichts anderes als diese rettende Zuwendung Gottes: „Gnade aber verstehe ich hier im eigentlichen Sinne als Gunst Gottes *(favor dei)*, wie es sich gehört, nicht als Qualität der Seele, wie es unsere neueren [Theologen] lehren", so später (1521) im *Antilatomus*.[495] Tatsächlich haben die meisten scholastischen Theologen vor Luther Gnade als Habitus oder Qualität der Seele begriffen.[496] Als „Gunst Gottes" ist Gnade das, was der Sünder im

---

492 *Dictata super psalterium*, In Ps. 71 [72]: „Sicut Iustitia respicit bonos et in illis est: it Iudicium magis malos et in illis est. Quia iudicium in damnationem, sicut Iustitia in salvationem sonat" (WA 3; 566,30–32).

493 *Dictata super psalterium:* „Quod enim *mihi misereretur, eo ipso me iustificat. Eius enim misericordia est mea iustitia.* Quia nisi ipse mesereatur, ego non sum iustus. Quid enim misericordia est, si ego eam non percipio? Si autem percipio, iam iustus efficior" (WA 3; 43,9–13).

494 *Dictata super psalterium:* „Nunc autem nomen Misericordia significat datum miserentis. Iustitia autem mea significat acceptum a miserente" (WA 3; 43,15–17).

495 „Gratiam accipio hic proprie pro favore dei, sicut debet, non pro qualitate animi, ut nostri recentiores docuerunt" (WA 8; 106,10/LDStA II, 342).

496 Vgl. dazu Johann Auer/Joseph Ratzinger, *Das Evangelium der Gnade* (KKD V), Regensburg 1970, 166–169. Nach Thomas von Aquin (*S. Th.* I-II, 110,2) ist die Gnade ein Habitus, der der Seele ein spriprituelles Sein (spirituale esse) verleiht. Dieses kann als „Teilhabe an der göttlichen Natur" bestimmt werden. – Gegen die scholastische Auffassung von der Gnade hat Melanchthon in seiner Apologie des Augsburger Bekenntnisses „Gnade" als „Gottes Barmherzigkeit mit uns" verstanden wissen wollen: „Cur non exponunt hic gratiam misericordiam Dei erga nos" (*Apol.* 4, 381: BSLK 232,3).

Theologiegeschichtliche Perspektiven

Glauben und in der Hoffnung auf Gottes Barmherzigkeit erwarten darf. Gnade ist deshalb Gerechtigkeit und Barmherzigkeit Gottes zugleich: seine unverdiente Zuwendung und zugleich Rechtfertigung des Sünders.[497]

Selbst derjenige, der hofft, von Gott gerechtfertigt zu sein, bittet weiterhin Gott um seine gnädige Zuwendung. Denn im Bewusstsein seiner Sünde lebt auch der gerechtfertigte Mensch in der Spannung zwischen der strafenden Gerechtigkeit Gottes und seiner Gnade. Er ist *simul iustus et peccator*.[498] Sein Leben ist ausgespannt zwischen Höllenangst und Heilsgewissheit, zwischen „der Furcht vor der Macht Gottes und der Hoffnung auf seine Barmherzigkeit, damit wir so zwischen dem oberen und dem unteren Mühlstein für Gott zermahlen werden und zwischen den Zähnen des Oberkiefers und des Unterkiefers zerrieben und dem Körper Christi einverleibt werden".[499]

In dieser Spannung erwartet der Mensch auch das Jüngste Gericht. Dieses vollzieht sich aber nicht erst am Ende der Geschichte, sondern bereits in der Zeit. Obwohl er gegen eine zu seiner Zeit überbordende allegorische Auslegung der Heiligen Schrift auf deren Literalsinn besteht, befürwortet Luther in heilsgeschichtlicher und soteriologischer Perspektive die tropologische bzw. moralische Deutung der Schrift. Ihr zufolge ist das Gericht nicht zunächst ein Ereignis am Ende der Geschichte, sondern ein Geschehen, in dem sich der sündige Mensch in seinem Gewissen schon jetzt als Angeklagter vorfindet. Im Bewusstsein seiner Sünden weiß er sich vor Gott schon jetzt der ewigen Seligkeit unwürdig.

Gerade seine Selbstanklage jedoch bringt den Sünder in die Nähe zu Gott, der ebenfalls die Sünde verurteilt. Im Bewusstsein der Übereinstimmung mit Gottes Urteil über die Sünde kann der

---

497 *Dictata super psalterium:* „Gratia dei enim accepta ut dixi est iustitia. Accipenda autem est misericordia, quia miserum qui nunc est iustificat. Quia ergo hic accipiendam petit, nondum acceptam, ideo misericordiam nominavit. Et hec est conditio iustorum, ut iustitiam esuriant et sitiant magis ac magis, ideo semper iustificantur, semper petunt misereri, semper iustitiam agnoscunt acceptam prius" (WA 3; 47,11–16).
498 Der Gedanke begegnet bereits in Luthers *Römerbriefkommentar* von 1514/15 im Rahmen der Auslegung von Röm 4,7 (WA 56; 269,21–24).
499 *Dictata super psalterium,* In Ps. 62: „Igitur inter ista duo, scilicet timorem potestatis et spem misericordie dei, oportet nos semper consistere, ut sic inter molam superiorem et inferiorem molamur domino; et inter dentes superiores et inferiores conteramur et in Christi viscera traiiciamur" (WA 3; 357,1–4).

Sünder die Gnade des barmherzigen Gottes erfahren: Die Zerknirschung über seine Sünden mündet in die Zuversicht, nicht aus eigenem Vermögen, sondern durch Gott gerechtfertigt zu sein, genauer: durch dessen Heilswirken in Jesus Christus, der „die Sünde der Welt getragen" hat (vgl. 1 Petr 2,24). Auf diese Weise wird der Glaube an Christus dem Sünder zur rechtfertigenden Gerechtigkeit.

In seinem 1519 zum Druck gegebenen *Kommentar zum Galaterbrief* – Luther hat den Galaterbrief erstmals im Winter 1516/17 ausgelegt, also noch vor der Abfassung seiner 95 Thesen zum Ablasshandel – versteht Luther „Gerechtigkeit Gottes" nicht mehr als vergeltende, sondern als rechtfertigende Gerechtigkeit.[500] Diese Auffassung ist die endgültige; sie findet sich unter anderem auch in den Galaterkommentaren von 1523 und 1531.

Dass nicht erst Martin Luther „Gerechtigkeit Gottes" als „rechtfertigende Gerechtigkeit" verstanden und auf diese Weise die biblische Bedeutung des Begriffs wieder zur Geltung gebracht hat, ist weithin anerkannt. Schon der späte Augustinus hatte in *De spiritu et littera* (412) gegen Pelagius „Gerechtigkeit Gottes" nicht als „Gerecht-Sein Gottes" verstanden wissen wollen, sondern als „die Gerechtigkeit, mit der er [Gott] den Menschen bekleidet".[501] Diese Gerechtigkeit ist nicht die, „durch die er selbst gerecht ist, sondern durch die wir von ihm gerecht gemacht werden".[502] Ähnlich heißt es auch in einer Predigt Augustins, „Gerechtigkeit Gottes" sei nicht die Gerechtigkeit, „durch die der Herr gerecht ist, sondern durch die er die rechtfertigt, die er aus Gottlosen zu Gerechten macht".[503] Anders aber als bei Augustinus wird bei Luther der Begriff der „rechtfertigenden Gerechtigkeit" zum Dreh- und Angelpunkt der Theologie.

Zu Beginn seiner Vorlesung zum Galaterbrief von 1531 skizziert Luther das theologische Anliegen des Paulus. Demnach will der Apostel in seinem Brief „jene Lehre von der Gerechtigkeit, vom Glauben, von der Gnade und der Vergebung der Sünden auf festen

---

500 In seinem Selbstzeugnis von 1545 erinnert sich Luther: „Donec miserente Deo, meditabundus dies et noctes connexionem verborum attenderem, nempe, Iusticia Dei revelatur in illo, sicut scriptum est: *Iustus ex fide vivit* [Rom 1,17], ibi iusticiam Dei coepi intelligere eam, qua iustus dono Dei vivit, nempe ex fide" (*Praefatio:* WA 54; 186,3–5).
501 Augustinus, *De Spiritu et littera* [entst. 412], IX,15: „Iustitia Dei, non qua Deus iustus est, sed qua induit hominem" (CSEL 60, 167,7f.).
502 Ebd., XVIII,31: „Iustitia dei, non qua ipse iustus est, sed qua nos a eo [iusti] facti" (CSEL 60, 185,18f.).
503 Augustinus, *Sermo* 131,9: „[…] iustitia dei non qua iustus est dominus, sed qua iustificat eos quos ex impiis iustos facit" (PL 38,733).

Grund stellen, damit wir vollkommene Erkenntnis hätten und unterscheiden könnten zwischen christlicher Gerechtigkeit und allen anderen Gerechtigkeiten".[504] Im Folgenden unterscheidet Luther mit Blick auf Gal 2,16 zwei Arten von Gerechtigkeit: jene „äußere", „nach dem Werken" und jene „innere", „aus der Gnade". Sie ist die „christliche Gerechtigkeit" und geschieht nach Luther dort, wo der Mensch über die Vergeblichkeit seiner Werke „völlig verzweifelt, so dass die ihm in ihrer Unreinigkeit erscheint wie ein beflecktes Kleid".[505] In seiner Verzweiflung wendet sich der Mensch an Gott. Von ihm allein kann er Gerechtigkeit erwarten – vorausgesetzt, er bekennt sich vor ihm als Sünder. „Diese Gerechtigkeit besteht nämlich in nichts anderem als in der Anrufung des göttlichen Namens. Der Name Gottes aber ist Barmherzigkeit, Wahrheit, Gerechtigkeit, Kraft, Weisheit und somit eine Anklage unseres eigenen Namens. Unser Name dagegen ist Sünde, Lüge, Eitelkeit, Torheit."[506]

Wenn der Mensch seine eigene Nichtigkeit einsieht und über seine Sünde verzweifelt, gelangt er dazu, nichts von sich selbst, aber alles von Gott her zu erhoffen. Dass diese Hoffnung nicht grundlos ist, das weiß der glaubende Mensch deshalb, weil ihm Christus die Augen für die wahre Natur Gottes geöffnet hat: „Das ist's, was uns Christus erworben hat: das gepredigt werde der Name des Herrn." Der „Name des Herrn" ist für Luther eine Chiffre für Gottes Eigenschaften, darunter in erster Linie Barmherzigkeit und Wahrheit.[507] Diesen Namen, so Luther, „wirst du nirgends leuchtender erblicken als in Christus". Christus ist die Offenbarung der Barmherzigkeit und Wahrheit jenes Gottes, der bereits im Alten Testament bezeugt ist. Die durch Christus gepredigte Gerechtigkeit Gottes ist „jene Barmherzigkeit, die von allen Propheten vorausgesagt wurde".

---

504 „Argumentum est, quod [Paulus] vult stabilire docrinam illam iusticitae, fidei, gratiae, remissionis peccatorum, ut habeamus pefectam cognitionem et differentiam inter iusticiam christianam et omnes iusticias alias" (*Großer Galaterkommentar* [1531]: WA 40/1; 40,2–4).

505 „Secundo ab intra, ex fide, ex gratia, ubi homo de priore iusticia prorsus desperans tanquam ab immundicia menstruatae proruit ante deum, gemens humiliter peccatoremque sese confessus […]" (*Kleiner Galaterkommentar* [1519]: WA 2; 490,9–11).

506 „Haec enim est aliud nihil quam invocatio nominis divini. Nomen autem Dei est misericordia, veritas, iusticia, virtus, sapientia, suique nominis accusatio. Est autem nomen nostrum peccatum, mendacium, vanitas, stulticia" (ebd., 490,13–15).

507 „Ecce hoc est, quod Christus nobis meruit, scilicet praedicari nomen domini (id est misericordiam, veritatem Dei), in quod qui crediderit salvus erit" (ebd., 490,34–36).

In Christus wird nach Luther sichtbar, dass jene Stellen, an denen bei den Propheten von der Barmherzigkeit Gottes die Rede ist, ihre Erfüllung in jenem Verständnis von Gerechtigkeit finden, welches Christus vor Augen stellt. Diese Gerechtigkeit wird im Galaterbrief als eine solche vorstellt, die allein aus dem Glauben, nicht aber aus den Werken des Gesetzes hervorgeht.[508]

Für Luther sind die Gerechtigkeit Gottes und die Gerechtigkeit der Menschen nicht nur „gänzlich verschieden"; sie stehen vielmehr „sogar völlig im Gegensatz zueinander".[509] Die *iustitia activa* der Menschen ist etwas ganz anderes als jene Gerechtigkeit, die dem gläubigen Menschen, der sich seiner Sünden bewusst ist, von Gott her als *iustitia passiva* zugesprochen wird.

3.8.3 Relationale Theologie und Anthropologie

Der christliche Glaube fordert vom Menschen die grundsätzliche Entscheidung, ob er sich auf seine eigenen Vermögen verlassen will oder allein auf die Barmherzigkeit Gottes. Letzteres ist das Wesen des Glaubens. Wer glaubt, setzt nicht auf eigenes Vermögen, nicht auf die Werke des Gesetzes, sondern gibt allein Gott die Ehre, so Luther 1531 zu Gal 3,6: „Gott die Ehre geben, heißt ihm glauben, heißt ihn ansehen als wahrhaftig, weise, gerecht, barmherzig und allmächtig."[510] Luther will Gottes Eigenschaften nicht als abstrakte metaphysische Prädikate verstanden wissen; sie erwachsen vielmehr aus dem existenziellen Vollzug eines Glaubens, der seine Hoffnung allein auf Gott setzt.

Außerhalt des Glaubensvollzuges lässt sich nach Luther überhaupt nicht sachgerecht von Gott reden. Jede metaphysische Spekulation verfehlte einen Gott, der „Wirklichkeit" ist nur in seiner Offenbarung und in deren gläubiger Annahme von Seiten des Menschen. In einer gewagten, an den mystischen Gedanken der Geburt Gottes im Menschen erinnernden Wendung kann Luther deshalb sagen, der Glaube sei „Schöpfer der Gottheit" im Menschen: „Der Glaube vollendet die Gottheit und ist, dass ich mich so

---

508 „Destruit iusticiae nostrae fiduciam, quod ultra omnia opera legis longe alia iusticia opus sit, nempe operibus dei et gratiae" (ebd., 492,3 f.).

509 „Ita clarum est, iusticiam Christianam et humanam esse prorsus non modo diversas, sed contrarias quoque" (ebd., 493,6–8).

510 „Tribuere autem Deo gloriam est credere ei, est reputare autem eum esse veracem, sapientem, iustum, misericordem, omnipotentem" (WA 40/1; 360,21–23). – Luther hat Gal 3,6 im *Kleinen Kommentar* von 1519 nur knapp kommentiert.

Theologiegeschichtliche Perspektiven

ausdrücke, Schöpfer der Gottheit, nicht im Wesen Gottes, sondern in uns. Denn ohne Glauben verliert Gott in uns seine Ehre, Weisheit, Gerechtigkeit, Wahrheit, Barmherzigkeit usw."[511]

Theologisch zu verantworten ist Luthers durchaus kühner Gedanke, dass der Glaube „Schöpfer der Gottheit" ist, nur dann, wenn das Wesen des Glaubens in der Beziehung zwischen Gott und Mensch gesehen wird, nicht aber von einem abstrakten Gegenstand her definiert ist. Dies bedeutet nicht, dass der Glaube an Gottes Gerechtigkeit und Barmherzigkeit eine bloße Einbildung ist. Das Vertrauen des Sünders auf die Gerechtigkeit Gottes und seine Barmherzigkeit wäre ja grundlos, wenn ihm nicht eine Wirklichkeit entspräche, die hinreichend mächtig ist, die Sünder zu retten.

Luther spricht hier ganz traditionell vom „Wesen Gottes". Aber: Von Gott wird sachgerecht nicht gesprochen, wenn von seiner Beziehung zum Menschen und von der Beziehung des Menschen zu Gott abstrahiert wird. Theologie wird ihrem Gegenstand nur dann gerecht, wenn sie sich innerhalb dieser Beziehung vollzieht.[512] Dies bedeutet freilich keine Auflösung der Wirklichkeit Gottes in die subjektive Vorstellung des Menschen. Denn es gilt auch umgekehrt: Der Glaube ist „nur dann und darin Glaube, dass Gott sich in ihm vergegenwärtigt".[513] Die Wirklichkeit Gottes erschöpft sich nicht in der Beziehung zum glaubenden Menschen; sie ist vielmehr deren begründendes Prinzip.

Nach Luther führen die Spekulationen der scholastischen Theologen über das Wesen und die Natur Gottes in die Irre. Denn sie verfehlen ihren eigentlichen Gegenstand: jenen Gott, der sich in Jesus Christus geoffenbart hat, um die Menschen zu retten. „Außerhalb Jesu Gott suchen ist der Teufel."[514] Deshalb verfehlt

---

511 „Fides [...] consummat divinitatem et, ut ita dicam, creatrix est divinitatis, non in substantia Dei, sed in nobis. Nam sine fide amittit Deus in nobis suam gloriam, sapientiam, iustitiam, veritatem, misericordiam etc." (ebd., 360,24–27).

512 Weil Luther ein „Wesen Gottes" keineswegs bestreitet, geht Dietrich Korsch wohl doch zu weit, wenn er feststellt: „Gott ist Gott eben dann und darin, dass er im Glauben gegenwärtig ist. Ohne diesen Endpunkt seines eigenen Seins ist er gar nicht Gott", (*Glaube und Rechtfertigung*, in: Luther-Handbuch, hg. von Albrecht Beutel, Tübingen 2005, 372–381, hier 378). Luther kennt eben beides: den Gott an sich und den Gott in Beziehung zum Menschen.

513 Korsch, ebd.

514 *Psalmenkommentar* [1532/33]: „Iam extra Iesum quaeres deum est diabolus" (WA 40/III; 337,11).

christliche Theologie ihren Gegenstand unweigerlich, wenn sie sich bei ihrer Begriffsbildung auf die Philosophie stützt. Denn die menschliche Vernunft, so Luther 1526 pointiert, „spielt Blindekuh mit Gott".[515] Allenfalls vermag sie nachzuvollziehen, *dass* Gott ist. *Was* er aber ist, das weiß der Mensch allein aus der Schrift. Nicht ein abstrakter, in Begriffen der Metaphysik gefasster „Gott an sich" ist deshalb die Sache der Theologie, sondern der lebendige Gott, wie er sich in der Schrift offenbart.

Die Schrift aber bezeugt die Offenbarung Gottes zum Heil der Menschen und vor allem den Christi Tod am Kreuz. Zu entfalten ist deshalb eine *theologia crucis* als Grund der Hoffnung auf Rechtfertigung. Die „Theololgie des Kreuzes" setzt Luther einer *theologia gloriae* entgegen, die sich philosophischer Begrifflichkeit bedient und in logischer Argumentation entfaltet. Die „Theologie der Herrlichkeit" legt sich Luther zufolge Gott so zurecht, wie sie ihn haben will. Die *theologia crucis* hingegen bringt Gott so zur Sprache, wie er sich in der Heiligen Schrift bekundet, d. h. als den Gott, der sich den Sündern zuwendet und sie zum Heil führen will.

Für Duns Scotus war Prinzip und Gegenstand der Theologie allein die Wirklichkeit Gottes; von ihr her suchte er einen Begriff zu gewinnen, der es ihm gestatte, die Wirklichkeit im Ganzen im Licht des christlichen Glaubens zu begreifen. Anders Luther: Als Gegenstand der Theologie lässt er allein den schuldigen und verlorenen Menschen auf der einen Seite und den rechtfertigenden und rettenden Gott auf der anderen Seite gelten: „Im eigentlichen Sinn ist der Gegenstand der Theologie der schuldige und verlorene Mensch sowie der rechtfertigende und erlösende Gott. Was

---

515 *Der Prophet Jona ausgelegt* [1526]: „Die Vernunft kann nicht die Gottheit recht austeilen noch recht zu eigen geben, dem sie allein gebührt. Sie weiß, dass Gott ist. Aber wer oder welcher es sei, der da recht Gott heißt, das weiß sie nicht. […] Also spielt auch die Vernunft Blindekuh mit Gott und tut eitel Fehlgriffe und schlägt immer nebenhin, dass sie das Gott heißt, das nicht Gott ist, und wiederum nicht Gott heißt, das Gott ist, welches sie nicht täte, wenn sie nicht wüsste, dass Gott wäre, oder wüsste eben, welches oder was Gott wäre. Darum plumpst sie so herein und gibt den Namen und göttliche Ehre und heißet Gott, was sie dünkt, dass Gott sei, und trifft also nimmermehr den rechten Gott, sondern allweg den Teufel oder ihren eigenen Dünkel, den der Teufel regiert. Darum ist es gar ein großer Unterschied, wissen, dass ein Gott ist, und wissen, was oder wer Gott ist. Das erste weiß die Natur und ist in allen Herzen geschrieben. Das andere lehrt allein der Heilige Geist" (WA 19; 206,31–33; 207,3–13).

außerhalb dieser Frage und dieses Gegenstands gefragt wird, das ist Irrtum und Eitelkeit in der Theologie."[516] Der Glaube an Gottes Barmherzigkeit gegenüber dem Sünder wird damit zum Prinzip der Gotteslehre ebenso wie der Anthropologie, die sachgerecht nur als *theologische* Anthropologie begriffen werden darf.[517]

Wie sich Gerechtigkeit und Barmherzigkeit in Gott selbst verhalten, interessiert Luther deshalb nicht. Eine solche Frage zählte zu der von ihm verworfenen *theologia gloriae*. Gerechtigkeit und Barmherzigkeit Gottes werden zum Gegenstand der Theologie ausschließlich in der Hinsicht, wie sich in ihnen das Verhältnis Gottes zum Sünder vollzieht. Und hier ist zu sagen: Wie Gott in seinem gerechten Zorn die Sünde verabscheut, so überlässt er doch den Sünder nicht der Verdammnis. In seiner Barmherzigkeit will er ihn vielmehr aus der Herrschaft der Sünde und des Teufels befreien. Der Sünder, der dies realisiert und im Bewusstsein seiner Verlorenheit nichts anderes erhofft als die barmherzige Zuwendung Gottes – der also *glaubt* –, der darf der rechtfertigenden Gnade Gottes gewiss sein.

In seinem existenziellen Ringen um die Frage, wie sich Gerechtigkeit und Barmherzigkeit Gottes zueinander verhalten, gelangt Luther letztendlich zu der für ihn tröstlichen Einsicht: Gott ist tatsächlich erzürnt über die Sünde, aber dieser Zorn ist die Gestalt, in der sich sein Erbarmen mit dem Sünder zeigt. Der Zorn Gottes, so Luther gegen Erasmus von Rotterdam, verbirgt nur seine Barmherzigkeit und seine rechtfertigende Gerechtigkeit.[518]

---

516 Vgl. *Enar. in Ps.* 51,2 [1532]: „[…] proprie sit subiectum theologiae homo reus perditus et deus iustificans vel salvator" (WA 40/II; 328,1 f.).

517 In seinem *Galaterkommentar* von 1531 hatte Luther polemisch, aber in der Sache ähnlich für die Theologie gefordert: „Wie mit Gott und Gott gegenüber zu handeln sei, lass fahren die Spekulation der Majestät. Und in der Aktion gegen Sünde und Tod lass Gott fahren; denn er ist hier unerträglich […] Lass ihn fahren und sage: Wir befinden uns schon in einer andern Sache, wir handeln nämlich von der Rechtfertigung und wie man den rechtfertigenden, [uns] annehmenden Gott findet": „Quomodo agendum cum deo et erga deum, lasse fahren maiestatis speculationem. Et in actione contra peccatum et mortem, las Gott faren, quia iste intolerabilis hic. […] las yhn faren et dic: nos iam versamur in alia caussa, disputamus scilicet de iustificatione et inveniendo deo iustificante, acceptante" (WA 40/I; 77,4–9). Eine Theologie, die von der Heilsfrage abstrahiert, verfehlt nicht nur ihren Gegenstand, sondern fördert die Verblendung des Menschen und den Unglauben.

518 *De servo arbitrio* [1525]: „Quod fides est rerum non apparentium [Hebr 11,1], Ut ergo fidei locus sit, opus est, ut omnia quae creduntur, abscon-

3.8 Martin Luther

Keinesfalls ist es so, als zeigte sich in der Menschwerdung Gottes Barmherzigkeit, im Gericht hingegen sein Zorn und seine strafende Gerechtigkeit.[519] Vielmehr offenbart sich Gott „unter dem Anschein des Gegenteils" *(sub contrario):* „So verbirgt er seine ewige Güte und Barmherzigkeit unter ewigem Zorn, Gerechtigkeit unter Ungerechtigkeit. Hier liegt die höchste Stufe des Glaubens vor: zu glauben, dass der gnädig ist, der so wenige rettet und so viele verdammt, zu glauben, dass der gerecht ist, der durch seinen eigenen Willen uns notwendig verdammenswert macht."[520] Gerade in ihrer Ambivalenz mutet die Heilige Schrift dem Christen zu, in allem, was Gott wirkt – sei es zum Guten oder zum Bösen –, seine Barmherzigkeit und seine Gerechtigkeit am Werke zu sehen. Diese Haltung ist jener von Gott geforderte Glaube, der nichts von sich selbst erwartet, sondern alles von Gott erhofft.

In der Auseinandersetzung mit Erasmus ist Luthers Bemühen erkennbar, hinsichtlich der Erkenntnis Gottes auch den nicht verleugnenden Widersprüchen in den biblischen Schriften gerecht zu werden. So scheinen manche Stellen in der Schrift den Schluss nahezulegen, als sei Gott ungerecht, wenn er die Gerechten nicht belohnt und den Gottlosen triumphieren lässt, „so dass du, wenn du das Urteil der menschlichen Vernunft ansiehst und ihm folgst, gezwungen wärst zu sagen: Entweder es gibt keinen Gott oder Gott ist ungerecht".[521] Die menschliche Vernunft aber verwickelt sich in

---

dantur. Non autem remotius absconduntur, quam sub contrario obiecto, sensu, experientia. Sic Deus dum vivificat, facit illud occidendo, dum iustificat, facit illud reos faciendo, dum in coelum vehit, facit id ad infernum ducendo. [...] Sic aeternam suam clementiam et misericordiam abscondit sub aeterna ira, iustitiam sub iniquitate." (WA 18; 633,7–15). – Luther hat 1537 *De servo arbitrio* zusammen mit dem Großen Katechismus rückblickend als seine wichtigste Schrift bezeichnet: Brief an Wolfang Capito vom 9. Juli 1537 (WA.BR 8,99 f.).

519 So etwa Bonaventura, *Brevil.* VII, 6–7.
520 *De servo arbitrio:* „Hic est fidei summus gradus, credere illum esse clementem, qui tam paucos salvat, tam multos damnat, credere iustum, qui sua voluntate nos necessario damnabilis facit, ut videatur [...] delectari cruciatibus miserorum et odio potius quam amore dignus. Si igitur possem ulla ratione comprehendere, quomodo is Deus sit misericors et iustus, qui tantam iram et iniquitatem ostendit, non esset opus fide, Nunc cum id comprehendi non potest, fit locus exercendae fidei, dum talia praedicantur et invulgantur, non aliter, quam dum Deus occidit, fides vitae in morte exercetur" (WA 18; 633,15–23).
521 *De servo arbitrio:* „Sic Deus administrat mundum istum corporalem in rebus externis, ut si rationis humanae iudicium spectes et sequaris, co-

ihrem Bemühen, Gott zu erfassen, unweigerlich in Widersprüche. Denn Gottes Wirklichkeit übersteigt alle menschliche Vernunft.

Statt an die aristotelische Begrifflichkeit verweist Luther die Theologie an die Heilige Schrift – und hier vor allem an das „Wort vom Kreuz". Im Kreuz zeigt sich, dass Gott als ein „verborgener Gott" *(deus obscurus)* wirkt. Seine Gedanken sind nicht die Gedanken der Menschen, und seine Wege nicht die der Menschen (vgl. Jes 55,8f.). Deshalb erscheint Gottes Wirken dem Menschen oft als ein „fremdes Werk" *(opus alienum)*. Doch gerade unter dem Anschein des Gegenteils, so Luther, wirkt Gott oft das, was seinem Ziel entspricht: die Rettung des Sünders und des Gottlosen vor der Verdammnis. Diese Rettung ist das „eigentliche Werk" *(opus proprium)* Gottes.[522] Es unter dem Anschein seines Gegenteils zu erkennen, dazu bedarf es des Glaubens an die Weisheit Gottes jenseits aller Weisheit der Menschen.

Luthers Lehre vom „deus absconditus" ist vielfach kritisiert worden.[523] In der Tat legt sein Anliegen, Gottes Souveränität über alles menschliche Vorstellen und Begreifen hinaus zu betonen, den Verdacht nahe, Gott sei ein Willkürgott. Bleibt Gottes Wesen hinter seinem Wirken verborgen, dann verfügt die menschliche Vernunft letzten Endes über keinerlei Maßstab mehr, das Wirken Gottes von dem des Teufels zu unterscheiden. Ihr bleibt nur die Hoffnung, dass sich in der Geschichte Gottes Willen durchsetzt – irgendwie und für den Menschen erst aus der Perspektive der ewigen Seligkeit einsehbar.

Die Sünde des Menschen sieht Luther im Kreuz Christi bloßgestellt. Denn hier zeigt sich, was die Sünde ihrem letzten Wesen nach ist: lebensverneinende Abwendung von demjenigen, der Spender allen Lebens ist. Gerade deshalb aber ist das Kreuz zugleich die unüberbietbare Offenbarung des göttlichen Erbarmens mit dem Sünder. Denn die Tötung des einzig sündelosen Menschen machte die Sünde in ihrer Verderbtheit offenbar und setzte sie auf eine für alle sichtbare Weise ins Unrecht. Die Auferweckung des Gekreuzigten hingegen zeigt der Welt, dass Gottes machtvolles Wirken der Sünde nicht den endgültigen Sieg überlässt.

---

garis dicere aut nullum esse Deum, aut iniquum esse Deum" (WA 18; 784,36–39).

522 Luther führt die Unterscheidung von *opus Dei proprium* und *opus Dei alienum* erstmals in seiner Erläuterung zu 16. Heidelberger Disputationsthese ein.

523 Vgl. Volker Leppin, *Deus absconditus und Deus revelatus. Transformationen mittelalterlicher Theologie in der Gotteslehre von „De servo arbitrio"*, in: BThZ 22 (2005) 55–69, bes. 55f.

Anders als Bonaventura deutet Luther den Philipperhymnus (Phil 2,6–11) nicht auf die Menschwerdung Christi hin, sondern auf seinen Tod am Kreuz. Im Kreuz Christi offenbart sich die Herrlichkeit Gottes in ihrer tiefsten Entäußerung. Dieses Geschehen ist paradox; es läuft jeder Logik der Welt zuwider.[524] Im Gekreuzigten offenbart sich die Wahrheit des verborgenen Gottes. Deshalb tritt angesichts des Gekreuzigten auch die Wirklichkeit der Sünde unverhüllt zutage.

Indem sich Gott im Kreuz unter die Gewalt der Sünde stellt, ist deren Macht freilich bereits gebrochen. Hier hat Luthers Wort vom „seligen Tausch"[525] und „fröhlichen Wechsel"[526] seinen theologischen Ort. Gott versöhnte in Christus die Welt mit sich selbst, so Luther in Anspielung auf 2 Kor 5,19, indem er deren Sünde auf sich nahm. Tausch und Wechsel erfolgen dadurch, dass Christus – gedacht als Bräutigam und darin vergleichbar dem Propheten Hosea (Hos 1–3) – den Sünder – „das arme, verachtete böse Hürlein" – zur Ehe nimmt und „sie von allem Übel entledigt, mit allen Gütern ziert. So ist es nicht möglich, dass die Sünden sie verdammen; denn sie liegen nun auf Christus und sind in ihm verschlungen. So hat sie eine so reiche Gerechtigkeit von ihrem Bräutigam, dass sie wieder gegen alle Sünden bestehen kann."[527]

Im „fröhlichen Wechsel" geschieht die Rechtfertigung des Sünders so, dass dem Menschen jene Gerechtigkeit „angerechnet" wird *(imputatur),* die Christus stellvertretend für ihn durch seinen Tod am Kreuz erwirkt hat. Die Gerechtigkeit Christi wird dem Sünder als „fremde Gerechtigkeit" *(iustitia aliena)* so zugeeignet, dass er vor Gott gerechtfertigt ist.[528] Auf diese Weise will Luther

---

524 Luther beruft sich hierzu gern und oft auf 1 Kor 1,18: „Denn das Wort vom Kreuz ist eine Torheit denen, die verloren werden; uns aber, die wir selig werden, ist's eine Gotteskraft."

525 Vgl. *Vorlesung über den Römerbrief* [1515/16], Scholien: „Suam iustitiam meam fecit et meum peccatum suum fecit" (WA 56; 204,18 f.).

526 *Von der Freiheit eines Christenmenschen* [1520] (WA 7; 25,34). – Vgl. dazu Schwager, *Der fröhliche Wechsel und Streit;* Beer, *Der fröhliche Wechsel und Streit.*

527 *Von der Freiheit eines Christenmenschen* (WA 7; 26,4–12).

528 Wiederholt wurde kritisiert, Luthers „Imputationslehre" laufe Gefahr, das Erlösungsgeschehen bloß äußerlich zu begreifen. Es komme zu keiner inneren Umgestaltung des Sünders. Dem treten die der Mystik entlehnten Bilder von der Gotteskindschaft und der Brautschaft entgegen. – Vgl. zur Interpretation der Imputationslehre Mark A. Seifrid, *Luther, Melanchthon and Paul on the question of imputation. Recommendations on a current debate,* in: Marc Husbands (Ed.), Justification: what's at stake at the current debates, Leicester 2004, 137–152.

sicherstellen, dass der Mensch rein gar nichts zu seinem Heil beisteuern kann.

Im Bild der mystischen Hochzeit Christi mit der Seele des Menschen sieht Luther jene Überwindung der Sünde angedeutet, die der Glauben bewirkt.[529] Dieser Glaube aber ist ausschließlich das Werk Gottes: „Glaube ist ein göttlich Werk in uns, das uns wandelt und neu gebiert aus Gott."[530] Das Bild von der Geburt des Menschen kann so ausgelegt werden, dass Gott in seinem Wort die Wirklichkeit des Menschen so sehr überformt, dass dieser fortan nicht mehr dem Herrschaftsbereich des Teufels, sondern dem Gottes angehört. Indem die Seele des Menschen vom Wort Gottes durchdrungen wird, wird sie in die Gemeinschaft mit Gott aufgenommen. Der Mensch ist im Glauben durch das Wort Gottes gerechtfertigt.

Infolgedessen „lebt der Gerechte nicht mehr sich selbst, sondern Christus in ihm, da durch den Glauben Christus in ihm Wohnung nimmt und die Gnade eingießt, woraus folgt, dass der Mensch nicht länger durch seinen eigenen, sondern durch den Geist Christi beherrscht wird".[531] In der Tradition paulinischer ebenso wie spätmittelalterlicher Mystik und der Devotio moderna betont Luther, dass Christus im einzelnen Menschen Gestalt gewinnen soll. Christus soll zur bestimmenden Wirklichkeit seiner Existenz werden. Auch in Luthers *Freiheitsschrift* von 1520 begegnet der Gedanke der „Gotteskindschaft": Wer Gott mit rechtem Glauben anhängt, der wird mit Gott so sehr eins, dass alle Tugenden wie Heiligkeit, Gerechtigkeit, Wahrhaftigkeit oder Güte auch zu seinen Tugenden werden. Eben darin besteht die wahre Gotteskindschaft.[532] Gottes Wirklichkeit will den Menschen so durchformen, dass dieser zu

---

529 Das von Bernhard von Clairvaux häufig gebrauchte Bild von der mystischen Hochzeit der Seele mit Christus (vgl. auch Mt 25,1–13; Joh 3,29) war in der *devotio moderna* des 15. Jahrhunderts sehr verbreitet; zu Bernhard vgl. Bernard J. Sermain, *Les noces de Cana. Invités à des noces spirituelles,* in: CCist 68 (2006) 64–69.

530 *Vorrede auf die Epistel S. Pauli an die Römer* [1522]: „Aber glawb ist eyn gotlich werck ynn uns, das vns wandelt vnd new gepirt aus Gott, Johan. 1 vnd todtet den allten Adam, macht vns gantz ander menschen von hertz, mut, synn, vnd allen krefften, vnnd bringt den heyligen geyst mit sich" (WA.DB 7, 10).

531 „Tum vivit iustus non ipse, sed Christus in eo, quia per fidem Christus inhabitat et influit gratiam, per quam fit, ut homo non suo sed Christi spiritu regatur" (*Kleiner Galaterkommentar* [1519]: WA 2; 502).

532 Vgl. *De libertate christiana* [1520], Abschnitt 11: WA 7; 25,5–25 (deutsche Version; die lateinische Version ebd., 53,34–54,20; beide Versionen

einer Erscheinung des heiligen, gerechten, guten und barmherzigen Gottes in der Welt wird.

Luthers Rechtfertigungslehre wendet sich gegen jede metaphysische Spekulation über den Menschen, die von dessen heilsgeschichtlicher Situation absieht. Sachgerecht spricht die Theologie vom Menschen nur dann, wenn sie ihn in der Beziehung zu Gott betrachtet. Denn der Mensch entspricht seiner Bestimmung allein im Glauben an den ihn rechtfertigenden Gott. Als Geschöpf Gottes ist der Mensch kein Wesen, das nach freiem Belieben glauben oder auch nicht glauben könnte. Er ist vielmehr dazu bestimmt, jenen Gott zu verehren, von dem her er sich verdankt und der allein imstande ist, ihn aus der Herrschaft der Sünde zu befreien. Der Mensch ist erst und nur dadurch Mensch, dass er an Gott glaubt und durch den Glauben gerechtfertigt ist, so Luthers Interpretation von Röm 3 in seiner *Disputatio de homine* von 1536.[533] Oder, wie er ein Jahr später in einer Zirkulardisputation schreibt: *„Fides facit personam."*[534]

Kein abstraktes Wesen und keine autonome Freiheit, sondern der Vollzug des Glaubens und das Geschehen der Rechtfertigung konstituieren den Menschen als ein Geschöpf vor Gott. Für die Heidelberger Disputation von 1518 hatte Luther die These vorgelegt: „Die Liebe Gottes findet ihr Liebenswertes nicht vor, sondern schafft es erst" (18. These).[535] Aus sich heraus kann der Mensch Gott nichts bieten, das ihn dazu veranlassen könnte, ihn zu lieben. Deshalb spricht die Theologie sachgerecht vom Menschen nicht, wenn sie ihn in ontologischen Kategorien beschreibt, sondern erst und nur dann, wenn sie ihn als ein vor dem Angesicht Gottes *(coram deo)* der Rechtfertigung bedürftiges Geschöpf begreift.[536]

---

sind textlich nicht identisch. – Vgl. auch Luthers Auslegung des Ersten Gebots im *Großen Katechismus:* BSLK 560–572).

533 Vgl. *Disputatio de homine* [1536], These 32: „Paulus Rom. 3. Arbitramur hominem iustificari fide absque operibus, breviter hominis definitionem colligit, dicens, Hominem iustificari fide" (WA 39/1; 176/LDStA I, 668). – Vgl. auch Luthers fünf Thesenreihen zu Röm 3,28 aus diesen Jahren [1535–37]: WA 39/I; 44–53, 82–86, 202–204 (LDStA II, 402–441).

534 Zirkulardisputation *De veste nuptiali* [1537] (WA 39/I; 283,18 f.).

535 „Amor dei non invenit, sed creat suum diligibile" (WA 1; 354,35).

536 Weil es in der Beziehung des Menschen stets um seine Rechtfertigung geht, steht er nach Gerhard Ebeling vor Gott in einer „Forum-Relation"; *Luther. Einführung in sein Denken,* 275.

3.8.4 Theologiegeschichtliche Erträge

Luthers Anthropologie und seine Theologie suchen der Natur des Glaubens als eines Beziehungsgeschehens gerecht zu werden. Obwohl er der Freiheit des Menschen nichts zutraut, was ihm zum Heil dienlich sein kann, bringt Luthers Anthropologie auf diese Weise einen wesentlichen Zug neuzeitlichen Denkens zur Geltung: Der Mensch kann nicht bloß als Substanz aufgefasst werden, als „ungeteilte Substanz einer vernunftbegabten Natur" etwa,[537] er muss vielmehr als ein Wesen begriffen werden, das sich wesentlich in Beziehungen versteht und vollzieht.

Zu Recht hat Ulrich Schönborn deshalb auf die Nähe zwischen Luthers Anthropologie und der von Emmanuel Levinas hingewiesen.[538] Beide bestimmen den Menschen wesentlich aus einer Relation heraus: Luther aus der Relation zu Gott, Levinas aus der Relation zum Anderen, dessen „Subjekt" (im Sinne des Unterworfen-Seins) der Mensch ist.

Obgleich sich Luther in vielfacher Weise scholastischer Terminologie bedient, weist seine Theologie doch weit über das Mittelalter hinaus und markiert so den Beginn der Neuzeit. Mittelalterlich erscheint der Gedanke, dass der Mensch nicht in sich selbst gründet, sondern ganz aus seiner Beziehung zu Gott lebt. Neuzeitlich hingegen erscheint Luthers Insistieren auf dem individuellen Glaubensvollzug. Dieser Gedanke deutet sich zwar bereits in den mystischen Bewegungen des 14. und 15. Jahrhunderts an, wird aber für Luthers Denken systembildend.

Duns Scotus hat das Ziel der Schöpfung darin erblickt, dass Gott „Mitliebende" will. Die Erschaffung der Welt zielte deshalb auf ein Geschöpf, das imstande ist, ihn frei anzuerkennen und zu lieben. Genau diese Möglichkeit bestreitet Luther. Im zufolge findet Gott in der Schöpfung nichts Liebenswertes vor; vielmehr muss er es sich erst selbst erschaffen. Ob damit dem Begriff der Freiheit hinreichend Genüge getan ist, bleibt fraglich – und zwar selbst dann, wenn daran festzuhalten ist, dass kein Mensch seine erbsündliche Verfassung aus eigenem Vermögen überwinden kann. Gleichwohl aber wird man nur schwer einen Begriff von Freiheit denken können, der menschlicher Freiheit nicht doch irgendwie die Fähigkeit

---

537 So die Person-Definition des Boethius im Kontext der Trinitätslehre: „persona est rationalis naturae individua substantia" (*Contra Eutychen et Nestorium* 3); vgl. auch Thoma von Aquin, *S. Th.* I, q. 29, a. 1, 1.

538 Vgl. Ulrich Schönborn, *Einfall des Anderen. Versuch, Grundgedanken Luthers und Lévinas' einander anzunähern*, in: Orient. 61 (1997) 51–55.

zugestehen muss, sich dem Wirken der Gnade zu öffnen – oder sich auch ihr zu verschließen.

Die katholische Theologie hat auf und nach dem Konzil von Trient daran festgehalten, dass sich die menschliche Freiheit der göttlichen Gnade aus eigenem Vermögen öffnen oder verschließen kann. 1567 hat das kirchliche Lehramt die Behauptung des Michel de Baius (1513–1589) verworfen, der freie Wille des Menschen sei aus eigenem Vermögen, d.h. ohne die Hilfe der Gnade außerstande, das Gute zu tun.[539]

Gegen das *simul iustus et peccator* der Reformatoren hat die katholische Kirche in den kontroverstheologischen Auseinandersetzungen des 16. Jahrhunderts, aber auch gegen Baius und Cornelius Jansen (1585–1638) darauf beharrt, dass der Mensch in das Geschehen seiner Rechtfertigung frei einstimmen muss[540] und dass er auch ohne die Hilfe der Gnade sittlich gute Werke tun kann. Damit hat sie gegen die Reformatoren auf dem Vermögen endlicher Freiheit bestanden, sich in ein Verhältnis zu Gott zu setzen. In der Zurückweisung des Jansenismus, der das Heil der Menschen auf jene beschränkt wissen wollte, die der göttlichen Gnade teilhaftig sind,[541] wird eine Hochschätzung der menschlichen Freiheit deutlich, deren Implikationen bis in den aktuellen

---

[539] Vgl. den in der Bulle *Ex omnibus afflictionibus* vom 1. Oktober 1567 durch Papst Pius V. verurteilten Satz von Baius: „Liberum arbitrium, sine gratia Dei adiutorio, nonnisi ad peccandum valet" (DzH 1927).

[540] Die katholische Theologie ist hier einen anderen Weg gegangen, indem sie darauf beharrte, dass der Mensch der ihm geschenkten Gnade auch im Geschehen der Rechtfertigung frei zustimmen muss. – Vgl. Konzil von Trient, *Dekret über die Rechtfertigung* [1547], Kap. 7: „[...] secundum propriam cuiusque dispositionem et cooperationem" (DzH 1529), und bes. Kan. 11: „Si quis dixerit, homines iustificari vel sola imputatione iustitiae Christi, vel sola peccatorum remissione, exclusa gratia et caritate, quae in cordibus eorum per Spiritum Sanctum diffundatur atque illis inhaereat, aut etiam gratiam qua iustificamur, esse tantum favorem Dei: an. s." (DzH 1561). Vgl. hierzu aber auch die im neueren ökumenischen Gespräch erzielten Klärungen: *Lehrverurteilungen – kirchentrennend? Rechtfertigung, Sakramente und Amt im Zeitalter der Reformation und heute,* hg. v. Karl Lehmann/Wolfhart Pannenberg, Freiburg – Göttingen 1988, bes. 53–59. Dass damit die ökumenische Diskussion über das Verhältnis von göttlichem und menschlichem Wirken keineswegs beendet ist, zeigen u.a. die Beiträge im Anschluss an die Unterzeichnung der *Gemeinsamen Erklärung zur Rechtfertigungslehre* (1999) durch Vertreter der römisch-katholischen und der evangelisch-lutherischen Kirche.

[541] Vgl. DzH 2005–2006; DzH 2304.

ökumenischen Dialog über den Begriff der Rechtfertigung hinein reichen.[542]

Indem die Theologie darauf bestand, dass sich der Mensch aus eigenem Vermögen in ein Verhältnis zur unendlichen Freiheit Gottes setzen kann, trug sie dazu bei, dass sich in der Neuzeit der Gedanke durchsetzte, dass im Vollzug sozialer Kommunkation freie Subjektivität als unhintergehbar gedacht werden muss. Die Frage nach dem Stellenwert humaner Subjektivität im Vollendungsgeschehen resultiert in gleichem Maße aus aus der protestantischen Hochschätzung des Individuums wie aus der katholischen Betonung des freien Willens auch in der Relation zu Gott.

3.9 Systematisch-theologische Erträge und Perspektiven

Welche Entwicklungslinien lassen sich im Rückblick auf die skizzierten theologischen Positionen erkennen, die für die Ausgangsfrage nach dem Verhältnis von Gerechtigkeit und Barmherzigkeit Gottes im Horizont der Hoffnung auf eine umfassende Versöhnung bedeutsam sind?

Nachdem die frühe Kirche in den ersten Jahrhunderten gegen Markion darauf bestanden hatte, dass sich der in der Bibel bezeugte Gott gegenüber den Menschen sowohl gerecht als auch barmherzig erweist, ohne das Verhältnis von Gerechtigkeit und Barmherzigkeit Gottes begrifflich näher zu bestimmen, führt beim späten Augustinus der Versuch einer theologischen Systematisierung zu einer Eingrenzung des göttlichen Heilswillens. Mit Hinweis auf die biblischen Schriften beharrt Augustinus gegen Origenes darauf, dass die endgültige Verwerfung des Sünders nicht nur als äußerste Möglichkeit angedroht ist, sondern in Wahrheit geschieht. Da Augustinus zufolge zugleich alles menschliche Handeln nicht anders als gnadenhaft gewirkt gedacht werden kann, bleibt nur die Prädestinationslehre als Ausweg: Gottes Gerechtigkeit erweist sich

---

542 Katholische und lutherische Theologie kommen darin überein, dass der Mensch eine Freiheit „gegenüber den Menschen und den Dingen der Welt besitzt". Seine Freiheit sei aber „keine Freiheit auf sein Heil hin" (*Gemeinsame Erklärung*, Nr. 19; vgl. dazu Luthers Schrift *Von der Freiheit eines Christenmenschen*, 1521). In Nr. 21 geht die *GE* sogar soweit zu erklären: „Lutheraner verneinen nicht, dass der Mensch das Wirken der Gnade ablehnen kann." Obwohl sich der Mensch „als Sünder aktiv Gott und seinem rettenden Handeln widersetzt", geschieht dies doch auf der Grundlage seiner – freilich verkehrten – Freiheit.

3.9 Erträge und Perspektiven

gerade darin, dass er diejenigen, die er nicht zum Heil bestimmt hat, auf ewig verwirft. Der begriffliche Rahmen für Verhältnisbestimmung von Gerechtigkeit und Barmherzigkeit Gottes ist bei Augustinus klar identifizierbar.

Anselm von Canterbury bestimmt das Verhältnis von Gerechtigkeit und Barmherzigkeit Gottes im Horizont seines Anliegens, eine rational nachvollziehbare Rekonstruktion des Erlösungsgeschehens vorzulegen. Dazu wird die „Rechtheit des Willens" *(rectitudo)* als regulative Idee vorgestellt, an der sich selbst das Handeln Gottes messen muss. Soll der sündige Mensch nicht der ewigen Verdammnis verfallen, muss Gott eine der Sünde angemessene Genugtuung geleistet werden. Auf der Grundlage dieses Axioms entfaltet Anselm seine Theorie der Menschwerdung und des Todes Jesu: Der ungeschuldete Tod des allein Sündelosen am Kreuz erscheint als ein Werk göttlicher Barmherzigkeit mit dem Sünder, der die notwendig zu erbringende Genuggtuung aus eigener Kraft nicht leisten kann. „Notwendig" ist die Alternative von Genugtuung oder Strafe deshalb, weil anders die von Gott etablierte Schöpfungsordnung unwiderruflich gestört bliebe.

Erscheint bei Anselm die Idee der Gerechtigkeit als abstrakter Rahmen einer begrifflichen Rekonstruktion des Erlösungsgeschehens, so gewinnt Abaelard durch den Verzicht darauf, das Erlösungsgeschehen in seiner Notwendigkeit begrifflich rekonstruieren zu wollen, die personale Dimension des Erlösungsgeschehens zurück. Sowohl die Theologie als auch die Soteriologie werden von Abaelard in Kategorien der Freiheit entfaltet. Deshalb wird auch das Verhältnis von Gerechtigkeit und Barmherzigkeit Gottes nicht als ein abstraktes Verhältnis rekonstruiert, sondern aus der Dynamik einer vollkommenen Liebe begriffen, die sich selbst investiert, um den Sünder für sich zu gewinnen.

Thomas von Aquin nähert sich dem Verhältnis von Gerechtigkeit und Barmherzigkeit in Gott selbst im Ausgang von der aristotelischen Tugendlehre. Diese wird freilich im Ausgang von der biblischen Offenbarung insofern erweitert, als Thomas die Barmherzigkeit als Wesensmerkmal Gottes zur Geltung bringt. Spannungsvoll bleibt das Verhältnis von Gerechtigkeit und Barmherzigkeit Gottes deshalb, weil Thomas beides als Wirkweisen Gottes in Bezug auf seine Schöpfung und zugleich als metaphysische Prädikate des göttlichen Wesens verstanden wissen will. Gerechtigkeit und Barmherzigkeit Gottes werden nicht als gleichrangig betrachtet: Die Kategorie der Gerechtigkeit bestimmt auch das unveränderliche Wesen Gottes selbst, die Kategorie der Barmherzigkeit nur seine Beziehung zur Schöpfung. Diese wird außerhalb der Gotteslehre im Rahmen der Christologie und der Gnadenlehre entfaltet und in einen heilsgeschichtlichen Rahmen hineingestellt.

Diese heilsgeschichtliche Perspektive prägt auch die Verhältnisbestimmung von Gerechtigkeit und Barmherzigkeit Gottes, die Bonaventura vornimmt. Während sich innerhalb der Geschichte – und hier besonders in Menschwerdung und Kreuz Christi – Gottes Barmherzigkeit gegenüber den sündigen Menschen vollzieht, ist das Ende der Geschichte durch Gottes richtende Gerechtigkeit bestimmt. Damit erscheint das Zueinander von Gerechtigkeit und Barmherzigkeit Gottes als zeitlich zerdehnt. Insgesamt betont Bonaventura den therapeutischen Aspekt der Barmherzigkeit: In seiner Menschwerdung wendet sich Gott in seinem ewigen Sohn dem Sünder zu, um ihn von seiner Schuld zu erlösen und so die Rückkehr der Schöpfung zu ihrem Ursprung wieder in Gang zu setzen.

Bei Johannes Duns Scotus findet die im Anschluss an Aristoteles und Avicenna konzipierte Metaphysik ein kritisches Korrektiv an der biblischen Offenbarung. Gottes Barmherzigkeit wird deshalb nicht mehr als Einschränkung seiner vollkommenen Gerechtigkeit begriffen. Denn Gott offenbart sich in der Geschichte nicht in erster Linie als Wahrheit und Sein, sondern als Freiheit und Liebe. Gottes Liebe sucht nicht nur ein Gegenüber in sich selbst, das sie lieben kann und das sie selbst zu lieben imstande ist. Sie ist auch das Prinzip des göttlichen Wirkens in Bezug auf seine Schöpfung. Die Menschwerdung Gottes will Duns Scotus deshalb nicht als ein Werk göttlicher Barmherzigkeit gegenüber dem Sünder verstanden wissen; sie ist vielmehr einbegriffen in jenes Geschehen, in dem sich der unendliche Gott als Liebe vollzieht.

Weil die Freiheit dem Menschen wesentlich zugehört, insofern er als ein freies Gegenüber zu Gott geschaffen ist, kann sie nach der Auffassung des Duns Scotus mit dem Tod nicht enden. In der vollendeten Gemeinschaft mit Gott vollzieht sie sich jedoch nicht als Wahlfreiheit, sondern im Sinne des augustinischen *non posse peccare:* Im Zustand der Seligkeit ist die Freiheit des Menschen durch die ihr begegnende Freiheit Gottes insoweit bestimmt, dass sie sich aus eigenem Vermögen nicht mehr von Gott abwenden kann.

Für Martin Luther schließlich ist allein die Hoffnung auf die Barmherzigkeit Gottes jener Grund, der den Menschen daran hindert, im Bewusstsein seiner Sünde nicht zu verzweifeln. Luther wendet sich gegen jede metaphysische Spekulation, die von der geschichtlichen Situation des Menschen als eines vor Gott sündigen

3.9 Erträge und Perspektiven

Wesens absieht. Die aus der Erfahrung existenzieller Verfallenheit resultierende Hoffnung darauf, dass sich Gott in seiner Barmherzigkeit dem Sünder rettend zuwendet, führt – auch vor dem Hintergrund der spätmittelalterlichen Mystik – dazu, dass weniger die Gemeinschaft der Glaubenden als vielmehr der Einzelne als Adressat göttlichen Heilswirkens wahrgenommen wird. Ihm gilt Gottes Barmherzigkeit, wohingegen sich seine Gerechtigkeit im Zorn über die Sünde vollzieht.

Indem Luther Gottes Souveränität und Allmacht im Erlösungsgeschehen hervorhebt, bestreitet er zugleich die Freiheit des Menschen in Bezug auf Gott. Insofern bleibt Luthers Anthropologie ambivalent: Der Betonung der Individualität des Menschen steht seine Kritik an der Idee einer freien Subjektivität entgegen.

Der Blick auf die verschiedenen Verhältnisbestimmungen von Gerechtigkeit und Barmherzigkeit Gottes in der Geschichte christlicher Theologie hat zwar die neuzeitliche Vermutung, dass im Versöhnungsgeschehen den Opfern von Unrecht und Gewalt womöglich eine konstitutive Rolle beizumessen ist, nicht bestätigen können. Allzu sehr werden in den verschiedenen soteriologischen und/oder eschatologischen Konzeptionen die Souveränität Gottes und seine Vergebungsmacht betont.

Zugleich aber tritt zunehmend das Gewicht hervor, dass der Wechselbeziehung von göttlicher und menschlicher Freiheit beigemessen wird. Am Ende des Mittelalters ist die Frage nach den Subjekten einer möglichen universalen Versöhnung zwar noch nicht gestellt, wohl aber theologisch unabweislich geworden – freilich ohne dass damit bereits das intersubjektive Moment im Vollendungsgeschehen oder die soziale Dimension der Versöhnung in den Blick gekommen wäre.

Um die aus theologischem Interesse gestellte Ausgangsfrage nach der Möglichkeit einer umfassenden Vergebung und Versöhnung angesichts der menschlichen Schuldgeschichte weiterzuverfolgen, wird deshalb im dritten Hauptteil das Gespräch mit solchen theologischen und vor allem philosophischen Konzeptionen geführt, die auf der freien Subjektivität des Menschen beharren und diese hinsichtlich ihrer Fehlbarkeit bedenken. Gerade von diesen Konzeptionen sind Hinweise darauf zu erwarten, wie die Hoffnung auf Vergebung und Versöhnung theologisch zu verantworten ist. Dazu wird zunächst eine philosophisch-theologische Ortsbestimmung der mit dem Übergang vom Mittelalter zur Neuzeit veränderten Fragestellung vorgenommen.

4 Gerechtigkeit und Barmherzigkeit in der Perspektive neuzeitlicher Philosophie

Die theologiegeschichtlichen Untersuchungen haben unterschiedliche Kategorien und Bezugsrahmen erkennen lassen, innerhalb deren das Verhältnis von Gerechtigkeit und Barmherzigkeit Gottes jeweils bestimmt wurde. Dabei birgt die spätmittelalterliche Metaphysik in sich bereits den Keim einer Philosophie der endlichen Freiheit, die sich von ihrem göttlichen Ursprung ablöst und ihren Geltungsgrund in sich selbst sucht. Innerhalb einer solchen Philosophie der endlichen Freiheit wird die Verfehlung des Menschen nicht mehr als *Sünde*, sondern als *Schuld* begriffen, als Selbstverfehlung endlicher Freiheit.

Indem in der Neuzeit die Autonomie endlicher Freiheit zunehmend ins Bewusstsein tritt, kommt es zu jener Fragestellung, welche diese Untersuchung motiviert und leitet: wie Gott im Jüngsten Gericht nicht nur den Tätern mit Barmherzigkeit begegnen, sondern auch den Opfern Gerechtigkeit widerfahren lassen kann. Denn diese Frage setzt nicht nur voraus, dass endliche Freiheit im Gegenüber zu Gott als für ihn selbst unhintergehbare Instanz anerkannt wird, sondern auch, dass das richtende und rettende Handeln Gottes am Maßstab einer Moral bemessen werden darf, die nicht bloß auf seiner freien Willkür beruht.

Die begriffsgeschichtlichen Voraussetzungen der Frage nach dem Verhältnis von Gerechtigkeit und Barmherzigkeit Gottes sind komplex. Leibniz entfaltet einen gehaltvoll bestimmten Begriff von Gerechtigkeit, der für Gott und Mensch in gleichem Sinne gilt. Kant betont, dass der Selbstvollzug von Freiheit unvertretbar ist. Zugleich wirft Kants Moralphilosophie die auch theologisch belangvolle Frage auf, wie sich der Mensch vom Bösen abkehren und dem Guten zuwenden kann. Der Neukantianer Cohen sieht in der Schuld des Menschen das Prinzip seiner sittlichen Individualität. In phänomenologischer Perspektive steht der Mensch nach Levinas unweigerlich in der Schuld des Anderen; gerade so aber wird die Frage nach der Möglichkeit von Gerechtigkeit unabweisbar. Möglichkeit und Notwendigkeit des Verzeihens werden von Jacques Derrida bedacht. Die dabei zutage tretenden Aporien nimmt Paul Ricœur zum Anlass, das spannungsvolle Zueinander von Liebe und Gerechtigkeit zu bedenken.

Wesentliche Schritte auf diesem Weg des Denkens werden im Folgenden nachgezeichnet. Wenn dabei weniger theologische als vielmehr philosophische Konzeptionen von Gerechtigkeit und Barmherzigkeit vorgestellt und diskutiert werden, so ist diese Akzentverschiebung aus einem doppelten Grunde gerechtfertigt. Zum einen liegt mit der Untersuchung von Gunther Wenz zur Geschichte der Versöhnungslehre in der evangelischen Theologie der Neuzeit eine umfassende Darstellung vor, die auch das Verhältnis von Gerechtigkeit und Barmherzigkeit Gottes berührt.[1] Zum anderen fordert das hermeneutische Interesse dieser Untersuchung eine nähere Betrachtung gerade solcher philosophischer Konzeptionen, die für eine theologische Verhältnisbestimmung von Gerechtigkeit und Barmherzigkeit Gottes von Belang sind.[2]

4.1 Universale Gerechtigkeit als „sapientia caritatis": Gottfried Wilhelm Leibniz

Die meisten Theologen der Spätscholastik vermochten grundlegende Einsichten und Anliegen der Theologie des Duns Scotus nicht zu bewahren – darunter die dynamische Realität der Gnade oder das Moment der Freiheit in der Beziehung des begnadeten Menschen zu Gott.[3] Nominalisten wie Wilhelm von Ockham oder Gabriel Biel betonten Gottes absolute Macht so sehr, dass jegliche Ordnung von Welt und Gesellschaft vorläufig und durch Gottes unberechenbaren Willen prinzipiell überholbar schien.

Demgegenüber setzte sich mit der Neuzeit die Überzeugung durch, dass der Begriff des sittlich Guten im Bezug auf Gott und den Menschen univok zu verstehen ist. Was sittlich geboten ist, hängt nicht vom jeweiligen Willen Gottes ab; es gilt vielmehr losgelöst davon.

Dieser Gedanke verbindet sich vor allem mit dem Namen des deutschen Universalgelehrten Gottfried Wilhelm Leibniz (1646–1716). Dieser ist der Überzeugung, dass das Ganze der Wirklichkeit die eine und universale Vernunft Gottes widerspiegelt.[4] Des-

---

1   Vgl. Gunther Wenz, *Geschichte der Versöhnungslehre in der evangelischen Theologie der Neuzeit* (MMHST 11), 2 Bde., München 1984–1986.
2   Vgl. hierzu Thomas Pröpper, *Zur theoretischen Verantwortung der Rede von Gott. Kritische Adaption neuzeitlicher Denkvorgaben*, in: Evangelium und freie Vernunft, 72–92, bes. 72–78.
3   Vgl. Werner Dettloff zusammenfassend über die Zeit zwischen Duns Scotus und Luther (*Das Gottesbild und die Rechtfertigung*, 208).
4   Die unterstellte Einheit von göttlicher und menschlicher Vernunft versuchte Leibniz im Begriff der *Möglichkeit* zu fassen: Die Existenz einer jeden Sache setzt deren Denkmöglichkeit voraus, und genau hierin

halb versucht er konsequent und systematisch, auf allen Gebieten der damaligen Wissenschaften die innere Logik der Schöpfung zu ergründen. Seine Schriften spiegeln das Bemühen wider, Moral und Jurisprudenz, Physik und Mathematik, Metaphysik und Theologie im Begriff einer alles umfassenden Vernunft miteinander zu verschränken. Damit dies gelingen kann, bedarf es auch eines Begriffs von Gerechtigkeit, der für Gott und Mensch im gleichen Sinne (univok) gilt.

4.1.1 Der universale Begriff der Gerechtigkeit

Leibniz' Bemühen, in allen Wirklichkeitsbereichen die eine und deshalb universale Vernunft zu ergründen, entspricht dem Bestreben der englischen Deisten, die universale Vernunft als jenes Fundament zur Geltung zu bringen, auf dem allein Wahrheit mit Gewissheit erkannt und so ein friedliches Zusammenleben der Völker, Religionen und Konfessionen ermöglicht werden kann.[5]

Dass ihr Anliegen die überlieferten Religionen und Konfessionen den Maßstäben menschlicher Vernunft unterwarf, sahen die Deisten durchaus. Da sich aber ihrer Überzeugung nach Gott als *Logos*, d.h. als reine Vernunft geoffenbart hatte, erblickten sie keinen prinzipiellen Widerspruch zwischen Glaube und Vernunft. Vielmehr waren sie der Überzeugung, dass die geschaffene Wirklichkeit von eben jener Vernunft durchdrungen sei, die ihren Ursprung in der kreativen Vernunft Gottes hat. An dieser einen und universalen Vernunft, so die Forderung der Deisten, hatten sich die jeweiligen Wahrheitsansprüche zu messen, die von Seiten der untereinander zerstrittenen Religionen und Konfessionen erhoben wurden.

Die hochmittelalterliche Theologie hatte das Verhältnis von Gott und Welt im Sinne der Teilhabe und der Analogie beschrieben: Die Strukturen der Welt *(lex naturalis)* partizipieren an der Vernunft Gottes *(lex aeterna)*. Kraft seiner natürlichen Vernunft *(lumen naturale)* ist der Mensch befähigt, die Logik der Gott und Welt umfassenden Wirklichkeit zu erfassen. Dabei betonte die mittelalterliche Analogielehre stets die je größere Unähnlichkeit der geschaffenen Welt im Bezug zu ihrem Schöpfer.

---

    stimmen Gott und Mensch überein. Dies gilt nach Leibniz für die Mathematik ebenso wie für das Recht und die Moral.
5   Vgl. den Überblick bei Christof Gestrich, Art. *„Deismus"*, in: TRE 8 (1981) 392–406.

Duns Scotus hatte die traditionelle Analogielehre dahin gehend modifiziert, dass er sowohl Begriffe wie den des *Seienden* oder auch den der *Freiheit* als selbstevident auffasste. Damit konnten sie im gleichen Sinne auf Gott und Welt Anwendung finden. An diese Konzeption knüpften die Deisten an, indem sie die Eigenschaften Gottes in univoken Begriffen zu fassen suchten.

In seinem 1713 erschienenen *Discourse of Free-Thinking* wandte sich der englische Deist Anthony Collins (1676–1729) explizit gegen die theologische Analogielehre: „Diese in der Schrift genannten Eigenschaften kommen also Gott (nach der Meinung vieler Theologen) nicht im eigentlichen und direkten Sinne zu, sondern nur im uneigentlichen oder, wie die Schulen sagen, analogen Sinne. Aber wenn die Schrift Gott Verstand, Weisheit, Wille, Güte, Heiligkeit, Gerechtigkeit und Wahrhaftigkeit beilegt, dann müssen diese Worte im strengen und eigentlichen Sinn, d.h. in ihrer gewöhnlichen Bedeutung verstanden werden." Den Grund hierfür erblickt Collins darin, dass Gott anderenfalls nicht erkennbar und kein Vorbild des sittlichen Strebens sein kann: „Wenn wir daher keinen sicheren und festen Begriff von der Güte, Gerechtigkeit und Wahrhaftigkeit Gottes hätten, so wäre es ein schlechthin unverständliches Wesen und die Religion, die in der Nachahmung Gottes besteht, wäre völlig verloren."[6]

Auch Leibniz vertritt die Auffassung, dass von Gottes Güte, Weisheit und Gerechtigkeit in einem univoken Sinne zu sprechen ist, soll seine Wirklichkeit überhaupt zur Sprache kommen können. 1690 schreibt Leibniz an den Landgrafen Ernst von Hessen-Rheinfels: „Wollte man behaupten […], die Gerechtigkeit Gottes sei eine andere als die der Menschen, dann wäre das geradeso, als ob man sagte, dass die Arithmetik oder die Geometrie im Himmel keine Geltung besäße."[7] Die Gerechtigkeit ist Teil der universalen

---

6 A. Collins, *A Discourse of Free-Thinking*, übers. u. hg. v. Günter Gawlick, Stuttgart – Bad Cannstadt 1965, 50. – Vgl. auch Th. Chubb: „Justice may be administered by a finite or be an infinite being, and it may be administered to a finite or to an infinite being, but still justice is the same in either" (*An Enquiry concerning Infinite Justice and Infinite Justification*, in: A Collection of Tracts on Various Subjects, London 173, 155, zitiert nach Kobusch, *Die Universalität des Heils*, 96).

7 „Car le dire […] que la justice de Dieu est autre que celle des hommes, c'est justement comme si on disoit, que l'Arithmétique ou la Géometrie des hommes est fausse dans le ciel. – La justice a des idées éternelles et inébranlables, et sa nature est de faire reussir le bien general autant qu'il est possible; si ce n'est pas là le dessein de Dieu, on ne peut pas dire qu'il

Vernunft, die in Gott gründet und die Welt durchwaltet. Für sie gibt es einen allgemeinen Begriff, die *notion commune de la justice*. Dieser Begriff gilt für Gott und Mensch im gleichen Sinne.

In einer zwischen 1698 und 1701 zusammen mit dem lutherischen Theologen Gerhard Wolter Molanus (1633–1722) verfassten Schrift erörtert Leibniz in Auseinandersetzung mit verschiedenen reformierten Theologen die Alternative, ob „nehmlich der Wille Gottes eigentlich das Recht mache oder ob es Gott deshalben wolle, weil es an sich guth und recht sey".[8] Die erste Position vertraten zu seiner Zeit reformierte Theologen wie Amandus Polanus von Polansdorf (1561–1610) oder der schottische Presbyterianer Samuel Rutherford (ca. 1600–1661).[9] Sie ist aber nach Molanus und Leibniz höchst missverständlich. Wenn nämlich lediglich das Prinzip gilt, dass der bloße Wille als Grund ausreicht *(stat pro ratione voluntas)*, dann ist dies zugleich der Wahlspruch eines Tyrannen. Er darf dem christlichen Gott nicht zugeschrieben werden; denn sonst kann „Gott kaum mehr vom Teufel" unterschieden werden.

Wer annimmt, Gott könne mit absolutem Recht Unschuldige verdammen, der hat nach Leibniz nicht nur eine falsche Vorstellung von der Güte und Gerechtigkeit Gottes; vielmehr verletzt er, wie es in den *Méditations sur la notion commune de la justice* heißt, „den Kern der Religion".[10] Hinge nämlich die göttliche Gerechtigkeit allein von einem unbestimmten Willen ab, dann höbe sie

---

soit juste selon mes définitions conformes aux notions communes: *justitia est charitas sapientis*, c'est-à-dire une charité, qui est conforme à la sagesse, et *charitas est benevolentia generalis;* de sorte que celuy qui est juste avance le bien des autres autant qu'il peut, sans blesser la sagesse; et puis que Dieu est juste, il faut dire qu'il a regard du bien de toutes le créatures raisonnables autant que le permet la perfection de l'Univers ou l'Harmonie universelle, qui est la suprême Loy du créateur" (Akad.-Ausg. A I-6, 108,1–11). – Vgl. Kobusch, *Analogie im Reich der Freiheit?*, 261.

8   *Unvorgreiffliches Bedencken über eine Schrifft genannt Kurtze Vorstellung ...*, abgedruckt in: *Textes inédits*, ed. Gaston Grua, Paris 1948, Bd. I, 428–447, hier 432 f.

9   In der reformierten Theologie des 17. Jahrhunderts wurde heftig um das Verhältnis zwischen dem freien Willen Gottes (Prädestination) und der Verpflichtung Gottes zur Bundestreue gegenüber den Erwählten (Prädestinierten) gestritten.

10 *Méditations sur la notion commune de la justice* (Ed. G. Mollat, Rechtsphilosophisches aus Leibnizens ungedruckten Schriften, Leipzig 1885, 41–70/auszugsweise dt. Übers. in: G. W. Leibniz, *Hauptschriften zur Grundlegung der Philosophie*, hg. v. E. Cassirer, Teil II [PhB 497], Hamburg 1996, 662–671, hier 663).

sich letztendlich selbst auf; sie verkäme zu reiner Willkür. Nur weil die Gerechtigkeit Gottes Willen bestimmt, kann der Mensch Gott vernünftigerweise loben, so Leibniz in den *Méditations*.[11]

Die *Méditations sur la notion commune de la justice* sind aus Gesprächen hervorgegangen, die Leibniz zwischen 1700 und 1705 mit Königin Charlotte Sophie von Preußen über den Begriff der Gerechtigkeit geführt hat. Leibniz verabschiedet sich darin von der traditionellen Auffassung, im Bereich des Moralischen bestehe eine Analogie der Begriffe. Gottes Gerechtigkeit und Güte sind ihrem begrifflichen Gehalt nach nicht anders zu bestimmen als die entsprechenden Eigenschaften und Verhaltensweisen der Menschen. Zwar seien Unterschiede zwischen der vollkommenen Gerechtigkeit Gottes und der unvollkommenen Gerechtigkeit der Menschen nicht zu leugnen, aber diese Unterschiede betreffen lediglich das Maß, nicht aber das Wesen der Gerechtigkeit. So verfügt etwa im Unterschied zu Gott kein Mensch über die vollkommene Kenntnis dessen, was zu einer vollkommenen gerechten Entscheidung zu wissen notwendig wäre. Und anders als Gott ist er nicht allmächtig, so dass kein Mensch eine gerechte Entscheidung tatsächlich auch durchsetzen könnte.[12]

Trotz dieser (quantitativen) Unterschiede ist die gehaltvolle (qualitative) Bestimmung des Begriffs in Bezug auf Gott und Mensch identisch. Von Gerechtigkeit und Barmherzigkeit kann deshalb in Bezug auf Gott und Mensch im gleichen Sinne gesprochen werden.

Was aber ist die gehaltvolle Bestimmung von Gerechtigkeit und Barmherzigkeit? Auch in dieser Frage geht Leibniz über die Tradition hinaus, indem er „Gerechtigkeit" als *caritas sapientis* begreift.

4.1.2 Gerechtigkeit als „caritas sapientis"

Die gehaltvolle Bestimmung des Gerechtigkeitsbegriffs ist deshalb unabdingbar, weil es ohne eine solche *raison formelle* unmöglich

---

11 *Méditations sur la notion commune de la justice:* „Car, pourquoi le louer, parce qu'il agit selon la justice, si la notion de la justice chez lui n'ajoute rien à celle de l'action? Et de dire *stat pro ratione voluntas*, ma volonté me tient lieu de raison, c'est proprement la devise d'un tyran" (Ed. Mollat, 41). – Die Heilige Schrift vermittle überdies keineswegs das Bild von einem göttlichen Tyrannen; sie künde vielmehr von einem gütigen Vater, der sich allen Vorwürfen gegenüber rechtfertige – wiederum ein Gedanke, der in der „Theodizee" breit entfaltet werden wird.

12 Vgl. *Méditations sur la notion commune de la justice* (Ed. Mollat, 59).

Philosophiegeschichtliche Perspektiven

wäre, verschiedene Dinge mit demselben Begriff zu bezeichnen.[13] Was also ist die *raison formelle* der Gerechtigkeit? Leibniz erblickt sie in der Bestimmung als *caritas sapientis*.[14] Damit ist eine positive Bestimmung vorgelegt, wonach Gerechtigkeit aus dem Zusammenklang von „Liebe" und „Weisheit" hervorgeht. Praktische und theoretische Vernunft sind die Quellen der Gerechtigkeit; diese vollzieht sich als eine affirmativ-solidarische Hinwendung zum Anderen, die durch Einsicht und Wissen geleitet ist. Leibniz zufolge muss die Weisheit die Liebe ordnen und lenken, damit diese gerecht wirken kann: *„Sapientia caritatem dirigere debet."*[15] Denn es wäre mit der Vollkommenheit Gottes unvereinbar, wenn Gott in durch keinerlei Einsicht (*sapientia, phronesis*/φρόνησις) qualifizierter Willkür entschiede, was als Recht und was als Unrecht zu gelten habe. Eine derartige Willkür verringerte das Maß des in der Schöpfung möglichen Guten, weil sie nicht die Gesamtheit der Umstände und Möglichkeiten einbezöge, die der Verwirklichung des jeweils Besten und Vollkommensten zugrunde liegen. Gott bliebe dann hinter dem Maß seiner eigenen Möglichkeiten zurück – was einen Selbstwiderspruch im Gottesbegriff bedeutete. Gott als einen Willkürgott zu denken, so Leibniz, würde „der Güthe und Weisheit Gottes schnurstracks zu wieder lauffen".[16]

In der Praefatio zu seinem *Codex Juris Gentium diplomaticus* von 1693 nimmt die Bestimmung der Gerechtigkeit als *caritas sapientis* breiten Raum ein. Leibniz unterscheidet hier *caritas* und *amor* voneinander: Während die Liebe als *caritas* der Habitus eines umfassenden Wohlwollens gegenüber einem Anderen ist *(benevolentia universalis)*, besteht Liebe als *amare* oder *diligere* darin, sich am Glück des Anderen zu freuen oder das Glück des Anderen zu seinem eigenen Glück werden zu lassen.[17] Als *benevolentia universalis*

---

13 *Méditations sur la notion commune de la justice:* „Autrement on aurait tort de vouloir attribuer sans équivoque le même attribut à l'un et à l'autre" (Ed. G. Mollat, 45).
14 In einem Brief an Herzog Johann Friedrich von Hannover vom Mai 1677 (Akad.-Ausg. I-2, 23) nennt Leibniz seine Begriffsbestimmung eine „Entdeckung". Offenbar erkennt er in ihr nicht bloß eine Verdeutlichung früherer Ansichten, sondern eine neue Sinngebung.
15 *Codex Juris Gentium diplomaticus* [1693], Praefatio (Ed. Erdmann 119).
16 *Unvorgreiffliches Bedenken …* (Ed. Grua, *Textes inédits* I, 432).
17 Vgl. *Codex Juris Gentium diplomaticus,* Praefatio: „Justitiam igitur, quae virtus est hujus affectus rectrix, quem *philanthropian* Graeci vocant, commodissime, ni fallor, definiemus Caritatem sapientis, hoc est sequentem sapientiae dictatae. Itaque quod Carneades dixisse fertur, justitiam esse

ist die *caritas* die Gestalt einer uneigennützigen Liebe *(amor non mercenarius);* als eine Art „amour desinteressé" schaut sie nicht auf den eigenen Vorteil, sondern ist allein auf das Wohl des Anderen bedacht. „Liebe ist ein allgemeines Wohlwollen von der Art, dass derjenige, welcher gerecht ist, nach Kräften das Wohl der Anderen befördert, ohne die Weisheit zu verletzen."[18]

In der Bestimmung der Gerechtigkeit als *caritas sapientis* verweist der Begriff der Weisheit *(sapientia)* auf die Regierungskunst, deren Ideal Platon in der *Politeia* beschreibt. Dabei geht es nicht um ein abstraktes Wissen, sondern um eine Gestalt der politischen Klugheit, die der Polis nützt. Wiederholt fasst Leibniz „Weisheit" als „Wissenschaft von der Glückseligkeit" *(scientia felicitatis).* Die Weisheit zielt auf das letzte Ziel des Menschen: seine Bestimmung zur Glückseligkeit. Diese wiederum ist dann gegeben, wenn der Mensch der Vernunft Gottes in dem höchsten ihm zugänglichen Maße gewahr wird.

Mit seiner Bestimmung der Gerechtigkeit als *caritas sapientis* knüpft Leibniz jedoch nicht nur an das platonische Ideal des weisen Herrschers an, sondern auch an die Systematik der *Nikomachischen Ethik.* Dort folgt dem Kapitel über die Gerechtigkeit (Kap. V) das Kapitel über die moralische Klugheit oder Besonnenheit *(phronesis;* Kap. VI). Für Aristoteles ist die *phronesis* „eine mit richtigem Logos verbundene, zur Grundhaltung verfestigte Fähigkeit des Handelns, und zwar im Bereich dessen, was für den Menschen wertvoll oder nicht wertvoll ist".[19] Als „Besonnenheit" ermöglicht die *phronesis* dem Menschen, die Ziele, die er sich gesteckt hat, auch zu verwirklichen: „Die Tugend sorgt für das richtige Ziel, die Phronesis für die Mittel dazu."[20] Auch im Vollzug der von Leibniz als *caritas sapientis* begriffenen Gerechtigkeit sind Liebe und Wohlwollen

---

summam stultitiam, quia alienis utitliatibus consuli jubeat, neglectis propriis ex ignorata ejus definitione natum est. Caritas est benevolentia universalis, & benevolentia amandi sive diligendi habitus; Amare autem sive diligere est felicitate alterius delectari, vel quod eodem redit, felicitatem alienam asciscere in suam. Unde difficilis nodus solvitur, magni etiam in Theologia momenti, quomodo amor non mercenarius detur, qui sit a spe metuque & omni utilitatis respectu separatus: scilitce quorum felicitas delectat, eorum felicitas nostram ingreditur, nam que delectant, per se expetuntur" (Ed. Erdmann 118 f.).

18 Brief an Landgraf Ernst von Hessen-Rheinfels (1690; Akad.-Ausg. A 1–6, 108).
19 *Nikom. Ethik* VI 5, 1140b 4–6.
20 *Nikom. Ethik* VI 13, 1144a 7–9.

gegenüber den Mitmenschen weder eigennützig noch blind gegenüber den jeweiligen Umständen.

Die gehaltvolle Bestimmung der Gerechtigkeit als *caritas sapientis* richtet sich nicht zuletzt gegen den englischen Staatstheoretiker Thomas Hobbes. Dieser hatte in seinem *Leviathan* (1651) die These vertreten, der Mensch sei von Natur aus allein auf seinen eigenen Vorteil bedacht. Um des allgemeinen Friedens willen bedürfe er deshalb einer despotischen Macht, die ihn regiere, um den Zustand des „Krieges aller gegen alle" zu beenden. Gegen den Grundsatz *auctoritas facit legem* erklärt Leibniz, Hobbes vertrete hier die schon von Platon in der *Politeia* abgelehnte Auffassung des Trasymachos, Recht sei das Recht des Stärkeren, weshalb „gerecht" das sei, „was den Mächtigsten zusagt oder gefällt".[21]

In seinen *Méditations sur la notion commune de la justice* betont Leibniz, dass die Welt nicht aus einem Akt göttlicher Willkür hervorgegangen ist. Vielmehr sind Gottes Allmacht und sein Wille zur Schöpfung durch seine Güte und Weisheit gehaltvoll bestimmt. Durch sie ist auch Gottes Gerechtigkeit qualifiziert, und zwar so, dass Gottes Gerechtigkeit in seiner Güte gründet. Diese wiederum findet ihr Maß in seiner Weisheit.[22]

Die als *caritas sapientis* bestimmte Gerechtigkeit erschöpft sich deshalb nicht in einer formalen *iustitia legalis*, sondern beinhaltet die Anerkennung des Anderen im Sinne eines „allgemeinen Wohlwollens" *(universalis benevolentia)*. Als „universales Wohlwollen" ist die Gerechtigkeit letztendlich auf das *vollkommene* Gute und Wahre bezogen, von woher sie ihr Maß und ihre Bestimmtheit gewinnt.

Was gerecht ist, beruht deshalb nicht allein auf einem Willensentscheid Gottes; es geht vielmehr aus der Natur der Dinge hervor, wie sie im göttlichen Geist als Ideen und ewige Wahrheiten *(veritates aeternae)* vorliegen. Die Gerechtigkeit hat insofern ihren Grund „nicht nur im göttlichen Willen, sondern auch im Intellekt, und

---

21 „Ein berühmter englischer Philosoph namens Hobbes, der sich durch seine paradoxen Sätze bekannt gemacht hat, hat fast dasselbe behaupten wollen wie Trasymachos. Denn nach ihm soll Gott das Recht haben, alles zu tun, weil er allmächtig ist [...]. Wäre diese These wahr, so wären alle Gerichte, alle Mächtigen der Welt aufgrund ihrer Macht im Recht. Aber die Welt entstand nicht allein aus der Allmacht Gottes" (Ed. Cassirer, 664).

22 Vgl. *Méditations sur la notion commune de la justice* (Ed. Mollat, 63).

nicht nur in der Macht Gottes, sondern auch in der Weisheit".[23] Sie ist kein Ausfluss göttlicher Willkür, sondern geleitet durch die Weisheit Gottes. Weil diese der Schöpfung als inneres Moment zugrunde liegt, ist sie dem Erkennen des Menschen grundsätzlich erschlossen, wenn er sich den Strukturen und Gesetzen der Wirklichkeit zuwendet.

Begriffe wie *caritas* oder *sapientia* sind nach Leibniz einfache Begriffe *(termini simplices)*; wie „Seiendes" oder „Notwendigkeit" können sie nicht auf allgemeinere Begriffe zurückgeführt werden. Als solche sind sie Fortbestimmungen des Begriffes Gottes. Sie bezeichnen Attribute seines vollkommenen Wesens.

In einer Diskussion, die Leibniz im März 1698 mit dem Mathematiker und Naturwissenschaftler Gabriel Wagner führte, formuliert er kurz und bündig: *„Justitia est caritas sapientis. Haec sequitur ex natura Dei."*[24]

4.1.3 Gerechtigkeit Gottes und Theodizeefrage

Auch in seinen 1710 veröffentlichten *Essais de Théodicée* sieht Leibniz die Gerechtigkeit als aus dem Zusammenklang von Gottes Güte und Weisheit hervorgehen.[25] Wenngleich die Gerechtigkeit keine ursprüngliche Vollkommenheit Gottes ist – dies gilt nur für seine Weisheit und Liebe –, so ist sie doch eine Wesenseigenschaft Gottes: „La justice est luy essentielle."[26] Gott erweist sich als *deus iustus*, indem er die allgemeine Ordnung der Schöpfung erhält, am Ende des Weltlaufes rechtschaffenes Handeln belohnt und kein Verbrechen ungestraft lässt. Die Menschen entsprechen ihm und ihrer eigenen Bestimmung, wenn sie Gott verehren und ihr Leben nach seinem Willen ausrichten. Indem sie ihren Mitmenschen in Liebe begegnen, beantworten sie die Liebe, die ihnen Gott erwie-

---

23 „Alia ergo sublimiora et meliora iuris principia quaerenda sund, non tantum in voluntate divina, sed et in intellectu, nec tantum in potentia Dei, sed et in sapientia. Et iustitiam constituit, non voluntas, seu benevolentia sapientis" (*Observationes de Principio Iuris*, § IX: Ed. Dutens IV/3, 272).
24 Diskussion mit Gabriel Wagner im März 1698 (Ed. Gaston Grua, *Textes inédits*, Paris 1948, Bd. I, 389 f., 392 f.); erstmals im Fragment *De iustitia* (1667). – Zum Begriff der „universalen Gerechtigkeit" bei Leibniz vgl. Hans-Peter Schneider, *Justitia universalis. Quellenstudien zur Geschichte des „christlichen Naturrechts" bei Gottfried Wilhelm Leibniz* (JurAbh 7), Frankfurt/M., Klostermann, 1967, bes. 468–483, vgl. auch 380–395.
25 *Théodicée*, Nr. 179 (Gerh. VI, 221).
26 *Théodicée*, Nr. 266 (Gerh. VI, 275).

sen hat: „La charité envers le prochain n'est qu'une suite de l'amour de Dieu."[27] Dabei bedarf der Mensch keiner vollkommenen, Gott allein vorbehaltenen Einsicht in die Vernunft der Wirklichkeit, um gut und gerecht handeln zu können. Es genügt, wenn er sich im Rahmen seiner Möglichkeiten daran orientiert, was er von der Welt und Gott begriffen hat.

Die Notwendigkeit einer Rechtfertigung Gottes angesichts der Übel in der Welt resultiert wesentlich aus der Annahme, dass die Begriffe des Guten, Wahren und Gerechten in Bezug auf Gott und Mensch univok gelten. Hatte Leibniz in seinen frühen Schriften die Auffassung vertreten, in Bezug auf Gott könne der Mensch für sich keinerlei Rechte geltend machen, so ändert sich diese Haltung nach 1677. Fortan vertritt Leibniz den Begriff einer universalen Gerechtigkeit, die Gott und Mensch gleichermaßen umfasst. In seinen späteren Schriften kann er deshalb das Verhältnis zwischen Gott und Mensch als ein Rechtsverhältnis begreifen, das in einem univoken Begriff von Gerechtigkeit gründet.

„Le droit universel est le même pour Dieu et pour les hommes" – so Leibniz auch im Vorwort zu seinen *Essais de Théodicée*.[28] In ihrer „absoluten Vollkommenheit" sind Gerechtigkeit, Weisheit und Güte Gottes von den Tugenden der Menschen nicht dem Gehalt nach, sondern nur graduell unterschieden[29] – dies ist der Kern der Lehre von der *iustitia universalis*. An ihr ist fortan auch Gottes Handeln zu messen.

Zwar rechnet Leibniz in der *Theodizee* nicht ernsthaft mit der Möglichkeit einer Verurteilung Gottes angesichts des Übels in der Welt. Zu sicher ist er sich der vollkommenen Gerechtigkeit Gottes, seiner Weisheit und Güte, als dass er die Inanspruchnahme des Rechts, Gott für ein scheinbar ungerechtes Urteil zur Verantwortung zu ziehen, ernsthaft in Erwägung zöge. Wäre es ihm möglich, die universale Weltordnung zu erkennen, dann würde der Mensch feststellen, dass es nicht möglich ist, irgendetwas daran zu verbessern. Diese Einsicht steht jedoch erst am Ende aller theologischen Reflexionen. Dass diese überhaupt möglich und legitim sind, beruht auf der Univozität des Gerechtigkeitsbegriffs. Erst diese Univozität lässt die Möglichkeit eines Rechtsstreits zwischen Gott und Mensch überhaupt denkbar werden.

---

27   Ed. Grua, *Textes inédits* I, 108.
28   *Essais de Théodicée*, Vorw., Nr. 35 (Philosophische Schriften, Ed. Carl Immanuel Gerhardt, Berlin 1885, VI, 70).
29   *Théodicée*, Vorw., Nr. 4 (Gerh. VI, 51).

Angesichts des Übels in der Welt führt auch in den *Essais de Théodicée* die hypothetische Unterstellung, Gott handle aus Willkür, zur Annahme eines univoken Begriffs von Gerechtigkeit *(iustitia universalis)*. Der Begriff des Übels selbst wäre entleert, wäre nicht im Voraus gehaltvoll bestimmt, was „gerecht" – und somit der Liebe und Weisheit Gottes entsprechend – zu nennen ist.

Unterschieden sind die Gerechtigkeit Gottes und die der Menschen lediglich dadurch, dass Gott in seiner Vollkommenheit immer schon die Gesamtheit aller Umstände erfasst, die seinem Urteil und seinen freien Entscheidungen zugrunde liegen, die Menschen hingegen stets nur zu einer begrenzten Einsicht in die Umstände ihrer Urteile und Entscheidungen gelangen können. Wenn deshalb die umfassende Gerechtigkeit Gottes den Menschen in ihrer jeweiligen Situation auch bisweilen verborgen bleibt, so unterstellt Leibniz doch, dass sich aus metaphysischer Perspektive jede scheinbare Ungerechtigkeit in eine umfassende Ordnung der Gerechtigkeit einfügt, die als solche nur dem allwissenden Gott erschlossen ist. Weil der als vollkommen gedachte Gott nicht anders als moralisch vollkommen handeln kann, ist die von ihm geschaffene Welt als die beste aller denkbaren Welten anzusehen.

Vermittelt durch sein schöpferisches Wirken ist der gute, weise und gerechte Gott der Grund der Weltordnung und ihrer Harmonie: „Dieu est tout ordre, il garde tousjours la justesse des proportions, il fait l'harmonie universelle et toute la beauté est un épanchement de ses rayons."[30] Im Vergleich mit der in der Welt waltenden Harmonie erscheinen die physischen oder moralischen Übel in ihr nicht als Bestreitungen der Güte Gottes, sondern als Mängel, deren Existenz die Harmonie des Ganzen und seine Schönheit allererst hervorbringt.[31]

Die Sicherung der moralischen Vollkommenheit Gottes, seine „Rechtfertigung" angesichts der Übel in der Welt gelingt, freilich nur um den Preis einer Bagatellisierung eben dieser Übel selbst – ein Preis, den etwa Voltaire zu zahlen sich angesichts von Naturkatastrophen und Kriegsgräueln weigerte.[32]

---

30   *Essais de Théodicée,* Vorw. (Gerh. VI, 27).
31   Der Gedanke entstammt neuplatonischer Tradition und begegnet u.a. bereits bei Augustinus; vgl. *Civ. Dei* XI, 18; XVII, 11; *De ord.* I, 18; *Enchir.* 3.
32   So vor allem in seinem *Candide, ou l'optimisme* [1758]. – Dessen ungeachtet hat Christian Wolff den Gedanken der Vollkommenheit Gottes

Freilich kann auch Voltaire erst vor dem Hintergrund eines univoken Begriffs von Gerechtigkeit darauf insistieren, dass ein Gott, der – mag er auch die „beste aller möglichen Welten" geschaffen haben – in dieser gleichwohl Unrecht und Leiden zulässt oder billigend in Kauf nimmt, nicht moralisch handelt. Denn selbst dann, wenn Gott eine Welt erschaffen hätte, in der für die größtmögliche Zahl an Individuen die größte Menge an Glück verwirklicht würde, erwiese sich diese Tat im Begriffsrahmen der Neuzeit gegenüber dem realen Leid des Einzelnen als zynisch; denn sie ordnete den Einzelnen einem ihm vorgeordneten Ziel unter. Dies aber käme in neuzeitlicher Perspektive dem Vorgehen totalitärer Regime gleich.

Frömmigkeitsgeschichtlich ist die sich im 17. und 18. Jahrhundert herausbildende Überzeugung von der Univozität des Sittlichen eine wesentliche Ursache für die Krise, in die der Glaube an die göttliche Vorsehung *(providentia)* in der Neuzeit geriet. Dem Vorsehungsglauben zufolge vollzieht sich der Lauf der Geschichte nicht nur als eine Verkettung menschlicher Freiheitsentscheidungen. Vielmehr ist Gott in der Welt wirksam, indem seine „Fügungen" die Geschichte im Ganzen wie das Leben des Einzelnen auf ihre Heilsbestimmung hin ausrichten.

Der Glaube an die göttliche Vorsehung erwies sich sowohl im Mittelalter als auch in der Reformationszeit als erstaunlich stabil. Er ließ sich auch durch Kriege, Krankheiten oder Naturkatastrophen nicht irritieren. Die Verwüstungen der Völkerwanderungen oder die Überfälle der Wikinger, aber auch der Verlust Jerusalems, der Fall Konstantinopels oder das Vorrücken der Türken auf Wien wurden als Vollzüge eines göttlichen Strafgerichtes interpretiert. Als in Europa die Pest wütete, reagierte man hierauf – sofern man sich nicht gegen die Juden wendete – mit Bußübungen und Geißlerzügen, nicht aber mit der Absage an einen gütigen und gerechten Gott.

Dass von Kriegen, Pestepidemien oder Naturkatastrophen regelmäßig auch unschuldige Menschen betroffen waren, erschütterte

und der Welt zur Grundlage seiner Metaphysik gemacht. Weil die Welt durch die eine universale Vernunft durchwaltet ist, lässt sie sich durch den menschlichen Geist widerspruchsfrei erklären. Ebenso sieht Wolff auch das Wesen Gottes der menschlichen Vernunft prinzipiell erschlossen. – Zum Verhältnis Wolffs zu Leibniz vgl. Jean École, *War Christian Wolff ein Leibnizianer?*, in: Robert Theis (Hg.), Die deutsche Aufklärung im Spiegel der neueren französischen Aufklärungsforschung (Aufklärung 10/1, 1998), Hamburg 1998, 29–46.

den Gottesglauben des mittelalterlichen Menschen nur selten. In der Lektüre des Hiob-Buches fand man das Modell des ergebenen Dulders, das in der jeweiligen Bedrängung Trost zu spenden vermochte. Im Übrigen unterstellte man dem Lauf der Welt einen göttlichen Plan, der – wenngleich im Augenblick für den Menschen verborgen – am Ende der Geschichte dem aktuell erfahrenen Leiden einen übergeordneten Sinn abzugewinnen versprach. Diese Vorstellung ist schon bei Augustinus greifbar; sie wirkt bis in die Versuche von Leibniz hinein, die Übel in der Welt aus einer übergeordneten Perspektive heraus zu begreifen – und so zu relativieren.

Im 18. Jahrhundert überzeugt dieser Erklärungsversuch nicht mehr. Das Erdbeben von Lissabon (1755), dessen Augenzeuge der junge Goethe war,[33] wurde als Infragestellung des Glaubens an einen guten und gerechten Gott verstanden. Denn inzwischen hatte sich ein Begriff des Guten und Gerechten etabliert, der Gott und Mensch gleichermaßen umfasst.

Das Neuartige und Beunruhigende am Erdbeben von Lissabon war keineswegs dessen Ausmaß. Die Pestkatastrophen des 14. Jahrhunderts, aber auch die Massaker im Verlauf des Dreißigjährigen Krieges (1618–1648) hatten weitaus mehr Opfer gefordert als das Erdbeben. Geändert hatte sich freilich die Weise, wie Menschen der Wirklichkeit begegneten. In der Neuzeit setzt sich ein Begriff des Moralischen durch, an dem auch das Handeln Gottes zu mes-

---

33 Vgl. *Dichtung und Wahrheit:* „Durch ein außerordentliches Weltereignis wurde jedoch die Gemütsruhe des Knaben zum ersten Mal im tiefsten erschüttert. Am ersten November 1755 ereignete sich das Erdbeben von Lissabon und verbreitete über die in Frieden und Ruhe schon eingewohnte Welt einen ungeheuren Schrecken. Eine große prächtige Residenz, zugleich Handels- und Hafenstadt, wird ungewarnt von dem furchtbarsten Unglück betroffen." Nachdem Goethe die Katastrophe detailreich geschildert hat, fährt er fort: „Hierauf ließen es die Gottesfürchtigen nicht an Betrachtungen, die Philosophen nicht an Trostgründen, an Strafpredigten die Geistlichkeit nicht fehlen. […] Der Knabe, der alles dieses wiederholt vernehmen musste, war nicht wenig betroffen. Gott, der Schöpfer und Erhalter Himmels und der Erden, den ihm die Erklärung des ersten Glaubensartikels so weise und gnädig vorstellte, hatte sich, indem er die Gerechten mit den Ungerechten gleichem Verderben preisgab, keineswegs väterlich bewiesen. […] Der folgende Sommer gab eine nähere Gelegenheit, den zornigen Gott, von dem das Alte Testament so viel überliefert, unmittelbar kennen zu lernen. Unversehens brach ein Hagelwetter herein […]" (1. Buch, S. 29 ff.).

sen ist. Nach den Reformationskriegen gilt als Ideal sittlichen Verhaltens nicht mehr der Gehorsam gegenüber kirchlichen Geboten, sondern eine humane Grundhaltung, die losgelöst von konfessionellen Bindungen begründet ist. Neuzeit und Aufklärung gelangen zu einem Begriff des Gerechten und Guten, der nicht *obwohl,* sondern gerade deshalb, *weil* er der humanen Vernunft entstammt, Kriterien selbst für das Handeln Gottes bereitstellt.

Am Ende dieser Entwicklung erscheint es geradezu unmoralisch, in Kriegen oder Naturkatastrophen das Wirken der göttlichen Vorsehung zu sehen. Voltaire wendet sich mit beißendem Spott gegen Leibniz und dessen Konzeption von der besten aller nur möglichen Welten.

Zwar hat Leibniz die Existenz des Bösen in der Welt keineswegs geleugnet.[34] Doch läuft seine Philosophie Gefahr, das Böse in ein metaphysisches System einzufügen und so begrifflich zu neutralisieren. In seinem *Poème sur le désastre de Lisbonne* (1756), das er nur einen Monat nach der Katastrophe vom 1. November 1755 verfasste, und besonders in seinem satirischen Roman *Candide, oder der Optimismus* (1758, erschienen 1759), der neben dem Erdbeben von Lissabon die Gräuel des gerade ausgebrochenen Siebenjährigen Krieges zwischen Österreich und Preußen (1756–1763) widerspiegelt, wendet sich Voltaire gegen jede metaphysische Verrechnung und Depotenzierung des Leidens in der Welt: Keine nachfolgende göttliche Gerechtigkeit kann einen Ausgleich für geschehenes Leiden schaffen.[35]

Damit ist dem Gedanken einer „göttlichen Pädagogik" jeder Boden entzogen. Konnten – vorneuzeitlich – Katastrophen als

---

34 Vgl. Richard A. Brooks, *Voltaire and Leibniz,* Genf 1964, 98: „In the context of Voltaire's career, however, Candide appears to be more of a refutation of the author's previous beliefs than it is of the philosophy of Leibniz. [...] The German philosopher was not so naive as to entertain the blind proposition of Pangloss that there was no evil in the world." – Vgl. zum Verhältnis Voltaires zu Leibniz auch: Walter Mönch, *Voltaire und Leibniz. Ihre Weltanschauung und soziale Wirklichkeit,* in: Peter Broekmeier/Roland Desné/Jürgen Voss (Hgg.), Voltaire und Deutschland. Quellen und Untersuchungen zur Rezeption der französischen Aufklärung, Stuttgart 1979, 153–165.

35 Quellen: Voltaire, François Marie Arouet de, *Candid oder die beste aller Welten* (Reclam Universalbibliothek), Stuttgart ²1990; Ders., *Candide ou l'optimisme* (Reclam Universalbibliothek), Stuttgart 1982; Voltaire, *Poème sur le désastre de Lisbonne* [1756]. Text im Internet verfügbar unter: http://hypo.ge-dip.etat-ge.ch/athena/voltaire/volt_lis.html (abgerufen am 19.02.2008).

Strafgerichte Gottes und als Zuchtmittel verstanden werden, so scheitert diese Deutung fortan am beharrlichen Zweifel daran, dass Ursache und Folge – menschliche Schuld und göttliche Strafe – in einem angemessenen Verhältnis zueinander stehen. Angesichts des Leidens in der Welt gerät der Vorsehungsglaube in den Verdacht, bestehendes Leid und Unrecht dadurch zu sanktionieren, dass er es in einen göttlichen Heilsplan einzufügen sucht.

In seiner Kritik an Leibniz' Versuch einer Rechtfertigung Gottes angesichts des Leidens in der Welt macht sich Voltaire zum Anwalt der unschuldig Leidenden.[36] Das humane Selbstbewusstsein, das diese Kritik ermöglicht, stellt nach Hans Blumenberg die Antwort des Menschen auf jene Zumutung dar, die ihm aus der nominalistischen Übersteigerung der Allmacht Gottes begegnete. Blumenberg zufolge erzwingt diese Übersteigerung die Selbstbehauptung des Menschen und legitimiert so die Neuzeit.[37]

Demgegenüber sieht Theo Kobusch die Kritik am nominalistischen Gottesbild in der spätmittelalterlichen Theologie selbst grundgelegt: „Die Neuzeit ist […] die massive Auflehnung gegen die nominalistische Zumutung, freilich nicht so sehr im Namen der sogenannten Selbstbehauptung des menschlichen Subjekts als vielmehr der Univozität des Moralischen, der Allgemeinverbindlichkeit des Ethischen und – nicht zuletzt – der Autonomie des Sittlichen."[38] In der Neuzeit entsteht ein Begriff des sittlich Guten, der für Gott und Mensch in gleichem Sinne gilt und an dem deshalb auch das Handeln Gottes bemessen werden kann.

In der Absicht, die Souveränität Gottes zu wahren und seine Freiheit als eine unbedingte Freiheit zu denken, waren spätmittelalterliche Theologen zu der Auffassung gelangt, die Unterscheidung von Gut und Böse beruhe allein auf dem Willen Gottes.

---

36 Vgl. zum Begriff der *Theodizee* auch die vielzitierte Begriffsbestimmung von Kant: „Unter einer Theodicee versteht man die Vertheidigung der höchsten Weisheit des Welturhebers gegen die Anklage, welche die Vernunft aus dem Zweckwidrigen in der Welt gegen jene erhebt. – Man nennt dieses, die Sache Gottes verfechten" (*Vom Misslingen ...* [1791], Akad.-Ausg. VIII, 255).

37 Hans Blumenberg, *Säkularisierung und Selbstbehauptung*, erw. und überarb. Neuausgabe von »Die Legitimität der Neuzeit«, Teil I und II, Frankfurt am Main 1974, 141–266.

38 Theo Kobusch, *Christliche Philosophie*, 14. Vgl. auch Ders., *Analogie im Reich der Freiheit?*, bes. 251–264.

Philosophiegeschichtliche Perspektiven

Hatte sich bei Thomas von Aquin[39] und mehr noch bei mittelalterlichen Aristotelikern wie Siger von Brabant (gest. 1284)[40] ein Begriff des Guten angedeutet, der kritisch selbst gegenüber der biblischen Offenbarung geltend gemacht werden kann, so war dies von den spätmittelalterlichen Nominalisten wieder bestritten worden. Nicht deshalb will Gott das Gute und Gerechte, weil es gut und gerecht ist, sondern umgekehrt: Weil Gott es will, deshalb ist etwas gut und gerecht.[41] Nur so meinten die Nominalisten die Souveränität Gottes wahren und jeden menschlichen Zugriff auf seine freie Offenbarung abwehren zu können. Ockham, aber auch Luther beharren darauf, dass „gut" nur das genannt werden kann, was durch Gottes Willen zu einem Guten erklärt wird. 1525 stellt Luther gegen Erasmus von Rotterdam kategorisch fest, Gott sei an keinen sittlichen Maßstab gebunden; vielmehr bestimme sein Wille allein darüber, was sittlich gut oder schlecht ist: „*Non enim quia sic debet vel debuit velle, ideo rectum est, quod vult, Sed contra, Quia ipse sic vult, ideo debet rectum esse quod fit.*"[42]

---

39   Zu Thomas von Aquin vgl. Kluxen, *Philosophische Ethik bei Thomas von Aquin*, bes. 85–101; Martin Rhonheimer, *Praktische Vernunft und Vernünftigkeit der Praxis. Handlungstheorie bei Thomas von Aquin in ihrer Entstehung aus dem Problemkontext der aristotelischen Ethik*, Berlin 1994; zum Streit um das Verhältnis des Thomas zu Aristoteles bes. im angelsächsischen Raum vgl. die Literaturhinweise bei Schockenhoff, *Grundlegung der Ethik*, 30, Anm. 16.

40   Zu Siger von Brabant vgl. Johannes J. Duin, *La doctrine de la providence dans les écrits de Siger de Brabant. Textes et étude* (PhMed 3), Louvain 1954; Tony Dodd, *The life and thought of Siger of Brabant, thirteenth-century Parisian philosopher. An examination of his views on the relationship of philosophy and theology* (Studies in the History of Philosophy), Lewiston 1998.

41   Vgl. M. McCord Adams, *The Structure of Ockhams Moral Theology*, in: FrS 46 (1986) 1–36; vgl. Dies., *William Ockham: Voluntarist or Naturalist?*, in: John F. Wippel (Hg.), Studies in Medieval Philosophy, Washington 1987, 219–247.

42   „Deus est, cuius voluntatis nulla est caussa nec ratio, quae illi ceu regula et mensura praescribatur, cum nihil sit illi aequale aut superius, sed ipsa est regula omnium. Se enim esset illi aliqua regula vel mensura, aut caussa aut ratio, iam nec Dei voluntas esse posset, Non enim quia sic debet vel debuit velle, ideo rectum est, quod vult, Sed contra, Quia ipse sic vult, ideo debet rectum esse quod fit. Creaturae voluntati caussa et ratio praescribitur, sed non Creatoris voluntati." („Gott ist der, dessen Wille keine Ursache noch Grund hat, die ihm als Richtschnur und Maß vorgeschrieben würden. Ihm ist nichts gleich oder überlegen; vielmehr ist er eben die Richtschnur für alles. Wenn es nämlich für ihn irgendeine Richtschnur oder ein Maß gäbe oder eine Ursache oder einen Grund, so

Die zwischen Luther und Erasmus kontroverse Frage nach dem Status des Guten und Gerechten in Bezug auf Gott ist in der Geschichte der Moralphilosophie als „Euthyphron-Dilemma" bekannt. Bereits in den Frühdialogen Platons begegnet das Problem, ob das „Fromme", d. h. das sittlich gebotene oder erlaubte Handeln des Menschen, deshalb fromm ist, weil die Götter es billigen, oder ob es deren Zustimmung findet, weil und insofern es als solches fromm ist.[43] Sokrates verteidigt Letzteres: Die Götter lieben den Frommen deshalb, weil dieser fromm ist; nicht aber ist der Fromme deshalb fromm, weil die Götter ihn liebten.[44] Die Frömmigkeit selbst ist der Grund dafür, dass jemand von den Göttern geliebt wird. Oder allgemein: Die Gottgefälligkeit einer Handlung gründet in ihrer sittlichen Qualität. Selbst das Handeln der Götter kann an Moral und Sittlichkeit bemessen und beurteilt werden.[45]

Von christlichen Theologen, aber auch von jüdischen und muslimischen Gelehrten[46] wurde das Problem der Zuordnung von Gottes Willen und sittlichem Gebot unter anderem an Gottes Befehl an Abraham problematisiert, auf dem Berg Morija seinen einzigen Sohn zu opfern.[47] Weder die Patristik noch die mittelalterliche Theologie verurteilten Gottes Gebot als Aufforderung zu einer sittlich verwerflichen Tat. Vielmehr sahen sie in ihr den legitimen

---

könnte es nicht mehr der Wille Gottes sein. Denn nicht daher, weil er es wollen muss oder musste, ist richtig, was er will. Sondern im Gegenteil: Weil er so will, daher muss richtig sein, was geschieht. Dem Willen des Geschöpfes wird Ursache und Grund vorgeschrieben, aber nicht dem Willen des Schöpfers"; Martin Luther, *De servo arbitrio* [1525]: WA 18; 712,32–38/StA 281/LDStA I 472 f.).

43 Vgl. Platon, *Euthyphron* 10d–e (Werke I, hg. v. Gunther Eigler, Darmstadt ²1990, 391–397).
44 *Euthyphron* 10a.
45 Mit Blick auf Judentum und Christentum hat Ernst Bloch darauf hingewiesen, dass ein Gott, der weniger als moralisch wäre, durch Moralität im Prinzip überholbar wäre – so der Hinweis von Thomas Pröpper im Gespräch mit Johann Baptist Metz: *Fragende und Gefragte zugleich,* in: Evangelium und freie Vernunft, 217 f.; vgl. auch *ebd.,* 274.
46 Vgl. Michael Krupp, *Den Sohn opfern? Die Isaak-Überlieferung bei Juden, Christen und Muslimen,* Gütersloh 1995; Lukas Kundert, *Die Opferung/Bindung Isaaks,* 2 Bde. (WMANT 78–79), Neukirchen-Vluyn 1998.
47 Vgl. Maximilian Forschner, *Über Frömmigkeit und Heiligkeit. Platons Dialog „Euthyphron" und die Diskussion des Themas im Mittelalter,* in: Berndt Hamm/Klaus Herbers/Heidrun Stein-Kecks (Hgg.), Sakralität zwischen Antike und Neuzeit, Stuttgart 2007, 15–22.

Versuch Gottes, Abrahams Glauben auf die Probe zu stellen.[48] Noch 1843 hat der evangelische Theologe Søren Kierkegaard in *Furcht und Zittern* mit Blick auf Gen 22 die sittliche Souveränität Gottes verteidigt. In der Gegenwart wird die damit berührte Frage unter dem Stichwort der *Divine-Command-Ethics* diskutiert.[49]

Am Ende des Mittelalters betonen die meisten Theologen die Unbedingtheit der Freiheit Gottes und seine Souveränität gegenüber allen sittlichen Maßstäben.[50] In der kirchlichen Praxis hat dies freilich eine Einengung der Ethik auf eine Gebotsethik zur Folge. Ausgehend vom Gedanken der unbedingten Freiheit Gottes bestimmen Ockham oder Holcot den Begriff des Guten allein auf der Grundlage dessen, was Gott für gut erklärt hat. Umgekehrt muss als Sünde das gelten, was Gott verboten hatte. Eine dem göttlichen Willen übergeordnete Instanz scheint den Nominalisten undenkbar.

In diesem Verstehensrahmen werden Sünde und Schuld als das verstanden, was dem geoffenbarten Willen Gottes widerspricht. Zugleich wird Sündenvergebung dort wirklich, wo der Priester dem Sünder im Namen der Kirche die sakramental vermittelte Vergebung zuspricht (dekretiert). Die soziale Dimension von Schuld und Sünde, Vergebung und Versöhnung spielt in diesem Rahmen nur insofern eine Rolle, als sie zum Gegenstand eines auferlegten Bußwerkes werden kann.

---

48   Vgl. Klaus Hedwig, *Das Isaak-Opfer. Über den Status des Naturgesetzes bei Thomas von Aquin, Duns Scotus und Ockham*, in: Mensch und Natur im Mittelalter, Bd. 2 (MM 21), hg. v. Albert Zimmermann/Andreas Speer, Berlin – New York 1991, 645–661; Isabelle Mandrella, *Das Isaak-Opfer. Historisch-systematische Untersuchung zu Rationalität und Wandelbarkeit des Naturrechts in der mittelalterlichen Lehre vom natürlichen Gesetz* (BGPhThMA.NF 62), Münster 2002.

49   Vgl. Heiko Schulz, *Der grausame Gott. Kierkegaards Furcht und Zittern und das Dilemma der Divine-Command-Ethics*, in: Essener Unikate 21/2003, 72–81. Eine Auslegung zu Gen 22 im Anschluss an Kierkegaard findet sich auch bei Jacques Derrida, *Den Tod geben* (*Donner la mort*, 1992), in: *Gewalt und Gerechtigkeit. Derrida – Benjamin*, hg. v. Anselm Haverkamp, Frankfurt am Main 1994, 331–445, hier 383–408.

50   Vgl. Erwin Iserloh, *Gnade und Eucharistie in der philosophischen Theologie des Wilhelm von Ockham. Ihre Bedeutung für die Ursachen der Reformation* (VIEG 8), Wiesbaden 1956, 67–77 (Ockham zur Souveränität Gottes); Klaus Bannach, *Die Lehre von der doppelten Macht Gottes bei Wilhelm von Ockham. Problemgeschichtliche Voraussetzungen und Bedeutung* (VIEG 75), Wiesbaden 1975, bes. 248–256 (zu Duns Scotus), 256–275 (zu Ockhams Auseinandersetzung mit Petrus Aureoli).

Kritisch zu einem als Willkür missverständlichen Begriff göttlicher Freiheit bemühte sich René Descartes zu Beginn der Neuzeit, Gottes Wahrhaftigkeit *(veracité divine)* als Bestimmungsgrund seiner Freiheit geltend zu machen. Gegenüber der nominalistischen Engführung des Freiheitsbegriffs besteht er in seinen *Meditationes* auf der Güte Gottes. Gott ist für Descartes nicht der *genius malignus*, der den Menschen über die angeblich reale Existenz einer Außenwelt täuscht. Nur dann, wenn Gott kein böser Dämon ist, der das Erkennen des Menschen in die Irre leitet, kann menschliche Erkenntnis Gewissheit erlangen.

In Descartes' Charakterisierung Gottes als *souverainement bon* klingt zwar noch die nominalistische Betonung der Allmacht nach, zugleich aber muss Gott sowohl gut als auch verlässlich gedacht werden. Denn ein betrügerischer Gott könnte die Ursache vielfältiger Täuschungen sein. Damit aber stünde die Gewissheit all unseres Erkennens auf dem Spiel. Nein: Gott ist gut, und weil er gut ist, betrügt er nicht. Auf diesem Fundament ruht die Gewissheit allen menschlichen Erkennens. Gottes Güte und Wahrhaftigkeit sind die notwendigen Bedingungen der Möglichkeit wahrer und gewisser Erkenntnis.

Für Descartes ergeben sich die Bestimmungen des göttlichen Wesens als „Wahrhaftigkeit" und „Güte" nicht aus einer Analytik der Freiheit. Sie werden vielmehr – ganz traditionell – aus einer Metaphysik der vollkommenen Substanz gewonnen. Erst bei Leibniz findet sich ein philosophischer Begriff der Freiheit: Diese wird von ihm als Kontingenz, Spontaneität und Intelligenz gefasst.[51] Damit weist Leibniz jenen formalen Begriff von Freiheit zurück, der diese als *Willkür* bestimmt. Freiheit ist vielmehr Bestimmtheit des Handelns; denn nur so kann Freiheit den Ansprüchen genügen, denen menschliches Handeln zu genügen hat.

Hier kündigt sich ein gehaltvoller Begriff von Freiheit an, der über Kant und Fichte bis hin zur Forderung unbedingter Anerkennung anderer Freiheit in der Philosophie von Hermann Krings führt. Auf seiner Grundlage ist es nicht zuletzt auch möglich, Kriterien für eine Verhältnisbestimmung von Gerechtigkeit und Barmherzigkeit Gottes zu gewinnen, die Tätern wie Opfern gerecht wird.

---

51 „[Die Freiheit besteht] in der Einsicht, die eine deutliche Erkenntnis des zu beschließenden Gegenstandes in sich fasst, in der Spontaneität, mit der wir uns entscheiden, und in der Zufälligkeit, d.h. dem Ausschluss logischer oder metaphysischer Notwendigkeit" (*Théodicée*, § 288).

4.1.4 Philosophiegeschichtliche Erträge

Der Blick auf Leibniz hat in Bezug auf die Frage nach dem Verhältnis von Gerechtigkeit und Barmherzigkeit Gottes ein Zweifaches hervortreten lassen: Zum einen setzt sich mit Leibniz die Einsicht durch, dass Moralität universale Geltung beanspruchen darf. Begriffe wie Gerechtigkeit oder Barmherzigkeit dürfen deshalb im Blick auf Gott und Mensch im univoken Sinne gebraucht werden. Wäre die Bedeutung solcher Begriffe im Blick auf Gott und Mensch nicht eindeutig, entfiele die Möglichkeit, von Gottes Eigenschaften und Wirkweisen in einer sinnvollen Weise zu sprechen.

Zugleich resultiert aus der Univozität der Begriffe die Möglichkeit, das Handeln Gottes mit dem Maßstab einer Moral zu beurteilen, die nicht bloß auf göttlicher Willkür beruht, sondern losgelöst vom göttlichen Willen Geltung beanspruchen darf. Konkret: Jedes Handeln Gottes, das beansprucht, als gerecht zu gelten, muss den Kategorien der *iustitia universalis* genügen.

Leibniz fasst den univoken Begriff der Gerechtigkeit als „Liebe des Weisen" *(caritas sapientis)* auf – und somit als Einheit von praktischer und theoretischer Vernunft. Indem er den so gewonnenen Begriff als Wohlwollen *(benevolentia)* fortbestimmt, gelangt er zu einem gehaltvollen Begriff von Gerechtigkeit, der diese nicht bloß als *iustitia legalis* fasst, sondern in einem emphatischen Sinne als affirmativ-solidarische Zuwendung, die unter Berücksichtigung aller gegebenen Umstände das Wohl des Anderen anzielt. Der so gewonnene emphatische Begriff von Gerechtigkeit kann eine große Nähe zur biblischen Tradition beanspruchen.

Dabei zeigt sich eine Spannung zwischen einem ethischen Verständnis von Gerechtigkeit und ihrem metaphysischen Verständnis. Voltaire bestreitet gegen Leibniz, dass ein spekulativer Begriff universaler Gerechtigkeit gegenüber der Autorität individuellen Leidens bestehen kann. In seinem Widerspruch gegen jede metaphysische Verrechnung realen Leidens zeichnet sich ein Insistieren auf der Würde des sittlichen Subjekts ab. Diese Würde kann fortan als unhintergehbares Prinzip einer Ordnung der Gerechtigkeit aufgefasst werden, an der sich Gottes Handeln ebenso wie das des Staates bewähren muss.[52]

---

[52] Zur Rolle des Individuums innerhalb der Staatsphilosophie der Aufklärung vgl. Siegfried König, *Zur Begründung der Menschenrechte: Hobbes – Locke – Kant,* Freiburg 1994. – Thomas Hobbes und John Locke sehen im Individuum das Prinzip des Staates und des öffentlichen Rechts: Hobbes deshalb, weil Individuen das natürliche Gegenüber des Staates

Seine philosophische Grundlegung hat das Insistieren auf der Würde des sittlichen Subjekts in der praktischen Philosophie Immanuel Kants erfahren. Kant sieht Moralität und Recht in der Autonomie des sittlichen Subjekts begründet. Aus dem Autonomiegedanken folgt auch die Unvertretbarkeit eines jeden sittlichen Individuums. Kants Analytik des sittlichen Handelns deckt aber auch grundlegende Aporien der praktischen Vernunft auf, welche die Rede von Gerechtigkeit und Gnade auch im philosophischen Rahmen legitimieren.

4.2 Gerechtigkeit und Gnade innerhalb der Grenzen bloßer Vernunft: Immanuel Kant

Galt für die traditionelle Metaphysik der Begriff des vollkommenen Seienden oder der unendlichen Substanz als Prinzip einer gehaltvollen Bestimmung von Gerechtigkeit, so wird deren Begründung und Bestimmung von Immanuel Kant (1724–1804) in das als autonom begriffene sittliche Subjekt zurückgenommen. Vom autonomen Subjekt her hat jede Reflexion über moralische Kategorien und somit auch über den Begriff der Gerechtigkeit auszugehen.

4.2.1 „Gerechtigkeit Gottes" im Rahmen der praktischen Philosophie

Anders als die ihm vorausgehende Philosophie sieht Kant die Ethik nicht in einer universalen Vernunft begründet, die ihren Ursprung in der Weisheit Gottes hat, sondern in der Selbstgesetzgebung (Autonomie) der sittlichen Vernunft. In dieser Perspektive resultiert das Moment der Universalität daraus, dass entsprechend den verschiedenen Formen des kategorischen Imperativs die sittlichen Maximen, die das Individuum für sein Handeln als bestimmend setzt, universalisierbar sein müssen.

Insofern Ethik ausschließlich in der Autonomie der sittlichen Vernunft gründet, gelten ihre Begriffe univok – und dies besonders auch dann, wenn sie in einem religionsphilosophischen Kontext gebraucht werden. Die von Platons *Euthyphron* her aufgegebene Frage, ob denn die Götter darüber bestimmten, was sittlich gut sei, oder ob die Götter am sittlich Guten zu messen seien, beant-

---

als eines Rechtsgebildes sind, Locke deshalb, weil er im Individuum das Prinzip einer ursprünglichen Vorgemeinschaft sah, die im Rahmen eines Staates rechtlich zu regeln ist.

wortet Kant in dem Sinne, dass er beides miteinander identifiziert. Der formale Begriff von Religion besteht für Kant darin, dass der Wille Gottes und seine Gebote mit dem allgemeinen Sittengesetz identifiziert werden. Die Instanz „Gott" tritt dabei als „moralischer Gesetzgeber" auf.[53] Das Sittengesetz wiederum erscheint als der Inbegriff aller Pflichten, insofern diese „als *(instar)* göttliche Gebote aufgefasst werden".[54] Zu Beginn seiner *Religionsschrift* (1793/94) fasst Kant „Religion" aus der Perspektive des sittlichen Subjekts als „Erkenntniß aller unserer Pflichten als göttlicher Gebote".[55] Religion besteht deshalb nicht zunächst in bestimmten Geboten „gegenüber" *(erga)* Gott. Sie ist vielmehr „derjenige Glaube, der das Wesentliche aller Verehrung Gottes in die Moralität des Menschen setzt".[56] Religion entsteht dadurch, dass sich die sich selbst verpflichtende sittliche Vernunft in einem „Schematismus der Analogie" den inneren Grund ihrer Verpflichtung zur Moralität außerhalb ihrer selbst vorstellt. Diesen Grund nennt die sittliche Vernunft „Gott".

Voraussetzung hierzu ist die Univozität der moralischen Kategorien. Denn der Schritt zur Vorstellung Gottes erfolgt *innerhalb* des moralischen Bewusstseins: Das sittliche Subjekt imaginiert seine Verantwortlichkeit als eine „vor einem von uns selbst unterschiedenen, aber uns doch innigst gegenwärtigen heiligen Wesen".[57] Die-

---

53 Vgl. Kants Vorstellungen im *Streit der Fakultäten, Anhang* zur Genese der Religion: „Aus der durch ihn nun begründeten Idee von einem Weltschöpfer aber ging endlich die praktische Idee hervor von einem allgemeinen moralischen Gesetzgeber für alle unsere Pflichten, als Urheber des uns inwohnenden moralischen Gesetzes. Diese Idee bietet dem Menschen eine ganz neue Welt dar. Er fühlt sich für ein anderes Reich geschaffen, als für das Reich der Sinne und des Verstandes, – nämlich für ein moralisches Reich, für ein Reich Gottes. Er erkennt nun seine Pflichten zugleich als göttliche Gebote, und es entsteht in ihm ein neues Erkenntniß, ein neues Gefühl, nämlich Religion" (A 124/Akad.-Ausg. VII 73 f.).

54 *MST,* A 181 (Akad.-Ausg. VI 487). – Demgegenüber beinhaltet der materiale Begriff von Religion die Pflichten des Menschen gegenüber Gott.

55 *RGV,* B 229 (Akad.-Ausg. VI 153).

56 *Streit der Fakultäten,* A 72 f. (Akad.-Ausg. VII 49).

57 Der formale Begriff von Religion beschreibt das Selbstverhältnis des Menschen, nicht etwa sein Verhältnis zu einer transzendenten Wirklichkeit. Der Mensch ist dazu aufgerufen, „heilig" – d.h. sittlich vollkommen – zu werden. Er ist dazu verpflichtet, „Religion zu haben", weil ihm die Religion die unbedingte Verpflichtung des sittlichen Gebotes vor Augen stellt und ihn zur Erfüllung seiner Pflichten drängt: „Nicht

ses Wesen, „*nach der Analogie* mit einem Gesetzgeber aller vernünftigen Weltwesen"⁵⁸, verkörpert jene Regel, nach der sittliches Tun und Glückseligkeit einander angemessen, „proportioniert" werden.

Der Gedanke der Proportioniertheit von Tugend – bzw. Moralität – und Glückseligkeit ist für Kants Ethik grundlegend. Die Proportioniertheit von Moralität und Glückseligkeit ist das „höchste Gut", auf das alles sittliche Streben zielt. Sie ist die positive Bestimmung dessen, woraufhin die Menschen als freie Wesen geschaffen sind.⁵⁹

Angesichts der vielfach erfahrenen Vergeblichkeit sittlichen Bemühens ergibt sich von diesem Ziel her die Idee Gottes als ein Postulat der praktischen Vernunft: Angesichts der Vergeblichkeit sittlichen Bemühens vermag nur ein als weise, gut und machtvoll postulierter Gott die Proportioniertheit von Moralität und Glückseligkeit als eine für das sittliche Bewusstsein real mögliche Einheit zu sichern.

Sieht Kant das „höchste Gut" in der Proportioniertheit von Moralität (bzw. Tugend) und Glückseligkeit gegeben, so bezeichnet ihm die „Idee Gottes" jene Instanz, die dem sittlichen Bewusstsein in seinem Gewissen als verpflichtender Gesetzgeber und zugleich als Richter begegnet. Die Gebote eines derart vorgestellten „heiligen Wesens" verpflichten ebenso unbedingt wie das Sittengesetz selbst. Oder genauer: Die Vorstellung der Pflichten als Gebote Gottes unterstreicht lediglich die Dringlichkeit der ohnehin gegebenen sittlichen Verpflichtung.⁶⁰

---

    der Inbegriff gewisser Lehren als göttlicher Offenbarungen (denn der heißt Theologie), sondern der aller unserer Pflichten überhaupt als göttlicher Gebote (und subjectiv der Maxime sie als solche zu befolgen) ist Religion. Religion unterscheidet sich nicht der Materie, d.i. dem Object, nach in irgend einem Stücke von der Moral, denn sie geht auf Pflichten überhaupt, sondern ihr Unterschied von dieser ist blos formal, d.i. eine Gesetzgebung der Vernunft, um der Moral durch die aus dieser selbst erzeugte Idee von Gott auf den menschlichen Willen zu Erfüllung aller seiner Pflichten Einfluß zu geben" (*Streit der Fakultäten* [1798], Anhang einer Erläuterung: A 44 f./Akad.-Ausg. VII 36).

58 *MST,* A 102 (Akad.-Ausg. VI 440).

59 Vgl. *MST,* Schlussanmerkung: A 183 (Akad.-Ausg. VI 488).

60 „Die Moral, so fern sie auf dem Begriffe des Menschen als eines freien, eben darum aber auch sich selbst durch seine Vernunft an unbedingte Gesetze bindenden Wesens, gegründet ist, bedarf weder der Idee eines andern Wesens über ihm, um seine Pflicht zu erkennen, noch einer andern Triebfeder als des Gesetzes selbst, um sie zu beobachten. […] sie bedarf also zum Behuf ihrer selbst […] keineswegs der Religion, sondern

Als richtende Instanz über das sittliche Bewusstsein bekundet sich Gott im Spruch des Gewissens. Als moralischer Imperativ und unbestechliches Urteil bringt dieses im sittlichen Bewusstsein des Menschen das universale Sittengesetz zur Geltung.[61] Das Gewissen beurteilt die Intentionen und Taten des Menschen am Maßstab des universalen Sittengesetzes. Kant spricht hier vom „Richterspruch des Gewissens". In seiner Allwissenheit, Unbestechlichkeit und Verbindlichkeit wird das Gewissen als *göttlicher* Richter vorgestellt.

Für Kant ist der Gedanke eines gerecht richtenden Gottes Ausdruck und Entfaltung der Erfahrung, dass sich der Mensch immer schon durch das Moralgesetz unbedingt beansprucht und im Gewissen angeklagt findet, wenn er ihm in seinem sittlichen Handeln nicht entspricht.

Anders als die theoretische Vernunft erlaubt es die praktische Vernunft, das Postulat Gottes gehaltvoll fortzubestimmen.[62] Hat doch die „Moraltheologie [...] den eigenthümlichen Vorzug vor der speculativen, daß sie unausbleiblich auf den Begriff eines *einigen, allervollkommensten* und *vernünftigen* Urwesens führt, worauf uns speculative Theologie nicht einmal aus objectiven Gründen *hinweiset,* geschweige uns davon überzeugen konnte".[63]

Die praktische Vernunft leistet für den Gottesgedanken das, woran die theoretische Vernunft gescheitert ist. In seiner *Religionsphilosophie* (1793/94) stellt Kant eine Reihe von Fortbestimmungen des Gottesgedankens vor. So sieht er die Idee Gottes aus dem dreifachen Verlangen der sittlich-praktischen Vernunft hervorgehen,

---

vermögen der reinen praktischen Vernunft, ist sie sich selbst genug." (*RGV*, Vorrede: BA III/Akad.-Ausg. VI 3).

61 Erst in der *Metaphysik der Sitten* (1. Aufl. 1797; 2. Aufl. 1798), möglicherweise aber schon in der *Kritik der Urteilskraft* (1790) findet sich ein gewisser Einfluss der Gerechtigkeitsidee auf die Idee des höchsten Gutes. Hier spricht Kant von einer Proportioniertheit zwischen Verbrechen und Strafe einerseits sowie von Tugend und Glück andererseits (*KdU*, B 438 f.). Die Anmessung wird hier allerdings so gefasst, dass sie in Gerechtigkeit und Güte als zwei voneinander unterschiedenen Eigenschaften Gottes gründet (B 414). Damit ist die Gerechtigkeit wiederum auf die Strafe beschränkt; die Belohnung hingegen beruht auf der Güte Gottes.

62 Zu Kants Kritik am Gottesgedanken der traditionellen Metaphysik vgl. u.a. Klaus Müller, *Gottesbeweiskritik und praktischer Vernunftglaube. Indizien für einen Subtext der Kantischen Theologien*, in: Georg Essen/Magnus Striet (Hg.), Kant und die Theologie, Darmstadt 2005, 129–161.

63 *KrV*, A 814 (Akad.-Ausg. B 842).

sich einen „allmächtigen Urheber" der sittlichen Verpflichtung vorzustellen, einen „gütigen Erhalter" der Welt und einen „gerechten Richter".[64] „Heilig" ist Gott als Grund und Ursprung der sittlichen Ordnung, „gütig" als deren Erhalter auch angesichts des Bösen in der Welt und „gerecht" angesichts der Differenz zwischen sittlichem Anspruch und sittlicher Praxis.[65] In den Attributen „Heiligkeit", „Gütigkeit" und „Gerechtigkeit Gottes" sieht Kant jene Eigenschaften benannt, die „alles in sich enthalten, wodurch Gott der Gegenstand der Religion wird".[66] „Diese drei Eigenschaften zusammen, deren eine sich keineswegs auf die andre, wie etwa die Gerechtigkeit auf Güte, und so das Ganze auf eine kleinere Zahl zurückführen läßt, machen den moralischen Begriff von Gott aus."[67] Obgleich Kant die genannten Eigenschaften Gottes als irreduzibel verstanden wissen will, kann er den so bestimmten mo-

---

64 „Diesem Bedürfnisse der praktischen Vernunft gemäß ist nun der allgemeine wahre Religionsglaube der Glaube an Gott 1) als den allmächtigen Schöpfer Himmels und der Erden, d.i. moralisch als heiligen Gesetzgeber, 2) an ihn, den Erhalter des menschlichen Geschlechts, als gütigen Regierer und moralischen Versorger desselben, 3) an ihn, den Verwalter seiner eignen heiligen Gesetze, d.i. als gerechten Richter. Dieser Glaube enthält eigentlich kein Geheimniß, weil er lediglich das moralische Verhalten Gottes zum menschlichen Geschlechte ausdrückt." Dieser Glaube an Gott als Schöpfer, Lenker und Vollender der Welt bietet sich nach Kant „aller menschlichen Vernunft von selbst dar und wird daher in der Religion der meisten gesitteten Völker angetroffen" (*RGV*, Allgem. Anm.: B 211/Akad.-Ausg. VI 139 f.).
65 „Erstlich die *Heiligkeit* desselben, als *Gesetzgebers* (Schöpfers), im Gegensatze zu dem moralisch Bösen in der Welt. Zweitens die *Gütigkeit* desselben, als *Regierers* (Erhalters), im Kontraste mit den zahllosen Übeln und Schmerzen der vernünftigen Weltwesen. Drittens die *Gerechtigkeit* desselben, als *Richters,* in Vergleichung mit dem Übelstande, den das Mißverhältnis zwischen der Straflosigkeit der Lasterhaften und ihren Verbrechen in der Welt sich zu zeigen scheint" (*Über das Misslingen*, A 198 f./Akad.-Ausg. VIII 257).
66 *KpV*, A 237 (Akad.-Ausg. V 128).
67 „Es läßt sich auch die Ordnung derselben nicht verändern (wie etwa die Gütigkeit zur obersten Bedingung der Weltschöpfung machen, der die Heiligkeit der Gesetzgebung untergeordnet sei), ohne der Religion Abbruch zu thun, welcher eben dieser moralische Begriff zum Grunde liegt. Unsre eigene reine (und zwar praktische) Vernunft bestimmt diese Rangordnung, indem, wenn sogar die Gesetzgebung sich nach der Güte bequemt, es keine Würde derselben und keinen festen Begriff von Pflichten mehr gibt" (*Misslingen …*, A 199 f. Anm./Akad.-Ausg. VIII 256).

ralischen Begriff von Gott als Quelle der Glückseligkeit und somit als Endzweck sittlichen Strebens auffassen.[68]

Auch das Verhältnis zwischen Gott und dem Menschen kann im Rahmen der praktischen Philosophie gehaltvoll bestimmt werden. Dieses Verhältnis muss als ein wechselseitiges, wenngleich nicht reziprokes Verhältnis gedacht werden: Gott verpflichtet in seinen sittlichen Geboten unbedingt; der Mensch stimmt in das ihn verpflichtende Sittengesetz ein und wählt es zur Maxime seines Handelns. „Gott lieben, heißt in dieser Bedeutung, seine Gebote *gerne thun*."[69] Eben dies ist die „Freude der Pflicht", über die Siggie Jepsen in der *Deutschstunde* von Siegfried Lenz einen Aufsatz schreiben soll. In der Schlussanmerkung der *Tugendlehre* in seiner *Metaphysik der Sitten* (1797) schlägt Kant eine begriffliche Brücke zur Theologie: „Man könnte sich (nach Menschenart) auch so ausdrücken: Gott hat vernünftige Wesen erschaffen, gleichsam aus dem Bedürfnisse etwas außer sich zu haben, was er lieben könne, oder auch von dem er geliebt werde."[70]

Kant ist sich dessen bewusst, dass der Mensch den Geboten des Sittengesetzes häufig nur ungern folgt. Indem er gegen sein Gewissen handelt, fordert er Gottes *Gerechtigkeit* heraus.[71] Der Urteilsspruch des Gewissens wird von Kant in erster Linie als *strafende* Gerechtigkeit gefasst. In der Schlussanmerkung der *Tugendlehre*[72] wird jegliche Form belohnender Gerechtigkeit abgelehnt. Kant begründet dies damit, dass der Mensch gegenüber dem Sittengesetz „lauter Pflichten und keine Rechte" hat. Deshalb wäre eine belohnende Gerechtigkeit im Verhältnis Gottes zu den Menschen ein Widerspruch.[73] Bleibt der Mensch hinter dem von ihm Gefor-

---

68   Vgl. *MST*, Schlussanmerkung: A 183 (Akad.-Ausg. VI 488).
69   *KpV*, Drittes Hauptstück: A 148 (Akad.-Ausg. V 83).
70   *MST*, Schlussanmerkung: A 184 (Akad.-Ausg. VI 488). Die Schlussanmerkung ist nur in der ersten Auflage der *MST* enthalten.
71   Vgl. *MST*, Schlussanmerkung: „Das Princip des Willens Gottes aber in Ansehung der schuldigen Achtung (Ehrfurcht), welche die Wirkungen der ersteren einschränkt, d.i. des göttlichen Rechts, kann kein anderes sein als das der Gerechtigkeit": A 183 f. (Akad.-Ausg. VI 488).
72   *MST*, A 183–188 (Akad.-Ausg. VI 488–491).
73   „Denn Belohnung *(praemium, remuneratio gratuita)* bezieht sich gar nicht auf Gerechtigkeit gegen Wesen, die lauter Pflichten und keine Rechte gegen das andere haben, sondern blos auf Liebe und Wohlthätigkeit *(benignitas);* – noch weniger kann ein Anspruch auf Lohn *(merces)* bei einem solchen Wesen stattfinden, und eine belohnende Gerechtigkeit *(iustitia brabeutica)* ist im Verhältniß Gottes gegen Menschen ein Widerspruch" (*MST*, Schlussanmerkung: A 184/Akad.-Ausg. VI 489).

derten zurück, dann entspricht es der Gerechtigkeit, ihn mit den negativen Folgen seines Handelns zu konfrontieren, nicht aber, das „höchste Gut", die Proportioniertheit von Moralität und Glückseligkeit, zu verwirklichen.

4.2.2 „Gerechtigkeit Gottes" im Rahmen der Religionsphilosophie

Wie aber kann der Mensch angesichts seines sittlichen Scheiterns an der Hoffnung festhalten, die Proportioniertheit von Tugend und Glückseligkeit zu erreichen? Theologisch gefragt: Wie kann der Sünder gleichwohl selig werden? Vor allem in seiner *Religionsschrift* (1793/94) versucht Kant dem Faktum Rechnung zu tragen, dass die sittlich-praktische Vernunft dem ihr begegnenden kategorischen Anspruch keineswegs immer entspricht, ja ihn meist sogar verfehlt.

Dass Kants Frage „Was darf ich hoffen?" auf die Religion zielt, ist Ausdruck dessen, dass seine Ethik zwar autonom begründet ist, hinsichtlich ihres Abschlusses aber offen bleibt für den Gedanken eines Unbedingten, das allein die Geltung des kategorischen Imperativs verbürgen kann. Nicht zuletzt diese Offenheit macht Kants Überlegungen anschlussfähig für die Theologie. Sie kann von ihnen her einen Begriff von „Gnade" entfalten, der auch im Rahmen ihrer Frage nach dem Verhältnis von Gerechtigkeit und Barmherzigkeit Gottes bedeutsam ist.

Kant geht es in seiner Religionsschrift wesentlich um eine begriffliche Rekonstruktion der christlichen Versöhnungslehre. Vor diesem Hintergrund wird „Sünde" als Verfehlung gegenüber der unbedingten Verpflichtung des Sittengesetzes verstanden. Sünde ist alles, was nicht aus dem „Geist des moralischen Gesetzes" geschieht.[74] Ihrem Gehalt nach ist „Sünde" nicht von „Schuld" unterschieden.

Nachdem im Rahmen der praktischen Philosophie der Spruch des Gewissens als unbedingt verpflichtend vorgestellt und von Gerechtigkeit deshalb nur im remunerativen Sinne die Rede war, ist es umso erstaunlicher, wenn Kant in seiner „Allgemeinen Anmer-

---

– Auch das „höchste Gut" ist dementsprechend nicht als vollendete *Gerechtigkeit* bestimmt, sondern als Proportioniertheit von Sittlichkeit und Glückseligkeit, Tun und Ergehen, Würdigkeit und Glück.

74 *RGV*, B 24 (Akad.-Ausg. VI 31). – Vgl. auch *RGV*, B 44: „[…] Sünde (worunter die Übertretung des moralischen Gesetzes als göttlichen Gebots verstanden wird)" (Akad.-Ausg. VI 42).

Philosophiegeschichtliche Perspektiven

kung" zum dritten Stück der Religionsschrift den Widerspruch von Gerechtigkeit und Barmherzigkeit dadurch aufzulösen versucht, dass er im Spruch des göttlichen Richters die *Liebe* walten sieht: „Wenn nun angenommen wird, dass alle Menschen zwar unter der Sündenschuld stehen, einigen von ihnen aber doch ein Verdienst zu Statten kommen könne: so findet der Ausspruch des Richters aus Liebe statt."[75] Wie ist das zu verstehen?

Gleich im ersten Teil seiner Religionsschrift hat Kant versucht, die christliche Lehre von der Erbsünde begrifflich zu rekonstruieren. „Erbsünde" besagt dabei den Sachverhalt, dass sich der Mensch frei dazu bestimmt hat, sein Handeln durch Maximen bestimmen zu lassen, die nicht das sittlich Gute zum Inhalt haben.[76] Dies wird durch Gott – bzw. das universal verpflichtende Sittengesetz – verurteilt.

Einem solchen „Verdammungsurtheil" kann der Mensch nur dadurch entgehen, dass ihm – theologisch gesprochen – der göttliche Richter mit Liebe begegnet, oder – philosophisch ausgedrückt – dass es innerhalb der praktischen Vernunft einen philosophischen Begriff von Gnade gibt.[77] Wie wird dieser gewonnen?

Auch in seiner Religionsphilosophie fasst Kant „Gerechtigkeit" als *strafende* Gerechtigkeit. Als solche kann sie aber nicht als Prinzip der Angemessenheit von Moralität und Glückseligkeit fungieren.[78] Hierin wirkt sich Kants Ansatz der praktischen

---

75 „… dessen Mangel nur ein Abweisungsurtheil nach sich ziehen, wovon aber das Verdammungsurtheil (indem der Mensch alsdann dem Richter aus Gerechtigkeit anheim fällt) die unausbleibliche Folge sein würde" (*RGV*, B 221/Akad.-Ausg. VI 145).

76 Zur begrifflichen Rekonstruktion der Erbsündenlehre bei Kant vgl. Helmut Hoping, *Freiheit im Widerspruch*, 260–270.

77 „Auf solche Weise können meiner Meinung nach die scheinbar einander widerstreitenden Sätze: »Der Sohn wird kommen, zu richten die Lebendigen und die Todten«, und andererseits: »Gott hat ihn nicht in die Welt gesandt, dass er die Welt richte, sondern dass sie durch ihn selig werde« (Ev. Joh. III,17), vereinigt werden und mit dem in Übereinstimmung stehen, wo gesagt wird: »Wer an den Sohn nicht glaubet, der ist schon gerichtet« (V. 18), nämlich durch denjenigen Geist, von dem es heißt: »Er wird die Welt richten um der Sünde und um der Gerechtigkeit willen«" (*RGV*, B 221f./Akad.-Ausg. VI 145). Das letzte Zitat spielt auf Joh 16,8–11 an.

78 „Die Gerechtigkeit ist bloß punitiva und nicht remunerativa. Gott bestraft aus Gerechtigkeit und belohnt nur mit Güte. […] Können wir wohl von der göttlichen Gerechtigkeit Belohnung erwarten? Nein, wir haben durch unsere guten Werke gar kein Recht darauf, sondern es ist

Philosophie beim „Faktum der Vernunft" und beim Spruch des Gewissens aus. Der „gerechte Richter", d.h. die dem Subjekt gegenübertretende und es unbedingt einfordernde Verpflichtung bekundet sich im Gewissen. Das Gewissen ist für Kant „das Bewußtsein eines *inneren Gerichtshofes* im Menschen (»vor welchem sich seine Gedanken einander verklagen oder entschuldigen«)".[79] Vor seinem Gewissen wird die innere Gesinnung des Menschen „vor einem moralischen Gerichtshofe, mithin auch von ihm selbst gerichtet".[80]

Im „Faktum der Vernunft" und im Spruch seines Gewissens erfährt die sittliche Vernunft die „Gerechtigkeit Gottes" stets als anklagend und verurteilend. Verdienstvolles Tun kann es ohnehin nicht geben; denn unter dem unbedingten Anspruch des Sittengesetzes kann es auf dem Feld der Moralität keinerlei Verdienste geben. Weil das Sittengesetz unbedingt verpflichtet, tut der Mensch nichts weiter als seine Pflicht, wenn er sich ihm vollkommen unterwirft und es zur bestimmenden Maxime seines Handelns macht. Dabei kann er „keinen Überschuß über das, was er jedesmal an sich zu tun schuldig ist, herausbringen; denn es ist jederzeit seine Pflicht, alles Gute zu tun, was in seinem Vermögen steht".[81] Der, „welcher bloß seine Schuldigkeit tut", kann „keinen Rechtsanspruch auf das Wohltun Gottes haben".[82]

Weil das Sittengesetz unbedingt verpflichtet, ist für Kant „ein gütiger Richter [...] in einer und derselben Person ein Widerspruch".[83] In der Idee eines „gerechten Richters" hingegen stellt sich die praktische Vernunft den Gedanken vor sich, dass jeder sittlich verfehlten Tat eine ihr angemessene Strafe entspricht.

Allerdings würde die Vorstellung von einer streng ausgleichenden und gleichsam blinden Strafgerechtigkeit dem ursprünglichen Zweck und der Bestimmung der Schöpfung zuwiderlaufen, die

---

unsere Schuldigkeit, und alles ist unverdiente Gnade, was wir Gutes von ihm empfangen. [...] Die Gerechtigkeit ist eine Einschränkung der Güte; also wird die Güte nicht die Gerechtigkeit ausüben; denn dies ist Einschränkung der Gütigkeit. Daher belohnt die Gerechtigkeit nicht, sondern bestraft bloß" (*Danziger Rationaltheologie* [Mitschrift von 1784], Akad.-Ausg. XXVIII/2.2 1292–1294).

79 *MST,* A 99 (Akad.-Ausg. VI 438).
80 *RGV,* B 99 (Akad.-Ausg. VI 74).
81 *RGV,* B 94 (Akad.-Ausg. VI 72).
82 *Über das Misslingen,* A 200 Anm. (Akad.-Ausg. VIII 257).
83 *RGV,* B 222 Anm. (Akad.-Ausg. VI 146).

Philosophiegeschichtliche Perspektiven

Glückseligkeit möglichst vieler Menschen zu verwirklichen.[84] Eine bloß formal bestimmte und deshalb ausschließlich vergeltende Gerechtigkeit zwänge Gott zu einem gewaltigen Strafgericht, das seine ursprüngliche Intention mit der Schöpfung, „die nur Liebe zum Grund haben kann", nicht mehr erkennen ließe. Mehr noch: Angesichts dieser Notwendigkeit hätte Gott in Voraussicht der kommenden Sünde des Menschen wohl besser auf die Erschaffung der Welt und des Menschen verzichtet.

So zeigt sich mit Blick auf die Vorstellung von Gott als dem gerechten Richter ein „elementarer Widerspruch in der Idee des Göttlichen selbst". Zum einen darf dieser Richter nicht als willkürlich vorgestellt werden; gleichzeitig aber würde die Strenge der vergeltenden Gerechtigkeit verhindern, dass der Mensch zur Glückseligkeit gelangt und so der Endzweck der Schöpfung verwirklicht wird. Kant deutet diesen Widerspruch als ein unhintergehbares Paradox und sieht darin eine Bestätigung dafür, dass sich die Ethik als eine reine praktische Philosophie nicht dazu anschicken kann und darf, über das Verhältnis zwischen Gott und Mensch zu urteilen – „wodurch dann bestätigt wird, was oben behauptet ward: daß die Ethik sich nicht über die Grenzen der wechselseitigen Menschenpflichten erweitern könne".[85]

---

84 „Denn bei der etwanigen großen Menge der Verbrecher, die ihr Schuldenregister immer so fortlaufen lassen, würde die Strafgerechtigkeit den *Zweck* der Schöpfung nicht in der *Liebe* des Welturhebers (wie man sich doch denken muß), sondern in der strengen Befolgung des *Rechts* setzen (das Recht selbst zum *Zweck* machen, der in der *Ehre* Gottes gesetzt wird), welches, da das Letztere (die Gerechtigkeit) nur die einschränkende Bedingung des Ersteren (der Gütigkeit) ist, den Principien der praktischen Vernunft zu widersprechen scheint, nach welchen eine Weltschöpfung hätte unterbleiben müssen, die ein der Absicht ihres Urhebers, die nur Liebe zum Grunde haben kann, so widerstreitendes Product geliefert haben würde" (*MST,* A 187 f./Akad.-Ausg. VI 490 f.).

85 *MST,* A 188 (Akad.-Ausg. VI 491). – K.-M. Kodalle vermutet, dass der Abbruch der Reflexion Kants an dieser Stelle nicht zufällig erfolgt. Die Möglichkeit jedenfalls, dass die unerbittliche Straflogik Gottes hier durch die Logik der Liebe unterbrochen werden könnte, wird von Kant nicht weiter erwogen. Aber: „Die Welt, sofern sie unter dem ungebrochenen Prinzip der göttlichen Gerechtigkeit stünde, wäre ein einziges Dementi der schöpferischen Liebe Gottes, und sie wäre – wenn diese göttliche Strafgerechtigkeit kompromisslos ausgeübt wird – ein völlig unwirtlicher Stern." Stattdessen sei zu fragen, inwieweit die Idee der göttlichen Liebe, welche die Schöpfung ursprünglich motiviert, als „Macht der Verzeihung" die prinzipielle göttliche Strafgerechtigkeit brechen könne (Kodalle, *Die Dimension des Unermeßlichen*, 119).

Tatsächlich erfährt sich die praktische Vernunft zwar im Gewissen unbedingt verpflichtet; theoretisch aber gelangt sie nur zum abstrakten Begriff eines universal verpflichtenden sittlichen Imperativs. Den Gedanken, dass die Welt aus dem Willen eines machtvollen Gottes hervorgegangen ist, dessen Wesen als Liebe zu bestimmen ist und der deshalb die Glückseligkeit des Menschen will, erreicht die praktische Vernunft nicht. Hypothetisch formuliert Kant sogar die Möglichkeit, dass angesichts der Wirklichkeit des Bösen die Erschaffung der Welt sogar hätte „unterbleiben müssen", wäre nicht als „Endzweck" der Schöpfung die Beseligung der Menschen anzunehmen.

Um dem Faktum der Sünde und des sittlich Bösen ebenso gerecht zu werden wie der Hoffnung darauf, dass letztendlich die Proportioniertheit von Moralität und Glückseligkeit Wirklichkeit werden kann, stellt sich dem Versuch einer begrifflichen Rekonstruktion der Religion in den Grenzen der praktischen Vernunft deshalb die Aufgabe, den Begriff der Gnade zu denken. In der *Religionsschrift* geschieht dies im Rahmen von Kants Überlegungen zum „radicalen Bösen" und der notwendigen Neubestimmung der zum Bösen entschiedenen Freiheit des Menschen zum Guten.

4.2.3 Ein philosophischer Begriff von Gnade

Die Freiheit des Menschen scheint sich in einem ursprünglichen Akt immer schon zum Bösen entschieden zu haben; denn anders würde der Mensch dem Sittengesetz nicht ständig zuwiderhandeln. Diese transzendentale Grundentscheidung besteht nach Kant in der Wahl sittlich verwerflicher Maximen.[86] Gleichzeitig bezeugt der Ruf des Gewissens die Fähigkeit des Menschen zur Neubestimmung seines zum Bösen entschiedenen freien Willens. „Denn, ungeachtet jenes Abfalls, erschallt doch das Gebot: wir *sollen* bessere Menschen werden, unvermindert in unserer Seele; folglich müssen wir es auch können."[87]

Nun kann aber der Mensch durch kein auch noch so tugendhaftes Leben seinen „Ausgang beim Bösen" jemals ungeschehen machen. „Wie es auch mit der Annehmung einer guten Gesinnung an ihm zugegangen sein mag und sogar wie beharrlich er auch da-

---

86 Vgl. *RGV,* B 5: „Man nennt aber einen Menschen böse, nicht darum weil er Handlungen ausübt, welche böse (gesetzwidrig) sind; sondern weil diese so beschaffen sind, daß sie auf böse Maximen in ihm schließen lassen" (Akad.-Ausg. VI 20).
87 *RGV,* B 50 (Akad.-Ausg. VI 45).

rin in einem ihr gemäßen Lebenswandel fortfahre, so fing er doch vom Bösen an, und diese Verschuldung ist ihm nie auszulöschen möglich."[88] Keine sittliche Tat kann das „radicale Böse" überwinden, „diese ursprüngliche, oder überhaupt vor jedem Guten [...] vorhergehende Schuld".[89]

Der Mensch, der sich in einem ursprünglichen transzendentalen Akt seiner Freiheit zum Bösen bestimmt hat, kann sich eben deshalb nicht aus eigener Kraft zum Guten wenden. Deshalb ist er auf die gnädige Wiederherstellung seiner Freiheit angewiesen. Diese Wiederherstellung ist aus Gründen notwendig, die sich aus der Natur des Sittengesetzes selbst ergeben. Denn nur, wenn eine grundsätzliche Neubestimmung der Freiheit möglich ist, lässt sich die Geltung des Grundsatzes, dass das sittliche Sollen ein Können voraussetzt, aufrechterhalten. Der Mensch muss deshalb, um in seiner Ausweglosigkeit nicht in Verzweiflung zu fallen, darauf vertrauen können, dass seine Freiheit in die Lage versetzt wird, sich wieder neu zum Guten zu entschließen. Kant nennt diesen Entschluss eine „Revolution für die Denkungsart".

Die „Revolution für die Denkungsart" besteht in einer aus der Freiheit hervorgehenden Revision der Grundentscheidung.[90] Ihr folgt die allmähliche Reform der „Sinnesart", seines sittlichen Bewusstseins und Handelns. Wie aber ist Umkehr als „Revolution für die Denkungsart" möglich? Wie kann die ursprüngliche Neubestimmung der Freiheit gelingen, wenn ihr doch der „Hang zum Bösen" entgegenwirkt, die Grundentscheidung also zum Bösen getroffen wurde? „Wie kann ein böser Baum gute Früchte bringen?"[91] Diese Frage ist in den Grenzen der bloßen Vernunft nicht zu beantworten. Hierzu bedarf es des religiösen Glaubens an eine Instanz, die die zum Bösen entschiedene Freiheit wieder in die Ursprünglichkeit ihres Wollens einzusetzen mächtig ist. Kurz: Gnade wird zu einem Postulat der praktischen Vernunft.[92]

Damit wird der Gehalt des Gottesgedankens erweitert. „Gott" ist nicht nur „heilig" als der „Inbegriff der sittlichen Pflicht". Er ist nicht nur „gerecht" als verpflichtender Imperativ des sittlichen Gebotes. Er ist auch „gnädig" in dem Sinne, dass er die Neube-

---

88 *RGV*, B 94 (Akad.-Ausg. VI 72).
89 Ebd.
90 *RGV*, B 54 (Akad.-Ausg. VI 47).
91 *RGV*, B 49 (Akad.-Ausg. VI 45).
92 Vgl. hierzu auch Hoping, *Freiheit im Widerspruch*, 217–224.

stimmung der zum Bösen entschiedenen Freiheit des Menschen möglich macht.

Diese Neubestimmung wird dadurch erleichtert, dass der Mensch nicht auf Dauer bei seiner sittlichen Unvollkommenheit behaftet wird. Vielmehr kann seine moralische Gesinnung an die Stelle der stets unvollkommen bleibenden Tat gesetzt werden. Auf diese Weise gelangt Kant zu einem philosophischen Begriff von „Stellvertretung", der den Grundansatz seiner Ethik bei der Autonomie des seiner selbst bewussten freien Subjekts nicht preisgibt.

4.2.4 Gnade als „Stellvertretung"

Kant sieht den Endzweck der Schöpfung in der Überwindung des Bösen, in der vollkommenen Praxis der Tugend und in der uneingeschränkten Geltung des Rechts. Eben hierin besteht die ewige Seligkeit. Stattdessen aber ist innerhalb der Geschichte beim Menschen immer nur ein sittliches *Streben* gegeben. Wie aber kann Gott im Hinblick auf ein noch unvollendetes Streben „gerechter Richter" sein? Soll das stets unvollendete sittliche Streben des Menschen nicht als grundsätzlich gescheitert gelten, ist eine Beziehung zwischen moralischem Imperativ und faktisch gelebter Sittlichkeit zu denken, die nicht den Unbedingtheitsanspruch des Sittengesetzes preisgibt, zugleich aber der Endlichkeit des sittlichen Bemühens Rechnung trägt.

Die so skizzierte Aufgabe entspricht ihrer Struktur nach der theologischen Aufgabe, das Verhältnis von Gerechtigkeit und Barmherzigkeit Gottes zu denken: Auch hier geht es ja darum, die Unbedingtheit des sittlichen Sollens – verstanden als Nachfolge in der Liebe – in eine Beziehung zur Erfahrung des Scheiterns, ja der Verweigerung und der Sünde zu setzen.

Um dem Dilemma zu entgehen, dass aufgrund der Fehlbarkeit menschlicher Freiheit und der Vergeblichkeit sittlichen Bemühens die Verwirklichung des höchsten Gutes prinzipiell unmöglich wird, hat Kant in der *Kritik der praktischen Vernunft* unterstellt, Gott vergegenwärtige in einer Anschauung der Totalität des Strebens das sittliche Fortschreiten des Menschen als ganzes.[93] Dabei bleibt jedoch unklar, wie sich der ewig fortdauernde Progress des von

---

93 „Der *Unendliche,* dem die Zeitbedingung Nichts ist, sieht in dieser für uns endlosen Reihe das Ganze der Angemessenheit mit dem moralischen Gesetze, und die Heiligkeit, die sein Gebot unnachlaßlich fordert, um seiner Gerechtigkeit in dem Antheil, den er jedem am höchsten Gute bestimmt, gemäß zu sein, ist in einer einzigen intellectuellen

Gott in seiner Totalität vergegenwärtigten sittlichen Strebens zu der Vergabe eines „Anteils" am höchsten Gut verhält. Worin bestimmt sich das Maß seiner Proportioniertheit? Und ist am Ende mit unterschiedlichen Teilhabeverhältnissen am höchsten Gut zu rechnen? Was heißt in diesem Zusammenhang „am Ende"?

Kant scheint sich dieser Problematik bewusst zu sein; denn in der *Religionsschrift* verabschiedet er sich von den zeitlichen Implikationen dieses Gedankens. Das Maß der Glückseligkeit gründet jetzt nicht mehr darin, inwieweit die von Gott vergegenwärtigte Totalität des sittlichen Handelns dem sittlichen Imperativ entspricht. Vielmehr bemisst sich die erhoffte Glückseligkeit an der moralischen *Gesinnung,* die jedem einzelnen sittlichen Akt zugrunde liegt. In seiner Allwissenheit legt Gott die Qualität der moralischen Gesinnung als Grundlage des sittlichen Progresses offen. Er setzt die Gesinnung für die Tat.[94]

Von diesem Ansatz her gewinnt Kant auch einen philosophischen Begriff von „Stellvertretung". Indem der göttliche Richter die Gesinnung für die Tat gelten lässt, wird das sittliche Subjekt gleichsam zu einem anderen: „Ob er also gleich *physisch* (seinem empirischen Charakter als Sinnenwesen nach betrachtet) eben derselbe strafbare Mensch ist und als ein solcher vor einem moralischen Gerichtshofe, mithin auch von ihm selbst gerichtet werden muß, so ist er doch in seiner neuen Gesinnung (als intelligibles Wesen) vor einem göttlichen Richter, vor welchem diese die That vertritt, *moralisch* ein anderer."[95] „Stellvertretung" meint hier nicht das Eintreten eines Schuldlosen für den Schuldigen. Vielmehr sieht Kant im „Stehen-Lassen-für" der Gesinnung die traditionellen Elemente der Stellvertretungschristologie begrifflich aufgehoben: die Übernahme der Sündenschuld, die der göttlichen Gerechtigkeit geleistete Genugtuung, das Eintreten Christi für die Sünder. „Hier ist nun derjenige Überschuss über das Verdienst unserer Werke, der

---

Anschauung des Daseins vernünftiger Wesen ganz anzutreffen" (*KpV,* A 221 f./Akad.-Ausg. V 123).
94 Vgl. *RGV,* B 86 (Akad.-Ausg. VI 66 f.).
95 „… und diese in ihrer Reinigkeit, wie die des Sohnes Gottes, welche er in sich aufgenommen hat, oder (wenn wir diese Idee personificiren) *dieser* selbst trägt für ihn und so auch für alle, die an ihn (praktisch) glauben, als *Stellvertreter* die Sündenschuld, thut durch Leiden und Tod der höchsten Gerechtigkeit als *Erlöser* genug und macht als *Sachverwalter,* daß sie hoffen können, vor ihrem Richter als gerechtfertigt zu erscheinen" (*RGV,* B 99/Akad.-Ausg. VI 74).

oben vermißt wurde, und ein Verdienst, das uns *aus Gnaden* zugerechnet wird."[96]

Durch das Stehen-Lassen der Gesinnung für die Tat wird der „Mangel unserer eigenen Gerechtigkeit"[97] hinsichtlich seiner objektiven Seite dadurch überwunden, dass Gott die Integrität der moralischen Gesinnung auch dann wahrnimmt, wenn ihre Manifestationen in Raum und Zeit dem Sittengesetz nicht entsprechen. Hinsichtlich ihrer subjektiven Seite ist die Gewissheit über die Integrität der moralischen Gesinnung nicht einmal notwendig, da gerade aus der Ungewissheit die Motivation für das weitere ethische Streben erwachsen kann, solange sie nur nicht zum lähmenden Zweifel wird.

Gott – d.h. die Unbedingtheit der sittlichen Verpflichtung – sieht auf die „moralische Beschaffenheit" seiner Geschöpfe zuerst und „ergänzt" nur fallweise „ihr Unvermögen, dieser Bedingung von selbst Genüge zu tun".[98] Diese Ergänzung ist ein „Urteilsspruch aus Gnade". Auf ihn besteht gegenüber Gott keinerlei Rechtsanspruch: „Denn damit das, was bei uns im Erdenleben, vielleicht auch in allen künftigen Zeiten und allen Welten, immer nur ein bloßes Werden ist, nämlich ein Gott wohlgefälliger Mensch zu sein, uns gleich als ob wir schon hier im vollen Besitze desselben wären zugerechnet würde, darauf haben wir doch wohl keinen Rechtsanspruch."[99] Der „Urteilsspruch aus Gnade" besteht darin, dass an der Stelle des sittlichen Fortschritts innerhalb einer Folge von sittlich stets unvollkommen bleibenden Taten die *Gesinnung* des Menschen „als intellektuelle Einheit des Ganzen die Stelle der That in ihrer Vollendung"[100] vertritt.

Die Idee der vollkommenen Sittlichkeit liegt demnach nicht im Tun, sondern in der moralischen Gesinnung des Menschen. Der Fortschritt des sittlichen Bemühens braucht nicht als ein unabschließbares Voranschreiten gedacht werden, da das in ihm Angestrebte – die Proportioniertheit von Tugend und Glückseligkeit – im jeweils *einzelnen* Akt erreicht werden kann.

---

96 *RGV,* B 100 (Akad.-Ausg. VI 75). – Allerdings dürfte der von Kant vorgeschlagene philosophische Begriff der Stellvertretung kaum allen genannten Dimensionen des Erlösungswerkes Christi gerecht werden.
97 *RGV,* B 84 (Akad.-Ausg. VI 66). „Gerechtigkeit" ist hier nicht ethisch zu verstehen, sondern meint das Bewusstsein, dem Sittengesetz nicht zu entsprechen.
98 *RGV,* A 201 (Akad.-Ausg. VI 141).
99 *RGV,* B 94 f. (Akad.-Ausg. VI 75 f.).
100 Vgl. *RGV,* Anm.: B 99 f. (Akad.-Ausg. VI 74 f.).

Aber – betrügt sich das sittliche Subjekt nicht selbst, wenn es auf einen „Urteilsspruch aus Gnade" hofft und diesen von einem Gott erwartet, dessen Gnade das immer nur unvollkommene sittliche Bemühen des Menschen „ergänzt"? Ist mit der Hoffnung auf Gottes Gnade nicht der Geltungsgrund des Sittengesetzes untergraben? Hans Blumenberg hat daran gezweifelt, „ob der Begriff der Gnade überhaupt vereinbar ist mit dem [...] Begriff eines heiligen Gottes als eines Wesens, dessen Wille mit dem absoluten Gesetz jeder Freiheit identisch ist, und wie diese Synthese etwa vorgestellt werden kann".[101] Stellt die Annahme einer göttlichen Gnade nicht die unbedingte Verpflichtung des Sittengesetzes in Frage? „Wie könnte also eine Gottheit mit so etwas wie Gnade dem Unverdienten, ohne Würdigkeit Geschenkten, in diese lückenlose Korrespondenz von Tugend und Heil eindringen?"[102] Kann also innerhalb der Moralphilosophie Kants der Begriff „Gnade" überhaupt gedacht werden, ohne einem performativen Selbstwiderspruch zu verfallen? Dieser ergäbe sich daraus, dass Kants Ethik mit dem Anspruch auftritt, sich auch hinsichtlich ihres Geltungsanspruches autonom zu begründen.

Rainer Wimmer sieht Kants Ethik durch die Spannung zwischen seiner Konzeption der Gnade und seinem Gottesbegriff „gesprengt". Dafür macht er theologische Motive verantwortlich: Indem Kant „Jesu Gesinnung der Vergebung aufnimmt, könne er sie nicht als dem eigenen Moralbegriff widersprechend, sondern nur als mit ihm in Einklang stehend, als vernünftig, begreifen; damit hat er im Grunde eine immanente Sprengung seines Gerechtigkeitsbegriffs besorgt".[103]

Tatsächlich scheint Kants Forderung nach einem unendlichen sittlichen Fortschreiten den Menschen sittlich zu überfordern. Hier ist deshalb „nicht nur ein *gerechter*, sondern ein *gnädiger* Gott vonnöten, der auf die heillose Unendlichkeit des geschuldeten Prozesses verzichtet". Wenn deshalb in der *Religionsschrift* nicht nur vom gerechten Gott die Rede ist, sondern mit der Möglichkeit gerechnet werde, dass die moralische Gesinnung des Menschen die immer unvollkommene Tat ersetzt, dann komme hier „ein echtes Mehr ins Spiel, das der Gott des Postulats nicht mehr hergibt".[104] Blumenberg spricht in diesem Zusammenhang von einem „Postulat

---

101 Blumenberg, *Kant und die Frage*, 558.
102 Ebd.
103 Wimmer, *Kants kritische Religionsphilosophie*, 166.
104 Blumenberg, *Kant und die Frage*, 565.

zweiter Ordnung". Dieses verweist auf die Hoffnung, dem sittlich Geforderten trotz aller Bedingtheit der endlichen Freiheit letztendlich doch noch entsprechen zu können und so den „Skandal" der sittlichen Vernunft zu vermeiden, das ihr Zugemutete niemals erreichen zu können.[105]

Die Hoffnung, dass vor dem unbestechlichen Urteil des Sittengesetzes die Tat durch die Gesinnung ersetzt wird, darf freilich nicht zu einem moralischen Kalkül werden.[106] Weil jede sittliche Tat eine Tat der menschlichen Freiheit bleiben muss, bleibt der Beistand der Gnade hypothetisch. Kant zufolge ist es „nicht wesentlich und also nicht jedermann nothwendig zu wissen, was Gott zu seiner Seligkeit thue, oder gethan habe; aber wohl, was er selbst zu thun habe, um dieses Beistandes würdig zu werden".[107] Wir können Gnade „als etwas Unbegreifliches einräumen, aber sie, weder zum theoretischen noch praktischen Gebrauch, in unsere Maxime aufnehmen".[108]

---

105 Deshalb hebt die Gnade Gottes seine Gerechtigkeit nicht auf noch steht sie zu ihr in einem Widerspruch. Es ist vielmehr, so Blumenberg, „die Differenz zwischen dem endlichen und dem unendlichen Wesen, die Gnade ohne Eintrag für die Gerechtigkeit denkbar werden lässt. Kraft dieser Differenz kann die Bestimmtheit des moralischen Willens vor dem unendlichen Geist »stehen für« die Unendlichkeit seiner Vollstreckung" (*Kant und die Frage*, 565 f.).

106 „Eine unmittelbare göttliche Offenbarung in dem tröstenden Ausspruch: »Dir sind deine Sünden vergeben,« wäre eine übersinnliche Erfahrung, welche unmöglich ist. Aber diese ist auch in Ansehung dessen, was (wie die Religion) auf moralischen Vernunftgründen beruht und dadurch *a priori*, wenigstens in praktischer Absicht, gewiß ist, nicht nöthig. Von einem heiligen und gütigen Gesetzgeber kann man sich die Decrete in Ansehung gebrechlicher, aber Alles, was sie für Pflicht erkennen, nach ihrem ganzen Vermögen zu befolgen strebender Geschöpfe nicht anders denken, und selbst der Vernunftglaube und das Vertrauen auf eine solche Ergänzung, ohne daß eine bestimmte empirisch ertheilte Zusage dazu kommen darf, beweiset mehr die ächte moralische Gesinnung und hiemit die Empfänglichkeit für jene gehoffte Gnadenbezeigung, als es ein empirischer Glaube thun kann" (*Streit der Fakultäten*, III. Einwürfe und Beantw.: A 69/Akad.-Ausg. VII 47).

107 *RGV*, B 63 (Akad.-Ausg. VI 52). – Das Zitat stammt aus Kants Schlussanmerkung zum ersten Teil der *Religionsschrift* in der zweiten Auflage. Darin wird der hypothetische Charakter der Beihilfe unterstrichen, da weder theoretisch noch praktisch zu ihren Gunsten argumentiert werden kann.

108 *RGV*, B 64 (Akad.-Ausg. VI 53).

Weil Gnade die sittliche Verpflichtung nicht aufhebt, setzt sie auch nicht den Grundsatz außer Kraft, wonach es keine Glückseligkeit geben kann, die nicht in der moralischen Würdigkeit des Menschen gründete. „Was der Mensch im moralischen Sinn ist oder werden soll, gut oder böse, dazu muß er sich selbst machen oder gemacht haben." Sollte hierzu eine „übernatürliche Mitwirkung nötig" sein, so „muß der Mensch doch sich vorher würdig machen, sie zu empfangen".[109]

Martin Luther hätte dieser Behauptung des „Philosophen des Protestantismus" (Walter Schulz) kaum zugestimmt. Sie ist freilich unvermeidlich, wird die Begründung der Sittlichkeit vollständig in das autonome Subjekt zurückgenommen. Doch gerade dann zeigt sich, dass die sittliche Vernunft des Menschen außerstande ist, den formalen Bedingungen, die sie sich selbst setzt, in der Praxis zu genügen. Soll sie nicht an sich selbst verzweifeln, bedarf es des Grenzbegriffs einer wirksamen Gnade, welche die Neubestimmung fehlgeleiteter Freiheit je neu ermöglicht.[110] Gäbe es im sittlichen Bemühen nicht das Moment der Gnade, könnte kein Mensch darauf hoffen, jemals das „höchste Gut" zu erlangen, die Proportioniertheit von Moralität und Glückseligkeit. Er müsste an seinem Unvermögen verzweifeln, das jeweils von ihm sittlich Geforderte zu tun. „Grenzbegriff" ist der Begriff der Gnade freilich deshalb, weil anders die Hoffnung auf Gnade zu einem Kalkül der praktischen Vernunft verkäme, das die Grundlagen sittlichen Handelns zerstörte.

4.2.5 Talionsprinzip und Begnadigungsrecht

Die Problematik einer kalkulierten Hoffnung auf Gnade zeigt sich für Kant besonders im Bereich des *Rechts*. Hier begegnet er der Möglichkeit der Begnadigung mit äußerster Zurückhaltung. Denn Begnadigung besteht im *rechtlichen* Sinne darin, eine Ausnahme gegenüber dem rechtlich Gebotenen zuzulassen. Damit aber untergräbt sie die unbedingte Verbindlichkeit des Sittengesetzes.

---

109 *RGV*, B 49 (Akad.-Ausg. VI 44). – Hier wird klar, dass Kants Religionsphilosophie keineswegs eine begriffliche Rekonstruktion der reformatorischen Rechtfertigungslehre ist.

110 Hier setzt auch Kierkegaards Kritik an Kant an. Vgl. dazu Dennis L. Sansom, *Does morality need God? A Kierkegaardian critique of Kant's moral philosophy of autonomy*, in: PRSt 26 (1999) 17–33; ferner Ulrich Knappe, *Kant's and Kierkegaard's conception of ethics*, in: Kierkegaard studies, Berlin – New York 2002, 188–202.

Die Problematik des Begnadigungsrechts tritt vor dem Hintergrund der geforderten Gerechtigkeit klar hervor. Im erläuternden Anhang zur 2. Auflage seiner *Rechtslehre*, dem ersten Teil der *Metaphysik der Sitten*, fasst Kant den Begriff der Gerechtigkeit als Strafgerechtigkeit *(iustitia punitiva)*.[111] Als solche ist sie kein Prinzip, nach dessen Maßgabe sittliches Tun zu belohnen wäre, sondern Prinzip der Anmessung von Strafe. Ihr Maß ist das *ius talionis*.[112] Wegen der geforderten Proportioniertheit von Verbrechen und Strafe muss in „jeder Strafe als solcher […] zuerst Gerechtigkeit sein".[113] Dabei lässt Kant allein das Wiedervergeltungsrecht als Maßstab für eine gerechte Strafe gelten: Das Wiedervergeltungsrecht ist „der Form nach, noch immer […] die einzige a priori zu bestimmende […] Idee als Prinzip des Strafrechts".[114] Die gesetzgebende Vernunft fordert die Proportioniertheit von Verbrechen und Strafe nach dem *ius talionis*, und allein diese Verbindung ist nach Kant „an sich selbst, d.i. moralisch und nothwendig gut".[115]

Vor diesem Hintergrund unterliegt die rechtliche Praxis der Begnadigung dem Verdacht, ein Akt herrscherlicher Willkür zu sein.[116] Rechtlich geboten können nur Handlungen sein, die dem

---

111 *MSR*, B 171 (Akad.-Ausg. VI 363).
112 In seiner Rechtslehre hält Kant „das *ius talionis* der Form nach noch immer für die einzige *a priori* bestimmende (nicht aus der Erfahrung, welche Heilmittel zu dieser Absicht die kräftigsten wären, hergenommene) Idee als Princip des Strafrechts" (*MSR*, A 155/Akad.-Ausg. VI 363). – Vgl. Rosen, *Kant's Theory of Justice* – allerdings mit Ausschluss des internationalen und des Strafrechts; ferner: Bartuschat, *Zur Deduktion des Rechts aus der Vernunft bei Kant und Fichte*.
113 *KpV*, A 66 (Akad.-Ausg. V 37).
114 *MSR,* B 170 (Akad.-Ausg. VI 363). – Vgl. *MSR*, B 227: „Nur das Wiedervergeltungsrecht (ius talionis), aber, wohl zu verstehen, vor den Schranken des Gerichts (nicht in deinem Privaturteil), kann die Qualität und Quantität der Strafe bestimmt angeben; alle andere sind hin und her schwankend" (Akad.-Ausg. VI 332).
115 *Über das Misslingen aller philosophischen Versuche in der Theodicee* [1791], A 200 Anm. (Akad.-Ausg. VIII 257). – Dass gerade die Forderung der „gerechten" Proportioniertheit von Verbrechen und Strafe weitreichende Fragen aufwirft, kann hier nur angedeutet werden.
116 Vgl. aus Kants nachgelassenen Vorarbeiten zur *Metaphysik der Sitten (Rechtslehre)*: „Es ist merkwürdig, daß man die bloße willkührliche Begnadigung der Gerechtigkeit als dem höchsten Heiligthum so zuwieder gefunden hat daß man sich auch solche als auf dem Lande liegende Blutschuld die immer um Rache schrie vorstellte. – Die Theologen haben es so unthunlich gefunden daß Verbrechen unbestraft dahin gehen sollten daß sie lieber annahmen ein unschuldiger könne sie (für Andere) über

Philosophiegeschichtliche Perspektiven

Universalisierungsprinzip des kategorischen Imperativs genügen. Diese Bedingung erfüllt die Gerechtigkeit, nicht aber die Praxis der Begnadigung. Sie zum verpflichtenden Prinzip zu machen, bedeutete nach Kant das Ende jeder sittlichen Verbindlichkeit. Deshalb ist der (vergeltenden) Gerechtigkeit unter allen nur denkbaren Umständen Geltung zu verschaffen: „*Fiat iustia, pereat mundus.*"[117]

Die in Kants Augen hochgradig problematische Begnadigung – verstanden als ein rechtlich wirksamer Straferlass – ist zu unterscheiden von „Barmherzigkeit". Diese fasst Kant nicht als sittliche Tugend, sondern als eine Passion oder „teilnehmende Empfindung". Sie gilt ihm als ein Art des Wohlwollens *(benevolentia)*, insofern sich dieses „auf den Unwürdigen bezieht". Unter Menschen, „welche mit ihrer Würdigkeit, glücklich zu sein, eben nicht prahlen dürfen", dürfte es Barmherzigkeit gar nicht geben. Freilich: Als „tätige Teilnehmung an ihrem Schicksale" ist die „Kultivierung" dieser Empfindung eine „indirekte Pflicht". Denn aus der teilnehmenden Empfindung erwächst die Motivation, gegen Benachteiligung, Unrecht und Missstände aller Art aufzutreten und zu handeln.[118]

Von einem Begnadigungsrecht darf ein Herrscher nur dann Gebrauch machen, wenn sich das Verbrechen gegen ihn selbst gerichtet hat. Andernfalls handelte er nicht nur unrecht gegenüber dem Täter, sondern auch gegenüber den Opfern: „In Ansehung der Verbrechen der *Untertanen* gegen einander steht es schlechterdings ihm nicht zu, es [sc. das Begnadigungsrecht] auszuüben; denn hier ist Straflosigkeit [...] das größte Unrecht gegen die letzteren. Also nur bei einer Läsion, die *ihm selbst* widerfährt [...] kann er davon Gebrauch machen."[119]

---

sich nehmen um nur die Gerechtigkeit zu befriedigen oder die Kinder müßten die Schuld ihrer Ältern büße" (Akad.-Ausg. XXIII 348,1–8).

117 Vgl. *Zum ewigen Frieden* (1795), Anhang: „Der zwar etwas renommistisch klingende, sprüchwörtlich in Umlauf gekommene, aber wahre Satz: *fiat iustitia, pereat mundus,* das heißt zu deutsch: »Es herrsche Gerechtigkeit, die Schelme in der Welt mögen auch insgesammt darüber zu Grunde gehen«, ist ein wackerer, alle durch Arglist oder Gewalt vorgezeichnete krumme Wege abschneidender Rechtsgrundsatz" (B 92/ Akad.-Ausg. VIII 378 f.). Kant betont, dass dieser Satz nicht etwa besondere Strenge des Herrschenden fordert, sondern lediglich an die Geltung des kategorischen Imperativs erinnert.

118 Vgl. *MST,* A 131 (Akad.-Ausg. VI, 457).

119 *MSR,* B 236 (Akad.-Ausg. VI 337). – Ähnlich hatte Iwan gegenüber Aljoscha argumentiert: Die Mutter des getöteten Kindes hat kein Recht, dem Großgrundbesitzer an dessen Stelle zu verzeihen.

Weil einem Verbrechen nur durch den jeweils Geschädigten vergeben werden kann, lässt Kant das Begnadigungsrecht auch nicht als Erweis der Erhabenheit eines Herrschers gelten. „Das Begnadigungsrecht […] für den Verbrecher, entweder der Milderung oder gänzlichen Erlassung der Strafe, ist wohl unter allen Rechten des Souveräns das schlüpfrigste, um den Glanz seiner Hoheit zu beweisen und dadurch doch im hohen Grade unrecht zu thun."[120]

Aus diesem Grund lehnt Kant auch die *Billigkeit* als Rechtsprinzip ab. Aristoteles hatte im 5. Buch der *Nikomachischen Ethik* die Nachsichtigkeit (*epikie*, auch „Billigkeit") als das höhere Prinzip gegenüber dem positiven Recht angesehen. Die Epikie vollzieht sich als verantwortlicher Umgang mit den geltenden Rechtsnormen. Mittels der *epikie* wollte Aristoteles die Unvollkommenheiten des Rechts ausgleichen und so die Gerechtigkeit besser durchsetzen.[121] Kant hingegen gilt die Billigkeit *(aequitas)* – jene Gestalt des Rechts, wonach ein Richter dann ein Urteil fällen darf, wenn das positive Recht für einen konkreten Fall keine Normen vorsieht[122] – als eine „stumme Gottheit, die nicht gehöret werden kann". Denn die Billigkeit beruft sich auf ein Recht, dessen Bedingungen der Inanspruchnahme nicht hinreichend bestimmt sind. Deshalb darf und soll ein Richter „nur da, wo es die eigenen Rechte des Richters betrifft, und in dem, worüber er für seine Person disponieren kann […] der Billigkeit Gehör geben".[123]

Theologisch herausfordernd ist an diesen Überlegungen nicht zuletzt die zu Beginn dieser Untersuchung aufgeworfene Frage, ob und inwieweit Gott stellvertretend für die Opfer Schuld verzeihen kann. Hier schließt Kant die Möglichkeit einer Begnadigung aus. Vielmehr muss Gott in diesem Fall der (vergeltenden) Gerechtigkeit unter allen Umständen Geltung verschaffen. Auch den Begriff der Stellververtretung will Kant nicht gelten lassen.

4.2.6 Die Unvertretbarkeit der sittlichen Person

Der Begriff der Stellvertretung wird für Kant dort zur Herausforderung, wo es ihm in seiner Religionsphilosophie um den Begriff

---

120 *MSR*, B 236 (Akad.-Ausg. VI 337). – Vgl. Robert H. Gibbs, *Fear of Forgiveness. Kant and the Paradox of Mercy*, in: PhTh III/4 (1989) 323–334.
121 *Nik. Ethik* V 14 (1137b10).
122 Vgl. Thomas Schüller, *Die Barmherzigkeit als Prinzip der Rechtsapplikation in der Kirche im Dienste der salus animarum*.
123 *MSR*, AB 40 (Akad.-Ausg. VI 235).

Philosophiegeschichtliche Perspektiven

der „stellvertretenden Genugtuung" *(satisfactio vicaria)* geht.[124] Kants Reformulierung des Begriffs beinhaltet eine grundlegende Kritik an der kirchlichen Lehre, wonach Christus die Schuld aller Menschen stellvertretend übernommen und auf diese Weise deren Versöhnung mit Gott ermöglicht hat.

Kant sieht im Menschen wesentlich ein mit Vernunft und freiem Willen begabtes Wesen, das die Gesetze seines sittlichen Handelns autonom bestimmt.[125] Hinsichtlich seiner ursprünglichen Entscheidung zum Guten oder zum Bösen, aber auch hinsichtlich seines kategorialen Handelns kann der Mensch von niemand anderem vertreten werden. Weil die Freiheit ursprüngliche Tat der sittlichen Person ist, so folgt auch aus dem Missbrauch der Freiheit eine personale – und damit unvertretbare – Verbindlichkeit, für die nur das sittliche Subjekt selbst einstehen kann.[126]

Deshalb kann auch die ursprüngliche Schuld, das „radicale Böse", von keinem anderen Menschen stellvertretend übernommen werden. Denn die transzendentale Grundbestimmung der Maximen zum sittlich Bösen ist ja eine Tat der Freiheit selbst. Sie kann von niemand anderem übernommen werden. „Diese ursprüngliche, oder überhaupt vor jedem Guten, was er immer tun mag, vorhergehende Schuld [...] kann [...] nicht von einem anderen getilgt werden; denn sie ist keine *transmissible* Verbindlichkeit, die etwa, wie eine Geldschuld (bei der es dem Gläubiger einerlei ist, ob der Schuldner selbst oder ein anderer für ihn bezahlt), auf einen anderen übertragen werden kann, sondern die *allerpersönlichste,* nämlich

---

124 Der Begriff der *satisfactio vicaria* wird oft fälschlich Anselm von Canterbury zugeschrieben. Er begegnet freilich erst ab dem 17. Jahrhundert; vgl. Menke, *Stellvertretung,* 82 f., Anm. 218.

125 Vgl. *GMS,* AB 109: „Als ein vernünftiges, mithin zur intelligibelen Welt gehöriges Wesen kann der Mensch die Causalität seines eigenen Willens niemals anders als unter der Idee der Freiheit denken; denn Unabhängigkeit von den bestimmenden Ursachen der Sinnenwelt (dergleichen die Vernunft jederzeit sich selbst beilegen muß) ist Freiheit. Mit der Idee der Freiheit ist nun der Begriff der *Autonomie* unzertrennlich verbunden, mit diesem aber das allgemeine Prinzip der Sittlichkeit, welches in der Idee allen Handlungen *vernünftiger* Wesen ebenso zum Grunde liegt, als das Naturgesetz allen Erscheinungen" (Akad.-Ausg. IV 452).

126 Mehr noch: Dadurch, dass der Mensch die Verantwortung für seine Schuld übernimmt, konstituiert er sich als ein sittliches Individuum (Cohen). Insofern ist der Sündenfall die „Geburtsstunde" des neuzeitlichen Subjektes (zur bewusstseinsgeschichtlichen Interpretation des Sündenfalls im Deutschen Idealismus vgl. u. a. Gestrich, *Die Wiederkehr des Glanzes in der Welt,* § 5).

eine Sündenschuld, die nur der Strafbare, nicht der Unschuldige, er mag auch noch so großmütig sein, sie für jenen übernehmen zu wollen, tragen kann."[127]

Weder in der Grundbestimmung seiner Maximen noch in seinem kategorialen Handeln kann das sittliche Subjekt durch einen Anderen vertreten werden.[128] Auch hinsichtlich seiner Schuld kann den Menschen, „soviel die Vernunft einsieht, kein andrer durch das Übermaß seines Wohlverhaltens und durch sein Verdienst vertreten; oder wenn dieses angenommen wird, so kann es nur in moralischer Absicht nothwendig sein, es anzunehmen; denn fürs Vernünfteln ist es ein unerreichbares Geheimniß".[129]

Wegen der Unvertretbarkeit des sittlichen Subjekts widerspricht nach Kants Auffassung die Lehre von der stellvertretenden Genugtuung der Vernunft. Denn es ist nicht „einzusehen, wie ein vernünftiger Mensch, der sich strafschuldig weiß, im Ernst glauben könne, er habe nur nötig, die Botschaft von einer für ihn geleisteten Genugtuung zu glauben und sie [...]. utiliter anzunehmen, um seine Schuld als getilgt anzusehen. [...] Diesen Glauben kann kein überlegender Mensch [...] in sich zuwege bringen."[130]

Allein das Vertrauen darauf, dass es trotz aller Schuld möglich ist, als ein tugendhafter Mensch weiterzuleben, kann den Menschen veranlassen, nicht zu verzweifeln. Dass dieses Vertrauen nicht grundlos ist, dafür steht nach Kant jener Mensch ein, dem es – einmalig in der Geschichte – gelungen ist, seine Grundentscheidung vollkommen auf das Gute auszurichten. Diesen Menschen nennt die theologische Tradition „Christus". Christus, der „Sohn Gottes", ist in der Perspektive der einen Vernunft *die Menschheit* (das vernünftige Weltwesen überhaupt) *in ihrer moralischen ganzen Vollkommenheit*".[131] Er ist das vollkommene Vorbild und Beispiel sittlicher Praxis. Weil die historische Person Jesu ganz in „Christus", d. h in das Ideal der Menschheit, die „in unserer moralisch-gesetzgebenden Vernunft liegt", verwandelt ist, bedeutet der „Glaube an Christus" für Kant einen „praktischen Vernunftglauben", d.h. ein „auf sich (selbst als moralisches Wesen) gegründetes Vertrauen". Gegenstand des praktischen Vernunftglaubens ist „das in unserer

---

127 *RGV,* B 94 (Akad.-Ausg. VI 72).
128 Vgl. Menke, *Stellvertretung,* 94–98; Bohatec, *Die Religionsphilosophie Kants in „Die Religion innerhalb der Grenzen der bloßen Vernunft",* 448.
129 *RGV,* B 216 f. (Akad.-Ausg. VI 143).
130 *RGV,* B 170 f. (Akad.-Ausg. VI 116 f.).
131 *RGV,* B 73 (Akad.-Ausg. VI 60).

Vernunft liegende Urbild, welches wir dem letzteren (dem historischen „Gottessohn") unterlegen".[132]

Kant will den Begriff der „stellvertretenden Genugtuung" *(satisfactio vicaria)* philosophisch reformulieren, ohne den an jeden einzelnen Menschen gerichteten sittlichen Imperativ aufzugeben. „Stellvertretende Genugtuung" kann deshalb nicht bedeuten, dass eine andere Person das von jedem Einzelnen geforderte sittliche Bemühen übernimmt. Vielmehr ist im Menschen Jesus Christus einem jeden das Beispiel eines sittlich vollkommenen Menschen vor Augen gestellt. Es ermutigt dazu, sich trotz und im Bewusstsein eigener Fehlbarkeit dem Sittengesetz zu unterwerfen. Dies ist deshalb möglich, weil jedem Menschen in Christus die Gestalt einer Hoffnung begegnet, die ihm verheißt, dass sein sittliches Bemühen nicht vergeblich ist.[133] Für die sittliche Praxis aber „können wir nicht anders hoffen, der Zueignung selbst eines fremden genugtuenden Verdienstes und so der Seligkeit teilhaftig zu werden, als wenn *wir uns dazu durch unsere Bestrebung* in Befolgung jeder Menschenpflicht qualifizieren, welche letztere die Wirkung unserer eigenen Bearbeitung und nicht wiederum ein fremder Einfluß sein muß, dabei wir passiv sind".[134]

Zwar bedarf sittliche Vernunft des Menschen keines in der geschichtlichen Realität gegebenen Vorbildes oder Beispiels, um den Sachgehalt sittlicher Vollkommenheit zu erfassen. Denn die „Idee eines Gott moralisch wohlgefälligen Menschen [...] liegt als ein solches [sc. Beispiel] schon in unserer Vernunft".[135] Doch vermag die Anschauung seiner Verwirklichung in der Geschichte die Macht des Bösen im Ansatz zu überwinden, indem sie die reale Möglichkeit einer Neubestimmung der transzendentalen Freiheit und die Hinwendung zum sittlich Guten vor Augen stellt. So liegt im *Faktum* des historischen Jesus ein Überschuss über die ihm zugrunde liegende *Idee* sittlicher Vollkommenheit. Dieses historische

---

132 *RGV,* B 175 (Akad.-Ausg. VI 119).
133 Im *Streit der Fakultäten* wird „Gnade" als „die durch den Glauben an die ursprüngliche Anlage zum Guten in uns und die durch das Beispiel der Gott wohlgefälligen Menschheit an dem Sohne Gottes lebendig werdende Hoffnung der Entwickelung dieses Guten" bestimmt (*Str. Fak.*, A 60/Akad.-Ausg. VII 43).
134 *RGV,* B 173 (Akad.-Ausg. VI 118). – Auch dieser Satz hätte kaum Luthers Zustimmung gefunden. Stattdessen hätte der Reformator auf seine Lehre von der Rechtfertigung des Menschen *sola fide* verwiesen.
135 *RGV,* B 77 (Akad.-Ausg. VI 62)

Faktum bezeugt, dass es dem Menschen prinzipiell möglich ist, dem Sittengesetz aus eigenem Vermögen zu entsprechen.[136]

Christus ist die in der Geschichte Realität gewordene Idee eines moralischen Subjektes, das die Möglichkeiten der menschlichen Freiheit vollkommen verwirklicht hat. Als die Realität gewordene Idee eines sittlich vollkommenen Menschen ist „Christus" nicht auf den göttlichen „Urteilsspruch aus Gnade" angewiesen. Vielmehr steht er für jene Gesinnung, in der sich der Mensch dem sittlichen Imperativ des Sittengesetzes vorbehaltlos unterwirft. Als sittlich vollkommener Mensch ist Christus nicht darauf angewiesen, dass der göttliche Vater seine Gesinnung für das Ganze der sittlichen Tat nimmt. Eben hierin aber ist Christus „Stellvertreter" für die ganze Menschheit.

Kants begriffliche Rekonstruktion des Stellvertretungsgedankens ist ihrer Intention nach die „Deduktion der Idee einer *Rechtfertigung*".[137] Sie zielt auf eine *begriffliche* Rekonstruktion des Versöhnungsgeschehens. Über dessen Realitätsgehalt ist damit ebenso wenig ausgesagt wir über die Idee des Sohnes Gottes. Diese hat jedoch „ihre Realität in praktischer Beziehung vollständig in sich selbst".[138] In der Beziehung des moralischen Menschen zu dieser Idee kommt nicht ein Glaube an seine Existenz, sondern „nur der Glaube an die praktische Gültigkeit jener Idee, die in unserer Vernunft liegt"[139], zum Ausdruck.

Der rein philosophisch begründete Glaube bezieht sich auf die Vernünftigkeit und – darüber hinausgehend – auf die praktische Realisierbarkeit des Ideals eines Menschen, der sich in seiner Gesinnung und in seinem Handeln ohne jede Einschränkung vom Sittengesetz bestimmen lässt, zugleich aber in allem die Gnade erhofft. Denn für die reine Vernunft steht zweifelsfrei fest, dass „nur unter der Voraussetzung der gänzlichen Herzensänderung sich für den mit Schuld belasteten Menschen vor der himmlischen Gerechtigkeit Lossprechung denken lasse".[140]

Der als Voraussetzung für die Vergebung der Schuld geforderte Wandel der Gesinnung, die „Umkehr" des Herzens, lässt sich durch keine äußere Tat ersetzen. Schon gar nicht kann der Gesinnungs-

---

136 Blumenberg sieht in Christus „die real bezeugte Möglichkeit der Teleologie des sittlichen Menschen" (*Kant und die Frage,* 569).
137 *RGV,* B 101 (Akad.-Ausg. VI 76).
138 *RGV,* B 76 (Akad.-Ausg. VI 62).
139 *RGV,* B 77 f. (Akad.-Ausg. VI 63).
140 *RGV,* B 102 (Akad.-Ausg. VI 76).

wandel von jemand anderem stellvertretend vollzogen werden. Wenn es aber gleichzeitig zutrifft, dass es „schlechterdings kein Heil für die Menschen gebe, als in innigster Aufnehmung ächter sittlicher Grundsätze in ihre Gesinnung",[141] dann bedarf es hierzu notwendigerweise jenes vom Menschen aus eigenem Vermögen nicht zu vollbringenden Zuspruchs. Dies wird im Kontext der Religion „Gnade" genannt.

4.2.7 Philosophiegeschichtliche Erträge

Kant zufolge besteht Gottes Gerechtigkeit im Ruf des Gewissens, an der Unbedingheit des sittlichen Imperativs, das Gute zu tun, unter allen nur denkbaren Umständen festzuhalten. Gottes Barmherzigkeit hingegen besteht einmal darin, endlicher Freiheit durch die Gewähr seiner Gnade die Möglichkeit einzuräumen, sich vom Bösen abzukehren und dem Guten zuzuwenden, ferner darin, die *Intention*, die jedem endlichen sittlichen Streben zugrunde liegt, für das *Ganze* zu nehmen und so die für das Ende der Geschichte erhoffte Proportioniertheit von Moralität und Glückseligkeit zu einer *realen* Möglichkeit werden zu lassen.

Kants religionsphilosophische Überlegungen zum sittlich Bösen und seiner möglichen Überwindung können der Theologie in ihrem Bemühen helfen, das Verhältnis von Gerechtigkeit und Barmherzigkeit Gottes begrifflich präziser zu fassen. Darüber hinaus zeigen sie, dass der Versuch, Ethik autonom zu begründen, unter den Bedingungen endlicher Freiheit notwendigerweise scheitern muss, wenn er nicht mit der Möglichkeit rechnet, dass so etwas wie „Stellvertretung" möglich ist – wenn darunter verstanden wird, dass vor dem Anspruch des Sittengesetzes die Gesinnung für die Tat gelten darf. Andernfalls müsste der Mensch unter dem sittlichen Anspruch des kategorischen Imperativs verzweifeln. Letztendlich aber verlöre dieser jegliche Verpflichtungskraft; denn unerreichbare sittliche Ziele können niemanden verpflichten.

Dass es eine zum Bösen entschiedene Freiheit gibt, und dass selbst die zum Guten entschiedene Freiheit nicht dafür einstehen kann, was sie anstrebt – beides zwingt Kant zur Annahme eines „Urteilsspruchs aus Gnaden". Einen solchen Urteilsspruch dürfte es im Rahmen einer sich autonom begründenden Ethik eigentlich nicht geben. Soll aber die praktische Vernunft an sich selbst und an ihrem selbstgestellten Anspruch nicht verzweifeln, dann gelangt

---

141 *RGV*, B 115 (Akad.-Ausg. VI 83).

sie zur Idee einer Gnade, die eine Neubestimmung menschlicher Freiheit ermöglicht und das Unvollkommene ihres sittlichen Bemühens ergänzt.

Innerhalb der Geschichte bleibt die sittliche Forderung nach der Verwirklichung des höchsten Gutes stets unabgegolten. Der begrifflichen Entfaltung praktischer Maximen steht das Wissen darum entgegen, diesen Maximen im konkreten Handeln immer nur unvollkommen zu entsprechen. Soll das moralisch gesinnte Subjekt angesichts seines faktischen Scheiterns nicht an dem ethischen Maßstab verzweifeln, den ihm seine praktische Vernunft vor Augen stellt, bedarf es eines Aktes gewährter Barmherzigkeit oder – um nicht von „teilnehmender Empfindung" zu sprechen – eines Gnadenerweises. Indem dieser es zulässt, dass die Gesinnung für die Tat gelten darf, kann das sittliche Handeln auch in seiner Endlichkeit und Begrenztheit als sinnvoll gelten.

Letztendlich also machen die Pragmatik des Handelns und das Bewusstsein seines Scheiterns das Verhältnis von Gerechtigkeit und Gnade zum Gegenstand ethischer Reflexionen. An deren Ende gelangt Kant zu dem Postulat einer Gnade, die imstande ist, die fehlgeleitete Freiheit wieder in die ursprüngliche Unbedingtheit ihres Wollens einzusetzen.

Diese Restitution betrifft jedoch zunächst nur die transzendentale Freiheit; denn sie beschränkt sich auf die ursprüngliche Wahl der Maximen. Wie aber sind transzendentale (noumenale) Freiheit und sittliche (kategoriale) Freiheit miteinander vermittelt? In seiner praktischen Philosophie betont Kant zwar die Allgemeinheit der sittlichen Vernunft, um so die Verbindlichkeit sittlicher Urteile zu begründen und ihre universale Geltung zu sichern. Die intersubjektive Dimension menschlichen Handels erreicht er dabei aber nur im abstrakten Begriff der „Menschheit". So benennt etwa die dritte Formulierung des kategorischen Imperativs[142] nicht den einzelnen Menschen, sondern die „Menschheit" als normierende Instanz des Handelns.

Soll aber das moralische Subjekt angesichts der Erfahrung seines Scheiterns in der Beziehung zu anderen Subjekten die Möglichkeit zurückgewinnen, sein Handeln immer wieder neu unter den Anspruch des sittlich Gebotenen zu stellen, dann ist es gerade deshalb, weil es als freies Subjekt durch niemanden vertreten werden

---

142 „Handle so, daß du die Menschheit sowohl in deiner Person, als in der Person eines jeden andern jederzeit zugleich als Zweck, niemals bloß als Mittel brauchst" (*GMS*, BA 66 f./Akad.-Ausg. IV 429).

kann, auf die Verzeihung derjenigen angewiesen, gegenüber denen es schuldig geworden ist. Diese Verzeihung bezieht sich auf die konkrete Schuld, nicht auf die transzendentale Freiheit und deren „Ausgang vom Bösen".

Eine „Ethik des Verzeihens" oder eine „Philosophie der Versöhnung" im Anschluss an Kant müsste den Blick von der Abstraktheit der Pflicht auf die Konkretheit des anderen Menschen lenken.[143] Sie müsste die Ethik auf die intersubjektive Dimension von Achtung, Verantwortung und Liebe hin weiten. Nicht die autonome Selbstkonstitution des sittlichen Subjekts im Gehorsam gegenüber dem kategorischen Imperativ, sondern die Empfänglichkeit für den Anspruch anderer Freiheit würde den abstrakten Begriff sittlicher Pflicht korrigieren, den Kant vertritt.

Ansätze dazu finden sich bei Kant durchaus. Denn indem die postulierte Gnade bei der Freiheit des Menschen ansetzt, verschafft sie diesem die Gewissheit, dass Gott im Letzten „Liebe" ist. Diese Gewissheit begründet die Zuversicht, in der sich menschliche Freiheit – freigesprochen von vergangener Schuld – je neu zum Guten bestimmen kann. Nach Kant ist es „der ewigen Gerechtigkeit völlig gemäß, wenn wir, um jenes Guten im Glauben willen, aller Verantwortung entschlagen werden".[144] Dies ist der „seligmachende" Glaube – jener Glaube, der aufgrund der Tilgung der Schuld „die moralische Empfänglichkeit (Würdigkeit) mit sich führt, ewig glückselig zu sein".[145] Er ermöglicht es, „in einem ferner zu führenden guten Lebenswandel Gott wohlgefällig werden zu können".[146] Die Hoffnung auf die Möglichkeit des Verzeihens und das Vertrauen auf die Möglichkeit einer sittlichen Lebensführung bedingen einander wechselseitig.

Von daher zeichnet sich der Weg der Kant nachfolgenden praktischen Philosophie bereits ab: Ihr musste es darum gehen, den bei Kant unterbestimmten Begriff der Interpersonalität zur Geltung zu bringen, ohne seine Einsichten zur transzendentalen Konstitution ethischer Verbindlichkeit aufzugeben. Zugleich musste sie bestrebt sein, die geschichtliche Situiertheit endlicher Freiheit in der Vielfalt ihrer sozialen und rechtlichen Beziehungen zu würdigen.

---

143 Vgl. Spaemann, *Glück und Wohlwollen*, 239–252, vor allem auch in Verbindung mit den Gedanken des *amor benevonentiae* und des *ordo amoris*, die für Spaemanns Ethik grundlegend sind.
144 *RGV*, B 101 (Akad.-Ausg. VI 76).
145 *RGV*, B 168 (Akad.-Ausg. VI 115).
146 *RGV*, B 169 (Akad.-Ausg. VI 116).

Für die eine Richtung steht das Denken Fichtes, für die andere die Philosophie Hegels.

Beide sollen hier kurz vorgestellt werden, da sie wichtige Referenzpunkte für die nachfolgenden philosophischen Diskussionen darstellen und auch im Schlussteil dieser Studie im Blick auf eine gehaltvolle Bestimmung des Verhältnisses von Gerechtigkeit und Barmherzigkeit Gottes beansprucht werden.

4.2.8 Philosophiegeschichtlicher Ausblick auf Fichte und Hegel

Weil Kant „Gerechtigkeit" nur als strafende oder vergeltende Gerechtigkeit fasste, konnte er die Idee des höchsten Gutes nicht als „vollendete Gerechtigkeit" fassen. Johann Gottlieb Fichte (1762–1814) hingegen hat in seiner Religionsphilosophie die Idee des höchsten Gutes nicht bloß im Sinne der Einheit von Tugend und Glückseligkeit fortbestimmt, sondern – im Rückgriff auf die Erfahrung, dass Tugend und Glückseligkeit im Leben einander nur selten angemessen sind – im Sinne der vollkommenen *Gerechtigkeit*.[147] Damit gewinnt er einen emphatischen Begriff von „Gerechtigkeit Gottes" zurück, der bei Kant nahezu vollständig verblasst war.

Über Kants kritische Philosophie hinaus will Fichte nicht nur die Formen der Erkenntnis aus den a priori gegebenen Bewusstseinsinhalten des menschlichen Geistes ableiten, sondern auch dessen Inhalte. Erstmals in seiner *Grundlage des Naturrechts* (1796) hat Fichte dargelegt, wie das Ich seiner selbst erst in der Differenz zu einem anderen Ich bewusst wird und wie erst in der Differenz zu einer anderen Freiheit das Ich seiner selbst als *Freiheit* bewusst wird.[148]

Um zu zeigen, dass der ursprüngliche Inhalt des seiner selbst bewussten Ich das Bewusstsein seiner selbst als *Freiheit* ist, geht

---

147 Vgl. Johann Gottlieb Fichte, *Versuch einer Kritik aller Offenbarung* (1791), § 2 (Sämmtliche Werke V, 47 f.).
148 Vgl. hierzu grundlegend: Claudio Cesa, *Zur Interpretation von Fichtes Theorie der Intersubjektivität*; Hans Duesberg, *Person und Gemeinschaft. Philosophisch-systematische Untersuchungen des Sinnzusammenhangs von personaler Selbständigkeit und interpersonaler Beziehung an Texten von J. G. Fichte und M. Buber*; Edith Düsing, *Sittliche Aufforderung. Fichtes Theorie der Intersubjektivität in der WL nova methodo und in der Bestimmung des Menschen*; Charles K. Hunter, *Der Intersubjektivitätsbeweis in Fichtes früher angewandter Philosophie*; Marco Ivaldo, *Transzendentale Intersubjektivitätslehre in Grundzügen nach den Prinzipien der Wissenschaftslehre*; Reinhard Lauth, *Das Problem der Intersubjektivität bei J. G. Fichte*.

Philosophiegeschichtliche Perspektiven

Fichte davon aus, dass das Ich in einem ursprünglichen Akt seiner Freiheit etwas Anderes außerhalb seiner selbst setzt, von dem es sich als es selbst abhebt.[149] Damit gelangt das Ich aber zunächst nur zu dem formalen Begriff einer Unterschiedenheit. Damit das Ich seiner selbst als *Freiheit* bewusst wird, bedarf es einer sittlichen Beanspruchung, die ihm von dem Anderen seiner selbst her begegnet. Erst in der Erfahrung der sittlichen Aufforderung erkennt sich das Subjekt als das, was es ist: als unter dem Anspruch des sittlichen Imperativs stehende praktische Vernunft.

Dass das Ich die sittliche Aufforderung überhaupt als Aufforderung an sich selbst identifizieren kann, setzt freilich eine ursprüngliche Vertrautheit des Ich mit Subjektivität und Freiheit schon voraus. Ein von anderer Freiheit an das Ich ergehender Anspruch ist als solcher nur unter der Voraussetzung verständlich, dass das Ich zuvor schon wusste, was Freiheit ist, und dass das Ich allein ihre Sphäre nicht erschöpft. Dieses Wissen ist dem Ich nach Fichte ursprünglich gegeben. Deshalb kommt ihm die intersubjektive Beziehung nicht erst nachträglich zu. Intersubjektivität ist vielmehr gleichursprünglich mit der Freiheit des Einzelnen.

Auf diese Weise gelangt Fichte zu einem formalen Begriff von Gerechtigkeit, der nicht erst – wie bei Kant – aus einer nachträglichen Ausweitung der individualistischen Ethik auf eine Vielzahl moralischer Subjekte oder aus einem abstrakten Begriff der allgemeinen Menschheitsnatur hervorgeht. Bei Fichte ist nicht mehr das sittliche Individuum Prinzip einer Gesellschaft, deren Ideal wesentlich darin besteht, dass sich alle in ihr lebenden Individuen dem kategorischen Imperativ des Sittengesetzes unterwerfen. Vielmehr sieht Fichte das sittliche Individuum dadurch allererst konstituiert, dass es sich in intersubjektiver Beziehung vorfindet und sittlich beansprucht weiß. „Der Mensch", so Fichte pointiert, „wird nur unter Menschen ein Mensch."[150]

Insofern sich Freiheit darin als sie selbst vollzieht, dass sie sich von der ihr begegnenden Freiheit sittlich beanspruchen lässt, kann Fichte *Schuld* nun begrifflich als Verabsolutierung des eigenen Willens bestimmen. Die Verabsolutierung vollzieht sich darin, dass der

---

149 „Das Ich setzt sich selbst, schlechthin weil es ist. Es setzt sich durch sein blosses Seyn, und ist durch sein blosses Gesetztseyn" (Fichte, *Grundlage der gesamten Wissenschaftslehre* [PhB 246], 1. Teil, § 1).

150 *Grundlage des Naturrecht nach Prinzipien der Wissenschaftslehre* (1796), §§ 3–4 (Sämmtliche Werke; hg. v. I. H. Fichte, III 30–56), hier 39.

Wille die absolute Herrschaft über alles außer ihm beansprucht.[151] Als „Nichtgebrauch der Freiheit" des Menschen[152] oder als „Missbrauch der Freiheit"[153] ist Schuld für Fichte das Böse schlechthin. Wenn Schuld wesentlich darin besteht, dass sich die Freiheit im Vollzug ihrer selbst gegen ihr eigenes Wesen richtet, dann ist in diesem Vollzug selbst das Urteil bereits gesprochen. Der Philosoph Klaus-Michael Kodalle sieht deshalb in Fichte den Prototyp eines „gnadenlosen Denkers".[154] Verwirklicht sich die Gerechtigkeit in der unbedingten Einordnung des eigenen Willens in die Allgemeinheit des Sittengesetzes, dann kann es hier weder Gnade noch Barmherzigkeit geben.[155]

Das von Fichte beschriebene Verhältnis ihrer selbst bewusster Freiheiten ist reziprok. Deshalb konstituiert sich das Verhältnis im Bereich realer Freiheit als ein Verhältnis wechselseitiger Anerkennung. Hegel greift diesen Gedanken in seiner Rechtsphilosophie auf, um eine spekulativen Begriff von „Gerechtigkeit" zu entfalten.

Innerhalb einer jeden geschichtlichen Epoche ist die Sphäre des Rechts nach Hegel jener Bereich, in dem die Anerkennung anderer Freiheit unabhängig von der tatsächlichen Begegnung der Individuen konkret werden kann. In seinen *Grundlinien der Philosophie des Rechts* (1821) begreift er die Gerechtigkeit als Prinzip der Reziprozität der Anerkennung von Freiheitsverhältnissen.[156] Die reziproke Anerkennung von Freiheitsverhältnissen soll durch eine bestehende Rechtsordnung ermöglicht werden. Im geschichtlichen Kontext des Staates hat das Recht jene Bedingungen zu garantieren, unter denen die wechselseitige Anerkennung von Freiheiten möglich wird.

Der Begriff wechselseitiger Anerkennung ist für Hegels Rechtslehre grundlegend. Er begegnet bereits in der *Phänomenologie des*

---

151 Vgl. Marco Ivaldo, *Das Problem des Bösen bei Fichte,* in: Fichte-Studien. Beiträge zur Geschichte und Systematik der Transzendentalphilosophie III. Sozialphilosophie (Amsterdam – Atlanta, 1991) 154–69, hier 165.
152 Fichte, *Das System der Sittenlehre* (GA V, 169).
153 Fichte, *Die Bestimmung des Menschen* (GA I/6, 299).
154 Vgl. Klaus-Michael Kodalle, *Fichtes Einheitsphilosophie: „Erpresste Versöhnung"?,* in: Michael Th. Greven u.a. (Hg.), Bürgersinn und Kritik (FS Udo Bermbach), Baden-Baden 1998, 49–68.
155 Vgl. Hansjürgen Verweyen, *Recht und Sittlichkeit in J.G. Fichtes Gesellschaftslehre* (Symposion 50), Freiburg – München 1975.
156 Vgl. Ludwig Siep, *Anerkennung als Prinzip der praktischen Philosophie. Untersuchungen zu Hegels Jenaer Philosophie des Geistes,* Freiburg – München 1979; Andreas Wildt, *Autonomie und Anerkennung. Hegels Moralitätskritik im Lichte seiner Fichte-Rezeption,* Stuttgart 1982.

Geistes (1807), wenn Hegel dort im Kapitel über „Das Gewissen. Die schöne Seele, das Böse und seine Verzeihung" zum Begriff der Versöhnung bemerkt: „Das Wort der Versöhnung ist der *daseiende* Geist, der das reine Wissen seiner selbst als *allgemeinen* Wesens in seinem Gegenteile, in dem reinen Wissen seiner als der absolut in sich seienden *Einzelheit* anschaut, – ein gegenseitiges Anerkennen, welches der *absolute* Geist ist".[157] Zwar geht es hier nicht um die Beziehung zwischen sittlichen Personen, sondern um das Verhältnis von individuellem Gewissen und allgemeiner Gesetzlichkeit. Doch auch dieses Verhältnis wird im Idealfall als „gegenseitiges Anerkennen" gefasst. Und hierin besteht nach Hegel das Wesen der Versöhnung.

Besonders Levinas hat gegenüber Hegel kritisch darauf hingewiesen, dass der Gedanke einer reziproken Beziehung die Wirklichkeit nicht nur der Schuld, sondern der ethischen Beziehung überhaupt verfehlt. Seiner Auffassung nach ist diese nämlich grundlegend durch eine Asymmetrie gekennzeichnet.[158] Deshalb will Levinas den Begriff der Gerechtigkeit nicht als reziproke Symmetrie einander anerkennender Freiheiten gedacht wissen. Tatsächlich ist der Eindruck kaum zu vermeiden, als werde Hegels Begriff der Gerechtigkeit der Abgründigkeit von Schuld nicht gerecht. Dies tritt besonders auch dort zutage, wo Hegel über die Rechtsform der Amnestie bzw. der Begnadigung eines Verbrechers von Seiten des Staates handelt.[159]

Bevor der Beitrag von Levinas zu einer Verhältnisbestimmung von Gerechtigkeit und Barmherzigkeit Gottes dargestellt wird, soll zunächst der Spur des transzendentalen Idealismus weiter gefolgt werden. Denn dieser sah sich nach Kant und Fichte mit der Frage konfrontiert, wie angesichts der universalen Gültigkeit des Sittengesetzes sittliche Individualität zu denken ist. Zwar setzt das Bewusstsein der Freiheit die Anerkennung anderer Freiheit als Freiheit voraus. Wie aber kann vermieden werden, den Anderen als Einzelfall jenes Abstrakten wahrnehmen, das „andere Freiheit" heißt? So nämlich liefe die Ethik Gefahr, in ein Unpersönlich-Allgemeines

---

157 *Phänomenologie des Geistes* VI.C.c (PhB 414, 411).
158 Vgl. dazu Rainer Rotermundt, *Konfrontationen: Hegel, Heidegger, Levinas. Ein Essay*, Stuttgart 2006. Rotermundt hält zwar die Kritik von Levinas an Hegel für nicht stichhaltig, bietet ab doch einen guten Überblick über die Hegel-Rezeption von Levinas.
159 So meint Hegel etwa, dass die eine Begnadigung das Verbrechen „ungeschehen" macht: *Grundlinien der Philosophie des Rechts*, § 282. 295. – Vgl. dazu Ludwig Siep, *Der Weg der „Phänomenologie des Geistes". Ein einführender Kommentar*, Frankfurt am Main 2000, 215.

abzugleiten. Dann aber wären weder Vergebung noch Versöhnung mehr denkbar. Diese setzen nämlich nicht nur das Bewusstsein der Schuld voraus, sondern auch die Hoffnung darauf, dass in der Unmittelbarkeit des Verzeihens Schuld überwunden werden kann.

Eben diese Überlegungen leiten Hermann Cohens Kritik an Kants praktischer Philosophie. Indem Cohen die Frage nach der Möglichkeit sittlicher Individualität mit dem Hinweis auf die Fehlbarkeit des Menschen und die Notwendigkeit des Verzeihens beantwortet, eröffnet seine Philosophie neue Perspektiven für die Frage nach dem Verhältnis von Gerechtigkeit und Barmherzigkeit Gottes.

4.3 Schuld als „Entdeckungsgrund des Individuums" und als „Geburtsstätte der Religion": Hermann Cohen

In der Philosophie der Neuzeit gilt Schuld meist als „Kehrseite der Freiheit"; als solche erscheint sie nur selten als Gegenstand ethischer Reflexionen.[160] Eine Ausnahme hierzu bildet der Neukantianer Hermann Cohen (1842–1918). Besonders in seinen späten Schriften hat er sich dem Phänomen der Schuld zugewandt. Im Gegenzug zu Kant begreift Cohen die Schuld als Prinzip sittlicher Individualität. Weil aus der Fehlbarkeit des Menschen das Postulat des Verzeihens erwächst, sieht Cohen in der Schuld die „Geburtsstätte der Religion".

4.3.1 Das Problem der sittlichen Individualität

Kants Versuch, die Verbindlichkeit der sittlichen Pflicht angesichts der Spannung zwischen Glückseligkeitsstreben des Menschen und dessen faktischem Scheitern aufrechtzuerhalten, führte ihn zu den beiden Postulate der Unsterblichkeit der Seele und der Existenz Gottes. Dabei betont Kant den hypothetischen Charakter seiner Postulate, um die Autonomie des sittlichen Subjektes nicht zu ge-

---

160 Für Jörg Splett ist Schuld „eigentlich kein Thema der Ethik". Deren Frage nämlich sei „das Gute, insofern es getan werden soll". Diese Forderung gilt nach Splett „nicht nur unabhängig von der Schuld, sondern gewissermaßen sogar um sie unbekümmert fort". Nicht die Ethik wird nach Splett deshalb von der Schuld betroffen, wohl aber der Mensch, insofern er sich als ein Wesen wahrnimmt, das hinter dem von seiner Freiheit selbst gesetzten Maß des Handelns nicht nur zurückbleiben *kann*, sondern faktisch immer wieder zurückbleibt. – Vgl. Jörg Splett, Art. „*Schuld*", in: HPhG 5, München 1974, 1279.

fährden. Muss aber eine „reine Ethik", wie sie Kant anstrebte, nicht ohne die Postulate der Existenz Gottes und der Unsterblichkeit der Seele auskommen können?

Hermann Cohen, zusammen mit Paul Natorp führender Vertreter des Marburger Neukantianismus, hat deshalb in seiner frühen Schrift *Kants Begründung der Ethik* (1877; 2., erw. Aufl. 1910) Kants Postulatenlehre mit dem Hinweis zurückgewiesen, Kant verzichte damit auf eine ethisch-autonome Begründung des Sittengesetzes und versperre sich so den Weg zu einer reinen Moral.[161] Cohen sieht in Kants Postulatenlehre den Versuch einer „nachträgliche[n] Versöhnung der formalen Ethik mit dem Eudämonismus".[162] Entgegen seiner erklärten Absicht sei es Kant nicht gelungen, eine Begründung der Ethik aus sich selbst zu liefern.

Anders als Kant lässt Cohen „Gott" und „Seele" allein als „Hypothesen zur Befriedigung eines systematischen Vernunftinteresses" gelten: Mit der Gottesidee wird die Einheit zwischen dem Bereich des Ethischen und der Natur gedacht, mit der Idee der Seele die Einheit zwischen der moralischen und der natürlichen Teleologie. Gott ist aber „nicht [...] Urheber des Sittengesetzes; nicht Austeiler der Glückseligkeit, noch auch Hersteller und Ergänzer der materialen Bedingungen für die physische Möglichkeit eines in der Glückseligkeit gedachten Endzwecks [...] nicht Urheber der intelligiblen Zweckmäßigkeit im Reiche der Natur".[163]

In seiner *Ethik des reinen Willens* (1904; 2., rev. Aufl. 1907) stuft Cohen die Religion als eine zwar notwendige, aber doch zu überwindende Vorstufe der reinen Ethik ein.[164] Die Gottesidee garantiert nicht die Teleologie eines sinnvollen Erfahrungs- und Handlungszusammenhangs. Bestenfalls erklärt sie den bloßen Bestand einer Welt, innerhalb derer der Mensch sittlich handeln kann.[165] „Gott" ist für Cohen vielmehr jenes Absolute, von dem her die Differenz zwischen theoretischer und praktischer Vernunft

---

161 *Kants Begründung der Ethik*, 353–355.
162 *Kants Begründung der Ethik*, 320. – Vgl. zu Cohens Kritik auch Giovanni B. Sala, *Wohlverhalten und Wohlergehen. [Teil 2] Der moralische Gottesbeweis und die Frage einer eudämonistischen Ethik,* in: ThPh 68 (1993) 368–398.
163 *Kants Begründung der Ethik*, 365.
164 Vgl. *Ethik des reinen Willens*, 586 f.
165 Beide Konzeptionen implizieren das von Cohen ungelöste Problem, inwieweit von dem bloßen Gedanken Gottes auf dessen faktisches Wirken als teleologisches oder ontologisches Prinzip von Welt und Mensch zurückgeschlossen werden kann. – Vgl. Potthoff, *Schuld als Geburtsstätte der Religion,* 304.

als solche gedacht und so auf ihre übergeordnete Einheit hin transzendiert werden kann. Die Idee Gottes ist als Inbegriff der Wahrheit gefasst; sie garantiert die Einheit des Bewusstseins, die Einheit von Sein und Sollen, die Einheit von Natur und Freiheit. „Gott" ist Idee der menschlichen Vernunft, nicht Sein oder Substanz. Als Idee der menschlichen Vernunft steht sie für die Realität des Sittlichen, ohne zugleich ein „Reich der Zwecke" als existierend oder ein „höchstes Gut" als real erreichbar garantieren zu müssen, dessen Verwirklichung durch die zweckwidrigen Übel in der Welt behindert oder gar unmöglich gemacht würde.

Auch in seiner Spätschrift *Der Begriff der Religion im System der Philosophie* (1915) hält Cohen daran fest, dass die Idee Gottes in der Weise als Prinzip der Ethik fungiert, dass sie die Kohärenz des Erfahrungs- und Handlungszusammenhangs sichert. Für Cohen ist „Gott" Zielbegriff und „Schlussstein" im Gebäude der menschlichen Vernunft.[166]

Darüber hinaus aber wird für Cohen jetzt die Individualität des sittlichen Subjekts zum Problem. Denn die Forderung des Sittengesetzes beinhaltet, dass sich der Mensch dessen Allgemeinheit unterwirft. Kann aber die Forderung der Ethik wirklich darin bestehen, „dass das Individuum vergehen muss vor der Allheit der Menschheit"?[167] Ist doch die Ethik keine „Selbstvernichtungslehre", sondern Anleitung zu jener Praxis, das „wahrhafte Leben des ewigen sittlichen Strebens" zu führen.

Cohen betont die Spannung zwischen individuellem Glückseligkeitsstreben und universaler moralischer Verpflichtung. Welchen Ort hat innerhalb dieser Spannung das sittliche Subjekt? In seinem ethischen Bemühen findet es sich keineswegs als dasjenige vor, dessen sittliches Streben sich auf dem stetigen Weg der Vervollkommnung befindet. Vielmehr nimmt es sich als „durchweg verkehrt und von Grund aus verdorben" wahr.[168] Das Bewusstsein der Schuld ist die Kehrseite individueller Freiheit; hier offenbart sich, dass sittliche Identität nicht in der Erfüllung einer allgemeinen Pflicht aufgeht. Gerade im Bewusstsein der Schuld aber, so Cohen, „schrumpft der Mensch zu einem Individuum zusammen".[169] Schuld wird so zum „Entdeckungsgrund des In-

---

166 *Der Begriff der Religion im System der Philosophie* (*Werke* 10), 50.
167 *Begriff der Religion*, 53.
168 *Begriff der Religion*, 54.
169 *Begriff der Religion*, 55.

dividuums, das sich nicht in das transzendentale Ich der Ethik aufheben lässt".[170]

Kann das seiner Schuld bewusste Individuum sein sittliches Streben an einer Ethik der Allgemeinheit ausrichten, wenn es sich von der Schuld befreien will? „Das Individuum fühlt sich von der Sünde beschwert. Da soll ihm nun die Ethik helfen mit ihrem Aufruf zur Allheit. Ist denn aber das Individuum in diesem Stadium seiner Selbsterkenntnis von der Sünde dieses Augenblicks fähig und zu seinem Aufstieg vorbereitet?"[171] In der Spannung zwischen der ethischen Forderung einerseits und dem lähmenden Bewusstsein der Schuld andererseits zeigt sich das Individuum einer „Errettung" bedürftig.[172]

Cohen zufolge bietet die reine Ethik von sich aus keinerlei Möglichkeit, das Individuum aus dem Bewusstsein der Schuld zu befreien. Dies vermag allein die Religion. Sie nämlich beantwortet das Bewusstsein der Schuld mit einer Perspektive der „Erlösung und Versöhnung".[173] Diese Perspektive beinhaltet die Befreiung des Menschen von seiner Schuld. Die Möglichkeit, von Schuld befreit und so von ihr „erlöst" zu werden, ist nach Cohen dem Gottesgedanken der Religion wesentlich.

Anders als in Kants philosophischer Ethik erscheint Gott in der Religion nicht mehr nur als Garant der äußeren Bedingungen der Sittlichkeit, sondern als der Gott der Sündenvergebung. Das „Neue in der Leistung" des Gottes der Religion ist die „Erlösung des Individuums von der Sünde".[174] Der „Gott der Vergebung, der Erlösung und der Versöhnung" erweist sich für Cohen als die notwendige „Ergänzung zum Gott der Ethik".[175] Angesichts der menschlichen Schuld wird die Ethik zur Religionsphilosophie: „Die Gottesidee fungiert in der Religion nicht mehr wie in der Ethik als Erhalter von Menschheit und Welt zum Zwecke der Sicherung der Unendlichkeit sittlicher Bemühungen, sondern als Garant der Zukunft sittlicher Bemühungen angesichts der Schuld des Individuums."[176]

---

170 Potthoff, *Schuld als Geburtsstätte der Religion*, 310; vgl. auch Schaeffler, *Schulderfahrungen und sittliche Identität*.
171 *Begriff der Religion*, 55.
172 *Begriff der Religion*, 57.
173 *Begriff der Religion*, 57.
174 *Begriff der Religion*, 63.
175 *Begriff der Religion*, 65.
176 Potthoff, *Schuld als Geburtsstätte der Religion*, 306.

Cohen sieht in der Erfahrung sittlicher Verfehlung eine fundamentale Kategorie praktischer Philosophie. Soll das sittliche Handeln nicht unter der Last der Schuld erdrückt werden, erhebt sich angesichts des Bewusstseins der Schuld das Postulat realer Vergebung. Denn in der Erfahrung sittlicher Verfehlung ist die Identität des sittlichen Subjektes und darin die Möglichkeit gefährdet, in einer dem sittlichen Gebot entsprechenden Weise zu handeln. Indem sich das Individuum als sündig bekennt, spricht es eine religiöse Sehnsucht nach Erlösung aus. Diese „geht von der Seele des Individuums aus [...] und sie wird auf das Individuum, auf das Selbst der Seele auch wieder zurückgeleitet, so dass die Seele nicht verschmachtet in ihrem Durste, [...] sondern errettet und erlöst wird".[177]

Dabei freilich beschränkt sich der Begriff des erlösenden Gottes auf die „persönliche Bürgschaft" für die Erhaltung und Wiedergewinnung individueller Sittlichkeit.[178] Religion hingegen besteht „in dem Verlangen nach Gott [...], in dem Verlangen nach einem Wesen *außer* dem Menschen, aber *für* den Menschen".[179] Der formale Begriff der Erlösung schließlich beinhaltet die Hoffnung, dass Gott die Schuld des Menschen vergibt und ihn so in den Stand versetzt, wieder dem sittlichen Gebot entsprechend zu handeln.

Auch im *Begriff der Religion im System der Philosophie* bleibt also die Existenz Gottes ein Postulat der praktischen Vernunft. Die Idee Gottes aber wird von Cohen – anders als von Kant – so gefasst, dass sie wesentlich dadurch bestimmt ist, angesichts der Realität menschlicher Schuld deren Neubestimmung zu ermöglichen, indem Vergebung und Versöhnung als dem sittlichen Handeln immanente Möglichkeiten vorgestellt werden.

Dem Gottesgedanken misst Cohen in diesem Rahmen nicht die Funktion bei, die Verbindlichkeit des Sittengesetzes zu sichern, indem das „höchste Gut" – verstanden als Proportioniertheit von Tugend und Glückseligkeit – als real erreichbar vorgestellt wird. Vielmehr dient der Gottesgedanke dazu, das Je-neu-beginnen-Können der schuldig gewordenen, d.h. ihre Bestimmung verfehlt habenden Freiheit des sittlichen Individuums zu denken.

---

177 *Begriff der Religion*, 99.
178 *Begriff der Religion*, 116.
179 *Begriff der Religion*, 138.

4.3.2 Verzeihung und Gottesgedanke

Für die Ausgangsfrage nach dem Verhältnis von Gerechtigkeit und Barmherzigkeit Gottes bedeutet dies, dass Gott nicht nur als „strenger Richter" (Kant) zu postulieren ist, der die Verbindlichkeit des Sittengesetzes garantiert. Gott ist vielmehr als „barmherzig" zu denken, insofern er der sich verfehlt habenden Freiheit die Möglichkeit der Neubestimmung einräumt. Letztendlich gelangt Cohen auf diesem philosophischen Wege dazu, Gott als Einheit von Gerechtigkeit und Liebe zu postulieren.

Ist bei Kant im Grenzbegriff der Gnade bereits die Notwendigkeit der Neubestimmung verfehlter Freiheit angedeutet, so bleibt deren Gehalt doch unbestimmt. Cohen hingegen spricht nicht von einer abstrakten Gnade, sondern vom konkreten Gegenüber Gottes und der Gemeinde. Aus diesem Gegenüber geht der Zuspruch der Vergebung hervor. Er erfolgt auf die konkreten Situationen zwischenmenschlicher Begegnung hin, die durch Verfehlung und Schuld charakterisiert sind. Damit tritt auch im Rahmen einer sich autonom begründenden Ethik die interpersonale Dimension des Versöhnungsgeschehens in den Blick.

In Cohens späten Schriften wandelt sich auch der Gottesgedanke von einem Postulat der praktischen Vernunft zum Ideal eines personalen Gegenübers. Dessen wirksame Vergebung ermöglicht allererst das sittliche Handeln des Menschen.[180] Cohen spricht schließlich von einer „Korrelation" von Gott und Mensch. Sie macht das Wesen von Religion aus. Diese wiederum ermöglicht sittliches Handeln dadurch, dass sie wesentlich die Dimension der Vergebung und der Versöhnung beinhaltet.[181]

Für Cohen ersetzt Religion die Ethik nicht, sondern ergibt sich aus ihr zwangsläufig, wenn sie in realistischer Selbsteinschätzung

---

180 Vgl. Peter A. Schmid, *Ethik als Hermeneutik. Systematische Untersuchungen zu Hermann Cohens Rechts- und Tugendlehre* (Studien und Materialien zum Neukantianismus 5), Würzburg 1995; Stéphane Moses/Hartwig Wiedebach (Hgg.), *Hermann Cohen's Philosophy of Religion*; Ollig, *Religion und Freiheitsglaube;* Ders., *Die Aktualität von Cohens später Religionsphilosophie;* Dreyer, *Die Idee Gottes im Werk Hermann Cohens.*

181 Zu Cohens Begriff der „Korrelation" vgl. Altmann, *Hermann Cohens Begriff der Korrelation,* in: In zwei Welten (FS Siegfried Moses), Tel Aviv 1962, 377–399; Andrea Poma, *Die Korrelation in der Religionsphilosophie Cohens: eine Methode, mehr als eine Methode,* in: Neukantianismus. Perspektiven und Probleme, hg. v. Ernst Wolfgang Orth/Helmut Holzhey, Würzburg 1994, 343–365; ferner Launay, *Die Versöhnung als Abwandlung des Ursprungsprinzips in der Korrelation zwischen Gott und Mensch.*

des sittlichen Bemühens das Bewusstsein ihres möglichen Scheiterns zulässt. Soll angesichts dessen die Erfüllung des sittlichen Anspruchs nicht als Sisyphusarbeit erscheinen, und soll das sittliche Streben durch das Bewusstsein der Schuld nicht überhaupt vereitelt werden, dann kann es nach Cohen nur „zum Abschluß kommen in der Vergebung der Sünde durch Gott".[182]

Im Zusammenhang von Sünde, Vergebung und Versöhnung will Cohen deshalb „Gott" nicht mehr nur als bloßes Postulat der praktischen Vernunft verstanden wissen, sondern als ein personales Gegenüber: „Gott ist auch selbst im ethischen Sinne nicht das Gute: er ist der Gute. Die ganze Sache der Sittlichkeit wird damit in das Wesen Gottes gehoben, und die Sache dadurch unausweichlich in den Begriff eines Subjekts aufgehoben. Gott muss daher, als Guter, eine personartige Leistung der Güte zu vollziehen haben".[183] Diese „personartige Leistung der Güte" ist die Sündenvergebung. Sie macht die „Spezialität der Güte Gottes"[184] aus.

Hatte Kant dadurch die sittliche Autonomie des Menschen zu wahren versucht, indem er das Postulat der Existenz Gottes in den Grenzen der bloßen Vernunft erhob, so ist für Cohen gerade die Korrelation von Gott und Mensch konstitutiv für die Möglichkeit, sittlich zu handeln. Die Korrelation aber setzt die Differenz und insofern ein Gegenüber voraus. Wird diese Korrelation in ein Selbstverhältnis der sittlichen Vernunft aufgehoben, dann findet das sittliche Subjekt kein Gegenüber mehr, von dem her es sich in die Ursprünglichkeit des sittlichen Bemühens freisetzen lassen könnte.[185]

Für Cohen ist die Hoffnung auf Sündenvergebung zentraler Gehalt einer „Religion der Vernunft". Diese sucht er „aus den Quellen des Judentums" zu gewinnen.[186] Die Dialektik von unbedingtem Anspruch der sittlichen Vernunft einerseits und Endlichkeit des

---

182 *Religion der Vernunft*, 242.
183 *Religion der Vernunft*, 243.
184 *Religion der Vernunft*, 244.
185 Vgl. *Religion der Vernunft*, 127.
186 So der Titel seines 1919 posthum erschienenen Werkes *Die Religion der Vernunft aus den Quellen des Judentums*. In der Zweitausgabe wurde der Titel korrigiert: *Religion der Vernunft aus den Quellen des Judentums*. Im Folgenden wird zitiert aus dem ND Darmstadt 1966. – Zu Cohens jüdischem Hintergrund vgl. auch Friedrich G. Friedmann, *Hermann Cohen und Franz Rosenzweig – Abkehr vom deutschen Idealismus*, in: Ders., *Von Cohen zu Benjamin. Zum Problem deutsch-jüdischer Existenz* (Kriterien 58), Einsiedeln 1981, 7–33.

schuldigen Individuums andererseits führt nämlich nicht zu einem postulatorischen Vernunftglauben, sondern zu einer Theorie der Religion. Religion wird als eine lebendige Korrelation von Gott und Mensch begriffen, die sich vorzugsweise im Gebet vollzieht. Neben eine „monologische Logik der Selbsterhaltung" tritt beim späten Cohen deshalb eine „dialogische Logik kommunikativer Freiheit".[187]

Angesichts der Grenzerfahrung der Schuld konstituiert sich das Individuum in der Korrelation zu einem nun personal verstandenen Gott als „absolutes Individuum" und somit als Ich. Dabei hat der Gottesgedanke die Funktion, in der Vergebungszusage das Je-neu-beginnen-Können der schuldhaft selbstverfehlten Freiheit des moralischen Subjekts denkbar werden zu lassen.

Im *Begriff der Religion* hatte Cohen im Bewusstsein der Schuld die „Geburtsstätte der Religion" erblickt.[188] Ähnlich heißt es auch in der *Religion der Vernunft:* „Wenn der Mensch das Bewusstsein seiner Schuld nicht abtun darf, so ist es die Ethik selbst, welche ihn an die Religion, an die Korrelation mit Gott verweist."[189] Denn, so Cohen, nach Maßgabe des Rechts wird stets nur über Verbrechen und Strafe geurteilt. „Abgewehrt dagegen muß die Befugnis vom Richter werden: daß er mit dem Schuldig auch über die Schuld des Menschen ein Urteil zu sprechen hätte".[190] In der Schuld aber wird sich der Mensch seiner Individualität bewusst. Ohne das Bewusstsein seiner Schuld gewahrt er sich lediglich als ein Einzelwesen innerhalb einer Mehrheit, ist er nur „das Ich zum Du".[191]

Zwar wird der Mensch durch das Du zum Ich.[192] Aber nur als „absolute" Identität lässt sich die Identität des Menschen von jener unterscheiden, die sich daraus ergibt, dass sich der Mensch als Adressat des universalen Sittengesetzes begreift. Als solcher gelangt

---

187 Hans Ludwig Ollig, *Hermann Cohen und das Problem der Selbsterhaltung. Zur Diskussion eines Paradigmas neuzeitlicher Philosophie*, in: ThPh 56 (1981) 507–534.
188 So pointiert formuliert in *Der Begriff der Religion* (Werke 10), 54.
189 *Religion der Vernunft*, 195.
190 *Religion der Vernunft*, 194.
191 *Religion der Vernunft*, 192.
192 Vgl. *Religion der Vernunft*, 208: „Nur durch das Du soll das Ich zur Erzeugung kommen. […] Aber ist denn etwa das Ich nur das Fazit des Du? Oder bildet nicht vielmehr das Du zwar die notwendige Vorbedingung, aber nicht die hinlängliche schöpferische Kraft, die aus dem Ich selbst hinzukommen muss, […] damit es zu einer positiven Erzeugung gelange?"

er nämlich immer nur dazu, sich als ein sittliches Subjekt *neben* einer Vielzahl weiterer Subjekte zu verstehen. Der „höchste Triumph der Ethik" ist denn auch nach Cohen die „Auflösung des Individuums".[193] Während die Ethik das Individuum „nur in der Projektion der Allheit zu erzeugen vermag", ist es der „Triumph der Religion", dass es ihr gelingt, das „sittliche Vernunftwesen" hervorzubringen".[194]

Zur *Absolutheit* des Bewusstseins – und somit zum Bewusstsein seiner absoluten Individualität als Ich – gelangt der Mensch nicht durch Ethik allein. Das Bewusstsein seiner absoluten Individualität erlangt er erst dadurch, dass er jenseits aller Allgemeinheit – und damit beispielsweise auch des Rechts – seine Schuld frei anerkennt und übernimmt. Führt die Erfüllung der sittlichen Pflicht den Menschen in die Allgemeinheit, so deren Verweigerung in der Schuld zur Besonderheit. Deshalb gelangt der Mensch erst durch die Übernahme seiner Schuld zur unverwechselbaren Individualität und damit zur absoluten Identität.[195]

Die freie Übernahme der Schuld ist die notwendige, nicht aber die hinreichende Bedingung dafür, dass das Bewusstsein der Individualität hervortreten kann. Denn Schuld ist für den Menschen zunächst ein „Problem", nicht aber eine schöpferische Kraft. Denn die Tat, die rückblickend nun als Schuld übernommen wird, ist einerseits die Tat, in der sich das Individuum allererst als es selbst konstituiert. Indem sie aber als „Schuld" anerkannt wird, distanziert sich der Mensch zugleich von ihr. Wie kann er in und aus dieser Spannung heraus existieren? Cohen zufolge ist das nur so möglich, dass der Mensch im Eingeständnis seiner Schuld die Korrelation zu Gott sucht. Denn nur in dieser Korrelation – und damit in der Religion – ist die Dialektik von Affirmation und gleichzeitiger Negation dahingehend aufgelöst, dass von einer Instanz außerhalb des sittlichen Bewusstseins „Lossprechung" – und damit „Erlösung" – möglich wird.[196]

---

193 *Religion der Vernunft*, 208 f. Cohen wendet sich in diesem Zusammenhang, wenngleich implizit, gegen Hegel: „Das ethische Individuum geht unter als isoliertes Einzelwesen […] und es vollzieht seine Auferstehung im Ich des Staates".

194 *Religion der Vernunft*, 218.

195 „Das Individuum soll sich ja erst durch die Sünde als Ich entfalten" (*Religion der Vernunft*, 216). Und: „Durch die Sünde vor Gott soll sich das Individuum zum Ich hindurchringen" (ebd., 219).

196 Vgl. *Religion der Vernunft*, 268: „Die Erlösung ist die Befreiung von der Sünde." Nach Cohen geht es bei der Erlösung um „die Versöhnung des

Weil sich der Mensch „nach seiner subjektiven Zugehörigkeit zum Reiche der sittlichen Wesen" gar nicht lossprechen *darf,* zugleich aber lossprechen *muss,* um die Dialektik von Affirmation und Negation zu überwinden und sittlich handeln zu können, bleibt für ihn nur die Religion: „Wenn jetzt nicht die Korrelation zu Gott für ihn in Kraft träte, so wäre er schlechterdings für die sittliche Welt, für sein Bewusstsein in ihr verloren."[197] Wenn nämlich „das sündige Ich nur als Durchgangspunkt zu gelten hat für die Erzeugung des neuen, von der reinen Ethik noch nicht erzeugten Ich, so kann es nicht das sündige Ich bleiben. Die *Befreiung* von der Sünde muss das Ziel werden, durch dessen Erreichung erst das neue Ich zur Erzeugung kommt."[198]

In der Befreiung von der Sünde sieht Cohen die notwendige Voraussetzung für die „Verwandlung des Individuums in das Ich". Hieraus resultiert ein neuer Begriff von Erlösung: Diese „erfolgt allein durch Gerechtigkeit".[199] Was aber bedeutet hier „Gerechtigkeit"? Wenn „Erlösung" begrifflich als Befreiung von der Sünde des Individuums zu fassen ist, dann kann hierfür auch der Begriff der *Versöhnung* gebraucht werden. Gemeint ist damit freilich in erster Linie die Versöhnung des Individuums mit sich selbst und – damit einhergehend – seine „Erzeugung" als ein individuelles Ich.

Aber nicht nur das Individuum gelangt im Bewusstsein seiner Schuld und in der Hoffnung auf Vergebung „als Ich zur Entdeckung"; vielmehr gelangt „auch die Idee Gottes zu einer neuen Bedeutung".[200] Diese verleiht der Religion einen definierten Eigenstand gegenüber der Ethik. Religion lässt sich fortan nicht einfachhin in Ethik auflösen. Diese „neue Bedeutung" besteht darin, dass Gott die dem Menschen als Individuum aufgegebene Versöhnung mit sich selbst – d. h. mit jenen Widersprüchen, die ihn daran hindern, zur Einheit des Ich zu gelangen – zur Vollendung gelangen lässt. Eben darin besteht sein Erlösungswerk: „Die Sünde vor Gott

---

    Menschen mit den *Widersprüchen,* die sein Individuum nicht zur *Einheit des Ich* kommen lassen" (ebd., 220).

197 *Religion der Vernunft,* 196. Dort heißt es weiter: „Wenn wir die Religion in Anspruch nehmen für die Schuld des Menschen, und wenn wir ihr die Erzeugung des Ich-Individuums zusprechen, so lösen wir damit nicht ihren Zusammenhang mit der Ethik, sondern machen diesen vielmehr erst wirksam, so dass die Ethik selbst den Übergang zur Religion fordern muss."

198 *Religion der Vernunft,* 218.

199 *Religion der Vernunft,* 219.

200 *Religion der Vernunft,* 216.

führt uns zum Menschen als Ich. Die Sünde vor Gott führt uns zur Erlösung durch Gott. Die Erlösung durch Gott führt uns zur Versöhnung des Menschen mit sich selbst. Und diese erst führt uns in letzter Instanz zur Versöhnung des Ich mit Gott. Die Versöhnung mit Gott erst ist es, die das Individuum zur Reife bringt als Ich."[201] Denn die Erlösung besteht in der „Versöhnung des Menschen mit Gott, und durch sie in der des Menschen mit sich selbst, in sich selbst, ja zu sich selbst".[202]

Weil die Notwendigkeit der Versöhnung mit Gott für das Hervortreten des Ich nicht unerfüllt bleiben kann, soll das sittliche Bemühen angesichts seines fortdauernden Scheiterns nicht ins Leere gehen, kann die neue Bedeutung der „Idee Gottes" darin gesehen werden, dass er die Sünde vergibt und so Umkehr ermöglicht. Oder, biblisch gesprochen: Gott ist ein Gott der Barmherzigkeit und nicht der strafenden Rache.[203] Er ist derjenige, der in seiner Allmacht das Individuum vom Bewusstsein der Schuld befreit und so Vergebung und Versöhnung möglich macht. Gott ist „Erlöser von der Sünde". Oder: „Das Wesen Gottes ließe sich nicht in seiner Vollendung begrifflich erkennen, wenn nicht die Sündenvergebung seine eigentliche Aufgabe wäre."[204] Das wesentliche Attribut Gottes ist nach Cohen das der „Verzeihung".

Damit erachtet Cohen die Autonomie des sittlichen Bewusstseins nicht als eingeschränkt. Denn die Idee Gottes besteht wesentlich darin, der „unendlichen Aufgabe" der Abkehr des Menschen von seiner Schuld und der Hinwendung zum sittlich Gebotenen einen Abschluss zu geben. Dies geschieht in der Vergebung: „Gott kann keine Aufgabe stellen, die eine Sisyphusarbeit wäre. Die Selbstheiligung muss zu dem unendlichen Abschluss kommen in der *Vergebung* der Sünde durch Gott."[205] Damit ist kein Eudaimonismus

---

201 *Religion der Vernunft*, 221. – Vgl. auch: „Durch die eigene Sünde wird der Mensch zuerst zum Individuum. Durch die Möglichkeit der Abkehr aber von der Sünde wird das sündige Individuum zum freien Ich" (225).
202 *Religion der Vernunft*, 235.
203 Vgl. *Religion der Vernunft*, 225.
204 *Religion der Vernunft*, 243. Vgl. auch 244: „Die Sündenvergebung wird die eigentliche Spezialität der Güte Gottes." Und: „Es ist das Wesen Gottes, die Sünde des Menschen zu vergeben. Es ist dies der wichtigste Inhalt der Korrelation von Gott und Mensch" (249). „Es ist der Sinn Gottes und ebenso der Sinn des Menschen, dass Gott zu Menschen die Versöhnung zu erteilen habe" (250).
205 *Religion der Vernunft*, 241 f.

gegeben; denn die Abkehr des Menschen von seiner Sünde und seine Hinwendung zum Sittengesetz – das auch Cohen als „Gebot Gottes" aufgefasst wissen will[206] – beinhalten Gottes Vergebung nicht als äußeres Ziel, sondern als inneres Moment.

Der *Weg* der Umkehr umfasst von Seiten des Menschen das Bekenntnis der Schuld und die Bitte um Vergebung. Schuld wird als „Sünde *vor* Gott" verstanden und somit als Selbstverfehlung endlicher Freiheit.[207] Sie ist dadurch abzutragen, dass der Mensch die in der Schuld verlorene Identität mit sich selbst durch Buße wiederherzustellen sucht. Dabei versteht Cohen Buße als „Selbstarbeit", durch die der Mensch seine sittliche Identität zurückgewinnt. Denn die Autonomie des menschlichen Willens darf auch im Vollzug der Versöhnung nicht angetastet werden. Die Versöhnung geschieht deshalb *vor* Gott, nicht etwa *durch* Gott.[208] Buße und Opfer zielen deshalb auf die Selbsterkenntnis der Sünde, und diese wiederum wird als Durchgangsstadium mit dem Ziel der „Befreiung und Reinheit des sittlichen Bewusstseins"[209] gedeutet: „Buße ist Selbstheiligung."[210]

Die „Selbstarbeit" der Buße geschieht wesentlich in der Gestalt des öffentlichen Gottesdienstes, nicht aber „in der Stille und im Geheimnis des Menschenherzens".[211] Denn die Gemeinde hat die Aufgabe, „dem Individuum Beistand [zu] leisten für seine Reifung zum Ich".[212] Von daher bemüht sich Cohen um eine philosophische Rekonstruktion der „Sprachhandlung" des Gebetes.[213] Im Bekenntnis seiner Schuld und in der Bitte um Vergebung stellt sich der Mensch ausdrücklich in eine Beziehung zu Gott. In ihr gewinnt er seine im Bewusstsein der Schuld verlorene personale

---

206 Vgl. *Religion der Vernunft*, 236.
207 *Religion der Vernunft*, 218. Aber: „Nur diejenige Sünde des Individuums haben wir allein als Sünde vor Gott zu erkennen, welche das menschliche Individuum an das menschliche Ich emporhält" (ebd.).
208 Vgl. *Religion der Vernunft*, 235.
209 *Religion der Vernunft*, 236.
210 *Religion der Vernunft*, 239. „Heiligung ist das Ziel; Selbstheiligung ist das einzige Mittel" (ebd.).
211 *Religion der Vernunft*, 228.
212 *Religion der Vernunft*, 233.
213 Vgl. Hans-Ludwig Ollig, *Hermann Cohen und das Problem der Selbsterhaltung. Zur Diskussion eines Paradigmas neuzeitlicher Philosophie*, in: ThPh 56 (1981) 507–534; Richard Schaeffler, *Das Gebet und das Argument. Zwei Weisen des Sprechens von Gott. Eine Einführung in die Theorie der religiösen Sprache* (Beiträge zur Theologie und Religionswissenschaft), Düsseldorf 1989, bes. 54–60.

und sittliche Identität zurück: „In der Andacht des Gebets wird die Einheit des Bewußtseins gegründet."[214]

Mit Blick auf die Liturgie des Großen Versöhnungstages *(Yom Kippur)* widmet sich Cohen der in *Misha Yoma* VIII 8,9 überlieferten Deutung, wonach der Versöhnungstag nur die Verfehlungen zwischen Gott und Mensch, nicht aber die der Menschen untereinander sühnt. Beides will er freilich nicht voneinander getrennt wissen; vielmehr „ist die Versöhnung mit Gott zugleich die Mahnung zur Versöhnung mit den Menschen".[215]

In der *Religion der Vernunft* weiten sich Cohens ethische Reflexionen zu einer Theologie der betenden Gemeinde. In der betenden Gemeinde begegnet dem Individuum das sittliche Gebot, und zwar in der spezifischen Form einer Forderung, die zugleich die Zusage ihrer Einlösung in sich trägt. In der liturgischen Feier der Gemeinde wird dem Individuum die Vergebungszusage Gottes zuteil. Erst von ihr her kann das Individuum jene „Arbeit" an sich selbst übernehmen, die es im Bewusstsein eigener Schuld zu einem „absoluten Individuum" werden lässt.

Wenn die Selbstarbeit des Menschen in die Versöhnung mit Gott einmünden soll – und kann –, dann ist dieser Gedanke nicht ohne den des Gerichts zu denken. Denn „kein Gericht bei Gott ohne die Erlösung, als das Ende des Gerichts. Aber auch keine Erlösung ohne den Vorgang des Gerichts." Dabei verbindet Cohen das Gericht mit der Gerechtigkeit Gottes, die Erlösung mit seiner Liebe. Freilich vermag der menschliche Geist das Verhältnis zwischen beidem nicht zu erfassen. Denn dies bedeutet, das Wesen Gottes zu erfassen: „Die Verbindung zwischen Gerechtigkeit und Liebe bei Gott ist das Geheimnis seines Wesens, ist die Substanz Gottes. Wir würden das Wesen Gottes begreifen können, wenn wir die Verbindung begreifen könnten, welche in der Einheit Gottes zwischen Gerechtigkeit und Liebe sich ewig vollzieht."[216]

Liturgisch am dichtesten erfahrbar wird der Zusammenhang von Schuldbekenntnis, Vergebungszusage und Gericht in der Liturgie des jüdischen Versöhnungstages. In der Feier des *Yom Kippur* steht nicht nur der Gedanke der Versöhnung im Mittelpunkt; vielmehr wird in ihr nach Cohen „Versöhnung als Angelpunkt des

---

214 *Religion der Vernunft*, 442.
215 *Religion der Vernunft*, 257.
216 *Religion der Vernunft*, 258.

Monotheismus"[217] erkennbar. Diese Verbindung von Monotheismus und Versöhnung zeichnet das Judentum vor allen anderen Religionen als „Religion der Vernunft" aus.

Freilich: Die Zusage real möglicher Vergebung richtet sich streng auf das sittliche Individuum, das am Ende eines Prozesses der Umkehr, des Bekenntnisses und der Buße als ein sittliches Individuum hervortreten soll. Die interpersonale Dimension der Versöhnung spielt bei Cohen nur eine nachrangige Rolle. Cohen deutet *Mishna Yoma* VIII 9 lediglich in dem Sinne, dass die von Gott her zugesagte Versöhnung im zwischenmenschlichen Bereich wirksam werden soll. Eine *konstitutive* Rolle haben die Mitmenschen im Versöhnungsgeschehen nicht.

4.3.3 Philosophiegeschichtliche Erträge

Cohens Beitrag zur Frage nach dem Verhältnis von Gerechtigkeit und Barmherzigkeit Gottes liegt nicht nur darin, dass er die Frage nach der menschlichen Schuld in den Bereich philosophischer Reflexion aufnimmt. Vielmehr zeigt Cohen, dass die Bitte um Vergebung im Interesse der praktischen Vernunft selbst liegt. Angesichts ihrer Fehlbarkeit bedarf die praktische Vernunft der von ihr selbst nicht zu erbringenden Zusage, dass ihre Identität trotz aller schuldhaften Selbstverfehlungen gewahrt ist.

Im Wort der Vergebung erhält die Vernunft die Zusage, dass die Dialektik von Affirmation und gleichzeitiger Negation, die mit der Einsicht in Schuld mit der ihr folgenden Umkehr verbunden ist, nicht zur Aufhebung der sittlichen Identität führt, sondern – ganz im Gegenteil – diese allererst hervorbringt. Denn insofern die Zusage von Vergebung die Einsicht in die eigene Schuld und deren notwendige Überwindung sittlich verantworten lässt, in dem so ermöglichten Prozess der Neubestimmung von Freiheit aber das sittliche Individuum überhaupt erst als ein absolutes hervortritt, ist es erst die Vergebungszusage, welche die Herausbildung einer absoluten Individualität ermöglicht.

Cohens Begriff der Vergebung zielt nicht auf eine transzendentale Bestimmung humaner Freiheit zum Bösen, sondern auf geschichtlich reale Schuld. Die Zusage der Vergebung freilich erfolgt nicht durch denjenigen, der Opfer von Unrecht oder Gewalt geworden ist, sondern durch den allmächtigen und zugleich „versöhnlichen" Gott. Dessen Vergebungszusage zielt letztendlich auf die

---

217 Vgl. *Religion der Vernunft*, 252–275.

Versöhnung des Individuums mit einem Gott, der sich wesentlich dadurch als er selbst bestimmt, dass er Versöhnung will und möglich macht.

Über Kant hinaus hat Cohen in seiner „Philosophie der Vernunft" die Realität der Schuld und die Notwendigkeit der Versöhnung in ihrer Bedeutung für den Selbstvollzug freier Subjektivität bedacht. Dabei wird das Phänomen der Schuld nicht nur als Selbstverfehlung endlicher Freiheit gefasst, sondern auch hinsichtlich der Herausbildung des individuellen Bewusstseins gewürdigt. Schuld und Individualität sind unmittelbar aufeinander bezogen. Zugleich erscheinen Vergebung und Versöhnung als Postulate einer Ethik, die sittliches Handeln im Bewusstsein vergangener Schuld überhaupt erst wieder möglich machen will.

Indem er Gott wesentlich von dessen Willen zur Versöhnung her denkt, zeigt Cohen, dass die vollkommene Liebe und Gerechtigkeit eines vergebenden Gottes als innere Momente einer autonom begründeten Ethik reformuliert werden können, die sich nicht der Verheißung der Freiheit, sondern auch der Realität der Schuld stellt.

Indem er freilich die Vergebung in erster Linie von Gott her erwartet, verstellt sich Cohen die Möglichkeit, die interpersonale Dimension der Schuld und die daraus resultierende interpersonale Dimension der Versöhnung zu bedenken. Eben sie aber ist für die Ausgangsfrage nach dem Verhältnis von Gerechtigkeit und Barmherzigkeit Gottes grundlegend.

4.4 Das Dilemma der Gerechtigkeit: Emmanuel Levinas

Die bei Cohen vernachlässigte zwischenmenschliche Dimension von Vergebung tritt besonders im Werk von Emmanuel Levinas (1906–1995) deutlich hervor: Nicht Gott, sondern der Andere, gegenüber dem ein jeder unweigerlich schuldig wird, ist der primäre Adressat der Bitte um Vergebung. Denn allein vom Anderen her kann Vergebung zugesagt werden, und ohne seine Zustimmung gibt es keine Vergebung. Damit freilich ist sogleich die Frage nach der Möglichkeit der Gerechtigkeit gestellt. Weitet sich nämlich die ethische Beziehung zwischen zwei Personen auf einen Dritten hin, so scheint die unbedingte sittliche Verpflichtung gegenüber dem Anderen relativiert. Die hieraus resultierende Spannung ist nach Levinas auch in messianischer Perspektive nicht aufgelöst.

4.4.1 Die Asymmetrie der ethischen Beziehung

Emmanuel Levinas entwickelt seine Anthropologie wesentlich in kritischer Auseinandersetzung mit Hegel, Husserl und Heidegger. Vor allem Hegels Ideal der ethischen Beziehung, wonach diese als wechselseitige Anerkennung einander gleichberechtigter freier Subjekte zu denken ist,[218] weist Levinas entschieden zurück. Seiner Auffassung nach verfehlt diese Konzeption die Realität der ethischen Beziehung. Diese ist nämlich fundamental durch die sittliche Inanspruchnahme des Subjekts durch den ihm begegnenden Anderen gekennzeichnet. Sittliche Inanspruchnahme aber ist das völlige Gegenteil von Reziprozität.

Schon den Begriff des „Subjekts" deutet Levinas in dem Sinne, dass der Mensch dem ihm begegnenden Anderen in einem ethischen Sinn ausgeliefert, ja „unterworfen" ist. Das „Angesicht" des Anderen *(le visage de l'autre)*, das das Subjekt als sittlich unbedingt fordernd erfährt, ist keine „mentale Repräsentation" (Husserl), die es sich nach eigenen Kategorien zurechtlegte. Vom Angesicht des Anderen geht vielmehr ein *unmittelbarer* sittlicher Anspruch aus. Das Angesicht liegt jeder Repräsentation voraus. Deshalb ist für Levinas nicht die Ontologie, sondern die Ethik grundlegend für die Weise, wie der Mensch in der Welt existiert.

Hieraus resultiert Levinas' Kritik an Husserls subjektzentrierter Phänomenologie. Husserl habe den Anderen vom Selbst her zu bestimmen versucht.[219] In der Perspektive der transzendentalen Phänomenologie wird die Deutung des Selbst auf einen anderen, vom Selbst wahrgenommenen Menschen übertragen; dieser wird zu einem „Alter Ego" des Selbst. Damit ist die transzendentale Phänomenologie aber nicht mehr in der Lage, die Andersheit des Anderen auch nur wahrzunehmen, geschweige denn zu denken. Aufgabe der Philosophie ist es aber nicht, eine abstrakte Vorhandenheit des Anderen zu denken, sondern den sittlichen Imperativ, der aus der Begegnung mit ihm erwächst.

---

218 Vgl. vor allem die *Jenaer Philosophie des Geistes;* hierzu ergänzend Hegels Ausführungen zu der Beziehung von Herr und Knecht in der *Phänomenologie des Geistes* (I. IV.A [PhB 414, 128–136]).

219 So bereits 1930 in seiner Dissertation zum Thema *Théorie de l'intuition dans la phénoménologie d'Husserl* (dt. *Die Theorie der Anschauung in der Husserlschen Phänomenologie*). Vgl. bes. auch *En découvrant l'existence avec Husserl et Heidegger* (1949; ²1967).

Levinas entfaltet seine Ethik als „erste Philosophie" im ständigen Gegenzug zur Phänomenologie Husserls.[220] Dieser wirft er vor, den begegnenden Anderen zu objektivieren und so die Differenz zwischen dem Ich und dem Anderen zu überspringen. Während die objektivierende Sprache der Phänomenologie das begegnende Gegenüber vereinnahmt, bekundet sich dieser im sittlichen Anspruch als bleibend vom Selbst unterschieden. In jeder ethischen Beziehung bleiben Differenz und Transzendenz des Anderen gegenüber dem Selbst dadurch gewahrt, dass vom Anderen ein sittlicher Anspruch ausgeht, der als unbedingt erfahren wird.[221]

Für Levinas ist die Annahme einer freien Autonomie der Subjekte, die der ethischen Beziehung vorausginge, eine unzulässige Abstraktion. Vielmehr sieht er Subjektivität im je konkreten und darin unausweichlichen ethischen Anspruch des Anderen begründet. Anders als bei Fichte wird bei Levinas das Subjekt seiner selbst in der Begegnung mit dem Anderen nicht bloß bewusst;[222] vielmehr entsteht Subjektivität überhaupt erst in der sittlich beanspruchenden Begegnung mit dem Anderen. Nicht der Nominativ, sondern der Akkusativ ist nach Levinas grundlegend für das Sein des Menschen. In der ethischen Beziehung zeigt sich: Das Ich ist „nichts anderes als der Umstand, sich auszusetzen in dem nicht übernehmbaren Anklagefall (Akkusativ), in dem das Ich die Anderen trägt und aushält, im Gegensatz zur Gewissheit des Ich, das in der Freiheit zu sich selbst findet."[223]

Indem Levinas vom Aufruf zur Verantwortung ausgeht, der vom Anderen erfolgt und das Subjekt sittlich beansprucht, bestreitet er

---

220 Die Darstellung in diesem Kapitel fußt im Wesentlichen auf meinem Aufsatz *Vergebung auf Kosten der Opfer?*, in: SaThZ 6 (2002) 36–58, bes. 49–55.

221 Bei Heidegger verschwindet der Andere im anonymen Geschehen eines Seinsgeschicks, das – fast schon im Sinne Hegels – im denkenden Subjekt zu sich selbst kommt, ohne dieses doch ethisch zu beanspruchen. Kennzeichnend für dieses Defizit ist zum einen das Fehlen einer Ethik bei Heidegger, zum anderen die Konzentration auf das Subjekt, das sich in einem Akt existentialer Selbstübernahme konstituiert und so vom anonymen „man" unterscheidet.

222 Vgl. zu Fichte: Jürgen Stolzenberg, *Fichtes Begriff des praktischen Selbstbewusstseins*, in: Fichtes Wissenschaftslehre 1794. Philosophische Resonanzen, hg. v. Wolfram Hogrebe (stw 1201), Frankfurt am Main 1995, 71–95.

223 „Le Soi, c'est le fait même de s'exposer, sous l'accusatif non assumable où le Moi supporte les autres, à l'inverse de la certitude du Moi se rejoignant lui-même dans la liberté" (*Autrement qu'être*, 151/*Jenseits des Seins*, 263).

Kants Vorstellung vom „Ich" als dem freien Subjekt der Moralität. Zwar ist auch das Kantische Subjekt von der sittlichen Pflicht beansprucht, doch ist diese Pflicht eine frei übernommene und deshalb selbst auferlegte Pflicht. Anders bei Levinas: „Das Sich ist von Grund auf Geisel, früher als es Ego ist, schon vor den ersten Ursachen."[224] Die Freiheit des Menschen ist nicht ursprünglich, sondern abkünftig: „Die absolute, der Freiheit zuvorkommende Anklage [...] konstituiert die Freiheit."[225] Nicht die Freiheit ist das Ursprüngliche für das Wesen des Menschen; vielmehr resultiert die Freiheit aus dem begegnenden sittlichen Anspruch.

Levinas' Kritik am transzendentalen Idealismus ist grundlegen. In der ethischen Beziehung ist das Subjekt unabweisbar beansprucht; es wird zur „Geisel" des Anderen, dem es rückhaltlos ausgeliefert ist. Das Subjekt hat seinen Ursprung nicht in sich selbst, sondern im Anderen. Es existiert „dezentriert". Indem das Angesicht zu ihm „spricht"[226], konstituiert es das Subjekt als einen „Verantwortlichen", d.h. als jemanden, der zu einer Antwort fähig ist.

Die Antwort des angerufenen und sittlich beanspruchten Subjektes ist nicht Theorie, sondern Praxis; sie ist Handlung, die dem sittlich absolut verpflichtenden Gebot des Anderen unterworfen ist. „Unterwerfung" heißt für Levinas in *Jenseits des Seins* (1974) „Besessenheit *(obsession)* durch den Anderen" oder auch „Verfolgung *(persécution)* durch den Anderen": „Unter der Anklage aller stehend, reicht die Verantwortung für alle bis hin zur Stellvertretung. Das Subjekt ist Geisel."[227] Es ist nicht aktiver Selbstbesitz, nicht autonome Freiheit: „Die Selbstheit in ihrer Passivität, ohne die *archè* der Identität, heißt: Geisel."[228] Wer dem ethischen Anspruch des Anderen unterworfen ist, so Levinas programmatisch,

---

224 „Le soi est de fond en comble otage, plus anciennement que Ego, avant les principes. Il ne s'agit pas pour le Soi, dans son être. Au-delà de l'égoïsme et de l'altruisme, c'est la religiosité de soi" (*Autrement qu'être*, 150/ *Jenseits des Seins*, 261).

225 „L'accusation absolue, antérieure à la liberté, constitue la liberté qui, allié au Bien, [se] situe au delà et en dehors de toute essence" (*Autrement qu'être* 150/*Jenseits des Seins*, 261).

226 „Le visage parle" (*Totalité et infini*, 37/*Totalität und Unendlichkeit*, 87).

227 „*Sous* l'accusation des tous, la responsabilité pour tous va jusqu'à la substitution. Le sujet est otage" (*Autrement qu'être*, 142/*Jenseits des Seins*, 248). – Zum Begriff der „substitution" vgl. bes. *La Substitution*, in: RPL 66 (1968) 487–508; dt. in: *Die Spur des Anderen*, 295–330.

228 „L'ipséité, dans sa passivité sans *arché* de l'identité, est otage" (*Autrement qu'être*, 145/*Jenseits des Seins*, 253).

erfährt sich als für den Anderen rückhaltlos verantwortlich: „Die Emphase der Offenheit ist die Verantwortung für den Andern bis hin zur Stellvertretung – wobei das *Für-den-Anderen* der Unverborgenheit, des Sich-dem-Anderen-Zeigens umschlägt in das *Für-den-Anderen* der Verantwortung."[229]

Der unbedingt verpflichtende Charakter, der dem sittlichen Anspruch innewohnt, und die These, dass das freie Subjekt in der ethischen Beziehung allererst konstituiert ist, provozieren die Frage, wie der real mögliche Konfliktfall einander widerstreitender, zugleich aber unbedingt verpflichtender sittlicher Ansprüche zu denken ist. Für Levinas steht hierfür der „Dritte", der die „Intimität" einer geschlossenen Zweierbeziehung „stört". Wie – wenn überhaupt – ist zwischen dem Anderen und dem Dritten ein gerechter Ausgleich möglich? Wie kann das Subjekt zwei unterschiedlichen, zugleich aber es unbedingt verpflichtenden sittlichen Ansprüchen genügen? Wie ist Gerechtigkeit möglich?

4.4.2 Der Andere und die Gerechtigkeit

In seinem ersten großen Werk *Totalität und Unendlichkeit* (1961) stellt sich für Levinas die Frage nach der Gerechtigkeit noch *vor* dem Auftauchen eines Dritten, der das Subjekt sittlich beansprucht. Stattdessen drängt sich ihm das Thema „Gerechtigkeit" bereits „in der Nähe des Anderen" auf: „Die Offenbarung des Dritten, der im Angesicht unausweichlich ist, ereignet sich nur durch das Angesicht hindurch."[230] Die ethische Beanspruchung selbst ist die Gerechtigkeit: „Dieses in der Rede von Angesicht-Ansprechen nen-

---

229 Eben dies sei, so Levinas, die fundamentale These von *Jenseits des Seins:* „Que l'emphase de l'ouverture soit la responsabilité pour l'autre jusqu'à la substitution – le *pour l'autre* du dévoilement, de la monstration à l'autre, virant en *pour l'autre* de la responsabilité – c'est en somme la thèse du présent ouvrage" (*Autrement qu'être,* 152/*Jenseits des Seins,* 265. – Zum Begriff des „Ethischen" vgl. Levinas: „Wir nennen ‚ethisch' eine Beziehung, […] in der der eine und der Andere weder durch eine Verstandessynthese, noch durch die Beziehung von Subjekt zu Objekt vereint sind, und in der demnach der eine für den anderen Gewicht hat, ihm wichtig ist, ihm etwas bedeutet, in der sie durch eine Verstrickung verknüpft sind, die das Wissen weder ausschöpfen noch zu entwirren vermöchte" (*Die Spur des Anderen,* 274).

230 „La révélation du tiers, inéluctable dans le visage, ne se produit qu'à travers le visage" (*Totalité et infini,* 282/*Totalität und Unendlichkeit,* 443).

Philosophiegeschichtliche Perspektiven

nen wir Gerechtigkeit."²³¹ Die Gerechtigkeit erweist sich „in der Gradheit des Empfangs, den sie (die Rede) dem Angesicht bereitet", als Wahrheit.²³² Insofern setzt „die Wahrheit die Gerechtigkeit voraus"²³³: Die Ontologie *folgt* der Ethik, sie geht ihr nicht voraus. Aus der Gerechtigkeit resultiert die Wahrheit, nicht umgekehrt.²³⁴

Wird „Gerechtigkeit" in *Totalität und Unendlichkeit* nicht auf die Ebene des Sozialen bezogen, sondern in der ethischen Beziehung selbst verortet, so wird der Begriff der Gerechtigkeit drei Jahrzehnte später, in *Jenseits des Seins* (1990), anders akzentuiert. Jetzt ist es nicht der Andere, sondern die Gestalt des „Dritten", welche die Frage nach der Gerechtigkeit aufwirft. Dieser „Dritte" ist in jeder ethischen Beziehung immer schon anwesend. Damit aber „stört" er die Intimität der Zweierbeziehung – und dies von Anfang an.²³⁵

In der Gestalt des Dritten deutet sich eine Instanz an, in der die Gerechtigkeit objektiviert ist. Levinas spricht jetzt von der „Illeität", der „dritten Person". Diese „Tertialität" unterscheidet sich aber „von der des dritten Menschen, jenes Dritten, der das »face à face« bei der Aufnahme des anderen Menschen unterbricht – die Nähe oder die Annäherung an den Nächsten unterbricht – des dritten Menschen, mit dem die Gerechtigkeit beginnt."²³⁶ Die Gerech-

---

231 „Nous appelons justice cet abord de face, dans le discours" (*Totalité et infini*, 43/*Totalität und Unendlichkeit*, 95).

232 „Le discours, à son tour, s'est présenté comme justice, dans la droiture de l'accueil fait au visage" (*Totalité et infini*, 43/*Totalität und Unendlichkeit*, 112).

233 „La verité suppose la justice" (*Totalité et infini*, 62/*Totalität und Unendlichkeit*, 125).

234 Vgl. hierzu u.a. Micha Brumlik, *Phänomenologie und theologische Ethik. Emmanuel Levinas' Umkehrung der Ontologie*, in: Markus Hentschel/Michael Mayer (Hgg.), Levinas, Gießen 1990, 120–142.

235 „La responsabilité pour l'autre est une immédiateté antérieure à la question […] Elle est troublée et se fait problème dès l'entrée du tiers" (*Autrement qu'être*, 200/*Jenseits des Seins*, 342). – Vgl. Habbel, *Der Dritte stört;* zum Begriff der Gerechtigkeit bei Levinas vgl. bes. die in *Zwischen uns* gesammelten Aufsätze. Ferner: Engler, *Gerechte Menschen;* Lesch, *Fragmente einer Theorie der Gerechtigkeit;* Gondek, *Gesetz, Gerechtigkeit und Verantwortung bei Levinas.* – Mit Gregorij Bateson deutet Engler als Alternative die Möglichkeit einer „zugleich verkörperten und universalistischen Gerechtigkeit" an (*Gerechte Menschen*, 205–207).

236 „C'est dans le prophétisme que l'Infini échappe à l'objectivation de la thématisation et du dialogue et signifie comme *illéité*, à la troisième personne; mais selon une »tertialité« différente de celle du troisième homme, du tiers interrompant le face à face de l'accueil de l'autre homme – interrompant la proximité ou l'approche du prochain – du troisième homme

tigkeit „beginnt" mit der Präsenz des Dritten, ist aber nicht mit ihr identisch.
Gerechtigkeit ist nicht – wie noch in *Totalität und Unendlichkeit* – die unvermittelte Gegenwart des Anderen in der ethischen Beziehung selbst, sondern die Gegenwart des Dritten, die zu der Begegnung mit dem Anderen hinzutritt.[237] „Welcher hat Vortritt vor dem Anderen? [...]. Der Andere und der Dritte, meine Nächsten, Zeitgenossen füreinander, entfernen mich vom Andern und vom Dritten".[238] Es entsteht eine von der unmittelbaren Begegnung und Inanspruchnahme durch den Anderen losgelöste Dimension sittlicher Verbindlichkeit. Das Erscheinen des Dritten und mit ihm das Erscheinen der Gerechtigkeit, der „Illeität", unterbrechen das unmittelbare Gegenüber zum Anderen. Die „intime Gemeinschaft" zwischen dem Ich und dem Anderen wird gestört durch die Präsenz des „Dritten", die Präsenz der „wirklichen Gesellschaft". Auch wenn der Dritte als ein „zweiter Nächster" angesehen wird, so konstituiert er doch zusammen mit dem „ersten Nächsten" eine neue Dimension sozialer Beziehung, die eine ihr eigene Verbindlichkeit mit sich bringt.

Deshalb ist es nicht so, „dass der Eintritt des Dritten eine empirische Tatsache wäre und dass meine Verantwortung für den Anderen sich durch den »Zwang der Verhältnisse« zu einem Kalkül genötigt findet. In der Nähe des Anderen bedrängen mich – bis zur Besessenheit – auch all die Anderen, die Andere sind für den Anderen, und schon schreit die Besessenheit nach Gerechtigkeit, verlangt sie Maß und Wissen, ist sie Bewusstsein."[239] Indem eine neue Dimension sittlicher Verbindlichkeit entsteht, wird die Forderung nach Gerechtigkeit zur „Grundlage des Bewusstseins".[240]

---

      par lequel commence la justice" (*Autrement qu'être,* 191/*Jenseits des Seins,* 328). – Vgl. u.a. Lesch, *Fragmente einer Theorie der Gerechtigkeit.*

237 „[...] justice qui est cette présence même du tiers" (*Autrement qu'être,* 84, Anm. 2/*Jenseits des Seins,* 153, Anm. 2).

238 „Lequel passe avant l'autre? [...] L'autre et le tiers, mes prochains, contemporains l'un de l'autre, m'éloignent de l'autre et du tiers" (*Autrement qu'être,* 200/*Jenseits des Seins,* 342 f.).

239 „Ce n'est pas que l'entrée du tiers soit un fait empirique et que ma responsabilité pour l'autre se trouve par la »force des choses« astreinte à un calcul. Dans la proximité de l'autre, tous les autres que l'autre, m'obsèdent et déjà l'obsession crie justice, réclame mesure et savoir, est conscience" (*Autrement qu'être,* 201/*Jenseits des Seins,* 344).

240 „Le fondement de la conscience et justice" (*Autrement qu'être,* 204/*Jenseits des Seins,* 349).

„Bewusstsein" in diesem Sinne ist nicht das unvermittelte Innewerden oder die objektive Vorstellung einer begegnenden Realität. Vielmehr erweist sich Bewusstsein als Konsequenz eines ethischen Konflikts: der Notwendigkeit nämlich, die Legitimität konkurrierender Ansprüche zu beurteilen.[241] Um solche Ansprüche gegeneinander abwägen zu können, bedarf es des Wissens, der Information. Es bedarf aber auch eines Maßes, an dem wechselseitig konkurrierende Ansprüche zu bemessen und miteinander zu vergleichen sind. „Die Verantwortung für den anderen Menschen ist in ihrer Unmittelbarkeit zwar jeder Frage vorgängig. Doch wie kann sie verpflichten, wenn ein Dritter diese Exteriorität zu zweit stört, in der meine Subjektabhängigkeit Abhängigkeit vom Nächsten ist? Der Dritte ist anders als der Nächste, aber auch ein anderer Nächster und auch ein Nächster des Anderen und nicht einfach sein Gleicher. Was soll ich tun? Wer kommt vor dem Anderen in meiner Verantwortung? Wer sind sie, der Andere und der Dritte, der Eine im Verhältnis zum Anderen? Entstehen einer Frage."[242]

Gefragt werden muss, weil Gerechtigkeit sein soll.[243] Und aus dem Fragen entsteht das Bewusstsein. Denn der Vergleich möglicherweise miteinander konkurrierender Ansprüche erfordert Informiertheit: „Die erste Frage im Zwischenmenschlichen ist die Frage nach Gerechtigkeit. Man muss von jetzt an wissen, sich ein Gewissen geben. Meine Beziehung zum Einzigen und dem Unvergleichlichen wird überlagert vom Vergleich und, in Hinblick auf Rechtlichkeit und Gleichheit, von einem Abwägen, einem Denken, einer Berechnung, dem Vergleich zwischen Unvergleichlichem und

---

241 Das Urbild dieses Konflikts begegnet der abendländischen Philosophie in Gestalt der Antigone: „Inkommensurable Geschichten verstricken sich ineinander; ebenso absolute wie beschränkte Loyalitäten treten einander entgegen; die Gerechtigkeit grenzt an Rache und die Macht an Gewalt; Wunden werden umsorgt wie Segnungen"; Paul Ricœur, *Die vergangene Zeit lesen*, 153.
242 *Paix et Proximité*, in: Cahiers de la nuit surveillée, Paris 1984, 345. Zitiert nach Derrida, *Adieu*, 51.
243 Der Verpflichtungsgrund der Forderung nach Gerechtigkeit auch im Bereich des Sozialen und Politischen ergibt sich aus der unbedingten sittlichen Verpflichtung, die aus der unmittelbaren Begegnung mit dem Anderen resultiert. Diese ist ja duch das Auftreten einer Vielzahl von Anderen nicht hinsichtlich ihres Geltungsgrundes relativiert, sondern nur hinsichtlich der realen Möglichkeit, einer Vielzahl untereinander womöglich konkurrierender sittlicher Ansprüche zu genügen.

damit der Neutralität und der Sichtbarkeit des Angesichts." Das Bewusstsein ensteht „als die Präsenz des Dritten".[244]

Die unbedingte Beanspruchung des Subjekts durch den Anderen verliert angesichts des Dritten nicht ihre Unbedingtheit, stößt aber an eine Grenze: „Von selbst findet die Verantwortung nun eine Grenze, entsteht die Frage: »Was habe ich gerechterweise zu tun?« Gewissensfrage. Es braucht die Gerechtigkeit, das heißt den Vergleich, die Koexistenz, die Gleichzeitigkeit, das Versammeln."[245] Jetzt weicht die „Asymmetrie der Subjektivität" der „Symmetrie der Intersubjektivität": „Der Dritte ist selbst auch ein Nächster und obliegt auch der Verantwortung des Ich. Nun entsteht durch diesen Dritten die Nähe einer Vielheit von Menschen. Wer kommt in dieser Vielheit vor dem Anderen? Hier sind Zeit und Ort der Entstehung der Frage, der Forderung nach Gerechtigkeit! Hier ist die Verpflichtung, die Anderen zu vergleichen, die Einzigen, die Unvergleichbaren; hier ist die Stunde des Wissens und damit der Objektivität jenseits – oder diesseits – der Nacktheit des Angesichts."[246]

Levinas dehnt diese Reflexionen in die soziale und politische Struktur der Gesellschaft hinein aus. Denn die intime Gemeinschaft bedarf eines institutionell gesicherten Raumes, in dem sie, wenn auch nicht erst möglich, so doch wirklich werden kann. Institutionelle Rahmenbedingungen befreien aus der Willkür subjektiver Zuwendung. Die Herrschaft des Rechts entlastet das Individuum von dem Zwang, je neu zur Geisel des Anderen zu werden. Ohne das Recht ist stets auch die Gefahr gegeben, sich dem Bösen widerstandslos zu ergeben, bedingunglos zu verzeihen und so dem Bösen keinen Einhalt zu gebieten. Böses aber „bringt Böses hervor und das Verzeihen ohne Ende ermutigt es. Das ist der Lauf der Geschichte. Doch die Gerechtigkeit unterbricht diese Geschichte."[247]

---

244 „La conscience naît comme présence du tiers" (*Autrement qu'être*, 203/ *Jenseits des Seins*, 348).
245 „C'est, de soi, limite de la responsabilité naissance de la question: Qu'ai-je à faire avec justice? Question de conscience. Il faut la justice c'est-à-dire la comparaison, la coexistence, la contemporanéité, le rassemblement " (*Autrement qu'être*, 200/*Jenseits des Seins*, 343).
246 Levinas, *Philosophie, Gerechtigkeit und Liebe*, in: Zwischen uns, 134.
247 Levinas, *Ich und Totalität*, in: Zwischen uns, 55. – Die Instanz der objektiven Institutionen, die sich im „Dritten" ankündigt, rechtfertigt sich für Levinas allein dadurch, dass sie dem Bösen und der Willkür Einhalt gebietet. Deshalb ist sie auch nicht durch eine Art Vorbehalt gekenn-

Philosophiegeschichtliche Perspektiven

Auch im Raum der sozialen und politischen Beziehungen gilt der Primat der unmittelbaren Sorge um den Nächsten. Diese Sorge stellt das soziale Miteinander stets aufs Neue in Frage. Denn der „Dritte" drängt sich auch in den gesellschaftlichen und staatlichen Institutionen immer schon mit der Unmittelbarkeit und Unabweisbarkeit seines ethischen Anspruchs auf.

Einen gerechten Ausgleich zwischen dem Anspruch des Anderen und der Ebene des Institutionellen kennt Levinas nicht. Insofern bleibt sein Konzept konfliktiv. Jacques Derrida, von dessen *Gewalt und Metaphysik* (1964) Levinas wesentliche Impulse für seine Kritik an Husserls und Heideggers Phänomenologie empfangen hat, würdigt bei Levinas den Versuch, mit der Einführung des Dritten das Subjekt „vor der potentiell entfesselten Gewalt in der Erfahrung des Nächsten"[248] zu bewahren. Zur wirksamen Gewährleistung dieses Schutzes sei aber zwischen Gut und Böse, Liebe und Hass zu unterscheiden. Der Gebrauch der abwägenden und urteilenden Vernunft ist unvermeidlich, wenn es darum geht, legitime von illegitimen ethischen Ansprüchen zu unterscheiden.

Auch Paul Ricœur betont, dass die Empfänglichkeit des Subjekts für den ethischen Anspruch, der ihm im Antlitz des Anderen begegnet, nicht bloße Aufnahmefähigkeit sein darf. Sie muss vielmehr als Unterscheidungs- und Anerkennungsfähigkeit gedacht werden. Denn die Andersheit des Anderen zeigt sich nicht nur in der „Gestalt des Meisters, der belehrt": „Was soll man wohl vom Anderen sagen, wenn er der Henker ist? Und wer wird den Lehrer vom Henker, und den Meister, der einen Schüler zu sich ruft, von dem Meister, der nur nach einem Sklaven verlangt, unterscheiden?"[249]

---

zeichnet – gleichsam als entzöge sie dem Subjekt die Möglichkeit versöhnenden Handelns. Vielmehr sieht Levinas die Instanz der objektiven Institutionen ausschließlich und allein dadurch legitimiert, dass sie einen Raum eröffnet, in dem sich der Anspruch des Angesichts Geltung verschaffen kann. So ist es etwa das Geld, das nach Levinas eine „Gerechtigkeit des Loskaufs" andeutet, die aus dem Teufelskreis der Rache und Vergeltung erlöst (ebd.).

248 *Adieu*, 52.
249 „Et que dire de l'Autre quand il est le bourreau? Et qui donc distinguera le maître du bourreau? le maître qui appelle un disciple, du maître qui requiert seulement un esclave?" Und Ricœur fährt fort: „Quant au maître qui enseigne, ne demande-t-il pas à être reconnu, dans sa supériorité même? Autrement dit, ne faut-il pas que la voix de l'Autre qui me dit: «Tu ne tueras pas», soit faite mienne, au point de devenir une conviction, cette conviction qui égale l'accusatif du : «Me voici!» avec le nominatif

Levinas hingegen betont die Passivität des Subjekts so sehr, dass für eine Instanz, von der her ein ihm begegnender sittlicher Anspruch beurteilt werden könnte, kein Raum bleibt. Das Urteil darüber, was „gerecht" genannt werden darf, ist bei ihm der Ebene des Institutionellen vorbehalten – ohne dass freilich klar würde, woraus sich die Kriterien institutionell garantierter Gerechtigkeit speisen.

4.4.3 Gerechtigkeit und Gewalt in messianischer Perspektive

Lässt sich aus dieser Ambivalenz ein Hinweis für die Frage nach dem Verhältnis von Gerechtigkeit und Barmherzigkeit *Gottes* gewinnen? Gegen Hegels Ideal der sittlichen Beziehung im Sinne einer Reziprozität betont Levinas deren Asymmetrie. Das „Subjekt" ist dadurch konstituiert, dass es durch das ihm begegnende „Angesicht" ethisch beansprucht und ihm gegenüber verantwortlich ist. Das Selbst steht immer und unausweichlich in der Schuld des Anderen. Levinas macht sich Dostojewskijs Satz zu eigen: „Jeder von uns ist allen anderen gegenüber schuldig; aber ich bin am meisten schuldig."[250] Diese existenziale Schuld geht nach Levinas jeder aktuellen Verschuldung voraus und liegt ihr zugrunde. Jeder Einzelne ist qua Menschsein „schuldig" gegenüber dem Anderen – dies aber anders als bei Heidegger in einem realen Sinn.[251]

Levinas, dessen Eltern und Geschwister in Litauen von Nationalsozialisten ermordet wurden, weiß um die Realität von Unrecht und Gewalt. Wie ist angesichts der Abgründigkeit des sittlich Bösen Vergebung möglich? Wie ist innerhalb der prinzipiell durch Asymmetrie gekennzeichneten ethischen Beziehung Versöhnung möglich? Wenn jede ethische Beziehung wesentlich asymmetrisch ist, dann gilt dies auch für jene Beziehung, in der Vergebung und Versöhnung Wirklichkeit werden. Keinesfalls kann es im Geschehen von Vergebung und Versöhnung darum gehen, die prinzipielle Asymmetrie der ethischen Beziehung in eine Beziehung symmetrischer Reziprozität zu transformieren.

In der Bitte um Verzeihung, die der Einsicht in die eigene Schuld folgen kann, ist die Asymmetrie der ethischen Beziehung evident.

---

du: «Ici, je me tiens»?" (*Soi-même comme un autre*, 391/dt.: *Das Selbst als ein Anderer*, 407 f.).
250 *Die Brüder Karamasow*, 388; von Levinas zitiert u.a. in: *Zwischen uns*, 134.
251 Vgl. zu Heideggers Schuldbegriff u.a. Agnes Wulff, *Existenziale Schuld. Der fundamentalontologische Schuldbegriff Martin Heideggers und seine Bedeutung für das Strafrecht*, Münster 2008, bes. 104–143.

Wer um Verzeihung bittet, erklärt sich zum „Subjekt" des Anderen; er liefert sich dem ethischen Anspruch des ihm begegnenden Anderen aus. Doch auch die mögliche Gewähr der Verzeihung ist ein asymmetrischer Akt; durch nichts geschuldet offenbart sie die totale Abhängigkeit des Bittstellers. Zugleich setzt die Gewähr der Verzeihung die niemals mit letzter Gewissheit zu erlangende Überzeugung voraus, dass die Bitte um Verzeihung aufrichtig gemeint ist. Der Bittsteller wiederum kann nichts weiter tun, als darauf zu vertrauen, dass die Gewähr von Verzeihung aufrichtig gemeint ist. Sein Entschluss, das künftige Handeln nicht ausschließlich als durch die schuldhaft belastete Vergangenheit festgelegt zu betrachten, bleibt deshalb ein Wagnis.

Das hier nur knapp skizzierte Geschehen der Versöhnung vollzieht sich nicht im Sinne einer reziproken Beziehung einander gleichberechtigter Personen. Es vollzieht sich vielmehr als ein spannungsvolles Beziehungsgefüge zwischen Menschen, die bereit sind, füreinander Verantwortung zu übernehmen, indem sie den unbedingten Anspruch des jeweils Anderen anerkennen.

Wiederholt kritisiert Levinas Hegels Konzept von Versöhnung; dieses vereinnahme den Anderen, anstatt ihn freizugeben.[252] Versöhnung im Sinne Hegels reduziere den Anderen auf eine bloße Beziehung zum Subjekt. Eine so konzipierte Versöhnung aber sei wiederum nichts anderes als eine Form von Gewalt – und damit letztendlich jener Gewalt, die bereits der schuldhaften Verfehlung zugrunde lag. Damit Versöhnung geschehen kann, ist die Beziehung zwischen Täter und Opfer umzukehren. Dies geschieht in der Bitte um Vergebung.

Versöhnung kann demnach nicht darauf hinzielen, eine abstrakte und universale Ordnung der Gerechtigkeit zu etablieren. Eine Gerechtigkeit, die von der Gleichwertigkeit einander begegnender Subjekte ausgeht, fügt den Anderen in ein totalitäres System ein. Sie ordnet ihn einer Ontologie unter, die seine absolute Transzendenz auslöscht.[253] Für Levinas hingegen bleibt die Asymmetrie der Be-

---

252 Vgl. Bernasconi, *Levinas, Hegel. La possibilité du pardon et de la réconciliation.* – Zum Begriff der Versöhnung in geschichtlich-eschatologischer Perspektive bei Hegel vgl. Cornehl, *Die Zukunft der Versöhnung.*
253 Ethik ist deshalb nicht universal zu formulieren, sondern nur konkret zu bedeuten. Sie ereignet sich in der unvermittelten Konfrontation des Menschen mit dem Angesicht: „Die Epiphanie des Angesichts ist Heimsuchung […] So bedeutet die Anwesenheit des Angesichts eine nicht abzulehnende Anordnung, ein Gebot" (*Die Spur des Anderen*, 221, 223).

ziehung zum Anderen Grundlage einer jeden rechtlichen Gestalt von Gerechtigkeit. In einer jeder institutionellen und politischen Konkretion vorausgehenden Weise besteht die Gerechtigkeit in der Beziehung zum Anderen selbst, verstanden als unbedingte ethische Beanspruchung des Subjekts bis hin zu dessen Stellvertretung.[254]

Levinas' Begriff der „Stellvertretung" *(substitution)* ist nicht zu verwechseln mit dem Gedanken stellvertretender Vergebung. Deren Möglichkeit weist Levinas – wie schon Kant – ausdrücklich zurück. Das Recht zu verzeihen steht dem Opfer allein zu: „Verdienste und Verfehlungen werden nicht anonym gegeneinander aufgerechnet. Sie existieren an die Person gebunden, d.h. unverrechenbar, und verlangen die eigene Behandlung."[255]

Levinas weiß sich mit dieser Forderung in der Tradition rabbinischer Gelehrsamkeit. Wiederholt hat er Interpretationen der Mishna und des Talmud vorgelegt. In einem Kommentar zur rabbinischen Auslegung von *Mishna Yoma* VIII 8,9[256] zeigt sich Levinas von der „Ungeheuerlichkeit" der rabbinischen Deutung beeindruckt: „Mein Bruder, der Mensch, der unendlich viel weniger ist als das absolut Andere, ist in gewissem Sinne mir mehr Anderer als Gott: Um am Yom Kippur von ihm Verzeihung zu erlangen, muss ich zunächst erreichen, dass er sich besänftigen lässt."[257]

Indem er den Anderen – wenn auch nur „in gewissem Sinne" – über Gott stellt, betont Levinas die ethische Verpflichtung, die aus der Begegnung mit dem Anderen hervorgeht. Die ethische Verpflichtung rangiert noch vor den Subjekten, von denen sie ausgeht. Pointiert fordert Levinas, „die Tora mehr [zu] lieben als Gott". Damit Gottes Weisung für die Menschen zur Geltung gelangen kann, muss sich ihr Urheber gleichsam hinter ihr verbergen. In Abgrenzung zum christlichen Inkarnationsglauben betont Levinas: „Das Vertrauen in einen Gott, der sich durch keine irdische Autorität manifestiert, kann nur auf der inneren Evidenz und dem Wert einer Lehre beruhen. [...] Das Geistige gibt sich nicht als eine sinnliche Substanz, sondern durch die Abwesenheit; Gott ist konkret nicht

---

254 Vgl. *Totalität und Unendlichkeit*, 124.
255 *Dem Anderen gegenüber*, 51.
256 „Sünden des Menschen gegen Gott sühnt der Versöhnungstag, Sünden des Menschen gegen seinen Nächsten sühnt der Versöhnungstag nicht eher, als bis man seinen Nächsten besänftigt hat" (Babyl. Talmud, Traktat *Mischna Yoma* VIII 8,9; Übers. L. Goldschmidt III, 251).
257 *Dem Anderen gegenüber. Vier Talmud-Lesungen*, hier 31 f.

durch die Fleischwerdung, sondern durch das Gesetz."²⁵⁸ Wie sich Gott nach jüdischer Auffassung nicht in einer individuellen geschichtlichen Person – Jesus von Nazaret – manifestiert, sondern in der ethischen Weisung der Tora,²⁵⁹ so ist nach Levinas der sittliche Anspruch des Nächsten „in gewissem Sinne [...] mehr Anderer als Gott". Der sittliche Anspruch des Anderen verpflichtet unbedingt; er bedarf keiner göttlichen Bekräftigung, um von ihr her Legitimität und absolute Verbindlichkeit zu empfangen.²⁶⁰

In seiner unbedingten Autorität freilich steht es dem anderen Menschen durchaus frei, die Bitte um Vergebung zurückzuweisen. Levinas rechnet mit der realen Möglichkeit, dass sich das Opfer der Versöhnung selbst dann verweigert, wenn sie vom Täter erbeten wird: „Und wenn er sich weigert? Sobald zwei im Spiel sind, steht alles auf dem Spiel. Der andere kann die Versöhnung verweigern und mich für immer ohne Versöhnung lassen."²⁶¹

Die theologische Provokation, die dieser Gedanke beinhaltet, ist unübersehbar. Denn nicht nur stellt sich die Frage, ob der um Verzeihung bittende Täter dem – aus welchen Gründen auch immer – Vergebung verweigernden Opfer „für immer", d.h. in alle Ewigkeit ausgeliefert ist, ohne dass ihm Gottes barmherzige und versöhnende Macht irgendwie helfen kann. Auch wäre aus theologischer Perspektive zu diskutieren, ob die beharrliche Verweigerung von Vergebung und Versöhnung den Heilsplan Gottes aufschieben oder gar endgültig scheitern lassen könnte.²⁶² Oder ob nicht am Ende doch Gottes liebender Allmacht zugetraut werden muss, auch den

---

258 *Aimer la Thora plus que Dieu,* in: Difficile liberté, 204f. (dt. in Schwierige Freiheit, 109–113, hier 112). Zum Begriff der Inkarnation bei Levinas vgl. Ders., *Un Dieu-Homme,* Ders., *Entre nous,* Paris 1991, 69–76 (dt. in *Menschwerdung Gottes?,* in: Zwischen uns. Versuche über das Denken an den Anderen, München – Wien 1995, 73–86.
259 Vgl. Dirk Ansorge, *Transzendenz Gottes und Inkarnation. Positionen und Perspektiven christlicher Theologie im Gespräch mit jüdischem und islamischem Denken,* in: ThPh 84 (2009) 395–423, bes. 404–411.
260 Vgl. hierzu die Auslegung von Mt 25 bei Levinas: *Zwischen uns. Versuche über das Denken an den Anderen,* 140: „Im Nächsten ist reale Anwesenheit Gottes."
261 *Dem Anderen gegenüber,* 31 f.
262 Die Möglichkeit, dass die Verweigerung eines Menschen gegenüber der Liebe Gottes die Vollendung der Geschichte *insgesamt* in Frage stellt, hat Paul Claudel in seinem Drama *Der seidene Schuh* (1925) in der Gestalt Camilos vorgestellt. Vgl. dazu Verweyen, *Gottes letztes Wort,* 196.

sich der Versöhnung verweigernden Menschen noch zu gewinnen und zu einem Wandel seiner Gesinnung zu bewegen.[263]

Angesichts der möglichen Verweigerung von Vergebung und Versöhnung hat Aljoscha Karamasow auf das stellvertretende Leiden Christi hingewiesen. Dieses autorisiere Christus, stellvertretend für die Opfer zu vergeben und so Versöhnung zu ermöglichen. Doch wie schon Iwan Karamasow weist auch Levinas die Vorstellung zurück, die Zustimmung der Opfer könnte angesichts des Zieles universaler Versöhnung zweitrangig sein: „Genau gegen diese männliche, allzu männliche These, in der in anachronistischer Weise einige Einflüsse Hegels zu spüren sind, eben gegen diese These, die die universale Ordnung der interindividuellen überordnet, wendet sich die *Gemara*. Nein, der einzelne Beleidigte muss jedes Mal besänftigt, einzeln angesprochen und getröstet werden; die Vergebung Gottes – oder der Geschichte – kann nicht erlangt werden, ohne dass der Einzelne respektiert wird."[264]

Entscheidend dafür, ob Versöhnung möglich wird oder ausgeschlossen bleibt, ist nicht ein abstrakter Versöhnungsratschluss Gottes, sondern die Weise, wie Menschen Vergebung erbitten oder verweigern. „Niemand, nicht einmal Gott, kann sich an die Stelle des Opfers setzen. Die Welt, in der Vergebung allmächtig ist, wird unmenschlich."[265] Weil Böses Böses zeugt, bedarf es einer Instanz, die dem Bösen Einhalt gebietet – sei es in der Gestalt institutionalisierten Rechts, sei es in der Autoriät derer, die Opfer von Unrecht und Gewalt geworden sind.

Was aber, wenn Vergebung verweigert wird? Levinas rechnet mit dieser Möglichkeit durchaus. Und er scheint auf der Legitimität von Rache und Vergeltung zu bestehen. Denn der Andere ist auch dann unbedingt zu achten, wenn er sich der Vergebung verweigert. Die Achtung der „Ehre Gottes" und der „Ehre des göttlichen Namens" begründet nach Levinas sogar das Recht der Opfer auf Vergeltung und Rache.

Dieses Recht erscheint jedoch nicht erbarmungslos. Levinas hofft auf eine Art „höherer Gerechtigkeit": „Der Talmud lehrt uns, dass man Menschen, die das Recht der Vergeltung einfordern, nicht zum Verzeihen verpflichten kann. Er lehrt uns, dass Israel den anderen dieses unveräußerliche Recht nicht abspricht. Doch er lehrt uns vor allem, dass Israel, wenn es dieses Recht anerkennt, es doch

---

263 Vgl. hierzu ausführlicher im Schlussteil dieser Untersuchung.
264 Ebd., 38.
265 *Schwierige Freiheit*, 33.

nicht für sich in Anspruch nimmt; dass zu Israel gehören heißt, es nicht zu fordern."[266]

Worin besteht die „höhere Gerechtigkeit", die „Israel" auszeichnet?[267] Levinas begreift sie als „individuelle Opferbereitschaft". Sie besteht nach Levinas darin, angesichts der konkreten Not des Anderen auf das an sich legitime Recht auf Rache und Vergeltung zu verzichten. Eine solche Opferbereitschaft finde „inmitten der dialektischen Sprünge der Gerechtigkeit und all ihrer widersprüchlichen Wechselfälle ohne Zögern einen geraden, sicheren Weg".[268] Nicht in einem abstrakten Recht sieht Levinas das Prinzip „höherer Gerechtigkeit"; vielmehr erfüllt sich das Recht auf Rache und Vergeltung gerade in seiner Nicht-Inanspruchnahme.

Das Subjekt ist durch den Anderen so sehr beansprucht, dass für einen gerechten Ausgleich mit dem „Dritten" kaum Platz bleibt. Diese Spannung sieht Levinas auch in der Perspektive messianischen Wirkens nicht aufgelöst; auch hier ist der Konflikt zwischen miteinander konkurrierenden ethischen Ansprüchen unüberwindlich. Weil kein auf Gabe und Gegengabe ausgerichtetes Verhältnis der eigentümlichen Natur der ethischen Beziehung gerecht wird, kann auch die messianische Gerechtigkeit nicht konfliktfrei verwirklicht werden.[269] Der unvermeidliche Konflikt ergibt sich daraus, dass der mögliche Verzicht auf einen gerechten Ausgleich von den Opfern unweigerlich als Gewalt empfunden werden wird: „Sie spüren in ihrem Fleisch den furchtbaren Preis der verziehenen Ungerechtigkeit [...], die Gefahr der gnädigen Vergebung des Verbrechens."

Deshalb deutet Levinas die Möglichkeit an, dass beim Kommen des Messias die Bösen den Guten zu opfern sind – „wie auch in der gerechten Tat noch eine Gewalt ist, die leiden macht. Auch wenn

---

266 *Dem Anderen gegenüber*, 54.
267 Zu Levinas' Verhältnis zum Judentum und zum Staat Israel vgl. Emmanuel Levinas, *Der Staat Israel und die Religion Israels,* in: Verletzlichkeit und Frieden. Schriften über die Politik und das Politische, übers. und hg. v. Pascal Delhorn/Alfred Hirsch, Zürich – Berlin 2007, 205–212.
268 *Dem Anderen gegenüber*, 54.
269 Vgl. Derrida, *Gesetzeskraft. Der „mystische Grund der Autorität",* Frankfurt am Main 1991; zur Situiertheit und Intention dieser Schrift, in der sich Derrida bes. mit Walter Benjamin und Levinas auseinandersetzt, vgl. Menke, *Für eine Politik der Dekonstruktion.* – Derrida ausführlich zu Levinas bereits 1964 in: *Gewalt und Metaphysik.*

die Tat gerecht ist, enthält sie Gewalt."²⁷⁰ Angesichts geschehenen Unrechts kann es am Ende der Geschichte keinen „idyllischen Messianismus der Vergebung" geben.²⁷¹ Und weil der Messias gerade in seinem Kommen noch einmal die Gewalt der Gerechtigkeit offenbart, zögert Gott – so Levinas – die Verwirklichung seiner Gerechtigkeit hinaus.

Diese Spannung zwischen einander widerstreitenden und zugleich legitimen ethischen Ansprüchen ist auch in der Perspektive eines universalen Versöhnungsgeschehens gegeben, wenn darin – wie zu Beginn dieser Untersuchung als Hypothese angenommen – die Freiheit von Tätern und Opfern anerkannt bleiben soll. Denn dann ist prinzipiell immer damit zu rechnen, dass um Vergebung *nicht* gebeten, Verzeihung *nicht* gewährt und Versöhnung unmöglich wird. Levinas ist nüchtern genug, die Verweigerung gegenüber dem ethischen Anspruch des Anderen als reale Möglichkeit einzuräumen.

Dann aber tritt der gewaltsame Charakter selbst der vollendeten, der „messianischen" Gerechtigkeit hervor: Angesichts menschlicher Schuld wird auch der Messias sein Reich vollendeter Gerechtigkeit nicht gewaltfrei errichten können. Und umgekehrt: Darauf zu hoffen, dass das Verhältnis von Gerechtigkeit und Barmherzigkeit Gottes konfliktfrei oder gewaltfrei aufzulösen ist, wäre nach menschlichen Maßstäben eine Illusion.

4.4.4 Philosophiegeschichtliche Erträge

Wie kaum ein Denker vor ihm hat Levinas die unbedingte sittliche Verpflichtung betont, die aus der Bedürftigkeit und Not des Anderen erwächst. „Subjekt" ist das Individuum nicht aufgrund seiner Intentionalität oder aufgrund seines Seinsverstehens, sondern dadurch, dass es gegenüber dem Anderen unbedingt verantwortlich ist. Anders als in der Deutung des transzendentalen Idealismus gibt es keine Subjektivität, die dem ethischen Verhältnis vorausginge oder ihm zugrunde läge. Subjektivität wird vielmehr erst in der Evidenz des ethischen Sollens konstituiert.

Levinas Versuch, sich im Ausgang von der Konstitution des Subjektes durch seine Inanspruchnahme durch den Anderen der Wirklichkeit des Dritten zu öffnen, ist eine Problemanzeige auch

---

270 Emmanuel Levinas, *Messianische Texte,* in: Schwierige Freiheit, hier 83 (zu *Sanhedrin* 98b). – Zum Messiasgedanken bei Levinas aus der Sicht christlicher Theologie vgl. Dirscherl, *Bemerkungen zum Verhältnis von Anthropologie und Messiasgedanke im Dialog mit Emmanuel Levinas.*
271 Levinas, *Schwierige Freiheit,* 97.

für die Ausgangsfrage dieser Untersuchung nach dem Verhältnis von Gerechtigkeit und Barmherzigkeit Gottes angesichts der Schuldgeschichte der Menschheit. Denn er macht auf den möglichen Konflikt aufmerksam, der dann unvermeidlich ist, sobald die sittliche Inanspruchnahme nicht nur von einem Einzelnen ausgeht, sondern mit untereinander womöglich konkurrierenden sittlichen Ansprüchen gerechnet werden muss.

Wegen der Unbedingtheit des sittlichen Anspruchs kann nach Levinas *Gerechtigkeit* nicht als Ausgleich einander widerstreitender Ansprüche Wirklichkeit werden. Der ethische Kompromiss ist für ihn gerade *keine* sittliche Möglichkeit. Damit hat Levinas auch für die Theologie das Dilemma einer Hoffnung auf universale Versöhnung aufgedeckt, die ihren Ausgang beim konkreten Einzelnen nimmt und gerade deshalb – auch im „messianischen" Kontext – der irritierenden Herausforderung der Gerechtigkeit begegnet.

4.5 Gerechtigkeit, Gewalt und Verzeihen in dekonstruktivistischer Perspektive: Jacques Derrida

Nicht zuletzt in Auseinandersetzung mit Emmanuel Levinas hat sich der französische Philosoph Jacques Derrida (1930–2004) zeitlebens darum bemüht, die Beziehung zwischen Gerechtigkeit und Recht, zwischen universaler Geltung und Einzelfall hinsichtlich der darin jeweils implizierten Gewaltstrukturen zu analysieren. Seine Untersuchungen zielen auf das spannungsvolle Verhältnis zwischen Gerechtigkeit und Recht, zwischen dem Recht als solchem und den positiven Gesetzen.

Derridas Projekt der „Dekonstruktion" zielt darauf, die in sozialen, politischen und rechtlichen Verhältnissen meist verdeckten Strukturen der Gewalt aufzudecken. Dies gilt auch für das Verzeihen selbst; denn als „reines Verzeihen" *(pardon pur)* vollzieht sich Verzeihen nach Derrida nur dann, wenn das *Unverzeihliche* verziehen wird. *Reines* Verzeihen erscheint insofern als eine Unmöglichkeit humaner Praxis.

Gerade die aporetischen Strukturen, die Derrida in Begriff und Praxis der Gerechtigkeit wie des Verzeihens aufdeckt, machen sein Denken anschlussfähig für die theologische Frage nach dem Verhältnis von Gerechtigkeit und Barmherzigkeit Gottes.[272] Denn sie

---

272 Vgl. hierzu die grundsätzlichen Perspektiven bei Valentin, *Atheismus in der Spur Gottes;* Ders., *Provokation der Theologie?*

verweisen auf Aporien, die sich in der erfahrbaren Wirklichkeit und gesellschaftlichen Praxis unvermeidlich öffnen. Diese Aporien als Hinweise auf die Transzendenz eines Gottes zu deuten, der jenseits aller Aporetik für den Zusammenhalt der Wirklichkeit einsteht, kann christliche Theologie im Zusammenhang mit ihrer Frage nach der Möglichkeit einer universalen Versöhnung durchaus in Betracht ziehen.

4.5.1 Gerechtigkeit, Recht und Gewalt

In seiner Trauerrede anlässlich des Todes von Levinas (1995) plädiert Derrida für „eine Rückkehr zu den Bedingungen von Verantwortung und einer Entscheidung zwischen Ethik, Recht und Politik".[273] Dabei macht er auf die Spannung aufmerksam, die bei Levinas zwischen der unbedingten ethischen Inanspruchnahme des Subjekts durch den Anderen und der Forderung der Gerechtigkeit besteht: Die Unbedingtheit, mit der das Subjekt durch den Anderen beansprucht ist, ist durch die Präsenz des „Dritten" immer schon relativiert.

Derrida spricht in diesem Zusammenhang von der „Fatalität des doppelten Zwanges".[274] Beide, der Andere wie der Dritte, verpflichten das Subjekt unbedingt. Doch genau dieser Zwang bewahrt das Subjekt vor der „Gewalt der reinen und unmittelbaren Ethik im Von-Angesicht-zu-Angesicht des Angesichts". Macht die Erfahrung des Nächsten in seiner absoluten Einzigkeit es unmöglich, „das Gute vom Bösen, Liebe von Hass, das Geben vom Nehmen, den Lebenswunsch vom Todestrieb, den gastlichen Empfang von der egoistischen oder narzisstischen Abkapselung zu unterscheiden",[275] so zwingt die Präsenz des Dritten in der ethischen Beziehung zu eben dieser Unterscheidung.

Für Derrida gibt die Präsenz des Dritten – nach Levinas der Ursprung von Gerechtigkeit – Anlass zu einem „Treubruch". Dieser besteht in der Aufkündigung jenes „ursprünglichen Schwurs", der in der ethischen Verpflichtung gegenüber dem Anderen gegeben ist. Der Treubruch geschieht nicht erst nachträglich, sondern „von Anfang an". Denn der Dritte ist in der ursprünglichen sittlichen Beanspruchung durch den Anderen immer schon zugegen. Des-

---

273 *Adieu*, 39. – Derrida erinnert daran, dass das Thema „Gerechtigkeit" für Levinas zentral ist: „Fast die Gesamtheit von Lévinas' Diskurs […] appelliert an diesen Dritten" (*Adieu*, 51).
274 *Adieu*, 52.
275 *Adieu*, 52 (dort als Frage formuliert).

halb ist der „Treubruch" nach Derrida „so ursprünglich wie die Erfahrung des Angesichts".[276] Und deshalb würde die Gerechtigkeit „mit diesem Treubruch beginnen". Die „Fatalität des doppelten Zwangs", der Konflikt zwischen dem Besonderen und dem Allgemeinen, ist unter keinen Umständen zu überwinden.

Trotzdem hat sich Derrida wiederholt der Herausforderung einer nichtuniversalistischen Ethik zugewandt. Wie Levinas geht es ihm darum, dem Einzelnen gerecht zu werden.[277] Zugleich will er der notwendigen Existenz allgemeingültiger Rechtsnormen in der Gesellschaft Rechnung tragen. Denn sie allererst stellt den institutionellen Rahmen bereit, innerhalb dessen die Zuwendung zum bedürftigen Nächsten möglich ist. Das Recht beansprucht, innerhalb einer bestehenden Gesellschaft Gerechtigkeit wirksam werden zu lassen. Wird es damit aber schon den Bedürfnissen des Einzelnen gerecht?

Von diesem Ansatz her sucht Derrida das Gespräch mit Jurisprudenz und Rechtsphilosophie.[278] Im Rahmen eines Kolloquiums zum Verhältnis von Dekonstruktion und Gerechtigkeit *(Deconstruction and the Possibility of Justice)* analysiert er 1989 im Ausgang von Walter Benjamins Essay *Zur Kritik der Gewalt* (1921) das Verhältnis von Gerechtigkeit *(justice)*, Recht *(law)* und Gewalt *(force)*.[279] Im Rahmen der von Derrida erörterten Thematik ist „Gewalt" *(force)* als „Gesetzeskraft" zu verstehen.

---

276 *Adieu*, 53.
277 Vor allem in den beiden Essais *Gewalt und Metaphysik* [frz. Orig. 1964], sowie *Eben in diesem Moment in diesem Werk findest du mich* [frz. Orig. 1987]; ferner *Adieu. Nachruf auf Levinas* [frz. Orig. 1997].
278 Gustav Radbruch (1878–1949), Rechtsphilosoph und Justizminister in der Weimarer Republik, hat angemerkt, dass die Gerechtigkeit „in sich eine unüberwindbare Spannung" enthält: „Gleichheit ist ihr Wesen, Allgemeinheit ist deshalb ihre Form – und dennoch wohnt ihr das Bestreben inne, dem Einzelfall und dem Einzelmenschen in ihrer Einzigartigkeit gerecht zu werden" (Ralf Dreier/Stanley L. Paulson, *Einführung in die Rechtsphilosophie Radbruchs*, in: Gustav Radbruch, Rechtsphilosophie. Studienausgabe, Heidelberg ²2003, 247–249).
279 Zu Derridas *Gesetzeskraft* vgl. u.a. Cornelia Vismann, *Derrida, Philosopher of Law*, in: German Law Journal 6 (2005) 5–13; Rudolf Maresch, *Gespenstischer Verkehr. Derrida liest Benjamins „Zur Kritik der Gewalt"*, in: Concordia. Internationale Zeitschrift für Philosophie (1996) 31–44. – Derrida hat seinen Text ursprünglich auf Französisch verfasst; erst für den Vortrag wurde er ins Englische übersetzt. Im Folgenden wird die amerikanische Vortragsfassung zitiert nach: Jacques Derrida, *Acts of Religion*, hg. v. Gil Anidjar, New York – London 2002, 231–258. Die

4.5 Jacques Derrida

Dazu geht Derrida von der geläufigen Unterscheidung zwischen dem positiven Recht, der Summe der einzelnen Gesetze, und der Gerechtigkeit aus. Welcher Art ist die Beziehung zwischen Gerechtigkeit und positivem Recht?

Derridas Frage nach der Beziehung zwischen Gerechtigkeit und positivem Recht verweist auf die Ausgangsfrage dieser Untersuchung: Wie kann ein Gott, der als vollkommen gerecht zu denken ist, gegenüber den Tätern barmherzig sein, ohne im Akt des Verzeihens den Opfern Gewalt anzutun, falls diese nicht in seine Vergebung einstimmen? Der abstrakte Begriff der Gerechtigkeit scheint mit den sittlichen Ansprüchen zu konkurrieren, mit denen Gott von unterschiedlichen Positionen her konfrontiert ist. Beide Positionen erscheinen moralisch legitim. Gibt es zwischen ihnen einen gerechten Ausgleich? Welcher Art ist die Beziehung zwischen dem Ideal der Gerechtigkeit und ihrer konkreten Inanspruchnahme?

Im Rahmen seiner Überlegungen zum Verhältnis zwischen Gerechtigkeit und Recht betont Derrida die Transzendenz der Gerechtigkeit gegenüber dem positiven Recht. Seinar Auffassung nach kann man „nicht unmittelbar, auf direkte Weise von der Gerechtigkeit sprechen […], man kann die Gerechtigkeit nicht thematisieren oder objektivieren, man kann nicht sagen: »dies ist gerecht« und noch weniger »ich bin gerecht«, ohne bereits die Gerechtigkeit, ja das Recht zu verraten."[280] Weil aber die Gerechtigkeit gegenüber dem positiven Recht transzendent ist, lässt sich nicht abstrakt und a priori bestimmen, was – nachfolgend – in einer konkreten „Anwendung", d.h. in einem positiven Gesetz zur Geltung gebracht werden müsste. Zwar bezieht sich das positive Recht auf die Gerechtigkeit, indem es sich von ihr her zu legitimieren sucht. Doch „kein rechtfertigender Diskurs kann oder darf die Rolle einer Metasprache übernehmen und dafür sorgen, dass sie gesprochen wird, wenn es um die Performativität der instituierenden Sprache oder um deren vorherrschende Deutung geht".[281]

---

        deutsche Übersetzung folgt der französischen Version und stammt von Alexander García Düttmann (Frankfurt am Main 1991).
280 „At this very moment I am preparing to demonstrate that one cannot speak *directly* about justice, thematice or objicivice justice, say »this is just«, and even less »I am just«, without immediately betraying justice, if not law" (*Force of Law* 237/*Gesetzeskraft*, 21).
281 „No justificatory discourse could or should ensure the role of metalanguage in relation to the performativity of institutive language or to its dominant interpretation" (*Force of Law*, 242/*Gesetzeskraft*, 28).

Das spannungsvolle Verhältnis zwischen transzendenter Gerechtigkeit und positivem Recht ist nicht im Begriff aufzulösen. Es vollzieht sich vielmehr im Akt der Rechtsetzung. Dieser Akt – der Akt, in dem der Geltungsanspruch des Rechts begründet wird – ist nicht diskursiv einzuholen. Während das Recht der kritischen Analyse zugänglich ist, weil es die Frage nach der es legitimierenden Autorität zulässt, gilt dies für den das Recht begründenden und so legitimierenden Akt der Rechtsetzung selbst nicht. Die Begründung des Rechts entzieht sich jeder rationalen Rekonstruktion. Zugleich entfaltet die Gerechtigkeit eine performative Kraft, eine Gewalt *(force)*. Diese nennt Derrida im Anschluss an Montaigne und Pascal „mystisch".

Was ist damit gemeint? Im fünften Abschnitt seiner *Pensées* weist Blaise Pascal (1623–1662) auf die notwendige Einheit von Gerechtigkeit und einer sie zur Geltung bringenden Kraft bzw. Gewalt hin. Ohne diese Gewalt gibt es im Sozialverbund keine Ordnung. Im *Fragment 298* heißt es: „Es ist gerecht und angemessen, dass jenes, was gerecht und angemessen ist, befolgt wird; es ist notwendig, dass man jenem folgt, was stärker und kräftiger ist. Die Gerechtigkeit ohne Kraft (Gewalt) ist kraftlos, ohnmächtig; Kraft (Gewalt) ohne Gerechtigkeit ist tyrannisch. Gerechtigkeit ohne Kraft (Gewalt) wird nicht anerkannt, weil es immer Bösewichte gibt; Kraft (Gewalt) ohne Gerechtigkeit wird angeklagt."[282]

Pascal gebraucht hier den Begriff der „Kraft" *(force)*, nicht den der „Gewalt" *(violence)*, doch der Zusammenhang ist klar: Die Gerechtigkeit bedarf zu ihrer Durchsetzung einer sie durchsetzenden Gewalt, um wirksam werden zu können. Allerdings: Bloße Gewalt neigt dazu, zu Willkür zu entarten: *„La justice sans la force est impuissante; la force sans la justice est tyrannique."* Deshalb muss beides zusammen zur Geltung gebracht werden: „Man muss also Gerechtigkeit und Kraft (Gewalt) zusammenstellen, damit was gerecht und angemessen auch stark und kräftig, was stark und kräftig auch gerecht und angemessen ist."[283]

---

282 „Il est juste que ce qui est juste soit suivi, il est nécessaire que ce qui est le plus fort soit suivi. La justice sans la force est impuissante; la force sans la justice est tyrannique. La justice sans force est contredite, parce qu'il y a toujours des méchants; la force sans la justice est accusée" (*Pensées,* ed. Brunschvicg, Fragment 298).

283 „Il faut donc mettre ensemble la justice et la force; et pour cela faire que ce qui est juste soit fort, ou que ce qui est fort soit juste" (*Pensées,* ed. Brunschvicg, Fragment 298).

Im *Fragment 294* beklagt Pascal, dass die menschliche Natur, deren Erkenntnisvermögen durch die Erbsünde verdunkelt sei, das wahrhaft Gerechte nicht erkennen kann. Deshalb gilt den einen die Autorität des jeweiligen Gesetzgebers als Wesen des Rechts, anderen der jeweilige Nutzen eines Herrschers und wiederum anderen der gegenwärtig herrschende Brauch. Während die Vernunft das an sich Gerechte nicht erkennen kann, erscheint ihr das Recht geschichtlich bedingt und in der Zeit veränderlich. Letztendlich macht die Dynamik eines sozialen Anerkennungsgeschehens das Wesen der (ausgleichenden) Gerechtigkeit aus: *„La coutume fait toute l'équité."*

Gerechtigkeit ist demnach nichts anderes als die Gewohnheit derer, die sich dem jeweils geltenden Recht unterwerfen. Der einzige Geltungsgrund des Rechts ist seine Überlieferung. Deshalb wird es durch alle jene zerstört, die gegenüber der Überlieferung des Rechts ein transzendentes Prinzip geltend machen wollen.[284]

Ähnlich hatte bereits Michel de Montaigne (1533–1592) argumentiert. Auch auf ihn bezieht sich Derrida in seinem Vortrag. Montaignes durch Skepsis geprägten Weltanschauung zufolge speist sich der Geltungsanspruch des Rechts weder aus metaphysischen Quellen noch aus einer transzendenten Gerechtigkeit. Der Grund der Verbindlichkeit des Rechts ist vielmehr allein der, dass es Gesetze *gibt:* „Die Gesetze genießen ein dauerhaftes Ansehen und verfügen über einen Kredit, nicht etwa, weil sie gerecht sind, sondern weil sie Gesetze sind: das ist der mystische Grund ihrer Autorität; es gibt keinen anderen [...]. Wer immer den Gesetzen gehorcht, weil sie gerecht sind, folgt ihnen nicht auf angemessene Weise, so, wie er ihnen folgen soll."[285] Nach Montaigne fordert die Formalität des Rechts einen formalen Gehorsam, nicht aber die Rückfrage nach einem das Recht fundierenden gehaltvollen

---

284 „De cette confusion arrive que l'un dit que l'essence de la justice est l'autorité du législateur, l'autre la commodité du Souverain, l'autre la coutume présente; et c'est le plus sûr: rien, suivant la seule raison, n'est juste de soi, tout branle avec le temps. La coutume fait toute l'équité, par cette seule raison qu'elle est reçue; c'est le fondement mystique de son autorité. Qui la ramène à son principe l'anéantit" (*Pensées,* éd. Brunschvicg, Fragment 294).

285 „Les loix se maintiennent en crédit, non par ce qu'elles sont justes, mais par ce qu'elles sont loix. C'est le fondement mystique de leur autorité: elles n'en ont point d'autre. [...]. Quiconque leur obéit par ce qu'elles sont justes, ne leur obeyt pas justement par où il doit" (*Essais* III, 13: „De l'expérience").

Prinzip seiner Geltung. Der „mystische Grund der Autorität" des Rechts ist die Faktizität seiner Geltung – nichts weiter.

Pascal hat sich Montaignes Skeptizismus nicht zu eigen gemacht, sondern dessen Interpretation des Geltungsgrundes des Rechts als Beispiel für die begrenzte Reichweite der unter der Herrschaft der Sünde stehenden Vernunft herangezogen. Er beharrt auf der Differenz zwischen Gerechtigkeit und Recht. Für ihn – und Kierkegaard ist ihm hierin gefolgt – zeigt sich in der Frage nach dem Geltungsgrund von Recht und Gerechtigkeit die göttliche Dimension vollkommener Gerechtigkeit. Die vollkommene Gerechtigkeit Gottes ist von der menschlichen Gerechtigkeit so weit unterschieden „wie das Endliche vom Unendlichen": Das Endliche kann dem Unendlichen auch nicht das Geringste hinzufügen, so der Mathematiker Pascal. Und deshalb wird jede menschliche Gerechtigkeit „vor der göttlichen Gerechtigkeit zunichte".[286]

Was Derrida an Pascal interessiert, ist nicht nur dessen Frage nach dem Verhältnis von Recht und Gerechtigkeit, sondern Pascals Deutung, wonach sich das Ereignis, in dem die Geltung des Rechts begründet ist, jeder begrifflichen Rekonstruktion entzieht. Warum in einer Gesellschaft Gerechtigkeit herrschen soll und nicht vielmehr Unrecht, ist mit Vernunftgründen nicht einsichtig zu machen. Der Geltungsgrund der Gerechtigkeit, der Grund ihrer Autorität ist deshalb – mit Montaigne – ein „mystischer Grund" *(fondement mystique)*. Gerechtigkeit erscheint damit geradezu als ein „Heiliges" oder „Erhabenes". Derrida sieht in ihr immer auch etwas „Übermäßiges".

Weil der Gründungsakt des Rechts außerhalb von Recht und Gerechtigkeit steht, kann er nicht anhand der Unterscheidung zwischen Rechtmäßigkeit und Unrechtmäßigkeit beurteilt werden. Der Gründungsakt des Rechts kann von niemandem als legitim verbürgt oder als illegitim in Abrede gestellt werden.[287] Will man der naheliegenden Konsequenz entgehen, stets das Recht des je-

---

286 „L'unité jointe à l'infini ne l'augmente de rien, non plus qu'un pied à une mesure infinie. Le fini s'anéantit en présence de l'infini, et devient un pur néant. Ainsi notre esprit devant Dieu; ainsi notre justice devant la justice divine. Il n'y a pas si grande disproportion entre notre justice et celle de Dieu, qu'entre l'unité et l'infini" (*Pensées*, ed. Brunschvicg, Fragment 233).
287 Bei Carl Schmitt wird dieser Gedanke im Zusammenhang mit seiner Theorie des „Ausnahmezustands" zum Prinzip der Rechtsbegründung; vgl. Oren Gross, *The Normless and Exceptionless Exception: Carl Schmitt's Theory of Emergency Powers and the „Norm-Exception" Dichotomy*, in: Cardozo Law Review, No. 21 (2000), 1825–1868; vgl. auch Susanne Heil,

weils Stärkeren als legitim anzusehen, bedarf es einer ständigen Kritik des herrschenden Rechts. Eben hierin sieht Derrida die Aufgabe der Dekonstruktion: „Die Forderung nach unendlicher Gerechtigkeit, die unendliche Forderung nach Gerechtigkeit, die die von mir erwähnte Gestalt einer »Mystik« annehmen kann, verpflichtet bereits die/zur Dekonstruktion."[288]

Derridas Vorhaben, bestehende Rechtssysteme zu „dekonstruieren", zielt darauf ab, die Kontingenz der Begriffe „Gerechtigkeit", „Gesetz" und „Recht" und damit die Grenzen der wissenschaftlichen Begriffsbildungen insgesamt bewusst zu machen. Letztendlich geht es ihm darum, die geschichtliche Bedingtheit jener Werte, Normen und Vorschriften, die innerhalb einer Gesellschaft gelten, aufzudecken. Dieser Prozess aber ist nach Derrida geboten, um dem Einzelnen „gerecht zu werden".

In diesem Zusammenhang stellt sich auch die Frage nach Möglichkeit und Wesen einer gerechten Gewalt, die nicht gewalttätig ist.[289] Eine rechtliche oder sittliche Ordnung, die durch die konsequente Kritik an den bestehenden Verhältnissen zustande kommt und eine neue Beziehung zwischen dem Subjekt und dem Anderen schafft, nähert sich zwar der Gerechtigkeit an. Die Gerechtigkeit selbst aber wird in keiner faktischen Ordnung je vollkommen verwirklicht. In Derridas Dekonstruktion fungiert die platonische Idee des Guten, die „jenseits des Seins" (*epekeina tês ousías; Rep.* 509b9f) verortet ist, als Platzhalterin für die Unmöglichkeit, die vollkommene Gerechtigkeit innerhalb eines rechtlichen Systems zu verwirklichen. Immer bleibt eine nicht weiter zu dekonstruierende Transzendenz: „Das Paradoxon […] hat folgende Gestalt: Die dekonstruierbare Struktur des Rechts oder – wenn Sie wollen – der Gerechtigkeit/Justiz als Recht sichert die Möglichkeit der Dekonstruktion. Die Gerechtigkeit als solche, wenn es so etwas gibt, außerhalb und jenseits des Rechts, lässt sich nicht dekonstruieren.

„Gefährliche Beziehungen". Walter Benjamin und Carl Schmitt, Stuttgart – Weimar 1996.

288 „Deconstruction is already pledged, engaged *[gagée, engagée]* by this demand for infinite justice, which can take the aspect of this »mystique« I spoke of earlier." Derrida entfaltet sodann, was er mit „mystisch" meint: „One must *[il faut]* be *juste* with justice, and the first justice to be done is to hear it, to try to understand where it comes from, what it wants from us" (*Force of Law,* 248/*Gesetzeskraft,* 40).

289 „What is a just force or a nonviolent force?" (*Force of Law,* 234/*Gesetzeskraft,* 13).

Philosophiegeschichtliche Perspektiven

Ebensowenig die Dekonstruktion selbst, wenn es so etwas gibt. Die Dekonstruktion ist die Gerechtigkeit."[290]

Im Rahmen der Dekonstruktion ist die Kritik des herrschenden Rechtes zugleich die Artikulation der unendlichen Idee der Gerechtigkeit. Als „außerhalb und jenseits des Rechts" bleibt sie kritisch gegenüber jedem positiven Recht und sichert so dessen zeitliche Dynamik: „Die Gerechtigkeit ist der Zukunft geweiht, es gibt Gerechtigkeit nur dann, wenn sich etwas ereignen kann, was als Ereignis die Berechnungen, die Regeln, die Programme, die Vorwegnahmen usw. übersteigt. Als Erfahrung der absoluten Andersheit ist die Gerechtigkeit undarstellbar, doch darin liegt die Chance des Ereignisses und die Bedingung der Geschichte."[291] Oder, pointiert gesagt: „Die Gerechtigkeit bleibt *im Kommen*."[292] Indem die Dekonstruktion auf die bleibende Transzendenz der Gerechtigkeit verweist, dient sie der Fortentwicklung des jeweils geltenden Rechts.

Derrida ist kein Metaphysiker – und noch weniger Theologe. Deshalb betont er einerseits die Differenz zwischen Gerechtigkeit und positivem Recht. Während das Recht in einem Staatswesen kodifiziert begegnet, gilt eben dies für die Gerechtigkeit nicht: „Das Recht ist das Element der Berechnung; es ist nur (ge-)recht, dass es ein Recht gibt, die Gerechtigkeit indes ist unberechenbar." Andererseits betont Derrida die Schwierigkeit, die Differenz von Gerechtigkeit und Recht begrifflich zu bestimmen: „Alles wäre viel einfacher, wenn der Unterschied zwischen Gerechtigkeit und Recht ein wahrer Unterschied wäre, ein Gegensatz, dessen Wirken sich logisch regeln und beherrschen ließe. Das Recht enthält aber

---

290 „The paradox that I would like to submit for discussion is the following: it is this disconstructible structure of law or, if you prefer, of justice as law, that also ensures the possibility of deconstruction. Justice in itself, if such a thing exist, outside or beyond law, is not deconstructible. No more than deconstruction itself, if such a thing exist. *Deconstruction is justice.*" (*Force of Law*, 243/*Gesetzeskraft*, 30). Dieser viel zitierte Satz sei auch in Französisch notiert: „La justice en elle-même, si quelque chose de tel existe, hors ou au-delà du droit, n'est pas déconstructible. Pas plus que la déconstruction elle-même, si quelque chose de tel existe. La déconstruction est la justice" (*Force de loi: Le „Fondement mystique de l'autorité*", 35).

291 „There is an avenir for justice and there is no justice except to the degree that some event is possible which, as event, exceeds calculation, rules, programs, anticipations and so forth. Justice, as the experience of absolute alterity, is unpresentable, but it is the chance of the event and the condition of history" (*Force of Law*, 257/*Gesetzeskraft*, 57).

292 „Justice remains *to come*" (*Force of Law*, 256/*Gesetzeskraft*, 56).

den Anspruch einer Ausübung, die im Namen der Gerechtigkeit geschieht; die Gerechtigkeit wiederum erfordert, dass sie in einem Recht sich einrichtet, das gewaltsam zur Geltung gebracht *(enforced)* werden muss."[293] Deshalb kann trotz der bleibenden Transzendenz der Gerechtigkeit zwischen Recht und Gerechtigkeit nicht absolut unterschieden werden. Beides ist aufeinander bezogen, ohne dass eines im anderen aufginge oder das Verhältnis zwischen Recht und Gerechtigkeit a priori zu bestimmen wäre.

Derridas Reflexionen zum Verhältnis von Gerechtigkeit und Recht wollen nicht nur auf die spannungsvolle Wechselbeziehung zwischen beidem hinweisen. Darüber hinaus wendet sich Derrida gegen jene „Pragmatiker", die die Gerechtigkeit von ihrer Aufgabe entlasten wollen, kritisch gegenüber dem Recht zu bleiben und es so in Bewegung zu halten. Sie nämlich laufen nach seiner Auffassung Gefahr, bestehendes Recht unkritisch zu sanktionieren und seine Fortentwicklung zu verhindern. Zugleich kritisiert Derrida die „Idealisten", die der Gerechtigkeit unter den endlichen Bedingungen ihrer rechtlichen Gestalt lediglich einen defizitären Status beimessen. Indem sie die „Erhabenheit" der Gerechtigkeit gegenüber dem positiven Recht betonen, berauben auch sie die Gerechtigkeit ihres kritischen Potenzials gegenüber dem jeweils geltenden Recht.

Anknüpfend an Walter Benjamins Unterscheidung zwischen der Recht *setzenden* und der Recht *erhaltenden* Dimension des Rechts beharrt Derrida auf dem performativen Charakter der Rechtsprechung. Jener Akt, in dem institutionell verbürgt ein Urteil gefällt und Recht gesprochen wird, ist keine ursprüngliche Stiftung, sondern immer schon Umdeutung und Interpretation. Gleichzeitig stellt die Ausübung der Rechtsprechung keine bloße Applikation des einmal geltenden Rechts auf Einzelfälle dar; sie ist vielmehr stets Fortschreibung geltenden Rechtes. Dieser prozessuale Charakter des Rechts trägt der Geschichtlichkeit menschlicher Existenz ebenso Rechnung wie der Besonderheit unterschiedlicher Situationen.

---

293 „Everything would still be simple if the distinction between justice and law were a true distinction, an opposition the functioning of which was logically regulated an masterable. But it turns out that law claims to exercise itself in the name of justice and that justice demands fot itself that it be established in the name of a law that must be put to work *[mis en œuvre]* (constituted and applied) by force »enforced«" (*Force of Law*, 251/*Gesetzeskraft*, 46).

Philosophiegeschichtliche Perspektiven

Zwar ist seit Platon unbestritten, dass es einer Fortentwicklung der Rechtsprechung bedarf, um diese davor zu bewahren, in Unrecht abzugleiten.[294] Darüber hinausgehend betont Derrida, dass der *Vollzug* des Rechts irreduzibel auf die *Ordnung* des Rechts ist. Im Vollzug des Rechts macht sich ein Gerechtigkeitssinn geltend, der im Recht niemals erfüllt werden könnte. Hierin gründet die Möglichkeit einer „Politisierung" der Rechtsprechung, insofern diese sich jederzeit kritisch gegen das geltende Recht stellen kann. Diese Politisierung richtet sich gegen das „gute Gewissen", das sich dabei beruhigt, dass es sich in seinem Vollzug allein am geltenden Recht orientiert und „dogmatisch bei dieser oder jener überkommenen Bestimmung der Gerechtigkeit stehenbleibt".[295]

Auf dieser Grundlage bestreitet Derrida die Möglichkeit einer definitiven oder auch nur vorläufigen Kodifizierung der Gerechtigkeit im positiven Recht. Rechnete das „emanzipatorische" Projekt der Gerechtigkeit noch mit der Möglichkeit einer Differenz zwischen Gerechtigkeit und Recht, so unterstellte es doch die prinzipiell mögliche Aufhebung dieser Differenz in einem vollkommenen Kodex. Derrida verabschiedet dieses Kalkül mit der Begründung, dass dem Einzelnen, dem Besonderen niemals vollkommenes Recht – und damit Gerechtigkeit – widerfahren kann. Weil das Recht das seinem Begriff nach Allgemeine ist, kann es die Differenz zwischen dem Allgemeinen und dem Besonderen niemals überbrücken.

Deshalb plädiert Derrida dafür, den unvermeidlichen Konflikt, den Streit der Gerechtigkeit mit dem Recht, unablässig zu führen.[296] Indem Politik wesentlich in der Bewahrung, ja Entfaltung dieser Strittigkeit besteht, folgt sie einem unendlichen „Gerechtigkeitsverlangen". Gerade als Verlangen aber verabschiedet sie die Vision eines Rechts, in dem Gerechtigkeit vollkommenen verwirklicht ist.

---

294 Hieran knüpft seit Platon jede Kritik des Gesetzes an; vgl. Platon, *Politikos*: „Die Unähnlichkeit der Menschen und der Handlungen, und dass niemals nichts sozusagen Ruhe hält in den menschlichen Dingen, dies gestattet nicht, dass irgendeine Kunst etwas für alle und zu aller Zeit darstelle" (294bc).

295 Die Spannung zwischen individueller und allgemeiner Gerechtigkeit ist in der Jurisprudenz mit dem auf Cicero zurückgehenden Sinnspruch *summum ius summa iniuria* angedeutet; Cicero, *De officiis* I, 33.

296 Diese engagierte Kritik am herrschenden Recht unterscheidet sich fundamental von Lyotards Konzept des „Widerstreits", die sich darauf beschränkt, untereinander widerstreitende Geltungsansprüche *aufzudecken* und zu *bezeugen:* vgl. Lesch, *Fragmente einer Theorie der Gerechtigkeit*, bes. 172–154.

4.5 Jacques Derrida

Angesichts des bedürftigen Anderen macht sich die Dekonstruktion zur Anwältin der Gerechtigkeit im Bezug auf konkrete Situationen des Unrechts. Denn die Gerechtigkeit „richtet sich immer an das vielfältig Besondere [singularités], an die Besonderheit der Anderen, unbeschadet oder gerade aufgrund ihres Anspruchs auf Universalität".[297] Man ist an Levinas erinnert: Wie in dessen Aporetik des „Dritten" tritt auch in Derridas Überlegungen die Spannung zwischen der Einzigartigkeit des sittlichen Anspruchs und dem Anspruch der Gerechtigkeit auf universale Geltung zu Tage *("despite or even because")*.

Wie Levinas wendet sich Derrida gegen einen Begriff von Gerechtigkeit im Sinne eines reziproken oder distributiven Verhältnisses. An die Stelle eines berechneten und berechnenden Gleichmaßes will er eine Gestalt von Gerechtigkeit zur Geltung bringen, die dem Einzelnen in seiner jeweiligen Bedürftigkeit gerecht wird. Denn die Bedürftigkeit konstituiert eine „absolute Asymmetrie". Diese Asymmetrie trägt der „Heiligkeit" des Anderen Rechnung: „Die Gerechtigkeit beruht hier nicht auf Gleichheit, auf einem berechneten Gleichmaß, auf einer angemessenen Verteilung, auf der austeilenden Gerechtigkeit, sondern auf einer absoluten Asymmetrie."[298]

Die Spannung zwischen Recht und Gerechtigkeit betrifft auch das Verhältnis von Legalität und Legitimität. Anders nämlich als herrschendes Recht verpflichtet die Gerechtigkeit unbedingt – nötigenfalls auch gegen bestehendes Recht. Dass aber herrschendes Recht zugleich Unrecht ist, ist in der Geschichte nicht eben selten anzutreffen. Legitimität und Legalität können einander widerstreiten, ja ausschließen, wenn die unbedingte Forderung der Gerechtigkeit in einer konkreten geschichtlichen Situation zur Geltung gebracht wird.

Worin bekundet sich die gegenüber herrschendem Recht kritische Forderung der Gerechtigkeit? In seinen Reflexionen über die mögliche Legitimität zivilen Widerstands gegen ein Unrechtsregime betont Derrida die Funktion des *Gewissens*. Dieses mache sich zum Anwalt der Gerechtigkeit: „Die beispielhaften Zeugen

---

297 „This justice always adresses itself to singularity, to the singularity of the other, despite or even because it pretends to universality" (*Force of Law*, 248/*Gesetzeskraft*, 41).

298 „Here *équité* is not equality, calculated proportion, equitable distribution or distributive justice, but rather, absolute dissymmetry" (*Force of Law*, 250/*Gesetzeskraft*, 45 f.).

sind [...] häufig solche, die zwischen dem Gesetz und den Gesetzen unterscheiden, zwischen der Achtung vor dem Gesetz, das unmittelbar zum Gewissen spricht, und der Unterordnung unter das positive (historische, nationale, institutierte) Gesetz. Das Gewissen ist nicht nur Erinnerung, sondern auch Versprechen."[299]

Im Spruch des individuellen Gewissens wird jener „mystische Grund" in Frage gestellt, aus dem sich die Geltung des Gesetzes im Bereich der Öffentlichkeit speist – jener Grund, welcher der Unterscheidung von Legitimität und Illegitimität voraus liegt. Es gibt gleichsam einen zweiten „mystischen Grund der Autorität", das Gewissen des Einzelnen nämlich, in dem sich dieser unbedingt verpflichtet weiß, der Gerechtigkeit zu dienen. In der Frage, ob einem unrechtmäßigen Regime Widerstand zu leisten ist, meldet sich im Gewissen die Gerechtigkeit darin, dass sie bestehende Regeln in Frage stellt: „Die aporetischen Erfahrungen sind ebenso unwahrscheinliche wie notwendige Erfahrungen der Gerechtigkeit, das heißt jener Augenblicke, da die Entscheidung zwischen dem Gerechten und dem Ungerechten von keiner Regel verbürgt und abgesichert wird."[300]

Derridas Analysen des Verhältnisses von Recht und Gerechtigkeit, die auf den Geltungsgrund des positiven Rechts zielen, verschließen sich der Dimension des Religiösen nicht. Denn auch die Religionen thematisieren ja jenen „mystischen Grund der Autorität", der sich jeder begrifflichen Rekonstruktion entzieht. Auch sie kennen jene „Ökonomie der Gabe", in der das grundlos Gewährte eine das Sein konstituierende Bedeutung hat.[301] Und auch im Kontext der Religion ist „Gerechtigkeit" kein abstraktes und allgemeingültiges Prinzip, aus dem geltendes Recht deduziert werden könnte, sondern Ereignis und Geschehen in einer jeweils konkreten geschichtlichen Situation.

In der jüdischen Religion sieht Derrida dies in besonderer Weise anerkannt. Denn auch dem in der Bibel bezeugten Gott widerspricht das Prinzip der Allgemeinheit. Auch in biblischer Perspektive fordert die Besonderheit einer jeden Situation eine „Gerechtig-

---

299 J. Derrida, *Die Bewunderung Nelson Mandelas oder Die Gesetze der Reflexion*, in: Für Nelson Mandela, Reinbek 1987, 11–45, hier 41.
300 *Gesetzeskraft*, 34.
301 Zur „Ökonomie der Gabe" bei Derrida vgl. u.a. Jacques Derrida, *Den Tod geben* (*Donner la mort*, 1992), in: *Gewalt und Gerechtigkeit. Derrida – Benjamin*, hg. v. Anselm Haverkamp, Frankfurt am Main 1994, 331–445.

keit ohne Recht", eine „Gerechtigkeit als solche, eine Gerechtigkeit außerhalb und jenseits des Rechts".[302] Die transzendente Gerechtigkeit kann gerade als solche zur Quelle des geltenden Rechts werden. Die jüdische Religion thematisiert die Differenz zwischen Gerechtigkeit und Recht nicht nur darin, dass sie den Gesetzgeber – Gott – als transzendent betrachtet. Sie thematisiert die Differenz auch in der Praxis des Rechts dadurch, dass sie den Armen und den Benachteiligten, den Sündern und den Opfern von Unrecht und Gewalt in ihrer jeweiligen besonderen Situation zur Seite steht.

Gerade diese Überlegungen verdeutlichen, wie nahe Derridas Überlegungen der Ausgangsfrage dieser Untersuchung kommen: Wie kann den Opfern der Geschichte Gerechtigkeit widerfahren, ohne dass damit ein abstraktes, universal geltendes Recht begründet würde? Wie kann den Tätern verziehen werden, ohne dass damit den Opfern Unrecht geschieht? Auch solche Fragen sind Derrida nicht fremd. Er hat sich ihnen vor allem im Zusammenhang mit der Problematik politischer Amnestien gestellt und dabei auf die Spannung aufmerksam gemacht, die daraus resultiert, dass Verzeihen zuerst von denjenigen gewährt werden muss, die zu Opfern von Unrecht und Gewalt wurden.[303]

4.5.2 „Reines Verzeihen" als „Unmöglichkeit"

In einem Interview, das er 1999 in *Le Monde des Débats* gab, charakterisiert Derrida das zurückliegende Jahrhundert kritisch als ein „Jahrhundert des Verzeihens" *(siècle du pardon)*.[304] Im Verlauf des

---

302 „Law is not justice. Law ist he element of calculation, and it is just that there be law, but justice is incalculable, it demands that one calculate, with the incalculable; and aporetic experiences are the experiences, as improbable as they are necessary, of justice, that is to say of moments in which the decision between just and injust is never insured by a rule" (*Force of Law*, 244/*Gesetzeskraft*, 104). – Zum jüdischen Erbe in Derridas Philosophie vgl. Joachim Valentin, *Der Talmud kennt mich. Jacques Derridas Judentum als Unmöglichkeit des Zu-sich-Kommens*, in: Ders./Saskia Wendel (Hgg.), Jüdische Traditionen in der Philosophie des zwanzigsten Jahrhunderts, Darmstadt 2000, 279–296.

303 Vgl. Derrida, *On Cosmopolitanism and Forgiveness*, London 2001; Hinweise auf die Thematik in Derridas Gesamtwerk bei: Peter Krapp, *Amnesty: Between an Ethics of Forgiveness and the Politics of Forgetting*, in: German Law Journal 6/1 (2005) 185–195, bes. 185 f.; Tück, *Das Unverzeihbare verzeihen?*, 178–181.

304 Dt. Übers. als: Jacques Derrida im Gespräch mit Michel Wieviorka, *Jahrhundert der Vergebung. Verzeihen ohne Macht – unbedingt und jenseits der Souveränität*, in: Lettre international 10 (Frühjahr 2000), 10–18.

20. Jahrhunderts hätten sich in nahezu allen Bereichen der Gesellschaft, der nationalen ebenso wie der internationalen Politik, Rituale des öffentlichen Bekenntnisses kollektiver Schuld und Rituale der Vergebung etabliert. Deren Zielsetzung sei vielfach pragmatischer Natur; denn sie zielten auf die Verbesserung von Wirtschaftsbeziehungen oder die Stabilisierung innenpolitischer Verhältnisse. Doch „jedes Mal, wenn das Verzeihen im Dienst eines Zweckes steht, sei er auch ehrsam und rein geistig (Freikaufen oder Erlösen, Versöhnung, Heil), jedes Mal, wenn es versucht, eine (soziale, nationale, politische, psychologische) Normalität wiederherzustellen, und zwar durch Trauerarbeit, durch irgendeine Therapie oder eine Ökologie des Gedächtnisses, dann ist die »Vergebung« nicht rein, noch ist es ihr Begriff".[305]

Was aber ist ein „reines Verzeihen"? Derrida unterscheidet hier zwischen Recht und Moral. Er insistiert darauf, dass der Begriff des Verzeihens nicht mit juristischen Kategorien wie Amnestie oder Verjährung zu verwechseln ist. Es mag Verbrechen geben, die vor dem Gesetz nicht verjähren können, die aber gleichwohl verziehen werden können.[306] Verzeihen transzendiert den Bereich des Rechts. Unrecht kann vor dem Forum der Justiz eingeklagt und in einem juristischen Verfahren entschieden werden. Verzeihen hingegen ist ein personales Geschehen, das an keine Institution delegiert werden kann. In dem Augenblick, in dem sie Verzeihung gewährt, nimmt die Person eine moralische Souveränität für sich in Anspruch, die sie außerhalb jeder institutionellen Rechtsprechung verortet.[307]

---

305   „À chaque fois que le pardon est au service d'une finalité, fût-elle noble et spirituelle (rachat ou rédemption, réconciliation, salut), à chaque fois qu'il tend à rétablir une normalité (sociale, nationale, politique, psychologique) par un travail du deuil, par quelque thérapie ou écologie de la mémoire, alors le »pardon« n'est pas pur – ni son concept." – P. Ricœur wird diese Formulierung im „Epilog" seines Spätwerkes *La Mémoire, l'Histoire, l'Oubli* (Paris 2000, 607) aufgreifen und zitieren.
306   Vgl. P. Ricœur, *La Mémoire, l'Histoire, l'Oubli*, 613, wonach dem „Geist der Verzeihung" auch dort ein Spielraum bleibt, wo von der faktischen Unverzeihlichkeit – eines Verbrechens gegen die Menschlichkeit etwa – zu sprechen ist.
307   „Et puisque nous parlons du pardon, ce qui rend le »je te pardonne« parfois insupportable ou odieux, voire obscène, c'est l'affirmation de souveraineté. Elle s'adresse souvent de haut en bas, elle confirme sa propre liberté ou s'arroge le pouvoir de pardonner, fût-ce en tant que victime ou au nom de la victime" (http://www.hydra.umn.edu/derrida/siecle.html; aufgerufen am 10.02.2008. Die Zitation erfolgt nach dem im Internet mehrfach greifbaren französischen Text.).

Vor diesem Hintergrund kritisiert Derrida die Position des französischen Philosophen Vladimir Jankélévitch (1903–1985). Dieser, einst Mitglied der Résistance, hat in den 60er Jahren des 20. Jahrhunderts auf der Unmöglichkeit von Vergebung und Versöhnung bestanden. Beides nämlich setze die Bereitschaft der Opfer voraus, ihren Henkern zu verzeihen. Diese Bereitschaft kann nicht erzwungen werden. Die Überlebenden an ihre „Pflicht zur Nächstenliebe" zu erinnern und sie so zu bedrängen, doch endlich das erlösende Wort des Verzeihens zu sprechen – darin sah Jankélévitch eine moralisch anmaßende Heuchelei.

Ein Weiteres tritt hinzu: Wegen der Unermesslichkeit der Schuld und aus Achtung vor den Ermordeten haben die Überlebenden keinerlei Recht, im Namen der Toten zu verzeihen: „Nein, es steht uns nicht zu, für kleine Kinder zu verzeihen, an deren Todesmarter die Bestien sich vergnügten."[308] Auch deshalb ist die Erinnerung an die Gräuel der Shoah vor der Welt in Erinnerung zu halten. Bis an das Ende der Geschichte ist das Gewissen derjenigen zu beunruhigen, die über denjenigen, die nicht einmal ein Grab fanden, zur Tagesordnung zurückkehren wollen.

Verbittert konstatiert Jankélévitch vor dem Hintergrund der Diskussionen, die in Frankreich um die juristische Möglichkeit einer Verjährung von Verbrechen gegen die Menschlichkeit geführt wurden, dass die Täter im Anschluss an ihre Verbrechen keinerlei Reue gezeigt, Umkehr bewiesen oder gar ihre Opfer um Verzeihung gebeten haben. Ohne die aufrichtige Bitte um Verzeihung könne diese jedoch keinesfalls gewährt werden.[309] Angesichts der Schwere der Verbrechen verbietet sich auch der Gedanke eines einseitigen und der Bitte um Vergebung vorausgehenden Verzeihens von Seiten der Opfer.

An Jankélévitchs Überlegungen anknüpfend unterscheidet Derrida zwei Konzepte von Verzeihen: zum einen die Idee eines Verzeihens, das vom Täter die vorausgehende Einsicht in die Verwerflichkeit seines Tuns, Reue und Umkehr und die Bitte um Verzeihung fordert, zum anderen die Idee eines bedingungslosen, „nichtökonomischen" Verzeihens, das auch dann gewährt wird, wenn der Schuldige nicht um Verzeihung gebeten hat. Jankélévitch sei in seiner Bestreitung der Möglichkeit des Verzeihens der ersten Idee gefolgt: „Wenn sie begonnen hätten, um Verzeihung durch

---

308 Jankélévitch, *Verzeihen?*, 275 f.
309 Ähnlich knüpft auch Levinas die Möglichkeit von Verzeihung daran, dass die Täter darum bitten.

Reue zu bitten, dann hätten wir überlegen können, sie ihnen zu gewähren, aber das war nicht der Fall."[310]

Stattdessen argumentiert Derrida zugunsten jener zweiten Form des Verzeihens, die jeden Verdacht eines ökonomischen Kalküls hinter sich lässt. In ihr allein erblickt er das geforderte „reine Verzeihen" *(le pur pardon)*. Anders als jene politischen Formen von Versöhnung, die um einer nationalen Versöhnung oder eines internationalen Friedens willen initiiert werden, geschieht das „reine Verzeihen" von Angesicht zu Angesicht. Als solches kann es nicht an Institutionen delegiert, sondern muss von den Beteiligten – Opfern und Tätern – persönlich vollzogen werden. Auch deshalb kann niemand an der Stelle der Toten Schuld verzeihen.

Derridas Begriff des „reinen Verzeihens" setzt nicht nur die personale Begegnung von Tätern und Opfern voraus *(face-à-face)*, sondern betont – darüber hinausgehend – die absolute Ungeschuldetheit des Verzeihens. Vorausgesetzt, dass es Verbrechen gibt, die dem moralischen Empfinden als unverzeihbar erscheinen – und wer wollte daran zweifeln? –, erscheint das reine Verzeihen als eine Unmöglichkeit: „Mir scheint, man muss von der Tatsache ausgehen, dass es, nun ja, das Unverzeihbare gibt. Ist es nicht eigentlich das Einzige, was es zu verzeihen gibt? Das Einzige, was nach Verzeihung ruft? Wäre man nur bereit zu verzeihen, was verzeihbar scheint – was die Kirche »lässliche Sünde« nennt –, dann würde sich die Idee der Verzeihung verflüchtigen. Wenn es etwas zu verzeihen gibt, dann wäre es das, was in der religiösen Sprache »Todsünde« heißt, das Schlimmste, das Verbrechen oder das unverzeihliche Unrecht. Daher die Aporie, die man in ihrer trockenen und unerbittlichen, gnadenlosen Formalität folgendermaßen formulieren kann: Das Verzeihen verzeiht nur das Unverzeihbare *(Le pardon pardonne seulement l'impardonnable)*. Man kann oder sollte nur dort verzeihen, es gibt nur dort Verzeihung – wenn es sie denn gibt –, wo es Unverzeihliches gibt. Was soviel bedeutet, dass die Verzeihung sich als das gerade Unmögliche ankündigen muss. Sie kann nur möglich werden, wenn sie das Unmögliche tut."[311]

---

310 „S'ils avaient commencé, dans le repentir, par demander pardon, nous aurions pu envisager de le leur accorder, mais ce ne fut pas le cas" (ebd.).
311 „Il faut, me semble-t-il, partir du fait que, oui, il y a de l'impardonnable. N'est-ce pas en vérité la seule chose à pardonner? La seule chose qui appelle le pardon? Si l'on n'était prêt à pardonner que ce qui paraît pardonnable, ce que l'Église appelle le »péché véniel«, alors l'idée même de pardon s'évanouirait. S'il y a quelque chose à pardonner, ce serait ce qu'en langage religieux on appelle le péché mortel, le pire, le crime ou le

Mit seiner paradoxen Formulierung, dass sich das „reine Verzeihen" auf das „Unverzeihliche" bezieht und sich deshalb als ebenso gefordert wie unmöglich erweist, will Derrida die Dichotomie zwischen Vergebbarkeit und Unvergebbarkeit unterlaufen. Denn tatsächlich ist es nicht so, als stünde ein für alle Mal fest, ob ein Verbrechen verziehen werden kann oder nicht. Gerade deshalb ist es im Gedächtnis zu bewahren. Vergangenes ist niemals ungeschehen und Verzeihen deshalb niemals endgültig. „Verzeihen" kommt eher einer Amnestie gleich: Die Straffolgen eines Verbrechens sind für den Täter aufgehoben, ohne das die Tat selbst damit getilgt wäre. Gegenwart und Zukunft bleiben von der Vergangenheit auch dann bestimmt, wenn die Möglichkeit zu einem Neubeginn eingeräumt wird.

4.5.3 Philosophiegeschichtliche Erträge

Liest man Derridas Überlegungen zur „Unmöglichkeit" des Verzeihens im Licht seiner Ausführungen zum Verhältnis von Recht und Gerechtigkeit, dann findet sich darin eine Bestätigung dafür, dass das „reine Verzeihen" die Ebene des Rechts (wie etwa im Fall einer Amnestie) weit übersteigt. Denn auf der Ebene des Rechts geht es, wie Hegel bemerkt hat, um reziproke Anerkennungsverhältnisse. Diese aber entsprechen weder der Wirklichkeit der Schuld noch jener des Verzeihens. Denn schon die böse Tat, aber auch die Bitte um Verzeihen und dessen Gewährung konstituieren wesentlich asymmetrische Relationen zwischen Menschen.

Derrida will gegenüber dem „ökonomischen" Verzeihen das unbedingte Verzeihen als eigentliche Gestalt des Verzeihens zur Geltung bringen will. Als „unmögliche Möglichkeit" verbindet er mit dem reinen Verzeihen die Dimension einer Transzendenz, die machtvoll und willens ist, unbedingt zu verzeihen. Damit verweist seine „Dekonstruktion" der Gegensätze von Recht und Gerechtigkeit, vergebbar und unvergebbar, verzeihbar und unverzeihbar auf den Horizont einer philosophisch verantworteten Hoffnung, in der diese Gegensätze nicht hegelianisch „aufgehoben", sondern

---

tort impardonnable. D'où l'aporie qu'on peut décrire dans sa formalité sèche et implacable, sans merci: le pardon pardonne seulement l'impardonnable. On ne peut ou ne devrait pardonner, il n'y a de pardon, s'il y en a, que là où il y a de l'impardonnable. Autant dire que le pardon doit s'annoncer comme l'impossible même. Il ne peut être possible qu'à faire l'impossible" (ebd.).

in einer machtvollen und zugleich innovativen Weise verwandelt sind.

Die Theologie wird dankbar Derridas Hinweis aufnehmen, dass dem Begriff des Verzeihens ein „religiöses Erbe" eingeschrieben ist. Tatsächlich hat ja der bibeltheologische Überblick im ersten Teil dieser Studie die *theologische* Dimension des Verzeihens hervortreten lassen. Derridas Beobachtung, dass es in den drei monotheistischen Religionen sowohl die Tradition des bedingungslosen Verzeihens gibt wie auch eines Verzeihens, das beim Sünder zuvor eine Umkehr erwartet, darf als zutreffend gelten.

Wenn Derrida darüber hinaus die „unmögliche Möglichkeit" einer unbedingten Vergebung offen halten will, dann kann die Theologie darin einen Hinweis von Seiten der Philosophie sehen, von der Wirklichkeit Gottes gerade dort zu sprechen, wo menschliches Vermögen an seine Grenze gerät und sich an eine Macht verwiesen findet, die alle Gegensätze transzendiert, die aber gerade deshalb auch die Verheißung beinhaltet, die Einheit des Gegensätzlichen zu erwirken. Von Derrida her kann die Theologie deshalb auch den Vor-Begriff eines Gottes gewinnen, der sich als gerecht und barmherzig zugleich erweisen wird. Sie wird diesen Vor-Begriff nicht als positive Bestimmtheit fassen, wohl aber als „Spur" einer Hoffnung, deren Erfüllung gerade auch angesichts der geschichtlichen Abgründe von Leid und Schuld noch aussteht.

4.6 Die Dialektik von Liebe und Gerechtigkeit in einer Geschichte der Schuld: Paul Ricœur

Zeitlebens hat Paul Ricœur (1913–2005) das Phänomen der Schuld, die Möglichkeit ihrer Überwindung und die Hoffnung auf Versöhnung bedacht. Dazu hat er sich wiederholt auch mit Emmanuel Levinas und Jacques Derrida auseinandergesetzt. Indem er sowohl den zeitlichen Index von Versöhnung als auch das Verhältnis von Liebe und Gerechtigkeit im zwischenmenschlichen Bereich reflektiert, können Ricœurs Analysen die theologische Frage nach dem Verhältnis von Gerechtigkeit und Barmherzigkeit Gottes angesichts menschlicher Schuld in vielfältiger Hinsicht vertiefen. Drei Schwerpunkte seiner Philosophie werden im Folgenden vorgestellt: die Verhältnisbestimmung von Selbstbewusstsein und Schuld, von Liebe und Gerechtigkeit und von Verzeihen und Erinnern.

4.6.1 Selbstbewusstsein, Schuld und Verzeihen

Angestoßen durch die fundamentale Kritik am neuzeitlichen Subjekt-Gedanken bemüht sich Ricœur bereits in seinen frühen Schriften um eine Hermeneutik unterschiedlicher Erfahrungs- und Wirklichkeitsebenen, die vom „Primat der Subjektivität" befreit ist.[312] In Auseinandersetzung mit Nietzsche und Freud geht es ihm auch in seinem Spätwerk *Soi-même comme un autre* (1990) um die Überwindung jenes *Cogito,* das für Descartes der Ausgangspunkt des Denkens und der Grund aller Gewissheit ist, und das sich über Kant und Fichte schließlich in Husserls *Cartesianischen Meditationen* „radikalisiert hat".[313] An seiner Stelle plädiert Ricœur für eine Anthropologie der reflexiven Selbstvermitteltheit, die sich zugleich dessen bewusst ist, dass das Selbst nur im und aus seinem Verhältnis zum Anderen heraus begriffen werden kann.[314]

Levinas – darauf wurde hingewiesen – hat Husserls Subjektphilosophie mit der Begründung zurückgewiesen, sie sei unfähig, die Beziehung des Subjekts zum Anderen zu denken. Ricœur teilt diese Kritik; mit Levinas lehnt er die idealistische Vorstellung ab, dass sich das Ich in einem ursprünglichen Akt selbst „setzt" und darin zugleich sich selbst gegeben ist. Das Subjekt ist seiner selbst vielmehr nur durch die Vermittlung eines ihm gegenüber Anderen bewusst.

Dabei freilich beharrt Ricœur – anders als Levinas – auf der Dialektik von Subjektsetzung und Dezentrierung, Aktivität und Passivität. Denn die ethische Beanspruchung des Subjekts durch den Anderen darf nicht zur bedingungslosen Unterwerfung unter den Anderen führen.[315] Um dem möglichen Missbrauch von Freiheit zu begegnen, muss im Subjekt ein Vermögen und eine Kompetenz angenommen werden, darüber zu bestimmen, von welchem sittlichen Anspruch es sich betreffen lässt – und von welchem nicht.

---

312 So z.B. in *Die Vatergestalt – vom Phantasiebild zum Symbol* (1969), in: Hermeneutik und Psychoanalyse. Der Konflikt der Interpretationen II, München 1974, 315–353.
313 *Das Selbst als ein Anderer,* 13.
314 Vgl. Bernard Stevens, Le soi agissant en l'être comme acte, in: RPL 88 (1990) 581–596; Jean Greisch, *Herméneutique et philosophie pratique,* in: RSPT 75 (1991) 97–128.
315 Während Kant „die Achtung vor dem Gesetz über die Achtung vor Personen stellen würde, vereinzelt bei Levinas das Angesicht das Gebot: Es ist jedes Mal das erste Mal, dass der Andere, ein beliebiger Anderer, mir sagt: »Du sollst nicht töten«" (*Das Selbst als ein Anderer,* 404).

Deshalb – so Ricœur kritisch gegenüber Levinas – kann die Vermittlung des Subjekts zu sich selbst nicht als reine Passivität begiffen werden. Auch dann, wenn der Andere „nicht nur das Gegenstück des Selben" bildet, sondern „zu seiner innersten Sinnkonstitution" dazugehört,[316] erreicht „das Thema der Exteriorität das Ziel seines Weges, das heißt das Hervorrufen einer verantwortlichen Antwort auf den Anruf des Anderen, nur dann, wenn es eine Fähigkeit der Empfänglichkeit, der Unterscheidung und der Anerkennung voraussetzt".[317]

Gegen Levinas beharrt Ricœur deshalb darauf, dass der bloße Gehorsam kein inneres Ziel sittlicher Verantwortung sein kann. Vielmehr will der begegnende Anspruch angeeignet und mitvollzogen werden. „Muss nicht die Stimme des Anderen, der zu mir sagt: »Du sollst nicht töten«, zur meinigen werden, und zwar so, dass sie zu meiner Überzeugung wird, zu der Überzeugung, die den Akkusativ des: »Hier sieh mich« *(me voici)* dem Nominativ des: »Hier stehe ich« gleichstellt?"[318] Eine Fähigkeit des Subjekts, den begegnenden sittlichen Anruf als solchen anzuerkennen und hinsichtlich seiner sittlichen Dignität zu beurteilen, hatte Levinas hingegen kategorisch ausgeschlossen.

Letztendlich konnte Levinas deshalb nicht ausschließen, dass das in die Verantwortung gerufene Subjekt missbraucht wird. Die Fähigkeit, den sittlichen Anspruch des Anderen *verantwortlich* zu beantworten, setzt deshalb nicht nur die jedem Anspruch vorausgehende Fähigkeit des Subjekts voraus, diesen Anruf zu *vernehmen*. Darüber hinaus muss dem Subjekt die Fähigkeit zugesprochen werden, den Anruf des Anderen dahingehend zu beurteilen, ob er sittlich legitim oder illegitim ist, moralisch akzeptabel oder verwerflich.

Über die Kategorien für ein solches Urteil verfügt das Subjekt freilich nicht a priori. Sie erwachsen ihm vielmehr in Zeit und Geschichte. Erst die in seiner Biographie gewonnenen Erfahrungen gestatten es ihm, den Anruf des Anderen verantwortlich zu übernehmen oder auch zurückzuweisen.

---

316 *Das Selbst als ein Anderer*, 395. Schritt für Schritt durchschreitet Ricœur in diesem Werk verschiedene Fähigkeiten des Menschen – sein Sprechen-Können, sein Handeln-Können, sein Sich-erzählen-Können und schließlich sein Verantwortung-übernehmen-Können. Grundthema seiner Anthropologie der Fähigkeiten ist jedoch das Bezeugen-Können des Menschen, in dem das Selbst seine Identität gewinnt.
317 *Das Selbst als ein Anderer*, 407.
318 *Das Selbst als ein Anderer*, 407.

Empfänglichkeit, Unterscheidung und Anerkennung sind Fähigkeiten, die sich aus der Vermittlung des Subjekts zu sich erbilden. Bereits in seinen frühen Schriften hat Ricœur darauf aufmerksam gemacht, dass sich der Mensch nicht unmittelbar, sondern immer nur über den Umweg der Zeichen, Symbole und Texte versteht: „Sich verstehen bedeutet, sich *vor dem Text* zu verstehen und von ihm die Bedingungen seines Selbst zu erhalten, das ein anderes ist als das Ich, das sich an die Lektüre gemacht hat."[319] Anders aber als eine radikale Semiologie, die das Bewusstsein dem autonomen Spiel der Zeichen unterordnet, besteht Ricœur auf dem Primat der Semantik und des synthetisierenden Bewusstseins. Das Subjekt versteht sich nur über den Umweg der Zeichen, aber deren Synthese im bedeutungsvollen Satz verantwortet es selbst. In seinem Bemühen um Verstehen ist das Subjekt auf Zeichen und Symbole verwiesen; deren Deutung im Satz freilich – als einem Grundelement des Denkens und des Diskurses – bleibt ein freier Akt.[320]

Die reflexive Vermitteltheit des Subjekts zu sich selbst gilt auch für das Phänomen der Schuld. Schuld ist hinsichtlich ihrer Natur begrifflich nicht aufzuhellen. Bezugspunkt philosophischer Reflexionen über Schuld ist vielmehr das von Menschen ausgesprochene Bekenntnis ihres Schuldigseins.[321] Dieses Bekenntnis spricht sich kultur- und religionsgeschichtlich in Symbolen aus. Deren Grundsymbole für „Schuld" sind „Makel", „Sünde" und „Schuld" (*culpabilité*, auch „Straffälligkeit" oder „Fehlbarkeit"). Diese Symbole verlangen nach Interpretation und Deutung. Zu ihnen gehören Dichtung und Mythen, aber auch die philosophische Reflexion.

Der Übergang von der Fehlbarkeit des Menschen zu seiner faktischen Schuld ist Ricœur zufolge nur im Symbol fassbar. In der sprachlichen Form des Bekenntnisses übernimmt der Mensch sein sittlich böses Tun als von ihm selbst frei zu verantwortendes Unrecht. „Im Bekenntnis wird Schuld als ein Nicht-sein-Sollendes und Nicht-sein-Müssendes bekannt."[322] Mit dem Bekenntnis verbindet sich der Ruf nach der Tilgung von Schuld. Dieser kann sich als Verlangen nach Reinigung oder nach Verzeihen artikulieren.

---

319 Vgl. auch *Erzählung. Metapher und Interpretationstheorie*, 251. – Vgl. Oswald Bayer, *Theologie im Konflikt der Interpretationen. Ein Gespräch mit Paul Ricœur*, in: EK 22 (1989) 31–34.
320 Vgl. Ricœur vor allem in seinem Aufsatz *Die Frage nach dem Subjekt angesichts der Herausforderung der Semiologie*.
321 Vgl. zusammenfassend Jörg Splett, Art. „*Schuld*", in: HPhG 5, München 1974, bes. 1278f.
322 Splett, a.a.O., 1182.

In seinen Schriften zur Hermeneutik und zur Psychoanalyse setzt sich Ricœur auch mit der Möglichkeit der Umkehr und des Verzeihens auseinander. Dabei sucht er Schuld nicht nur als ein ethisches Problem zu fassen. Zwar ist auf einer ersten Stufe der Reflexion durchaus zuzugeben, dass sich das Böse und die Freiheit wechselseitig „implizieren", so dass Schuld – als das moralisch Böse – dadurch konstituiert ist, dass sie Freiheit voraussetzt: „Die Freiheit bestätigen und anerkennen bedeutet, den Ursprung des Bösen auf sich zu nehmen [...]. Das Böse hat die Eigenschaft der Bosheit, weil es das Werk der Freiheit ist. Freiheit hat die Bedeutung von Frei-Sein, weil sie des Bösen fähig ist."[323]

Indem sich der Mensch im Bekenntnis zum Urheber einer sittlich bösen Tat erklärt, nimmt er nicht nur deren Ursprung in die eigene Verantwortung, sondern auch die Folgen der bösen Tat. „Diese Bewegung vom Vor zum Nach der Verantwortung ist wesentlich. Sie macht die Identität des moralischen Subjektes von der Vergangenheit über die Gegenwart zur Zukunft aus."[324] Im performativen Akt des Bekenntnisses sieht Ricœur die Identität der sittlichen Person in der Zeit konstituiert.

Anders als die religionsgeschichtlichen Symbole „Makel" oder „Sünde" verweist der Begriff der Schuld auf die innere Verfassung desjenigen, der ein Unrecht begangen hat, und auf den Beziehungsaspekt einer Verfehlung. Schuld bleibt auch dann bestehen, wenn der äußere Schaden wiedergutgemacht ist. „Die Idee der Schuld stellt die äußerste Form der Verinnerlichung dar", so Ricœur. „»Flecken«, »Makel« war noch eine äußere Verunreinigung, »Sünde« aber bereits Bruch eines Verhältnisses [...]. »Schuld« dagegen hat eine deutlich subjektive Note [...] ist Selbstbeobachtung, Selbstanklage und Selbstverurteilung durch ein auf sich selbst gerichtetes Bewusstsein."[325]

Können Makel rituell gesühnt und Schuldfolgen durch menschliches Bemühen ausgeräumt werden, so ist das Phänomen der Schuld auf der Ebene personaler Identitäten und Beziehungen angesiedelt. Auf dieser Ebene sind äußerer Ritus und Wiedergutmachung zwar wesentliche Momente im Bemühen, Schuld zu überwinden und Versöhnung zu ermöglichen. Sie zielen aber stets darauf, eine *innere* Umkehr des Menschen vorzubereiten.

---

323 *Schuld, Ethik und Religion*, 387.
324 *Schuld, Ethik und Religion*, 387.
325 *Schuld, Ethik und Religion*, 386.

Ricœur diagnostiziert in der Menschheitsgeschichte eine zunehmende Tendenz zur Verinnerlichung und Individualisierung von Fehlbarkeit und Verantwortlichkeit. Am vorläufigen Ende dieser Entwicklung steht der Mensch als sittlich verantwortliches Individuum vor seinem Gott und bekennt sich als Sünder. Gott gegenüber bekennt er seine Schuld, und von ihm erhofft er deren Vergebung.

In der neuzeitlichen Aufklärung tritt eine weitere Stufe hinzu. Indem der Mensch den Grund seiner sittlichen Verantwortung von einer religiösen Begründung löst, tritt er in das Stadium der Autonomie: Er bedarf keines Gottes mehr, der ihm offenbart, was sittlich geboten und was verboten ist. Vielmehr ist der Grund sittlicher Verbindlichkeit allein im Menschen selbst gelegt. Im Kontext einer autonomen Begründung von Sittlichkeit erscheint Schuld fortan als Selbstwiderspruch der praktischen Vernunft.

Freilich wird nach Ricœur die bloße Erklärung des sittlich Bösen aus einem Selbstwiderspruch der praktischen Vernunft der erfahrenen Radikalität des Bösen nicht gerecht. Die ethische Rekonstruktion der Schuld als „verfehlter Freiheit" kann nämlich das Paradox nicht ausräumen, dass Schuld allererst in der Selbstanklage des sittlichen Subjekts bewusst wird. Wird der ethische Anspruch ausschließlich als ein Sollen begriffen, als eine unbedingt bindende Pflicht, dann „verdoppelt" sich im Anruf des Gewissens das Bewusstsein zu einer „Anklage ohne Ankläger".[326]

Die Vorstellung von einem „verdoppelten Bewusstsein" kann Ricœur zufolge dann vermieden werden, wenn der Anspruch der begegnenden Wirklichkeit mit dem sittlichen Bewusstsein des Subjekts irgendwie vermittelt ist. Ricœur nennt diese Vermittlung ein „verstehendes Hören".[327] Das sittliche Bewusstsein gründet nicht ausschließlich in sich selbst, sondern ist zu sich selbst im Hindurchgang durch die ihm begegnende Wirklichkeit vermittelt. Zu dieser Wirklichkeit zählt die wahrnehmbare Welt, aber auch Zeit und Geschichte oder die eigene Leiblichkeit. So verstanden nimmt auch die Ethik ihren Ausgang nicht von einem abstrakten,

---

326 Vgl. Ricœurs Beitrag *Semantische Analyse der Schuld* in: Schuld, Ethik und Religion, in: Hermeneutik und Psychoanalyse, 266–272. – In der Logik dieser Verdoppelung des Bewusstseins stellt sich bei Kant das Paradox ein, das selbstgesetzte Böse als das „radikal Böse" und den Willen als „unfreien Willen" annehmen zu müssen; vgl. Honnefelder, *Philosophie der Schuld*, 42

327 Vgl. Ricœur, *Religion, Atheismus, Glaube,* in: Ders., Hermeneutik und Psychoanalyse, 284–314, hier 295–297.

auf sich selbst zurückgenommenen Ich *(cogito)*, sondern beim konkreten Ich in seiner Leiblichkeit und Geschichtlichkeit.[328]

In seiner Auseinandersetzung mit der Psychoanalyse, dem Strukturalismus und der Hermeneutik (*Le conflit des interpretations*, 1969) begreift Ricœur das menschliche Bewusstsein als eine komplexe Einheit: als Einheit von Sein und Logos und als Einheit von Hören und Verstehen.[329] Gegen den Vorrang der Semiotik behauptet Ricœur den Vorrang der Semantik: Gegenüber allen Relativierungen behauptet sich das Bewusstsein darin, dass es auf der Existenz von Sinn und der Möglichkeit beharrt, diesen im Diskurs zu verstehen und zur Geltung zu bringen. Dabei ist die sittliche Entscheidung des Individuums nicht als formale Selbst-Setzung zu verstehen, sondern als Verschränkung des „Wunsches zu sein" mit dem „Akt des Hörens".

Diese Verschränkung tritt an die Stelle der begegnenden Pflicht und des sittlichen Imperativs, unter den Kant das Wollen gestellt wissen wollte. Ethik ist nach Ricœur *mehr* als das Wollen des Pflichtgemäßen; sie ist „in ihrer Entfaltung eine durch Hermeneutik der geschichtlichen Gestaltungen sich vollziehende Reflexion auf das Streben nach Totalität".[330] Denn das Wollen des Menschen ist zwar auf Erfüllung und Vollendung ausgerichtet; dies aber im Hindurchgang durch eine Geschichte, die durch Tugend ebenso gekennzeichnet ist wie durch Schuld.

Deshalb besteht Schuld nicht bloß darin, einem sittlichen Imperativ nicht gerecht geworden zu sein. Schuld ist vielmehr „Verrat am Werk der Totalisierung"; sie besteht in der „Lüge verfrühter Synthesen".[331] „Verfrüht" ist jene Synthese, die sich dem Hindurch-

---

328 Vgl. Jean-Marc Tétaz, *Eine Philosophie des Selbst, aber keine Reflexionsphilosophie. Hermeneutik als Theorie der konkreten Subjektivität*, in: Burkhard Liebsch (Hg.), Hermeneutik des Selbst – Im Zeichen des Anderen. Zur Philosophie Paul Ricœurs, Freiburg – München 1999, 130–145.
329 Ricœur, *Hermeneutik und Psychoanalyse*, 308; 294–296; 305–314.
330 Honnefelder, *Philosophie der Schuld*, 43.
331 Vgl. Ricœur, *Hermeneutik und Psychoanalyse*, 228, 282. Ricoeur geht es dabei um die Ganzheit, die zu werden dem Menschen aufgegeben ist. Vgl. auch: Ders., *Die Freiheit im Licht der Hoffnung*, 224: „Das eigentliche Böse, das Böse des Bösen, ist [...] nicht die Verletzung eines Verbotes, die Übertretung eines Gesetzes, der Ungehorsam, sondern vielmehr der Verrat am Werk der Totalisierung." Vgl. auch: Ders., *Schuld, Ethik und Religion*, 392. – Nach Honnefelder ist Schuld die „Ersetzung der metanormativen Totalität durch das unmittelbar normativ sich deklarierende Totalitäre" (*Zur Philosophie der Schuld*, 44).

gang durch die geschichtliche Verfasstheit menschlicher Existenz verweigert, die nicht „verstehendes Hören" sein will.

Im Tun des Bösen sucht der Mensch eine Totalität herbeizuführen, über deren Verwirklichung er prinzipiell nicht verfügt, weil er nicht Herr über die Geschichte ist. Denn die Wirklichkeit entzieht sich ihm sowohl in ihrer faktischen Kontingenz als auch darin, dass sie der Raum anderer Freiheit ist.[332] Das sittlich Böse geschieht wesentlich als Nicht-Achtung begegnender Freiheit.

Letztendlich beschädigt sich der Mensch im Tun des Bösen selbst. Denn das Subjekt ist wesentlich durch die ihm begegnende Freiheit zu sich selbst vermittelt. Wo sich das Subjekt der Selbstvermittlung durch das Andere seiner selbst verweigert, indem es sich irrtümlich für seiner selbst mächtig hält, dort sieht Ricœur den Ursprung der Schuld und des Bösen.

Ricœurs Hinweis auf die im sittlichen Handeln angestrebte Totalität des Seins eröffnet der menschlichen Existenz einen zeitlichen Horizont. Innerhalb dieses Horizonts kann das Phänomen der Schuld noch präziser gefasst werden: Schuld wird nämlich nun im Ausgang von der Zukunft als einem Möglichkeitsraum gefasst. Ihm gegenüber verfehlt sich eine Freiheit, die eine vorzeitige Totalisierung anstrebt. Denn „verfrühte Synthesen" schaffen eine irreversible und insofern endgültige Wirklichkeit. Sie legen das Handeln in der Zukunft fest. Zeit und Geschichte sind deshalb nicht nur Möglichkeitsräume der Freiheit, sondern zugleich sie einengende Wirklichkeitsräume.

Bejaht der Mensch im Bekenntnis seiner Schuld die Vergangenheit als von ihm selbst zu verantwortende sittlich böse Tat, so affirmiert er damit zugleich die Zukunft als Möglichkeitsraum von Vergebung und Versöhnung. Die Übernahme des Vergangenen – und darin auch der schuldhaften Tat – setzt die Zeit als einen Möglichkeitsbereich voraus, in dem Vergebung und Versöhnung geschehen können.

Angesichts des vergangenen Bösen ist die Möglichkeit des Verzeihens ein Inhalt der auf die Zukunft gerichteten Hoffnung.

---

332 Exemplarisch für diese Freiheitsräume nennt Ricœur den Staat und die Religion: *Die Freiheit im Licht der Hoffnung*, 225: „Die eigentliche Bösartigkeit des Menschen erscheint allein im Rahmen des Staates und der Kirche, den Institutionen der Vereinigung, der Wiedereinsammlung und Vervollständigung." Gewiss hat Ricœur damit die Totalitarismen des 20. Jahrhunderts vor Augen. Darüber hinaus ist jedoch auf der Möglichkeit des *individuellen* Bösen zu bestehen.

Philosophiegeschichtliche Perspektiven

Deren letzter Horizont ist die Wirklichkeit einer versöhnten Welt. Für diese Wirklichkeit benutzt Ricœur die Metapher vom „Gottesreich".[333] Im Bekenntnis, in der Bitte um Vergebung und in deren Gewähr vollzieht sich das „Drama der Freiheit", in dem nicht nur das individuelle Subjekt im Durchgang durch das Andere zu sich selbst findet („Epos des Menschen"), sondern die Geschichte im Ganzen auf ihre mögliche Vollendung zugeht („Epos der Hoffnung").

Der Gedanke einer zu sich selbst vermittelten Identität des freien Bewusstseins im diachronen und synchronen Hindurchgang durch Welt und Geschichte ist für eine theologische Anthropologie richtungsweisend. Denn er zeigt auf, dass sich schon aus phänomenologischer Perspektive humane Existenz nicht selbstgenügsam vollzieht. Als reflexive Selbstvermitteltheit aber erscheint sie sowohl offen für eine transzendente Wirklichkeit – die der Glaube mit Gott identifizieren kann – wie auch für die begegnende Wirklichkeit des anderen Menschen. Diesem als Individuum wie in der sozialen und politischen Realität gerecht zu werden und darin sich selbst zu vollziehen, ist Gegenstand von Ricœurs Reflexionen über das Verhältnis von Liebe und Gerechtigkeit.

4.6.2 Liebe und Gerechtigkeit

Menschliche Existenz vollzieht sich nach Ricœur als eine „überkreuzte Dialektik zwischen dem Selbst und dem Anderen". Auf der Grundlage dieser Dialektik gelangt Ricœur zu einem über Levinas hinausweisenden Begriff von Gerechtigkeit.

Gerechtigkeit ist für Ricœur nicht in erster Linie der Konflikt, der sich aus der ethischen Beziehung des Subjekts zum Anderen und zum Dritten ergibt. Denn anders als Levinas akzeptiert Ricœur einen durchaus konventionellen Begriff sozialer Gerechtigkeit, den er im Anschluss an Aristoteles und in Auseinandersetzung mit John Rawls gewinnt.[334] Der im sozialen und politischen Alltag als ausgleichende Gerechtigkeit und als Verteilungsgerechtigkeit gefasste Begriff der Gerechtigkeit verhält sich spannungsvoll zum Begriff

---

333 „Man muss also den Mut haben, das Böse in das Epos der Hoffnung einzugliedern; das Böse selbst kooperiert auf eine Weise, die uns unbekannt ist, mit der Ankunft des Gottesreiches." (*Schuld, Ethik und Religion*, 282).

334 Zu Ricœurs Auseinandersetzung mit John Rawls, *A theory of Justice* [1971], vgl. u.a. Marc Maesschalck, *Paul Ricoeur et les éthiques procédurales,* in: RHPhR 86 (2006) 67–96.

der Liebe. Im Unterschied zu der in Gesellschaft und Politik vielfach bedingten Gerechtigkeit kann Liebe als unbedingte Solidarität und Affirmation des begegnenden Anderen gefasst werden kann.

Ricœur macht darauf aufmerksam, dass „Liebe" – anders als „Gerechtigkeit" – ein vor-ethischer oder auch „meta-ethischer" Begriff ist. Denn die Liebe im Sinne eines sittlichen Gebotes einzufordern scheint widersinnig. Liebe hebt sich selbst auf, wenn sie nicht aus freien Stücken geschieht. Ist sie deshalb weniger normativ als das für den Zusammenhalt einer Gesellschaft unverzichtbare Gebot der Gerechtigkeit?

In einem viel beachteten Vortrag, den er 1990 in Tübingen zum Verhältnis von *Liebe und Gerechtigkeit* gehalten hat,[335] fragt Ricœur, wie die Gerechtigkeit in ihrer Allgemeinheit der jeweiligen Besonderheit des ethischen Anspruchs genügen kann. Im gesellschaftlichen Alltag ist diese Frage Inhalt eines fortgesetzten Diskurses, in dem Argumente und Gegenargumente, Annahmen und Gegenannahmen einander gegenübergestellt und diskutiert werden. Dabei zeigt sich, dass das Ideal der anzustrebenden Gerechtigkeit nicht bloß in der Vermeidung von Nachteilen besteht, sondern darauf abzielt, den Nutzen des Einzelnen zu vergrößern. Der Begriff der Gerechtigkeit wendet sich idealerweise vom Negativen – Verteilung oder Ausgleich – zum Positiven: der Zuwendung zum Anderen.[336] Damit deutet sich ein emphatischer Gerechtigkeitsbegriff an, der nicht nur auf Ausgleich bedacht, sondern um das Wohl des Anderen besorgt ist. Ein solcher Begriff von Gerechtigkeit nähert sich dem biblischen Ideal der Feindesliebe an.

Das Gebot der Feindesliebe, das verlangt, dem Anderen auch dann Gutes zu tun, wenn er selbst das Böse will, ist für Ricœur „supra-ethischer Ausdruck einer breiten *Ökonomie der Gabe*".[337] Mit dem Hinweis auf die „Ökonomie der Gabe" bezieht sich Ricœur – wie schon Derrida – auf die vor allem in Frankreich erfolgte kritische Aneignung der kulturphilosophischen Überlegungen des Ethnologen Marcel Mauss (1872–1950). Dieser hatte in seinen

---

335 Eine ausführliche Interpretation dieses Vortrags bietet Alain Thomasset, *Paul Ricœur – une Poétique de la Morale,* bes. 516–563.

336 Ricœur plädiert deshalb für „[...] une société ou le sentiment de dépendance mutuelle – voire même de mutuel endettement – reste subordonné à celui de mutuel désintéressement" (*Liebe und Gerechtigkeit,* 38 f.).

337 „L'amour du prochain, sous sa forme extrême d'amour des ennemis, trouve dans le sentiment supra-éthique de la dépendance de l'homme-créature son premier lien avec l'économie du don" (*Liebe und Gerechtigkeit,* 46 f.).

ethnographischen Studien die Gabe nicht dem Tausch entgegengesetzt, sondern dem Kalkül, dem Nutzen. Menschheitsgeschichtlich betrachtet ist die Gabe nach Mauss ursprünglich nicht kommerziell oder kalkülhaft bestimmt. Vielmehr habe es in primitiven Gesellschaften einen „Wettstreit in der Freigebigkeit" gegeben, ein Geben ohne Nehmen und ein Mehr-Geben, als man schuldet, das zur Gegengabe anregt.[338]

Zwar blieben die Thesen von Mauss nicht unwidersprochen[339] Doch verlieren sie ihre begriffliche Konsistenz auch dann nicht, wenn ihnen keine historische Realität entsprechen sollte.[340] Auch deshalb verspricht der Gabe-Diskurs in besonderer Weise, das Verhältnis von Gerechtigkeit und Liebe begrifflich zu erhellen. Ricœur jedenfalls sieht im Begriff einer „Ökonomie der Gabe" jene „Logik der Überfülle" angedeutet, die seinen emphatischen Begriff von Gerechtigkeit ausmacht.

Im Bereich der Ethik wird die „Ökonomie der Gabe" im Gebot der Feindesliebe konkret. Denn hier zeigt sich die „Logik des Überflusses" *(logique de surabondance)* in ihrer Differenz gegenüber der „Logik der Gleichwertigkeit" *(logique de l'équivalence)*. In der Feindesliebe sieht Ricœur das „absolute Maß der Gabe"; denn an

---

338 Vgl. Marcel Mauss, *Essai sur le don,* in: L'Année Sociologique, N.S. 1 (1923–24), 30–186 (dt.: *Die Gabe. Form und Funktion des Austausches in archaischen Gesellschaften,* übers. v. Eva Moldenhauer, Frankfurt am Main [1968] ²1990). – Vgl. Heinz Mürmel, *Marcel Mauss (1872–1950),* in: Axel Michaels (Hg.), Klassiker der Religionswissenschaft, München 1997, 211–221, 391 f. (der *Essai sur le don* wird hier jedoch nur knapp erwähnt); Hans Leo Krämer, *Die Durkheimianer Marcel Mauss (1872–1950) und Maurice Halbwachs (1877–1945),* in: Dirk Kaesler (Hg.), Klassiker der Soziologie, Bd. 1, München ²2000, 252–277.

339 Claude Lévi-Strauss etwa kritisierte in seiner *Introduction à l'œuvre de Marcel Mauss* (Sociologie et Anthropologie, Paris 1950) dessen Schlussfolgerungen als unwissenschaftlich. Eine ausführliche Replik auf diese Kritik findet sich bei Vincent Descombes, *Les essais sur le don,* in: Les institutions du Sens, Paris: Ed. de Minuit, 1996, 237–266; vgl. auch P. Ricœur, *La Mémoire, l'Histoire, l'Oubli,* 622–624; Ders., *Wege der Anerkennung,* 282–305.

340 Deshalb können sie auch innerhalb der Theologie rezipiert werden; vgl. Veronika Hoffmann (Hg.), *Die Gabe. Ein „Urwort" der Theologie,* Paderborn – Frankfurt am Main 2009 (hierin zahlreiche bedenkenswerte Beiträge); Josef Wohlmuth, *Die theologische Bedeutung des Gabendiskurses bei Emmanuel Lévinas, Jacques Derrida und Jean-Luc Marion,* in: Geschenkt – umsonst gegeben? Gabe und Tausch in Ethik, Gesellschaft und Religion (Linzer Philosophisch-Theologische Beiträge 14), hg. v. Michael Rosenberger u.a., Frankfurt am Main u.a. 2006, 91–120.

sie knüpft sich „der Gedanke einer Leihgabe ohne Hoffnung auf eine Gegenleistung".[341] Indem das Gebot der Feindesliebe „das Äußerste" fordert, durchbricht es die Logik des Tausches und der Gleichwertigkeit.[342] Das „unmögliche" Gebot der Feindesliebe, das Liebe ohne jede Hoffnung auf Gegenleistung fordert, konkretisiert die Spannung zwischen der Logik des Überflusses und jener der Gleichwertigkeit.[343]

Zweifellos ist das Gebot der Feindesliebe der Alltagsethik völlig entgegengesetzt. Deshalb dringt es nach Ricœur „nur um den Preis paradoxer und extremer Verhaltensweisen in die ethische Sphäre" vor.[344] Gleichwohl wird es auch hier wirksam – und verändert dabei auch den Begriff und die Praxis der Gerechtigkeit. Kennzeichen dieser durch das Gebot der Feindesliebe verwandelten Art der Gerechtigkeit ist nicht jener „uneigennützige Eigennutz", für den Rawls plädiert, sondern das Vorherrschen von „wirklicher Anerkennung und Solidarität, so dass jeder sich als Schuldner des anderen fühlt".[345]

Das Gebot der Feindesliebe erscheint wegen seiner Imperativform als ein sittliches Gebot. Darin ist es dem Gebot „Liebe mich!" verwandt. „Aber diese Forderung wird hier bestimmter erhoben, insofern sie auf eine Struktur der Praxis trifft, nämlich auf die Unterscheidung zwischen Freunden und Feinden, die das neue Gebot für nichtig erklärt."[346] Das Gebot der Feindeslie-

---

341 *Vergessen und Verzeihen*, in: Das Rätsel der Vergangenheit, 151.
342 „Avec quoi sommes-nous alors confrontés? Avec le commandement radical d'aimer les ennemis sans retour. Ce commandement impossible paraît être seul à la hauteur de l'esprit de pardon [...] Le commandement d'aimer ses ennemis commence par briser la règle de réciprocité, en exigeant l'extrême" (*La Mémoire, l'Histoire, l'Oubli*, 624 f.).
343 Wie das erwähnte Gleichnis von den Arbeitern im Weinberg (Mt 20,1–15) veranschaulichen zahlreiche Gleichnisse im Neuen Testament die Logik der Überfülle, die nach Jesus von Nazaret das „Gottesreich" auszeichnet.
344 „[...] un commandement qui, en raison de son statu supra-éthique, n'accede à la sphère éthique qu'au prix de comportements paradoxaux et extrêmes" (*Liebe und Gerechtigkeit*, 54 f.).
345 „La juxtaposition des intérêts empêche l'idée de justice de s'élever au niveau d'une reconaissance véritable et d'une solidarité telle qu chacun se sente *débiteur* de chacun" (*Liebe und Gerechtigkeit*, 39).
346 „Mais le commandement se fait ici plus déterminé, dans la mesure où il rencontre une structure de la praxis, de distinction entre amis et ennemis, dont le commandement nouveau prononce la nullité" (*Liebe und Gerechtigkeit*, S. 47 ff.).

be bestreitet die Unterscheidung von Freund und Feind. Damit konterkariert es die Unterscheidung von innen und außen, „wir" und „sie", Zugehörigkeit und Fremdheit. Gerade so aber trägt das Gebot der Feindesliebe der Wahrheit Rechnung, dass sich Freund und Feind schon hinsichtlich ihrer bloßen Existenz nicht eigenem Vermögen verdanken, sondern einem ihnen gemeinsamen gewährenden Grund. Ricœur zögert nicht, das Bewusstsein von dieser Wahrheit „religiös" zu nennen.[347] Und von ihm her, dem Bewusstsein radikaler Abkünftigkeit, erhebt sich angesichts der Endlichkeit und der Fehlbarkeit des Menschen die metaethische Forderung: „Da dir ja vergeben wurde, vergib deinerseits [...] Kraft des »da ja« zeigt sich die Gabe als Ursache der Verpflichtung."[348]

Freilich darf die „Ökonomie der Gabe" nicht zum Inhalt eines utilitaristischen Kalküls werden, indem sie den Anderen zu überpflichtigen Leistungen zwingt.[349] Das Gebot der Feindesliebe verhindert jedoch, dass auch die Forderung nach *Gerechtigkeit* „zu einer gut verdeckten Spielart des Utilitarismus"[350] entartet.

Die Ökonomie des Tausches und des Kalküls, die den sozialen und politischen Alltag beherrscht, wird in der Goldenen Regel auf den Begriff gebracht. Die Goldene Regel fordert die Reziprozität sittlichen Handelns. Sie fußt auf dem – im Übrigen keineswegs selbstverständlichen[351] – Prinzip, dass Moralität sein soll, und formalisiert diesen Anspruch in der Forderung nach Gerech-

---

347 Es begleitet den Menschen in der Totalität seiner Existenz: Am Ursprung seines Seins erfährt sich der Mensch als Geschöpf; im Lauf der Geschichte erfährt er sich zur Freiheit befreit und ohne eigenes Zutun „gerechtfertigt"; am Ende der Geschichte erscheint ihm Gott als die Quelle der *unbekannten* Möglichkeiten. – Vgl. *Liebe und Gerechtigkeit*, 47.
348 „Puisqu'il t'a été donné, donne à ton tour. Selon cette formule, et par la force du »puisque«, le don s'avère être source d'obligation" (*Liebe und Gerechtigkeit*, 48 f.).
349 „La règle: donne parce qu'il t'a été donné, corrige le *afin que* de la maxime utilitaire et sauve la Règle d'Or d'une interprétation perverse toujours possible" (*Liebe und Gerechtigkeit*, 59).
350 „[...] il redeviendrait une variété subtilement sublimée d'utilitarisme" (*Liebe und Gerechtigkeit*, 61).
351 Vgl. hierzu die Problemskizze und den Lösungsvorschlag von Thomas Pröpper, *Autonomie und Solidarität. Begründungsprobleme sozialethischer Verpflichtung*, in: Ders., Evangelium und freie Vernunft, bes. 60–64.

tigkeit. Durch das Liebesgebot wird die Goldene Regel nicht aufgehoben, wohl aber im Sinne der Großzügigkeit interpretiert.[352]

Dadurch wird die geforderte „Ökonomie der Gabe" in der Gesellschaft keineswegs praktikabel. Wie etwa sollte ein Strafgesetz aussehen, das „Großzügigkeit" zu seiner Maxime hätte? Welche rechtliche Regelung „könnte aus einer Handlungsmaxime abgeleitet werden, welche die Nichtentsprechung zur allgemeinen Regel machen würde?" Wie könnten in einer Gesellschaft Aufgaben, Rollen, Vorteile und Lasten verteilt werden, „wenn die Maxime zu leihen ohne zurückzufordern allgemeine Regel wäre?" Die Differenz zwischen der Logik der Entsprechung bzw. Reziprozität einerseits und der „Ökonomie der Gabe" andererseits kann offenbar nicht in eine sittliche Maxime umgemünzt werden, ohne den Zusammenhalt und den Bestand der Gesellschaft zu gefährden.

Weil eine reine „Ökonomie der Gabe" den gesellschaftlichen Zusammenhalt gefährdete, bedarf sie eines Korrektivs von Seiten einer Gerechtigkeit, die sich als „Ökonomie des Tausches" vollzieht. Die Spannung zwischen der Goldenen Regel und dem Liebesgebot kann nicht ohne Gefahr für den Bestand der Gesellschaft eingeebnet werden. Zwar wird die Gerechtigkeit durch die Liebe „zu ihrem höchsten Ideal bekehrt". Doch „gerade weil die Liebe supra-moralisch ist, hat sie nur unter der Leitung der Gerechtigkeit Zugang zum praktischen und ethischen Bereich".[353] Die „Ökonomie der Gabe" muss den Kriterien der Gerechtigkeit genügen – nicht nur, um wirksam zu werden, sondern auch, um nicht in die Amoralität abzugleiten: „Wenn die Übermoral nicht zur Unmoral, sprich zur Feigheit werden soll, dann muss sie dem Grundsatz der Moralität genügen."[354] Gebärdet sich die reine Liebe als zwingende Maxime, dann ist sie nach Ricœur der Inbegriff nicht etwa der Moralität, sondern der Amoralität.

Ricœurs Überlegungen zum Verhältnis von Liebe und Gerechtigkeit sind subtil und perspektivenreich. Vielleicht gerade deshalb aber gelangen auch sie zu keiner Synthese von beidem. Verweist Derrida auf die Differenz und gleichzeitig Verwiesenheit von Ge-

---

352 „Le commandement d'amour n'abolit pas la Règle d'Or, mais la réinterprète dans le sans de la générosité" (*Liebe und Gerechtigkeit*, 54 f.).
353 „Précisément parce que l'amour est supra-moral, il n'entre dans la sphère pratique et éthique que sous l'égide de la justice" (*Liebe und Gerechtigkeit*, 62 f.).
354 „Si le supra-moral ne doit pas virer au non-moral, voira à l'immoral – par exemple à la couardise – il lui faut passer par le principe de la moralité" (*Liebe und Gerechtigkeit*, 56 f.).

rechtigkeit und Recht, ohne beides in eine übergeordnete Einheit aufzuheben, so geschieht Gleiches bei Ricœur. Auch Gerechtigkeit und Liebe – besonders in ihrer herausfordernden Gestalt als Feindesliebe – verharren in der sozialen und politischen Praxis einer unauflösbaren Spannung zueinander.

Auch deshalb sind Ricœurs Überlegungen durchaus hilfreich für die theologische Ausgangsfrage nach dem Verhältnis von Gerechtigkeit und Barmherzigkeit Gottes. Denn sie verdeutlichen, dass die Spannung zwischen Gerechtigkeit und Barmherzigkeit – die Ricœur als Spannung zwischen Gerechtigkeit und Liebe thematisiert – in philosophischer Perspektive unaufhebbar ist. Im Ausgang hiervon kann sich Theologie anschicken, ihre Hoffnung auf eine universale Versöhnung angesichts der Schuldgeschichte der Menschheit zu formulieren, indem sie Gott zutraut, die *Einheit* von Gerechtigkeit und Barmherzigkeit zu verwirklichen – auch wenn die Theologie hiervon keinen Begriff bilden, sondern nur eine Hoffnung formulieren kann.

4.6.3 Erinnern, Vergessen und Verzeihen

Von Verzeihen war bei Ricœur im Zusammenhang mit der Feindesliebe die Rede. Diese bricht nicht nur mit dem Kalkül reziproker Äquivalenz. Sie weckt vielmehr eine Erwartung, „die Erwartung einer anderen Qualität des Austauschs: dass nämlich mein Feind eines Tages mein Freund werden könnte […] Was man von der Liebe erwartet, ist, dass sie den Feind in einen Freund verwandelt."[355] Die Feindesliebe tritt nicht anspruchslos auf; sie ist nicht indifferent gegenüber dem Feind. Vielmehr will sie ihn zur Umkehr bewegen. Zugleich weiß sie, dass diese Umkehr nur frei vollzogen werden kann.

Mit der Hoffnung, selbst den Feind noch in einen Freund zu verwandeln, tritt erneut der zeitliche Index menschlicher Existenz in den Blick. In seinem letzten großen Werk *La Mémoire, l'Histoire et l'Oubli* (2000; dt. *Gedächtnis, Geschichte, Vergessen*) unterzieht Ricœur das Sich-erinnern-Können des Menschen einer phänomenologischen Analyse.[356]

---

355 *Die vergangene Zeit lesen,* in: Das Rätsel der Vergangenheit, 151.
356 Dabei unterscheidet Ricœur die öffentliche Fähigkeit des Gedenkens, die an soziale und/oder politische Riten geknüpft ist, vom subjektiven Erinnerungsvermögen. Dieses begegnet in der doppelten Gestalt eines aktiven Sich-erinnern-Wollens und eines passiven Heimgesucht-Werdens von Erinnerungen.

4.6 Paul Ricœur

Zielten die philosophischen Bemühungen in seinen frühen Schriften auf eine „Anthropologie der Fehlbarkeit", so entwirft Ricœur jetzt eine „Anthropologie der Fähigkeit".[357] Als deren Abschluss präsentiert er eine Phänomenologie des Verzeihens. Im „Epilog" von *La Mémoire, l'Histoire, l'Oubli*, der mit „Le pardon difficile" überschrieben ist, will Ricœur eine „Eschatologie der Darstellung des Vergangenen" (*eschatologie de la représentation du passé*[358]) vorlegen. Im Begriff der „Eschatologie" ist ein zeitlicher Index angedeutet: Es geht darum, welchen Stellenwert der Mensch dem Vergangenen – darunter auch der Schuld – im Horizont der Geschichte beimisst.

Dieser Horizont ist im Begriff des „Verzeihens" bereits angedeutet. Denn tatsächlich wünscht sich der Mensch angesichts des Unrechts, das die Welt beherrscht, nichts sehnlicher als ein „glückliches und friedvolles Erinnern" *(mémoire heureuse et apaisée)*. Das Verzeihen ist ein möglicher, ja notwendiger Weg, der ein solches Erinnern herbeiführen kann.

Wie schon Derrida diagnostiziert Ricœur in der Gesellschaft eine Spannung zwischen der rechtlichen Fähigkeit der Judikative, eine Amnestie zu erlassen, und ihrer moralischen Qualifikation dazu. Macht und Moral klaffen auseinander. Der institutionellen Macht, die aus einem „Geist des Verzeihens" erwächst *(pouvoir de l'esprit de pardon)*, steht ihre Unfähigkeit entgegen, für die Verheißungen einzustehen, die das Verzeihen impliziert. Denn diese Verheißungen reichen weit über eine bloße Amnestie hinaus. Auch sie zielen auf das „eschatologische Projekt" des „glücklichen und friedvollen Erinnerns". Dieses Projekt freilich realisiert sich innergeschichtlich jeweils nur in gebrochenen Gestalten.[359] Jede Amnestie verspricht mehr, als sie auf der Ebene der Moral und der individuellen Existenz einzulösen imstande ist.

Ricœur ist nun der Auffassung, dass das eschatologische Projekt eines glücklichen und friedvollen Erinnerns eine bestimmt Weise des Vergessens voraussetzt. Notwendig ist nicht ein Vergessen in dem defizitären Modus des Sich-nicht-erinnern-Könnens *(oubli*

---

357 Vgl. J. Greish, *Vom Glück des Erinnerns zur Schwierigkeit des Vergebens*, 92 f.
358 *La Mémoire, l'Histoire, l'Oubli*, 593.
359 Vgl. *La Mémoire, l'Histoire et l'Oubli*: „Formulée sur le mode optatif cette eschatologie se structure à partir et autour du vœu d'une mémoire heureuse et apaisée, dont quelque chose se communique dans la pratique de l'histoire et jusqu'au cœur des indépassables incertitudes qui dominent nos rapports à l'oubli" (595).

par effacement). Gefordert ist vielmehr ein Vergessen im Modus des „bewahrenden Vergessens" *(oubli de réserve)*. Dieses bewahrende Vergessen ist gleichbedeutend mit einem Verzeihen, dass die Vergangenheit nicht auslöscht und gleichwohl Versöhnung ermöglicht. Es geht Ricœur um eine erinnernde Vergegenwärtigung des Vergangenen, um ein „bewahrendes Vergessen".

Das Verzeihen kann solches „bewahrendes Vergessen" deshalb sein, weil es zwischen Tatsachen und ihrer Bedeutung unterscheidet. Verzeihen ist kein Vergessen der Tatsachen, wohl aber das „Vergessen ihrer Bedeutung für die Gegenwart und Zukunft".[360] Ricœur beharrt auf der Unterscheidung von Faktum und Interpretation; obwohl die Fakten nicht losgelöst von Interpretationen zugänglich sind, lösen sie sich nicht in Interpretationen auf. Sie bilden vielmehr deren bleibenden Bezugspunkt und Widerpart. Diesen zu respektieren und zu bewahren, ist Aufgabe der Interpretation – darauf hatte Ricœur bereits in seinen frühen Untersuchungen hingewiesen.

„Verzeihen" ist ein willentlicher Akt des Bewusstseins, das sich die Vergangenheit interpretierend aneignet. Im Verzeihen weiß das Bewusstsein nicht nur um die Unterscheidung zwischen Faktum und Interpretation, sondern auch zwischen Täter und Tat. Dieses Wissen verleiht dem Bewusstsein die Macht, im Verzeihen den Täter von seiner Tat zu entbinden. *„L'esprit de pardon a le pouvoir de délier l'agent de son acte."*[361] Die Entbindung selbst ist ein Akt der Interpretation des sich erinnernden Bewusstseins. Er besagt, dass die in ihrer Faktizität zu respektierende Tat fortan nicht mehr insoweit Bedeutung erlangen soll, dass sie die gemeinsame Zukunft bestimmt. Vielmehr wird dem Täter eingeräumt, sich von seiner Tat zu distanzieren und sein Handeln neu zu bestimmen.

Auch Hannah Arendt hat den Akt des Verzeihens als „Entbindung" verstanden: Verzeihen heißt, jemandem zuzutrauen und ihn in die Lage zu versetzen, in seinem Handeln einen neuen Anfang zu setzen.[362]

---

360 So in: *Die vergangene Zeit lesen*, 155.
361 *La Mémoire, l'Histoire, l'Oubli*, 637.
362 „Könnten wir einander nicht vergeben, d. h. uns gegenseitig von den Folgen unserer Taten wieder entbinden, so beschränkte sich unsere Fähigkeit zu handeln gewissermaßen auf eine einzige Tat, deren Folgen uns bis an unser Lebensende im wahrsten Sinn des Wortes verfolgen würde, im Guten wie im Bösen" (Arendt, *Vita activa oder Vom tätigen Leben*, 302).

Aber bedeutet dieses „Entbinden" nicht, die Identität dessen preiszugeben, dem verziehen wird? Nikolai Hartmann hat in seiner *Ethik* (1925) die Legitimität des Verzeihens mit dem Argument bestritten, dass auch die böse Tat untrennbar zur Existenz des Menschen gehört. Deshalb liefe der Versuch, beides im Akt des Verzeihens voneinander zu trennen, der Würde des Menschen zuwider.[363] Weil Akt und Akteur untrennbar sind, kann zwar zwischen dem Täter und den Folgen seiner Tat unterschieden zu werden, nicht aber zwischen der Tat und ihrem Urheber. Weil aber die sittliche Identität des Täters unbedingt zu achten ist, ist Verzeihen nicht nur faktisch unmöglich. Es wäre überdies ein moralisch nicht zu rechtfertigender Akt.

Auch Derrida problematisiert die Identität dessen, dem verziehen wird. Der reumütige Täter, der um Verzeihung bittet, ist ein anderer als als derjenige, der Unrecht verübt hat.[364] Ricœur tritt dem entgegen: Der reumütige Täter mag sich gewandelt haben; er mag *anders* geworden sein – ein *Anderer* ist er dadurch nicht geworden. Und zwar deshalb nicht, weil sich die Identität des Menschen – auch des Täters – in der Weise aktiver Aneignung vollzieht, im Anerkennen der eigenen Biographie und in der Übernahme der Zukunft.[365] Verzeihen traut dem Täter zu, sich in eine Beziehung zu seiner Vergangenheit zu setzen, sich von seinen Taten zu distanzieren und sein Handeln neu zu bestimmen.[366] Die Trennung von Akteur und Akt eröffnet einen Raum für die unbedingte Affirma-

---

363 Nikolai Hartmann: „Wer Schuld auf sich geladen hat, kann sie nur um den Preis der eigenen autonomen Person von sich abwälzen. Diesen Preis wiegt die Entbindung von Schuld nicht auf. Träger der Schuld ist ja eben die Person, und alle Entlastung von ihr hat nur den Sinn als Entlastung der Person (*Ethik,* Berlin, 2. Aufl. 1935, 675); vgl. auch Hegels Behauptung vom „Recht des Verbrechers auf Strafe" (*Grundlinien der Philosophie des Rechts* [1820], § 100).

364 „Et qui dès lors n'est plus de part en part le coupable mais déjà un autre, et meilleur que le coupable. Dans cette mesure, et à cette condition, ce n'est plus au coupable en tant que tel qu'on pardonne" (*Le Siècle et le pardon*, a.a.O.).

365 „La capacité d'engagement du sujet moral n'est pas épuisée par ses inscriptions diverses dans le cours du monde. Cette dissociation exprime un acte de foi, un crédit adressé aux ressources de régénération du soi" (*La Mémoire, l'Histoire, l'Oubli*, 638).

366 „Sous le signe du pardon, le coupable serait tenu pour capable d'autre chose que de ses délits et des ses fautes. Il serait rendu à sa capacité d'agir, et l'action rendue à celle de continuer" (*La Mémoire, l'Histoire, l'Oubli*, 642).

tion des Anderen, in dem das Wort der Verzeihung möglich wird: „*Tu vaux mieux que tes actes.*"[367]

Worin gründet die Möglichkeit dieser Affirmation des Anderen? Gewiss nicht in der Erfahrung; denn die Zuversicht, dass sich der schuldig Gewordene zum Besseren wendet, bleibt nur allzu oft trügerisch. Die unbedingte Affirmation des Anderen losgelöst von seiner Schuld begründet keine Erwartung, die mit einer Erfüllung rechnen kann. Sie ist ganz und gar ungesichert. Die Affirmation des Anderen, die im Zuspruch der Verzeihung vorausgesetzt ist und zugleich erfolgt, ist riskant. Aber ohne das Risiko einzugehen, dass Verzeihen missbraucht wird, kann es nicht gewährt werden. Und es *wird* gewährt. Ricœur betont, dass es den Akt der Vergebung, das Wort des Verzeihens tatsächlich gibt: „Il y a le pardon."[368] „Es gibt das Verzeihen, so wie es die Freude, die Weisheit, die Torheit und die Liebe gibt", so Ricœur unter Bezugnahme auf das *Hohelied der Liebe* (1 Kor 12).[369] Gerade dieses aber zeigt, wie eng Verzeihen und Liebe miteinander verwandt sind: das Verzeihen ist eine Gestalt jener Liebe, die dem Anderen alles zutraut, nichts für sich behält – und dabei auch das Risiko eingeht, enttäuscht zu werden.

Es *gibt* das Verzeihen – im politischen ebenso wie im privaten Alltag. Zugleich ist das „reine Verzeihen" – jenes Verzeihen also, das nicht auf einem Kalkül beruht, das „Verzeihen des Unverzeihlichen" – eine Unmöglichkeit. Darauf hat Derrida hingewiesen. Doch die Paradoxie der „möglichen Unmöglichkeit" des Verzeihens erschließt Ricœur zufolge die *theologische* Dimension des Verzeihens. Diese ist präzise am Schnittpunkt zweier Bewegungen verortet. Die eine Bewegung vollzieht sich zwischen dem erbetenen Verzeihen und dem gewährten Verzeihen. Die andere Bewegung ist die des unbedingten Verzeihens – eines Verzeihens, das weder erbeten wird noch darauf hoffen darf, jemals beantwortet zu werden.[370] Die „vertikale" Beziehung des unbedingten Verzeihens steht quer zu jenem „horizontalen" Kreislauf, der den politischen und privaten Alltag prägt, wenn dort der Bitte um Verzeihung deren Gewährung entspricht.

In der „Kreuzung" dieser beiden Bewegungen sieht Ricœur den Ursprung jener Fragen, die aus der Begegnung von Tätern und Opfern hervorgehen und die auch am Beginn dieser Untersuchung

---

367 *La Mémoire, l'Histoire, l'Oubli*, 642.
368 *La Mémoire, l'Histoire, l'Oubli*, 594, 604.
369 *La Mémoire, l'Histoire, l'Oubli*, 605.
370 *La Mémoire, l'Histoire, l'Oubli*, 619.

standen: Kann man demjenigen verzeihen, der seine Untat nicht bereut und nicht bekennt? Kann nur derjenige verzeihen, dem Unrecht angetan wurde? Aber auch: Kann man sich selbst verzeihen?[371] Wieder geht es um das spannungsvolle Verhältnis zwischen einer Äquivalenzlogik und einer Logik des Überflusses, das bereits bei der Analyse des Verhältnisses von Gerechtigkeit und Liebe hervorgetreten ist. Von ihm her darf sich die Theologie eingeladen und ermutigt fühlen, über den Inhalt ihrer Hoffnung auf Versöhnung besonders auch angesichts der Schuldgeschichte der Menschheit nachzudenken.

4.6.4 Philosophiegeschichtliche Erträge

Ricœurs Theorie des Verzeihens als eines verantworteten Vergessens sucht die Fesselung der Handlungsmöglichkeiten an das Vergangene zu überwinden. Was Jacques Derrida eine „unmögliche Möglichkeit" nennt, das „reine Verzeihen", wird durch die Unterscheidung von Täter und Tat zu dem, was Arendt als das „Wunder des Verzeihens" bezeichnet: die Möglichkeit, entbunden von der Fesseln der Vergangenheit Neues beginnen zu können.[372] Erst Verzeihen ermöglicht jenes „glückliche und friedvolle Erinnern", das als Ziel der Geschichte erhofft wird und das Ricœur mit der theologischen Rede vom „Gottesreich" identifiziert.

Inwieweit erschließt sich in der „möglichen Unmöglichkeit" des Verzeihens die *theologische* Dimension des Verzeihens? „Welche Kraft befähigt uns, um Vergebung zu bitten, sie zu gewähren und

---

371 „Ma thèse est ici que, si l'entrée du pardon dans le cercle de l'échange marque la prise en compte de la relation bilatérale entre la demande et l'offre du pardon, le caractère vertical du rapport entre hauteur et profondeur, entre inconditionnalité et conditionnalité, reste inconnu. En témoignent les dilemmes propres à cette corrélation pourtant remarquable. […] Ces dilemmes se greffent sur la mise face à face de deux actes de discours, celui du coupable qui énonce la faute commise […] et celui de la victime supposée capable de prononcer la parole libératrice de pardon. […] : « Peut-on pardonner à celui qui n'avoue pas sa faute ? » « Faut-il que celui qui énonce le pardon ait été l'offencé ? » « Peut-on pardonner à soi-même ? »" (*La Mémoire, l'Histoire, l'Oubli*, 619 f.). – Ricœur verweist hier auf die Untersuchung von Olivier Abel, *Tables du pardon. Géographie des dilemmes et parcours bibliographiques*, in: Le Pardon. Briser la dette et l'oubli (Autrement. Série «Morales»), Paris 1992, 208–236.
372 Vgl. hierzu auch Greish, *Vom Glück des Erinnerns zur Schwierigkeit des Vergebens*, 110.

das Wort der Vergebung anzunehmen?"[373] Verzeihen ist vor allem aus der Erfahrung her möglich, dass seine Gewähr und Annahme letztendlich einer tiefen Sehnsucht des Menschen entspricht. „Das Verzeihen verleiht dem, was in der Erinnerungsarbeit und in der Trauerarbeit harte *Arbeit* bleibt, einen Akzent der *Gnade*."[374] Verzeihen ist ebenso notwendig wie unverfügbar; wenn es geschieht, dann erscheint es als ungeschuldete Gabe, ja als *die* ungeschuldete Gabe schlechthin: als Gnade.

4.7 Systematisch-theologische Erträge und Perspektiven

Der philosophiegeschichtliche Durchgang war nicht zuletzt mit dem Ziel beschritten worden, zu einem vor dem Forum humaner Vernunft verantworteten Begriff eschatologischer Versöhnung zu gelangen. Paul Ricœurs phänomenologische Reflexionen über den Begriff des Verzeihens und den geschichtlichen Horizont eines „glücklichen und friedvollen Erinnerns" haben nahe an die Schwelle der eingangs gestellten theologischen Frage herangeführt: wie nämlich Gottes Barmherzigkeit angesichts der Schuldgeschichte der Menschheit zur Geltung kommen kann, ohne den Opfern Unrecht zu tun.

Dass die so gestellte Frage nach der Moralität göttlichen Rettens und Richtens im Jüngsten Gericht überhaupt zulässig ist – und sich nicht etwa durch den Hinweis auf Gottes unerforschlichen Ratschluss als illegitim erweist –, zeigte sich im Ausgang von Leibniz. Erst der Begriff einer *iustitia universalis* erlaubt es, das für Gegenwart und Zukunft erwartete Handeln Gottes als ein Handeln *Gottes* zu identifizieren. Nur wenn der Begriff der Gerechtigkeit zuvor gehaltvoll bestimmt ist, kann Gottes Handeln als gerecht gelten – auch wenn das Maß seiner Gerechtigkeit jede endliche und insofern bedingte Gerechtigkeit unendlich weit übersteigt.

Mit dem formalen Kriterium der Univozität hat Leibniz eine gehaltvolle Bestimmung von Gerechtigkeit vorgelegt. Als *caritas sapientis* begriffen weist Gerechtigkeit über den Begriff einer ausgleichenden, verteilenden oder auch vergeltenden Gerechtigkeit hinaus. Als Einklang von praktischer und theoretischer Vernunft

---

373 „Quelle force rend capable de demander, de donner, de recevoir la parole de pardon?" (*La Mémoire, l'Histoire, l'Oubli*, 630).

374 Ricœur, *Die vergangene Zeit lesen*, 156.

4.7 Erträge und Perspektiven

beansprucht die als *caritas sapientis* begriffene Praxis der Gerechtigkeit, ein dem Anderen unbedingt verpflichtetes Handeln zu sein, das gegenüber den Umständen nicht blind ist.

Kant nimmt Leibniz' gehaltvolle Bestimmung des Gerechtigkeitsbegriffs zurück, weil er sich hinsichtlich der möglichen Begründung von Ethik allein auf den formalen Aspekt, die Universalisierbarkeit der Maximen, stützen will. Der Begriff der Gerechtigkeit genügt zwar dem formalen Prinzip der Universalisierbarkeit, wird seinem Inhalt nach aber als Sanktionierung gefasst, die einem jeden Vergehen gegen das Sittengesetz proportioniert ist.

Für die theologische Frage nach dem Verhältnis von Gerechtigkeit und Barmherzigkeit Gottes bedeutsam ist Kants Insistieren auf der Unvertretbarkeit des sittlichen Subjekts. Dies gilt besonders für den Bereich der Schuld: Diese gilt ihm als das „Allerpersönlichste", das als solches von niemandem anderen übernommen werden kann. Unter dieser Voraussetzung wird nicht zuletzt der theologisch zentrale Begriff einer stellvertretenden Vergebung fragwürdig.

Im Rahmen seiner Religionsphilosophie interpretiert Kant deshalb den Begriff der Stellvertretung in dem Sinne neu. „Stellvertretung" meint, die Gesinnung für die jeweils unvermeidlich nur unvollkommen bleibende sittliche Tat gelten zu lassen. Nur so entgeht der endliche Mensch der Verzweiflung über sein sonst unvermeidliches sittliches Scheitern, nur so erlangt er trotz seines Scheiterns jene sittliche Würdigkeit, die ihn der ewigen Glückseligkeit teilhaftig werden lässt.

Innerhalb des so gefassten Begriffs von Stellvertretung öffnet sich der Raum für einen philosophischen Begriff von Gnade. Das Stehen-Lassen der Gesinnung für die Tat ist einerseits notwendig, soll sittliche Verbindlichkeit überhaupt gedacht werden können, andererseits aber ganz ungeschuldet. Kants Ethik weitet sich so zum Postulat einer Gnade, die zwischen der Unbedingtheit des Sittengesetzes und der Endlichkeit sittlichen Strebens vermittelt.

Mit Kant ist das Problemniveau erreicht, hinter das keine Theologie zurückfallen darf, will sie Rechenschaft ablegen über Grund und Inhalt eschatologischer Hoffnung angesichts der Schuldgeschichte der Menschheit.

Die Übernahme von Schuld und die Aufgabe ihrer Überwindung als konstitutiv für die sittliche Individualität des Menschen zur Geltung zu bringen, ist ein wesentliches Ziel des Neukantianers Hermann Cohen. Ihm gilt Schuld deshalb als „Geburtsstätte der Religion", weil in der persönlichen Übernahme von Schuld jene Individualität hervortritt, die Kant wegen der Allgemeingültigkeit des sittlichen Imperativs gerade nicht denken konnte. Zur Religion hin öffnet sich diese Übernahme von Schuld, weil ihr öffentliches Bekenntnis nicht der letzte Schritt auf dem Wege der Subjektwerdung des sittlichen Individuums sein kann. Vielmehr bedarf es einer Instanz, die dem schuldig gewordenen Subjekt Vergebung zuspricht und Versöhnung verheißt.

Dass Cohen diese Perspektive auf das Verhältnis zwischen dem Sünder und einem wesentlich als versöhnend gedachten Gott einengt und nicht konstitutiv auf jene Personen hin ausweitet, an denen sich der Mensch verschuldet hat, ist vor dem Hintergrund seines Anliegens, Ethik autonom zu begründen, zwar konsequent, verstellt aber den Blick auf die intersubjektive Dimension von Vergebung und Versöhnung. Beides begegnet bei Cohen nur als innerer Weg der „Selbstarbeit", den das sittliche Subjekt verrichten muss, um zu seiner Identität in Gemeinschaft und gleichzeitiger Unterschiedenheit zur Menschheit als ganzer zu gelangen.

Anders als Kant und Cohen betont Emmanuel Levinas die interpersonale Dimension der ethischen Beziehung – dies freilich in einem solchen Maß, dass darin der Begriff der Gerechtigkeit problematisch wird. Das sittliche Subjekt wird von Seiten des Anderen so sehr in die Pflicht genommen, dass für einen gerechten Ausgleich dem „Dritten" kaum Platz bleibt. Die Exklusivität der Beziehung zum Anderen desavouiert jede universal konzipierte Gerechtigkeit.

Bei Levinas tritt der Gedanke des gewaltsamen Charakters von Gerechtigkeit ins Blickfeld. Nicht nur ist der ethische Anspruch des jeweils Anderen für das moralische Subjekt schlechthin zwingend – dieses wird zur „Geisel" des Anderen –, auch das Postulat einer universalen Gerechtigkeit am Ende der Geschichte impliziert den Gedanken der Gewalt. Der Messias wird sein Reich der Gerechtigkeit nicht gewaltfrei errichten können, weil jede denkbare Vergebung von den Opfern der Geschichte als Missachtung ihrer berechtigten Ansprüche interpretiert werden wird.

Auch Jacques Derridas dekonstruktivistische Analysen unterstreichen den gewaltsamen Charakter von Gerechtigkeit. Das „reine Verzeihen" wird von ihm als „unmögliche Möglichkeit" vorgestellt; denn sie vollzieht sich als „Verzeihen des Unverzeihlichen". Gerade so aber öffnen Derridas Analysen die philosophische Debatte um die Möglichkeit des Verzeihens auf ihre theologische Dimension hin.

Derrida kann die Theologie daran erinnern, auf der Unableitbarkeit von Vergebung und Versöhnung zu bestehen. Vergebung gründet in der unbedingten Spontaneität einer Freiheit, die sich trotz ihrer Verwundung gerade jener Freiheit öffnet, von der ihre Verwundung herrührt. Der christliche Glaube – und darauf hat dann Paul Ricœur hingewiesen – identifiziert in diesem Geschehen die Gnade Gottes.

Freilich scheinen Vergebung und Versöhnung nur im Rahmen einer Deutung der Geschichtszeit denkbar, die einerseits mit einem offenen Horizont des Möglichen rechnet und zugleich dem Individuum die zuversichtliche Hoffnung verleiht, sich im Wagnis des Verzeihens nicht zu verlieren – sei es in der Bitte um Vergebung, sei es in deren Gewähr.

Im Horizont neuzeitlichen Freiheitsbewusstseins scheint Vergebung nicht denkbar zu sein, ohne alle Beteiligten als freie, selbstbestimmte Subjekte anzuerkennen. Ihre Zustimmung ist unabdingbar, damit Versöhnung Wirklichkeit werden kann. Diese Zustimmung kann freilich – und dafür plädiert Ricœur – als Einstimmung in den umfassenden Horizont einer Logik der Gabe und der Überfülle gedacht werden. Diese Logik lässt es verantwortet erscheinen, jenes Risiko einzugehen, das die Bitte um Verzeihung ebenso auszeichnet wie deren Gewähr.

So gewinnt die Theologie von Seiten der Philosophie wertvolle Hinweise für ihre Frage, wie im Horizont vollendeter Gerechtigkeit – und damit vor dem Angesicht Gottes – Vergebung im Angesicht der Opfer geschehen kann und wie universale Versöhnung möglich ist. Der abschließende Teil dieser Untersuchung ist deshalb der konstruktiven Zusammenführung und einem systematischen Ausblick gewidmet.

5 Konstruktive Zusammenführung und systematischer Ausblick

Die Ausgangsfrage dieser Untersuchung lautete, wie angesichts der Schuldgeschichte der Menschheit Gottes Barmherzigkeit innerhalb der Geschichte und an deren Ende wirksam werden kann, ohne den schuldlosen Opfern neues Unrecht anzutun. Denn im Horizont neuzeitlichen Freiheitsbewusstseins schien die Vermutung auch theologisch unabweisbar, dass die Opfer im erhofften Zuspruch der Vergebung nicht einfach vertreten werden dürfen, sondern als unhintergehbare Instanzen im Versöhnungsgeschehen zur Geltung gebracht werden müssen.[1]
Unabweisbar schien diese Vermutung deshalb, weil eine mögliche Missachtung der Opfer Gott dem Verdacht aussetzte, unmoralisch zu handeln. Von Gott könnte dann nicht weiter als dem im höchsten Maße gerechten Richter gesprochen werden – wie es für die theologische Tradition doch fraglos feststeht. Damit stand in theologischer und eschatologischer Perspektive das Verhältnis von Gerechtigkeit und Barmherzigkeit Gottes zur Debatte.[2]

Zugleich wurde gefragt, ob die so gestellte Frage theologisch überhaupt vertretbar sei. Immerhin wäre es denkbar, dass sie sich nur vor dem Hintergrund des neuzeitlichen Freiheitsbewusstseins stellt, das als solches hinsichtlich seines hier formulierten Einspruchs aus theologischen Erwägungen zurückzuweisen wäre. So könnte etwa auf die Souveränität Gottes im Gericht oder auf die stellvertretende Vergebungsmacht Christi hingewiesen werden.[3]

---

1 Vgl. zum Begriff der Neuzeit: Georg Essen, *„Und diese Zeit ist unsere Zeit, immer noch". Neuzeit als Thema katholischer Fundamentaltheologie*, in: Klaus Müller (Hg.), Fundamentaltheologie. Fluchtlinien und gegenwärtige Herausforderungen, Regensburg 1998, 23–44, bes. 23–26.

2 An Gottes universalem Heilswillen kann grundsätzlich – trotz der Erbsündenlehre des späten Augustinus – kein Zweifel bestehen. Damit ist freilich noch nicht darüber entschieden, ob auch alle Menschen zum Heil gelangen. Instruktiv hierzu die theologische Diskussion um die Übersetzung des „pro multis" im Messkanon; vgl. dazu Magnus Striet (Hg.), *Gestorben für wen? Zur Diskussion um das „pro multis"*, Freiburg – Basel – Wien 2007, darin bes. die Beiträge von Helmut Hoping und Striet (65–92).

3 Eben dies war ja Aljoscha Karamasows Einwand gegenüber Iwan: „Es gibt ein Wesen, das alles verzeihen kann, allem und jedem, denn es selbst hat sein unschuldiges Blut hingegeben für alle und alles ..."

Will sich die Theologie nicht in Spekulationen verrennen, die ihrem eigenen Gegenstand fremd sind, sind die Einwände des neuzeitlichen Freiheitsbewusstseins als theologisch legitim auszuweisen. Hierzu dienten nicht zuletzt die bibeltheologischen und theologiegeschichtlichen Fallstudien dieser Untersuchung. Verdeutlichen sie doch, dass das offenbarende Handeln Gottes schon im Verständnis der biblischen Texte, dann aber auch in der Interpretation maßgeblicher christlicher Theologen darauf abzielt, den Menschen als ein freies Gegenüber zu seinem Schöpfer zur Geltung zu bringen. Dies gilt sowohl dann, wenn es um Gottes Zuwendung zu den Opfern der Geschichte geht, als auch dann, wenn den Sündern die Möglichkeit der Umkehr eröffnet wird. Vor diesem Hintergrund kann das neuzeitliche Freiheitsbewusstsein als Entfaltung der biblischen Offenbarungsgeschichte verstanden werden.[4]

Weil die biblische Offenbarungsgeschichte und das neuzeitliche Freiheitsbewusstsein einander nicht fremd sind, können sie sich einander wechselseitig erhellen.[5] Das neuzeitliche Freiheitsbewusstsein wird damit nicht zur Fortsetzung der Offenbarung; wohl aber kann es begriffliche Kategorien bereitstellen, die dazu beitragen, die biblische Offenbarung tiefer zu verstehen. Umgekehrt muss sich jede begriffliche Entfaltung des Offenbarungsglaubens in den Kategorien neuzeitlichen Freiheitsbewusstseins im kritischen Rückbezug auf die biblischen Texte ihres Gegenstands vergewissern.

Eine Theologie, die den Anspruch erhebt, den überlieferten Glauben auf dem Reflexionsniveau ihrer Zeit begrifflich zu artikulieren und zu explizieren, wird deshalb auch die Überwindung von Schuld und die Möglichkeit von Versöhnung hinsichtlich ihrer anthropologischen und philosophischen Möglichkeitsbedingungen bedenken. Sie wird ferner die aus der biblischen Offenbarung wohl begründete Hoffnung darauf, dass am Ende der Geschichte Vergebung und Versöhnung möglich werden, in Verantwortung

---

(a.a.O., 332). Demnach begründet das unschuldige Leiden Christi dessen Recht, stellvertretend für die Opfer zu verzeihen.

4 Vgl. aber die kritischen Anmerkungen von Klaus von Stosch, *Freiheit als theologische Basiskategorie?*, in: MThZ 58 (2007) 27–42.

5 Vgl. hierzu bes. Thomas Pröpper, *Freiheit als philosophisches Prinzip theologischer Hermeneutik*, in: Evangelium und freie Vernunft, 5–22. – Zum Begriff des „Freiheitsparadigmas" vgl. Ders., *Gott hat auf uns gehofft … Theologische Folgen des Freiheitsparadigmas*, ebd., 304f.

vor dem Reflexionsniveau zeitgenössischer Philosophie begrifflich entfalten.

Zu diesem Reflexionsniveau zählt auch die bereits in der biblischen Tradition angelegte, seit Kant explizit formulierte und durch neostrukturalistische Relativierungen keineswegs widerlegte Überzeugung, dass im kommunikativen Miteinander freie Subjektivität unhintergehbar ist.

Die Emphase, mit der das neuzeitliche Bewusstsein die freie Subjektivität des Menschen betont,[6] lässt die traditionelle Antwort der Theologie als nicht mehr tragfähig erscheinen, Gott werde im Horizont eines „Jüngsten Gerichts" stellvertretend für die Opfer deren Zustimmung zu seinem barmherzigen oder strafenden Urteil voraussetzen oder gar ersetzen.

Die verschiedenen Einzelstudien im bibeltheologischen, theologiegeschichtlichen und philosophiegeschichtlichen Teil der Untersuchung zeigten, dass die verschiedenen soteriologischen und/oder eschatologischen Konzeptionen hinsichtlich ihrer jeweiligen Fragestellungen wie hinsichtlich der von ihnen angebotenen Perspektiven keineswegs voraussetzungslos sind. Vielmehr beruhen sie auf vielfältigen, zugleich aber identifizierbaren begrifflichen Prämissen. Allein dieser – hermeneutisch kaum überraschende – Befund rechtfertigt schon den Versuch, die christliche Versöhnungshoffnung im Rahmen der begrifflichen Vorgaben des neuzeitlichen Freiheitsbewusstseins und zugleich in Kontinuität mit der theologischen Tradition zu artikulieren und zu explizieren.[7]

Weil diese Explikation aus offenbarungstheologischen Gründen nur in Kontinuität mit der biblischen Offenbarung und der dogmatischen Überlieferung erfolgen kann,[8] sei im Folgenden noch einmal der in dieser Untersuchung zurückgelegte Weg skizziert.

---

6   Und dies auch gegen psychoanalytische und/oder strukturalistische Bestreitungen; vgl. dazu bereits Ricœur, *Die Freiheit im Licht der Hoffnung*, sowie für die neuere Diskussion u.a.: Klaus Müller, *Subjektivität und Theologie. Eine hartnäckige Rückfrage*, in: ThPh 70 (1995) 161–186.
7   Schon der Begriff der „Reformulierung" beansprucht die Einheit von Identität und Differenz.
8   Zur Verwiesenheit der Theologie auf Schrift und Tradition vgl. die Offenbarungskonstitution des Zweiten Vatikanischen Konzils *Dei Verbum*, Nr. 24: „Die heilige Theologie ruht auf dem geschriebenen Wort Gottes, zusammen mit der Heiligen Überlieferung, wie auf einem bleibenden Fundament."

5.1 Der zurückgelegte Weg – ein Durchblick

Die Einzelstudien, die im *bibeltheologischen* und im *theologiegeschichtlichen* Hauptteil der Untersuchung vorgenommen wurden, ließen erkennen, wie unterschiedlich das Verhältnis von Gerechtigkeit und Barmherzigkeit Gottes in den wechselnden Kontexten unterschiedlicher Fragestellungen und begrifflicher Voraussetzungen jeweils gefasst wurde. Im *philosophiegeschichtlichen* Hauptteil der Untersuchung wurden Kriterien gewonnen, die einer Reformulierung der christlichen Hoffnung auf Versöhnung auf dem Reflexionsniveau neuzeitlichen Freiheitsdenkens dienlich sein könnten.

Vor dem Hintergrund der altorientalischen Religionsgeschichte wurde im *ersten Hauptteil* der Untersuchung der spezifische Beitrag deutlich, den die biblischen Überlieferungen für das Problem menschlicher Schuld und deren Bewältigung liefern. Zwei Tendenzen traten dabei hervor. Zum einen wird in den biblischen Schriften zunehmend die Verantwortung des Einzelnen für seine sittlichen Verfehlungen betont. Zum anderen tritt in ihnen eine wachsende Spannung zwischen der Überzeugung, dass Gott allein Schuld vergeben kann, und der Aufmerksamkeit für die soziale Dimension von Verzeihen und Versöhnung zutage.

Die für den Alten Orient und die Schriften der Bibel grundlegende Vorstellung von einem Zusammenhang zwischen Tun und Ergehen ist zunächst ganz auf der Ebene der äußeren Tat angesiedelt. Anfänglich in der altägyptischen, dann auch in der alttestamentlichen Weisheitsliteratur verschiebt sich das Gewicht auf die Gesinnung des Menschen und damit auf sein Inneres. Damit geht eine Individualisierung des Sittlichen einher: Ausschließlich der Einzelne ist für sein Denken, Wollen und Tun verantwortlich und wird dafür von Gott zur Rechenschaft gezogen. Nach biblischem Zeugnis zielt Gottes Richten jedoch nicht zunächst auf Strafe und Vergeltung, sondern eröffnet – anders als in der Apokalyptik – immer noch die Möglichkeit der Umkehr. Insofern erweist sich Gottes Gerechtigkeit in ihrem Vollzug als Barmherzigkeit.

Der religionsgeschichtliche und biblische Durchblick zeigte, dass der Begriff der „Gerechtigkeit Gottes" immer weniger im Sinne einer sanktionierenden (retributiven) Gerechtigkeit begriffen wird. An seine Stelle tritt ein Verständnis, wonach Gottes Gerechtigkeit als eine *rettende* Gerechtigkeit wirkt. Die Opfer von Unrecht und Gewalt erfahren sie als eine solidarische, „instand setzende" oder „advokatorische" Gerechtigkeit.

Zusammenführung und Ausblick

Im Vergleich besonders mit mesopotamischen und altsyrischen Mythen stellt der so bestimmte Begriff der Gerechtigkeit Gottes eine religionsgeschichtliche Neuerung dar. Sie verdankt sich nicht zuletzt der religiösen Grunderfahrung Israels, das seinen Gott wesentlich als den machtvollen Befreier aus der ägyptischen Sklaverei wahrgenommen hat. Diese Grunderfahrung bestimmt auch die Art und Weise, wie im Zuge der Individualisierung des Sittlichen Gottes Gerechtigkeit gegenüber dem Sünder gedeutet wird: Wie Gott das Schreien seines geknechteten Volkes in Ägypten gehört hat, so wendet er sich auch voller Erbarmen dem Sünder zu, der ihn um die Vergebung seiner Schuld anfleht.

Vor dem Hintergrund der Exodus-Erfahrung begegnet in den biblischen Schriften bis hinein in die Apokalyptik der Gedanke einer solidarischen oder advokatorischen Gerechtigkeit Gottes, die keinen neutralen Ausgleich unterschiedlicher Interessen anzielt, sondern für die Benachteiligten und die Opfer der Geschichte engagiert Partei ergreift. In der Spätzeit der Apokalyptik, aber auch in den Schriften der Gemeinschaft von Qumran wird dieser Gedanke dahingehend radikalisiert, dass Gottes gerechter Zorn unterschiedslos jene trifft, die bestimmten Kriterien der Zugehörigkeit – zum Gottesvolk, zur auserwählten Gemeinschaft – nicht genügen, die Übrigen hingegen verschont. In der Apokalyptik fügt sich der als unvermittelt gedachte Gegensatz zwischen Gerechtigkeit und Barmherzigkeit Gottes bruchlos in einen ontologischen und metaphysischen Dualismus ein. Für eine differenzierte Betrachung von menschlicher Fehlbarkeit und Schuld bleibt in diesem Vorstellungsrahmen kein Raum.

Ethisch-dualistische Tendenzen bleiben zwar in der Alten Kirche eine fortdauernde Versuchung. In der Gotteslehre hingegen werden sie konsequent zurückgewiesen. Irenäus von Lyon, Tertullian oder Origenes betonen gegen Markion die Einheit Gottes in seinem schöpferischen und erlösenden Handeln. Der Glaube an Gottes Einheit und seine Einzigkeit verbietet es, Gottes Gerechtigkeit und seine Barmherzigkeit auf zwei Götter aufgeteilt zu denken. Die Grundentscheidung der Alten Kirche, Gerechtigkeit und Barmherzigkeit als Eigenschaften und Wirkweisen des einen und einzigen Schöpfer- und Erlösergottes zu begreifen, bestimmt die gesamte nachfolgende Geschichte von Theologie und Eschatologie.

In der Alten Kirche wird die spannungsvolle Beziehung zwischen Gerechtigkeit und Barmherzigkeit Gottes auch deshalb zum Gegenstand theologischer Reflexion, weil die frühen Christen Leiden und Tod Jesu im Licht der Gottesknechtslieder bei Jesaja als stellvertretendes Sühneleiden deuten. Damit rückt – anders als im Judentum, das nach der Zerstörung des Jerusalemer Tempels auch das Ende des Sühnopferkultes theologisch zu bewältigen hat – die Schuldthematik in das Zentrum christlicher Theologie. Das freiwillig vergossene Blut des „wahren Osterlammes" kann als Manifestation göttlicher Barmherzigkeit gegenüber den Sündern interpretiert werden, die Notwendigkeit des Kreuzestodes hingegen als Manifestation göttlicher Gerechtigkeit.

Die Hoffnung auf die Wiederkunft des Gekreuzigten und Auferstandenen am Ende der Geschichte und die Erwartung eines damit verbundenen Endgerichts weckt im Christentum die Frage, wie sich Gott, der sich in Jesus Christus als barmherzig gegenüber den Sündern und als für die Menschen unbedingt entschiedene Liebe geoffenbart hat, angesichts menschlicher Sünde und Schuld verhalten werde. Das Verhältnis zwischen Gerechtigkeit und Barmherzigkeit Gottes wird fortan zum Gegenstand christlicher Theologie und Eschatologie.

In dieser Perspektive wird freilich nicht danach gefragt, inwieweit Gottes barmherziges Handeln gegenüber den Tätern den Opfern womöglich neues Unrecht zufügt, und welche Konsequenzen dies für eine Reformulierung der christlichen Eschatologie hätte. Allzusehr liegt der Akzent auf Gottes souveräner Gewalt auch im Gericht. Die „Beisitzer" im Gericht, von denen in der Offenbarung des Johannes die Rede ist, sind keine eigenständigen Instanzen im Geschehen der Rechtsprechung; sie werden im Gericht durch den göttlichen Richter vertreten, in dessen Urteil sie einstimmen.

Vor dem Hintergrund neuzeitlichen Freiheitsbewusstseins steht diese Beobachtung in erkennbarer Spannung zu der biblischen Überlieferung, wonach es dem rettenden Gott wesentlich darum zu tun ist, den Benachteiligten und Unterdrückten Recht zu verschaffen, sie „aufzurichten" und so allererst wieder zu Subjekten freien Handelns zu machen. Zielt doch das Erlösungswerk insgesamt, indem es wesentlich die Befreiung des Menschen von Sünde und Schuld zu seinem Inhalt hat, wesentlich darauf, den Menschen zu einem freien Gegenüber Gottes werden zu lassen.

Obwohl die leitende Fragestellung der Untersuchung nach dem Stellenwert der Opfer sich gerade auch im Rückblick auf die Theologiegeschichte als spezifisch neuzeitlich erweist, wurden im *zweiten Hauptteil* begriffliche Vorgaben rekonstruiert, die sich im Rahmen unterschiedlicher theologischer Problemstellungen für eine konstruktive Verhältnisbestimmung von Gerechtigkeit und

Zusammenführung und Ausblick

Barmherzigkeit Gottes in eschatologischer und theologischer Perspektive ergeben.

Grundlegend für die gesamte Theologiegeschichte bleibt die gegen Markion getroffene Entscheidung der Alten Kirche, auf der Einheit Gottes in seinem schöpferischen und erlösenden Handeln zu bestehen. Gerechtigkeit und Barmherzigkeit Gottes sind deshalb in einer spannungsvollen Einheit zu begreifen, deren Dynamik auf die *recapitulatio* der Schöpfung in Jesus Christus zielt.

Während der Mensch nach Irenäus seinem Wesen und seiner Bestimmung dann entspricht, wenn er sich in diese Dynamik einfügt, betont Origenes den Stellenwert endlicher Freiheit auch im Gegenüber zu Gott. Der religiösen Unterweisung, Praxis und Erziehung *(paideia)* traut er zu, die Natur des Menschen auch gegen den Widerstand der Sünde und des Bösen ihrer Vollendung näher zu bringen. Obwohl Origenes die Wirklichkeit der Sünde keineswegs leugnet, bedenkt er sie kaum hinsichtlich der interpersonalen Dimension von Schuld und Versöhnung. So verbleiben Sünde und Vergebung innerhalb der Beziehung zwischen dem einzelnen Menschen und Gott. In diesem Rahmen erweist sich Gottes Barmherzigkeit darin, dass Gott das sittliche und religiöse Bemühen des Menschen durch seine Gnade vollendet.

Indem Origenes auf dem Vermögen endlicher Freiheit auch im Gegenüber zu Gott beharrt, deutet sich einerseits die Möglichkeit einer vom Menschen frei zu vollziehenden Zustimmung zur göttlichen Wahrheit an; andererseits aber ist mit der Existenz endlicher Freiheit auch die Möglichkeit ihrer Verweigerung gegenüber der Wahrheit Gottes gegeben. Dass solche Verweigerung angesichts der Güte Gottes nicht endgültig sein möge, artikuliert sich in der Hoffnung auf eine letztendliche Aufhebung des Wirklichkeitsganzen in der Seinsfülle Gottes *(apokatastasis panton)*.

Während „griechische" Theologen von „Gerechtigkeit Gottes" oft mit dem Ziel sprechen, im Blick auf die Vollendung der Welt den Ernst des sittlichen Bemühens hervorzuheben, gewinnt in der „lateinischen" Theologie des Abendlandes zunehmend ein rechtliches Verständnis von „Gerechtigkeit Gottes" die Oberhand.

Dies wird besonders bei Augustinus deutlich. Der von ihm in rechtlichen Kategorien gefasste Zusammenhang von Schuld und Strafe wirkt sich theologisch vor allem dort aus, wo die Menschen wegen der Erbsünde ausnahmslos der ewigen Verdammnis verfallen sind. Allein Gottes ungeschuldete Gnade kann sie vor diesem Schicksal bewahren. Von Existenz und Wirken der Gnade zeugt die biblische Offenbarung; ihr Wirken aber bleibt im Einzelfall unberechenbar, so dass der Mensch darüber im Unklaren bleibt, ob er des Heils teilhaftig wird oder nicht. Auch kann nicht mehr gesagt werden, welche Bedeutung das sittliche Bemühen für das ewige Heil besitzt; dieses ist ja immer schon umgriffen von der göttlichen Prädestination. Umkehr, Vergebung und Versöhnung sind zwar weiterhin gefordert, weil sie aus dem grundsätzlichen Appell zu einem tugendhaften Leben resultieren. Mit Blick auf die Heilsgeschichte im Ganzen und das individuelle Heil aber bleiben sie zweitrangig.

Augustins Konzentration der heilsgeschichtlichen Dynamik auf das Verhältnis von menschlicher Sünde und göttlicher Gnade hat zur Folge, dass seine Christologie unterbestimmt bleibt. Trotz des Festhaltens an der dogmatischen Zweinaturenlehre wird Christus in heilsgeschichtlicher Perspektive vor allem als Vorbild *(exemplum)* begriffen, an dem sich das sittliche Verhalten des Menschen zu orientieren hat. Im Vorbild Christi wird an die menschliche Freiheit appelliert, sich vom Willen Gottes bestimmen zu lassen. Dass der Mensch in Christus das Beispiel eines vollkommenen Gehorsams gegenüber dem Vater vor Augen hat, ist für Augustinus Ausdruck der Barmherzigkeit Gottes gegenüber dem Sünder. Der Gedanke verliert aber im Kontext seiner späteren Gnadenlehre an soteriologischem Gewicht.

Deutlicher als Augustinus bringt Anselm von Canterbury die konstitutive Bedeutung von Person und Werk Christi für das Erlösungsgeschehen zur Geltung. In seiner begrifflichen Rekonstruktion des Heilsgeschehens fasst er die *rectitudo* als universales Gerechtigkeitsprinzip auf; an ihm ist auch das Handeln Gottes zu messen. Das zu seiner Erlösung notwendige Werk der Genugtuung, das der Sünder aus eigenem Vermögen nicht erbringen kann, vollzieht der von Sünde freie Gottmensch, indem er sich freiwillig dazu bestimmt, am Kreuz zu sterben.

In *Cur Deus Homo* erscheint das Gerechtigkeitsprinzip *aut poena aut satisfactio* als abstrakter Rahmen einer begrifflichen Rekonstruktion des Erlösungsgeschehens, das als solches nicht grundsätzlich in Frage gestellt ist. Dabei erweist sich die Freiwilligkeit des Kreuzestodes in dem Augenblick als Notwendigkeit, wo erkennbar wird, dass Gottes Heilsplan zum Scheitern verurteilt wäre, müsste der Mensch aus eigener Kraft Genugtuung leisten. Anselm rechnet ja nicht ernsthaft mit der realen Möglichkeit, dass Gottes Schöpfung im Verderben endet; diese Möglichkeit würde letztendlich Gottes Schöpfungsratschluss durchkreuzen. Insofern erweist sich das Wirken des Gottmenschen als ungeschuldet und notwendig zugleich.

Zusammenführung und Ausblick

Will Anselm die innere Notwendigkeit von Menschwerdung und Kreuzestod zunächst *remoto Christo* herleiten, so werden bei Abaelard die kommunikativen Aspekte des Erlösungsgeschehens betont: Es geht um die heilsame Kommunikation von göttlicher und menschlicher Freiheit, die durch Menschwerdung und Kreuzestod Christi möglich wurde und die letztendlich die Rettung des Sünders ermöglicht.

Abaelard versteht die Menschwerdung Christi nicht zunächst als Voraussetzung für den ungeschuldeten Tod des Erlösers am Kreuz. Vielmehr bezeugt das Kreuz die letzte Konsequenz jener Liebe Gottes zu den Menschen, die sich in der Menschwerdung Gottes erst anfänglich offenbarte. Der Sünder ist aufgerufen, sich von dieser Liebe zur Umkehr bewegen zu lassen, so dass er, überwältigt von ihr, nichts anderes tun kann, als selbst zu lieben. Gott erweist sich dem Sünder gegenüber als barmherzig, indem er ihm in seinem Sohn ein Gegenbild *(antitypus)* des Sünders vor Augen stellt, das ihn zu Umkehr und Nachfolge einlädt. Wie schon der frühe Augustinus will Abaelard die Erlösung des Menschen nicht ohne dessen freie Zustimmung Wirklichkeit werden lassen. Gott wird als höchstes Gut *(summum bonum)* und überfließende Güte *(benignitas)* begriffen; er scheut weder Menschwerdung noch Kreuzestod, um den Sündern das Beispiel einer bis zum letzten entschiedenen Liebe zu geben und sie so für sich zu gewinnen.

Thomas von Aquin stützt sich bei seinen Überlegungen zum Verhältnis von Gerechtigkeit und Barmherzigkeit Gottes wieder auf Anselms Satisfaktionstheorie: Die von Christus am Kreuz erbrachte Genugtuung ist notwendige und zugleich hinreichende Gestalt der barmherzigen Zuwendung Gottes zum Sünder. Diese erweist sich nicht nur im Tod des Gottmenschen, sondern auch in den Mysterien des Lebens Jesu. Auf diese Weise erscheinen Jesu Gestalt und Wirken in der Einheit von Leben und Tod als Einladung an die menschliche Freiheit, sich der Wirklichkeit Gottes zu öffnen und von ihr her bestimmen zu lassen. Thomas bedient sich personaler Kategorien, wenn er in diesem Zusammenhang von der Freundschaft des Menschen mit Gott spricht. Deren Vollendung erhofft der Mensch in jener endgültigen Gemeinschaft mit Gott, die ihm als beseligende Schau *(visio beatifica)* und Glückseligkeit *(beatitudo)* verheißen ist.

Im Rahmen seiner Gotteslehre fasst Thomas Gerechtigkeit und Barmherzigkeit als Eigenschaften Gottes auf. Deren nähere Bestimmung erfolgt im Ausgang von der aristotelischen Tugendlehre. Demnach vollzieht sich Gottes Gerechtigkeit darin, dass er jedem

Geschöpf das ihm Zustehende zuteilt *(iustitia distributiva).* Hierzu zählt auch, dass Gott den Sünder angemessen bestraft, wenn er der ihm gesetzten Ordnung zuwiderhandelt. Da der Mensch in Bezug auf Gott keinerlei Rechte geltend machen kann, hält Thomas den Begriff der Tauschgerechtigkeit *(iustitia commutativa)* in Bezug auf Gott und Mensch nicht für anwendbar. Gottes Barmherzigkeit wird nicht als eine positive Gestalt seiner Zuwendung zur Welt betrachtet, sondern als eine vorübergehende Einschränkung seiner Gerechtigkeit.

In seiner Gotteslehre unterscheidet Thomas zwischen dem unveränderlichen Wesen Gottes, wie es aus der Schöpfung erkennbar ist, und seinem Wirken in Bezug auf die Menschen. Weil Gottes Wesen, wie es an sich selbst ist, in keiner realen Relation zu seiner Schöpfung steht, erscheint Gottes barmherzige Zuwendung zum Sünder nicht mit seinem Wesen vermittelt.

Für Bonaventura ist Gott der heilkundige Arzt, der sich in seiner Barmherzigkeit dem Sünder zuwendet. Diese Zuwendung findet ihre alles überbietende Mitte in der Menschwerdung Christi; diese stellt dem Sünder ein Vorbild vor Augen, das ihn zu Umkehr und Nachfolge bewegen kann. Um gleichzeitig Gottes Gerechtigkeit zur Geltung zu bringen, betont Bonaventura Gottes Strenge im Jüngsten Gericht: Anders als in der Menschwerdung wirkt sich hier seine strafende Gerechtigkeit gegenüber denen aus, die sich seinem Ruf verschließen. Die Spannung zwischen Gerechtigkeit und Barmherzigkeit Gottes sucht Bonaventura dadurch zu überwinden, dass er beides geschichtlich zerdehnt.

Duns Scotus sieht in Gottes Barmherzigkeit die praktische Dimension jener Liebe, die Gott im höchsten Maße *ist*. Die Bestimmung Gottes als Liebe erfolgt nicht im Ausgang vom philosophischen Begriff eines *summum ens* oder *summum bonum,* sondern im Ausgang von der Selbstbekundung Gottes in der Heiligen Schrift. Diese deutet Duns Scotus als Offenbarung der unbedingten Freiheit Gottes, die sich als Liebe fortbestimmt. Indem Duns Scotus dem Willen den Vorrang gegenüber dem Intellekt einräumt, gelangt er zum Begriff der Theologie als einer praktischen Wissenschaft: Theologie zielt nicht in erster Linie auf ein Wissen von Gott, sondern auf die Praxis der Nachfolge; ja sie vollzieht sich selbst als Nachfolge. Umkehr, Vergebung und Versöhnung sind deshalb Themen, die mit dem Gegenstand der Theologie und ihrem Selbstvollzug verknüpft sind.

Indem Duns Scotus den Begriff der Liebe hinsichtlich seiner Bedeutung für die Theologie entfaltet, gelangt er nicht nur zu einer begrifflichen Rekonstruktion der Trinitätslehre, sondern auch zu einer spekulativen Bestimmung des Gott-Mensch-Verhältnisses. Darin erscheint der Mensch allerdings nicht als das primäre Objekt der Gottesliebe. Vielmehr hat sich Gott, insofern er unendliche Liebe ist, frei dazu entschlossen, ein Wesen außerhalb seiner selbst zu erschaffen, das er lieben kann und von dem er selbst geliebt werden kann. In der Hierarchie der göttlichen Liebe *(ordo amoris)* ist dieses Wesen jedoch nicht der Mensch, sondern der Gottmensch Jesus Christus. Um aber die Menschwerdung des göttlichen Wortes möglich zu machen, wurde mit Adam die Menschheit als ganze erschaffen. Die mit der Erschaffung des Menschen prinzipiell gegebene Möglichkeit einer liebenden Antwort auf die Liebe Gottes von Seiten eines Geschöpfes ist im Gottmenschen Jesus Christus in höchster Weise realisiert. Die Menschwerdung Gottes ist deshalb – anders als bei Bonaventura – nicht zunächst ein Akt göttlicher Barmherzigkeit gegenüber dem Sünder, sondern Selbstvollzug der unendlichen Liebe Gottes.

In der „Ordnung der Liebe" erscheint der Mensch in Bezug auf Gott als ein „Mitliebender". Im Vollzug seiner endlichen Freiheit darf er darauf vertrauen, der göttlichen Gnade teilhaftig zu sein – auch wenn er der *acceptatio divina* niemals vollkommen gewiss sein kann. Gottes Gnade befähigt den Menschen dazu, sich vom Bösen abzukehren, seine Freiheit in Übereinstimmung mit dem göttlichen Willen zu gebrauchen und so der ewigen Seligkeit würdig zu werden.

Bei Duns Scotus erfährt der Begriff der *potentia Dei absoluta* durch den Begriff einer unendlichen Liebe eine gehaltvolle Fortbestimmung. Diese Bestimmung tritt in der Theologie des 16. Jahrhunderts zunehmend in den Hintergrund, um Gottes Souveränität über das Geschaffene zu betonen. Am Ausgang des Mittelalters führt die Übersteigerung des Begriffs göttlicher Allmacht dazu, dass sich der Mensch seines Heils nicht mehr gewiss sein kann. Vor diesem Hintergrund ist Martin Luthers Rückgriff auf den biblischen Gerechtigkeitsbegriff zu verstehen: „Gerechtigkeit Gottes" versteht er als rettende, rechtfertigende Gerechtigkeit und damit zugleich als Gestalt göttlicher Barmherzigkeit gegenüber dem Sünder, der sich aus eigenem Vermögen der Macht des Bösen nicht entwinden kann.

Luther wendet sich nicht nur gegen jede metaphysische Spekulation, die von der heilsgeschichtlichen Situation des Menschen absieht, sondern betont zugleich die absolute Souveränität Gottes über alles Geschaffene. Gottes rechtfertigende Gnade „erschafft" sich allererst ihr Gegenüber: Der Knechtschaft der Sünde unentrinnbar verfallen lebt der Mensch allein aus der gnädigen und vergebenden Zuwendung Gottes. Das Wesen des Menschen gründet nicht in einer wie auch immer zu fassenden Natur, sondern in der Beziehung, in der er zu Gott steht. Die interpersonale Dimension der Schuld wird demgegenüber dem Bereich der weltlichen Dinge zugeordnet.

Am Ende des Mittelalters lässt die Einengung von Theologie und Frömmigkeit auf das zu erwartende Gericht die soziale Dimension von Schuld und Sünde in den Hintergrund treten. Die Opfer kommen nicht als unhintergehbare Instanzen möglicher Versöhnung in den Blick, wie es das neuzeitliche Freiheitsbewusstsein nahelegt. Im Horizont des zu erwartenden Jüngsten Gerichts werden sie durch Christus vertreten.

In dieser Sicht gilt das Strafgericht, das der göttliche Richter beim Letzten Gericht über die Sünder vollzieht, immer schon als gerecht. Insofern der Mensch unter der Herrschaft der Erbsünde steht, kann er nichts vorweisen, was Gott dazu verpflichtete, einen Vorrang seiner guten Taten anzuerkennen. Gottes richtende und vergeltende Gerechtigkeit wird durch seine Barmherzigkeit allenfalls befristet außer Kraft gesetzt. Ob Gottes Barmherzigkeit von Seiten der Opfer möglicherweise als ungerecht empfunden wird, wird schon deshalb nicht gefragt, weil Gott gegenüber prinzipiell – und das heißt auch: von Seiten der Opfer – keine Ansprüche geltend gemacht werden können. Obwohl an seiner Gerechtigkeit nicht gezweifelt wird, bleibt Gottes Urteilsspruch menschlicher Einsicht letztendlich entzogen.

Gibt man sich mit dem Hinweis auf die Unerforschlichkeit des göttlichen Willens und Handelns zufrieden, dann stellt sich die Frage, ob die Barmherzigkeit Gottes möglicherweise eine Grenze an der Gerechtigkeit gegenüber den Opfern findet, *nicht*. Angesichts der Erhabenheit und Heiligkeit Gottes wird die Achtung vor der Freiheit des Menschen – ja selbst der Opfer – zu einer nachrangigen Größe. Gegenüber dem heiligen Gott kann der sündige Mensch nicht beanspruchen, seine Freiheit zu achten.

In der Neuzeit hingegen tritt die Anthropologie als dasjenige Feld hervor, auf dem sich die Frage nach den Kriterien auch der göttlichen Gerechtigkeit stellt.[9] Bei Duns Scotus erkennbare Ver-

---

9 Mit der Konsequenz, dass aus der „Theodizee" am Ende eine „Anthropodizee" wird: vgl. Odo Marquard, *Entlastungen. Theodizeemotive in der neuzeitlichen Philosophie* (1983), in: Ders., Apologie des Zufälligen,

suche, die Wirklichkeit Gottes und des Menschen in Kategorien der Freiheit zu denken und so die aristotelische Substanz-Metaphysik zu überwinden, werden allerdings zunächst nicht innerhalb der Theologie fruchtbar, sondern in der sich aus der Artistenfakultät heraus emanzipierenden Philosophie.

Aus theologischer Perspektive freilich sind die philosophischen Reflexionen zum Begriff der Freiheit oder der Gerechtigkeit, die in der Neuzeit angestellt werden, höchst relevant. Denn der Begriff der Freiheit ist ja im Zentrum des biblischen Glaubens beheimatet: In der Heiligen Schrift wird Gott als derjenige charakterisiert, der sich seinem Volk aus freiem Entschluss zuwendet und es aus Unterdrückung, Not und Schuld befreit. Sein Angebot eines Bundes mit den Menschen und mit dem Volk Israel will angenommen und in der sittlichen und religiösen Praxis frei beantwortet werden.

Deshalb sind jene begrifflichen Bestimmungen, die aus einer philosophischen Analytik der Freiheit gewonnenen werden, für die Theologie prinzipiell bedeutsam. Können sie doch dazu beitragen, das Offenbarungsgeschehen präziser zu verstehen und den überlieferten Glauben mithilfe solcher Kategorien zu vermitteln, die nicht zunächst aus der Autorität der Heiligen Schrift, sondern aus jener der humanen Vernunft gewonnen sind.

Dies bedeutet weder eine Reduktion der Theologie auf Philosophie noch des Offenbarungsglaubens auf einen Vernunftglauben. Kann doch die Philosophie die *Faktizität* der in der Freiheit Gottes gründenden Offenbarung gerade im Rahmen einer Philosophie der Freiheit bestenfalls ihrer *Möglichkeit* nach, nicht aber hinsichtlich ihrer *Notwendigkeit* rekonstruieren. Die Theologie wiederum kann mithilfe philosophischer Kategorien Gottes Offenbarung im Nachhinein – als ergangene – so zur Darstellung bringen, dass sie der Vernunft nicht nur nicht widerspricht, sondern womöglich die unabgegoltenen Ansprüche der Vernunft sogar überbietend erfüllt.[10]

Stuttgart 1986, 11–32. Vgl. dazu Ders., *Der angeklagte und der entlastete Mensch in der Philosophie des 18. Jahrhunderts* [1980], in: Ders., Abschied vom Prinzipiellen. Philosophische Studien, Stuttgart 1981, 39–66. – Kritisch zu Marquards Konzept: Georg Cavallar, *Kants Weg von der Theodizee zur Anthropodizee und retour. Verspätete Kritik an Odo Marquard*, in: Kant-Studien 84 (1993) 90–102.

10 Vgl. zu diesem fundamentaltheologischen Programm u.a. Klaus Müller, *Wieviel Vernunft braucht der Glaube?*, in: Ders. (Hg.), Fundamentaltheologie. Fluchtlinien und gegenwärtige Herausforderungen, Regensburg 1998, 77–100.

5.1 Der zurückgelegte Weg

Im Gespräch mit ausgewählten Positionen neuzeitlicher Philosophie, die den humanen Wirklichkeiten von „Schuld" und „Vergebung" eine übergeordnete Rolle beimessen, ging es deshalb im *dritten Hauptteil* der Untersuchung darum, Hinweise darauf zu erhalten, wie eine philosophisch verantwortete Verhältnisbestimmung von Gerechtigkeit und Barmherzigkeit Gottes möglich ist, die dem neuzeitlichen Reflexionsniveau entspricht.

Anknüpfend an den aristotelischen Begriff der *phronesis* bzw. der *prudentia* legt Leibniz einen gehaltvollen Begriff von Gerechtigkeit vor, der diese als „Liebe des Weisen" *(caritas sapientis)* und somit als Einheit von praktischer und theoretischer Vernunft bestimmt. Dabei wird Gerechtigkeit als Bestimmung gedacht, die für die Wirklichkeit Gottes und des Menschen in gleichem Sinne gilt. Leibniz entfaltet den Begriff einer *iustitia universalis;* dieser Begriff gilt univok und kann deshalb auf Gott und Mensch im gleichen Sinne angewendet werden. Unterschieden sind die Gerechtigkeit Gottes und die Gerechtigkeit der Menschen nur dem Grade, nicht aber ihrer Qualität nach. Damit ist ein univoker Begriff des Sittlichen insgesamt grundgelegt: Was gut, wahr und gerecht ist, gilt in gleicher Weise für Gott und Mensch.

Auf dieser Grundlage kann der Begriff der Gerechtigkeit gegenüber Gott eine kriteriologische Funktion ausüben: Sein Wirken in der Welt muss dem Begriff des Guten, Wahren und Gerechten genügen, soll es als Wirken *Gottes* identifizierbar sein. Leibniz Begriff universaler Gerechtigkeit erlaubt es allererst, angesichts der Übel in der Welt Gott zur Rechenschaft zu ziehen. In der *Theodizee* wird Moralität zu einem Kriterium für die Erkennbarkeit der Offenbarung Gottes in der Geschichte. Demnach müssen sich auch das richtende und das vergebende Handeln Gottes im Gericht als moralisch erweisen, um als Handeln *Gottes* identifiziert werden zu können.

Bei Leibniz hat der Begriff der Gerechtigkeit immer noch den Status einer „ewigen Wahrheit". Darin ist er den platonischen Ideen vergleichbar. Bei Kant hingegen werden sowohl die Erkenntnis als auch der Geltungsgrund und sogar die gehaltvolle Bestimmung des sittlich Gebotenen in die Vernunftnatur des Subjekts zurückgenommen. Indem Gott innerhalb der Grenzen der bloßen Vernunft als Inbegriff der Sittlichkeit gedacht wird, erscheinen seine Eigenschaften als Dimensionen vollendeter Sittlichkeit: „Gerecht" ist Gott wegen der Unerbittlichkeit, mit der das Sittengesetz verpflichtet, „gnädig" ist er, indem er das wegen seines unhintergehbaren „Ausgangs beim Bösen" und seines fortdauernden „Hangs zum Bösen" gefährdete, wenn nicht zum Scheitern verurteilte sittliche Streben des Menschen nach dem „höchsten Gut" in seinem „Reich" vollendet.

Weil es im sittlichen Handeln keine überpflichtigen Leistungen geben kann, wird „Gerechtigkeit Gottes" als vergeltende Gerechtigkeit gefasst. Barmherzigkeit und Gnade hingegen dürfte es wegen der Universalität des kategorischen Imperativs eigentlich nicht geben. Allerdings sieht sich Kant dazu gezwungen, angesichts der Endlichkeit des sittlichen Bemühens in einem „Urteilsspruch aus Gnaden" die Gesinnung für die Tat stehen zu lassen, damit der Mensch angesichts eines für ihn niemals zu verwirklichenden sittlichen Imperativs nicht verzweifeln muss.

Von Gnade ist auch dort zu sprechen, wo der Mensch seine freie Grundentscheidung zum Bösen nicht aus eigener Kraft revidieren kann. Die sittliche geforderte „Revolution der Denkungsart" ist begrifflich nicht einzuholen, wohl aber vorauszusetzen, soll an der grundsätzlichen Fähigkeit des Menschen festgehalten werden, den Forderungen des Sittengesetzes zu entsprechen.

In kritischem Rückbezug auf Kant hat Fichte auf die Bedeutung der interpersonalen Dimension in der Begegnung freier Subjekte hingewiesen. Hegel wiederum hat im Anschluss an Fichte das Moment der reziproken Anerkennung von Freiheiten als Bedingung der Möglichkeit von Gerechtigkeit betont. Allerdings – und darauf weist der Neukantianer Hermann Cohen hin – erlaubt es die Allgemeinheit des Sittengesetzes nicht, einen strengen Begriff von sittlicher Individualität zu denken. Diese erbildet sich nach Cohen erst dort, wo der Mensch schuldig wird.

Will der Einzelne im Bewusstsein seiner Schuld nicht verzweifeln, bedarf er freilich einer Instanz, die hinreichend machtvoll ist, ihn von seiner Schuld zu entbinden. Diese Instanz findet der Mensch im Begriff eines Gottes, der wesentlich als vergebend gedacht wird. Das Bewusstsein der Schuld wird zur Geburtsstätte nicht nur des Individuums, sondern auch der Religion. Dabei umfasst die Religion nicht nur den Begriff eines vergebenden und versöhnenden Gottes, sondern auch die praktische Realität der betenden Gemeinde. Sie ermöglicht es dem sittlichen Individuum, das sich in seiner Schuld als radikal vereinzelt erfährt, durch den Zuspruch der Vergebung zu einem geläuterten Bewusstsein seiner selbst als einem sittlichen Individuum zu gelangen.

Bei Cohen scheint auf philosophischem Wege ein Denken erreicht, von dem her die Frage nach dem Verhältnis von Gerechtigkeit und Barmherzigkeit Gottes gestellt werden darf, ohne sich dem Vorwurf der Grenzüberschreitung auszusetzen. Zwar verbleibt auch Cohens Denken in den Grenzen der bloßen Vernunft; das Postulat eines vergebenden Gottes bleibt Postulat. Anders aber als Kant integriert Cohen die Erfahrung der Schuld in seine Analytik des individuellen Bewusstseins. Auf diese Weise gelangt er zu dem Postulat einer Vergebung, die dem Selbstvollzug endlicher Freiheit gilt, indem sie diesen allererst ermöglicht.

In der Nachfolge Kants erweist es sich als schwierig, Interpersonalität zu denken. Fichte misst der interpersonalen Dimension des Freiheitsvollzuges zwar eine konstitutive Bedeutung für den Entdeckungszusammenhang des sittlichen Bewusstseins bei; im sittlichen Anspruch, der ihm begegnet, erkennt sich das Bewusstsein selbst als Freiheit. Doch bleibt das sich selbst setzende Ich im Horizont des transzendentalen Idealismus das konstituierende Prinzip der ethischen Beziehung.

Auch in Husserls Phänomenologie ist der begegnende Andere auf die Vorstellung reduziert, die sich das Bewusstsein von ihm macht. Philosophische Reflexionen über den Begriff der Gerechtigkeit finden sich deshalb vor allem im Bereich der Sozialphilosophie und der politischen Philosophie. Anders als in der Transzendentalphilosophie wird hier allerdings auf den Anspruch einer Letztbegründung für das Erkennen und Handeln verzichtet.

Vor diesem Hintergrund kommt jener Fundamentalethik, die Emmanuel Levinas vorgelegt hat, das Verdienst zu, die Dimension der Interpersonalität als für das sittliche Subjekt konstitutiv zur Geltung gebracht und von dieser Dimension her auch den Begriff der Gerechtigkeit neu bedacht zu haben. Als „gerecht" darf in einem ersten und grundlegenden Sinne allein das gelten, was auf den sittlichen Anspruch des begegnenden Anderen antwortet. Damit ist jedem ethischen Universalismus, wie er den kategorischen Imperativ auszeichnet, im Ansatz widersprochen.

Freilich stellt sich gerade von dieser Konzeption her die Frage nach der Möglichkeit sozialer oder politischer Gerechtigkeit in einer neuen Weise. Die Reflexionen von Levinas über den „Dritten" und die Gerechtigkeit verweisen auf den möglichen Widerstreit, den eine Pluralität legitimer sittlicher Ansprüche unweigerlich mit sich bringt. Diesem Widerstreit kann sich – und damit öffnet sich die Philosophie von Levinas einer theologischen Betrachtung – auch Gott nicht entziehen, soll er als moralisch gedacht werden. Angesichts von Leid und Unrecht in der Welt betont Levinas deshalb den konfliktiven Charakter im Verhältnis von Gerechtigkeit und Barmherzigkeit: Können die Opfer der Geschichte die mögliche Barmherzigkeit Gottes als gerecht empfinden? In dieser Perspektive stellt sich das Problem der Gerechtigkeit Gottes als ein Problem des Ausgleichs zwischen zugleich legitimen wie einander widerstreitenden Ansprüchen. Ist ein solcher Ausgleich überhaupt denkbar?

Jacques Derrida hat dieses Dilemma im Anschluss an Jankélévitch in dem Paradox zum Ausdruck gebracht, dass sich das „reine Verzeihen" *(pardon pur)* nur auf das Unverzeihliche richten könne. Aus dieser Zuspitzung des Gedankens resultiert zunächst der Appell, in der Praxis des Verzeihens Behutsamkeit walten zu lassen, um einem ökonomischen Kalkül zu entgehen.

Paul Ricœur hat sowohl Derridas Überlegungen zur Problematik des Verzeihens wie auch Levinas' Hinweise zur Asymmetrie der ethischen Beziehung für seine Hermeneutik des Selbst fruchtbar gemacht. Kritisch gegen Levinas besteht Ricœur darauf, dass sich das Subjekt zu den ihm begegnenden ethischen Ansprüchen in ein Verhältnis setzen können muss, soll es nicht illegitimen Ansprüchen widerstandslos ausgeliefert sein. Indem beim späten Ricœur Erinnern und Verzeihen zu Schlüsselbegriffen der Anthropologie werden, kann er Cohens Überlegungen zur sittlichen Identität, die sich im Bekenntnis der Schuld und in der Zusprache des Vergebungswortes erbildet, in eine Hermeneutik des Selbst einfügen.

Ricœurs Überlegungen zum Verhältnis von Gerechtigkeit und Liebe wiederum sind theologisch insofern bedeutsam, als sie die unaufhebbare Spannung zwischen beiden Dimension freien Selbstvollzuges herausarbeiten. Damit tritt die prinzipielle Endlichkeit menschlichen Bemühens um eine vollkommene Gerechtigkeit zutage. Die Spannung zwischen dem Individuum und der Allgemeinheit, dem Anderen und dem „Dritten", scheint unaufhebbar.

Gerade in ihrer Unaufhebbarkeit aber deutet sich für die Theologie – gleichsam negativ – der Horizont einer machtvollen Wirklichkeit an, die alle unabgegoltenen Hoffnungen, alle abgründigen Erfahrungen von Unrecht, Leid und Gewalt in eine neue und unableitbare Dimension erfüllten Lebens verwandeln kann. Der philosophische Diskurs öffnet sich für die theologische Frage nach einem guten und gerechten Gott, der willens und imstande ist, die Täter zu Einsicht, Reue und Umkehr zu bewegen, und der die Opfer dazu befähigt, Verzeihung zu gewähren und so Versöhnung zu ermöglichen.

5.2 Philosophische Zwischenreflexion

Die sich in der philosophischen Diskussion abzeichnende Hoffnung auf eine machtvolle Wirklichkeit, die alle abgründigen Erfahrungen von Unrecht, Leid und Gewalt in eine neue und unableitbare Dimension erfüllten Lebens verwandeln kann, artikulierte sich in den 30er Jahren des 20. Jahrhunderts im Rahmen einer Diskussion, die zwischen Walter Benjamin und Max Horkheimer um die Abgeschlossenheit der Geschichte geführt wurde. Diese Diskussion eröffnet der Frage nach dem möglichen Stellenwert der Opfer im Horizont umfassender Versöhnung weiterführende Perspektiven. Sie soll im Rahmen einer philosophischen Zwischenreflexion ebenso skizziert werden wie die Überlegungen von Hermann Krings zum Begriff der Freiheit. Denn diese Überlegungen können der Theologie ein begriffliches Instrumenarium für die im Rahmen dieser Untersuchung angezielte Verhältnisbestimmung von Gerechtigkeit und Barmherzigkeit Gottes an die Hand geben.

5.2.1 Vollendete Gerechtigkeit am Ende der Geschichte?

Bereits die abgründigen Erfahrungen des Ersten Weltkriegs weckten die Frage nach der möglichen Versöhnung von Unrecht, Leid und Schuld. Vor diesem Hintergrund trugen in den 30er Jahren des 20. Jahrhunderts Walter Benjamin (1892–1940) und Max Horkheimer (1895–1973) eine Kontroverse über die Offenheit oder Abgeschlossenheit der Geschichte aus.

Diese Kontroverse hat von Seiten der Theologie große Aufmerksamkeit erfahren.[11] Sie entzündete sich an der Frage, welche Erlösungsperspektive der historische Materialismus den Opfern der Geschichte bieten könne. Gegen Benjamin beharrt Horkheimer auf der Faktizität des Geschehenen. Das Vergangene sei für alle Zukunft unabänderlich.[12] Eine theologische Perspektive aber,

---

11 Vgl. zum Folgenden Helmut Peukert, *Wissenschaftstheorie – Handlungstheorie – Fundamentale Theologie. Analysen zu Ansatz und Status theologischer Theoriebildung,* Frankfurt am Main 1976, 305–310.

12 In einem Brief an Benjamin schreibt Horkheimer 1937: „Die Feststellung der Unabgeschlossenheit ist idealistisch, wenn die Abgeschlossenheit nicht in ihr aufgenommen ist. Das vergangene Unrecht ist geschehen und abgeschlossen. Die Erschlagenen sind wirklich erschlagen […]. Nimmt man die Unabgeschlossenheit ganz ernst, so muss man an das jüngste Gericht glauben." Und weiter: „Vielleicht besteht in Beziehung auf die Unabgeschlossenheit ein Unterschied zwischen dem Positiven und Negativen, so daß nur das Unrecht, der Schrecken, die Schmer-

Zusammenführung und Ausblick

in der im Horizont eines Jüngsten Gerichts Gerechtigkeit verwirklicht wird, weist Horkheimer als „Überrest eines primitiven Denkens" zurück: „Was den Menschen, die untergegangen sind, geschehen ist, heilt keine Zukunft mehr."[13]

Benjamin reagierte auf Horkheimers Einspruch mit dem Hinweis auf die Bedeutung der Geschichtsschreibung als einer Form des Eingedenkens an die Opfer.[14] Die Aufgabe der Geschichtsschreibung sei insofern tatsächlich „theologisch", als sie dem Historiker die Rolle eines Retters der Unterdrückten und Erschlagenen zuweist. In der sechsten seiner *Geschichtsphilosophischen Thesen* weist Benjamin dem Historiker die Aufgabe zu, an die unschuldigen Opfer von Unrecht und Gewalt zu erinnern, damit ihnen in eschatologischer Perspektive Gerechtigkeit widerfahren kann.[15]

Horkheimer weist Benjamins Sicht zwar zurück,[16] hält jedoch an der Idee einer künftigen „vollendeten Gerechtigkeit" fest. Diese

---

zen der Vergangenheit irreparabel sind. Die geübte Gerechtigkeit, die Freuden, die Werke verhalten sich anders zur Zeit, denn ihr positiver Charakter wird durch die Vergänglichkeit weitgehend negiert. Dies gilt zunächst im individuellen Dasein, in welchem nicht das Glück, sondern das Unglück durch den Tod besiegelt wird" (*Passagenwerk* N 8,1).

13 Max Horkheimer: „Was den Menschen, die untergegangen sind, geschehen ist, heilt keine Zukunft mehr. Sie werden niemals aufgerufen, um in der Ewigkeit beglückt zu werden. Natur und Gesellschaft haben ihr Werk an ihnen getan, und die Vorstellung des Jüngsten Gerichts, in welche die unendliche Sehnsucht von Bedrückten und Sterbenden eingegangen ist, bildet nur einen Überrest des primitiven Denkens, das die nichtige Rolle des Menschen in der Naturgeschichte verkennt und das Universum vermenschlicht" (*Zu Bergsons Metaphysik der Zeit* [1934], in: Kritische Theorie. Eine Dokumentation, hg. v. Alfred Schmidt, Frankfurt am Main 1972, Bd. 1, 175–199, hier 198).

14 „Was die Wissenschaft ‚festgestellt' hat, kann das Eingedenken modifizieren. Das Eingedenken kann das Unabgeschlossene (das Glück) zu einem Abgeschlossenen und das Abgeschlossene (das Leid) zu einem Unabgeschlossenen machen. Das ist Theologie; aber im Eingedenken machen wir eine Erfahrung, die uns verbietet, die Geschichte grundsätzlich atheologisch zu begreifen, so wenig wir sie in unmittelbar theologischen Begriffen zu schreiben versuchen dürfen" (*Passagenwerk* N 8,1).

15 „Der Messias kommt ja nicht nur als der Erlöser; er kommt als der Überwinder des Antichrist. Nur *dem* Geschichtsschreiber wohnt die Gabe bei, im Vergangenen den Funken der Hoffnung anzufachen, der davon durchdrungen ist: *auch die Toten* werden vor dem Feind, wenn er siegt, nicht sicher sein. Und dieser Feind hat zu siegen nicht aufgehört" (Benjamin, *Geschichtsphilosophische Thesen*, 82).

16 „Letzten Endes ist Ihre Aussage theologisch" (*Brief* vom 16. März 1937; Tiedemann, *Materialismus* 87). Vgl. auch Theodor W. Adorno zu Hork-

will er freilich nicht als eschatologisch sich realisierende Utopie, sondern als Grundlage für eine „produktive Kritik am Bestehenden" verstanden wissen.¹⁷ Die Idee einer vollendeten Gerechtigkeit habe sich „in früheren Perioden als Glaube an einen himmlischen Richter" geäußert. Jetzt hingegen motiviere sie die Kritik am Bestehenden und den Einsatz für eine gerechtere Zukunft. Dem Historiker komme dabei die Aufgabe zu, die Erinnerung an jene wach zu halten, die im Einsatz für diese Zukunft gelitten haben und gestorben sind.¹⁸

Aus theologischer Perspektive hat Helmut Peukert die so bestimmte Aufgabe des Historikers als eine „aporetische Selbstüberforderung des Menschen" zurückgewiesen. Im Rahmen einer materialistischen Geschichtsphilosophie könne die Idee vollendeter Gerechtigkeit nur zu einem Alptraum werden; denn „anamnetische Solidarität markiert [...] die äußerste Paradoxie eines geschichtlich kommunikativ handelnden Wesens. Die eigene Existenz wird

---

heimer in einem *Brief* vom 25. Febr. 1935: „Es ist erstaunlich, wie völlig hier die Konsequenzen Ihres ‚Atheismus' (an den ich freilich je weniger glaube, je vollkommener er sich expliziert: denn mit jeder Explikation steigt seine metaphysische Gewalt) solchen aus meinen theologischen Intentionen begegnen, die Ihnen so unbehaglich sein mögen wie sie wollen, aber deren *Konsequenzen* jedenfalls eben in nichts von Ihren sich unterscheiden – könnte ich doch das Motiv der Rettung des Hoffnungslosen als Zentralversuch aller meiner Versuche einsetzen, ohne dass mir ein Mehr zu sagen bliebe" (nach Gumnior/Ringguth, *Max Horkheimer*, 84 f.).

17 „Die produktive Gestalt der Kritik am Bestehenden, die sich in früheren Perioden als Glaube an einen himmlischen Richter geäußert hat, ist gegenwärtig im Ringen um vernünftigere Formen des gesellschaftlichen Lebens. Aber ähnlich wie die Vernunft sich nach Kant trotz ihres eigenen besseren Wissens des Wiederauftauchens bestimmter erledigter Illusionen nicht erwehren kann, bleibt auch seit dem Übergang der religiösen Sehnsucht in die bewusste gesellschaftliche Praxis ein Schein bestehen, der sich zwar widerlegen, jedoch nicht ganz verscheuchen lässt. Es ist das Bild vollendeter Gerechtigkeit" (Max Horkheimer, *Gedanke zur Religion* [1935], in: Kritische Theorie I [vgl. Anm. 12], 374–376, hier 374).

18 Vgl. auch Adornos Versuch, nach dem Ende des Zweiten Weltkriegs und angesichts der Shoah die Aufgabe der Philosophie zu beschreiben (1946/47): „Philosophie, wie sie im Angesicht der Verzweiflung einzig noch zu verantworten ist, wäre der Versuch, alle Dinge so zu betrachten, wie sie vom Standpunkt der Erlösung aus sich darstellten. Erkenntnis hat kein Licht, als das von der Erlösung her auf die Welt scheint" (*Minima moralia*, 153). Die Frage der Wirklichkeit der Erlösung hingegen ist für Adorno „fast gleichgültig" (ebd.).

von der Solidarität her, der sie sich verdankt, zum Selbstwiderspruch. Die Bedingung ihrer eigenen Möglichkeit wird zu ihrer Zerstörung."[19] Wie nämlich können die nachfolgenden Generationen ihr Glück genießen in dem Bewusstsein, dieses jenen zu verdanken, die im Einsatz für eine gerechtere Zukunft zugrunde gingen? Innerhalb der Geschichte scheint das kantische Postulat, Tugend und Glückseligkeit miteinander zu vereinen, unerfüllbar zu bleiben.

Auch Horkheimer hat diese Aporie bemerkt. Seinen Vorwurf an Benjamin, dessen Ansatz sei letztendlich theologisch, präzisierte er 1970 in dem Sinne: „Theologie bedeutet [...] das Bewusstsein davon, dass die Welt Erscheinung ist, dass sie nicht die absolute Wahrheit, das Letzte ist. Theologie ist [...] die Hoffnung, dass es bei diesem Unrecht, durch das die Welt gekennzeichnet ist, nicht bleibe, dass das Unrecht nicht das letzte Wort sein möge."[20] Horkheimer begreift Theologie freilich nicht als Metaphysik, sondern als „Ausdruck einer Sehnsucht", einer Sehnsucht, „dass der Mörder nicht über das unschuldige Opfer triumphieren möge". Weil aber diese Utopie einer vollendeten Gerechtigkeit „in der säkularen Geschichte niemals verwirklicht werden" kann,[21] nähert sich Horkheimer schließlich doch einer Art Postulat der Existenz Gottes an. „Ich bin mehr und mehr der Meinung, man sollte nicht von der Sehnsucht sprechen, sondern von der Furcht, dass es diesen Gott nicht gebe."[22] Horkheimer weigert sich aber, dieser Hoffnung in der ethischen und politischen Praxis Raum zu geben.

Horkheimers Frage nach der Möglichkeit von Versöhnung ergibt sich aus der Konfrontation humanen Freiheitsbewusstseins mit der Realität von Leid und Schuld. Als Frage nach dem Sinn von Geschichte überhaupt fragt sie nach der Möglichkeit einer begründeten Hoffnung auf die Überwindung von Schuld und der Möglichkeit künftiger Versöhnung auch jenseits der Gräber und Krematorien. Sie fragt nach der Gerechtigkeit und Barmherzigkeit Gottes angesichts der Abgründe menschlichen Leidens und menschlicher Schuld.

---

19 Peukert, *Wissenschaftstheorie – Handlungstheorie – Fundamentale Theologie*, 309.
20 *Die Sehnsucht nach dem ganz Anderen*. Ein Interview mit Kommentar von Helmut Gumnior (Stundenbücher 97), Hamburg 1970, hier 62.
21 *Die Sehnsucht nach dem ganz Anderen*, 69.
22 *Die Sehnsucht nach dem ganz Anderen*, 76.

5.2.2 Gerechtigkeit und Freiheit

Die von Horkheimer skizzierte Hoffnung bedarf der begrifflichen Entfaltung, um theologisch verantwortet vertreten werden zu können. Warum soll Gerechtigkeit überhaupt sein? Welchen Geltungsanspruch kann eine Hoffnung beanspruchen, die darauf setzt, dass Gott das Unabgegoltene und Verfehlte, ja selbst das frei gewollte Böse zum Guten wenden kann?

Aus theologischer Perspektive legt es sich nahe, den Geltungsanspruch der Forderung nach Gerechtigkeit für die Opfer im Rahmen einer Philosophie auszuweisen, die ihren Ausgang beim Begriff der Freiheit nimmt. Denn ein solcher Ausgang wird von der Theologie deshalb geteilt werden können, weil für sie selbst der Begriff der Freiheit grundlegend ist. Insofern kann es nicht überraschen, wenn von theologischer Seite her die Überlegungen des Münchner Philosophen Hermann Krings (1913–2004) besondere Aufmerksamkeit erfahren haben.[23]

Krings hat den Begriff der Freiheit auf der Grundlage der Theorie selbstbewusster Subjektivität, die Fichte in den verschiedenen Versuchen seiner *Wissenschaftslehre* vorgelegt hat, phänomenologisch und transzendentalphilosophisch vertieft.[24] Seine Analysen leisten nicht nur einen bedeutenden Beitrag zum Verständnis von Subjektivität und Freiheit; sie erreichen – darüber hinaus – auch einen gehaltvollen Begriff von Interpersonalität und Intersubjektivität. Von ihm her ist es möglich, die Forderung nach Gerechtigkeit und Solidarität geltungslogisch auszuweisen und so hinsichtlich ihres normativen Anspruchs zu begründen.

Dass die intersubjektive Dimension der Ethik bei Kant unterbestimmt geblieben war, hatte bereits Fichte erkannt. Krings setzt deshalb mit seiner Analytik der Freiheit bei jenen Überlegungen an, die der frühe Fichte in den verschiedenen Entwürfen zu seiner *Sittenlehre* vorgelegt hat. Den Ansatz Fichtes, der das Bewusstsein eigener Freiheit aus der Anerkennung der Existenz anderer Freiheit herleitet, greift Krings auf, um von ihm her – darin über Fichte hinausgehend – den sittlichen *Imperativ* der Anerkennung ande-

---

23 Vgl. u. a. Pröpper, *Autonomie und Solidarität;* Peukert, *Über die Zukunft von Bildung,* in: Frankfurter Hefte, FH-extra 6 (1984) 129–137.

24 Vgl. Krings, *System und Freiheit. –* Darstellungen, Würdigung und Kritik seiner Philosophie: Michael Baumgartner, *Prinzip Freiheit. Eine Auseinandersetzung um Chancen und Grenzen transzendentalphilosophischen Denkens.* Zum 65. Geburtstag von Hermann Krings (Praktische Philosophie 10), Freiburg/München, Alber, 1979.

Zusammenführung und Ausblick

rer Freiheit herzuleiten. Denn der Überstieg vom Individuum zu einer Pluralität sittlicher Subjekte ist bei Fichte deskriptiv gedacht, nicht normativ. Fichte vermag nicht einsichtig zu machen, warum das individuelle Subjekt den sittlichen Anspruch anderer Freiheit überhaupt anerkennen *soll*, wenn damit im sozialen Zusammenhang mehr gemeint sein soll als die Bewusstwerdung des eigenen Ich als Freiheit.

Um die transzendentalen Konstitutionsbedingungen gesellschaftlich, sozial und politisch verfasster Freiheit zu rekonstruieren, geht Krings von der Beobachtung aus, dass die Selbstsetzung des Individuums, wie sie jedem Vollzug von Freiheit zugrunde liegt, eine ursprüngliche Öffnung zur Differenz beinhaltet. Schon der Begriff des „Ich", in dem sich das Individuum selbst affirmiert, deutet diese Differenz darin an, dass er das „Ich" vom „Nicht-Ich" abhebt. Zugleich mit dieser Differenz muss aber das Zurückkommen auf sich selbst, die Reflexion gedacht werden. Das Sich-Öffnen des Subjekts in eine Differenz fällt mit deren Rückbezug in eins.[25]

Von daher begreift Krings den ursprünglichen Charakter von Freiheit als ein „Sich-Öffnen" oder auch ein „Sich-Entschließen".[26] Das Sich-Öffnen ist aber zunächst noch leer und unbestimmt. Erst indem es sich auf einen bestimmten Gehalt hin öffnet und von diesem bestimmen lässt, erreicht der transzendentale Akt des Sich-Öffnens einen bestimmten Gehalt.

Der ursprüngliche Akt des Sich-Öffnens zielt freilich zunächst noch nicht auf einen bestimmten Gehalt. Denn in einem ursprünglichen Sinne darf der das unbedingte Sich-Öffnen des Subjekts erfüllende Gehalt diesem nicht von außen her zukommen, soll die transzendentale Struktur des Aktes gewahrt bleiben. Was für das Subjekt ein realer Gehalt ist, bestimmt auf der transzendentalen Ebene das Subjekt selbst und unabhängig von einem ihm äußerlich Gegebenen. Die Wirklichkeit erscheint dem transzendentalen Subjekt deshalb zunächst als eine von ihm selbst gesetzte Wirklichkeit.

Wie gelingt nun der Schritt von dem ursprünglichen Sich-Öffnen der Freiheit zur Anerkennung eines bestimmten Gehaltes? Transzendentale Freiheit zeichnet sich dadurch aus, dass sie sich

---

25 Fichte hatte diesen Zusammenhang als jene „Tathandlung" bezeichnet, in der das Ich sich selbst setzt (*Grundlage der gesamten Wissenschaftslehre* [1794], § 1). Die transzendentale Handlung, in der das Ich sich selbst in der Differenz zu Anderem setzt, vermittelt es zu sich selbst.

26 Vgl. *Transzendentale Logik*, 152 ff.

nicht nur zu sich selbst, sondern auch gegenüber allem ihr Äußeren in ein von ihr selbst bestimmtes Verhältnis setzen kann. Dabei ist es ihr wesentlich, dieses Sich-in-ein-Verhältnis-Setzen tatsächlich auch zu vollziehen. Krings betont, dass Freiheit, formal betrachtet, zunächst gerade nicht darin besteht, jeder Bestimmtheit zu entgehen, sondern darin, Bestimmtheit zu begründen.[27] Gerade so ist Freiheit zu sich selbst vermittelt: indem sie sich dazu entschließt, sich einem ihr begegnenden Gehalt zu öffnen und diesen als sie selbst bestimmenden Gehalt zu setzen.

Welcher Gehalt ist aber nun dem ursprünglichen Sich-Öffnen der Freiheit als einem Moment ihrer Selbstvermittlung angemessen? Der Gehalt, der dem ursprünglichen Sich-Öffnen der Freiheit entspricht, macht ja die Bestimmtheit der Selbstvermittlung aus. Dann aber wird Freiheit von dem sie zu sich selbst vermittelnden Gehalt abhängig. Es ist deshalb nicht gleichgültig, welchem Gehalt die Freiheit sich öffnet.

Krings beansprucht nun, dass der wahrhaft erfüllende Gehalt für das ursprüngliche Sich-Öffnen der Freiheit kein anderer Gehalt sein kann als Freiheit selbst. Denn nur, indem die andere Freiheit als bestimmter und zugleich bestimmender Gehalt des Sich-Öffnens der eigenen Freiheit gesetzt ist, wird die Freiheit des Selbst zu sich selbst vermittelt, ja wird sie überhaupt erst wirklich.

Auf diese Weise gelangt Krings dazu, die Anerkennung fremder Freiheit, die Fichte genetisch begriffen hatte, nicht mehr deskriptiv, sondern normativ zu fassen: Damit Freiheit zu sich selbst vermittelt ist, um als Freiheit sein zu können, ist sie auf die Anerkennung anderer Freiheit – verstanden als Genitivus objectivus – als des ihrem unbedingten Sich-Öffnen allein angemessenen Gehaltes angewiesen.

Indem sich die für jeglichen Gehalt offene und sich ihm öffnen könnende Freiheit des Selbst anderer Freiheit zu öffnen hat, um durch die Wahl dieser anderen Freiheit den ihr allein angemessenen Gehalt zu wählen, bleibt die andere Freiheit notwendigerweise unverfügbar, soll sie nicht als Freiheit aufhören zu existieren. Die andere Freiheit bleibt uneinholbar in der Differenz. Nur als von der eigenen Freiheit unterschiedene Freiheit kann sie jener Gehalt sein, der das unbedingte Sich-Öffnen der eigenen Freiheit zu erfüllen vermag.

Als „gut" im moralischen Sinne kann deshalb das gelten, was der Freiheit ermöglicht, sich aus ihrem ursprünglichen Sich-Öffnen selbst zu gewinnen: ihr unbedingtes Sich-Öffnen gegenüber ande-

---

27 Vgl. *System und Freiheit*, 120.

Zusammenführung und Ausblick

rer Freiheit. Gutsein und Selbstsein korrespondieren miteinander. Freiheit in formaler Unbestimmtheit ist nicht schon das Gute – als Autarkie verfehlte sie sich selbst. Erst in der gehaltvoll bestimmten Anerkennung anderer Freiheit ist Freiheit zu sich selbst vermittelt und vollzieht sie sich als sie selbst.

Freiheit wird auf diese Weise als Selbstvermittlung des Subjekts begriffen, insofern dieses sich in einem ursprünglichen Akt transzendentaler Freiheit öffnet und zur Affirmation einer von ihm selbst unterschiedenen Freiheit entschließt. In der Affirmation anderer Freiheit ist Freiheit durch jene andere Freiheit zu sich selbst vermittelt. Deshalb ist Subjektivität nicht schon im formalen Akt des Sich-Öffnens begründet, sondern erst im Vollzug der Anerkennung fremder Freiheit. „Das Kommerzium der Freiheit ist transzendental früher als das Subjekt, und im Begriffe des Subjekts ist der Begriff der Intersubjektivität als der transzendental-logisch frühere Begriff schon enthalten. Eine empirische Intersubjektivität als Beziehung zwischen Subjekten ist dadurch möglich, dass das Subjekt in seiner transzendentalen Selbstbegründung aus einem Kommerzium der Freiheit und aus einer durch andere Freiheit vermittelten Selbstsetzung hervorgeht."[28]

Die auf der Ebene transzendentaler Vollzüge charakterisierte Begegnung von Freiheiten konkretisiert sich im geschichtlichen Miteinander einander begegnender Freiheiten. Vermittelt durch Sprache, Symbole und Metaphern in sozialer und politischer Praxis affirmieren oder negieren freie Subjekte einander auch dann, wenn sie sich hinsichtlich des realen Vollzuges ihrer Freiheit in vielfacher Hinsicht bedingt vorfinden.

Insofern sich die Anerkennung anderer Freiheit im geschichtlichen Raum ereignet und durch endliche Wirklichkeiten vermittelt ist – mithin symbolisch erfolgt –, hat als „gut" im moralischen Sinne zunächst alles zu gelten, was geeignet ist, die Selbstvermittlung des Subjekts im Vollzug der Anerkennung anderer Freiheit – und damit der Freiheit des Anderen – zu fördern. Sittlich schlecht sind alle jene Handlungen zu nennen, die darauf zielen, andere Freiheit in ihrem Selbstsein einzuschränken oder gar zu negieren. Insofern das Gute zugleich das Sein-Sollende ist, ist die Anerkennung anderer Freiheit normativ.

Die Anerkennung anderer Freiheit ist um der Selbstvermittlung des Subjekts willen unbedingt gefordert. Ist sie damit aber auch

---

28 *System und Freiheit*, 125. – Im Unterschied zu Fichte fasst Krings Intersubjektivität in Bezug auf Subjektivität als „transzendental früher".

unabhängig von der Weise, in der sich die begegnende Freiheit selbst vollzieht? Auf der Ebene der transzendentalen Begegnung von Freiheit ist die Anerkennung anderer Freiheit tatsächlich unbedingt. Freiheit muss als solche, d.h. um ihrer selbst willen anerkannt und gewollt sein. Vollzieht sich aber die andere Freiheit so, dass sie in ihren symbolischen Akten die ihr begegnende Freiheit negiert, so ist sie in dieser Hinsicht zu kritisieren.

Zwar ist auf der Ebene transzendentaler Anerkennung begegnende Freiheit auch dann unbedingt zu affirmieren, wenn sie sich auf der Ebene realer Freiheit so vollzieht, dass sie die Anerkennung anderer Freiheit verweigert. Doch muss diese Verweigerung als Selbstverfehlung von Freiheit gelten. Von daher ergibt sich im Anschluss an Krings die Möglichkeit, den Begriff der „Schuld" freiheitstheoretisch zu fassen: Von Schuld kann dort gesprochen werden, wo sich Freiheit in ihrem ursprünglichen Sich-Öffnen einem Gehalt öffnet, der ihrer eigenen Dignität als Freiheit nicht entspricht. Dies kann sowohl in der Weise geschehen, dass sie einen Gehalt wählt, der weniger ist als Freiheit, oder auch in der Weise, dass sie der ihr begegnenden Freiheit die Anerkennung verweigert und sie in ihrem Sein als Freiheit negiert. In dieser Perspektive reicht das mögliche Spektrum von Schuld von einer möglicherweise unbeabsichtigten Verfehlung des sittlich Gebotenen – der Anerkennung anderer Freiheit – bis hin zur frei gewollten und vollzogenen Wahl des Bösen, die darauf zielt, andere Freiheit als solche zu negieren, ja gewaltsam zu vernichten.[29]

Die um der Freiheit selbst willen geforderte Anerkennung der anderen Freiheit um ihrer selbst willen erfasst nicht nur jene Bereiche, in denen ein Wechselverhältnis gegenseitiger Anerkennung gelingt. Vielmehr ist sie auch dort gefordert, wo die Affirmation der anderen Freiheit nur einseitig erfolgt, wo sie möglicherweise unerwidert bleibt und sogar riskant werden kann. Die in einem Rechtsstaat grundlegende Unterscheidung von Strafrecht und Vergeltung hat hier ihre freiheitstheoretische Begründung. Zugleich deutet sich hier eine freiheitstheoretische Begründung von Gerechtigkeit an.

Wo Freiheit angesichts sich schuldhaft verweigernder Freiheit zum Wagnis wird, erreicht sie die Ebene einer Solidarität, die die Freiheit des anderen auch stellvertretend will. Solidarische Freiheit will, dass der andere frei *wird*. Helmut Peukert hat darauf hingewiesen, dass es zum Humanum zählt, zu wollen, dass der andere zu

---

29 Zum Begriff des Bösen vgl. u.a. Safranski, *Das Böse*; Ricœur, *Das Böse*; zu Kant und Ricœur vgl. Ehni, *Das moralisch Böse*.

einem Subjekt wird. Eine „normativ dimensionierte humane Interaktion" zielt auf die Genese von Subjekten. Sie ist bisweilen auch advokatorisch, stellvertretend notwendig.[30]

Peukerts Überlegungen berühren sich mit Kants dritter Formulierung des kategorischen Imperativs, wonach ein Mensch niemals als Mittel, sondern stets als Zweck an sich selbst zu behandeln sei.[31] Die Forderung, zu wollen, dass der andere frei *wird*, geht aber insofern über Kants abstrakten Begriff der „Menschheit" hinaus, indem sie das konkrete Gegenüber anderer Freiheit als Inhalt sittlichen Verhaltens bestimmt. Der Andere ist darin immer schon so Bestimmungsgrund der Freiheit, dass er als freies Subjekt anerkannt wird, und dies auch dann, wenn er sich selbst nicht als freies Subjekt vollzieht, vollziehen kann oder sich als solches zu vollziehen möglicherweise sogar verweigert.

Bei Peukert zeichnet sich nicht nur die Forderung nach einer sich solidarisch verstehenden Freiheit ab, sondern angesichts des in der Geschichte manifesten Scheiterns dieser Freiheit auch das Postulat einer machtvollen Instanz, in der die Vergeblichkeiten des solidarischen Bemühens in der Weise „aufgehoben" sind, dass ein umfassender Sinn der Geschichte denkbar bleibt. Dieses Postulat eines umfassenden Sinnes kann als formaler Rahmen gelten, in dem angesichts der menschlichen Schuldgeschichte die Möglichkeit von Versöhnung zu einem Thema der Philosophie wird – einem Thema freilich, von dem Horkheimer meinte, dass seine mögliche Realisierung den Sachbereich der Philosophie sprengt und in die Theologie verweist.

---

30   Peukert, *Über die Zukunft von Bildung*, 134.
31   Kant hatte auf der Würde eines jeden sittlichen Subjekts bestanden; diese verbietet es, das Subjekt zu einem definierten Zweck innerhalb eines Kalküls werden zu lassen. In seiner *Grundlegung zur Metaphysik der Sitten* (1785) betont er, dass niemand als bloßes Mittel, sondern immer auch als Zweck an sich anzusehen sei: „Der Mensch und überhaupt jedes vernünftige Wesen existirt als Zweck an sich selbst, nicht bloß als Mittel zum beliebigen Gebrauche für diesen oder jenen Willen, sondern muß in allen seinen sowohl auf sich selbst, als auch auf andere vernünftige Wesen gerichteten Handlungen jederzeit zugleich als Zweck betrachtet werden" (*Grundlegung*, 2. Abschnitt, Akad.-Ausg. IV 428). Allerdings hat Kant dem als autonom gedachten Subjekt erst nachträglich die Freiheit als eine Eigenschaft des Willens zugeschrieben: Freiheit bleibt dem ihr zugrunde liegenden Wollen des Subjekts nachgeordnet: „Was kann denn wohl die Freiheit des Willens sonst sein als Autonomie, d.i. die Eigenschaft des Willens, sich selbst ein Gesetz zu sein? (*Grundlegung*, 3. Abschnitt, Akad.-Ausg. IV 446 f.).

5.2 Zwischenreflexion

Vor dem Hintergrund einer gehaltvollen Bestimmung von Freiheit im Sinne der unbedingten Anerkennung anderer Freiheit scheint es jedenfalls möglich, einen theologischen Begriff von Gerechtigkeit, Vergebung und Versöhnung zu gewinnen, der sowohl der Ausgangsfrage nach dem Status der Opfer im Versöhnungsgeschehen gerecht wird als auch das Verhältnis von Gerechtigkeit und Barmherzigkeit Gottes zu erhellen vermag.

Die Analytik endlicher Freiheit, die Krings vorgelegt hat, führt zu einem Grenzbegriff formal und material *unbedingter* Freiheit. Dieser Grenzbegriff denkt „Gott" als die endliche Freiheit schlechthin erfüllende Wirklichkeit. Diese Wirklichkeit kann und muss ihrerseits als formal und material unbedingte Freiheit bestimmt werden. Auf sie hin ist endliche Freiheit in jedem einzelnen ihrer Akte insofern immer schon bezogen, als sich Freiheit im unbedingten Entschließen ihrer selbst immer schon einem unbedingten Gehalt öffnet. Dieser aber kann keine endliche Freiheit sein, sondern nur eine unbedingte Freiheit.

Anders also als bei Kant, wo der Gottesgedanke die für das endliche sittliche Streben nicht erreichende Einheit von Sittlichkeit und Glückseligkeit garantiert, wird „Gott" – verstanden als unbedingte Freiheit – von Krings als ein notwendiges Moment endlichen Freiheitsvollzuges selbst gedacht. Nicht erst nachträglich, sondern bereits in jedem Akt der Freiheit selbst gründet jener Vorgriff auf die schlechthin erfüllende und unbedingte Freiheit. Diese kann der christliche Glaube durchaus mit jenem Gott identifizieren, von dem in der biblischen Offenbarung die Rede ist.

Insofern ist dier *philosophische* Begriff einer Freiheit, die sich darin als sie selbst vollzieht, dass sie andere Freiheit um ihrer selbst willen anerkennt und aus freiem Entschluss zum Bestimmungsgrund ihrer selbst macht, offen für den *theologischen* Begriff einer unbedingten Freiheit, die sich in der riskanten Selbstverpflichtung Gottes auf die von ihm geschaffene Freiheit fortbestimmt und zur Selbstverpflichtung des Menschen auf die ihm begegnende Freiheit Gottes einlädt. Auf diese Weise werden Treue und Solidarität zu Kennzeichen eines Gott-Mensch-Verhältnisses, das die Existenz von Gott unterschiedener freier Subjekte voraussetzt, und das insofern moralisch qualifiziert ist, als es die Anerkennung anderer Freiheit als normativ setzt.

Zweifellos neigen die Überlegungen von Krings dazu, die Freiheit des Anderen als bloße Funktion der Selbstvermittlung von Subjektivität zu betrachten. Erreicht Kant den Begriff intersubjektiver Anerkennung anderer Freiheit nicht, droht bei Krings die Gefahr, die sittliche Beanspruchung von Seiten begegnender Freiheit als Moment im Konstitutionsgeschehen sittlicher Subjektivität zu vereinnahmen. Allerdings: Wie sich das transzendentale Ich von einer ihm begegnenden Freiheit soll beanspruchen lassen können, ohne über deren Gehalt zuvor bereits entschieden zu haben, stellt zweifellos eine der zentralen begrifflichen Herausforderungen gegenwärtiger Philosophie und Theologie dar.[32]

Die Freiheitsanalysen von Krings haben einsichtig gemacht, dass sich humane Freiheit nicht unvermittelt vollzieht, sondern durch andere Freiheit zu sich selbst vermittelt ist. Damit deutet sich eine begriffliche Nähe zu einer „Philosophie der Fähigkeit" an, wie sie der späte Ricœur im Ausgang von einer Phänomenologie des Selbst entfaltet hat.

Die sich hier abzeichnende Konvergenz von Transzendentalphilosophie und Phänomenologie ist auch theologisch bedeutsam. Denn sie zeigt, dass sich in philosophischer Perpektive humane Freiheit darin als sie selbst vollzieht, dass sie sich anderer Freiheit öffnet und die ihr begegnende Freiheit als den ihr angemessenen Gehalt ihres Sich-Öffnens anerkennt. Eben dies aber kann als ein philosophischer Vorbegriff dafür gedeutet werden, was in theologischer Perspektive mit dem Begriff der Offenbarung gemeint ist.[33]

Der Theologie eröffnet sich von den skizzierten phänomenologischen und transzendentalphilosophischen Analysen her die Möglichkeit, angesichts der menschlichen Schuldgeschichte die christliche Hoffnung auf Versöhnung so zu reformulieren, dass darin das Anliegen des neuzeitlichen Bewusstseins gewahrt bleibt, Freiheit als unbedingt sein sollend anzuerkennen, zugleich aber durch den Gedanken Gottes als formal und material unbedingter Freiheit zu einer im Spannungsfeld von Gerechtigkeit und Barmherzigkeit gehaltvoll bestimmten Hoffnung auf Versöhnung zu gelangen. Hierzu abschließend einige Hinweise.

---

32   Sie wird gegenwärtig im Bereich der Phänomenologie vor allem im Zusammenhang mit der Diskussion um eine mögliche *Philosophie* bzw. *Theologie der Gabe* diskutiert. Einen Überblick hierzu bietet Kurt Wolf, *Philosophie der Gabe,* Stuttgart 2006; für die Möglichkeit einer theologischen Rezeption vgl. die Beiträge in: Veronika Hoffmann (Hg.), *Die Gabe. Ein „Urwort" der Theologie?*, Paderborn – Frankfurt am Main 2009.
33   Bei Levinas beispielsweise wird der begegnende Andere nicht selten in theologischen Kategorien begriffen; vgl. bes. *Menschwerdung Gottes?* [frz. Orig. 1968], in: Zwischen uns. Versuche über das Denken an den Anderen, München – Wien 1995, 73–82.

5.3 Endliche Freiheit im Horizont der Ewigkeit

Wie also kann verantwortet darauf gehofft werden, dass Gott am Ende der Geschichte den Opfern von Unrecht und Gewalt Gerechtigkeit widerfahren lässt, ohne gegenüber den Tätern unversöhnlich zu sein? Wie kann sich ihnen gegenüber seine Barmherzigkeit erweisen, ohne gegenüber den Opfern ungerecht zu sein? Wie ist der „Widerruf des vergangenen Leidens" möglich, „die Gutmachung, die das Recht herstellt"?[34]

5.3.1 Freiheit, Zeit und Ewigkeit

Die Erlösung der Welt wird nicht losgelöst von ihrer Geschichte erfolgen. Im christlichen Glaubensbekenntnis kommt diese Überzeugung im Begriff einer „Auferstehung des Fleisches" zum Ausdruck. Für Papst Benedikt XVI. ist die Frage der Gerechtigkeit „das eigentliche, jedenfalls das stärkste Argument für den Glauben an das ewige Leben".[35] Deshalb erschöpft sich die Hoffnung auf das endgültige Offenbarwerden der Gerechtigkeit und Barmherzigkeit Gottes nicht in der Erwartung einer abstrakten Seligkeit, derer sich die Menschen nach ihrem Tod erfreuen. Sie zielt vielmehr darauf, dass Gott das, was im Leben unerfüllt blieb, was Menschen einander an Leid und Unrecht zugefügt haben, worin sie aneinander schuldig geworden sind, irgendwie „heil" macht.

Die eschatologische Perspektive einer „Gemeinschaft der Heiligen" *(communio sanctorum)* beinhaltet nicht nur die Hoffnung auf die vollendete Gemeinschaft der Seligen mit Gott, sondern auch ihre Gemeinschaft untereinander.[36] Wird der Mensch wesentlich

---

34 Vgl. Papst Benedikt XVI., Enzyklika *Spe salvi*, Nr. 43: „Es gibt den »Widerruf« des vergangenen Leidens, die Gutmachung, die das Recht herstellt. Daher ist der Glaube an das Letzte Gericht zuallererst und zuallermeist Hoffnung – die Hoffnung, deren Notwendigkeit gerade im Streit der letzten Jahrhunderte deutlich geworden ist. Ich bin überzeugt, dass die Frage der Gerechtigkeit das eigentliche, jedenfalls das stärkste Argument für den Glauben an das ewige Leben ist. Nun zeigt Gott gerade in der Gestalt des Leidenden, der die Gottverlassenheit des Menschen mitträgt, sein eigenes Gesicht. Dieser unschuldig Leidende ist zur Hoffnungsgewissheit geworden: Gott gibt es, und Gott weiß, Gerechtigkeit zu schaffen auf eine Weise, die wir nicht erdenken können und die wir doch im Glauben ahnen dürfen. Ja, es gibt die Auferstehung des Fleisches. Es gibt Gerechtigkeit."
35 Enzyklika *Spe salvi*, Nr. 43.
36 Vgl. Thomas Ruster, *Von Menschen, Mächten und Gewalten. Eine Himmelslehre*, Mainz 2005. – Wenn es in Mt 22,30 heißt: „Denn in der Auf-

Zusammenführung und Ausblick

als jene Freiheit gedacht, die Gott ins Sein gerufen hat, um ein Gegenüber zu haben, das er lieben kann und von dem er geliebt werden will, dann drängt sich die Annahme auf, dass die Freiheit des Menschen mit seinem Tod nicht endet.

Wäre die Freiheit des Menschen mit seinem Tod ausgelöscht, dann wäre der Mensch vor Gott gewiss ein anderer als derjenige, der in Zeit und Geschichte gelebt hat. Dies gilt auch dann, wenn am Fortbestand seiner *Seele* festgehalten wird.[37] Zwar ist es möglich, die Seele des Menschen postmortal als eine Art „geronnener Biographie" aufzufassen. Aber entspräche dies noch Gottes ursprünglichem Schöpfungsratschluss? Es scheint kaum vorstellbar, dass genau jener Grund, weshalb und woraufhin der Mensch geschaffen ist – als freies Gegenüber Gottes zu leben –, mit seinem Tod hinfällig sein sollte. Auch wenn es hierfür keine letzte Gewissheit geben kann, drängt sich deshalb der Gedanke auf, dass Gottes eschatologische Gemeinschaft mit den Menschen auch das Moment der Freiheit beinhaltet.[38] Nur so nämlich reduzierte sich die irdische Existenz des Menschen nicht auf das Intermezzo

---

erstehung heiraten sie nicht, noch werden sie verheiratet, sondern wie Engel im Himmel sind sie", dann ist damit nach Joachim Gnilka die aus der Apokalyptik bekannte Vorstellung vom engelgleichen Sein der Seligen angedeutet (vgl. syrBar 50,10; aethHen 104,6). „Im Himmel" ist nach Gnilka „nicht Ortsbestimmung des neuen Lebens der Verwandelten. Ihr Ort ist die gewandelte Erde" (HThK.NT I/2, 254).

37 Der Gedanke der Identität zwischen geschichtlicher Existenz und Vollendung bei Gott ist traditionell mit der Vorstellung von der *Seele* verbunden. Vgl. Heino Sonnemans, *Seele, Unsterblichkeit, Auferstehung. Vom griechischen zum christlichen Menschenbild*, in: Renovatio 42 (1986) 150–162, 221–233; Ders., *Seele, Weiterleben, Heil*, in: IKaZ Communio 16 (1987) 215–226. Zur Frage der Identität vgl. Edmund Runggaldier, *Personen und diachrone Identität,* in: Conceptus. Zeitschrift für Philosophie 26/68–69 (1992/1993) 107–122.

38 Auch von Balthasar rechnet mit dieser Möglichkeit, scheint aber endliche Freiheit auf ein statisches Ich zu reduzieren, das in reiner Passivität von der Liebe Gottes „durchglüht" ist, wenn er die im Reich Gottes „erforderte Gesinntheit" beschreibt als die der „vollkommenen Selbstlosigkeit, nicht im Verlust des Ich, sondern in seiner Durchglühung mit der Gesinntheit des göttlichen Prozesses: »Person« ist darin Einmaligkeit durch und für den Austausch aller Güter des göttlichen Wesens" (*Eschatologie im Umriss*, 442). Demgegenüber müsste endliche Freiheit, wenn sie nicht befristet zu denken ist, der überwältigenden Liebe aus freiem Entschluss zustimmen können. Was bei von Balthasar ontischprozessual beschrieben ist, ist in freiheitstheoretischem Zugang als Bestimmungsverhältnis zu reformulieren.

einer endlichen Freiheit, die sich innerhalb einer befristeten Zeit vor Gott zu bewähren hat und mit dem Tod des Menschen an ihr definitives Ende gelangt.[39]

Wenn sich der Mensch wesentlich als Freiheit und als solche im Gegenüber zu Gott und seinen Mitmenschen vollzieht, und wenn seine Vollendung sein Wesen und somit auch seine Identität betreffen soll, dann wird man kaum davon ausgehen können, dass diese Freiheit mit dem Tode des Menschen ausgelöscht ist. Schlösse man den Fortbestand menschlicher Freiheit nach dem Tod aus, dann wäre in Gottes Ewigkeit keine freie Einstimmung in Gottes Wahrheit, Güte und Herrlichkeit mehr denkbar. Letztendlich hätte es Gott nicht mehr mit jenen Geschöpfen zu tun, die zu erschaffen er sich „im Anfang" doch entschlossen hat. Dem ursprünglichen Schöpfungsratschluss Gottes, freie Wesen zu erschaffen, die „Mitliebende" sein können, angemessener scheint deshalb der Gedanke, dass die Freiheit des Menschen mit seinem Tod nicht endet.[40]

Mit diesem Gedanken ist freilich noch nicht darüber entschieden, in welcher Weise sich endliche Freiheit postmortal vollzieht. Diese Frage stellte sich vor allem im Hinblick darauf, welchen Status in einem vollendet zu denkenden Vollzug von Freiheit die Unterscheidung von Möglichkeit und Wirklichkeit besitzt.

In *Geschichte* existierende Freiheit konstituiert sich in doppelter Weise: als der Zeit enthobene Spontaneität eines Je-neu-be-

---

39 Demgegenüber plädiert Johann Baptist Metz – wenngleich zunächst weniger im Blick auf die individuelle Geschichte als auf die Geschichte im Ganzen – für deren Befristung: *Der Kampf um die verlorene Zeit. Thesen zur Apokalyptik*, in: Jürgen Manemann (Hg.): Befristete Zeit (JPTh 3), Münster 1999, 212–221.

40 In der traditionellen Dogmatik verbindet sich mit diesem Gedanken die Vorstellung, dass die Seele des Menschen mit dem Zeugungsakt ins Sein tritt, nach dem Tod aber fortbesteht (vgl. hierzu u.a. die Bulle *„Apostolici regiminis"* Papst Leos X. vom 19. Dez. 1531, DzH 1440). Dass mit dem Fortbestand der menschlichen Seele weder Zeitlichkeit im Sinne einer Abfolge von Vergangenheit, Gegenwart und Zukunft verbunden sein muss noch Gottes Vollkommenheit irgendwie gemindert ist, wenn sich die Seele als Freiheit vollzieht, wurde bereits gezeigt. Grundsätzlich aber wirft der Begriff der Seele erhebliche theologische Fragen auf; vgl. dazu Christian Herrmann, *Unsterblichkeit der Seele durch Auferstehung. Studien zu den anthropologischen Implikationen der Eschatologie* (FSÖTh 83), Göttingen 1997; Christof Gestrich, *Die Seele des Menschen und die Hoffnung der Christen. Evangelische Eschatologie vor der Erneuerung*, Frankfurt am Main 2009.

Zusammenführung und Ausblick

ginnen-Könnens und als Entwurf in die zeitliche Erstrecktheit des Zukünftigen.[41] Ohne die Zeit hätte endliche Freiheit nichts, worauf hin sie sich entwerfen könnte. Insofern legt sich die Vermutung nahe, dass Freiheit in der Seinsweise Gottes nicht sinnvoll gedacht werden kann. Denn Gott ist ja als Fülle des Seins zu denken; in ihm gibt es keinerlei Möglichkeit, sondern nur reine Wirklichkeit. Als *actus purus* aber – verstanden als unendliche und vollkommene Wirklichkeit – steht die Wirklichkeit Gottes jener zeitlichen Erstrecktheit entgegen, die jede endliche Existenz in Zeit und Geschichte auszeichnet.[42] Dies gilt auch und gerade dann, wenn „Ewigkeit" nicht als bloße Negation und als abstrakter Gegensatz von Zeitlichkeit verstanden wird, sondern als deren Aufhebung in einer als Fülle des Seins begriffenen Wirklichkeit.[43]

Im Anschluss an die Theorie der Zeit, die der englische Philosoph John MacTaggart zu Beginn des 20. Jahrhunderts vorgelegt hat,[44] hat der orthodoxe Theologe Richard Swinburne zwischen einer Topologie und einer Metrik der Zeit unterschieden und vorgeschlagen, Gottes Ewigkeit als Topologie zu denken.[45] Ähnlich

---

41 Vgl. hierzu u.a. schon die Freiheits-Definition von Leibniz (zitiert im philosophiegeschichtlichen Hauptteil, Anm. 51).
42 Zum Begriff des *actus purus* vgl. Anselm von Canterbury, *Prosl.* 3; Thomas von Aquin, *S. Th.* I 3,2; vgl. auch Aristoteles, *Metaph.* XII, c. 6–7.
43 Vgl. auch G.W.F. Hegel: „Der Begriff der Ewigkeit muss aber nicht negativ so gefasst werden, als die Abstraktion von der Zeit, dass sie außerhalb derselben gleichsam existiere" (*Encyklopädie*, § 258).
44 MacTaggart unterscheidet zwischen einer A-Reihe der Zeit und einer B-Reihe. In der A-Reihe der Zeit gibt es Vergangenheit, Gegenwart und Zukunft, in der B-Reihe nur früher oder später. In der B-Reihe gibt es nur Relationen zwischen Ereignissen, nicht aber einen ausgezeichneten Zeitpunkt der Gegenwart. Voneinander unterschiedene Ereignisse sind einander nur in ihrer wechselseitigen Beziehung zugeordnet, nicht aber an einem absoluten Maßstab zu bemessen. – Vgl. John McTaggart, *The Unreality of time,* in: Mind. A Quarterly Review of Psychology and Philosophy 17 (1908) 457–474 (dt. Übers.: *Die Irrealität der Zeit,* in: Walther Ch. Zimmerli/Mike Sandbothe (Hgg.), *Klassiker der modernen Zeitphilosophie,* Darmstadt 1993, 67–86).
45 Zu Swinburnes Ewigkeitsbegriff vgl. Ders., *The Christian God,* Oxford 1994, bes. 138–143; zu McTaggert und Swinburne vgl. Markus Mühling, *Grundinformation Eschatologie,* Göttingen 2007, bes. 84–97. Mühling bemängelt an Swinburnes Konzeption, dass sie den kategorialen Unterschied zwischen Zeit und Ewigkeit einebne – und damit auch die Differenz zwischen Gott und Welt: „Gott geht zwar nicht ganz in der zeitlichen Welt auf, weil er auch vor und nach der Welt unendlich exis-

5.3 Freiheit im Horizont der Ewigkeit

McTaggerts B-Reihe der Zeit gibt es in ihr weder Vergangenheit noch Gegenwart noch Zukunft. Demzufolge fehlt ihr auch die Unterscheidung von Wahrnehmung und Erinnerung. Wirklichkeiten koexistieren voneinander unterschieden, aber ohne messbare Differenz. Erst durch die Erschaffung der Welt wird eine Metrik eingeführt; sie gestattet es, die zeitliche Erstreckung in Perioden zu messen.

Swinburnes Unterscheidung von Topologie und Metrik ermöglicht es, nicht nur die Zeit, sondern auch die Ewigkeit als Ordnungsrelation zu begreifen. Auch in der so verstandenen Ewigkeit gibt es Unterschiedenheit. Kontingente Ereignisse bleiben auch in der Ewigkeit identifizierbar. Selbst die Irreversibilität der Zeit ist in Gottes Ewigkeit aufgehoben. Diese kann als vollkommene Fülle gedacht werden, die nicht nur das Wirkliche, sondern auch das Mögliche beinhaltet.

Swinburnes Überlegungen deuten die Möglichkeit an, in Gottes Ewigkeit mit Freiheit zu rechnen, ohne Gott weniger vollkommen denken zu müssen, als Anselm es für den Gottesbegriff beansprucht hat. Gottes Seinsfülle wird vielmehr so gedacht, dass sie Mögliches und Wirkliches zugleich umfasst.

Der aristotelisch-scholastische Begriff des *actus purus* entstammt einer Metaphysik der vollkommenen Substanz.[46] Eine solche Metaphysik aber führt die Theologie auf Abwege, will sie mit ihr Wesen und Wirken jenes Gottes begrifflich erhellen, der sich dem Zeugnis der Bibel nach als unbedingte Freiheit bekundet hat. Angemessener begriffen wird die Wirklichkeit Gottes in Kategorien der Freiheit, nicht der Ontologie. Philosophisch kann Gott ja – mit Krings – als formal und material unbedingte Freiheit gedacht werden. Der Grundvollzug göttlicher Freiheit besteht darin, dass sie sich anderer Freiheit unbedingt öffnet: der Freiheit des Sohnes zuerst, dann aber auch geschaffener Freiheit.

---

tiert, aber während der Zeit übersteigt er die Welt nicht" (a.a.O., 96). Allerdings beschränkt sich die Transzendenz Gottes gegenüber der Welt wohl kaum auf sein zeitliches Vorher oder Nachher. Als Quelle des Seins ist er gegenüber der Welt auch während ihrer zeitlichen Existenz unterschieden. Klarer noch freilich kann die bleibende Differenz Gottes gegenüber der Welt in Kategorien der Freiheit expliziert werden.

46 Nach Aristoteles ist das vollkommene Seiende reine Aktualität *(energeia)* ohne jede Potentialität *(dynamis: Metaph.* XI 7, 1072bf; XII 6f.). Im Anschluss daran identifiziert Thomas von Aquin das vollkommene Seiende mit Gott: „Deus est purus actus, non habens aliquid de potentialitate" (*S. Th.* I, q. 3, a. 2 corp.).

Zusammenführung und Ausblick

Dass Ewigkeit für Gott nicht „Unveränderlichkeit" bedeutet, lässt bereits der Hinweis auf Gottes Menschwerdung erkennen.[47] Diese ist ja für Gott nichts Äußerliches; in ihr vollzieht sich seine unendliche Liebe als Selbstmitteilung und Gabe für die Menschen.

Gottes Vollkommenheit wird auch nicht dadurch gemindert, dass in Gott mit unableitbar Neuem und insofern Überraschendem zu rechnen ist. „Ewigkeit, wie sie in der absoluten Freiheit Gottes besteht, und woran die Kreatur teilbekommen soll, ist im Gegenteil die Öffnung aller Möglichkeiten, eine unvorstellbare Fülle an Dimensionen, in die hinein freie Verwirklichung erfolgen kann."[48]

Dann aber scheint es nicht nur möglich, im Blick auf die innertrinitarischen Relationen Freiheit in Gott selbst anzunehmen,[49] sondern auch mit dem Vollzug *endlicher* Freiheit in Gottes Ewigkeit zu rechnen.

---

47 Vgl. dazu Karl Rahner, dem zufolge der an sich selbst unveränderliche Gott „selber am anderen veränderlich sein" kann. Rahner will dieses „Veränderlich-sein-Können" nicht als Defizit, nicht als Ausdruck „göttlicher Bedürftigkeit" verstanden wissen, sondern als „Höhe seiner Vollkommenheit". Diese wäre nach Rahner geringer, „wenn er nicht zu seiner Unendlichkeit hinzu weniger werden könnte, als er (bleibend) ist" (*Zur Theologie der Menschwerdung*, in: Schriften IV, 147 f.; vgl. dazu Dirk Ansorge, *Transzendenz Gottes und Inkarnation. Positionen und Perspektiven christlicher Theologie im Gespräch mit jüdischem und islamischem Denken*, in: ThPh 84 [2009] 395–423, bes. 414 f.).

48 Sie hat sich dazu unter anderem auf *Kohelet* berufen: „Wohin das Holz auch fällt, da bleibt es liegen" (Koh 11,3). – Vgl. Hans Urs von Balthasar: „Das Vollendende, das in der Auferstehung von den Toten, die mit Christus begonnen hat, hinzukommt, liegt […] darin, dass der Mensch nur in seinen einmaligen Entscheidungen innerhalb seines leiblich-sterblichen Lebens er selbst wird. […] Diese in der Zeit fallende Entscheidung ist die Basis seiner Ewigkeit: wie sehr auch die Gnade und die Gerechtigkeit des ewigen Richters sie verwandeln mag und wie groß die Zustandsveränderung vom Äon der Sterblichkeit in den des ewigen Lebens angesetzt werden mag" (*Eschatologie im Umriss*, 449).

49 Freiheit in Gott anzunehmen bedeutet nicht, die trinitarischen Personen in ihren wechselseitigen Relationen als freie Subjekte zu verstehen. Dies ist nicht zuletzt im Blick auf die Kontroverse zwischen Magnus Striet und Herbert Vorgrimler um die Applikabilität des neuzeitlichen Freiheits- und Personbegriffs in der Trinitätstheologie zu betonen. Vgl. Magnus Striet, *Spekulative Verfremdung? Trinitätstheologie in der Diskussion*, in: HerKorr 56 (4/2002) 202–207; Herbert Vorgrimler, *Randständiges Dasein des dreieinigen Gottes? Zur praktischen und spirituellen Dimension der Trinitätslehre*, in: StdZ 220 (2002) 545–552.

5.3.2 Freiheit im Gericht

Ist schon in der Wirklichkeit Gottes mit Freiheit zu rechnen, dann wird auch der Weg dorthin nicht ohne die Dimension der Freiheit zu denken sein. Und dann dürfte es möglich sein, nicht nur den Himmel, sondern auch das Gericht als ein dramatisches Begegnungsgeschehen zu denken: als ein Geschehen der Begegnung menschlicher Freiheit untereinander und mit Gott. In der *Einleitung* zu dieser Untersuchung wurden einige theologische Positionen zitiert, die das Gericht als ein solches Begegnungsgeschehen zu denken vorschlagen.

Wie ist eine solche Vorstellung mit der dogmatischen Überlieferung zu vereinen, wonach jeder Mensch im Moment des Todes „in seiner unsterblichen Seele die ewige Vergeltung" empfängt?[50] Demnach ergeht im Tod selbst noch das abschließende und endgültige Urteil über den Menschen. Aber was ist mit „Vergeltung" *(retributio)* gemeint? Die katholische Dogmatik verbindet mit dem Begriff die endgültige Entscheidung darüber, ob der Verstorbene der ewigen Seligkeit teilhaftig wird, ob er auf ewig verdammt wird oder ob er einem Läuterungsprozess *(purgatorium)* unterworfen wird.[51] Aber muss „Vergeltung" notwendigerweise als Vollzug eines unabänderlichen Urteils gedacht werden, das von Seiten Gottes ergeht?

Joseph Ratzinger hat in seiner *Eschatologie* (Regensburg 1977) vorgeschlagen, das Gericht als ein Selbstgericht zu verstehen, das der Sünder über sich spricht.[52] Das Gericht besteht nicht zunächst in einem äußerlich ergehenden Urteilsspruch; es ist vielmehr „die Wahrheit selbst, ihr Offenkundigwerden".[53] Diese Wahrheit begegnet dem Menschen nicht in einer abstrakten Gerechtigkeit,

---

50 Vgl. u.a. *Katechismus der Katholischen Kirche* [1993], Nr. 1022.
51 Vgl. u.a. Ludwig Ott, *Grundriss der Dogmatik,* Freiburg u.a. [10]1981, 566f.
52 „Der Mensch tritt in seinem Sterben heraus in die unverdeckte Wirklichkeit und Wahrheit. Er nimmt nun den Platz ein, der ihm der Wahrheit nach zukommt. Das Maskenspiel des Lebens, die Zuflucht hinter Positionen und Fiktionen ist vorbei. Der Mensch ist das, was er in Wahrheit ist. In diesem Wegfallen der Masken, das der Tod mit sich bringt, besteht das Gericht" (*Eschatologie – Tod und ewiges Leben,* 169).
53 Ratzinger, *Eschatologie – Tod und ewiges Leben,* 169. – Auch der *Katechismus der Katholischen Kirche* spricht mit Blick auf das besondere Gericht über den Menschen nicht von einem „äußeren Urteil, sondern von der Selbstverurteilung des Menschen: „Dies geschieht in einem besonderen Gericht, das sein Leben auf Christus bezieht – entweder durch eine Läuterung hindurch oder indem er unmittelbar in die himmlische Se-

Zusammenführung und Ausblick

sondern in der Gestalt des Gottessohnes, der sich für die Menschen hingegeben hat. „Darin liegt die erlösende Umprägung des Gerichtsgedankens, die der christliche Glaube bedeutet: Die Wahrheit, die den Menschen richtet, ist selbst aufgebrochen, ihn zu retten." Ratzinger spricht in diesem Zusamenahang von einer „christologischen Fortentwicklung des Gerichtsgedankens".

Aber damit nicht genug: Christus steht nämlich im Gericht nicht alleine da: „Der ganze Sinn seines Lebens war, sich einen Leib zu bauen, sich seine »Fülle« zu erschaffen. Sein Leib gehört zu ihm. Deshalb erfolgt Christusbegegnung in der Begegnung mit den Seinigen, in der Begegnung mit seinem Leib. Deswegen hängt unser Geschick, unsere Wahrheit, gerade wenn sie theologisch und christologisch verfasst ist, von unserem Verhältnis zu seinem Leib und zu seinen leidenden Gliedern ab – insofern »richten« die Heiligen".[54]

Zweifellos ist für Ratzinger der „Leib Christi" in erster Linie die Kirche Christi. Deshalb ist Begegnung mit Christus ein Fähigwerden „zur Einheit mit der ganzen Communio sanctorum".[55] Von ihr nimmt Ratzinger selbstverständlich an, dass sie mit ihrem Haupt im Geschehen des Gerichts übereinstimmen. Aber gerade so bringen die „Heiligen" im Geschehen des Gerichts die interpersonale Dimension der Schuld zur Geltung, um die es in unserem Zusammenhang geht. Im Gericht ist der Mensch nicht mit einer abstrakten Wahrheit konfrontiert, sondern mit dem Christus als dem Gekreuzigten und Auferstandenen. Und in Christus und durch Christus geschieht die Konfrontation mit allen jenen, denen der Mensch Gutes getan oder an denen er schuldig geworden ist.

Wenn Christus im Geschehen des Gerichts die Opfer zur Geltung bringt, dann wird mit ihrer Gegenwart auch die personale Dimension ihrer Existenz gegenwärtig. Und dann scheint es legitim, das Gerichtsgeschehen als eine Konfrontation des Menschen mit seiner Geschichte zu deuten, in der die „Verzahnung des eigenen Geschicks mit dem der anderen Menschen, ja mit der Geschichte im Ganzen" erkennbar wird.[56] Aber wie der Mensch im Gericht keiner abstrakten Gerechtigkeit begegnet, so ist diese „Verzahnung"

---

ligkeit eintritt oder indem er sich selbst sogleich für immer verdammt" (KKK 1022).
54 *Eschatologie – Tod und ewiges Leben,* 170.
55 Ebd., 188.
56 Vgl. Hans Urs von Balthasar, *Gericht,* 231.

nicht anders zu denken denn als eine Begegnung und im Falle von Schuld wohl auch als eine Konfrontation von Freiheiten.

Dass sich die Konfrontation des Menschen mit der Wahrheit Christi und derer, die ihm zugehören,[57] prozesshaft ereignet, deutet sich bereits in der Unterscheidung zwischen einem Besonderen und einem Allgemeinen Gericht an, das den Menschen nach seinem Tod erwartet.

Wenn nämlich Papst Benedikt XII. in seiner Konstitution *„Benedictus Deus"* (1336), in der die Unterscheidung zwischen Besonderem und Allgemeinem Gericht erstmals dogmatisch fixiert ist, 2 Kor 5,10 für das Allgemeine Gericht beansprucht,[58] dann ist dies mit der Vorstellung, dass im Augenblick des Todes über das postmortale Schicksal endgültig entschieden ist, nur schwer zu vermitteln. Wird das Urteil, das der Mensch im Besonderen Gericht über sich fällt, im Allgemeinen Gericht lediglich noch einmal von Gott ratifiziert? Der Gedanke einer bloßen Ratifikation des bereits ergangenen Urteils scheint wenig plausibel. Ohne die liebende Gegenwart Gottes im *gesamten* Gerichtsgeschehen verlöre dieses wohl seine doch auch im Schmerz der Einsicht und der Reue immer noch vorauszusetzende Heilsperspektive.

Angemessener scheint deshalb eine Deutung, wonach das Besondere Gericht als der Beginn eines Läuterungsprozesses aufzufassen ist, der in das Allgemeine Gericht einmündet. Die Vorstellung von einem solchen Prozess ist der katholischen Lehre geläufig und verbindet sich seit dem Mittelalter mit dem Begriff eines „Läuterungsortes" *(purgatorium).*[59] Der Begriff könnte durchaus als Metapher für jenen Läuterungsprozess dienen, der auf das zielt, was von Balthasar einen „abschließenden Überblick" über das Leben als ganzes nennt. So verstanden mündete der Läuterungsprozess in jene abschließende Konfrontation des Menschen mit seiner Geschichte, mit seinen Mitmenschen und mit Gott ein, die traditionell „Allgemeines Gericht" genannt wird. So ist es gerade die Lehre

---

57   Dieser Gedanke kann natürlich – und muss wohl – fortgesponnen werden daraufhin, dass nicht nur diejenigen, die der Kirche angehören, mit Christus richten werden, sondern alle Menschen. Biblisch wäre hierzu wohl in erster Linie auf Mt 25,31–46 zu verweisen.
58   Vgl. DzH 1000–1002. – 2 Kor 5,10 lautet: „Denn wir alle müssen vor dem Richterstuhl Christi erscheinen, damit ein jeder empfange, was seinen Taten entspricht, die er zu Lebzeiten getan hat, seien sie gut oder böse."
59   Vgl. zur traditionellen Lehre: Müller, *Fegfeuer*, in: ThQ 166 (1986) 25–39; ferner: Vordermayer, *Die Lehre vom Purgatorium und die Vollendung des Menschen.*

Zusammenführung und Ausblick

vom Fegefeuer, die dem Gedanken einer postmortalen Begegnung von Freiheiten im Gericht Raum gibt.[60]

Freilich ist die Lehre vom Purgatorium interpretationsbedürftig. Problematisch ist eine Vorstellung, der zufolge das Fegefeuer ausschließlich darin besteht, Sündenstrafen abzubüßen. Sicherlich bringt die Konfrontation des Menschen mit seiner eigenen Geschichte Schmerz mit sich, und dieser kann womöglich auch als Strafleiden gedeutet werden. Beides kann jedoch nicht der primäre Zweck des Läuterungsprozesses sein; denn dann wäre Gott kaum von einem Strafvollzugsbeamten zu unterscheiden, der auf die restlose Verbüßung einer einmal verhängten Strafe drängt. Angemessener scheint jenes Bild, das die orthodoxe Kirche als Sinnbild der Erlösung und der Auferstehung verehrt: Der Gekreuzigte begibt sich in entlegendste Ferne der Unterwelt, um auch den letzten Sünder noch aus der Macht des Todes zu befreien.[61]

Wenn Benedikt XII. in seiner Konstitution davon spricht, dass „die Seelen der in einer aktuellen Todsünde Dahinscheidenden bald nach ihrem Tod zur Hölle hinabsteigen",[62] so lässt sich fragen, inwieweit die Bedingung der aktuellen Todsünde überhaupt jemals auf einen Menschen zutreffen kann. Denn im Tod begegnet jeder Mensch unweigerlich dem Gekreuzigten, und es ist fraglich, ob auch nur ein Mensch angesichts des Gekreuzigten, in dem sich ihm die bis zum Letzten entschiedene Liebe Gottes offenbart, frei und willentlich in einer Todsünde verharrt. Die zeitliche Bestimmung „bald" *(mox)* ist jedenfalls nicht gleichbedeutend mit „sofort" – hierfür hätte sich etwa der Begriff *statim* angeboten. Sie hält einen Augenblick des Innehaltens offen, der Einsicht, Reue und Umkehr ermöglicht.

Auch im Blick auf das Fegefeuer will Ratzinger die Läuterung als ein Geschehen verstanden wissen, das durch Christus bestimmt

---

60 Bereits Pannenberg, *Die Vollendung der Schöpfung im Reiche Gottes,* weist auf die Möglichkeit hin, das Gericht als ein Läuterungsgeschehen zu deuten (656–667). Zugleich weist Pannenberg auf die Gefahr hin, dass sich so die Möglichkeit einer Allversöhnung als Gewissheit aufdrängt.
61 Von Balthasar betont die Vorstellung von einem „Höllenabstieg" Christi, durch den die Gottverlassenheit der Toten deshalb noch einmal unterfangen ist, weil Christus, der dem Vater so nahe ist wie kein anderer, die äußerste Gottverlassenheit durchleidet. In der Ikonographie der Ostkirche verbindet sich das Geheimnis der Auferstehung *(Anastasis)* mit der Befreiung der Toten aus der Macht des Teufels.
62 „Animae decentium in actuali peccato mortali mox post mortem suam ad inferna descendunt" (DzH 1002).

ist: „Liegt die wahre Verchristlichung des frühjüdischen Fegefeuergedankens nicht eben in der Erkenntnis, dass die Reinigung nicht durch irgendetwas geschieht, sondern durch die umwandelnde Kraft des Herrn, der unser verschlossenes Herz freibrennt und umschmilzt, so dass es taugt in den lebendigen Organismus seines Leibes hinein?"[63]

Ausdrücklich weist Ratzinger die Möglichkeit zurück, im Zusammenhang mit dem Fegefeuer zeitliche Kategorien in Anschlag zu bringen.[64] Demgegenüber will Karl Rahner die Dimension einer zeitlichen Dauer im Purgatorium nicht von vornherein ausschließen.[65] Im Bewusstsein dessen, „dass der Mensch eine Geschichte hat, dass sich in ihr nicht alles auf einmal ereignet, dass etwas an ihm vollendet sein kann, ohne dass diese Vollendetheit schon von allem und jedem an ihm ausgesagt werden" muss oder darf, ist es für Rahner nicht einleuchtend, „dass diese nicht integrierten Wirklichkeiten des Menschen durch den Tod als Trennung von Leib und Seele einfach wegfallen und so für die bleibende Existenz des personalen Subjekts uninteressant werden oder durch einen rein juristisch gefassten Freispruch Gottes wegdekretiert werden".[66] Rahner schlägt deshalb vor, das Fegefeuer als eine „Aufarbeitung des Unintegrierten im Menschen in die letzte personale Entscheidung, die im Tod endgültig geworden ist, hinein" zu deuten. Diese „Aufarbeitung" müsse man sich aber irgendwie zeitanalog vorstellen.

Eine begriffliche Bestimmung dessen, was mit „zeitanalog" gemeint ist, bietet Rahner nicht. Im Übrigen tendiert er dazu, Gericht und Fegefeuer miteinander zu identifizieren. Demnach wäre „die Reinigung des Fegefeuers ein Aspekt des Todes selber".[67] Auch Hans Urs von Balthasar sieht im Fegefeuer lediglich „eine Dimension des Gerichts".[68]

---

63 *Eschatologie – Tod und ewiges Leben*, 187.
64 Ebd., 188.
65 Vgl. zu Ratzinger und Rahner auch: Rupert M. Scheule, *Das Fegefeuer als Forderung christlicher Solidarität. Eine postulatentheologische Skizze*, in: *Das Jenseits*, 212–230, hier 214f.
66 Karl Rahner, *Fegefeuer*, in: Schriften zur Theologie XIV, Zürich 1967, 435–449, hier 438f.
67 *Eschatologie im Umriss*, 411.
68 *Umrisse der Eschatologie*, 287. – Ebenso Karl Lehmann, *Was bleibt vom Fegefeuer?*, in: IKaZ Communio 9 (1980) 236–243, bes. 239; Greshake, *Stärker als der Tod*, Mainz ²1977, 92f.; Ders., *Auferstehung im Tod*. – Einen Überblick über die aktuelle theologische Diskussion um eine

Zusammenführung und Ausblick

Auch wenn es tatsächlich schwierig sein dürfte, den eigentümlichen Gehalt der Fegefeuerlehre zu identifizieren,[69] der sie vom Gedanken des Gerichts unterscheidet, so bietet sich mit ihr doch ein Verstehensmodell an, das nicht nur mit einer „universalen Solidarität aller Lebenden und Verstorbenen in Christus"[70] rechnet, sondern auch mit der Möglichkeit eines Begegnungsgeschehens über den Tod hinaus. In ihm wird der Verstorbene nicht nur mit Christus konfrontiert, sondern mit allen, die ihm in irgendeiner Weise zugehören – und damit letztendlich doch wohl mit allen Menschen.

Dabei lässt sich die Richtung des Geschehens andeuten: Von der anfänglich abstrakten Konfrontation des Einzelnen mit seiner eigenen Geschichte und seinen Taten im individuellen Bewusstsein wird sich der Blick weiten zur Begegnung mit den konkreten Anderen, die in dieser Geschichte eine Rolle gespielt haben. Angesichts der im Gekreuzigten offenbar gewordenen Liebe Gottes entfalten die individuellen Aspekte von Schuld und Reue, für die das Bild vom „Besonderen Gericht" steht, im wachsenden Bewusstsein für das bleibend Unabgegoltene gegenüber allen, die Christus zugehören, eine Dynamik, die letztendlich in die sozialen Dimensionen von Schuld, Vergebung und Versöhnung einmündet. Für sie steht das Bild vom „Allgemeinen Gericht".

Die kommunikative Dimension der Erlösung wird also nicht nur deren Vollendung im „Himmel" betreffen, sondern auch schon das „Gericht". Als Kommunikations- und Begegnungsgeschehen aber vollzieht sich das Gericht schon deshalb, weil in ihm der Mensch nicht nur der Freiheit Gottes begegnet, sondern weil auch er selbst von Gott als Freiheit gewollt und erschaffen ist – und damit als ein Wesen, das sich gerade darin als es selbst vollzieht, dass es sich auf andere Freiheit hin öffnet und sich in seinem Selbstvollzug von der ihm begegnenden Freiheit her bestimmen lässt.

Der Selbstvollzug endlicher Freiheit im Gericht ist gewiss so zu begreifen, dass er auf jene Wirklichkeit Gottes hin geschieht, die mit dem Begriff des „Himmels" angedeutet ist. Der Himmel ist aber nichts anderes als die Wirklichkeit Gottes selbst. Und auch

---

postmortale Prozessualität (im Anschluss an Karl Rahner, aber gegen Gisbert Greshake) bietet Tück, *Das Gericht Jesu Christi*, 120-122.

69 So wurde in der neueren Theologie versucht, das Fegefeuer als eine „Forderung christlicher Solidarität" zu begreifen und damit von einer „Thanatologie" abzuheben (Scheule, *Das Fegefeuer*, a.a.O., 222–227).

70 Vgl. Gerhard Ludwig Müller, Art. *„Fegfeuer"*, in: LThK 3, ³1995, Sp. 1205–1208, hier 1207.

hier – in der Ewigkeit Gottes – wird man davon ausgehen müssen, dass es Freiheit gibt: jene unbedingte und unendliche Freiheit, die Gott als der dreifaltig eine selbst *ist*.

5.3.3 Freiheit und Versöhnung

Wenn nach Hans Urs von Balthasar die Bestimmung des Menschen darin besteht, an der Ewigkeit Gottes teilzuhaben, „wie sie in der absoluten Freiheit Gottes besteht",[71] Gottes absolute Freiheit aber die Fülle des Möglichen und des Wirklichen zugleich umschließt, dann lässt sich der Inhalt christlicher Hoffnung darin bestimmen, dass der vollendete Mensch Anteil gewinnt am Raum der *göttlichen* Freiheit. Deren letzte und einzige Bestimmtheit aber ist die Liebe Gottes. Diese, so steht zu hoffen, wird ihn letztendlich auch dazu bewegen können, seinen Widerstand ihr gegenüber aufzugeben und sich ganz von ihr her bestimmen zu lassen.

Von Balthasar besteht darauf, dass mit diesem Begriff der Ewigkeit das Gewicht des Zeitlichen, der sittliche Ernst der in die Zeit fallenden Entscheidung des Menschen, nicht aufgehoben ist; er bleibt vielmehr die „Basis für die Ewigkeit".[72] Tatsächlich kann es in der Dramatik eines postmortalen Gerichtsgeschehens nicht darum gehen, das Vergangene auszulöschen. Wohl aber wird darum gerungen werden müssen, sich von der Last des Vergangenen nicht auf die absolute Zukunft Gottes hin festlegen zu lassen.[73] Dimensionen dieses Ringens sind Reue und Umkehr, Vergebung und Versöhnung. Sie werden möglich in einem Raum der Freiheit, in den hinein die sich in Gott selbst immer schon trinitarisch vollziehende absolute Freiheit Gottes alle Menschen einlädt, weil sie sich ihnen „in der Fülle der Zeit" als überwältigende Liebe geoffenbart hat und auch weiterhin offenbart.

Endliche Freiheit vollzieht sich im und nach dem Tod vor dem Angesicht eines Gottes, der sich im Gekreuzigten und Auferstandenen als solidarisch mit der leidenden Kreatur und den unschul-

---

71 *Eschatologie im Umriss*, 444.
72 *Eschatologie im Umriss*, 449.
73 Schon innerweltlich besteht Vergebung „nicht darin, das Geschehene zu verleugnen [...], sondern die Freiheit des anderen auf das Getane nicht zu fixieren, d.h. sie in ihrer Transzendenz zu ihrem Werk anzuerkennen, in die Möglichkeit ihres ursprünglichen Anfangenkönnens freizugeben und ihr überdies schon mit solcher Anerkennung die Möglichkeit zu schenken, sich aus der Zuwendung neu zu bestimmen" (Pröpper, *Erlösungsglaube und Freiheitsgeschichte*, 203).

digen Opfern bekundet. Dieser Gott will die Umkehr des Sünders; er will die Versöhnung des Menschen mit sich selbst, mit seinen Mitmenschen und mit seinem Schöpfer. Deshalb geschieht auch die dramatische Begegnung von Tätern und Opfern im Gericht in der Dynamik einer unendlichen Liebe, die schon jetzt alle Menschen dazu einlädt, Verhärtungen aufzubrechen und Versöhnung Wirklichkeit werden zu lassen – sei es durch die Bitte um Verzeihung, sei es durch deren Gewähr.

Dem Menschen auch nach seinem Tod Freiheit und damit die Möglichkeit der Umkehr einzuräumen, führt nicht zwangsläufig zu einer „Verdoppelung der Welt", zur origenistischen Vorstellung einer Abfolge von Weltzeitaltern oder zur Annahme einer Seele, die zwischen Seligkeit und Verdammnis gleichsam hin und her irrt. Denn ein gehaltvoller Begriff von Freiheit schließt die Indifferenz in der Wahl von Gut und Böse gerade aus. An die Stelle des *posse non peccare* tritt im Angesicht der überwältigenden Liebe Gottes das *non posse peccare*.[74] Dieses Nicht-Können ist aber keine Naturnotwendigkeit, sondern freier Selbstvollzug einer Freiheit, die sich selbst dazu bestimmt hat, die ihr begegnende Freiheit Gottes und die ihrer Mitmenschen um ihrer selbst willen anzuerkennen und zum Gehalt ihres eigenen Freiheitsvollzuges zu bestimmen. In der Dialektik von ursprünglichem Sich-Öffnen und Empfang des Gehaltes kann sich dann das vollziehen, was christliche Theologie „Gnade" nennt.

Christlicher Glaube traut der Gewinnungs- und Innovationsmacht Gottes zu, die Freiheit des Menschen dazu zu bewegen, sich ihrem ursprünglichen Wesen entsprechend zu vollziehen. Das bedeutet, dass sie sich nicht nur der begegnenden Freiheit des Anderen öffnet. Vielmehr ist es der unbedingten Freiheit, die Gott selbst ist, zuzutrauen, dass sie die Freiheit des Menschen dazu bewegt, sich selbst dazu zu bestimmen, sich von der ihr begegnenden Freiheit her bestimmen zu lassen: von der Freiheit Gottes zuerst, aber auch von der Freiheit der Mitmenschen. Diese in ihrem Selbstsein anzuerkennen und zu bejahen und so ein Kommerzium von Freiheiten zu ermöglichen, dürfte eine wesentliche Dimension dessen ausmachen, was mit dem Begriff der Versöhnung verbunden ist.

Wenn die Freiheit des Menschen mit seinem Tod nicht an ein Ende gelangt, sondern eine wesentliche Dimension auch seiner post-

---

74 Vgl. zu dieser viel zitierten Wendung: Augustinus, *De corrept. et gratia* 12,33 f. (PL 44,936 f.); Anselm von Canterbury, *De Lib. arbitr.*, c. 1–5 (ed. Schmitt I, 207–217).

mortalen Identität ist, dann betrifft dies den einzelnen Menschen nicht als Monade, sondern als Person – und damit die Menschheit als ganze. Alle Menschen sind dazu eingeladen, sich der Liebe Gottes zu öffnen. Gottes Liebe will sich letztendlich darin durchsetzen, dass sie den Vollzug aller endlichen Freiheit vollendet. Dass Gott am Ende „alles in allem" (1 Kor 15,28) sein wird, ist deshalb nicht zunächst ontologisch zu denken, sondern als die Gegenwart einer Freiheit, die allein die Verheißung in sich birgt, jene Offenheit zu erfüllen, die endliche Freiheit im Vollzug ihrer selbst ist. Die *communio sanctorum* kann insofern als ein Freiheitsgeschehen gedacht werden, in dem sich jede endliche Freiheit von der unbedingten Liebe Gottes her dazu bestimmen lässt, sich Gott und dem Mitmenschen zu öffnen und sich von ihnen her im Vollzug ihrer selbst bestimmen zu lassen.

Aus diesem Grunde wird man aber auch darauf hoffen dürfen, dass es Gottes Liebe entspricht, auch nach dem Tod und im Gericht noch jene Menschen für sich gewinnen zu wollen, die sich zu Lebzeiten zum Bösen entschieden haben. Geschaffene Freiheit, so steht zu hoffen, wird sich im Angesicht der absoluten Freiheit Gottes dieser nicht verschließen. Vielmehr wird sie sich aus freiem Entschluss von dieser Freiheit her zur Umkehr bewegen lassen.

Von daher ergibt sich im Angesicht der trinitarischen Freiheit Gottes die Dynamik einer endlichen Freiheit, die immer mehr zum Vollzug ihrer ursprünglichen Bestimmung gelangt, indem sie die ihr begegnende Freiheit der Anderen – die Freiheit Gottes und die der Mitmenschen – um ihrer selbst willen anerkennt. Eben darin aber bestünde die gehaltvolle Bestimmung des Begriffs der Versöhnung, der Versöhnung mit Gott ebenso wie der Versöhnung mit den Mitgeschöpfen.

5.3.4 Freiheit und Endgültigkeit

Macht die Möglichkeit einer postmortalen Fortdauer von Freiheit und ihrer möglichen Neubestimmung zum Guten nicht jede menschliche Entscheidung vorläufig und insofern revidierbar?[75] Dies ist in der Tat zuzugeben, ist aber zunächst einmal dem Gedanken geschuldet, dass es möglich sein muss, die Zukunft aus ihrer

---

75 Vgl. hierzu auch Johann Baptist Metz, *Gott. Wider den Mythos von der Ewigkeit der Zeit,* in: Tiemo Rainer Peters u.a. (Hgg.), Ende der Zeit? Die Provokation der Rede von Gott, Mainz 1999, 32–49.

Zusammenführung und Ausblick

Verstrickung in die Vergangenheit zu entbinden, soll überhaupt Neues möglich sein.[76]

Darüber hinaus aber folgt aus der Möglichkeit einer Neubestimmung der Freiheit keineswegs, dass die Vergangenheit ausgelöscht ist. Das Geschehene bleibt in Ewigkeit geschehen. Von allem, was ist, wird dereinst gesagt werden können – und müssen –, dass es einmal war.[77] Aber es ist seiner Kraft beraubt, den Vollzug von Freiheit auf Zukunft hin zu binden. Vielmehr kann sich Freiheit neu auf ihren Ursprung und auf ihre Bestimmung hin vollziehen: als unbedingte Offenheit auf den sie schlechterdings erfüllenden Gehalt hin, den der christliche Glaube in dem „Gott der dreifaltigen Liebe" (F. Courth) erkennt.

In Georg Büchners Drama *Dantons Tod* (1835) vertritt der Revolutionär Payne die These, dass „das leiseste Zucken des Schmerzes, und rege es sich nur in einem Atom", einen „Riss durch die Schöpfung von oben bis unten" verursacht.[78] Der Religionskritiker Payne sieht in diesem Argument den „Fels des Atheismus". Überzeugend aber ist sein Argument nur unter der Voraussetzung, dass dem bloßen Leiden die Kraft beigemessen wird, Gottes Heilsratschluss endgültig und unwiderruflich zu Fall zu bringen. Die Hoffnung auf Gerechtigkeit und Versöhnung beinhaltet jedoch keineswegs den Wunsch, die Vergangenheit zu tilgen. Vielmehr geht es schon im Horizont menschlicher Geschichte um ein „friedvolles Erinnern" (Ricœur), das im Eingedenken der Vergangenheit das Zukünftige nicht über Gebühr fixiert.

Christliche Theologie wird die „messianische Aufgabe", die Walter Benjamin der Geschichtsschreibung beigemessen hat – nämlich die Toten und Erschlagenen der Vergessenheit zu entreißen –, als heillose Überforderung ansehen.[79] Sie wird darauf verweisen, dass

---

76 Vgl. Hanna Arendt, *Vita activa oder Vom tätigen Leben*, 302 (zitiert im philosophiegeschichtlichen Hauptteil, Anm. 349).

77 Robert Spaemann spricht in diesem Zusammenhang vom „Futurum exactum" und sieht darin die Möglichkeit begründet, die Existenz eines göttlichen Bewusstseins zu postulieren, in dem alles Geschehene in Ewigkeit bewahrt ist: „Wir müssen ein Bewusstsein denken, in dem alles, was geschieht, aufgehoben ist, ein absolutes Bewusstsein. […] Wenn es Wirklichkeit gibt, dann ist das Futurum exactum unausweichlich und mit ihm das Postulat eines wirklichen Gottes" (*Der letzte Gottesbeweis*, München 2007, 32).

78 Georg Büchner, *Dantons Tod. Dramatische Bilder aus Frankreichs Schreckensherrschaft* [1835], München 1997, 85 (III. Akt).

79 Max Horkheimer, *Kritische Theorie* I, 372. Horkheimer räumt freilich selbst ein, dass die bloße Ungeheuerlichkeit einer Hypothese kein Argument gegen ihre Wahrheit sein kann. In einem Spiegel-Gespräch von

diese Aufgabe nur jener Gott erfüllen kann, der sich in der Geschichte seines Volkes Israel und in der Auferweckung Jesu von Nazaret als Herr über die Geschichte erwiesen hat und der die Macht besitzt, sie trotz aller Widrigkeiten zu einem guten Ende zu bringen. Im Glauben daran darf Gott zugetraut werden, durch seine Liebe auch jene Menschen noch für sich zu gewinnen, die sich ihm aus freiem Entschluss verschlossen haben.

Im Licht der machtvollen, den Tod überwindenden Liebe Gottes darf für das Jüngste Gericht darauf gehofft werden, dass Gottes Liebe den Opfern die Möglichkeit einräumt, im Vertrauen auf die je größere Liebe Gottes Verzeihung zu gewähren und Vergebung zu ermöglichen. Die Täter wiederum können sich im Vertrauen auf dieselbe Liebe Gottes von ihrer Vergangenheit distanzieren, ohne sie verleugnen zu müssen, und sie können im Vertrauen auf die je größere Liebe Gottes fähig werden, ihre Opfer um Verzeihung zu bitten.

Dabei werden Reue, Vergebung und Versöhnung wohl kaum ohne den Schmerz der Umkehr geschehen können – auf Seiten der Täter ebenso wenig wie auf Seiten der Opfer. Denn im Licht des Guten erscheint das Böse nie neutral. Der Schmerz, den angesichts der überwältigenden Liebe Gottes die Einsicht der Täter in ihre Verbrechen mit sich bringt, dürfte nicht auszuloten sein.[80] Dass aber auch die Opfer diesem Schmerz ausgesetzt sind, wenn es an ihnen ist zu vergeben, ist möglicherweise die letzte Zumutung, die mit der Erschaffung einer endlichen Freiheit, die als solche auch zum Bösen fähig ist, verbunden ist.

Die verstörende Frage, ob den Opfern die Begegnung mit ihren Peinigern überhaupt zuzumuten ist, ist deshalb wohl zu bejahen: „Die Konfrontation mit den Opfern wird den Tätern jedenfalls nicht erspart bleiben", so Jan-Heiner Tück, „und nicht zu ermessen ist, welche Abgründe hier zu durchschreiten sind."[81]

Den Opfern gegenüber ist diese Begegnung verantwortet wohl nur so zu denken, dass Gottes Liebe sie dazu befähigt, sich ohne Angst um sich selbst frei zu ihren Tätern zu verhalten. Denn Gott, so die begründete Hoffnung, wird den Opfern eben das gewäh-

---

    1970 bekräftigt Horkheimer, dass „alles, was mit Moral zusammenhängt", letztendlich „auf Theologie zurückgeht" (*Was wir Sinn nennen, wird verschwinden,* in: Der Spiegel 1–2 vom 5. Jan. 1970, 80 f.).

80 „Keine Versöhnung ohne Gerechtigkeit, keine Gerechtigkeit ohne Gericht, keine Gericht ohne den brennenden Schmerz der uns einholenden Wahrheit": Thomas Pröpper, *Fragende und Gefragte zugleich. Notizen zur Theodizee,* in: Evangelium und freie Vernunft, 266–275, hier 274.

81 J.-H. Tück, *Das Unverzeihbare verzeihen?,* 186.

ren, was ihnen von ihren Peinigern vorenthalten wurde: freie und selbstbestimmte Subjekte zu sein.

5.3.5 Problemüberhänge

Die abendländische Theologie hat die Freiheit des Menschen in ihrer Eigenständigkeit *gegenüber* Gott, zugleich aber auch in ihrer Offenheit auf Gott *hin* zur Geltung bringen können. Theologen wie Anselm, Abaelard oder Duns Scotus können als Zeugen dafür gelten, dass das Gewicht, das die neuzeitliche Philosophie dem Gedanken freier Subjektivität beimisst, vom Standpunkt der Theologie her durchaus akzeptabel, ja denknotwendig ist.

Damit jedoch ergeben sich im Kontext der skizzierten Hoffnung auf eine umfassende Versöhnung im Gericht theologische Herausforderungen, die nicht verschwiegen weden dürfen.

5.3.5.1 *Verweigerung endlicher Freiheit?*

Räumt man den Fortbestand postmortaler Freiheit ein, dann ist zumindest grundsätzlich die Möglichkeit nicht auszuschließen, dass sich ein Mensch auf ewig der Liebe Gottes verschließt.[82] Dass die Verweigerung eines Menschen gegenüber der Liebe Gottes die Vollendung der Geschichte *insgesamt* in Frage stellt, hat Paul Claudel in seinem Drama *Der seidene Schuh* (1925) in der Gestalt Camilos dahingehend zugespitzt, dass die beharrliche Verweigerung gegenüber dem Versöhnungsangebot Gottes dieses zumindest aufzuschieben, wenn nicht sogar endgültig scheitern zu lassen imstande wäre.[83]

Gegenüber dieser immerhin denkbaren Möglichkeit bleibt in der Tat nur das – dann freilich begründete – Vertrauen darauf, dass

---

82 „Nochmals meldet sich angesichts dieser Möglichkeit der Gedanke einer Tragödie, für den Menschen nicht nur, sondern für Gott selbst" (H.U. v. Balthasar, *Theodramatik* IV, Einsiedeln 1983, 272). Demgegenüber sieht Wolfhart Pannenberg das „Risiko", dass Gott „seine Schöpfung zur Selbständigkeit bestimmte", lediglich darin, dass „durch die Verselbständigung seiner Geschöpfe auf ihn, den Schöpfer, der Schein der Überflüssigkeit, ja der Nichtexistenz fiel" (*Systematische Theologie* III, 690). Angesichts dessen, dass auch nach Pannenberg Gott in seinem Versöhnungshandeln „an seiner Schöpfung fest[hält], und zwar in einer Weise, die die Selbständigkeit des Geschöpfes respektiert" (ebd.), scheint dieser Begriff des Risikos unterbestimmt.

83 Paul Claudel, *Der seidene Schuh (Le soulier de satin)*, übers. v. Hans Urs von Balthasar, Salzburg 1939, 230 f. Dazu Verweyen, *Gottes letztes Wort*, Regensburg ⁴2002, 196 f.

sich kein Mensch endgültig der Liebe Gottes und der Versöhnung mit seinen Mitmenschen verschließen wird. Begründet ist das Vertrauen dadurch, weil es dem *Wesen* der geschaffenen Freiheit widerspräche, verschlösse sich der Mensch der Liebe Gottes und der seiner Mitmenschen. Die hieraus resultierende Dialektik, die der Freiheit eigentümlich ist, ist unbedingt zu respektieren: Freiheit kann sich nur in Freiheit dazu bestimmen, andere Freiheit um ihrer selbst willen anzuerkennen.

Weil mit der Existenz von Freiheit immer auch die Möglichkeit ihrer Selbstverfehlung gegeben ist, bleibt am Ende nur die Hoffnung darauf, dass Gott jeder verfehlten Freiheit die Möglichkeit einräumt, sich in dem Sinne neu zu bestimmen, dass sie sich anderer Freiheit gegenüber öffnet. Kant hat in der rational nicht aufzuhellenden Neubestimmung transzendentaler Freiheit einen „Richterspruch aus Gnaden" gesehen. Tatsächlich wird man hier theologisch argumentieren können: Es ist die Erfahrung der unbedingten Liebe Gottes auch zum Sünder, die diesen dazu einlädt, sich dieser Liebe zu öffnen und sich von ihr her neu bestimmen zu lassen. „Der dich ohne dich erschaffen hat, will dich nicht ohne dich erlösen", so der frühe Augustinus.[84] Dass der Mensch frei in das Geschehen der Erlösung einstimmt, kann freilich wiederum als ein Geschenk der Gnade gedeutet werden.

Es ist zu hoffen, dass die Erfahrung unbedingten Anerkannt- und Geliebt-Seins von Seiten Gottes den Menschen dazu befähigt, auch seinerseits die ihm begegnende Freiheit anzuerkennen: die Gottes wie die des Mitmenschen. Der Mensch, der sich von Gott unbedingt geliebt weiß, braucht sich ja nicht mehr an sich selbst festzumachen. Er hat seinen Grund in einem Anderen, der ihn unbedingt bejaht und ihn so dazu befähigt, das Wagnis einzugehen, nun seinerseits andere Freiheit zu bejahen.

Ein Wagnis ist die Bejahung anderer Freiheit freilich immer schon deshalb, weil niemand dafür einstehen kann, ob seine Liebe erwidert wird oder nicht. Dies gilt sowohl für denjenigen, der um Verzeihung bittet, wie auch für denjenigen, der aufgerufen ist, Verzeihung zu gewähren. Denn es ist ja durchaus mit der Möglichkeit zu rechnen, dass die Täter Vergebung erbitten, diese ih-

---

84 „Qui ergo fecit te sine te, non te iustificat sine te" (*Sermo* 169, c. 11,13: PL 38,923). Martin Luther zitiert diesen Satz in seiner Disputation *De iustificatione* von 1536 zustimmend, spricht aber zugleich den Werken jede Heilsbedeutung ab (WA 39/I; 96,1–9). Vgl. auch Anm. 323 im theologiegeschichtlichen Hauptteil (zu Thomas von Aquin).

nen aber von den Opfern verweigert wird – vielleicht aus Gründen unermesslichen Leids, das sie erfahren haben. Die im „Trostbuch" des Jeremia angedeutete Unfähigkeit, sich trösten zu lassen,[85] die möglicherweise hieraus resultierende Weigerung, dem Peiniger zu vergeben – beides fordert allzu sehr menschlichen Respekt heraus, als dass aus philosophischen oder theologischen Gründen darauf bestanden werden müsste, dass es allein die Vergebung ist, die Zukunft eröffnet, nicht aber deren Verweigerung.[86]

Im zwischenmenschlichen Bereich bedeutet Verzeihen, jene Freiheit, die sich aus freiem Entschluss dem Anderen gegenüber verschlossen, ja ihn womöglich im Wollen und Tun verneint hat, dennoch anzunehmen und sie in ihrem Vermögen anzuerkennen, sich neu zu bestimmen.[87] Diese Annahme und Anerkennung wird möglicherweise erfolgen, bevor noch der Schuldige Reue zeigt oder um Vergebung bittet. Derrida hat auf das Paradox einer „unmöglichen Möglichkeit" des Verzeihens hingewiesen und damit die Provokation betont, die in einem Verzeihen liegt, das nicht ökonomisch denkt, sondern aus reiner Gratuität geschieht. Möglicherweise ist dies der höchstmögliche Vollzug von Freiheit: selbst jene Freiheit noch anzuerkennen, die sich anderer Freiheit verweigert: „Wenn ihr nur die liebt, die euch lieben, welchen Lohn könnt ihr dann erwarten?" (Mt 5,46 par.). Im Gebot der Feindesliebe vollendet sich das Wesensgesetz der Freiheit, sich darin als sie selbst zu vollziehen, dass sie andere Freiheit um ihrer selbst willen anerkennt und bejaht – und dies selbst dann, wenn diese andere Freiheit sie selbst zu vernichten droht.

5.3.5.2 Zum Verzeihen verpflichtet?

Schien freilich bereits die Vorstellung problematisch, die Opfer im Vollzug eines universalen Gerichts noch einmal mit ihren Peinigern konfrontiert zu sehen, so muss der Gedanke vollends abwegig erscheinen, sie seien moralisch dazu verpflichtet, ihnen zu vergeben. Der Frankfurter Philosoph Bruno Liebrucks (1911–1986) hat zu bedenken gegeben, dass jedes Verzeihen eher noch, als dass es mensch-

---

85 Vgl. Jer 31,15: „In Rama wird Wehklagen vernommen, bitteres Weinen. Rachel weint um ihre Kinder, sie will sich nicht trösten lassen über ihre Kinder – dass sie nicht mehr da sind."
86 Dies sei ausdrücklich gegen die Vorbehalte notiert, die Klaus von Stosch – in der Sache durchaus zutreffend – geäußert hat; vgl. Ders., *Gott – Macht – Geschichte*, bes. 207.
87 Vgl. Schreiber, *Vergebung*, bes. 219–265.

lich geboten erschiene, Gefahr läuft, die Opfer zu verhöhnen.[88] Ist es den Opfern der Geschichte tatsächlich zuzumuten, das Reich Gottes mit ihren Peinigern und Henkern zu teilen?[89] Erzwänge nicht vielmehr die Achtung vor ihrem Leiden eine Gestalt von Gerechtigkeit, die es den Opfern erspart, ihren ehemaligen Peinigern erneut zu begegnen? Und wäre nicht deshalb – um der Opfer willen – an dem Gedanken einer vergeltenden Gerechtigkeit Gottes festzuhalten? Sollte sich angesichts der Abgründe menschlicher Schuld Gottes Gerechtigkeit am Ende der Geschichte vielleicht doch darin erweisen, dass sie sich als Strafgerechtigkeit vollzieht – und dies aus Achtung vor der Würde der unschuldig leidenden Opfer? Immerhin bliebe es den Opfern damit erspart, ihren Peinigern – und sei es angesichts der alle überwältigenden Liebe Gottes – verzeihen zu *sollen*.[90] Damit wären zwar die Opfer von dem Gedanken entlastet, durch die Verweigerung von Vergebung und Versöhnung möglicherweise sich selbst zu schädigen.[91] Der Gedanke eines auf ewig zur Verdammnis verurteilenden Gottes ist jedoch angesichts der Grundbotschaft des Evangeliums vom barmherzigen Gott nur schwer nachvollziehbar.[92]

---

88 Liebrucks fordert deshalb eine „Philosophie des Verzeihens": „Da die zum Himmel schreienden Verbrechen des 20. Jahrhunderts selbst die Verzeihung eher als Hohn auf den Menschen, denn als menschlich erscheinen lassen, ist die Philosophie vor die Aufgabe gestellt, denken zu lernen, was Verzeihung ist": Bruno Liebrucks, *Sprache und Bewusstsein*, Bd. 3, Frankfurt am Main 1966, 533. – Jüdisches Denken nach Auschwitz ist mehrheitlich von der Überzeugung geleitet, dass Verzeihen nicht möglich ist.

89 Vgl. Franz-Josef Nocke: „Adolf Eichmann im Himmel neben Anne Frank – hätte das eine Hoffnungsperspektive für die sein können, die im Konzentrationslager litten?" (*Eschatologie*, 140).

90 Das *Sollen* aber ergibt sich aus der Analytik der Freiheit: Wenn Freiheit sein *soll*, dann ist Verzeihen dann gefordert, wenn es den Selbstvollzug anderer Freiheit – und der eigenen Freiheit – befördert. Dies dürfte aber ausnahmslos zu unterstellen sein.

91 Ottmar Fuchs gibt zu bedenken: „Wie schon diesseits jede Ausgrenzung und jede Trennung nicht nur die verletzen, die man ausgegrenzt hat, sondern auch diejenigen schädigen, die sich trennen, so wird es auch, wenn auch für uns unvorstellbar, aber in Gottes Versöhnungsliebe erhoffbar und mit einer ganz anderen Seinsweise verbunden, so sein, dass sich die Heiligen selbst schädigen und verletzen würden, würden sie Ausgrenzungen hinnehmen und nicht den Tätern und Täterinnen den Himmel gönnen, um selbst endgültig heil zu werden" (*Das Jüngste Gericht*, 159).

92 Und dies auch dann, wenn die biblischen Texte, die von einem Gericht und der damit verbundenen Androhung ewiger Verdammnis sprechen,

Zusammenführung und Ausblick

Eingedenk der Warnung, der Gedanke einer Pflicht der Opfer zur Vergebung käme einer Verhöhnung der Opfer gleich, fordert Hermann Häring eine Haltung der „Skepsis gegenüber der schlimmsten Ideologie, die man den Opfern antun kann: den Anschein, man stehe auf ihrer Seite und erwarte ihre Vergebung".[93] Zwar ist daran festzuhalten, dass Vergebung und Versöhnung Gestalten der Begegnung von Freiheiten sind, die ihnen angesichts menschlicher Schuld zuhöchst angemessen sind, weil nur so eine Neubestimmung von Freiheit möglich ist.[94] Zugleich aber ist die Achtung vor dem Leiden der Opfer zu wahren. Dieses Leiden scheint es zu verbieten, den Opfern die moralische Verpflichtung aufzuerlegen, ihren Peinigern zu verzeihen.

Deshalb kann die Versöhnung der Menschen untereinander und mit Gott nicht als sittliches Gebot verstanden werden.[95] Als freies Geschehen kann sie zwar erhofft und erbeten, darf aber nicht gefordert werden. Eine biblisch begründete Hoffnung wird aber darauf setzen können, dass derjenige, der „alle Tränen abwischen wird" (Offb 7,17; 21,4), die Freiheit des Menschen so für sich wird gewinnen können, dass sie im Vertrauen auf die je größeren Möglichkeiten Gottes das Wagnis auf sich nimmt, anderer Freiheit auch dann zu öffnen, wenn sie sich ihr gegenüber verschlossen hat – oder fortdauernd verschließt.

Die Überzeugung des Glaubens, wonach Christus „sein Leben hingab, damit jeder, der an ihn glaubt, nicht zugrunde geht, sondern das ewige Leben hat" (Joh 3,16; vgl. 10,17), begründet die Hoffnung darauf, dass die Erfahrung der Liebe Gottes die Öffnung auch jener Freiheit bewirkt, die – sei es schuldhaft, sei es aus Schmerz – in sich verschlossen ist. Gerade in der Gestalt der ohnmächtigen Liebe erscheint Gott als „Macht der Gewinnung" – hier liegt die Wahrheit von Luthers Satz, dass sich Gott am Kreuz *sub contrario* offenbart hat.[96]

---

    nicht verschwiegen werden. – Vgl. hierzu Bayer, *Die Zukunft Jesu Christi zum letzten Gericht;* sowie bes. Janowski, *Eschatologischer Dualismus?*.
93 Hermann Häring, *Die Macht des Bösen*, 282 f.
94 Im Anschluss an Hermann Krings sieht Magnus Striet im Verzeihen die „größere Möglichkeit der Freiheit" (*Versuch über die Auflehnung*, 69).
95 Kant bemerkt zum Gebot der Gottes- und Nächstenliebe, ein Gebot, dass man etwas gerne tun soll, sei „in sich widersprechend". Tut man etwas gerne, ist ein Gebot unnötig; dass etwas gerne getan wird, kann aber nicht geboten werden, da ein Gebot stets auf Gehorsam zielt, nicht aber auf die Gesinnung (vgl. *KpV*, 3. Hauptstück: Akad.-Ausg. V 83).
96 Vgl. O.-H. Pesch, *Hinführung zu Luther*, 241 f., 250.

Die Macht Gottes in Bezug auf die menschliche Freiheit ist keine Macht des Zwangs. Sie ist die Macht einer Liebe, die allein jene „Revolution der Denkungsart" bewirken kann, die eine zum Bösen entschiedene Freiheit aus eigenem Vermögen nicht vollziehen kann.[97]

Der christliche Glaube setzt auf die Existenz einer machtvollen Instanz, die Lebende und Tote richten wird, und vor der deshalb alle Menschen Rechenschaft werden ablegen müssen (vgl. 1 Petr 4,5). Diesem Gott, der „Gnade, Recht und Gerechtigkeit übt auf Erden" (Jer 9,23), traut der Glaube zu, dass er das endgültige Gelingen humaner Freiheit auch über den Tod hinaus garantieren kann, weil sie imstande ist, das im sittlichen Streben Unabgegoltene und das im Scheitern der Freiheit Verfehlte, ja selbst das frei gewollte Böse noch zum Guten zu wenden.

5.4 Gottes „advokatorische" Gerechtigkeit im Gericht

Letztendlich, so die hier entfaltete These, können in eschatologischer Perspektive das Gericht und die darin erhoffte Versöhnung als ein dramatisches Begegnungsgeschehen erwartet werden. In diesem Geschehen Gottes bestünde *Barmherzigkeit* darin, verfehlter Freiheit auch postmortal die Möglichkeit der Neubestimmung auf seine je größere Liebe einzuräumen. Weil diese Neubestimmung im Angesicht der alles überstrahlenden Liebe Gottes geschieht, darf der Glaube darauf setzen, dass sich ihr keine endliche Freiheit auf Dauer wird entziehen können. Gottes *Gerechtigkeit* hingegen bestünde darin, die Opfer der Geschichte als unübergehbare Instanzen im Gericht zur Geltung zu bringen.

---

97 Vgl. treffend Hans Urs von Balthasar: „Gott achtet auch als Erlöser die Freiheit, die Gott der Schöpfer seinem Geschöpf zugeeignet hat und mit der es seiner Liebe zu widerstehen vermag. Dieses »Achten« besagt, dass Gott nicht durch die Allmacht seiner absoluten Freiheit die prekäre Freiheit des Geschöpfs überwältigt, erdrückt, vergewaltigt. Er würde sich damit selbst widersprechen. Es bleibt aber zu überlegen, ob es Gott nicht freisteht, dem von ihm abgewendeten Sünder in der Ohnmachtsgestalt des gekreuzigten, von Gott verlassenen Bruders zu begegnen, und zwar so, dass dem Abgewendeten klar wird: dieser (wie ich) Gott-Verlassene ist es um meinetwillen" (*Eschatologie im Umriss*, 444). Diese Überlegungen ordnen sich in die Descensus-Theologie von Balthasars ein: In seinem Höllenabstieg hat der Gottessohn die selbstgewählte Einsamkeit des Sünders noch einmal unterfangen.

Als freie Subjekte können sowohl die Opfer wie auch die Täter darauf hoffen, dass Gott sie im Gericht unbedingt anerkennt. Trotzdem wird die Parteinahme Gottes am Ende der Geschichte in erster Linie den Benachteiligten und den Opfern der Geschichte gelten: „Die Missetäter sitzen am Ende nicht neben den Opfern in gleicher Weise an der Tafel des ewigen Hochzeitsmahls, als ob nichts gewesen wäre."[98]

Von hierher lässt sich ein theologischer Begriff von Gerechtigkeit gewinnen, der den philosophischen Gerechtigkeitsdiskurs voraussetzt, über diesen aber insofern hinausgeht, dass er die unbedingte Entschiedenheit Gottes für die Opfer und Benachteiligten zur Geltung bringt. Ein solcher Gerechtigkeitsbegriff wird nicht nur im Sinne eines Ausgleichs unterschiedlicher Interessen gefasst werden können. Er wird vielmehr auch Momente der Wiedergutmachung und der Sühne umfassen. Die Praxis solidarischer oder auch „advokatorischer" Gerechtigkeit wird darauf abzielen, die Opfer von Unrecht und Gewalt zu ihrem Recht kommen zu lassen, ihnen ihre ursprüngliche Würde zurückzugeben und sie wieder als freie Subjekte anzuerkennen. Und sie wird zugleich nicht davon ablassen, verfehlter Freiheit die Möglichkeit zur Neubestimmung zu eröffnen.

Die Vorstellung einer Substitution oder Repräsentation der Opfer im Jüngsten Gericht durch Jesus Christus erreicht den Begriff der Versöhnung der Menschen untereinander nicht, wie er sich im Horizont neuzeitlichen Freiheitsbewusstseins mit der Hoffnung auf die Vollendung der Geschichte untrennbar verbindet. Nur die Achtung vor der Würde der Opfer und die Wiederherstellung ihrer freien Subjektivität, die ihnen zu Lebzeiten häufig genug verwehrt blieb, können als Postulate einer eschatologischen Hoffnung gelten, die das Niveau neuzeitlichen Subjekt- und Freiheitsdenkens nicht unterbieten will. Auf diese Weise gelangt neuzeitliches Denken letztendlich zum Postulat eines Versöhnungsgeschehens, an dessen Ende kein einsamer Richterspruch Gottes steht, sondern eine dramatische Begegnung von Freiheiten, die miteinander um ihre Geschichte und um ihre Identität ringen.

Die vorausgehenden Überlegungen haben gezeigt, dass dieses Postulat theologisch zu verantworten ist. Es ist zu verantworten, weil das Geschehen der Umkehr, des Verzeihens und der Versöhnung im Rahmen einer Analytik der Freiheit selbst das Postulat

---

98 Papst Benedikt XVI., Enzyklika *Spe salvi* [2007], Nr. 44.

eines Gottes hervortreibt, der allein die endliche Freiheit aus ihrer Selbstverkrümmung herauslösen kann, weil er unendliche und unbedingte Liebe ist. Denn nur eine solche Liebe kann die zum Bösen entschiedene Freiheit dazu bewegen, sich anderer Freiheit neu zu öffen, um Verzeihung zu bitten und Versöhnung zu ermöglichen. Die Theologie spricht in diesem Zusammenhang von Gnade.

Gottes gnädige Hinwendung zu den Opfern – so ist zu hoffen – ermöglicht es diesen, ihren Schmerz zu überwinden und sich in einer neu gewonnenen Offenheit denjenigen zuzuwenden, die sie gepeinigt, gefoltert und ermordet haben. Im Bewusstsein der alles überstrahlenden Liebe Gottes brauchen die Opfer nicht mehr auf Rache und Vergeltung zu bestehen. Sie können sich in der Gewähr von Vergebung auf jene Bestimmung der Freiheit hin vollziehen, die ihnen ihre Henker nur allzu oft vorenthalten haben.

So wiederfährt Opfern wie Tätern beides: Gerechtigkeit wie Barmherzigkeit. Den Opfern widerfährt Gerechtigkeit darin, dass sie von Gott zu freien Subjekten in einem Geschehen eingesetzt werden, dass ihnen eine neue Zukunft in der Gemeinschaft untereinander und mit Gott eröffnet. Diese Gerechtigkeit werden sie zugleich als Barmherzigkeit Gottes erfahren.

Den Tätern widerfährt Gerechtigkeit dadurch, dass sie aus ihrer Biographie der Schuld nicht entlassen, vielmehr mit ihr und mit ihren Opfern konfrontiert werden. Dass diese Konfrontation nicht heillos ist, sondern gerade angesichts der göttlichen Liebe die Möglichkeit einer Neubestimmung der verfehlten Freiheit beinhaltet, werden sie als Barmherzigkeit Gottes erfahren.

Dass in diesem dramatischen Geschehen die Opfer ihren Mördern ins Angesicht verzeihen mögen, ist womöglich eine jener Zumutungen christlicher Hoffnung, die nur deshalb zu verantworten ist, weil der Sohn Gottes selbst am Kreuz seinen Henkern vergeben hat und so – wie das Martyrium des Stephanus zeigt – wegweisend für die Möglichkeit einer Existenz geworden ist, die Verzeihen zulässt und Versöhnung möglich macht.

Aljoschas zu Beginn dieser Untersuchung zitierter Hinweis auf das „Recht" Christi, stellvertretend zu vergeben, wäre missverstanden, wenn damit ein nur äußerlicher Rechtsanspruch verbunden wäre. Wohl aber offenbart sich nach christlicher Überzeugung gerade im Leiden Christi die unendliche Liebe Gotteszu den Menschen. Sie allein macht es möglich, dass Versöhnung zwischen Tätern und Opfern geschehen kann. Denn nur die Offenbarung der unendlichen Liebe Gottes kann die endliche Freiheit des Menschen dazu bewegen, den letzten Halt nicht in sich selbst zu suchen, sondern in der Öffnung auf die unbedingte Freiheit Gottes hin zu leben.

Dass sich Gottes Freiheit so vollzieht, dass seine Barmherzigkeit gegenüber den Tätern nicht ungerecht gegenüber den Opfern und seine Gerechtigkeit gegenüber den Opfern nicht unbarmherzig gegenüber den Tätern ist, ist Inhalt eines Glaubens, der Gott als die alles umfassende Einheit von Gerechtigkeit und Barmherzigkeit begreift. Von dieser Einheit konnte auch im Verlauf der vorliegenden Untersuchung kein Begriff gewonnen werden. Insofern ist Hermann Cohen zuzustimmen, wenn er die „Verbindung zwischen Gerechtigkeit und Liebe bei Gott" als „das Geheimnis seines Wesens" bezeichnet. „Wir würden das Wesen Gottes begreifen können, wenn wir die Verbindung begreifen könnten, welche in der Einheit Gottes zwischen Gerechtigkeit und Liebe sich ewig vollzieht."[99]

Gleichwohl haben die vorausgehenden Überlegungen den Inhalt christlicher Hoffnung ihrem Gehalt nach präzisiert. Denn die Forderung, dass Gott in seinem richterlichen Handeln die Freiheit der Opfer zu respektieren hat, wurde als theologisch legitim ausgewiesen. Deshalb ist sie für die Theologie relevant. Sie findet ihr Fundament in der biblischen Offenbarung und ihre Bestätigung in der neuzeitlichen Philosophie. In der Geschichte der christlichen Theologie konnten Hinweise identifiziert werden, die die Forderung nach Anerkennung der Opfer als einer unhintergehbaren Instanz im erhofften Geschehen der Versöhnung zwar nicht explizit beinhalten, wohl aber vorbereiten, indem sie den Menschen als freies Gegenüber zu Gott begreifen. Damit kann die im Rahmen neuzeitlichen Freiheitsbewusstseins erhobene Forderung, die Opfer als eigenständige und unübergehbare Instanzen im Gericht zur Geltung zu bringen, als anschlussfähig für die theologische Tradition gelten.

Überdies hat der theologiegeschichtliche Rückblick gezeigt, dass soteriologische Konzeptionen der Vergangenheit auf identifizierbaren und zugleich vielfältig bedingten Prämissen beruhen. Zwar wird die Theologie nicht unkritisch jeder philosophischen Vorgabe folgen können, die ihr in ihrer Zeit begegnet. Im Falle des neuzeitlichen Freiheitsbewusstseins lässt sich aber mit guten Gründen sagen, dass es ihrem eigenen Anliegen entspricht, das Geschehen der Offenbarung eines Gottes begrifflich zur Darstellung zu bringen, der sich selbst in der Geschichte des Volkes Israel und in der Person

---

99 *Religion der Vernunft*, 258.

Jesu von Nazaret als unbedingte Freiheit bekundet hat. Insofern entspricht die Theologie ihrem eigenen Anliegen, wenn sie im Dialog mit einer Philosophie der Freiheit die Gehalte ihrer theologischen und eschatologischen Hoffnung expliziert.

Dass sie dabei im Spannungsfeld von Gerechtigkeit und Barmherzigkeit Gottes zu keiner begrifflichen Synthese gelangt, signalisiert nicht ihr Scheitern. Denn erreicht ist nun eine begrifflich präzisere Bestimmung ihrer Hoffnung: dass Gott nämlich in seinem Gericht nicht nur Gutes belohne und Böses bestrafen möge, sondern dass er im Gericht Täter wie Opfer als jene freien Subjekte zur Geltung bringt, als die er die Menschen von Anbeginn gewollt hat. Und dass die so in ihr Recht gesetzten Opfer und die zur Umkehr eingeladenen Täter frei einstimmen in eine unendliche Liebe, die sich in Kreuz und Auferstehung Jesu Christi als die letztgültige Wahrheit über Welt und Geschichte geoffenbart hat.

***

Zu Beginn dieser Untersuchung wurde auf das Bild des richtenden Christus in der Mandorla verwiesen. Von seinem Mund gehen Schwert und Lilie aus, die Sinnbilder von Gerechtigkeit und Barmherzigkeit. Abschließend sei an ein zweites Bild erinnert. Wieder thront eine Gestalt im Mittelpunkt der Darstellung – diesmal aber nicht der wiederkehrende Christus, sondern Gottvater. Auf seinem Schoß hält er den gekreuzigen Sohn; mit ihm ist er durch die Taube des Heiligen Geistes verbunden. Seit dem Mittelalter symbolisiert dieser sog. Gnadenstuhl in der Kunst des Abendlandes die Dreifaltigkeit Gottes – und dies in der Gestalt einer unendlichen, bis zum Tod entschiedenen und darin barmherzigen Liebe. Jesus Christus, das Opfer schlechthin, bleibt nicht im Verborgenen, sondern wird vom Vater den Menschen dargeboten – den Opfern von Unrecht und Gewalt als Zeichen des Trostes und der Solidarität, den Tätern als Einladung, sich von Gottes Liebe gewinnen zu lassen. Keine abstrakte Gerechtigkeit beherrscht das Bild, sondern die barmherzige Liebe eines Gottes, der durch Leid und Schuld hindurch seine Herrschaft dadurch zur Geltung kommen lassen will, dass er alle Menschen dazu einlädt, sich seiner unendlichen Liebe anzuvertrauen.

6 Literaturverzeichnis

Bei den nachfolgend genannten Titeln handelt es sich um Beiträge, die in irgendeiner Form in diese Untersuchung eingeflossen sind. Deshalb sind auch solche Titel aufgeführt, die im Anmerkungsapparat nicht eigens erscheinen.
Autoren bis einschließlich des 19. Jahrhunderts werden im Anmerkungsapparat nach den meist vorhanden Gesamtausgaben und/oder kritischen Editionen zitiert. Diese sind jeweils bei erstmaliger Zitation vollständig oder mit Sigel genannt.
Die Siglen und Abkürzungen folgen in der Regel Siegfried Schwertner, *Internationales Abkürzungsverzeichnis für Theologie und Grenzgebiete* (IATG), Berlin/New York ²1992.

A

Abel, Olivier, Tables du pardon. Géographie des dilemmes et parcours bibliographiques, in: Le Pardon. Briser la dette et l'oubli (Autrement. Série Morales), Paris 1992, 208–236.

Adams, Marilyn McCord, Hell and the God of Justice, in: RelSt 11 (1975) 433–467.

Aland, Barbara, Art. „Marcion/Marcioniten", in: TRE 22 (2000) 89–101.

Albano, Peter Joseph, Freedom, Truth, and Hope. The Relationship of Philosophy and Religion in the Thought of Paul Ricœur, Boston 1987.

Albertz, Rainer (Hg.), Kult, Konflikt und Versöhnung. Beiträge zur kultischen Sühne in religiösen, sozialen und politischen Auseinandersetzungen des antiken Mittelmeerraumes (AOAT 285), Münster 2001.

Albertz, Rainer, Die Theologisierung des Rechts im alten Israel, in: Ders. (Hg.), Religion und Gesellschaft. Studien zu ihrer Wechselbeziehung in den Kulturen des Antiken Vorderen Orients (AOAT 248), Münster 1997, 115–132.

Albertz, Rainer, Religionsgeschichte Israels in alttestamentlicher Zeit (GAT 8), Göttingen 1992.

Albertz, Rainer, Täter und Opfer im Alten Testament, in: ZEE 27 (1984) 146–166.

Alpers, Harm, Die Versöhnung durch Christus. Zur Typologie der Schule von Lund (FSÖTh 13), Göttingen 1964.

Althaus, Heinz (Hg.), Apokalyptik und Eschatologie. Sinn und Ziel der Geschichte, Freiburg – Basel – Wien 1987.

Althoff, Gerd, Genugtuung (satisfactio). Zur Eigenart gütlicher Konfliktbeilegung im Mittelalter, in: Modernes Mittelalter. Neue Bilder einer modernen Epoche, hg. v. Joachim Heinzle, Frankfurt am Main – Leipzig 1994, 247–265.

Ambaum, Jan, Hoffnung auf eine leere Hölle – Wiederherstellung aller Dinge? H.U. von Balthasars Konzept der Hoffnung auf das Heil, in: IKaZ 20 (1991) 33–46.

Ammicht-Quinn, Regina, Von Lissabon bis Auschwitz. Zum Paradigmenwech-

sel in der Theodizeefrage (SThE 43), Freiburg/Ue. – Freiburg/Br. – Wien 1992.
Angenendt, Arnold, Deus, qui nullum peccatum impunitum dimittit. Ein „Grundsatz" der mittelalterlichen Bußgeschichte, in: Matthias Lutz-Bachmann (Hg.), Und dennoch ist von Gott zu reden (FS Herbert Vorgrimler), Freiburg 1994, 142–156.
Angenendt, Arnold, Geschichte der Religiosität im Mittelalter, Darmstadt 1997.
Ansorge, Dirk, God Between Mercy and Justice: The Challenge of Auschwitz and the Hope of Universal Reconciliation, in: Jack Bemporad/John Pawlikowski/Joseph Sievers (Hgg.), Good and Evil after Auschwitz. Ethical Implications for Today, Hoboken (N.J.) 2000, 77–90.
Ansorge, Dirk, In Solidarität mit Opfern und Tätern. Anmerkungen zu Schuldbekenntnis und Vergebungsbitte Papst Johannes Pauls II. im Heiligen Jahr 2000, in: Katholische Bildung 101 (2000) 315–325.
Ansorge, Dirk, Vergebung auf Kosten der Opfer? Umrisse einer Theologie der Versöhnung, in: SaThZ 6 (2002) 36–58.
Assmann, Jan/Janowski, Bernd/Welker, Michael (Hgg.), Gerechtigkeit. Richten und Retten in der abendländischen Tradition und ihren altorientalischen Ursprüngen (Reihe Kulte/Kulturen), München 1998.
Assmann, Jan, Äypten. Eine Sinngeschichte, München 1996.
Assmann, Jan, Die Idee vom Totengericht und das Problem der Gerechtigkeit, in: Ders./Bernd Janowski/Michael Welker (Hgg.), Gerechtigkeit. Richten und Retten in der abendländischen Tradition und ihren altorientalischen Ursprüngen (Reihe Kulte/Kulturen), München 1998, 10–19.
Assmann, Jan, Die Theologisierung der Gerechtigkeit, in: BThZ 17 (2000) 129–146.
Assmann, Jan, Eine liturgische Inszenierung des Totengerichtes aus dem Mittleren Reich. Altägyptische Vorstellungen von Schuld, Person und künftigem Leben, in: Ders. – Theo Sundermeier (Hg.), Schuld, Gewissen und Person. Studien zur Geschichte des inneren Menschen (Studien zum Verständnis fremder Religionen 9), Gütersloh 1997, 27–63.
Assmann, Jan, Herrschaft und Heil. Politische Theologie in Altägypten, Israel und Europa, München 2000.
Assmann, Jan, Ma'at. Gerechtigkeit und Unsterblichkeit im Alten Ägypten, München 1990.
Auer, Alfons, Autonome Moral und christlicher Glaube, Düsseldorf (1979) [2]1984.
Auer, Alfons, Die Autonomie des Sittlichen nach Thomas von Aquin, in: Klaus Demmer/Bruno Schüller (Hgg.), Christlich glauben und handeln, Düsseldorf 1977, 31–54.
Auer, Alfons, Ist die Sünde eine Beleidigung Gottes? Überlegungen zur theologischen Dimension der Sünde, in: ThQ 155 (1975) 53–68.
Auerbach, Elias, Neujahrs- und Versöhnungsfest in den biblischen Quellen, in: VT 8 (1958) 337–343.
Aulén, Gustaf, Christus Victor. An historical study of the three main types of the idea of the Atonement, London [11]1975.
Aus, Roger David, Art. „Gericht Gottes II. Judentum", in: TRE 12 (1984) 466–469.

Avemarie, Friedrich, Bund als Gabe und Recht. Semantische Überlegungen zu b^erit in der rabbinischen Literatur, in: Ders./Hermann Lichtenberger (Hgg.), Bund und Tora. Zur theologischen Begriffsgeschichte in alttestamentlicher, frühjüdischer und urchristlicher Tradition (WUNT 92), Tübingen 1996, 163–216.

B

Bachl, Gottfried, Die Zukunft nach dem Tod, Freiburg – Basel – Wien 1985.
Bachl, Gottfried, Faszination des Schreckens. Die Hölle im christlichen System, in: KuKu 4 (1983) 187–191.
Bachl, Gottfried, Hoffnung für die Guten und für die Bösen?, in: BiKi 49 (1994) 11–15.
Bachl, Gottfried, Über den Tod und das Leben danach, Graz 1980.
Baker, John R., Must the God-Man die?, in: Cur deus homo (StAns 128), 609–620.
Balthasar, Hans Urs von, Die göttlichen Gerichte in der Apokalypse, in: IKaZ 14 (1985) 28–34.
Balthasar, Hans Urs von, Eschatologie im Umriss, in: Pneuma und Institution. Skizzen zur Theologie IV, Einsiedeln 1974, 410–455.
Balthasar, Hans Urs von, Eschatologie in unserer Zeit. Die letzten Dinge des Menschen und das Christentum. Mit einem Vorwort von Alois M. Haas und einer Nachbetrachtung von Jan-Heiner Tück, Einsiedeln 2005.
Balthasar, Hans Urs von, Gericht, in: IKaZ 9 (1980) 227–235.
Balthasar, Hans Urs von, Glaubhaft ist nur Liebe, Einsiedeln ²1966.
Balthasar, Hans Urs von, Kleiner Diskurs über die Hölle. Apokatastasis (Neue Kriterien 1), Einsiedeln 1999.
Balthasar, Hans Urs von, Mysterium Paschale, in: MySal III/2, 133–326 [auch als: Theologie der drei Tage, Freiburg 1990].
Balthasar, Hans Urs von, Theodramatik III. Die Handlung; IV. Das Endspiel, Einsiedeln 1980; 1983.
Balthasar, Hans Urs von, Theologie der Geschichte, Einsiedeln ³1959.
Balthasar, Hans Urs von, Über Stellvertretung, in: Ders., Pneuma und Institution, Einsiedeln 1974, 401–409.
Balthasar, Hans Urs von, Umrisse der Eschatologie, in: Verbum Caro. Skizzen zur Theologie I, Einsiedeln ²1960, 276–300.
Balthasar, Hans Urs von, Was dürfen wir hoffen? (Kriterien 75), Einsiedeln 1986.
Balthasar, Hans Urs von, Wie Gott verzeiht, in: Homo creatus est. Skizzen zur Theologie V, Einsiedeln 1986, 204–217.
Barker, Margaret, Atonement: The Rite of Healing, in: Scottish Journal of Theology 49 (1996) 1–20.
Barth, Karl, Die Kirchliche Dogmatik II/1, 288–664: „Gottes Wirklichkeit".
Bartuschat, Wolfgang, Recht, Vernunft, Gerechtigkeit, in: Hans-Joachim Koch/ Michael Köhler/Kurt Seelmann (Hgg.), Theorien der Gerechtigkeit (ARSP, Beiheft 56), Stuttgart 1994, 9–23.
Bartuschat, Wolfgang, Zur Deduktion des Rechts aus der Vernunft bei Kant und Fichte, in: Fichtes Lehre vom Rechtsverhältnis. Die Deduktion der §§ 1–4

der „Grundlage des Naturrechts" und ihre Stellung in der Rechtsphilosophie (JurAbh 21), hg. v. Michael Kahlo u.a., Frankfurt am Main 1992, 173–193.

Basse, Michael, Certitudo spei. Thomas von Aquins Begründung der Hoffnungsgewissheit und ihre Rezeption bis zum Konzil von Trient als ein Beitrag zur Verhältnisbestimmung von Eschatologie und Rechtfertigungslehre (FSÖTh 69), Göttingen 1993.

Basset, Lytty, Le pardon originel. De l'abîme du mal au pouvoir de pardonner, Genf (1994) ³2005.

Baudler, Georg, Jesus – der vollkommene Sündenbock? Zu René Girards Revision seines Opferbegriffs, in: LebZeug 52 (1997) 212–223.

Baum, Hermann, Das dialektische Verhältnis von Moral und Religion bei Kant, in: Ders., Kant. Moral und Religion, Sankt Augustin 1998, 47–60.

Baumgartner, Hans Michael, Gott und das ethische gemeine Wesen in Kants Religionsschrift. Eine spezielle Form des ethikotheologischen Gottesbeweises?, in: Matthias Lutz-Bachmann (Hg.), Metaphysikkritik, Ethik, Religion (Religion in der Moderne), Würzburg 1995, 103–117.

Bayer, Oswald, Die Gegenwart der Güte Gottes. Zum Problem des Verhältnisses von Gottesfrage und Ethik, in: Ders., Zugesagte Freiheit. Zur Grundlegung theologischer Ethik, Gütersloh 1980, 77–100.

Bayer, Oswald, Die Zukunft Jesu Christi zum letzten Gericht, in: Eschatologie und Jüngstes Gericht, hg. von Reinhard Rittner (Bekenntnis: Fuldaer Hefte 32), Hannover 1991, 68–99.

Bayer, Oswald, Martin Luthers Theologie. Eine Vergegenwärtigung, Tübingen ²2004.

Becker, Jürgen, Die neutestamentliche Rede vom Sühnetod Jesu, in: ZThK, Beiheft 8: Die Heilsbedeutung des Kreuzes für Glaube und Hoffnung des Christen, Tübingen 1990, 29–49.

Becker, Jürgen, Jesus von Nazaret, Berlin – New York 1996.

Beer, Theobald, Der fröhliche Wechsel und Streit. Grundzüge der Theologie Martin Luthers (Sammlung Horizonte, N.F. 19), Einsiedeln ²1980.

Beinert, Wolfgang, „Unsterblichkeit der Seele" versus „Auferweckung der Toten"?, in: Hans Kessler (Hg.), Auferstehung der Toten. Ein Hoffnungsentwurf im Blick heutiger Wissenschaften, Darmstadt 2004, 94–112.

Beinert, Wolfgang, Versöhnung als Lebensvollzug der Kirche, in: Theorie der Sprachhandlungen und heutige Ekklesiologie, hg. v. Peter Hünermann/Richard Schaeffler (QD 109), Freiburg – Basel – Wien 1987, 130–149.

Ben-Chorin, Schalom, Jüdischer Glaube. Strukturen einer Theologie des Judentums anhand des Maimonidischen Credo. Tübinger Vorlesungen, Tübingen 1975.

Benjamin, Walter, Geschichtsphilosophische Thesen, in: Walter Benjamin, Zur Kritik der Gewalt und andere Aufsätze (es 103), Frankfurt am Main 1965, 78–94.

Benjamin, Walter, Theologisch-politisches Fragment, in: Walter Benjamin, Zur Kritik der Gewalt und andere Aufsätze (es 103), Frankfurt am Main 1965, 95 f.

Benjamin, Walter, Zur Kritik der Gewalt, in: Walter Benjamin, Zur Kritik der Gewalt und andere Aufsätze (es 103), Frankfurt am Main 1965, 29–65.

Berkovits, Eliezer, Das Verbergen Gottes. Eine jüdische Geschichtsphilosophie,

in: Wolkensäule und Feuerschein. Jüdische Theologie des Holocaust, hg. v. Michael Brocke/Herbert Jochum, Gütersloh (1982) 1993, 43–72.
Bernasconi, Robert, Lévinas, Hegel. La possibilité du pardon et de la réconciliation, in: Emmanuel Lévinas, hg. v. Cathérine Chalier/Miguel Abensour (Cahiers de l'Herne), Paris 1991, 328–342.
Bernath, Klaus, Utopie und Eschatologie im anthropologischen Ansatz des Thomas von Aquin, in: Ders. (Hg.), Thomas von Aquin, Bd. 2: Philosophische Fragen (WdF 538), Darmstadt 1981, 457–481.
Bérubé, Camille, Raison principale de l'incarnation du verbe selon Bonaventure et Duns Scot, in: Clavis scientiae (FS Isidor Agudo da Villapadierna), hg. v. Vincenzo Criscuolo (BSC 60), Rom 1999, 67–91.
Beutel, Albrecht (Hg.), Luther-Handbuch, Tübingen 2005.
Bielefeldt, Heiner, Philosophie der Menschenrechte. Grundlagen eines weltweiten Freiheitsethos, Darmstadt 1998.
Bieler, Martin, Befreiung der Freiheit. Zur Theologie der stellvertretenden Sühne, Freiburg – Basel – Wien 1996.
Billy, Dennis J., Penitential reconciliation in Abelard's „Scito te ipsum", in: StMor 30 (1992) 17–35.
Biser, Eugen, Sündenvergebung und Sinngebung, in: Leid – Schuld – Versöhnung. Die Vorlesungen der Salzburger Hochschulwochen 1989, hg. v. Paulus Gordan, Graz – Wien – Köln 1990, 43–67.
Bizer, Ernst, Fides ex auditu. Eine Untersuchung über die Entdeckung der Gerechtigkeit Gottes durch Martin Luther, Neukirchen-Vluyn ³1966.
Blank, Josef/Werbick, Jürgen (Hgg.), Sühne und Versöhnung (Theologie zur Zeit 1), Düsseldorf 1986.
Blank, Josef, Weißt du, was Versöhnung heißt? Der Kreuztod Jesu als Sühne und Versöhnung, in: Ders./Jürgen Werbick (Hgg.), Sühne und Versöhnung, 21–91.
Bloch, Ernst, Atheismus im Christentum. Zur Religion des Exodus und des Reichs [1968] (stw 254), Frankfurt am Main 1980.
Bloch, Ernst, Das Prinzip Hoffnung, 2 Bde., Frankfurt am Main ²1963.
Blumenberg, Hans, Kant und die Frage nach dem „gnädigen Gott", in: Studium Generale 7 (1954) 554–570.
Blumenberg, Hans, Säkularisierung und Selbstbehauptung (erw. u. überarb. Ausg. von »Die Legitimität der Neuzeit«, Teil 1 und 2), Frankfurt am Main 1974.
Böckle, Franz, Was ist das Proprium einer christlichen Ethik?, in: ZEE 11 (1967) 148–159.
Bodendorfer, Gerhard, Die Spannung von Gerechtigkeit und Barmherzigkeit in der rabbinischen Auslegung mit Schwerpunkt auf der Psalmeninterpretation, in: Ruth Scoralick (Hg.), Das Drama der Barmherzigkeit Gottes. Studien zur biblischen Gottesrede und ihrer Wirkungsgeschichte in Judentum und Christentum (SBS 183), Stuttgart 1999, 157–192.
Bohatec, Josef, Die Religionsphilosophie Kants in „Die Religion innerhalb der Grenzen der bloßen Vernunft". Mit besonderer Berücksichtigung ihrer theologisch-dogmatischen Quellen, Hamburg 1938 (Nd. Hildesheim 1966).
Boldt, Joachim, Kierkegaards „Furcht und Zittern" als Bild seines ethischen Erkenntnisbegriffs (Kierkegaard Studies. Monograph Series 13), New York – Berlin 2006.

Bongardt, Michael, Der Widerstand der Freiheit. Eine transzendentaldialogische Aneignung der Angstanalysen Kierkegaards (FTS 49), Frankfurt am Main 1993.
Bongardt, Michael, Freiheit – Grund und Ziel unserer Erlösung. Anstöße zu einer engagierten Hoffnung, in: Pastoralblatt 1/1998, 3–10.
Bornkamm, Heinrich, Iustitia dei in der Scholastik und bei Luther, in: ARG 39 (1942) 1–46.
Bornkamm, Heinrich, Luthers Bericht über seine Entdeckung der iustitia dei, in: ARG 37 (1940) 117–128.
Bougerol, Jacques Guy, Saint Bonaventure et saint Anselme, in: Anton. 47 (1962) 333–361.
Boulnois, Olivier, Johannes Duns Scotus. Transzendentale Metaphysik und normative Ethik, in: Theo Kobusch (Hg.), Philosophen des Mittelalters, Darmstadt 2000, 219–235.
Brandenburger, Egon, Art. „Gericht Gottes III. Neues Testament", in: TRE 12 (1993) 469–483.
Brandenburger, Egon, Gerichtskonzeptionen im Urchristentum und ihre Voraussetzungen. Eine Problemstudie, in: Studien zum Neuen Testament und seiner Umwelt 16 (1991) 5–54 (Wiederabdruck in: Ders., Studien zur Geschichte und Theologie des Urchristentums, SBAB.NT 15, Stuttgart 1993, 289–338).
Brandt, Reinhard, Gerechtigkeit bei Kant, in: Jahrbuch für Recht und Ethik 1 (1993) 25–44.
Brantschen, Johannes B., Die Macht der freien Gewinnung. Eine Fußnote zur Hölle, in: Gottesgeschichten. Beiträge zu einer systematischen Theologie (FS Gottfried Bachl), hg. v. Wilhelm Achleitner/Ulrich Winkler, Freiburg – Basel – Wien 1992, 192–211.
Brantschen, Johannes B., Die Macht und Ohnmacht der Liebe. Randglossen zum dogmatischen Satz: Gott ist unveränderlich, in: FZPhTh 27 (1980) 224–246.
Brantschen, Johannes B., Gott ist größer als unser Herz. Auf den Spuren seiner Zärtlichkeit, Freiburg – Basel – Wien (1981) 1993.
Brantschen, Johannes B., Gott und das Böse. Aktuelle theologische Erwägungen zu einer zeitlosen religiösen Frage, in: HerKorr 33 (1979) 43–48.
Brantschen, Johannes B., Hoffnung für Zeit und Ewigkeit. Der Traum von wachen Christenmenschen, Freiburg – Basel – Wien 1992.
Braulik, Georg, Das Deuteronomium und die Geburt der Menschenrechte, in: Ders., Studien zur Theologie des Deuteronomiums (SBAB.AT 2), Stuttgart 1988, 301–323.
Breuning, Wilhelm, Systematische Entfaltung der eschatologischen Aussagen, in: MySal V, 779–890.
Breuning, Wilhelm, Zur Lehre von der Apokatastasis, in: IKaZ 10 (1981) 19–31.
Breytenbach, Cilliers, Versöhnung. Eine Studie zur paulinischen Soteriologie (WMANT 60), Neukirchen-Vluyn 1989.
Bro, Bernard, Miséricorde et justice. Dieu est-il complice du peché?, in: Vie spirituelle 106 (1962) 396–410.
Broer, Ingo, Jesus und das Gesetz. Anmerkungen zur Geschichte des Problems

und zur Frage der Sündenvergebung durch den historischen Jesus, in: Ders. (Hg.), Jesus und das jüdische Gesetz, Stuttgart u. a. 1992, 61–104.
Brox, Norbert, Mehr als Gerechtigkeit. Die außenseiterischen Eschatologien des Markion und Origenes, in: Kairos 24 (1982) 1–16.
Brox, Norbert, Soteria und salus. Heilsvorstellung in der Alten Kirche, in: EvTh 33 (1973) 253–279.
Bultmann, Rudolf, Geschichte und Eschatologie, Tübingen ²1964.
Burger, Maria, Personalität im Horizont absoluter Prädestination. Untersuchungen zur Christologie des Johannes Duns Scotus und ihrer Rezeption in modernen theologischen Ansätzen (BGPhMA. NF 40), Münster 1994.

C

Cabes, André, La miséricorde, source de la paix, in: Les combats de la paix (FS René Coste), Toulouse 1996, 31–45.
Cazelles, Henri, A propos de quelches textes difficiles relatifs à la justice de Dieu dans l'Ancien Testament, in: Revue Biblique 58 (1951) 169–188.
Cesa, Claudio, Zur Interpretation von Fichtes Theorie der Intersubjektivität, in: Fichtes Lehre vom Rechtsverhältnis. Die Deduktion der §§ 1–4 der „Grundlage des Naturrechts" und ihre Stellung in der Rechtsphilosophie (JurAbh 21), hg. v. Michael Kahlo u. a., Frankfurt am Main 1992, 53–70.
Christen, Eduard/Kirchschläger, Walter (Hgg.), Erlöst durch Jesus Christus. Soteriologie im Kontext (ThBer 23), Freiburg/Ue. 2000.
Clanchy, Michael T., Abaelard. Ein mittelalterliches Leben (frz. Orig. 1997), Darmstadt 2000.
Clanchy, Michael T., Abelard's Mockery of St. Anselm, in: JEH 41 (1990) 1–23.
Clerk, E. de, Droits du démon et necessité de la rédemption. Les écoles d'Abélard et de Pierre Lombard, in: RThAM 14 (1947) 32–64.
Cohen, Hermann, Der Begriff der Religion im System der Philosophie, Gießen 1915.
Cohen, Hermann, Ethik des reinen Willens. System der Philosophie, 2. Teil, Berlin ²1907.
Cohen, Hermann, Kants Begründung der Ethik nebst ihren Anwendungen auf Recht, Religion und Gesellschaft, Berlin (1877) ²1910.
Cohen, Hermann, Religion der Vernunft aus den Quellen des Judentums (Leipzig 1919), Wiesbaden 1978.
Cohen, Hermann, Religion und Sittlichkeit. Eine Betrachtung zur Grundlegung der Religionsphilosophie, Berlin 1907.
Colonnello, Pio, La colpa e il tempo in Fëdor Dostoevskij, in: Sapienza 49 (1996) 271–297.
Congar, Yves M.-J., La miséricorde, attribut souverain de Dieu, in: Vie spirituelle 106 (1962) 380–395.
Cornehl, Peter, Die Zukunft der Versöhnung. Eschatologie und Emanzipation in der Aufklärung, bei Hegel und in der Hegelschen Schule, Göttingen 1971.
Cremer, Hermann, Die christliche Lehre von den Eigenschaften Gottes, hg. v. Helmut Burkhardt (Gütersloh 1897), Gießen – Basel (1983) ²1984.
Cremer, Hermann, Die paulinische Rechtfertigungslehre im Zusammenhange ihrer geschichtlichen Voraussetzungen, Gütersloh 1899.

Cross, Richard, Duns Scotus on goodness, justice, and what God can do, in: JThS 48 (1997) 48-76.
Crüsemann, Frank, Die Tora. Theologie und Sozialgeschichte des alttestamentlichen Gesetzes, Gütersloh (1992) ³2005.
Crüsemann, Frank, Jahwes Gerechtigkeit *(sedaqa/saedaeq)* im Alten Testament, in: EvTh 36 (1976) 427–449.
Crüsemann, Frank, Jahwes Gerechtigkeit im Alten Testament, in: EvTh 36 (1976) 427–449.
Crüsemann, Frank, Recht und Theologie im Alten Testament, in: Klaus Schlaich (Hg.), Studien zu Kirchenrecht und Theologie I (Texte und Materialien der Forschungsstätte der Evangelischen Studiengemeinschaft A 26), Heidelberg 1987, 11–81.
Cur deus homo. Atti del Congresso Anselmiano Internazionale. Roma 21–23 Maggio 1998, hg. v. Paul Gilbert u. a. (StAns 128), Rom 1999.

D

Dąbrowski, Wiesław, Dio Padre misericordioso alla luce dei commenti di san Tommaso d'Aquino di san Paolo Apostolo, in: Ang. 78 (2001) 439–477.
Daley, Brian, Eschatologie: Von der Aufklärung bis zur Gegenwart (HDG IV, 7a), Freiburg – Basel – Wien 1986.
Dantine, Wilhelm, Das Dogma im tridentinischen Katholizismus, in: HDThG 2, Göttingen 1980, 411–498.
Dekens, Oliver, Initiation à la vie malheureuse. De l'impossibilité du pardon chez Kant et Kierkegaard, in: RPL 96 (1998) 581–597.
Delhom, Pascal, Der Dritte. Levinas' Philosophie zwischen Verantwortung und Gerechtigkeit (Phänomenologische Untersuchungen 14), München 2000.
Denifle, Heinrich, Die abendländischen Schriftausleger bis Luther über *Iustitia Dei* (Rom 1,17) und *Justificatio*, Mainz ²1905.
Derrida, Jacques, Adieu. Nachruf auf Emmanuel Lévinas [Adieu à Emmanuel Lévinas, Paris 1997], München – Wien 1999.
Derrida, Jacques, Eben in diesem Moment in diesem Werk findest du mich, in: Levinas (Parabel. Schriftenreihe des Evangelischen Studienwerks Villigst 12), Gießen 1990, 42–83.
Derrida, Jacques, Gesetzeskraft. Der „mystische Grund der Autorität" (es 1645), Frankfurt am Main 1991.
Derrida, Jacques, Gewalt und Metaphysik. Essay über das Denken Emmanuel Levinas' [Violence et métaphysique. Essai sur la pensée d'Emmanuel Levinas, 1964], in: Ders. Die Schrift und die Differenz, Frankfurt am Main 1972, 121–235.
Derrida, Jacques, Le Siècle et le Pardon, in: Monde des Débats 9 (Paris 1999), wieder abgedruckt in: Foi et Savoir. Essais, Paris 2000, 103–133; dt. Übers.: Jahrhundert der Vergebung. Verzeihen ohne Macht – unbedingt und jenseits der Souveränität. Jacques Derrida im Gespräch mit Michel Wieviorka, in: Lettre international 49–51 (Frühjahr 2000), 10–18.
Derrida, Jacques, On cosmopolitanism and Forgiveness, London – New York 2001.
Dettloff, Werner, Art. „Duns Scotus/Scotismus I", in: TRE 9 (1982) 218–231.

Dettloff, Werner, Art. „Erlösung. Dogmengeschichtlich und systematisch", in: HThG I, 308–319.
Dettloff, Werner, Art. „Franziskanerschule", in: TRE 11 (1983) 397–401.
Dettloff, Werner, „Christus tenens medium in omnibus". Sinn und Funktion der Theologie bei Bonaventura, in: WiWei 20 (1957) 28–42. 120–140.
Dettloff, Werner, Das Gottesbild und die Rechtfertigung in der Schultheologie zwischen Duns Scotus und Luther, in: WiWei 27 (1964) 197–210.
Dettloff, Werner, Die franziskanische Theologie des Johannes Duns Scotus, in: WiWei 46 (1983) 81–91.
Dettloff, Werner, Die franziskanische Vorentscheidung im theologischen Denken des hl. Bonaventura, in: MThZ 13 (1962) 107–115.
Dettloff, Werner, Die Geistigkeit des Hl. Franziskus in der Christologie des Johannes Duns Scotus, in: WiWei 22 (1959) 17–28.
Dettloff, Werner, Die Geistigkeit des Hl. Franziskus in der Theologie der Franziskaner, in: WiWei 19 (1956) 197–211.
Dettloff, Werner, Die Lehre von der *acceptatio divina* bei Johannes Duns Scotus mit besonderer Berücksichtigung der Rechtfertigungslehre (FrFor 10), Werl 1954.
Dettloff, Werner, Die Rückkehr zum Evangelium in der Theologie. Franziskanische Grundanliegen bei Bonaventura, in: WiWei 38 (1975) 26–40.
Dettloff, Werner, Wege zur Wahrheit. Bonaventura und Johannes Duns Scotus – der Versuch eines Vergleichs, in: WiWei 54 (1991) 128–156.
Deus et homo ad mentem I. Duns Scoti. Acta congressus scotistici internationalis, Vindebonae, 28.9.–2.10.1970 (Studia scholastico-scotistica 5), Rom 1972.
Dickmann, Ulrich, Subjektivität als Verantwortung. Die Ambivalenz des Humanum bei Emmanuel Levinas und ihre Bedeutung für die theologische Anthropologie (TSTP 16), Tübingen 1997.
Dietrich, Manfried, Die Frage nach der persönlichen Freiheit im Alten Orient, in: Ders. u.a. (Hg.), Mesopotamica – Ugaritica – Biblica (FS K. Bergerhof; AOAT 232), Kevelaer/Neukirchen-Vluyn 1993, 45–58.
Dietz, Walter R., Biblische und systematisch-theologische Aspekte zur Rede von Gottes Zorn und Erbarmen, in: Günter Kruck/Claudia Sticher (Hgg.), „Deine Bilder stehn vor dir wie Namen". Zur Rede von Zorn und Erbarmen Gottes in der Heiligen Schrift, Mainz 2005, 31–54.
Dirscherl, Erwin, Bemerkungen zum Verhältnis von Anthropologie und Messiasgedanke im Dialog mit Emmanuel Levinas, in: ZkTh 118 (1996) 468–487.
Dirscherl, Erwin, Grundriss theologischer Anthropologie. Die Entschiedenheit des Menschen angesichts des Anderen, Regensburg 2006.
Disse, Jörg, Le fondement de l'espérance chez Ernst Bloch, in: FZPhTh 34 (1987) 185–203.
Dobbeler, Stephanie von, Das Gericht und das Erbarmen Gottes. Die Botschaft Johannes des Täufers und ihre Rezeption bei den Johannesjüngern im Rahmen der Theologiegeschichte des Frühjudentums (BBB 70), Bodenheim 1988.
Dostojewskij, Fjodor Michailowitsch, Die Brüder Karamasow (1879/80). Übers. von Hans Ruoff/Richard Hoffmann, München (1958) 1993.

Dreyer, Mechthild/Ingham, Mary Beth, Johannes Duns Scotus zur Einführung, Hamburg 2003.
Dreyer, Mechthild, Die Idee Gottes im Werk Hermann Cohens (MPF 230), Königstein im Taunus 1985.
Duesberg, Hans, Person und Gemeinschaft. Philosophisch-systematische Untersuchungen des Sinnzusammenhangs von personaler Selbständigkeit und interpersonaler Beziehung an Texten von J.G. Fichte und M. Buber (MüPF 1), Bonn 1970.
Duquoc, Christian, Die Vergebung Gottes, in: Conc (D) 22 (1986) 104–110.
Duquoc, Christian, Reale und sakramentale Versöhnung, in: Conc (D) 7 (1971) 11–17.
Düsing, Edith, Das Problem der Individualität in Fichtes früher Ethik und Rechtslehre, in: Fichte-Studien. Beiträge zur Geschichte und Systematik der Transzendentalphilosophie, Bd. 3: Sozialphilosophie, hg. v. Klaus Hammacher/Richard Schottky/Wolfgang H. Schrader, Amsterdam – Atlanta 1991, 29–50.
Düsing, Edith, Sittliche Aufforderung. Fichtes Theorie der Interpersonalität in der WL nova methodo und in der Bestimmung des Menschen, in: Transzendentalphilosophie als System. Die Auseinandersetzungen zwischen 1794 und 1806, hg. von Albert Mues (Schriften zur Transzendentalphilosophie 8), Hamburg 1989, 174–197.
Düsing, Edith, Sittliches Streben und religiöse Vereinigung. Untersuchungen zu Fichtes später Religionsphilosophie, in: Der Streit um die Göttlichen Dinge (1799–1812), hg. v. Walter Jaeschke (Philosophisch-literarische Streitsachen 3), Hamburg 1999, 98–128.
Düsing, Klaus, Das Problem des höchsten Gutes in Kants praktischer Philosophie, in: KantSt 62 (1971) 5–42.

E

Ebeling, Gerhard, Der Sühnetod Christi als Glaubensaussage. Eine hermeneutische Rechenschaft, in: ZThK, Beiheft 8: Die Heilsbedeutung des Kreuzes für Glaube und Hoffnung des Christen, Tübingen 1990, 3–28.
Ebeling, Gerhard, Dogmatik des christlichen Glaubens, Bd. 3: Der Glaube an Gott den Vollender der Welt, Tübingen (1979) ²1982.
Ebeling, Gerhard, Luther. Einführung in sein Denken, Tübingen (1964) ⁵2006.
Eborowicz, Waclaw, La conception augustinienne de la justice divine vindicative dans l'histoire de la théologie et de la philosophie, in: Giornale di Metafisica 32 (1977) 110–127.
Eckstein, Hans-Joachim, Die „bessere Gerechtigkeit". Zur Ethik Jesu nach dem Matthäus-Evangelium, in: Theologische Beiträge 32 (2001) 299–316.
Ego, Beate, „Maß gegen Maß". Reziprozität als Deutungskategorie im rabbinischen Judentum, in: Ruth Scoralick (Hg.), Das Drama der Barmherzigkeit Gottes. Studien zur biblischen Gottesrede und ihrer Wirkungsgeschichte in Judentum und Christentum (SBS 183), Stuttgart 1999, 193–217.
Ehni, Hans-Jörg, Das moralisch Böse. Überlegungen nach Kant und Ricœur (Praktische Philosophie 78), Freiburg – München 2006.
Eicher, Peter, Die Botschaft von der Versöhnung und die Theorie des kommunikativen Handelns, in: Edmund Arens (Hg.), Habermas und die Theologie.

Beiträge zur theologischen Rezeption, Diskussion und Kritik der Theorie des kommunikativen Handelns, Düsseldorf 1989, 199–223.

Eijk, Philip J. van der, Origenes' Verteidigung des freien Willens, in: VigChr 42 (1988) 339–351.

Enders, Markus, Abaelards „intentionalistische" Ethik, in: PhJ 106 (1999) 132–158.

Enders, Markus, Einleitung zu: Anselm von Canterbury, Über die Wahrheit. Lateinisch – deutsch (PhB 535), Hamburg 2001, XI–CXV.

Engel, Helmut, Auf zuverlässigen Wegen und in Gerechtigkeit. Religiöses Ethos in der Diaspora nach dem Buch Tobit, in: Biblische Theologie und gesellschaftlicher Wandel (FS Norbert Lohfink), hg. v. Georg Braulik u.a., Freiburg – Basel – Wien 1993, 83–100.

Engel, Helmut, Das Buch Tobit, in: Erich Zenger u.a., Einleitung in das Alte Testament (Studienbücher Theologie 1,1), Stuttgart ²1996, 183–191.

Engelhard, Daniela, Im Angesicht des Erlöser-Richters. Hans Urs von Balthasars Neuinterpretation des Gerichtsgedankens, Mainz 1999.

Engler, Wolfgang, Gerechte Menschen. Über Verantwortung im Ausnahmezustand, in: Christoph Demmerling/Thomas Rentsch (Hgg.), Die Gegenwart der Gerechtigkeit: Diskurse zwischen Recht, praktischer Philosophie und Politik, Berlin 1995, 197–207.

Ernst, Stephan, Bloße Gesinnungsethik? Eine Neuinterpretation der „Intention" bei Peter Abaelard, in: ThQ 177 (1997) 32–49.

Ernst, Stephan, Petrus Abaelardus (Zugänge zum Denken des Mittelalters 2), Münster 2003.

Ernst, Stephan, Rationalität und Subjektivität. Der Glaubensbegriff Peter Abaelards (1079–1142): Eine Frucht des geistigen Aufbruchs im 12. Jahrhundert, in: ThGl 79 (1989) 130–146.

Escribano-Alberca, Eschatologie. Von der Aufklärung bis zur Gegenwart (HDG IV 7d), Freiburg – Basel – Wien 1987.

Essen, Georg/Striet, Magnus (Hgg.) Kant und die Theologie, Darmstadt 2005.

Etzelmüller, Gregor, „... zu richten die Lebendigen und die Toten". Zur Rede vom Jüngsten Gericht im Anschluss an Karl Barth, Neukirchen-Vluyn 2001.

F

Fastenrath, Elmar, In vitam aeternam. Grundzüge christlicher Eschatologie in der ersten Hälfte des 20. Jahrhunderts (MThS 43), St. Ottilien 1982.

Fehlner, Peter-Damian, Person und Gnade nach Johannes Duns Scotus, in: WiWei 28 (1965) 15–39.

Fiedler, Peter, Jesus und die Sünder, Frankfurt – Bern 1976.

Fiedler, Peter, Sünde und Vergebung im Christentum, in: Conc (D) 10 (1974) 568–571.

Finkenzeller, Josef, Eschatologie, in: Glaubenszugänge. Lehrbuch der katholischen Dogmatik III, hg. von Wolfgang Beinert, Paderborn u.a. 1995, 525–671.

Finkenzeller, Josef, Was kommt nach dem Tod?, München 1976.

Fischer, Georg/Backhaus, Knut, Sühne und Versöhnung (Neue Echter Bibel. Themen 7), Würzburg 2000.

Fischer, Johannes, Schuld und Sühne. Über theologische, ethische und strafrechtliche Aspekte, in: ZEE 39 (1995) 188–205.
Fischer, Konrad, De Deo trino et uno. Das Verhältnis von „productio" und „reductio" in seiner Bedeutung für die Gotteslehre Bonaventuras (FSÖTh 38), Göttingen 1976.
Fischer, Konrad, Hinweise zur Gotteslehre Bonaventuras, in: San Bonaventura maestro di vita francescana e di sapienza cristiana, hg. v. A. Pompei, Bd. 1, Rom 1976, 513–525.
Fischer, Norbert (Hg.), Kants Metaphysik und Religionsphilosophie (Kant-Forschungen 15), Hamburg 2004.
Fitzmyer, Joseph A., Reconciliation in Pauline Theology, in: J. W. Flanagan/A. W. Robinson (Hgg.), No famine in the land (FS J. L. McKenzie), Missoula 1975, 155–177.
Flasch, Kurt (Hg.), Logik des Schreckens. Augustinus von Hippo: Die Gnadenlehre von 397 (lat./dt.), (Excerpta classica 8), Mainz ²1995.
Flasch, Kurt, Augustin. Einführung in sein Denken, Stuttgart 1980.
Flasch, Kurt, Das philosophische Denken im Mittelalter. Von Augustin zu Machiavelli, Stuttgart 1986.
Flasch, Kurt, Der philosophische Ansatz des Anselm von Canterbury im Monologion und sein Verhältnis zum augustinischen Neuplatonismus, in: AAns 2 (1970) 1–43.
Flasch, Kurt, Einführung in die Philosophie des Mittelalters (Einführungen), Darmstadt ²1989.
Flasch, Kurt, Freiheit des Willens, 850 bis 1150, in: Fried, Johannes (Hg.). Die abendländische Freiheit vom 10. bis zum 14. Jahrhundert. Der Wirkungszusammenhang von Idee und Wirklichkeit im europäischen Vergleich (Vorträge und Forschungen 39), Sigmaringen 1991, 17–47.
Forschner, Maximilian, Das Ideal des moralischen Glaubens. Religionsphilosophie in Kants Reflexionen, in: Friedo Ricken/François Marty (Hgg.), Kant über Religion, Stuttgart – Berlin – Köln 1992, 83–99.
Forschner, Maximilian, Moralität und Glückseligkeit in Kants Reflexionen, in: ZPhF 42 (1988) 351–370.
Frank, Manfred (Hg.), Selbstbewusstseinstheorien von Fichte bis Sartre (stw 964), Frankfurt am Main 1991.
Frank, Manfred, Die Unhintergehbarkeit von Individualität. Reflexionen über Subjekt, Person und Individuum aus Anlaß ihrer „postmodernen" Toterklärung (st 1377), Frankfurt am Main 1986.
Frank, Manfred, Was ist Neostrukturalismus? (es.NF 203), Frankfurt am Main 1983.
Frankemölle, Hubert, Frühjudentum und Urchristentum. Vorgeschichte – Verlauf – Auswirkungen (4. Jahrhundert v. Chr. bis 4. Jahrhundert n. Chr.) (Studienbücher Theologie 5), Stuttgart 2006.
Franz, Matthias, Der barmherzige und gnädige Gott. Die Gnadenrede vom Sinai (Exodus 34,6–7) und ihre Parallelen im Alten Testament und seiner Umwelt (BWANT, 8. Folge, Heft 20), Stuttgart 2003.
Freuling, Georg, „Wer eine Grube gräbt …": Der Tun-Ergehen-Zusammenhang und sein Wandel in der alttestamentlichen Weisheitsliteratur (WMANT 102), Neukirchen-Vluyn 2004.

Literatur

Frey, Jörg, Die johanneische Eschatologie. Die eschatologische Verkündigung in den johanneischen Texten (WUNT 117), Tübingen 2000.
Freyer, Thomas, Die Theodizeefrage – eine Herausforderung für eine heutige Christologie? Anmerkungen zur gegenwärtigen Debatte im Kontext des christlich-jüdischen Gesprächs, in: Catholica 52 (1988) 200–228.
Fuchs, Gisela, Mythos und Hiobdichtung. Aufnahme und Umdeutung altorientalischer Vorstellungen, Stuttgart 1992.
Fuchs, Gotthard (Hg.), Angesichts des Leids an Gott glauben? Zur Theologie der Klage, Frankfurt am Main 1996.
Fuchs, Ottmar, Das Jüngste Gericht. Hoffnung auf Gerechtigkeit, Regensburg (2007) ²2009.
Fuchs, Ottmar, Dass Gott zur Rechenschaft gezogen werde – weil er sich weder gerecht noch barmherzig zeigt? Überlegungen zu einer Eschatologie der Klage, in: Ruth Scoralick (Hg.), Das Drama der Barmherzigkeit Gottes. Studien zur biblischen Gottesrede und ihrer Wirkungsgeschichte in Judentum und Christentum (SBS 183), Stuttgart 1999, 11–32.
Fuchs, Ottmar, Deus semper maior: auch im Gericht, in: ThPQ 144 (1996) 131–144.
Fuchs, Ottmar, Gerechtigkeit im Gericht – Ein Versuch. Zum 90. Geburtstag von Hans Urs von Balthasar, in: Anzeiger für die Seelsorge 104 (1995) 554–561.
Fuchs, Ottmar, In der Sünde auf dem Weg der Gnade, in: Sünde und Gericht (JBTh 9), Neukirchen-Vluyn 1994, 235–259.
Fuchs, Ottmar, Neue Wege einer eschatologischen Pastoral, in: ThQ 179 (1999) 260–288.

G

Gäde, Gerhard, Eine andere Barmherzigkeit. Zum Verständnis der Erlösungslehre Anselms von Canterbury (Bonner Dogmatische Studien 3), Würzburg 1989.
Garrigues, Jean-Miguel, Miséricorde et justice dans le dessin divin sur les créatures spirituelles selon S. Thomas, in: NV 79 (2004) 9–18.
Gasper, Giles E. M./Kohlenberger, Helmut (Hgg.), Anselm and Abelard. Investigations and juxtapositions (Papers in Mediaeval Studies 19), Toronto 2006.
Geach, Peter T., The Moral Law and the Law of God, in: Ders., God and the Soul, London 1969, 117–129.
George, Augustin, Das Gericht Gottes. Interpretationsversuch zu einem eschatologischen Thema, in: Conc (D) 5 (1969) 3–9.
Georges, Tobias, Quam nos divinitatem nominare consuevimus. Die theologische Ethik des Peter Abaelard (AKThG 16), Leipzig 2005.
Gerhards, Albert (Hg.), Die größere Hoffnung der Christen. Eschatologische Vorstellungen im Wandel (QD 127), Freiburg – Basel – Wien 1990.
Gerken, Alexander, Bonaventuras Konvenienzgründe für die Inkarnation des Sohnes, in: WiWei 23 (1960) 131–146.
Gerken, Alexander, Theologie des Wortes. Das Verhältnis von Schöpfung und Erlösung bei Bonaventura, Düsseldorf 1963.

Gese, Hartmut, Die Sühne, in: Ders., Zur biblischen Theologie. Alttestamentliche Vorträge, München 1977, 86–106.
Gestrich, Christof, Christentum und Stellvertretung. Religionsphilosophische Untersuchungen zum Heilsverständnis und zur Grundlegung der Theologie, Tübingen 2001.
Gestrich, Christof, Die Seele des Menschen und die Hoffnung der Christen. Evangelische Eschatologie vor der Erneuerung, Frankfurt am Main 2009.
Gestrich, Christof, Die Wiederkehr des Glanzes in der Welt. Die christliche Lehre von der Sünde und ihrer Vergebung in gegenwärtiger Verantwortung, Tübingen 1989.
Gibbs, H. Robert, Fear of Forgiveness. Kant and the Paradox of Mercy, in: Philosophy and Theology III/4 (1989) 323–334.
Gilbert, Paul u. a. (Hgg.), Cur deus homo. Atti del Congresso Anselmiano Internazionale. Roma 21–23 Maggio 1998 (StAns 128), Rom 1999.
Gilbert, Paul, Violence et liberté dans le „Cur Deus homo", in: Cur deus homo (StAns 128), 673–695.
Girndt, Helmut, Unbedingte Anerkennung als Grundlage vernünftigen Selbstbewußtseins und vernünftiger Selbstbehauptung nach Kant, in: Ders. (Hg.), Selbstbehauptung und Anerkennung. Spinoza – Kant – Fichte – Hegel, Sankt Augustin 1990, 79–93.
Goebel, Bernd, Rectitudo, Wahrheit und Freiheit bei Anselm von Canterbury. Eine philosophische Untersuchung seines Denkansatzes (BGPhMA. NF 56), Münster 2001.
Gondek, Hans-Dieter, Gesetz, Gerechtigkeit und Verantwortung bei Levinas. Einige Erläuterungen, in: Gewalt und Gerechtigkeit. Derrida – Benjamin, hg. v. Anselm Haverkamp (es.NF 706), Frankfurt am Main 1994, 315–330.
Gordan, Paulus (Hg.), Leid – Schuld – Versöhnung, Graz – Wien – Köln 1990.
Görg, Manfred, Religionen in der Umwelt des Alten Testaments, Bd. III: Ägyptische Religion. Wurzeln – Wege – Wirkungen (Studienbücher Theologie 4,3), Stuttgart 2007.
Görtz, Heinz-Jürgen, Der „Grundakt" des Erzählens. Ricœurs Gedanke der „narrativen Identität" in theologischer Perspektive, in: Burkhard Liebsch (Hg.), Hermeneutik des Selbst – Im Zeichen des Anderen. Zur Philosophie Paul Ricœurs, Freiburg – München 1999, 273–300.
Gott, der barmherzige Vater, hg. v. der Theologisch-Historischen Kommission für das Heilige Jahr 2000, Regensburg 1998.
Gregg, Brian, The Historical Jesus and the Final Judgement Sayings in Q (WUNT 207), Tübingen 2006.
Greiner, Michael, Für alle hoffen? Systematische Überlegungen zu Hans Urs von Balthasar, in: Magnus Striet u. a. (Hgg.), Die Kunst Gottes verstehen. Hans Urs von Balthasars theologische Provokationen, Freiburg – Basel – Wien 2005, 228–261.
Greish, Jean, Vom Glück des Erinnerns zur Schwierigkeit des Vergebens. Drei Grundgestalten der Versöhnung im Horizont einer Anthropologie der Fähigkeit, in: Stefan Orth/Peter Reifenberg (Hgg.), Facettenreiche Anthropologie. Paul Ricœurs Reflexionen auf den Menschen, Freiburg – München 2004, 91–114.
Greshake, Gisbert (Hg.), Ungewisses Jenseits? Himmel – Hölle – Fegefeuer (Schriften der Katholischen Akademie in Bayern 121), Düsseldorf 1986.

Literatur

Greshake, Gisbert/Lohfink, Norbert, Naherwartung – Auferstehung – Unsterblichkeit. Untersuchungen zur christlichen Eschatologie (QD 71), Freiburg – Basel – Wien (1975) ⁵1986.
Greshake, Gisbert, Auferstehung im Tod. Ein parteiischer Rückblick auf eine eschatologische Diskussion, in: ThPh 73 (1998) 538–557.
Greshake, Gisbert, Der Wandel der Erlösungsvorstellungen in der Theologiegeschichte, in: Leo Scheffczyk (Hg.), Erlösung und Emanzipation (QD 61), Freiburg – Basel – Wien 1973, 69–101.
Greshake, Gisbert, Erlösung und Freiheit. Zur Neuinterpretation der Erlösungslehre Anselms von Canterbury, in: ThQ 153 (1973) 323–345
Greshake, Gisbert, Geschenkte Freiheit. Einführung in die Gnadenlehre (theologisches Seminar), Freiburg – Basel – Wien 1977.
Greshake, Gisbert, Gnade als konkrete Freiheit. Eine Untersuchung zur Gnadenlehre des Pelagius, Mainz 1972.
Greshake, Gisbert, Himmel – Hölle – Fegefeuer im Verständnis heutiger Theologie, in: Ders. (Hg.), Ungewisses Jenseits?, 72–94.
Greshake, Gisbert, Leben – stärker als der Tod. Von der christlichen Hoffnung, Freiburg – Basel – Wien ²2008.
Greshake, Gisbert, Leiden und Gottesfrage, in: GuL 50 (1977) 102–121.
Greshake, Gisbert, „Seele" in der Geschichte der christlichen Eschatologie. Ein Durchblick, in: Wilhelm Breuning (Hg.), Seele – Problembegriff christlicher Eschatologie (QD 106), Freiburg – Basel – Wien 1986, 107–158.
Greshake, Gisbert, Theologiegeschichtliche und systematische Untersuchungen zum Verständnis der Auferstehung, in: Ders./Kremer, Jacob, Resurrectio Mortuorum. Zum theologischen Verständnis der leiblichen Auferstehung, Darmstadt 1986, 165–371.
Greshake, Gisbert, Zur Frage nach dem „Jenseits", in: Ders. (Hg.), Ungewisses Jenseits?, 7–15.
Griffiths, John Gwyn, The Devine Verdict. A Study of Divine Judgement in the Ancient Religions (SHR 52), Leiden 1991.
Groß, Heinrich, Grundzüge alttestamentlicher und frühjüdischer Eschatologie, in: MySal V, 701–722.
Gross, Julius, Abälards Umdeutung des Erbsündendogmas, in: ZRGG 15 (1963) 14–33.
Gross, Julius, Geschichte des Erbsündendogmas. Ein Beitrag zur Geschichte des Problems vom Ursprung des Übels, 4 Bde., München – Basel 1960–1972.
Gross, Walter, Keine Gerechtigkeit Gottes ohne Zorn Gottes – Zorn Gottes in der christlichen Bibel, in: Günter Kruck/Claudia Sticher (Hgg.), „Deine Bilder stehn vor dir wie Namen". Zur Rede von Zorn und Erbarmen Gottes in der Heiligen Schrift, Mainz 2005, 13–29.
Gross, Walter, Zorn Gottes – ein biblisches Theologumenon, in: Wolfgang Beinert (Hg.), Gott – Vor dem Bösen ratlos? (QD 177), Freiburg – Basel – Wien 1999, 47–85.
Grosse, Swen, Der Richter als Erbarmer. Ein eschatologisches Motiv bei Bernhard von Clairvaux, im „Dies irae" und bei Bonaventura, in: ThQ 185 (2005) 52–73.
Grua, Gaston, Jurisprudence universelle et Théodicée selon Leibniz (Bibliothèque de philosophie contemporaine. Histoire de la philosophie et philosophie générale), Paris 1953.

Gründel, Johannes, Das Verständnis von Sünde und Schuld in geschichtlicher Entwicklung, in: Anselm Hertz u.a. (Hgg.), Handbuch der christlichen Ethik, Bd. 3, Freiburg – Basel – Wien 1983, 130–159.

Gründel, Johannes, Schuld und Vergebung im christlichen Verständnis, in: Gerd Haeffner (Hg.), Schuld und Schuldbewältigung: keine Zukunft ohne Auseinandersetzung mit der Vergangenheit (Schriften der Katholischen Akademie in Bayern 149), Düsseldorf 1993, 127–147.

Gründel, Johannes, Strafen und Vergeben, in: CGMG 14, Freiburg – Basel – Wien 1981, 122–160.

Guardini, Romano, Die Lehre des heiligen Bonaventura von der Erlösung. Ein Beitrag zur Geschichte und zum System der Erlösungslehre, Düsseldorf 1921.

Guardini, Romano, Die letzten Dinge. Die christliche Lehre vom Tode, der Läuterung nach dem Tode, Auferstehung, Gericht und Ewigkeit, Würzburg ²1949.

Gubler, Marie-Luise, Die Auferstehung der Toten und das Weltgericht. Zur Entstehung der neutestamentlichen Zentralbotschaft, in: Diakonia 27 (1996) 150–161.

H

Haag, Ernst, Die Kriterien des Allgemeinen Gerichts, in: IKaZ 14 (1985) 15–27.

Haag, Ernst, Stellvertretung und Sühne nach Jesaja 53, in: TThZ 105 (1996) 1–20.

Habbel, Torsten, Der Dritte stört. Emmanuel Levinas – Herausforderung für die Politische Theologie und Befreiungsphilosophie, Mainz 1994.

Habermas, Jürgen, Moralbewusstsein und kommunikatives Handeln (stw 422), Frankfurt am Main (1983) 1992.

Habermas, Jürgen, Recht und Moral, in: Ders., Faktizität und Geltung. Beiträge zur Diskurstheorie des Rechts und des demokratischen Rechtsstaats, Frankfurt am Main ⁴1994, 541–599.

Habermas, Jürgen, Zu Max Horkheimers Satz „Einen unbedingten Sinn zu retten ohne Gott, ist eitel", in: Ders., Texte und Kontexte (stw 944), Frankfurt am Main 1991, 110–156.

Haeffner, Gerd (Hg.), Schuld und Schuldbewältigung: keine Zukunft ohne Auseinandersetzung mit der Vergangenheit (Schriften der Katholischen Akademie in Bayern 149), Düsseldorf 1993.

Haeffner, Gerd, Jenseits des Todes. Überlegungen zur Struktur der christlichen Hoffnung, in: StZ 193 (1975) 773–784.

Haeffner, Gerd, Schuld. Anthropologische Überlegungen zu einem ebenso problematischen wie unverzichtbaren Begriff, in: Ders. (Hg.), Schuld und Schuldbewältigung: keine Zukunft ohne Auseinandersetzung mit der Vergangenheit (Schriften der Katholischen Akademie in Bayern 149), Düsseldorf 1993, 10–28.

Haeffner, Gerd, Vom Unzerstörbaren im Menschen. Versuch einer philosophischen Annäherung an ein problematisch gewordenes Theologoumenon, in: Wilhelm Breuning (Hg.), Seele – Problembegriff christlicher Eschatologie (QD 106), Freiburg – Basel – Wien 1986, 159–179.

Hahn, Ferdinand, „Siehe, jetzt ist der Tag des Heils". Neuschöpfung und Versöhnung nach 2 Kor 5,14–6,2, in: EvTh 33 (1973) 244–153.
Hake, Ann-Kathrin, Vernunftreligion und historische Glaubenslehre. Immanuel Kant und Hermann Cohen (Studien und Materialien zum Neukantianismus 21), Würzburg 2003.
Halter, Hans, Gericht und ethisches Handeln. Zur Rede vom göttlichen Gericht in der modernen Dogmatik und zur Bedeutung dieser Rede für die Ethik, in: Hoffnung über den Tod hinaus, 181–224.
Hamm, Berndt, Promissio, pactum, ordinatio. Freiheit und Selbstbindung Gottes in der scholastischen Gnadenlehre (BHTh 54), Tübingen 1974.
Hammer, Felix, Genugtuung und Heil. Absicht, Sinn und Grenzen der Erlösungslehre Anselms von Canterbury, Wien 1967.
Hansen, Frank-Peter, Philosophie und Religion bei G.W.F. Hegel, in: PhJ 105 (1998) 109–124.
Häring, Hermann, Das Böse in der Welt. Gottes Macht oder Ohnmacht?, Darmstadt 1999.
Häring, Hermann, Das Problem des Bösen in der Theologie (Grundzüge 62), Darmstadt 1985.
Häring, Hermann, Die Macht des Bösen. Das Erbe Augustins (ÖTh 3), Zürich – Köln – Gütersloh 1979.
Härle, Wilfried, Die Rede von der Liebe und vom Zorn Gottes, in: ZThK, Beiheft 8: Die Heilsbedeutung des Kreuzes für Glaube und Hoffnung des Christen, Tübingen 1990, 50–69.
Härle, Wilfried, Leiden als Fels des Atheismus? Analysen und Reflexionen zum Philosophengespräch in „Dantons Tod", in: Ders. (Hg.), Unsere Welt – Gottes Schöpfung (FS Eberhard Wölfel), Marburg 1992, 127–143.
Harnack, Adolf von, Marcion. Das Evangelium vom fremden Gott. Eine Monographie zur Geschichte der Grundlegung der katholischen Kirche, Nachdruck der 2. Aufl. 1924, Darmstadt 1996.
Harwood, Sterling, Is Mercy Unjust?, in: Werner Maihofer/Gerhard Sprenger (Hgg.), Praktische Vernunft und Theorien der Gerechtigkeit (ARSP, Beiheft 50), Stuttgart 1992, 158–165.
Hasenfratz, Hans-Peter, Tod, Jenseits, Auferstehung in der Welt der Religionen, in: Hans Kessler (Hg.), Auferstehung der Toten. Ein Hoffnungsentwurf im Blick heutiger Wissenschaften, Darmstadt 2004, 13–34.
Haubst, Rudolf, Anselms Satisfaktionslehre einst und heute, in: TThZ 80 (1971) 88–109.
Haug, Walter, Christus tenens medium in omnibus. Das Problem der menschlichen Eigenmächtigkeit im neuplatonischen Aufstiegskonzept und die Lösung Bonaventuras im „Itinerarium Mentis in Deum", in: Homo Medietas (FS Alois Maria Haas), hg. v. Claudia Brinker-von der Heyde/Nikolaus Largier, Bern 1999, 79–96.
Haverkamp, Anselm, Kritik der Gewalt und die Möglichkeit der Gerechtigkeit. Benjamin in Deconstruction, in: Ders. (Hg.), Gewalt und Gerechtigkeit. Derrida-Benjamin (es.NF 706), Frankfurt am Main 1994, 7–50.
Hayes, Zachary, The Hidden Center. Spirituality and Speculative Christology in St. Bonaventure, New York – Ramsey – Toronto 1981.
Heinrichs, Johannes, Ideologie oder Freiheitslehre? Zur Rezipierbarkeit der tho-

manischen Gnadenlehre von einem transzendentaldialogischen Standpunkt, in: ThPh 49 (1974) 395–436.

Heinrichs, Johannes, Sinn und Intersubjektivität. Zur Vermittlung von transzendentalphilosophischem und dialogischem Denken in einer „transzendentalen Dialogik", in: ThPh 45 (1970) 161–191.

Heinz, Hanspeter/Kienzler, Klaus/Petuchowski, Jakob J. (Hgg.), Versöhnung in der jüdischen und christlichen Liturgie (QD 124), Freiburg – Basel – Wien 1990.

Hengel, Martin, Der Kreuzestod Jesu Christi als Gottes souveräne Erlösungstat. Exegese über 2 Kor 5,11–21, in: Theologie und Kirche (Reichenau-Gespräche der Evangelischen Landessynode Württemberg), Stuttgart ²1967, 60–89.

Hengel, Martin, Der stellvertretende Sühnetod Jesu. Ein Beitrag zur Entstehung des urchristlichen Kerygmas, in: IKaZ 9 (1980) 1–25; 135–147.

Henrich, Dieter, Eine philosophische Begründung für die Rede von Gott in der Moderne? Sechzehn Thesen, in: ZdK Dokumentation zum Symposion des Gesprächskreises „Judentum und Christen" beim ZdK am 22./23. Nov. 1995, Heft 103, Bonn 1996, 10–20.

Henrici, Peter, „... wie auch wir vergeben unseren Schuldigern", in: IKaZ 13 (1984) 389–405.

Herkert, Thomas/Remenyi, Matthias (Hgg.), Zu den letzten Dingen. Neue Perspektiven der Eschatologie, Darmstadt 2009.

Herms, Eilert, Schleiermachers Eschatologie nach der 2. Auflage der „Glaubenslehre", in: ThZ 46 (1990) 97–123.

Herrmann, Christian, Unsterblichkeit der Seele durch Auferstehung. Studien zu den anthropologischen Implikationen der Eschatologie (FSÖTh 83), Göttingen 1997.

Hödl, Ludwig, Die metaphysische und ethische Negativität des Bösen in der Theologie des Thomas von Aquin, in: Das Böse. Eine historische Phänomenologie des Unerklärlichen, hg. v. Carsten Colpe/Wilhelm Schmidt-Biggemann (stw 1078), Frankfurt am Main 1993, 137–164.

Hoesle, Vittorio, Intersubjektivität und Willensfreiheit in Fichtes „Sittenlehre", in: Fichtes Lehre vom Rechtsverhältnis. Die Deduktion der §§ 1–4 der „Grundlage des Naturrechts" und ihre Stellung in der Rechtsphilosophie (JurAbh 21), hg. v. Michael Kahlo u.a., Frankfurt am Main 1992, 29–52.

Hoff, Ansgar Maria, Die Physiologie des Antlitzes. Zur Ethik von Emmanuel Levinas, in: PhJ 105 (1998) 148–161.

Höffe, Otfried, Ein Thema wiedergewinnen: Kant über das Böse, in: Ders./Annemarie Pieper (Hg.), F. W. J. Schelling: Über das Wesen der menschlichen Freiheit (Klassiker auslegen 3), Berlin 1995, 11–34.

Hoffmann, Norbert, Kreuz und Trinität. Zur Theologie der Sühne, Einsiedeln 1982.

Hoffmann, Norbert, Stellvertretung. Grundgestalt und Mitte des Mysteriums. Ein Versuch trinitätstheologischer Begründung christlicher Sühne, in: MThZ 30 (1979) 161–191.

Hoffmann, Norbert, Sühne. Zur Theologie der Stellvertretung (Sammlung Horizonte N.F. 20), Einsiedeln 1981.

Hoffmann, Veronika, Die Gabe der Anerkennung. Ein Beitrag zur Soteriologie aus der Perspektive des Werkes von Paul Ricœur, in: ThPh 81 (2006) 503–528.

Hofius, Otfried, Erwägungen zur Gestalt und Herkunft des paulinischen Versöhnungsgedankens, in: ZThK 77 (1980) 186–199.
Hofius, Otfried, „Gott hat unter uns aufgerichtet das Wort von der Versöhnung" (2 Kor 5,19), in: ZNW 71 (1980) 3–20.
Hofius, Otfried, Jesu Zuspruch der Sündenvergebung. Exegetische Erwägungen zu Mk 2,5b, in: Sünde und Gericht (JBTh 9), Neukirchen-Vluyn 1994, 125–143.
Hofius, Otfried, „Rechtfertigung des Gottlosen" als Thema biblischer Theologie (1987), in: Ders., Paulusstudien, Tübingen 1989, 121–147.
Hofius, Otfried, Sühne und Versöhnung. Zum paulinischen Verständnis des Kreuzestodes Jesu, in: Ders., Paulusstudien (WUNT 51), Tübingen 1989, 33–49.
Hofius, Otfried, Vergebungszuspruch und Vollmachtsfrage. Mk 2,1–12 und das Problem der priesterlichen Absolution, in: Hans Georg Geyer (Hg.), „Wenn nicht jetzt, wann dann?" (FS Hans-Joachim Kraus), Neukirchen-Vluyn 1983, 115–127.
Holl, Karl, Die iustitia Dei in der vorlutherischen Bibelauslegung des Abendlandes [1921], in: Gesammelte Aufsätze zur Kirchengeschichte, Bd. 3: Der Westen, Nd. Darmstadt 1965, 171–188.
Holzhey, Helmut, Gott und Seele. Zum Verhältnis von Metaphysikkritik und Religionsphilosophie bei Hermann Cohen, in: Hermann Cohen's philosophy of religion. International conference in Jerusalem 1996, hg. v. Stéphane Moses/Hartwig Wiedebach (Philosophische Texte und Studien 44), (Publications of the Franz Rosenzweig Research Center for German-Jewish Literature and Cultural History), Hildesheim – Zürich – New York 1997, 85–104.
Honnefelder, Ludger, Ethik und Theologie. Thesen zu ihrer Verhältnisbestimmung, in: Matthias Lutz-Bachmann (Hg.), Metaphysikkritik, Ethik, Religion (Religion in der Moderne), Würzburg 1995, 141–152.
Honnefelder, Ludger, Transzendentalität und Moralität. Zum mittelalterlichen Ursprung zweier zentraler Topoi der neuzeitlichen Philosophie, in: ThQ 172 (1992) 178–195.
Honnefelder, Ludger, Zur Philosophie der Schuld, in: ThQ 155 (1975) 31–48.
Honneth, Axel, Zwischen Aristoteles und Kant. Skizze einer Moral der Anerkennung, in: Das Andere der Gerechtigkeit. Aufsätze zur praktischen Philosophie, Frankfurt am Main 2000, 171–192.
Hopf, Ansgar Maria, Die Physiologie des Antlitzes. Zur Ethik von Emmanuel Levinas, in: PhJ 105 (1998) 148–161.
Hoping, Helmut/Tück, Jan-Heiner, „Für uns gestorben". Die soteriologische Bedeutung des Todes Jesu und die Hoffnung auf universale Versöhnung, in: Eduard Christen/Walter Kirchschläger (Hgg.), Erlösung durch Jesus Christus (ThBer 23), Freiburg/Ue. 2000, 71–107.
Hoping, Helmut, Abschied vom allmächtigen Gott? Anmerkungen zu einer aktuellen Diskussion, in: TThZ 106 (1997) 177–188.
Hoping, Helmut, Freiheit im Widerspruch. Eine Untersuchung zur Erbsündenlehre im Ausgang von Immanuel Kant (IThS 30), Innsbruck – Wien 1990.
Hoping, Helmut, Freiheitsdenken und Erbsündenlehre. Der transzendentale Ursprung der Sünde, in: ThGl 84 (1994) 299–317.
Hoping, Helmut, Stellvertretung. Zum Gebrauch einer theologischen Kategorie, in: ZKTh 118 (1996) 345–360.

Horkheimer, Max/Adorno, Theodor W., Dialektik der Aufklärung (1944), Frankfurt am Main 1969.
Horkheimer, Max, Die Sehnsucht nach dem ganz Anderen. Ein Interview mit Kommentar von Helmut Gumnior (Stundenbücher 97), Hamburg 1970.
Horkheimer, Max, Was wir „Sinn" nennen, wird verschwinden. Ein Spiegel-Gespräch, in: Der Spiegel 1–2/1970, 79–84.
Hösl, Thomas, Das Verhältnis von Freiheit und Rationalität bei Martin Luther und Gottfried Wilhelm Leibniz, Frankfurt am Main u.a 2002.
Hossfeld, Frank Lothar (Hg.), Der neue Bund im Alten. Studien zur Bundestheologie der beiden Testamente (QD 146), Freiburg – Basel – Wien, 1993.
Houston, Joseph, Was the Anselm of „Cur Deus homo" a retributivist?, in: Cur deus homo (StAns 128), 621–639.
Houtman, Cornelis, „Wer kann Sünden vergeben außer Gott allein?" Über menschliche Vergebung im Alten Testament, in: Biblische Notizen 95 (1998) 33–44.
Hruby, Kurt, Gesetz und Gnade in der rabbinischen Überlieferung, in: Judaica 25 (1969) 30–63.
Hübner, Hans, Sühne und Versöhnung. Anmerkungen zu einem umstrittenen Kapitel biblischer Theologie, in: KuD 29 (1983) 284–305.
Hübner, Kurt, Über das christliche Totenreich. Purgatorium und Scheol, in: ThPh 81 (2006) 339–366.
Hudson, Hud, Wille, Willkür, and the Imputability of Immoral Actions, in: KantSt 81 (1991) 179–196.
Hünermann, Peter, „Erlöse uns von dem Bösen". Theologische Reflexion auf das Böse und die Erlösung vom Bösen, in: ThQ 162 (1982) 317–329.
Hünermann, Peter, Erlöste Freiheit. Dogmatische Reflexionen im Ausgang von den Menschenrechten, in: ThQ 165 (1985) 1–14.
Hünermann, Peter, Glaube an die Auferstehung von den Toten. Theologische Reflexion auf die Zumutung des Evangeliums, in: Ders. (Hg.), Sterben, Tod und Auferstehung. Ein interdisziplinäres Gespräch (Schriften der Katholischen Akademie in Bayern 114), Düsseldorf 1984, 61–80.
Hünermann, Peter, Jesus Christus – Gottes Wort in der Zeit. Eine systematische Christologie, Münster 1994.
Hünermann, Peter, Reich Gottes – Sinn und Ziel der Geschichte, in: Apokalyptik und Eschatologie. Sinn und Ziel der Geschichte, hg. v. Heinz Althaus, Freiburg – Basel – Wien 1987, 105–142.
Hünermann, Peter, Zur Theologie der Versöhnung. Perspektiven aus dogmatischer Sicht, in: GuL 70 (1997) 426–435.
Hunter, Charles K., Der Interpersonalitätsbeweis in Fichtes früher angewandter Philosophie (MPF 106), Meisenheim/Glan 1973.
Hüttenhoff, Michael, Ewiges Leben. Dogmatische Überlegungen zu einem Zentralbegriff der Eschatologie, in: ThLZ 125 (2000) 863–880.

I

Iammarrone, Giovanni, Attualità e limiti della cristologia di Giovanni Duns Scoto per l'elaborazione del discorso cristologico oggi, in: MF 88 (1988) 277–299.
Iammarrone, Giovanni, La Cristologia francescana. Impulsi per il presente (StFr 1), Florenz – Padua 1997.

Iammarrone, Luigi, Giovanni Duns Scoto. Metafisico e teologo. Le tematiche fondamentali della sua filosofia e teologia (MF; Collana »I Maestri Francescani« 10), Rom 1999.
Iammarrone, Luigi, La struttura della vita trinitaria come amore in S. Bonaventura, in: MF 89 (1989) 315–334.
Iber, Christian, Moderne Subjektivität und Rechte bei Fichte und Hegel. Kritische Betrachtungen zur Begründung des Rechts aus dem Begriff der praktischen Subjektivität, in: PhJ 105 (1998) 398–411.
Imbach, Josef, Himmelsglaube und Höllenangst. Was wissen wir vom Leben nach dem Tod?, München 1987.
Ingham, Mary B., Johannes Duns Scotus (Zugänge zum Denken des Mittelalters 3), Münster 2006.
Ivaldo, Marco, Das Problem des Bösen bei Fichte, in: Fichte-Studien. Beiträge zur Geschichte und Systematik der Transzendentalphilosophie, Bd. 3: Sozialphilosophie, hg. v. Klaus Hammacher/Richard Schottky/Wolfgang H. Schrader, Amsterdam – Atlanta 1991, 154–169.
Ivaldo, Marco, Transzendentale Interpersonalitätslehre in Grundzügen nach den Prinzipien der Wissenschaftslehre, in: Transzendentalphilosophie als System. Die Auseinandersetzungen zwischen 1794 und 1806, hg. von Albert Mues (Schriften zur Transzendentalphilosophie 8), Hamburg 1989, 163–173.

J

Janke, Wolfgang, Anerkennung. Fichtes Grundlegung des Rechtsgrundes, in: Helmut Girndt (Hg.), Selbstbehauptung und Anerkennung. Spinoza – Kant – Fichte – Hegel, Sankt Augustin 1990, 95–117.
Jankélévitch, Vladimir, Verzeihen [Pardonner?, 1971], in: Das Verzeihen. Essays zur Moral und Kulturphilosophie, hg. v. Ralf Konersmann, Darmstadt 2003, 243–282.
Janowski, Bernd/Stuhlmacher, Peter (Hgg.), Der leidende Gottesknecht. Jesaja 53 und seine Wirkungsgeschichte (FAT 14), Tübingen 1996.
Janowski, Bernd, Auslösung des verwirkten Lebens. Zur Geschichte und Struktur der biblischen Lösegeldvorstellung, in: ZThK 79 (1982) 25–59.
Janowski, Bernd, Das biblische Weltbild, in: Ders./Beate Ego (Hgg.), Das biblische Weltbild und seine altorientatlischen Kontexte, Tübingen 2001, 3–26.
Janowski, Bernd, Der barmherzige Richter. Zur Einheit von Gerechtigkeit und Barmherzigkeit im Gottesbild des Alten Orients und des Alten Testaments, in: Ruth Scoralick (Hg.), Das Drama der Barmherzigkeit Gottes. Studien zur biblischen Gottesrede und ihrer Wirkungsgeschichte in Judentum und Christentum (SBS 183), Stuttgart 1999, 33–91.
Janowski, Bernd, Die Tat kehrt zum Täter zurück. Offene Fragen im Umkreis des „Tun-Ergehen-Zusammenhangs" (1994), in: Ders., Die rettende Gerechtigkeit. Beiträge zur Theologie des Alten Testaments, Bd. 2, Neukirchen-Vluyn 1999, 167–191.
Janowski, Bernd, Er trug unsere Sünden. Jesaja 53 und die Dramatik der Stellvertretung, in: ZThK 90 (1993) 1–24.
Janowski, Bernd, Israel: Der göttliche Richter und seine Gerechtigkeit, in: Jan Assmann/Bernd Janowski/Michael Welker (Hgg.), Gerechtigkeit. Richten

und Retten in der abendländischen Tradition und ihren altorientalischen Ursprüngen (Reihe Kulte/Kulturen), München 1998, 20–28.
Janowski, Bernd, JHWH der Richter – ein rettender Gott. Psalm 7 und das Motiv des Gottesgerichts (1994), in: Ders., Die rettende Gerechtigkeit. Beiträge zur Theologie des Alten Testaments, Bd. 2, Neukirchen-Vluyn 1999, 92–124.
Janowski, Bernd, JHWH und der Sonnengott. Aspekte der Solarisierung JHWHs in vorexilischer Zeit, in: Ders., Die rettende Gerechtigkeit. Beiträge zur Theologie des Alten Testaments, Bd. 2, Neukirchenen-Vluyn 1999, 192–219.
Janowski, Bernd, Rettungsgewissheit und Epiphanie des Heils. Das Motiv der Hilfe Gottes „am Morgen" im Alten Orient und im Alten Testament, Bd. I: Alter Orient (WMANT 59), Neukirchen-Vluyn 1989.
Janowski, Bernd, Richten und Retten. Zur Aktualität der altorientalischen und biblischen Gerechtigkeitskonzeption, in: Ders., Die rettende Gerechtigkeit. Beiträge zur Theologie des Alten Testaments, Bd. 2, Neukirchen-Vluyn 1999, 220–246.
Janowski, Bernd, Stellvertretung. Alttestamentliche Studien zu einem theologischen Grundbegriff (SBS 165), Stuttgart 1997.
Janowski, Bernd, Sühne als Heilsgeschehen. Studien zur Sühnetheologie der Priesterschrift und zur Wurzel KPR im Alten Orient und im Alten Testament (WMANT 55), Neukirchen-Vluyn 1982.
Janowski, Johanna Christine, Allerlösung. Annäherung an eine entdualisierte Eschatologie (NBST 23), Neukirchen-Vluyn 1995.
Janowski, Johanna Christine, Eschatologischer Dualismus? Erwägungen zum „doppelten Ausgang" des Jüngsten Gerichts, in: Sünde und Gericht (JBTh 9), Neukirchen-Vluyn 1994, 219–234.
Janssen, Hans-Gerd, Gott – Freiheit – Leid. Das Theodizeeproblem in der Philosophie der Neuzeit, Darmstadt 1989.
Janssen, Hans-Gerd, Theodizee als neuzeitliches Problem versöhnender Praxis, in: Willi Oelmüller (Hg.), Leiden (Kolloquium Religion und Philosophie), Paderborn 1986, 40–50.
Jens, Walter, „Ich aber will sehen, wie der Ermordete aufsteht und seinen Mörder umarmt", in: Ders./Hans Küng (Hgg.), Dichtung und Religion. Pascal, Gryphius, Lessing, Hölderlin, Novalis, Kierkegaard, Dostojewski, Kafka, München 1985, 267–284.
Jeremias, Jörg, Die Reue Gottes. Aspekte alttestamentlicher Gottesvorstellung (BThSt 31), Neukirchen-Vluyn (1975) ²1997.
Joest, Wilfried, Ontologie der Person bei Luther, Göttingen 1967.
Johannes Paul II., Papst, Apostolisches Schreiben „Reconciliatio et paenitentia" über Versöhnung und Buße in der Sendung der Kirche heute (2. Dez. 1984) (Verlautbarungen des Apostolischen Stuhls 60), Bonn 1984.
Johannes Paul II., Papst, Enzyklika „Dives in misericordia" (30. Nov. 1980) (Verlautbarungen des Apostolischen Stuhls 26), Bonn 1980.
Jonas, Hans, Augustin und das paulinische Freiheitsproblem. Ein philosophischer Beitrag zur Genesis der christlich-abendländischen Freiheitsidee (FRLANT. NF 27), Göttingen 1930.
Jonas, Hans, Der Gottesbegriff nach Auschwitz. Eine jüdische Stimme, Frankfurt am Main (1984) ²1987.

Literatur

Jonas, Hans, Gnosis. Die Botschaft des fremden Gottes, hg. v. Christian Wiese, Frankfurt am Main/Leipzig 1999.
Jüngel, Eberhard, Das Evangelium von der Rechtfertigung des Gottlosen als Zentrum des christlichen Glaubens. Eine theologische Studie in ökumenischer Absicht, Tübingen (1998) ³1999.
Jüngel, Eberhard, Gott als Geheimnis der Welt. Zur Begründung der Theologie des Gekreuzigten im Streit zwischen Theismus und Atheismus (1977), Tübingen ⁵1986.
Jüngel, Eberhard, Tod, Stuttgart, ²1972.

K

Kandler, Agathon, Die Heilsdynamik im Christusbild des Johannes Duns Scotus, in: WiWei 27 (1965) 175–196; 28 (1965) 1–14.
Käsemann, Ernst, Gottesgerechtigkeit bei Paulus, in: ZThK 58 (1961) 367–379.
Kasper, Walter, Autonomie und Theonomie. Zur Ortsbestimmung des Christentums in der modernen Welt, in: Anspruch der Wirklichkeit und christlicher Glaube. Probleme und Wege der theologischen Ethik heute (FS Alfons Auer), hg. v. Helmut Weber/Dietmar Mieth, Düsseldorf 1980, 17–41.
Kasper, Walter, Der Gott Jesu Christi (Das Glaubensbekenntnis der Kirche 1), Mainz 1982.
Kasper, Walter, Gerechtigkeit und Barmherzigkeit. Überlegungen zu einer Applikationstheorie kirchenrechtlicher Normen, in: Richard Puza/Andreas Weiß (Hgg.), Iustitia in caritate (FS Ernst Rößler), Frankfurt am Main u.a. 1997, 59–66.
Kasper, Walter, Jesus der Christus, Mainz (1974) ⁷1978.
Kehl, Medard, „Bis du kommst in Herrlichkeit ..." Neuere theologische Deutungen der „Parusie Jesu", in: Hoffnung über den Tod hinaus, 95–137.
Kehl, Medard, Eschatologie, Würzburg 1986.
Kehl, Medard, Und was kommt nach dem Ende? Von Weltuntergang und Vollendung, Wiedergeburt und Auferstehung, Freiburg – Basel – Wien 1999.
Kertelge, Karl (Hg.), Der Tod Jesu. Deutungen im Neuen Testament (QD 74), Freiburg – Basel – Wien 1976.
Kessler, Hans (Hg.), Auferstehung der Toten. Ein Hoffnungsentwurf im Blick heutiger Wissenschaften, Darmstadt 2004.
Kessler, Hans, Die Auferstehung Jesu Christi und unsere Auferstehung, in: Hoffnung über den Tod hinaus, 65–94.
Kessler, Hans, Die theologische Bedeutung des Todes Jesu. Eine traditionsgeschichtliche Untersuchung, Düsseldorf 1970.
Kessler, Hans, Erlösung als Befreiung, Düsseldorf 1972.
Kessler, Hans, Sucht den Lebenden nicht bei den Toten. Die Auferstehung Jesu Christi in biblischer, fundamentaltheologischer und systematischer Sicht. Neuausgabe mit ausführlicher Erörterung der aktuellen Fragen, Würzburg 1995.
Kienzler, Klaus, Zur Struktur von „Cur Deus homo", in: Cur deus homo (StAns 128), 597–608.
Kim, Seyoon, 2 Kor 5:11–21 and the origin of Paul's concept of „reconciliation", in: NT 39 (1997) 360–384.

Kirk, Pamela, Tod und Auferstehung innerhalb einer anthropologisch gewendeten Theologie. Hermeneutische Studie zur individuellen Eschatologie bei Karl Rahner, Ladislaus Boros, Gisbert Greshake, Bad Honnef 1986.
Klauck, Hans-Josef, Weltgericht und Weltvollendung. Zukunftsbilder im Neuen Testament (QD 150), Freiburg – Basel – Wien 1994.
Kluxen, Wolfgang, Frömmigkeit des Denkens – Johannes Duns Scotus, in: Wi-Wei 55 (1992) 23–29.
Kluxen, Wolfgang, Philosophische Ethik bei Thomas von Aquin, Hamburg (1964) ²1980.
Kluxen, Wolfgang, Über Metaphysik und Freiheitsverständnis bei Johannes Duns Scotus, in: PhJ 105 (1998) 100–109.
Knierim, Rolf, Die Hauptbegriffe für Sünde im Alten Testament, Gütersloh 1965.
Kobusch, Theo, Analogie im Reich der Freiheit? Ein Skandal der spätscholastischen Philosophie und die kritische Antwort der Neuzeit, in: Jan A. Aertsen/Martin Pickavé (Hgg.), „Herbst des Mittelalters"? Fragen zur Bewertung des 14. und 15. Jahrhunderts (MM 31), Berlin/New York 2004, 251–264.
Kobusch, Theo, Christliche Philosophie. Die Entdeckung der Individualität, Darmstadt 2006.
Kobusch, Theo, Die Entdeckung der Person. Metaphysik der Freiheit und modernes Menschenbild, Darmstadt ²1997.
Kobusch, Theo, Die Universalität des Heils. Zur Auslegungsgeschichte von 1 Tim 2,4, in: Nicolaus Klimek (Hg.), Universalität und Toleranz (FS Georg Bernhard Langemeyer), Essen 1989, 85–96.
Kobusch, Theo, Gottesbegriff und Freiheitsidee. Von der Möglichkeit einer Metaphysik der Freiheit, in: Freiheit Gottes und Geschichte der Menschen (FS Richard Schaeffler), Essen 1993, 299–317.
Koch, Klaus (Hg.), Um das Prinzip der Vergeltung in Religion und Recht des Alten Testaments (WdF 125), Darmstadt 1972.
Koch, Klaus, Gibt es ein Vergeltungsdogma im Alten Testament?, in: ZThK 52 (1955) 1–42.
Koch, Klaus, Sühne und Sündenvergebung um die Wende von der exilischen zur nachexilischen Zeit, in: EvTh 26 (1966) 217–239.
Koch, Kurt, Weltende als Erfüllung und Vollendung der Schöpfung, in: Hoffnung über den Tod hinaus, 139–179.
Koch, Robert, Die Sünde im Alten Testament, Frankfurt am Main u. a. 1992.
Kodalle, Klaus-Michael, Annäherungen an eine Theorie des Verzeihens, Mainz/Stuttgart 2006.
Kodalle, Klaus-Michael, Der „Geist der Verzeihung". Zu den Voraussetzungen von Moralität und Recht, in: Recht – Macht – Gerechtigkeit, hg. v. Joachim Mehlhausen (VWGTh 14), Gütersloh 1998, 606–624.
Kodalle, Klaus-Michael, Diesseits der Logik des Moralismus: Vom „Geist" der Verzeihung bei Kierkegaard, Nietzsche, Scheler, Dostojewski und Camus, in: Kierkegaard Revisited (Kierkegaard Studies. Monograph Series 1), Berlin – New York 1997, 387–409.
Kodalle, Klaus-Michael, Vom „Geist" der Verzeihung. Systematische Überlegungen zum metaphysischen „Hintergrund" der Moralität, in: Vom Zentrum des Glaubens (FS Dietrich Braun), Rheinfelden 1998, 289–296.
Kongregation für die Glaubenslehre, Schreiben zu einigen Fragen der Escha-

tologie (17. Mai 1979), in: Verlautbarungen des Apostolischen Stuhles 11, Bonn 1979.

Konhardt, Klaus, Die Unbegreiflichkeit der Freiheit. Überlegungen zu Kants Lehre vom Bösen, in: ZPhF 42 (1988) 397–416.

Konkel, Michael, Sünde und Vergebung. Eine Rekonstruktion der Redaktionsgeschichte der hinteren Sinaiperikope (Exodus 32–34) vor dem Hintergrund aktueller Pentateuchmodelle (FAT 58), Tübingen 2008.

Kopper, Joachim, Kants synthetisch-praktischer Satz a priori und Jankélévitchs Verständnis der Vergebung, in: KantSt 61 (1970) 238–247.

Korff, Wilhelm, Religion und Ethos. Christlicher Glaube als Quelle konkreter Moral, in: Ludger Honnefelder (Hg.), Sittliche Lebensform und praktische Vernunft, Paderborn 1992, 161–177.

Korosak, Bruno, Le principali teorie soteriologiche dell'incipiente e della grande scolastica, in: Anton. 37 (1962) 327–336, 423–466.

Korsch, Dietrich, Hermann Cohen und die protestantische Theologie seiner Zeit, in: ZNThG 1 (1994) 66–96.

Korsch, Dietrich, Individualität als Gesetz. Der Begriff der Religion im System der Philosophie Hermann Cohens, in: Wilhelm Gräb/Ulrich Barth (Hgg.), Gott im Selbstbewußtsein der Moderne. Zum neuzeitlichen Begriff der Religion, Gütersloh 1993, 91–110.

Köster, Heinrich Maria, Urstand, Fall und Erbsünde in der katholischen Theologie unseres Jahrhunderts (Eichstätter Studien. NF 16), Regensburg 1983.

Kraus, Georg, Gott als Wirklichkeit. Lehrbuch zur Gotteslehre, Bd. 1 (Grundrisse zur Dogmatik 1), Frankfurt am Main 1994.

Kraus, Hans-Joachim, Systematische Theologie im Kontext biblischer Geschichte und Eschatologie, Neukirchen 1983.

Kreiner, Armin, Das wahre Antlitz Gottes – oder was wir meinen, wenn wir Gott sagen, Freiburg – Basel – Wien 2006.

Kreiner, Armin, Gott im Leid. Zur Stichhaltigkeit der Theodizeeargumente (QD 168), Freiburg – Basel – Wien 1997.

Kreiner, Armin, Gott und das Leid, Paderborn (1994) ³1995.

Kremer, Jacob, Auferstehung der Toten in bibeltheologischer Sicht, in: Gisbert Greshake/Jacob Kremer, Resurrectio Mortuorum. Zum theologischen Verständnis der leiblichen Auferstehung, Darmstadt 1986, 7–161.

Kremer, Jacob, Enthüllung der Zukunft. Tod – Rettung – Weltgericht, Regensburg 1999.

Krewani, Wolfgang Nikolaus, Der Wandel des Seinsbegriffs bei Emmanuel Lévinas, in: PhJ 102 (1995) 279–292.

Krewani, Wolfgang Nikolaus, Emmanuel Lévinas. Denker des Anderen (Kolleg Philosophie), Freiburg – München 1992.

Krings, Hermann/Simons, Eberhard, Art. „Gott", in: HPhG 3, München 1973, 614–641.

Krings, Hermann/Simons, Eberhard, Freiheit als Chance. Kirche und Theologie unter dem Anspruch der Neuzeit, Düsseldorf 1972.

Krings, Hermann, Art. „Freiheit", in: HPhG 1, München 1973, 493–510 (auch in: System und Freiheit, 99–130).

Krings, Hermann, Freiheit. Ein Versuch, Gott zu denken, in: PhJ 77 (1970) 225–237 (auch in: System und Freiheit, 161–184).

Krings, Hermann, Reale Freiheit – Praktische Freiheit – Transzendentale Frei-

heit, in: Willi Oelmüller (Hg.), Normenbegründung – Normendurchsetzung, Paderborn 1978, 59–77 (auch in: System und Freiheit, 40–68).
Krings, Hermann, System und Freiheit. Gesammelte Aufsätze (Praktische Philosophie 12), Freiburg – München 1980.
Kruck, Günter/Sticher, Claudia (Hgg.), „Deine Bilder stehen vor mir wie Namen". Zur Rede von Zorn und Erbarmen Gottes in der Heiligen Schrift, Stuttgart 2006.
Küng, Hans, Ewiges Leben?, München – Zürich 1982.
Kunz, Erhard, Eschatologie: Protestantische Eschatologie. Von der Reformation bis zur Aufklärung (HDG IV, 7c, 1. Teil), Freiburg – Basel – Wien 1980.
Kuschel, Karl-Josef, Verweigerung der Theodizee – Warten auf Theodizee. Zu Elie Wiesels Drama „Der Prozeß von Schamgorod", in: Dagmar Mensink/Reinhold Boschki (Hgg.), Das Gegenteil von Gleichgültigkeit ist Erinnerung. Versuche zu Elie Wiesel (Religion und Ästhetik), Mainz 1995, 104–128.
Kvanvig, Jonathan L., The Problem of Hell, New York 1993.

L

LaCapra, Dominick, Gewalt, Gerechtigkeit und Gesetzeskraft, in: Gewalt und Gerechtigkeit. Derrida-Benjamin, hg. v. Anselm Haverkamp (es.NF 706), Frankfurt am Main 1994, 143–161.
Lahl, Alexander, Hoffnung auf ewiges Leben. Entscheidung und Auferstehung im Tod (Theologie im Dialog 2), Freiburg – Basel – Wien 2009.
Lang, Bernhard/McDannell, Colleen (Hgg.), Der Himmel. Eine Kulturgeschichte des ewigen Lebens (es.NF 1586), Frankfurt 1990.
Langemeyer, Georg Bernhard, Himmel, Hölle, Fegefeuer. Was erwartet der Christ nach dem Tod?, in: Albert Gerhards (Hg.), Die größere Hoffnung der Christen. Eschatologische Vorstellungen im Wandel (QD 127), Freiburg – Basel – Wien 1990, 78–92.
Lascaris, André, Kan God vergeven als het slachtoffer niet vergeeft?, in: TTh 39 (1999) 48–68.
Lauer, Simon, Rabbinische Erwägungen über Gottes Güte und Gerechtigkeit, in: LebZeug 49 (1994) 104–109.
Launay, Marc Buhot de, Die Versöhnung als Abwandlung des Ursprungsprinzips in der Korrelation zwischen Gott und Mensch, in: Helmut Holzhey/Gabriel Motzkin (Hgg.), Religion der Vernunft. Tradition und Ursprungsdenken in Hermann Cohens Spätwerk, Hildesheim 2000, 77–88.
Lauth, Reinhard, Das Problem der Interpersonalität bei J.G. Fichte, in: Transzendentale Entwicklungslinien von Descartes bis zu Marx und Dostojewski, Hamburg 1989, 180–195.
Lauth, Reinhard, Die transzendentale Konstitution der gesellschaftlichen Erfahrung, in: Transzendentale Entwicklungslinien von Descartes bis zu Marx und Dostojewski, Hamburg 1989, 196–208.
LeGoff, Jacques, Die Geburt des Fegefeuers [La Naissance du Purgatoire, Paris 1981], Stuttgart 1984.
Lehmann, Karl, „Er wurde für uns gekreuzigt". Eine Skizze zur Neubesinnung in der Soteriologie, in: ThQ 162 (1982) 298–317.
Lehmann, Karl, Was bleibt vom Fegfeuer?, in: IKaZ 9 (1980) 236–243.
Lehmann, Karl, Weltgericht und Wiederkunft Christi, in: Ders./Leo Scheff-

czyk/Rudolf Schnackenburg/Hermann Volk, Vollendung des Lebens – Hoffnung auf Herrlichkeit, Mainz 1979, 82–102.
Leinsle, Ulrich Gottfried, Glaubensvermittlung in der scholastischen Theologie: Bonaventuras Breviloquium, in: Glaubensvermittlung im Umbruch (FS Bischof Manfred Müller), hg. v. Heinrich Petri u.a., Regensburg 1996, 145–167.
Lesch, Karl Josef, Hoffen auf Gott im Angesicht des Todes, in: PastBl 41 (1989) 362–369.
Lesch, Walter, Fragmente einer Theorie der Gerechtigkeit. Emmanuel Lévinas im Kontext zeitgenössischer Versuche einer Fundamentalethik (Habermas, Lyotard, Derrida), in: Lévinas. Zur Möglichkeit einer prophetischen Philosophie, hg. von Markus Hentschel/Michael Mayer (Parabel. Schriftenreihe des Evangelischen Studienwerks Villigst 12), Gießen 1990, 164–176.
Levin, Christoph, Das Gebetbuch der Gerechten. Literargeschichtliche Beobachtungen am Psalter, in: ZThK 90 (1993) 355–381.
Lévinas, Emmanuel, Dem Anderen gegenüber, in: Ders., Vier Talmud-Lesungen [Paris 1968], Frankfurt am Main 1993, 23–55.
Lévinas, Emmanuel, Die Spur des Anderen. Untersuchungen zur Phänomenologie und Sozialphilosophie, Freiburg – München ^{3}1992.
Lévinas, Emmanuel, Die Zeit und der Andere [Le Temps et l'Autre, Paris 1948], Hamburg ^{3}1995.
Lévinas, Emmanuel, Humanismus des anderen Menschen [Humanisme de l'autre homme, 1972], Hamburg 1998.
Lévinas, Emmanuel, Jenseits des Seins oder anders als Sein geschieht [Autrement qu'être ou au-delà de l'essence, Paris 1974], Freiburg – München 1992.
Lévinas, Emmanuel, Schwierige Freiheit. Versuch über das Judentum [Difficile liberté, Paris (1963) ^{4}1995], Frankfurt am Main (1992) ^{2}1996.
Lévinas, Emmanuel, Totalität und Unendlichkeit. Versuch über die Exteriorität [Totalité et Infini. Essai sur l'Extériorité, Paris 1961], Freiburg – München 1987.
Lévinas, Emmanuel, Zwischen uns. Versuche über das Denken an den Anderen (Entre nous, Paris 1991), München – Wien 1995.
Levy, Ze'ev, Hermann Cohen and Emmanuel Lévinas, in: Hermann Cohen's philosophy of religion. International conference in Jerusalem 1996, hg. von Stéphane Moses/Hartwig Wiedebach (Philosophische Texte und Studien 44), (Publications of the Franz Rosenzweig Research Center for German-Jewish Literature and Cultural History), Hildesheim u.a. 1997, 133–143.
Liebsch, Burkhard (Hg.), Hermeneutik des Selbst – Im Zeichen des Anderen. Zur Philosophie Paul Ricœurs, Freiburg – München 1999.
Lienhard, Marc, Martin Luthers christologisches Zeugnis. Entwicklung und Grundzüge seiner Christologie, Berlin – Göttingen 1980.
Lies, Lothar, Origenes' ‚Peri Archon'. Eine undogmatische Dogmatik (Werkinterpretationen), Darmstadt 1992.
Lime, Victor, Liberté et autonomie de la personne chez Duns Scotus, in: EtFr 3 (1952) 51–70.
Liske, Michael-Thomas: Kann Gott reale Beziehungen zu den Geschöpfen haben? Logisch-theologische Betrachtungen im Anschluss an Thomas von Aquin, in: ThPh 68 (1993) 208–228.
Liske, Michael-Thomas, Leibniz' Freiheitslehre. Die logisch-metaphysischen

Voraussetzungen von Leibniz' Freiheitstheorie (Paradeigmata 13), Hamburg 1993.
Lohfink, Norbert, Gesetz, Gerechtigkeit und Erbarmen im Alten Testament und im Alten Orient, in: ED 52 (1999) 251–265.
Löhrer, Magnus, Dogmatische Bemerkungen zur Frage der Eigenschaften und Verhaltensweisen Gottes, in: MySal II, 291–315.
Lohse, Bernhard (Hg.), Der Durchbruch der reformatorischen Erkenntnis bei Luther (WdF 123), Darmstadt 1968.
Lohse, Bernhard (Hg.), Der Durchbruch der reformatorischen Erkenntnis bei Luther – Neuere Untersuchungen (VIEG. Abt. Abendländische Religionsgeschichte 25), Mainz 1988.
Lohse, Bernhard, Die Bedeutung Augustins für den jungen Luther, in: KuD 11 (1965) 116–135.
Lohse, Bernhard, Dogma und Bekenntnis in der Reformation: Von Luther bis zum Konkordienbuch, in: HDThG 2, Göttingen 1980, 1–164.
Lohse, Bernhard, Luthers Theologie in ihrer historischen Entwicklung und in ihrem systematischen Zusammenhang, Göttingen 1995.
Lohse, Bernhard, Martin Luther. Eine Einführung in sein Leben und sein Werk, München 1981.
Lohse, Eduard, Märtyrer und Gottesknecht. Untersuchungen zur urchristlichen Verkündigung vom Sühnetod Jesu Christi (FRLANT 64), Göttingen (1955) 219-63.
Lona, Horacio E., Über die Auferstehung des Fleisches. Studien zur frühchristlichen Eschatologie (BZNW 66), Berlin – New York 1993.
Longpré, Ephrem, Duns Skotus, der Theologe des fleischgewordenen Wortes, in: WiWei 1 (1934) 243–272.
Loretz, Oswald, Götter, Ahnen, Könige als gerechte Richter. Der „Rechtsfall" des Menschen vor Gott nach altorientalischen und biblischen Texten (AOAT 290), Münster 2003.
Löwith, Karl, Philosophie der Vernunft und Religion der Offenbarung in H. Cohens Religionsphilosophie, Heidelberg 1968.
Lührmann, Dieter, Rechtfertigung und Versöhnung, in: ZKTh 67 (1970) 437–452.
Luscombe, David E., St. Anselm and Abelard, in: Anselm Studies 1 (1983) 207–229.
Luscombe, David E., St. Anselm and Abelard: a restatement, in: St. Anselm – a thinker for yesterday and today. Anselm's thought viewed by our contemporaries (Proceedings of the International Anselm Conference; CNRS), hg. v. Coloman Étienne Viola u.a. (TSR 90), Lewiston – Queenston – Lampeter 2002, 445–460.
Lustiger, Jean-Marie, Die Gabe des Erbarmens, in: Ders., Wagt den Glauben (Theologia Romanica 14), Einsiedeln 1986, 412–417.
Lutz-Bachmann, Matthias (Hg.), Metaphysikkritik, Ethik, Religion (Religion in der Moderne), Würzburg 1995.
Lutz-Bachmann, Matthias, Die Entdeckung einer normativen Theorie der Gerechtigkeit in der Philosophie des Mittelalters. Zur Rezeption und Weiterentwicklung der aristotelischen Theorie der Gerechtigkeit bei Thomas von Aquin, in: Johannes Brachtendorf (Hg.), Prudentia und Contemplatio.

Literatur

Ethik und Metaphysik im Mittelalter (FS Georg Wieland), Paderborn 2002, 47–61.
Luz, Ulrich, Der Gott der Gerechtigkeit, in: Recht – Macht – Gerechtigkeit, hg. v. Joachim Mehlhausen (VWGTh 14), Gütersloh 1998, 31–54.
Lyotard, Jean-François, Der Widerstreit [Le Différend, 1983], München ²1989.

M

Macky, Peter W., The Metaphors of God's Mercy and Justice in the New Testament: How are they related?, in: PEGLMBS 9 (1989) 231–245.
Maier, Johann, Apokalyptik im Judentum, in: Apokalyptik und Eschatologie. Sinn und Ziel der Geschichte, hg. v. Heinz Althaus, Freiburg – Basel – Wien 1987, 43–72.
Maier, Johann, Sühne und Vergebung in der jüdischen Liturgie, in: Sünde und Gericht (JBTh 9), Neukirchen-Vluyn 1994, 145–171.
Maihofer, Werner/Sprenger, Gerhard (Hgg.), Praktische Vernunft und Theorien der Gerechtigkeit (ARSP, Beiheft 50), Stuttgart 1992.
Maldamé, Jean-Michel, La pensée de la fin, in: RSR 84 (1996) 191–218.
Maloney, Philip J., Levinas, substitution, and transcendental subjectivity, in: Man and World 30 (1997) 49–64.
Manzanedo, Marcos F., La justicia y la misericordia en Dios, in: Ang. 77 (2000) 507–528.
Marcel, Gabriel, Auf der Suche nach Wahrheit und Gerechtigkeit, Frankfurt am Main 1967.
Marcel, Gabriel, Philosophie der Hoffnung (Homo viator. Phénoménologie de l'espérance), München 1964.
Marquard, Odo, Der angeklagte und der entlastete Mensch in der Philosophie des 18. Jahrhunderts, in: Ders., Abschied vom Prinzipiellen, Stuttgart 1981, 39–66.
Marquard, Odo, Felix culpa? Bemerkungen zu einem Applikationsschicksal von Gen 3, in: Manfred Fuhrmann u.a. (Hgg.), Text und Applikation. Theologie, Jurisprudenz und Literaturwissenschaft im hermeneutischen Gespräch, München 1981, 53–71.
Marquard, Odo, Idealismus und Theodizee (1965), in: Schwierigkeiten mit der Geschichtsphilosophie. Aufsätze (stw 394), Frankfurt am Main ³1992, 52–65, 167–178.
Marquard, Odo, Theodizeemotive in Fichtes früher Wissenschaftslehre, in: Fichtes Wissenschaftslehre 1794. Philosophische Resonanzen, hg. v. Wolfram Hogrebe (stw 1201), Frankfurt am Main 1995, 225–236.
Marquardt, Friedrich-Wilhelm, Was dürfen wir hoffen, wenn wir hoffen dürften? Eine Eschatologie, 3 Bde., Gütersloh 1993–1996.
McGrath, Alister E., A History of the Christian Doctrine of Justification, Cambridge ³2005.
McScorley, Harry J., Luthers Lehre vom unfreien Willen nach seiner Hauptschrift De Servo Arbitrio im Lichte der biblischen und kirchlichen Tradition (BÖT 1), München 1967.
Meessen, Frank, Unveränderlichkeit und Menschwerdung Gottes. Eine theologiegeschichtlich-systematische Untersuchung (FThSt 140), Freiburg – Basel – Wien 1989.

Menke, Bettine, Benjamin vor dem Gesetz: Die *Kritik der Gewalt* in der Lektüre Derridas, in: Gewalt und Gerechtigkeit. Derrida-Benjamin, hg. v. Anselm Haverkamp (es 1706), Frankfurt am Main 1994, 217–275.

Menke, Christoph, Für eine Politik der Dekonstruktion. Jacques Derrida über Recht und Gerechtigkeit, in: Merkur 526 (1993) 65–69 (Wiederabdruck in: Gewalt und Gerechtigkeit. Derrida-Benjamin, hg. v. Anselm Haverkamp, Frankfurt am Main 1994, 279–287).

Menke, Karl-Heinz, Das Gottespostulat unbedingter Solidarität und seine Erfüllung in Christus, in: IKaZ 21 (1992) 486–499.

Menke, Karl-Heinz, Das Kriterium des Christseins. Grundriss der Gnadenlehre, Regensburg 2003.

Menke, Karl-Heinz, Der Gott, der jetzt schon Zukunft schenkt. Plädoyer für eine christologische Theodizee, in: Mit Gott streiten. Neue Zugänge zum Theodizee-Problem, hg. v. Harald Wagner (QD 169), Freiburg – Basel – Wien 1998, 90–130.

Menke, Karl-Heinz, Die Einzigkeit Jesu Christi im Horizont der Sinnfrage (Kriterien 94), Einsiedeln 1995.

Menke, Karl-Heinz, Jesus ist Gott der Sohn. Denkformen und Brennpunkte der Christologie, Regensburg 2008.

Menke, Karl-Heinz, Stellvertretung. Schlüsselbegriff christlichen Lebens und theologische Grundkategorie (Sammlung Horizonte, N.F. 29), Einsiedeln 1991.

Merkel, Helmut, Art. „Gericht Gottes IV. Alte Kirche bis Reformation", in: TRE 12 (1984) 483–492.

Merkelbach, Reinhold, Diodor über das Totengericht der Ägpyter, in: ZÄS 120 (1993) 71–84.

Merklein, Helmut, Gericht und Heil. Zur heilsamen Funktion des Gerichts bei Johannes dem Täufer, Jesus und Paulus, in: Schöpfung und Neuschöpfung (JBTh 5), Neukirchen-Vluyn 1990, 71–92.

Merklein, Helmut, Jesu Botschaft von der Gottesherrschaft (SBS 111), Stuttgart ³1989.

Merkt, Andreas, Das Fegefeuer. Entstehung und Funktion einer Idee, Darmstadt 2005.

Metz, Johann Baptist (Hg.), Landschaft aus Schreien. Zur Dramatik der Theodizeefrage, Mainz 1995.

Metz, Johann Baptist, Die Rede von Gott angesichts der Leidensgeschichte der Welt, in: StZ 210 (1992) 311–320.

Metz, Johann Baptist, Erlösung und Emanzipation, in: Scheffczyk, Leo (Hg.), Erlösung und Emanzipation (QD 61), Freiburg – Basel – Wien 1973, 120–140.

Metz, Johann Baptist, Gott, die Schuld und das Leiden, in: Tiemo Rainer Peters/Claus Urban (Hgg.), Ende der Zeit? Die Provokation der Rede von Gott, Mainz 1999, 50–55.

Metz, Johann Baptist, Gott und Zeit. Theologie und Metaphysik an den Grenzen der Moderne, in: StZ 218 (2000) 147–159.

Metz, Johann Baptist, Gott. Wider den Mythos von der Ewigkeit der Zeit, in: Tiemo Rainer Peters/Claus Urban (Hgg.), Ende der Zeit? Die Provokation der Rede von Gott, Mainz 1999, 32–49.

Metz, Johann Baptist, Memoria passionis. Ein provozierendes Gedächtnis in pluralistischer Gesellschaft, Freiburg – Basel – Wien 2006.
Metz, Johann Baptist, Vergebung der Sünden, in: StZ 195 (1977) 119–128.
Meyer, Herbert, Kants transzendentale Freiheitslehre (Praktische Philosophie 51), Freiburg – München 1996.
Mieth, Dietmar, Brauchen wir Gott für die Moral?, in: FZPhTh 29 (1982) 210–222.
Miggelbrink, Ralf, Der Zorn Gottes. Geschichte und Aktualität einer ungeliebten biblischen Tradition, Freiburg – Basel – Wien 2000.
Miggelbrink, Ralf, Der zornige Gott. Die Bedeutung einer anstößigen Tradition, Darmstadt 2002.
Miggelbrink, Ralf, Die Barmherzigkeit Gottes, in: Günter Kruck/Claudia Sticher (Hgg.), „Deine Bilder stehen vor mir wie Namen". Zur Rede von Zorn und Erbarmen Gottes in der Heiligen Schrift, Stuttgart 2005, 69–85.
Möhle, Hannes, Ethik als Scientia practica nach Johannes Duns Scotus (BGPhThMA. NF 44), Münster 1995.
Möller, Joseph, Freiheit und Erlösung. Eine Reflexion zur Freiheitsgeschichte der Neuzeit, in: ThQ 162 (1982) 275–288.
Moltmann, Jürgen, Das Kommen Gottes. Christliche Eschatologie, Gütersloh 1995.
Moltmann, Jürgen, Gerechtigkeit für Opfer und Täter, in: Ders., In der Geschichte des dreieinigen Gottes. Beiträge zur trinitarischen Theologie, München 1991, 74–89.
Moltmann, Jürgen, Im Ende – der Anfang. Eine kleine Hoffnungslehre, Gütersloh 2003.
Moltmann, Jürgen, Jesus Christus – Gottes Gerechtigkeit in der Welt der Opfer und Täter, in: StdZ 219 (2001) 507–519.
Moltmann, Jürgen, Sonne der Gerechtigkeit. Das Evangelium vom Gericht und der Neuschöpfung aller Dinge, in: „Sein Name ist Gerechtigkeit". Neue Beiträge zur Gotteslehre, Gütersloh 2008, 118–136.
Moltmann, Jürgen, Theologie der Hoffnung. Untersuchungen zur Begründung und zu den Konsequenzen einer christlichen Eschatologie (BEvTh; Theol. Abh. 38), München 1969.
Mongillo, Dalmazio, Theonomie als Autonomie des Menschen in Gott (Der Prolog von S. th. I-II, 90), in: Klaus Demmer/Bruno Schüller (Hgg.), Christlich glauben und handeln, Düsseldorf 1977, 55–77.
Montini, Pierino, La libertà umana in S. Bonaventura e in S. Tommaso, in: Sapienza 50 (1997) 445–466.
Moses, Stéphane/Wiedebach, Hartwig (Hgg.), Hermann Cohen's Philosophy of Religion. International Conference in Jerusalem 1996. Publications of the Franz Rosenzweig Research Center for German-Jewish Literature and Cultural History (Philosophische Texte und Studien 44), Hildesheim u.a. 1997.
Moses, Stéphane, Gerechtigkeit und Gemeinschaft bei Emmanuel Lévinas, in: Micha Brumlik/H. Brunkhorst (Hgg.), Gemeinschaft und Gerechtigkeit, Frankfurt am Main 1993, 364–384.
Mühling, Markus, Grundinformation Eschatologie. Systematische Theologie aus der Perspektive der Hoffnung, Göttingen 2007.
Müller, Gerhard Ludwig, Fegfeuer. Zur Hermeneutik eines umstrittenen Lehrstücks in der Eschatologie, in: ThQ 166 (1986) 25–39.

Müller, Gerhard Ludwig, Katholische Dogmatik für Studium und Praxis der Theologie, Freiburg u. a. 1995.
Müller, Gotthold, Ungeheuerliche Ontologie. Erwägungen zur christlichen Lehre über Hölle und Allversöhnung, in: EvTh 34 (1974) 256–275.
Müller, Karlheinz, Gott als Richter und die Erscheinungsweisen seiner Gerichte in den Schriften des Frühjudentums. Methodische und grundsätzliche Vorüberlegungen zu einer sachgemäßeren Einschätzung, in: Hans-Josef Klauck (Hg.), Weltgericht und Weltvollendung. Zukunftsbilder im Neuen Testament (QD 150), Freiburg – Basel – Wien 1994, 23–53.
Müller-Goldkuhle, Peter, Die Eschatologie in der Dogmatik des 19. Jahrhunderts (Beiträge zur neueren Geschichte der katholischen Theologie 10), Essen 1966.
Munk, Reinier, The Self and the Other in Cohen's Ethics and Works on Religion, in: Hermann Cohen's philosophy of religion. International conference in Jerusalem 1996, hg. von Stéphane Moses/Hartwig Wiedebach (Philosophische Texte und Studien 44) (Publications of the Franz Rosenzweig Research Center for German-Jewish Literature and Cultural History), Hildesheim – Zürich – New York 1997, 161–181.
Münz, Christoph, Der Welt ein Gedächtnis geben. Geschichtstheologisches Denken im Judentum nach Auschwitz und jüdisches Gedächtnis, Gütersloh 1995.

N

Neuhaus, Gerd, Der „Fels des Atheismus"? Die neuzeitliche Radikalisierung der Theodizeefrage im Spiegel der Literatur, in: Michael Böhnke u. a. (Hg.), Leid erfahren – Sinn suchen. Das Problem der Theodizee (Theologische Module 1), Freiburg – Basel – Wien 2007, 106–144.
Neuhaus, Gerd, Theodizee – Abbruch oder Anstoß des Glaubens, Freiburg – Basel – Wien 1993.
Neuhaus, Gerd, Theodizee – Abbruch oder Anstoß des Glaubens? Eine Annährung von ausgewählten Beispielen der Literatur her, in: Johann Baptist Metz (Hg.), Landschaft aus Schreien. Zur Dramatik der Theodizeefrage, Mainz 1995, 9–55.
Neuhaus, Gerd, Theodizee und Glaubensgeschichte. Zur Kontingenz einer Fragestellung, in: Mit Gott streiten. Neue Zugänge zum Theodizee-Problem, hg. v. Harald Wagner (QD 169), Freiburg – Basel – Wien 1998, 11–47.
Niewiadomski, Józef/Palaver, Wolfgang (Hgg.), Dramatische Erlösungslehre. Ein Symposion (IThS 38), Innsbruck 1992.
Niewiadomski, Józef, Hoffnung im Gericht. Soteriologische Impulse für eine dogmatische Eschatologie, in: ZKTh 114 (1992) 113–126.
Niggli, Ursula (Hg.), Peter Abaelard: Leben – Werk – Wirkung (FEG 4), Freiburg u. a. 2004.
Nitsche, Bernhard, Eschatologie als dramatische Nachgeschichte?, in: Ders. (Hg.), Von der Communio zur kommunikativen Theologie (FS Bernd Jochen Hilberath), Münster 2008, 99–109.
Nocke, Franz-Josef, Eschatologie (Leitfaden Theologie 6), Düsseldorf ²1985.
Nocke, Franz-Josef, Eschatologie, in: Handbuch der Dogmatik, hg. v. Theodor Schneider, Bd. 2, Düsseldorf 1992, 377–478.

Literatur

Nocke, Franz-Josef, Liebe, Tod und Auferstehung. Über die Mitte des Glaubens, München 1978.
Nocke, Franz-Josef, Was können wir hoffen? Zukunftsperspektiven im Wandel, Würzburg 2007.
Norelli, Enrico, Note sulla soteriologia di Marcione, in: Augustinianum 35 (1995) 218–306.

O

Oberforcher, Robert, Sühneliturgie und Bußfeier im Alten Testament und im Frühjudentum, in: Gottesdienst der Kirche (Handbuch der Liturgiewissenschaft 7,2), Regensburg 1992, 23–48.
Oberman, Heiko A., „Iustitia Christi" und „Iustitia Dei": Luther und die scholastischen Lehren von der Rechtfertigung, in: Bernhard Lohse (Hg.), Der Durchbruch der reformatorischen Erkenntnis bei Luther (WdF 123), Darmstadt 1968, 413–444.
Oeing-Hanhoff, Ludger, Verzeihen, Entschuldigen, Wiedergutmachen. Philologisch-philosophische Klärungsversuche (1978), in: Ders., Metaphysik und Freiheit. Ausgewählte Abhandlungen, hg. v. Theo Kobusch/Walter Jaeschke, München 1988, 45–56.
Oelmüller, Willi (Hg.), Leiden (Religion und Philosophie 3), Paderborn 1986.
Oelmüller, Willi (Hg.), Theodizee – Gott vor Gericht?, Tübingen 1990.
Oelmüller, Willi, Art. „Das Böse", in: HPhG 1, München 1973, 255–268.
Ohlig, Karl-Heinz, Fundamentalchristologie. Im Spannungsfeld von Christentum und Kultur, München 1986.
Ollig, Hans-Ludwig, Aporetische Freiheitsphilosophie. Zu Hermann Cohens philosophischem Ansatz, in: Helmut Holzhey (Hg.), Hermann Cohen (Auslegungen 4), Frankfurt am Main u. a. 1994, 293–310.
Ollig, Hans-Ludwig, Die Aktualität von Cohens später Religionsphilosophie. Bemerkungen zur Cohen-Interpretation Richard Schaefflers, in: Erfahrung – Geschichte – Identität. Zum Schnittpunkt von Philosophie und Theologie (FS Richard Schaeffler), hg. v. Matthias Laarmann/Tobias Trappe, Freiburg – Basel – Wien 1997, 111–127.
Ollig, Hans-Ludwig, Religion und Freiheitsglaube. Zur Problematik von Cohens später Religionsphilosophie (MPF 179), Königstein/Taunus 1979.
Oorschot, Jürgen van, Gottes Gerechtigkeit und Hiobs Leid, in: ThBeitr 30 (1999) 202–213.
Orbe, Antonio, Gloria dei vivens homo (Análisis de Ireneo, adv. haer. IV 20,1–7), in: Gregorianum 73 (1992) 205–268.
Orth, Ernst W. (Hg.), Studien zur neueren französischen Phänomenologie. Ricœur, Foucault, Derrida, Freiburg – München 1986.
Orth, Stefan/Reifenberg, Peter (Hgg.), Facettenreiche Anthropologie. Paul Ricœurs Reflexionen auf den Menschen, Freiburg – München 2004.
Orth, Stefan, Das verwundete Cogito und die Offenbarung. Von Paul Ricœur und Jean Nabert zu einem Modell fundamentaler Theologie (FThSt 162), Freiburg – Basel – Wien 1999.
Osthövener, Claus-Dieter, Die Lehre von Gottes Eigenschaften bei Friedrich Schleiermacher und Karl Barth (TBT 76), Berlin – New York 1996.

Ott, Heinrich, Eschatologie. Versuch eines dogmatischen Grundrisses, Zürich 1958.
Ott, Ludwig, Eschatologie: In der Scholastik (HDG IV, 7b), Freiburg – Basel – Wien 1990.
Ott, Ludwig, Grundriss der katholischen Dogmatik, Freiburg – Basel – Wien (1959) ^{10}1981.
Otte, Gerhard, Recht und Moral, in: CGMG 12, Freiburg – Basel – Wien 1981, 6–36.
Otten, Willemien, Fortune or Failure: The Problem of Grace, free Will and Providence in Peter Abelard, in: Augustiniana 52 (2002) 353–372.
Otto, Eckart, Art. „Gerechtigkeit", in: Bibeltheologisches Wörterbuch, Graz u.a. 1994, 220–223.
Otto, Eckart, Art. „Recht/Rechtstheologie/Rechtsphilosophie I. Recht im Alten Orient und im Alten Testament", in: TRE 28 (1997) 197–209.
Otto, Eckart, Die Bedeutung der altorientalischen Rechtsgeschichte für das Verständnis des Alten Testaments, in: ZThK 88 (1991) 139–168.
Otto, Eckart, Gerechtigkeit und Erbarmen im Recht des Alten Testaments und seiner christlichen Rezeption, in: Jan Assmann/Bernd Janowski/Michael Welker (Hgg.), Gerechtigkeit. Richten und Retten in der abendländischen Tradition und ihren altorientalischen Ursprüngen (Reihe Kulte/Kulturen), München 1998, 79–95.
Otto, Eckart, Sozial- und rechtshistorische Aspekte in der Ausdifferenzierung eines altisraelitischen Ethos aus dem Recht [1987], in: Ders., Kontinuum und Proprium. Studien zur Sozial- und Rechtsgeschichte des Alten Orients und des Alten Testaments (OBC 8), Wiesbaden 1996, 94–111.
Otto, Eckart, Theologische Ethik des Alten Testaments, Stuttgart u.a. 1994.
Otto, Eckart, „Um Gerechtigkeit im Land sichtbar werden zu lassen …" Zur Vermittlung von Recht und Gerechtigkeit im alten Orient, in der hebräischen Bibel und in der Moderne, in: Recht – Macht – Gerechtigkeit, hg. v. Joachim Mehlhausen (VWGTh 14), Gütersloh 1998, 107–145.
Otto, Eckart, Vom Rechtsbruch zur Sünde. Priesterliche Interpretationen des Rechts, in: Sünde und Gericht (JBTh 9), Neukirchen-Vluyn 1994, 25–52.
Otto, Werner, Verborgene Gerechtigkeit. Luthers Gottesbegriff nach seiner Schrift „De servo arbitrio" als Antwort auf die Theodizeefrage (RSTh 54), Frankfurt am Main u.a. 1998.

P

Pannenberg, Wolfhart, Anthropologie in theologischer Perspektive. Religiöse Implikationen anthropologischer Theorie, Göttingen 1983.
Pannenberg, Wolfhart, Bewusstsein und Subjektivität, in: Ders., Metaphysik und Gottesgedanke, Göttingen 1988, 34–51.
Pannenberg, Wolfhart, Die Auferstehung Jesu und die Zukunft des Menschen, in: Grundfragen systematischer Theologie. Gesammelte Aufsätze II. Göttingen 1980, 174–187.
Pannenberg, Wolfhart, Die Aufnahme des philosophischen Gottesbegriffs als dogmatisches Problem der frühchristlichen Theologie, in: ZKG 70 (1959) 1–45.

Literatur

Pannenberg, Wolfhart, Die Vollendung der Schöpfung im Reiche Gottes, in: Ders., Systematische Theologie, Bd. 3, Göttingen 1993, 569–694.

Pannenberg, Wolfhart, Dogmatische Erwägungen zur Auferstehung Jesu, in: Grundfragen systematischer Theologie. Gesammelte Aufsätze II, Göttingen 1980, 160–173.

Pannenberg, Wolfhart, Eschatologie und Sinnerfahrung, in: Grundfragen systematischer Theologie. Gesammelte Aufsätze II, Göttingen 1980, 66–79.

Pannenberg, Wolfhart, Gottesgedanke und menschliche Freiheit, Göttingen 1972.

Pannenberg, Wolfhart, Person und Subjekt, in: Odo Marquard/Karlheinz Stierle (Hgg.), Identität (Poetik und Hermeneutik VIII), München 1979, 407–422.

Pannenberg, Wolfhart, Theologie und Reich Gottes, Gütersloh 1971.

Pascher, Manfred, Hermann Cohens Ethik als Gegenentwurf zur Rechtsphilosophie Hegels (IBKW.S 83), Innsbruck 1992.

Patzig, Günther, Philosophische Bemerkungen zu: Willensfreiheit, Verantwortung, Schuld, in: Konrad Thomas (Hg.), Schuld: Zusammenhänge und Hintergründe. Eine Vorlesungsreihe der Georgia Augusta, Göttingen (Europäische Hochschulschriften, Reihe XX: Philosophie 305), Frankfurt am Main u.a. 1990, 147–164.

Pauen, Michael, Nihilismus der höchsten Erwartung. Soteriologie und Geschichte bei Th.W. Adorno, in: ZRGG 44 (1992) 322–344.

Peppermüller, Rolf, Abaelards Auslegung des Römerbriefs (BGPhMA.NF 10), Münster 1972.

Peppermüller, Rolf, Art. „Abaelard", in: TRE 1 (1977) 7–17.

Peppermüller, Rolf, Einleitung zu: Abaelard, Expositio in Epistolam ad Romanos/Römerbriefkommentar (FChr 26/1–3), Freiburg – Basel – Wien 2000, Bd. 1, 7–59.

Peppermüller, Rolf, Erlösung durch Liebe. Abaelards Soteriologie, in: Ursula Niggli (Hg.), Peter Abaelard: Leben – Werk – Wirkung (FEG 4), Freiburg – Basel – Wien 2004, 115–127.

Peppermüller, Rolf, Zu Abaelards Paulusexegese und ihrem Nachwirken, in: Petrus Abaelardus (1079–1142). Person, Werk und Wirkung, hg. v. Rudolf Thomas u.a. (TThSt 38), Trier 1980, 217–222.

Perkams, Matthias, Autonomie und Gottesglaube. Gemeinsamkeiten der Ethik Abaelards mit der Immanuel Kants, in: Ursula Niggli (Hg.), Peter Abaelard: Leben – Werk – Wirkung (FEG 4), Freiburg – Basel – Wien 2004, 129–149.

Perkams, Matthias, Liebe als Zentralbegriff der Ethik nach Peter Abaelard (BGPhMA.NF 58), Münster 2001.

Pesch, Otto Hermann, Frei sein aus Gnade. Theologische Anthropologie, Freiburg – Basel – Wien 1983.

Pesch, Otto Hermann, Gott – die Freiheit des Menschen. Theologische Anthropologie zwischen Seelenlehre und Evolutionstheorien, in: Ders., Dogmatik im Fragment. Gesammelte Studien, Mainz 1987, 89–114.

Pesch, Otto Hermann, Hinführung zu Luther, Mainz ³2004.

Pesch, Otto Hermann, „Um Christi willen …" Christologie und Rechtfertigungslehre in der katholischen Theologie: Versuch einer Richtigstellung (1981), in: Ders., Dogmatik im Fragment. Gesammelte Studien, Mainz 1987, 115–150.

Peters, Tiemo Rainer/Urban, Claus (Hgg.), Ende der Zeit? Die Provokation der Rede von Gott, Mainz 1999.
Peters, Tiemo Rainer, Verzeiht Gott alles? Versuch zur Vermeidung einer Antwort, in: Ders., Mystik – Mythos – Metaphysik. Die Spur des vermissten Gottes (Gesellschaft und Theologie: Forum politische Theologie 10), Mainz – München 1992, 119–125.
Petersen, Birte, Theologie nach Auschwitz? Jüdische und christliche Versuche einer Antwort, hg. v. Peter von der Osten-Sacken, Berlin ²1996.
Peterson, Linda L., St. Anselm on justice, retribution, and the divine will, in: Cur deus homo (StAns 128), 659–672.
Petuchowski, Jakob, „Rabbinische" und „dogmatische" Struktur theologischer Aussage, in: Martin Stöhr (Hg.), Jüdische Existenz und die Erneuerung der christlichen Theologie. Versuch einer Bilanz des christlich-jüdischen Dialogs für die Systematische Theologie, München 1981, 154–162.
Petzel, Paul, „Einem Buch angehören ...". E. Levinas' Talmud-Lektüre, in: Orientierung 61 (1997) 185–188, 196–199.
Peukert, Helmut, Kommunikative Freiheit und absolute befreiende Freiheit. Bemerkungen zu Karl Rahners These über die Einheit von Nächsten- und Gottesliebe, in: Wagnis Theologie (FS Karl Rahner), hg. v. Herbert Vorgrimler, Freiburg – Basel – Wien 1979, 274–283.
Peukert, Helmut, Über die Zukunft von Bildung, in: Frankfurter Hefte, FH-Extra 6 (1984) 129–137.
Peukert, Helmut, Wissenschaftstheorie – Handlungstheorie – Fundamentale Theologie. Analysen zu Ansatz und Status theologischer Theoriebildung (stw 231), Frankfurt am Main (1976) ²1978.
Pfammater, Josef/Christen, Eduard (Hgg.), Hoffnung über den Tod hinaus. Antworten auf Fragen der Eschatologie (ThBer 19), Zürich 1990.
Pieper, Annemarie, Ethik und Moral, München 1985.
Pieper, Annemarie, Pragmatische und ethische Normenbegründung. Zum Defizit an ethischer Letztbegründung in zeitgenössischen Beiträgen zur Moralphilosophie (Praktische Philosophie 9), Freiburg – München 1979.
Pieper, Annemarie, Søren Kierkegaard, München 2000.
Pieper, Josef, Art. „Gerechtigkeit II. als Tugend", in: HThG 1, 479–483.
Pieper, Josef, Hoffnung und Geschichte, München 1967.
Pieper, Josef, Tod und Unsterblichkeit, München 1968.
Pieper, Josef, Über das Ende der Zeit. Eine geschichtsphilosophische Meditation, München 1950.
Pieper, Josef, Über den Begriff der Sünde, München 1977.
Pieper, Josef, Über die Gerechtigkeit, München 1953.
Pieper, Josef, Über die Hoffnung, München 1949.
Plasger, Georg, Die Macht der barmherzigen Gerechtigkeit Gottes. Die Erkenntnis der Treue Gottes in Jesus Christus nach Anselms „Cur Deus homo", in: Cur deus homo (StAns 128), 697–708.
Plasger, Georg, Die Not-Wendigkeit der Gerechtigkeit. Eine Interpretation zu „Cur Deus homo" von Anselm von Canterbury (BGPhMA. NF 38), Münster 1993.
Platzbecker, Paul, Radikale Autonomie vor Gott denken. Transzendentalphilosophische Glaubensverantwortung in der Auseinandersetzung zwischen

Literatur

Hansjürgen Verweyen und Thomas Pröpper (ratio fidei 19), Regensburg 2003.
Plutta-Messerschmidt, Elke, Gerechtigkeit Gottes bei Paulus. Eine Studie zu Luthers Auslegung von Römer 3,5 (HUTh 14), Tübingen 1973.
Pollefeyt, Didier, Ethics, Forgiveness, and the Unforgivable after Auschwitz, in: Ders. (Hg.), Incredible Forgiveness: Christian Ethics between Fanaticism and Reconciliation, Leuven 2004, 121–159.
Pongratz-Leisten, Beate, Das „negative Sündenbekenntnis" des Königs anlässlich des babylonischen Neujahrsfestes und die *kidinnutu* von Babylon, in: Schuld, Gewissen und Person, hg. v. Jan Assmann/Theo Sundermeier (Studien zum Verstehen fremder Religionen 9), Gütersloh 1997, 83–101.
Poser, Hans, Zeit und Ewigkeit. Zeitkonzepte als Orientierungswissen, in: Das Rätsel der Zeit. Philosophische Analysen, hg. v. Hans-Michael Baumgartner, Freiburg – München 1993, 17–50.
Pospíšil, Ctirad Václav, Croce del Figlio come profondità e umilità di Dio in San Bonaventura, in: La Sapienza della croce 9 (1996) 41–51. 123–131.
Pospíšil, Ctirad Václav, La soteriologia di San Bonaventura nel periodo Parigino della sua opera, in: Anton. 74 (1999) 661–683.
Pospíšil, Ctirad Václav, L'architettura della soteriologia bonaventuriana, in: Anton. 73 (1998) 695–712.
Post, Werner, Philosophische Theorien über das Böse, in: Conc (D) 6 (1970) 430–434.
Potthoff, Markus, Schuld als Geburtsstätte der Religion. Überlegungen zum Übergang von der Ethik zur Religion im Denken Hermann Cohens, in: Freiheit Gottes und Geschichte der Menschen (FS Richard Schaeffler), Essen 1993, 299–317.
Prenter, Regin, Der barmherzige Richter. Iustitia Dei passiva in Luthers Dictata super Psalterium 1513–1515 (Acta Jutlandica 33/2), Kopenhagen 1961.
Prentice, Robert P., The degree and mode of liberty in the beatitude of the blessed, in: Deus et homo ad mentem I. Duns Scoti, 327–342.
Preuß, Horst Dietrich (Hg.), Eschatologie im Alten Testament (WdF 480), Darmstadt 1978.
Preuß, Horst Dietrich, Art. „Barmherzigkeit. I: Altes Testament", in: TRE 5 (1980) 215–224.
Preuß, Horst Dietrich, Deuteronomium (EdF 164), Darmstadt 1982.
Preuß, Horst Dietrich, Theologie des Alten Testaments, 2 Bde., Stuttgart 1991; 1992.
Principe, Walter H., Some Examples of Augustine's influence on Medieval Christology, in: Augustiniana 41 (1991) 955–974.
Pröpper, Thomas, Allmacht Gottes [1993], in: Ders., Evangelium und freie Vernunft, 288–293.
Pröpper, Thomas, Art. „Freiheit", in: Neues Handbuch theologischer Grundbegriffe, hg. von Peter Eicher, München ²1991, Bd. 2, 66–95.
Pröpper, Thomas, Autonomie und Solidarität. Begründungsprobleme sozialethischer Verpflichtung [1995], in: Ders., Evangelium und freie Vernunft, 57–71.
Pröpper, Thomas, „Dass nichts uns scheiden kann von Gottes Liebe …" Ein Beitrag zum Verständnis der „Endgültigkeit" der Erlösung [1993], in: Ders., Evangelium und freie Vernunft, 40–56.

Pröpper, Thomas, Erlösungsglaube und Freiheitsgeschichte. Eine Skizze zur Soteriologie, München (1988) ³1991.
Pröpper, Thomas, „Erst in autonomer Zustimmung kommt Gottes Liebe zum Ziel", in: HerKorr 45 (1991) 411–418.
Pröpper, Thomas, Erstphilosophischer Begriff oder Aufweis letztgültigen Sinnes? Anfragen an Hansjürgen Verweyens „Grundriss der Fundamentaltheologie" [1994], in: Ders., Evangelium und freie Vernunft, 180–196.
Pröpper, Thomas, Evangelium und freie Vernunft. Konturen einer theologischen Hermeneutik, Freiburg – Basel – Wien 2001.
Pröpper, Thomas, Fragen und Gefragte zugleich. Notizen zur Theodizee [1993], in: Ders., Evangelium und freie Vernunft, 266–275.
Pröpper, Thomas, Freiheit als philosophisches Prinzip der Dogmatik. Systematische Reflexionen im Anschluss an W. Kaspers Konzeption der Dogmatik, in: Dogma und Glaube. Bausteine für eine theologische Erkenntnislehre (FS Walter Kasper), hg. v. Eberhard Schockenhoff/Peter Walter, Mainz 1993, 165–192.
Pröpper, Thomas, Freiheit als philosophisches Prinzip theologischer Hermeneutik, in: Ders., Evangelium und freie Vernunft, 5–22.
Pröpper, Thomas, Freiheit Gottes [1995], in: Ders., Evangelium und freie Vernunft, 294–299.
Pröpper, Thomas, Gott hat auf uns gehofft … Theologische Folgen des Freiheitsparadigmas, in: Ders., Evangelium und freie Vernunft, 300–321.
Pröpper, Thomas, Schleiermachers Bestimmung des Christentums und der Erlösung. Zur Problematik der transzendental-anthropologischen Hermeneutik des Glaubens [1988], in: Ders., Evangelium und freie Vernunft, 129–152.
Pröpper, Thomas, Sollensevidenz, Sinnvollzug und Offenbarung. Im Gespräch mit Hansjürgen Verweyen [1996], in: Ders., Evangelium und freie Vernunft, 197–219.
Proust, Françoise, Benjamin et la théologie de la modernité, in: Archives de sciences sociales des religions 89 (1995) 53–59.
Pskai, László, Die heutige Freiheitsproblematik im Lichte der scotistischen Freiheitslehre, in: Deus et homo ad mentem I. Duns Scoti, 401–407.

Q

Quinzio, Sergio, La giustizia impossibile, in: Olivetti, Marco M. (Hg.), Teodicea oggi? (AF 56), Padua 1988, 683–688.

R

Raberger, Walter, Die „Letzten Dinge". Anmerkungen zu einigen Versuchen in der „Eschatologie", in: Gottesgeschichten. Beiträge zu einer systematischen Theologie, hg. v. Wilhelm Achleitner/Ulrich Winkler, Freiburg – Basel – Wien 1992, 171–191.
Rahner, Karl, Art. „Eschatologie", in: SacrM 1, 1183–1192.
Rahner, Karl, Auferstehung des Fleisches, in: Schriften zur Theologie II, Zürich – Einsiedeln – Köln ⁷1964, 211–225.
Rahner, Karl, Das Leben der Toten, in: Schriften zur Theologie IV, Zürich – Einsiedeln – Köln ⁴1964, 429–437.

Literatur

Rahner, Karl, Er wird wiederkommen, in: Schriften zur Theologie VII, Zürich – Einsiedeln – Köln 1966, 174–177.
Rahner, Karl, Fegfeuer, in: Schriften zur Theologie XIV, Zürich – Einsiedeln – Köln 1980, 435–449.
Rahner, Karl, Theologische Prinzipien der Hermeneutik eschatologischer Aussagen, in: Schriften zur Theologie IV, Zürich – Einsiedeln – Köln 1960, 401–428.
Rahner, Karl, Über den „Zwischenzustand", in: Schriften zur Theologie XII, Zürich – Einsiedeln – Köln 1975, 455–466.
Rahner, Karl, Versöhnung und Stellvertretung, in: Schriften XV, Zürich – Einsiedeln – Köln 1983, 251–264.
Rahner, Karl, Zur Theologie der Hoffnung, in: Schriften VIII, 561–579.
Ratzinger, Joseph, Art. „Stellvertretung", in: Handbuch theologischer Grundbegriffe II, München 1963, 566–575.
Ratzinger, Joseph, Auferstehung und ewiges Leben, in: Dogma und Verkündigung, München – Freiburg 1973, 301–314.
Ratzinger, Joseph, Die Geschichtstheologie des heiligen Bonaventura (München – Zürich 1959), Nd. St. Ottilien 1992.
Ratzinger, Joseph, Einführung in das Christentum. Vorlesungen über das Apostolische Glaubensbekenntnis, München 1968.
Ratzinger, Joseph, Eschatologie – Tod und Ewiges Leben (Kleine Katholische Dogmatik IX), Regensburg ²1978.
Ratzinger, Joseph, Heilsgeschichte und Eschatologie, in: Theologie im Wandel (FS zum 150jährigen Bestehen der Katholisch-theologischen Fakultät an der Universität Tübingen 1817–1967; Tübinger theologische Reihe 1), München 1967, 68–89.
Ratzinger, Joseph, Was kommt nach dem Tod?, in: Dogma und Verkündigung, München – Freiburg 1973, 295–300.
Ratzinger, Joseph, Zwischen Tod und Auferstehung, in: IKaZ 9 (1980) 209–223.
Rawls, John, Eine Theorie der Gerechtigkeit [A Theory of Justice, 1971], Frankfurt am Main 1975.
Rawls, John, Geschichte der Moralphilosophie. Hume – Leibniz – Kant – Hegel, Frankfurt am Main 2002.
Reck, Norbert, Festhalten an der Untröstlichkeit. Die Gottesfrage in der katholischen Theologie seit Auschwitz, in: StdZ 214 (1996) 186–196.
Reck, Norbert, Im Angesicht der Zeugen. Eine Theologie nach Auschwitz, Mainz 1998.
Reese, James M., Hellenistic Influence on the Book of Wisdom and its Consequences (AnBib 41), Rom 1970.
Reichardt, Michael, Endgericht durch den Menschensohn? Zur eschatologischen Funktion des Menschensohnes im Markusevangelium (SBB 62), Stuttgart 2009.
Reikerstorfer, Johann, Leidenserinnerung als Gottesfrage, in: Johann Baptist Metz (Hg.), Landschaft aus Schreien. Zur Dramatik der Theodizeefrage, Mainz 1995, 103–117.
Reiser, Marius, Die Gerichtspredigt Jesu. Eine Untersuchung zur eschatologischen Verkündigung Jesu und ihrem frühjüdischen Hintergrund (NTA. NF 23), Münster 1990.

Remenyi, Matthias, Ende gut – alles gut? Hoffnung auf Versöhnung in Gottes eschatologischer Zukunft, in: IKaZ Communio 32 (2003) 492–512.

Rendtorff, Rolf, Er handelt nicht mit uns nach unseren Sünden. Das Evangelium von der Barmherzigkeit Gottes im Ersten Testament, in: Ruth Scoralick (Hg.), Das Drama der Barmherzigkeit Gottes. Studien zur biblischen Gottesrede und ihrer Wirkungsgeschichte in Judentum und Christentum (SBS 183), Stuttgart 1999, 157–192.

Ricœur, Paul, Das Böse. Eine Herausforderung für Philosophie und Theologie [Le mal. Un défi à la philosophie et à la théologie, Genf 1986], Zürich 2006.

Ricœur, Paul, Das Rätsel der Vergangenheit. Erinnern – Vergessen – Verzeihen (Essener Kulturwissenschaftliche Vorträge 2), Göttingen (1998) ³2002.

Ricœur, Paul, Das Selbst als ein Anderer [Soi-même comme un autre, 1990], (Übergänge 26), München 1996.

Ricœur, Paul, Der Socius und der Nächste [La relation à autrui. Le „socius" et le prochain; 1954], in: Geschichte und Wahrheit, München 1974, 109–124.

Ricœur, Paul, Die Erbsünde – eine Bedeutungsstudie, in: Ders., Der Konflikt der Interpretationen, Bd. II: Hermeneutik und Psychoanalyse, München 1974, 266–283.

Ricœur, Paul, Die Fehlbarkeit des Menschen. Phänomenologie der Schuld I [Finitude et culpabilité I: L'homme faillible, Paris 1960], Freiburg – München 1971.

Ricœur, Paul, Die Frage nach dem Subjekt angesichts der Herausforderung der Semiologie [1967/68], in: Hermeneutik und Strukturalismus. Der Konflikt der Interpretationen I, München 1973, 137–173.

Ricœur, Paul, Die Freiheit im Licht der Hoffnung [1968], in: Hermeneutik und Strukturalismus (Der Konflikt der Interpretationen I), München 1973, 199–226.

Ricœur, Paul, Erzählung. Metapher und Interpretationstheorie, in: ZThK 84 (1987) 232–253.

Ricœur, Paul, Gedächtnis, Geschichte, Vergessen (Übergänge 50), Paderborn 2004.

Ricœur, Paul, Hermeneutik und Psychoanalyse. Der Konflikt der Interpretationen II [Le conflit des interprétations. Essais d'herméneutique, Paris 1969], München 1974.

Ricœur, Paul, Hermeneutik und Strukturalismus. Der Konflikt der Interpretationen I [Le conflit des interprétations. Essais d'herméneutique, Paris 1969], München 1973.

Ricœur, Paul, Interpretation des Strafmythos, in: Ders., Hermeneutik und Psychoanalyse (Der Konflikt der Interpretationen II), München 1974, 239–265.

Ricœur, Paul, Liebe und Gerechtigkeit. Amour et justice, Tübingen 1990.

Ricœur, Paul, Sanction, réhabilitation, pardon, in: Ders., Le Juste, Bd. 1, Paris, 1995, 93–208.

Ricœur, Paul, Schuld, Ethik und Religion, in: Conc (D) 6 (1970) 384–393.

Ricœur, Paul, Symbolik des Bösen. Phänomenologie der Schuld II [Finitude et culpabilité II: La Symbolique du Mal; 1960], Freiburg – München 1971.

Ricœur, Paul, Théonomie et/ou autonomie, in: Archivio di Filosofia 62 (1994) 19–36.

Literatur

Ricœur, Paul, Wege der Anerkennung. Erkennen, Wiedererkennen, Anerkanntsein [Parcours de la reconaissance; 2004], Frankfurt 2006.
Ricœur, Paul, Zeit und Erzählung, Bd. 3: Die erzählte Zeit (Übergänge 18), Paderborn 1991.
Riedel, Christoph, Subjekt und Individuum. Zur Geschichte des philosophischen Ich-Begriffs (Grundzüge 75), Darmstadt 1989.
Rieger, Reinhold, Petrus Abaelard: Theologie im Widerstreit, in: Theologen des Mittelalters, hg. v. Ulrich Köpf, Darmstadt 2002, 61–78.
Riess, Richard (Hg.), Abschied von der Schuld? Zur Anthropologie und Theologie von Schuldbewußtsein, Opfer und Versöhnung (Theologische Akzente 1), Stuttgart 1996.
Rigby, Cynthia L., Free to be Human: Limits, possibilities, and the Sovereignty of God, in: Theology Today 53 (1996) 47–62.
Ritter, Adolf Martin, Dogma und Lehre in der Alten Kirche, in: HDThG 1, Göttingen 1982, 99–283.
Rivière, Jean, Le Dogme de la Rédemption au début du moyen âge (Bibliothèque thomiste 19), Paris 1934.
Roberts, Lawrence D., John Duns Scotus and the Concept of Human Freedom, in: Deus et homo ad mentem I. Duns Scoti, 317–325.
Röhser, Günter, Stellvertretung im Neuen Testament (SBS 195), Stuttgart 2002.
Roose, Hanna, Eschatologische Mitherrschaft. Entwicklungslinien einer urchristlichen Erwartung (NTOA/StUNT 54), Göttingen 2004.
Rosenau, Hartmut, Allversöhnung. Ein transzendentaltheologischer Grundlegungsversuch (TBT 57), Berlin – New York 1993.
Rosenzweig, Franz, Der Stern der Erlösung [1921; Den Haag ⁴1976], Frankfurt am Main 1988.
Ross, Werner, Himmel und Hölle in der Literatur, in: Ungewisses Jenseits? Himmel – Hölle – Fegefeuer (Schriften der Katholischen Akademie in Bayern 121), hg. v. Gisbert Greshake, Düsseldorf 1986, 55–71.
Rossi, Osvaldo, L'„aliquid maius" e la riparazione, in: Cur deus homo (StAns 128), 641–657.
Ruhstorfer, Karlheinz, Adieu. Derridas Gott und der Anfang des Denkens, in: FZPhTh 51 (2004) 123–158.
Runggaldier, Edmund, Personen und diachrone Identität, in: Conceptus 26 (1992/93) 107–123.
Runggaldier, Edmund, Zur empiristischen Deutung der Identität von Personen als Kontinuität, in: ThPh 63 (1988) 242–251.
Ruppert, Lothar, „Mein Knecht, der gerechte, macht die Vielen gerecht, und ihre Verschuldungen – er trägt sie" (Jes 53,11). Universales Heil durch das stellvertretende Strafleiden des Gottesknechtes?, in: BZ. NF 40 (1996) 1–17.

S

Sacchi, Paolo, Die Macht der Sünde in der Apokalyptik, in: Sünde und Gericht (JBTh 9), Neukirchen-Vluyn 1994, 111–124.
Sachs, J.R., Current Eschatology: Universal Salvation and the Problem of Hell, in: TS 52 (1991) 227–254.
Sage, Athanase, Le péché originel dans la pensée de saint Augustin, in: REAug 15 (1969) 75–112.

Sage, Athanase, Péché originel. Naissance d'un dogme, in: REAug 13 (1967) 211–248.
Sagnol, Marc, Recht und Gerechtigkeit bei Walter Benjamin, in: Christoph Demmerling/Thomas Rentsch (Hgg.), Die Gegenwart der Gerechtigkeit: Diskurse zwischen Recht, praktischer Philosophie und Politik, Berlin 1995, 57–65.
Sala, Giovanni B., Kant und die Frage nach Gott. Gottesbeweise und Gottesbeweiskritik in den Schriften Kants (Kantstudien. Erg.-hefte 122), Berlin – New York 1990.
Sala, Giovanni B., Kant und die Theologie der Hoffnung. Eine Auseinandersetzung mit R. Schaefflers Interpretation der kantischen Religionsphilosophie, in: ThPh 56 (1981) 92–110.
Sala, Giovanni B., Wohlverhalten und Wohlergehen. [Teil 1] Der moralische Gottesbeweis in den Schriften Kants; [Teil 2] Der moralische Gottesbeweis und die Frage einer eudämonistischen Ethik, in: ThPh 68 (1993) 182–207, 368–398.
Salmann, Elmar, Die Logik der Sühne. Zur Genese religiöser Vernunft, in: Cur deus homo (StAns 128), 837–845.
Salmann, Elmar, Inenarrabilis nostrae redemptionis pulchritudo. Zur Erlösungslehre bei Anselm von Canterbury, in: Mysterium Christi. Symbolgegenwart und theologische Bedeutung (StAns 116; FS Basil Studer), Rom 1995, 243–258.
Salmann, Elmar, Korreflexive Vernunft und theonome Weisheit in der Logik von *Monologion* und *Proslogion*, in: L'Attualitá filosofica di Anselmo d'Aosta (StAns 101), Rom 1990, 143–228.
Salmann, Elmar, Spekulative Vernunft und Theandrische Weisheit, in: Gregorianum 71 (1990) 487–510.
Salmann, Elmar, Urverbundenheit und Stellvertretung, in: MThZ 35 (1984) 17–31.
Sandherr, Susanne, Emmanuel Lévinas: Extremer Humanismus Gottes, in: Joachim Valentin/Saskia Wendel (Hgg.), Jüdische Traditionen in der Philosophie des 20. Jahrhunderts, Darmstadt 2000, 148–161.
Sattler, Dorothea, Jesus Christus – von Gott „für uns zur Sünde gemacht" (2 Kor 5,21): nachdenkliche Annäherungen an Gottes Handeln, in: LS 53 (2002) 86–97.
Sauter, Gerhard (Hg., unter Mitarbeit von H. Assel), Versöhnung als Thema der Theologie (TB 92), Gütersloh 1997.
Saward, John, The flesh flowers again. St Bonaventure and the aesthetics of the resurrection, in: DR 110 (1992), Nr. 378, 1–29.
Scapin, Pietro, Contingenza e libertà divina in Giovanni Duns Scoto, O.Min., in: MF 64 (1964) 3–27, 277–324.
Schaede, Stephan, Stellvertretung. Begriffsgeschichtliche Studien zur Soteriologie (BHTh 126), Tübingen 2004.
Schaeffler, Richard, Der Zuspruch des Vergebungswortes und die Dialektik des praktischen Vernunftgebrauchs. Überlegungen zur Ethik und Religionsphilosophie im Anschluss an Immanuel Kant und Hermann Cohen, in: Theorie der Sprachhandlungen und heutige Ekklesiologie, hg. v. Peter Hünermann/Richard Schaeffler (QD 109), Freiburg – Basel – Wien 1987, 104–129.

Schaeffler, Richard, Die christliche Botschaft im Wettbewerb der Endzeiterwartungen, in: StdZ 217 (1999) 363–376.
Schaeffler, Richard, Die christliche Hoffnungsbotschaft im Kontext menschlicher Todesauffassungen, in: Die größere Hoffnung der Christen. Eschatologische Vorstellungen im Wandel, hg. v. Albert Gerhards (QD 127), Freiburg – Basel – Wien 1990, 13–27.
Schaeffler, Richard, Die Vernunft und das Wort. Zum Religionsverständnis bei Hermann Cohen und Franz Rosenzweig, in: ZThK 78 (1981) 57–89.
Schaeffler, Richard, Die Wechselbeziehungen zwischen Philosophie und katholischer Theologie (Die philosophischen Bemühungen des 20. Jahrhunderts), Darmstadt 1980.
Schaeffler, Richard, Schulderfahrungen und sittliche Identität. Philosophische Überlegungen zu einer Theorie des sittlichen Subjekts, in: Die Frage nach der Schuld (Studium generale. Mainzer Universitätsgespräche 1987/88), hg. v. Günter Eifler/Otto Saarne, Mainz 1988, 137–156.
Schaeffler, Richard, Vollendung der Welt oder Weltgericht. Zwei Vorstellungen vom Ziel der Geschichte in Religion und Philosophie, in: Heinz Althaus (Hg.), Apokalyptik und Eschatologie. Sinn und Ziel der Geschichte, Freiburg – Basel – Wien 1987, 73–104.
Schaeffler, Richard, Was dürfen wir hoffen? Die katholische Theologie der Hoffnung zwischen Blochs utopischem Denken und der reformatorischen Rechtfertigungslehre, Darmstadt 1979.
Schäfer, Philipp, Eschatologie: Trient und Gegenreformation (HDG IV, 7c, 2. Teil), Freiburg – Basel – Wien 1984.
Scharbert, Josef, Art. „Gerechtigkeit I. Altes Testament", in: TRE 12 (1984) 404–411.
Scharbert, Josef, Formgeschichte und Exegese von Ex 34,6f. und seiner Parallelen, in: Biblica 38 (1957) 140–150.
Scharbert, Josef, Stellvertretendes Sühneleiden in den Ebed-Jahwe-Liedern und in altorientalischen Ritualtexten, in: BZ. NF 2 (1958) 190–213.
Scheffczyk, Leo (Hg.), Erlösung und Emanzipation (QD 61), Freiburg – Basel – Wien 1973.
Scheffczyk, Leo, Himmel und Hölle: Kontinuität und Wandel in der Lehrentwicklung, in: Gisbert Greshake (Hg.), Ungewisses Jenseits? Himmel – Hölle – Fegefeuer (Schriften der Katholischen Akademie in Bayern 121), Düsseldorf 1986, 32–54.
Scheffczyk, Leo, Scheidung oder Rettung aller? Die Lehre vom Endschicksal des Menschen, in: Die Neue Ordnung 37 (1983) 414–423.
Schenker, Adrian, Das Zeichen des Blutes und die Gewißheit der Vergebung im Alten Testament. Die sühnende Funktion des Blutes auf dem Altar nach Lev 17,10–12, in: MThZ 34 (1983) 195–213.
Schenker, Adrian, Der nie aufgehobene Bund. Exegetische Beobachtungen zu Jer 31,31–34, in: Erich Zenger (Hg.), Der Neue Bund im Alten. Studien zur Bundestheologie der beiden Testamente (QD 146), Freiburg – Basel – Wien 1993, 85–112.
Schenker, Adrian, Der strafende Gott. Zum Gottesbild im Alten Testament, in: KatBl 110 (1985) 843–850.
Schenker, Adrian, Saure Trauben ohne stumpfe Zähne. Bedeutung und Tragweite von Ez 18 oder ein Kapitel alttestamentlicher Moraltheologie, in: Pierre

Casetti u.a. (Hgg.), Mélanges Dominique Barthélemy (OBO 38), Fribourg – Göttingen 1981, 449–470.

Schenker, Adrian, Sühne statt Strafe und Strafe statt Sühne. Zum biblischen Sühnebegriff, in: Josef Blank/Jürgen Werbick (Hgg.), Sühne und Versöhnung (Theologie zur Zeit 1), Düsseldorf 1986, 10–20.

Schenker, Adrian, Versöhnung und Widerstand. Bibeltheologische Untersuchung zum Strafen Gottes und der Menschen, besonders im Lichte von Exodus 21–22 (SBS 139), Stuttgart 1990.

Scherer, Georg, Zukunft und Eschaton. Philosophische Aspekte, in: Eschatologie und geschichtliche Zukunft, hg. v. Georg Scherer u.a. (Thesen und Argumente 5), Essen 1972, 11–65.

Schillebeeckx, Edward, Einige hermeneutische Überlegungen zur Eschatologie, in: Conc (D) 5 (1969) 18–25.

Schimanowski, Gottfried, Auferweckung im Neuen Testament und in der frühjüdischen Apokalyptik, in: Hans Kessler (Hg.), Auferstehung der Toten. Ein Hoffnungsentwurf im Blick heutiger Wissenschaften, Darmstadt 2004, 49–71.

Schlageter, Johannes, Das Menschsein Jesu Christi in seiner zentralen Bedeutung für Schöpfung und Erlösung bei Johannes Duns Scotus und heute, in: WiWei 47 (1984) 23–36.

Schlosser, Marianne, Bonaventura begegnen (Zeugen des Glaubens), Augsburg 2000.

Schlosser, Marianne, Bonaventura: „Der Weg zur Weisheit ist die Liebe zum Gekreuzigten", in: Ulrich Köpf (Hg.), Theologen des Mittelalters, Darmstadt 2002, 113–128.

Schmaus, Michael, Katholische Dogmatik VI/2: Gott der Vollender, St. Ottilien ²1982.

Schmaus, Michael, Von den letzten Dingen, Münster – Regensburg, 1948.

Schmid, Hans Heinrich, Gerechtigkeit als Weltordnung. Hintergrund und Geschichte des alttestamentlichen Gerechtigkeitsbegriffs (BHTh 40), Tübingen 1968.

Schmid, Hans Heinrich, Gerechtigkeit und Barmherzigkeit im Alten Testament, in: WuD 12 (1973) 31–41.

Schmidt, Martin Anton, Jesus Christus, simul rex et amicus (Bonaventura, Itinerarium mentis in Deum IV,5), in: Gottesreich und Menschenreich (FS Ernst Staehelin), Basel – Stuttgart 1969, 49–67.

Schmidt, Martin Anton, Dogma und Lehre im Abendland, 2: Die Zeit der Scholastik, in: HDThG 1, Göttingen 1982, 567–754.

Schmied, Augustin, Jenseits – Ende – Vollendung, in: ThG 27 (1984) 221–230.

Schmied, Konrad, Kollektivschuld? Der Gedanke übergreifender Schuldzusammenhänge im Alten Testament und im Alten Orient, in: ZAR 5 (1999) 193–222.

Schmitt, Carl, Der Begriff des Politischen, Berlin ²1932.

Schmitt, Franz S., Die wissenschaftliche Methode in Anselms „Cur Deus homo", in: Specilegium Beccense, 1er Congrès international du IXe Centenaire de l'arrivée d'Anselme au Bec, Paris 1959, Bd. 1, 349–370.

Schmitt, Hans-Christoph, Gericht und Erlösung. Jes 43,1–7 und sein literarischer und theologischer Kontext, in: Jutta Hausmann/Hans-J. Zobel

Literatur

(Hgg.), Alttestamentlicher Glaube und Biblische Theologie (FS Horst Dietrich Preuß), Stuttgart – Berlin – Köln 1992, 120–131.
Schnackenburg, Rudolf, Ist der Gedanke des Sühnetodes der einzige Zugang zum Verständnis unserer Erlösung durch Jesus Christus?, in: Karl Kertelge (Hg.). Der Tod Jesu. Deutungen im Neuen Testament (QD 74), Freiburg – Basel – Wien 1976, 205–230.
Schneider, Hans-Peter, Justitia universalis. Quellenstudien zur Geschichte des „christlichen Naturrechts" bei Gottfried Wilhelm Leibniz (JurAbh 7), Frankfurt am Main 1967.
Schneider, Herbert, Mitzulieben bin ich da. Leben als Christ nach Johannes Duns Scotus, Trier 1996.
Schneiders, Werner, Leibniz und die Frage nach dem Grund des Guten und Gerechten (Studia Leibnitiana. Suppl. 4), Wiesbaden 1969.
Schönberger, Rolf, Anselm von Canterbury, München 2004.
Schönberger, Rolf, Die Existenz des Nichtigen. Zur Geschichte der Privationstheorie, in: Die Wirklichkeit des Bösen, hg. v. Friedrich Hermanni/Peter Koslowski, München 1998, 15–47.
Schönberger, Rolf, „Negationes non summe amamus". Duns Scotus' Auseinandersetzung mit der negativen Theologie, in: John Duns Scotus: Metaphysics and Ethics, hg. v. Ludger Honnefelder/Rega Wood/Mechthild Dreyer, Leiden 1996, 475–496.
Schoonenberg, Piet, Der Mensch in der Sünde, in: MySal II, 845–941.
Schoonenberg, Piet, Theologie der Sünde. Ein theologischer Versuch, Einsiedeln 1966.
Schoot, Henk J. M. (Hg.), Tibi soli peccavi: Thomas Aquinas on Guilt and Forgiveness. A collection of studies presented at the first congress of the Thomas Instituut te Utrecht (1995) (Publications of the Thomas Instituut te Utrecht; N.S. 3), Leuven 1996.
Schreiber, Karin. Vergebung. Eine systematisch-theologische Untersuchung (Religion in Philosophy and Theology), Tübingen 2006.
Schreiber, Stefan/Siemons, Stefan (Hgg.), Das Jenseits. Perspektiven christlicher Theologie, Darmstadt 2003.
Schroeter-Reinhard, Alexander, Die *Ethica* des Peter Abaelard. Übersetzung, Hinführung und Deutung (FZPhTh 21), Freiburg/Ue. 1999.
Schröter, Jens, Gerechtigkeit und Barmherzigkeit: Das Gottesbild der Psalmen Salomos in seinem Verhältnis zu Qumran und Paulus, in: NTS 44 (1998) 557–577.
Schuld und Schuldbewältigung: keine Zukunft ohne Auseinandersetzung mit der Vergangenheit, hg. v. Gerd Haeffner (Schriften der Katholischen Akademie in Bayern 149), Düsseldorf 1993.
Schüller, Thomas, Die Barmherzigkeit als Prinzip der Rechtsapplikation in der Kirche im Dienste der salus animarum. Ein kanonistischer Beitrag zu Methodenproblemen der Kirchenrechtstheorie (FKRW 14), Würzburg 1992.
Schulte, Christoph, Theodizee bei Kant und Cohen, in: Hermann Cohen's philosophy of religion. International conference in Jerusalem 1996, hg. von Stéphane Moses/Hartwig Wiedebach (Philosophische Texte und Studien 44) (Publications of the Franz Rosenzweig Research Center for German-Jewish Literature and Cultural History), Hildesheim u.a. 1997, 205–229.
Schulte, Heinz, Personales und sachorientiertes Denken. Zwei Typen mittelal-

terlicher Gotteslehre: Bonaventura und Johannes Duns Scotus, in: Deus et homo ad mentem I. Duns Scoti, 165–173.
Schulz, Heiko, Der grausame Gott. Kierkegaards Furcht und Zittern und das Dilemma der Divine-Command-Ethics, in: Essener Unikate 21/2003, 72–81.
Schulz, Heiko, Jener überaus zählebige Mißstand. Irrtum und Wille im Sündenbegriff der „Krankheit zum Tode", in: NZSTh 37 (1995) 286–307.
Schulz, Walter, Ich und Welt. Philosophie der Subjektivität, Pfullingen 1979.
Schulz, Walter, Wandlungen der Begriffe „Schuld" und „Verantwortung", in: Jahrbuch für Psychologie, Psychotherapie und medizinische Anthropologie 16 (1968) 196–205.
Schumacher, Ferdinand, Ich glaube an die Auferstehung der Toten. Das Ende der Zeit in der Theologie Joseph Ratzingers, in: Frank Meier-Hamidi/Ferdinand Schumacher (Hgg.), Der Theologe Joseph Ratzinger (QD 222), Freiburg – Basel – Wien 2007, 73–99.
Schürmann, Heinz, Jesu Todesverständnis im Verstehenshorizont seiner Umwelt, in: ThGl 70 (1980) 141–160.
Schürmann, Heinz, Jesu ureigener Tod. Exegetische Besinnungen und Ausblick, Freiburg – Basel – Wien 1975.
Schütz, Christian, Allgemeine Grundlegung der Eschatologie, in: MySal V, 553–700.
Schwager, Raymund, Brauchen wir einen Sündenbock? Gewalt und Erlösung in den biblischen Schriften, München 1978.
Schwager, Raymund, Der Böse, das Böse und der gute Gott, in: Leid – Schuld – Versöhnung. Die Vorlesungen der Salzburger Hochschulwochen 1989, hg. v. Paulus Gordan, Graz – Wien – Köln 1990, 69–90.
Schwager, Raymund, Der fröhliche Wechsel und Streit. Zur Erlösungs- und Rechtfertigungslehre Martin Luthers, in: Ders., Der wunderbare Tausch, 192–231.
Schwager, Raymund, Der Gott des Alten Testaments und der Gott des Gekreuzigten. Zur Erlösungslehre bei Markion und Irenäus, in: Ders., Der wunderbare Tausch, 7–31.
Schwager, Raymund, Der wunderbare Tausch. Zur Geschichte und Deutung der Erlösungslehre, München 1986.
Schwager, Raymund, Der wunderbare Tausch. Zur „physischen" Erlösungslehre Gregors von Nyssa, in: Ders., Der wunderbare Tausch, 77–100.
Schwager, Raymund, Jesus im Heilsdrama. Entwurf einer biblischen Erlösungslehre (IThS 29), Innsbruck 1990.
Schwager, Raymund, Logik der Freiheit und des Natur-Wollens. Zur Erlösungslehre Anselms von Canterbury, in: Ders., Der wunderbare Tausch, 161–191.
Schwager, Raymund, Unfehlbare Gnade gegen göttliche Erziehung. Die Erlösungsproblematik in der pelagianischen Krise, in: Ders., Der wunderbare Tausch, 101–134.
Schwarz, Hans, Die christliche Hoffnung. Grundkurs Eschatologie (Biblisch-theologische Schwerpunkte 21), Göttingen 2002.
Schweidler, Walter, Verzeihung und geschichtliche Identität. Über die Grenzen der kollektiven Entschuldigung, in: SJP 44/45 (1999/2000) 7–20.
Scoralick, Ruth (Hg.), Das Drama der Barmherzigkeit Gottes. Studien zur biblischen Gottesrede und ihrer Wirkungsgeschichte in Judentum und Christentum (SBS 183), Stuttgart 1999.

Scoralick, Ruth, Gottes Güte und Gottes Zorn. Die Gottesprädikationen in Ex 34,6 f. und ihre intertextuellen Beziehungen zum Zwölfprophetenbuch (HBS 33), Freiburg 2002.

Seckler, Max, Das Heil in der Geschichte. Geschichtstheologisches Denken bei Thomas von Aquin, München 1964.

Seidler, Elisabeth, Versöhnung. Prolegomena einer künftigen Soteriologie, in: FZPhTh 42 (1995) 5–48.

Seybold, Klaus, Art. „Gericht Gottes I. Altes Testament", in: TRE 12 (1984) 460–466.

Seybold, Klaus, Der aaronitische Segen. Studien zu Numeri 6,22–27, Neukirchen-Vluyn 1977.

Seymour, Charles, Hell, justice, and freedom, in: IJPR 43 (1998) 69–86.

Sherry, Patrick, Redeeming the Past, in: RelSt 34 (1998) 165–175.

Siep, Ludwig, Naturrecht und Wissenschaftslehre, in: Fichtes Lehre vom Rechtsverhältnis. Die Deduktion der §§ 1–4 der „Grundlage des Naturrechts" und ihre Stellung in der Rechtsphilosophie (JurAbh 21), hg. v. Michael Kahlo u. a., Frankfurt am Main 1992, 71–91.

Siep, Ludwig, Recht und Anerkennung, in: Helmut Girndt (Hg.), Selbstbehauptung und Anerkennung. Spinoza – Kant – Fichte – Hegel, Sankt Augustin 1990, 161–176.

Sievernich, Michael, Die „soziale Sünde" und ihr Bekenntnis, in: Conc (D) 23 (1987) 124–131.

Sievernich, Michael, Freiheit und Verantwortung. Ethische und theologische Perspektiven, in: Die Freiheit des Menschen. Zur Frage von Verantwortung und Schuld, hg. v. Josef Eisenburg, Regensburg 1998, 102–126.

Sievernich, Michael, „Kehrt um und glaubt an das Evangelium!" – Die christliche Auffasung von Schuld und Umkehr, in: Ders./Klaus Philipp Seif (Hgg.), Schuld und Umkehr in den Weltreligionen (Veröffentlichungen der Rabanus Maurus-Akademie Frankfurt am Main), Mainz 1983, 19–42.

Sievernich, Michael, Schuld und Sünde aus der Sicht der katholischen Theologie, in: Konrad Thomas (Hg.), Schuld: Zusammenhänge und Hintergründe. Eine Vorlesungsreihe der Georgia Augusta, Göttingen (Europäische Hochschulschriften, Reihe XX: Philosophie 305), Frankfurt am Main u.a. 1990, 109–129.

Sievernich, Michael, Schuld und Sünde in der Theologie der Gegenwart (FTS 29), Frankfurt am Main (1982) ²1983.

Silber, John R., Die metaphysische Bedeutung des höchsten Gutes als Kanon der reinen Vernunft in Kants Philosophie, in: ZPhF 23 (1969) 538–549.

Silber, John R., Immanenz und Transzendenz des höchsten Gutes bei Kant, in: ZPhF 18 (1964) 386–407.

Simon, Josef, Kants pragmatische Ethikbegründung, in: Archivio di Filosofia 55 (1987) 183–204.

Söding, Thomas, Art. „Rechtfertigung", in: NBL 3/12, Zürich 1998, 288–298.

Sonnemans, Heino, Seele. Unsterblichkeit – Auferstehung. Zur griechischen und christlichen Anthropologie und Eschatologie (FThSt 128), Freiburg – Basel – Wien 1984.

Soosten, Joachim von, Die „Erfindung" der Sünde. Soziologische und semantische Aspekte zu der Rede von der Sünde im alttestamentlichen Sprachgebrauch, in: Sünde und Gericht (JBTh 9), Neukirchen-Vluyn 1994, 87–110.

Spaemann, Robert, Christliche Religion und Ethik, in: PhJ 80 (1973) 282–291.
Spaemann, Robert, Glück und Wohlwollen. Versuch über Ethik, Stuttgart 1989.
Spaemann, Robert, Moral und Gewalt [1972], in: Philosophische Essays, Stuttgart, ²1994, 151–184.
Spaemann, Robert, Personen. Versuche über den Unterschied zwischen „etwas" und „jemand", Stuttgart 1996.
Sparn, Walter, Hans Blumenbergs Herausforderung der Theologie, in: ThR 49 (1984) 170–207.
Sparn, Walter, Leiden – Erfahrung und Denken, München 1980.
Sparn, Walter, Mit dem Bösen leben. Zur Aktualität des Theodizeeproblems, in: Das Böse. Eine historische Phänomenologie des Unerklärlichen, hg. v. Carsten Colpe/Wilhelm Schmidt-Biggemann (stw 1078), Frankfurt am Main 1993, 204–228.
Spieckermann, Hermann, Art. „Rechtfertigung I. Altes Testament", in: TRE 28 (1997) 282–286.
Spieckermann, Hermann, „Barmherzig und gnädig ist der Herr ...", in: ZAW 102 (1990) 1–18.
Spieckermann, Hermann, Recht und Gerechtigkeit im Alten Testament. Politische Wirklichkeit und metaphorischer Anspruch, in: Joachim Mehlhausen (Hg.), Recht – Macht – Gerechtigkeit (VWGTh 14), Gütersloh 1998, 253–273.
Splett, Jörg, Art. „Schuld", in: HPhG 5, München 1974, 1277–1288.
Splett, Jörg, Gottes Gerechtigkeit. Ein christlich-philosophischer Gedankengang, in: ThPh 55 (1980) 404–417.
Stearns, J. Brenton, Divine punishment and reconciliation, in: JRE 9 (1981) 118–130.
Stegemann, Wolfgang, Der Tod Jesu als Opfer. Anthropologische Aspekte seiner Deutung im Neuen Testament, in: Richard Riess (Hg.), Abschied von der Schuld? Zur Anthropologie und Theologie von Schuldbewußtsein, Opfer und Versöhnung (Theologische Akzente 1), Stuttgart 1996, 120–139.
Steger, Philip, Einleitung zu: Abaelard, Scito teipsum (PhB 578), Hamburg 2006.
Steinbeck, Martin, Das Schuldproblem in dem Roman „Die Brüder Karamasow" von F. M. Dostojewskij, Frankfurt am Main 1993.
Steindl, Helmut, Genugtuung. Biblisches Versöhnungsdenken – eine Quelle für Anselms Satisfaktionstheorie? (SF. NF 71), Fribourg/Ue. 1989.
Stemm, Sönke von, Der betende Sünder vor Gott. Studien zu Vergebungsvorstellungen in urchristlichen und frühjüdischen Texten (AGJU 45), Leiden u.a. 1999.
Stickelbroeck, Michael, Das Leben – einmalige Chance oder stets wiederkehrende Möglichkeit? Zur Reinkarnationslehre, in: Gerhard Stumpf (Hg.), In der Erwartung des ewigen Lebens, Landsberg 2002, 155–176.
Stickelbroeck, Michael, Nach dem Tod. Himmel – Hölle – Fegefeuer, Augsburg 2004.
Stock, Konrad, Gott der Richter. Der Gerichtsgedanke als Horizont der Rechtfertigungslehre, in: EvTh 40 (1980) 240–256.
Stoevesandt, Hinrich, Die letzten Dinge in der Theologie Bonaventuras (BSHSt 8), Zürich 1969.

Literatur

Stökl Ben Ezra, Daniel, Zur Rezeption des Jom Kippur in der frühchristlichen Liturgie, in: Dialog oder Monolog? Zur liturgischen Beziehung zwischen Judentum und Christentum, hg. v. Albert Gerhard/Hans Hermann Henrix (QD 208), Freiburg – Basel – Wien 2004, 167–183.
Stolzenberg, Jürgen, Fichtes Begriff des praktischen Selbstbewußtseins, in: Fichtes Wissenschaftslehre 1794. Philosophische Resonanzen, hg. v. Wolfram Hogrebe (stw 1201), Frankfurt am Main 1995, 71–95.
Stosch, Klaus von, Gott – Macht – Geschichte. Versuch einer theodizeesensiblen Rede vom Handeln Gottes in der Welt, Freiburg – Basel – Wien 2006.
Strasser, Stephan, Jenseits von Sein und Zeit. Eine Einführung in Emmanuel Levinas' Philosophie, Den Haag 1978.
Strauss, Hans, Tod und Auferstehung im Alten Testament, in: Hans Kessler (Hg.), Auferstehung der Toten. Ein Hoffnungsentwurf im Blick heutiger Wissenschaften, Darmstadt 2004, 35–48.
Streminger, Gerhard, Gottes Güte und die Übel der Welt. Das Theodizeeproblem, Tübingen 1992.
Striet, Magnus, „Erkenntnis aller Pflichten als göttlicher Gebote". Bleibende Relevanz und Grenzen von Kants Religionsphilosophie, in: Kant und die Theologie, hg. v. Georg Essen/Magnus Striet, Darmstadt 2005, 162–186.
Striet, Magnus, Hoffen – warum? Eschatologische Erwägungen im Horizont unbedingten Verstehens, in: Ders./Karsten Kreutzer/Joachim Valentin (Hgg.), Gefährdung oder Verheißung? Von Gott reden unter den Bedingungen der Moderne, Mainz 2007, 123–163.
Striet, Magnus, Nur für viele oder doch für alle? Das Problem der Allerlösung und die Hoffnung der betenden Kirche, in: Ders. (Hg.), Gestorben für wen? Zur Diskussion um das „pro multis", Freiburg – Basel – Wien 2007, 81–92.
Striet, Magnus, Offenbares Geheimnis. Zur Kritik der negativen Theologie (ratio fidei 14), Regensburg 2003.
Striet, Magnus, Streifall Apokatastasis. Dogmatische Anmerkungen mit einem ökumenischen Seitenblick, in: ThQ 184 (2004) 185–201.
Striet, Magnus, Versuch über die Auflehnung. Philosophisch-theologische Überlegungen zur Theodizeefrage, in: Mit Gott streiten. Neue Zugänge zum Theodizee-Problem, hg. v. Harald Wagner (QD 169), Freiburg – Basel – Wien 1998, 48–89.
Studer, Basil, Gott und unsere Erlösung im Glauben der Alten Kirche, Düsseldorf 1985.
Studer, Basil, Gratia Christi – Gratia Dei bei Augustinus von Hippo. Christozentrismus oder Theozentrismus? (SEAug 40), Rom 1993.
Studer, Basil, Schola christiana. Die Theologie zwischen Nizäa (325) und Chalzedon (451), Paderborn u.a. 1998.
Stuhlmacher, Peter, Gerechtigkeit Gottes bei Paulus (FRLANT 87), Göttingen 1965.
Stuhlmacher, Peter, Sühne oder Versöhnung?, in: Die Mitte des Neuen Testaments. Einheit und Vielfalt neutestamentlicher Theologie, hg. v. Ulrich Luz/Hans Weder, Göttingen 1983, 291–316.
Stuhlmacher, Peter, Versöhnung, Gesetz und Gerechtigkeit. Aufsätze zur biblischen Theologie, Göttingen 1981.
Stümke, Volker, Befreit zur Gemeinschaft. Gedanken zum Jüngsten Gericht, in: NZSTh 37 (1995) 97–128.

Sundermeier, Theo, Erlösung oder Versöhnung? Religionsgeschichtliche Anstöße, in: EvTh 53 (1993) 124–146.

Sung, Chong-Hyon, Vergebung der Sünden. Jesu Praxis der Sündenvergebung nach den Synoptikern und ihre Voraussetzungen im Alten Testament und frühen Judentum (WUNT, Reihe 2; 57), Tübingen 1993.

Swinburne, Richard, Responsability and Atonement, Oxford 1989.

T

Talbott, Thomas, Providence, freedom, and human destiny, in: RelSt 26 (1990) 239–241.

Talbott, Thomas, Punishment, Forgiveness, and Divine Justice, in: RelSt 29 (1993) 151–168.

Tétaz, Jean-Marc, Eine Philosophie des Selbst, aber keine Reflexionsphilosophie. Hermeneutik als Theorie der konkreten Subjektivität, in: Burkhard Liebsch (Hg.), Hermeneutik des Selbst – Im Zeichen des Anderen. Zur Philosophie Paul Ricœurs, Freiburg – München 1999, 130–145.

Theissen, Gerd/Merz, Annette, Der historische Jesus. Ein Lehrbuch, Göttingen 1996.

Thiede, Werner, Der gekreuzigte Sinn. Eine trinitarische Theodizee, Gütersloh 2007.

Thoma, Clemens, Jüdische Versuche, Auschwitz zu deuten, in: IKaZ 24 (1995) 249–258.

Thomas, Günther, Neue Schöpfung. Systematisch-theologische Untersuchungen zur Hoffnung auf das „Leben in der zukünftigen Welt", Neukirchen-Vluyn 2009.

Thomas, Konrad (Hg.), Schuld: Zusammenhänge und Hintergründe. Eine Vorlesungsreihe der Georgia Augusta, Göttingen (Europäische Hochschulschriften, Reihe XX: Philosophie 305), Frankfurt am Main – Bern – New York – Paris 1990.

Thomasset, Alain, Paul Ricœur – une Poétique de la Morale. Aux Fondements d'une Éthique hermeneutique et narrative dans une perspective Chrétienne (BEThL 124), Leuven 1996.

Thönissen, Wolfgang, Das Geschenk der Freiheit. Untersuchungen zum Verhältnis von Dogmatik und Ethik (TTS 30), Mainz 1988.

Thuyen, Hartwig, Studien zur Sündenvergebung im Neuen Testament und seinen alttestamentlichen und jüdischen Voraussetzungen (FRLANT 96), Göttingen 1970.

Tillich, Paul, Liebe – Macht – Gerechtigkeit [1954], Berlin – New York 1991.

Tilliette, Xavier, Aporétique du mal et de l'espérance, in: Marco M. Olivetti (Hg.), Teodicea oggi? (AF 56) Padua 1988, 427–439.

Tilliette, Xavier, Bible et philosophie: Le sacrifice d'Abraham, in: Gregorianum 77 (1996) 133–146.

Todorov, Tzvetan, Angesichts des Äußersten [Face à l'extrême, 1991], München 1993.

Todorov, Tzvetan, Les Abus de la Mémoire, Paris 2004.

Tück, Jan-Heiner, Das Gericht Jesu Christi. Zur Wiederkehr eines verdrängten Motivs, in: konturen. rothenfelser burgbrief 02/2003, 3–9.

Tück, Jan-Heiner, Das Unverzeihbare verzeihen? Jankélévitch, Derrida und die Hoffnung wider alle Hoffnung, in: IKaZ 33 (2004) 174–188.
Tück, Jan-Heiner, Der Abgrund der Freiheit. Zum theodramatischen Konflikt zwischen endlicher und unendlicher Freiheit, in: Magnus Striet u.a. (Hgg.), Die Kunst Gottes verstehen. Hans Urs von Balthasars theologische Provokationen, Freiburg – Basel – Wien 2005, 82–117.
Tück, Jan-Heiner, In die Wahrheit kommen. Das Gericht Jesu Christi: Annäherungen an ein eschatologisches Motiv, in:, 99–122.
Tück, Jan-Heiner, Nachbetrachtung, in: Hans Urs von Balthasar, Eschatologie in unserer Zeit. Die letzten Dinge des Menschen und das Christentum, Freiburg 2005, 117–130.
Tück, Jan-Heiner, Versöhnung zwischen Tätern und Opfern? Ein soteriologischer Versuch angesichts der Shoah, in: ThGl 89 (1999) 364–381.

U

Ucko, Siegfried, Der Gottesbegriff in der Philosophie Hermann Cohens, Berlin 1927.
Utzschneider, Helmut, Vergebung im Ritual. Zur Deutung des *hatta't*-Rituals (Sündopfer) in Lev 4,1 – 5,13, in: Richard Riess (Hg.), Abschied von der Schuld? Zur Anthropologie und Theologie von Schuldbewußtsein, Opfer und Versöhnung (Theologische Akzente 1), Stuttgart 1996, 96–119.

V

Valentin, Joachim, Atheismus in der Spur Gottes. Theologie nach Jacques Derrida, Mainz 1996.
Valentin, Joachim, Provokation der Theologie. Dekonstruktion und Judentum bei Jacques Derrida, in: HerKorr 58 (2004) 143–148.
Versöhnung. Versuche zu ihrer Geschichte und Zukunft (FS Paulus Engelhardt OP), hg. v. Thomas Eggensperger/Ulrich Engel/Otto Hermann Pesch (WSAMP. P 8), Mainz 1991.
Verweyen, Hansjürgen, Anthropologische Vermittlung der Offenbarung: Anselms „Monologion", in: Michael Kessler/Wolfhart Pannenberg/Hermann Josef Pottmeyer (Hg.), Fides quaerens intellectum. Beiträge zur Fundamentaltheologie (FS Max Seckler), Tübingen – Basel 1992, 149–158.
Verweyen, Hansjürgen, Das Leben aller als äußerster Horizont der Christologie, in: Christologische Brennpunkte (Christliche Strukturen in der modernen Welt 20), Essen 1977, 117–133.
Verweyen, Hansjürgen, Die Einheit von Gerechtigkeit und Barmherzigkeit bei Anselm von Canterbury, in: IKaZ 14 (1985) 52–55.
Verweyen, Hansjürgen, Einleitung zu: Anselm von Canterbury, De libertate arbitrii et alii tractatus/Freiheitsschriften (FChr 13), Freiburg – Basel – Wien 1994, 7–56.
Verweyen, Hansjürgen, Einleitung zu: Anselm von Canterbury, Vier Traktate: Wahrheit und Freiheit (Christliche Meister 15), Einsiedeln 1982, 9–33.
Verweyen, Hansjürgen, Einleitung zu: Johann Gottlieb Fichte, Das System der Sittenlehre nach den Prinzipien der Wissenschaftslehre (1798) (PhB 485), Hamburg 1995, XI–XXXV.

Verweyen, Hansjürgen, Einleitung zu: Johann Gottlieb Fichte, Die Anweisung zum seligen Leben, oder auch die Religionslehre (PhB 234), Hamburg 1994, XIII–LXVI.

Verweyen, Hansjürgen, Einleitung zu: Johann Gottlieb Fichte, Versuch einer Kritik aller Offenbarung (1792) (PhB 354), Hamburg 1983, VII–LXXII.

Verweyen, Hansjürgen, Eschatologie heute, in: ThRv 79 (1983) 3–12.

Verweyen, Hansjürgen, Gottes letztes Wort. Grundriss der Fundamentaltheologie, Düsseldorf ²1991; Regensburg ⁴2000.

Verweyen, Hansjürgen, Kants Gottespostulat und das Problem sinnlosen Leidens, in: ThPh 62 (1987) 580–587.

Verweyen, Hansjürgen, Recht und Sittlichkeit in J.G. Fichtes Gesellschaftslehre (Symposion 50), Freiburg/Br. – München 1975.

Verweyen, Hansjürgen, Zum gegenwärtigen Diskussionsstand der Eschatologie, in: Wilhelm Breuning (Hg.), Seele – Problembegriff christlicher Eschatologie (QD 106), Freiburg – Basel – Wien 1986, 15–30.

Vetter, Dieter, Rechtfertigung im Gericht. Die Bedeutung von Genesis 22 für Rosch Ha-Schana und Jom Kippur, in: Ders., Das Judentum und die Bibel. Gesammelte Aufsätze, Würzburg – Altenberge 1996, 364–368.

Vignaux, Paul, Infini, liberté et histoire du salut, in: Deus et homo ad mentem I. Duns Scoti, 495–507.

Vignaux, Paul, Justification et prédestination au 14ᵉ siècle: Duns Scot, Pierre d'Auriole, Gillaume d'Occam, Grégoire de Rimini (BEHE-SR 48), Paris 1934.

Vogel, Cyrille (Hg.), Le pécheur et la pénitence au moyen âge. Textes choisis (Chrétiens de tous les temps 30), Paris 1969.

Volf, Miroslav, The End of Memory? Mistreatment, Memory, Reconciliation, Grand Rapids 2006.

Volf, Miroslav, The Final Reconciliation. Reflections on a Social Dimension of the Eschatological Transition, in: Modern Theology 16 (2000) 91–113.

Vordermayer, Helmut, Die Lehre vom Purgatorium und die Vollendung des Menschen. Ein moraltheologischer Beitrag zu einem umstrittenen Lehrstück aus der Eschatologie (STS 27), Innsbruck 2006.

Vorgrimler, Herbert, Der Kampf des Christen mit der Sünde, in: MySal V, 349–461.

Vorgrimler, Herbert, Der Tod als Thema der neueren Theologie, in: Hoffnung über den Tod hinaus, 13–64.

Vorgrimler, Herbert, Geschichte der Hölle, München 1993.

Vorgrimler, Herbert, Hoffnung auf Vollendung. Aufriss der Eschatologie (QD 90), Freiburg – Basel – Wien (1980) ²1984.

Vorgrimler, Herbert, Überlegungen zur Geschichtsmächtigkeit Gottes, in: Kommunikation und Solidarität. Beiträge zur Diskussion des handlungstheoretischen Ansatzes von Helmut Peukert in Theologie und Sozialwissenschaften, hg. v. Hans-Ulrich von Brachel/Norbert Mette, Fribourg/Ue. – Münster 1985, 117–130.

Vorster, Hans, Das Freiheitsverständnis bei Thomas von Aquin und Martin Luther, Göttingen 1965.

W

Wagner, Falk, Verantwortung des Bösen. Theologisch-philosophische Überlegungen zum Subjekt des Bösen, in: Die andere Kraft. Zur Renaissance des Bösen, hg. v. Alexander Schuller/Wolfert von Rahden (Acta humaniora), Berlin 1993, 134–148.

Wagner, Harald, Dogmatik (Studienbücher Theologie 18), Stuttgart 2003.

Walter, Nikolaus, Die Botschaft vom Jüngsten Gericht im Neuen Testament, in: Eschatologie und Jüngstes Gericht, hg. von Reinhard Rittner (Bekenntnis: Fuldaer Hefte 32), Hannover 1991, 10–48.

Walther, Christian, Eschatologie als Theorie der Freiheit. Einführung in neuzeitliche Gestalten eschatologischen Denkens (TBT 48), Berlin 1991.

Weimer, Ludwig, Die Lust an Gott und seiner Sache, oder: Lassen sich Gnade und Freiheit, Glaube und Vernunft, Erlösung und Befreiung vereinbaren?, Freiburg – Basel – Wien (1981) ²1982.

Weinfeld, Moshe, Social Justice in Ancient Israel and in the Ancient Near East (Publications of the Perry Foundation for Biblical Research in the Hebrew University of Jerusalem), Jerusalem/Minneapolis 1996.

Weingart, Richard E., The Logic of divine Love. A critical Analysis of the Soteriology of Peter Abailard, Oxford 1970.

Welker, Michael, „Richten und Retten". Systematische Überlegungen zu einer unverzichtbaren Funktion der Religion, in: Gerechtigkeit. Richten und Retten in der abendländischen Tradition und ihren altorientalischen Ursprüngen, hg. v. Jan Assmann/Bernd Janowski/Michael Welker (Reihe Kulte/Kulturen), München 1998, 28–35.

Welte, Bernhard, Thomas von Aquin über das Böse, in: Ders., Auf der Spur des Ewigen, Freiburg 1965, 155–169.

Welte, Bernhard, Über das Böse (QD 6), Basel – Freiburg – Wien 1959.

Wendebourg, Nicola, Der Tag des Herrn. Zur Gerichtserwartung im Neuen Testament auf ihrem alttestamentlichen und frühjüdischen Hintergrund (WMANT 96), Neukirchen-Vluyn 2003.

Wendel, Saskia, Bild des Absoluten werden – Geisel des anderen sein. Zum Freiheitsverständnis bei Fichte und Levinas, in: Hoffnung, die Gründe nennt. Zu Hansjürgen Verweyens Projekt einer erstphilosophischen Glaubensverantwortung, hg. v. Gerhard Larcher/Klaus Müller/Thomas Pröpper, Regensburg 1996, 164–173.

Wengst, Klaus, Versöhnung und Befreiung. Ein Aspekt des Themas „Schuld und Vergebung" im Lichte des Kolosserbriefes, in: EvTh 36 (1976) 14–26.

Wenz, Gunther, Forum internum. Zur Transformation eschatologischer Gerichtsvorstellungen in der Neuzeit, in: Eschatologie und Jüngstes Gericht, hg. von Reinhard Rittner (Bekenntnis: Fuldaer Hefte 32), Hannover 1991, 49–67.

Wenz, Gunther, Geschichte der Versöhnungslehre in der evangelischen Theologie der Neuzeit, 2 Bde. (Münchner Monographien zur historischen und systematischen Theologie 9), München 1984; 1986.

Wenzel, Knut, Vergebung: Von der Gabe zur Anerkennung, in: Veronika Hofmann (Hg.), Die Gabe. Ein „Urwort" der Theologie?, Frankfurt am Main 2009, 125–143.

Werbick, Jürgen/Blank, Josef (Hgg.), Sühne und Versöhnung, Düsseldorf 1986.

Werbick, Jürgen, Ein Opfer zur Versöhnung der zürnenden Gottheit? Über die Zwiespältigkeit eines soteriologischen Denkmodells, in: BiKi 49 (1994) 144–49.
Werbick, Jürgen, Gott verbindlich. Eine theologische Gotteslehre, Freiburg – Basel –Wien 2007.
Werbick, Jürgen, Schulderfahrung und Bußsakrament, Mainz 1985.
Werbick, Jürgen, Soteriologie (Leitfaden Theologie 16), Düsseldorf 1990.
Werbick, Jürgen, Umkehren? – Umgekehrt werden! Was Paul Ricœurs Bibel-Hermeneutik der Fundamentaltheologie zu denken gibt, in: Facettenreiche Anthropologie. Paul Ricœurs Reflexionen auf den Menschen, hg. v. Stefan Orth/Peter Reifenberg, Freiburg – München 2004, 115–136.
Werbick, Jürgen, Versöhnung durch Sühne?, in: Ders./Josef Blank (Hgg.), Sühne und Versöhnung, Düsseldorf 1986, 92–117.
Werbick, Jürgen, „Zur Freiheit hat uns Christus befreit" (Gal 5,1). Was Luthers Widerspruch gegen Erasmus einer theologischen Theorie der Freiheit heute zu denken gibt, in: Freiheit Gottes und der Menschen, hg. v. Michael Böhnke/Michael Bongardt/Georg Essen/Jürgen Werbick (FS Thomas Pröpper), Regensburg 2006, 41–70.
Werner, Otto, Verborgene Gerechtigkeit. Luthers Gottesbegriff nach seiner Schrift „De servo arbitrio" als Antwort auf die Theodizeefrage, Frankfurt u.a. 1998.
Wiederkehr, Dietrich, Perspektiven der Eschatologie, Zürich 1974.
Wieland, Georg, Abaelard – Denker des Glaubens, in: ThQ 177 (1997) 26–32.
Wiese, Hans-Ulrich, Die Lehre Anselms von Canterbury über den Tod Jesu in der Schrift „Cur Deus Homo", in: WiWei 41 (1978) 149–179; 42 (1979) 34–55.
Wiesel, Elie/Semprun, Jorge, Schweigen ist unmöglich, übers. v. Wolfram Bayer (es 2012), Frankfurt am Main 1997.
Wiesel, Elie, Der Prozeß von Schamgorod (so wie er sich am 25. Februar 1649 abgespielt hat). Ein Stück in drei Akten (1979). Aus dem Französischen von Alexander de Montléart, Freiburg 1987.
Wiesenthal, Simon, Die Sonnenblume. Eine Erzählung von Schuld und Vergebung, Berlin 1998.
Wilckens, Ulrich, Exkurs: Gerechtigkeit Gottes, in: Der Brief an die Römer, 1. Teilband (Röm 1–5), (EKK VI/1), Zürich u.a. 1978, 202–233.
Wilckens, Ulrich, Exkurs: Zum Verständnis der Sühne-Vorstellung, in: Der Brief an die Römer, 1. Teilband (Röm 1–5), (EKK VI/1), Zürich u.a. 1978, 233–243.
Wildt, Andreas, Autonomie und Anerkennung. Hegels Moralkritik im Lichte seiner Fichte-Rezeption, Stuttgart 1982.
Wimmer, Reiner, Kants kritische Religionsphilosophie (Kantstudien. Erg.-hefte 124), Berlin – New York 1990.
Winner, Ludger, Sühne im interpersonalen Vollzug. Versuch einer Erhellung des Sühnebegriffs im Anschluss an die Transzendentalphilosophie J. G. Fichtes und seine Verifizierung im Rahmen der biblischen Botschaft (PaThSt 8), Paderborn u.a. 1978.
Wohlmuth, Josef (Hg.), Emmanuel Levinas. Eine Herausforderung für die christliche Theologie, Paderborn ²1999.
Wohlmuth, Josef, Herausgeforderte Christologie, in: Ders. (Hg.), Emmanuel

Levinas – eine Herausforderung für die christliche Theologie, Paderborn 1998, 215–229.

Wohlmuth, Josef, Im Geheimnis einander nahe. Theologische Aufsätze zum Verhältnis von Judentum und Christentum, Paderborn u.a. 1996.

Wohlmuth, Josef, Jüdische Hermeneutik, in: Biblische Hermeneutik (JBTh 12), Neukirchen-Vluyn 1997, 193–220.

Wohlmuth, Josef, Jüdischer Messianismus und Christologie, in: EvTh 59 (1999) 289–299.

Wohlmuth, Josef, Mysterium der Verwandlung. Eine Eschatologie aus katholischer Perspektive im Gespräch mit jüdischen Denkern der Gegenwart, Paderborn 2005.

Wolff, Hans Walter, Anthropologie des Alten Testaments, München ³1977.

Wolter, Allan Bernard Vincent, Duns Scotus on the Will and Morality [1986], in: Ders., The Philosophical Theology of John Duns Scotus, hg. v. Marilyn McCord Adams, Ithaca – New York 1990, 181–206.

Wolter, Allan Bernard Vincent, Duns Scotus on the Will and Morality, Washington (D.C.) 1997.

Wolter, Allan Bernard Vincent, John Duns Scotus on the Primacy and Personality of Christ, in: Damian McElrath (Hg.), Franciscan Christology. Selected Texts, Translations and Introductory Essays, St. Bonaventura – New York 1980, 139–182.

Wolter, Michael, Rechtfertigung und zukünftiges Heil. Untersuchungen zu Röm 5,1–11, in: ZNW. Beiheft 43 (Berlin 1978) 35–89.

Wood, A. Skevington, The Eschatology of Irenäus, in: EvQ 41 (1969) 30–41.

Wood, Allen W., Kant's Moral Religion, Ithaca – London 1970.

Wood, Allen W., Kant's Rational Theology, Ithaca – London 1978.

Woschitz, Karl Matthäus, Elpis – Hoffnung. Geschichte, Philosophie, Exegese, Theologie eines Schlüsselbegriffs, Wien – Freiburg – Basel 1979.

Würthwein, Ernst, Der Ursprung der prophetischen Gerichtsrede, in: ZThK 49 (1952) 1–15.

Y

Yamazaki, Hiroko, „Ordinis pulchritudo" and evil in St. Anselms „Cur Deus homo", in: Cur deus homo (StAns 128), 709–715.

Z

Zaczyk, Rainer, Gerechtigkeit als Begriff einer kritischen Philosophie im Ausgang von Kant, in: Theorien der Gerechtigkeit, hg. v. Hans-Joachim Koch/ Michael Köhler/Kurt Seelmann (ARSP, Beiheft 56), Stuttgart 1994, 105–122.

Zager, Werner, Gottesherrschaft und Endgericht in der Verkündigung Jesu. Eine Untersuchung zur markinischen Jesusüberlieferung einschließlich der Q-Parallelen (BZNW 82), Berlin u.a. 1996.

Zahner, Paul, Der Kenosisgedanke in der mittelalterlichen Auslegung des Philipperhymnus unter besonderer Berücksichtigung Francisci und Bonaventuras, in: WiWei (1992) 94–110.

Zahner, Paul, Franziskus in der Nachfolge der sich entäußernden Demut Christi: Ein Beitrag zur Franziskussicht Bonaventuras, in: WiWei 57 (1994) 169–187.

Zauner, Wilhelm/Erharter, Helmut (Hgg.), Freiheit – Schuld – Vergebung, Wien – Freiburg – Basel 1972.

Zehetbauer, Markus, Barmherzigkeit als Lehnübersetzung. Die Etymologie des Begriffes im Hebräischen, Griechischen, Lateinischen und Deutschen – eine kleine Theologiegeschichte, in: Biblische Notizen 90 (1997) 67–83.

Zehetbauer, Markus, Die Polarität von Gerechtigkeit und Barmherzigkeit. Ihre Wurzeln im Alten Testament, im Frühjudentum sowie in der Botschaft Jesu. Konsequenzen für die Ethik (SGKMT 35), Regensburg 1999.

Zeindler, Matthias, Gott der Richter. Zu einem unverzichtbaren Aspekt christlichen Glaubens, Zürich 2004.

Zenger, Erich (Hg.), Der Neue Bund im Alten. Studien zur Bundestheologie der beiden Testamente (QD 146), Freiburg – Basel – Wien 1993.

Zenger, Erich (Hg.), Psalmen 51–100 (HThK.AT), Freiburg – Basel – Wien (2000) ^{3}2007.

Zenger, Erich (Hg.), Psalmen 101–150 (HThK.AT), Freiburg – Basel – Wien 2008.

Zenger, Erich u.a., Einleitung in das Alte Testament (Studienbücher Theologie 1,1), Stuttgart ^{2}1996.

Zenger, Erich, Ein Gott der Rache? Feindpsalmen verstehen, Freiburg – Basel – Wien 1994.

Zenger, Erich, Gottes Bogen in den Wolken. Untersuchungen zu Komposition und Theologie der priesterschriftlichen Urgeschichte (SBS 112), Stuttgart ^{2}1987.

Ziegenaus, Anton, Die Zukunft der Schöpfung in Gott. Eschatologie (Katholische Dogmatik 8), Aachen 1996.

Zimmermann, Béatrice Acklin, Die Sünde der anderen?, in: FZPhTh 51 (2004) 220–236.

Zur Mühlen, Karl-Heinz, Nos extra nos. Luthers Theologie zwischen Mystik und Scholastik (BHTh 46), Tübingen 1972.

Zur Mühlen, Karl-Heinz, Reformatorische Vernunftkritik und neuzeitliches Denken (BHTh 59), Tübingen 1980.